제 10 판

형사법 사례형 해설

조균석 · 강수진 · 이효진

박영사

제10판 머리말

「교수가 집필한 기출문제 해설서」라는 새로운 형식의 교재를 표방하고 출간된 본서가 어느새 제10판을 맞이하게 되었다. 그 사이 변호사시험 기출문제가 축적됨에 따라 이제는 기출문제 학습만으로도 충분히 합격할 수 있게 되었다는 평가를 받고 있다. 그런 점에서 기출문제를 정확하고 충실하게 해설하고, 이를 요약한 강평용 자료까지 제공하는 본서를 통한 학습의 필요성은 더 커질 것으로 생각한다.

제10판의 특징은 다음과 같다.

첫째, 제14회 사례형 2문제의 해설과 강평은 물론, 제1회부터 제14회까지 사례형·기록형 문제의 출제분석을 추가하였다.

둘째, 본서 전반에 걸쳐 그동안 제·개정된 관련 법령과 그간 새로 선고된 헌법재판소 결정과 대법원 판례를 반영하고, 해설이 부족하거나 달리 해석될 여지가 있는 부분들을 찾아내 일일이 보충하거나 수정하였다.

셋째, 기출문제를 과거의 출제 시점이 아니라 본서로 공부하는 현재의 시점에서 해설하여, 그간의 법령 개폐와 판례 변경에도 불구하고 기출문제 학습이 의미를 가질 수 있도록 하였다.

모쪼록 본서가 법조인을 지망하는 법학전문대학원생들에게는 물론, 형사 분야의 여러 직역으로 진출하기 위해 노력하는 모든 독자들에게 실질적인 도움이 되기를 기대해 본다.

끝으로 본서가 출간되도록 애써주신 박영사 안종만 회장님과 안상준 대표님, 편집과 제작을 책임져 준 조성호 이사님, 이승현 차장님에게 고마운 마음을 전한다.

2025년 2월

조균석·강수진·이효진

제1판 머리말

2012년에 출간한 「형사법통합연습」이 다행히 처음 기대한 대로 로스쿨 학생들의 통합형 사례 해결능력을 키우는 데 도움이 되었다는 평가가 있어 어떤 형태로든지 개정판을 준비해야 할 상황이 되었다. 그 방안으로 첫째, 「형사법통합연습」에 새로운 문제와 그간의 기출문제들을 더하여 개정판을 내는 방안, 둘째, 「형사법통합연습」 중에서 기출문제만을 따로 떼어내고 그간의 기출문제를 합하여 기출문제 해설서를 새로 출간하고, 「형사법통합연습」은 새로운 문제들을 추가하여 순수 창작문제로만 구성된 개정판을 따로 출간하는 방안을 검토하였다.

그 결과, 다음과 같은 이유로 후자의 방안을 선택하고 이번에 기출문제 해설서인 「형사법사례형해설」을 출간하게 되었다.

첫째, 개정판의 형식을 취할 경우 매년 출제되는 8개의 기출문제(변호사시험 및 법학전문협의회 모의시험 3회)와 약간의 창작문제의 해설을 더하면 필연적으로 본서의 부피가 점점 두껍게 되어 바람직하지 않다고 생각하였다. 둘째, 기출문제를 가지고 수업에 활용하는 교수로서 출제된 문제의 정확한 답안을 학생들에게 제시할 필요가 있었다. 출제하는 측에서 출제의 의도 등에 관하여 아무런 공표를 하지 않는 우리 실정에서는 더욱 그러하였다. 현재, 기출문제의 해설은 일부 연습 교재를 출간하는 교수들이 교재 안에서 다루기도 하지만, 교수가 집필한 본격적인 해설서는 없는 실정이다. 그런 관계로 문제에서 요구하는 해결방안이 따로 있음에도 불구하고 해설하는 사람마다 다른 해결방안을 제시하여 혼선을 가져오기도 한다. 이런 점들을 고려하여 이번에 교수가 집필한 기출문제 해설서라는 새로운 형식의 교재를 출간하게 된 것이다.

본서도 「형사법통합연습」과 마찬가지로 판례의 입장에 따라 서술하였으며, 실전답안을 제시하기보다는 학습용으로 편성하였다. 다만, 변호사시험 문제에 대해서는 해설 내용을 요약한 강평자료를 함께 수록하였다.

본서의 학습방안으로 먼저 관련판례와 쟁점들을 포함하여 해설 내용을 상세히 학습한 후에, 스스로 그 내용을 요약하여 실전용 답안 분량으로 줄이는 작업을 하거나 스스로 강평자료를 만들어 볼 것을 제안한다. 그러면 더욱 효율적으로 본서를 활용할 수 있을 것으로 생각된다.

본서는 저자와 함께 「형사법통합연습」을 출간한 이완규 서산지청 지청장님과 새로이 저자를 도와준 서정민 법무부 법무심의관실 검사님의 도움이 없었더라면 출간될 수 없었을 것이다. 두 분은 저자와 함께 문제를 해설하고 검토하며 실무적인 차원에서 잘못된 것이 없는지 꼼꼼히 살펴 주었다. 앞으로도 직무에 있어서나 학문적으로 큰 성취가 있기를 진심으로 바란다. 그리고 처음 시도하는 새로운 형식의 교재를 출간할 수 있도록 흔쾌히 허락해 주신 박영사 안종만 회장님께 깊이 감사를 드리고, 편집과 제작을 책임져 주신 조성호 부장님, 명재희 대리, 그리고 문선미 대리에게도 고마움을 전한다.

2013년 8월

조균석

사례 구성표

사례	사례명	형법총론	형법각론	형사소송법	특별법
1	날치기범 체포경관 흉기상해 사 건	• 부진정결과적 가중범 • 결과적 가중범의 공동정범 • 승계적 공동정범 • 공범과 신분	• 특수공무집행방해치상죄 • 범인도피죄 • 특수상해죄 • 준특수강도죄 • 강도상해죄 • 신용카드범죄	• 영장 없는 압수·수색 • 항소심 심판범위	• 폭처법위반(집단·흉기등상해) • 여신전문금융업법위반
	〔12-변시(1)-1〕 2012년 제1회 변호사시험 제1문				
2	교통사고 위 장 보험사기 기도사건	• 피해자의 승낙	• 제3자뇌물교부(취득)죄 • 사문서변조죄 • 권리행사와 공갈죄 • 사기죄	• 진술거부권의 고지 • 위법수집증거 • 전문증거 의미 • 검사작성 피신조서의 증거능력 • 진술서의 증거능력 • 비망록의 증거능력 • 녹음테이프·사진 증거능력	• 정보통신망법위반 • 통신비밀보호법위반 • 특가법위반(뇌물)
	〔12-변시(1)-2〕 2012년 제1회 변호사시험 제2문				
3	경 찰 관 사촌동생 도피사건	• 합동범의 공동정범	• 직무유기죄 • 범인도피죄 • 자기사건 위증교사 • 특수절도 • 불법원인급여와 횡령죄 • 장물죄와 횡령죄	• 공소제기의 효력범위 • 공소사실 동일성 • 공소장변경요구 • 공동피고인의 증인적격 • 증언거부권	• 폭처법위반(공동주거침입)
	〔13-변시(2)-1〕 2013년 제2회 변호사시험 제1문				
4	취객상대 강도사건	• 공범의 초과 • 합동범	• 특수강도죄 • 강요미수죄 • 부동산명의신탁과 횡령죄 • 횡령과 장물취득	• 함정수사 • 공소장변경(공소사실 동일성, 항소심에서의 변경, 사물관할 변경) • 증거신청 기각 • 수사과정 작성 자술서 • 녹음테이프의 증거능력 • 증언번복조서의 증거능력	• 도교법위반(무면허운전) • 정보통신망법위반 • 통신비밀보호법위반 • 특경법위반(횡령)
	〔13-변시(2)-2〕 2013년 제2회 변호사시험 제2문				
5	도 박 장 바지사장 사 건	• 정당방위 • 정범과 공범 구별 • 공범과 신분	• 공무집행방해죄 • 범인도피죄(자기사건 교사, 친족간 특례)	• 제척사유 • 공소제기 후 강제수사(압수·수색) • 포괄일죄에 대한	

			• 도박장소개설죄 • 상습도박죄 • 사기죄와 불법원인 급여	추가기소 시 법원 조치 • 공소장변경의 가부 (공소사실 동일성, 정식재판) • 위법수집증거 • 불이익변경금지의 원칙	
	〔14-변시(3)-1〕 2014년 제3회 변호사시험 제1문				
6	대포통장 개설자 만취교통 사고 사건	• 부진정결과적 가중범 • 결과적 가중범의 인과관계, 미수 • 중지미수 • 정범과 공범 구별	• 공무상비밀누설죄 교사범 • 현주건조물방화죄 • 살인미수죄 • 사기죄 • 장물죄와 횡령죄	• 긴급체포의 적법성 • 체포 현장에서의 압수·수색 • 압수·수색에서의 관련성 • 수사상 증인신문의 청구 • 증거보전의 청구 • 피의자진술 영상녹화물의 증거능력 • 조사자 증언 • 공범 법정진술	• 도교법위반(음주운전) • 교특법위반(치상) • 특가법위반(위험운전치상) • 전자금융거래법 위반
	〔14-변시(3)-2〕 2014년 제3회 변호사시험 제2문				
7	명의신탁 부동산 이중처분 사건	• 불가벌적 사후행위	• 초과지급 금원과 사기죄 • 명의신탁 부동산의 이중처분과 횡령죄 • 이중매매와 배임죄 (악의의 매수자의 공범 여부)	• 고소불가분의 원칙 • 자백의 보강법칙 • 전문진술	
	〔15-변시(4)-1〕 2015년 제4회 변호사시험 제1문				
8	후배 공동구타 살해사건	• 결과적 가중범의 인과관계, 예견 가능성 • 결과적 가중범의 공동정범	• 공문서위조·동행사죄 • 사문서위조·동행사죄 • 상해치사죄 • 특수강도죄 • 사기죄 • 신용카드범죄	• 공소시효기간의 기산점 • 공소시효의 정지 (공범 재판의 확정) • 공소장변경의 가부 • 공소제기 후 피고인신문의 가부, 조서의 증거능력 • 위법수집증거	• 폭처법위반(공동공갈) • 여신전문금융업법 위반
	〔15-변시(4)-2〕 2015년 제4회 변호사시험 제2문				
9	강간범 뺑소니 사건	• 신뢰의 원칙 • 결과적 가중범의 미수 및 공동정범 • 공범의 질적 초과 • 공범과 신분	• 공무집행방해죄 • 유기죄 • 절도죄 • 준강도죄 • 강도상해죄	• 구속영장과 신문 목적의 구인 • 긴급체포 시 압수와 야간집행 • 재전문증거	• 특가법위반(도주치상) • 도교법위반(사고후 미조치) • 성폭력처벌법위반 (강간등치상)
	〔16-변시(5)-1〕 2016년 제5회 변호사시험 제1문				

10	**프로포폴 오보사건**	• 정당행위 • 법률의 착오 • 위법성조각사유 전제사실의 착오 • 정신적 방조	• 명예훼손죄와 위법성조각 • 절도죄 • 공갈죄와 수뢰죄	• 반의사불벌죄와 고소불가분의 원칙 • 증언거부권과 필요성 요건 • 전문증거 의미 • 국민참여재판	• 폭처법위반(공동주거침입)
	〔16-변시(5)-2〕 2016년 제5회 변호사시험 제2문				
11	**입주대표 리베이트 수수사건**	• 부작위범 • 미필적 고의 • 정당행위 • 공범과 신분	• 부작위 살인죄 • 유기치사죄 • 야간주거침입 절도죄 • 업무상배임죄 • 배임수재죄 • 대체장물	• 압수·수색에서의 관련성 • 임의제출물의 압수 • 전자정보의 압수 • 위법수집증거 • 전문증거 의미 • 진술서의 증거능력 • 사본의 증거능력	
	〔17-변시(6)-1〕 2017년 제6회 변호사시험 제1문				
12	**경찰관 전자충격 사건**	• 정당행위 • 정당방위 • 자구행위 • 예비의 중지와 공동정범 • 공모관계 이탈	• 특수공무집행방해치상죄 • 특수도주죄 • 특수상해죄 • 절도죄 • 강도예비죄	• 성명모용 • 범죄장소에서의 압수 • 유류물의 압수 • 일부상소	
	〔17-변시(6)-2〕 2017년 제6회 변호사시험 제2문				
13	**자해사기 사건**	• 정당방위 • 위법성조각사유의 전제사실의 착오	• 허위공문서작성죄 간접정범 • 폭행죄 • 절도죄(불법영득의사, 신용카드범죄) • 사기죄	• 반의사불벌죄와 고소불가분의 원칙 • 구속영장 기각의 불복방법 • 공소장변경(가부 및 요부, 항소심에서의 변경) • 구속 전 피의자심문조서의 증거능력	• 여신전문금융업법위반
	〔18-변시(7)-1〕 2018년 제7회 변호사시험 제1문				
14	**대표이사 권한남용 어음발행 사건**	• 공범과 신분	• 무고죄 • 업무방해죄 • 건조물침입죄 • 업무상배임죄	• 증언번복 조서 및 증언의 증거능력 • CCTV의 증거능력 • 포괄일죄의 기소와 기판력	
	〔18-변시(7)-2〕 2018년 제7회 변호사시험 제2문				
15	**도자기 절취 교사후 이탈사건**	• 교사관계로부터의 이탈 • 교사의 초과	• 제3자뇌물취득죄 • 특수절도죄 • 사기죄 • 대체장물	• 긴급체포 시 압수와 야간집행 및 주거주 참여 • 전자정보의 압수 • 공소시효 • 경합범의 병합과 불이익변경금지의 원칙	• 폭처법위반(공동주거침입)
	〔19-변시(8)-1〕 2019년 제8회 변호사시험 제1문				

<table>
<tr><td rowspan="2">16</td><td>보이스피싱
사 건</td><td>• 부진정부작위범
• 사실의 착오
• 정당방위
• 공동정범
• 교사의 착오</td><td>• 공문서부정행사죄
• 사서명위조·동행사죄
• 살인미수죄
• 특수상해죄
• 절도죄
• 사기죄의 처분행위, 편취금액</td><td>• 임의동행
• 임의제출물의 압수
• 사경작성 피신조서의 증거능력(공범)
• 검증조서의 증거능력(현장사진, 범행재연사진, 자백진술)
• 위법수집증거</td><td>• 통신사기피해환급법위반</td></tr>
<tr><td colspan="5">〔19-변시(8)-2〕 2019년 제8회 변호사시험 제2문</td></tr>
<tr><td rowspan="2">17</td><td>학 부 모
상해교사
사 건</td><td>• 인과관계(특이체질)
• 개괄적 고의
• 정당행위
• 교사관계로부터의 이탈
• 교사의 초과</td><td>• 살인죄
• 폭행죄
• 모욕죄</td><td>• 구속영장과 신문목적의 구인
• 자백배제법칙
• 공범 법정진술
• 착오로 인한 항소포기</td><td>• 폭처법위반(공동주거침입)
• 폭처법위반(공동상해)</td></tr>
<tr><td colspan="5">〔20-변시(9)-1〕 2020년 제9회 변호사시험 제1문</td></tr>
<tr><td rowspan="2">18</td><td>교사부정
채용사건</td><td>• 법률의 착오
• 공범과 신분</td><td>• 공갈(미수)죄
• 착오송금과 횡령죄
• 배임수·증재죄
• 장물취득죄</td><td>• 공소장변경의 요부
• 축소사실의 심판의무
• 사경 및 검사작성 피신조서의 증거능력(공범)
• 증언번복 조서 및 증언의 증거능력</td><td>• 특경법위반(횡령)
• 정보통신망법위반</td></tr>
<tr><td colspan="5">〔20-변시(9)-2〕 2020년 제9회 변호사시험 제2문</td></tr>
<tr><td rowspan="2">19</td><td>사 진 유 포
협박 · 추행
사 건</td><td>• 결과적 가중범의 미수
• 간접정범</td><td>• 직무유기죄
• 뇌물공여죄
• 제3자뇌물교부·취득죄
• 수뢰후부정처사죄
• 상해치사죄(동시범)
• 강제추행죄
• 횡령죄(불법원인급여)</td><td>• 영장 없는 압수·수색(긴급체포)
• 대화당사자 비밀녹음
• 사인의 위법수집증거
• 전문증거 의미
• 압수조서 · 사본인 사진의 증거능력
• 전문진술
• 항소이유서 제출기간</td><td>• 성폭력처벌법위반(촬영물등이용강요)
• 성폭력처벌법위반(강간등치상)
• 특가법위반(뇌물)</td></tr>
<tr><td colspan="5">〔21-변시(10)-1〕 2021년 제10회 변호사시험 제1문</td></tr>
<tr><td rowspan="2">20</td><td>중 고 차
처분대금
착복사건</td><td>• 사실의 착오(객체의 착오)
• 과실의 인과관계(객관적 귀속)
• 우연방위
• 중지미수와 장애미수</td><td>• 범인도피·교사죄
• 상해죄
• 특수강도미수죄
• 횡령죄(위탁판매, 보관장물 처분)
• 배임죄(동산 이중양도)
• 장물보관죄</td><td>• 소송행위의 보정적 추완(변호인선임)
• 재전문증거(전문진술 기재 수사과정 진술서)
• 상소이유(형식판결 무죄 주장)</td><td>• 교특법위반(치사)</td></tr>
<tr><td colspan="5">〔21-변시(10)-2〕 2021년 제10회 변호사시험 제2문</td></tr>
</table>

21	조폭출신 사촌형집 절도사건	• 공모관계 이탈 • 공범의 중지미수 • 공범의 초과	• 상해·교사죄 • 절도교사죄 • 특수절도죄 • 친족상도례(친족 관계 존재 범위) • 준강도죄 • 권리행사와 공갈(미수)죄 • 장물취득죄	• 상대적 친고죄와 고소의 취소 • 고소불가분의 원칙 • 전자정보의 압수·수색 • 별도 발견 파일의 압수 • 복사파일의 증거능력 • 재심사유(공범자 간 모순판결)	• 성폭력처벌법위반(촬영물등이용 협박)
	〔22-변시(11)-1〕 2022년 제11회 변호사시험 제1문				
22	둘레길조성 뇌물수수 사건	• 불능미수 • 공범과 신분	• 뇌물수수죄 • 뇌물공여죄 • 허위공문서작성죄의 간접정범 • 허위공문서작성 교사죄 • 준강간죄 • 장물보관죄	• 구속 피의자·피고인의 석방 • 공소시효의 정지 • 증거개시결정(검사 불복 및 변호인 대응) • 불이익변경금지의 원칙	• 특가법위반(뇌물)
	〔22-변시(11)-2〕 2022년 제11회 변호사시험 제2문				
23	회사기밀 누설사건	• 피해자의 승낙·양해 • 위법성조각사유의 전제사실의 착오	• 절도죄 • 업무상배임죄 • 배임수재죄 • 공무상비밀누설·교사죄 • 위증·교사죄	• 전문진술 • 재전문증거 • 일부상소와 상소심 심판범위(죄수 판단 변경)	• 정보통신망법위반(명예훼손)
	〔23-변시(12)-1〕 2023년 제12회 변호사시험 제1문				
24	양부살해 교사 후 살해사건	• 사실의 착오 • 교사의 착오 • 교사의 초과 • 타인예비 • 예비죄의 공동정범·방조범 • 예비의 중지	• 살인·교사죄 • 살인예비죄 • 주거침입죄 • 절도죄(친족상도례) • 사문서위조·동행사죄	• 긴급체포 시 관련 증거의 압수 방법 • 제3자 임의제출 휴대전화 압수와 적법절차 • 전자정보의 압수 • 사인의 위법수집 증거 • 검증조서의 증거능력(현장사진, 범행재연사진) • 감정의뢰회보서의 증거능력	
	〔23-변시(12)-2〕 2023년 제12회 변호사시험 제2문				
25	금고털이 및 교통사고 위장 살인 미수사건	• 중지미수 • 불능미수 • 공모공동정범 • 합동(공동)범의 공동정범	• 살인미수죄 • 특수절도죄 • 준강도죄 • 강도상해죄	• 불심검문 • 준현행범인 • 긴급체포 • 체포와 영장 없는 압수	• 폭처법위반(공동주거침입)

		• 공모관계 이탈 • 공범의 초과		• 사경 작성 피신 조서의 증거능력 • 녹음파일의 증거 능력 • 조사자증언 • 탄핵증거	
	〔24-변시(13)-1〕 2024년 제13회 변호사시험 제1문				
26	**소매치기 신용카드 부정사용 사 건**	• 부진정결과적 가중범 • 간접정범	• 위계공무집행 방해죄 • 특수공무집행방해 치상죄 • 범인도피죄 • 절도죄 • 책략절도 • 특수절도죄 • 사기죄	• 전자정보의 압수 • 보석취소 • 공소사실의 동일성 • 포괄일죄와 공소장 변경 • 일부상소	• 여신전문금융업법 위반 • 아청법위반(상습성 착취물제작·배포 등)
	〔24-변시(13)-2〕 2024년 제13회 변호사시험 제2문				
27	**부친살해 등 교사 사건**	• 부진정결과적 가중범 • 결과적 가중범의 미수 • 중지미수와 장애 미수 • 공모공동정범 • 공범과 신분 • 간접정범	• 뇌물공여죄 • 제3자뇌물교부·취득죄 • 현주건조물방화·교사죄 • 현주건조물방화 치사죄 • 살인미수죄 • 존속살해미수 교사죄 • 권리행사방해죄 • 사기죄 • 횡령죄	• 상대적 친고죄 • 친고죄에서 고소 전 수사 • 고소의 추완 • 자진출석자에 대한 긴급체포 • 일부상소 • 환송심의 심판 범위 • 불이익변경금지의 원칙	
	〔25-변시(14)-1〕 2025년 제14회 변호사시험 제1문				
28	**주점 주인 택시 기사 시비 사건**	• 예견가능성 • 결과적 가중범의 인과관계 및 객관적 귀속 • 법률의 착오(위법성의 착오) • 위법성조각사유의 전제사실의 착오 • 합동범의 공동정범 • 공모관계 이탈 • 공범의 초과	• 공무집행방해죄 • 준강도죄 • 강도상해죄	• 전자정보의 압수·수색 • 원격지 서버 전자정보의 압수·수색 • 실질적 피압수자 • 진술조서와 영상 녹화물 • 항소심에서의 제1심 판단 재평가	
	〔25-변시(14)-2〕 2025년 제14회 변호사시험 제2문				

차례

사례 1 〔12-변시(1)-1〕 2012년 제1회 변호사시험 제1문

사례 2 〔12-변시(1)-2〕 2012년 제1회 변호사시험 제2문

사례 3 〔13-변시(2)-1〕 2013년 제2회 변호사시험 제1문

사례 5 〔14-변시(3)-1〕 2014년 제3회 변호사시험 제1문

사례 6 〔14-변시(3)-2〕 2014년 제3회 변호사시험 제2문

사례 10 〔16-변시(5)-2〕 2016년 제5회 변호사시험 제2문

사례 11 〔17-변시(6)-1〕 2017년 제6회 변호사시험 제1문

사례 12 〔17-변시(6)-2〕 2017년 제6회 변호사시험 제2문

사례 13 〔18-변시(7)-1〕 2018년 제7회 변호사시험 제1문

사례 14 〔18-변시(7)-2〕 2018년 제7회 변호사시험 제2문

사례 15 〔19-변시(8)-1〕 2019년 제8회 변호사시험 제1문

사례 18 〔20-변시(9)-2〕 2020년 제9회 변호사시험 제2문

사례 19 〔21-변시(10)-1〕 2021년 제10회 변호사시험 제1문

사례 20 〔21-변시(10)-2〕 2021년 제10회 변호사시험 제2문

사례 21 〔22-변시(11)-1〕 2022년 제11회 변호사시험 제1문

사례 22 〔22-변시(11)-2〕 2022년 제11회 변호사시험 제2문

사례 23 〔23-변시(12)-1〕 2023년 제12회 변호사시험 제1문

사례 26 〔24-변시(13)-2〕 2024년 제13회 변호사시험 제2문

사례 27 〔25-변시(14)-1〕 2025년 제14회 변호사시험 제1문

사례 28 〔25-변시(14)-2〕 2025년 제14회 변호사시험 제2문

사례 1. [12 – 변시(1) – 1]
2012년 제1회 변호사시험 제1문

甲은 2021. 12. 1. 14:00경 서울 서초구 서초동 123에 있는 서초편의점 앞길에서 그곳을 지나가는 부녀자 A의 핸드백을 열고 신용카드 1장과 현금카드 1장이 들어 있는 손지갑 1개를 꺼내던 순간 이를 눈치 챈 A가 "도둑이야."라고 소리치자 위 손지갑을 가지고 그대로 도주하였다. 이에 A는 마침 그곳을 순찰하던 정복 착용의 서초경찰서 서초지구대 소속 경찰관 P1과 함께 甲을 붙잡기 위하여 쫓아갔고, 甲은 이를 피해 계속 도망하다가 대전교도소에서 함께 복역한 적이 있던 乙을 만났다. 甲은 乙에게 사정을 이야기하고 도와달라고 부탁하였고 乙은 이를 승낙하여 甲과 乙은 그곳 길바닥에 있던 깨진 소주병을 한 개씩 들고 甲을 체포하기 위하여 달려드는 경찰관 P1의 얼굴을 찔러 약 4주간의 치료를 요하는 안면부 열상을 가했다. 그런 다음 甲은 도주하였고, 乙은 그곳에서 현행범으로 체포되었다.

2021. 12. 1. 15:00경 甲은 집으로 가는 길에 A의 신용카드를 이용하여 의류가게에서 50만 원 상당의 의류를 구입하고, 부근 신한은행 현금자동지급기에서 A의 현금카드를 이용하여 현금 100만 원을 인출하였다.

위 사건을 수사하던 서초경찰서 소속 경찰관 P2는 2021. 12. 1. 21:00경 甲이 살고 있는 집에서 25미터 정도 떨어진 곳에서 외출하러 나오는 甲을 발견하고 긴급체포하였다. 경찰관 P2는 그 직후 긴급체포한 甲을 그의 집으로 데려가 그의 방 책상 서랍에 있던 A의 신용카드를 압수하였고 그 후 적법하게 그 신용카드에 대한 압수·수색영장을 발부받았다.

검사는 甲과 乙을 병합하여 공소를 제기하였다.

〔2012년 제1회 변호사시험 제1문 변형[1]〕

1) 출제 당시는 사례의 연도가 2011년이었으나 법률 개정을 반영하기 위하여 2021년으로 변경하였다.

설 문

1. 위 사안과 관련하여 甲의 죄책을 논하시오. (30점)

2. 위 사안과 관련하여 乙의 죄책을 논하시오. (30점)

3. 甲이 공판 과정에서도 범행 일체를 부인하자 검사는 甲의 주거지에서 압수한 A의 신용카드를 증거물로 제출하였다. 검사가 제출한 그 신용카드의 증거능력 유무 및 그 근거에 대하여 논하시오. (20점)

4. 제1심법원은 甲에 대하여 현금카드를 사용하여 현금을 인출한 행위에 대하여는 무죄를 선고하고, 나머지 공소사실에 대하여는 모두 유죄로 인정하고 징역 5년을 선고하였다. 검사만 위 무죄 선고 부분에 대하여 항소하였다. 항소심 법원이 검사의 위 항소가 이유있다고 판단하는 경우 항소심의 심판범위 및 조치에 대하여 논하시오. (20점)

해 설

Ⅰ. 제1문 — 甲의 형사책임

1. 문제의 제기

甲에 대하여는 ① A의 손지갑을 꺼낸 뒤 도주하던 중, 쫓아가던 정복 착용 경찰관 P1을 乙과 함께 깨진 소주병으로 얼굴을 찔러 상해를 가한 행위, ② 절취한 신용카드로 50만 원 상당의 의류를 구입한 행위, ③ 절취한 현금카드로 100만 원을 인출한 행위에 대하여 어떤 형사책임을 지는지가 문제된다.

2. 경찰관 P1에게 상해를 가한 행위

甲이 길을 가던 A의 핸드백을 열고 신용카드 1장과 현금카드 1장이 들어 있는 손지갑을 꺼내 달아난 행위가 절도죄(형법 제329조)에 해당하는지 강도죄(형법 제333조)에 해당하는지 문제된다.

날치기와 같이 강제력을 사용하여 재물을 절취하는 과정에서 피해자가 넘어지거나 부상을 입은 경우, 그 강제력의 행사가 사회통념상 객관적으로 상대방의 반항을 억압하거나 항거불능하게 할 정도의 것이면 강도죄가 성립할 수도 있다.[1)] 그러나 본 사례에서는 날치기라기보다는 소매치기 수법으로 그대로 손지갑을 가지고 도망갔을 뿐 그 과정에서 피해자가 넘어지거나 부상당한 사실이 없으므로 절도죄에 해당한다. A의 손지갑을 꺼내감으로써 A의 점유를 배제하고 이를 취득하였으므로 기수에 이르렀다.

문제는 甲이 乙과 함께 깨진 소주병으로 자신을 체포하려고 온 P1에게 상해를 가한 행위가 어떤 범죄를 구성하는지 여부이다.

---

1) 그러나 피해자의 반항 억압을 목적으로 함이 없이 점유탈취과정에서 우연히 강제력이 가해진 경우에는 절도죄에 불과하다(대법원 2003. 7. 25. 선고 2003도2316 판결; 대법원 2007. 12. 13. 선고 2007도7601 판결).

(1) 강도상해죄의 성립 여부

(가) 준강도죄의 성립 여부

준강도죄는 '절도'가 재물의 탈환에 항거하거나 체포를 면탈하거나 범죄의 흔적을 인멸할 목적으로 폭행 또는 협박한 때에 성립하는데(형법 제335조), 甲의 행위가 이에 해당하는지가 문제된다.

준강도죄가 성립하기 위해서는 ① 절도범일 것(미수죄도 포함한다), ② 절도의 기회에 폭행 또는 협박이 행해질 것, 즉 절도범행과 시간적·장소적 접근성이 있을 것, ③ 재물의 탈환에 항거하거나 체포를 면탈하거나 범죄의 흔적을 인멸할 목적이 있을 것 등이 요구된다.

본 사례에서 甲은 절도의 기수범이고, 그 절도범행 직후 도주 중에 추적 중인 경찰관 P1의 얼굴을 찔렀으므로 시간적·장소적 접근성도 충족하였고, 체포를 면탈할 목적도 인정되므로 준강도죄가 성립한다. 준강도죄가 성립하는 경우에는 절도죄는 이에 흡수된다.

준강도죄의 성질—신분범 vs 비신분범

준강도죄의 성질에 대하여는 ① 신분범설과 ② 비신분범설(통설)이 대립된다. 신분범설은 준강도죄의 주체가 절도범인이므로 이는 신분범이고, 그 구성요건적 행위는 '폭행과 협박'이라고 한다. 신분범설은 다시 ⓐ 절도라는 점에 중점을 두어 절도가 구성적 신분이므로 진정신분범이라는 견해와 ⓑ 폭행·협박이라는 점에 중점을 두어 절도가 폭행·협박한 경우에 가중처벌하는 부진정신분범이라고 보는 견해로 나뉜다. 이에 반하여 비신분범설은, 신분은 행위자와 관련된 요소일 것을 요하는데 절도라는 신분은 행위요소적인 성격을 부정할 수 없으므로 신분범이라고 할 수 없고, 준강도죄의 구성요건적 행위는 '절도와 폭행·협박'으로서 실질적으로 결합범이라고 한다. 신분[1]은 남녀의 성별, 내·외국인의 구별, 친족관계 또는 공무원의 자격과 같은 관계뿐만 아니라 널리 일정한 범죄행위에 대한 인적 관계인 특수한 지위나 상태를 말하므로[2] 절도를 신분으로 보기는 어렵다. 따라서 비신분범이라고 하는 통설이 타당하다.

---

1) 신분은 범죄에 미치는 영향에 따라 ① 일정한 신분이 있어야 범죄가 성립하는 경우의 구성적 신분(예: 형법 제129조의 수뢰죄에서의 공무원, 형법 제152조의 위증죄에서의 법률에 의하여 선서한 증인 등), ② 신분이 없어도 범죄는 성립하지만 신분에 의하여 형벌이 가중되거나 감경되는 경우의 가감적 신분(예: 형법 제250조 제2항의 존속살해죄에서의 존속, 형법 제251조의 영아살해죄에서의 직계존속 등), ③ 신분으로 인하여 범죄의 성립 또는 형벌이 조각되는 경우의 소극적 신분(예: 변호사법위반죄에서의 변호사, 14세 미만자, 친족상도례에서의 친족 등)으로 분류된다. 구성적 신분의 범죄를 진정신분범, 가감적 신분의 범죄를 부진정신분범이라 한다.

2) 대법원 1994. 12. 23. 선고 93도1002 판결(목적도 신분이라고 판시).

판례는 ②의 비신분범설의 입장과 같이 준강도죄는 결합범이라고 한다.[1)] 대법원 2004. 11. 18. 선고 2004도5074 전원합의체 판결[2)]도 준강도죄의 기수 여부는 절도행위의 기수 여부를 기준으로 하여 판단해야 한다고 판시하여 준강도죄를 결합범으로 이해하고 있다.[3)]

(나) 준특수강도죄의 성립 여부

흉기를 휴대하거나 2인 이상이 합동하여 강도죄를 범한 때에는 특수강도죄(형법 제334조 제2항)가 성립한다. 甲은 처음에는 혼자서 흉기를 휴대하지 않고 절도범행을 저질렀으나 체포를 면탈할 목적으로 폭행을 가할 때 비로소 乙과 시간적·장소적으로 함께,[4)] 즉 합동으로 각 깨진 소주병으로 P1을 찔렀다. 깨진 소주병은 그 용법에 따라 살상을 가할 수 있는 물건으로서 흉기에 해당하므로, 이 경우도 특수강도의 준강도(즉, 준특수강도)에 해당하는지 문제된다.

이에 대하여는 ① 준강도를 일종의 신분적 가중유형으로 보아 본죄의 주체가 야간주거침입절도범(형법 제330조)이나 특수절도범(형법 제331조 제1항, 제2항)일 경우에는 특수강도의 준강도가 된다는 견해와 ② 특수강도에 해당하는지 여부는 절도의 가중사유 유무에 따라 결정되는 것이 아니라, 폭행·협박의 태양에 따라서 판단해야 하므로 폭행·협박을 가할 때에 야간주거침입이거나(형법 제334조 제1항), 흉기를 휴대하거나 합동한 때(형법 제334조 제2항)에 특수강도의 준강도가 성립한다는 견해(통설)가 대립된다. 판례는 ②의 견해와 같은 취지인데(**관련판례**[5)]), 타당하다고 할 것이다. 형법 제335조는 준강도의 처벌

---

1) 대법원 1982. 3. 23. 선고 81도3342, 81감도158 전원합의체 판결.

2) 본 판결 평석은 이천현, "준강도죄의 기수 및 미수의 판단기준", 형사판례연구 〔14〕, 박영사, 2006, 89-114면 참조.

3) 이러한 점은 ① 폭행·협박행위를 기준으로 하여 준강도죄의 미수범을 인정하는 외에 절취행위가 미수에 그친 경우에도 이를 준강도죄의 미수범이라고 보아야 한다는 별개의견이나 ② 준강도죄의 기수·미수의 구별은 폭행·협박행위를 기준으로 하여야 한다는 반대의견이 모두 준강도죄에 있어 행위의 주체는 '절도'이고, 구성요건적 행위는 '폭행 또는 협박을 가하는 것'이라고 판시하고 있는 점에서도 알 수 있다.

4) 대법원 1996. 3. 22. 선고 96도313 판결. 합동범은 공모 외에 현장에서의 실행행위의 분담을 요한다고 한다(현장설).

5) (**관련판례**) 대법원 1973. 11. 13. 선고 73도1553 전원합의체 판결【준강도】. 「준강도에 관한 형법 제355조를 보면, (중략) 형법 제333조와 형법 제334조의 예에 의한다고 규정하고 있는바, (중략) 강도죄와 같이 보여질 수 있는 실질적 위법성을 지니게 됨에 비추어 이를 엄벌하기 위한 취지로 규정되어 있는 것이며, 강도죄에 있어서의 재물탈취의 수단인 폭행 또는 협박의 유형을 흉기를 휴대하고 하는 경우와 그렇지 않은 경우로 나누어 흉기를 휴대하고 하는 경우를 특수강도로 하고, 그렇지 않은 경우를 단순강도로 하여 처벌을 달리하고 있음에 비추어 보면 절도범인이 처음에는 흉기를 휴대하지 아니하였으나 체포를 면탈할 목적으로 폭행 또는 협박을 가할 때에 비로소 흉기를 휴대사용하게 된 경우에는 형법 제334조의 예에 의한 준강도(특수강도의 준강도)가 되는 것으로 해석하여야 할 것이다.」

이러한 다수의견에 대하여는, 「준강도죄를 규정한 형법 제355조에는 범죄의 주체는 절도범인이요, 목적이 있어야 하며 행위는 폭행, 협박으로만 되어 있지 행위의 정도, 방법 따위에 대하여는 언급이 없으

에 있어 "제333조(강도) 및 제334조(특수강도)의 예에 따른다"고 규정하고 있는데, 이는 처벌에 있어서는 강도죄와 같을 뿐만 아니라 강도상해·치상죄(형법 제337조),[1] 강도살인·치사죄(형법 제338조) 및 강도강간죄(형법 제339조)의 규정도 적용된다는 취지이다.

본 사례의 경우, 甲의 행위는 준특수강도죄[2]에 해당한다.

㈐ 강도상해죄의 성립 여부

강도가 강도의 기회에[3] 사람을 상해한 때에는 강도상해죄(형법 제337조)가 성립한다. 강도상해죄는 강도죄와 상해죄의 결합범으로, 상해의 고의가 인정되어야 한다. 상해의 고의가 없고 과실이 있는 때에는 결과적 가중범인 강도치상죄(형법 제337조)가 성립한다. 甲은 깨진 소주병으로 P1의 얼굴을 찔렀는데, 이런 행위는 열상(裂傷)을 당연히 예상할 수 있으므로 상해의 고의가 인정된다. 따라서 甲에 대하여는 강도상해죄가 성립한다.

한편, 위험한 물건을 휴대하여 상해를 가하였으므로 특수상해죄(형법 제258조의2 제1항, 제257조 제1항)에 해당하지만[4] 이는 강도상해죄에 흡수된다.

(2) 특수공무집행방해치상죄의 성립 여부

직무를 집행하는 공무원에 대하여 폭행 또는 협박을 한 때에는 공무집행방해죄(형법 제136조 제1항)가 성립한다. 그리고 위험한 물건을 휴대하여 공무집행을 방해한 때에는 특수공무집행방해죄에 해당되어, 공무집행방해죄에서 정한 형(5년 이하의 징역 또는 1,000만 원 이하의 벌금)의 2분의 1까지 가중된다(형법 제144조 제1항).

본 사례에서 P1은 정복을 입고 순찰하다가 절도범인인 甲을 현행범인으로 체포하기 위하여 추적하는 중이었으므로 정당한 직무를 집행 중인 공무원에 해당하고, 甲

므로 목적이나 행위로서는 단순강도의 준강도냐 또는 특수강도의 준강도이냐를 구별지을 수 없고, 행위의 주체인 절도의 태양에 따라 구별지어야 한다」는 취지의 반대의견이 있다.

본 판결 평석은 이창섭, "준강도죄와 준특수강도죄의 구별", 형법판례 150선(제3판), [100], 박영사, 2021, 234－235면.

1) 대법원 1971. 1. 26. 선고 70도2518 판결.
2) 「공소장 및 불기소장에 기재할 죄명표」(대검찰청 예규)는 형법 제335조의 죄명을 준강도, 준특수강도로 구별하고 있으므로, 이 점을 유의할 필요가 있다.
3) 강도범행의 실행 중이거나 실행 직후 또는 실행의 범의를 포기한 직후로서 사회통념상 범죄행위가 완료되지 아니하였다고 볼 수 있는 단계를 말하고, 다소의 시간적·공간적 간격이 있더라도 강도범행 이후에도 피해자를 계속 끌고 다니거나 차량에 태우고 함께 이동하는 등으로 강도범행으로 인한 피해자의 심리적 저항불능 상태가 해소되지 않은 상태도 여기에 해당한다(대법원 2014. 9. 26. 선고 2014도9567 판결).
4) 대법원 2016. 1. 28. 선고 2015도17907 판결.

은 乙과 함께 위험한 물건인 깨진 소주병으로 P1의 얼굴을 찔렀으므로 甲의 행위는 특수공무집행방해죄에 해당한다.

나아가, 甲은 특수공무집행방해죄를 범하여 P1에게 전치 4주간의 안면부 열상을 가하였는데, 중한 결과인 상해에 대하여 고의가 인정된다. 이 경우, 중한 결과에 대하여 과실이 인정되는 경우에 성립하는 결과적 가중범인 특수공무집행방해치상죄가 성립하는지 문제된다. 특수공무집행방해치상죄(형법 제144조 제2항 전문. 3년 이상의 유기징역)는 그 법정형이 특수상해죄(1년 이상 10년 이하의 징역)보다 무거우므로[1] 상해의 고의가 있는 경우에도 성립하는 부진정결과적 가중범이라고 할 것이다.

이때, 특수공무집행방해치상죄와 특수상해죄와의 관계가 문제된다. ① 두 죄가 각 성립하고 상상적 경합관계라는 견해와 ② 특수공무집행방해치상죄만 성립하고 따로 특수상해죄는 성립하지 않는다는 견해의 대립이 있다. 판례는 본 사례와 같은 사안에서, "고의범에 대하여 더 무겁게 처벌하는 규정이 없는 경우에는 결과적 가중범이 고의범에 대하여 특별관계에 있다고 해석되므로 결과적 가중범만 성립하고 이와 법조경합의 관계에 있는 고의범에 대하여는 별도로 죄를 구성한다고 볼 수 없다"고 판시하여 특수공무집행방해치상죄만 성립한다는 ②의 입장이다(**관련판례**[2]).[3]

---

1) 고의범의 기본범에 대하여 더 무겁게 처벌하는 규정이 있는 경우는 진정결과적 가중범이다(관련판례). 예컨대, 특수공무집행방해치사죄(형법 제144조 제2항 후문)의 경우는 법정형(무기 또는 5년 이상 유기징역)이 살인죄(형법 제250조 제1항)의 법정형(사형, 무기 또는 5년 이상 유기징역)보다 가벼우므로 진정결과적 가중범이다. 따라서 특수공무집행방해죄와 살인죄가 각 성립하고 두 죄는 상상적 경합관계이므로 보다 중한 살인죄에 정한 형으로 처벌하게 된다. 판례 중에는 "부진정결과적 가중범인 특수공무집행방해치사상죄에 있어서는…"이라는 표현을 사용하여 특수공무집행방해치사죄가 부진정결과적 가중범인 것처럼 판시한 것이 있으나(대법원 1990. 6. 26. 선고 90도765 판결), 그 부분은 잘못된 표현으로 보인다.

2) (**관련판례**) 대법원 2008. 11. 27. 선고 2008도7311 판결【특수공무집행방해치상·폭력행위등처벌에관한법률위반(집단·흉기등상해)·도로교통법위반(무면허운전)】. 「부진정결과적가중범에 있어서, 고의로 중한 결과를 발생하게 한 행위가 별도의 구성요건에 해당하고 그 고의범에 대하여 결과적 가중범에 정한 형보다 더 무겁게 처벌하는 규정이 있는 경우에는 그 고의범과 결과적 가중범이 상상적 경합관계에 있다고 보아야 할 것이지만, 위와 같이 고의범에 대하여 더 무겁게 처벌하는 규정이 없는 경우에는 결과적 가중범이 고의범에 대하여 특별관계에 있다고 해석되므로 결과적 가중범만 성립하고 이와 법조경합의 관계에 있는 고의범에 대하여는 별도로 죄를 구성한다고 볼 수 없다. 따라서 직무를 집행하는 공무원에 대하여 위험한 물건을 휴대하여 고의로 상해를 가한 경우에는 특수공무집행방해치상죄만 성립할 뿐, 이와는 별도로 폭력행위등처벌에관한법률위반(집단·흉기등상해)죄를 구성한다고 볼 수 없다.」 〔주: 폭력행위등처벌에관한법률위반(집단·흉기등상해)죄는 2016. 1. 6. 삭제되고 대신 형법상의 특수상해죄가 신설되었지만, 폭력행위등처벌에관한법률위반(집단·흉기등상해)죄의 법정형이 3년 이상의 유기징역으로 특수공무집행방해치상죄의 법정형과 같아(특수공무집행방해치상죄=부진정결과적 가중범) 결론은 마찬가지이다〕.

3) 그러나 이와는 달리, 부진정결과적 가중범이더라도 기본범 외에 가중범이 있고 그 가중범의 법정형이 결과적 가중범보다 무거운 경우에는 두 죄는 상상적 경합관계이다. 예컨대, 1995. 12. 29 개정 전의 현

판례에 의하면 甲에 대하여 특수공무집행방해치상죄만 성립하는데, 乙과 함께 범행하였으므로 공동정범으로서의 형사책임을 진다.

(3) 소결

판례에 의하면 甲에 대하여 강도상해죄와 특수공무집행방해치상죄가 각 성립한다. 그런데 甲의 폭행행위가 준강도죄의 구성요건이자 공무집행방해죄의 구성요건에 해당하므로 두 죄는 상상적 경합관계이다. 판례도 절도범인이 체포를 면탈할 목적으로 적법한 직무수행 중인 경찰관에게 폭행·협박을 가한 때에는 준강도죄와 공무집행방해죄가 각 성립하고, 두 죄는 상상적 경합관계에 있다고 한다.[1]

3. 신용카드를 이용하여 의류를 구입한 행위

절취한 타인의 신용카드로 물품을 구입한 경우에는 사기죄와 여신전문금융업법상의 신용카드부정사용죄(동법 제70조 제1항 제3호[2])의 성립 여부가 문제된다. 특히, 사기죄에서는 피해자를 누구로 볼 것인지가 문제된다.

(1) 사기죄의 성립 여부

절취한 신용카드로 신용카드 가맹점에서 물품을 구입하는 경우, 행위자는 가맹점에 대하여 자신의 카드인 것처럼 속이고 물품을 구입하는 것이므로 묵시적 기망행위를 한 것이고, 가맹점 주인이나 종업원은 착오로 물품을 교부한 것이며, 그로 인하여 재산상 손해가 발생하므로 사기죄(형법 제347조 제1항)가 성립한다.

이때, 피해자가 누구인가에 대하여 ① 가맹점이라는 견해, ② 통상 카드회사이지만 가맹점에 귀책사유가 있는 때에는 가맹점, 카드명의인에게 귀책사유가 있는 때에는 카드명의인이라는 견해, ③ 카드회사라는 견해, ④ 카드회사와 카드명의인이라는

주건조물방화치사죄(형법 제164조 제2항. 사형, 무기 또는 5년 이상 징역. 위 개정으로 사형, 무기 또는 7년 이상으로 상향)는 살인죄(형법 제250조 제1항. 사형, 무기 또는 5년 이상 징역)와의 관계에서 부진정결과적 가중범인데, 살인죄의 가중범인 존속살해죄(형법 제250조 제2항)의 법정형은 사형 또는 무기징역(위 개정으로 사형, 무기 또는 7년 이상 징역으로 하향)이었으므로, 현주건조물에 방화하여 고의로 존속을 살해한 경우에는 현주건조물방화치사죄와 존속살해죄가 각 성립하고 두 죄는 상상적 경합관계이므로 법정형이 무거운 존속살해죄에 정한 형으로 처벌되었다(위 개정 전 사건에 관한 대법원 1996. 4. 26. 선고 96도485 판결).

1) 대법원 1992. 7. 28. 선고 92도917 판결.

2) 여신전문금융업법 제70조【벌칙】① 다음 각 호의 어느 하나에 해당하는 자는 7년 이하의 징역 또는 5천만원 이하의 벌금에 처한다. 3. 분실하거나 도난당한 신용카드나 직불카드를 판매하거나 사용한 자.

견해의 대립이 있다.

판례는 강취한 신용카드 사용과 관련하여 사기죄를 인정하면서 "점주를 속이고"라고 판시하거나,[1] 절취한 신용카드 사용과 관련하여, "신용카드를 부정사용한 결과가 사기죄의 구성요건에 해당하고, 그 각 사기죄가 실체적 경합관계에 해당한다고 하여도, 신용카드부정사용죄와 사기죄는 그 보호법익이나 행위의 태양이 전혀 달라 실체적 경합관계에 있다고 보아야 할 것이므로 신용카드 부정사용행위를 포괄일죄로 취급하는 데 아무런 지장이 없다"고 판시하여 각 사기죄가 실체적 경합관계에 있다고 한 점(**관련판례**[2])에 비추어, 각 가맹점이 피해자라고 판단한 것으로 보인다.

검찰실무도 대체로 가맹점만을 피해자로 하여 기소하고 있고, 법원도 검찰의 기소내용과 같이 가맹점을 피해자로 인정하고 있다. 그런데 가맹점에서 결제전표를 카드회사로 보내 대금을 청구하면 대금이 대부분 지급된다는 점에서 카드회사를 피해자로 적시하여 기소하기도 하는데, 그 경우에도 유죄판결을 하고 있다.

(2) 신용카드부정사용죄의 성립 여부

여신전문금융업법 제70조 제1항 제3호는 분실 또는 도난당한 신용카드를 사용한 사람을 처벌한다. 절취한 신용카드가 이 조문의 도난당한 신용카드에 해당함은 의문이 없다.

신용카드부정사용죄의 기수시기에 관하여는 ① 카드단말기(이전에는 매출전표)에 서명하여 결제한 때라는 견해, ② 가맹점주가 카드사용 영수증을 교부한 때라는 견해, ③ 상품(서비스 포함)을 교부받은 때라는 견해의 대립이 있으나, 판례는 위 ①설과 같은 입장이다(**관련판례**).[3] 그리고 수개의 부정사용행위는 포괄하여 1개의 신용카드부정사

1) 대법원 1997. 1. 21. 선고 96도2715 판결. 본 판결 평석은 강동범, "타인신용카드 부정사용의 형사책임에 관한 판례의 검토", 형사재판의 제문제 제3권, 박영사, 2000, 119-139면.

2) (**관련판례**) 대법원 1996. 7. 12. 선고 96도1181 판결【신용카드업법위반·절도】(결제한 때). 「피고인은 절취한 카드로 가맹점들로부터 물품을 구입하겠다는 단일한 범의를 가지고 그 범의가 계속된 가운데 동종의 범행인 신용카드 부정사용행위를 동일한 방법으로 반복하여 행하였다고 할 것이고, 또 위 신용카드의 각 부정사용의 피해법익도 모두 위 신용카드를 사용한 거래의 안전 및 이에 대한 공중의 신뢰인 것으로 동일하다고 할 것이므로, 피고인이 동일한 신용카드를 위와 같이 부정사용한 행위는 포괄하여 일죄에 해당한다고 할 것이고, 신용카드를 부정사용한 결과가 사기죄의 구성요건에 해당하고 그 각 사기죄가 실체적 경합관계에 해당한다고 하여도 신용카드부정사용죄와 사기죄는 그 보호법익이나 행위의 태양이 전혀 달라 실체적 경합관계에 있다고 보아야 할 것이므로 신용카드 부정사용행위를 포괄일죄로 취급하는 데 아무런 지장이 없다고 하겠다.」

3) 따라서 피고인이 절취한 신용카드로 대금을 결제하기 위하여 신용카드를 제시하고 카드회사의 승인까지 받았으나 나아가 매출전표에 서명을 한 사실이 없고, 카드가 없어진 사실을 알게 된 피해자에 의해 거래가 취소되어 최종적으로 매출취소로 거래가 종결된 때에는 신용카드부정사용의 미수행위에 해당

용죄만 성립하고,[1] 부정사용 과정에서의 매출전표 위조·동행사죄는 이에 흡수되어(법조경합관계) 별도로 성립하지 않는다(**관련판례**[2]). 한편, 사기죄와 신용카드부정사용죄와의 관계에 대해서는 상상적 경합설(통설)과 실체적 경합설이 있는데, 판례는 실체적 경합이라고 한다.[3]

(3) 소결

甲이 A로부터 절취한 신용카드로 의류가게에서 50만 원 상당의 의류를 구입한 행위는 의류가게 업주에 대한 사기죄(형법 제347조 제1항)와 여신전문금융업법위반죄(동법 제70조 제1항 제3호)에 각 해당하고, 두 죄는 실체적 경합관계이다.

4. 현금카드로 현금지급기에서 현금을 인출한 행위

(1) 문제의 제기

절취한 현금카드[4]를 이용하여 현금자동지급기에서 현금을 인출한 행위가 어떤 범죄에 해당하는지가 문제된다. 먼저 사기죄(형법 제347조 제1항)의 성부가 문제된다. 사기죄는 사람을 기망하여 그 기망으로 착오에 빠진 사람의 처분행위에 의하여 재물을 교부받거나 재산상 이익을 취득하는 범죄인데, 현금자동지급기는 기계일 뿐 사람이 아니므로 사람에 대한 기망이 없고, 나아가 사람의 처분행위도 없으므로 사기죄를 구성하지 않는다. 그리고 현금자동지급기는 현금카드와 비밀번호를 이용하여 현금서비스 또는 예금인출로 현금을 제공하는 기계이지 대가를 지급할 것을 요건으로 작동하

된다(대법원 2008. 2. 14. 선고 2007도8767 판결). 그런데 위·변조 신용카드사용에 대해서만 미수죄가 인정되므로(여신전문금융업법 제70조 제5항), 절취 신용카드사용의 미수행위는 처벌되지 않는다.

1) 대법원 1996. 7. 12. 선고 96도1181 판결.

2) (**관련판례**) 대법원 1992. 6. 9. 선고 92도77 판결【절도·사문서위조·위조사문서행사·사기·신용카드업법위반】. 「부정사용죄의 구성요건적 행위인 신용카드의 사용이라 함은 신용카드의 소지인이 신용카드의 본래 용도인 대금결제를 위하여 가맹점에 신용카드를 제시하고 매출표에 서명하여 이를 교부하는 일련의 행위를 가리키고 단순히 신용카드를 제시하는 행위만을 가리키는 것은 아니라고 할 것이므로, 위 매출표의 서명 및 교부가 별도로 사문서위조 및 동행사의 죄의 구성요건을 충족한다고 하여도 이 사문서위조 및 동행사의 죄는 위 신용카드부정사용죄에 흡수되어 신용카드부정사용죄의 1죄만이 성립하고 별도로 사문서위조 및 동행사의 죄는 성립하지 않는다고 보는 것이 타당하다.」

3) 대법원 1996. 7. 12. 선고 96도1181 판결.

4) 현금카드는 은행의 연결계좌 정보와 전자적으로 연결하여 그 계좌로부터의 현금의 자동인출, 자동이체 등 은행의 예금업무를 위한 전자적 카드이다. 현금카드는 현금카드 전용으로 발급되는 경우도 있으나, 신용카드를 발급할 때 신용카드회원(예금주)의 요청에 따라 은행의 예금업무에 관한 전자적 정보와 신용카드업자의 업무에 관한 전자적 정보가 회원(예금주)의 편의를 위해 신용카드업자 등에 의해 하나의 자기띠에 입력되어 신용카드와 현금카드를 겸용할 수 있도록 발급되는 경우도 있다. 본 사례에서는 현금카드라고 하고 있으므로 전자의 경우로 보인다.

는 기계가 아니므로 편의시설부정사용죄(형법 제348조의2)에도 해당하지 않는다.

따라서 ① 절도죄 또는 컴퓨터등사용사기죄가 성립하는지, ② 여신전문금융업법상의 신용카드부정사용죄가 성립하는지를 검토한다.[1)]

(2) 컴퓨터등사용사기죄 또는 절도죄의 성립 여부

컴퓨터등사용사기죄는 컴퓨터 등 정보처리장치에 허위의 정보 또는 부정한 명령을 입력하거나 권한 없이 정보를 입력·변경하여 정보처리를 하게 함으로써 재산상의 이익을 취득하거나 제3자에게 취득하게 하는 경우에 성립하는 범죄이다(형법 제347조의2). 현금자동지급기는 컴퓨터 등 정보처리장치에 해당한다. 타인 명의의 신용카드나 현금카드의 비밀번호를 입력하는 것은 허위의 정보나 부정한 명령을 입력하는 것은 아니지만 권한 없이 정보를 입력하는 경우에 해당한다. 그러나 컴퓨터등사용사기죄는 재산상 이익을 객체로 하고 있는데, 현금자동지급기에서 인출되는 현금은 재물이라는 점에서 컴퓨터등사용사기죄가 성립하는지 절도죄가 성립하는지에 관하여 견해의 대립이 있다.[2)]

① 절도죄가 성립한다는 견해는 컴퓨터등사용사기죄는 재산상 이익만을 객체로 하고 있으므로 현금인출은 위 죄에 해당하지 않고, 현금자동지급기 소유자나 관리자의 점유를 침해하고 재물을 취득하는 것이므로 절도죄가 성립한다고 한다. ② 컴퓨터등사용사기죄가 성립한다는 견해는 위 죄에 정보의 무권한 사용을 포함시킨 것은 타인의 신용카드로 현금자동지급기에서 현금을 인출하는 행위를 처벌하기 위하여 형법 개정을 통하여 추가한 것이라는 입법경위와 재물은 재산상 이익과 대립되는 개념이지만 동시에 재산상 이익의 특별규정이므로 재물에 대한 사기죄가 성립하지 않는 경우에는 재산상 이익을 취득한 경우로 해석할 수 있다고 한다. 이 견해는 컴퓨터등사용사기죄는 절도죄와 택일관계에 있다고 한다.

판례는 절도죄가 성립한다고 한다(**관련판례**[3)]).

---

1) 이와는 별도로 사전자기록등변작죄 및 변작사전자기록등행사죄가 성립하는지 여부도 검토할 필요가 있는데, 이에 대해서는 후술한다.

2) 이 밖에도 피해자를 카드회사로 하는 사기죄가 성립한다는 견해, 무죄라는 견해 등이 있다.

3) (**관련판례**) 대법원 2003. 5. 13. 선고 2003도1178 판결【컴퓨터등사용사기】. 「형법 제347조의2는 컴퓨터등사용사기죄의 객체를 재물이 아닌 재산상의 이익으로만 한정하여 규정하고 있으므로, 절취한 타인의 신용카드로 현금자동지급기에서 현금을 인출하는 행위가 재물에 관한 범죄임이 분명한 이상 이를 위 컴퓨터등사용사기죄로 처벌할 수는 없다고 할 것이고, 입법자의 의도가 이와 달리 이를 위 죄로 처벌하고자 하는 데 있었다거나 유사한 사례와 비교하여 처벌상의 불균형이 발생할 우려가 있다는 이유만으로 그와 달리 볼 수는 없다(타인 명의로 무단발급받은 신용카드에 의한 사안에 관한 대법원 2002.

(3) 신용카드부정사용죄의 성립 여부

여신전문금융업법상의 신용카드부정사용이란 도난 또는 분실된 신용카드를 신용카드의 본래의 용법에 따라 사용하는 것을 말한다. 여신전문금융업법은 신용카드업의 업무로서 신용카드[1)]의 이용과 관련된 대금의 결제 이외에도 신용카드회원에 대한 현금서비스 등 자금의 융통도 부대업무로 규정하고 있다. 따라서 신용카드를 이용하여 현금서비스를 받는 행위는 여신전문금융업법상의 신용카드부정사용에 해당한다.[2)]

그런데 신용카드업법이 폐지되고 개정된 현행 여신전문금융업법은 현금카드의 기능을 신용카드의 기능에서 제외하고 있으므로, 현행법상으로는 현금카드로 예금을 인출하는 행위는 여신전문금융업법상 신용카드부정사용죄에 해당하지 않는다. 판례도 같은 취지이다(**관련판례**[3)]).[4)]

(4) 소결

판례에 의하면 甲이 A의 현금카드로 현금을 인출한 행위는 절도죄에 해당한다.

절취한 신용·현금카드의 비밀번호 입력과 사전자기록등변작죄 성립 여부

甲이 현금자동지급기에 A의 현금카드 비밀번호를 입력하는 등 현금자동지급기를 조작하여 현금 100만 원을 인출한 행위가 사전자기록등변작죄(형법 제232조의2) 및 변작사전자기록등행사죄(형법 제234조)에 해당하는지 문제된다. 결론적으로 두 죄가 성립하지만, 이 점에 관하여 우

---

7. 12. 선고 2002도2134 판결 참조).」

1) 신용카드와 직불카드를 포함한다.

2) 대법원 1995. 7. 28. 선고 95도997 판결.

3) (**관련판례**) 대법원 2003. 11. 14. 선고 2003도3977 판결【여신전문금융업법위반】. 「여신전문금융업법 제70조 제1항 소정의 부정사용이라 함은 위조·변조 또는 도난·분실된 신용카드나 직불카드를 진정한 카드로서 신용카드나 직불카드의 본래의 용법에 따라 사용하는 경우를 말하는 것이므로, 절취한 직불카드를 온라인 현금자동지급기에 넣고 비밀번호 등을 입력하여 피해자의 예금을 인출한 행위는 여신전문금융업법 제70조 제1항 소정의 부정사용의 개념에 포함될 수 없다. (중략) 직불카드가 겸할 수 있는 현금카드의 기능은 법령에 규정된 신용카드의 기능에 포함되지 않는다 할 것이고, 또한 하나의 카드에 직불카드 내지 신용카드 기능과 현금카드 기능이 겸용되어 있더라도, 이는 은행의 예금업무에 관한 전자적 정보와 신용카드업자의 업무에 관한 전자적 정보가 회원(예금주)의 편의를 위해 신용카드업자 등에 의해 하나의 자기띠에 입력되어 있을 뿐이지, 양 기능은 전혀 별개의 기능이라 할 것이어서, 이와 같은 겸용 카드를 이용하여 현금지급기에서 예금을 인출하는 행위를 두고 직불카드 내지 신용카드를 그 본래의 용법에 따라 사용하는 것이라 보기도 어렵다.」

본 판결 해설은 성지호, "여신전문금융업법 제70조 제1항 소정의 부정사용의 의미 및 절취한 직불카드를 이용하여 현금자동지급기로부터 예금을 인출하는 행위가 직불카드부정사용죄에 해당하는지 여부", 대법원판례해설 제48호(2003 하반기), 2004, 406−417면.

4) 대법원 2010. 6. 10. 선고 2010도3409 판결(현금카드는 신용카드가 아니다).

리나라에서는 거의 논의가 되고 있지 않을 뿐 아니라 검찰에서도 기소하지 않고 이에 관하여 언급한 판례도 없으므로 본문이 아닌 관련쟁점 부분에서 언급하기로 한다.

생각건대, 절취한 A의 현금카드를 사용하여 A의 비밀번호를 입력한 것에 지나지 않으므로 사전자기록등변작죄에서의 '변작'에 해당하지 않는다는 견해도 있을 수 있으나, 권한 없이 'A 본인이 현금 100만 원을 인출하였다'는 허위내용의 전자기록을 만들어 은행의 예금파일을 변경한 점에서 변작에 해당한다고 보아야 할 것이다.[1] 그리고 사무처리를 그르치게 할 목적[2]도 인정되므로 사전자기록등변작죄가 성립한다. 나아가 이를 은행의 사무처리에 사용할 수 있는 상태에 두었으므로 변작사전자기록등행사죄도 성립한다. 두 죄는 실체적 경합관계이다.[3]

이때, 현금을 인출한 절도죄와의 관계가 문제된다. 절도죄와 사전자기록등변작죄, 절도죄와 변작사전자기록등행사죄는 각 상상적 경합관계이고, 사전자기록등변작죄와 변작사전자기록등행사죄는 실체적 경합관계이다. 그런데 사전자기록등변작죄와 변작사전자기록등행사죄가 절도죄와 연결되어 3개의 범죄가 상상적 경합관계가 되는 이른바 연결효과에 의한 상상적 경합이 되는 것은 아닌지 문제된다. 연결효과에 의한 상상적 경합에 대하여는 ① 이중 평가를 막기 위하여 이를 인정해야 한다는 긍정설, ② 서로 다른 2개의 행위가 제3의 행위에 의하여 1개가 될 수는 없으므로 이를 인정할 수 없다는 부정설,[4] ③ 연결하는 제3의 범죄의 형이 연결되는 다른 독립된 범죄의 형보다 중하거나 같은 경우에는 이를 인정하고, 가벼운 경우에는 중한 각 죄와 실체적 경합관계에 있다는 제한긍정설(통설)이 대립된다. 판례는 이를 인정하고 있다.[5] 판

---

1) 이재상·장영민·강동범, 형법연습(제9판), 신조사, 2015, 573면. 타인의 현금카드를 사용하여 현금을 송금하거나 인출한 행위에 대하여 사전자기록등변작죄 및 변작사전자기록등행사죄를 인정하고 있다.

2) 형법 제232조의2에 정한 전자기록은 그 자체로서 객관적·고정적 의미를 가지면서 독립적으로 쓰이는 것이 아니라 개인 또는 법인이 전자적 방식에 의한 정보의 생성·처리·저장·출력을 목적으로 구축하여 설치·운영하는 시스템에서 쓰임으로써 예정된 증명적 기능을 수행하는 것이므로, '사무처리를 그르치게 할 목적'이란 위작 또는 변작된 전자기록이 사용됨으로써 위와 같은 시스템을 설치·운영하는 주체의 사무처리를 잘못되게 하는 것을 말한다(대법원 2008. 6. 12. 선고 2008도938 판결). 따라서 새마을금고 직원이 위 금고의 전 이사장에 대한 채권확보를 위하여 금고의 예금 관련 컴퓨터프로그램에 전 이사장 명의의 예금계좌 비밀번호를 동의 없이 입력하여 위 예금계좌에 입금될 상조금을 위 금고의 가수금 계정으로 이체한 경우에는 위 목적을 인정할 수 없으나(위 2008도938 판결), 공군 복지근무지원단 예하 지구대의 부대매점 및 창고관리 부사관이 창고 관리병으로 하여금 위 지원단의 업무관리시스템인 복지 전산시스템에 자신이 그 전에 이미 횡령한 바 있는 면세주류를 마치 정상적으로 판매한 것처럼 허위로 입력하게 한 경우에는 위 목적을 인정할 수 있다(대법원 2010. 7. 8. 선고 2010도3545 판결).

3) 일본에서도 절취한 타인의 신용카드를 사용하여 인터넷에서 그 카드의 명의·번호를 입력하여 만남사이트의 이용대금인 전자머니를 구입한 사안에서, '명의인 본인이 전자머니의 구입을 신청하였다'는 허위정보를 입력하여 부실의 전자적 기록을 만들었다는 이유로 전자계산기사용사기죄(일본 형법 제246조의2)를 인정한 판례(最決 2008. 2. 14. 刑集 60·2·335)를 근거로, 진정한 A의 카드로 그 비밀번호를 사용하여 현금자동지급기를 조작한 행위는 전자적기록부정작출죄(일본 형법 제161조의2)에 해당한다는 견해(齊野彦弥, 刑事系科目〔第1問〕の解説, 新司法試験の問題と解説 2009, 日本評論社, 94−95면)가 있다.

4) 이 경우, 이중평가를 피하면서 정당한 처벌을 가능하게 하기 위하여는 2개의 행위를 실체적 경합으로 가중한 형을 정한 후에 그것과 상상적 경합관계에 있는 제3의 행위와 비교하여 무거운 형으로 처벌하는 것이 타당하다고 한다.

5) 대법원 1983. 7. 26. 선고 83도1378 판결.

례의 입장을 따르면, 3개의 범죄가 상상적 경합관계가 되어 그 중 가장 무거운 절도죄의 정한 형으로 처벌하게 된다.[1)]

5. 설문의 해결

甲에 대하여는 강도상해죄, 특수공무집행방해치상죄의 공동정범,[2)] 사기죄, 여신전문금융업법위반죄, 절도죄가 각 성립한다. 이때, 강도상해죄와 특수공무집행방해치상죄는 상상적 경합관계(형법 제40조), 그 밖의 각 죄는 실체적 경합관계(형법 제37조, 제38조)에 있다.

Ⅱ. 제2문 — 乙의 형사책임

1. 강도상해죄의 성립 여부

(1) 문제의 제기

乙은 甲의 절도행위에는 가담하지 않았고, 甲을 추적 중인 P1에게 甲이 체포당하지 않도록 하기 위하여 깨진 소주병으로 P1을 찔렀다. 이처럼 절도범이 아닌 자가 절도범의 준강도범행 중 일부인 폭행에 가담한 경우 준강도죄가 성립하는지 문제된다. 이는 준강도죄의 성질을 어떻게 볼 것인가 하는 문제와 밀접하게 연결되어 있다. 앞서 살펴본 대로 준강도죄는 절도와 폭행·협박의 결합범적 성격을 가진 범죄라고 할 것이므로 乙에 대하여 승계적 공동정범이 성립하는가를 검토하면 될 것이다. 그러나 준강도죄를 절도라는 신분을 가진 자의 범죄, 즉 신분범이라고 하는 견해에 의하면, 신분이 없는 乙이 신분자인 甲의 공범이 될 수 있는지 여부를 검토해야 한다.

(2) 승계적 공동정범인지 여부

절도에는 가담하지 않았으나 후행행위인 폭행에만 가담한 乙에 대하여 준강도죄가 성립하는가의 문제는 승계적 공동정범을 인정할 것인가의 문제로 귀착된다. 승계적 공동정범은 실행행위의 일부 종료 후 그 기수 이전에 공동의 의사가 생긴 경우, 예

1) 일본 하급심판례 중에는 현금카드의 전자기록을 복사하여 예금인출용 전자기록을 부정작출하고, 이것을 현금자동지급기에 넣고 현금을 인출한 사안에서, 사전자기록부정작출죄와 부정작출사전자기록행사죄 및 절도죄는 순차 수단과 결과의 관계에 있으므로 견련범(일본 형법 제54조 제1항)이 되어 가장 무거운 형으로 처벌한다고 판시한 것이 있다(東京地判 1989. 2. 22. 判時 1308·161).
2) 결과적 가중범의 공동정범이 성립되는지 여부는 乙의 형사책임 부분에서 논의한다.

컨대 1인(선행자)이 강도의 의사로 피해자에게 폭행을 가하여 반항을 억압한 후에 다른 1인(후행자)에게 그 사실을 이야기하고 공동으로 피해자의 재물을 탈취한 경우에 후행자에게도 선행행위에 대한 공범책임을 귀속시킬 수 있는가의 문제이다.

㈎ 학설

㈀ 적극설

선행행위를 인식하고 이를 이용하려는 의사연락을 근거로 후행자에 대하여도 전체행위에 대한 공동정범의 책임을 인정해야 한다는 견해이다. 선행자의 의사를 이해하고 이미 이루어진 사정을 이용하면서 실행에 참가한 때에는 공동의 의사와 공동가공의 사실이 모두 존재하므로 전체범죄에 대하여 공동정범의 책임을 져야 한다고 한다.

㈁ 소극설

후행자에게 가담 이후의 행위에 대하여만 공동정범의 성립을 인정하는 견해이다(통설). 형법상 사후고의를 인정할 수 없을 뿐만 아니라 선행자에 의하여 단독으로 행해진 결과에 대하여 후행자의 행위지배를 인정할 수 없다는 점, 객관적 귀속의 최소한의 전제는 인과관계에 있는데 후행자의 개입 이전에 이미 선행자가 단독으로 행한 결과를 후행자에게 귀속시킬 수 있는 인과관계를 인정할 수 없다는 점 등을 근거로 한다.

㈏ 판례

판례는 소극설의 입장이다(**관련판례**[1]).

㈐ 소결

소극설이 타당하고, 이에 따르면 본 사례에서 乙은 후행행위인 甲과 함께 깨진 소주병으로 P1을 찌른 행위 그 자체에 대해서만 형사책임을 진다. P1을 찔러 상해를 가하였는데 깨진 소주병은 위험한 물건에 해당하므로 특수상해죄(형법 제258조의2 제1항, 제257조 제1항)에 해당한다(공동정범).

(3) 강도상해방조죄의 성립 여부

乙이 甲의 강도상해행위 중에서 상해부분에만 가담한 것은 강도상해죄의 공동정범에는 해당하지 않고 특수상해죄에는 해당하는데, 더 나아가 강도상해죄의 방조범이

---

1) (**관련판례**) 대법원 1997. 6. 27. 선고 97도163 판결【특정경제범죄가중처벌등에관한법률위반(배임)】. 「계속된 거래행위 도중에 공동정범으로 범행에 가담한 자는 비록 그가 그 범행에 가담할 때에 이미 이루어진 종전의 범행을 알았다 하더라도 그 가담 이후의 범행에 대하여만 공동정범으로 책임을 지는 것이라고 할 것이므로, 비록 이 사건에서 위 A와의 거래행위 전체가 포괄하여 하나의 죄가 된다 할지라도 위 피고인에게 그 가담 이전의 거래행위에 대하여서까지 유죄로 인정할 수는 없다 할 것이다.」
본 판결 평석은 김성천, "승계적 공동정범", 형법판례 150선(제3판), [51], 116-117면.

성립할 수 있는지가 문제된다. 방조행위는 정신적 또는 물질적으로 정범의 실행행위를 돕는 것으로 그 방법에는 제한이 없고, 방조행위의 시기는 정범의 실행행위 착수 전의 예비행위를 방조한 때로부터 실행행위가 완료되어도 결과가 발생하기 전까지 어느 때든 가능하기 때문이다.

본 사례에서 甲은 乙에게 자신이 절도행위를 하고 추적당하고 있다는 사정을 이야기하고 도와 달라고 부탁하였고, 乙은 이를 승낙하고 甲과 함께 P1을 찔러 상해를 가한 것이므로 甲의 강도상해를 방조한 것으로 볼 수 있다.[1] 따라서 甲에 대하여는 강도상해방조죄(형법 제337조, 제335조, 제334조 제2항, 제1항, 제32조)가 성립하고, 위 특수상해죄는 강도상해방조죄에 흡수된다.[2]

준강도 신분범설에 따른 후행행위 가담자의 형사책임

준강도죄가 신분범이라고 할 경우에 乙의 형사책임은 형법 제33조를 어떻게 해석할 것인지 여부에 따라 달라진다. 형법 제33조는 "신분이 있어야 성립되는 범죄에 신분 없는 사람이 가담한 경우에는 그 신분 없는 사람에게도 제30조부터 제32조까지의 규정을 적용한다. 다만, 신분 때문에 형의 경중이 달라지는 경우에 신분 없는 사람은 무거운 형으로 벌하지 아니한다"고 규정하고 있다. 여기서 본문과 단서의 해석에 있어서 특히 본문의 성격과 관련하여 ① 부진정신분범에 있어서는 신분이 범죄의 구성에 영향을 미치지 않고 형벌을 가감하는 기능을 가질 뿐이며 별도로 단서에서 규정하고 있으므로 본문은 진정신분범에 대해서만 적용된다는 진정신분범적용설(통설), ② 본문은 진정신분범뿐만 아니라 부진정신분범에도 적용된다는 진정신분범 및 부진정신분범 전부적용설이 대립된다. 이러한 견해의 대립은 부진정신분범의 성립근거규정이 형법 제33조 본문인가(위 ②설), 아니면 단서인가(위 ①설)에 대하여 차이가 있을 뿐, 진정신분범의 성립근거규정이 형법 제33조 본문이고, 부진정신분범의 처벌규정이 형법 제33조 단서

1) 판례도 ① 특수강도 현장에서 망을 본 행위와 관련하여, 특수강도 범행사실을 알면서 그 실행행위를 용이하게 하였는지가 문제된 사례에서, "특수강도의 범죄사실에 관하여 종범으로서 가공한 사실이 인정될 수 있다(그러나 앞에서 본 바와 같이 기록상 피고인이 원심 공동피고인 등의 특수강도 범행사실을 알면서 그 실행행위를 용이하게 하는 방조행위를 하였다고 볼 만한 자료도 없다)"고 판시하고(대법원 2011. 12. 11. 선고 2001도4013 판결), ② 미성년자의 약취·유인에는 가담한 바 없으나 그 후 그 사실을 알면서 이를 미끼로 한 뇌물요구행위에 가담한 사례에서, 결합범인 특정범죄 가중처벌 등에 관한 법률 제5조의2(약취·유인죄의 가중처벌) 제2항 제1호 위반죄의 방조범에 해당한다고 판시하였다(대법원 1982. 11. 23. 선고 82도2024 판결). 일본 판례도 강도 목적으로 피해자를 살해한 남편으로부터 사정 이야기를 듣고 금원의 강취에 협력해 달라는 부탁을 받은 처가 어쩔 수 없이 이를 승낙하고 촛불을 밝혀주어 남편의 강취행위를 용이하게 한 사안에서, 강도살인죄는 단순일죄이므로 강도살인죄의 일부인 강취행위에 가담하여 이를 방조한 때에는 강도살인죄의 방조가 성립하고, 단순히 강도죄·절도죄의 방조에 그치지 않는다고 판시하고 있다(大判 1938. 11. 18. 刑集 17·839).

2) 이에 대하여 두 죄가 성립하고, 두 죄는 상상적 경합관계라는 견해도 있다.

라는 것에 대해서는 다툼이 없다.

한편, 판례는 처가 아들과 공동하여 남편을 살해한 경우에 처에게도 존속살해죄의 공동정범을 인정하고,[1] 상호신용금고의 임원이 아닌 자가 신분관계에 있는 임원과 공모하여 상호신용금고법위반죄(배임 또는 업무상배임죄의 가중범죄)를 저질렀다면 신분 없는 사람에게도 형법 제33조 본문에 의하여 상호신용금고법위반죄가 성립하고 다만 형법 제33조에 의하여 업무상배임죄의 형으로 처벌한다고 판시하여,[2] ②설과 같은 입장이다.

본 사례에서 乙의 형사책임을 확정하기 위해서는 준강도죄가 신분범이라고 할 때, 진정신분범인지 부진정신분범인지를 먼저 검토하여야 한다. 이에 대해서는 ⓐ 준강도죄에서의 '절도'는 구성적 신분으로서 진정신분범이라는 견해(일본의 통설),[3] ⓑ 준강도죄에서의 '절도'는 폭행·협박죄와의 관계에서 가중적 신분으로서 부진정신분범이라는 견해[4]의 대립이 있다.

위 ⓐ설에 따라 진정신분범이라고 할 경우, 위 ①, ② 어느 설에 의하더라도 형법 제33조 본문에 따라 강도상해죄의 공동정범이 성립하고,[5] 위 ⓑ설에 따라 부진정신분범이라고 할 경우, 위 ①설에서는 형법 제33조 단서에 의하여 특수상해죄의 공동정범이 성립하고, 위 ②설에서는 형법 제33조 본문에 의하여 강도상해죄의 공동정범이 성립하고, 다만 단서에 의하여 특수상해죄로 처벌된다고 할 것이다.

2. 특수공무집행방해치상죄의 성립 여부

앞서 甲의 형사책임에서 논하였듯이 乙이 깨진 소주병으로 P1의 얼굴을 찌른 행위는 특수공무집행방해죄에 해당하고, 이로 인하여 P1에게 상해를 가하였으므로 특수공무집행방해치상죄의 공동정범[6]이 성립한다. 이때 별도로 특수상해죄가 성립하는지 문제되는데, 판례에 의하면 특수공무집행방해치상죄만 성립하고 법조경합관계에 있는 특수상해죄는 별도로 성립하지 않는다.[7]

3. 범인도피죄의 성립 여부

범인도피죄(형법 제151조 제1항)는 범인은닉 이외의 방법으로 범인에 대한 수사, 재판 및 형의 집행 등 형사사법의 작용을 곤란 또는 불가능하게 하는 행위를 한 경우에

1) 대법원 1961. 8. 2. 선고 4294형상284 판결.
2) 대법원 1997. 12. 26. 선고 97도2609 판결.
3) 前田雅英, 刑法各論講義(第4版), 東京大學出版會, 2007, 242면.
4) 東京地判 1985. 3. 19. 判時 1172·155.
5) 다만, 그 처벌근거에 관하여 ①설은 본문이 성립근거규정이자 처벌근거규정이라고 함에 반하여, ②설은 진정신분범이 성립하면 그 형벌로 처벌하는 것이 당연하므로 별도 처벌근거규정이 필요 없다고 하는데, 실제 처벌에 있어서는 차이가 없다.
6) 결과적 가중범의 공동정범에 관하여는 사례 8. [15－변시(4)－2] 제1문 참조.
7) 대법원 2008. 11. 27. 선고 2008도7311 판결.

성립한다. 그 수단과 방법에는 제한이 없다. 또한 범인도피죄는 위험범으로서 현실적으로 형사사법의 작용을 방해하는 결과를 초래할 것이 요구되지 않지만, 같은 조문에 함께 규정되어 있는 은닉행위에 비견될 정도로 수사기관의 발견·체포를 곤란하게 하는 행위, 즉 직접 범인을 도피시키는 행위 또는 도피를 직접적으로 용이하게 하는 행위에 한정된다. 그리고 본죄의 주체에는 범인이 아닌 자[1]라면 그 제한이 없고, 공동정범 중 한 사람이 다른 공동정범을 도피하게 한 경우에도 본죄를 구성한다. 죄를 범한 자는 정범뿐만 아니라 교사범과 종범을 포함하고, 예비·음모를 한 자도 포함한다. 또한 시기적으로도 유죄판결이 확정되었거나 공소가 제기되었을 것을 요하지 않고, 범죄의 혐의를 받고 수사 중인 자, 나아가 아직 수사대상이 되지 않은 자도 포함되며,[2] 실제로 벌금 이상의 형에 해당하는 범죄를 범한 자라는 것을 인식함으로써 충분하고 그 법정형이 벌금 이상이라는 것까지 알 필요는 없다.[3]

본 사례에서 乙은 甲이 수사대상자로 체포될 우려가 있다는 점을 인식하고 있었으며, P1에게 상해를 가함으로써 P1이 甲을 추적하여 체포하는 것을 곤란하게 하였고, 실제로 이에 따라 甲은 도주하였다. 따라서 乙에 대하여 범인도피죄가 성립한다.

4. 설문의 해결

乙의 대하여 강도상해방조죄, 특수공무집행방해치상죄의 공동정범, 범인도피죄가 각 성립하고, 각 죄는 하나의 행위가 수죄에 해당하는 경우이므로 모두 상상적 경합관계이다.

Ⅲ. 제3문 — 압수한 신용카드의 증거능력

1. 문제의 제기

P2는 甲의 주거지에서 약 25미터 떨어진 곳에서 甲을 긴급체포한 후, 甲의 주거

1) 그러나 범인이 자신을 위하여 타인으로 하여금 허위의 자백을 하게 하여 범인도피죄를 범하게 하는 행위는 방어권의 남용으로 범인도피교사죄에 해당한다. 이 경우 그 타인이 형법 제151조 제2항에 의하여 처벌을 받지 않는 친족, 호주 또는 동거가족에 해당한다 하여 달리 볼 것은 아니다(대법원 2006. 12. 7. 선고 2005도3707 판결(무면허운전으로 사고를 낸 사람이 동생을 경찰서에 대신 출두시켜 피의자로 조사받도록 한 행위는 범인도피교사죄에 해당한다고 한 사례)).

2) 대법원 2003. 12. 12. 선고 2003도4533 판결.

3) 대법원 1983. 8. 23. 선고 83도1486 판결; 대법원 1995. 12. 26. 선고 93도904 판결; 대법원 2000. 11. 24. 선고 2000도4078 판결.

지에 가서 A의 신용카드를 압수하였고, 이후 적법하게 사후압수·수색영장을 발부받았다. 압수된 신용카드의 증거능력을 검토하기 위해서는 먼저 긴급체포가 적법한지를 살펴보고, 나아가 압수가 적법한지를 살펴보아야 한다.

긴급체포가 적법하기 위해서는 ① 범죄의 중대성 및 범죄혐의의 상당성, ② 체포의 필요성, ③ 긴급성의 요건이 갖추어져야 한다(형소법 제200조의3). 甲은 강도상해죄(법정형이 무기 또는 7년 이상의 유기징역)를 범하였고, 도주의 우려가 있었을 뿐 아니라 P2는 수사 중 우연히 甲을 발견하였으므로 긴급성도 인정된다. 따라서 P2의 甲에 대한 긴급체포는 적법하다.

2. 체포현장에서의 압수·수색 검토

형사소송법 제216조 제1항 제2호는 체포현장에서 영장 없이 압수·수색·검증을 할 수 있다고 규정하고 있다. 체포현장이라고 하려면 체포와 시간적·장소적으로 접착될 것을 요한다.

시간적 접착과 관련해서는, ① 체포행위와 시간적·장소적으로 접착되어 있으면 충분하고, 체포의 전후를 불문한다는 설(체포접착설),[1] ② 피의자가 현실적으로 체포되었음을 요한다는 설(체포설), ③ 압수·수색 당시에 피의자가 현장에 있음을 요한다는 설(현장설), ④ 피의자가 압수·수색 장소에 현재하고 체포의 착수를 요건으로 한다는 설(체포착수설) 등이 있다. 생각건대, 체포대상자의 측면에서는 원칙적으로 현장에 있어야 하고, 체포자의 입장에서는 체포의 전후를 불문하지만 적어도 체포 착수에 근접한 행위를 하여야만 '체포하는 경우'에 해당한다고 할 것이다. 체포자가 현장에 있어 체포에 착수하였으나 도주한 경우에는 압수·수색이 가능하다고 할 것이다. 본 사례에서는 현실적으로 체포되었으므로 어느 견해에 의하더라도 문제는 없다.

따라서 체포와 관련한 장소적 접착성이 문제된다. 체포현장에서의 영장 없는 압수·수색이 긴급행위로 허용된다는 긴급행위설에 의하면 피체포자의 신체 및 동인의 직접 지배하에 있는 장소에 국한될 것이다(예컨대, 거실이면 거실에서만). 그러나 부수처분설이나 합리성설에 따르면 이보다는 넓게 증거가 존재할 개연성이 있는 범위 내이면 동일 관리권이 미치는 범위(예컨대, 가옥의 1실이면 가옥 전체)에서는 압수·수색이 가능할 것이다.[2]

---

1) 最大判 1961. 6. 7. 刑集 15·6·915(귀가를 기다리는 동안에 한 압수·수색은 적법하다).
2) 일본 판례 중에는 호텔 5층 대합실에서 현행범인으로 체포한 후, 7층의 본인 객실로 연행하여 체포 35분 후부터 수색한 것은 적법하다고 판시한 것이 있다(東京高判 1969. 6. 20. 高刑集 22·3·352).

본 사례에서는 체포현장에서 25미터 정도 떨어진 甲의 집에서 신용카드를 압수하였다. 판례는 체포현장에서 약 20미터 떨어진 집에 가서 압수·수색한 사안에서 압수·수색의 적법성을 부인한 바 있다.[1] 이러한 판례의 취지를 고려할 때, 본 사례에서도 체포현장성은 부인된다고 할 것이다. 따라서 형사소송법 제216조 제1항 제2호에 의한 체포현장에서의 압수·수색이라고 할 수 없다.

체포현장에서의 영장 없는 압수·수색·검증의 성질

체포현장에서의 영장 없는 압수·수색·검증의 성질에 관하여는 ① 체포에 의하여 가장 중요한 기본권인 자유권이 적법하게 침해되는 때에는 이에 수반하는 보다 가벼운 비밀이나 소유권의 침해도 영장 없이 할 수 있도록 한 것이라는 부수처분설, ② 체포하는 자의 안전을 위하여 무기를 빼앗고 피의자가 증거를 파괴·은닉하는 것을 예방하기 위한 긴급행위로 허용된다는 긴급행위설, ③ 체포현장에는 증거가 존재할 개연성이 높기 때문에 합리적인 증거수집수단으로 인정된다는 합리성설, ④ 부수처분과 긴급행위의 양면을 가지고 있으나 헌법 제12조 제3항 단서와의 관계에서 법정형이 3년 이상의 범죄에 해당하는 경우는 긴급행위설적 성격이, 3년 미만의 범죄에 해당하는 경우는 부수처분설적 성격이 전면에 나타난다는 결합설의 대립이 있다.

3. 긴급체포 시의 긴급압수·수색

(1) 의의 및 성질

형사소송법 제217조 제1항은 긴급체포규정에 따라 긴급체포된 자가 소유·소지 또는 보관하는 물건에 대하여 긴급히 압수할 필요가 있는 경우에는 피의자를 체포한 때로부터 24시간 이내에 한하여 영장 없이 압수·수색·검증을 할 수 있다고 규정하고 있다. 이 조문은 형사소송법 제216조 제1항 제2호와 달리 체포현장성을 요건으로 하지 않는 점에 특색이 있다. 이는 긴급체포된 사실이 알려지면 피의자와 관련된 사람이 증거물을 은닉하거나 파괴하는 것을 방지하기 위하여 긴급히 압수·수색을 할 수 있도록 한 것으로 헌법 제12조 제3항 단서에 그 헌법적 근거가 있다.

(2) 요건

피의자가 소유·소지 또는 보관하고 있는 물건이므로 장소적으로 피의자의 주거지 등과 같이 피의자가 관리하는 장소뿐만 아니라 제3자가 관리하는 장소도 가능하

---

1) 대법원 2010. 7. 22. 선고 2009도14376 판결. 사후압수·수색영장도 발부받지 않은 사안이다.

다. 다만, 시간적으로 체포한 때로부터 24시간 이내여야 한다.

(3) 압수·수색 후의 절차

형사소송법 제217조 제1항에 따라 긴급압수·수색을 한 후 압수한 물건을 계속 보관할 필요가 있는 때에는 체포한 때로부터 48시간 이내에 사후압수·수색영장을 받아야 한다(형소법 제217조 제2항).[1] 압수한 물건이 없는 때 또는 압수물을 계속 보관할 필요가 없어 반환한 때에는 사후에 영장을 받을 필요가 없다.

(4) 소결

본 사례에서 P2는 2021. 12. 1. 21:00경 甲을 체포한 직후 甲의 집에 가서 甲이 보관하고 있던 신용카드를 긴급압수·수색하였고, 적법하게 사후압수·수색영장을 발부받았다. 비록 야간집행[2]이기는 하지만 적법하게 사후압수·수색영장을 발부받았으므로 위 신용카드의 압수는 적법하다.

4. 설문의 해결

P2가 甲의 집에서 신용카드를 압수한 것은 형사소송법 제217조 제1항에 따른 적법한 압수이다. 따라서 신용카드는 증거로 사용할 수 있다.

Ⅳ. 제4문 — 항소심 심판범위와 조치

1. 문제의 제기

제1심법원은 甲이 현금카드를 사용하여 현금을 인출한 행위에 대하여는 무죄를

1) 영장을 발부받지 못한 때는 압수한 물건을 즉시 반환해야 하고, 즉시 반환하지 않은 압수물은 유죄의 증거로 할 수 없다(대법원 2024. 10. 8. 선고 2024도10062 판결).

2) 형사소송법 제216조의 압수·수색은 급속을 요하는 경우 야간에도 할 수 있으나(형소법 제220조, 제125조), 제217조의 압수·수색에 관해서는 그러한 허용규정이 없다. 이때에도 형사소송법 제220조에 의한 요급처분의 예외규정을 유추적용하여 야간 압수·수색을 허용할 수 있을지가 문제된다. 이에 대해서는 ① 명문의 규정이 없는 이상 야간집행의 특례가 적용될 수는 없다는 견해, ② 체포 후 24시간 이내에 압수·수색이 이루어져야 하는 등 긴급을 요한다는 점에서 비록 명문의 규정이 없더라도 형사소송법 제220조의 규정을 유추하여 야간집행의 특례를 인정하여야 한다는 견해, ③ 사후영장에 그 취지가 기재되어 있어 법원이 압수·수색의 필요성을 심사할 수 있으면 야간 집행이 가능하다는 견해(사법연수원, 법원실무제요 형사 [Ⅲ], 2022, 168면은 사후영장 심사 과정에서 압수·수색의 필요성을 엄격하게 심사하되 가능한 것으로 해석하고 있는데, 같은 입장이다)가 있다. ③의 견해가 타당하다.

선고하고, 나머지 공소사실에 대하여는 유죄를 선고하였다. 즉 절도죄에 대하여는 무죄를 선고하고, 이들과 실체적 경합관계에 있는 강도상해죄, 특수공무집행방해치상죄, 사기죄, 여신전문금융업법위반죄에 대하여는 유죄를 선고하였다. 이에 대하여 검사만이 위 무죄부분에 대하여 항소하였다. 따라서 실체적 경합관계에 있는 수죄에 대하여 일부는 유죄, 일부는 무죄판결이 선고되고 검사가 무죄부분에 대하여만 일부항소한 경우,[1] 항소심의 심판범위와 항소가 이유있다고 판단하는 경우에 어떻게 조치할 것인지가 문제된다.

2. 항소심 심판범위와 조치

(1) 학설

(가) 전부파기설

경합범으로 수개의 주문이 선고되고 일부만 상소한 경우에도 상소제기의 효력은 전체에 대하여 미친다는 견해이다. 따라서 검사가 무죄부분만을 상소한 경우에도 원심판결을 파기하는 경우에 상소심은 유죄부분까지 전부 파기하여야 한다. 이는 무죄부분만을 파기하여 원심에서 다시 형을 정하는 경우에 피고인에게 과형상의 불이익을 초래할 수 있고, 경우에 따라서는(**관련판례**와 같이 1심 전부 유죄에 대하여 피고인만이 항소한 항소심에서 일부 무죄, 일부 유죄를 선고하여 무죄부분에 대하여 검사가 상고한 사안의 경우) 불이익변경금지의 원칙에 의하여 피고인에게 형을 선고할 수 없게 되어 과형 없는 유죄판결을 선고하지 않을 수 없다는 것을 이유로 한다.

(나) 일부파기설

피고인과 검사가 상소하지 않은 유죄부분은 상소기간이 지남으로써 확정되고, 상소심에 계속된 사건은 무죄부분에 관한 공소뿐이라는 견해이다(통설). 따라서 상소심에서 무죄부분만을 파기할 수밖에 없다는 것이다. 상소에 의하여 한 개의 형이 선고될 가능성이 있다는 이유만으로 전체에 대하여 상소의 효력이 발생한다고 할 수는 없다는 점, 불이익변경금지의 원칙은 형을 다시 정할 때 고려하면 된다는 점 등을 근거로 한다.

---

1) 이와는 달리 상상적 경합과 같은 과형상 일죄나 포괄일죄의 일부에 대하여 무죄가 선고되고 피고인만 유죄부분을 항소한 경우, 항소심에서 무죄부분을 유죄로 할 수 있는지 여부에 대하여는 ① 긍정설과 ② 부정설이 있다. 판례는 포괄일죄의 경우, 무죄부분도 상고심으로 이심되기는 하나 그 부분은 이미 당사자 간의 공격방어의 대상으로부터 벗어나게 되어 상고심은 그 무죄부분에 대해서까지 판단할 수는 없다고 판시하고 있다(대법원 1991. 3. 12. 선고 90도2820 판결). 이는 실질적으로 일부상소를 인정한 것이다.

(2) 판례

판례는 일부파기설의 입장이다(**관련판례**[1]).[2]

---

1) (**관련판례**) 대법원 1992. 1. 21. 선고 91도1402 전원합의체 판결【부녀매매】.

【사건경과】

(1) 제1심은 부녀매매죄 공소사실과 윤락행위방지법위반죄 공소사실 모두를 유죄로 인정하고 형법 제38조 제1항 2호에 의하여 징역 1년을 선고하였는데, 피고인만 항소하였다. (2) 제2심은 제1심판결을 파기하고, 윤락행위방지법위반죄 공소사실은 유죄로 인정하여 징역 1년에 집행유예 3년을 선고하고, 부녀매매죄 공소사실에 대하여는 무죄를 선고하였는데, 검사만 무죄판결부분에 대하여 일부상고하였다.

【판결이유】

「그와 같은 경우에 피고인과 검사가 모두 상고하지 아니한 윤락행위방지법위반죄에 대한 유죄판결은 상소기간이 지남으로서 확정된다고 해석할 것이고(형사소송법 제342조 참조) 당원에 계속된 사건은 부녀매매죄에 대한 공소뿐이라 할 것이므로 그 부분만을 파기할 수밖에 없다. (중략) 경합범으로 동시에 기소된 사건이라 하더라도 일부유죄 일부무죄의 선고를 하거나 일부의 죄에 대하여 징역형을 다른 죄에 대하여 벌금형을 선고하는 등 판결주문이 수개일 때에는 그 1개의 주문에 포함된 부분을 다른 부분과 분리하여 일부상소를 할 수 있는 것이고 그러한 경우 당사자 쌍방이 상소하지 아니한 부분은 분리 확정된다고 볼 수밖에 없는 것이어서 이미 확정된 유죄부분에 대하여 상고심이 파기환송판결을 하는 것은 상소이론에 들어맞지 않으므로 그 판례들을 폐기할 수밖에 없다.

이렇게 될 경우 형사소송법 제368조가 규정한 불이익변경의 금지원칙과 관련하여 환송을 받은 법원이 파기이유가 된 사실상과 법률상의 판단에 기속되어 유죄를 인정하고서도 조금이라도 형을 선고하면 불이익변경금지에 위반되어 형을 선고할 수 없는 부당한 결과가 된다는 이론이 있으나 원래 불이익변경의 금지라고 하는 것은 피고인이 상소권행사를 주저하는 일이 없도록 상소권행사를 보장하기 위한 것으로 그 원칙을 지키기 위하여 필요한 경우에는 법률이 규정한 형기에 구애받지 아니하는 것이므로 이미 선고된 형 이외에 다시 형을 선고하는 것이 피고인에게 불리한 결과가 된다면 그러한 이유로 형을 선고하지 아니한다는 주문을 선고할 수 있다고 해석하여야 할 것이고 환송받은 법원이 실형을 선고하는 경우 앞서 선고한 집행유예가 취소되어 피고인에게 불리하게 된다는 이론도 있으나 환송받은 법원이 다시 집행유예를 선고할 수도 있고 실형을 선고하여야 하기 때문에 앞서 선고한 집행유예가 취소될 수밖에 없게 된다면 불이익변경금지에 저촉되는 여부를 정함에 있어서는 그 형과 집행유예가 취소되어 복형하게 될 형을 합산하여 결정하여야 할 것이고, 그러한 사정을 고려하고서도 실형을 선고하는 것이 불이익변경금지에 위배되지 아니한다면 수용할 수밖에 없을 것이다.」

【반대의견】

형법 제37조 전단의 경합범으로 동시에 판결하여 1개의 형을 선고할 수 있었던 수개의 죄는 서로 과형상 불가분의 관계에 있었다고 볼 수 있으므로, 실제로 1개의 형이 선고되었는지의 여부와 관계없이 상소불가분의 원칙이 적용된다고 해석하는 것이 이론상 일관된 태도라 할 것인바 경합범 중 일부에 대하여는 유죄, 다른 일부에 대하여는 무죄를 선고하였다고 하더라도, 무죄부분에 대하여 상소가 제기됨으로써 그 부분이 유죄로 변경될 가능성이 있게 되는 경우에는, 유죄부분에 대하여 따로 상소가 되지 않았더라도 상소불가분의 원칙이 적용되어 유죄부분도 무죄부분과 함께 상소심에 이심되는 것이고, 따라서 상소심 법원이 무죄부분을 파기하여야 할 경우에는 직권으로 유죄부분까지도 함께 파기하여 다시 1개의 형을 선고할 수 있도록 하여야 한다(전부파기설).

본 판결 평석은 이민걸, "경합범에 있어서의 일부상소의 허용범위", 형사판례연구 〔1〕, 1993, 405-426면.

2) 대법원 2020. 3. 12. 선고 2019도18935 판결; 대법원 2021. 1. 12. 선고 2021도13108 판결.

3. 설문의 해결

통설·판례와 같이 일부파기설이 타당하다. 따라서 본 사례의 경우 항소심의 심판범위는 검사가 항소한 무죄부분에 한정되며, 항소가 이유 있어 파기하는 경우에는 항소심에서 무죄부분을 파기하고 자판(自判)하여(형소법 제364조 제6항) 형법 제37조 후단의 경합범으로서 유죄를 선고하여야 한다. 이때, 형법 제39조 제1항[1]이 적용된다.

1) 형법 제39조 【판결을 받지 아니한 경합범, 수개의 판결과 경합범, 형의 집행과 경합범】 ① 경합범중 판결을 받지 아니한 죄가 있는 때에는 그 죄와 판결이 확정된 죄를 동시에 판결할 경우와 형평을 고려하여 그 죄에 대하여 형을 선고한다. 이 경우 그 형을 감경 또는 면제할 수 있다.

2012년 제1회 변호사시험 강평

형사법 제1문

Ⅰ. 甲의 형사책임

1. 경찰관 P1에게 상해를 가한 행위

(1) 준강도죄의 성립 여부

- 절도범일 것(미수 포함): 손지갑 꺼냈으므로 절도의 기수
- 절도의 기회에 폭행·협박이 이루어질 것(시간적·장소적 접근성)
- 체포면탈 등의 목적

※ 준특수강도죄(형법 제335조, 제334조 제2항) 성립(절도죄는 흡수)

- 폭행·협박의 태양에 의하여 판단(대법원 1973. 11. 13, 73도1553 전원합의체): 乙과 공동으로 깨진 소주병으로 폭행

(2) 강도상해죄의 성립 여부

- 안면부 열상을 가하였으므로, 강도상해죄(형법 제337조) 성립
- 특수상해죄(형법 제258조의2 제1항, 제257조 제1항)의 구성요건에 해당하지만, 강도상해죄에 흡수

(3) 특수공무집행방해치상죄의 성립 여부

- 나아가, 특수공무집행방해치상죄(형법 제144조 제2항, 제1항, 제136조 제1항: 3년 이상 유기징역) 성립하는지 문제됨
- 중한 결과(상해)에 대한 고의가 있는 경우에도 위 치상죄에 해당하는가? (부진정결과적 가중범의 인정 문제) (특수공무집행방해치상죄 > 특수상해죄(1년 이상 10년 이하 징역))
- 부진정결과적 가중범 인정(판례), 따라서 특수공무집행방해치상죄 성립
- 그 경우, 특수상해죄는 특수공무집행방해치상죄에 흡수(대법원 2008. 11. 27, 2008도7311: 폭력행위처벌법위반(집단·흉기등상해)죄에 관한 판례이지만 결론은 같음)

(4) 소결

- 甲에 대하여, 강도상해죄와 특수공무집행방해치상죄가 각 성립
- 두 죄는 상상적 경합관계

※ 판례도 준강도죄와 공무집행방해죄는 상상적 경합관계라고 판시(대법원 1992. 7. 28, 92도917)

2. 신용카드를 이용하여 의류를 구입한 행위

(1) 사기죄의 성립 여부

- 절취한 타인의 신용카드를 이용하여 가맹점에서 물품을 구입한 경우, 사기죄가 성립(통설 및 판례)
- 피해자가 누구인가에 관하여, 가맹점설, 카드회사설, 카드회사와 카드명의인설, 가맹점 귀책사유 있으면 가맹점 없으면 카드회사설 등 다양한 견해
- 판례는 '점주를 속이고'라는 표현을 쓰거나, 2시간 20분 동안 7곳 사용한 사례에서 각 실체적 경합관계라고 판시한 점(부정사용죄는 포괄1죄)에 비추어 가맹점설의 입장으로 보임
- 검찰실무도 대체로 가맹점만을 피해자로 기소(카드회사로 기소하더라도 유죄판결 선고되고 있음)

(2) 여신전문금융업법위반죄의 성립 여부

- 동법상의 신용카드부정사용죄 성립(동법 제70조 제1항 제3호)
- 기수시기는 매출전표에 서명하고 이를 가맹점주에게 교부한 때(대법원 1992. 6. 9, 92도77). 카드 제시 → 승인을 받았으나 서명 없고, 최종적으로 거래취소되면 미수인데, 미수죄 처벌규정 없어 불처벌(대법원 2008. 2. 14, 2007도8767)
- 수개의 부정사용행위는 포괄1죄, 부정사용 과정에서의 매출전표 위조·동행사는 흡수

(3) 소결

- 사기죄와 여신전문금융업법위반죄가 각 성립
- 두 죄는 상상적 경합(통설)이라는 견해도 있으나 실체적 경합관계(대법원 1996. 7. 12, 96도1181)

3. 현금카드로 현금지급기에서 현금인출한 행위

(1) 절도죄 or 컴퓨터등사용사기죄

- 사기죄 여부: 기망, 처분행위 없음
- 편의시설부정사용죄: ATM은 대가지급기계가 아님
- 절도죄설(대법원 2003. 5. 13, 2003도1178)(현금은 재물)
- 컴퓨터등사용사기죄설(입법취지, 재물은 재산상 이익의 특별규정)

(2) 여신전문금융업법위반죄 성립 여부

- 현금카드의 기능은 신용카드의 기능에서 제외되었으므로 동법상의 **신용카드부정사용죄에 해당하지 않음**(대법원 2003. 11. 14, 2003도3977)

(3) 참고사항: 사전자기록등변작죄(형법 제232조의2)·동행사죄의 성립

- A의 현금카드 사용하여 A의 비밀번호 입력했으므로 변작에 해당하지 않는다는 견해도 있을 수 있음
- 그러나 **권한 없이 'A 본인이 현금 100만 원을 인출하였다'는 허위내용의 전자기록을 만들어 은행예금파일을 변경한 점에서 변작에 해당할 수 있음**(이재상·장영민·강동범, 형법연습)
- 일본 판례 중에는 절취한 타인 카드로 인터넷에서 카드명의와 번호를 입력하여 만남사이트 이용대금전자머니를 구입한 사안에서, 전자계산기사용사기죄를 인정한 것이 있는데, 이를 근거로 전자적기록부정작출죄에 해당한다는 것이 일반적 견해임

※ 우리나라에서는 논의되지 않는 쟁점이고, 판례도 없으므로 설문의 해답에서는 제외

- 사전자기록등변작죄(5년 이하)와 변작사전자기록등행사죄는 실체적 경합관계
- 절도죄(6년 이하)와 두 죄는 각 상상적 경합
- **3개의 죄에 관하여, 연결효과에 의한 상상적 경합 인정할 것인지 여부가 문제됨**

  〔판례는 수뢰후부정처사죄와 공도화변조죄, 변조공도화행사죄에 관하여 인정(대법원 2001. 2. 9, 2000도1216), 업무상배임죄와 사문서위조죄, 위조사문서행사죄에 관하여 인정(대법원 2009. 4. 9, 2008도5634)〕

4. 설문의 해결

- 강도상해죄, 특수공무집행방해치상죄의 공동정범, 사기죄, 여신전문금융업법위반죄, 절도죄 각 성립
- 강도상해죄와 특수공무집행방해치상죄는 상상적 경합
- 나머지 죄들은 실체적 경합관계

Ⅱ. 乙의 형사책임

1. 강도상해죄의 성립 여부

- 절도에는 가담하지 않고 폭행에만 가담한 경우, 강도상해죄가 성립하는지 여부 문제
- 준강도죄의 성질: 신분범인지 여부
  - ㈎ 비신분범설 → 준강도죄는 결합범(절도 + 폭행·협박)
  - ㈏ 신분범설 → 절도가 '폭행·협박'
    - ⓐ 절도가 구성적 신분이라는 진정신분범설
    - ⓑ 절도가 폭행·협박한 경우에 가중처벌되는 부진정신분범설
- 통설·판례는 비신분범설

- 비신분범이라고 할 때, 승계적 공동정범인지 여부가 문제됨
- 적극설, 소극설이 있으나, 판례는 소극설의 입장(대법원 1997. 6. 27, 97도163)
- 판례에 의하면 乙은 후행행위인 깨진 소주병으로 P1을 찌른 행위에 대해서만 책임을 짐 — 특수상해죄
- 나아가 乙의 행위는 甲의 강도상해행위를 방조한 것으로 볼 수 있음
- 강도상해방조죄가 성립하므로 특수상해죄는 이에 흡수됨

2. 특수공무집행방해치상죄의 성립 여부

- 성립함

3. 범인도피죄의 성립 여부

- 乙은 P1에게 상해를 가함으로써 P1이 甲을 추적하여 체포하는 것을 곤란하게 만들었고, 실제 도주하였으므로 범인도피죄(형법 제151조 제1항) 성립

4. 설문의 해결

- 강도상해방조죄, 특수공무집행방해치상죄, 범인도피죄가 각 성립하고, 각 상상적 경합관계

Ⅲ. 압수 신용카드의 증거능력

1. 긴급체포의 적법성: 적법

2. 체포현장에서의 압수·수색인지 여부

- 체포현장은 체포와 시간적·장소적으로 접착될 것을 요하는데, 시간적 접착에 관하여는 체포접착설, 체포설, 현장설(판례), 체포착수설 등 다양한 견해가 있으나, 본 사례에서는 현실적으로 체포되었으므로 문제 없음
- 장소적 접착에 관하여는 긴급압수·수색 인정 근거에 대한 긴급처분설, 부수처분설, 합리성설에 따라 그 범위에 차이가 있을 수 있음
- 체포장소와 압수장소가 25미터 떨어진 것은 체포현장이라고 보기 어려움(대법원 2010. 7. 22, 2009도14376: 20미터)

3. 긴급체포 시의 압수·수색인지 여부

- 형소법 제217조 제1항
- 긴급체포된 자가 소유, 소지 또는 보관하고 있는 물건
- 긴급체포된 때로부터 24시간 이내
- 계속 보관 필요 시, 48시간 이내에 사후 압수·수색영장 발부
- 체포 직후에 甲이 보관하고 있던 신용카드 압수, 사후 압수·수색영장 발부받음
- 따라서 증거로 사용할 수 있음

Ⅳ. 항소심 심판범위와 조치

1. 사건 경과

	① 현금카드 인출행위(절도)	② 나머지 (강도상해, 특수공무집행방해치상, 사기, 여신전문법위반)
1심	무죄(→ 검사 항소)	유죄
2심	?	?

- ①, ②는 실체적 경합관계
- 실체적 경합관계의 일부 항소
- 항소심에서 항소가 이유 있다고 판단하는 경우 조치

2. 일부상소의 허용 여부

- 재판의 일부에 대하여 상소할 수 있고, 일부에 대한 상소는 불가분의 관계에 있는 전부에 미침(형소법 제342조) → 상소불가분의 원칙
- 실체적 경합범: 가능
- 포괄일죄 또는 과형상일죄(상상적 경합의 경우): 일죄의 일부상소는 허용되지 않고 전부에 대하여 미치고, 상소심은 전부에 대하여 심판할 수 있다는 견해도 있으나, 판례는 이심은 되지만 그 부분은 당사자 간 공격방어대상에서 벗어나므로 상소되지 않은 부분에 대해서까지 판단할 수 없다고 하여 실질적으로 일부상소의 효과 인정(대법원 1991. 3. 12, 90도2820)

3. 항소심 심판범위와 조치

(1) 전부파기설

- 상소제기의 효력은 전체에 미침
- 본 사례에서 무죄에 대한 항소가 이유 있다고(즉, 유죄) 판단하면, 무죄부분만 파기(파기자판)할 것이 아니라 유죄부분까지 전부 파기
- (이유) 무죄부분만을 파기하여 원심에서 다시 형을 정하는 경우, 피고인에게 과형상의 불이익을 초래할 수 있고, 경우에 따라서는 불이익변경금지원칙에 의하여 피고인에게 형을 선고할 수 없게 되어 과형 없는 유죄판결을 초래할 수 있음

(2) 일부파기설(통설)

- 피고인과 검사가 상소하지 않은 유죄부분은 상소기간이 지남으로써 확정되고, 항소심에 계속된 것은 무죄부분뿐임
- 본 사례의 경우, 무죄부분만을 파기
- (이유) 상소에 의하여 한 개의 형이 선고될 가능성이 있다는 이유로 전체에 대하여 상소 효력이 발생한다고 할 수 없고, 불이익변경금지의 원칙은 형을 다시 정할 때 고려하면 됨

(3) 판례: 일부파기설

- 대법원 1992. 1. 21, 91도1402 전원합의체

	부녀매매	윤락행위	선고형
1심	유죄	유죄	1년(→ 피고인항소)
2심	무죄(→ 검사 항소)	유죄	1년, 집행유예 3년
3심	파기	상소기간 도과 확정	상고이유 있음

(4) 설문의 해결: 일부파기설 타당, 검사 항소부분만이 심판범위이므로 파기자판으로 유죄 판결 선고

사례 2. [12－변시(1)－2]
2012년 제1회 변호사시험 제2문

고소인 甲은 서초경찰서에 '피고소인 乙은 고소인에게 상해보험금이라도 타서 빌려 준 돈을 갚으라고 하면서 고소인의 쇄골을 골절해서 4주간의 상해를 입혔다. 그런데 뜻대로 안 되니까 이제는 돈을 갚으라고 협박하고 있다.'는 내용으로 고소하였다.

이를 접수한 사법경찰관 P1은 법원으로부터 영장을 받아 사채업자 乙의 사무실을 압수·수색하였다. 그 결과 甲 명의의 전세계약서, 소비대차계약서, 상해보험증권과 乙 소유의 비망록, 회사 영업장부 등을 압수하였다. 압수한 자료를 검토하던 사법경찰관 P1은 乙에게 "보험금을 청구했느냐?"라고 묻자, "교통사고를 가장해서 보험금을 청구해 보려고 했는데, 甲이 차마 더 이상 못하겠다고 해서 포기했다. 甲이 스스로 보험에 가입하였고, 甲이 승낙하여 상해를 입힌 것이다." "오히려 내가 피해자다. 甲에게 돈을 빌려 주었는데 담보로 받은 전세계약서가 위조되었다."고 주장하였다.

대질과정에서 甲은 전세계약서의 보증금란에 기재된 2,000만 원을 5,000만 원으로 고쳐 위조한 것은 사실이라고 자백하였다. 그리고 甲은 乙이 '돈을 갚지 않으면 아들을 등굣길에 유괴할 수도 있다.'는 등으로 협박한 전화 통화내용을 직접 녹음한 테이프와 乙이 보낸 핸드폰 메시지를 촬영한 사진 20매를 증거로 제출하였다.

P1은 乙에게 소주라도 한잔하자면서 경찰서 주변 식당으로 乙을 데리고 가 비망록에 '구청직원 접대' 부분을 지적하면서, "접대를 한 구청직원이 누구이고, 왜 접대를 한 것이냐? 앞으로 내가 잘 챙겨 주겠다."는 등으로 설득을 하였다. 당시 진술거부권의 고지는 없었다.

더 이상 버틸 수 없다고 생각한 乙은 "사실은 사건 브로커 丙에게 3,000만 원을 주어 구청직원에게 대부업에 대한 행정단속 등에 편의를 봐 달라는 부탁을 하고 돈을 전달하게 했는데, 돈을 주었는지는 모르겠다."고 진술하였다. 경찰서로 복귀한 후 P1은 乙에 대한 피의자신문조서를 작성하고, 돈을 건네 준 丙을 소환하여 조사하였다. 丙은 "乙에게서 3,000만 원을 받아 丁에게 전액 전달하였다."고 자백하였다. 이에 P1은 구청직원 丁을 소환하여 조사하였는데 丁은 범행 일체를 부인하였다.

검찰에서 甲, 乙과 丙은 경찰에서 한 진술과 같이 모두 자백하였으나, 丁은 일관되게 "친구인 丙으로부터 청탁을 받은 적은 있으나 돈은 결코 받지 않았다."고 주장하였다. 검찰에서의 피의자 신문과정에서는 진술거부권이 적법하게 고지되었고, 변호인이 참여한 상태에서 조사가 이루어졌다.

제1회 공판기일에 피고인 甲은 자백하였으나, 乙과 丙은 검찰진술을 번복하면서 검사가 작성한 피의자신문조서의 진정성립을 부정하였고, 丁은 일관되게 범행을 부인하였다.

〔2012년 제1회 변호사시험 제2문〕

설 문

1. 甲과 乙의 형사책임을 논하시오. (35점)

2. 丙과 丁의 형사책임을 논하시오. 이 경우 丁에게 뇌물이 전액 전달된 것임을 전제로 한다. (15점)

3. 다음의 각 증거들에 대한 증거능력을 부여하기 위한 요건은 무엇인가? (35점)
   (1) P1이 압수한 비망록
   (2) 乙이 부동의한 甲이 제출한 녹음테이프와 핸드폰 메시지를 촬영한 사진
   (3) 진술을 번복하는 乙에 대한 검사 작성의 피의자신문조서

4. 丙의 변호인은 乙의 자백이 위법하게 수집한 것으로 증거능력이 없다고 주장한다. 경찰과 검찰에서 한 자백을 각각 나누어 그 주장의 당부를 논하시오. (15점)

해 설

Ⅰ. 제1문—甲과 乙의 형사책임

1. 문제의 제기

먼저 甲이 위조하였다고 자백한 전세계약서를 담보로 제공하고 乙로부터 돈을 빌린 행위에 대하여 사문서위(변)조 및 위(변)조사문서행사죄와 사기죄의 성부가 문제된다. 甲과 乙이 甲에게 고의로 상해를 입게 하고 상해보험금을 청구하려고 하였던 행위에 대해서는 보험사기에 관한 실행의 착수가 있었는지가 문제되고, 乙이 甲에게 상해를 가한 것은 甲의 승낙에 의한 것인데 이와 같이 피해자의 승낙을 받고 상해를 가한 경우에 상해죄가 성립하는지도 문제된다. 그리고 甲이 乙의 동의 없이 전화 통화내용을 녹음한 것이 통신비밀보호법위반죄에 해당하는지와 乙을 상해로 고소한 것이 무고죄에 해당하는지 문제된다. 한편, 乙에 대해서는 전화나 핸드폰 메시지를 반복한 행위가 어떤 범죄에 해당하는지가 문제되고, 나아가 乙이 구청직원 丁에게 전달해 달라면서 丙에게 3,000만 원을 교부한 행위가 뇌물공여죄에 해당하는지 아니면 형법 제133조 제2항의 제3자뇌물교부죄에 해당하는지가 문제된다.

2. 甲의 형사책임

(1) 사문서위(변)조 및 위(변)조사문서행사죄의 성립 여부

사문서의 위조란 작성권한 없는 사람이 타인 명의를 모용하여 사문서를 작성하는 것이며, 변조란 권한 없이 이미 성립한 타인 명의의 문서내용에 그 동일성을 해하지 않을 정도로 변경을 가하는 것을 말한다. 여기서의 문서는 권리의무 또는 사실증명에 관한 문서이다. 그리고 자기 명의의 사문서에 허위내용을 기재하여도 무형위조로서 문서죄가 불성립하지만, 본 사례의 경우 甲 명의의 전세계약서의 임차인은 甲이지만 임대인은 타인이므로 이는 임대인 명의의 문서에도 해당된다.

본 사례에서 이미 성립한 전세계약서의 보증금란의 2,000만 원을 5,000만 원으로 고쳐 기재한 甲의 행위가 위조에 해당하는지, 변조에 해당하는지가 문제된다. 甲이 임대인의 승낙을 얻은 바 없으므로 권한 없이 문서내용을 변경한 것이 된다. 문제는 이 변경이 문서의 동일성을 해할 정도인가이다. 보증금액이 임대계약서의 중요한 부분이기는 하나 임대목적물 등이 동일한 한 문서의 동일성을 해할 정도는 아니라고 할 것이다. 따라서 甲에 대하여 사문서변조죄(형법 제231조)가 성립한다. 그리고 甲이 돈을 빌리기 위하여 변조사실을 모르는 乙에게 전세보증금을 담보로 제공하면서 변조한 위 계약서를 제시하였으므로 변조사문서행사죄(형법 제234조, 제231조)에도 해당한다.

사문서변조죄와 변조사문서행사죄의 관계에 대하여는 ① 실체적 경합관계라는 견해, ② 상상적 경합관계(통설)라는 견해가 있는데, 판례는 실체적 경합관계라고 한다.[1)]

(2) 乙에 대한 차용사기죄의 성립 여부

甲이 변조된 전세계약서를 제시하고 乙로부터 돈을 빌린 행위가 사기죄에 해당하는지 여부는 그 전세계약서가 乙에게 어떤 의미를 갖는지에 따라 결정될 것이다.

乙이 전세보증금을 담보로 하는 것에 중요한 의미를 두었다면 乙이 돈을 빌려주는 데 있어서 전세보증금액은 거래의 중요한 요소이다. 따라서 甲이 전세계약서의 보증금액을 변조한 문서를 보여준 것은 적극적 기망행위에 해당하고, 그 기망에 의하여 乙이 전세보증금 5,000만 원이 담보로 제공되는 것으로 믿고 돈을 빌려준 것이므로 사기죄에 해당한다. 그러나 乙이 甲과의 친분관계 등으로 단지 차용의 증거로 전세계약서를 받아둔 것이라면, 이는 거래의 중요한 요소가 아니므로 사기죄를 구성하지 않는다고 할 것이다. 본 사례에서는 차용금이 얼마인지 알 수 없으나, 甲이 전세계약서의 보증금액을 고쳐 담보로 교부하였고, 乙도 위 계약서가 위조되었다고 주장하고 있는 점에 비추어, 乙은 담보 제공을 차용거래의 중요한 요소로 생각한 것으로 보이므로 사기죄(형법 제347조 제1항)가 성립한다.

(3) 보험사기죄의 성립 여부

(가) 문제의 제기

보험사기행위, 즉 보험사고의 발생, 원인 또는 내용에 관하여 보험자를 기망하여 보험금을 청구하는 행위(보험사기방지 특별법 제2조 제1호)로 보험금을 취득하거나 제3자에게 보험금을 취득하게 하면 보험사기방지 특별법상의 보험사기죄가 성립한다(동법 제8조). 보험사기죄(법정형 10년 이하의 징역 또는 5천만 원 이하의 벌금)는 형법상의 사기죄(10년

1) 대법원 1991. 9. 10. 선고 91도1722 판결.

이하의 징역 또는 2천만 원 이하의 벌금)의 가중처벌 유형이다. 甲은 乙로부터 교통사고를 가장하여 상해보험금이라도 타서 빌린 돈을 갚으라는 말을 듣고, 보험에 가입한 후 자신의 쇄골을 고의로 골절한 다음 보험금을 청구하기로 하였다. 이에 따라 乙이 甲의 쇄골을 골절하여 상해를 입게 하였는데, 甲이 차마 더 이상 못하겠다고 하며 보험회사에 보험금청구를 하지 않고 포기하였다. 보험금을 교부받지 못하였으므로 기수에 이르지 못한 점은 명백한데, 실행의 착수가 있었는지 문제된다.

㈏ **보험사기죄의 실행의 착수시기**

사기죄는 사람을 기망하여 착오에 빠지게 하고 그 착오로 인하여 처분행위를 하게 하여 재물을 교부받거나 재산상 이익을 취득하는 행위이다. 따라서 사기죄의 실행행위는 편취 의사로 기망행위를 개시한 때에 착수한 것으로 보아야 한다.[1] 보험금사기에서는 보험회사 직원에게 허위의 사고사실을 말하고 보험금을 청구하는 행위가 기망행위에 해당하므로 적어도 위장된 사고사실이 기재된 보험금청구서가 보험회사에 제출되는 등의 행위가 있어야 실행의 착수에 이르렀다고 할 수 있다(**관련판례**[2]).[3]

본 사례에서 甲은 보험금청구를 하지 않고 포기하였으므로 甲과 乙의 행위는 보험사기의 예비·음모에 그쳤다고 할 것이다. 그런데 보험사기죄는 예비·음모를 처벌하는 별도의 규정이 없으므로 아무런 범죄도 성립하지 않는다.

(4) 통신비밀보호법위반죄의 성립 여부

甲이 대화의 상대방인 乙의 동의 없이 전화 통화내용을 녹음한 것이 통신비밀보호법위반죄(동법 제16조 제1항 제1호, 제3조 제1항[4])에 해당하는지 문제된다. 상대방의 동의

1) 대법원 2011. 1. 13. 선고 2010도9330 판결.
2) (**관련판례**) 대법원 2019. 4. 3. 선고 2014도2754 판결【사기】. 「보험계약자가 고지의무를 위반하여 보험회사와 보험계약을 체결한다 하더라도 그 보험금은 보험계약의 체결만으로 지급되는 것이 아니라 보험계약에서 정한 우연한 사고가 발생하여야만 지급되는 것이다. 상법상 고지의무를 위반하여 보험계약을 체결하였다는 사정만으로 보험계약자에게 미필적으로나마 보험금 편취를 위한 고의의 기망행위가 있었다고 단정하여서는 아니 되고, 더 나아가 보험사고가 이미 발생하였음에도 이를 묵비한 채 보험계약을 체결하거나 보험사고 발생의 개연성이 농후함을 인식하면서도 보험계약을 체결하는 경우 또는 보험사고를 임의로 조작하려는 의도를 갖고 보험계약을 체결하는 경우와 같이 그 행위가 '보험사고의 우연성'과 같은 보험의 본질을 해할 정도에 이르러야 비로소 보험금 편취를 위한 고의의 기망행위를 인정할 수 있다. 피고인이 위와 같은 고의의 기망행위로 보험계약을 체결하고 위 보험사고가 발생하였다는 이유로 보험회사에 보험금을 청구하여 보험금을 지급받았을 때 사기죄는 기수에 이른다.」
   같은 취지의 판결로는 대법원 2011. 2. 24. 선고 2010도17512 판결; 대법원 2013. 11. 14. 선고 2013도7494 판결.
3) 대법원 2011. 2. 24. 선고 2010도17512 판결.
4) 통신비밀보호법 제16조【벌칙】① 다음 각호의 1에 해당하는 자는 1년 이상 10년 이하의 징역과 5년 이

없는 대화내용의 녹음에 대해서는 ① 원칙적으로 허용되지만 일방 당사자가 수사관이거나 그 하수인인 경우에는 위법하다는 견해, ② 대화의 상대방과의 관계에서도 대화의 자유나 사생활의 기대라는 이익이 존재하므로 수사의 필요와 이익형량을 하여 그 적법 여부를 판단하여야 한다는 견해(이익형량설)[1]도 있다. 그러나 판례는 통신비밀보호법 제3조 제1항에서 금지하는 '타인 간' 대화의 녹음 등이 아니므로 위 조항 위반은 아니라고 한다.[2] 따라서 통신비밀보호법위반죄는 성립하지 않는다.

(5) 상해교사죄의 성립 여부

甲은 乙이 甲의 쇄골을 골절하여 4주간의 상해를 가하는 것을 승낙하였는데, 甲을 乙의 상해죄에 대한 교사범으로 인정할 수 있는지가 문제된다. 상해죄의 객체인 사람은 타인을 의미하므로 특별법에 처벌규정이 있는 경우(병역법 제86조,[3] 군형법 제41조 제1항[4])를 제외하고는 자기 자신에 대한 상해죄가 성립하지 않고, 따라서 甲에 대하여 상해죄의 교사범이 성립될 여지도 없다.

하의 자격정지에 처한다.

1. 제3조의 규정에 위반하여 우편물의 검열 또는 전기통신의 감청을 하거나 공개되지 아니한 타인 간의 대화를 녹음 또는 청취한 자

통신비밀보호법 제3조【통신 및 대화비밀의 보호】 ① 누구든지 이 법과 형사소송법 또는 군사법원법의 규정에 의하지 아니하고는 우편물의 검열·전기통신의 감청 또는 통신사실확인자료의 제공을 하거나 공개되지 아니한 타인 간의 대화를 녹음 또는 청취하지 못한다.

1) 最決 2000. 7. 12. 刑集 54·6·513.

2) 대법원 2002. 10. 8. 선고 2002도123 판결. 이 판결에서 대법원은 제3자의 경우에는 대화당사자 일방의 동의를 받고 그 통화내용을 녹음하였다 하더라도 상대방의 동의가 없는 이상 통신비밀보호법위반죄에 해당한다고 판시하였다. 한편, 대법원은 공소외인으로부터 피고인의 마약류관리에관한법률위반(향정) 범행에 대한 진술을 들은 다음 추가적인 증거를 확보할 목적으로, 구속 수감되어 있던 공소외인에게 그의 압수된 휴대전화를 제공하여, 그로 하여금 피고인과 통화하고 위 범행에 관한 통화내용을 녹음하게 한 사안에서, 이는 수사기관 스스로가 주체가 되어 구속 수감된 자의 동의만을 받고 상대방인 피고인의 동의가 없는 상태에서 그들의 통화내용을 녹음한 것으로서 범죄수사를 위한 통신제한조치의 허가 등을 받지 아니한 불법감청에 해당한다고 보아야 할 것이므로, 그 녹음 자체는 물론이고 이를 근거로 작성된 수사보고, 녹취록 등도 증거동의에 상관없이 증거능력이 없다고 판시하였다(대법원 2010. 10. 14. 선고 2010도9016 판결).

3) 병역법 제86조【도망·신체손상 등】 병역의무를 기피하거나 감면받을 목적으로 도망가거나 행방을 감춘 경우 또는 신체를 손상하거나 속임수를 쓴 사람은 1년 이상 5년 이하의 징역에 처한다.

4) 군형법 제41조【근무 기피 목적의 사술】 ① 근무를 기피할 목적으로 신체를 상해한 사람은 다음 각 호의 구분에 따라 처벌한다.

1. 적전인 경우: 사형, 무기 또는 5년 이상의 징역
2. 그 밖의 경우: 3년 이하의 징역

(6) 무고죄의 성립 여부

甲은 乙의 상해를 승낙하고도 乙이 "상해보험금이라도 타서 빌려 준 돈을 갚으라고 하면서 고소인의 쇄골을 골절해서 4주간의 상해를 입혔다."고 고소했는데, 이것이 무고죄(형법 제156조)에 해당하는지 문제된다. 무고죄에서 허위의 사실이라 함은 그 신고된 사실로 인하여 상대방이 형사처분이나 징계처분 등을 받게 될 위험이 있는 것이어야 하고, 비록 신고내용에 일부 객관적 진실에 반하는 내용이 포함되었다고 하더라도 그것이 독립하여 형사처분 등의 대상이 되지 않고 단지 신고사실의 정황을 과장하는 데 불과하거나 허위의 일부 사실의 존부가 전체적으로 보아 범죄사실의 성립 여부에 직접 영향을 줄 정도에 이르지 않는 내용에 관계되는 것이라면 무고죄가 성립하지 않는다.[1)]

본 사례에서 甲이 승낙사실을 숨기기는 하였으나 승낙사실을 숨기지 않고 고소장에 기재하였더라도 보험금사기를 목적으로 상해를 승낙한 경우에는 아래에서 살펴보는 바와 같이 乙에 대하여 상해죄가 성립하는[2)] 이상 무고죄에는 해당되지 않는다.[3)]

(7) 설문의 해결

甲은 임대인 명의의 전세계약서의 보증금란을 변경하고 乙에게 제시하였으므로 사문서변조죄 및 변조사문서행사죄가 성립하고, 변조된 전세계약서를 제시하고 보증금을 담보로 하여 乙로부터 돈을 빌렸으므로 사기죄도 성립한다. 각 죄는 실체적 경합관계(형법 제37조, 제38조)에 있다.[4)]

3. 乙의 형사책임

(1) 보험금과 관련한 보험사기죄의 성립 여부

乙은 甲에게 교통사고를 가장하여 상해보험금을 타서 빌려 준 돈을 갚으라고 하고, 실제 甲의 쇄골을 골절시킨 점에서 단순히 甲을 교사한 것이 아니라 甲과 공모한 것이다. 그런데 甲의 형사책임에서 살펴보았듯이 실행의 착수가 없어 아무런 범죄를

---

1) 대법원 1996. 5. 31. 선고 96도771 판결; 대법원 2012. 5. 24. 선고 2011도11500 판결; 대법원 2024. 5. 30. 선고 2021도2656 판결.

2) 대법원 2008. 12. 11. 선고 2008도9606 판결.

3) 그러나 위법성조각사유가 있음을 알면서도 이를 숨기고 고소하였다면 무고죄가 성립한다(대법원 1998. 3. 24. 선고 97도2956 판결).

4) 대법원 1979. 7. 10. 선고 79도840 판결(위조통화행사죄와 사기죄. 상상적 경합이라는 견해도 있음); 대법원 1991. 9. 10. 선고 91도1722 판결.

구성하지 않는다.[1)]

(2) 상해죄의 성립 여부

乙이 甲의 쇄골에 골절상을 가한 것은 상해죄(형법 제257조 제1항)에 해당한다. 그런데 이 행위는 보험사기의 준비행위로서 피해자인 甲의 승낙하에 행한 것이다. 여기서 甲의 승낙이 법적으로 어떤 효과가 있는지가 문제이다.

㈎ 피해자의 승낙의 의의와 성질

피해자의 승낙은 피해자가 가해자에 대하여 자기의 법익을 침해하는 것을 허락하는 것을 말한다. 형법 제24조는 처분할 수 있는 자의 승낙에 의한 행위는 특별한 규정이 없는 한 벌하지 않는다고 규정하여 위법성조각사유로서의 피해자의 승낙을 규정하고 있다. 위 규정에도 불구하고 학설상 ① 구성요건을 배제한다는 구성요건배제사유설,[2)] ② 구성요건에는 해당하지만 위법성을 조각한다는 위법성조각사유설, ③ 구성요건을 배제하는 사유가 되는 경우와 위법성조각사유가 되는 경우를 구분하여 전자를 양해,[3)] 후자를 피해자의 승낙으로 구분하는 견해(통설)가 있다. ③의 통설이 타당하다.

㈏ 위법성조각사유로서의 피해자의 승낙

보호법익을 피해자가 처분할 수는 있지만 구성요건적 행위의 불법내용이 피해자의 의사와 관계없이 독자적으로 사회생활에서 중요성을 가지는 범죄, 예컨대 신체의 완전성, 재산 또는 명예와 같은 법익을 침해하는 범죄에 있어서 피해자가 그 법익의 침해에 동의하는 경우에는 위법성이 조각된다.[4)]

그러나 피해자의 승낙은 사회상규적·윤리적 제한을 받는다. 따라서 피해자의 승낙에 의한 상해행위가 사회상규에 위배되는 때에는 비록 독일 형법 제228조[5)]와 같은 제한규정은 없지만 위법성이 조각되지 않는다.[6)] 승낙에 의한 행위가 사회상규에 위

1) 乙을 교사범으로 볼 경우에도 '효과 없는 교사'에 해당되어 예비·음모에 준하여 처벌되는데(형법 제31조 제2항), 보험사기죄의 예비·음모는 처벌규정이 없다.

2) 그러나 추정적 승낙은 위법성조각사유의 한 형태로 형법 제20조의 정당행위에 속한다고 한다.

3) 양해는 구성요건이 피해자의 의사에 반하는 때에만 실현될 수 있도록 규정되어 있는 범죄에 있어서 피해자가 그 법익의 침해에 동의한 때에 구성요건해당성 자체를 배제하는 경우를 말한다. 절도죄, 강간죄, 강제추행죄, 주거침입죄 등의 경우가 그 예이다.

4) 그러나 생명은 본질적인 가치이고 비대체적인 것이므로 처분할 수 있는 법익이라고 할 수 없어 승낙의 대상이 되지 않는다(대법원 1989. 11. 28. 선고 89도201 판결(피해자의 승낙에 따른 폭행으로 사망한 사안)).

5) 독일 형법 제228조【승낙】 피해자의 승낙에 의한 상해는 그 행위가 승낙에도 불구하고 사회상규에 반할 때에는 위법하다.

6) 통설·판례. 다만, 피해자의 승낙에 대한 사회상규에 의한 제한이 상해죄에만 적용되는 것인지, 다른 범

배된다는 것은 행위 자체가 사회상규에 반하는 것을 말하며, 이는 행위에 의하여 기도된 목적에 따라 결정하여야 한다. 따라서 병역을 기피하기 위한 상해, 보험사기를 위한 상해(**관련판례**[1]) 등은 위법성이 조각되지 않는다.[2]

본 사례에서 乙은 甲의 승낙하에 甲에게 쇄골골절의 상해를 가하였는데, 甲의 승낙은 보험사기를 위한 승낙으로서 사회상규에 반하는 승낙이므로 형법 제24조는 적용되지 않는다. 따라서 乙은 상해죄의 형사책임을 진다.[3]

(3) 전화와 핸드폰 메시지로 협박을 반복한 행위

(가) 문제의 제기

乙은 甲에게 돈을 빌려 주고 이를 변제받지 못하자 돈을 갚으라고 하면서 "돈을 갚지 않으면 아들을 등굣길에 유괴할 수도 있다."는 말을 전화나 핸드폰 메시지로 반복하여 하였다. 乙이 위와 같이 말한 것은 甲으로부터 빌려 준 돈을 교부받기 위한 것이므로 공갈죄(형법 제350조 제1항)에서의 협박에 해당하는지가 문제되고, 협박에 해당한다고 하더라도 권리실행의 일환으로 한 것이므로 공갈죄가 성립하는지가 문제된다. 한편, 정보통신망 이용촉진 및 정보보호 등에 관한 법률 제44조의7 제1항 제3호는 공포심이나 불안감을 유발하는 부호·문언·음향·화상 또는 영상을 반복적으로 상대방에게 도달하도록 하는 내용의 정보를 정보통신망을 통하여 유통하는 행위를 금지하고, 동법 제74조 제1항 제3호는 이를 위반하는 행위를 1년 이하의 징역이나 1,000만원 이하의 벌금에 처하도록 하고 있으므로 이에 해당하는지도 문제된다.

죄에도 적용되는 일반원칙인지에 대해서는 다툼이 있다. 판례는 피해자의 승낙이 위법성을 조각하기 위해서는 "그 승낙이 윤리적·도덕적으로 사회상규에 반하는 것이 아니어야 한다"고 판시하여, 상해죄 외에 다른 범죄에도 적용되는 일반원칙이라는 입장이다[대법원 1985. 12. 10. 선고 85도1892 판결(폭행치사); 대법원 2008. 12. 11. 선고 2008도9606 판결(상해)].

1) (**관련판례**) 대법원 2008. 12. 11. 선고 2008도9606 판결【사기·특수절도·상해·사문서위조·도로교통법위반(무면허운전)】. 「교통사고를 가장하여 보험금을 편취할 목적으로 피해자에게 상해를 가하였다면 피해자의 승낙이 있었다고 하더라도 이는 위법한 목적에 이용하기 위한 것이므로 피고인의 행위가 피해자의 승낙에 의하여 위법성이 조각된다고 할 수 없다고 판단하였다. 앞서 본 법리 및 기록에 비추어 살펴보면, 원심의 위와 같은 판단은 정당하다.」

2) 하급심판례 중에는 피해자의 부탁으로 동인의 가슴에 왕(王)자 모양을 그어 상해를 입힌 경우는 처분할 수 있는 자의 승낙에 의하여 그 법익을 훼손한 행위임이 뚜렷하므로 형법 제24조에 의하여 벌할 수 없다고 판시한 것이 있다(서울고등법원 1972. 12. 19. 선고 72노1208 판결. 확정).

3) 만일 乙이 甲을 강요하거나 기망하여 그 의사에 반하여 자상(自傷)하게 한 경우에는 간접정범이 성립할 수 있다(대법원 1970. 9. 22. 선고 70도1638 판결: 동거녀의 부정을 추궁하면서 면도칼 1개를 주고 "네가 네 코를 자르지 않을 때는 돌로서 죽인다."는 등 위협을 가해 자신의 생명에 위험을 느낀 동거녀가 자신의 생명을 보존하기 위하여 위 면도칼로 콧등을 길이 2.5센티, 깊이 0.56센티 절단함으로써 전치 3개월을 요하는 상처를 입혀 안면부 불구가 되게 한 행위에 대하여 중상해죄를 인정한 사례).

(나) 공갈미수죄의 성립 여부

(ㄱ) 공갈죄에서의 협박의 의의

협박은 사람에게 해악을 고지하여 상대방에게 공포심을 일으키는 것을 말한다.[1] 협박이라고 하기 위해서는 해악의 발생이 직접·간접으로 행위자의 의사에 의하여 좌우될 수 있는 것이어야 하며, 이 점에서 경고와 구별된다. 그러나 해악은 현실적으로 발생할 가능성이 있거나, 행위자가 이를 실현할 의사가 있을 것은 요하지 않는다. 객관적으로 행위자가 해악을 실현할 의사가 있다는 인상을 주었고, 상대방이 사실상 그러한 해악이 발생할 가능성이 있다고 인식하면 충분하다. 그리고 고지된 해악의 내용에는 제한이 없다. 반드시 생명, 신체, 자유, 명예, 재산에 대한 해악에 제한되지 않고, 정조, 업무, 신용에 대한 일체의 해악을 포함한다. 상대방 본인에 대한 해악일 것을 요하지 않고, 본인과 밀접한 관계에 있는 제3자에 대한 해악이라도 무방하다.

본 사례에서는 아들을 유괴할 수도 있다고 하여 아들에 대한 해악을 고지하였으므로 공갈죄에서의 협박에 해당한다.

(ㄴ) 권리행사를 위한 수단으로서의 협박의 문제

권리를 행사하기 위한 수단으로 해악을 고지한 경우에도 공갈죄가 성립하는지 문제된다. 이에 대하여는 ① 공갈행위 자체가 권리행사로서 허용될 수 있는 한계를 일탈하여 권리남용으로 인정될 때는 공갈죄의 성립을 인정해야 한다는 견해(통설)와 ② 공갈죄에서 불법영득의 의사는 구성요건요소이며, 여기서 불법이란 영득의 불법을 의미하므로 정당한 권리가 있는 때에는 공갈수단에 의한 경우에도 공갈죄는 성립하지 않고 강요죄나 폭행죄 또는 협박죄만 성립할 뿐이라는 견해가 대립된다. 판례는 일관되게 정당한 권리를 가졌다 하더라도 그 권리실행의 수단·방법이 사회통념상 허용되는 범위를 넘는 때에는 공갈죄가 성립한다고 판시하여 ①의 견해와 같은 입장이다(**관련판례**[2]). 이러한 판례의 입장에 의하면, 권리의 행사가 사회통념상 허용되는 범위를 넘지 않으면 공갈죄는 성립하지 않는다.[3]

---

1) 대법원 2024. 5. 30. 선고 2023도17896 판결.

2) (**관련판례**) 대법원 2019. 2. 14. 선고 2018도19493 판결【특정경제범죄가중처벌등에관한법률위반(공갈)】. 「이러한 해악의 고지가 비록 정당한 권리의 실현 수단으로 사용된 경우라 하여도 그 권리실현의 수단·방법이 사회통념상 허용되는 정도나 범위를 넘는다면 공갈죄의 실행에 착수한 것으로 보아야 한다. 여기서 어떠한 행위가 구체적으로 사회통념상 허용되는 정도나 범위를 넘는지는 그 행위의 주관적인 측면과 객관적인 측면, 즉 추구한 목적과 선택한 수단을 전체적으로 종합하여 판단한다.」

3) 판례에 의하면, ① 손해배상을 청구하면서 고소하겠다고 하거나(대법원 1971. 11. 9. 선고 71도1629 판결), ② 보증금을 환불하지 않으면 구속시키겠다고 한 경우(대법원 1977. 6. 7. 선고 77도1107 판결), ③ 다소 시위를 할 듯한 태도를 보이는 경우(대법원 1980. 11. 25. 선고 79도2565 판결)에는 공갈죄가 성

㈂ 소결

乙은 甲에게 채무의 변제를 독촉하면서 甲의 아들의 생명과 신체에 해악을 가할 수 있음을 고지하였다. 이는 권리행사의 방법으로서 사회상규로 용인될 수 있는 한도를 벗어난 것으로서 공갈죄에서의 협박에 해당한다. 그런데 乙은 甲으로부터 재물을 교부받거나 재산상의 이익을 취득한 바가 없으므로 공갈미수죄(형법 제352조, 제350조 제1항)가 성립한다.

㈐ 정보통신망이용촉진및정보보호등에관한법률위반죄의 성립 여부

협박의 내용으로서의 해악의 고지는 정보통신망 이용촉진 및 정보보호 등에 관한 법률 제44조의7 제1항 제3호에서 규정하는 공포심이나 불안감을 유발하는 것에 해당한다고 할 수 있고, 이러한 해악을 고지하는 전화통화는 음향에, 핸드폰 메시지는 문언에 해당한다. 따라서 乙의 행위가 동조 소정의 금지행위를 위반한 것인지 문제된다.

그런데 위 규정의 금지행위에 해당하기 위해서는 이러한 정보를 반복적으로 상대방에게 도달하게 하여야 하는데, 반복적이라고 하기 위해서는 각 행위 상호간에 일시·장소의 근접, 방법의 유사성, 기회의 동일, 범의의 계속 등 밀접한 관계가 있어 그 전체를 일련의 반복적인 행위로 평가할 수 있는 경우라야 하고, 그와 같이 평가될 수 없는 일회성 내지 비연속적인 단발성 행위가 수차 이루어진 것에 불과한 경우에는 그 문언의 구체적 내용 및 정도에 따라 협박죄나 경범죄처벌법상 불안감 조성행위 등 별개의 범죄로 처벌함은 별론으로 하더라도 정보통신망이용촉진및정보보호등에관한법률위반죄로 처벌할 수는 없다.[1]

본 사례에서 乙의 행위가 이에 해당하려면 해악을 고지하는 전화통화나 핸드폰 메시지의 발송을 여러 번에 걸쳐 반복적으로 해야 한다. 만일 한 번의 기회에 여러 번 전화를 하면서 이런 말을 하거나 한 번의 기회에 여러 개의 핸드폰 메시지를 보낸 것이라면 이에 해당하지 않는다. 본 사례에서는 전화녹음테이프와 핸드폰 메시지 촬영사진 20매를 제출하였다고만 되어 있을 뿐, 반복적으로 보낸 것인지 여부에 대한 명

립하지 않는다고 한다. 반면에 ④ 동거를 정산하는 과정에서 금전채권이 있는 피해자에게 사회통념상 용인하기 어려운 폭언을 한 경우(대법원 1996. 9. 24. 선고 96도2151 판결), ⑤ 하도급 회사와 합법적인 방법으로 갈등을 해결하려고 시도하지 않고 곧바로 생산라인을 중단하겠다고 한 경우(대법원 2019. 2. 14. 선고 2018도19493 판결)에는 공갈죄가 성립한다고 한다.

1) 대법원 2009. 4. 23. 선고 2008도11595 판결(투자금 반환과 관련하여 乙로부터 지속적인 변제독촉을 받아 오던 甲이 乙의 핸드폰으로 하루 간격으로 2번 문자메시지를 발송한 행위는 일련의 반복적인 행위라고 단정할 수 없다는 등의 이유로 정보통신망 이용촉진 및 정보보호 등에 관한 법률 제74조 제1항 제3호에 정한 '공포심이나 불안감을 유발하는 문언을 반복적으로 도달하게 한 행위'에 해당하지 않는다고 한 사례).

확한 기재가 없는 점에 비추어 정보통신이용촉진및정보보호등에관한법률위반죄가 성립한다고 단언하기는 어렵다고 하겠다. 만일 위 죄가 성립한다고 하면, 공갈미수죄와는 실체적 경합관계라고 할 것이다.

㈑ 소결

乙이 甲에게 "돈을 갚지 않으면 아들을 등굣길에 유괴할 수도 있다."는 말을 전화나 핸드폰 메시지로 반복하여 한 행위는 권리행사의 방법으로서 사회상규로 용인될 수 있는 한도를 벗어난 것으로서 공갈미수죄를 구성한다.

(4) 丙에게 3,000만 원을 준 행위

乙은 丙에게 3,000만 원을 주면서 구청직원인 丁에게 부탁을 하고 그 돈을 전달하여 달라고 하였다. 뇌물의 전달을 둘러싼 실제 사건에서는 공여자와 수뢰자 사이에 제3의 전달자가 개입하는 경우에 전달자가 실제로 뇌물을 전달하지 않거나 전달사실을 부인함으로써 수뢰자에게까지 뇌물의 고리가 연결되지 않는 사례가 있는데, 그런 경우에 적용되는 죄명으로 제3자뇌물교부(취득)죄(형법 제133조 제2항)가 있다. 이는 증뢰자가 뇌물에 제공할 목적으로 금품을 제3자에게 교부하는 행위와 그 사정을 알면서 교부받는 행위를 뇌물공여죄(형법 제133조 제1항)와 같은 형으로 처벌하는 것이다.

제3자뇌물교부죄는 금품을 교부받은 제3자가 그 금품을 공무원에게 전달하지 않았더라도 성립한다. 제3자가 공무원에게 전달한 경우에도 제3자뇌물교부죄만 성립한다고 볼 여지가 있으나, 이때는 뇌물공여죄에 흡수되어 뇌물공여죄만 성립한다고 할 것이다.[1] 본 설문에서는 丙과 丁의 형사책임에 관한 설문과는 달리 뇌물 전달 여부에 관한 언급이 없으므로 乙에 대하여는 제3자뇌물교부죄가 성립한다.

(5) 설문의 해결

乙이 甲에게 골절상을 가한 행위는 상해죄에, 甲에게 전화통화 및 핸드폰 메시지로 해악을 고지한 행위는 공갈미수죄에, 丙에게 3,000만 원을 교부한 행위는 제3자뇌물교부죄에 각 해당하고, 각 죄는 실체적 경합관계(형법 제37조, 제38조)에 있다.

---

1) 서울고등법원 2011. 8. 25. 선고 2010노2943 판결(상고).

Ⅱ. 제2문 — 丙과 丁의 형사책임

1. 丙의 형사책임

증뢰자가 뇌물에 제공할 목적으로 금품을 교부한다는 사정을 알면서 제3의 전달자가 이를 교부받으면 제3자뇌물취득죄(형법 제133조 제2항)가 성립한다.

금품을 교부받은 제3자는 그 금품을 받은 때에 본죄가 성립하고,[1] 그 금품을 공무원에게 전달하였는지 여부는 본죄의 성립에 영향을 미치지 않는다. 여기서의 제3자는 뇌물공여행위자나 수수행위자와 공범관계에 있는 자는 포함되지 않는다.[2] 그리고 제3자가 그 교부받은 금품을 수뢰할 사람에게 전달하였더라도 제3자뇌물취득죄 외에 별도로 뇌물공여죄가 성립하는 것은 아니다(**관련판례**[3]).

본 사례에서 丙은 乙로부터 뇌물에 제공할 사정을 알면서 3,000만 원을 교부받았으므로 제3자뇌물취득죄가 성립하고, 별도로 뇌물공여죄는 성립하지 않는다. 그리고 공무원의 직무에 속한 사항의 알선행위자가 아닌 제3자가 그 대가인 금품 기타 이익을 중간에서 전달한 것에 불과한 때에는 그 제3자가 알선행위자와 공동가공의 의사를 가지고 전달행위를 하여 실행행위에 관여한 것으로 평가할 수 있는 경우가 아니라면 특정범죄가중처벌등에관한법률위반(알선수재)죄(동법 제3조[4])나 변호사법위반죄(동법 제111조 제1항[5])에 해당하지 않는다.[6]

---

1) 대법원 2002. 6. 14. 선고 2002도1283 판결; 대법원 2008. 3. 14. 선고 2007도10601 판결.
2) 대법원 2006. 6. 15. 선고 2004도756 판결.
3) (**관련판례**) 대법원 1997. 9. 5. 선고 97도1572 판결【뇌물공여·제3자뇌물취득·건축사법위반】. 「원심은, 피고인 甲이 제1심 공동피고인으로부터 그가 이천군 건축계 공무원인 A에게 비위사실을 묵인해 준 데 대한 사례금으로 공여하는 뇌물이란 정을 알면서도 금 200만 원을 교부받은 다음 그 돈을 위 A에게 교부한 범죄사실에 대하여 형법 제133조 제2항의 증뢰물전달죄 및 같은 조 제1항의 뇌물공여죄의 경합범으로 처단한 제1심판결을 유지하였다. (중략) 제3자의 증뢰물전달죄는 제3자가 증뢰자로부터 교부받은 금품을 수뢰할 사람에게 전달하였는지의 여부에 관계없이 제3자가 그 정을 알면서 금품을 교부받음으로써 성립하는 것이며(대법원 1985. 1. 22. 선고 84도1033 판결 참조), 나아가 제3자가 그 교부받은 금품을 수뢰할 사람에게 전달하였다고 하여 증뢰물전달죄 외에 별도로 뇌물공여죄가 성립하는 것은 아니라고 보아야 할 것이다.」
4) 특정범죄 가중처벌 등에 관한 법률 제3조【알선수재】 공무원의 직무에 속한 사항에 관하여 금품이나 이익을 수수·요구 또는 약속한 사람은 5년 이하의 징역 또는 1천만원 이하의 벌금에 처한다.
5) 변호사법 제111조【벌칙】 ① 공무원이 취급하는 사건 또는 사무에 관하여 청탁 또는 알선을 한다는 명목으로 금품·향응, 그 밖의 이익을 받거나 받을 것을 약속한 자 또는 제3자에게 이를 공여하게 하거나 공여하게 할 것을 약속한 자는 5년 이하의 징역 또는 1천만원 이하의 벌금에 처한다. 이 경우 벌금과 징역은 병과할 수 있다.
6) 대법원 2007. 6. 28. 선고 2002도3600 판결.

따라서 丙은 제3자뇌물취득죄의 형사책임을 진다.

2. 丁의 형사책임

뇌물죄는 직무집행의 공정과 이에 대한 사회의 신뢰에 기하여 직무행위의 불가매수성을 그 직접의 보호법익으로 하고 있으므로 뇌물성은 의무위반행위나 청탁의 유무 및 금품수수 시기와 직무집행행위의 전후를 가리지 않는다. 그리고 뇌물죄에서 말하는 '직무'에는 법령에 정하여진 직무뿐만 아니라 그와 관련 있는 직무, 과거에 담당하였거나 장래에 담당할 직무 외에 사무분장에 따라 현실적으로 담당하지 않는 직무라도 법령상 일반적인 직무권한에 속하는 직무 등 공무원이 그 직위에 따라 공무로 담당할 일체의 직무를 포함한다.[1)]

따라서 본 사례에서 丁은 구청직원으로서 대부업자의 등록 및 단속 업무를 담당하면서, 대부업자인 乙의 업무에 대한 편의를 보아 달라는 청탁을 받고 3,000만 원을 수수하였으므로 공무원의 직무와 관련하여 금품을 수수한 것에 해당되어 뇌물수수죄(형법 제129조 제1항)가 성립한다. 그런데 뇌물수수의 경우, 수뢰액이 3,000만 원 이상인 때에는 특정범죄 가중처벌 등에 관한 법률에 의하여 가중처벌된다. 따라서 丁에 대하여는 특정범죄가중처벌등에관한법률위반(뇌물)죄(동법 제2조 제1항 제3호, 제2항, 형법 제129조 제1항)가 성립한다.

Ⅲ. 제3문 — 증거능력의 요건[2)]

1. 제3문의 (1) — P1이 압수한 비망록

(1) 위법수집증거의 문제

(가) 문제의 제기

경찰관 P1은 甲으로부터 '乙이 보험사기를 하라고 甲을 상해하고 협박하였다.'는 취지의 고소장을 제출받고, 이를 수사하기 위하여 乙의 사무실을 압수·수색하였다. 그 압수·수색과정에서 乙의 비망록을 압수하였는데, 그 비망록에서 구청직원 접대라는 기재를 발견하였고 이를 토대로 뇌물죄에 관한 수사를 진행하였다. 여기서 이 비망록 기재는 압수·수색대상이었던 고소장 기재 범죄와는 별개의 범죄사실에 대한 것

1) 대법원 2003. 6. 13. 선고 2003도1060 판결.
2) 乙의 범죄사실에 대한 증거임을 전제로 해설한다.

이므로 이 비망록이 압수·수색대상물에 포함되는지가 문제되고, 나아가 압수한 물건을 다른 범죄의 증거로 사용하는 것이 적법한지가 문제된다.

(나) 압수대상물인지 여부

어떤 범죄를 수사하기 위하여 압수·수색을 하는 경우 압수대상물은 그 범죄의 증거로 사용될 수 있는 일정한 관련성이 있다고 인정할 수 있는 것이어야 한다(형소법 제215조 제1항).

'관련성'은 증거로서의 의미를 가질 수 있는 개연성을 말하는데, 판례는 관련성이 인정되기 위해서는 ① 혐의사실과 '객관적 관련성'이 있고, ② 대상자와 피의자 사이에 '인적 관련성'이 인정되어야 한다고 판시하고 있다.[1] ①의 객관적 관련성과 관련해서는 '관련사실(범행)의 범위'와 '관련의 정도'를 함께 검토하여야 한다. ⓐ 영장에 기재된 '혐의사실 그 자체'는 당연히 '관련사실의 범위' 내이다. ⓑ '혐의사실과 기본적 사실관계가 동일한 사실', 즉 혐의사실을 그 기초가 되는 사회적 사실로 환원하여 기본적 사실관계에서 동일성이 인정되는 사실도 마찬가지로 그 범위에 해당한다. 문제는 ⓒ '혐의사실과 동종 또는 유사한 사실'의 경우이다. 종래 판례는 동종·유사 사실도 혐의사실에 포함된다고 하였으나,[2] 그 후 단순히 동종·유사한 것만으로는 관련성이 있다고 할 수 없고, '관련의 정도'에 따라 구체적·개별적으로 이를 판단하여야 한다고 판시하였다.[3] '관련의 정도'에 대하여 살펴보면, (i) 혐의사실과 직접 관련되어 있는 경우는 물론, (ii) 범행 동기와 경위, 범행 수단과 방법, 범행 시간과 장소 등을 증명하기 위한 간접증거나 정황증거 등으로 사용될 수 있는 경우에도 관련성이 인정될 수 있는데, 혐의사실의 내용과 수사의 대상, 수사 경위 등을 종합하여 구체적·개별적 연관관계가 있는 경우에만 인정된다. ②의 인적 관련성은 대상자 본인 외에 대상자의 공동정범이나 교사범 등 공범이나 간접정범은 물론 필요적 공범 등에 대한 사건에 대해서도 인정될 수 있다.[4]

비망록은 자신의 행적에 대한 기록으로서 乙의 甲에 대한 채권관계나 甲과의 거래관계가 기재되어 있을 수 있고 甲과의 통화나 대화 등에 대한 기록도 있을 수 있으

---

1) 대법원 2017. 12. 5. 선고 2017도13458 판결; 대법원 2018. 10. 12. 선고 2018도6252 판결; 대법원 2019. 10. 17. 선고 2019도6775 판결; 대법원 2020. 2. 13. 선고 2019도14341 판결; 대법원 2021. 8. 26. 선고 2021도2205 판결. 통신사실확인자료 제공요청의 목적이 된 범죄와 관련된 범죄의 의미 및 범위도 마찬가지이다(대법원 2017. 1. 25. 선고 2016도13489 판결).
2) 대법원 2009. 7. 23. 선고 2009도2649 판결; 대법원 2015. 10. 29. 선고 2015도9784 판결.
3) 대법원 2017. 12. 5. 선고 2017도13458 판결; 대법원 2021. 11. 25. 선고 2021도10034 판결.
4) 대법원 2017. 1. 25. 선고 2016도13489 판결; 대법원 2021. 7. 29. 선고 2020도14654 판결.

므로 乙의 범죄사실과 ①의 객관적 관련성이 있고, 비망록에 그러한 기재가 있는 경우 증거가치도 높을 것이다. 또한 피고소인 乙의 비망록이므로 ②의 인적 관련성도 인정된다. 따라서 이는 적법한 압수대상물이라 할 수 있다. 사후에 그 비망록을 검토한 결과, 甲과의 거래관계에 대한 기재가 없는 것으로 확인되더라도 압수 자체가 불법이 되는 것이 아니다. 사후에 증거로서의 관련성이 없는 것으로 나타나 압수를 계속할 필요가 없는 때에는 환부의 문제만 발생한다.

㈐ 압수대상물에서 다른 범죄의 증거를 발견한 경우

어떤 범죄사실과 관련하여 적법하게 압수한 압수물에서 다른 범죄의 증거를 발견한 경우에 이를 다른 범죄의 증거로 사용하는 것이 적법한지 문제된다. 이와 관련하여, 종전 판례는 적법하게 압수된 압수물이 압수의 전제가 되는 범죄에 대한 증거로서의 의미가 있을 뿐만 아니라 그 자체로 다른 범죄의 증거로서도 의미가 있는 경우, 이를 이용하여 다른 범죄를 수사하고 다른 범죄의 증거로 사용하는 것은 원칙적으로 제한이 없다고 하였다(2015도9784 판결).[1] 그러나 최근 판례는 "수사기관은 영장 발부의 사유로 된 범죄 혐의사실과 관계가 없는 증거를 압수할 수 없고, 별도의 영장을 발부받지 아니하고서는 압수물 또는 압수한 정보를 그 압수의 근거가 된 압수·수색영장 혐의사실과 관계가 없는 범죄의 유죄 증거로 사용할 수 없다"고 판시하였다(2018도18866 판결).[2]

최근에 선고된 위 2018도18866 판결의 의의에 대하여, ① '관련성에 의한 제한은 증거 수집뿐만 아니라 압수된 증거의 사용에도 적용된다는 법리'를 선언한 것이라고 평가하는 견해[3]가 있다(증거사용 제한설).[4] 그러나 ② 위 판결은 전원합의체 판결로 종

1) 대법원 2015. 10. 29. 선고 2015도9784 판결(피고인에 대한 저서 기부행위 제한 위반의 점에 대하여 적법하게 압수한 물건을 피고인 및 공범에 대한 사전선거운동 혐의사실의 증거로 사용할 수 있다고 한 사례). 같은 취지의 판결로는 대법원 2008. 7. 10. 선고 2008도2245 판결(경찰관이 전화 사기죄 혐의로 피고인을 간급체포하면서 압수한 다른 사람의 주민등록증·운전면허증과 그것이 들어 있던 지갑을 피고인에 대한 점유이탈물횡령죄의 증거로 사용할 수 있다고 한 사례)이 있다.

2) 대법원 2023. 6. 1. 선고 2018도18866 판결. 위 판결의 사안은 현역 군인인 피고인이 방산업체 관계자의 부탁을 받고 군사기밀 사항을 메모지에 옮겨 적은 후 이를 전달하여 누설한 행위와 관련하여 군사기밀보호법위반죄(예비적 죄명 군형법상 군기누설죄)로 기소되었는데, 원심은 이 사건에 증거로 제출된 위 메모지가 누설 상대방의 다른 군사기밀 탐지·수집 혐의에 관하여 발부된 압수·수색영장으로 압수한 것인데, 영장 혐의사실과 사이에 관련성이 인정되지 아니하여 위법수집증거에 해당하고, 군검사가 제출한 그 밖의 증거는 위법수집증거에 기초하여 획득한 2차 증거로서 최초 증거수집단계에서의 위법과 인과관계가 희석되거나 단절된다고 보기 어렵다는 이유로 피고인에게 무죄를 선고한 사안이다.

3) 위 판결에 대한 대법원 보도자료 및 황성욱, "압수수색영장 기재 혐의사실과의 관련성의 의미 및 그 판단 기준", 대법원판례해설 제136호(2023 상반기), 2023, 440면.

4) 즉, A 사실 혐의 영장으로 발부한 압수물이 관련성이 있어 적법하든, 관련성이 없어 위법하든(증거의

전의 위 2015도9784 판결을 변경한 것이 아니라 방론으로 위와 같이 판시한 것이고, 위 판결은 관련성이 없어 위법하게 수집된 증거의 다른 범죄사실에의 사용에 관한 것인데 비하여, 위 2015도9784 판결은 적법하게 압수한 압수물의 다른 범죄사실에 사용하는 것으로 서로 다른 내용인 점에 비추어, A 사실 혐의 영장으로 발부한 압수물이 관련성이 없어 위법하면(위법수집증거)(증거의 수집), 그 안에 들어 있는 B 사실을 B 범죄의 증거로 사용하려면(증거의 사용), 다시 별도로 B 혐의 압수영장을 발부받아 압수하여야 한다는 것을 판시한 것으로, 위 2015도9784 판결과는 배치되지 않고 여전히 위 2015도9784 판결의 법리가 타당하다고 할 것이다(증거사용 무제한설).

(라) 소결

위 ②의 증거사용 무제한설에 따르면, P1이 乙의 고소장 기재 범죄사실을 수사하면서 압수한 비망록을 乙에 대한 별개의 범죄인 뇌물죄의 증거로 사용하는 것은 적법하고, 위법수집증거의 문제는 생기지 않는다.[1)]

(2) 전문법칙의 적용 문제

(가) 개설

乙이 비망록에 대하여 증거동의하는 경우에는 진정한 것으로 인정되면 증거능력이 있다(형소법 제318조 제1항). 그러나 증거사용에 부동의하는 경우에는 전문법칙이 적용되는지를 검토하여야 한다.[2)]

전문법칙은 사람의 경험사실에 관한 진술로서 공판정 이외에서 행해진 진술을 그 진술내용이 진실인가, 즉 진술내용대로 그러한 사실이 실제로 있었는지를 입증하기 위하여 사용하는 경우에 적용되는 법칙이다. 여기서 진술은 구두진술이든 서면진술이든 모두 적용된다.

본 사례의 비망록에는 '구청직원 접대'라는 기재가 있고, 이 기재는 구청직원을 접대하였다는 사람의 경험사실에 대한 서면진술에 해당한다. 그리고 검사는 이 서면진술을 실제로 그러한 접대사실이 있었다는 점을 입증하기 위하여 제출하였을 것이

수집), 그 안에 들어 있는 B 관련 사실을 B 범죄의 증거로 사용하려면, 다시 별도로 B 혐의 압수영장을 발부받아 압수하여야 한다는 견해로, 위 2015도9784 판결과는 그 법리가 상충된다.

1) 위 ①의 증거사용 제한설에 의하면 위 비망록은 위법하게 수집된 증거로서 증거로 사용할 수 있는 예외에 해당하지 않으므로 증거능력이 없고(형소법 제308조의2), 乙이 이를 동의하더라도 증거로 사용할 수 없으므로 아래 '(2) 전문법칙의 적용 문제'는 살펴볼 필요도 없다.

2) 乙이 검찰 진술을 번복하며 범죄사실을 부인하므로 비망록의 증거사용에 대하여 부동의한 것으로 보이지만, 증거동의한 경우와 부동의한 경우로 나누어 검토한다.

다. 따라서 비망록은 전문증거이다.

(나) 형사소송법 제313조 제1항의 진술서

비망록은 乙이 스스로 작성한 것이므로 형사소송법 제313조 제1항의 '피고인이 작성한 진술서'에 해당한다. 따라서 이를 증거로 사용하기 위해서는 형사소송법 제313조 제1항 본문에 따라 진술자(=작성자)인 乙의 공판준비 또는 공판기일에서의 진술에 의하여 성립의 진정이 증명되어야 한다(이에 반하여, 단서의 특신상태까지 필요하다는 견해도 있다). 성립의 진정은 공판기일에서 한 명시적인 진술에 의하여 인정되어야 한다.[1] 구체적으로는 본인이 작성한 것이 맞다는 취지의 진술에 의하여 증명되어야 한다는 것이 통설 및 판례[2]의 입장이다.

그런데 진술서의 작성자인 乙이 그 성립의 진정을 부인하는 경우에는, 과학적 분석결과에 기초한 디지털포렌식[3] 자료, 감정 등 객관적 방법으로 성립의 진정함이 증명되는 때에는 증거로 할 수 있다(형소법 제313조 제2항 본문).

피고인 작성 진술서의 증거능력 — 형사소송법 제313조 제1항 본문 vs. 단서

피고인이 작성한 진술서에는 피고인의 진술이 기재되어 있다. 이러한 피고인 작성 진술서의 증거능력을 형사소송법 제313조 제1항 본문에 의하여 판단할 것인지, 본문의 요건에 더하여 단서의 요건까지 충족하는지를 고려하여 판단할 것인지에 관하여 견해가 대립된다. 형사소송법 제313조 제1항 단서는 '피고인의 진술을 기재한 서면'의 경우 작성자의 진술에 의하여 성립의 진정이 증명되고 특신상태가 인정되는 경우에는 피고인의 공판준비 또는 공판기일에서의 진술에도 불구하고 이를 증거로 할 수 있다고 규정하고 있다.

이 조문의 해석과 관련하여, ① 피고인의 진술을 기재한 서면의 경우는 성립의 진정 증명에 더하여 특신상태를 가중적으로 요구하는 것이라는 가중요건설과 ② 피고인의 진술을 타인이 기재한 진술기재서면의 경우에 피고인이 성립의 진정을 부인하더라도 그 진술기재서면을 작성한 제3자인 작성자의 공판준비 또는 공판기일에서의 진술에 의하여 성립의 진정을 증명하고 특신상태가 입증되면 증거로 할 수 있다는 완화요건설(특신상태가 증거능력 취득요건을 완화하는 기능을 한다고 하여 완화요건설로 불림)이 대립되고 있다. 판례는 위 ②의 완화요건설의 입장이다.[4]

---

1) 대법원 2013. 3. 14. 선고 2011도8325 판결.
2) 대법원 2010. 11. 25. 선고 2010도8735 판결(문자메시지를 촬영한 사진은 피해자의 진술서에 해당하므로 피해자가 법정에 나와 자신이 보낸 것이 맞다고 확인하여야 성립의 진정이 증명된다고 한 사례).
3) 디지털포렌식이란 디지털 증거를 수집·보존·분석·현출하는 데 적용되는 과학기술 및 절차를 말한다(대검찰청 디지털 증거의 수집·분석 및 관리 규정 제3조 제1호).
4) 대법원 2022. 4. 28. 선고 2018도3914 판결(A군 사무관인 피고인이 어선 선주들로부터 1,020만 원 상당

진술서에 대해서도 ①설은 성립의 진정 외에 특신상태의 증명이 필요하다고 한다. 판례는 피고인이 자필로 작성한 진술서에 관하여 강압에 의해 사실과 다르게 작성되었다고 주장한 사안[1]에서, "피고인이 자필로 작성한 진술서는 서류의 작성자가 동시에 진술자이므로 진정하게 성립된 것으로 인정되어 형사소송법 제313조 제1항 단서에 의하여 그 진술이 특히 신빙할 수 있는 상태에서 행하여진 때에는 증거능력이 있다"고 판시하여, 위 가중요건설과 같은 취지로 해석하기도 하고,[2] 수사기관에서 작성한 진술서는 수사기관이 작성한 조서에 따라 그 증거능력을 결정해야 한다고 하면서 "형사소송법 제313조 제1항 본문에 따라 결정할 것은 아니라고 해석하여야 할 것으로 본다"고 판시하여 완화요건설과 같은 취지로 해석하기도 한다(**관련판례** ①[3]). 형사소송법 제313조 제1항 단서와 본문의 문언에 비추어 볼 때, 완화요건설이 타당하다. 본 사례에서 형사소송법 제313조 제1항 단서와 관련하여 가중요건설을 취하면 乙의 법정진술에 의하여 성립의 진정이 증명되는 것에 더하여 특신상태까지 입증되어야 증거능력을 인정할 수 있을 것이다. 그러나 완화요건설에 의하면 사인이 스스로 작성한 서면인 경우는 단서가 적용될 여지가 없으므로 乙의 법정진술에 의하여 성립의 진정이 증명되면 충분하다고 할 것이다.

(다) 형사소송법 제315조 제2호의 검토

형사소송법 제315조 제2호는 상업장부, 항해일지 기타 업무상 필요로 작성한 통상문서는[4] 당연히 증거능력이 있는 서류라고 규정하고 있다. 업무상 통상적으로 작

의 뇌물을 수수하는 등으로 뇌물수수죄 등으로 기소된 사건에서, 국무조정실 산하 정부합동공직복무점검단 소속 점검단원이 작성한 피고인의 진술을 기재한 서류(확인서)의 증거능력에 관하여, 작성자인 점검단원의 진술에 의하여 성립의 진정함이 증명되고 나아가 진술이 특히 신빙할 수 있는 상태하에서 행하여졌다고 보아 형사소송법 제313조 제1항 단서에 따라 확인서의 증거능력을 인정한 사례). 본 판결 해설은 이준민, "형사소송법 제313조 제1항 단서의 '작성자의 진술' 및 '피고인의 공판준비 또는 공판기일에서의 진술에 불구하고'의 의미", 대법원판례해설 제132호, 2023, 421-433면.

1) 피고인은 B 등이 자신을 서재에 붙들어 둔 상태에서 횡령사실을 시인하지 않으면 집에도 보내주지 아니하고 학교에도 가지 못하게 하겠다고 강요하여, 두려운 나머지 어쩔 수 없이 각서를 작성하였다고 변소하였다(임의성과 각서의 내용부인). 원심은 위 변소를 받아들여 각서의 증거능력을 부정하였다.

2) 대법원 2001. 9. 4. 선고 2000도1743 판결.

3) (**관련판례** ①) 대법원 1982. 9. 14. 선고 82도1479 전원합의체 판결【살인·상해·폭력행위등처벌에관한법률위반】. 「사법경찰관이 피의자를 조사하는 과정에서 형사소송법 제244조에 의하여 피의자신문조서에 기재됨이 마땅한 피의자의 진술내용을 진술서의 형식으로 피의자로 하여금 기재하여 제출하게 한 경우에 위 진술서의 증거능력 유무는 검사 이외의 수사기관이 작성한 피의자신문조서와 마찬가지로 형사소송법 제312조 제2항에 따라 결정하여야 할 것이고 같은 법 제313조 제1항 본문에 따라 결정할 것은 아니라고 해석하여야 할 것으로 본다. 그러하지 아니하고 이러한 경우에도 피의자가 작성한 진술서이므로 형사소송법 제313조 제1항 본문에 따라야 한다고 본다면 이 사건과 같이 사법경찰관이 피의자를 조사하는 과정에서 같은 날 같은 조건에서 같은 내용으로 작성된 사법경찰관의 피의자신문조서와 피의자의 진술서가 그 서류의 작성자와 명칭에 따라 전자는 형사소송법 제312조 제2항을 후자는 같은 법 제313조 제1항 본문을 적용하게 되어 엄격하여야 할 증거능력의 부여 여부가 사법경찰관의 자의에 의하여 좌우되는 수긍하기 어려운 결과에 이를 수도 있을 것이기 때문이다.」

4) 대법원은 '기타 업무상 필요로 작성한 통상문서'인지 여부는, "해당 문서가 정규적·규칙적으로 이루어지는 업무활동으로부터 나온 것인지 여부, 당해 문서를 작성하는 것이 일상적인 업무 관행 또는 직무

성되는 문서는 신용성이 높으므로 전문법칙의 예외를 인정한 것이다.

본 사례에서 乙은 대부업자로서 매일 매일의 업무와 관련된 사항을 비망록에 기재했을 수도 있었을 것이지만, 이에 관한 언급이 없으므로 형사소송법 제315조 제2호에 의하여 증거능력을 인정할 수는 없다. 만일 위 비망록에 그와 같은 기재가 있다면 비망록은 업무상 작성한 통상의 문서로서 형사소송법 제315조 제2호에 의하여 증거능력이 인정될 것이다.[1)]

물론, 형사소송법 제315조 제2호의 요건은 통상문서이면 충분하고 형사소송법 제313조 제1항과 같이 작성자의 법정진술에 의하여 성립의 진정이 증명될 필요는 없다. 그러나 전문법칙과는 별도로 증거의 진정성은 입증되어야 하므로 그 비망록 자체가 乙이 통상적으로 작성한 비망록이라는 점은 입증되어야 하고, 그 입증방법에는 제한이 없다.

(3) 설문의 해결

乙이 비망록의 증거사용에 대하여 동의한 경우에는, 진정성이 인정되면 증거능력이 있고(형소법 제318조 제1항), 증거사용에 부동의한 경우에는, 형사소송법 제313조 제1항 본문 및 제2항 본문에 따라 증거능력을 판단하여야 한다(다른 견해 있음).[2)]

2. 제3문의 (2) — 협박 내용의 전화통화를 녹음한 녹음테이프

(1) 문제의 제기

乙이 甲의 협박 내용을 녹음한 테이프의 증거능력에 대해서는 타인 간의 대화를 녹음하는 것을 금지한 통신비밀보호법과 관련하여 그 위반 여부, 즉 위법수집증거 여부가 문제되고, 나아가 녹음테이프의 성질로서 전문증거인지 여부가 문제된다.

상 강제되는 것인지 여부, 당해 문서에 기재된 정보가 그 취득된 즉시 또는 그 직후에 이루어져 정확성이 보장될 수 있는 것인지 여부, 당해 문서의 기록이 비교적 기계적으로 행하여지는 것이어서 그 기록 과정에 기록자의 주관적 개입의 여지가 거의 없다고 볼 수 있는지 여부, 당해 문서가 공시성이 있는 등으로 사후적으로 내용의 정확성을 확인·검증할 기회가 있어 신용성이 담보되어 있는지 여부 등을 종합적으로 고려하여" 판단하여야 한다고 판시하고 있다(대법원 2015. 7. 16. 선고 2015도2625 전원합의체 판결).

1) 그 경우 비망록은 자백과는 별개의 독립증거로서의 증거능력이 있다(대법원 1996. 10. 17. 선고 94도2865 전원합의체 판결).

2) 앞서 '(1) 위법수집증거의 문제'에서 살펴본 위 ①의 증거사용 제한설에 의하면, 위 비망록은 乙의 증거 동의 여부와 관계없이 증거능력이 없다.

(2) 통신비밀보호법과의 관계

통신비밀보호법은 누구든지 동법, 형사소송법 또는 군사법원법의 규정에 의하지 아니하고는 우편물의 검열 또는 전기통신의 감청을 하거나 공개되지 아니한 타인 간의 대화를 녹음 또는 청취하지 못하고(동법 제3조 제1항), 이에 위반하여 불법검열에 의하여 취득한 우편물이나 그 내용 및 불법감청에 의하여 지득 또는 채록된 전기통신의 내용은 재판 또는 징계절차에서 증거로 사용할 수 없으며(동법 제4조), 누구든지 공개되지 아니한 타인 간의 대화를 녹음하거나 전자장치 또는 기계적 수단을 이용하여 청취할 수 없고(동법 제14조 제1항), 이에 의한 녹음 또는 청취에 관하여 위 제4조의 규정을 적용한다(동법 제14조 제2항)고 각 규정하고 있다. 통신비밀보호법상의 이러한 규정에 따라 금지되는 것은 타인 간의 대화를 녹음하는 것이고, 본 사례와 같이 대화의 일방 당사자가 상대방 몰래 녹음하는 것은 동법의 금지대상에 포함되지 않는다.[1)2)]

따라서 甲이 乙의 협박내용의 전화통화를 녹음한 녹음테이프는 위법수집증거가 아니다.

(3) 전문증거인지 여부

㈎ 녹음테이프 자체의 전문증거성

녹음테이프(특히, 현장녹음과 관련하여)에 대하여 ① 진술증거설(통설), ② 비진술증거설, ③ 비진술증거이지만 검증조서를 유추한다는 검증조서유추설이 대립된다.

①의 진술증거설은 녹음된 내용의 성질에 따라 전문증거인지를 구별하지 않고 현장녹음이든 진술녹음이든 모두 녹음대상의 선택, 녹음한 음성의 편집에 인위적 조작의 위험성이 있어 진술증거적인 성격을 가지므로 전문증거라고 한다. 따라서 녹음테이프도 전문법칙이 적용되어 녹음 자체에 대하여는 형사소송법 제312조 제6항에 준

---

1) 대법원 1997. 3. 28. 선고 97도240 판결(피고인이 범행 후 피해자에게 전화를 걸어오자 피해자가 증거를 수집하려고 그 전화내용을 녹음한 경우, 그것이 피고인 모르게 녹음된 것이라 하여 이를 위법하게 수집된 증거라고 할 수 없다고 한 사례).

2) 독일 형법 제201조는 다른 사람이 비공개적으로 한 말을 녹음하는 행위와 그 녹음내용을 사용하는 행위를 처벌하는 규정을 두고 있고, 여기서 비공개적으로 행한 말에는 대화의 당사자가 상대방 모르게 녹음하는 경우도 포함된다(Tröndle, StGB, C. H. Beck, 1999, §201 Rdnr. 2). 상대방에게 말을 하여 그 말로 인한 정보내용이 상대방의 기억 속에 남는 것, 즉 말이 흘러가버리는 상황과 녹음되어 전체가 다시 그대로 재생될 수 있는 상태로 보관되는 것과는 향후의 사용방법에 큰 차이가 있으므로 대화 상대방 모르게 그 대화내용을 녹음하는 것은 상대방에 대한 정보의 자기결정권(Recht auf informationelle Selbstbestimmung), 즉 자신이 제공하는 정보가 어떻게 사용될 것인지에 대한 결정을 할 권리를 침해하는 것이기 때문이다.

하여 증거능력을 판단하여야 하고, 녹음된 내용에 대해서는 원진술의 성격에 따라 형사소송법 제311조 내지 제313조에 따라 증거능력을 판단하여야 한다고 주장한다. 그러나 ②의 비진술증거설은 녹음은 기계적 장치에 의한 기록이므로 그 기록과정에 사람의 지각과 기억, 표현과정이 없으므로 전문증거의 문제는 생기지 않는다고 한다. 그러므로 녹음테이프 자체는 증거 일반에 요구되는 진정성만 다양한 방법을 통하여 입증되면 증거능력이 인정된다(형소법 제318조 제1항)고 주장한다. 그러나 그 경우에도 녹음테이프에서 증거자료가 되는 것은 녹음테이프에 녹음된 내용 자체이므로 녹음된 현장소음이나 진술내용이 본래증거인지 전문증거인지를 구별하여, 본래증거인 경우에는 형사소송법 제318조의 진정성이 인정되어야 증거능력이 인정되고, 전문증거인 경우에는 원진술의 성격에 따라 형사소송법 제311조 내지 제313조에 의하여 증거능력을 판단하여야 한다고 주장한다. 그리고 ③ 검증조서유추설은 비진술증거이지만 조작가능성이 있으므로 예외적으로 검증조서에 준하여야 한다고 주장한다. 생각건대, 녹음테이프도 사진과 마찬가지로 기계적인 과정을 거치는 것이므로 그 자체는 비진술증거이고, 다만 녹음된 내용이 전문증거냐 비전문증거냐 하는 것이 문제될 뿐이다. 따라서 ②의 비진술증거설이 타당하다.

판례는 녹음테이프 자체가 진술증거인지 비진술증거인지에 관하여는 특별한 언급이 없이 전화대화가 녹음된 녹음테이프는 '진술을 기재한 서류와 다를 바 없다'고 하고,[1] 그 경우 '증거자료가 되는 것은 여전히 녹음테이프에 녹음된 대화내용'이라고 한다.[2] 이때 진술내용이 본래증거인지 전문증거인지를 구별하여 증거능력을 판단할 것인지 여부에 관하여는, 이를 구분하지 않는 판례(**관련판례** ①)도 있으나, 구분하여 증거능력을 판단한 판례(**관련판례** ②)가 대부분이다.[3]

㈏ 본 사례의 녹음테이프의 증거능력

乙이 녹음한 테이프에는 甲이 "돈을 갚지 않으면 등굣길에 아들을 유괴할 수도 있다."는 진술이 녹음되어 있다. 이처럼 공갈죄의 협박 내용이 녹음된 녹음테이프가 전문증거인지가 다시 문제된다.

---

1) 대법원 2005. 2. 18. 선고 2004도6323 판결.
2) 대법원 2008. 7. 10. 선고 2007도10755 판결; 대법원 2012. 9. 13. 선고 2012도7461 판결.
3) 대법원 2008. 7. 10. 선고 2007도10755 판결(진술 당시 진술자의 상태 등을 확인하기 위한 것인 경우에는, 녹음테이프에 대한 검증조서의 기재 중 진술내용을 증거로 사용하는 경우에 관한 법리는 적용되지 않는다고 판시); 대법원 2008. 11. 13. 선고 2006도2556 판결(정보저장매체에 기억된 문자정보 내용의 진실성이 아닌 그와 같은 내용의 문자정보의 존재 자체가 직접 증거로 되는 경우에는 전문법칙이 적용되지 않는다고 판시).

㈎ 전문증거설

위 녹음 진술은 '피고인 아닌 자가 작성한 피고인의 진술을 기재한 서류'에 해당하므로 형사소송법 제313조 제1항에 따라 乙의 법정진술에 의하여 성립의 진정이 입증되거나(본문) 乙이 이를 부인하는 경우에 甲의 법정진술에 의하여 성립의 진정이 증명되고 특신상태가 인정되면 증거로 할 수 있다(단서)고 할 것이다.

㈏ 비전문증거설

녹음된 진술은 乙의 의사를 표시한 것에 불과할 뿐 乙의 경험사실이 아니다. 또한 이 테이프는 그러한 말을 했다는 것 자체가 乙의 협박행위를 입증하기 위한 것이고, 그 진술내용대로 실제로 아들을 유괴하는 것이 진실인지를 입증하기 위한 것이 아니다. 따라서 위 녹음테이프는 비전문증거에 해당하고, 전문법칙이 적용되지 않는다. 그러나 증거 일반에 요구되는 관련성과 진정성은 입증되어야 한다. 관련성은 당연히 인정되며, 진정성 입증을 위해서는 그 녹음테이프가 甲이 행한 전화통화를 녹음한 테이프이며 그 테이프 원본 그대로이거나 원본내용을 그대로 복사한 사본이라는 것 등이 입증되어야 한다. 입증방법에는 제한이 없으므로 甲의 법정에서 증언이나 감정 등 과학적 방법에 의하여 이를 입증하면 증거능력이 인정된다.

㈐ 판례

판례 중에는 공갈미수사건에서 위 ㈎의 견해와 유사한 취지로 설시한 것이 있으나(**관련판례** ①[1]),[2] 녹음테이프에 담겨진 진술내용이 공갈죄의 구성요건에 해당하는 협

---

1) (**관련판례** ①) 대법원 2005. 12. 23. 선고 2005도2945 판결【공갈미수】. 「원심은 피고인이 2003. 5. 30. 및 같은 해 6. 9. 등 두 차례에 걸쳐 판시 재개발조합의 조합장이자 청산인이던 피해자를 상대로 피해자의 비리 혐의를 문제삼지 않는 등의 조건으로 3억 원 가량의 합의금을 요구, 갈취하려고 하였으나 피해자가 이에 불응하는 바람에 미수에 그쳤다고 하는 이 사건 각 공갈미수의 공소사실에 대하여, (중략) 피고인과 피해자 사이의 대화내용에 관한 녹취서가 공소사실의 증거로 제출되어 그 녹취서의 기재내용과 녹음테이프의 녹음내용이 동일한지 여부에 관하여 법원이 검증을 실시한 경우에 증거자료가 되는 것은 녹음테이프에 녹음된 대화내용 그 자체이고, 그 중 피고인의 진술내용은 실질적으로 형사소송법 제311조, 제312조의 규정 이외에 피고인의 진술을 기재한 서류와 다름없어 피고인이 그 녹음테이프를 증거로 할 수 있음에 동의하지 않은 이상 그 녹음테이프 검증조서의 기재 중 피고인의 진술내용을 증거로 사용하기 위해서는 형사소송법 제313조 제1항 단서에 따라 공판준비 또는 공판기일에서 그 작성자인 피해자의 진술에 의하여 녹음테이프에 녹음된 피고인의 진술내용이 피고인이 진술한 대로 녹음된 것임이 증명되고 나아가 그 진술이 특히 신빙할 수 있는 상태하에서 행하여진 것임이 인정되어야 함은 원심이 판시한 바와 같다 할 것이다. 그리고 녹음테이프는 그 성질상 작성자나 진술자의 서명 혹은 날인이 없을 뿐만 아니라, 녹음자의 의도나 특정한 기술에 의하여 그 내용이 편집, 조작될 위험성이 있음을 고려하여, 그 대화내용을 녹음한 원본이거나 혹은 원본으로부터 복사한 사본일 경우에는 복사과정에서 편집되는 등의 인위적 개작 없이 원본의 내용 그대로 복사된 사본임이 입증되어야만 하고, 그러한 입증이 없는 경우에는 쉽게 그 증거능력을 인정할 수 없다 할 것이다.」

2) 대법원 2012. 9. 13. 선고 2012도7461 판결[특정경제범죄가중처벌등에관한법률위반(공갈)죄로 기소된

박내용 외에 다른 경험진술들도 포함되어 있는지가 명백하지 않으므로 본 사례와 같이 협박 내용만이 특정된 경우에도 이를 전문증거로 파악하는 취지의 판례라고 보기는 어렵다. 오히려 뒤에서 보는 바와 같이 판례는 녹음테이프는 아니지만 불안감을 유발하는 핸드폰 메시지를 반복적으로 도달하게 하여 정보통신망이용촉진및정보보호등에관한법률위반(음란물유포등)죄로 기소된 사건에서 그 핸드폰 메시지는 전문증거가 아니라고 판시하였다(**관련판례** ②[1]).[2] 즉, 그 핸드폰 메시지 내용의 성질과 입증취지에 비추어 전문증거가 아니라고 판단한 것이다. **관련판례** ②의 취지에 의하면 본 사례의 녹음테이프도 전문증거가 아니라고 할 것이다.

(4) 설문의 해결

본 사례에서 乙이 부동의한 녹음테이프에 녹음된 진술은 전문증거가 아니다. 따라서 전문증거에 관한 요건을 필요로 하지 않는다. 다만 증거 일반, 특히 녹음과 관련된 증거에 요구되는 진정성은 입증되어야 한다.

3. 제3문의 (2) — 협박 내용의 핸드폰 메시지 촬영사진

(1) 문제의 제기

협박 내용의 핸드폰 메시지는 사람의 진술이며, 서면진술에 해당한다. 여기서 서

사안에서, 피고인이 피해자와 대화할 때 피해자가 피고인 몰래 대화내용을 녹음하였는데 그 중 피고인이 피해자에게 협박하는 발언내용 등이 들어 있고 그것이 증거로 제출되었다].

1) (**관련판례** ②) 대법원 2008. 11. 13. 선고 2006도2556 판결【정보통신망이용촉진및정보보호등에관한법률위반(음란물유포등)】. 「검사는 휴대전화기 이용자가 그 문자정보를 읽을 수 있도록 한 휴대전화기의 화면을 촬영한 사진을 증거로 제출할 수도 있을 것인바, 이를 증거로 사용하기 위해서는 문자정보가 저장된 휴대전화기를 법정에 제출할 수 없거나 그 제출이 곤란한 사정이 있고, 그 사진의 영상이 휴대전화기의 화면에 표시된 문자정보와 정확하게 같다는 사실이 증명되어야 할 것이다. (중략) 보통신망을 통하여 공포심이나 불안감을 유발하는 글을 반복적으로 상대방에게 도달하게 하는 행위를 하였다는 공소사실에 대하여 휴대전화기에 저장된 문자정보가 그 증거가 되는 경우와 같이, 그 문자정보가 범행의 직접적인 수단이 될 뿐 경험자의 진술에 갈음하는 대체물에 해당하지 않는 경우에는 형사소송법 제310조의2에서 정한 전문법칙이 적용될 여지가 없다.」

본 판결 해설은 김태업, "휴대전화기에 보관된 문자정보 및 이를 휴대전화기 화면에 띄워 촬영한 사진의 증거능력", 대법원판례해설 제78호(2008 하반기), 2009, 603-634면.

2) 대법원 2007. 3. 15. 선고 2006도8869 판결은 선거운동 기간 전에 피고인이 지역 정당협의회 모임이 있는 식당에서 사전선거운동에 해당하는 발언을 하였고 그 현장발언이 녹음된 녹음테이프가 증거로 제출된 사건에서, "콤팩트디스크가 현장에서 피고인 甲의 발언내용을 녹음하는 데 사용된 디지털 녹음기의 녹음내용 원본을 그대로 복사한 것이라는 입증이 없는 이상, 그 콤팩트디스크의 내용이나 이를 녹취한 녹취록의 기재는 증거능력이 없다 할 것이다"고 판시하였다. 동 판결은 위 ⓐ의 진정성 문제만을 지적하고 있어, ⓑ의 진술내용이 전문증거가 아니라고 판시한 것이라고 보기는 어렵다.

면진술을 촬영한 사진이 전문증거인지가 문제되고, 나아가 촬영의 대상이 된 서면진술이 전문증거인지가 문제된다.

(2) 핸드폰 메시지를 촬영한 사진의 전문증거성

핸드폰 메시지를 촬영한 사진은 사본으로서의 사진, 즉 복사물에 해당한다. 사본으로서의 사진의 증거능력에 대하여는 원본의 존재 및 진정성립을 인정할 자료가 구비되고, 특히 신용할 만한 정황에 의하여 작성되었다고 인정될 때에 형사소송법 제315조 제3호(당연히 증거능력이 있는 서류)에 의하여 증거능력을 인정해야 한다는 견해도 있으나, 최량증거의 법칙에 따라 증거능력을 인정해야 한다는 것이 통설·판례[1)]의 입장이다.

즉, ① 원본증거가 존재하거나 존재하였고, ② 원본증거의 제출이 불가능하거나 곤란한 사정이 있고, ③ 원본증거를 정확하게 사본한 경우에 증거능력이 인정된다. ②의 요건은 원본을 증거로서 사용할 필요성의 정도, 원본 제출이 곤란한 사정 등을 검토하여 판단하게 되는데, 과학기술의 진보에 따라 사본이 원본과 그 형상 등이 동일한 경우가 많은 데 비추어 사실상 완화되고 있다.[2)] ③의 요건은 사본의 진정성 문제이다. 본 사례에서는 먼저, 핸드폰 메시지가 甲의 핸드폰상에 乙로부터 수신된 메시지라는 점이 입증되어야 하고, 사진은 그 핸드폰 메시지를 촬영한 것이며 조작된 바 없다는 점이 입증되어야 한다. 이러한 진정성 입증방법에는 제한이 없다.

현장사진의 증거능력

사진 중에서 현장을 촬영한 현장사진에 대하여, ① 사진은 과거의 역사적 사실에 대한 흔적이지 사람의 지각에 의한 진술이 아니며, 반대신문권도 생각할 수 없으므로 비진술증거라는 견해,[3)] ② 사진은 기계의 힘에 의하여 사실을 재현하는 것으로 사실보고라는 증거의 기능이 같고, 작성과정에 인위적 수정의 위험이 있으므로 진술증거로서 촬영 주체에 따라 법원의 경우는 형사소송법 제311조, 수사기관은 제312조 제6항, 사인은 제313조 제1항·제2항에 따라 증거

---

1) 대법원 2008. 11. 13. 선고 2006도2556 판결(사본인 사진). 그 밖에 대법원 2002. 10. 22. 선고 2000도5461 판결(검사 작성피의자신문조서의 초본 증거능력); 대법원 2015. 4. 13. 선고 2015도2275 판결(증거물인 수표의 사본).

2) ②의 요건 대신에 '사본에 의하여 재현할 수 없는 원본의 상태[예: 재질, 요철, 워터마크의 유무, 중량 등)가 입증사항으로 되어 있지 않을 것'이라는 요건으로 충분하다는 판례로서는, 東京高判 1983. 7. 13. 高刑集 36·2·82(TV 뉴스 영상을 녹화한 비디오테이프의 증거능력을 인정한 사례]가 있다.

3) 사법연수원, 법원실무제요 형사 [Ⅰ], 501면.

능력을 판단해야 한다는 견해, ③ 비진술증거이지만 조작가능성 때문에 예외적으로 검증조서에 준하여 촬영자가 법관인 때는 형사소송법 제311조, 수사기관인 때는 제312조 제6항이 적용되고, 그 밖의 자인 때에는 제312조 제6항이 유추적용된다는 견해가 대립된다.
판례는 ⓐ 피해자의 상해 부위를 촬영한 사진에 관하여는 전문법칙이 적용되지 않는다고 판시하고,[1] ⓑ 현장사진 중 그 촬영일자 부분이 조작된 것이라고 다투는 사안에서 '촬영일자가 나타난 부분'은 전문증거로서 전문법칙이 적용된다고 판시하여,[2] 사진영상부분은 비진술증거로 보고 있다. ①설이 타당하고 실무의 입장이기도 하다.

(3) 핸드폰 메시지의 전문증거성

본 사례의 핸드폰 메시지는 乙이 甲을 협박하는 해악의 고지일 뿐 경험사실의 진술이 아니고, 입증취지도 그 내용인 해악이 진실인가가 아니라 그 해악 고지의 존재 자체를 입증하고자 하는 것이다. 따라서 전문증거가 아니므로 (2)에서 살펴본 요건 외에 별도로 전문법칙이 적용될 여지가 없다. 판례도 핸드폰 메시지로 불안감이나 공포심을 유발하는 내용을 반복적으로 전달한 사안에서 메시지를 촬영한 사진은 전문증거가 아니라고 판시한 바 있다.[3]

(4) 설문의 해결

본 사례에서 乙이 부동의한 핸드폰 메시지는 전문증거가 아닌 일반적 증거물로서의 서면이고, 그 증거물을 촬영한 사진 또한 증거물일 뿐이다. 따라서 최량증거의 법칙에 따라 위에서 살펴본 요건을 충족하면 증거능력이 인정된다.

4. 제3문의 (3) — 乙에 대한 검사 작성의 피의자신문조서

2020. 2. 4. 개정되어 2022. 1. 1.부터 시행된 형사소송법 제312조 제1항에 의하면, 검사 작성 피의자신문조서는 ① 적법한 절차와 방식에 따라 작성된 것으로서, ② 공판준비, 공판기일에 그 피의자였던 피고인 또는 변호인이 그 내용을 인정할 때에 한정하여 증거로 할 수 있다.[4] 그런데 乙은 검찰에서는 자백하였으나 제1회 공판기일

1) 대법원 2007. 7. 26. 선고 2007도3906 판결.
2) 대법원 1997. 9. 30. 선고 97도1230 판결.
3) 대법원 2008. 11. 13. 선고 2006도2556 판결.
4) 개정 전에는 ① 적법한 절차와 방식에 따라 작성된 것으로서, ② 피고인이 진술한 내용과 동일하게 기재되어 있음이 공판준비 또는 공판기일에서의 피고인의 진술에 의하여 인정되고, ③ 그 조서에 기재된 진술이 특히 신빙할 수 있는 상태하에서 행하여졌음이 증명된 때에 한하여 증거로 할 수 있다고 규정되어 있었다.

에 검찰진술을 번복하면서 검사가 작성한 피의자신문조서의 진정성립을 부인하며 내용 부인 취지로 증거사용에 부동의하였으므로, 위 피의자신문조서는 위 ②의 요건을 충족하지 못하여 증거능력이 없다.

Ⅳ. 제4문 — 乙의 자백의 증거능력

1. 위법수집증거의 주장적격 문제

乙의 자백이 위법수집증거라는 점을 丙의 변호인이 주장할 수 있는지(주장적격) 문제된다. 즉 자신의 권리가 침해된 자만이 위법수집증거배제법칙을 주장할 수 있는지, 아니면 제3자에 대하여 행해진 위법수사성을 자신의 공소사실에 대하여도 주장할 수 있는지가 문제된다.[1)]

주장적격을 권리침해자에 한정하는 견해를 따르면, 본 사례에서 丙의 변호인은 다른 피고인인 乙의 자백이 위법수집증거라고 주장할 수 없다. 그러나 대법원은 권리를 침해당하지 않는 제3자의 주장적격도 인정하고 있다(**관련판례**[2)]). 따라서 乙의 자백과 관련하여 丙의 변호인도 그 자백이 위법수집증거로서 증거능력이 없다는 주장을 할 수 있다.

---

1) 미국에서는 위법수사의 상대방만이 주장적격이 있다고 한다. 예컨대, 위법한 방법에 의하여 자백을 받고, 그 자백 내용 중에 증거물의 위치가 포함되어 그 증거물을 발견한 경우, 피고인이 아닌 자에 대하여서는 증거물을 사용할 수 있다는 것이 미국 판례의 입장이다〔People v. Varnum, 66 Cal. 2d 808 (1967)〕.

2) (**관련판례**) 대법원 2011. 6. 30. 선고 2009도6717 판결【식품위생법위반】. 「수사기관이 피고인이 아닌 자를 상대로 적법한 절차에 따르지 아니하고 수집한 증거는 원칙적으로 피고인에 대한 유죄 인정의 증거로 삼을 수 없다. (중략) 비록 사법경찰관이 A와 B를 동행할 당시에 물리력을 행사한 바가 없고, 이들이 명시적으로 거부의사를 표명한 적이 없다고 하더라도, 사법경찰관이 이들을 수사관서까지 동행한 것은 위에서 본 적법요건이 갖추어지지 아니한 채 사법경찰관의 동행 요구를 거절할 수 없는 심리적 압박 아래 행하여진 사실상의 강제연행, 즉 불법체포에 해당한다고 보아야 할 것이다. 따라서 위와 같은 불법체포에 의한 유치 중에 A와 B가 작성한 위 각 자술서와 사법경찰리가 작성한 A, B에 대한 각 제1회 진술조서는 헌법 제12조 제1항, 제3항과 형사소송법 제200조의2, 제201조 등이 규정한 체포·구속에 관한 영장주의 원칙에 위배하여 수집된 증거로서 수사기관이 피고인이 아닌 자를 상대로 적법한 절차에 따르지 아니하고 수집한 증거로 형사소송법 제308조의2에 의하여 그 증거능력이 부정되므로 피고인들에 대한 유죄 인정의 증거로 삼을 수 없다.」

본 판결 해설은 심담, "수사기관이 피고인이 아닌 제3자에 대하여 위법수사로 수집한 진술증거를 피고인에 대한 유죄 인정의 증거로 삼을 수 있는지 여부", 대법원판례해설 제88호(2011 상반기), 2011, 726−740면.

2. 경찰에서의 자백

(1) 식당에서의 자백진술의 증거능력

P1은 비망록에서 '구청직원 접대'라는 기재를 보고 乙을 경찰서 주변 식당으로 데려가 그 내역에 대하여 물었고, 이때 乙이 뇌물을 공여한 사실을 진술하였다. P1이 식당에서 乙에게 물은 행위는 특정한 사람에 대하여 범죄혐의를 둘 기초적인 근거를 확인하고 그 사람에 대해 혐의사실에 대해 묻는 것으로서, 이 단계에서도 진술거부권(형소법 제244조의3)이 고지되어야 한다.[1] 그런데 P1은 진술거부권을 고지하지 않은 채 문답을 하였다.

특정된 피의자에게 범죄혐의사실에 대하여 문답하면서 진술거부권을 고지하지 않는 것은 위법한 수사이며, 그 자백진술은 임의성 여부를 묻지 않고 위법수집증거로서 증거능력이 없다.[2]

(2) 경찰서에서 한 자백진술의 증거능력

P1은 경찰서에 복귀한 후 乙에 대하여 피의자신문조서를 작성하였는데, 이때 乙이 한 자백진술은 식당에서의 자백진술을 반복한 것으로서 1차 자백의 위법성의 인과관계가 희석·단절되었다고 볼 수 없으므로 마찬가지로 증거능력이 없다.[3] 그리고 피의자신문조서 또한 위법하게 수집한 자백이 그대로 기록된 것에 불과하므로 위법수집증거로서 증거능력이 없다.

(3) 설문의 해결

乙이 식당에서 한 자백은 물론 경찰서에 한 자백도 위법수집증거로서 증거능력이 없다. 따라서 丙의 변호인의 주장은 정당하다.

3. 검찰에서의 자백

(1) 문제의 제기

경찰 단계에서의 乙의 자백은 위법수집증거로서 증거능력이 부인되는데, 이 위법

---

1) 대법원 2011. 11. 10. 선고 2011도8125 판결; 대법원 2015. 10. 29. 선고 2014도5939 판결.
2) 대법원 2010. 5. 27. 선고 2010도1755 판결. 이에 대하여 진술거부권의 고지에 의하여 수사의 공정이 담보되므로 자백배제법칙이 적용된다는 견해도 있다.
3) 대법원 2009. 3. 12. 선고 2008도11437 판결. 경찰서에서도 진술거부권이 고지되지 않은 것으로 되어 있는데, 설령 고지되었더라도 그러한 사정만으로는 인과관계가 희석·단절되었다고 보기 어렵다(위 2008도11437 판결).

의 효력이 그 이후에 검찰에서 이루어진 자백에까지 영향을 미치는지 여부가 문제이다.

(2) 독수독과의 원칙과 예외이론

독수독과의 원칙(독수의 과실이론)은 위법하게 수집된 제1차적 증거(독나무)에 의하여 발견된 제2차 증거(열매)[1]의 증거능력을 배제하는 이론으로서 학설과 판례는 이를 인정하고 있다. 판례는 제2차 증거의 증거능력에 관하여, 먼저 절차에 따르지 않은 1차적 증거 수집과 관련된 모든 사정들, 즉 절차조항의 취지와 그 위반의 내용 및 정도, 구체적인 위반 경위와 회피가능성, 절차조항이 보호하고자 하는 권리 또는 법익의 성질과 침해 정도 및 피고인과의 관련성, 절차 위반행위와 증거수집 사이의 인과관계 등 관련성의 정도, 수사기관의 인식과 의도 등을 살피는 것은 물론, 나아가 1차적 증거를 기초로 하여 다시 2차적 증거를 수집하는 과정에서 추가로 발생한 모든 사정들까지 구체적인 사안에 따라 주로 인과관계의 희석 또는 단절 여부를 중심으로 전체적·종합적으로 고려하여야 한다고 판시하였다.[2] 즉 '원칙 부정, 예외적으로 인정'이라는 입장을 취하면서도, '인과관계의 희석 또는 단절 여부'를 중심으로 판단해야 한다고 판시하였다. 이는 미국의 독수의 과실이론의 예외[3]에 관한 논의를 일정 부분 반영한 것이다.

(3) 설문의 해결

본 사례의 경우, 검사의 신문과정에서는 진술거부권의 고지가 행하여졌고 변호인까지 참여하고 있으며, 달리 P1이 자백을 이끌어내기 위하여 의도적이고 기술적인 증거확보의 방법으로 진술거부권의 불고지를 이용한 흔적이 발견되지 않는다. 따라서 위와 같은 예외상황에 해당한다고 할 것이므로 검사 앞에서의 자백은 증거능력이 있다. 판례도

---

1) 판례는 수사기관이 적법절차를 위반하여 지문채취 대상물을 압수하였다고 하더라도(판례의 사안에서는 적법한 압수), 그전에 이미 범행현장에서 위 대상물에서 채취한 지문은 위법하게 압수한 지문채취 대상물로부터 획득한 2차적 증거에 해당하지 않는다고 판시하였다(대법원 2008. 10. 23. 선고 2008도7471 판결).

2) 대법원 2007. 11. 15. 선고 2007도3061 전원합의체 판결; 대법원 2024. 4. 16. 선고 2020도3050 판결.

3) 독수의 과실이론의 예외로는 피고인의 자의에 의하여 행한 행위는 위법성의 오염을 희석한다는 오염순화이론(purged taint exception), 위법한 행위와 상관없이 합법적인 수단에 의할지라도 불가피하게 그 증거가 발견되었을 상황에서는 허용된다는 불가피한 발견이론(inevitable discovery exception), 위법수집증거와 관계없는 독립된 근원에 의하여 수집될 수 있었던 증거인 경우의 독립된 근원(비오염원)론(independent untainted source exception) 등이 있다.

유사상황에서 법정에서의 증언에 대하여 증거능력을 인정하고 있다(**관련판례**[1]).

따라서 丙의 변호인의 주장은 부당하다.

1) (**관련판례**) 대법원 2009. 3. 12. 선고 2008도11437 판결【강도】. 「수사기관이 진술거부권을 고지하지 않은 상태에서 임의로 이루어진 피의자의 자백을 기초로 수집한 2차적 증거들, 예컨대 반복된 자백, 물적 증거나 증인의 증언 등이 유죄 인정의 증거로 사용될 수 있는지 역시 위와 같은 법리에 따라 판단되어야 할 것이다. 구체적인 사안에서 위와 같은 2차적 증거들의 증거능력 인정 여부는 제반 사정을 전체적·종합적으로 고려하여 판단하여야 할 것인데, 예컨대 진술거부권을 고지하지 않은 것이 단지 수사기관의 실수일 뿐 피의자의 자백을 이끌어내기 위한 의도적이고 기술적인 증거확보의 방법으로 이용되지 않았고, 그 이후 이루어진 신문에서는 진술거부권을 고지하여 잘못이 시정되는 등 수사 절차가 적법하게 진행되었다는 사정, 최초 자백 이후 구금되었던 피고인이 석방되었다거나 변호인으로부터 충분한 조력을 받은 가운데 상당한 시간이 경과하였음에도 다시 자발적으로 계속하여 동일한 내용의 자백을 하였다는 사정, 최초 자백 외에도 다른 독립된 제3자의 행위나 자료 등도 물적 증거나 증인의 증언 등 2차적 증거 수집의 기초가 되었다는 사정, 증인이 그의 독립적인 판단에 의해 형사소송법이 정한 절차에 따라 소환을 받고 임의로 출석하여 증언하였다는 사정 등은 통상 2차적 증거의 증거능력을 인정할 만한 정황에 속한다고 볼 수 있을 것이다.」

위 관련판례의 원심판결(서울고등법원 2008. 11. 20. 선고 2008노1954 판결)은 "피고인의 차 안 진술과 체포 당일의 제1회 경찰 자백, 구금 3일째의 제2회 경찰 자백, 구금 10일째의 검찰 자백과 사이에 그 인과관계가 희석 또는 단절되었다고 인정할 만한 사정이 없으므로, 피고인이 경찰, 검찰에서 한 피해자 A에 관한 자백 진술이 오염순화의 예외를 적용하여 유죄 인정의 증거로 사용할 수 있는 경우에 해당한다고 보기 어려우므로(이는 피고인이 각 신문 전에 진술거부권을 고지받았다거나 원심 변호인이 위 각 피의자신문조서의 진정성립과 임의성을 인정하였다는 사정까지 고려하더라도 마찬가지다), 검사의 위 주장은 이유 없다"고 판시하면서, 판결문에 "기록상 경찰 및 검찰 신문 당시에 변호인이 참여하여 피고인을 조력한 흔적은 찾을 수 없다"고 각주를 달고 있는 점에 비추어, 변호인이 참여한 때에는 증거능력이 있다는 입장으로 보인다.

위 관련판결 해설은 김태업, "진술거부권의 불고지 상태에서의 자백과 2차적 증거의 증거능력", 대법원판례해설 제80호(2009 상반기), 2009, 736-755면.

2012년 제1회 변호사시험 강평

형사법 제2문

I. 甲과 乙의 형사책임

1. 쟁점

① 甲이 보증금란을 고친 전세계약서를 담보로 돈을 빌린 행위
② 甲과 乙이 고의 상해를 입은 뒤 보험금을 청구하려고 한 행위
③ 甲이 乙을 상해로 고소한 행위
④ 乙이 전화나 핸드폰메시지를 반복한 행위
⑤ 乙이 구청직원 丁에게 전달하라며 丙에게 3,000만 원을 교부한 행위

2. 甲의 형사책임

(1) 사문서위(변)조 및 위(변)조사문서행사죄의 성립 여부

- 임대인명의 전세계약서의 보증금란을 고친 행위에 대한 평가
- 위조는 아님
- 문서의 동일성을 해할 정도는 아니므로 변조에 해당: 사문서변조죄(형법 제231조)
- 변조사문서행사죄(형법 제234조, 제231조)에도 해당
- 두 죄는 실체적 경합관계(대법원 1991. 9. 10. 91도1722): 예금통장 강취, 예금청구서 위조하여 제출, 금원 편취

(2) 乙에 대한 사기죄의 성립 여부

- 금전거래(소비대차)를 하면서 전세보증금을 담보하는 경우, 보증금액이 거래상 중요한지 여부가 관건
- 甲이 보증금액을 변조하여 담보 제공하였고,
- 乙도 계약서가 위조되었다고 주장하고 있는 점에 비추어 금전거래의 중요요소라고 할 것임
- 사기죄(형법 제347조 제1항) 성립

(3) 보험사기방지 특별법상의 보험사기죄 여부 — 甲과 乙 공통

- 보험사기죄에서의 실행의 착수: 허위 내용이 기재된 보험금청구서가 보험회사에 제출된 때〔대법원 2003. 6. 13, 2003도1279(보조금편취); 2011. 1. 13, 2010도9330(사기도박); 2011. 2. 24, 2010도17512(보험사기)〕
- 보험사기의 예비·음모에 해당하나, 처벌규정이 없으므로 범죄 불성립

(4) 통신비밀보호법위반죄의 성립 여부

- 대화 상대방의 동의 없이 전화 통화내용을 녹음하는 것은 통비법 제3조 제1항에서 금지하는 '타인 간' 대화의 녹음이 아니므로 범죄 불성립(대법원 2002. 10. 8, 2002도123)
- 그러나 제3자가 대화 일방의 동의를 얻고 녹음하는 경우는 통비법위반죄 성립(동법 제16조 제1항 제1호, 제3조 제1항)

(5) 상해교사죄의 성립 여부

- 甲은 乙이 자신을 상해하는 것을 승낙했으나,
- 자기상해는 특별법에 처벌규정이 없는 한 불성립
- 따라서 상해죄의 교사범이 성립될 여지 없음
  cf. 자기무고는 처벌대상이 아니지만 제3자에게 자기를 무고토록 한 경우에는 무고교사죄 성립(대법원 2008. 10. 23, 2008도4852)

(6) 무고죄의 성립 여부

- 乙의 상해를 승낙하고도 "상해보험금이라도 타서 빌려준 돈을 갚으라고 하면서 4주간의 상해를 입혔다"고 고소
- 허위의 일부 사실의 존부가 범죄사실의 성립 여부에 직접 영향을 줄 정도에 이르지 않는 내용에 관계된 것이라면 무고죄 불성립(대법원 2012. 5. 24, 2011도11500)
- 승낙사실을 숨기지 않았더라도 乙에 대해서는 상해죄가 성립
- 따라서 무고죄 불성립

(7) 소결

- 사문서변조죄, 변조사문서행사죄, 사기죄 각 성립
- 사문서변조죄와 변조사문서행사죄는 상상적 경합이라는 견해도 있으나, 판례는 실체적 경합(대법원 1979. 7. 10, 79도840; 1991. 9. 10, 91도1722)
- 따라서 각 실체적 경합관계

3. 乙의 형사책임

(1) 보험사기방지 특별법상의 보험사기죄의 성립 여부: 불성립

(2) 상해죄의 성립 여부

- 피해자의 승낙은 구성요건배제사유(양해)가 되기도 하고(절도·강간·주거침입), 위법성 조각사유가 되기도 함(상해)
- 승낙은 윤리적·도덕적으로 사회상규에 반해서는 안 됨. 상해죄뿐 아니라 다른 범죄에도 적용(대법원 1985. 12. 10, 85도1892)
- 보험사기를 위한 상해는 위법성 조각되지 않음(대법원 2008. 12. 11, 2008도9606)
- 상해죄(형법 제257조 제1항) 성립

(3) 공갈죄의 성립 여부

- 돈을 갚지 않으면 아들을 등굣길에 유괴할 수도 있다고 전화·문자메시지 반복
- 내용 자체는 공갈죄에서의 협박에 해당
- 권리행사의 수단·방법으로서의 협박
  - 공갈죄 성립에 관하여 학설 대립이 있으나, 판례는 사회통념상 허용되는 범위를 넘은 경우는 공갈죄 성립(대법원 1996. 9. 24, 96도2151)
- 공갈미수죄(형법 제352조, 제350조 제1항) 성립

(4) 정보통신망이용촉진및정보보호등에관한법률위반죄의 성립 여부

- 동법 제44조의7 제1항의 '반복적' 도달에 해당하는지 여부
- '반복적'의 개념: 행위 상호간에 일시·장소의 근접성, 방법의 유사성, 기회의 동일, 범의의 계속 등 밀접한 관계를 요함(대법원 2009. 4. 23, 2008도11595)
- 본 사례에서는 '핸드폰 메시지 촬영사진 20매 제출'이라고만 되어 있어 범죄성립 여부를 판단하기 어려움

(5) 제3자뇌물교부죄의 성립 여부

- 뇌물에 제공할 목적으로 금품을 제3자에게 교부하는 행위는 제3자뇌물교부죄에 해당
- 뇌물공여죄(형법 제133조 제1항)와 같은 형으로 처벌
- 제3자가 뇌물을 전달하지 않더라도 제3자뇌물교부죄 성립. 그러나 전달한 경우에는 뇌물공여죄에 흡수되어 뇌물공여죄만 성립
- 본 설문에서는 전달 여부 언급이 없으므로 제3자뇌물교부죄(형법 제133조 제2항) 성립

(6) 소결

- 상해죄, 공갈미수죄 및 제3자뇌물교부죄가 성립하고, 각 죄는 실체적 경합관계

Ⅱ. 丙과 丁의 형사책임

1. 丙의 형사책임

- 증뢰자가 뇌물에 제공할 목적으로 금품을 교부한다는 사정을 알면서 전달자가 금품을 교부받은 때에 제3자뇌물취득죄 성립
- 공무원에게 전달 여부는 본죄의 성립에 영향을 미치지 않음
- 본 설문에서는 전액 전달을 전제로 하고 있는데, **전달했더라도 본죄 외에 별도로 뇌물공여죄가 성립하지 않음**(대법원 1997. 9. 5, 97도1572)
- **제3자뇌물취득죄(형법 제133조 제2항) 성립**

2. 丁의 형사책임

- 丁은 구청 직원으로 대부업자의 등록 및 단속업무 담당하면서, 업무 편의 청탁을 받고 뇌물을 수수하였으므로 뇌물수수죄(형법 제129조 제1항) 성립
- 수뢰액이 3,000만 원이므로 **특정범죄가중법위반(뇌물)죄**(동법 제2조 제1항 제3호, 제2항, 형법 제129조 제1항)에 해당

Ⅲ. 증거능력의 요건

1. 비망록

- 乙 소유의 비망록 압수의 적법성: 영장에 의한 압수로서 범죄사실(상해·협박)과의 관련성 여부가 문제됨
  - 범죄사실과의 ① 객관적 관련성과 대상자와 피의자 사이의 ② 인적 관련성이 인정되어야 함(대법원 2017. 12. 5, 2017도13458)
  - 비망록은 乙 소유이고, 甲과의 거래관계, 통화내용 등에 대한 기록이 있을 수도 있으므로 **'관련성' 있음**
- **압수가 적법하므로 별개의 범죄인 뇌물수수죄의 증거로 사용할 수 있음**(대법원 2015. 10. 29, 2015도9784)(증거사용 무제한설)

※ 이에 대하여 대법원 2023. 6. 1, 2018도18866의 취지에 비추어, 관련성이 없어 증거로 사용할 수 없다는 견해(증거사용 제한설)도 있음

- '구청직원 접대' 기재는 경험사실에 대한 서면진술에 해당하므로 전문법칙 적용
- **형소법 제313조 제1항의 '피고인이 작성한 진술서'**
- ① 피고인의 자필이거나 그 서명 또는 날인이 있을 것, ② 공판준비나 공판기일에서의 피고인의 진술에 의하여 성립의 진정함이 증명될 것(본문)
- 그 밖에 ③ **특신상태를 요하는지(단서)**에 대하여는 긍정설(가중요건설), 부정설(완화요건설) 대립. 판례는 진술기재서류에 대해서는 완화요건설의 입장이나(대법원 2022. 4. 28, 2018도3914), 진술서에 대해서는 일정치 않지만 대체로 부정설의 입장(대법원 1982. 9. 14, 82도1479 전원합의체)
- 비망록이 형소법 제315조 제2호의 '업무상 필요로 작성한 통상문서'에 해당하는지 검토: 이에 대한 구체적 언급이 없으므로 부정

2. 협박내용 전화통화 녹음테이프

- '타인 간' 전화통화 녹음이 아니므로 적법
- 녹음 자체의 전문성(**현장녹음**의 경우)이 문제되나, 진술녹음인 경우에는 원칙적으로 전문법칙이 적용됨. 문제는 **진술의 성격에 따라 전문법칙 적용 여부를 구별**하는 견해와 모두 전문법칙이 적용된다고 하는 견해가 있음
- **협박내용은 의사표시인데다 진술의 진실성이 문제되는 것이 아니라 존재 자체가 문제되므로 전문증거가 아님 ⇒ 전문법칙 불적용**(대법원 2008. 11. 13, 2006도2556)
- 다만, 증거 일반의 진정성은 다양한 방법에 의하여 입증되어야 함(대법원 2005. 12. 23, 2005도2945)

3. 협박내용 핸드폰메시지 촬영사진

- 사진의 전문증거성(특히, 현장사진)
  - ① **비진술증거설**, ② 진술증거설(촬영자에 따라 증거능력 인정하는 견해와 형소법 제312조 제6항 적용된다는 견해), ③ 검증조서유추설 등 학설 대립
  - 판례는 상해부위 촬영사진은 전문법칙이 적용되지 않는다고 판시하거나(대법원 2007. 7. 26, 2007도3906) '촬영일자 부분'은 전문증거라고 판시하여(대법원 1997. 9. 30, 97도1230) ①설의 입장이고, 실무도 ①설
- **핸드폰메시지 내용도** 의사표시이며 해약 고지의 존재 자체를 입증하는 것이므로 **비전문증거**

- 증거물인 서면, **사본으로서의 사진**에 해당
- 증거능력의 판단에 관하여는 ① 원본 존재와 진정성립, 특신상태 인정되면 형소법 제315조 제3호에 의한다는 견해도 있으나, ② **최량증거의 법칙에 따라서 증거능력 판단**
- 원본증거가 존재하거나 존재하였고, 원본증거의 제출이 불가능하거나 곤란한 사정이 있고, 원본증거를 정확하게 사본한 경우(진정성)에 증거능력 인정(대법원 2008. 11. 13, 2006도2556)

4. 진술 번복 검사 피의자신문조서

- 검사 작성의 피의자신문조서는 ① 적법한 절차와 방식에 따라 작성된 것으로서, ② 공판준비, 공판기일에 그 피의자였던 피고인 또는 변호인이 그 내용을 인정할 때에 한정하여 증거로 할 수 있음(형소법 제312조 제1항)
- 乙은 검찰에서는 자백하였으나 제1회 공판기일에 검찰진술을 번복하면서 검사가 작성한 피의자신문조서의 진정성립을 부인하며 내용 부인 취지로 증거사용에 부동의
- 위 피의자신문조서는 위 ②의 요건을 충족하지 못하여 증거능력이 없음

Ⅳ. 乙의 자백의 증거능력

1. 최초 자백의 증거능력

- 진술거부권 고지 여부
- 식당에서 물어볼 때, 진술거부권을 고지하여야 하는데 고지하지 않았으므로 위법한 수사에 해당. 이때 얻은 자백진술은 임의성 여부를 불문하고 위법수집증거로서 증거능력이 없음(대법원 2010. 5. 27, 2010도1755)

2. 경찰·검찰에서의 반복 자백의 증거능력

- 경찰의 자백, 검찰에서의 반복된 자백은 위법수집증거의 2차적 증거
- 2차적 증거의 증거능력은 구체적인 사안에 따라 '인과관계의 희석 또는 단절 여부'를 중심으로 전체적·종합적으로 고려하여 판단(대법원 2007. 11. 15, 2007도3061)
- 경찰 자백: 진술거부권 고지도 없어 위법하므로 증거능력 없음
- 검찰 자백: 진술거부권 고지, 변호인참여, P1이 의도적·기술적 증거확보 방법으로 불고지를 이용하였다는 흔적이 없는 점 등에 비추어 증거능력 있음

3. 丙의 변호인이 위법성을 주장할 수 있는지(주장적격) 여부

- 가능(대법원 2011. 6. 30, 2009도6717)

4. 설문의 해결

- 경찰 자백에 대한 丙의 변호인의 주장은 타당하지만, 검찰 자백에 대한 주장은 부당

사례 3. [13－변시(2)－1]
2013년 제2회 변호사시험 제1문

(1) 甲은 같은 동네에 혼자 사는 A가 평소 집안 장롱에 많은 금품을 보관한다는 사실을 알고 학교 후배인 乙, 丙에게 A의 집에 들어가 이를 훔쳐서 나누어 갖기로 제안하고 乙, 丙은 이에 동의했다. 甲은 A의 평소 출퇴근 시간을 관찰한 결과 A가 오전 9시에 출근하여 오후 7시에 귀가하는 것을 알게 되었다. 범행 당일 정오 무렵 甲은 乙, 丙에게 전화로 관찰 결과를 알려준 뒤 자신은 동네 사람들에게 얼굴이 알려져 있으니 현장에는 가지 않겠다고 양해를 구하였다. 乙과 丙은 甲의 전화를 받은 직후 A의 집 앞에서 만나 함께 담장을 넘어 A의 집에 들어가 장롱에 보관된 자기앞수표 백만 원권 3장을 가지고 나와 甲의 사무실에서 한 장씩 나누어 가졌다. 甲은 위 수표를 애인 丁에게 맡겼는데 丁은 이를 보관하던 중 甲의 승낙을 받지 않고 생활비로 소비하였다.

(2) A는 자기 집에 들어와 자기앞수표를 훔쳐 간 사람이 같은 동네에 사는 甲과 그의 학교 후배 乙, 丙이라는 사실을 확인하고 甲, 乙, 丙을 관할 경찰서에 고소하였다. 사법경찰관 P는 丙이 사촌동생이므로 甲, 乙, 丙에 대하여 불구속 수사를 건의하였으나 검사는 모두 구속 수사하도록 지휘하였다. P는 검사의 수사지휘를 받은 직후 사촌동생인 丙에게 전화를 하여 빨리 도망가도록 종용하였다. 甲, 乙만이 체포된 것을 수상하게 여긴 검사는 P의 범죄사실을 인지하고 수사한 결과 P를 직무유기죄로 불구속 기소하였다. 법원은 P에 대한 공소사실을 심리하던 중 P의 공소사실은 범인도피죄에 해당된다고 판단하였으나, 검사에게 공소장변경을 요구하지 않고 P에게 징역 6월을 선고하였다. P와 검사는 이에 불복하여 각각 항소하였다.

(3) 한편, P에 대한 직무유기 피고사건에 대한 공판이 진행되던 중 P는 유죄판결이 확정되면 파면될 것이 두려워 사촌동생 丙에게 자신이 도망가라고 전화한 사실이 없다고 증언하도록 시켰다. 재판장은 丙이 P의 친척이라는 사실을 간과하고 증언거부권을 고지하지 않은 상태에서 증언을 하도록 하였다. 丙은 증인선서 후 "경찰에서 수사를 받던 중 P와 단 한 번도 전화통화를 한 사실이 없다."라고 거짓으로 증언하였다.

〔2013년 제2회 변호사시험 제1문〕

설 문

1. 사례 (1)에서 甲, 乙, 丙, 丁의 죄책은? (35점)

2. 사례 (3)에서 P와 丙의 죄책은? (25점)

3. 사례 (1)에서 甲, 乙, 丙이 공범으로 병합기소되어 재판을 받던 중 검사는 甲을 乙, 丙에 대한 증인으로 신문하려고 한다. 법원은 甲을 증인으로 신문할 수 있는가? 甲이 乙, 丙의 사건에 대한 증인으로 소환된 경우, 甲은 증언을 거부할 수 있는가? (15점)

4. 사례 (2)에서 법원이 검사에게 P에 대한 공소장변경을 요구하지 않고 유죄판결한 것은 적법한가? (10점)

5. 사례 (2)에서 검사는 P를 범인도피죄로 다시 기소할 수 있는가? (15점)

해 설

Ⅰ. 제1문 — 甲, 乙, 丙, 丁의 형사책임

1. 문제의 제기

甲, 乙, 丙이 A의 집에 들어가 금품을 절취하기로 공모한 다음 乙과 丙이 절취한 행위와 관련하여 주거침입죄와 특수절도죄의 성립 여부가 문제된다. 특히 공모에만 참가하고 실행행위를 분담하지 않은 甲의 경우, 乙과 丙의 실행행위에 대하여 어디까지 형사책임을 질 것인지 문제된다. 丁의 경우에는 甲으로부터 보관을 위탁받은 100만 원권 수표 1장을 임의로 소비한 행위가 장물보관죄 또는 횡령죄에 해당하는지 여부가 문제된다.

2. 甲, 乙, 丙의 형사책임

(1) 乙과 丙의 형사책임

乙과 丙은 정오 무렵 함께 A의 집 담장을 넘어 들어가 장롱에 보관 중이던 A 소유의 자기앞수표 100만 원권 3장을 절취하였다. 乙과 丙에 대하여는 먼저, 2명이 합동하여[1] 절취하였으므로 특수절도죄(형법 제331조 제2항, 제1항)가 성립한다. 그리고 주간에 타인의 집에 침입하여 금품을 절취한 경우에는 절도죄 외에 별도로 주거침입죄가 성립하는데, 乙과 丙은 공동하여 A의 집에 침입하였으므로 폭력행위등처벌에관한법률위반(공동주거침입)죄(동법 제2조 제2항 제1호, 형법 제319조 제1항)가 성립한다.

특수절도죄와 폭력행위등처벌에관한법률위반(공동주거침입)죄는 실체적 경합관계이다.[2]

(2) 甲의 형사책임

(가) 특수절도죄의 성립 여부

甲은 범행대상의 선정, 공모의 제의, 피해자 A의 동태 관찰, 절취품의 분배 등 전

1) 이에 대한 상세는 사례 4. [13－변시(2)－2] 제1문 관련쟁점 "합동범의 본질" 참조.
2) 대법원 2015. 10. 15. 선고 2015도8169 판결.

체 범행을 주도하였으나 乙과 丙의 양해 아래 현장에 가지 않아 실행행위를 분담하지는 않았다. 이처럼 실행행위를 분담하지 않은 공모자 甲에 대하여 乙과 丙의 특수절도죄의 공동정범이 성립하는지 문제된다. 이는 공모공동정범의 성립 여부, 나아가 합동범의 공모공동정범의 성립 여부의 문제이다.

먼저 공모공동정범의 인정 여부에 관하여는 ① 긍정설과 ② 부정설이 있고, 긍정설 중에도 그 근거를 둘러싸고 ⓐ 공동의사주체설, ⓑ 간접정범유사설, ⓒ 기능적 행위지배설 등이 있다. 판례는 일관되게 공모공동정범을 인정하고 있는데, 최근에는 전체 범죄에서 차지하는 지위나 역할, 범죄 경과에 대한 지배 내지 장악력 등을 종합하여 볼 때, 범죄에 대한 본질적 기여를 통한 기능적 행위지배가 존재하면 공모공동정범이 인정된다는 판례[1]가 주류를 이루고 있다. 본 사례에서 甲은 전체 범행을 주도하여 범죄에 대한 본질적 기여를 통한 기능적 행위지배가 인정되므로 乙과 丙의 절취행위에 대한 공모공동정범이 성립한다.

다음으로 甲의 공모공동정범성이 인정되는 경우에, 합동범인 乙과 丙의 특수절도죄의 공모공동정범이 성립하는지가 문제된다. 합동범의 경우 원칙적으로 시간적·장소적 협동관계에 있는 실행행위의 분담이 요구되기 때문이다. 이에 대해서는 ① 합동범은 공동정범의 특수한 경우이므로 합동범의 정범요소(시간적·장소적 협동)를 갖추지 못한 때는 일반적 정범요소인 기능적 행위지배를 갖추었다는 것만으로는 공동정범이 될 수 없다는 부정설과 ② 기능적 행위지배라는 정범성을 갖춘 이상 이를 인정할 수 있다는 긍정설이 대립된다. 판례는 "현장에서 절도 범행을 실행한 2인 이상의 범인의 행위를 자기 의사의 수단으로 하여 합동절도의 범행을 하였다고 평가할 수 있는 정범성의 표지를 갖추고 있다고 보여지는 한, 그 다른 범인에 대하여 합동절도의 공동정범의 성립을 부정할 이유가 없다"고 판시하여 합동범의 공동정범을 인정하고 있다.[2]

판례의 입장이 타당하고, 따라서 甲에 대하여는 특수절도죄의 공동정범(형법 제331조 제2항, 제1항, 제30조)이 성립한다.

(나) 폭력행위등처벌에관한법률위반(공동주거침입)죄의 성립 여부

乙과 丙의 주거침입행위에 대하여는 폭력행위등처벌에관한법률위반(공동주거침입)죄가 성립하는데, 실행행위에 가담하지 않는 甲에 대하여도 공동정범이 성립하는지 문제된다.

1) 대법원 2011. 10. 13. 선고 2011도9584 판결; 대법원 2012. 1. 27. 선고 2011도626 판결.
2) 대법원 1998. 5. 21. 선고 98도321 전원합의체 판결; 대법원 2011. 5. 13. 선고 2011도2021 판결.

공동범에서의 '2인 이상이 공동하여'는 수인 간에 소위 공범관계가 존재하는 것을 요건으로 하고, 또 수인이 동일 장소에서 동일 기회에 상호 다른 자의 범행을 인식하고 이를 이용하여 범행을 할 것을 요한다.[1] 그러나 앞서 살펴본 대로 판례는 합동범의 공동정범을 인정하고 있는데, 같은 논리로 공동범에서도 공모공동정범을 인정하고 있다.[2]

따라서 甲에 대하여는 폭력행위등처벌에관한법률위반(공동주거침입)죄의 공동정범(동법 제2조 제2항 제1호, 형법 제319조 제1항, 제30조)이 성립한다.

(다) 장물취득죄의 성립 여부

甲이 乙과 丙이 절취해온 자기앞수표 1장을 나누어 가진 행위가 장물취득죄에 해당하는지 문제된다. 장물죄는 타인이 불법하게 영득한 재물에 대하여만 성립하므로, 乙과 丙의 특수절도죄의 공동정범인 甲에 대하여 별도로 장물취득죄는 성립하지 않는다.[3]

3. 丁의 형사책임

丁은 애인인 甲으로부터 보관을 위탁받은 100만 원권 수표 1장을 보관하던 중 甲의 승낙을 받지 않고 생활비로 이를 소비하였다. 위 수표 1장은 甲, 乙, 丙이 절취한 장물에 해당하므로 이를 위탁받은 丁이 장물인 사실을 알았다면 장물보관죄가 문제되고, 만일 장물인 사실을 몰랐다면 횡령죄가 문제된다.

(1) 수표가 장물이라는 사실을 알았을 경우

장물이라는 사실을 알면서 이를 보관한 때에는 장물보관죄(형법 제362조 제1항)가 성립한다. 문제는 타인으로부터 위탁받아 보관 중인 장물을 임의로 소비한 경우에, 별도로 횡령죄가 성립하는가 하는 점이다. 이와 관련해서는 장물죄의 본질이 재물소유자의 재물에 대한 추구회복을 곤란하게 하는 데 있다는 관점(추구권설[4])에서 불가벌적 사후행위에 해당하는지가 문제된다.

판례는 장물보관죄가 성립하면 이로써 소유자의 추구권이 침해되는 것이므로 그

---

1) 대법원 2000. 2. 25. 선고 99도4305 판결.
2) 대법원 1994. 4. 12. 선고 96도128 판결; 대법원 1996. 12. 10. 선고 96도2529 판결.
3) 대법원 1986. 9. 9. 선고 86도1273 판결. 그러나 협의의 공범, 즉 교사범과 종범의 경우에는 별도로 장물죄가 성립한다(위 86도1273 판결). 즉, 절도를 교사한 자가 장물을 취득한 때에는 절도죄의 교사범과 장물취득죄의 경합범이 되는데, 처음부터 장물을 취득하기 위하여 절도를 교사한 때도 마찬가지이다.
4) 대법원 1972. 2. 22. 선고 71도2296 판결.

후의 횡령행위는 불가벌적 사후행위에 해당하여 별도로 횡령죄가 성립하지 않는다고 한다.[1] 나아가 판례는 보관 당시 장물인 사실을 안 경우뿐 아니라 장물인 사실을 알지 못한 데 업무상과실 또는 중과실이 있는 경우(업무상과실·중과실장물보관죄 성립)에도 횡령죄가 성립하지 않는다고 판시하고 있다(**관련판례**[2]).

판례에 의하면, 본 사례에서 A와의 관계에서 丁에 대하여 횡령죄가 성립하지 않는다.

(2) 수표가 장물이라는 사실을 몰랐을 경우

丁이 위 수표가 장물이라는 사실을 몰랐다면 장물보관죄는 성립하지 않는다. 문제는 이를 임의로 소비한 경우에 횡령죄가 성립하는지 여부이다.

위탁자(=甲)와의 관계에서는, ① 횡령죄 성립 긍정설과 ② 횡령죄 성립 부정설이 있다. ①의 긍정설에는 ⓐ 甲이 절취한 장물을 단지 소극적으로 丁에게 보관시켰을 뿐[3] 丁이 수표가 장물이라는 사실을 몰랐으므로 불법원인급여에 해당하지 않으므로

---

1) 대법원 1976. 11. 23. 선고 76도3067 판결[본 판결 평석은 김승진, "장물을 보관 횡령한 경우의 죄책", 법조 제26권 제5호(1977. 5), 법조협회, 130−140면].

2) (**관련판례**) 대법원 2004. 4. 9. 선고 2003도8219 판결【횡령】.

【사실관계】 절취품인 원앙형 향로는 원래 甲이 절취하여, 乙에게 매각을 의뢰하였고, 乙은 장물인 사실을 알면서 다시 X에게 정상적인 물건이라며 매각을 의뢰하였고, X가 장물인 사실을 모른 채 피고인에게 매각을 의뢰하였다(즉, X가 장물인 사실을 몰랐으므로 불법원인이 단절되어 불법원인급여를 이유로 횡령죄의 성립을 부정할 수 없었던 사안이다).

【판결이유】「(1) 절도 범인으로부터 장물보관 의뢰를 받은 자가 그 정을 알면서 이를 인도받아 보관하고 있다가 임의 처분하였다 하여도 장물보관죄가 성립하는 때에는 이미 그 소유자의 소유물 추구권을 침해하였으므로 그 후의 횡령행위는 불가벌적 사후행위에 불과하여 별도로 횡령죄가 성립하지 않는다. (2) (중략) 피고인이 업무상 과실로 장물인 위 향로를 보관하고 있다가 처분한 이 사건 행위는 업무상과실장물보관죄의 가벌적 평가에 포함되고 별도로 횡령죄를 구성하지 않는다고 판단하였는바, 위와 같은 원심의 판단은 정당하다.」

본 판결 해설은 윤병철, "업무상 과실로 장물을 보관하고 있다가 임의 처분한 경우 업무상과실장물보관죄 이외에 횡령죄가 성립하는지 여부(소극)", 대법원판례해설 제50호(2004 상반기), 2004, 674−688면.

3) 판례는 이미 반사회적 행위로 조성된 재산(비자금)을 소극적으로 은닉하기 위하여 임치에 이른 것만으로는 그것이 곧바로 사회질서에 반하는 법률행위라고 볼 수는 없어 위 재산은 불법원인급여에 해당하지 않고(대법원 2001. 4. 10. 선고 2000다49343 판결), 수탁자에게 교부된 자금이 범죄행위를 통해 취득한 범죄수익으로 조성된 것으로서 조성과정에 반사회적 요소가 있었다 하더라도 그 후 수탁자에게 이를 맡긴 행위 자체에 대하여 교부자가 그 자금을 이용하여 주가조작과 같은 또 다른 범죄행위의 자금으로 사용할 것을 지시하는 등의 특별한 사정이 없는 한 이를 반사회질서 행위라고 볼 수 없어 위 자금은 불법원인급여에 해당하지 않는다(대법원 2012. 11. 29. 선고 2011도5822 판결)고 판시하였다. 그러나 금융다단계 상습사기 범죄수익 등인 돈을 범죄수익 등의 은닉범행 등을 위해 교부받아 자신의 은행계좌에 입금하여 보관하다가 임의로 출금·사용한 경우, 위 돈은 불법원인급여에 해당하여 횡령죄가 성립하지 않는다(대법원 2017. 4. 26. 선고 2017도1270 판결)고 판시하였다.

횡령죄가 성립된다는 견해, ⓑ 불법원인급여에는 해당하지만 그 경우에도 보관자의 지위가 인정되어 횡령죄가 성립한다는 견해, ⓒ 위 **관련판례**(2003도8219 판결)에서 장물보관죄가 성립하는 때에는 그 후의 횡령행위는 불가벌적 사후행위에 불과하여 별도로 횡령죄가 성립하지 않는다고 판시하고 있어, 그 반대해석으로 장물인 사실을 모른 경우에는 횡령죄가 성립한다는 취지로 해석할 수 있다는 견해가 있을 수 있다.[1] ②의 부정설에는 ⓐ 수표가 장물인 사실을 몰랐다 하더라도 불법원인급여에 해당되어 횡령죄가 성립하지 않는다는 견해, ⓑ 위 위탁관계는 수탁자가 장물인 사실을 알았으면 장물보관죄가 성립하므로 객관적으로 보아 범죄행위의 위탁에 해당하여 횡령죄로 보호할 만한 가치가 있는 위탁관계라고 볼 수 없으므로[2] 횡령죄가 성립되지 않는다는 견해, ⓒ 횡령죄는 '타인의 재물'을 보관하는 자가 그 재물을 횡령한 경우에 성립하는데, 위 수표는 甲, 乙, 丙이 절취한 수표 그대로이므로 '타인인 甲의 재물'이라고 할 수 없어[3] 횡령죄가 성립하지 않는다는 견해, ⓓ 횡령죄가 성립한다고 하면 장물인 사실을 모른 경우에 그 처벌 상한이 징역 5년인데, 이것보다 범정이 무거운 장물인 사실을 모르는 데 업무상(중)과실이 있는 경우는 횡령죄가 아닌 업무상(중)과실장물보관죄가 성립하여(위 2003도8219 판결) 처벌 상한이 징역 1년이 되어 형평에 맞지 않으므로[4] 횡령죄가 성립하지 않는다는 견해가 있을 수 있다.

생각건대, 위 ②의 부정설의 근거(특히 ⓓ)들에 비추어 위탁자인 甲과의 관계에서는 횡령죄가 성립하지 않는다고 할 것이다.

나아가 원소유자(=A)와의 관계에서는 ① 횡령죄 성립 긍정설, ② 횡령죄 성립 부정설, ③ 점유이탈물횡령죄설이 있을 수 있다. ①의 긍정설은 사실상의 위탁관계가 인정되므로 횡령죄가 성립한다고 한다. ②의 부정설은 횡령죄에서의 재물의 점유는 위탁관계에 의한 점유여야 하고, 위탁관계는 적어도 소유자의 의사에 반하지 않아야 하는데,[5]

1) 일본판례 중에도 횡령죄의 성립을 인정한 하급심 판례가 있다(東京高判 1949. 10. 22. 高刑集 2·2·203).
2) 대법원 2016. 5. 19. 선고 2014도6992 전원합의체 판결(중간생략형 명의신탁등기 사례).
3) 대법원 2012. 8. 30. 선고 2012도6157 판결.
4) 법정형의 비교

장물인 사실	장물죄 여부	횡령죄 여부	처벌 상한	비고
안 경우(악의)	장물보관죄 성립	횡령죄 불성립	징역 7년	2003도8219 판결
모르는 데 업무상(중)과실 있는 경우	업무상(중)과실보관죄 성립	횡령죄 불성립	징역 1년	2003도8219 판결
모른 경우(선의)	장물보관죄 불성립	횡령죄 긍정설	징역 5년	
		횡령죄 부정설	불처벌	
		점유이탈물횡령죄설	징역 1년	

5) 판례도 재물의 소유자(또는 그 밖의 본권자)와 사이에 법률상 또는 사실상의 위탁신임관계가 있음을

A와는 아무런 위탁관계가 없을 뿐 아니라 있다 하더라도 이는 의사에 반하는 위탁이므로[1] 횡령죄가 성립하지 않는다고 한다. 한편, 이처럼 횡령죄가 성립하지 않더라도 ③ 점유이탈물횡령죄는 성립한다는 견해도 있다. 생각건대, 위 ②의 부정설의 근거들에 비추어 A와의 관계에서 횡령죄가 성립하지 않는다고 할 것이다.

불법원인급여와 횡령죄

1. 소극설

횡령죄가 성립하지 않는다는 소극설(통설)은 ① 위탁자는 반환청구권을 상실하기 때문에 수탁자는 그 재물을 반환할 법률상 의무가 없으므로 자유롭게 처분할 수 있고, ② 민법상 반환의무 없는 자에게 형법이 제재를 가하여 반환을 강제하는 것은 법질서 전체의 통일을 깨뜨리는 결과를 가져오고, ③ 불법원인급여의 경우에는 수탁자에게 소유권이 귀속되므로 타인의 재물이라고 할 수 없다는 것을 이유로 들고 있다.

2. 적극설

횡령죄가 성립한다는 적극설은 ① 범죄의 성부는 형법의 독자적 목적에 비추어 판단하여야 하고, ② 민법상 불법원인급여가 보호받지 못한다고 하여 위탁자가 소유권을 상실하는 것은 아니므로 점유자에 대하여는 여전히 타인의 재물이므로 이를 영득하면 횡령죄가 성립하고, ③ 위탁관계는 상호간의 신임관계를 인정할 근거가 되므로 이 경우에도 신임관계를 인정할 수 있다는 것을 이유로 들고 있다.

3. 절충설(제한적 적극설)

① 불법원인급여를 소유권이전의 의사가 있는 점유이전(민법 제746조에 해당하는 불법원인급여)과 소유권이전의 의사가 없는 점유이전(불법원인위탁[2])으로 나누어, 전자의 경우에는 횡령죄의 성

요한다고 한다(대법원 2007. 5. 31. 선고 2007도1082 판결).

1) 이와는 달리 판례는 ① 송금의뢰인이 다른 사람의 예금계좌에 자금을 송금·이체한 경우, 특별한 사정이 없는 한 송금의뢰인과 계좌명의인 사이에 그 원인이 되는 법률관계가 존재하는지 여부에 관계없이 계좌명의인은 송금의뢰인에게 그 금액 상당의 돈을 반환하여야 하므로 그 돈에 대하여 송금의뢰인을 위하여 보관하는 지위에 있고, 따라서 계좌명의인이 그 돈을 영득할 의사로 인출하면 횡령죄가 성립하고(대법원 1985. 9. 10. 선고 84도2644 판결), 마찬가지로 ② 계좌명의인이 개설한 예금계좌가 전기통신금융사기 범행에 이용되어 그 계좌에 피해자가 사기피해금을 송금·이체한 경우에도, 계좌명의인이 그 돈을 영득할 의사로 인출하면 피해자에 대한 횡령죄가 성립한다(대법원 2018. 7. 19. 선고 2017도17494 전원합의체 판결)고 판시하고 있다. 그러나 본 사례에서는 ⓐ 피해자의 사기로 인한 하자 있는 의사표시에 의하여 위 수표의 점유가 이전된 것이 아니라 피해자 A의 의사와는 아무 관계없이 甲의 범죄행위 자체에 의하여 절취를 당하게 된 것이고, ⓑ 丁은 피해자로부터 직접 받은 것이 아니므로 그 출처가 A라는 사실을 전혀 알지 못한 점에서 위 ①과 ② 판례의 사안과는 달라서, 위 판례의 법리가 적용된다고 할 수 없다.

2) 예컨대, 공무원 A에게 줄 뇌물을 전달해 달라는 의사로 B에게 금전을 위탁하거나, 다수의 선거권자를

립을 부정하고, 후자의 경우에는 법이 보호하는 신뢰관계가 존재하므로 횡령죄의 성립을 긍정하는 견해,[1] ② 불법원인위탁의 경우 행위반가치는 인정되지만 결과반가치의 측면에서는 법익평온상태의 교란 정도의 반가치만 인정되므로 횡령죄의 불능미수가 될 뿐이라는 견해가 있다.

(3) 소결

丁이 수표가 장물이라는 사실을 알았을 경우에는, 장물보관죄만 성립하고 甲이나 원소유자 A와의 관계에서 횡령죄는 성립하지 않는다. 그리고 丁이 수표가 장물이라는 사실을 몰랐던 경우에는, 장물보관죄가 성립하지 않음은 물론 甲이나 원소유자 A와의 관계에서도 횡령죄가 성립하지 않는다(앞서 살펴본대로 횡령죄가 성립한다는 유력한 반대설 있음).

4. 설문의 해결

甲, 乙, 丙은 각 특수절도죄 및 폭력행위등처벌에관한법률위반(공동주거침입)죄의 공동정범(형법 제30조)으로서의 형사책임을 지는데, 두 죄는 실체적 경합관계(형법 제37조, 제38조)이다. 丁의 경우에는, 위 수표가 장물인 사실을 알았던 때에는 장물보관죄가 성립한다. 장물인 사실을 몰랐던 때에는 횡령죄가 성립하지 않는다(성립한다는 반대설 있음).

Ⅱ. 제2문 — P와 丙의 형사책임

1. 문제의 제기

사례 (3)에서 사법경찰관 P는 자신의 직무유기사건 공판 진행 중에 사촌동생인 丙으로 하여금 P가 도망가라고 전화한 사실이 없다는 취지의 허위 증언을 하도록 시켰으므로 위증교사죄(형법 제152조 제1항, 제31조 제1항)가 성립하는지가 문제된다. 丙에 대하여는 형사소송법 제148조에 의하여 증언거부권이 있음에도 이를 고지받지 못하고 허위증언을 한 것이 위증죄(형법 제152조 제1항)에 해당하는지가 문제된다.

매수하기 위하여 C에게 금전을 위탁하는 경우를 말한다.

1) 이에 반하여 법으로 보호될 수 없는 신뢰관계이므로 횡령죄가 성립하지 않는다는 견해도 있다.

2. 丙의 형사책임

누구든지 친족이거나 친족이었던 사람이 형사소추 또는 공소제기를 당하거나 유죄판결을 받을 사실이 드러날 염려가 있는 증언을 거부할 수 있다(형소법 제148조 제1호). 丙은 P와 친족관계에 있으므로 증언거부권이 있다. 증언거부권이 있는 증인에 해당하는 경우에는 재판장은 신문 전에 증언을 거부할 수 있음을 설명하여야 하는데(형소법 제160조: 증언거부권의 고지), 재판장은 丙이 P의 친척이라는 사실을 간과하고 증인거부권을 고지하지 않은 상태에서 증언을 하도록 하였고, 丙은 허위사실을 증언하였다. 이처럼 증언거부권이 있음에도 이를 고지받지 못한 상태에서 위증을 한 경우에 위증죄가 성립하는지 문제된다.

판례는 증언거부사유가 있음에도 증언거부권을 고지받지 못함으로 인하여 그 증언거부권을 행사하는 데 사실상 장애가 초래되었다고 볼 수 있는 경우에는 위증죄가 성립하지 않는다고 한다. 그 판단기준으로 "당해 사건에서 증언 당시 증인이 처한 구체적인 상황, 증언거부사유의 내용, 증인이 증언거부사유 또는 증언거부권의 존재를 이미 알고 있었는지 여부, 증언거부권을 고지받았더라도 허위 진술을 하였을 것이라고 볼 만한 정황이 있는지 등을 전체적·종합적으로 고려하여 증인이 침묵하지 아니하고 진술한 것이 자신의 진정한 의사에 의한 것인지 여부"를 제시하고 있다. 이러한 기준에 따라 판례 중에는 ① 위증죄의 성립을 부정한 것도 있고(**관련판례** ①[1]),[2] ② 위

---

1) (**관련판례** ①) 대법원 2010. 1. 21. 선고 2008도942 전원합의체 판결【위증】.
【사실관계】 피고인 甲은 A와 쌍방 상해 사건으로 공소제기되어 공동피고인으로 함께 재판을 받으면서 자신은 폭행한 사실이 없다고 주장하며 다투던 중 A에 대한 상해사건이 변론분리되면서 피해자인 증인으로 채택되어 검사로부터 신문받게 되었고, 그 과정에서 甲 자신의 A에 대한 폭행 여부에 관하여 신문을 받게 됨에 따라 증언거부사유가 발생하게 되었는데도, 재판장으로부터 증언거부권을 고지받지 못한 상태에서 자신의 종전 주장을 그대로 되풀이함에 따라 결국 거짓 진술에 이르게 되었다.
【판결이유】 이러한 사정을 전체적·종합적으로 고려하여 볼 때, 당해 사건에서 증인 보호에 사실상 장애가 초래되었다고 볼 수 없는 경우에까지 예외 없이 위증죄의 성립을 부정할 것은 아니라고 할 것이다. (중략) 재판장이 신문 전에 증인에게 증언거부권을 고지하지 않은 경우에도 당해 사건에서 증언 당시 증인이 처한 구체적인 상황, 증언거부사유의 내용, 증인이 증언거부사유 또는 증언거부권의 존재를 이미 알고 있었는지 여부, 증언거부권을 고지받았더라도 허위진술을 하였을 것이라고 볼 만한 정황이 있는지 등을 전체적·종합적으로 고려하여 증인이 침묵하지 아니하고 진술한 것이 자신의 진정한 의사에 의한 것인지 여부를 기준으로 위증죄의 성립 여부를 판단하여야 한다. 그러므로 헌법 제12조 제2항에 정한 불이익 진술의 강요금지 원칙을 구체화한 자기부죄거부특권에 관한 것이거나 기타 증언거부사유가 있음에도 증인이 증언거부권을 고지받지 못함으로 인하여 그 증언거부권을 행사하는 데 사실상 장애가 초래되었다고 볼 수 있는 경우에는 위증죄의 성립을 부정하여야 할 것이다.
본 판결 평석은 김현, "증언거부권 불고지와 위증죄", 형법판례 150선(제3판), [148], 338-339면.

2) 위증죄가 성립하지 않는다고 한 판례로는 대법원 2010. 2. 25. 선고 2009도13257 판결; 대법원 2013. 5. 23. 선고 2013도3284 판결(공모관계).

증죄의 성립을 긍정한 것(**관련판례** ②[1])[2])도 있다. 물론, 증언거부권을 보장하고 있음에도 이를 포기하고 위증을 한 경우에는 기대가능성이 없다고 할 수 없으므로 위증죄가 성립한다(통설·판례[3])).

본 사례에서 P는 丙을 도와준 일로 재판을 받고 있었고, 丙은 공소사실을 적극적으로 부인하던 P의 부탁으로 증언을 하면서 적극적으로 P의 변명에 부합하는 내용을 진술하였던 사실에 비추어 보면, 丙은 자신의 진정한 의사에 기하여 증언한 것으로서 증언거부권을 고지받지 못함으로 인하여 증언거부권을 행사하는 데 사실상 장애가 초래되었다고 보기 어렵다. 따라서 丙에 대하여는 위증죄가 성립한다.

3. P의 형사책임

丙에 대하여 위증죄가 성립하므로[4]) 丙에 대하여 위증을 하도록 시킨 P에 대하여 위증교사죄의 성립 여부를 검토하여야 한다. P는 자신의 범죄사실에 대하여 위증을 교사하였는데, 그 경우에도 위증교사죄(형법 제152조 제1항, 제31조 제1항)가 성립하는지가 문제된다.

---

1) (**관련판례** ②) 대법원 2010. 2. 25. 선고 2007도6273 판결【위증】.
【사실관계】 피고인 甲이 전남편인 A에 대한 도로교통법위반(음주운전) 사건에서, A가 음주운전한 사실이 없고 전처였던 피고인 甲이 운전하던 차에 타고 있었을 뿐이라고 공소사실을 적극적으로 부인하여 A의 증인으로 법정에 출석하여 증언을 하게 되었는데, 당시 피고인 甲은 A의 변호인의 신문에 대하여 술에 만취한 A를 집으로 돌려보내기 위해 자신이 A를 차에 태우고 운전하였다고 A의 변명에 부합하는 내용을 적극적으로 진술하였으며, 위증사건 제1심 제8회 공판기일에서 재판장이 증언을 하지 않을 수 있다는 사실을 알았다면 증언을 거부했을 것이냐는 신문에 대하여 그렇다 하더라도 증언을 하였을 것이라는 취지로 답변을 하였다.
【판결이유】 피고인은 위 A에 대한 도로교통법위반(음주운전) 사건에서 자신은 음주운전한 사실이 없고 그의 처였던 피고인이 운전하던 차에 타고 있었을 뿐이라고 공소사실을 적극적으로 부인하던 A의 증인으로 법정에 출석하여 증언을 하기에 이르렀던 사실, 당시 피고인은 A의 변호인의 신문에 대하여 술에 만취한 A를 집으로 돌려보내기 위해 피고인 자신이 A를 차에 태우고 운전하였다고 A의 변명에 부합하는 내용을 적극적으로 진술하였던 사실, 피고인은 이 사건 제1심 제8회 공판기일에 재판장이 증언을 하지 않을 수 있다는 사실을 알았다면 증언을 거부했을 것이냐는 신문에 대하여 그렇다 하더라도 증언을 하였을 것이라는 취지로 답변을 하였던 사실 등을 알 수 있는바, 피고인이 위 형사사건의 증인으로 출석하여 증언을 한 경위와 그 증언 내용, 피고인의 이 사건 제1심 제8회 공판기일에서의 진술 내용 등을 전체적·종합적으로 고려하여 보면 피고인이 선서 전에 재판장으로부터 증언거부권을 고지받지 아니하였다 하더라도 이로 인하여 피고인의 증언거부권이 사실상 침해당한 것으로 평가할 수는 없다 할 것이다.

2) 위증죄가 성립한다고 한 판례로는 대법원 2012. 12. 13. 선고 2010도10028 판결(피고인의 지위에서 허위자백하고, 나아가 공범에 대한 증언을 하면서 허위진술한 사례).

3) 대법원 1987. 7. 7. 선고 86도1724 전원합의체 판결.

4) 丙에 대하여 증언거부권을 행사하는 데 사실상 장애를 초래하였다는 이유로 위증죄가 성립하지 않는다고 하는 견해에 의하면, 공범종속성설에 비추어 P에 대하여 위증교사죄가 성립할 여지가 없다.

이에 대하여는 소극설과 적극설이 대립한다. 소극설(통설)은 ① 정범으로 처벌되지 않는 피고인에게 교사범으로서의 형사책임을 부담하게 하는 것은 부당하고, ② 피고인이 타인을 교사하여 위증하게 하는 것은 피고인 자신이 허위의 진술을 하는 것과 차이가 없고, ③ 피고인은 증인적격이 없으므로 구성요건을 충족할 수 없다고 한다. 이에 반하여 적극설은 ① 형사피고인에 대하여 위증죄가 성립하지 않는 것은 기대가능성이 없기 때문인데 타인에게 위증을 교사하는 경우까지 기대가능성이 없다고 할 수 없고, ② 정범에게 위증죄가 성립하는 이상 교사범의 성립도 인정해야 하고, ③ 교사는 새로운 범죄창조라는 점에서 특수한 반사회성이 있으며 변호권의 범위를 넘는다고 한다. 한편, 판례는 방어권의 남용이라는 이유로 위증죄의 교사범 성립을 인정하고 있다.[1]

적극설과 판례가 타당하므로 P에 대하여는 위증교사죄가 성립한다.

4. 설문의 해결

丙에 대하여는 위증죄가, P에 대하여는 위증교사죄가 각 성립한다.

Ⅲ. 제3문 — 甲의 증인적격 및 증언거부권 인정 여부

1. 문제의 제기

甲, 乙, 丙이 공범으로 병합기소되어 재판을 받던 중에 검사가 甲을 乙, 丙의 사건에 대하여 증인으로 신문할 수 있는지가 문제된다. 그리고 甲이 乙, 丙의 사건에 증인으로 소환된 경우 증언을 거부할 수 있는지도 문제된다. 이는 공범인 공동피고인에게 증인적격이 있는지, 증인으로 소환된 경우 증언거부권이 있는지에 관한 문제이다.

2. 甲의 증인적격 인정 여부

피고인은 당사자로서의 지위를 가지며, 증인으로서 증언의무를 과하는 것은 피고인의 진술거부권을 무의미하게 한다는 점에 비추어 증인이 될 수 있는 증인적격이 없다(통설). 그러나 공동피고인의 경우는 자기 사건에 대하여는 피고인이지만, 다른 피고인의 사건에 관하여는 제3자에 해당하므로 다른 공동피고인의 사건에 대하여 증인적격이 있는지가 문제된다.

---

1) 대법원 2004. 1. 27. 선고 2003도5114 판결.

이에 대하여는 ① 공동피고인이 공범 관계에 있느냐 여부를 불문하고 사건이 병합심리되고 있는 한 피고인으로서 진술거부권을 가지므로 반대신문을 할 수 없기 때문에 변론을 분리하지 않는 한 증인적격이 없다는 부정설, ② 공동피고인은 다른 피고인에 대한 관계에서 제3자이므로 증인적격이 있다는 긍정설, ③ 공범인 공동피고인은 증인적격이 없지만 단순히 병합심리를 받을 뿐인 공범자 아닌 공동피고인은 증인적격이 있다는 절충설의 대립이 있다. 이에 대하여 판례는 공범인 공동피고인은 당해 소송절차에서는 피고인의 지위에 있어 다른 공동피고인에 대한 공소사실에 관하여 원칙적으로 증인적격이 없지만 형사소송법 제300조에 의하여 변론이 분리되면[1] 증인적격이 있고(**관련판례**[2]), 단순 공동피고인은 증인적격이 있다고 한다.[3] '공범'의 범위에 관하여 판례는 합동범[4]과 공동정범[5]은 물론 뇌물을 주고받은 필요적 공범의 형태인 대향범[6]도 공범으로 보고 있으나, 절도범과 장물범은 이에 해당하지 않는다고[7] 판시하였다.

판례의 태도가 타당하다. 판례에 의하면 甲은 공범인 공동피고인이므로 법원은 乙과 丙의 사건에 대하여 甲 사건의 변론을 분리하면 甲을 증인으로 신문할 수 있다.

3. 甲의 증언거부권 인정 여부

누구든지 자기나 친족이거나 친족이었던 사람, 법정대리인, 후견감독인이 형사소추 또는 공소제기를 당하거나 유죄판결을 받을 사실이 드러날 염려가 있는 증언을 거부할 수 있다(형소법 제148조). 또한, 변호사, 변리사, 공증인, 공인회계사, 세무사, 대서

---

1) 통상 일단 변론을 분리하였다가 증인신문이 끝난 후에 다시 변론을 병합(형소법 제300조)하여 심리한다.
2) (**관련판례**) 대법원 2008. 6. 26. 선고 2008도3300 판결【위증】. 「공범인 공동피고인은 당해 소송절차에서는 피고인의 지위에 있으므로 다른 공동피고인에 대한 공소사실에 관하여 증인이 될 수 없으나, 소송절차가 분리되어 피고인의 지위에서 벗어나게 되면 다른 공동피고인에 대한 공소사실에 관하여 증인이 될 수 있다 할 것이다. (중략) 피고인과 A의 변론이 분리되지 아니한 이상 피고인은 공범인 A에 대한 공소사실에 관하여 증인이 될 수 없고, 따라서 피고인이 A에 대한 공소사실에 관하여 증인으로 출석하여 선서한 다음 증언함에 있어 기억에 반하는 허위의 진술을 하였다고 하더라도 위증죄가 성립하지 아니한다 할 것이므로, 원심이 이 사건 위증의 공소사실을 무죄로 인정한 조치는 결과적으로 정당하다 할 것이다.」
   같은 취지의 판례로는 대법원 2012. 3. 29. 선고 2009도11249 판결; 대법원 2024. 2. 9. 선고 2023도7528 판결.
3) 대법원 2006. 1. 12. 선고 2005도7601 판결.
4) 대법원 1990. 12. 26. 선고 90도2362 판결; 대법원 1992. 7. 28. 선고 92도917 판결.
5) 대법원 1993. 6. 22. 선고 91도3346 판결 등.
6) 대법원 1985. 6. 25. 선고 85도691 판결(증뢰자와 수뢰자); 대법원 2005. 1. 14. 선고 2004도6646 판결(배임증재와 배임수재); 대법원 2012. 3. 29. 선고 2009도11249 판결(증뢰자와 수뢰자).
7) 대법원 2006. 1. 12. 선고 2005도7601 판결.

업자, 의사, 한의사, 치과의사, 약사, 약종상, 조산사, 간호사, 종교의 직에 있는 자 또는 이러한 직에 있던 자가 그 업무상 위탁을 받은 관계로 알게 된 사실로서 타인의 비밀에 관한 것은 본인의 승낙이 있거나 중대한 공익상 필요 있는 때가 아니면 증언을 거부할 수 있다(형소법 제149조). 이러한 증언거부권은 증언의무의 존재를 전제로 하여 증언의무의 이행을 거절할 수 있는 권리이다.

甲이 乙과 丙의 사건에 대하여 증언을 거부할 수 있는지 여부를 검토하기 위해서는 먼저 甲의 증언의무가 전제되어야 한다.[1] 앞서 살펴본 대로 변론이 분리되면 甲의 증인적격이 인정되고, 따라서 甲이 증인으로 소환된 경우에는 甲에게는 증언의무가 있다. 문제는 甲이 증언을 거부할 수 있는지 여부인데, 甲이 업무상 비밀을 증언하거나 근친자의 형사책임과 관련된 증언을 하는 것은 아니므로 결국 자기가 유죄판결을 받을 사실이 드러날 염려가 있는 증언을 하는 것에 해당하는지 여부가 문제된다.

甲이 乙, 丙의 사건에 대하여 증언할 경우, 그 주된 신문사항은 乙, 丙과의 공모 여부와 절취품 분배에 관한 내용일 것이다. 따라서 이러한 사항에 대한 증언은 甲이 유죄판결을 받을 사실이 드러날 염려가 있는 증언에 해당하므로 甲은 증언을 거부할 수 있다.

4. 설문의 해결

법원은 乙과 丙의 사건에 대하여 甲의 사건의 변론을 분리하면 甲을 증인으로 신문할 수 있고, 甲은 증언을 거부할 수 있다.

Ⅳ. 제4문 — 법원의 공소장변경요구의 법적 성격

1. 문제의 제기

법원은 직무유기죄로 기소된 P에 대한 공소사실을 심리하던 중 P의 공소사실이 범인도피죄에 해당된다고 판단하였으나, 검사에게 공소장변경을 요구하지 않고 그대로 P에게 직무유기죄를 적용하여 징역 6월을 선고하였다. 법원은 심리경과에 비추어 상당하다고 인정할 경우 검사에게 공소사실 또는 적용법조의 추가·변경을 요구하여

---

1) 甲에게 증인적격이 없다는 견해에 의하면 甲은 당연히 증언을 거부할 수 있는데, 이는 증언의무를 전제로 하는 증언거부권의 문제는 아니다.

야 한다(형소법 제298조 제2항).[1] 그럼에도 불구하고 법원이 위와 같이 공소장변경요구를 하지 않고 판결을 선고한 것이 적법한지 문제된다. 이는 법원의 공소장변경요구가 법원의 의무인지 아니면 재량인지 여부와 관련되는데, 본 사례에서는 범인도피죄의 경우에는 친족 간의 특례(형법 제151조 제2항)가 적용되므로 특히 그 적법성이 문제된다.

2. 직무유기죄와 범인도피죄의 공소사실 동일성 여부

법원이 공소장변경을 요구하지 않은 행위의 적법성을 논하기 위해서는 먼저, 공소장변경을 요구하여야 하는 경우에 해당하는지를 검토하여야 한다. 다시 말하면, 직무유기죄와 범인도피죄가 공소사실의 동일성이 인정되는지를 검토하여야 한다.

공소사실의 동일성에 관하여는 ① 죄질의 동일성이 인정되어야 공소사실의 동일성이 인정된다는 죄질동일설, ② 비교되는 두 사실이 구성요건적으로 '상당한 정도 부합되는 때'에는 죄질이 동일하지 않더라도 공소사실의 동일성이 인정된다는 구성요건공통설, ③ 소인의 기본적 부분을 공통으로 할 때에 공소사실의 동일성이 인정된다는 소인공통설, ④ 공소사실을 그 기초가 되는 사회적 사실로 환원하여 그러한 사실 사이에 다소의 차이가 있더라도 기본적인 점에서 동일하면 동일성이 인정된다는 기본적 사실동일설이 대립된다(통설). 판례는 일관하여 그 사실의 기초가 되는 사회적 사실관계가 기본적인 점에서 동일하면 공소사실의 동일성이 인정된다고 판시하여,[2] 원칙적으로 기본적 사실동일설과 같은 입장이다. 다만, 기본적 사실동일성을 판단함에 있어 규범적 요소를 고려하는 점[3]에서 본래의 기본적 사실동일설과는 다소 차이가 있다.[4]

판례에 따라 기본적 사실관계가 동일한가 여부를 기준으로 공소사실의 동일성을 판단한다고 할 때, 구체적으로는 두 사실이 시간적·장소적으로 밀접한 관계에 있거나(밀접관계), 그것이 양립할 수 없는 관계에 있는 때(택일관계·비양립적 관계)에 기본적 사실

---

1) 공소사실 또는 적용법조의 추가란 공소장에 별개의 공소사실이나 적용법조를 부가하는 것을 말하고, 철회란 공소장에 기재된 수개의 공소사실이나 적용법조 가운데 일부를 철회하는 것을, 변경은 공소사실 또는 적용법조의 내용을 수정하는 것을 말한다. 이러한 공소장변경은 공소사실의 동일성이 인정되어야 가능하다는 점에서, 공소사실의 추가는 추가기소와 구별되고, 철회는 공소취소와 다르다. 공소사실의 동일성은 공소제기의 효력의 범위와 기판력이 미치는 범위를 결정할 뿐 아니라 공소장변경의 한계를 결정하는 기능을 가진다.

2) 대법원 2009. 1. 30. 선고 2008도9207 판결.

3) 대법원 1994. 3. 22. 선고 93도2080 전원합의체 판결; 대법원 2013. 9. 12. 선고 2012도14097 판결.

4) 이러한 판례의 입장을 수정된 기본적 사실동일설이라고도 한다.

관계가 동일하다.[1] 본 사례에서 P의 직무위배의 위법상태는 범인도피행위 속에 포함되어 있으므로 작위범인 범인도피죄만 성립하고 부작위범인 직무유기죄는 따로 성립하지 않는다(**관련판례**[2]).[3] 다시 말하면, 직무유기죄는 범인도피죄에 흡수되는 관계이므로 공소사실의 동일성이 인정된다.

3. 법원의 공소장변경요구의 의무성 여부

P에 대하여 범인도피죄가 성립함에도 검사가 이에 흡수되는 직무유기죄로 기소하였는데,[4] 법원이 P의 공소사실이 범인도피죄에 해당한다고 판단하였다면, 형사소송법 제298조 제2항에 의하여 반드시 공소장의 변경을 요구해야 하는지가 문제된다. 즉, 법원의 공소장변경요구가 의무인지, 재량인지가 문제된다.

공소장변경요구의 의무성에 관해서는 ① 형사소송법 제298조 제2항의 문리해석상 의무성이 긍정된다는 의무설,[5] ② 법원의 재량이라는 재량설, ③ 원칙적으로 법원의 재량에 속하나 공소장변경요구를 하지 않고 무죄판결을 하는 것이 현저히 정의에 반하는 경우에 한하여 예외적으로 법원의 의무가 된다는 예외적 의무설(통설)이 대립된다. 판례는 공소장변경요구는 법원의 권한에 불과하며, 법원이 공소장변경요구를 하지 않았다고 하여 심리미진의 위법이 있는 것은 아니라고 판시하고 있다(재량설).[6]

---

1) 대법원 2007. 5. 10. 선고 2007도1048 판결 등.
2) (**관련판례**) 대법원 1996. 5. 10. 선고 96도51 판결【범인도피 · 직무유기】. 「(원심은) 피고인의 행위는 범인도피죄와 직무유기죄에 해당한다고 한 후, 위 양 죄는 상상적 경합범 관계에 있다고 하여 1죄로 처단한 조치를 그대로 유지하고 있다. (중략) 피고인이 검사로부터 원심 상피고인 X를 검거하라는 지시를 받고서도 그 직무상의 의무에 따른 적절한 조치를 취하지 아니하고 오히려 위 원심 상피고인 X에게 전화로 도피하라고 권유하여 그를 도피케 하였다는 원심이 유지한 제1심 판시 범죄사실만으로는 직무위배의 위법상태가 범인도피행위 속에 포함되어 있는 것으로 보아야 할 것이므로, 이와 같은 경우에는 작위범인 범인도피죄만이 성립하고 부작위범인 직무유기죄는 따로 성립하지 아니한다고 봄이 상당하다고 할 것이다.」
3) 마찬가지로 ① 출원인이 어업허가를 받을 수 없는 자라는 사실을 알면서도 그 직무상의 의무에 따른 적절한 조치를 취하지 않고 오히려 부하직원으로 하여금 어업허가 처리기안문을 작성하게 한 다음 피고인 스스로 중간결재를 하는 등 위계로써 농수산국장의 최종결재를 받았다면, 작위범인 위계에 의한 공무집행방해죄만이 성립하고 부작위범인 직무유기죄는 따로 성립하지 않고(대법원 1997. 2. 28. 선고 96도2825 판결), ② 경찰관이 압수물을 범죄 혐의의 입증에 사용하도록 하는 등의 적절한 조치를 취하지 않고 피압수자에게 돌려주어 증거인멸죄를 범한 경우에 별도로 부작위범인 직무유기죄가 성립하지 않는다(대법원 2006. 10. 19. 선고 2005도3909 전원합의체 판결).
4) 검사는 재량에 의하여 작위범인 범인도피죄로 공소를 제기하지 않고 부작위범인 직무유기죄로만 공소를 제기할 수 있다(대법원 1999. 11. 26. 선고 99도1904 판결).
5) 다만, '심리의 경과에 비추어 상당하다고 인정할 때'를 명백성과 중대성이 인정될 때로 해석하고 있다.
6) 대법원 2009. 5. 14. 선고 2007도616 판결; 대법원 2011. 1. 13. 선고 2010도5994 판결 등. 공소장변경요부에 관하여 "공소장이 변경되지 않았다는 이유로 이를 처벌하지 않는다면 현저히 정의와 형평에 반하는 것으로 인정되는 경우" 직권으로 반드시 이를 인정하여야 한다는 판례(대법원 1999. 11. 9. 선고

판례에 의하면 법원이 검사에게 P에 대한 공소장변경을 요구하지 않고 유죄판결을 한 것은 적법하다.

V. 제5문 — 공소사실의 동일성이 인정되는 사실의 재기소 여부

P에 대하여 직무유기죄로 징역 6월을 선고한 제1심판결에 대하여 P와 검사가 모두 항소를 제기하여 항소심이 계속 중인 상태에서, 검사가 다시 P를 범인도피죄로 기소할 수 있는지 문제된다.

앞서 제4문에서 살펴본 바와 같이 본 사례의 경우 범인도피죄가 성립하고 직무유기죄는 그에 흡수되는 관계로서, 두 죄의 사실관계는 동일성이 인정된다. 따라서 직무유기죄에 대한 공소제기의 효력은 동일성이 인정되는 사건에 대하여도 미치므로(공소제기의 소극적 효력) 검사는 P를 범인도피죄로 다시 기소할 수 없다.[1] 만일 범인도피죄로 다시 기소하면 이중기소에 해당되어 공소기각의 판결을 하여야 한다(형소법 제327조 제3호).

99도3674 판결)를 인용하면서, 판례의 입장이 예외적 의무설의 입장이라고 하는 견해도 있으나 타당하지 않다. 일본에서는 원칙적으로 의무가 아니지만 공소장변경을 하지 않는 것이 현저히 정의에 반하는 경우, 즉 증거가 명백한 중대한 사안의 경우에는 예외적으로 의무가 존재한다는 예외적 의무설이 통설 및 판례['살인을 중과실치사'로 변경하면 유죄가 될 수 있는 사안에서, 예외적으로 의무를 인정한 사례(最決 1968. 11. 26. 刑集 22·12·1352)]이다.

1) P와 丙은 4촌간이므로 친족에 해당하고(민법 제777조 제1호), P가 丙을 위하여 범인도피죄를 범하였으므로 벌할 수 없다(형법 제151조 제2항). 이런 점에서도 검사는 P를 범인도피죄로 기소하여서는 안 된다. 만일 검사가 처음부터 범인도피죄로 기소한 경우, 법원이 어떤 판결을 하여야 하는지 문제된다. 이는 형법 제151조 제2항을 ① 친족간의 정의(情誼)에 비추어 책임이 조각된다고 볼 것인지(책임조각사유설, ② 친족이라는 일신적 신분으로 인하여 처벌만 면제된다고 볼 것인지(인적 처벌조각설)에 따라 달라진다. ①설에 의하면 무죄판결을, ②설에 의하면 형면제판결을 하여야 한다. 하급심판결 중에는 무죄판결을 한 것이 있다(부산고등법원 1993. 2. 8. 선고 92노1513 판결).

2013년 제2회 변호사시험 강평

형사법 제1문

Ⅰ. 사례 (1)의 甲, 乙, 丙, 丁의 형사책임

• 사례 (1)의 사실관계

① 甲의 제의로, 甲, 乙, 丙이 A의 주거침입, 절도를 공모
② 甲은 A의 동향을 알려주었으나 현장에는 가지 않음
③ 乙과 丙이 정오 무렵 자기앞수표 100만 원권 3장 절취
④ 甲의 사무실에서 한 장씩 분배
⑤ 甲은 애인 丁에게 수표 1장를 보관시켰으며, 丁은 임의로 소비

1. 乙과 丙의 형사책임

- 2인이 '합동'하여 절취하였으므로 특수절도죄(형법 제331조 제2항, 제1항) 성립
- 주간에 A의 주거를 침입하였으므로 별도로 주거침입죄 성립. 2인이 '공동' 침입하였으므로 폭력행위처벌법위반(공동주거침입)죄(동법 제2조 제2항, 제1항, 형법 제319조 제1항) 성립
- 두 죄는 실체적 경합관계

2. 甲의 형사책임

(1) 특수절도죄의 성립 여부

- 공모공동정범
  - 범죄에 대한 본질적 기여를 통한 기능적 행위지배가 존재하면 인정(대법원 2011. 10. 13. 2011도9584)
- 합동범의 공동정범
  - 정범성의 표지가 있으면 공동정범 성립(대법원 2011. 5. 13. 2011도2021)
- 甲은 범행을 주도하였으므로, 특수절도죄의 공동정범(형법 제30조) 성립

(2) 폭처법위반(공동주거침임)죄의 성립 여부

- 공모공동정범
- 공동범의 공동정범
  - 판례는 인정(대법원 1996. 12. 10. 96도2529)
- 甲은 범행을 주도하였으므로, 폭력행위처벌법위반(공동주거침입)죄의 공동정범(형법 제30조) 성립

(3) 장물취득죄의 성립 여부

- 공동정범이므로 별도로 장물죄 불성립(대법원 1986. 9. 9. 86도1273)

3. 丁의 형사책임

(1) 수표가 장물인 사실을 알았을 경우

- 장물보관죄(형법 제362조 제1항) 성립
- 별도로 횡령죄가 성립하는지 여부가 문제
- 통설·판례는 장물보관죄(업무상과실·중과실장물보관죄 포함)가 성립하면 이로써 소유자의 추구권이 침해되므로 그 후의 횡령행위는 불가벌적 사후행위에 해당되어 횡령죄가 성립하지 않는다는 입장(대법원 2004. 4. 9, 2003도8219)
- 횡령죄 불성립

(2) 수표가 장물인 사실을 몰랐을 경우

- 위탁자(=甲)와의 관계에서,
  - 횡령죄 성립긍정설, 부정설이 대립되는데,
  - 불법원인급여에 해당되고,
  - 장물보관죄·업무상(중)과실장물보관죄·점유이탈물횡령죄 등과의 법정형을 비교해 보면, 부정설이 타당

- 원소유자(=A)와의 관계에서,
  - 횡령죄 성립긍정설, 부정설, 점유이탈물횡령죄설 등이 있을 수 있는데,
  - 대법원 2003도8219 판결은 장물인 사실을 몰랐을 경우에는 횡령죄가 성립한다는 취지로 해석될 여지는 있으나,
  - A와의 사이에 어떠한 위탁이나 신임관계가 없어 보관자의 지위에 있지 않으므로 부정설이 타당
- 다만, 횡령죄가 성립한다는 유력한 반대설 있음

4. 설문의 해결

- 甲, 乙, 丙
  - 각 특수절도죄 및 폭력행위처벌법위반(공동주거침입)의 공동정범(형법 제30조) 성립
  - 두 죄는 실체적 경합(형법 제37조, 제38조)
- 丁
  - 장물인 사실을 안 경우는 장물보관죄 성립하고 횡령죄 불성립
  - 장물인 사실을 몰랐을 경우는 장물보관죄나 횡령죄 불성립(성립한다는 견해도 있음)

Ⅱ. 사례 (3)의 P와 丙의 형사책임

• 사례 (3)의 사실관계

① 경찰관 P의 직무유기사건(사촌동생인 丙을 도피시켜 직무를 유기) 공판 진행
② P는 丙에게 '도망가라고 전화한 사실이 없다'고 위증토록 함
③ 증인인 丙에게 재판장이 증언거부권 불고지
④ 丙은 허위로 증언

1. 丙의 형사책임

- 丙은 허위 증언을 하였음
- 다만 丙에게는 증언거부권이 있는데도(형소법 제148조 제1호), 재판장이 이를 고지(형소법 제160조)하지 않았음
- 증언거부권 불고지 시 위증죄 성립에 관하여,
  - 판례는 '증언거부권을 고지받지 못함으로 인하여 이를 행사하는 데 사실상 장애가 초래된 경우' 위증죄 불성립(대법원 2010. 1. 21, 2008도942 전원합의체)
- 丙의 경우, 장애가 초래되었다고 보기 어려워 위증죄(형법 제152조 제1항) 성립

2. P의 형사책임

- 자신의 범죄사실에 대한 위증교사의 경우에도 위증교사죄가 성립하는지 여부
- 소극설(통설), 적극설의 대립
- 판례는 '방어권의 남용'이라는 이유로 위증교사죄 성립 인정(대법원 2004. 1. 27, 2003도5114)
- 위증교사죄(형법 제152조 제1항, 제33조 제1항) 성립

Ⅲ. 甲의 증인적격 및 증언거부권

• 사례 (1) 관련, 공판진행 중 쟁점

甲, 乙, 丙이 공범으로 병합 기소되어 공판 중
① 甲을 乙, 丙에 대한 증인으로 신문할 수 있는가?
② 甲이 증인으로 소환된 경우, 증언을 거부할 수 있는가?

1. 증인적격 여부

- 甲은 乙, 丙 사건의 '공범인 공동피고인'
- 증인적격에 관하여는 부정설, 긍정설, 절충설이 있으며, 판례는 **원칙적으로 증인적격이 없지만, 변론이 분리되면 증인적격이 있다**는 입장(대법원 2012. 3. 29, 2009도11249)
- 변론을 분리하면 甲을 증인으로 신문할 수 있음

2. 증언거부권 인정 여부

- 누구든지 자기, 친족 등이 형사소추 등을 받을 사실이 드러날 염려가 있는 증언은 거부할 수 있음(형소법 제148조)
- 甲이 증언할 경우, 주된 신문사항은 공모 여부, 절취품 분배 등 甲이 '**유죄판결을 받을 사실이 드러날 염려가 있는 내용**'일 것임
- 甲은 증언거부 가능

Ⅳ. 법원의 공소장변경요구의 법적 성격 등

• 사례 (2) 관련, 공판진행 경과

① 검사는 P를 직무유기죄로 불구속 기소
② 법원은 P의 공소사실은 범인도피죄에 해당한다고 판단
③ 법원은 공소장변경요구 없이 징역 6월 선고
④ P와 검사는 불복하고 항소

1. 공소사실 동일성 여부

- 공소장변경을 요구(형소법 제298조 제2항)해야 하는지 여부
  - 공소사실의 동일성 여부
- 공소사실의 동일성
  - 죄질동일설, 구성요건공통설, 소인공통설, 기본적 사실동일설(통설)
  - 판례는 기본적 사실동일설(대법원 2009. 1. 30, 2008도9207)
- **작위범인 범인도피죄만 성립하고, 부작위범인 직무유기죄는 따로 성립하지 않으므로 (흡수관계) 공소사실 동일성 인정됨**

2. 공소장변경요구의 의무성

- 법원의 공소장변경요구가 의무인지에 대하여는, 의무설, 재량설, 요구하지 않는 것이 현저히 정의에 반하는 경우 예외적으로 의무라는 예외적 의무설(통설)이 주장됨
- **판례는 재량설**(대법원 2011. 1. 13, 2010도5994)
- 판례에 의하면, 법원의 판결은 적법

Ⅴ. 공소사실 동일성 인정사실의 재기소

- 직무유기죄와 범인도피죄는 동일성 인정
- 직무유기죄의 공소제기 효력은 범인도피죄에도 미침(공소제기의 소극적 효력)
- 검사는 P에 대하여 항소심 계속 중에 다시 범인도피죄로 기소할 수 없음
- 재기소하면 이중기소로 공소기각의 판결(형소법 제327조 제3호)

사례 4. [13 – 변시(2) – 2]
2013년 제2회 변호사시험 제2문

甲은 친구인 乙로부터 "丙이 송년회라도 하자며 술을 사겠다고 하니 같이 가자."라는 전화를 받고, 자신의 승용차에 乙을 태우고 약 5킬로미터 가량 떨어진 노원역 교차로 부근으로 가서 丙을 만났다. 그러자 丙은, "사실 돈이 없다. 취객을 상대로 돈을 훔쳐 술 먹자."라고 제의하였다. 甲은 농담을 하는 줄 알았으나, 乙과 丙이 그동안 몇 차례 취객을 상대로 절취행각을 한 사실을 알게 되었다. 甲은 "나는 그렇게까지 해서 술 마실 생각이 없다."라고 거절하자, 乙과 丙은 "그럼 너는 승용차에 그냥 있어라." 하고 떠났다.

乙과 丙은 마침 길바닥에 가방을 떨어뜨린 채 2~3미터 전방에서 구토하고 있는 취객을 발견하고, 乙은 그 취객을 발로 차 하수구로 넘어지게 하고 丙은 길에 떨어져 있던 가방에서 돈을 꺼냈다.

이를 지켜보던 사법경찰관 P1과 P2가 다가와 乙과 丙을 현행범으로 체포하려 하자 이 두 사람이 甲이 있는 승용차로 도망가다가 붙잡혔다. 경찰관들은 승용차 운전석에 있던 甲도 체포하여 신원을 조회한 결과 甲이 자동차 운전면허 정지기간 중인 자임을 알게 되었다.

당시 P1과 P2는 강절도범특별검거지시가 있어 순찰하다가 그 취객을 발견하고도 구호조치를 하지 않은 채 잠복근무 중, 乙과 丙이 범행하는 것을 기다렸다가 때마침 체포한 것이었다.

甲과 乙은 경찰에서 "우리들은 골프장을 건설하기 위해 수십억 원이 넘는 임야를 소유하고 있는데 왜 그런 짓을 하겠느냐."라고 하면서 등기부와 매매가격 10억 원의 매매계약서를 제시하였고, 丙은 "떨어진 지갑을 주웠을 뿐이다."라고 변명하였다.

이에 P1은 임야의 매수 과정을 확인하기 위해 매도인 丁을 불러 조사한 결과, 丁의 이름으로 명의 신탁된 A의 임야를 甲과 乙에게 매도한 사실을 확인하고, 丁으로부터 매도 경위에 관한 자술서를 제출받았다.

계속해서 丁은, 甲과 乙이 자신을 설득하면서 '고위공직자 A가 부정 축재한 사실을 들어서 잘 알고 있다. 고소하지 못하도록 알아서 처리하겠다.'고 말한 취지의 3자간 대화를 녹음한 녹음테이프를 제출하였다.

뒤늦게 매도 사실을 안 A가 丁을 고소하려 하자, 甲은 A에게 휴대전화로 "고소를 포기해라. 부정 축재한 사실을 폭로할 수도 있다."라는 문자메시지를 수회 반복하여 발송하였다. A는 이에 대해 별로 개의치 않았으나, 丁이 다칠 것을 염려하여 고소를 하지 않았다.

甲과 乙은 공판정에 제출된 녹음테이프에 관하여 "우리들은 녹음에 동의한 적도 없고, 성립의 진정도 부정한다."라고 진술하자, 丁은 "내가 직접 녹음한 그 테이프가 맞다. 그러나 위 임야는 원래 내 땅이었다."라고 범행을 부인하면서 A를 증인신청하였다.

한편, 증인 A는 경찰에서 한 1차 진술과는 달리 "그 땅은 내 땅이 아니고, 丁의 땅이다."라고 허위의 진술을 하였다. 그러자 검사는 A를 불러 재번복하는 취지의 2차 진술조서를 작성하였다.

〔2013년 제2회 변호사시험 제2문〕

설 문

1. 甲, 丙, 丁의 형사책임을 논하라. (부동산 관련 특별법 위반의 점은 제외함) (55점)

2. 甲에 대한 범행을 입증하기 위해 검찰이 제출한 녹음테이프, 丁이 작성한 자술서, A에 대한 검사 작성의 2차 진술조서의 증거능력을 논하라. (20점)

3. 1심에서 丁에 대한 단순횡령죄로 기소하여 단독 재판부에서 유죄판결을 받은 후 항소심인 지방법원 합의부에서 재판 도중 검사는 특정경제범죄가중처벌등에관한법률위반(횡령)으로 공소장변경 신청을 하였다. 그 이후의 법원의 조치 내용은 무엇인가? (10점)

4. 피고인 甲, 乙, 丙의 변호인은 "이 건 체포는 함정수사이다."라고 주장하면서 경찰관 P1을 증인으로 조사하여 달라고 신청하자 법원은 기각하였다. 변호인 주장의 당부와 법원의 기각결정에 대한 불복방법은 무엇인가? (15점)

해 설

Ⅰ. 제1문 — 甲, 丙, 丁의 형사책임

1. 문제의 제기

甲의 행위에 대하여는 ① 丙의 절취 제의를 받고 이를 거절하였으나 乙, 丙이 절취범행을 하러 간 후에 승용차에서 기다리고 있었던 행위에 대한 평가로서 공범이 성립하는지, ② 운전면허 정지기간 중에 승용차를 운전한 행위가 무면허운전인지, ③ 丁이 명의신탁받은 부동산을 매도함에 있어 그 매도를 설득한 행위가 공범이 되는지, ④ A에게 문자메시지를 보낸 행위와 관련하여 A가 문자메시지와는 상관없이 丁이 다칠 것을 염려하여 고소하지 않는 경우에도 기수범이 성립하는지 등이 문제된다.

丙에 대하여는 乙과 함께 취객의 가방에서 돈을 꺼내간 행위에 대한 평가로서 ① 乙이 취객을 발로 차 하수구로 넘어지게 한 행위를 어떻게 평가할 것인지, 즉 절취행위의 수단인지 아니면 그 한도를 넘어 강도범행에서의 폭행에 해당하는지, ② 만약 강도범행으로 평가된다면 절취범행만 모의한 丙에게도 그 책임을 지울 수 있는지가 문제된다.

丁에 대하여는 명의신탁된 A의 임야를 매도한 행위가 횡령죄를 구성하는지와 甲, 乙의 동의 없이 그들과의 대화를 녹음한 행위가 통신비밀보호법상 공개되지 아니한 타인 간의 대화녹음에 해당하는지가 문제된다.

그런데 甲의 형사책임과 관련하여 공범의 문제가 쟁점이 되므로 그 정범인 丙과 丁의 형사책임을 먼저 살펴본다.

2. 丙의 형사책임

乙과 丙은 취객을 상대로 절취행위를 하기로 공모한 다음, 乙은 취객을 발로 차 하수구로 넘어지게 하였고, 丙은 길에 떨어져 있던 가방에서 돈을 꺼냈다. 乙과 丙은 합동하여, 즉 시간적·장소적으로 상호 협력하여 절취한 것이므로 일단 특수절도죄(형법 제331조 제2항, 제1항)에 해당한다. 이때, 乙의 행위가 강도죄에서의 폭행에 해당되는지가 문제되고, 만약 강도행위로 평가된다면 丙도 그 책임을 함께 지는지 문제된다.

합동범의 본질

형법은 총론상의 공동정범, 교사범, 종범 등의 공범규정과 별도로 각론에 2인 이상이 합동하여 죄를 범하는 경우의 규정을 두고 있는데(특수절도에 관한 제331조 제2항, 특수강도에 관한 제334조 제2항), 이를 합동범이라고 한다.

합동범의 본질에 대하여는 ① 공동정범이지만 집단범죄에 대한 대책상 특별히 그 형을 가중한 것이라는 가중적 공동정범설, ② 공모공동정범의 개념을 입법화한 것이라는 공모공동정범설, ③ 합동은 시간적·장소적으로 상호 협력하는 것을 의미하므로 합동범은 현장에서의 실행행위의 분담을 요하는 것으로서 이른바 공모공동정범의 이론은 여기에 적용되지 않는다는 현장설(통설), ④ 합동의 개념을 가중적 공동정범설과 현장설의 중간에서 파악하는 것이 옳다고 하면서, 합동범은 공동정범의 하나이므로 현장성을 갖춘다 하더라도 공범과 정범의 일반적 구별기준에 따라 정범표지를 갖춘 자만이 합동범으로 취급될 수 있다는 현장적 공동정범설의 대립이 있다.

이에 대하여 판례는 합동범은 ① 주관적 요건으로서의 공모 외에 ② 객관적 요건으로서 실행행위의 분담을 요한다고 하여,[1] 위 현장설과 기본적으로 같은 입장이다(**관련판례**[2]). 판례는 여기서 공모나 모의는 반드시 사전에 이루어질 필요가 없고, 범행현장에서 암묵리에 의사상통하는 것도 포함한다고 한다.[3] 그리고 현장에서의 실행행위의 분담은 반드시 동일 장소에서의 실행행위 분담을 의미하지 않고, 시간적으로나 장소적으로 협동관계에 있다고 볼 수 있으면 충분하다고 한다.[4]

---

1) 성폭력범죄의 처벌 등에 관한 특례법상의 특수강간이나 강간등치상에 관하여, 대법원 2004. 8. 20. 선고 2004도2870 판결 등.

2) (**관련판례**) 대법원 1998. 5. 21. 선고 98도321 전원합의체 판결【강도상해·특수절도·사기】. 「3인 이상의 범인이 합동절도의 범행을 공모한 후 적어도 2인 이상의 범인이 범행 현장에서 시간적, 장소적으로 협동관계를 이루어 절도의 실행행위를 분담하여 절도 범행을 한 경우에는 위와 같은 공동정범의 일반 이론에 비추어 그 공모에는 참여하였으나 현장에서 절도의 실행행위를 직접 분담하지 아니한 다른 범인에 대하여도 그가 현장에서 절도 범행을 실행한 위 2인 이상의 범인의 행위를 자기 의사의 수단으로 하여 합동절도의 범행을 하였다고 평가할 수 있는 정범성의 표지를 갖추고 있다고 보여지는 한 그 다른 범인에 대하여 합동절도의 공동정범의 성립을 부정할 이유가 없다고 할 것이다. (중략) 합동절도에서도 공동정범과 교사범·종범의 구별기준은 일반원칙에 따라야 하고, 그 결과 범행현장에 존재하지 아니한 범인도 공동정범이 될 수 있으며, 반대로 상황에 따라서는 장소적으로 협동한 범인도 방조만 한 경우에는 종범으로 처벌될 수도 있다.」

본 판결 평석은 이호중, "합동절도의 공동정범", 형사판례연구 〔7〕, 1999, 130－149면.

3) 대법원 2001. 12. 11. 선고 2001도4013 판결.

4) 대법원 1996. 3. 22. 선고 96도313 판결.

(1) 乙의 행위가 강도죄에서의 폭행에 해당하는지 여부

강도죄에서의 폭행은 최협의의 폭행으로서 상대방의 의사를 억압하여 반항을 불가능하게 할 것을 요한다. 따라서 점유탈취의 과정에서 우연히 폭행이 가해진 것일 뿐 상대방의 반항을 억압할 목적으로 행해진 것이 아니라면 강도죄를 구성하지 않는다.[1)]

취객으로부터 길에 떨어져 있던 가방에서 돈을 꺼내는 과정에서는 폭행이 수반되어야 할 필요가 없다. 그런데 乙은 취객의 의사를 제압하여 절취행위에 대한 반항을 불가능하게 할 의사로 발로 차서 하수구에 넘어지게 한 것이므로 乙의 행위는 강도죄의 폭행에 해당한다.[2)] 따라서 乙에 대하여는 강도죄(형법 제334조)가 성립한다.

(2) 공범의 초과행위와 丙의 형사책임

乙이 공모한 범위를 초과하여 강도행위를 하였는데, 이 초과부분에 대하여 丙도 형사책임을 지는지 문제된다.

원칙적으로 공범은 자신이 인식한 공모 내용의 한도에서 책임을 진다. 공모내용보다 적게 실행한 경우, 예컨대 강도를 모의하였는데 절도를 행한 경우는 그 실행한 범위에서 책임을 진다. 공모내용을 초과하는 경우로는 질적 과잉(초과)과 양적 과잉(초과)이 있다.[3)] 질적으로 초과한 때에는 초과부분에 대하여 책임을 지지 않는다. 양적 초과인 경우에도 원칙적으로 초과된 부분에 대하여 책임을 지지 않는다. 그런데 만약 공모과정에서 초과 실행행위도 예상되는 경우는 공모내용 중에 포함되는 것이므로 그 부분에 대하여 책임을 져야 할 것이다.

취객을 상대로 한 절취범행의 경우, 그 범행과정에서 취객을 상대로 폭행을 가하는 상황이 발생할 가능성은 일반적으로 예상된다고 할 수 있다. 특히, 乙과 丙은 이미 몇 차례 취객을 상대로 절취범행을 하였으므로 丙은 乙의 초과행위를 충분히 예상할 수 있었다고 할 것이다. 따라서 丙도 乙의 강도행위에 대하여 책임을 진다. 결국, 乙과 丙은 합동하여 강도행위를 한 것이므로 특수강도죄(형법 제334조 제2항, 제1항)의 형사책임을 진다.

---

1) 대법원 2003. 7. 25. 선고 2003도2316 판결. 본 판결 해설은 이창한, "날치기 수법에 의한 절도범이 점유탈취 과정에서 우연히 피해자에게 상해를 입힌 경우의 죄책", 대법원판례해설 제48호(2003 하반기), 2004, 561-566면.

2) 대법원 2007. 12. 13. 선고 2007도7601 판결(피해자를 끌고가면서 억지로 재물을 빼앗은 사례).

3) 공동정범의 질적 과잉은 공모 범죄와 초과 실현된 고의범이 그 성질을 전혀 달리하는 경우로서 강도를 모의하였으나 공동정범자 중 일부가 강간하는 경우를 예로 들 수 있다. 공동정범의 양적 과잉은 공모범죄와 초과 실현된 고의범이 그 성질을 같이 하면서 정도가 좀 더 강화된 경우이다. 강도를 모의하였으나 공동정범자 중 일부가 피해자를 살해한 경우를 예로 들 수 있다.

3. 丁의 형사책임

丁에 대하여는 명의신탁된 A 소유의 임야를 甲과 乙에게 매도한 행위가 횡령죄를 구성하는지, 甲과 乙의 동의 없이 그들과의 대화를 녹음한 행위가 통신비밀보호법위반죄를 구성하는지가 문제된다.

(1) 부동산 명의신탁과 횡령죄 및 배임죄

(가) 명의신탁 부동산의 수탁자가 횡령죄의 보관자인지 여부

횡령죄는 타인의 재물을 보관하는 자가 재물을 횡령한 때에 성립한다. 여기서 '보관'이라 함은 위탁관계에 의하여 재물을 점유하는 것을 의미한다. 따라서 횡령죄가 성립하기 위하여는 재물의 보관자와 재물의 소유자(또는 기타의 본권자) 사이에 법률상 또는 사실상의 위탁관계가 존재하여야 한다. 이러한 위탁관계는 사용대차·임대차·위임 등의 계약[1]에 의하여서 뿐만 아니라 사무관리·관습·조리·신의칙 등에 의해서도 성립될 수 있으나, 횡령죄의 본질이 신임관계에 기초하여 위탁된 타인의 물건을 위법하게 영득하는 데 있음에 비추어 볼 때, 위탁관계는 횡령죄로 보호할 만한 가치 있는 신임에 의한 것으로 한정된다.[2] 한편 횡령죄의 대상인 재물에는 부동산도 포함되는데,[3] 부동산에 관한 횡령죄에서 타인의 재물을 보관하는 자의 지위는 동산의 경우와는 달리 부동산에 대한 점유 여부가 아니라 법률상 부동산을 제3자에게 처분할 수 있는 지위에 있는지 여부를 기준으로 판단하여야 한다.[4]

본 사례에서 丁은 A 소유의 임야에 대하여 명의신탁[5]을 받은 명의수탁자인데, 명의수탁자가 신탁부동산의 보관자에 해당하는지가 문제된다.

부동산 명의신탁에는 ① 부동산 소유자가 그 등기명의를 타인에게 신탁하기로 명의신탁약정을 하고 수탁자에게 등기를 이전하는 형식의 2자간 명의신탁, ② 신탁자가 부동산의 매도인으로부터 부동산을 매수한 후에 자신 명의로 등기를 경료하지 않

1) 위탁신임관계를 발생시키는 것은 반드시 명시적 계약에 의하여서만 성립되는 것이 아니라 묵시적 합의에 의하여서도 성립될 수 있다(명의신탁관계에 대한 대법원 2001. 1. 5. 선고 2000다49091 판결).
2) 대법원 2016. 5. 19. 선고 2014도6992 전원합의체 판결.
3) 절도죄의 경우, 부동산도 재물에 포함되는지에 관하여 적극설과 소극설(통설)이 대립한다.
4) 대법원 2010. 6. 24. 선고 2009도9242 판결(원인무효인 소유권이전등기의 명의자는 횡령죄의 주체인 타인의 재물을 보관하는 자에 해당하지 않는다고 판시).
5) 부동산의 명의신탁은 부동산에 관한 소유권이나 그 밖의 물권을 보유한 자 또는 사실상 취득하거나 취득하려고 하는 자(이하, 실권리자라 함)가 타인과의 사이에서 대내적으로는 실권리자가 부동산에 관한 물권을 보유하거나 보유하기로 하고, 그에 관한 등기는 그 타인 명의로 하기로 약정하고 그 타인 명의로 등기하는 것을 말한다(대법원 1998. 5. 21. 선고 98도321 전원합의체 판결).

은 상태에서 명의신탁약정에 따라 매도인으로부터 수탁자에게 등기를 이전하는 이른바 중간생략등기형의 3자간 명의신탁, ③ 신탁자가 수탁자와의 사이에 명의신탁약정을 맺고 부동산의 매수위임을 하여 수탁자가 직접 매매계약의 당사자가 되어 매도인과 매매계약을 체결하고 수탁자 앞으로 이전등기를 하는 방식인 계약명의신탁이 있다. 그런데 본 사례의 명의신탁이 어느 유형에 해당하는지에 대해서는 구체적으로 제시되어 있지 않다. 여기서는 전형적인 방식인 2자간 명의신탁을 전제로 해설한다.

부동산 실권리자명의 등기에 관한 법률(이하, 부동산실명법이라 한다)은 명의신탁약정[1)]은 무효이고(동법 제4조 제1항), 명의신탁약정에 따른 등기로 이루어진 부동산에 관한 물권변동도 무효(동조 제2항)라고 규정하고 있다.[2)] 따라서 2자간 명의신탁의 경우, 계약인 명의신탁약정과 그에 부수한 위임약정, 명의신탁약정을 전제로 한 명의신탁부동산 및 그 처분대금 반환약정은 모두 무효이다.[3)] 나아가 명의신탁자와 명의수탁자 사이에 무효인 명의신탁약정 등에 기초하여 존재한다고 주장될 수 있는 사실상의 위탁관계라는 것은 부동산실명법에 반하여 범죄를 구성하는 불법적인 관계에 지나지

1) 부동산 실권리자명의 등기에 관한 법률 제2조【정의】 이 법에서 사용하는 용어의 뜻은 다음과 같다.
 1. "명의신탁약정"(名義信託約定)이란 부동산에 관한 소유권이나 그 밖의 물권(이하 "부동산에 관한 물권"이라 한다)을 보유한 자 또는 사실상 취득하거나 취득하려고 하는 자[이하 "실권리자"(實權利者)라 한다]가 타인과의 사이에서 대내적으로는 실권리자가 부동산에 관한 물권을 보유하거나 보유하기로 하고 그에 관한 등기(가등기를 포함한다. 이하 같다)는 그 타인의 명의로 하기로 하는 약정[위임·위탁매매의 형식에 의하거나 추인(追認)에 의한 경우를 포함한다]을 말한다. 다만, 다음 각 목의 경우는 제외한다.
 가. 채무의 변제를 담보하기 위하여 채권자가 부동산에 관한 물권을 이전(移轉)받거나 가등기하는 경우
 나. 부동산의 위치와 면적을 특정하여 2인 이상이 구분소유하기로 하는 약정을 하고 그 구분소유자의 공유로 등기하는 경우
 다. 「신탁법」 또는 「자본시장과 금융투자업에 관한 법률」에 따른 신탁재산인 사실을 등기한 경우

2) 부동산 실권리자명의 등기에 관한 법률 제4조【명의신탁약정의 효력】 ① 명의신탁약정은 무효로 한다.
 ② 명의신탁약정에 따른 등기로 이루어진 부동산에 관한 물권변동은 무효로 한다. 다만, 부동산에 관한 물권을 취득하기 위한 계약에서 명의수탁자가 어느 한쪽 당사자가 되고 상대방 당사자는 명의신탁약정이 있다는 사실을 알지 못한 경우에는 그러하지 아니하다.
 ③ 제1항 및 제2항의 무효는 제3자에게 대항하지 못한다.
 부동산 실권리자명의 등기에 관한 법률 제8조【종중, 배우자 및 종교단체에 대한 특례】 다음 각호의 어느 하나에 해당하는 경우로서 조세 포탈, 강제집행의 면탈(免脫) 또는 법령상 제한의 회피를 목적으로 하지 아니하는 경우에는 제4조부터 제7조까지 및 제12조제1항부터 제3항까지를 적용하지 아니한다.
 1. 종중(宗中)이 보유한 부동산에 관한 물권을 종중(종중과 그 대표자를 같이 표시하여 등기한 경우를 포함한다) 외의 자의 명의로 등기한 경우
 2. 배우자 명의로 부동산에 관한 물권을 등기한 경우
 3. 종교단체의 명의로 그 산하 조직이 보유한 부동산에 관한 물권을 등기한 경우

3) 대법원 2006. 11. 9. 선고 2006다35117 판결; 대법원 2015. 9. 10. 선고 2013다55300 판결 등.

아니할 뿐 이를 형법상 보호할 만한 가치 있는 신임에 의한 것이라고 할 수 없다.[1)] 명의수탁자가 명의신탁자에 대하여 소유권이전등기말소의무를 부담하게 되나, 위 소유권이전등기는 처음부터 원인무효여서 명의수탁자는 명의신탁자가 소유권에 기한 방해배제청구로 말소를 구하는 것에 대하여 상대방으로서 응할 처지에 있음에 불과하다. 명의수탁자가 제3자와 한 처분행위가 부동산실명법 제4조 제3항에 따라 유효하게 될 가능성이 있다고 하더라도 이는 거래 상대방인 제3자를 보호하기 위하여 명의신탁약정의 무효에 대한 예외를 설정한 취지일 뿐 명의신탁자와 명의수탁자 사이에 위 처분행위를 유효하게 만드는 어떠한 위탁관계가 존재함을 전제한 것이라고는 볼 수 없다. 따라서 말소등기의무의 존재나 명의수탁자에 의한 유효한 처분가능성을 들어 명의수탁자가 명의신탁자에 대한 관계에서 '타인의 재물을 보관하는 자'의 지위에 있다고 볼 수도 없다.[2)]

(나) 2자간 명의신탁과 횡령죄의 성립 여부

2자간 명의신탁에서 수탁자가 임의로 부동산을 제3자에게 매도한 경우, 횡령죄가 성립하는지 문제된다. 이에 대해서는 ① 부동산실명법에 따라 명의신탁약정과 이전등기는 무효이므로 부동산의 소유권은 여전히 신탁자에게 있고, 수탁자는 등기명의에 의하여 부동산을 보관하는 자에 해당하므로 횡령죄가 성립한다는 긍정설, ② 명의수탁자는 명의신탁자에 대한 관계에서 타인의 재물을 보관하는 자의 지위에 있다고 볼 수 없으므로 횡령죄가 성립하지 않는다는 부정설이 대립한다. 판례는 종래 ①의 긍정설의 입장이었으나,[3)] 최근 ②의 부정설의 입장으로 견해를 변경하였다.[4)]

따라서 丁에 대하여 횡령죄가 성립하지 않는다. 다만 ①의 긍정설에 의하면 횡령죄에 해당하고, 그 이득액이 부동산 매매가액인 10억 원이므로 특정경제범죄가중처벌등에관한법률위반(횡령)죄(동법 제3조 제1항 제2호, 형법 제355조 제1항)가 성립할 것이다.[5)]

---

1) 대법원 2016. 5. 19. 선고 2014도6992 전원합의체 판결.

2) 대법원 2021. 2. 18. 선고 2016도18761 전원합의체 판결. 「이러한 법리는, 부동산 명의신탁이 부동산실명법 시행 전에 이루어졌고 같은 법이 정한 유예기간 이내에 실명등기를 하지 아니함으로써 그 명의신탁약정 및 이에 따라 행하여진 등기에 의한 물권변동이 무효로 된 후에 처분행위가 이루어진 경우에도 마찬가지로 적용된다.」

3) 대법원 1999. 10. 12. 선고 99도3170 판결; 대법원 2000. 2. 22. 선고 99도5227 판결; 대법원 2000. 4. 25. 선고 99도1906 판결; 대법원 2003. 12. 26. 선고 2003도4893 판결; 대법원 2009. 8. 20. 선고 2008도12009 판결; 대법원 2009. 11. 26. 선고 2009도5547 판결; 대법원 2011. 1. 27. 선고 2010도12944 판결. 위 각 판결은 부정설의 입장으로 견해를 변경한 대법원 2021. 2. 18. 선고 2016도18761 전원합의체 판결과 배치되는 범위에서 모두 변경되었다.

4) 대법원 2021. 2. 18. 선고 2016도18761 전원합의체 판결.

5) 부동산실명법은 명의신탁에 따른 부동산등기를 한 명의신탁자(동법 제7조 제1항 제1호, 제3조 제1항)

(다) 배임죄의 성립 여부

수탁자가 임의로 부동산을 제3자에게 매도하는 행위가 횡령죄에 해당하지 않는다고 할 경우, 배임죄가 성립하는지가 또한 문제된다. 수탁자와 신탁자와의 관계가 보호할 만한 가치 있는 신임관계라고 할 수 없으므로, 수탁자는 배임죄에서의 '타인의 사무를 처리하는 자'에 해당하지 아니하여 배임죄도 성립하지 않는다.[1)]

(2) 통신비밀보호법위반죄의 성립 여부

통신비밀보호법 제3조 및 제14조는 공개되지 아니한 타인 간의 대화를 녹음하는 것을 금지하고 있고, 이에 위반하는 행위는 10년 이하의 징역에 처하도록 규정하고 있다(통신비밀보호법 제16조 제1항 제1호). 丁이 甲, 乙과 행한 대화의 내용을 甲과 乙 몰래 녹음한 행위가 여기에 해당하는지 문제된다.

대화 당사자 일방이 상대방 모르게 녹음하는 것은 '자신과 타인과의 대화'이지 '타인 간의 대화'라고는 할 수 없으므로 통신비밀보호법위반죄가 성립하지 않는다.[2)] 판례도 같은 입장이다.[3)] 따라서 丁은 통신비밀보호법위반죄의 형사책임은 지지 않는다.

(3) 소결

丁은 아무런 형사책임도 지지 않는다.

3자간 명의신탁(중간생략등기형 명의신탁)과 횡령죄

3자간 명의신탁의 경우, 신탁자와 수탁자 간의 명의신탁약정 및 수탁자 명의의 소유권이전등기는 모두 무효이다. 따라서 당해 부동산의 소유권은 여전히 매도인에게 있으며, 매도인은 소유권에 기하여 수탁자에게 그 명의의 소유권이전등기의 말소를 청구할 수 있고, 진정명의 회복등기청구권에 기하여 소유권이전등기를 구할 수도 있다. 한편, 매도인과 신탁자 간의 매매계약은 유효하므로, 신탁자는 매도인에 대한 소유권이전등기청구권을 보전하기 위하여 매도인을 대위하여 수탁자에게 소유권이전등기의 말소 또는 매도인 앞으로 이전등기를 구할 수 있고, 매도인에게는 위 매매계약을 원인으로 한 소유권이전등기를 구할 수 있다.

와 명의수탁자(동법 제7조 제2항, 제3조 제1항)에게 형벌을 부과하고 있다. 따라서 丁에 대하여는 부동산실권리자명의등기에관한법률위반죄가 성립한다. 다만, 본 사례에서는 부동산 관련 특별법위반은 제외하고 있으므로 상세하게 해설하지 않는다.

1) 대법원 2016. 5. 19. 선고 2014도6992 전원합의체 판결(중간생략등기형 명의신탁).
2) 2인 간의 대화뿐만 아니라 3인 간의 대화에서 그 중 1인이 녹음한 경우에도 타인 간의 대화에 해당하지 않는다(대법원 2006. 10. 12. 선고 2006도4981 판결; 대법원 2014. 5. 16. 선고 2013도16404 판결).
3) 대법원 2002. 10. 8. 선고 2002도123 판결.

종래 대법원은 이처럼 부동산실명법이 명의신탁자에게 등기회복의 권리행사를 금지하고 있지 않고, 명의수탁자의 신탁부동산 임의처분행위는 명의신탁자의 이러한 권리행사 등을 침해하는 위법·유책의 행위에 해당하므로 형사처벌의 필요성이 있다는 사정을 그 중요한 근거로 3자간 등기명의신탁에서 수탁자가 수탁부동산을 임의처분하면 횡령죄가 성립한다고 하였다.[1] 그러나 최근 견해를 변경하여 부동산실명법의 입법 취지 및 규율 내용 등에 비추어 형사처벌의 필요성을 인정할 수 없다며 횡령죄의 성립을 부정하였다(**관련판례**[2]).[3]

계약명의신탁과 횡령죄

1. 매도인이 명의신탁사실을 모르는 경우

매도인이 명의신탁사실을 모르고 수탁자를 진실한 매수인으로 알고 있는 경우에는 부동산실명법 제4조 제2항 단서에 따라 명의신탁약정에 따른 물권변동이 무효가 아니다. 따라서 수탁자는 유효한 물권을 취득하게 되므로 등기가 이전된 부동산은 수탁자의 소유가 된다. 이때는 타인의 재물을 보관하는 자의 지위에 있지 않으므로 이를 처분하여도 횡령죄를 구성하지 않는다(**관련판례 ①**[4]).

---

1) 대법원 2010. 1. 28. 선고 2009도1884 판결 등.

2) (**관련판례**) 대법원 2016. 5. 19. 선고 2014도6992 전원합의체 판결【횡령】.「부동산을 매수한 명의신탁자가 자신의 명의로 소유권이전등기를 하지 아니하고 명의수탁자와 맺은 명의신탁약정에 따라 매도인으로부터 바로 명의수탁자에게 중간생략의 소유권이전등기를 마친 경우, 부동산 실권리자명의 등기에 관한 법률(이하 '부동산실명법'이라 한다) 제4조 제2항 본문에 의하여 명의수탁자 명의의 소유권이전등기는 무효이고, 신탁부동산의 소유권은 매도인이 그대로 보유하게 된다. 따라서 명의신탁자로서는 매도인에 대한 소유권이전등기청구권을 가질 뿐 신탁부동산의 소유권을 가지지 아니하고, 명의수탁자 역시 명의신탁자에 대하여 직접 신탁부동산의 소유권을 이전할 의무를 부담하지는 아니하므로, 신탁부동산의 소유자도 아닌 명의신탁자에 대한 관계에서 명의수탁자가 횡령죄에서 말하는 '타인의 재물을 보관하는 자'의 지위에 있다고 볼 수는 없다. (중략) 명의수탁자에 대한 관계에서 명의신탁자를 사실상 또는 실질적 소유권자라고 형법적으로 평가하는 것은 부동산실명법이 명의신탁약정을 무효로 하고 있음에도 불구하고 무효인 명의신탁약정에 따른 소유권의 상대적 귀속을 인정하는 것과 다름이 없어서 부동산실명법의 규정과 취지에 명백히 반하여 허용될 수 없다. (중략) 명의신탁자와 명의수탁자 사이에 그 위탁신임관계를 근거 지우는 계약인 명의신탁약정 또는 이에 부수한 위임약정이 무효임에도 불구하고 횡령죄 성립을 위한 사무관리·관습·조리·신의칙에 기초한 위탁신임관계가 있다고 할 수는 없다. 또한 명의신탁자와 명의수탁자 사이에 존재한다고 주장될 수 있는 사실상의 위탁관계라는 것도 부동산실명법에 반하여 범죄를 구성하는 불법적인 관계에 지나지 아니할 뿐 이를 형법상 보호할 만한 가치 있는 신임에 의한 것이라고 할 수 없다. (중략) 중간생략등기형 명의신탁을 한 경우, 명의신탁자는 신탁부동산의 소유권을 가지지 아니하고, 명의신탁자와 명의수탁자 사이에 위탁신임관계를 인정할 수도 없다. 따라서 명의수탁자가 명의신탁자의 재물을 보관하는 자라고 할 수 없으므로, 명의수탁자가 신탁받은 부동산을 임의로 처분하여도 명의신탁자에 대한 관계에서 횡령죄가 성립하지 아니한다.」

본 판결 평석은 강수진, "중간생략등기형 명의신탁과 횡령죄", 형법판례 150선(제3판), [114], 262－263면.

3) 대법원 2016. 5. 26. 선고 2015도89 판결.

4) (**관련판례 ①**) 대법원 2000. 3. 24. 선고 98도4347 판결【횡령·부동산실권리자명의등기에관한법률위반】.

이 경우에 횡령죄는 아니더라도 배임죄로 의율할 수 있는가에 대하여 ① 긍정설과 ② 부정설로 나뉜다. 긍정설은 명의신탁약정이 무효라고 하더라도 신탁자와 수탁자 사이의 사실상의 신임관계까지 부정할 수 없다고 하고, 부정설은 명의신탁 자체가 범죄이므로 부동산을 보관하는 사무가 배임죄의 보호대상인 사무로 볼 수 없다고 한다. 판례는 부정설의 입장이다(**관련판례** ②[1]).

2. 매도인이 명의신탁사실을 알고 있는 경우

매도인이 악의인 경우에는 명의신탁약정 및 이전등기는 무효이므로 소유권은 원소유자인 매도인에게 있다. 이 경우, ① 소유권은 여전히 매도인에게 남아 있으므로 매도인에 대한 횡령죄가 성립한다는 견해, ② 기본적 법률관계가 제3자간 명의신탁의 경우와 동일하므로 신탁자에 대한 횡령죄가 성립한다는 견해, ③ 신탁자에 대한 사실상의 신임관계를 배반한 것이므로 배임죄가 성립한다는 견해(다수설), ④ 신탁자는 매도인과 사이에 어떠한 법률관계도 형성하고 있지 않으므로 부동산에 관하여 법률상 권리를 주장할 방법이 없는 점 등을 고려하면 배임죄도 성립하지 않는다는 견해의 대립이 있다.

판례는 계약의 당사자가 아닌 명의신탁자에 대한 관계에서는 물론 신임관계가 존재하지 않는 매도자에 대해서도 횡령죄에서의 '타인의 재물을 보관하는 자' 또는 배임죄에서의 '타인의 사무를 처리하는 자'에 해당하지 않으므로 횡령죄나 배임죄가 성립할 여지가 없다고 판시하였다(**관련판례** ③[2]).[3]

「신탁자와 수탁자가 명의신탁 약정을 맺고, 이에 따라 수탁자가 당사자가 되어 명의신탁 약정이 있다는 사실을 알지 못하는 소유자와 사이에서 부동산에 관한 매매계약을 체결한 후 그 매매계약에 기하여 당해 부동산의 소유권이전등기를 수탁자 명의로 경료한 경우에는, 그 소유권이전등기에 의한 당해 부동산에 관한 물권변동은 유효하고, 한편 신탁자와 수탁자 사이의 명의신탁 약정은 무효이므로, 결국 수탁자는 전소유자인 매도인뿐만 아니라 신탁자에 대한 관계에서도 유효하게 당해 부동산의 소유권을 취득한 것으로 보아야 할 것이고, 따라서 그 수탁자는 타인의 재물을 보관하는 자라고 볼 수 없다.」

같은 취지의 판결로는 대법원 2009. 9. 10. 선고 2009도4501 판결; 대법원 2010. 11. 11. 선고 2008도7451 판결. 위 2009도4501 판결 평석은 이창섭, "부동산 명의수탁자의 횡령죄 주체성", 형사판례연구〔19〕, 2011, 236－265면.

1) (**관련판례** ②) 대법원 2004. 4. 27. 선고 2003도6994 판결【업무상배임】.「신탁자와 수탁자가 명의신탁약정을 맺고, 그에 따라 수탁자가 당사자가 되어 명의신탁약정이 있다는 사실을 알지 못하는 소유자와 사이에서 부동산에 관한 매매계약을 체결한 계약명의신탁에 있어서 수탁자는 신탁자에 대한 관계에서도 신탁 부동산의 소유권을 완전히 취득하고 단지 신탁자에 대하여 명의신탁약정의 무효로 인한 부당이득반환의무만을 부담할 뿐인바, 그와 같은 부당이득반환의무는 명의신탁약정의 무효로 인하여 수탁자가 신탁자에 대하여 부담하는 통상의 채무에 불과할 뿐 아니라, 신탁자와 수탁자 간의 명의신탁약정이 무효인 이상, 특별한 사정이 없는 한 신탁자와 수탁자 간에 명의신탁약정과 함께 이루어진 부동산 매입의 위임 약정 역시 무효라고 볼 것이어서 수탁자를 신탁자와의 신임관계에 기하여 신탁자를 위하여 신탁 부동산을 관리하면서 신탁자의 허락 없이는 이를 처분하여서는 아니되는 의무를 부담하는 등으로 신탁자의 재산을 보전·관리하는 지위에 있는 자에 해당한다고 볼 수 없어 수탁자는 타인의 사무를 처리하는 자의 지위에 있지 아니하다 할 것이다.」

같은 취지의 판결로는 대법원 2008. 3. 27. 선고 2008도455 판결.

2) (**관련판례** ③) 대법원 2012. 11. 29. 선고 2011도7361 판결【특정경제범죄가중처벌등에관한법률위반(횡령)】.「명의신탁자와 명의수탁자가 이른바 계약명의신탁 약정을 맺고 명의수탁자가 당사자가 되어 명

4. 甲의 형사책임

(1) 특수강도죄의 성립 여부 — 乙, 丙과의 공범 문제

甲은 친구인 乙과 丙의 절취범행 제의를 거절하였으나 乙과 丙이 절취범행을 하고 오는 동안 승용차에서 기다리라는 말을 듣고 승용차 안에서 기다리다가 체포되었다. 乙과 丙에 대하여는 특수강도죄가 성립하는데, 甲은 절취 범행을 제의받고 이를 거절하였으므로 특수강도죄의 공모공동정범은 물론 특수절도죄의 공모공동정범도 성립하지 않는다.

그런데 차에서 기다리라는 말을 듣고 기다린 행위가 방조행위에 해당하는지 검토할 필요가 있다. 방조행위는 물리적 방법뿐만 아니라 정신적 방법으로도 가능하며 정범의 실행행위를 돕는 것이면 된다.[1] 방조행위의 시기도 정범의 실행행위 착수 전후에 걸쳐 가능하며, 실행행위 종료 후에도 완료 전까지 가능하다.[2] 그리고 정범에 의하여 실현되는 범죄의 본질적 요소를 인식하는(정범의 고의) 외에 정범의 실행을 방조한다는 인식(방조범의 인식)도 있어야 한다.[3]

본 사례에서 甲이 승용차를 타고 기다린 것이 절취범행을 하고 온 乙과 丙의 도주를 용이하게 하기 위한 것이라면 방조범에 해당할 것이다. 그러나 甲은 乙과 丙에게 절취범행 제의를 명백히 거절하였고, 범행 장소에 대해서도 알지 못하였으며, 도주를 용이하게 한다는 의사가 있었다는 점에 대한 언급이 없으므로 甲과 乙의 특수절도에 대한 방조범으로서의 고의를 인정할 수 없다. 따라서 甲은 乙과 丙의 특수강도죄와 관련해서는 아무런 형사책임을 지지 않는다.

의신탁 약정이 있다는 사실을 알고 있는 소유자와 부동산에 관한 매매계약을 체결한 후 그 매매계약에 따라 당해 부동산의 소유권이전등기를 명의수탁자 명의로 마친 경우에는 부동산 실권리자명의 등기에 관한 법률(이하 '부동산실명법'이라 한다) 제4조 제2항 본문에 의하여 수탁자 명의의 소유권이전등기는 무효이고 당해 부동산의 소유권은 매도인이 그대로 보유하게 되므로, 명의수탁자는 부동산 취득을 위한 계약의 당사자도 아닌 명의신탁자에 대한 관계에서 횡령죄에서의 '타인의 재물을 보관하는 자'의 지위에 있다고 볼 수 없고, 또한 명의수탁자가 명의신탁자에 대하여 매매대금 등을 부당이득으로서 반환할 의무를 부담한다고 하더라도 이를 두고 배임죄에서의 '타인의 사무를 처리하는 자'의 지위에 있다고 보기도 어렵다. (중략) 명의수탁자가 매도인에 대한 관계에서 횡령죄에서의 '타인의 재물을 보관하는 자' 또는 배임죄에서의 '타인의 사무를 처리하는 자'의 지위에 있다고 볼 수도 없다.」

본 판결 해설은 우인성, "악의의 계약명의신탁에 있어 명의수탁자의 보관물 임의처분 시 범죄성립 여부", 대법원판례해설 제94호(2012 하반기), 2013, 685－721면.

3) 대법원 2012. 12. 13. 선고 2010도10515 판결. 본 판결 평석은 박상기, "계약명의신탁과 수탁자의 법적 책임", 형사재판의 제문제 제7권, 사법발전재단, 2014, 123－147면; 이상원, "횡령인가 불가벌적 사후행위인가", 형사재판의 제문제 제7권, 104－122면.

1) 대법원 2018. 9. 13. 선고 2018도7658 판결.

2) 예컨대, 절도범을 추격하는 자를 방해하여 도주를 도와주는 행위도 방조행위에 해당한다.

3) 대법원 2012. 6. 28. 선고 2012도2628 판결; 대법원 2018. 1. 25. 선고 2016도18715 판결.

(2) 丁으로부터 명의신탁 부동산을 매수한 행위

(가) 특정경제범죄가중처벌등에관한법률위반(횡령)죄의 성립 여부 — 乙과의 공범 문제

명의신탁된 A 소유의 부동산을 甲과 乙에게 매도한 丁의 행위는 횡령죄에 해당하지 않는다. 따라서 명의신탁 부동산임을 알면서 이를 매수한 甲에 대하여 공범의 성립 여부를 논할 필요도 없다.[1)]

(나) 장물취득죄의 성립 여부

甲이 위 부동산을 매수한 행위는 丁에 대하여 횡령죄가 성립하지 않으므로 장물취득죄(형법 제362조 제1항)를 구성하지 않는다. 참고로 횡령 교사 후 그 횡령한 물건을 취득하면, 원칙적으로 횡령죄 외에 장물취득죄가 성립하고 두 죄는 실체적 경합관계이다.[2)] 그러나 명의신탁 부동산의 경우, 수탁자가 외부관계에 대하여 소유자로 간주되므로 이를 취득한 제3자는 수탁자가 신탁자의 승낙 없이 매각하는 사실을 알고 있었는지 여부와 상관없이 별도로 장물취득죄가 성립하지 않는다.[3)]

(3) A에게 문자메시지를 보낸 행위

(가) 강요죄의 성립 여부

甲은 A에게 휴대전화로 "고소를 포기해라. 부정 축재한 사실을 폭로할 수도 있다."는 문자 메시지를 수회 반복하여 발송하였다. 폭행 또는 협박으로 사람의 권리행사를 방해하거나 의무 없는 일을 하게 한 자는 강요죄(형법 제324조)로 처벌되는데, 甲의 행위가 여기에 해당되는지 문제된다.

먼저, 부정 축재한 사실의 폭로가 '협박'에 해당하는지 검토한다. 협박은 신체, 자유, 명예, 재산뿐만 아니라 신용, 업무, 정조 등에 대한 일체의 해악의 고지를 말한다. 강요죄에서의 협박은 적어도 상대방에게 공포를 주어 그 의사결정과 활동에 영향

---

1) 횡령행위에 의하여 처분되는 재산임을 알면서 매수하는 행위에 관하여, ① 횡령죄의 공범에 해당한다는 견해와 ② 장물취득죄가 성립한다는 견해(다수설)가 대립되는데, 종래 판례는 ①의 입장에서 명의신탁 부동산의 매수자가 명의신탁 부동산이라는 사정을 알고 매수한 것만으로는 공범이 성립하지 않지만, 공모·교사 그 밖의 방법으로 적극 가담한 경우에 한하여 공범이 성립한다고 하였다[대법원 1979. 11. 27. 선고 79도2410 판결(처음부터 수탁자와 짜고 불법영득할 것을 공모하면 공동정범 성립); 대법원 1985. 6. 25. 선고 85도1077 판결].

2) 대법원 1969. 6. 24. 선고 69도692 판결.

3) 대법원 1979. 11. 27. 선고 79도2410 판결. 「신탁행위에 있어서 법리상 수탁자가 외부관계에 있어서는 소유자로 간주되는 것이므로 이를 취득한 제3자로서는 그 정을 알고 있은 여부에 불구하고 수탁자가 그 소유자로서 이를 처분하는 것으로 받아들여야 하는 것이어서 그 물건은 이를 매수하는 제3자에 대한 관계에서는 장물성을 구비하는 것이라 할 수 없을 것이다.」

을 미칠 정도에 이르러야 한다. 이러한 정도의 해악의 고지에 해당하는지 여부는 행위자와 상대방의 성향, 고지 당시의 주변 상황, 행위자와 상대방 사이의 관계·지위, 그 친숙의 정도 등 행위 전후의 여러 사정을 종합하여 판단되어야 한다.[1] 그리고 '권리행사를 방해한다'는 것은 행사할 수 있는 권리를 행사할 수 없게 하는 것이다.

본 사례에서 甲의 메시지 내용은 명예, 신용, 업무 등에 대한 해악으로서 경험칙상 A로 하여금 그 해악에 관하여 공포심을 일으키기에 충분하므로 강요죄의 협박에 해당하고, 고소의 포기는 권리행사의 방해에 해당한다. 그런데 A는 甲의 메시지에 공포심을 느껴서가 아니라 이에 대해서는 별로 개의치 않고 丁이 다칠 것을 염려해서 고소하지 않았다. 이 경우에도 강요죄의 기수범이 성립하는지 문제된다.

강요죄에서 ① 협박에는 착수하였으나 협박 그 자체가 미수에 그친 경우, ② 협박을 하였으나 권리행사를 방해하지 못한 경우, ③ 협박과 권리행사 방해와의 사이에 인과관계가 없는 경우에는 기수범이 아니라 미수범이 성립하는데, 본 사례가 이 중 어디에 해당하는지 살펴본다. 먼저, ①과 관련해서는 협박죄의 기수시기가 문제된다. 협박죄의 기수시기에 대하여는 해악의 고지를 상대방이 지각할 수 있는 상태에 이르면 기수에 이른다고 하는 위태범설, 상대방에게 공포심이 일어났을 때 기수가 되며 전혀 공포심을 느끼지 않았을 때는 미수에 불과하다는 침해범설(통설)이 대립한다. 판례는 위태범설의 입장이다(**관련판례**[2]). 판례에 따르면 A가 비록 현실적으로 공포심을 느끼지는 않았으나 공포심을 일으킬 정도의 해악의 고지를 인식하였으므로 甲의 협박은 기수에 이르렀다고 할 것이다. 그러므로 위 ①의 미수에는 해당하지 않

1) 대법원 2012. 8. 17. 선고 2011도10451 판결. 본 판결 해설은 강성수, "피고인이 경찰서에 전화를 걸어 정당의 당사를 폭파하겠다고 한 행위가 전화를 받은 경찰관에 대한 협박죄를 구성하는지 여부", 대법원판례해설 제94호(2012 하반기), 2013, 85-94면.

2) (**관련판례**) 대법원 2007. 9. 28. 선고 2007도606 전원합의체 판결【**형의실효등에관한법률위반·협박**】. 「협박죄가 성립되려면 고지된 해악의 내용이 행위자와 상대방의 성향, 고지 당시의 주변 상황, 행위자와 상대방 사이의 친숙의 정도 및 지위 등의 상호관계, 제3자에 의한 해악을 고지한 경우에는 그에 포함되거나 암시된 제3자와 행위자 사이의 관계 등 행위 전후의 여러 사정을 종합하여 볼 때에 일반적으로 사람으로 하여금 공포심을 일으키게 하기에 충분한 것이어야 할 것이지만, 상대방이 그에 의하여 현실적으로 공포심을 일으킬 것까지 요구되는 것은 아니며, 그와 같은 정도의 해악을 고지함으로써 상대방이 그 의미를 인식한 이상, 상대방이 현실적으로 공포심을 일으켰는지 여부와 관계없이 그로써 구성요건은 충족되어 협박죄의 기수에 이르는 것으로 해석하여야 할 것이다. (중략) 협박죄는 사람의 의사결정의 자유를 보호법익으로 하는 위험범이라 봄이 상당하고, 위 미수범 처벌조항은 해악의 고지가 현실적으로 상대방에게 도달하지 아니한 경우나, 도달은 하였으나 전혀 지각하지 못한 경우, 혹은 고지된 해악의 의미를 상대방이 인식하지 못한 경우 등에 적용될 뿐이라 할 것이다.」

본 판결 평석과 해설은 이진국, "협박의 개념과 협박죄의 기수시기", 형법판례 150선(제3판), [79], 184-185면; 최동렬, "협박죄의 기수에 이르기 위하여 상대방이 현실적으로 공포심을 일으킬 것을 요하는지 여부", 대법원판례해설 제74호(2008 상반기), 2008, 412-431면.

는다. 실제로 권리행사가 방해되었으므로 위 ②의 미수에도 해당하지 않는다. 결국, 협박과 권리행사 방해와의 사이에 인과관계가 인정되지 않으므로 ③의 미수에 해당한다.

따라서 본 사례에서 A가 甲의 협박에 의하여 고소를 포기한 것은 아니므로 甲은 강요미수죄(형법 제324조의5, 제324조)의 형사책임을 진다.

㈏ 정보통신망이용촉진및정보보호등에관한법률위반죄의 성립 여부

정보통신망 이용촉진 및 정보보호 등에 관한 법률은 공포심이나 불안감을 유발하는 부호·문언·음향·화상 또는 영상을 반복적으로 상대방에게 도달하도록 하는 내용의 정보를 정보통신망을 통하여 유통하는 행위를 금지하고(제44조의7 제1항 제3호), 이에 위반하는 행위를 처벌하고 있다(제74조 제1항 제3호).

여기서 반복적 행위는 시간적으로 분리되는 기회에 반복적으로 행해질 것을 요하고, 나아가 일련의 반복적 행위로 평가될 수 있어야 한다.[1] 본 사례에서 甲이 A에게 발송한 휴대폰메시지는 공포심이나 불안감을 유발하는 내용을 담고 있으며, 휴대폰 통신망은 정보통신망에 해당한다. 나아가 메시지를 수회 반복하여 발송하였는바, 반복 발송 태양이 일련의 반복적 행위로 평가될 수 있는지에 관하여 사례에서 구체적으로 기재되어 있지는 않지만 특별한 사정이 없는 한 정보통신망이용촉진및정보보호등에관한법률위반죄(동법 제74조 제1항 제3호, 제44조의7 제1항 제3호)가 성립한다. 동죄는 반의사불벌죄이다(동법 제74조 제2항).

(4) 운전면허 정지기간 중에 운전한 행위

甲이 운전면허 정지지간 중에 5킬로미터 가량 운전을 한 행위는 도로교통법위반(무면허운전)죄(도로교통법 제152조 제1호, 제43조)에 해당한다.[2]

(5) 소결

甲은 강요미수죄, 정보통신망이용촉진및정보보호등에관한법률위반죄, 도로교통법위반(무면허운전)죄의 형사책임을 진다. 죄수와 관련하여 강요미수죄와 정보통신

---

1) 대법원 2009. 4. 23. 선고 2008도11595 판결. 따라서 수회 발송되었으나 한 번의 기회에 여러 번 보낸 경우, 2회에 불과한 경우(대법원 2009. 4. 23. 선고 2008도11595 판결) 또는 시간적으로 너무 떨어져 있어 일련의 행위라고 하기 어려운 경우, 예컨대 7개월 동안 3회의 협박성 메시지를 보낸 경우(대법원 2008. 8. 21. 선고 2008도4351 판결) 등은 여기서의 반복적 도달행위에 해당하지 않는다.

2) 원동기장치자전거면허의 효력이 정지된 상태에서 원동기장치자전거를 운전한 경우는 도로교통법위반(무면허운전)죄에 해당하지 않는다(대법원 2011. 8. 25. 선고 2011도7725 판결).

망이용촉진및정보보호등에관한법률위반죄[1]의 관계가 문제된다. 두 죄의 보호법익이 다르고,[2] 구성요건적 태양도 정보통신망이용촉진및정보보호등에관한법률위반죄의 구성요건적 행위는 공포심이나 불안감을 조성하는 부호·문언·음향·화상 또는 영상을 상대방에게 도달하도록 하는 내용의 정보를 정보통신망을 통하여 유통하는 것으로서 강요죄에서의 협박과 그 행위태양이 다르므로 두 죄는 실체적 경합범의 관계에 있다고 하겠다.

따라서 위 각 죄는 모두 실체적 경합관계(형법 제37조, 제38조)에 있다.

5. 설문의 해결

甲은 강요미수죄, 정보통신망이용촉진및정보보호등에관한법률위반죄, 도로교통법위반(무면허운전)죄의 각 실체적 경합범으로서의 형사책임을 지고, 丙은 특수강도죄의 형사책임을 진다. 그러나 丁은 아무런 형사책임도 지지 않는다.

Ⅱ. 제2문 — 녹음테이프, 자술서, 증언번복 진술조서의 증거능력

1. 녹음테이프의 증거능력

(1) 문제의 제기

甲과 乙이 丁을 설득하는 내용을 녹음한 테이프의 증거능력에 대해서는 타인 간의 대화를 녹음하는 것을 금지한 통신비밀보호법과 관련하여 그 위반 여부, 즉 사인이 수집한 증거의 위법수집증거 여부가 문제되고, 나아가 녹음테이프가 전문증거인지 여부가 문제된다.[3]

(2) 위법수집증거의 문제

대화자의 일방이 상대방 모르게 대화내용을 녹음하는 것은 통신비밀보호법 제4조에서 금지하는 타인 간의 대화 녹음에 해당하지 않으므로[4] 본 사례에서 丁이 甲과

---

1) 동죄는 구성요건 자체에서 반복적 행위를 요건으로 하고 있으므로 일련의 반복적 행위는 포괄하여 일죄를 구성한다(대법원 2009. 2. 26. 선고 2009도39 판결).

2) 강요죄는 사람의 의사결정의 자유와 그 활동의 자유를 보호법익으로 하고, 정보통신망이용촉진및정보보호등에관한법률위반죄는 정보통신망의 건전하고 안전한 이용이라는 사회적 법익을 보호법익으로 하고 있다.

3) 이에 대한 상세는 사례 2. [12－변시(1)－2] 제3문의 (2) 부분 참조.

乙과의 대화를 녹음한 것은 위법하다고 할 수 없다.

(3) 전문증거인지 문제

甲이 丁을 설득하면서 '고위공직자 A가 부정 축재한 사실을 들어 잘 알고 있다(ⓐ진술). 고소하지 못하도록 알아서 처리하겠다(ⓑ진술).'는 취지로 한 말을 丁이 녹음한 녹음테이프가 甲의 범행에 대한 증거로 제출되었는데, 이것이 전문증거인지가 문제된다. 이에 대해서는 다음과 같은 견해가 있다.

(가) 비전문증거설

본 사례에서 녹음된 甲의 진술은 甲이 경험한 사실에 대한 진술이 아니라 甲의 의사표시로서 매도행위를 설득하는 행위 자체로 볼 수 있는데, 이를 증거로 제출하는 취지는 그 진술내용, 즉 A가 고소하지 못하도록 조치하겠다는 내용이 진실임을 입증하기 위한 것이 아니라 그러한 말 자체를 하였다는 것, 즉 甲의 횡령교사사실을 입증하려는 것이므로 입증취지의 면에서 보더라도 전문증거에 해당하지 않는다는 견해이다. 이 견해에 의하면 전문법칙이 적용되지 않으므로 증거 일반에 요구되는 진정성, 즉 위조나 변조되지 않은 사실이나 동일성 등을 입증하면 되고, 그 입증방법에는 제한이 없다.

(나) 전문증거설

(ㄱ) 녹음테이프 자체에 대한 진술증거설의 입장에서

녹음테이프의 경우 녹음된 진술의 성질에 불문하고 모두 전문증거라는 견해에 의하면, 전문법칙이 적용된다. 본 사례의 녹음테이프는 형사소송법 제313조 제1항의 '피고인이 아닌 자(=丁)가 작성한 피고인(=甲)의 진술을 기재한 서류'에 해당한다. 따라서 甲이 진정성립을 부인하므로 작성자인 丁의 공판준비 또는 공판기일에서의 진술에 의하여 진정성립이 증명되고, 그 진술이 특히 신빙할 수 있는 상태하에서 행해진 경우에는 증거능력이 있다(형소법 제313조 제1항 단서). 작성자인 丁이 공판정에서 "내가 직접 녹음한 그 테이프가 맞다."고 진정성립을 인정하였으므로 특신상태가 인정되면 증거능력이 인정될 것이다. 나아가 위 녹음테이프가 원본이거나 원본으로부터 복사한 사본일 경우에는 복사과정에서 편집되는 등의 인위적 개작 없이 원본의 내용 그대로 복사된 사본(이하, 본 설문 부분에서 '녹음의 동일성'이라 한다)임이 인정되어야 한다.

(ㄴ) 녹음테이프 자체에 대한 비진술증거설의 입장에서

녹음테이프에 녹음된 진술의 성격에 따라 전문증거인지를 검토해야 한다는 입장

---

4) 대법원 2002. 10. 8. 선고 2002도123 판결; 대법원 2006. 10. 12. 선고 2006도4981 판결.

에서, 甲의 진술은 ⓐ진술과 ⓑ진술로 나눠져 있는데, ⓑ진술은 의사표시를 한 것으로 전문증거가 아니지만 ⓐ진술은 'A가 부정 축재한 사실을 들어서 잘 알고 있다.'는 자신의 경험사실을 진술한 것이므로 전문증거라는 견해이다. 즉, ⓐ진술은 강요미수죄를 입증하는 증거로도 사용될 수 있으므로 그 내용의 진실성이 문제된다. 따라서 ⓐ진술은 전문증거라고 한다.[1] 결국 위 녹음테이프는 전문증거와 비전문증거가 함께 녹음되어 있으므로 적어도 전문증거가 증거로 사용될 경우에는 전문법칙의 예외조항에 따라 증거능력을 판단하여야 한다. 따라서 위 (ㄱ)에서와 마찬가지로 특신상태가 인정되고, 녹음의 동일성이 인정되면 증거능력이 인정될 것이다.

(다) 판례

판례 중에는 공갈미수사건에서 전문증거라는 취지로 설시한 것이 있는 반면,[2] 녹음테이프는 아니지만 불안감을 유발하는 핸드폰 메시지를 반복적으로 도달하게 하여 정보통신망이용촉진및정보보호등에관한법률위반(음란물유포등)죄로 기소된 사건에서 그 핸드폰 메시지가 전문증거가 아니라고 판시한 것도 있다.[3] 즉, 그 핸드폰 메시지 내용의 성질과 입증취지에 비추어 전문증거가 아니라고 판단한 것이다.

(4) 설문의 해결

검찰이 제출한 녹음테이프는 甲의 특정경제범죄가중처벌등에관한법률위반(횡령) 교사죄와 관련해서는 교사할 때 한 진술의 존재 자체가 요증사실이므로 전문증거가 아니다. 따라서 그 진정성과 관련성이 인정되면 증거능력이 있다. 그러나 甲의 강요미수죄와 관련해서는 전문증거라고 할 것이다(위 (나)의 (ㄴ)의 입장). 이는 형사소송법 제313조 제1항의 '피고인이 아닌 자(=丁)가 작성한 피고인(=甲)의 진술을 기재한 서류'에 해당하는데,[4] 甲이 진정성립을 부인하였지만 작성자인 丁이 진정성립을 인정하고 있으므로 특신상태가 인정되고, 녹음의 동일성이 인정되면 증거능력이 있다.

---

1) 다만 위 진술은 강요미수행위 이전에 한 진술이므로, '甲이 들은 적이 있다는 점'에 관한 진실성이 아니라 그 이전부터 A의 부정축재사실을 알고 있었다는 인식을 입증하기 위한 증거로 사용되는 경우라면 비전문증거가 될 것이다.
2) 대법원 2012. 9. 13. 선고 2012도7461 판결[피고인이 특정경제범죄가중처벌등에관한법률위반(공갈)죄로 기소된 사안으로, 피고인이 피해자와 대화할 때 피해자가 피고인 몰래 대화내용을 녹음하였는데 그 중 피고인이 피해자에게 협박하는 발언내용 등이 들어 있고 그것이 증거로 제출된 사안이다].
3) 대법원 2008. 11. 13. 선고 2006도2556 판결. 본 판결 해설은 김태업, "휴대전화기에 보관된 문자정보 및 이를 휴대전화기 화면에 띄워 촬영한 사진의 증거능력", 대법원판례해설 제78호(2008 하반기), 2009, 603-634면.
4) 전문증거인지 여부에 대해서는 견해 대립이 심하므로 어느 견해를 택하더라도, '설문의 해결'에서 다른 견해에 의하면 어떻게 해결될 것인지에 대하여 함께 언급하는 것이 바람직하다.

2. 丁의 자술서의 증거능력

(1) 문제의 제기

丁이 명의신탁된 부동산을 甲과 乙에게 매도한 경위를 기재한 자술서는 丁의 경험사실에 대한 공판정 외 진술로서 그 진술내용이 진실임을 입증하기 위하여 제출된 것이므로 전문증거에 해당한다. 그런데 위 자술서는 경찰관이 피의자 丁을 조사하는 과정에서 작성하게 하여 제출받은 것이므로 수사과정에서 작성된 조서, 즉 사법경찰관 작성 피의자신문조서의 규정이 준용된다(형소법 제312조 제5항).[1] 위 자술서는 공범인 甲의 범행을 입증하기 위한 증거로 제출되었는데, 전문법칙 예외규정 중 어느 규정에 의하여 증거능력을 판단해야 하는지 문제된다(증거 부동의한 것을 전제).

(2) 공범에 대한 사법경찰관 작성 피의자신문조서에 대한 적용법조

(가) 형사소송법 제312조 제3항설

공범관계에 있는 피의자에 대한 조서는 그 내용이 당해 피고인에 대한 피의자신문조서의 내용과 다름이 없기 때문에 그 증거능력은 당해 피고인 또는 변호인이 그 내용을 인정해야만 증거능력이 부여될 수 있다는 견해이다(통설). 판례도 같은 입장이다.[2]

(나) 형사소송법 제312조 제4항설

공범은 다른 피고인에 대해서는 증인의 지위에 있으므로 형사소송법 제312조 제4항에 따라 판단해야 한다는 견해이다. 공범이 별개사건으로 재판을 받아 공동피고인이 아닌 경우는 당연히 증인의 지위에 있고, 공동피고인으로 재판을 받는 경우에도 다른 공동피고인에 대해서는 증인의 증언과 다름이 없기 때문에 검사 작성 피의자신문조서든 사법경찰관 작성 피의자신문조서든 모두 형사소송법 제312조 제4항이 적용되어야 한다는 것이다.

(3) 설문의 해결

판례와 통설이 타당하므로 형사소송법 제312조 제3항에 따라 증거능력을 판단하여야 한다. 따라서 공판준비 또는 공판기일에 甲 또는 그 변호인이 내용을 인정한 때에 한하여 증거로 할 수 있다. 만일 甲 또는 그 변호인이 丁의 자술서에 대하여 내용

1) 피고인이 아닌 자가 수사과정에서 진술서를 작성하였지만 수사기관이 그에 대한 조사과정을 기록하지 아니하여 형사소송법 제244조의4 제3항, 제1항에서 정한 절차를 위반한 경우에는, 특별한 사정이 없는 한 '적법한 절차와 방식'에 따라 수사과정에서 진술서가 작성되었다 할 수 없으므로 그 증거능력을 인정할 수 없다(대법원 2015. 4. 23. 선고 2013도3790 판결).

2) 대법원 2009. 11. 26. 선고 2009도6602 판결; 대법원 2024. 8. 29. 선고 2024도8200 판결.

을 부인하면 증거능력이 없다.[1)]

3. A에 대한 검사 작성의 2차 진술조서의 증거능력

(1) 문제의 제기

A가 공판정에서 증언을 한 후에 그 진술내용이 경찰에서의 진술과 다른 허위의 진술이라는 이유로 검사가 다시 소환하여 증언을 번복하는 취지의 진술을 받고 이를 진술조서에 기재하였다. 이처럼 증언을 번복케 하는 내용의 진술을 받아 작성한 진술조서의 증거능력이 문제된다(증거 부동의한 것을 전제).

(2) 판례

(가) 다수의견

공판기일에 증언을 마친 증인을 검사가 소환한 후에 피고인에게 유리한 증언 내용을 추궁하여 이를 일방적으로 번복시키는 방식으로 작성한 진술조서를 유죄의 증거로 삼는 것은 당사자주의, 공판중심주의, 직접주의를 지향하는 현행 형사소송법의 소송구조에 어긋나는 것일 뿐만 아니라, 헌법 제27조가 보장하는 기본권, 즉 법관의 면전에서 모든 증거자료가 조사, 진술되고 이에 대하여 피고인이 공격, 방어할 수 있는 기회가 실질적으로 부여되는 재판을 받을 권리를 침해하는 것이므로 이러한 진술조서는 피고인이 증거로 할 수 있음에 동의하지 않는 한 그 증거능력이 없다고 한다.[2)]

(나) 반대의견

증언 이후의 진술조서 작성과정에서 위법함이 개재되지 않은 진술조서는 형사소송법 제312조 제1항에 의하여 원진술자에 의한 성립의 진정함이 인정되고 반대신문권이 보장되면 그 증거능력을 인정하되 증거가치에 관하여는 재판부의 자유심증에 따라 판단하여야 하며,[3)] 한번 증언한 자에 대한 진술조서라는 한 가지 이유만으로 증거능

---

1) 甲의 증거 부동의를 전제하면, 이는 내용 부인 취지이므로 증거능력이 없다. 한편 형사소송법 제312조 제4항설에 의하면, 甲이 내용을 부인하더라도 丁의 공판정에서의 진술에 의하여 성립의 진정이 인정되고, 특신상태가 증명되면 증거로 할 수 있다.

2) 대법원 2000. 6. 15. 선고 99도1108 전원합의체 판결. 이는 그 후 원진술자인 종전 증인이 다시 법정에 출석하여 증언을 하면서 그 진술조서의 성립의 진정함을 인정하고 피고인 측에 반대신문의 기회가 부여되었다고 하더라도 그 증언 자체를 유죄의 증거로 할 수 있음은 별론으로 하고 이와 같은 진술조서의 증거능력이 없다는 결론을 달리할 것이 아니다.

3) 한번 증언을 한 증인의 최초 진술조서의 내용과 그 후의 증언의 내용, 검사가 그에 대한 재차의 진술조서를 받게 된 이유와 그 절차 경위, 그 진술조서의 내용 등을 조사하여 거기서 증거능력을 부정할 수 있는 위법사유가 있는지의 여부 등을 판단하여 결정하여야 한다.

력을 부정해서는 안 된다고 한다.

(3) 설문의 해결

판례에 의하면 피고인에게 유리한 증언 내용을 추궁하여 이를 일방적으로 번복시키는 방식으로 작성한 진술조서[1]는 증거능력이 없다. 그런데 본 사례에서는 검사가 허위 증언을 한 증인 A를 불러 이를 번복하는 취지의 2차 진술조서를 작성하였다고만 하고 있어, 검사가 일방적으로 번복시킨 것인지가 분명하지 않다. 그러나 판례가 특별한 사정이 없는 한 증언번복 진술조서는 증거능력이 없다고 한 취지에 비추어, 피고인 甲의 증거동의가 없는 한 A의 2차 진술조서는 증거능력이 없다. 그러나 법정에서 재증언한 경우에 그 증언 자체는 증거능력이 있다.

Ⅲ. 제3문—항소심에서 합의부사건으로의 공소장변경 신청과 조치

1. 문제의 제기

검사는 丁에 대하여 단순횡령죄로 기소하여 단독 재판부에서 유죄판결을 선고받은 후 항소심인 지방법원 합의부에서 재판 도중 특정경제범죄가중처벌등에관한법률위반(횡령)죄로 공소장변경허가 신청을 하였다. 이와 관련하여, ① 항소심에서 공소장변경이 가능한지, ② 단순횡령죄를 특정경제범죄가중처벌등에관한법률위반(횡령)죄로 공소장변경을 할 수 있는지, ③ 법원이 어떤 조치를 취해야 하는지가 문제된다.

2. 항소심에서의 공소장변경의 가부

검사는 법원의 허가를 얻어 공소장에 기재한 공소사실 또는 적용법조의 추가, 철회, 변경을 할 수 있다(형소법 제298조 제1항). 이러한 공소장변경이 항소심에서도 가능한지 문제된다.

이에 대해서는 ① 항소심은 사후심이므로 공소장변경이 허용되지 않는다는 견해, ② 항소심에서 원심판결을 파기하는 때에만 허용된다는 견해, ③ 항소심은 속심이므로 당연히 인정된다는 견해(통설)가 대립된다. 판례는 형사 항소심의 구조가 순전히 사

1) 같은 방식으로 작성한 진술서를 작성하도록 하여 법원에 제출케 한 경우(대법원 2012. 6. 14. 선고 2012도534 판결)나 위증 혐의를 조사한 내용을 담은 피의자신문조서의 경우(대법원 2013. 8. 14. 선고 2012도13665 판결)도 마찬가지이다.

후심의 성격만을 가지고 있는 것은 아니므로 항소심에서도 공소장의 변경이 가능하다고 판시하고 있다.[1] 항소심은 실체적 진실을 추구하는 면에서의 속심적 기능과 소송경제상의 필요라는 측면에서의 사후심적 기능이 혼재되어 있으나 기본적으로는 속심이라고 할 것이다. 따라서 항소심에서도 공소장변경이 가능하다.

3. 공소사실의 동일성 여부

공소장변경의 한계는 공소사실의 동일성이므로 횡령죄를 형이 중한 특정경제범죄가중처벌등에관한법률위반(횡령)죄로 변경하는 것이 동일성의 범위 내인지 검토할 필요가 있다.

공소사실의 동일성 기준에 관하여는 ① 죄질동일설, ② 구성요건공통설, ③ 소인공통설, ④ 기본적 사실동일설(통설) 등 다양한 견해가 있다. 판례는 일관하여 그 사실의 기초가 되는 사회적 사실관계가 기본적인 점에서 동일하면 공소사실의 동일성이 인정된다고 판시하여[2] 원칙적으로 기본적 사실동일설과 같은 입장이다. 다만, 기본적 사실동일성을 판단함에 있어 규범적 요소를 고려하는 점[3]에서 본래의 기본적 사실동일설과는 다소 차이가 있다.

공소사실의 동일성은 기본적 사실동일설에 따라 해결하는 것이 타당하다. 기본적 사실동일설에 따르면, 횡령죄와 특정경제범죄가중처벌등에관한법률위반(횡령)죄는 일반법과 특별법의 관계로서 기본적 사실은 같고 이득금만 서로 다르므로 공소사실이 동일하다고 할 것이다.

공소사실의 동일성

1. 죄질동일설

공소사실은 자연적 사실이 아니라 일정한 죄명, 즉 구성요건의 유형적 본질(죄질)에 의한 사실관계의 파악이므로 죄질의 동일성이 인정되어야 공소사실의 동일성이 인정된다는 견해이다. 따라서 수뢰죄와 공갈죄, 폭행죄와 독직폭행죄(형법 제125조)는 죄질이 다르기 때문에 동일성이 인정되지 않는다고 한다.

---

1) 대법원 1966. 5. 17. 선고 66도125 판결; 대법원 1969. 7. 22. 선고 67도1117 판결; 대법원 1972. 6. 27. 선고 71도1072 판결; 대법원 1981. 8. 20. 선고 81도698 판결.
2) 대법원 2009. 1. 30. 선고 2008도9207 판결; 대법원 2021. 7. 21. 선고 2020도13812 판결.
3) 대법원 1994. 3. 22. 선고 93도2080 전원합의체 판결; 대법원 2024. 12. 12. 선고 2020도3273 판결.

2. 구성요건공통설
비교되는 두 사실이 구성요건적으로 '상당한 정도 부합되는 때'에는 죄질이 동일하지 않더라도 공소사실의 동일성이 인정된다는 견해이다(종래의 다수설). 이에 의하면 공갈죄와 수뢰죄, 사기죄와 공갈죄, 재산죄 상호간, 공무집행방해죄와 소요죄, 내란예비죄와 살인죄 사이에도 동일성이 인정된다.

3. 소인공통설
공소사실의 동일성은 소인과 소인의 비교에서 오는 사실상의 문제에 지나지 않으므로 소인의 기본적 부분을 공통으로 할 때에 공소사실의 동일성이 인정된다는 견해이다. 일본에서는 ① 심리 중에 사실이 변화한 경우에 국가의 형벌관심이 전후 동일하면 공소사실이 동일하다는 형벌관심동일설, ② 범죄의 일시·장소·방법, 행위의 태양, 피해법익의 내용, 범죄의 주체·객 체·공범관계 등의 각 요소를 종합적으로 평가하여 검사와 피고인 사이의 대립이익을 비교형량하여 결정한다는 종합평가설도 주장되고 있다.

4. 기본적 사실동일설
공소사실을 그 기초가 되는 사회적 사실로 환원하여 그러한 사실 사이에 다소의 차이가 있더라도 기본적인 점에서 동일하면 동일성이 인정된다는 견해이다(통설).

4. 단독사건의 합의부사건으로의 변경과 그 조치

횡령죄와 특정경제범죄가중처벌등에관한법률위반(횡령)죄는 공소사실이 동일하므로 항소심 법원은 공소장변경을 허가하여야 한다(형소법 제298조 제1항).[1] 그런데 횡령죄는 단독판사의 사물관할사건으로 항소심 법원은 지방법원 합의부이고, 특정경제범죄가중처벌등에관한법률위반(횡령)죄는 합의부 관할사건으로 그 항소심 법원은 고등법원이다. 따라서 공소장변경으로 관할 재판부가 달라지게 되므로 법원이 어떤 조치를 취해야 하는지가 문제된다.

단독판사가 합의부 관할사건을 재판할 수는 없으므로 단독재판부의 사물관할에 속하던 사건이 공소장변경으로 합의부사건으로 변경되는 경우에 법원이 취할 수 있는 조치로는 두 가지를 생각할 수 있다. 즉, ① 단독재판부가 관할위반의 선고를 하고, 검사가 다시 관할법원인 합의부에 새로 공소를 제기하는 방법과 ② 합의부로 이송하는 방법이다. 전자는 불필요한 절차의 반복으로 소송경제에 반하는 측면이 있다. 이에

1) 이때의 법원 허가는 의무적이다(대법원 2012. 4. 13. 선고 2010도16659 판결; 대법원 2013. 9. 12. 선고 2012도14097 판결).

따라 1995. 12. 29. 형사소송법 개정으로 이러한 경우에는 관할권이 있는 합의부로 이송하도록 하였다(형소법 제8조 제2항[1]).

그런데 위 합의부 이송규정이 항소심에도 적용되는지 문제된다. 판례는 항소심에서 공소장변경으로 단독사건이 합의부 관할사건으로 된 경우에도 형사소송법 제8조 제2항을 준용하여 관할이 있는 법원에 이송하여야 하며, 이때 관할권이 있는 법원은 고등법원이라고 판시하였는데,[2] 타당하다고 생각된다. 따라서 법원은 공소장변경을 허가하고, 사건을 고등법원으로 이송하는 조치를 하여야 한다.

Ⅳ. 제4문 — 함정수사 및 증인신청 기각결정에 대한 불복

1. 함정수사 주장의 당부

(1) 문제의 제기

사법경찰관 P1과 P2는 취객을 발견하고도 구호조치를 하지 않은 채 잠복근무를 하면서 절취범행자를 기다렸다가 乙과 丙이 절취범행을 하자 비로소 체포하였다. 이처럼 범행 가능성이 있는 상황하에서 범행을 기다렸다가 범행 직후 체포하는 것이 함정수사로서 부적법한지 여부가 문제된다.

(2) 함정수사의 위법성과 판단기준

함정수사의 의의에 관하여는 ① 본래 범의를 가지지 않은 자에 대하여 수사기관이 사술이나 계략을 써서 범죄를 유발하게 하여 범죄인을 검거하는 수사방법을 말한다고 하여 범의유발형에 한정하는 견해, ② 수사기관 또는 그 의뢰를 받은 수사협력자가 그 신분이나 의도를 상대방에게 숨기고, 범죄를 실행하도록 공작하여, 상대방이 이에 따라 범죄를 실행하는 순간 현행범인체포 등으로 검거하는 수사방법을 말한다고 하여 범의유발형과 기회제공형을 모두 포함하는 견해[3]의 대립이 있다. 이에 대하여 판례는 종래 "함정수사라 함은 본래 범의를 가지지 아니한 자에 대하여 수사기관이 사술이나 계략 등을 써서 범죄를 유발케 하여 범죄인을 검거하는 수사방법을 말하는

---

1) 형사소송법 제8조 【사건의 직권이송】 ② 단독판사의 관할사건이 공소장변경에 의하여 합의부 관할사건으로 변경된 경우에 법원은 결정으로 관할권이 있는 법원에 이송한다.
2) 대법원 1997. 12. 12. 선고 97도2463 판결; 대법원 2009. 11. 12. 선고 2009도6946 판결.
3) 일본 판례의 입장이다(最決 2004. 7. 12. 刑集 58·5·333).

것이므로, 범의를 가진 자에 대하여 범행의 기회를 주거나 범행을 용이하게 한 것에 불과한 경우에는 함정수사라고 할 수 없다"고 판시하여(ⓐ판결)[1] 명백하게 ①의 견해와 같은 입장이었다. 그러나 최근에는 "범의를 가진 자에 대하여 단순히 범행의 기회를 제공하는 것에 불과한 경우에는 위법한 함정수사라고 단정할 수 없다"(**관련판례**)거나 "본래 범의를 가지지 아니한 자에 대하여 수사기관이 사술이나 계략 등을 써서 범의를 유발하게 하여 범죄인을 검거하는 함정수사는 위법하다"고 판시하여,[2] 마치 함정수사에는 기회제공형과 범의유발형을 모두 포함하고, 전자는 적법하고 후자는 위법하다는 취지로 이해되기도 한다. 그러나 이러한 최근의 판시 유형은 ⓐ판결의 파기환송판결 후의 대법원 판결[3]에서 "범의를 가진 자에 대하여 단순히 범행의 기회를 제공하거나 범행을 용이하게 하는 것에 불과한 수사방법이 경우에 따라 허용될 수 있음은 별론으로 하고, 본래 범의를 가지지 아니한 자에 대하여 수사기관이 사술이나 계략 등을 써서 범의를 유발케 하여 범죄인을 검거하는 함정수사는 위법함을 면할 수 없다"는 판시내용(ⓑ판결)을 따르는 것으로서[4] 그 판시내용에 비추어 대법원이 ①의 견해를 변경하였다고 단정하기는 어렵다.

함정수사의 위법성 판단 기준에 관하여는 ① 피유인자에게 범죄에 대한 경향, 즉 기회가 제공되면 '당장에 그리고 기꺼이'(ready and willing) 범죄를 범할 준비 내지 의사가 있었는가를 기준으로 하는 주관설(기회제공형 적법, 범의유발형 위법),[5] ② 수사관이 사용한 유혹(inducement)의 방법 자체를 기준으로 하는 객관설, ③ 주관적·객관적 기준을 함께 판단해야 한다는 종합설(통합설)이 있다. 이는 함정수사를 어떻게 이해하느냐와도 관계가 있다. 즉, 함정수사의 개념에 기회제공형과 범의유발형을 모두 포함하는 입장에서는 원칙적으로 범의유발형은 위법하고, 기회제공형은 적법하다고 한다. 이는 이분론(二分論)으로서 명백한 경계기준(bright line test)에 의하여 양자를 구분한다. 이 견해는 기회제공형 함정수사라고 하여도 항상 적법한 것이 아니고, ① 직접적인 피해자가 없는 마약범죄나 뇌물범죄, 조직범죄 등의 수사에 있어, ② 통상의 수사방법만으로는 범죄의 적발이 곤란한 경우에만 임의수사로 인정된다고 한다.

---

1) 대법원 2004. 5. 14. 선고 2004도1066 판결.
2) 대법원 2007. 11. 29. 선고 2007도7680 판결; 대법원 2020. 1. 30. 선고 2019도15987 판결.
3) 대법원 2005. 10. 28. 선고 2005도1247 판결.
4) 최근의 대법원 2013. 3. 28. 선고 2013도1473 판결도 "본래 범의를 가지지 아니한 자에 대하여 수사기관이 사술이나 계략 등을 써서 범의를 유발하게 하여 범죄인을 검거하는 함정수사는 위법한바,…"라고 판시하여 위 ⓑ판결의 판시내용을 따르고 있다.
5) 미국에서는 Sorrels v. United States, 287 U.S. 435 (1932); Sherman v. United States, 356 U.S. 369 (1958) 판결에서 주관설에 따라 함정수사의 항변을 인정하였다.

한편, 판례는 원칙적으로 함정수사를 범의유발형에 한정하고 함정수사는 위법하다고 한다. 그리고 기회제공형은 일종의 수사방법으로서 함정수사의 개념에 포함되지 않고 원칙적으로 허용된다고 한다.[1] 그러나 기회제공형 수사방법에 대하여 "경우에 따라 허용될 수 있음은 별론으로 하고"라든지,[2] "위법한 함정수사라고 단정할 수 없다"라는[3] 표현을 사용함으로써 경우에 따라서는 위법할 수 있다는 가능성을 열어두고 있다. 판례는 함정수사가 되기 위해서는 ① 피유인자가 본래 범의를 가지지 않아야 하고, ② 수사기관이 사술이나 계략 등을 써야 한다고 한다. 구체적으로는 '해당 범죄의 종류와 성질, 유인자[4]의 지위와 역할, 유인의 경위와 방법, 유인에 따른 피유인자의 반응, 피유인자의 처벌전력 및 유인행위 자체의 위법성 등을 종합하여 판단'하여야 한다(판례[5] 및 종합설의 입장).[6]

---

1) 대법원 2007. 5. 31. 선고 2007도1903 판결.
2) 대법원 2008. 10. 23. 선고 2008도7362 판결.
3) 대법원 2007. 5. 31. 선고 2007도1903 판결.
4) 위법한 함정수사를 한 수사관의 형사책임은 '미수의 교사' 문제로 귀착한다. 미수의 교사의 가벌성에 관해서는 ① 가벌설과 ② 불가벌설(통설)이 대립한다. 가벌설은 교사자의 고의는 피교사자인 정범이 범죄의 실행행위에 나온다는 것을 인식하거나 또는 범죄를 실행할 결의를 일으킬 의사로 족하다고 이해하여, 미수의 교사도 교사의 고의가 있고, 정범의 실행행위가 미수에 그쳤으므로 교사의 미수와 같이 가벌적이라고 한다. 이에 반하여 불가벌설은 교사자의 고의는 피교사자의 실행행위로 인한 결과발생에 대한 인식을 요한다고 이해하여, 미수의 교사는 교사의 고의가 없으므로 교사범이 성립하지 않는다고 하며, 한편으로, 교사자는 미수를 교사하였는데, 교사자가 기대한 것과는 달리 기수에 이른 경우에는 결과발생에 대한 교사자의 과실 유무에 따라 과실책임을 진다고 한다.
5) 대법원 2007. 7. 12. 선고 2006도2339 판결; 대법원 2007. 11. 29. 선고 2007도7680 판결; 대법원 2008. 3. 13. 선고 2007도10804 판결; 대법원 2008. 7. 24. 선고 2008도2794 판결.
6) 판례는 ① 경찰관이 노래방의 도우미 알선 영업 단속 실적을 올리기 위하여 제보나 첩보가 없는데도 손님을 가장하고 들어가 도우미를 불러낸 경우[대법원 2008. 10. 23. 선고 2008도7362 판결), ② 검찰직원 등의 작업에 의하여 중국에서 필로폰을 수입한 경우(대법원 2005. 10. 28. 선고 2005도1247 판결. 본 판결 해설은 박이규, "위법한 함정수사에 기하여 제기된 공소의 처리", 대법원판례해설 제59호(2005. 하반기), 2006, 440-461면]는 함정수사에 해당한다고 판시하였다. 그러나 ⓐ 이미 범행을 저지른 범인을 검거하기 위해 정보원을 이용하여 범인을 검거장소로 유인한 경우(대법원 2007. 7. 26. 선고 2007도4532 판결), ⓑ 범죄사실을 인지하고도 바로 체포하지 않고 추가범행을 지켜보고 있다가 범죄사실이 많이 늘어난 뒤에야 체포하는 경우(대법원 2007. 6. 29. 선고 2007도3164 판결), ⓒ 유인자가 수사기관과 직접적인 관련을 맺지 않은 상태에서 피유인자를 상대로 단순히 수차례 반복적으로 범행을 교사한 경우(대법원 2008. 3. 13. 선고 2007도10804 판결; 대법원 2013. 3. 28. 선고 2013도1473 판결), ⓓ 필로폰을 구해달라는 사람의 부탁을 받고 필로폰을 소지한 경우(대법원 2020. 1. 30. 선고 2019도15987 판결), ⓔ 이미 이루어지고 있는 범행을 적발한 경우(대법원 2021. 7. 29. 선고 2017도16810 판결)는 함정수사에 해당하지 않는다고 판시하였다.

위법한 함정수사의 효과

위법한 함정수사에 따라 공소가 제기된 사건의 처리에 관하여는 ① 범인에 대한 사회적 반감이 적고 오히려 동정할 수 있는 경우이므로 가벌적 위법성이 결여되어 무죄판결을 선고하여야 한다는 무죄판결설,[1] ② 적법절차에 위배되는 수사에 의한 공소이므로 공소제기의 절차가 법률의 규정에 위반하여 무효인 때에 해당하므로 공소기각판결을 하여야 한다는 공소기각판결설(통설), ③ 국가는 처벌적격을 잃기 때문에 실체적 소송조건을 결하여 면소판결을 선고하여야 한다는 면소판결설, ④ 범의를 유발당한 자가 자유로운 의사로 범죄를 실행한 이상 실체법상 이를 처벌할 수 있다는 가벌설(실체판결설)[2]이 대립된다. 이에 대하여 판례는 함정수사에 의한 공소제기는 '그 절차가 법률의 규정에 위반하여 무효인 때'(형소법 제327조 제2호)에 해당한다고 하여 공소기각설을 택하고 있다.[3] 그러나 일본 판례는 "유혹자가 교사범 또는 방조범의 책임을 지는 것은 별론으로 하고, 유혹자가 사인이 아니고 수사기관이라는 사실만으로 범죄실행자의 구성요건해당성, 책임성, 위법성이 조각되거나 공소제기의 절차규정에 위반하거나 또는 공소권을 소멸케 하는 것이라고는 할 수 없다"고 하여 가벌설을 택하고 있다.[4]

(3) 설문의 해결

사법경찰관 P1과 P2의 행위는 단지 취객인 피해자를 발견하고도 구호조치를 하지 않고 지켜보고 있었던 것에 불과하고, 乙과 丙은 피해자를 발견하고 스스로 범의를 일으켜 특수강도죄를 범한 것이므로(기회제공형) 적법하다고 할 것이다(**관련판례**[5]). 따라서 함정수사라는 피고인 甲, 乙, 丙의 변호인의 주장은 부당하다.

---

1) 수사기관의 염결성과 범인이 범죄의 동기나 기회를 뿌리칠 수 없었다는 특수상황을 고려하여 무죄판결설이 타당하다고 한다.

2) 이 견해는 함정수사에 대한 소송법적 고려는 증거배제와의 관계에서 고려하면 충분하다고 한다.

3) 대법원 2005. 10. 28. 선고 2005도1247 판결; 대법원 2007. 7. 13. 선고 2007도3672 판결.

4) 最決 1953. 3. 5. 刑集 7·3·482.

5) (**관련판례**) 대법원 2007. 5. 31. 선고 2007도1903 판결【절도】(만취한 취객을 상대로 한 부축빼기 범죄 사건). 「본래 범의를 가지지 아니한 자에 대하여 수사기관이 사술이나 계략 등을 써서 범의를 유발케 하여 범죄인을 검거하는 함정수사는 위법함을 면할 수 없고, 이러한 함정수사에 기한 공소제기는 그 절차가 법률의 규정에 위반하여 무효인 때에 해당한다 할 것이지만, 범의를 가진 자에 대하여 단순히 범행의 기회를 제공하는 것에 불과한 경우에는 위법한 함정수사라고 단정할 수 없다. (중략) 위 경찰관들의 행위는 단지 피해자 근처에 숨어서 지켜보고 있었던 것에 불과하고, 피고인은 피해자를 발견하고 스스로 범의를 일으켜 이 사건 범행에 나아간 것이어서, 앞서 본 법리에 의할 때 잘못된 수사방법에 관여한 경찰관에 대한 책임은 별론으로 하고, 스스로 범행을 결심하고 실행행위에 나아간 피고인에 대한 이 사건 기소 자체가 위법하다고 볼 것은 아니라 할 것이다.」

본 판결 해설은 최동렬, "기회제공형 함정수사에 관한 판단 사례", 대법원판례해설 제70호(2007 상반기), 2007, 143-161면.

2. 증인신청 기각결정에 대한 불복

(1) 문제의 제기

변호인이 함정수사를 주장하면서 P1을 증인으로 조사하여 달라고 신청한 것은 증거신청에 해당한다(형소법 제294조 제1항). 증거신청에 대하여 법원은 결정을 하여야 하는데(형소법 제295조), 증인신청 기각결정을 하였다. 이러한 법원의 기각결정에 대한 불복방법으로서 통상의 항고(형소법 제402조)를 할 수 있는지, 다른 방법이 있는지가 문제된다.

(2) 항고 가능 여부

법원의 결정에 대하여 불복이 있으면 법률에 특별한 규정이 없는 한 항고할 수 있다(형소법 제402조). 그런데 판결 전 소송절차에 관한 결정에 대하여는 특히 즉시항고를 할 수 있는 경우 외에는 항고하지 못한다(형소법 제403조). 이는 판결 전 소송절차에 대하여 항고를 인정하면 소송이 불필요하게 지연될 수 있으므로 그러한 절차적 문제에 대하여는 판결에 영향을 미친 경우 상소에 의하여 구제하겠다는 취지에서 마련된 규정이다. 증거신청 기각결정은 판결 전 소송절차에 관한 결정이므로 항고를 할 수 없다.

(3) 기각결정에 대한 불복방법

㈎ 이의신청

검사, 피고인, 변호인은 증거조사에 관하여 이의신청을 할 수 있다(형소법 제296조). '증거조사'는 증거조사하기로 결정된 증거에 대한 조사절차만을 의미하는 것으로 해석될 여지도 있지만, 널리 증거신청에 대한 결정도 이에 포함된다고 해석하여야 한다. 형사소송규칙 제135조의2는 형사소송법 제295조의 규정에 의한 결정에 대한 이의신청은 법령에 위반이 있음을 이유로 하여서만 할 수 있다고 규정하고 있는데, 이는 증거결정도 형사소송법 제296조의 증거조사과정에 포함되는 것을 전제로 한 규정이다.

따라서 피고인 甲, 乙, 丙의 변호인은 함정수사 주장에 따른 증인신청을 기각한 법원의 결정이 위법한 결정이라고 주장하면서 이의신청할 수 있다.[1)]

1) 이의신청에 대한 법원의 결정은 판결 전 소송절차에 관한 결정이므로 변호인의 이의신청에 대하여 법원이 이유 없다고 기각하는 경우 다시 불복할 수 없다.

(나) **상소**

피고인 甲, 乙, 丙의 변호인은 증인신청을 기각한 것이 판결에 영향을 준 경우에는 이를 이유로 항소하여 원심판결을 다툴 수 있다(형소법 제361조의5 제1호). 그러나 본 사례에서 경찰관의 수사는 위법한 함정수사가 아니므로 증인신청 기각결정이 판결에 영향을 준 경우라고 볼 수는 없을 것이다.

2013년 제2회 변호사시험 강평

형사법 제2문

I. 甲, 丙, 丁의 형사책임

• **쟁점**

甲	• 丙의 절취 제의를 거절하고 절취범행 동안 자동차 안에서 대기 • 운전면허 정지기간 중 운전 • 丁의 명의신탁 부동산의 매도를 설득 • 협박 내용 문자메시지 발송
丙	• 乙과 함께 취객 상대로 돈을 꺼내감
丁	• 명의신탁 부동산을 임의 매도 • 甲, 乙 동의 없이 대화 녹음

1. 丙의 형사책임

【사실관계】

乙과 취객 상대 절취행위를 공모, 乙은 취객을 발로 차 하수구로 넘어지게 하고, 丙은 길에 떨어진 가방에서 돈을 꺼냄

- 2인이 '합동'하여 절취하였으므로 일단 특수절도죄(형법 제331조 제2항, 제1항) 성립
- 乙의 행위는 강도죄에서의 '폭행'(최협의)에 해당
- 丙의 경우, **공범의 양적 초과부분에 대하여 이를 예상할 수 있었으므로 乙과 丙에 대하여 특수강도죄**(형법 제334조 제2항, 제1항) 성립

2. 丁의 형사책임

(1) 부동산 명의신탁과 횡령죄 및 배임죄

- 丁은 명의신탁된 A 소유 임야를 甲과 乙에게 매도
- 명의신탁약정은 부동산실명법에 의하여 무효이고(동법 제4조 제1항), 그에 따른 부동산 물권변동도 무효(동조 제2항)
- 부동산 명의신탁에는 '**2자간 명의신탁**' '3자간 명의신탁(중간생략등기형)' '계약명의신탁'이 있는데, 본 사례의 명의신탁이 어디에 해당되는지 불명하지만 기본적인 2자간 명의신탁으로 해결

- 2자간 명의신탁에서 수탁자가 임의로 부동산을 제3자에게 매도한 경우에 횡령죄가 성립하는지에 대하여, ① 수탁자는 등기명의에 의하여 부동산을 보관하는 자에 해당하므로 횡령죄가 성립한다는 긍정설, ② 보관자의 지위를 인정할 수 없어 횡령죄가 성립하지 않는다는 부정설 대립
- **판례는 종래 ①의 긍정설의 입장이었으나**(대법원 2009. 11. 26, 2009도5547), **최근 ②의 부정설의 입장으로 견해를 변경**(대법원 2021. 2. 18, 2016도18761 전원합의체)
- 丁에 대하여 횡령죄가 성립하지 않음
- 丁은 '타인의 사무를 처리하는 자'에 해당하지 않으므로 배임죄도 성립하지 않음

(2) 통신비밀보호법위반죄의 성립 여부

- 대화 당사자 일방이 상대방 모르게 녹음하는 것은 '자신과 타인과의 대화'이지 처벌되는 '타인 간 대화'라고 할 수 없음(대법원 2002. 10. 8, 2002도123)
- 통신비밀보호법위반죄(동법 제16조 제1항 제1호) 불성립

3. 甲의 형사책임

(1) 특수강도죄의 성립 여부 – 乙, 丙과의 공범 문제

- 범행 제의를 거절하였으므로 특수강도죄는 물론 특수절도죄의 공모공동정범으로서의 형사책임 없음
- 자동차 안에서 기다린 행위 또한 방조행위에 해당하지 않음

(2) 丁으로부터 명의신탁 부동산을 매수한 행위

- 丁에 대하여 횡령죄가 성립하지 않으므로 공범 성립을 논할 필요가 없을 뿐 아니라 장물취득죄도 성립하지 않음
- 또한 명의신탁 부동산의 경우, 수탁자가 외부관계에 대하여 소유자로 간주되므로 이를 취득한 제3자는 수탁자가 신탁자의 승낙 없이 매각하는 사실을 알고 있었는지 여부와 상관없이 장물취득죄가 성립하지 않음(대법원 1979. 11. 27, 79도2410)

(3) 문자메시지 보낸 행위

【사실관계】

A에게 휴대전화로 고소를 포기하라는 취지의 문자메시지 수회 반복 발송

- 강요죄의 구성요건에 해당되는데, A가 고소를 포기한 것은 甲의 협박 때문이 아니라 丁이 다칠 것을 염려해서였으므로 **협박과 권리행사 방해 사이에 인과관계가 없음**
  – 강요미수죄(형법 제324조의5, 제324조) 성립
- 정보통신망법위반죄(동법 제74조 제1항 제3호, 제44조의7 제1항 제3호) 성립

(4) 운전면허 정지기간 중 운전행위

- 도로교통법위반(무면허운전)죄(동법 제152조 제1호, 제43조)에 해당

4. 설문의 해결

- 甲
  - 강요미수죄, 정보통신망법위반죄, 도로교통법위반(무면허운전)죄가 성립하고, 각 죄는 실체적 경합(형법 제37조, 제38조)
- 丙
  - 특수강도죄 성립
- 丁
  - 아무런 형사책임을 지지 않음

Ⅱ. 녹음테이프, 자술서, 증언번복 진술조서의 증거능력

1. 녹음테이프의 증거능력

- 위법수집증거에는 해당하지 않음
- 녹음테이프 자체에 대하여 진술증거설과 비진술증거설이 있는데, 진술녹음인 경우에는 원칙적으로 진술증거에 해당하여 전문법칙이 적용됨
- 다만, 증거가 되는 것은 녹음된 진술이므로 그 진술 자체의 전문증거성이 문제됨
- 어느 경우에나 '녹음테이프가 원본이거나 사본인 경우에는 원본 그대로 복사된 것'임이 인정되어야 함

- 녹음진술은 "A의 부정축재 사실을 들어서 안다"(①진술)는 부분과 "알아서 처리하겠다"(②진술)는 부분으로 구성
- ①진술은 경험진술로서 횡령교사 외에 강요미수의 증거로 사용될 수 있으므로 진실성이 문제되어 전문증거, ②진술은 단순 의사표시이므로 비전문증거임
- ① 甲의 특경법위반(횡령)교사죄와 관련해서는,
- 교사할 때 한 진술의 존재 자체가 요증사실이므로 비전문증거
- 증거의 진정성과 관련성이 인정되면 증거능력이 있음

- ② 甲의 강요미수죄와 관련해서는,
- ①, ②진술 구별에 대한 특별한 기재가 없으므로 녹음테이프의 증거능력 판단에는 전문법칙 적용
- 녹음진술은 형사소송법 제313조 제1항의 '**피고인 아닌 자(=丁)가 작성한 피고인(=甲)의 진술을 기재한 서류**'에 해당
- 甲이 진정성립을 부인하지만, 丁이 진정성립을 인정하므로 특신상태가 인정되고, 녹음의 동일성이 인정되면 증거능력이 있음(형소법 제313조 제1항 단서)

2. 丁의 자술서의 증거능력

- 丁의 자술서는 경찰관이 丁을 피의자로 조사하는 과정에서 작성한 것이므로 '사경 작성 피의자신문조서'에 준하여 증거능력 판단(형소법 제312조 제5항)
- 공범인 甲의 범행 입증 자료
  - 형소법 제312조 제3항설, 제4항설 대립
  - **판례는 제312조 제3항이라는 입장**(대법원 2009. 11. 26, 2009도6602)
  - 甲 또는 그 변호인이 내용 부인하면 증거능력 없음

3. A에 대한 검사 작성 2차 진술조서의 증거능력

- 증언번복 진술조서에 해당
- **판례는 증거능력이 없다고 함**(대법원 2000. 6. 15, 99도1108 전원합의체)
  - 다수의견: 당사자주의, 공판중심주의, 직접주의에 어긋나고 재판받을 권리 침해. 유리한 증언 내용을 추궁하여 이를 일방적으로 번복시키는 방식으로 작성한 조서는 증거능력 없음
  - 반대의견: 위법이 개재되지 않는 조서는 증거능력이 있음

Ⅲ. 항소심에서 합의부사건으로 공소장변경 신청과 그 조치

- 항소심에서의 공소장변경 가부
  - 긍정설(통설), 부정설이 있으나 판례는 허용된다고 함(대법원 1966. 5. 17, 66도125)
- 공소사실의 동일성 여부
  - 통설 및 판례는 기본적 사실동일설
  - 횡령죄와 특경법위반(횡령)죄는 공소사실 동일성 인정
- 단독사건의 합의부사건 변경과 그 조치
  - 형소법 제8조 제2항을 준용하여 관할 있는 고등법원으로 이송 조치(대법원 2009. 11. 12, 2009도6946)

Ⅳ. 함정수사 및 증인신청기각결정 불복

- **공판진행 경과**

① 甲, 乙, 丙의 변호인이 체포가 함정수사라고 주장
② 사법경찰관 P1을 증인신청
③ 법원은 증인신청 기각

⇒ 변호인 주장의 당부와 기각결정 불복방법

1. 함정수사 여부

- 판례는 함정수사를 범의유발형에 한정하고 이를 위법하다고 하며, 기회제공형은 원칙적으로 허용된다는 입장(대법원 2008. 10. 23, 2008도7362)
- 경찰관들은 피해자를 구호하지 않고 지켜보았을 뿐이고, 乙과 丙이 스스로 범의를 일으켜 특수강도죄를 범하였으므로 함정수사 주장은 부당

2. 증인신청기각결정에 대한 불복방법

(1) 항고 가능 여부

- 법원결정에 대하여 항고할 수 있으나 '판결 전 소송절차에 관한 결정'은 즉시항고할 수 있는 경우 외에는 불허(형소법 제403조)
- 기각결정은 이에 해당되어 항고는 할 수 없음

(2) 불복방법

- 증거조사에 관한 이의신청(형소법 제296조)
- 증인신청기각이 판결에 영향을 주었다는 이유로 상소(형소법 제361조의5)

사례 5. [14－변시(3)－1]
2014년 제3회 변호사시험 제1문

甲은 도박장을 직접 운영하기로 마음먹고, 단속에 대비하여 마침 직장을 잃고 놀고 있던 사촌동생 乙에게 '도박장 영업을 도와주어 용돈도 벌고, 도박장이 적발되면 내가 도망가더라도 네가 사장이라고 진술을 해달라.'고 제의하였고, 乙은 甲의 제의를 승낙하였다. 甲은 생활정보지에 광고하여 도박장에서 일할 종업원들을 채용하였다. 甲은 乙을 사장으로 위장하기 위하여 甲의 자금으로 乙로 하여금 직접 사무실을 임차하도록 하였다.

2013. 10. 1. 저녁 甲은 평소 알고 있던 丙 등 도박꾼들을 속칭 '대포폰'으로 연락하여 사무실로 불러 '포커'도박을 하도록 하고 자릿값으로 한 판에 판돈에서 10%씩을 떼어 내었고, 乙은 창문으로 망을 보았다. 丙은 도박자금이 떨어지자 옆에서 구경하고 있던 丁에게 사실은 변제할 의사가 없었지만 높은 이자를 약속하고 도박자금을 빌려달라고 하였고, 丁은 丙이 상습도박 전과가 있음을 알면서도 丙에게 도박자금으로 300만 원을 빌려주었다.

근처 주민의 신고로 경찰관 P 등이 출동하여 乙, 丙, 丁은 현장에서 도박 등의 혐의로 현행범인 체포되었고, 甲과 다른 도박꾼들은 도망쳤다. 乙은 경찰서에서 자신이 도박장 주인이라고 하면서 도박장 등의 운영 경위, 자금 출처, 점포의 임대차계약 경위, 종업원 채용 등에 관하여 구체적으로 거짓말을 하였고, 조사를 받은 후 체포된 다른 사람들과 함께 석방되었다.

단속 3일 후 甲이 경찰관 P에게 전화하여 불구속 수사를 조건으로 자수 의사를 밝혀오자 경찰관 P는 일단 외부에서 만나 이야기하자고 하였다. 다음 날 경찰관 P는 경찰서 밖 다방에서 甲을 만나 범죄사실의 요지, 체포의 이유와 변호인선임권을 고지하고 변명의 기회를 준 후 甲을 긴급체포하려 하였다. 그러자 甲은 '자수하려는 사람을 체포하는 법이 어디에 있느냐'고 따지며 경찰관 P의 가슴을 밀쳐 바닥에 넘어뜨렸고, P는 넘어지면서 손가락이 골절되었다.

〔2014년 제3회 변호사시험 제1문〕

설 문

1. 甲, 乙, 丙, 丁의 죄책은? (60점)

2. 甲과 乙은 2013. 12. 2. 위 범죄사실로 서울중앙지방법원에 불구속 기소되었고, 형사7단독 재판부에 배당되어 제1회 공판기일이 2014. 1. 3.로 지정되었다. 수사검사는 2013. 12. 26. 서울 중앙지방법원 영장전담판사로부터 압수수색영장을 발부받아 甲의 집에서 영업장부를 압수한 후, 그 영업장부와 압수조서를 공판기일에 증거로 제출하였다. 위 영업장부와 압수조서는 증거능력이 인정되는가? (20점)

3. 丙과 丁은 도박 등으로 각 벌금 300만 원의 약식명령을 발령받았지만, 丙은 정식재판을 청구하면서 폭력행위등처벌에관한법률위반(집단·흉기등상해)죄로 서울중앙지방법원에서 재판 중인 자신의 사건과 병합심리를 요구하여 두 사건은 병합되었다.
   (1) 검사는 丙에 대한 도박을 상습도박으로 그 죄명과 적용법조, 범죄사실을 변경하는 공소장변경을 하고자 한다. 그 가부와 논거는? (5점)
   (2) 위 (1)에서 공소장변경이 가능하다는 전제하에, 丙에 대한 변경된 상습도박 등 사건의 계속 중에 검사는 丙의 2013. 6. 6. 포커도박 사실을 발견하고 도박으로 같은 법원에 추가기소하였고, 이 사건은 위 상습도박 등 사건에 병합되었다. 이 경우 추가기소에 대하여 법원이 취할 조치는? (7점)
   (3) 위 300만 원의 약식명령을 발령한 판사가 위 정식재판청구로 병합된 제1심 사건의 재판을 담당한 경우, 항소이유가 되는가? (8점)

해 설

Ⅰ. 제1문—甲, 乙, 丙, 丁의 형사책임

1. 문제의 제기

甲에 대하여 ① 사촌동생인 乙을 사장으로 위장하여 丙 등으로 하여금 도박을 하게 하는 등 도박장을 운영한 것이 도박장소개설죄나 도박방조죄에 해당하는지, ② 乙에게 적발되면 사장이라고 진술해달라고 제의하여 경찰에 현행범인 체포된 乙이 자신이 도박장 주인이라고 하면서 운영 경위 등에 대하여 거짓말하도록 한 것이 범인도피죄 또는 위계공무집행방해죄를 교사한 것이 아닌지 문제된다. 또한, ③ 긴급체포하려는 경찰관 P의 가슴을 밀쳐 손가락 골절상을 가한 것이 공무집행방해죄 또는 상해죄에 해당하는지 여부가 문제된다.

乙에 대하여 ① 甲으로부터 용돈을 받기로 하고 도박장소를 직접 임차한 것이 도박장소개설죄의 공동정범이 되는지, 나아가 도박현장에서 망을 본 것이 도박방조죄에 해당되는지 문제된다. 또한, ② 도박 등 혐의로 현행범인 체포되어 조사받으면서 자신이 도박장 주인이라고 하면서 위와 같이 구체적으로 거짓말을 한 것이 범인도피죄 또는 위계공무집행방해죄에 해당하는지 여부가 문제된다.

丙에 대하여 상습도박 전과가 있음에도 불구하고 도박을 하였으므로 상습도박죄에 해당하는 외에 丁으로부터 변제할 의사 없이 300만 원을 빌린 것이 사기죄에 해당하는지 문제된다. 그리고 丙이 상습도박 전과가 있다는 사실을 알면서도 위와 같이 도박자금을 빌려준 丁의 행위가 도박죄 또는 상습도박죄의 방조에 해당하는지 여부가 문제된다.

2. 甲의 형사책임

(1) 도박장소개설죄 및 도박방조죄의 성립 여부

영리의 목적으로 스스로 주재자가 되어 그 지배하에 도박을 하는 장소를 개설하면 도박장소개설죄(형법 제247조)가 성립한다.[1] 여기서 '도박'이라 함은 참여한 당사자가 재물을 걸고 우연한 승부에 의하여 재물의 득실을 다투는 것을 의미하며, '영리의 목적'이란 도박개장의 대가로 불법한 재산상의 이익을 얻으려는 의사를 의미한다.[2] 甲은 도박장을 직접 운영하기로 마음먹고, 사촌동생인 乙을 사장(속칭 바지사장)으로 위장하고 자금을 대서 乙로 하여금 사무실을 임차하게 하고, 평소 알고 있던 丙 등 도박꾼들을 불러 '포커'도박을 하도록 하고 판돈의 10%씩을 자릿값으로 받았으므로, 스스로 주재자가 되어 영리를 목적으로 도박을 하는 장소를 개설한 경우에 해당된다. 따라서 甲에 대하여 도박장소개설죄가 성립한다(뒤에서 보는 바와 같이 乙과 공동정범).

한편, 甲의 행위는 丙 등의 도박행위를 쉽게 하도록 도와준 것이므로 도박장소개설죄와는 별도로 도박방조죄(형법 제246조 제1항, 제32조 제1항)가 성립하는지 문제된다. 이에 대하여는 ① 도박장소의 개설은 도박방조를 포함하는 것이므로 별도로 도박방조죄가 성립하지 않는다는 견해(통설)와 ② 별도로 도박방조죄가 성립하고 도박장소개설죄와 상상적 경합이 된다는 견해가 있다. 생각건대, 도박장소개설죄는 도박을 방조하는 행위 중에 특히 도박장소의 개설 및 도박의 주재행위가 도박을 조장하는 등의 반사회성이 크다는 점을 고려하여 이를 가중 처벌하기 위하여 마련된 구성요건이고, 도박꾼을 유인하거나 판돈을 떼어내는 행위는 도박장소의 개설행위에 당연히 수반되는 행위로 볼 수 있으므로 별도로 도박방조죄는 성립하지 않는다(①의 견해).

(2) 범인도피교사죄 및 위계공무집행방해교사죄의 성립 여부

甲이 사촌동생인 乙에게 적발되면 사장이라고 진술해달라고 제의하여 경찰에 현행범인 체포된 乙이 자신이 도박장 주인이라고 하면서 운영 경위 등에 대하여 구체적으로 거짓말하도록 한 것이 범인도피죄 또는 위계공무집행방해죄를 교사한 것이 아닌지 문제된다. 甲의 교사 여부를 판단하기 위하여 편의상 피교사자인 乙의 행위가 범인도피죄 등에 해당하는지 여부를 먼저 살펴본다.[3]

---

1) 도박공간을 개설한 때에는 도박공간개설죄가 성립한다(대검찰청 「공소장 및 불기소장에 기재할 죄명에 관한 예규」).

2) 대법원 2002. 4. 12. 선고 2001도5802 판결; 대법원 2013. 11. 28. 선고 2012도14725 판결; 대법원 2013. 11. 28. 선고 2013도10467 판결.

3) 甲의 범인도피교사죄 성립 여부를 판단하기 위해서는 논리적으로 乙에 대하여 범인도피죄가 성립하는

(가) 범인도피교사죄의 성립 여부

(ㄱ) 乙에 대한 범인도피죄의 구성요건해당성 여부

벌금 이상의 형에 해당하는 죄를 범한 자를 은닉 또는 도피하게 하면 범인은닉죄 또는 범인도피죄(형법 제151조 제1항)가 성립한다. 범인도피죄의 행위 주체는 본범 이외의 자이면 아무런 제한이 없다. 공동정범 중 1인이 다른 한 사람을 도피하게 한 경우에도 주체가 될 수 있고,[1] 형법 제151조 제1항에 해당하는 친족 역시 본죄의 주체가 될 수 있다. 죄를 범한 자는 정범뿐만 아니라 교사·방조범이나 예비·음모죄도 포함하며, 유죄판결이 확정된 자·공소가 제기된 자·수사의 대상[2]으로 되어 있는 자도 포함한다. 실행행위로서의 도피하게 하는 행위란 은닉장소를 제공하는 은닉 이외의 방법으로 범인에 대한 수사, 재판 및 형의 집행 등 형사사법의 작용을 곤란 내지 불가능하게 하는 일체의 행위를 말하며, 현실적으로 형사사법의 작용을 방해하는 결과가 초래될 것이 요구되지 않는다.[3]

수사기관에서의 허위진술이 범인도피에 해당하는지에 관하여 대법원은, 범인 아닌 다른 자를 진범으로 내세우는 경우 등과 같이 적극적으로 허위의 사실을 진술하여 수사관을 기만, 착오에 빠지게 함으로써 범인의 발견·체포에 지장을 초래케 하는 경우에는 범인도피죄가 성립한다고 한다.[4] 그러나 이와는 달리 단순히 알고 있는 사실

지를 먼저 살펴보는 것이 맞다. 그런데 시험용 답안 작성이라는 관점에서 살펴보면, 甲과 乙에 대하여 각각의 형사책임을 기재해야 할 것이므로 乙의 형사책임을 서술함에 있어서 범인도피죄 부분을 중복 서술해야 하는 문제가 있다. 따라서 ① 乙의 형사책임을 먼저 서술하거나(본 설문에서는 乙의 형사책임이 도박죄·범인도피죄로서 甲과 관련된 범죄 외에 다른 범죄가 없고, 달리 시간적 순서나 논리적 순서의 면에서 乙의 형사책임을 먼저 서술하여도 문제는 없을 것으로 보인다), ② 甲의 형사책임을 서술하면서 범인도피죄 부분은 乙의 형사책임 부분에서 살펴보는 것으로 생략하고, 우선 범인도피교사죄 부분부터 서술한 후 나중에 乙의 형사책임 부분에서 범인도피죄 성립 여부를 서술하거나, ③ 甲의 형사책임 부분을 서술하면서 논리적 순서에 따라 乙의 범인도피죄 성립 여부를 먼저 기재한 후, 다음 항목에서 乙의 형사책임 부분을 서술하면서 범인도피죄 성립 여부에 대해서는 주요 부분만 중복 기재하고 나머지는 앞서 설명한 甲의 부분을 인용하는 방법으로 구성해볼 수 있을 것이다. 여기서는 편의상 ③의 방식에 의한다.

1) 대법원 2018. 8. 1. 선고 2015도20396 판결. 「타인에는 공범도 포함되나 범인 스스로 도피하는 행위는 처벌되지 않는다. 또한 공범 중 1인이 그 범행에 관한 수사절차에서 참고인 또는 피의자로 조사받으면서 자기의 범행을 구성하는 사실관계에 관하여 허위로 진술하고 허위 자료를 제출하는 것은 자신의 범행에 대한 방어권 행사의 범위를 벗어난 것으로 볼 수 없다. 이러한 행위가 다른 공범을 도피하게 하는 결과가 된다고 하더라도 범인도피죄로 처벌할 수 없다. 이때 공범이 이러한 행위를 교사하였더라도 범죄가 될 수 없는 행위를 교사한 것에 불과하여 범인도피교사죄가 성립하지 않는다.」

2) 대법원 2014. 3. 27. 선고 2013도152 판결. 범죄의 혐의를 받아 수사대상이 되어 있는 사람이면 그가 진범인지 여부를 묻지 않고 이에 해당한다.

3) 대법원 2000. 11. 24. 선고 2000도4078 판결.

4) 대법원 1967. 5. 23. 선고 67도366 판결.

을 묵비하거나 허위진술함으로써 본범이 용이하게 도피할 수 있는 결과를 간접적으로 초래한 것에 그치는 경우에는 범인도피죄가 성립하지 않는다[1]고 한다.[2]

본 사례에서 乙은 사촌형인 甲으로부터 '도박장이 적발되면 내가 도망가더라도 네가 사장이라고 진술해달라.'는 제의를 받고 이를 승낙하였고, 자신이 사장인 것처럼 위장하기 위하여 甲의 자금을 가지고 乙의 명의로 사무실을 임차하였다. 그리고 도박 등 혐의로 현행범인 체포되어 경찰서에서 조사받으면서 자신이 도박장 주인이라고 하면서 도박장 등의 운영 경위, 자금의 출처나 점포 임대차계약 경위, 종업원 채용 등에 대하여 구체적으로 거짓말을 하였다. 이는 단순히 수사기관에서 공범을 묵비하거나 허위진술한 것에서 더 나아가 적극적으로 수사기관을 기만하여 착오에 빠지게 하고, 그로 인하여 범인의 발견 또는 체포를 곤란 내지 불가능하게 한 정도에 이르렀다고 볼 수 있다. 실제로도 경찰에서 乙의 진술을 믿고 일단 乙을 석방한 점에 비추어 보더라도 주범인 甲의 발견이 곤란하게 될 정도에 이르는 결과가 초래되었다고 볼 수 있다. 판례도 게임장 등의 바지사장임에도 자신이 실제 업주라며 적극적으로 허위진술하고 허위자료를 제시한 행위에 대하여 범인도피죄의 성립을 인

1) 대법원 1997. 9. 9. 선고 97도1596 판결; 대법원 2003. 2. 14. 선고 2002도5374 판결.
2) 범인도피죄에 관한 대법원 판결

범인도피죄 인정	범인도피죄 부정
도피 중인 자에게 상피의자를 만나게 해 줌 (대법원 1990. 12. 26. 선고 90도2439 판결)	범인에게 단순히 안부를 묻거나 통상 안부인사를 함 (대법원 1992. 6. 12. 선고 92도736 판결)
범인 아닌 다른 사람을 범인으로 가장케 하여 수사받도록 함 (대법원 1967. 5. 23. 선고 67도366 판결)	도로교통법위반으로 체포된 범인이 타인성명을 모용하는 사실을 알면서도 신원보증인으로서 신원보증서에 자신의 인적사항을 허위기재하여 제출 (대법원 2003. 2. 14. 선고 2002도5374 판결)
우측 사례에서, 적극적으로 허위진술하거나 허위자료를 제시하여 실제 업주의 발견 또는 체포를 곤란 내지 불가능하게 한 경우 (대법원 2010. 1. 28. 선고 2009도10709 판결; 대법원 2010. 2. 11. 선고 2009도12164 판결)	수사기관에서 조사받는 피의자가 사실은 게임장·오락실·피씨방의 실제 업주가 아님에도 불구하고 자신이 실제 업주라고 허위진술 (대법원 2010. 2. 11. 선고 2009도12164 판결; 대법원 2013. 1. 10. 선고 2012도13999 판결)
피의자 아닌 자가 수사기관에 대하여 피의자임을 자처하고 허위사실을 진술 (대법원 2000. 11. 24. 선고 2000도4078 판결)	범행자금 중 일부를 가명으로 예금하여 입출금을 되풀이하면서 인출한 돈 중 일부를 범인 자녀들의 생활비나 범인 소유 유령회사 운영유지비 등으로 사용하게 하고 범인도피자금으로 비축하여 도피생활을 용이하게 함 (대법원 1995. 3. 3. 선고 93도3080 판결)
범인이 기소중지자임을 알고도 다른 사람 명의로 대신 임대차계약을 체결해 줌 (대법원 2004. 3. 26. 선고 2003도8226 판결)	참고인이 출동한 경찰관에게 범인의 이름 대신 허무인의 이름을 대면서 구체적인 인적사항에 대한 언급을 피한 경우 (대법원 2008. 6. 25. 선고 2008도1059 판결)
변호사사무실 직원이 법원 직원으로부터 체포영장발부자명단을 받아 당사자에게 알려줌 (대법원 2011. 4. 28. 선고 2009도3642 판결)	

정하였다(**관련판례**[1]).

따라서 乙의 행위는 범인도피죄의 구성요건에 해당하고, 달리 위법성을 조각할 사유가 없으므로 위법한 행위이다.

(ㄴ) 본범이 제3자를 교사하여 자신을 도피하게 하는 경우 범인도피교사죄의 성립 여부

범인도피죄의 주체는 본범 이외의 자이다. 본범 스스로 도피하는 것, 즉 범인의 자기도피는 범인도피죄의 구성요건해당성이 없는 행위로서 불가벌이다(통설). 그렇다면 본범이 제3자를 교사하여 자신을 은닉 또는 도피하게 하는 행위 역시 처벌할 수 없는지에 대하여는, ① 타인을 교사하여 자신을 은닉 또는 도피하게 하는 행위는 자기비호권의 한계를 벗어난 것으로서 교사범의 성립을 인정하여야 한다고 하는 긍정설과, ② 정범이 될 수 없는 자가 교사범이 된다는 것은 부당하고 자기은닉이 불가벌인 것과 같은 취지로 자기비호의 연장에 지나지 않는다는 점에서 교사범의 성립을 부정하는 부정설(통설)이 대립하고 있다.

판례는 방어권의 남용으로 볼 수 있는 경우에는 범인도피교사죄가 성립한다[2]고 판시하여[3] 절충적인 입장을 취하고 있다. 이때 방어권의 남용이라고 볼 수 있는지 여부는, 범인을 도피하게 하는 것이라고 지목된 행위의 태양과 내용, 범인과 행위자의 관계, 행위 당시의 구체적인 상황, 형사사법의 작용에 영향을 미칠 수 있는 위험성의 정도 등을 종합하여 판단하여야 한다.[4] 구체적으로 판례는 타인으로 하여금 허위자

---

1) (**관련판례**) 대법원 2010. 1. 28. 선고 2009도10709 판결【게임산업진흥에관한법률위반·범인도피교사】.
【사실관계】 피고인은 A, B와 동업으로 이 사건 게임장을 운영하기로 하면서 B를 통하여 C를 이른바 바지사장으로 고용하기로 하고, C 명의로 게임장의 사업자등록을 마치고 그에게 월급 250만 원씩을 지급하기로 하였다. C는 검찰에 조사받으러 가기 전에 피고인과 B에게 자신이 벌금형을 받게 되면 벌금을 대신 내달라고 요구하여 응낙의 답변을 듣고, 검찰 수사에 임하여 자신이 게임장 실제 업주라고 하면서 게임장 운영 경위, 자금 출처, 게임기 구입 경위, 건물의 임대차계약 체결 경위에 관하여 허위로 진술하였다.
【판결이유】「그 피의자가 실제 업주로부터 금전적 이익 등을 제공받기로 하고 단속이 되면 실제 업주를 숨기고 자신이 대신하여 처벌받기로 하는 역할(이른바 '바지사장')을 맡기로 하는 등 수사기관을 착오에 빠뜨리기로 하고, 단순히 실제 업주라고 진술하는 것에서 나아가 게임장 등의 운영 경위, 자금 출처, 게임기 등의 구입 경위, 점포의 임대차계약 체결 경위 등에 관해서까지 적극적으로 허위로 진술하거나 허위 자료를 제시하여 그 결과 수사기관이 실제 업주를 발견 또는 체포하는 것이 곤란 내지 불가능하게 될 정도에까지 이른 것으로 평가되는 경우 등에는 범인도피죄를 구성할 수 있다.」
같은 취지의 판결로는 대법원 2010. 2. 11. 선고 2009도12164 판결.

2) 대법원 2006. 12. 7. 선고 2005도3707 판결. 본 판결 해설은 전원열, "불가벌의 친족에 대하여 범인도피죄를 행하도록 교사하는 것이 범죄를 구성하는지 여부", 대법원판례해설 제66호(2006 하반기), 2007, 303-308면.

3) 판례는 범인도피방조범의 성립도 인정하고 있다(대법원 2008. 11. 13. 선고 2008도7647 판결).

4) 대법원 2014. 4. 10. 선고 2013도12079 판결.

백을 하게 하거나[1] 범인으로 가장하여 수사를 받도록 한 경우[2]에는 교사죄의 성립을 인정하였으나, 친한 후배에게 요청하여 대포폰을 개설하여 통화하고 그가 운전하는 자동차를 타고 다닌 경우,[3] 연인에게 부탁하여 연인의 아들 명의 휴대폰을 건네받고 연인의 어머니 집에 한달여간 거주한 경우[4]에는 형사사법에 중대한 장애를 초래한다고 보기 어려운 통상적 도피의 한 유형에 지나지 않는다고 하여 교사죄의 성립을 부정하였다.

본 사례에서 甲은 방어권을 남용하여 乙로 하여금 허위의 진술을 하게 하여 범인도피죄를 범하게 하였으므로 범인도피교사죄의 주체가 될 수 있다.

㈐ 범인도피죄가 친족간 특례에 해당하는 경우 교사자의 형사책임

甲과 乙은 사촌 사이이므로 乙의 행위는 범인도피죄의 구성요건에 해당하지만 형법 제151조 제2항 친족간 특례에 의하여 처벌되지 않는다. 이 경우, 판례 및 긍정설에 따라 본범인에 대하여 범인도피교사죄의 성립이 가능하더라도 처벌되지 않는 乙의 범인도피죄를 교사한 공범인 甲에 대하여 교사범의 책임을 물을 수 있는지 문제된다. 이는 위 친족간 특례규정의 법적 성질이 무엇인지, 공범의 정범에 대한 종속성 여부와 그 정도가 어떠한지와 관련된다.

위 친족간 특례규정의 법적 성질에 대하여는 ① 친족간의 정의(情誼)로 인한 기대불가능성을 토대로 특례를 인정한 것이라는 책임조각사유설(통설), ② 인적 처벌조각사유설, ③ 불가벌적 면책사유설이 대립된다. 책임조각사유설이나 불가벌적 면책사유설에 의하면 친족간 특례에 해당하는 경우에는 무죄판결을, 인적 처벌조각사유설에 의하면 형면제판결을 해야 한다. 이는 친족간 기대불가능성을 이유로 한 책임조각사유로 보아야 할 것이다. 그리고 공범의 성립은 정범의 성립에 종속되며(공범종속성설: 통설·판례[5]), 현행 형법의 해석상 제한적 종속형식이 타당하다(통설).[6] 통설에 따르면, 乙

1) 대법원 2000. 5. 26. 선고 2000도20 판결.
2) 대법원 1967. 5. 23. 선고 67도366 판결; 대법원 2006. 12. 7. 선고 2005도3707 판결.
3) 대법원 2014. 4. 10. 선고 2013도12079 판결.
4) 대법원 2021. 11. 11. 선고 2021도5431 판결.
5) 대법원 1970. 3. 10. 선고 69도2492 판결.
6) 공범의 종속성의 정도에 대하여는 ① 정범의 행위가 구성요건에 해당하기만 하면 공범이 성립한다는 최소한의 종속형식설, ② 정범의 행위가 구성요건에 해당하고 위법하면 공범이 성립하며 반드시 유책할 것을 요하지 않는다는 제한적 종속형식설, ③ 정범의 행위가 구성요건에 해당하고 위법·유책할 때에만 공범이 성립한다는 극단적 종속형식설, ④ 정범의 행위가 구성요건에 해당하고 위법·유책할 뿐 아니라 가벌성의 조건까지 모두 갖추어야 공범이 성립한다는 확장적(최극단적) 종속형식설의 대립이 있다. 형법은 제31조 제2항과 제3항에서 피교사자가 실행에 착수하지 않은 때에도 교사자를 처벌하고 있고, 형법 제34조의 간접정범 규정이 책임 없는 자에 대하여 정범이 성립하는 것으로 본다고 하여 당

의 행위는 범인도피죄의 구성요건에 해당하고 위법한 행위로서 제한적 종속형식에 따라 甲에 대하여 범인도피교사죄(형법 제151조 제1항, 제31조 제1항)가 성립한다. 판례도 같은 입장이다.[1)]

(나) 위계공무집행방해교사죄의 성립 여부

乙이 실제 사장인 甲 대신 자신이 사장이라고 구체적으로 거짓말을 한 행위가 위계공무집행방해죄(형법 제137조)에 해당하는지 문제될 수 있다. 공무원이 사실을 수사 또는 심리해야 할 사항에 대하여 허위의 진술을 하거나 허위신고를 하였다는 것만으로는 위계공무집행방해죄에서의 위계에 해당하지 않고,[2)] 적극적으로 허위의 증거를 조작하여 제출하여 수사기관이 그 진위에 관하여 나름대로 충실한 수사를 하더라도 제출된 증거가 허위임을 발견하지 못하고 잘못된 결론을 내리게 될 정도에 이른 경우에는 위계공무집행방해죄가 성립한다.[3)]

본 사례에서 乙은 적극적으로 허위의 증거를 조작하여 이를 제출한 사실은 없고,[4)] 자신이 도박장 주인이라고 하면서 도박장 등의 운영 경위 등에 관하여 구체적으로 거짓진술을 한 것에 지나지 않으므로 위계공무집행방해죄에 해당하지 않는다. 따라서 甲에 대하여 위계공무집행방해교사죄가 성립할 여지는 없다.

연히 공범의 성립이 부정된다고 할 수 없는 점에 비추어 현행 형법의 해석상 제한적 종속형식설이 타당하다고 할 것이다.

1) 대법원 2006. 12. 7. 선고 2005도3707 판결. 무면허운전이 발각되지 않기 위해 동생으로 하여금 대신 운전자로서 허위진술하도록 한 사안에서, "범인이 자신을 위하여 타인으로 하여금 허위의 자백을 하게 하여 범인도피죄를 범하게 하는 행위는 방어권의 남용으로 범인도피교사죄에 해당하는바, 이 경우 그 타인이 형법 제151조 제2항에 의하여 처벌을 받지 아니하는 친족, 호주 또는 동거가족에 해당한다 하여 달리 볼 것은 아니다"고 판시하였다.

2) 대법원 1977. 2. 8. 선고 76도3685 판결.

3) 대법원 2003. 7. 25. 선고 2003도1609 판결. 동 판결은 피고인이 교통사고 조사를 담당하는 경찰관에게 타인의 혈액을 마치 자신의 혈액인 것처럼 건네주어 위 경찰관으로 하여금 그것으로 국립과학수사연구소에 의뢰하여 혈중알코올농도를 감정하게 하고 그 결과에 따라 피고인의 음주운전 혐의에 대하여 공소권 없음의 의견으로 송치하게 한 행위에 대하여, 위계에 의한 공무집행방해죄의 성립을 긍정하고 있다.

본 판결 해설은 김종필, "피의자의 증거위작과 위계에 의한 공무집행방해죄의 성부", 대법원판례해설 제48호(2003 하반기), 2004, 378-394면.

4) 본 사례에서 증거의 제출 여부에 관한 언급은 없지만, 통상 점포임대차계약서나 자금출처 등에 관한 자료를 제출하였을 것으로 보인다. 그러나 임차인이 乙로 되어 있고, 자금출처도 이미 乙의 자금으로 위장하였을 것이므로 이를 조작할 필요는 없을 것으로 보인다.

(3) 공무집행방해죄 및 상해죄의 성립 여부

(가) 공무집행방해죄의 성립 여부

(ㄱ) 공무집행방해죄의 구성요건과 직무집행의 적법성

공무집행방해죄(형법 제136조 제1항)가 성립하려면 객관적 구성요건으로 직무를 집행하는 공무원에 대한 폭행 또는 협박이 있어야 하고, 주관적 구성요건으로 고의가 있어야 한다. 그리고 비록 형법에 명문의 규정은 없지만 공무원의 직무집행은 적법하여야 한다(통설·판례[1]). 이러한 직무집행의 적법성이 구성요건요소인지에 대하여는 범죄체계론상 다툼이 있다. 이에 대하여 ① 직무집행의 적법성은 위법성요소로서 적법한 직무집행을 하는 공무원을 위법한 직무집행을 한다고 착오한 경우에는 위법성조각사유의 전제사실에 관한 착오에 해당한다는 견해(위법성요소설)와, ② 직무집행의 적법성은 구성요건요소로서 이에 대한 착오는 사실의 착오로서 고의를 조각한다는 견해(구성요건요소설)가 있다. 판례는 적법성에 관한 착오를 형법 제16조(법률의 착오)로 해결하고 있다.[2]

한편, 적법한 공무집행이라고 함은 ① 그 행위가 공무원의 추상적 권한에 속할 뿐 아니라 ② 구체적으로도 그 권한 내에 있어야 하며, 또한 ③ 직무행위로서의 요건과 방식을 갖추어야 한다. 그리고 공무원의 공무집행이 적법한지 여부는 행위 당시의 구체적 상황에 기하여 객관적·합리적으로 판단[3]하여야 한다는 것이 판례의 기본입장이다.[4]

본 사례에서 甲은 긴급체포를 하려는 경찰관 P의 가슴을 밀쳐 넘어뜨린 것이므로 공무원에 대한 폭행사실과 고의는 인정된다. 다만, P의 긴급체포행위가 적법한 공무집행인지가 문제된다. P는 경찰관으로서 甲의 도박개장 등 혐의에 대하여 수사할 수 있는 추상적 권한이 있을 뿐만 아니라 긴급체포 요건에 해당하는 경우 체포할 있는 구체적인 권한을 가지고 있다는 데는 의문이 없다. 따라서 P의 긴급체포가 법령에서 정한 절차나 방식에 따른 것이었는지[5]를 검토한다.

---

1) 대법원 1992. 2. 11. 선고 91도2797 판결.

2) 대법원 2024. 7. 25. 선고 2023도16951 판결. 원심은 이를 위법성조각사유의 전제사실에 관한 착오로 판단하였다(서울서부지방법원 2023. 11. 9. 선고 2023노119 판결. 책임 조각).

3) 판례는 직무집행의 적법성의 판단기준에 관한 객관설(통설)과 같은 입장이다(대법원 1991. 5. 10. 선고 91도453 판결). 이 밖에 당해 공무원이 적법한 것으로 믿었는지, 믿은 데 과실이 없었는지를 기준으로 판단해야 한다는 주관설, 주관적·객관적인 면을 모두 고려해야 한다는 절충설, 일반인의 입장에서 공무원의 직무행위로 인정할 수 있는지를 기준으로 해야 한다는 일반인표준설도 주장되고 있다.

4) 대법원 2011. 4. 28. 선고 2008도4721 판결; 대법원 2014. 5. 29. 선고 2013도2285 판결.

5) 적법한 공무집행의 요건 중 ③의 요건과 관련하여, 판례는 방식·절차의 사소한 잘못까지 모두 적법하

(ㄴ) 경찰관 P의 긴급체포의 적법성 여부

경찰관 P의 甲에 대한 긴급체포가 적법한지는 체포 당시의 구체적 상황을 기초로 객관적으로 판단하여야 한다.

긴급체포는 ① 범죄의 중대성 및 범죄혐의의 상당성, ② 체포의 필요성, ③ 긴급성의 요건이 충족되어야 한다(형소법 제200조의3 제1항). 체포의 대상이 된 범죄는 도박장소개설죄(형법 제247조)로서 법정형이 사형·무기 또는 장기 3년 이상의 징역이나 금고에 해당하고, 甲이 객관적으로 범행을 저질렀으며 이를 수사하는 P가 甲이 범인이라고 생각하였으므로 ①의 요건을 충족한다. 그리고 사안의 중대성이나 경찰관이 도박현장에 출동하자 도망하였을 뿐 아니라 자수의 조건으로 불구속 수사를 요구하는 甲의 행동에 비추어 증거인멸 염려, 도망 또는 도망 염려가 있다고 인정되므로 ②의 요건도 충족한다. 문제는 ③의 긴급성의 요건을 충족하는지 여부이다.

긴급체포는 긴급을 요하여 지방법원판사의 체포영장을 받을 수 없어야 하는데(형소법 제200조의3 제1항 제1문), 이때 '긴급을 요한다' 함은 '피의자를 우연히 발견한 경우 등과 같이 체포영장을 받을 시간적 여유가 없는 때'를 말한다(형소법 제200조의3 제1항 제2문). 여기서 우연성은 체포영장을 발부받을 수 없는 긴급한 상황을 예시한 것이고, 모든 피의자를 우연히 발견해야 하는 것은 아니다.[1] 따라서 피의자를 우연히 발견한 경우 등과 같이 체포영장을 받을 수 없거나 체포영장을 청구하고 발부받는 데 상당한 시간이 소요되어 그동안 피의자가 도망할 염려가 있어 체포영장을 발부받기 어려운 경우에는 긴급성이 인정된다고 할 것이다.[2] 즉, 체포영장 발부에 소요되는 시간성 외에 도망할 염려라는 체포의 필요성까지 고려하여 체포 당시의 상황을 기초로 이를 판단하여야 한다.[3] 그리고 요건 충족에 관한 검사나 사법경찰관 등 수사주체의 판단에는 상당한 재량의 여지가 있어, 그 판단이 경험칙에 비추어 현저히 합리성을 잃은 경우가 아니라면 위법한 체포라고 할 수 없다.[4]

지 않은 직무집행으로 보는 것은 아니며, 관련자의 권리를 보호함에 불가결한 절차를 위반하였는가 여부에 의하여 직무집행의 적법성 여부를 판단한다. 예컨대, 인신구속이나 압수·수색에 있어서 영장주의 위반이 여기에 해당하는데, 판례는 부당한 강제연행에 항의하는 과정에서 경찰관을 폭행하거나(대법원 1991. 5. 10. 선고 91도453 판결; 대법원 1994. 3. 11. 선고 93도958 판결), 피의자에 대하여 구속영장을 소지하였지만 미란다 절차를 밟지 않은 채 실력으로 연행하려고 한 경우(대법원 1996. 12. 23. 선고 96도2673 판결), 현행범인 체포나 긴급체포의 요건이 갖추어진 때에도 체포과정에 적법한 절차를 거치지 않은 경우(대법원 1994. 3. 11. 선고 93도958 판결)는 적법한 직무집행으로 볼 수 없다고 하였다.

1) 사법연수원, 법원실무제요 형사 [Ⅲ], 60면.
2) 대법원 2003. 4. 8. 선고 2003다6668 판결.
3) 대법원 2002. 6. 11. 선고 2000도5701 판결.
4) 대법원 2006. 9. 8. 선고 2006도148 판결.

본 사례에서 甲은 경찰관 P에게 먼저 전화를 하였고, 불구속 수사를 조건으로 자수의사를 밝히면서 P와 경찰서 밖 다방에서 만나기로 하고 약속대로 미리 정한 장소에서 만나게 되었다. 또한, 甲이 갑자기 P와의 대화를 거부하거나 그 자리를 떠나는 듯한 태도를 보이지도 않았다. 이러한 사정이라면 경찰관 P로서는 체포가 필요하다고 판단하였다면 사전에 체포영장을 발부받아 영장에 의한 체포를 할 수 있었으며, 그 외에 긴급체포를 할 만한 긴급성 요건이 충족되었다고 보기는 어렵다고 판단된다. 따라서 경찰관 P가 자수의사를 밝히고 약속장소에 출석한 甲을 긴급체포한 행위는 적법한 직무집행에 해당되지 않는다고 할 것이다.

(ㄷ) 소결

따라서 P의 긴급체포행위는 체포의 긴급성 요건을 갖추지 못한 불법한 체포로서 적법한 공무집행이라는 공무집행방해죄의 구성요건을 충족하지 못하였으므로, 甲에 대하여 공무집행방해죄는 성립하지 않는다.

(나) 상해죄의 성립 여부

甲에 대하여 공무집행방해죄가 성립하지 않는다고 하더라도 이와 상상적 경합관계에 있는 상해죄가 성립하는지 여부는 별도로 살펴보아야 한다. 甲이 경찰관 P의 가슴을 밀쳐 바닥에 넘어뜨려 P에게 손가락 골절상을 가하였으므로 甲의 행위는 상해죄(형법 제257조 제1항)의 구성요건에 해당한다. 그런데 甲에 대한 P의 체포는 불법한 체포이며, 甲은 이러한 불법체포에 대하여 따지는 과정에서 P에게 상해를 가한 것이므로 정당방위에 해당하는지 문제된다.

정당방위가 성립하기 위해서는 ① 현재의 부당한 침해가 있을 것, ② 자기 또는 타인의 법익을 방위하기 위한 행위일 것, ③ 상당한 이유가 있을 것의 요건이 구비되어야 한다(형법 제21조 제1항). 여기서 '방위행위의 상당성'이란 사회상규에 위배되지 아니하는 행위, 즉 법질서 전체의 정신이나 그 배후에 놓여 있는 사회윤리 내지 사회통념에 비추어 용인될 수 있는 행위로서, 상당성 여부는 침해행위에 의해 침해되는 법익의 종류, 정도, 침해의 방법, 침해행위의 완급과 방위행위에 의해 침해될 법익의 종류, 정도 등 일체의 구체적 사정들을 참작하여 판단하여야 한다.[1]

본 사례에서 P의 긴급체포는 불법체포이므로 甲에 대한 현재의 부당한 침해가 인정되고, 甲은 불법체포에서 벗어나기 위하여 P의 가슴을 밀쳐 바닥에 넘어뜨렸으므로 방위행위로서 상당성도 인정된다.[2] 따라서 甲의 행위는 정당방위에 해당되어 위

1) 대법원 2003. 11. 13. 선고 2003도3606 판결; 대법원 2006. 4. 27. 선고 2003도4735 판결.
2) 판례도 불법체포를 면하려고 반항하는 과정에서 경찰관에게 상해를 가한 경우(대법원 1991. 5. 10. 선

법성이 조각되므로, 甲에 대하여 상해죄가 성립하지 않는다.

(4) 소결

甲에 대하여는 도박장소개설죄의 공동정범과 범인도피교사죄가 각 성립하고, 두 죄는 실체적 경합관계(형법 제37조, 제38조)이다.

3. 乙의 형사책임

(1) 도박장소개설죄의 공동정범 성립 여부

甲에 대하여 도박장소개설죄(형법 제247조 제1항)가 성립함은 위에서 살펴본 바와 같다. 그렇다면 사촌동생인 乙이 甲으로부터 '도박장 영업을 도와주어 용돈도 벌고, 도박장이 적발되면 대신 사장이라고 진술을 해달라.'는 제의를 받고 승낙한 후 甲 대신 직접 사무실을 임차하고, 甲이 도박꾼들을 불러 포커도박을 하고 있는 동안 창문으로 망을 본 행위가 도박장소개설죄의 공동정범에 해당하는지, 아니면 방조범(종범)에 해당하는지가 문제된다.

㈎ 공동정범인지 방조범인지 여부

乙이 정범인지 방조범인지를 판단하기 위해서는 정범과 협의의 공범을 어떤 기준으로 구별하는지를 살펴보아야 한다. 이에 대해서는 ① 주관적 요소에 의해서 구분해야 한다는 주관설, ② 객관적 요소에 의해서 구분해야 한다는 객관설, ③ 주관적·객관적 요소로 형성된 행위지배[1) 여부에 따라 구분해야 한다는 행위지배설(통설)이 대립된다. 판례는 공동정범이 성립하기 위해서는 공동의사에 의한 기능적 행위지배를 통한 범죄실행이라는 주관적·객관적 요건을 충족하여야 성립한다고 판시하여,[2) 행위

고 91도453 판결; 대법원 2000. 7. 4. 선고 99도4341 판결), 참고인 조사를 받는 줄 알고 검찰청에 자진 출석한 변호사사무실 사무장을 합리적 근거 없이 긴급체포하자 변호사가 이를 제지하는 과정에서 검사에게 상해를 가한 경우(대법원 2006. 9. 8. 선고 2006도148 판결)에는 정당방위에 해당하여 위법성이 조각된다고 판시하였다.

1) 행위지배를 의미하는 독일의 Tatherrshaft의 Tat는 단순한 행위(Handlung)가 아니라 구성요건에 해당하는 위법, 유책한 행위를 의미한다는 점에서 범행지배라고도 한다.

2) 대법원 2010. 7. 15. 선고 2010도3544 판결. 형법 제30조의 공동정범은 공동가공의 의사와 그 공동의사에 의한 기능적 행위지배를 통한 범죄실행이라는 주관적·객관적 요건을 충족함으로써 성립하므로, 공모자 중 구성요건행위를 직접 분담하여 실행하지 아니한 사람도 위 요건의 충족 여부에 따라 이른바 공모공동정범으로서의 형사책임을 질 수도 있다. 한편 구성요건행위를 직접 분담하여 실행하지 아니한 공모자가 공모공동정범으로 인정되기 위하여는 전체 범죄에 있어서 그가 차지하는 지위·역할이나 범죄경과에 대한 지배 내지 장악력 등을 종합하여 그가 단순한 공모자에 그치는 것이 아니라 범죄에 대한 본질적 기여를 통한 기능적 행위지배가 존재하는 것으로 인정되어야 한다(대법원 2007. 4. 26. 선고 2007도235 판결 참조).

지배설에 입각하고 있다.[1)]

본 사례에서 乙은 甲으로부터 도박장 운영에 대한 구체적인 계획과 乙이 담당할 바지사장으로서의 역할을 듣고 이를 승낙한 다음, 甲의 자금이기는 하였으나 실제로 乙이 직접 사무실을 임차하였고, 도박장에 머무르면서 망을 보았으며, 적발되자 경찰관에게 거짓말을 하였다. 이는 단순히 甲의 실행행위를 용이하게 하는 행위[2)]가 아니라, 甲의 실행행위에 공동가공의 의사를 가지고, 역할분담을 통하여 기능적 행위지배를 한 것이므로 甲의 공범(종범)이 아니라 그 자신 정범에 해당한다. 따라서 乙은 도박장소개설죄의 공동정범(형법 제247조 제1항, 제30조)으로서의 형사책임을 진다.

정범과 협의의 공범의 구별

1. 주관설

정범과 공범은 모두 결과에 대한 조건을 제공한 점에서 같고 결과에 대한 여러 조건 사이에는 차이가 있을 수 없으므로 정범과 공범은 주관적 요소에 의해서만 구분이 가능하다는 견해이다. 주관설에도 자기의 범죄로 실현하고자 하는 의사(정범의사)로 행위한 자는 정범이고 타인의 범죄로서 행위를 야기하거나 촉진하는 의사(공범의사)로 행위한 자는 공범이라는 고의설, 자기의 목적 또는 이익을 위하여 행위한 자는 정범이고 타인의 이익 또는 목적을 위하여 행위한 자는 공범이라는 목적설이 주장되고 있다.

2. 객관설

객관설에는 구성요건에 해당하는 행위를 직접 행한 자는 정범이고 실행행위 이외의 방법으로 조건을 제공한 자는 공범이라는 형식적 객관설, 행위가 지닌 구성요건실현 내지 결과발생의 현실적 위험성의 정도를 기준으로 정범과 공범을 구별하는 실질적 기준설이 있다. 실질적 기준설에도 결과발생에 필연적 행위를 한 자는 정범이고 그렇지 않은 경우는 공범이라는 필연

1) 판례는 "피고인이 공소외인과 공모하여 공소외인은 야간에 창고에 침입하여 천막을 절취하고 피고인은 그를 운반하여 양여 또는 보관하였다면 피고인은 공소외인과 함께 야간건조물침입절도의 죄책을 져야 할 것이다"(대법원 1961. 11. 9. 4294형상374 판결), "피고인이 공범들과 함께 강도범행을 저지른 후 피해자의 신고를 막기 위하여 공범들이 묶여 있는 피해자를 옆방으로 끌고 가 강간범행을 할 때 피고인은 자녀들을 감시하고 있었다면 공범들의 강도강간범죄에 가공한 것이라 하겠으므로 비록 피고인이 직접 강간범행을 하지 않았다 하더라도 강도강간의 공동죄책을 면할 수 없다"(대법원 1986. 1. 21. 선고 85도2411 판결)고 하여 공동정범의 성립을 인정하는 한편, "전자제품 등을 밀수입해 올 테니 이를 팔아달라는 제의를 받고 승낙한 경우 그 승낙은 밀수입 범행을 공동으로 하겠다는 공모의 의사를 표시한 것으로는 볼 수 없다"(대법원 2000. 4. 7. 선고 2000도576 판결)고 판시하고 있다.

2) 방조행위는 정범이 범행을 한다는 정을 알면서 그 실행행위를 용이하게 하는 직접·간접의 행위이다(대법원 2012. 6. 28. 선고 2012도2628 판결).

설, 행위 시에 가담한 자는 정범이고 그 전이나 후에 가담한 자는 공범이라는 동시설이 주장되고 있다.

3. 행위지배설

행위지배설은 행위의 주관적 요소와 객관적 요소를 모두 고려하여 정범과 공범을 구별하여야 한다는 견해이다. 즉, 주관적·객관적 요소로 형성된 행위지배, 즉 구성요건에 해당하는 사건진행의 장악(사태의 핵심형상의 지배)을 통하여 그의 의사에 따라 구성요건의 실현을 저지하거나 진행하게 할 수 있는 자가 정범이고, 자신의 행위지배에 의하지 않고 행위를 야기하거나 촉진한 자는 공범이라고 한다. 록신(Roxin) 교수에 의하면, 정범에서는 실행지배, 공동정범에서는 기능적 행위지배, 간접정범에서는 의사지배를 통하여 행위를 지배한다고 한다.

㈏ 별도로 도박방조죄가 성립하는지 여부

乙의 행위가 도박장소개설죄의 공동정범에 해당하는 것과는 별도로 丙 등의 도박죄에 대한 방조범이 성립하는지 문제된다. 그러나 甲의 도박방조죄 부분에서 살펴본 바와 같이 별도로 도박방조죄는 성립하지 않는다고 할 것이다.

(2) 범인도피죄 및 위계공무집행방해죄의 성립 여부

㈎ 범인도피죄

甲의 범인도피교사죄 부분에서 살펴본 바와 같이, 乙은 사촌형인 甲의 부탁으로 도박장의 사장으로 위장하고, 체포되어서도 경찰관에게 허위 진술을 하여 실제 업주인 甲의 발견 또는 체포를 곤란 내지 불가능하게 하였다. 따라서 乙의 행위는 범인도피죄에 해당한다. 그러나 甲과 乙은 사촌의 친족관계에 있으므로, 乙은 형법 제151조 제2항 친족간 특례에 의하여 처벌되지 않는다.

㈏ 위계공무집행방해죄

甲의 위계공무집행방해교사죄 부분에서 살펴본 바와 같이, 乙은 甲 대신 자신이 사장이라고 허위진술을 한 것에 불과하므로, 乙에 대하여 위계공무집행방해죄는 성립하지 않는다.

(3) 소결

乙은 도박장소개설죄의 공동정범으로서의 형사책임을 진다.

4. 丙의 형사책임

(1) 상습도박죄의 성립 여부

丙은 상습도박 전과가 있음에도 甲으로부터 연락을 받고 도박장에 모여 '포커'도박을 하였다. 따라서 丙에 대하여 상습도박죄(형법 제246조 제2항, 제1항)가 성립한다.

(2) 사기죄의 성립 여부

(가) 사기죄의 구성요건

丙은 도박자금이 떨어지자 사실은 변제할 의사가 없었지만 높은 이자를 약속하고 丁으로부터 도박자금조로 300만 원을 빌렸다. 이러한 丙의 행위가 사기죄의 구성요건에 해당하는지 문제된다.

사기죄가 성립하기 위해서는 객관적으로 ① 기망행위가 있고, ② 피기망자의 착오와 ③ 그에 따른 재산적 처분행위가 있어야 하며, ④ 이로 인하여 재물의 교부를 받거나 재산상 이익을 취득하거나(형법 제347조 제1항), 제3자로 하여금 재물의 교부를 받게 하거나 재산상 이익을 취득하게 하여야 한다(형법 제347조 제2항).[1] 나아가 주관적 구성요건으로 ⑤ 편취범의, 즉 사기죄의 고의와 불법영득의 의사[2]가 있어야 한다. 특히, 차용사기에서는 돈을 빌릴 당시에 변제할 의사와 능력을 가지고 있었는지를 기준으로 위 요건의 해당 여부를 판단한다.[3]

본 사례에서 丙은 처음부터 빌린 돈을 변제할 의사가 없었음에도 불구하고 높은 이자를 약속하였으므로 丁을 기망한 사실이 인정된다. 丁은 丙이 변제할 의사도 있고 높은 이자를 줄 것으로 믿고 300만 원을 주었으므로 기망에 인한 착오가 인정되고, 착오에 기한 처분행위로써 재물의 교부도 인정된다. 나아가 고의와 불법영득의 의사도 인정되므로 丙의 행위는 사기죄(형법 제347조 제1항)의 구성요건에 해당한다.

(나) 사기죄와 불법원인급여

그런데 丁은 도박자금인 줄 알면서 돈을 빌려주었으므로 이는 불법원인급여(민법 제746조)에 해당한다. 따라서 丁은 그 돈의 반환을 청구할 수 없다. 이처럼 사람을 기망하

1) 이 밖에 사기죄의 객관적 구성요건으로 재산상 손해의 발생이 필요한지에 대하여는 ① 불요설과 ② 필요설의 대립이 있다. 판례는 "기망으로 인하여 재물의 교부가 있으면 그 자체로써 곧 사기죄는 성립하고, 상당한 대가가 지급되었다거나 피해자의 전체 재산에 손해가 없다고 하여도 사기죄의 성립에는 영향이 없다"고 판시하여(대법원 1999. 7. 9. 선고 99도1040 판결), 불요설의 입장이다.

2) 사기죄에 있어서의 불법영득의 의사라고 함은 타인의 물건을 일시적으로 그 경제적 용법에 따라 이용 또는 처분하려는 의사까지도 포함한다고 보아야 할 것이고, 반드시 그 물건을 영구적으로 보유할 의사가 있어야 하는 것이 아니다(대법원 1966. 3. 15. 선고 66도132 판결).

3) 대법원 2016. 4. 28. 선고 2012도14516 판결.

여 반환청구권이 없는 불법한 급여를 하게 한 경우에 사기죄가 성립하는지가 문제된다.

이에 대하여 ① 부정설은 민법상 피해자에게 반환청구권이 없으므로 사기죄가 성립하지 않는다고 한다. 반면에, ② 긍정설은 민법상 반환청구권이 사기죄의 요건이 될 수 없고, 기망행위에 의하여 피해자의 경제적 가치에 손해를 입힌 것은 부정할 수 없으므로 사기죄가 성립한다고 한다. 판례는 차용한 도박자금[1]이나 성행위 대가[2]는 불법원인급여에 해당하여 급여자가 수익자에 대한 반환청구권을 행사할 수 없다고 하더라도, 수익자가 기망을 통하여 급여자로 하여금 불법원인급여에 해당하는 재물을 제공하도록 하였다면 사기죄가 성립한다고 판시하여 긍정설의 입장이다.

생각건대, 불법원인급여라 하더라도 기망행위에 의하여 재물이나 재산상 이익을 취득한 것이면 형법의 독자적 관점에서 반환청구권의 유무와 관계없이 사기죄의 성립을 인정하는 것이 타당하다. 따라서 丙에 대하여 사기죄가 성립한다.

(3) 소결

丙에 대하여 상습도박죄와 사기죄가 각 성립하고, 두 죄는 실체적 경합관계이다.

5. 丁의 형사책임

丁은 상습도박 전과가 있는 丙에게 도박자금으로 300만 원을 빌려주었는데, 이는 丙의 상습도박행위를 용이하게 하는 방조행위에 해당한다.[3] 丙에 대하여는 상습도박죄가 성립하는데, 상습도박죄는 범죄의 상습성이라는 행위자의 속성으로 인하여 책임이 가중되는 범죄로서 부진정신분범에 해당한다. 따라서 丙의 상습도박범행에 가담한 도박의 습벽이 없는 丁에 대하여 어떠한 범죄가 성립하고,[4] 어떻게 처벌해야 할 것인지가 문제되는데, 이는 형법 제33조의 공범과 신분에 관한 본문과 단서규정을 어떻게 해석할 것인가 하는 문제와 관련된다.

공범과 신분에 관한 형법 제33조는 "신분이 있어야 성립되는 범죄에 신분이 없는 사람이 가담한 경우에는 그 신분이 없는 사람에게도 제30조부터 제32조까지의 규정을 적용한다. 다만, 신분 때문에 형의 경중이 달라지는 경우에 신분이 없는 사람은 무거운 형으로 벌하지 아니한다"고 규정하고 있다. 여기서 형법 제33조 단서의 성격에 관

1) 대법원 2006. 11. 23. 선고 2006도6795 판결.
2) 대법원 2001. 10. 23. 선고 2001도2991 판결.
3) 대법원 1982. 9. 28. 선고 82도1669 판결.
4) 도박의 습벽이 있는 자가 타인의 도박을 방조하면 상습도박방조죄에 해당한다(대법원 1984. 4. 24. 선고 84도195 판결).

하여, ① 형법 제33조 본문은 진정신분범에 대해서만 적용되므로 단서는 부진정신분범의 성립근거인 동시에 과형을 규정한 것이라는 견해(부진정신분범의 성립근거 및 과형규정설)(통설), ② 형법 제33조 본문이 진정신분범과 부진정신분범의 성립근거를 규정하고 단서는 부진정신분범의 과형만을 규정한 것이라는 견해(부진정신분범의 과형규정설)의 대립이 있다. 판례[1]는 ②설과 같은 입장이다.

생각건대, 형법 제33조 단서규정은 비신분자를 '무거운 형으로 벌하지 아니한다'라고 하고 있으므로 이를 부진정신분범의 성립근거로 보는 ①설은 문리해석에 반한다는 문제가 있다. 판례와 ②설의 입장에 따르면, 丁에 대하여 상습도박방조죄가 성립하지만, 형법 제33조 단서에 따라 도박방조죄로 처벌된다.[2]

공범과 신분에 관한 형법 제33조의 해석

(1) 본문
신분이 있어야 성립되는 범죄에 신분이 없는 사람이 가담한 경우에는 그 신분 없는 사람에게도 형법 제30조(공동정범), 제31조(교사범), 제32조(종범)의 규정을 적용한다(형법 제33조 본문). 부진정신분범이 위 '신분이 있어야 성립되는 범죄'에 해당되는지가 문제된다. 이에 대해서는 ① 부진정신분범에서는 신분이 범죄의 구성에 영향을 미치지 않고 형벌을 가감하는 기능을 가질 뿐이며, 별도로 형법 제33조 단서에서 이를 규정하고 있으므로 형법 제33조 본문은 진정신분범(예컨대, 수뢰죄 등)에 대하여만 적용된다는 견해(진정신분범적용설)(통설)[3]와 ② 형법 제33조 본문은 진정신분범과 부진정신분범의 성립근거를 규정하고, 형법 제33조 단서는 부진정신분범의 과형만을 규정한 것이라는 견해(진정신분범 및 부진정신분범 전부적용설)[4]의 대립이 있다.
(2) 단서
"신분 때문에 형의 경중이 달라지는 경우에 신분이 없는 사람은 무거운 형으로 벌하지 아니한다"는 형법 제33조 단서의 성격에 관해서도 위 본문의 해석에 관한 학설의 대립이 그대로 적용된다. ① 위 본문의 진정신분범적용설의 입장에서는, 형법 제33조 본문은 진정신분범에 대해

1) 대법원 1997. 12. 26. 선고 97도2609 판결.
2) 적용법조 기재: 형법 제246조 제2항, 제1항, 제32조 제1항(피고인에게는 상습이라는 신분이 없으므로 형법 제33조 단서, 제50조에 의하여 형법 제246조 제1항에 정한 형으로 처벌).
3) 이 견해에 대해서는, ① 위와 같이 해석하면 부진정신분범에 대하여는 공범 성립의 근거규정이 없고, ② 형법 제33조 단서는 부진정신분범의 과형에 대하여만 규정한 것이 명백하므로 형법 제33조 본문을 진정신분범에 제한하여 적용할 근거가 없다는 비판이 있다.
4) 이 견해에 대해서는, ① 위와 같이 해석하면 진정신분범에 대한 과형에 관한 규정이 없게 되고, ② 형법 제33조 본문이 '신분이 있어야 성립되는 범죄'라고 규정하고 있는데, 이는 구성적 신분, 즉 진정신분범에 관한 규정이라고 해석하여야 한다는 비판이 있다.

서만 적용되므로 단서는 부진정신분범의 성립근거인 동시에 과형을 규정한 것이라고 주장하고(부진정신분범의 성립근거 및 과형규정설)(통설), ② 위 본문의 진정신분범 및 부진정신분범 전부적용설의 입장에서는, 형법 제33조 본문이 진정신분범과 부진정신분범의 성립근거를 규정하고 단서는 부진정신분범의 과형만을 규정한 것이라고 주장한다(부진정신분범의 과형규정설).

(3) 소결

예컨대, 乙의 존속살해미수죄에 신분 없는 甲이 교사한 경우, ①설에 의하면 甲에 대하여 보통살인미수죄의 교사범이 성립하지만, ②설에 의하면 甲에 대하여 존속살해미수죄의 교사범이 성립하고, 다만 형법 제33조 단서에 의하여 보통살인미수죄의 교사범으로 처벌된다는 점에서 두 설의 차이가 있다. 이러한 형법 제33조 본문과 단서의 해석에 관하여 판례는 ②설과 같은 입장이다.[1)]

6. 설문의 해결

甲은 도박장소개설죄의 공동정범과 범인도피교사죄의 형사책임을 지며, 두 죄는 실체적 경합관계이다. 乙은 도박장소개설죄의 공동정범의 형사책임을 지고, 범인도피죄에는 해당하지만 친족관계로 인하여 처벌되지 않는다. 丙은 상습도박죄와 사기죄의 형사책임을 지며, 두 죄는 실체적 경합관계이다. 丁에 대하여는 상습도박방조죄가 성립하지만 형법 제33조에 따라 도박방조죄로 처벌된다.

Ⅱ. 제2문 — 공소제기 후 수사의 적법성

1. 문제의 제기

수사검사는 甲과 乙을 불구속 기소한 후 수소법원이 아닌 지방법원 영장전담판사로부터 압수·수색영장을 발부받아 甲의 집에서 영업장부를 압수하였고, 압수한 영업장부와 압수조서를 공판기일에 증거로 제출하였다. 위 영업장부는 공소제기 후에 수소법원이 아닌 지방법원판사로부터 영장을 발부받아 압수한 것으로서, 이들의 증거능력 유무를 판단하기 위해서는 공소제기 후 수사, 특히 강제수사가 가능한지, 어떠한 범위 내에서 가능한지에 대한 검토가 필요하다.

---

1) 대법원 1961. 8. 2. 선고 4294형상284 판결(처가 아들과 공동하여 남편을 살해한 때에 처에게도 존속살해죄의 공동정범을 인정한 사례); 대법원 1997. 12. 26. 선고 97도2609 판결[구 상호신용금고업법 제39조 제1항 제2호 소정의 임직원이 아닌 사람이 업무상배임죄의 가중규정인 상호신용금고업법위반죄(위 규정 위반)를 범한 자와 공모한 경우에 상호신용금고업법위반죄의 공동정범을 인정한 사례].

2. 공소제기 후 강제수사의 적법성

공소를 제기하면 원칙적으로 수사는 종결되고 형사절차는 검사가 주재하는 수사절차로부터 법원이 주재하는 공판절차로 넘어가게 되며, 피의자는 피고인의 지위를 갖게 되어 검사와 대등한 위치에서 소송주체로서 활동하게 된다. 그러나 다른 한편으로 수사기관의 입장에서는 공소제기 후에도 공소사실 일부가 추가로 발견된다든지, 진범으로 보이는 자가 검거되거나 피고인이 알리바이를 주장하여 이를 확인할 필요가 있는 경우 등에는 불가피하게 수사활동을 계속할 필요가 있다. 기소 후에도 참고인의 조사(형소법 제221조 제1항),[1] 감정, 통역 또는 번역의 위촉(동조 제2항), 공무소에의 조회(형소법 제199조 제2항)와 같은 공소유지를 목적으로 하는 임의수사는 원칙적으로 허용된다. 그러나 임의수사 중에서 피고인에 대한 신문에 대하여는 견해의 대립이 있다.[2]

특히 문제가 되는 것은 강제수사가 허용되는지 여부이다. 공소제기 후의 수사기관에 의한 피고인의 구속은 이를 허용하는 명문의 규정이 없고, 당사자대등원칙의 관점에서 검사에게 피고인 구속의 권한을 인정할 수 없다는 점 등에서 허용되지 않는다. 공소제기 후의 수사기관에 의한 압수·수색·검증이 허용되는지에 대해서는, ① 수사기관의 압수·수색·검증 영장청구기간에 제한이 없고, 압수·수색·검증은 피고인의 방어활동에 영향을 미치지 않으며 제1회 공판기일 전의 수사기관의 압수·수색·검증은 당사자주의나 공판중심주의에도 반하지 않는다는 이유로 허용된다는 견해(긍정설), ② 공소제기에 의하여 사건은 법원에 계속되므로 압수·수색·검증은 법원의 권한에 속하며, 형사소송법은 수사상의 강제처분과 법원의 강제처분절차를 나누어서 규정하고 있고, 1회 공판기일 전의 압수·수색·검증은 증거보전절차(형소법 제184조)를 이용할 수 있고, 1회 공판기일 전 압수·수색·검증을 허용하는 것은 공소장일본주의의 취지에 반한다는 이유로 허용되지 않는다는 견해(부정설)의 대립이 있다. 부정설에 의하더라도 피고인에 대한 구속영장을 집행하는 경우 그 집행현장에서의 압수·수색·검증은 공소제기 후의 수사로서 압수물 등을 수사기관에서 보관할 수 있으며, 공소제기 후에도 수사기관은 임의제출물을 압수할 수 있다

1) 당연히 기소 후의 참고인조사도 임의수사로 인정된다. 다만 판례는 제1심에서 피고인에 대하여 무죄판결이 선고되어 검사가 항소한 후, 수사기관이 항소심 공판기일에 증인으로 신청하여 신문할 수 있는 사람을 특별한 사정없이 미리 수사기관에 소환하여 작성한 진술조서는 피고인이 증거로 할 수 있음에 동의하지 않는 한 증거능력이 없다고 한다(대법원 2019. 11. 28. 선고 2013도6825 판결).

2) 피고인신문의 허용 여부에 대한 상세는 사례 8. [15-변시(4)-2] 제5문 '공소제기 후 피고인을 신문한 조서의 증거능력' 부분 참조.

고 한다. 부정설에 의할 경우, 수사기관은 압수·수색·검증의 필요성이 있을 때에는 수소법원에 직권으로 이를 실시하도록 촉구할 수 있을 뿐이다. 대법원은 부정설의 입장이다(**관련판례**[1]).

3. 영업장부와 압수조서의 증거능력

(1) 영업장부

본 사례에서 수사검사는 공소제기 후 제1회 공판기일이 열리기 전 수소법원이 아닌 서울중앙지방법원 영장전담판사로부터 압수·수색영장을 발부받아 甲의 집에서 영업장부를 압수하였다. 부정설의 입장인 판례에 의하면, 위 영업장부는 공소제기 후 검사가 적법한 절차에 따르지 아니하고 수집한 증거에 해당한다.[2] 적법한 절차에 따르지 아니하고 수집한 증거는 증거로 할 수 없는데(형소법 제308조의2), 이를 위법수집증

---

1) (**관련판례**) 대법원 2011. 4. 28. 선고 2009도10412 판결【뇌물수수·뇌물공여】.「이처럼 우리 법 및 규칙은 공소제기 후 수사기관의 압수·수색영장청구에 관하여 정식의 구체적 절차를 전혀 마련하지 않고 있다. 결국 법은 제215조에서 검사가 압수·수색영장을 청구할 수 있는 시기를 공소제기 전으로 명시적으로 한정하고 있지는 아니하나, 위에서 본 바와 같은 「헌법」상 보장된 적법절차의 원칙과 재판받을 권리, 공판중심주의·당사자주의·직접주의를 지향하는 현행 「형사소송법」의 소송구조, 관련법규의 체계, 문언 형식, 내용 등을 종합하여 보면, 일단 공소가 제기된 후에는 그 피고 사건에 관하여 검사로서는 법 제215조에 의하여 압수·수색을 할 수 없다고 보아야 하며, 그럼에도 검사가 공소제기 후 법 제215조에 따라 수소법원 이외의 지방법원 판사에게 청구하여 발부받은 영장에 의하여 압수·수색을 하였다면, 그와 같이 수집된 증거는 기본적 인권보장을 위해 마련된 적법한 절차에 따르지 않은 것으로서 원칙적으로 유죄의 증거로 삼을 수 없다. (중략)

이 사건 공소사실에 부합하는 증거로 제출된 것은 검사가 이 사건 공소가 제기되고 공판절차가 진행중이던 2007. 12. 7.경 법 제215조에 의하여 수소법원이 아닌 지방법원 판사로부터 피고인 2에 대한 압수·수색영장을 발부받아 그 집행을 통하여 확보한 자립예탁금 거래내역표 1부, 해당 거래 청구 및 수표발행 전표 사본 각 1부, 지급필수표 조회내용 1부, 자기앞수표 사본 3부와 이를 기초로 작성된 2008. 1. 17.자 수사보고뿐인데, 증거들은 모두 공소제기 후 검사가 적법한 절차에 따르지 아니하고 수집한 증거들이거나 이를 기초로 하여 획득된 2차적 증거에 불과하여 원칙적으로 유죄 인정의 증거로 삼을 수 없으며, 나아가 검사로서는 이 사건에서 수소법원에 압수·수색에 관한 직권발동을 촉구하거나 법 제272조에 의한 사실조회를 신청하여 절차를 위반하지 않고서도 소정의 증명 목적을 달성할 수 있었던 점 등 그 판시와 같은 사정들에 비추어 볼 때, 위 증거들이 유죄인정의 증거로 사용할 수 있는 예외적인 경우에 해당하지 않는다.」

본 판결 해설 및 평석은 김민기, "검사가 공소제기 후 형사소송법 제215조에 따라 수소법원 외 법관으로부터 발부받은 압수·수색영장에 의해 수집한 증거의 증거능력", 대법원판례해설 제88호(2011 상반기), 2011, 661−676면; 동, "위법수집증거배제법칙 (3) − 공소제기후 검사의 강제처분", 형사소송법 핵심 판례 130선(제5판), [69], 박영사, 2020, 150−151면.

2) 긍정설에 의하면 위 영업장부에 대한 압수·수색은 적법하다. 그리고 영업장부는 일상적인 업무과정을 통상적·기계적으로 기재한 것으로서, 그 업무상의 신용성 때문에 정확한 기재를 기대할 수 있고, 기계적 기재로 인하여 허위기재의 우려가 없을 뿐 아니라 작성자를 일일이 소환하는 것이 부적당하다는 점에서 형사소송법 제315조 제2호에 의한 '기타 업무상 필요로 작성한 통상문서'로서 당연히 증거능력이 인정된다.

거배제의 법칙이라고 한다.

위 영업장부는 위법하게 수집된 1차적 증거이다. 1차적 위법수집증거의 배제와 관련하여 판례는 '원칙 부정, 예외적으로 인정'이라는 입장이다.[1] 즉, 적극적으로 위법수집증거가 배제되는 범위를 정하지 않고, 헌법과 형사소송법이 정한 절차에 따르지 않고 수집된 증거는 원칙적으로 증거로 사용할 수 없다고 한다. 다만 예외적으로, ① 수사기관의 절차 위반행위가 적법절차의 실질적인 내용을 침해하는 경우에 해당하지 않고, ② 오히려 그 증거의 증거능력을 배제하는 것이 헌법과 형사소송법이 형사소송에 관한 절차 조항을 마련하여 적법절차의 원칙과 실체적 진실 규명의 조화를 도모하고 이를 통하여 형사 사법 정의를 실현하려 한 취지에 반하는 결과를 초래하는 것으로 평가되는 예외적인 경우[2]에는 그 증거를 유죄 인정의 증거로 사용할 수 있다고 판시하여, 소극적으로 배제범위를 정하고 있다.

구체적으로 위 기준에 해당하는지 여부는 수사기관의 증거수집과정에서 이루어진 절차위반행위와 관련된 모든 사정, 즉 ① 절차조항의 취지와 그 위반의 내용 및 정도, ② 구체적인 위반경위와 회피가능성, ③ 절차조항이 보호하고자 하는 권리 또는 법익의 성질과 침해 정도 및 피고인과의 관련성, ④ 절차위반행위와 증거수집 사이의 인과관계 등 관련성의 정도, ⑤ 수사기관의 인식과 의도 등을 전체적·종합적으로 판단하여야 한다고 판시하고 있다. 실무에서는 ④의 기준이 매우 중요한데, 판례는 이를 더욱 구체화하여 "증거수집 과정에서 이루어진 적법절차 위반행위의 내용과 경위 및 그 관련 사정을 종합하여 볼 때 당초의 적법절차 위반행위와 증거수집행위의 중간에 그 행위의 위법 요소가 제거 내지 배제되었다고 볼 만한 다른 사정이 개입됨으로써 인과관계가 단절된 것[3]으로 평가할 수 있는 예외적인 경우에는 이를 유죄 인정의 증거로 사용할 수 있다"고 판시하고 있다.[4]

본 사례에서 수사검사는 수소법원에 압수·수색에 관한 직권발동을 촉구하거나 사실조회를 신청하는 방법 등으로 소정의 목적을 달성할 수 있었던 것으로 판단되는 점 등에 비추어 유죄 인정의 증거로 사용할 수 있는 예외적인 경우에 해당되지 않는

---

1) 대법원 2007. 11. 15. 선고 2007도3061 전원합의체 판결.
2) 예외적인 경우에 해당한다고 볼 만한 구체적이고 특별한 사정이 존재한다는 것은 검사가 증명하여야 한다(대법원 2009. 3. 12. 선고 2008도763 판결; 대법원 2011. 4. 28. 선고 2009도10412 판결).
3) 일반적으로 '인과관계의 단절' 여부는 위법수집증거를 기초로 하여 획득된 파생증거(2차적 증거)의 증거능력을 판단하는 기준으로 사용되어 왔는데, 1차적 증거의 증거능력을 판단함에 있어서도, '당초의 적법절차 위반행위와 증거수집행위' 사이의 인과관계의 단절 여부가 주요한 기준이 된다.
4) 대법원 2013. 3. 14. 선고 2010도2094 판결.

다. 따라서 위 영업장부의 증거능력은 인정되지 않는다.

(2) 압수조서

영업장부를 압수하였다는 내용이 기재된 압수조서는 위법하게 수집된 증거인 영업장부를 기초로 획득한 2차적 증거(파생증거)라고 할 수 있다. 위법하게 수집된 증거(독수 또는 독나무)에 의하여 발견된 2차적 증거(과실 또는 열매)의 증거능력을 배제하는 이론을 독수의 과실이론이라고 한다. 판례는 2차적 증거의 증거능력은 위에서 살펴본 1차적 증거 수집과 관련된 모든 사정을 살피는 외에, 1차적 증거를 기초로 하여 다시 2차적 증거를 수집하는 과정에서 추가로 발생한 모든 사정들까지 구체적인 사안에 따라 주로 인과관계의 희석 또는 단절 여부를 중심으로 전체적·종합적으로 고려하여야 한다고 판시하고 있다.[1)]

압수조서는 영업장부에 대한 압수처분 직후 압수경위, 압수물의 품종, 외형상의 특징과 수량, 처분의 연월일시와 장소, 참여자 등을 기재한 수사기관 작성의 서류이다. 따라서 영업장부에 대한 위법한 압수처분과의 인과관계가 희석되거나 단절되었다고 볼 예외상황은 존재하지 않는다. 따라서 압수조서 역시 증거능력이 없다.[2)]

(3) 설문의 해결

영업장부와 압수조서는 모두 적법절차의 실질을 침해하거나 그에 기초하여 획득한 증거로서 위법수집증거에 해당하여 증거능력이 부정된다.

---

1) 대법원 2009. 3. 12. 선고 2008도11437 판결. 본 판결 평석은 조국, "독수과실의 원리", 형사판례연구〔17〕, 2009, 448-466면.

2) 참고로, 영업장부의 증거능력을 인정하는 긍정설의 견해에 따르면 2차 증거인 압수조서 역시 그 증거능력을 인정할 수 있을 것이다. 대법원은 "사법경찰관이 작성한 압수조서는 피고인이 공판정에서 위 압수조서를 증거로 함에 동의하지 아니하였고, 원진술자의 공판기일에서의 증언에 의하여 그 성립의 진정함이 인정된 바도 없으므로 증거로 쓸 수 없다"고 판시하고 있는데(대법원 1995. 1. 24. 선고 94도1476 판결), 수사기관 작성의 압수조서의 증거능력에 대한 형사소송법상의 규정은 없으나 위 대법원 판시취지에 비추어 보면 당사자의 증거동의에 의하거나(형소법 제318조 제1항), 검증조서에 관한 형사소송법 제312조 제6항을 준용하여 적법한 절차와 방식에 따라 작성된 것으로서 공판준비 또는 공판기일에서 작성자의 진술에 따라 성립의 진정함이 증명되면 증거능력이 있다고 보아야 할 것이다.

Ⅲ. 제3문 — 공소장변경의 가부, 포괄일죄에 대한 추가기소의 취급, 제척 사유

1. 제3문의 (1) — 공소장변경의 가부

丙과 丁은 도박 등으로 각 벌금 300만 원의 약식명령을 발령받았다. 丙은 정식재판을 청구하면서 서울중앙지방법원에서 재판 중인 자신의 폭력행위등처벌ㄹ에관한법률위반(집단·흉기등상해)[1] 사건과 병합을 요구하였고, 두 사건은 병합되었다. 검사는 丙에 대한 도박을 상습도박으로 변경하는 공소장변경을 하고자 한다. 이와 관련하여 ① 정식재판절차에서 공소장변경이 가능한지, ② 중한 죄명과 범죄사실로 변경하는 것이 불이익변경금지의 원칙에 위반되는 것은 아닌지, ③ 위 도박죄와 상습도박죄에 관하여 공소사실의 동일성이 인정되는지가 문제된다.

(1) 정식재판절차에서의 공소장변경 가능성

약식명령에 대한 적법한 정식재판청구에 대해서는 공판절차에서 심판하여야 한다(형소법 제455조 제3항). 따라서 정식재판절차에서는 사실인정이나 법령적용, 양형 등 모든 부분에 대하여 약식명령에 구속되지 않고 자유롭게 판단할 수 있다. 법원은 단순히 약식명령의 당부판단을 목적으로 하는 것이 아니라 공소사실을 판결대상으로 하여 통상의 공판절차와 동일한 절차에 따라 심판하므로 공소장변경 역시 당연히 허용된다(**관련판례**).

(2) 불이익변경금지의 원칙에 위반되는 것은 아닌지 여부

피고인이 정식재판을 청구한 사건에 대하여는 약식명령의 형보다 중한 형을 선고하지 못한다(형소법 제457조의2).[2] 선고된 형이 피고인에게 불이익하게 변경되었는지에 관한 판단은 형의 경중을 일응의 기준으로 하되, 주문 전체를 고려하여 피고인에

---

1) 2016. 1. 6. 형법상의 특수상해죄(형법 제258조의2)로 변경되었다.

2) 2017. 12. 19. 형사소송법 개정으로 정식재판 청구사건에서의 '불이익변경금지의 원칙'이 '형종상향금지의 원칙'으로 바뀌었다.
형사소송법 제457조의2【형종 상향의 금지 등】 ① 피고인이 정식재판을 청구한 사건에 대하여는 약식명령의 형보다 중한 종류의 형을 선고하지 못한다.
② 피고인이 정식재판을 청구한 사건에 대하여 약식명령의 형보다 중한 형을 선고하는 경우에는 판결서에 양형의 이유를 적어야 한다.

게 실질적으로 불이익한가의 여부에 의하여 판단하여야 한다. 나아가 정식재판을 청구한 사건과 다른 사건이 병합·심리된 후 경합범으로 처단되는 경우에는, 당해 사건에 대하여 고지받은 형과 병합·심리되어 선고받은 형을 단순 비교할 것이 아니라, 병합된 다른 사건에 대한 법정형, 선고형 등 피고인의 법률상 지위를 결정하는 객관적 사정을 전체적·실질적으로 고찰하여 병합심판된 선고형이 불이익한 변경에 해당하는지를 판단하여야 한다.[1)]

한편 불이익변경금지의 원칙은 피고인에 대한 형의 선고가 원심판결보다 무겁게 변경되는 것을 금지하는 것이므로, 사실의 인정이나 법령의 적용, 죄명의 선택에 있어서 피고인에게 무거운 범죄사실을 인정하는 것 자체로 불이익변경금지원칙에 반하지는 않는다(**관련판례**[2)]). 따라서 검사가 정식재판절차에서 도박을 상습도박으로 죄명, 적용법조, 범죄사실을 변경하는 것은 그 자체로 불이익변경금지의 원칙에 반하는 것은 아니다.

(3) 공소사실의 동일성이 인정되는지 여부

정식재판절차에서 중한 죄명 및 적용법조, 범죄사실로의 공소장변경이 가능하고, 불이익변경에도 해당하지 않는다고 하더라도, 공소장변경이 허가되기 위해서는 공소사실의 동일성이 인정되어야 한다.

공소사실의 동일성을 판단하는 기준에 관하여는 ① 죄질동일설, ② 구성요건공통설, ③ 소인공통설, ④ 기본적 사실동일설(통설) 등 다양한 견해가 있다. 판례는 일관하여 그 사실의 기초가 되는 사회적 사실관계가 기본적인 점에서 동일하면 공소사실의 동일성이 인정된다고 판시하여[3)] 원칙적으로 기본적 사실동일설과 같은 입장이다. 다만, 기본적 사실동일성을 판단함에 있어 규범적 요소를 고려하는 점[4)]에서 본래의 기

1) 대법원 2004. 11. 11. 선고 2004도6784 판결.
2) (**관련판례**) 대법원 2013. 2. 28. 선고 2011도14986 판결【사문서위조·위조사문서행사·사기】. 「형사소송법 제457조의2에서 규정한 불이익변경금지의 원칙은 피고인이 약식명령에 불복하여 정식재판을 청구한 사건에서 약식명령의 주문에서 정한 형보다 중한 형을 선고할 수 없다는 것이므로, 그 죄명이나 적용법조가 약식명령의 경우보다 불이익하게 변경되었다고 하더라도 선고한 형이 약식명령과 같거나 약식명령보다 가벼운 경우에는 불이익변경금지의 원칙에 위배된 조치라고 할 수 없다. (중략) 피고인에 대하여 사서명위조와 위조사서명행사의 범죄사실이 인정되는 경우에는 비록 사서명위조죄와 위조사서명행사죄의 법정형에 유기징역형만 있다 하더라도 형사소송법 제457조의2에서 규정한 불이익변경금지의 원칙이 적용되어 벌금형을 선고할 수 있는 것이므로, 위와 같은 불이익변경금지의 원칙 등을 이유로 이 사건 공소장변경허가신청을 불허할 것은 아니다.」
3) 대법원 2009. 1. 30. 선고 2008도9207 판결.
4) 대법원 1994. 3. 22. 선고 93도2080 전원합의체 판결; 대법원 2024. 12. 12. 선고 2020도3273 판결.

본적 사실동일설과는 다소 차이가 있다(수정된 기본적 사실동일설).[1]

공소사실의 동일성은 기본적 사실동일설에 따라 해결하는 것이 타당하다. 기본적 사실동일설에 따르면, 도박죄와 상습도박죄는 기본적 사실은 같고 범죄자의 습벽에 관한 평가만 서로 다르므로 공소사실이 동일하다고 할 것이다.

(4) 설문의 해결

검사는 丙에 대한 도박을 상습도박으로 그 죄명과 적용법조, 범죄사실을 변경하는 공소장변경을 할 수 있다.

2. 제3문의 (2) — 상습범의 일부에 대한 추가기소의 적법성 및 법원의 조치

(1) 상습범의 일부에 대한 추가기소의 적법성

丙에 대하여 상습도박죄로 공소장변경이 가능하다는 전제하에, 검사는 2013. 6. 6. 포커도박 사실을 발견하고 도박으로 같은 법원에 추가기소하여 위 상습도박 등 사건에 병합되었다. 이때, 추가기소의 적법성이 먼저 문제된다.

丙의 상습도박 전과, 기소된 상습도박의 수법과 추가로 기소된 도박수법이 포커도박으로 동일한 점, 짧은 기간 내에 반복하여 범행을 한 점 등에 비추어 보면 2013. 6. 6.자 포커도박 행위 역시 丙의 도박 습벽의 발현에 기인한 것으로서 2013. 10. 1.자 범죄사실과 포괄일죄의 관계에 있다고 할 것이다. 그런데 공소제기의 효력은 공소가 제기된 범죄사실과 동일성이 인정되는 범죄사실 전체에 미치므로(형소법 제248조 제2항), 2013. 6. 6.자 범죄사실에 대한 추가기소는 동일한 사건에 대한 이중기소로서 부적법하므로 원칙적으로 공소기각의 판결의 대상이 된다(형소법 제327조 제3호).

(2) 상습범인 포괄일죄의 추가기소에 대한 법원의 조치

설문의 경우 검사로서는 추가기소를 할 것이 아니라 앞서 기소한 상습도박 범죄사실에 2013. 6. 6.자 범죄사실을 추가하는 내용으로 공소장변경을 신청하여야 한다. 그럼에도 불구하고 설문과 같이 검사가 추가기소한 경우에 법원이 취할 수 있는 조치로는, ① 이중기소라는 이유로 공소기각의 판결을 하는 방안(공소기각판결), ② 검사로 하여금 공소장변경을 신청하도록 요구하는 방안(공소장변경요구), ③ 추가기소가 공소장

---

1) 이에 대한 상세는 사례 3. [13－변시(2)－1] 제4문 '법원의 공소장변경요구의 법적 성격' 부분 참조.

변경 취지인지 석명(형소규칙 제141조) 후에 판단하는 방안(석명 후 판단), ④ 전부에 대하여 실체판단하는 방안(실체판단 또는 공소장변경의제)을 생각할 수 있다. ①의 조치는 소송경제에 반하고, ②의 조치는 적절하기는 하지만[1] 법원의 공소장변경요구가 의무가 아니라 재량이라는 점[2]에서 한계가 있다. 이런 점을 고려하여 대법원은 ③ 또는 ④의 조치를 취할 수 있다는 입장인데, 최근에는 주로 ④의 조치를 취할 수 있다고 판시하고 있다.

㈎ 공소장변경 취지의 석명 후 판단

검사의 추가기소에는 전후에 기소된 각 범죄사실 전부를 포괄일죄로 처벌할 것을 신청하는 취지가 포함되었다고 볼 수 있어 공소사실을 추가하는 등의 공소장변경과는 절차상 차이가 있을 뿐 그 실질에 있어서 별 차이가 없다. 따라서 법원은 석명에 의하여 추가기소의 공소장의 제출은 포괄일죄를 구성하는 행위로서 앞서 기소된 공소장에 누락된 것을 추가·보충하여 변경하는 취지의 것으로 1개의 죄에 대하여 중복하여 공소를 제기한 것이 아님이 분명해진 경우에는, 추가기소에 의하여 공소장변경이 이루어진 것으로 보아 전후에 기소된 범죄사실 전부에 대하여 실체판단을 하여야 하고, 추가기소에 대하여 공소기각판결을 할 필요는 없다.[3]

㈏ 석명절차를 거치지 않고 실체판단

법원이 추가기소된 도박을 포괄하여 하나의 상습도박죄를 인정한다고 하더라도 피고인으로 하여금 이중처벌의 위험을 받지 않게 하고 법원이 2개의 실체판결을 하지 않도록 한다는 이중기소 금지의 취지에 반하지 않고, 피고인의 방어에 불이익을 미치는 것도 아니다. 따라서 법원은 공소장변경 절차나 석명절차를 거치지 않았더라도 전후에 기소된 범죄사실 전부에 대하여 실체판단을 할 수 있고, 추가기소된 부분에 대하여 공소기각의 판결을 할 필요는 없다.[4] 이러한 조치는 별개로 기소된 협박행위가 포괄하여 하나의 협박죄를 구성하는 경우[5]나 영업범의 경우[6]에도 마찬가지이다.

(3) 설문의 해결

법원은 추가기소한 2013. 6. 6.자 도박사실에 대하여 공소기각의 판결을 할 것이

---

1) 공소장변경이 허가되면 검사는 추가기소한 공소사실에 대하여 공소취소를 하여야 한다.
2) 대법원 1990. 10. 26. 선고 90도1229 판결.
3) 대법원 1996. 10. 11. 선고 96도1698 판결; 대법원 1999. 11. 26. 선고 99도3929 판결.
4) 대법원 2012. 1. 26. 선고 2011도15356 판결.
5) 대법원 2007. 8. 23. 선고 2007도2595 판결.
6) 대법원 1993. 10. 22. 선고 93도2178 판결.

아니라, 공소장변경 취지인지에 대하여 석명권을 행사하고 실체판단을 하거나 석명절차를 거치지 않고 전후 기소된 범죄사실 전부에 대하여 실체판단을 할 수 있다.

3. 제3문의 (3) — 제척사유와 절대적 항소이유

(1) 제척사유의 해당 여부

약식명령을 발령한 판사가 정식재판청구로 병합된 제1심 사건의 재판을 담당하는 것이 제척사유에 해당하는지 문제된다. 제척이란 구체적인 사건의 심판에서 불공평한 재판을 할 우려가 큰 경우를 유형적으로 규정해놓고 그 사유에 해당하는 법관을 법원의 직무집행에서 자동적으로 배제하는 제도인데, 설문에서 문제되는 유형은 '법관이 사건에 관하여 전심재판 또는 그 기초되는 조사·심리에 관여한 때'이다(형소법 제17조 제7호). 제1심 사건 중 폭력행위등처벌에관한법률위반(집단·흉기등상해) 사건은 제척이 문제될 여지가 없고, 약식명령을 발령받은 도박 등 사건과 관련하여 제척사유에 해당하는지 문제된다.

이에 대하여는 ① 약식명령의 경우에도 판사가 사건의 실체에 대하여 선입견을 가질 가능성이 있으므로 전심재판에 관여한 때로 보아야 한다는 적극설과, ② 약식명령은 정식재판과 심급을 같이하는 재판이므로 전심재판에 관여한 것으로 볼 수 없다는 소극설(통설)이 대립된다. 판례는 ②의 소극설의 입장이다.[1] 약식명령과 정식재판절차는 동일한 심급 내의 재판절차라고 볼 수 있으므로 제한적 열거로 제척사유를 제한하고 있는 형사소송법의 입법취지나 규정의 문언적 해석에 비추어, 소극설이 타당하다.

따라서 설문의 경우 판사의 재판 관여는 제척사유에 해당하지 않는다.

(2) 항소이유가 되는지 여부

제척사유가 있는 법관의 재판 관여는 위법한 재판 관여로서 절대적 항소이유에 해당한다(형소법 제361조의5 제7호). 그러나 약식명령을 발령한 판사가 정식재판청구로 병합된 제1심 사건의 재판을 담당하는 것은 제척사유에 해당하지 않으므로, 설문의 경우 항소이유에 해당하지 않는다.

---

1) 대법원 2002. 4. 12. 선고 2002도944 판결.

2014년 제3회 변호사시험 강평

형사법 제1문

Ⅰ. 甲, 乙, 丙, 丁의 형사책임

• 사실 관계

甲	• 도박장소를 개설 • 사촌동생 乙이 경찰에서 자신(=乙)이 도박장 주인이라고 거짓말하도록 교사 • 긴급체포하려던 경찰관 P에게 상해를 가함
乙	• 도박장소를 임차하고 도박 시 망을 봄 • 경찰에서 자신이 도박장 주인이라고 거짓말
丙	• 도박 • 변제할 의사 없이 丁으로부터 도박자금 300만 원 차용
丁	• 丙이 상습도박 전과가 있음을 알면서 300만 원 대여

1. 甲의 형사책임

(1) 도박장소개설죄의 성립 여부

• 도박장소개설죄(형법 제247조) 성립(乙과 공동정범)
• 도박방조죄는 별도로 성립하지 않음

(2) 범인도피교사죄의 성립 여부

• 乙에 대해서는 범인도피죄(형법 제151조 제1항) 성립

• 대법원 2010. 1. 28, 2009도10709; 2010. 2. 11, 2009도12164
  – 자신이 대신하여 처벌받기로 하는 역할(이른바 바지사장)을 맡기로 하는 등 수사기관을 착오에 빠뜨리기로 하고, 단순히 실제 업주라고 진술하는 것에서 나아가,
  – 게임장 등의 운영 경위, 자금 출처, 게임기 등의 구입 경위, 점포의 임대차계약 체결 경위 등에 관해서까지 적극적으로 허위로 진술하거나 허위 자료를 제시하여 그 결과 수사기관이 실제 업주를 발견 또는 체포하는 것이 곤란 내지 불가능하게 될 정도에까지 이른 것으로 평가되는 경우 등에는 범인도피죄를 구성할 수 있음

• 본범이 제3자를 교사하여 자신을 도피하게 한 경우 범인도피교사죄의 성립에 관하여, 긍정설(방어권의 남용)과 부정설(자기비호의 연장)이 대립
• 판례는 긍정설(대법원 2014. 4. 10, 2013도12079)
• 피교사자가 친족인 경우에도 범인도피교사죄는 성립(대법원 2006. 12. 7, 2005도3707)
  ※ 친족간 특례를 책임조각사유로 보든, 인적 처벌조각사유로 보든 교사범 성립(제한종속설의 입장)
• 범인도피교사죄(형법 제151조 제1항, 제31조 제1항) 성립

(3) 위계공무집행방해교사죄의 성립 여부

- 허위사실 진술만으로는 위계공무집행방해죄 불성립(대법원 1977. 2. 8, 76도3685). 따라서 교사죄도 불성립

(4) 공무집행방해죄의 성립 여부

- 공무집행의 적법성, 즉 긴급체포의 적법성이 문제
- 긴급체포의 요건인 범죄의 중대성, 체포의 필요성, 긴급성 중 '긴급성' 충족 여부
- 자수 의사를 밝혀 경찰관과 만나러 나온 甲을 체포한 것은 긴급성 결여
- 직무집행의 적법성은 구성요건요소(위법성조각사유설, 객관적 처벌조건설도 있음)
- 공무집행방해죄 불성립

(5) 상해죄의 성립 여부

- 위법한 체포에 대하여 따지는 과정에서 경찰관에게 상해를 가한 경우, 정당방위에 해당하는지 여부가 쟁점
- 현재의 부당한 침해, 방위행위, 상당성이라는 정당방위의 요건을 충족하므로 상해죄 불성립(대법원 2011. 5. 26, 2011도3682)

(6) 소결

- 甲에 대하여 도박장소개설죄의 공동정범과 범인도피교사죄가 성립하고, 두 죄는 실체적 경합

2. 乙의 형사책임

(1) 도박장소개설죄의 공범 성립 여부

- 공동정범이냐 방조범이냐?
- 공동정범이 성립하기 위하여는 주관적 요건인 공동가공의 의사와 객관적 요건으로서 그 공동의사에 기한 기능적 행위지배를 통하여 범죄를 실행하였을 것이 필요하고(대법원 2004. 6. 24, 2002도995), 방조행위는 정범이 범행을 한다는 정을 알면서 그 실행행위를 용이하게 하는 직접·간접의 행위(대법원 2012. 6. 28, 2012도2628): 기능적 행위지배설
- 도박장소개설죄의 공동정범(형법 제247조, 제30조) 성립, 별도로 도박방조죄는 불성립

(2) 범인도피죄의 성립 여부

- 범인도피죄 성립(대법원 2010. 2. 11, 2009도12164)
- 甲과 친족이므로 처벌되지 않음(형법 제151조 제2항)
  ※ 친족간 특례가 책임조각사유(기대가능성 없음)(통설)인지 인적처벌조각사유(친족간의 정의(情誼) 고려)인지에 대해서는 다툼이 있음

(3) 위계공무집행방해죄의 성립 여부

- 불성립(대법원 1977. 2. 8, 76도3685)

(4) 소결

- 乙은 도박장소개설죄의 공동정범으로서의 형사책임을 짐

3. 丙의 형사책임

(1) 사기죄의 성립 여부

- 불법원인급여와 사기죄의 성립 여부에 대하여는 긍정설과 부정설 대립
- 판례는 긍정설(대법원 2006. 11. 23, 2006도6795)
- 사기죄(형법 제347조 제1항) 성립

(2) 상습도박죄의 성립 여부

- 상습도박 전과가 있으므로 상습도박죄(형법 제246조 제2항, 제1항) 성립

(3) 소결

- 丙에 대하여 사기죄와 상습도박죄가 성립하고, 두 죄는 실체적 경합

4. 丁의 형사책임 — 도박방조죄 또는 상습도박방조죄의 성립 여부

- 丙이 상습도박 전과가 있음을 알면서도 도박자금을 빌려준 행위는 방조행위에 해당(대법원 1982. 9. 28, 82도1669)
- 비신분자(=丁)가 신분자(=丙, 상습도박죄: 부진정신분범)에게 가담한 경우에 해당

- 이에 대해서는 ① 형법 제33조 본문은 진정신분범에만 적용, 단서는 부진정신분범의 성립근거이자 과형근거라는 견해(통설), ② 본문은 진정신분범과 비진정신분범 모두에 적용, 단서는 부진정신분범의 과형근거라는 견해(대법원 1997. 12. 26, 97도2609)
- 판례에 의하면, 상습도박방조죄가 성립하고, 도박방조죄로 처벌(형법 제246조 제2항, 제1항, 제32조 제1항, 제33조 단서, 제50조)

Ⅱ. 공소제기 후 수사와 증거능력

1. 영업장부의 증거능력

- 공소제기 후 제1회 공판기일 전 강제수사의 적법성
  - 긍정설과 부정설 대립, 판례는 부정설(대법원 2011. 4. 28, 2009도10412)
- 판례에 의하면, 유죄 인정의 증거로 사용할 수 있는 예외적 경우에 해당하지 않으므로 위법수집증거로서 증거능력 없음(형소법 제308조의2)

※ 긍정설에 의하면 당연히 증거능력 있는 서류에 해당(형소법 제315조 제2호)

2. 압수조서의 증거능력

- 위 판례에 의하면 압수조서는 2차적 증거로서 인과관계가 희석되거나 단절되지 않았으므로 증거능력 없음(대법원 2007. 11. 15, 2007도3061 전원합의체)

※ 위 긍정설에 의하면 증거능력 있음

- 압수조서의 증거능력은 검증조서에 관한 형소법 제312조 제6항 적용(대법원 1995. 1. 24, 94도1476)

Ⅲ. 정식재판에서의 심리 등

1. 정식재판과 공소장변경

- 정식재판에서도 공소장변경 가능(형소법 제455조 제3항: 공판절차 적용)
- 불이익변경금지원칙과 공소장변경
  - 무거운 형으로 변경하더라도 불이익변경금지의 원칙을 위반한 것이 아님(대법원 2013. 2. 28, 2011도14986)
- 도박과 상습도박은 공소사실의 동일성 인정(판례·통설: 기본적 사실동일설)
- 공소장변경 가능

2. 포괄일죄와 추가기소

- 포괄일죄의 일부기소(형소법 제248조 제2항)는 이중기소로서 원칙적으로 공소기각의 판결(형소법 제327조 제3호)
- 법원의 조치

(1) 공소장변경 취지에 대한 석명권 행사

- 석명에 의하여 먼저 기소된 공소장에 누락된 것을 추가 보충하여 변경하는 취지로서 중복기소가 아님이 분명해진 경우 실체판단(대법원 1999. 11. 26, 99도3929)

(2) 석명권 행사 없이도 실체판단

- 석명절차를 거치지 아니하였다 하더라도, 법원은 전후에 기소된 범죄사실 전부에 대하여 실체판단을 할 수 있고, 추가기소된 부분에 대하여 공소기각판결을 할 필요는 없음(대법원 2012. 1. 26, 2011도15356)

3. 법관제척과 항소이유

- 제척사유 있는 법관의 재판관여는 절대적 항소이유(형소법 제361조의5 제7호)
- 약식명령을 발령한 판사가 1심 정식재판에 관여한 경우 제척사유 해당 여부
  - 적극설과 소극설 대립, 판례는 소극설(대법원 2002. 4. 12, 2002도944)
- **판례에 의하면, 제척사유가 아니므로 항소이유가 되지 않음**

사례 6. [14 – 변시(3) – 2]
2014년 제3회 변호사시험 제2문

甲은 친구 乙의 사기범행에 이용될 사정을 알면서도 乙의 부탁으로 자신의 명의로 예금통장을 만들어 乙에게 양도하였고, 乙이 A를 기망하여 A가 甲의 계좌로 1,000만 원을 송금하자 甲은 소지 중이던 현금카드로 그중 500만 원을 인출하여 소비하였다. 乙이 甲에게 전화하여 자신 몰래 돈을 인출한 데 대해 항의하자 甲은 그 돈은 통장을 만들어 준 대가라고 우겼다. 이에 화가 난 乙은 甲을 살해할 의사로 甲의 집으로 가 집 주변에 휘발유를 뿌리고 불을 질렀으나, 갑자기 치솟는 불길에 당황하여 甲에게 전화해 집 밖으로 빠져 나오게 하였고, 甲은 간신히 목숨을 건질 수 있었다.

甲은 乙이 자신을 살해하려고 한 사실에 상심한 나머지 술을 마시고 혈중알코올농도 0.25%의 만취상태에서 승용차를 운전하여 乙의 집으로 가다가 보행신호에 따라 횡단보도를 걸어가고 있는 B를 승용차로 치어 B가 중상을 입고 도로 위에 쓰러졌다. 甲은 사고 신고를 받고 긴급출동한 경찰관 P에 의해 사고현장에서 체포되었고, B는 사고 직후 구급차에 실려 병원으로 후송되던 중 구급차가 교차로에서 신호를 무시하고 지나가는 트럭과 부딪혀 전복되는 바람에 그 충격으로 사망하고 말았다.

경찰의 수사를 피해 도피 중이던 乙은 경찰관인 친구 C에게 전화를 걸어 자신에 대한 수사상황을 알아봐 달라고 부탁하였고, C는 甲이 체포된 사실 및 甲 명의의 예금계좌에 대한 계좌추적 등의 수사상황을 乙에게 알려주었다. 한편, 甲의 진술을 통해 乙의 범행을 인지한 경찰관 P는 乙이 은신하고 있는 호텔로 가서 호텔 종업원의 협조로 乙의 방 안에 들어가 甲 등 타인 명의의 예금통장 십여 개와 乙이 투약한 것으로 의심되는 필로폰을 압수한 후, 호텔에 잠복하고 있다가 외출 후 호텔로 돌아오는 乙을 긴급체포하였다.

〔2014년 제3회 변호사시험 제2문〕

설 문

1. 甲, 乙의 죄책은? (60점)

2. 경찰관 P가 乙에 대하여 한 긴급체포와 예금통장 및 필로폰 압수는 적법한가? (15점)

3. 검사 S는 甲의 교통사고 현장을 목격한 일본인 J에게 참고인조사를 위해 출석을 요구하였으나 J는 불응하면서 일본으로 출국하려 하고 있다. 이 경우 검사 S가 J의 진술을 확보하기 위해 취할 수 있는 조치는? (10점)

4. 검사 S가 검찰수사관 T의 참여하에 甲과 乙에 대해 피의자신문을 실시하고 甲과 乙의 진술을 영상녹화하였는데, 乙은 공판정에서 자신에 대한 피의자신문조서의 진정성립을 부인하고 있다. 이 경우 법원은 乙의 진술을 녹화한 영상녹화물, 검찰수사관 T의 증언 그리고 사기범행 가담을 시인하는 甲의 법정진술을 乙에 대한 유죄의 증거로 사용할 수 있는가? (15점)

해 설

Ⅰ. 제1문 — 甲, 乙의 형사책임

1. 문제의 제기

甲에 대하여 ① 친구 乙의 사기범행에 이용될 사정을 알면서도 자신의 명의로 예금통장을 만들어 乙에게 양도한 것이 사기죄의 공동정범 또는 방조범(종범)에 해당하는지, 전자금융거래법위반죄에 해당하는지, ② 乙이 A를 기망하여 A로부터 송금받은 1,000만 원 중 500만 원을 현금카드로 인출한 행위가 횡령죄 또는 장물취득죄에 해당하는지, ③ 만취상태에서 승용차를 운전하여 B를 충격한 행위와 그 이후 B가 사망한 행위에 대하여 어떠한 형사책임을 지는지가 문제된다.

乙에 대하여는 ① A로부터 1,000만 원을 교부받은 것이 사기죄에 해당하는지, ② 甲을 살해하기 위하여 甲의 집 주변에 불을 질렀으나 불길에 당황하여 甲에게 전화하여 집 밖으로 빠져나오게 한 행위에 대하여 어떠한 형사책임을 지는지, ③ 경찰관인 C에게 수사상황을 알아봐달라고 부탁한 행위가 공무상비밀누설죄의 교사범에 해당하는지 여부가 문제된다.

2. 甲의 형사책임

(1) 乙에게 예금통장을 만들어준 행위

(가) 사기죄의 공동정범 또는 방조범의 성립 여부

乙이 A를 기망하여 1,000만 원을 송금받은 행위는 사기죄(형법 제347조 제1항)에 해당한다. 甲은 乙의 실행행위에 직접 참여하지는 않았으나 乙의 부탁을 받고 사기범행에 이용될 사정을 알면서도 자신의 명의로 예금통장을 만들어 乙에게 주었고, 乙은 甲의 계좌를 이용하여 A로부터 돈을 송금받아 편취하였다는 점에서, 乙의 실행행위에 가담하였다고 볼 수 있다. 이처럼 甲이 乙의 사기범행에 가담한 행위가 사기죄의 공동정범에 해당하는지, 아니면 방조범에 해당하는지가 문제된다.

甲이 공동정범인지 방조범인지를 판단하기 위해서는 정범과 협의의 공범을 어떤 기준으로 구별하는지를 살펴보아야 한다.[1] 이에 대해서는 ① 주관적 요소에 의하여 구분해야 한다는 주관설, ② 객관적 요소에 의하여 구분해야 한다는 객관설, ③ 주관적·객관적 요소로 형성된 행위지배 여부에 따라 구분해야 한다는 행위지배설(통설)이 대립된다. 판례는 공동정범이 성립하기 위해서는 공동의사에 의한 기능적 행위지배를 통한 범죄실행이라는 주관적·객관적 요건을 충족하여야 성립한다고 판시하여,[2] 행위지배설에 입각하고 있다.

본 사례에서 甲은 乙의 사기범행을 위하여 새로운 예금통장을 만들어 乙에게 교부하였고, 乙은 위 예금통장을 이용하여 사기범행을 실행하였다는 점에서 실행행위의 준비 내지 지원행위로서 객관적 행위 기여가 있다고 할 것이다. 甲의 이러한 행위가 사기죄의 공동정범의 실행행위의 분담으로서 평가를 받을 수 있기 위해서는 공동의 범행계획에 기초한 행위기여, 즉 공동가공의사가 존재하여야 한다. 甲은 乙의 사기범행을 사전에 인지하였고, 乙의 부탁을 받고 새로운 예금통장을 만들었으며, 통장으로 인출된 금원 중 일부를 대가라고 생각하고 인출까지 하였다는 점에서 乙의 사기범행에 대하여 인식 내지 용인하고 있었다고 볼 수 있다. 그러나 본 사례에 나타난 사정만으로는 甲에게는 乙의 사기 범행을 용이하게 한다는 의사[3]가 있었을 뿐이고, 더 나아가 乙과 일체가 되어 서로 다른 사람의 행위를 이용하여 자기의 의사를 실행에 옮긴다는 공동가공의 의사가 있었다고 보기는 어렵다. 덧붙여 乙은 甲이 몰래 돈을 인출한 데 대하여 항의하고 살해할 의사까지 가지게 되었는바, 이에 비추어 보면 甲과 乙 상호간에 이러한 의사연락이 없었음을 알 수 있다.

따라서 甲에 대하여 사기죄의 공동정범이 아니라 사기방조죄(형법 제347조 제1항, 형법 제32조 제1항)가 성립한다.[4]

㈏ 전자금융거래법위반죄의 성립 여부[5]

누구든지 금융기관 접근매체(전자금융거래법 제2조 제10호)[6]를 양도하거나 양수하는

---

1) 이에 대한 상세는 사례 5. [14-변시(3)-1] 제1문 '乙의 형사책임' 부분 참조.

2) 대법원 2010. 7. 15. 선고 2010도3544 판결.

3) 방조행위는 정범이 범행을 한다는 정을 알면서 그 실행행위를 용이하게 하는 직접·간접의 행위이다(대법원 2012. 6. 28. 선고 2012도2628 판결).

4) 대법원 2010. 12. 9. 선고 2010도6256 판결(관련판례)의 제1심 판결도 보이스피싱 범행을 돕기 위하여 12만 원을 받고 범행에 사용할 금융기관 계좌의 통장, 현금카드, 비밀번호를 양도한 행위에 대하여 사기방조죄를 인정하였다(서울남부지방법원 2010. 2. 11. 선고 2009고단4641 판결).

5) 변호사시험 출제범위 법령은 아니다.

6) 전자금융거래에 있어서 거래지시를 하거나 이용자 및 거래내용의 진실성과 정확성을 확보하기 위하여 사용되는 다음 어느 하나에 해당하는 수단 또는 정보를 말한다.
가. 전자식 카드 및 이에 준하는 전자적 정보, 나. 「전자서명법」 제2조 제3호의 전자서명생성정보 및

때에는 5년 이하의 징역 또는 3천만 원 이하의 벌금에 처한다(동법 제49조 제4항 제1호, 제6조 제3항 제1호). 甲은 乙에게 금융기관 접근매체인 자신 명의의 예금통장(뒷면에 부착된 마그네틱 띠에 저장된 전자정보 이용)을 양도하였으므로 전자금융거래법위반죄가 성립한다.[1]

(2) 500만 원을 임의 인출하여 소비한 행위

甲이 乙의 기망행위로 인하여 A가 甲의 계좌로 송금한 1,000만 원 중 500만 원을 자신의 현금카드로 인출한 행위가 장물취득죄 또는 횡령죄에 해당하는지 문제된다.

㈎ 장물취득죄의 성립 여부

㈀ 인출한 금원이 장물인지 여부

甲은 乙의 사기죄의 방조범이므로 만일 乙이 영득한 장물을 취득하였다면 장물취득죄(형법 제362조 제1항)가 성립한다. 甲에 대하여 장물취득죄가 성립하는지 여부를 검토하기 위해서는, 먼저 甲이 乙에게 양도한 자신의 예금계좌로 송금된 1,000만 원 중에서 현금카드로 인출한 500만 원이 장물에 해당하는지 살펴보아야 한다.

장물은 재산범죄에 의하여 영득한 재물 그 자체를 말하므로[2] 장물인 돈으로 매입한 재물이나 장물을 매각한 대금으로 받은 돈, 장물과 교환한 재물과 같은 대체장물은 장물이 아니다. 다만, 금전과 같이 대체가능한 재물의 경우에는 ① 장물성을 긍정하는 긍정설과 ② 이를 부정하는 부정설이 대립한다. 이 경우에는 물체의 영득보다 가치의 취득이라는 성질이 강하고 행위자가 취득한 가치총액은 그 금전을 교환한 때에도 동일성이 유지된다는 점에서 긍정설이 타당하다. 판례도 장물인 현금과 수표를 예금하였다가 현금으로 인출한 경우 장물성을 긍정하고 있다.[3]

본 사례에서 사기죄로 영득한 재물, 즉 장물은 피해자 A 소유의 현금 1,000만 원이다. 그런데 이를 교부하는 방법으로서 예금계좌 송금이라는 형식의 교부방법이 사용된 것이고,[4] 그것이 예금통장에 보관되어 있다가 일부 인출된다고 하더라도 대체

같은 조 제6호의 인증서, 다. 금융회사 또는 전자금융업자에 등록된 이용자번호, 라. 이용자의 생체정보, 마. 가목 또는 나목의 수단이나 정보를 사용하는 데 필요한 비밀번호

1) 대법원 2013. 8. 23. 선고 2013도4004 판결; 대법원 2017. 8. 18. 선고 2016도8957 판결.

2) 대법원 2000. 3. 10. 선고 98도2579 판결.

3) 대법원 2000. 3. 10. 선고 98도2579 판결; 대법원 2004. 3. 12. 선고 2004도134 판결.

4) 이와는 달리, 권한 없이 인터넷뱅킹상의 타인의 계좌에 접속하여 자신의 예금계좌로 이체하게 하여 자신의 예금액을 증액시킴으로써 컴퓨터등사용사기죄가 성립하는 경우에는, 컴퓨터등사용사기죄에 의하여 취득한 예금채권은 재물이 아니라 재산상 이익이므로 그 후 자신의 현금카드를 사용하여 현금자동지급기에서 현금을 인출한 행위는 장물을 금융기관에 예치하였다가 인출한 것으로 볼 수 없다(대법원

가능한 금전이라는 재물의 특성상 그 동일성은 유지된다고 볼 수 있다(**관련판례**[1]). 따라서 甲이 인출한 500만 원은 장물에 해당한다.

(ㄴ) 장물취득죄에서의 '취득'에 해당하는지 여부

장물취득죄에서 '취득'은 장물의 점유를 이전받음으로써 그 장물에 대하여 사실상 처분권을 획득하는 것을 의미하므로[2] 본범으로부터의 점유의 이전이 있어야 한다. 그런데 본 사례의 경우, 본범인 乙에게 편취금이 귀속되는 과정을 거치지 않고 A로부터 甲의 예금계좌로 1,000만 원이 송금되었을 뿐이다. 따라서 그 후 甲이 자신의 예금계좌에서 돈을 인출하였다 하더라도 이는 예금명의자로서 은행에 예금반환을 청구한 결과일 뿐, 본범인 乙로부터 돈에 대한 점유를 이전받아 사실상 처분권을 획득한 것은 아니므로 장물을 '취득'한 것이라고 할 수 없다(**관련판례**).

(ㄷ) 소결

따라서 甲에 대하여 장물취득죄는 성립하지 않는다.

(나) 횡령죄의 성립 여부

甲이 자신의 계좌에 있는 돈 중 일부를 인출하였지만 그 돈은 乙이 피해자 A를 기망하여 교부받은 금원인데, 이를 보관하던 중 인출한 것은 乙 또는 A에 대한 횡령죄(형법 제355조 제1항)가 성립하는 것이 아닌지 문제된다.

(ㄱ) 乙과의 관계에서

횡령죄가 성립하기 위해서는 위탁관계에 기인하여 재물을 보관하여야 하며, 위탁관계는 반드시 사용대차·임대차·위임 등의 계약에 의하여 설정될 것을 요하지 않고,

---

2004. 4. 16. 선고 2004도353 판결).

1) (**관련판례**) 대법원 2010. 12. 9. 선고 2010도6256 판결【장물취득·장물보관】.「이 사건의 경우 피해자는 본범인 성명불상자의 기망행위에 속아 현금 1,000만 원을 피고인의 예금계좌로 송금하였고, 이는 재물에 해당하는 현금을 교부받는 방법이 예금계좌로 송금하는 형식으로 이루어진 것에 불과하다. (중략) 이 사건과 같이 피해자가 피고인 명의의 새마을금고 예금계좌로 돈을 송금한 경우 피해자의 새마을금고에 대한 예금채권은 당초 발생하지 않는다. 위 법리에 의하면, 본범이 사기 범행으로 취득한 것은 재산상 이익이어서 장물에 해당하지 않는다는 원심(주: 서울남부지방법원 2010. 4. 30. 선고 2010노370 판결)의 판시는 사기죄의 객체 및 장물취득죄에 있어서의 장물의 의미 등에 관한 법리오해에서 비롯된 것으로서 적절하지 아니하다. 다만, 장물취득죄에 있어서 '취득'이라 함은 장물의 점유를 이전받음으로써 그 장물에 대하여 사실상 처분권을 획득하는 것을 의미하는데, 이 사건의 경우 본범의 사기행위는 피고인이 예금계좌를 개설하여 본범에게 양도한 방조행위가 가공되어 본범에게 편취금이 귀속되는 과정 없이 피고인이 피해자로부터 피고인의 예금계좌로 돈을 송금받아 취득함으로써 종료되는 것이고, 그 후 피고인이 자신의 예금계좌에서 위 돈을 인출하였다 하더라도 이는 예금명의자로서 은행에 예금반환을 청구한 결과일 뿐 본범으로부터 위 돈에 대한 점유를 이전받아 사실상 처분권을 획득한 것은 아니므로, 피고인의 위와 같은 인출행위를 장물취득죄로 벌할 수는 없다.」

2) 대법원 2003. 5. 13. 선고 2003도1366 판결.

사무관리·관습·조리·신의칙 등에 의해서도 성립될 수 있다.[1] 본 사례에서 甲의 계좌에 있는 돈은 乙의 사기범행을 통하여 피해자 A로부터 곧바로 입금된 것으로서 乙이 이를 취득하였다고 볼 수 없고, 甲과 乙과의 위탁관계는 횡령죄로 보호할 만한 가치가 있는 위탁관계도 아니다(**관련판례**[2]). 또한, 甲이 보관 중이던 돈은 사기범인 乙이 위탁한 장물로서 불법원인급여물에 해당된다(불법원인급여물이 아니라는 견해도 있음).[3] 이러한 불법원인급여물을 보관 중인 자가 임의로 처분한 경우에 횡령죄가 성립하는지 여부에 관하여는,[4] ① 소극설(통설), ② 적극설, ③ 절충설(제한적 적극설)의 대립이 있다. 판례는 급여한 물건의 소유권이 상대방에게 귀속되므로[5] 횡령죄가 성립하지 않는다고 판시하여 ①의 소극설의 입장이다.[6] 판례와 통설에 의하면, 본 사례에서 乙과

---

1) 대법원 2011. 3. 24. 선고 2010도17396 판결; 대법원 2014. 2. 27. 선고 2011도48 판결.

2) (**관련판례**) 대법원 2018. 7. 19. 선고 2017도17494 전원합의체 판결 【사기방조·횡령】. 「송금의뢰인이 다른 사람의 예금계좌에 자금을 송금·이체한 경우 특별한 사정이 없는 한, (중략) 계좌명의인이 그와 같이 송금·이체된 돈을 그대로 보관하지 않고 영득할 의사로 인출하면 횡령죄가 성립한다. 이러한 법리는 계좌명의인이 개설한 예금계좌가 전기통신금융사기 범행에 이용되어 그 계좌에 피해자가 사기피해금을 송금·이체한 경우에도 마찬가지로 적용된다. 계좌명의인은 피해자와 사이에 아무런 법률관계 없이 송금·이체된 사기피해금 상당의 돈을 피해자에게 반환하여야 하므로, 피해자를 위하여 사기피해금을 보관하는 지위에 있다고 보아야 하고, 만약 계좌명의인이 그 돈을 영득할 의사로 인출하면 피해자에 대한 횡령죄가 성립한다. 이때 계좌명의인이 사기의 공범이라면 자신이 가담한 범행의 결과 피해금을 보관하게 된 것일 뿐이어서 피해자와 사이에 위탁관계가 없고, 그가 송금·이체된 돈을 인출하더라도 이는 자신이 저지른 사기범행의 실행행위에 지나지 아니하여 새로운 법익을 침해한다고 볼 수 없으므로 사기죄 외에 별도로 횡령죄를 구성하지 않는다.

한편 계좌명의인의 인출행위는 전기통신금융사기의 범인에 대한 관계에서는 횡령죄가 되지 않는다. ① 계좌명의인이 전기통신금융사기의 범인에게 예금계좌에 연결된 접근매체를 양도하였다 하더라도 은행에 대하여 여전히 예금계약의 당사자로서 예금반환청구권을 가지는 이상 그 계좌에 송금·이체된 돈이 그 접근매체를 교부받은 사람에게 귀속되었다고 볼 수는 없다. 접근매체를 교부받은 사람은 계좌명의인의 예금반환청구권을 자신이 사실상 행사할 수 있게 된 것일 뿐 예금 자체를 취득한 것이 아니다. 판례는 전기통신금융사기 범행으로 피해자의 돈이 사기이용계좌로 송금·이체되었다면 이로써 편취행위는 기수에 이른다고 보고 있는데, 이는 사기범이 접근매체를 이용하여 그 돈을 인출할 수 있는 상태에 이르렀다는 의미일 뿐 사기범이 그 돈을 취득하였다는 것은 아니다. ② 또한 계좌명의인과 전기통신금융사기의 범인 사이의 관계는 횡령죄로 보호할 만한 가치가 있는 위탁관계가 아니다.」

본 판결 해설은 배정현, "제3자 명의 사기이용계좌(이른바 대포통장) 명의인이 그 계좌에 입금된 보이스피싱 피해금을 인출한 경우 횡령죄 성립 여부", 대법원판례해설 제118호(2018 하반기), 2019, 621–645면.

3) 윤병철, "업무상 과실로 장물을 보관하고 있다가 임의 처분한 경우 업무상과실장물보관죄 이외에 횡령죄가 성립하는지 여부(소극)", 대법원판례해설 제50호(2004 상반기), 2004, 681면.

4) 이에 대한 상세는 사례 3. [13–변시(2)–1] 제1문 '丁의 형사책임' 부분 참조.

5) 대법원 1979. 11. 13. 선고 79다483 전원합의체 판결.

6) 대법원 1999. 6. 11. 선고 99도275 판결(뇌물공여 또는 배임증재 목적) 등. 다만 판례는 포주의 윤락녀 화대 보관사례(대법원 1999. 9. 17. 선고 98도2036 판결), 전문도박꾼이 내기바둑의 채무변제로 유일한 재산을 양도받은 사례(대법원 1997. 10. 24. 선고 95다49530 판결)와 같이 수익자의 불법성이 급여자의 불법성보다 현저히 큰 경우에는 횡령죄가 성립한다고 한다.

의 관계에서 甲에 대하여 횡령죄가 성립할 여지는 없다.

(ㄴ) **사기피해자 A와의 관계에서**

사기피해자 A에 대한 관계에서는 ① 甲이 예금통장 명의자로서 피해자로부터 입금된 돈의 보관자의 지위에 있으므로 횡령죄가 성립한다는 견해(긍정설)와 ② 이를 부정하는 견해(부정설)가 있을 수 있다.

판례는 전기통신금융사기(보이스피싱)범에게 이용계좌를 양도한 명의인이 계좌에 입금된 사기피해금을 임의로 인출한 사례에서, ⓐ 계좌명의인이 사기범과 공범이 아닌 경우에는 횡령죄가 성립하지만, ⓑ 사기범과 공범인 경우에는 자신이 가담한 범행의 결과 피해금을 보관하게 된 것일 뿐이어서 피해자와 사이에 위탁관계가 없고, 그가 송금·이체된 돈을 인출하더라도 이는 자신이 저지른 사기범행의 실행행위에 지나지 아니하여 새로운 법익을 침해한다고 볼 수 없으므로 사기죄 외에 별도로 횡령죄를 구성하지 않는다고 판시하였다(**관련판례**). 판례에 의하면, 본 사례에서 甲에 대하여 사기방조죄가 성립하므로 피해자와의 관계에서 별도로 횡령죄는 성립하지 않는다.

(ㄷ) **소결**

甲에 대하여 乙과의 관계에서는 물론 A와의 관계에서도 횡령죄가 성립하지 않는다.

(3) 음주운전 중 B를 충격한 행위에 대한 형사책임

(가) 도로교통법위반(음주운전)죄의 성립 여부

甲이 혈중알코올농도 기준을 초과하여(도로교통법 제44조 제4항)[1] 0.25%의 만취상태로 승용차를 운전한 행위는 도로교통법위반(음주운전)죄(동법 제148조의2 제3항 제1호, 제44조 제1항)에 해당한다.

(나) 특정범죄가중처벌등에관한법률위반(위험운전치상)죄[2]의 성립 여부

(ㄱ) **치상 여부**

甲이 음주운전 중 교통사고를 내서 피해자 B에게 중상을 입힌 행위가 교통사고처리특례법위반(치상)죄(동법 제3조 제1항, 제2항 단서 제8호, 형법 제268조)에 해당하는지, 특

---

1) 2018. 12. 24. 도로교통법 개정으로 주취운전 금지기준이 0.05%에서 0.03%로 하향되었다(시행은 2019. 6. 25.부터).

2) 위험운전으로 상해에 이르게 하면 1년 이상 15년 이하의 징역 또는 1천만 원 이상 3천만 원 이하의 벌금, 사망에 이르게 하면 무기 3년 이상의 유기징역에 처한다(특가법 제5조의11). 종래 치상과 치사의 법정형이 다름에도 불구하고 죄명은 모두 '특정범죄가중처벌등에관한법률위반(위험운전치사상)'이었으나, 2016. 7. 1. 치상죄와 치사죄로 구분되었다(공소장 및 불기소장에 기재할 죄명에 관한 예규 별표 3).

정범죄가중처벌등에관한법률위반(위험운전치상)죄(동법 제5조의11, 형법 제268조)에 해당하는지 문제된다. 후자는 형식적으로 혈중알코올농도의 법정 최저기준치를 초과하였는지 여부와는 상관없이 운전자가 음주의 영향으로 실제 정상적인 운전이 곤란한 상태에 있어야만 한다.[1] 여기서 '정상적인 운전이 곤란한 상태인지 유무'를 판단하기 위해서는 ① 운전자의 말하는 태도, 얼굴색, 직립·보행능력 등 운전자의 상태, ② 교통사고 전후의 운전자 행태 및 ③ 교통사고 발생경위 등을 종합적으로 판단하여, 전방주시가 곤란하거나 조향 및 제동장치 등의 조작 시기나 그 힘의 조절에 관하여 이를 자기가 의도한 대로 수행하는 것이 곤란하였다고 볼 만한 경우 등 제반 사정을 참작하여 결정하여야 한다.

본 사례에서 甲은 혈중알코올농도 0.25%로 주취운전 금지기준을 훨씬 초과하여 만취상태에 있었고, 보행신호에 따라 횡단보도를 걸어가고 있는 B를 충격한 점에 비추어 '음주의 영향으로 정상적인 운전이 곤란한 상태'에 있었다고 볼 것이다. 따라서 B의 상해와 관련하여 甲에 대하여 특정범죄가중처벌등에관한법률위반(위험운전치상)죄가 성립한다.

이때, 甲에 대하여 별도로 교통사고처리특례법위반죄(치상)가 성립하는지 문제된다. 甲의 행위는 위 교통사고처리특례법위반죄(치상)의 구성요건에도 해당한다. 그러나 특정범죄가중처벌등에관한법률위반(위험운전치상)죄는 주취상태에서의 자동차 운전으로 인한 교통사고가 빈발하고 그로 인한 피해자의 생명·신체에 대한 피해가 중대할 뿐만 아니라 사고발생 전 상태로의 회복이 불가능하거나 쉽지 않은 점 등을 고려하여 형법 제268조에서 규정하고 있는 업무상과실치사상죄의 특례를 규정하여 가중처벌하고 있다는 점을 고려하면, 교통사고처리특례법위반(치상)죄와는 특별법과 일반법의 관계에 있어서 특별범죄가중처벌등에관한법률위반(위험운전치상)죄가 성립하는 때에는 그 죄에 흡수되어 별도로 범죄를 구성하지 않는다고 할 것이다. 대법원도 같은 입장이다.[2]

(ㄴ) 치사 여부

甲의 승용차에 치어 중상을 입은 B는 사고 직후 구급차에 실려 병원으로 후송되던 중, 교차로에서 신호를 무시하고 지나가는 트럭과 구급차가 부딪쳐 구급차가 전복되는 바람에 그 충격으로 사망하였다. 즉, 甲의 행위와 B의 사망이라는 결과 사이에는 신호위반 트럭에 의한 충격행위라는 제3자의 과실행위가 개입되었다. 그럼에도 불

---

1) 대법원 2008. 11. 13. 선고 2008도7143 판결.
2) 대법원 2008. 12. 11. 선고 2008도9182 판결.

구하고 과연 B의 사망이라는 최종 결과에 대하여 甲에게 책임을 물을 수 있는지가 문제된다. 이는 인과관계와 객관적 귀속의 문제로서 만일 甲의 위험운전행위와 B의 사망 간에 인과관계 또는 객관적 귀속을 인정할 수 있다면 甲은 위험운전치사의 책임을 지게 될 것이다.

인과관계와 객관적 귀속에 대하여는 대별하여 ① 일정한 행위가 경험칙상 그 결과를 발생시키는 데 상당하다고 인정될 때에 인과관계가 인정된다는 상당인과관계설과, ② 인과관계는 결과가 행위에 시간적으로 뒤따르는 외계의 변동에 연결되고, 이 변동이 행위와 합법칙적 연관하에 구성요건적 결과로 실현되면 인정되고(합법칙적 조건설), 나아가 그 결과를 행위자의 행위에 객관적으로 귀속시킬 수 있어야 한다는 객관적 귀속론(통설)이 대립된다. 판례는 상당인과관계설의 입장이다.[1]

①의 상당인과관계설에 의할 경우, 통찰력 있는 일반인의 생활경험에 비추어 보았을 때 선행 교통사고 후에 발생한 2차 사고로서, 선행 행위 직후 또는 선행 사고현장 내지 현장에 근접한 장소도 아니고, 구급차에 옮겨진 후 병원으로 향하던 중 신호에 위반한 트럭에 전복되어 사망의 결과가 발생할 것이라는 인과적 진행에 대해서는 예견할 수 없을 것으로 판단된다(객관적 사후예측의 방법론). 나아가 교차로에서 신호를 위반한 트럭 운전자의 과실은 매우 중하다고 할 것이다. 이런 점에 비추어, 甲의 행위와 B의 사망 간에는 인과관계가 인정되지 않는다.[2] 한편 ②의 객관적 귀속론에 의하면, 甲의 선행행위에 의하여 창설된 위험이 사망의 결과에 있어서도 위험을 야기하거나 증대시킴으로써 사실상 실현되었다고 볼 수 있을 때 甲에게 사망에 대한 책임을 귀속시킬 수 있을 것이다. 그런데 B의 사망은 甲이 창설한 위험의 구체적인 실현으로 발생한 것이 아니라, 신호위반 트럭의 주의의무 위반에 의한 구급차 전복사고에 의하여 발생하였다. 즉, 제3자의 중한 과실의 개입으로 인하여 새로운 또는 더 증가된 위험이 발생하였고, 그와 같은 위험의 구체적인 실현에 의하여 비로소 최종적인 사망의 결과가 발생한 것이다. 따라서 甲에게 B의 사망이라는 결과발생에 대한 책임을 귀속시키기 어렵다.

---

1) 대법원 2011. 4. 14. 선고 2010도10104 판결 등.
2) 제3자의 과실행위가 개입한 경우에 과실의 정도가 경미한 경우에는 상당인과관계가 인정되기 쉬울 것이다. 이와 관련하여 대법원은 ① 의사의 수술지연이 사망의 결과에 유력한 원인이 되지 못한 경우(대법원 1984. 6. 26. 선고 84도831, 84감도129 판결), ② 전원(轉院) 조치 후의 의사의 조치가 다소 미흡한 경우(대법원 2010. 4. 29. 선고 2009도7070 판결), ③ 피해자가 피고인이 운전하던 오토바이에 충격되어 도로에 전도된 후 40-60초 후 다른 차량에 치어 사망한 경우(대법원 1990. 5. 22. 선고 90도580 판결. 본 판결 평석은 정현미, "인과과정에 개입된 타인의 행위와 객관적 귀속", 형사판례연구 〔9〕, 2001, 143-166면), ④ 전문병원에 전원조치하지 않은 상태에서 포도당 주사를 투여한 당직의사의 과실이 일부 개입한 경우(대법원 1994. 12. 9. 선고 93도2524 판결)에 인과관계를 인정하고 있다.

결국 어느 견해에 의하더라도 B의 사망에 대하여 甲은 치사 책임을 지지 않는다.

상당인과관계설과 객관적 귀속론

1. 인과관계에 관한 학설

인과관계를 설명하는 이론으로는 일반적으로 ① 조건설, ② 합법칙적 조건설, ③ 상당인과관계설이 있다. ① 조건설은 만일 그것이 없었다면 결과가 발생하지 않았으리라고 생각되는 모든 조건은 결과에 대한 원인이 됨으로써 인과관계가 인정된다고 설명하는 견해이다. 등가설이라고도 하고, 독일과 일본의 판례는 이를 따르고 있다. ② 합법칙적 조건설은 결과가 행위에 시간적으로 뒤따르면서 합법칙적으로 연결되어 있을 때 인과관계가 인정된다고 한다. 순수한 형태의 조건설에 의하면 인과관계의 인정범위가 지나치게 넓고 불합리한 결과가 초래되는 문제점을 수정하기 위한 수정된 조건설이라고 할 수 있다. ③ 상당인관관계설은 행위가 자연과학적 또는 합법칙적으로 결과를 야기하였는가뿐만 아니라 행위가 지금까지의 경험법칙에 비추어 결과를 발생시킬 상당성 내지 개연성이 있는가를 인과관계의 판단기준으로 삼아서 상당히 개연성 있는 경우에만 행위와 결과 사이의 인과관계를 인정한다. 그러나 상당인과관계설에 대하여는 상당성이 명백한 기준으로 되지 못하고, 구성요건의 단계에서 인과관계를 부정함으로써 책임범위를 제한하는 것은 결과귀속과 인과관계를 혼동하였다는 비판이 있다.

2. 판례의 상당인과관계설

대법원은 상당인과관계설의 입장이다.[1] 다만, 그 유형은 ① 단순히 상당인과관계가 있다·없다고 한 경우,[2] ② 통상적으로 예견할 수 있으므로 인과관계가 있다고 한 경우,[3] ③ 직접적인 원인이 되어야 인과관계가 있다고 한 경우,[4] ④ 유력한 원인이 있으면 인과관계가 있다고 한 경우,[5] ⑤ 단순히 인과관계가 있다·없다고 한 경우[6] 등 다양하다. 최근에는 행위 후의 개재사정이 있는 경우의 인과관계를 둘러싸고, 피고인의 행위로 초래된 '위험'이 범죄 결과로 '현실화'된 것으로 인정할 수 있는지 여부를 판단기준으로 제시한 판례가 있다.[7] 여기서는 행위시에 개재사정이 예상가능하였는가 하는 것은 결정적인 의미를 갖지 못한다. 이런 의미에서 이 판례는 종래의 주류적인 상당인과관계설과는 조금 거리가 있는, 다시 말하면 객관적 귀속론의 입장과도 일맥상통하는 판례라고 평가할 수 있다.

---

1) 대법원 2011. 4. 14. 선고 2010도10104 판결 등.
2) 대법원 2002. 10. 11. 선고 2002도4315 판결.
3) 대법원 1955. 6. 7. 선고 4288형상88 판결.
4) 대법원 1990. 5. 22. 선고 90도580 판결.
5) 대법원 1984. 6. 26. 선고 84도831, 84감도129 판결.
6) 대법원 1972. 3. 28. 선고 72도296 판결.
7) 대법원 2009. 4. 23. 선고 2008도11921 판결(태안기름유출사건 판결).

3. 객관적 귀속론
객관적 귀속론은 인과관계가 인정되는 결과를 행위자의 행위에 객관적으로 귀속시킬 수 있는지를 확정하는 이론으로서, 행위와 결과 사이의 인과관계는 조건관계에 의하여 결정하되, 발생된 결과를 행위자에게 귀속시킬 수 있는지는 규범적 검토를 통하여 결정하여야 한다는 이원론적 입장을 취한다. 객관적 귀속의 기준으로는 ① 행위자가 행위과정을 지배가능하였는지를 기준으로 하는 지배가능성이론, ② 그 행위가 보호객체에 대한 위험을 야기하거나 증대시키는 행위인 경우에만 결과를 행위에 귀속시킬 수 있다는 위험증대이론도 주장되고 있으나, 최근에는 ③ 허용되지 않는 위험이 실현되어 결과가 발생한 때에도 구성요건의 범위나 규범의 보호목적에 포함되지 않는 때에는 결과귀속을 부인하는 규범의 보호목적이론 이 주류를 이루고 있다. 규범의 보호목적이론에 의하면, 객관적 귀속이 인정되기 위해서는 ⓐ 결과가 객관적으로 예견할 수 있고 지배할 수 있는 것이어야 하며, ⓑ 행위자가 보호법익에 대한 허용되지 않는 위험을 창출하거나 증대시켰고(위험창출), ⓒ 창출 또는 증대된 위험은 구성요건적 결과로 실현되었으며(위험실현),[1] ⓓ 위험이 실현된 결과는 위험창출·증대행위가 위반한 규범의 보호범위 안에서 발생하였을 것(규범의 보호목적)을 요한다.

(다) 소결

甲에 대하여 도로교통법위반(음주운전)죄와 B의 치상 부분에 대한 특정범죄가중처벌등에관한법률위반(위험운전치상)죄가 각 성립하고, 두 죄는 실체적 경합관계(형법 제37조, 제38조)[2]에 있다.

(4) 설문의 해결

甲에 대하여 사기방조죄와 전자금융거래법위반죄, 도로교통법위반(음주운전)죄, B의 치상 부분에 대한 특정범죄가중처벌등에관한법률위반(위험운전치상)죄가 각 성립하고, 각 죄는 실체적 경합관계에 있다.

3. 乙의 형사책임

(1) 사기죄 및 전자금융거래법위반죄의 성립 여부

乙은 피해자 A를 기망하여 양수받은 甲의 예금계좌로 1,000만 원을 송금하게 하였다. 이는 사람을 기망하여 재물을 교부받은 것으로서 乙에 대하여 사기죄(형법 제347조 제1항)와 전자금융거래법위반죄(동법 제49조 제4항 제1호, 제6조 제3항 제1호)가 성립한다.

---

1) 과실범에서는 의무위반관련성이다.
2) 대법원 2008. 11. 13. 선고 2008도7143 판결.

(2) 현주건조물방화치사미수죄 또는 살인미수죄의 성립 여부

(가) 현주건조물방화죄의 기수 여부

불을 놓아 사람이 주거로 사용하거나 사람이 현존하는 건조물을 불태운 때에는 현주(현존)건조물방화죄(형법 제164조 제1항. 무기 또는 3년 이상 징역)가 성립하고, 이로 인하여 사람을 상해에 이르게 한 때에는 현주(현존)건조물방화치상죄(형법 제164조 제2항. 무기 또는 5년 이상 징역)가 성립한다. 乙은 甲의 집에 불을 질렀는데, 방화죄의 실행의 착수시기는 목적물 또는 매개물에 불을 켜서 붙였거나 불이 붙게 됨으로써 연소작용이 계속될 수 있는 상태에 이른 때이므로[1] 乙이 현주건조물방화죄의 실행에 착수한 점에는 의문의 여지가 없다. 다만 '불태워진' 시점 즉 기수시기를 언제로 볼 것인가에 대하여는, ① 불이 매개물을 떠나 목적물에 옮겨 붙어 독립하여 연소할 수 있는 상태에 이르렀을 때 기수가 된다는 독립연소설(통설), ② 화력으로 목적물의 중요부분이 소실되어 그 본래 효용을 상실한 때 기수가 된다는 효용상실설, ③ 목적물의 중요부분에 불이 붙기 시작한 때 기수가 된다는 중요부분연소개시설, ④ 반드시 중요부분이 훼손될 필요가 없고 손괴죄 성립에 필요한 일부손괴가 있으면 기수가 된다는 일부손괴설이 대립된다. 방화죄가 추상적 위험범으로서 기본적으로 공공위험범으로서의 성격이 있고, 부차적으로 재산범적 성격을 가지고 있다는 점을 고려볼 때 독립연소설이 타당하다고 할 것이다. 판례도 독립연소설의 입장이다.[2]

본 사례에서는 '불을 지르고 불길이 치솟았다'고 하므로 판례에 의하며 현주건조물방화죄의 기수가 인정된다.

(나) 현주건조물방화치사미수죄의 성립 가능성

乙은 甲을 살해할 의사로 현주건조물에 방화하였으나 甲은 乙의 전화를 받고 집밖으로 빠져 나와 목숨을 건졌다. 이 경우, 乙에 대하여 현주건조물방화치사미수죄가 성립하는지 아니면 현주건조물방화죄와 살인미수죄의 상상적 경합범이 성립하는지 문제된다. 이를 판단하기 위해서는 현주건조물방화치사죄가 부진정결과적 가중범인지, 부진정결과적 가중범이라고 할 경우 미수죄가 성립하는지를 먼저 검토할 필요가 있다.

(ㄱ) 부진정결과적 가중범의 인정 여부

결과적 가중범은 고의의 기본 범죄로 행위자가 예견하지 못한 중한 결과가 발생한 경우에 형이 가중되는 범죄이다(형법 제15조 제2항). 이를 진정결과적 가중범이라고

1) 대법원 2002. 3. 26. 선고 2001도6641 판결.
2) 대법원 1961. 5. 15. 선고 4294형상89 판결; 대법원 2007. 3. 16. 선고 2006도9164 판결.

한다. 그 외에 중한 결과에 대하여 고의가 있는 경우에 과실범의 경우보다 가볍게 벌하는 법정형의 불균형 현상이 발생하는 일부 범죄[1)]에 대하여는 부진정결과적 가중범을 긍정하는 것이 타당하다(통설·판례[2)]).[3)]

현주건조물방화치사죄(형법 제164조 제2항)의 법정형은 사형, 무기 또는 7년 이상의 징역으로서, 현주건조물방화죄(형법 제164조 제1항. 무기 또는 3년 이상의 징역)와 살인죄(형법 제250조 제1항. 사형, 무기 또는 5년 이상의 징역)의 상상적 경합보다 무거우므로 부진정결과적 가중범이라고 할 것이다.

㈁ 부진정결과적 가중범의 미수범의 인정 여부

乙은 甲의 집에 불을 질렀으나 치솟는 불길에 당황하여 甲에게 전화를 하여 집 밖으로 빠져나오게 하여 사망의 결과는 발생하지 않았다. 부진정결과적 가중범을 인정하는 견해에 의하더라도, 중한 결과에 대하여 고의가 있었지만 결과가 발생하지 않은 경우 결과적 가중범의 미수를 인정할 수 있는가에 대하여 견해가 대립한다.

이에 대하여는 ① 형법이 결과적 가중범에 대하여 미수범 처벌규정[4)]을 두고 있고, 미수와 기수는 결과불법의 면에서 큰 차이가 있으므로 미수범 처벌규정이 있는 경우에는 미수가 가능하다고 하는 긍정설, ② 결과적 가중범의 미수는 있을 수 없다는 부정설(통설)이 대립된다. 판례는 부정설의 입장이다.[5)] 통설과 판례에 의할 경우, 부진정결과적 가중범의 미수죄는 성립할 여지가 없다. 따라서 본 사례에서 乙에 대하여도 현주건조물방화치사미수죄는 성립하지 않는다.

---

1) 특수공무집행방해치상죄, 현주건조물방화치사상죄, 현주건조물일수치상죄, 교통방해치상죄, 중상해죄를 부진정결과적 가중범으로 이해하고 있다.

2) 대법원 2008. 11. 27. 선고 2008도7311 판결(특수공무집행방해치상죄).

3) 부진정결과적 가중범이 성립되는 경우 결과에 대한 고의범과 부진정결과적 가중범 간의 죄수관계에 대하여, 통설은 두 죄가 상상적 경합관계라고 하는 반면, 판례는 고의범에 대하여 더 무겁게 처벌하는 규정이 없는 경우에는 결과적 가중범이 고의범에 대하여 특별관계에 있으므로 결과적 가중범만 성립하고, 결과에 대한 고의범의 법정형이 부진정결과적 가중범보다 높은 경우에는 결과에 대한 고의범과 부진정결과적 가중범의 상상적 경합을 인정한다(대법원 1996. 4. 26. 선고 96도485 판결; 대법원 1998. 12. 8. 선고 98도3416 판결; 대법원 2008. 11. 27. 선고 2008도7311 판결).
이에 대한 상세는 사례 1. [12－변시(1)－1] 제1문 '甲의 형사책임' 부분 참조.

4) 일수의 죄에 관한 미수범규정(형법 제182조).

5) 대법원 2008. 4. 24. 선고 2007도10058 판결.

결과적 가중범의 미수

① 긍정설은 형법이 결과적 가중범에 대하여 미수범 처벌규정을 두고 있고(방화에 관한 죄(형법 제174조), 일수에 관한 죄(형법 제182조)), 미수와 기수는 결과불법의 면에서 큰 차이가 있으므로 미수범 처벌규정이 있는 경우에는 미수가 가능하다고 한다. 이에 반하여 ② 부정설(통설)은 결과적 가중범의 미수는 있을 수 없으므로 기본범죄가 미수에 그쳤더라도 중한 결과가 발생한 이상 결과적 가중범도 기수가 되고, 비록 미수범 처벌규정이 있는 경우에도 고의범인 결합범(형법 제324조의3, 4의 인질상해·살인죄, 형법 제337조·제338조의 강도상해·살인죄)에만 적용된다고 한다. 그런데 형법상 강간치상미수죄의 처벌규정은 없지만, 성폭력범죄의처벌등에관한특례법위반(강간등치상)죄의 미수범 처벌규정(동법 제15조)이 있어 마찬가지로 문제가 된다.

이에 대하여 판례는 기본범죄인 강간이 미수에 그친 경우에도 결과적 가중범인 강간치상죄를 인정하고 있고,[1] 성폭력처벌법상의 위 미수범 처벌규정은 동법 제8조 제1항에서 특수강간치상죄와 함께 규정된 특수강간상해죄의 미수에 그친 경우, 즉 특수강간의 죄를 범하거나 미수에 그친 자가 피해자에 대하여 상해의 고의를 가지고 피해자에게 상해를 입히려다가 미수에 그친 경우 등에 적용된다고 하여 통설과 같은 입장이다.[2]

(다) 살인죄의 중지미수인지 여부

범인이 실행에 착수한 행위를 자의로 중지하거나 그 행위로 인한 결과의 발생을 자의로 방지한 때에는 중지미수로서 형을 감경하거나 면제한다(형법 제26조). 본 사례에서 乙이 '치솟는 불길에 당황하여' 甲으로 하여금 집 밖으로 빠져나오게 하여 사망의 결과가 발생하지 않도록 한 행위가 범인이 실행에 착수한 행위를 '자의로' 중지하거나 그 행위로 인한 결과의 발생을 자의로 방지한 경우,[3] 즉 중지미수에 해당하는지 문제된다.

---

1) 대법원 1988. 8. 23. 선고 88도1212 판결.

2) 대법원 2008. 4. 24. 선고 2007도10058 판결; 대법원 2013. 8. 22. 선고 2013도7138 판결; 대법원 2025. 3. 20. 선고 2023도10405 전원합의체 판결.

3) 중지미수는 실행행위를 종료하였는가에 따라 착수미수와 실행미수로 나누어진다. 착수미수는 행위의 계속을 포기하는 부작위로 충분함에 반하여, 실행미수는 결과의 발생을 방지하는 적극적 행위를 할 것을 요한다는 점에서 차이가 있다. 실행행위의 종료에 관하여는, ① 착수 시의 행위자의 계획이 실행을 계속하도록 되어 있는 때에는 객관적으로 결과발생의 가능성이 있는 행위가 종료하여도 실행은 종료되었다고 볼 수 없다는 견해(주관설 중 착수시기 기준설)(독일 판례), ② 행위자가 중지 시에 지금까지의 행위로는 결과가 발생하지 않는다고 확신하였거나 적어도 그렇게 신뢰하고 더 이상 행위를 하지 않았으면 실행은 종료되지 않는다는 견해(주관설 중 중지시기 기준설), ③ 객관적으로 결과발생의 가능성이 있는 행위가 있는 이상, 행위자가 지금까지의 행위로는 결과발생이 가능하다는 것을 모른 경우에도 실행행위는 종료되었다는 객관설, ④ 행위자의 의사와 행위 당시의 객관적 사정을 종합하여 행위자가 더 실행할 행위가 있는 경우에 행위자가 아직 실행하지 못한 행위와 이미 실행한 행위가 하나의 행위인 때는 착수미수이고, 다른 행위인 때는 실행미수라는 절충설, ⑤ 행위자의 범행계획을 고려하여 법익 침해의 직접적 행위가 종료되었을 때에 실행이 종료된다는 주관적 객관설 등이 대립된다. 위 어

중지미수의 주관적 요건으로서의 자의성을 어떻게 판단하느냐에 대해서 ① 고의로 포기하거나 동정·후회·양심의 가책 등 윤리적 동기가 있는 경우에만 자의성을 인정하는 주관설, ② 외부적 장애(물리적 장애) 이외의 사유에 의하여 범죄를 완성하지 않은 경우에는 자의성이 있다는 객관설, ③ '나는 가능하지만 원하지 않는다'(Ich will nicht zum Ziele kommen, selbst wenn Ich es konnte)는 의사로 중지하면 자의성이 있으나, '나는 하고자 원하였으나 불가능하였다'(Ich kann nicht zum Ziele kommen, selbst wenn Ich es wollte)는 의사로 중지하면 자의성이 없다는 프랑크공식, ④ 일반 사회통념상 범죄수행에 장애가 될 만한 사유가 없음에도 자기의사로 중지한 경우에는 자의성이 있다는 절충설(통설), ⑤ 자의성을 순수한 평가문제로 파악하여 범행을 중지하게 된 내심적 태도를 처벌이라는 관점에서 평가하여, 합법성으로의 회귀 또는 법의 궤도로의 회귀가 있으면 자의성이 인정된다는 규범설의 대립이 있다.

이에 대하여 판례는 "중지미수와 장애미수를 구분하는 데 있어서는 범죄의 미수가 자의에 의한 중지이냐 또는 어떤 장애에 의한 미수이냐에 따라 가려야 하고, 특히 자의에 의한 중지에서도 일반사회통념상 장애에 의한 미수라고 보여지는 경우를 제외한 것을 중지미수라고 풀이함이 일반적이다"라고 판시하여, 기본적으로 절충설의 입장과 같다(**관련판례**).

통설 및 판례의 기준에 의하면, 본 사례에서 乙이 치솟는 불길에 당황하여 결과를 방지한 것은 자신의 신체안전에 대한 위해 또는 발각 시 처벌 등에 대한 두려움으로 인한 것으로서, 이는 일반 사회통념상 범죄를 완수함에 장애가 되는 사정에 해당한다고 볼 수 있으므로 중지미수라고 볼 수는 없고 장애미수에 해당한다고 할 것이다. 대법원도 불길이 치솟는 것을 보고 겁이 나서 물을 부어 불을 끈 사안에서, 중지미수가 아니라 장애미수라고 판시하였다(**관련판례**[1]).[2]

느 견해에 의하더라도 본 사례에서의 乙의 행위는 실행미수에 해당한다.

1) (**관련판례**) 대법원 1997. 6. 13. 선고 97도957 판결【현주건조물방화(인정된 죄명: 실화)·현주건조물방화미수】. 「범죄의 실행행위에 착수하고 그 범죄가 완수되기 전에 자기의 자유로운 의사에 따라 범죄의 실행행위를 중지한 경우에 그 중지가 일반 사회통념상 범죄를 완수함에 장애가 되는 사정에 의한 것이 아니라면 이를 중지미수에 해당한다고 할 것이지만, 원심이 유지한 제1심판결이 적법하게 확정한 바와 같이, 피고인이 장롱 안에 있는 옷가지에 불을 놓아 건물을 소훼하려 하였으나 불길이 치솟는 것을 보고 겁이 나서 물을 부어 불을 끈 것이라면, 위와 같은 경우 치솟는 불길에 놀라거나 자신의 신체안전에 대한 위해 또는 범행 발각시의 처벌 등에 두려움을 느끼는 것은 일반 사회통념상 범죄를 완수함에 장애가 되는 사정에 해당한다고 보아야 할 것이므로, 이를 자의에 의한 중지미수라고는 볼 수 없다.」
본 판결 평석은 하태훈, "중지미수의 성립요건", 형사판례연구 〔7〕, 1999, 60-80면.

2) 이 판결에 대하여는, ① 범행에 당연히 수반되는 미약한 정도의 '단순한 두려움, 공포심, 놀람'은 일반 사회통념상 범죄수행에 장애가 될 만한 사정에 해당하지 않으므로 중지미수가 성립한다는 견해, ② 불

중지미수에서의 자의성에 관한 판례

중지미수에서의 자의성에 관한 판례를 살펴보면, 먼저 가책,[1] 동정[2] 등 내부적 동기(심정)로 중지한 경우에는 중지미수를 인정하고 있다. 그러나 이와는 달리 실행불가능이나 곤란[3] 등 외부적 사정만으로 범죄를 중지한 경우에는 중지미수가 아니라 장애미수라고 한다. 한편, 범죄수행경과에 따른 공포,[4] 발각위험의 현실화[5] 등과 같이 내부적 사정과 외부적 사정이 공존하는 경우에는 원칙적으로 장애미수이지만, 피해자를 강간하려다 피해자가 다음번에 만나 친해지면 응해주겠다는 취지로 간곡하게 부탁하자 그만 둔 경우[6] 등 애원에 따른 연민의 정으로 중지한 경우와 같이 사회통념상 범죄실행의 장애요소가 아님에도 내부적 심정이 보다 크게 작용한 경우에만 중지미수라고 한다.

길이 치솟는다는 것은 사회통념상 방화죄가 순조롭게 진행되고 있다는 것을 의미하므로 이는 외부적 장애가 아니고 행위자의 주관적 사정에 의한 것으로 이 판례는 절충설의 입장으로 볼 수 없고, 오히려 중지미수를 인정해야 한다는 견해, ③ 절충설의 입장에서 이 경우에는 중지미수가 성립된다는 견해 등이 있다.

1) 공동피고인이 상회에 침입하여 물건을 물색하던 중에, 망을 보던 피고인이 자신의 범행전력을 생각하여 가책을 느낀 나머지 스스로 결의를 바꾸어 상회주인에게 상피고인의 침입사실을 알려 각 체포됨으로써 범행이 중지된 경우는 중지미수이다(대법원 1986. 3. 11. 선고 85도2831 판결).

2) 미성년자를 유인하여 금원을 취득할 목적으로 미성년자를 유인하였으나 마음이 약해져 실행을 중지한 경우는 중지미수이다(대법원 1983. 1. 18. 선고 82도2761 판결).

3) ① 강간하려고 하였으나 잠자던 피해자의 어린 딸이 잠에서 깨어 울거나, 피해자가 시장에 간 남편이 곧 돌아온다고 하면서 임신 중이라고 말하자 도주한 경우는 장애미수이다(대법원 1993. 4. 13. 선고 93도347 판결). ② 피해자를 강간하려고 하던 중 피해자가 수술한 지 얼마 안 되어 배가 아프다면서 애원하는 바람에 그만 둔 경우, 그만 둔 것이 피해자를 불쌍히 여겨서가 아니라 피해자의 신체조건상 강간을 하기에 지장이 있다고 본 데 기인하므로 장애미수이다(대법원 1992. 7. 28. 선고 92도917 판결).

4) ① 방화하려고 매개물에 점화하였으나 불길이 솟는 것을 보고 겁을 먹고 놀라거나, 자신의 신체안전에 대한 위해 또는 범행발각 시의 처벌 등에 대한 두려움으로 불을 끈 경우, 장애미수이다(대법원 1997. 6. 13. 선고 97도957 판결). ② 살해하려고 칼로 찔렀으나 가슴 부위에 많은 피를 흘리는 것을 보고 겁을 먹고 그만둔 경우는 장애미수이다(대법원 1999. 4. 13. 선고 99도640 판결). 이 판결에 대하여는, ⓐ 중지미수가 된다는 견해, ⓑ 경악으로 인하여 실행행위를 계속할 수 없을 정도의 장애사유가 되어 장애미수라는 견해가 있다.

5) ① 관세법위반과 관련, 범행 당일 미리 제보를 받은 세관직원들이 범행장소 주변에 잠복근무를 하고 있어 그들이 왔다 갔다 하는 것을 본 피고인이 범행의 발각을 두려워한 나머지 자신이 분담하기로 한 실행행위에 이르지 못한 경우는 장애미수이다(대법원 1986. 1. 21. 선고 85도2339 판결). ② 대한민국에 입국하여 기밀을 탐지수집하던 중 경찰관이 피고인의 행적을 탐문하고 갔다는 말을 전해 듣고 지령사항 수행을 보류하고 있던 중 체포된 경우, 기밀탐지의 기회를 노리다가 검거된 것이므로 장애미수이다(대법원 1984. 9. 11. 선고 84도1381 판결).

6) 대법원 1993. 10. 12. 선고 93도1851 판결. 본 판결 해설 및 평석은 송진현, "중지미수의 자의성", 대법원판례해설 제20호(1993 하반기), 1994, 447－454면; 이용식, "부작위형태의 중지행위의 요건에 관하여: 형법 제26조 "실행에 착수한 행위를 중지하거나"의 해석과 관련하여", 법학 제46권 제3호(2005. 9), 서울대학교 법학연구소, 298－340면.

㈑ 소결

乙에 대하여 현주건조물방화죄(형법 제164조 제1항)와 살인미수죄(형법 제254조, 제250조 제1항)가 성립하고, 두 죄는 상상적 경합관계이다.

(3) 공무상비밀누설죄의 교사범의 성립 여부

乙은 도피 중에 경찰관인 친구 C에게 전화를 걸어 자신에 대한 수사상황을 알아봐달라고 부탁하였고, C는 甲이 체포된 사실과 甲 명의의 예금계좌에 대한 계좌추적 등의 수사상황을 알려주었다. C의 행위가 공무상비밀누설죄(형법 제127조)에 해당되는지, 해당되는 경우 이를 교사한 乙에 대하여 공무상비밀누설교사죄가 성립하는지 문제된다.

㈎ C에 대하여 공무상비밀누설죄가 성립하는지 여부

공무원 또는 공무원이었던 자가 법령에 의한 직무상 비밀을 누설한 때에는 공무상비밀누설죄(형법 제127조)가 성립한다. C는 현직 경찰관이므로 '공무원'에 해당하고, 수사상황 등을 모르는 乙에게 구체적인 수사사항 등을 알려주었으므로 '누설'한 때에 해당한다. 문제는 C가 알려준 사항이 '법령에 의한 직무상 비밀'에 해당하는지 여부이다. 직무상 비밀은 공무원이 직무집행상 알게 된 비밀을 의미하고, 반드시 법령에 의하여 비밀로 규정되었거나 비밀로 분류, 명시된 사항에 한하지 않고 객관적이고 일반적인 입장에서 외부에 알려지지 않는 것에 상당한 이익이 있는 사항도 포함되지만,[1] 실질적으로 그것을 비밀로서 보호할 가치가 있어야 한다.[2]

본 사례에서 C가 乙에게 누설한 공범의 체포나 계좌추적 등에 관한 정보는, 그것이 외부로 누설될 경우 乙이 아직까지 수사기관에서 확보하지 못한 자료를 인멸하거나, 수사기관에서 파악하고 있는 내용에 맞추어 증거를 조작하거나, 허위의 진술을 준비하는 등의 방법으로 수사기관의 범죄수사 기능에 장애를 초래할 위험이 있는 정보로서, 종국 결정을 하기 전까지는 외부에 누설되어서는 안 될 수사기관 내부의 비밀에 해당한다.[3] 따라서 C에 대하여 공무상비밀누설죄가 성립한다.

㈏ 공무상비밀누설죄에 대한 교사범 성립 여부

乙은 C에게 공무상 비밀누설의 범죄를 결의시켜 실행케 한 것이므로 교사범(형법

1) 대법원 2007. 6. 14. 선고 2004도5561 판결.
2) 대법원 2018. 2. 13. 선고 2014도11441 판결(검사의 수사지휘서가 공무상 비밀에 해당한다고 한 사례).
3) 대법원 2007. 6. 14. 선고 2004도5561 판결(검찰의 고위 간부가 특정사건에 대한 수사가 계속 진행 중인 상태에서 해당 사안에 관한 수사책임자의 잠정적인 판단 등 수사팀의 내부 상황을 확인한 뒤 그 내용을 수사대상자 측에 전달한 행위가 형법 제127조에 정한 공무상 비밀누설에 해당한다고 한 사례).

제31조 제1항)에 해당한다. 그런데 공무상비밀누설죄는 비밀을 누설한 자와 비밀을 누설받는 자의 서로 대향된 행위의 존재를 필요로 하는 대향범이다. 그중에서도 일방에 대한 처벌규정만 존재하는 대향범에 해당된다.[1] 이처럼 일방만 처벌되는 대향범의 경우에 처벌규정이 없는 대향자에게 공범규정이 적용될 수 있을지에 대해서는 ① 긍정설[2]과 ② 부정설(통설)이 대립된다. 통설은 입법자가 처음부터 처벌하지 않겠다는 의사를 명백히 한 것이므로 이를 존중해야 한다거나, 정범으로 처벌할 수 없는 자를 공범으로 처벌하여서는 안 된다는 것을 이유로 공범규정이 적용될 수 없다고 한다. 판례도 같은 입장이다(**관련판례**[3]).[4]

㈐ 소결

본 사례에서 乙은 C를 교사하여 공무상비밀누설죄를 범하게 하였지만, 통설과 판례에 의하면 乙에 대하여 공무상비밀누설죄의 교사범이 성립하지 않는다.

(4) 설문의 해결

乙에 대하여 사기죄, 전자금융거래법위반죄, 현주건조물방화죄, 살인미수죄가 각 성립하고, 현주건조물방화죄와 살인미수죄는 상상적 경합관계에, 나머지 죄들은 실체적 경합관계에 있다.

---

1) 대향범은 ① 대향자 쌍방의 법정형이 같은 경우〔도박죄(제246조), 촉탁·승낙낙태죄(제269조 제2항), 아동혹사죄(제274조), 부녀매매죄(제288조 제2항), 국외이송을 위한 매매죄(제289조 제2항)〕, ② 대향자 사이의 법정형이 다른 경우〔뇌물죄에서 수뢰죄(제129조), 업무상동의낙태죄(제270조 제2항)에서 의사와 임산부(제269조 제1항), 배임수증죄에서 증뢰죄(제133조), 배임수죄재와 배임증재죄(제357조)〕, ③ 대향자의 일방만 처벌하는 경우(편면적 대향범)〔범인은닉·도피죄(제151조 제1항), 음화등반포·판매·임대죄(제243조), 촉탁·승낙살인죄(제252조 제1항)〕로 나눌 수 있다.

2) 이에 대하여 불가벌인 대향자는 구성요건 실현을 위한 필요성의 범위를 초과하지 않는 범위 내에서는 불가벌이라는 견해, 편면적 대향범 중 사회적 법익에 관한 범죄에서는 자신만 개입된 대향공범은 불가벌이나 만일 타인을 개입시켰을 때에는 가벌성이 긍정될 수 있다는 견해 등이 있다.

3) (**관련판례**) 대법원 2011. 4. 28. 선고 2009도3642 판결【범인도피·공무상비밀누설(피고인 2에 대하여 인정된 죄명: 공무상비밀누설교사)】. 「2인 이상의 서로 대향된 행위의 존재를 필요로 하는 대향범에 대하여는 공범에 관한 형법총칙 규정이 적용될 수 없다(대법원 2007. 10. 25. 선고 2007도6712 판결 등 참조). 원심이 인정한 사실에 의하면 공무원인 피고인 甲(주: 법원공무원)이 직무상 비밀을 누설한 행위와 피고인 乙(주: 변호사사무실 직원)이 그로부터 그 비밀을 누설받은 행위는 대향범 관계에 있다고 할 것인데, 형법 제127조는 공무원 또는 공무원이었던 자가 법령에 의한 직무상 비밀을 누설하는 행위만을 처벌하고 있을 뿐 직무상 비밀을 누설받은 상대방을 처벌하는 규정이 없는 점에 비추어, 직무상 비밀을 누설받은 자에 대하여는 공범에 관한 형법총칙 규정이 적용될 수 없다고 봄이 상당하다.」

본 판결 평석은 김혜경, "비밀누설죄에서 대향자의 공범성립가능성 — 대향범성과 자수범성을 중심으로", 형사판례연구 〔20〕, 2012, 273–321면.

4) 같은 취지의 판결로는 대법원 2007. 10. 25. 선고 2007도6712 판결; 대법원 2009. 6. 23. 선고 2009도544 판결.

Ⅱ. 제2문—P의 긴급체포와 예금통장 및 필로폰 압수의 적법성

1. 긴급체포의 적법성

긴급체포가 적법하기 위해서는 ① 피의자가 사형·무기 또는 장기 3년 이상의 징역이나 금고에 해당하는 죄를 범하였다고 의심할 만한 상당한 이유가 있고(범죄의 중대성 및 범죄혐의의 상당성), ② 증거를 인멸할 염려가 있거나 피의자가 도망 또는 도망할 우려가 있는 때로서(체포의 필요성), ③ 긴급을 요하여 지방법원판사의 체포영장을 받을 수 없는 경우(긴급성)에 해당되어야 한다(형소법 제200조의3 제1항). 긴급체포의 요건을 갖추었는지 여부는 사후에 밝혀진 사정을 기초로 판단하는 것이 아니라 체포 당시의 상황을 기초로 판단하여야 하고, 이에 관한 검사나 사법경찰관 등 수사주체의 판단에는 상당한 재량의 여지가 있다.[1] 긴급체포 당시의 상황으로 보아서도 그 요건의 충족 여부에 관한 검사나 사법경찰관의 판단이 경험칙에 비추어 현저히 합리성을 잃은 경우에는 그 체포는 위법하다 할 것이다.[2]

본 사례에서 乙의 사기죄, 살인미수죄 등 범행의 법정형은 사형·무기 또는 장기 3년 이상의 징역이나 금고에 해당하고, 경찰관 P는 사기죄의 방조범이자 살인미수죄의 피해자인 甲의 진술을 통하여 乙의 범행을 인지하게 된 것으로 범죄혐의의 상당성 역시 인정된다. 한편, 乙은 수사를 피해 도피 중이었으므로 증거인멸의 우려나 도망 또는 도망할 우려도 인정된다. 다만 경찰관은 乙을 우연히 발견한 것은 아니고, 乙이 은신하고 있는 호텔에 잠복하고 있다가 외출 후 돌아오는 乙을 긴급체포한 것이므로 긴급성 요건이 충족되었다고 볼 수 있는지 문제된다. 긴급성 요건은 반드시 모든 피의자를 '우연히 발견한 경우'여야 하는 것은 아니고,[3] 그에 상응하는 정도로 체포영장을 받을 시간적 여유가 없는 경우를 의미한다. 도망 중인 乙에 대하여 주거지가 아닌 임시 은신처(호텔)에 대한 정보를 입수하고 乙의 발견 여부가 불확실한 상태에서 잠복하고 있다가 발견하게 된 상황은, '우연히 발견한 경우'에 준하는 매우 긴급한 상황으로서 체포영장을 받아서는 체포할 수 없거나 현저히 곤란한 경우라고 볼 수 있다. 따라서 乙에 대한 P의 긴급체포는 적법하다.

---

1) 대법원 2002. 6. 11. 선고 2000도5701 판결.
2) 대법원 2002. 6. 11. 선고 2000도5701 판결.
3) 사법연수원, 법원실무제요 형사 [Ⅲ], 60면.

2. 예금통장 압수의 적법성

경찰관 P는 乙이 은신하고 있는 호텔에서 종업원의 협조로 乙이 없는 상태에서 먼저 乙의 방에 들어가 그곳에 있는 甲 등 타인 명의의 예금통장을 영장 없이 압수한 다음, 잠복하고 있다가 호텔에 돌아오는 乙을 긴급체포하였다. 이와 같이 피의자가 없을 때 영장 없이 행한 압수·수색[1]도 그 후 피의자가 체포된 경우에 형사소송법 제216조 제1항 제2호의 '체포현장에서의 압수·수색'으로서 적법한지 문제된다.

체포현장의 의미에 대하여 ① 체포행위와 시간적·장소적으로 접착되어 있으면 충분하고 체포의 전후를 불문한다는 설(체포접착설),[2] ② 피의자가 현실적으로 체포되었음을 요한다는 설(체포설), ③ 체포 전 압수·수색도 허용되지만 최소한 압수할 당시 피의자가 현장에 있음을 요한다는 설(현장설), ④ 피의자가 압수·수색장소에 현재하고 체포의 착수를 요건으로 한다는 설(체포착수설) 등이 있다. 결국 체포접착설이 가장 넓은 범위에서, 체포설이 가장 좁은 범위에서 체포현장에서의 압수·수색을 인정하고 있다고 볼 수 있다. 생각건대, 체포현장이라 함은, 체포자의 입장에서는 체포의 착수에까지는 이르지 않았더라도 적어도 이에 근접하는 행위를 하고, 체포대상자의 측면에서는 원칙적으로 현장에 있는 경우를 의미한다고 해석하여야 할 것이다(현장설). 다만, 체포에 착수하였는데 체포대상자가 도주한 경우에는 체포현장의 범위에 포함되는 것으로 해석하여 압수·수색이 가능하다고 할 것이다.

본 사례에서 P는 乙이 호텔로 돌아오기 전에 乙이 없는 장소에서 이미 예금통장을 압수하였고, 그 후 잠복하고 있다가 외출 후 돌아온 乙을 체포한 것이므로, 압수 당시 乙이 현장에 없었을 뿐만 아니라 체포에 착수하지도 않았고, 또한 압수·수색과 체포 간에 시간적으로 밀착되어 있다고 볼 수 없다. 이와 같은 경우에는 피의자를 기

---

1) 영장 없는 압수·수색이 허용되는 경우

유 형	근거조문(형소법)	사후영장 여부
① 체포·구속 목적의 피의자수사	제216조 제1항 제1호	불요
② 체포·구속현장에서의 압수·수색·검증	제216조 제1항 제2호	계속압수 필요 시 지체 없이, 체포 후 48시간 내 청구(제217조 제2항)
③ 범죄장소에서의 압수·수색·검증	제216조 제3항	사후에 지체 없이 영장 발부받을 것 (제216조 제3항)
④ 긴급체포된 자가 소유·소지·보관하는 물건의 압수·수색·검증	제217조 제1항	24시간 내 가능, 계속압수 필요 시 지체 없이, 체포 후 48시간 내 청구 (제217조 제2항)
⑤ 유류물·임의제출한 물건의 압수	제218조, 제108조	불요

2) 最大判 1961. 6. 7. 刑集 15·6·915(압수·수색에 착수한 후 20분 정도 지난 뒤 귀가한 피의자를 체포한 사안에서 압수·수색이 적법하다고 판시한 사례).

다렸다가 체포 후 압수·수색에 착수하는 것이 타당하며, 체포할 주관적 의사가 있었다고 하여 먼저 압수·수색에 착수하는 것을 적법하다고 보아서는 안 될 것이다.

따라서 경찰관 P의 예금통장에 대한 압수는 적법하다고 할 수 없다.

3. 필로폰 압수의 적법성

경찰관 P는 乙을 긴급체포하기 전 甲의 예금통장뿐만 아니라 乙이 투약한 것으로 의심되는 필로폰을 압수하였다. 영장 없이 행한 필로폰에 대한 압수·수색은 첫째, 예금통장에 대한 압수와 마찬가지로 형사소송법 제216조 제1항 제2호의 체포현장에서의 압수·수색에 해당되지 않는다는 점은 위에서 검토한 바와 같다.

나아가 둘째, 압수·수색은 해당 사건과 관계가 있다고 인정할 수 있는 것에 한정되는데(형소법 제215조), 필로폰은 긴급체포의 사유가 된 범죄사실과의 객관적 관련성이 인정되지 않는다. 긴급체포의 경우 영장 없이 압수할 수 있는 물건의 범위에 대하여 대법원은 '긴급체포의 사유가 된 범죄사실 수사에 필요한 최소한의 범위 내에서 당해 범죄사실과 관련된 증거물 또는 몰수할 것으로 판단되는 피의자의 소유, 소지 또는 보관하는 물건'이라고 판시하고 있다.[1] 본 사례에서 필로폰은 긴급체포의 대상이 된 범죄인 사기죄나 살인미수죄, 현주건조물방화죄의 범죄사실과 관계가 있는 증거물이 아니므로 P의 압수는 긴급체포 현장에서의 압수로서는 위법하다.

셋째, 본 사례의 서술만으로는 상황이 불분명하지만 '범행 중 또는 범행직후의 범죄장소'에서의 영장 없는 압수(형소법 제216조 제3항)로 볼 여지가 없는 것은 아니다. 그러나 그 경우에는 사후에 지체 없이 영장을 받아야 한다(형소법 제216조 제3항). 본 사례에서 경찰관 P는 乙의 긴급체포를 위하여 호텔 방에 적법하게 들어갔고, 필로폰의 소지 자체가 마약류관리에관한법률위반(향정)죄에 해당되며, 경찰관의 인위적인 수색행위 없이 우연히 발견한 경우에 해당되므로 미국 판례법상의 이론인 플레인 뷰(plain view) 이론에 따라 영장 없는 압수의 적법성을 인정하여야 한다는 주장이 있을 수 있다. 그러나 압수·수색에 대한 영장주의의 원칙을 채택하고 엄격히 그 예외를 형사소송법에 규정하고 있는 점에 비추어, 법문의 근거 없이 이를 인정하는 것은 불가능하다. 다만, 필로폰의 소지가 마약류관리에관한법률위반(향정)죄에 해당되므로 이를 '범행 중 또는 범행직후의 범죄장소'로 보고, 형사소송법 제216조 제3항에 의한 영장 없는 압수가 가능하다고 볼 여지가 있다. 이 경우는 사후에 지체 없이 영장을 받아야 하는

---

1) 대법원 2008. 7. 10. 선고 2008도2245 판결.

데,[1] 본 사례에서는 사후에 영장을 발부받지 않았으므로 위법한 압수라고 할 것이다.

따라서 어느 모로 보나 경찰관 P의 필로폰 압수는 적법하다고 할 수 없다.

플레인 뷰 이론(plain view doctrine)

미국에서 체포와 관계없이 인정되는 영장 없는 압수·수색은 ① 긴급상황의 예외, ② 자동차수색의 예외, ③ 플레인 뷰(명백한 발견)(plain view) 이론이 있다. ①은 추적하는(hot pursuit) 경우, 음주사고를 야기한 피의자가 심하게 다쳐 병원응급실에 의식 없이 누워있는 경우와 같이 증거가 사라지는 경우(evanescent evidence), 급박한 증거파괴의 위험이 있는 경우(destruction of evidence), 오염음식이나 약품의 압수 등 긴급조치가 필요한 경우(need for fast action)에 인정된다. ②는 상당한 이유가 있는 경우에는 자동차(자동차 안의 가방, 탑승객의 소지품 포함)에 대해서는 영장 없는 수색이 가능하다는 것이다.[2]

③의 플레인 뷰 이론은 어떤 물건이 그 자체로 죄를 입증할 수 있는 본성을 가지고 있고, 경찰관이 적법하게 그 현장에 임하게 된 경우에 그 시야 내(within the sight of an officer)에 있는 물건은 영장 없이 압수할 수 있다는 원칙이다. 이는 압수물을 찾기 위한 어떤 수색도 한 바 없기 때문에 연방 수정헌법 제4조의 수색에 해당하지 않으므로 영장주의가 적용되지 않고 상당한 이유도 요하지 않는다.[3] 예컨대, 마약혐의 수사를 위한 영장으로 차고를 수색하다가 최근 발생한 살인사건에서 사용된 것으로 보이는 차량을 발견한 경우 등에 인정된다.[4]

---

1) 대법원 역시 음란물유포 혐의를 이유로 발부받은 압수·수색영장에 기초하여 피의자의 주거지를 수색하는 과정에서 <u>별건 증거물인 대마가 발견되자 피의자를 대마소지를 이유로 한 마약류관리에 관한 법률위반의 현행범인으로 체포하면서 영장 없이 대마를 압수하였으나</u> 피의자를 다음 날 석방하고 사후에 압수·수색영장을 받지 않은 사안에서, "피의자를 체포하는 경우 필요한 때에는 영장 없이 체포현장에서 압수·수색을 할 수 있고, 압수한 물건을 계속 압수할 필요가 있는 경우에는 사후에 압수·수색영장을 받아야 한다고 규정하고 있고, <u>범행 중 범행 직후의 범죄장소에서 긴급을 요하여 법원판사의 영장을 받을 수 없는 때에는 영장 없이 압수·수색을 하되 사후에 영장을 받도록 규정하고 있으므로, 사후 압수·수색영장을 발부받지 않은 대마에 대한 압수·수색은 영장주의에 위반한 것으로서 증거능력을 인정할 수 없다</u>"고 판시하고 있다(대법원 2009. 5. 14. 선고 2008도10914 판결).

2) 최근 자동차수색에 대한 영장주의의 예외의 범위를 제한하려는 판례가 선고된 바 있다. Arizona v. Gant, 556 U.S. 332(2009)는 체포의 원인이 되는 범죄에 대한 증거물을 멸실할 위험성이 있거나 경찰관에 대한 현실적인 위험을 초래할 수 있는 상황에서만 영장 없는 자동차수색이 가능하다(law enforcement officers to demonstrate an actual and continuing threat to their safety posed by an arrestee, or a need to preserve evidence related to the crime of arrest from tampering by the arrestee, in order to justify a warrantless vehicular search incident to arrest conducted after the vehicle's recent occupants have been arrested and secured)고 판시하였다. 한편, 최근에는 번호판인식(licence plate readers) 기술을 사용하여 도난차량인지, 차의 소유자가 수배 중인지 여부를 확인하여 이를 범죄수사에 이용하고 있는데, 개인정보 및 프라이버시 보호의 측면에서 문제가 제기되고 있다. 또한, 자동차수색이 허용된다고 하더라도 차량 내 내비게이션 등 전자기기에 대한 수색까지 가능한 것인지 여부도 문제된다.

3) 헌법상의 압수·수색에 해당하지 않는 것으로는 plain view 원칙 외에 공개된 장소(open field) 원칙, 소유권포기(abandonment) 원칙이 있다.

Ⅲ. 제3문 — 참고인 진술을 확보하기 위하여 검사가 취할 수 있는 조치

1. 문제의 제기

검사 S는 甲의 교통사고 현장을 목격한 일본인 J에게 참고인 조사를 위하여 출석을 요구하였으나 J가 불응하면서 일본으로 출국하려고 하고 있다. 검사로서는 공판정에서의 증거조사가 있을 때까지 기다릴 경우 J의 진술을 증거로 사용하기 불가능하거나 현저히 곤란하게 될 우려가 있다. 따라서 수사절차에서 판사가 증거조사 또는 증인신문 등을 하고 그 결과를 보전할 필요가 있는데, 형사소송법상 인정되는 제도로는 ① 수사상 증인신문의 청구(형소법 제221조의2)와 ② 증거보전절차(형소법 제184조)가 있다.

2. 수사상 증인신문의 청구

수사상 증인신문 청구는 범죄의 수사에 없어서는 아니 될 사실을 안다고 명백히 인정되는 자가 출석 또는 진술을 거부하는 경우 검사가 제1회 공판기일 전까지 판사에게 그에 대한 증인신문을 청구할 수 있는 제도이다(형소법 제221조의2 제1항).

수사상 증인신문의 청구를 위해서는 ① 증인신문의 필요성과 ② 제1회 공판기일 전 청구의 요건이 필요하다. 검사는 범죄수사에 없어서는 아니 될 사실, 즉 범죄의 성립 여부나 정상에 관한 사실로서 기소, 불기소 또는 양형에 영향을 미치는 사실을 알고 있는 자로서 출석 또는 진술을 거부하는 경우에 제1회 공판기일 전 증인신문을 청구할 수 있다. 여기서 제1회 공판기일이란 적어도 검사의 모두진술(형소법 제285조)이 있는 기일을 말하며,[1] 공소제기의 전후를 불문한다. 증인신문조서는 법원 또는 법관의 조서로서 당연히 증거능력이 있다(형소법 제311조).[2]

본 사례에서 일본인 J는 교통사고 현장을 목격한 참고인으로서 범죄수사나 범죄증명에 없어서는 안 될 경우로 인정된다. 또한, J는 출석요구에 불응하고 있으므로

---

4) Harris v. United States, 390 U. S. 3224(1968)에서는 경찰관이 강도사건과 관련하여 압수된 자동차를 수색하면서 자동차문을 열자, 강도 피해자의 자동차등록카드가 경찰관의 시야에 들어와 이를 압수한 것은 적법하다고 하였다.

1) '제1회 공판기일 전'의 의미는 수소법원에 실질적인 증거조사청구를 할 수 있는지를 기준으로 판단해야 하며, ① 모두절차가 개시되기 전이라는 견해, ② 검사의 모두진술이 종료된 때라는 견해, ③ 모두절차가 종료된 때라는 견해가 있다(사법연수원, 법원실무제요 형사 [Ⅰ], 232면).

2) 대법원 1976. 9. 28. 선고 76도2143 판결.

'출석 또는 진술의 거부'에 해당된다. 따라서 검사는 판사에게 증인신문의 청구를 할 수 있고, 판사의 증인신문을 통하여 J의 진술을 증거로 확보할 수 있다.

3. 증거보전의 청구

증거보전이란 수소법원이 공판정에서 정상적으로 증거를 조사할 때까지 기다릴 경우 그 증거의 사용이 불가능하거나 현저히 곤란하게 될 염려가 있는 경우에 검사·피고인·피의자 또는 변호인이 청구하여 판사가 미리 증거조사를 하고 그 결과를 보전하여 공판에 사용할 수 있게 하는 제도이다(형소법 제184조).

증거보전의 청구를 위해서는 ① 증거보전의 필요성과 ② 제1회 공판기일 전 청구의 요건을 갖추어야 한다. 증거를 사용하기 곤란한 사정이란 해당 증거의 증거조사가 불가능하거나 곤란한 경우뿐만 아니라 본래의 증명력에 변화가 예상되는 경우를 포함한다. 예컨대, 증거물의 멸실·분산·은닉, 증인의 사망·질병·장기해외체류 등이 여기에 해당한다. 증거보전은 제1회 공판기일 전에 청구하여야 한다. 증거보전은 검사·피고인·피의자 또는 변호인이 청구할 수 있다는 점에서 검사만 청구할 수 있는 증인신문의 청구와 구별되며, 증거보전절차에서는 증인신문뿐 아니라 압수·수색·검증·감정을 청구할 수 있다. 증거보전에 의하여 작성된 조서는 법원 또는 법관의 조서로서 절대적 증거능력이 인정된다(형소법 제311조).

본 사례에서 일본인 J는 일본으로 출국을 시도하고 있다. 출국하는 경우 다시 귀국할 가능성이 매우 낮다고 볼 수 있기 때문에 증거의 사용이 불가능하거나 현저히 곤란하게 될 염려가 있는 경우에 해당된다고 볼 수 있다. 따라서 검사는 증인의 주거지 또는 현재지를 관할하는 지방법원 판사에게 증거보전청구를 함으로써 증인신문을 통하여 그 증거를 보전할 수 있다.

Ⅳ. 제4문 — 피의자진술 녹화 영상녹화물, 검찰수사관의 증언, 공범자의 법정진술의 증거능력

1. 乙의 진술을 녹화한 영상녹화물의 증거능력

검사는 수사관의 참여하에 甲과 乙에 대한 피의자신문을 실시하였고, 그 진술을 영상녹화하였다(형소법 제244조의2). 乙이 법정에서 자신에 대한 피의자신문조서의 진정성립을 부정하고 있는데, 이는 내용 부인 취지로 볼 수 있으므로 위 신문조서는 증거능력이 인정되지 않는다(형소법 제312조 제1항).

다만, 영상녹화물을 공소사실을 직접 증명하기 위한 독립된 본증으로 사용할 수 있는지가 문제된다. 이에 대해서는 ① 부정설과 ② 긍정설의 대립이 있다. ① 부정설은 ⓐ 피의자의 진술은 조서에 기재해야 한다는 형사소송법 제244조 제1항의 규정은 강행규정이고, ⓑ 독립된 증거능력을 인정하면 영상녹화물의 상영에 의하여 법관의 심증이 좌우되어 공판중심주의가 무의미하게 될 위험이 있고, ⓒ 영상녹화물의 증거조사는 공판절차를 과도하게 지연시킨다는 점을 이유로 들고 있다. ② 긍정설은 ⓐ 형사소송법 제244조 제1항의 규정은 임의규정이고, ⓑ 영상녹화물은 피의자신문조서와 실질적으로 다를 바 없고, ⓒ 영상녹화를 사진과 녹음으로 분리할 때는 각기 증거능력을 인정해야 하는데, 영상녹화물의 증거능력을 인정하지 않는 것은 부당하고, ⓓ 증거조사로 공판절차를 과도하게 지연시키는 것도 아니라는 점을 들고 있다. 생각건대, 2020. 2. 4. 형사소송법 개정으로 영상녹화물 등 객관적인 방법으로 조서의 진정성립을 증명할 수 없게 되었고(형소법 제312조 제2항 삭제), 실무상 수사기관에서 자백하였으나 법정에서 부인하고, 다른 증거로는 입증이 어려운 예외적인 경우에 영상녹화물을 증거로 활용할 필요가 있는 점에 비추어, 독립적인 증거능력을 인정하는 것이 타당하다. 그러나 현재 법원의 실무는 부정설의 입장이고,[1] 대법원도 참고인 진술의 영상녹화물의 본증 사용을 부정하고 있다(**관련판례**[2]).

법원의 실무와 **관련판례**의 취지에 따르면, 乙의 진술을 녹화한 영상녹화물은 乙이 이를 증거로 사용하는 데 동의하지 않는 이상(본 사례에서는 피의자신문조서의 진정성립을 부인하고 있는 점에 비추어 부동의 취지) 乙에 대한 유죄의 증거로 사용할 수 없다.[3]

---

1) 사법연수원, 법원실무제요 형사 [Ⅰ], 481면.

2) (**관련판례**) 대법원 2014. 7. 10. 선고 2012도5041 판결【존속살해방조[인정된 죄명: 폭력행위등처벌에관한법률위반(공동존속감금)]·자살방조】.「수사기관이 참고인을 조사하는 과정에서 형사소송법 제221조 제1항에 따라 작성한 영상녹화물은, 다른 법률에서 달리 규정하고 있는 등의 특별한 사정이 없는 한, 공소사실을 직접 증명할 수 있는 독립적인 증거로 사용될 수는 없다고 해석함이 타당하다. 원심은, 피고인의 동의가 없는 이상 참고인 A에 대한 진술조서의 작성이 없는 상태에서 수사기관이 그의 진술을 영상녹화한 영상녹화물만을 독자적인 증거로 쓸 수 없고 그 녹취록 또한 증거로 사용할 수 없는 위 영상녹화물의 내용을 그대로 녹취한 것이므로 역시 증거로 사용할 수 없다는 등의 판시와 같은 이유를 들어, 위 영상녹화물 및 녹취록을 증거로 채택하지 아니한 제1심의 증거결정이 위법하다는 검사의 항소이유 주장을 받아들이지 아니하였다. 위와 같은 원심의 판단은 (중략) 참고인의 진술에 대한 영상녹화물의 증거능력에 관한 법리를 오해하는 등의 위법이 없다.」

본 판결 해설은 민철기, "수사기관이 참고인을 조사하는 과정에서 작성한 영상녹화물을 공소사실을 직접 증명할 수 있는 독립적인 증거로 사용될 수 있는지 여부", 대법원판례해설 제102호(2014 하반기), 2015, 462－491면.

3) 독립적인 증거로 본증 사용을 긍정하더라도 피의자가 내용 부인 취지로 진술하고 있으므로 형사소송

2. 검찰수사관 T의 증언의 증거능력

乙의 피의자신문에 참여한 검찰수사관 T의 증언은 형사소송법 제316조 제1항의 요건을 충족하면 乙에 대한 유죄의 증거로 사용할 수 있다. 즉, T의 진술이 피고인인 乙의 진술을 그 내용으로 하고, 그 진술이 특히 신빙할 수 있는 상태하에서 행하여졌음이 증명된 때에 한하여 이를 증거로 할 수 있다. 여기서의 특신상태란 '그 진술내용에 허위개입의 여지가 거의 없고, 그 진술내용의 신빙성이나 임의성을 담보할 구체적이고 외부적인 정황이 있는 경우'를 말한다.[1)]

3. 甲의 법정진술의 증거능력

(1) 문제의 제기

乙은 사기죄, 甲은 사기방조죄에 해당하므로 甲과 乙은 공범관계이다. 乙이 공판정에서 자신에 대한 피의자신문조서의 진정성립을 부인하고 있는 경우, 甲의 사기범행 가담을 시인하는 법정진술을 乙의 사기죄에 대한 유죄의 증거로 사용할 수 있는지 문제된다. 본 사례에서 검사 S가 甲과 乙에 대한 피의자신문조서를 실시하고 영상녹화를 한 점 등에 비추어 보면, 특별한 사정이 없는 한 甲과 乙은 공동피고인으로 보이지만 이 점이 명백하지는 않으므로 공동피고인인 경우와 아닌 경우로 나누어 살펴본다.

(2) 공동피고인인 경우

甲의 법정진술은 한편으로 乙에 대한 제3자의 진술이지만 다른 한편으로는 자기와 관련된 부분으로서 피고인의 진술이라는 특성을 가지고 있다. 따라서 甲의 법정진술을 乙에 대한 유죄 인정의 증거로 사용할 수 있는가에 대해서는 견해의 대립이 있다.

이에 대해서는 ① 공범인 공동피고인의 법정진술은 법관의 면전에서 행하여진 임의의 진술인 점을 고려할 때, 당해 피고인에 의한 반대신문권이 보장되어 있기 때문에 그대로 증거능력을 인정할 수밖에 없다는 적극설, ② 공동피고인은 진술거부권을 가지고 있어 당해 피고인이 반대신문권을 행사해도 진술거부권을 행사할 경우 반대신문권이 제한되고, 나아가 그 진술의 진실성이 증인으로 선서를 하더라도 담보되지 않는다는 이유로 변론을 분리하여 증인으로 선서한 후에 증인신문하지 않는 한 증거능력을 부정하는 소극설, ③ 실제로 충분히 반대신문을 하였거나 기회가 보장된 때에 한하여 인정된다는 절충설의 대립이 있다. 판례는 피고인의 반대신문권이 보장되

법 제312조 제1항에 의하여 증거능력이 없다.

1) 대법원 2006. 5. 25. 선고 2004도3619 판결.

어 있어 증인으로 신문한 것과 다를 바 없으므로 독립한 증거능력이 있다고 판시함으로써 전체적으로 적극설의 입장을 취하고 있다.[1)]

판례의 입장인 적극설이 타당하다. 본 사례에서 甲의 법정진술은 피고인신문 과정에서의 진술로 보이며, 乙에 대한 유죄의 증거로 사용할 수 있다.

(3) 공동피고인이 아닌 경우

甲이 乙과 별개로 재판받고 있는 경우 甲이 자신의 피고사건에서 한 법정진술은 공판조서의 일부가 되는데, 乙이 증거로 사용하는 데 동의하면 증거능력이 있지만 부동의할 경우 공판조서의 증거능력이 문제된다.

형사소송법 제311조의 '법원 또는 법관'의 조서는 동일한 법원에서 심리한 당해 사건의 공판조서에 제한되므로, 다른 사건의 공판조서가 이에 해당하지 않음은 명백하다. 다만 다른 사건의 공판조서를 어떻게 처리할 것인가에 대하여, ① 형사소송법 제315조 제3호의 문서로서 증거능력이 인정된다는 견해(통설)와 ② 형사소송법 제311조 제2문에서 규정한 형사소송법 제184조 및 제22조의2의 규정에 의하여 작성한 조서, 즉 증거보전 또는 증인신문절차에서의 조서로 보아 증거능력을 인정하는 견해가 대립하고 있다. 판례는 ①설과 같이 형사소송법 제315조 제3호의 '기타 특히 신용할 만한 정황에 의하여 작성된 문서'라고 한다.[2)]

통설·판례가 타당하다. 따라서 甲의 법정진술이 기재된 공판조서는 형사소송법 제315조 제3호에 의거하여 당연히 증거능력이 인정되므로 乙에 대한 유죄 인정의 증거로 사용할 수 있다.

1) 대법원 1992. 7. 28. 선고 92도917 판결. 본 판결 평석은 정웅석, "공범인 공동피고인의 법정진술의 증거능력과 증명력", 형사판례연구 〔17〕, 2009, 543－559면.
2) 대법원 2005. 4. 28. 선고 2004도4428 판결.

2014년 제3회 변호사시험 강평

형사법 제2문

I. 甲, 乙의 형사책임

• **사실관계**

甲	• 乙의 사기범행에 이용되는 정을 알면서 乙에게 예금통장 만들어주어 乙이 A로부터 1,000만 원 편취 • 송금받은 돈 중 500만 원을 현금카드로 임의 인출하여 소비 • 음주운전으로 횡단보도를 걸어가던 B를 충격, 중상 입힘(B는 다른 교통사고로 사망)
乙	• A로부터 1,000만 원 편취 • 甲을 살해하기 위하여 甲의 집에 불을 질렀다가 불길에 당황하여 甲에게 전화하여 집 밖으로 빠져나오게 함 • 경찰관인 C에게 수사상황을 알아봐 달라고 하여 C가 수사상황을 알려 줌

1. 甲의 형사책임

(1) 乙에게 통장을 만들어준 행위

(가) 사기죄의 공동정범 또는 방조범 성립 여부

- 乙에 대해서는 A에 대한 사기죄 성립
- 甲이 공동정범인지 방조범인지 문제됨
- 행위지배설에 의하면, 공동정범이 성립하기 위해서는 ① 공동가공의 의사(공동의 의사로 특정 범죄행위를 하기 위하여 일체가 되어 서로 다른 사람의 행위를 이용하여 자기의 의사를 실행에 옮기려는 의사), ② 공동가공의 사실(구성요건의 전부 또는 일부를 실현하는 객관적 행위기여)이 있어야 함

- 甲에 대하여 ② 공동가공의 사실은 인정되지만, ① 공동가공의 의사는 없었음
  - 사기범행을 계획한 乙의 부탁으로 통장 만들어줌
  - 甲이 임의 인출하자 乙이 항의하고 죽이려고 함
- 사기방조죄(형법 제347조 제1항, 제32조 제1항) 성립

(나) 전자금융거래법위반죄(동법 제49조 제4항 제1호, 제6조 제3항 제1호) 성립

(2) 500만 원을 임의 인출하여 소비한 행위

(가) 장물취득죄의 성립 여부

- 통장 송금방식으로 편취한 금원을 인출한 경우, 그 인출금액은 장물인가?
  - 피해자가 본범의 기망행위에 속아 현금을 피고인 명의의 은행 예금계좌로 송금하였다면, 이는 재물에 해당하는 현금을 교부하는 방법이 예금계좌로 송금하는 형식으로 이루어진 것에 불과하여 장물성 인정(대법원 2010. 12. 9, 2010도6256)

- '취득'에 해당하는가?
  - 본범의 사기범행은 피해자로부터 피고인의 예금계좌로 돈을 송금받아 취득함으로써 종료되는 것이고,
  - 그 후 피고인이 자신의 예금계좌에서 위 돈을 인출하였다 하더라도 이는 예금명의자로서 은행에 예금반환을 청구한 결과일 뿐 본범으로부터 위 돈에 대한 점유를 이전받아 사실상 처분권을 획득한 것은 아니므로, 피고인의 위와 같은 인출행위를 장물취득죄로 벌할 수는 없음(위 2010도6256 판결)
- 장물취득죄 불성립

(나) 횡령죄의 성립 여부

- 乙과의 관계
  - 甲의 계좌의 돈은 피해자로부터 곧바로 입금된 것으로 乙이 취득하였다고 볼 수 없음(대법원 2018. 7. 19, 2017도17494 전원합의체)
  - 乙과의 위탁관계는 보호할 만한 가치가 있는 위탁관계가 아님(위 2017도17494 판결)
  - 보관 중인 돈은 장물로서 불법원인급여물에 해당
  - 불법원인급여물에 대한 횡령죄 성립 여부에 대하여는 긍정설과 부정설(통설)이 있으나, 판례는 부정설의 입장(대법원 1999. 6. 11, 99도275)
  - 횡령죄 불성립

- 피해자 A와의 관계
  - 횡령죄 성립에 관하여 ① 긍정설과 ② 부정설 대립
  - 판례는 ⓐ 계좌명의인이 사기범과 공범이 아닌 경우에는 착오송금(대법원 2005. 10. 28, 2005도5975)의 법리와 마찬가지로 횡령죄가 성립하지만, ⓑ 공범인 경우에는 위탁관계가 없어 횡령죄가 성립하지 않는다는 입장(위 2017도17494 판결)
  - 판례에 의하면 A와의 관계에서 횡령죄 불성립
- 甲에 대하여 횡령죄 불성립

(3) 음주운전 중 B를 충격한 행위

- 도로교통법위반(음주운전)죄(동법 제148조의2 제3항, 제44조 제1항) 성립
- 치상 부분에 대한 특정범죄가중법위반(위험운전치상)죄 성립 여부
  - 음주의 영향으로 정상적인 운전이 곤란한 상태에 해당하므로 동죄 성립(특정범죄가중법 제5조의11)
  - 교통사고처리법위반(치상)죄는 특정범죄가중법위반(위험운전치상)죄에 흡수(대법원 2008. 12. 11, 2008도9182)

- 사망 부분에 대한 특정범죄가중법위반(위험운전치상)죄의 성립 여부
  - 상당인과관계설이나 객관적 귀속론에 의하더라도 트럭운전자의 중대한 과실행위가 개입되어 인과관계 인정되지 않으므로 불성립
- 치상 부분에 대한 특정범죄가중법위반(위험운전치상)죄와 도로교통법위반(음주운전)죄가 성립하고, 두 죄는 실체적 경합관계(대법원 2008. 11. 3, 2008도9182)

2. 乙의 형사책임

(1) 사기죄(형법 제347조 제1항) 및 전자금융거래법위반죄 성립

(2) 현주건조물방화치사(미수)죄 성립 여부

- 현주건조물방화치사죄는 부진정결과적 가중범
  - 부정설 있으나, 통설·판례는 인정
- 부진정결과적 가중범의 미수죄 인정 여부
  - 인정설도 있으나, 통설·판례(대법원 2008. 4. 24, 2007도10058)는 부정

- 중지미수인지 장애미수인지?
  - 판례는 '불길이 치솟는 것을 보고 당황하여 중지한 사안'에서, 장애미수 인정(대법원 1997. 6. 13, 97도957)
- 살인미수죄(형법 제254조, 제250조 제1항)와 현주건조물방화죄(형법 제164조 제1항)의 상상적 경합

(3) 공무상비밀누설죄의 교사범 성립 여부

- C에 대해서는 공무상비밀누설죄(형법 제127조) 성립

- 교사범의 성립 여부
  - 대향범의 일방에 대해서만 처벌규정이 있는 경우에 공범규정이 적용되는지 여부에 관하여 견해의 대립이 있으나,
  - 판례는 부정(대법원 2011. 4. 28, 2009도3642)
- 교사범 불성립

3. 설문의 해결

- 甲은 사기방조죄, 전자금융거래법위반죄, 도로교통법위반(음주운전)죄, 특정범죄가중법위반(위험운전치상)죄가 성립하고, 각 실체적 경합관계
- 乙은 사기죄, 전자금융거래법위반죄, 현주건조물방화죄, 살인미수죄가 성립하고, 뒤의 두 죄는 상상적 경합관계, 나머지 죄와는 실체적 경합관계

II. P의 긴급체포와 예금통장 및 필로폰 압수의 적법성

1. 긴급체포의 적법성

- 긴급체포는 범죄의 중대성, 혐의의 상당성, 체포의 필요성, 긴급성이 충족되어야 적법(형소법 제200조의3 제1항)
- 긴급성 요건이 문제되는데, 乙이 은신 중인 호텔에 잠복하고 있다가 호텔로 돌아오는 乙을 긴급체포한 것은 적법

2. 예금통장 압수의 적법성

- 乙이 은신 중인 호텔에 종업원의 협조로 들어가 甲 등 타인의 예금통장 십여 개 압수
- 긴급체포 현장(형소법 제216조 제1항 제2호)에서의 압수인지 여부
  - 체포현장(현장설)에서의 압수가 아니므로 부적법

3. 필로폰 압수의 적법성

- 乙이 은신 중인 호텔에 호텔 종업원의 협조로 들어가 필로폰 압수
- 긴급체포 현장에서의 압수에 해당하지 않음
- 긴급체포 대상범죄와의 관련성도 없음
- '범행 중 또는 범행직후의 범죄장소'에서의 압수(형소법 제216조 제3항)로 볼 여지가 없는 것은 아니지만, 사후영장을 발부받지 않았으므로 위법

  ※ cf. 플레인 뷰(plain view) 이론
- P의 필로폰 압수는 부적법

Ⅲ. J의 진술을 확보할 수 있는 조치

1. 수사상 증인신문 청구(형소법 제221조의2)

- 범죄의 수사에 없어서는 아니 될 사실을 안다고 명백히 인정되는 자가 출석 또는 진술을 거부하는 경우, 제1회 공판기일 전까지 청구(검사)

2. 증거보전 청구(형소법 제184조)

- 공판정에서 정상적으로 증거를 조사할 때까지 기다릴 경우 그 증거의 사용이 불가능하거나 현저히 곤란하게 될 염려가 있는 경우, 제1회 공판기일 전까지 청구(검사·피고인·피의자 또는 변호인)

Ⅳ. 증거능력

1. 검사의 乙의 진술 영상녹화물

- 독립증거 여부에 대하여 긍정설과 부정설이 있으나 법원 실무는 부정설
- 판례는 참고인 진술 영상녹화물에 대한 본증 사용을 부정(대법원 2014. 7. 10, 2012도5041)
- 법원 실무와 위 판례 취지에 따르면 증거로 사용할 수 없음

2. 검찰수사관 T의 증언

- 조사자증언으로서 형소법 제316조 제1항에 의하여 증거능력 판단
- 즉, T의 진술이 피고인인 乙의 진술을 내용으로 하고, 그 진술이 특히 신빙할 수 있는 상태하에서 행하여졌음이 증명되어야 증거로 사용할 수 있음

3. 甲의 법정진술

- 乙의 사기죄와 관련하여 甲과 乙은 공범
- 본 사례는 공동피고인으로서 피고인신문 과정에서의 진술을 상정한 것으로 보임
- 이 경우, 甲의 법정진술의 증거능력에 관하여 견해의 대립이 있으나, 판례는 乙에 대한 유죄 증거로 사용할 수 있다는 입장(대법원 1992. 7. 28, 92도917)
- 만일 공동피고인이 아닌 경우라면, 법정진술은 공판조서의 일부이고, 동의하지 않더라도 형소법 제315조 제3호의 당연히 증거능력 있는 증거에 해당(통설 및 판례(대법원 2005. 4. 28, 2004도4428))
- 어느 경우에나 甲의 법정진술은 乙의 유죄 인정의 증거로 사용할 수 있음

사례 7. [15 – 변시(4) – 1]
2015년 제4회 변호사시험 제1문

甲은 자기 소유의 아파트를 A에게 6억 원에 매도하기로 하고 계약금으로 6,000만 원을 받았다. 그 후 A는 甲에게 잔금을 지급하면서 수표를 잘못 세어 1억 원권 자기앞수표 5장과 1,000만 원권 자기앞수표 5장을 교부하였다. 甲은 그 현장에서 A가 준 수표를 세어보고 1,000만 원이 더 지급된 것을 알았음에도 이를 A에게 돌려주지 않았다.

甲은 친구 乙과 명의신탁약정을 한 후 위 아파트 매각대금 중 4억 원으로 B 소유의 X건물에 관하여 B와 매매계약을 체결하고 X건물에 대한 소유권이전등기는 B에서 바로 乙 명의로 경료하였다. 그런데 乙은 사업자금이 부족하게 되자 X건물이 자기명의로 등기되어 있는 것을 기화로 甲의 동의를 받지 않고 X건물에 관하여 채권최고액 1억 5,000만 원의 근저당권을 설정하고 은행으로부터 1억 원을 대출받았다. 그로부터 한 달 후 乙은 사업자금이 더 필요하여 X건물을 임의로 매도하기로 마음먹고 C와 매매계약을 체결하여 계약금과 중도금을 받았다. 그런데 乙과 C 간의 위 매매계약 체결 및 중도금 지급 사실을 알고 있던 丙은 乙에게 X건물을 자신에게 매도할 것을 수차례 요청하면서 만약 문제가 발생하면 모든 책임을 지겠다고 적극적으로 매도를 권유하였고, 이에 乙은 丙으로부터 매매대금 3억 원 전액을 받고 임의로 X건물의 소유권이전등기를 경료해주었다.

한편, 배우자 없는 甲은 乙의 처 丁이 乙과의 성격 차이로 잠시 별거 중인 것을 알고 있었음에도 丁과 성관계를 맺었다. 乙은 丁과 甲간의 성관계 사실을 의심하고 丁에게 "용서해 줄테니 자백하라."고 말하였고, 이에 丁은 甲과의 성관계 사실을 시인하였다. 그러나 乙은 그로부터 한 달 뒤 丁에 대한 이혼소송을 청구한 후 甲만 간통으로 고소하였다.[1)]

〔2015년 제4회 변호사시험 제1문〕

1) 제4회 변호사시험 시행 당시에는 간통죄(형법 제241조)가 존치되어 甲과 丁에 대하여 간통죄가 성립하였다. 그러나 2015. 2. 26. 헌법재판소는 간통죄가 헌법에 위반된다는 결정을 선고하여(2007헌바17외 병합16건 형법 제241조 위헌제청 등) 간통죄를 규정한 형법 제241조는 즉시 효력을 상실하였다(위헌결정의 효력은 직전 합헌 결정일인 2008. 10. 30. 다음 날인 2008. 10. 31.까지 소급된다). 본서에서는 원칙적으로 간통죄 폐지 후를 전제로 해설을 한다. 다만, 설문 2는 모두 간통죄의 고소와 관련되므로 고소 일반에 관한 쟁점에 대해서만 언급한다.

설 문

1. 甲, 乙, 丙의 죄책을 논하시오 (부동산 실권리자명의 등기에 관한 법률 위반의 점은 논외로 함). (60점)

2. 검사가 甲과 丁을 간통죄로 기소한 것을 전제로 다음 물음에 답하시오.
   (1) 丁에 대한 기소는 적법한가? (7점)
   (2) 甲과 丁은 제1심법원에서 공동피고인으로 심리를 받는 과정에서, 丁은 甲과의 간통사실을 자백하는 반면, 甲은 이를 부인하고 있다. 증인으로 출석한 D는 사건 발생 후 丁으로부터 甲과 성관계를 가졌다는 말을 들었다고 증언하였다.
      1) D의 증언은 증거능력이 있는가? (10점)
      2) 다른 증거가 없을 때 제1심법원이 甲과 丁에게 간통죄로 유죄판결을 선고할 수 있는가? (15점)
   (3) 만약, 甲과 丁이 제1심법원으로부터 유죄를 선고받고 丁은 항소하였으나 甲은 항소포기로 유죄판결이 확정된 다음 항소심에서 乙이 丁에 대한 이혼소송을 취하하였다고 가정할 경우, 항소심법원은 丁에 대하여 어떠한 재판을 해야 하는가? (8점)

해 설

Ⅰ. 제1문 — 甲, 乙, 丙의 형사책임

1. 甲의 형사책임

甲은 아파트를 A에게 매도하고 잔금을 교부받는 자리에서 1,000만 원이 더 지급된 것을 알았음에도 이를 A에게 돌려주지 않고 그대로 수령하였다. 이러한 甲의 행위가 사기죄(형법 제347조 제1항)에서의 기망행위, 즉 부작위에 의한 기망행위에 해당하는지가 문제된다. 甲의 행위가 기망행위에 해당하지 않는다면 점유이탈물횡령죄(형법 제360조 제1항)의 성립을 검토해야 할 것이다. 한편, 甲의 간통행위는 2015. 2. 26. 헌법재판소의 간통죄 위헌결정으로 죄가 되지 않는다.

(1) 부작위에 의한 기망행위

사기죄에서의 기망이란 널리 재산상의 거래행위에 있어서 서로 지켜야 할 신의와 성실의 의무를 저버리는 모든 적극적·소극적 행위로서 사람으로 하여금 착오를 일으키게 하는 것을 말한다.[1] 기망의 수단·방법에는 제한이 없고 명시적·묵시적, 작위·부작위를 모두 포함한다. 다만, 부작위에 의한 기망행위가 성립하기 위해서는 단순한 사실의 불고지만으로는 부족하고 법률상의 고지의무 있는 자가 일정한 사실을 고지하지 않음으로써 상대방이 착오에 빠진 상태를 계속시키고 이것을 이용하는 경우에 해당하여야 한다.

이때 법률상의 고지의무가 있는지는 행위자가 상대방의 착오를 제거하여야 할 보증인적 지위에 있는지, 그 부작위가 작위에 의한 기망행위와 동가치를 가지는지에 의하여 판단한다. 법률상의 고지의무는 법령이나 계약에 의하여 인정될 수 있음은 물론이다. 신의성실의 원칙이 고지의무 발생의 직접 근거가 될 수 있는지에 대해서는 ① 직접 근거가 될 수는 있으나 불고지로 인한 현저한 손해발생 여부, 상대방에게 특히 중요한 요소인지 여부, 상대방의 무경험 등을 종합 판단하여 제한적으로 인정해야

1) 대법원 2002. 2. 5. 선고 2001도5789 판결.

한다는 견해, ② 직접 근거는 될 수 없고 계약관계를 전제로 특수한 신뢰관계나 특별히 고지해야 할 예외적 상황이 존재하는 때에만 간접 근거가 될 수 있다는 견해가 있다. 판례는 거래의 상대방이 일정한 사정에 관한 고지를 받았더라면 당해 거래에 임하지 않았을 것이라는 관계가 인정되는 경우에는 그 거래로 인하여 재물을 수취하는 자에게는 신의성실의 원칙상 사전에 상대방에게 그와 같은 사정을 고지할 의무가 있고, 그럼에도 불구하고 이를 고지하지 아니한 것은 고지할 사실을 묵비함으로써 상대방을 기망한 것이 되어 사기죄를 구성한다고 판시하고[1] 있다.

(2) 초과지급된 잔금을 수령 시 알고도 돌려주지 않은 경우 사기죄의 성립 여부

착오로 초과지급된 거스름돈이나 매매잔금, 보상금 등 금원을 수령한 행위에 대하여는, ① 교부하는 현장에서 그 착오를 알고도 그대로 수령하면 부작위에 의한 기망행위에 해당하여 사기죄가 성립하고, 수령 후에 그 착오를 알고도 영득하였다면 점유이탈물횡령죄가 성립한다는 견해, ② 돈을 받는 자가 상대방에게서 받은 돈이 맞는지를 심사하여 상대방에게 고지할 의무가 있다고 할 수는 없으므로 사기죄가 성립하지 않는다는 견해(통설)[2]가 있다. 판례는 매매잔금을 교부받기 전 또는 교부받던 중 초과 교부사실을 알게 된 경우에는 사기죄가 성립하고, 매매잔금을 건네주고 받는 행위를 끝마친 후에야 비로소 알게 되었을 경우에는 점유이탈물횡령죄가 될 수 있음은 별론으로 하고 사기죄를 구성할 수는 없다고 판시하여, ①설의 입장이다(**관련판례**[3]).

---

1) 대법원 2004. 4. 9. 선고 2003도7828 판결; 대법원 2014. 1. 16. 선고 2013도9644 판결.

2) 신의성실의 원칙 자체만으로 고지의무의 근거가 될 수 없으므로 사기죄가 성립하지 않는다는 견해도 마찬가지이다.

3) (**관련판례**) 대법원 2004. 5. 27. 선고 2003도4531 판결【사기】. 「피해자가 피고인에게 매매잔금을 지급함에 있어 착오에 빠져 지급해야 할 금액을 초과하는 돈을 교부하는 경우, 피고인이 사실대로 고지하였다면 피해자가 그와 같이 초과하여 교부하지 아니하였을 것임은 경험칙상 명백하므로, 피고인이 매매잔금을 교부받기 전 또는 교부받던 중에 그 사실을 알게 되었을 경우에는 특별한 사정이 없는 한 피고인으로서는 피해자에게 사실대로 고지하여 피해자의 착오를 제거하여야 할 신의칙상 의무를 지므로 그 의무를 이행하지 아니하고 피해자가 건네주는 돈을 그대로 수령한 경우에는 사기죄에 해당될 것이지만, 그 사실을 미리 알지 못하고 매매잔금을 건네주고 받는 행위를 끝마친 후에야 비로소 알게 되었을 경우에는 주고 받는 행위는 이미 종료되어 버린 후이므로 피해자의 착오상태를 제거하기 위하여 그 사실을 고지하여야 할 법률상 의무의 불이행은 더 이상 그 초과된 금액편취의 수단으로서의 의미는 없으므로, 교부하는 돈을 그대로 받은 그 행위는 점유이탈물횡령죄가 될 수 있음은 별론으로 하고 사기죄를 구성할 수는 없다고 할 것이다.」

본 판결 평석은 김성룡, "사기죄에 관한 대법원판례의 소극적 기망행위와 관련한 몇 가지 문제점", 형사판례연구 〔14〕, 2006, 115-152면.

본 사례에서 甲은 잔금지급 현장에서 A가 준 수표를 세어보고 1,000만 원이 더 지급된 것을 알게 되었다. 이러한 경우 甲이 사실대로 고지하였다면 A는 그와 같이 초과하여 교부하지 않았을 것이 경험칙상 명백하므로, 甲으로서는 A에게 초과지급 사실을 고지하여야 할 신의칙상 의무를 부담한다. 따라서 고지의무가 있는 甲이 그 사실을 고지하지 않고 초과지급금액 1,000만 원을 그대로 수령하였으므로 甲에 대하여 사기죄가 성립한다.

(3) 소결

甲에 대하여 사기죄가 성립한다.

2. 乙의 형사책임

(1) 甲에 대한 횡령죄 및 배임죄의 성립 여부

㈎ 명의신탁 부동산에 대한 근저당권 설정행위와 횡령죄 성립 여부

甲은 B 소유의 X건물에 관하여 B와 매매계약을 체결하고, X건물에 대한 소유권이전등기는 명의신탁약정을 체결한 친구 乙 명의로 바로 경료하였다. 이는 신탁자가 수탁자와 명의신탁약정을 맺고 신탁자가 매매계약의 당사자가 되어 매도인과 매매계약을 체결하되 등기는 매도인으로부터 수탁자 앞으로 직접 이전하는 형식의 명의신탁, 즉 3자간 명의신탁 또는 중간생략등기형 명의신탁에 해당한다. 이때 명의수탁자인 乙이 甲의 동의 없이 근저당권 설정 등 처분행위를 하였으므로, 중간생략등기형 명의신탁의 수탁자의 처분행위가 횡령죄(형법 제355조 제1항)에 해당하는지가 문제된다.[1)]

중간생략등기형 명의신탁의 경우 명의신탁약정 및 수탁자 명의의 소유권이전등기는 모두 무효이고(부동산 실권리자명의 등기에 관한 법률 제4조 제1항, 제2항 본문), 부동산 소유권은 여전히 매도인에게 있다. 매도인은 그 소유권에 기하여 수탁자에게 그 명의의 소유권이전등기의 말소를 청구할 수 있고, 진정명의회복등기청구권에 기하여 수탁자에게 소유권이전등기를 구할 수도 있다. 또한 매도인과 신탁자 간의 매매계약은 유효하므로 신탁자는 매도인을 대위하여 수탁자에 대하여 그 명의의 소유권이전등기의 말소 또는 매도인 앞으로의 이전등기를 구할 수 있고, 매도인에게는 매매계약을 원인으로 한 소유권이전등기를 구할 수 있다.

종래 통설과 판례는 3자간 명의신탁에서 수탁자가 신탁부동산을 임의처분하면

1) 이에 대한 상세는 사례 4. [13－변시(2)－2] 제1문 관련쟁점 '3자간 명의신탁과 횡령죄' 참조.

횡령죄가 성립한다는 입장이었다. 즉 대법원은 부동산 실권리자명의 등기에 관한 법률(이하, 부동산실명법이라 한다)이 명의신탁자에게 등기회복의 권리행사를 금지하고 있지 않고, 명의수탁자의 신탁부동산 임의처분행위는 명의신탁자의 이러한 권리행사 등을 침해하는 위법·유책의 행위에 해당하므로 형사처벌의 필요성이 있다는 사정을 그 중요한 근거로 3자간 등기명의신탁에서 수탁자가 수탁부동산을 임의처분하면 횡령죄가 성립한다고[1] 하였다. 그러나 그 후 견해를 변경하여 부동산실명법의 입법 취지 및 규율 내용 등에 비추어 형사처벌의 필요성을 인정할 수 없다며 횡령죄의 성립을 부정하였다(**관련판례**[2]).[3]

본 사례에서 乙이 甲의 동의 없이 X건물에 관하여 채권최고액 1억 5,000만 원의 근저당권을 설정하고 은행으로부터 1억 원을 대출받은 행위는 甲에 대한 횡령죄에 해

---

1) 대법원 2010. 1. 28. 선고 2009도1884 판결 등. 이 경우 피해자가 누구인가에 대해서는 종국적으로 부동산을 취득하지 못한 손해를 입은 신탁자라는 견해, 소유권을 취득하지 못한 신탁자가 아니라 매도인이라는 견해, 신탁자와 매도인이라는 견해가 있다. 판례는 신탁자가 피해자라는 입장이었다(대법원 2010. 1. 28. 선고 2009도1884 판결).

2) (**관련판례**) 대법원 2016. 5. 19. 선고 2014도6992 전원합의체 판결【횡령】. 「중간생략등기형 명의신탁을 한 경우, 명의신탁자는 신탁부동산의 소유권을 가지지 아니하고, 명의신탁자와 명의수탁자 사이에 위탁신임관계를 인정할 수도 없다. 따라서 명의수탁자가 명의신탁자의 재물을 보관하는 자라고 할 수 없으므로, 명의수탁자가 신탁받은 부동산을 임의로 처분하여도 명의신탁자에 대한 관계에서 횡령죄가 성립하지 아니한다. (중략) 대법원은 명의신탁자와 명의수탁자가 이른바 계약명의신탁약정을 맺고 명의수탁자가 소유자로부터 부동산을 매수하는 계약을 체결한 후 그 매매계약에 따라 명의수탁자 앞으로 당해 부동산의 소유권이전등기를 마친 경우에, 명의수탁자를 명의신탁자에 대한 관계에서 횡령죄에서 '타인의 재물을 보관하는 자'의 지위에 있다고 할 수 없고, 배임죄에서 '타인의 사무를 처리하는 자'의 지위에 있다고도 볼 수 없어 명의수탁자가 신탁부동산을 임의로 처분한 행위는 명의신탁자에 대한 관계에서 횡령죄 및 배임죄를 구성하지 않는다고 판시하여 왔다.

그런데 중간생략등기형 명의신탁에 따라 명의수탁자 앞으로 등기가 이전되는 경우는 대부분 명의신탁자와 명의수탁자 사이의 명의신탁약정을 인식한 매도인의 협조로 이루어진다는 점에서 매도인이 계약명의신탁약정이 있다는 사실을 알고 있는 이른바 악의의 계약명의신탁에서 명의수탁자 앞으로 등기가 이전되는 경우와 등기 이전 등의 실질적인 과정에 유사한 면이 있다. 그리고 구체적인 사건에서 명의신탁약정이 중간생략등기형 명의신탁인지 아니면 매도인 악의의 계약명의신탁인지를 구별하는 것은 다수의 재판 사례를 통해 알 수 있듯이 법률전문가에게도 쉽지 않다. 그럼에도 명의수탁자의 신탁부동산 임의 처분행위에 대하여 계약명의신탁 사안에서는 아무런 형사적 제재를 부과하지 않으면서도 중간생략등기형 명의신탁 사안에서는 이와 달리 취급하여 계속 횡령죄로 처벌하는 것은 법적 안정성을 해칠 뿐만 아니라, 일반 국민들의 법 감정에도 맞지 않는다. 이러한 사정에 비추어 보아도 중간생략등기형 명의신탁에서 명의수탁자를 횡령죄로 처벌하는 것은 부당하다.」

본 판결 평석은 강동범, "등기명의신탁에서 신탁부동산의 임의처분과 횡령죄의 성부: 대법원 2016. 5. 19. 선고 2014도6992 전원합의체 판결", 법조 제718호(2016. 8), 법조협회, 601-620면; 김희수, "중간생략등기형 명의신탁에서 신탁부동산의 임의 처분 시 횡령죄 성립 여부", 사법 제37호, 사법발전재단, 2016, 425-476면.

3) 같은 취지의 판결로는 대법원 2016. 5. 26. 선고 2015도89 판결; 대법원 2016. 8. 24. 선고 2014도6740 판결.

당하지 않는다.

(나) 甲에 대한 배임죄 성립 여부

중간생략등기형 명의신탁에서 명의수탁인이 명의신탁자와 매도인과의 관계에서 배임죄의 '타인의 사무를 처리하는 자'에 해당하는지가 문제된다.

판례는 매도인이 악의인 계약명의신탁에서 명의수탁자는 ① 명의신탁자와의 관계에서, 명의신탁자에 대하여 매매대금 등을 부당이득으로 반환할 의무를 부담한다고 하더라도 이를 두고 배임죄에서 '타인의 사무를 처리하는 자'의 지위에 있다고 보기도 어렵다고 한다. 나아가 ② 매도인과의 관계에서도, 명의수탁자는 매도인에 대하여 소유권이전등기말소의무를 부담하게 되나, 위 소유권이전등기는 처음부터 원인무효여서 명의수탁자는 매도인이 소유권에 기한 방해배제청구로 말소를 구하는 것에 대하여 상대방으로서 응할 처지에 있음에 불과하고, 그가 제3자와 한 처분행위가 부동산실명법 제4조 제3항에 따라 유효하게 될 가능성이 있다고 하더라도 이는 거래 상대방인 제3자를 보호하기 위하여 명의신탁 약정의 무효에 대한 예외를 설정한 취지일 뿐 매도인과 명의수탁자 사이에 위 처분행위를 유효하게 만드는 어떠한 신임관계가 존재함을 전제한 것이라고는 볼 수 없으므로, 말소등기의무의 존재나 명의수탁자에 의한 유효한 처분가능성을 들어 명의수탁자가 매도인에 대한 관계에서 '타인의 사무를 처리하는 자'의 지위에 있다고 볼 수도 없다고 판시하고 있다.[1)]

그런데 중간생략등기형 명의신탁의 경우, 대부분 명의신탁자와 명의수탁자 사이의 명의신탁약정을 인식한 매도인의 협조로 이루어진다는 점에서 악의의 계약명의신탁의 경우와 등기 이전 등의 실질적인 과정이 유사할 뿐만 아니라, 실제 거래에서 중간생략등기형 명의신탁인지 아니면 악의의 계약명의신탁인지를 구별하는 것은 법률전문가에게도 매우 어려운 실정이다. 이런 점에 비추어, 중간생략등기형 명의신탁에서도 명의수탁인은 명의신탁자나 매도인과의 관계에서 '타인의 사무를 처리하는 자'에 해당한다고 볼 수 없다.[2)]

따라서 甲에 대하여 배임죄는 성립하지 않는다.

(다) 근저당권 설정 후 다시 C와 丙에게 매도한 행위의 횡령죄 및 배임죄 성립 여부

乙은 위 근저당권설정행위('선행 처분행위'라고 한다)를 한 지 한 달 후 사업자금이 더 필요하여 C와 X건물에 대한 매매계약을 체결하고 중도금을 받고, 또 다시 丙과 매

1) 대법원 2012. 11. 29. 선고 2011도7361 판결.
2) 대법원 2016. 5. 19. 선고 2014도6992 전원합의체 판결.

매계약을 체결하고 잔금까지 수령한 후 丙에게 소유권이전등기를 경료하였다(C와 丙에 대한 위 행위를 '후행 처분행위'라고 한다). 이러한 후행 처분행위에 대하여 乙이 어떠한 형사책임을 지는지 문제된다.

수탁자가 신탁부동산을 임의처분하는 행위가 횡령죄나 배임죄에 해당하지 않는다는 판례에 따르면, 乙의 후행 처분행위 또한 횡령죄나 배임죄에 해당하지 않는다고 할 것이다.

횡령죄(선행 처분행위)의 불가벌적 사후행위(후행 처분행위)

종래의 판례와 같이 수탁자가 신탁부동산을 임의처분하는 행위가 횡령죄를 구성한다는 입장에서는, 후행 처분행위가 불가벌적 사후행위가 되는지 아니면 별도의 횡령죄를 구성하는지가 문제되었다.[1] 대법원은 "후행 처분행위가 선행 처분행위로 예상할 수 없는 새로운 위험을 추가함으로써 법익침해에 대한 위험을 증가시키거나 선행 처분행위와는 무관한 방법으로 법익침해의 결과를 발생시키는 경우라면, 이는 선행 처분행위에 의하여 이미 성립된 횡령죄에 의해 평가된 위험의 범위를 벗어나는 것이므로 특별한 사정이 없는 한 별도로 횡령죄를 구성한다"고 판시하였다.[2] 이에 따르면 乙의 후행 처분행위는 선행 처분행위로 인한 법익침해의 위험 범위를 벗어나는 새로운 위험을 추가하는 것으로서 불가벌적 사후행위에 해당하지 않고 별도의 횡령죄를 구성한다. 이때 횡령죄의 성립범위는 횡령죄의 기수시기를 객관적 구성요건으로서의 불법영득의사가 외부적으로 표현되는 때라고 볼 것인지(표현설[3]), 불법영득의사가 객관적으로 실현되었을 때라고 볼 것인지(실현설[4])에 따라 달라지는데, 최근의 판례의 입장으로 보이는 실현설에 따르면 乙이 C로부터 중도금을 받았더라도 아직 건물에 대한 이전등기가 경료되기 전이므로 불법영득의사가 객관적으로 실현되었다고 볼 수 없어 횡령죄의 미수가 성립할 뿐이고, 그 후 丙과 다시 매매계약을 체결하고 소유권이전등기까지 경료해줌으로써 비로소 횡령죄의 기수에 이르게 되고, C 매매행위의 횡령미수죄와 丙 매매행위의 횡령기수죄는 乙의 단일한 범의에 의한 것이고 피해자(=甲)도 동일하므로 횡령죄의 포괄일죄가 성립한다고 할 것이다.[5]

---

1) 명의신탁 부동산에 대한 수탁자의 임의 처분행위 사례가 아니라, 선행 처분행위가 횡령죄에 해당하는 사례에서는 여전히 위 논점은 논의의 실익이 있다.
2) 대법원 2013. 2. 21. 선고 2010도10500 전원합의체 판결. 본 판결 평석은 우인성, "횡령죄의 불가벌적 사후행위에 관한 판례의 변경", 사법 제24호, 2013, 325-372면.
3) 대법원 2002. 11. 13. 선고 2002도2219 판결; 대법원 2004. 12. 9. 선고 2004도5904 판결.
4) 대법원 2012. 8. 17. 선고 2011도913 판결.
5) 이때, 선행 처분행위에 대한 횡령죄와는 행위태양이 근저당권설정과 소유권이전등기경료로 서로 다른 등 별개의 법익침해이고 한 달이라는 시간적 간격을 두고 범행이 이루어진 점에 비추어 포괄일죄가 아니라 실체적 경합관계가 될 것이다. 포괄일죄라는 견해도 있다.

(2) C에 대한 배임죄 성립 여부

乙이 C에게 X건물을 매도하기로 하는 매매계약을 체결하고 중도금까지 수령한 후 다시 이를 丙에게 매도하고 소유권이전등기를 경료한 행위가 C에 대한 관계에서 배임죄(형법 제355조 제2항)에 해당하는 것이 아닌지 문제된다.

판례는 매도인이 계약금과 중도금까지 수령한 이상 특단의 약정이 없다면 잔금 수령과 동시에 매수인 명의로 소유권이전등기에 협력할 의무가 있고 매도인은 더 이상 임의로 계약을 해제할 수 없는 상태에 이르렀으므로, 이를 다시 제3자에게 처분함으로써 매수인에게 잔금수령과 상환으로 소유권이전등기절차를 이행하는 것이 불가능하게 되었다면 배임죄의 책임을 진다고 한다.[1] 즉, 판례는 제2매수인으로부터 중도금을 수령한 때에 비로소 배임죄의 실행의 착수가 있고,[2] 제2매수인에게 소유권이전등기가 완료된 때에 배임죄의 기수가 된다고 한다.[3] 이러한 판례의 태도에 대하여 비판적인 견해[4]도 있으나, 통설 역시 제1매수인으로부터 중도금을 수령한 이후의 매도인의 이중매매행위에 대하여 배임죄의 성립을 인정하고 있다.

본 사례에서 乙은 C로부터 중도금을 수령한 후 다시 丙과 매매계약을 체결하고 잔금까지 수령한 후 丙에게 X건물에 대한 소유권이전등기를 경료하였으므로 C에 대한 관계에서 배임죄가 성립한다.

(3) 소결

乙에 대하여 피해자 C에 대한 배임죄가 성립한다.

---

1) 대법원 1988. 12. 13. 선고 88도750 판결; 대법원 2018. 5. 17. 선고 2017도4027 전원합의체 판결.
2) 대법원 1983. 10. 11. 선고 83도2057 판결.
3) 대법원 1984. 11. 27. 선고 83도1946 판결.
4) 대법원 전원합의체는 "채무자가 채권자에 대하여 소비대차 등으로 인한 채무를 부담하고 이를 담보하기 위하여 장래에 부동산의 소유권을 이전하기로 하는 내용의 대물변제예약에서, 그 약정의 내용에 좇은 이행을 하여야 할 채무는 특별한 사정이 없는 한 자기의 사무에 해당하므로 대물로 변제하기로 한 부동산을 제3자에게 처분하였다고 하더라도 형법상 배임죄가 성립하는 것은 아니다"라고 판시하였다(대법원 2014. 8. 21. 선고 2014도3363 전원합의체 판결). 위 판결에서 다수의견은 담보 목적의 부동산 대물변제예약상 의무만을 판단대상으로 하고 있으므로, 부동산 이중매매에서 매도인의 등기협력의무를 타인의 사무로 보고 있는 기존의 판례 역시 변경될 가능성이 있는지에 대하여는 명확한 예측을 하기 어렵다. 그러나 위 판결의 반대의견은 부동산 이중매매의 배임죄 성립에 대하여 부정적 견해를 표시하고 있으며, 최근 학계에서도 부동산 이중매매의 배임죄 성립을 당연시해오고 있는 다수설과 판례의 태도를 비판적 시각으로 보는 견해가 나타나고 있다.

3. 丙의 형사책임

(1) 문제의 제기

이중매매에 있어서 후매수인인 丙은 乙의 C와의 제1매매계약을 알고 있을 뿐만 아니라 더 나아가 乙에게 적극적으로 매도를 요청하고, 만약 문제가 발생하면 모든 책임을 지겠다고 권유하여 결국 乙로 하여금 丙과 다시 제2매매계약을 체결하고 소유권이전등기를 경료하도록 하였다. 이와 같은 악의의 후매수인에게 장물취득죄(형법 제362조 제1항)가 성립하는지, 아니면 배임죄(형법 제355조 제2항)의 공범을 인정할 수 있는지 문제된다.

(2) 장물취득죄 성립 여부

장물은 재산범죄에 의하여 영득한 재물을 말하며, 재산범죄에 제공된 물건은 장물이 아니다. 배임죄로 영득한 것은 재산상 이익이며, 이중매매의 대상이 된 부동산은 재산범죄에 제공된 물건이지 장물이 아니다. 따라서 이중으로 매매한 부동산을 취득한 丙에게 장물취득죄는 성립하지 않는다.[1)]

(3) 배임죄의 공동정범 성립 여부

이중매매의 후매수인이 매수 당시 목적물이 이미 매도된 사실을 알면서 매수한 경우 단순히 알면서 매수하였다는 사실만으로 배임죄의 공범을 인정할 수는 없다. 그러나 배임죄의 실행으로 인하여 이익을 얻게 되는 수익자 또는 그와 밀접한 관련이 있는 제3자가 실행행위자의 행위가 배임행위에 해당한다는 것을 알면서도 소극적으로 그 배임행위에 편승하여 이익을 취득하는 것을 넘어서 실행행위자의 배임행위를 교사하거나 또는 배임행위의 전 과정에 관여하는 등으로 배임행위에 적극 가담하는 경우에는 공범이 성립한다(통설·판례[2)]).

본 사례에서 丙은 이중매매사실을 알면서도 乙에게 적극적으로 자신에게 매도할

---

1) 대법원 1975. 12. 9. 선고 74도2804 판결.

2) 대법원 2011. 10. 27. 선고 2010도7624 판결. 「거래상대방의 대향적 행위의 존재를 필요로 하는 유형의 배임죄에서 거래상대방은 기본적으로 배임행위의 실행행위자와 별개의 이해관계를 가지고 반대편에서 독자적으로 거래에 임한다는 점을 감안할 때, 거래상대방이 배임행위를 교사하거나 배임행위의 전 과정에 관여하는 등 배임행위에 적극 가담함으로써 실행행위자와의 계약이 반사회적 법률행위에 해당하여 무효로 되는 경우 배임죄의 교사범 또는 공동정범이 될 수 있음은 별론으로 하고, 관여 정도가 거기에까지 이르지 아니하여 법질서 전체적인 관점에서 살펴볼 때 사회적 상당성을 갖춘 경우에는 비록 정범의 행위가 배임행위에 해당한다는 점을 알고 거래에 임하였다는 사정이 있어 외견상 방조행위로 평가될 수 있는 행위가 있었다 할지라도 범죄를 구성할 정도의 위법성은 없다고 보는 것이 타당하다.」

것을 수차례 요청하였고, 문제가 발생하면 모든 책임을 지겠다고까지 함으로써 乙의 배임행위에 적극 가담하였다. 따라서 丙은 乙과 배임죄의 공동정범으로서의 형사책임을 진다. 한편, 배임죄는 진정신분범이지만 신분범인 乙에 가담한 신분 없는 丙도 형법 제33조 본문에 따라 배임죄의 공동정범으로 처벌된다.[1)]

(4) 소결

丙에 대하여 배임죄의 공동정범이 성립한다.

4. 설문의 해결

甲은 사기죄의 형사책임을, 乙과 丙은 배임죄의 공동정범으로서의 형사책임을 진다.

Ⅱ. 제2문 — 고소와 관련하여[2)]

1. 제2문의 (1) — 고소불가분의 원칙

친고죄의 공범 중 그 1인 또는 수인에 대한 고소 또는 그 취소는 다른 공범자에 대하여도 효력이 있다(형소법 제233조)(고소불가분의 원칙). 따라서 乙이 甲만을 고소하였지만, 丁에 대한 검사의 기소는 적법하다.

2. 제2문의 (2)

(1) 제2문의 (2)의 1) — 전문진술의 증거능력

D는 피고인 丁으로부터 범죄사실을 시인하는 진술을 들은 사람으로서, D의 증언은 전문진술에 해당한다. D의 증언이 공동피고인 甲과 丁에 대하여 증거능력이 있는지, 그 요건은 무엇인지가 문제된다.

㈎ 피고인 丁에 대한 D의 증언의 증거능력

D의 증언은 전문진술로서 피고인 아닌 자의 공판기일에서의 진술이 피고인(=丁)의 진술을 그 내용으로 하는 것인 때에 해당한다. 따라서 그 진술이 특히 신빙할 수 있는 상태하에서 행하여졌음이 증명된다면 증거능력이 있다(형소법 제316조 제1항).

---

1) 대법원 1992. 8. 14. 선고 91도3191 판결.
2) 간통죄에 대한 해설은 생략하고, 고소와 관련된 쟁점에 대해서만 언급한다.

(나) 피고인 甲에 대한 D의 증언의 증거능력

D의 증언은 전문진술로서 피고인 아닌 자의 공판기일에서의 진술이 피고인 아닌 자(=丁)의 진술을 내용으로 하는 때에 해당한다(통설·판례[1]). 따라서 甲에 대한 관계에서는 원진술자가 사망, 질병, 외국거주, 소재불명, 그 밖에 이에 준하는 사유로 인하여 진술할 수 없고, 그 진술이 특히 신빙할 수 있는 상태하에서 행하여졌음이 증명된 때에 한하여 이를 증거로 할 수 있다(형소법 제316조 제2항).

그런데 설문에서는 원진술자인 丁이 공판정에 출석하였으므로 피고인 甲에 대한 관계에서 D의 증언은 증거능력이 없다.

(2) 제2문의 (2)의 2) — 공범자의 자백, 자백의 보강법칙

(가) 甲에 대한 유죄판결 가능성

甲은 범죄사실을 부인하고 있는바, 甲의 범죄사실을 인정할 수 있는 증거로는 丁의 자백진술과 D의 전문증언이 있다. D의 전문증언은 위에서 살펴본 것과 같이 甲에 대하여 증거능력이 없으므로(형소법 제316조 제2항) 유죄의 증거로 삼을 수 없다. 丁의 자백진술은 甲에 대하여 공범의 자백인데, 공범의 자백도 피고인 甲의 자백에 포함된다고 보아 그 자백진술에 대한 보강증거가 필요한지 문제된다.

이에 대하여는 ① 공범은 다른 공범에게 책임전가의 허위진술을 할 가능성이 크고, 공범의 자백만으로 유죄를 인정하게 되면 자백한 공범은 무죄가 되고 부인한 공범은 유죄판결을 받는 불합리한 결과가 초래된다는 이유로 공범의 자백을 피고인의 자백과 동일한 것으로 보고 보강증거가 필요하다고 보는 필요설, ② 형사소송법 제310조는 자유심증주의의 예외로서 엄격하게 해석하여야 하는데 명문으로 공범자의 자백이 포함된다는 규정이 없고, 공범은 피고인에 대한 관계에서 제3자이며, 공범에 대하여는 피고인의 반대신문이 가능하다는 점 등을 이유로 공범의 자백은 피고인의 자백이라고 볼 수 없으므로 그 자백에 대한 보강증거가 없어도 부인하는 피고인을 유죄로 인정할 수 있다고 하는 불필요설, ③ 공동피고인인 공범의 자백에는 보강증거가 필요하지 않으나 공동피고인이 아닌 공범의 자백에는 보강증거가 필요하다는 절충설이 대립된다. 판례는 ②의 불필요설의 입장이다.[2] 생각건대, 자백하는 공범은 무죄가 되고 부인하는 공범은 유죄판결을 받는 것은 어디까지나 자유심증주의에 따른 법관의

1) 대법원 2007. 2. 23. 선고 2004도8654 판결.
2) 대법원 1992. 7. 28. 선고 92도917 판결.

심증형성 결과에 따른 것이고, 형사소송법 제310조에 공범자의 자백이 포함된다는 명문의 규정이 없는 이상 판례의 태도인 ②의 불필요설이 타당하다.

따라서 甲에 대하여 丁의 자백진술을 유죄의 증거로 하여 유죄판결을 선고할 수 있다.[1)]

㈏ 丁에 대한 유죄판결 가능성

丁은 범죄사실을 자백하고 있으나, 형사소송법 제310조에 의하여 자백 외에 실질적으로 독립된 증거가치를 지니는 보강증거가 필요하다. 공범인 甲은 범행사실을 부인하고 있으므로 보강증거가 될 수 없다. D의 진술은 丁의 자백진술을 내용으로 하는 것이므로 독립한 보강증거로서의 자격이 없다(통설·판례[2)]).

따라서 丁에 대하여는 보강증거가 없어 유죄판결을 선고할 수 없다.

1) 물론 법관이 자유판단에 의하여 丁의 자백진술의 증명력을 인정하는 것을 전제로 한 결론이다.
2) 대법원 2008. 2. 14. 선고 2007도10937 판결.

2015년 제4회 변호사시험 강평

형사법 제1문

Ⅰ. 甲, 乙, 丙의 형사책임

• 사실관계

甲	• 아파트를 A에게 매도하고 잔금 1,000만 원이 더 지급된 것을 알았음에도 그대로 수령 • 배우자 있는 丁과 성관계를 맺음(2015. 2. 26. 간통죄 위헌 결정)
乙	• 甲과 중간생략등기형 명의신탁약정을 하고 건물의 등기를 이전받아 보관하고 있던 중 甲의 동의 없이 근저당권을 설정 • 근저당권 설정 후 C와 매매계약을 체결하고 중도금 수령 • C로부터 중도금 수령 이후 다시 丙에게 매도하고 소유권이전등기 경료
丙	• 乙과 C와의 제1매매계약을 알고 있는 상태에서 乙에게 적극적으로 매도를 요청

1. 甲의 형사책임

• **사기죄의 성립 여부**
• 사기죄(형법 제347조 제1항) 성립
• 부작위에 의한 기망행위에 해당하는지
 – 법률상 고지의무 있는 자가 일정한 사실에 관하여 상대방이 착오에 빠져 있음을 알면서도 이를 고지하지 아니하는 것으로서, 일반거래의 경험칙상 상대방이 그 사실을 알았더라면 당해 법률행위를 하지 않았을 것이 명백한 경우에는 신의칙에 비추어 그 사실을 고지할 법률상 의무가 인정됨(대법원 2004. 5. 27, 2003도4531)

• 착오로 초과지급된 잔금을 수령한 경우 부작위에 의한 기망행위에 해당하는지
 – 매매잔금을 교부받기 전 또는 교부받던 중 초과 교부사실을 알게 된 경우에는 사기죄가 성립하고, 매매잔금을 건네주고 받는 행위를 끝마친 후에야 비로소 알게 되었을 경우에는 점유이탈물횡령죄가 될 수 있음은 별론으로 하고 사기죄를 구성할 수는 없음(대법원 2004. 5. 27, 2003도4531)
• 甲에 대하여 사기죄 성립

2. 乙의 형사책임

(1) 근저당권 설정행위의 횡령죄 및 배임죄 성립 여부

• 중간생략등기형 명의신탁의 수탁자의 처분행위에 대하여 종래 대법원은 등기명의에 의하여 부동산을 보관하는 자가 타인의 재물인 신탁부동산을 처분하는 행위로서 **횡령죄가 성립한다는 입장이었으나**(대법원 2001. 11. 27, 2000도3463)
• 최근 전원합의체 판결로 부동산실명법의 입법 취지 및 규율 내용 등에 비추어 형사처벌의 필요성을 인정할 수 없다며 횡령죄 성립을 부정(대법원 2016. 5. 19, 2014도6992 전원합의체)
• 마찬가지로 명의수탁자가 '타인의 사무를 처리하는 자'에 해당하지 않으므로 배임죄도 불성립

(2) 근저당권 설정 후 다시 C와 丙에 매도한 행위의 횡령죄 성립 여부

- 위 전원합의체 판결에 따르면 마찬가지로 횡령죄(형법 제355조 제1항) 불성립

(3) C에 대한 배임죄 성립 여부

- C로부터 중도금까지 수령한 후 다시 이를 丙에게 매도하고 소유권이전등기를 경료하였다면 C에 대한 배임죄(형법 제355조 제2항) 성립(대법원 2018. 5. 17, 2017도4027 전원합의체)

3. 丙의 형사책임

(1) 장물취득죄 성립 여부

- 배임죄로 영득한 것은 재산상 이익이며, 이중매매의 대상이 된 부동산은 재산범죄에 제공된 물건이지 장물이 아니므로, 이중으로 매매한 부동산을 취득한 丙에게 장물취득죄는 성립하지 않음(대법원 1975. 12. 9, 74도2804)

(2) 배임죄의 공범 성립 여부

- 이중매매의 후매수인으로서 실행행위자의 배임행위를 교사하거나 배임행위의 전 과정에 관여하는 등으로 배임행위에 적극 가담한 경우 배임죄의 공범 성립(대법원 1975. 6. 10, 74도2455)
- 丙에 대하여 배임죄의 공동정범 성립

4. 설문의 해결

- 甲은 사기죄의 형사책임을,
- 乙과 丙은 각 배임죄의 공동정범의 형사책임을 짐

Ⅱ-1. 고소불가분 원칙

- 친고죄의 공범 중 1인에 대한 고소 또는 그 취소는 다른 공범자에게도 효력 있음(형소법 제233조)
- 고소하지 않은 丁에 대한 검사의 기소는 적법

Ⅱ-2. 전문증언, 공범자 자백, 자백의 보강법칙

1. 전문증언의 증거능력

- 피고인 丁으로부터 범죄사실을 시인하는 진술을 들은 D의 증언은 전문진술로서 형소법 제316조 제1항, 제2항에 의하여 증거능력 판단
- 피고인 丁에 대하여는, 형소법 제316조 제1항에 의하여 그 진술이 특히 신빙할 수 있는 상태하에서 행하여졌음이 증명되면 증거능력 있음
- 피고인 甲에 대하여는, 형소법 제316조 제2항에 의하여 증거능력을 판단. 원진술자인 丁이 재정하였으므로 증거능력 없음

2. 공범자의 자백, 자백의 보강법칙

(1) 甲에 대한 유죄판결의 가능성

- 부인하는 甲에 대하여 공범인 丁의 자백을 유죄의 증거로 할 수 있는지가 쟁점
- 공범의 자백도 피고인(=甲)의 자백에 포함되므로 보강증거가 필요하다는 견해(필요설)와, 공범의 자백은 피고인의 자백이 아니므로 보강증거가 필요하지 않다는 견해(불필요설), 공동피고인인 공범의 자백에는 보강증거 불요, 공동피고인이 아닌 공범의 자백에는 보강증거 필요하다는 견해(절충설) 대립
- 판례는 불필요설(대법원 1992. 7. 28, 92도917)
- 판례에 따르면, 공범인 丁의 자백진술을 유죄의 증거로 하여 유죄판결 가능

(2) 丁에 대한 유죄판결의 가능성

- 丁은 자백하고 있지만 보강증거 필요(형소법 제310조)
- D의 진술은 丁의 자백진술을 내용으로 하는 것이므로 독립한 보강증거로서의 자격이 없음(대법원 1981. 7. 7, 81도1314)
- 丁은 보강증거 없으므로 유죄판결을 선고할 수 없음

사례 8. [15 – 변시(4) – 2]
2015년 제4회 변호사시험 제2문

甲과 乙은 후배인 V를 지속적으로 괴롭혀 왔다. 1) 2008. 3. 5. 甲과 乙은 함께 V의 자취방에서 V를 구타하다가 사망에 이르게 하였다. V가 사망하자 乙은 당황하여 도주하였는데, 甲은 V의 자취방을 뒤져 V 명의의 A은행 통장과 V의 주민등록증 및 도장을 훔친 후 도주하였다. 2) 다음 날인 3. 6. 12:00경 甲은 V의 주민등록증 사진을 자신의 사진으로 바꾸고, 같은 날 15:00경 A은행에 가서 V 명의로 예금청구서를 작성하고 V의 도장을 찍어 V의 주민등록증을 제시한 후 V의 통장에서 현금 1,000만 원을 인출하였다. 같은 해 3. 8. 甲과 甲의 친구인 丙은 乙에게 찾아가 A은행에서 찾은 현금 1,000만 원을 주면서 乙 혼자 경찰에 자수하여 乙이 단독으로 V를 때려 사망에 이르게 한 것이라고 진술하라고 하였다. 만약 그렇게만 해주면 乙의 가족들에게도 상당한 금액으로 보상하고 乙이 출소하더라도 끝까지 뒤를 봐주겠다고 회유하였다.

고민하던 乙은 2008. 3. 11. 15:00경 경찰에 찾아가 자수하면서 자신이 혼자 V를 때려 사망에 이르게 한 것이라고 진술하였고, 이에 따라 2008. 4. 9. 乙만 상해치사죄로 구속 기소되었다. 하지만 乙은 제1심 공판과정에서 심경의 변화를 일으켜 사건의 진상을 털어놓았고, 검찰이 재수사에 착수하여 2008. 6. 16. 甲을 긴급체포하였다. 긴급체포 과정에서 검찰수사관은 甲의 소지품을 압수하였는데, 그중에 V 명의의 직불카드가 있는 것을 발견하고 甲을 추궁하자 3) 甲은 乙과 함께 2008. 2. 중순 경 V를 폭행하여 V 명의의 B은행 직불카드를 빼앗은 후 비밀번호를 알아내고 현금자동지급기에서 현금 50만 원을 인출하여 유흥비로 사용한 사실을 털어놓았다.

甲은 2008. 7. 4. 구속 기소되어 같은 해 9. 3. 제1심법원으로부터 유죄를 선고받고 그날 항소를 포기하여 그대로 판결이 확정되었다. 한편 丙은 甲이 체포된 후 숨어지내다가 2013. 4. 29. 체포되었고, 같은 해 5. 15. 검사는 丙에 대해 공소를 제기하였다.

〔2015년 제4회 변호사시험 제2문〕

설 문

1. 1)의 범죄사실에 대한 甲의 변호인은 상해치사의 공동정범의 성립을 부정하고, 상해의 죄책만을 인정하려 한다. 甲의 변호인의 입장에서 그 논거를 서술하시오. (10점)

2. 2)의 범죄사실에 대한 甲의 죄책을 논하시오. (20점)

3. 3)의 범죄사실에 대한 甲과 乙의 죄책을 폭행의 정도를 구별하여 논하시오. (20점)

4. 검사는 甲을 구속기소하면서 乙에 대하여는 기존의 공소사실에 대해 甲과 공동하여 범행을 하였다는 취지로 내용을 변경함과 동시에 새로이 밝혀진 3)의 범죄사실을 추가하는 내용으로 공소장변경을 신청하였다. 법원은 이에 대해 어떠한 조치를 취하여야 하는가? (10점)

5. 사건을 재수사하는 과정에서 검사는 구속 중인 피고인 乙을 소환하여 1)과 3)의 범죄사실에 대해 신문하고 그 내용을 조서에 기재하였다. 甲과 乙의 죄책에 대한 이 조서의 증거능력을 논하시오. (20점)

6. 丙의 변호인은 丙의 범죄는 공소시효가 완성되었으므로 丙에 대해서는 면소의 판결을 해야 한다고 주장하였다. 변호인의 주장은 타당한가? (20점)

해 설

I. 제1문 — 甲에 대하여 상해치사의 공동정범을 부정하고 상해의 형사책임만 인정하는 논거

1. 문제의 제기

甲과 乙은 함께 V를 구타하여 사망에 이르게 하였다. 甲과 乙에 대하여 살인의 고의를 인정할 정황은 없고 상해의 고의만 인정되므로 상해치사죄(형법 제259조 제1항)의 공동정범 성립 여부가 문제된다. 그런데 甲의 변호인은 상해치사죄의 공동정범의 성립을 부정하고, 상해의 형사책임만을 인정하려고 한다. 상해치사죄는 진정결과적 가중범이다. 따라서 甲의 변호인은 우선, 결과적 가중범인 상해치사죄에 대하여는 공동정범이 성립하지 않는다는 논거를 제시하여야 한다. 나아가 결과적 가중범의 성립요건인 기본행위(상해)와 중한 결과(사망) 사이의 인과관계 및 중한 결과의 발생에 대한 과실, 즉 예견가능성이 인정되지 않는다는 논거를 제시하여야 한다.

2. 결과적 가중범의 공동정범 성립의 부정

(1) 결과적 가중범의 공동정범의 성립 여부에 대한 논의

결과적 가중범은 고의의 기본범죄와 과실에 의한 중한 결과의 발생이라는 고의와 과실의 결합형식을 띠고 있다. 따라서 결과적 가중범의 공동정범이 성립할 수 있는지 여부는 과실의 공동정범을 인정할 것인지 여부에 대한 논의와 밀접한 관련이 있다.

㈎ **학설**

㈀ **부정설**

과실범에서는 공동정범의 필수 요건인 공동범행의 의사를 인정할 수 없으므로 공동정범이 성립할 수 없다는 견해(과실의 공동정범 부정설)는 결과적 가중범의 공동정범도 성립할 수 없다고 한다(통설). 이 견해는 '기본범죄인 고의범의 공동정범과 중한 결과인 과실범의 동시범'이 성립하고, 기본범죄에 대한 공동정범의 각자가 중한 결과에 대하여 과실이 있는 때에만 결과적 가중범의 책임을 진다고 한다.

(ㄴ) **긍정설**

과실범의 정범 요소는 주의의무위반이므로 주의의무의 공동과 구성요건실현행위의 공동이 인정되면 과실의 공동정범도 인정된다는 견해(과실의 공동정범 긍정설)는 중한 결과에 대하여 공동의 과실이 있는 때에는 결과적 가중범의 공동정범이 성립한다고 한다. 그러나 중한 결과에 대하여 과실이 있는 자와 과실이 없는 자가 기본범죄를 공동으로 범한 때에는 기본범죄에 대해서만 공동정범이 성립된다고 한다.

(나) **판례**

판례는 결과적 가중범인 상해치사죄의 공동정범은 폭행 그 밖의 신체침해행위를 공동으로 할 의사가 있으면 성립되고 결과를 공동으로 할 의사는 필요 없으며,[1] 여러 사람이 상해의 범의로 범행 중 한 사람이 중한 상해를 가하여 피해자가 사망에 이르게 된 경우 나머지 사람들은 사망의 결과를 예견할 수 없는 때가 아닌 한 상해치사의 죄책을 면할 수 없다고 판시하였다(**관련판례**[2]).[3]

(2) 甲의 변호인의 입장

甲의 변호인은 결과적 가중범의 공동정범을 인정하는 위 판례나 긍정설의 견해와는 달리 위 부정설의 논거와 같이 결과적 가중범인 상해치사죄에 대하여는 공동정범이 성립할 수 없고, 甲에게는 V의 사망에 대한 과실이 없다고 주장하여야 한다.[4]

---

1) 대법원 1978. 1. 17. 선고 77도2193 판결(패싸움 중 한 사람이 칼로 질러 상대방을 죽게 한 경우에, 다른 공범자가 구성요건적 결과인식 즉 범의의 공동이 없다 하여 상해치사죄의 책임이 없다고 할 수 없다).

2) (**관련판례**) 대법원 2000. 5. 12. 선고 2000도745 판결【살인(인정된 죄명: 상해치사)】. 「(원심은) 결국 피고인과 공소외인의 공동가공행위로 피해자에게 상해를 가하고 이로 인하여 피해자가 사망하게 된 것이 분명하다는 이유로 피고인을 상해치사죄로 의율하였는바, 이를 기록 및 앞서 본 법리에 비추어 살펴보면 옳다고 여겨지고, 공소외인과 피고인이 위험한 물건인 부엌칼과 각목을 휴대하고 피해자에 대하여 폭력을 행사한 이 사건에 있어서 피고인으로서는 능히 피해자가 부엌칼 등으로 상해를 입고 사망에 이를 수도 있다는 사정을 예견할 수 있었다고 할 것이다.」

3) 대법원 2013. 4. 26. 선고 2013도1222 판결. 판례는 강도의 공동정범 가운데 1인이 살인의 고의로 사람을 살해한 경우에는 고의 없는 공동정범도 그 결과를 예견할 수 있었을 때에는 결과적 가중범의 죄책, 즉 강도치사죄의 죄책을 진다고 한다(대법원 1991. 11. 12. 선고 91도2156 판결. 본 판결 평석은 박상기, "결과적 가중범의 공동정범", 형사판례연구 [1], 1993, 83-94면). 부진정결과적 가중범의 경우에도 마찬가지이다(대법원 1990. 6. 26. 선고 90도765 판결(특수공무집행방해치상죄)).

4) 다만 판례(대법원 1985. 5. 14. 선고 84도2118 판결)에 의하면 상해치사죄에 대해서도 상해죄의 동시범 규정(형법 제263조)이 적용되어 '공동정범'의 예에 의하여 처벌되므로, 위와 같은 주장과 함께 상해치사죄에는 동시범 규정이 적용되지 않는다고 주장하여야 할 것이다.

3. 사망의 결과에 대한 인과관계 및 예견가능성의 부정

(1) 인과관계 인정 여부

결과적 가중범에서도 기본범죄를 실행하기 위한 행위와 중한 결과 사이에는 인과관계가 있어야 한다. 인과관계에 대하여는 크게 ① 상당인과관계설과 ② 합법칙적 조건설 및 객관적 귀속론이 대립된다.[1] ①은 일정한 행위가 경험칙상 그 결과를 발생시키는 데 상당하다고 인정될 때에 인과관계가 있다는 견해로서, 판례의 기본입장이다.[2] ②는 결과가 행위에 시간적으로 뒤따르는 외계의 변동에 연결되고, 이 변동이 행위와 합법칙적 연관하에 구성요건적 결과로 실현되었을 때에 인과관계가 인정되며, 인과관계가 인정된 결과가 행위에 객관적으로 귀속되어야 법적인 책임을 진다고 하는 견해이다(통설). 통설은 특히 결과적 가중범의 객관적 귀속을 인정하기 위해서는 기본범죄의 내포된 전형적인 위험이 실현되어 중한 결과가 발생하였다는 의미에서의 직접성을 필요로 한다고 한다.[3]

본 사례에서는 '구타하다가 사망에 이르게 하였다'고만 되어 있을 뿐 인과관계를 부정할 만한 특수사정 등에 관한 언급이 없으므로 어느 견해에 의하더라도 인과관계를 부정하기는 어려울 것이다.

(2) 예견가능성의 인정 여부

결과적 가중범이 성립하기 위해서는 중한 결과에 대한 예견가능성이 있어야 한다(형법 제15조 제2항). 예견가능성은 구성요건에 관하여는 객관적 예견가능성, 책임의 단계에서는 주관적 예견가능성이 문제된다. 판례에서는 특이한 체질이거나[4] 이례적인 사건이 개입된 사안에서[5] 예견가능성을 부정하는 경우도 있으나, 인과관계와 예견가능성의 판단이 명확한 구분 없이 함께 이루어지는 경우가 많이 있다.[6]

본 사례에서는 '구타하다가 사망에 이르게 하였다'고만 되어 있으므로 쉽게 예견

---

1) 이에 대한 상세는 사례 6. [14－변시(3)－2] 제1문 '甲, 乙의 형사책임' 부분 참조.

2) 대법원 2011. 4. 14. 선고 2010도10104 판결. 통상적으로 예견할 수 있으면 상당성이 인정된다는 것이 판례의 기본입장이나, 범죄행위로 초래된 위험이 범죄 결과로 현실화되거나(대법원 2009. 4. 23. 선고 2009도11921 판결(태안기름유출사건)) 위험이 증대되어 결과를 발생토록 한 경우(대법원 1989. 10. 13. 선고 89도556 판결)에도 인과관계를 인정할 수 있다고 한 판례도 있다.

3) 직접성을 요구할 경우, 그 직접성은 중한 결과와 기본범죄행위와의 사이에 인정되어야 하는가(행위표준설), 기본범죄의 결과와의 사이에 인정되어야 하는가(결과표준설)가 문제된다.

4) 대법원 1982. 1. 12. 선고 81도1811 판결(고혈압으로 뇌출혈에 이르기 쉬운 체질).

5) 대법원 1988. 4. 12. 선고 88도303 판결(추행행위를 피하기 위하여 차에서 뛰어내려 사망한 경우).

6) 대법원 1978. 11. 28. 선고 78도1961 판결.

가능성을 부정하기는 어려울 것이다.

4. 설문의 해결

甲의 변호인은 우선 결과적 가중범인 상해치사죄에 대하여는 위 부정설의 논거와 같이 공동정범이 성립할 수 없음을 주장하여야 한다. 나아가 위와 같이 인과관계와 예견가능성을 쉽게 부정하기는 어렵지만, 변호사의 입장에서는 甲의 구타행위와 V의 사망의 결과 발생 사이에 인과관계나 사망의 결과에 대한 예견가능성이 없고, 달리 인과관계와 예견가능성에 대한 검사의 입증이 없으므로 상해의 형사책임만 진다고 주장하여야 한다.[1)]

Ⅱ. 제2문 — 2)의 범죄사실에 대한 甲의 형사책임

1. 문제의 제기

甲이 ① 사망한 V의 주민등록증 사진을 자신의 사진으로 바꾸고 이를 은행에 제시한 행위가 공문서위조 및 위조공문서행사에 해당하는지, ② V 명의의 예금청구서를 작성하여 제시한 행위가 사문서위조 및 위조사문서행사에 해당하는지, 나아가 ③ 위 주민등록증과 예금청구서를 이용하여 은행에서 V의 통장의 현금 1,000만 원을 인출한 행위가 사기죄에 해당하는지 문제된다.

2. 공문서위조죄 및 위조공문서행사죄의 성립 여부

행사할 목적으로 공무원 또는 공무소의 문서 또는 도화를 위조 또는 변조한 자는 10년 이하의 징역에 처한다(형법 제225조). 공무원 또는 공무소의 문서는 공문서를 말하는데 주민등록증은 공문서에 해당한다. 위조란 작성권한 없는 자가 타인의 명의를 모용하여 문서를 작성하는 것을 말한다. 타인의 주민등록증에 부착된 사진을 떼고 자기의 사진을 붙이는 행위는 기존 문서의 중요한 부분을 변경하여 변경 전 문서와 전혀 별개의 새로운 증명력을 가지는 문서를 작성한 경우에 해당하므로 변조가 아니라 위조라고 할 것이다. 판례도 주민등록증 사진의 교체는 공문서위조에 해당한다고 판시하고 있다.[2)]

---

1) 실제로는 乙과 함께 구타하였으므로 폭력행위등처벌에관한법률위반(공동상해)죄가 성립한다.
2) 대법원 1991. 9. 10. 선고 91도1610 판결; 대법원 2000. 9. 5. 선고 2000도2855 판결.

따라서 甲이 V의 주민등록증 사진을 자신의 사진으로 바꾼 행위는 공문서위조죄(형법 제225조)에 해당하고, 이를 은행에 제시한 행위는 위조공문서행사죄(형법 제229조)에 해당한다. V는 공문서인 주민등록증의 명의인이 아니므로 V의 사망 여부는 범죄 성립에 아무런 영향이 없다. 두 죄의 죄수관계에 대하여는 상상적 경합관계라는 견해(통설)도 있으나, 실체적 경합관계라고 할 것이다. 판례도 실체적 경합관계로 보고 있다.[1)]

3. 사문서위조죄 및 위조사문서행사죄의 성립 여부

甲이 V 명의로 예금청구서를 작성한 행위는 명의인인 V를 사칭하여 일반인으로 하여금 진정한 문서로 오인할 정도의 문서를 작성한 것으로서 사문서위조죄(형법 제231조)의 위조에 해당하고, 이를 은행에 제시한 것은 위조사문서행사죄(형법 제234조)에서의 행사에 해당한다.

그런데 甲은 V가 사망한 후에 위 예금청구서를 작성하였다. 이처럼 사자(=죽은 사람) 명의의 문서도 문서위조죄의 객체가 되는지 문제된다. 통설과 판례(**관련판례**[2)])는 사자나 허무인 명의의 문서라고 하더라도 일반인에게 진정한 문서로 오신될 염려가 있으면 공문서·사문서의 구별 없이 문서죄의 객체가 될 수 있다고 한다. 문서위조죄는 문서의 진정에 대한 공공의 신용을 보호법익으로 하므로 명의인의 실재 여부와 관계없이 공공의 신용을 해할 위험성이 있기 때문이다.

따라서 甲에 대하여 사문서위조죄와 위조사문서행사죄가 성립하고, 두 죄는 실체적 경합관계이다. 한편, 甲은 위조한 V 명의의 예금청구서에 절취한 V의 도장을 찍어 은행에 제출하였다. 이는 사인부정사용죄(형법 제239조 제1항) 및 부정사용사인행사죄(형법 제239조 제2항)의 구성요건에 해당하지만, 인장에 관한 죄는 문서위조죄가 성립하는 경우 문서위조죄에 흡수되므로[3)] 별도로 위 두 죄는 성립하지 않는다.

---

1) 대법원 1991. 9. 10. 선고 91도1722 판결.
2) (**관련판례**) 대법원 2005. 2. 24. 선고 2002도18 전원합의체 판결【사문서위조·위조사문서행사】. 「문서위조죄는 문서의 진정에 대한 공공의 신용을 그 보호법익으로 하는 것이므로 행사할 목적으로 작성된 문서가 일반인으로 하여금 당해 명의인의 권한 내에서 작성된 문서라고 믿게 할 수 있는 정도의 형식과 외관을 갖추고 있으면 문서위조죄가 성립하는 것이고, 위와 같은 요건을 구비한 이상 그 명의인이 실재하지 않는 허무인이거나 또는 문서의 작성일자 전에 이미 사망하였다고 하더라도 그러한 문서 역시 공공의 신용을 해할 위험성이 있으므로 문서위조죄가 성립한다고 봄이 상당하며, 이는 공문서뿐만 아니라 사문서의 경우에도 마찬가지라고 보아야 할 것이다.」
본 판결 해설은 박종민, "허무인 명의의 사문서위조", 대법원판례해설 제56호(2005 상반기), 2005, 263-275면.
3) 대법원 1978. 9. 26. 선고 78도1787 판결.

4. 사기죄의 성립 여부

甲이 A은행에 가서[1] 위조한 V의 주민등록증과 예금청구서를 은행 담당직원에게 제출하여 이에 속은 직원으로부터 V 명의의 통장에서 현금 1,000만 원을 인출한 행위는 타인을 기망하여 재물의 교부를 받은 것으로서 사기죄(형법 제347조 제1항)에 해당한다.[2] 은행에서 예금을 청구하는 행위는 자신이 정당한 권리자임을 묵시적으로 표현하는 것이므로 위조한 예금청구서를 제시하여 예금을 청구하는 행위는 묵시적 기망행위에 해당하기 때문이다.

甲은 위 예금인출에 앞서 V 명의의 A은행 통장과 V의 주민등록증 및 도장을 절취하였으므로 절도죄에 해당하는데, 훔친 통장 등을 이용하여 A은행으로부터 예금을 인출한 행위가 불가벌적 사후행위에 해당하는 것은 아닌지 문제된다. 그러나 절도죄 이외에 새로운 법익을 침해하였으므로 A은행에 대하여 별도로 사기죄가 성립한다.

5. 설문의 해결

범죄사실 2)와 관련하여 甲에 대하여는 공문서위조죄, 위조공문서행사죄, 사문서위조죄, 위조사문서행사죄, 사기죄가 각 성립하고, 각 죄는 실체적 경합관계[3]이다.

Ⅲ. 제3문 — 3)의 범죄사실에 대한 甲과 乙의 형사책임

1. 문제의 제기

甲과 乙은 함께 V를 폭행하여 V 명의의 B은행 직불카드를 빼앗은 후 비밀번호를 알아내고 현금자동지급기에서 현금 50만 원을 인출하였다. 이에 대한 甲과 乙의 형사

---

1) 대법원 2022. 3. 24. 선고 2017도18272 전원합의체 판결(음식점 영업주로부터 승낙을 받아 통상적인 출입방법에 따라 각 음식점의 방실에 들어간 것은 주거침입죄에서 규정하는 침입행위에 해당하지 않는다고 한 사례)에 비추어, 본 사례에서 甲에 대하여 건조물침입죄는 성립하지 않으며, 굳이 검토할 필요도 없다. 실무에서도 마찬가지이다.

2) 대법원 1974. 11. 26. 선고 74도2817 판결; 대법원 1991. 9. 10. 선고 91도1722 판결(예금통장을 강취하고 예금자 명의의 예금청구서를 위조한 다음 이를 은행원에게 제출 행사하여 예금인출금 명목의 금원을 교부받은 경우, 강도, 사문서위조, 위조사문서행사, 사기의 각 범죄가 성립하고, 이들은 실체적 경합관계에 있다).

3) 은행실무상 통상 예금청구서를 제시하면 신원확인을 위하여 주민등록증의 제시를 요구하지만, 만일 미리 예금청구서와 주민등록증을 동시에 제출하였다면, 위조공문서행사죄와 위조사문서행사죄는 상상적 경합이 될 것이다.

책임을 폭행의 정도를 구별하여 검토할 경우, ① 폭행이 상대방인 V의 의사결정의 자유를 제한하거나 의사실행의 자유를 방해할 정도, 즉 공갈죄(형법 제350조 제1항)에서의 폭행에 해당하는지, 아니면 ② V의 반항을 억압하거나 항거불능케 할 정도, 즉 강도죄(형법 제333조)에서의 폭행에 해당하는지에 따라 이를 구별할 수 있을 것이다. 甲과 乙이 V 명의의 직불카드를 빼앗은 행위는 기본적으로 ①의 경우는 공갈죄, ②의 경우는 강도죄에 해당하는데, 어느 것에 해당하는지에 따라 그 후의 현금인출행위에 대한 형사책임도 달라질 것이다.

2. 공갈죄에서의 폭행에 해당하는 경우

(1) 직불카드를 빼앗은 행위에 대한 형사책임

사람을 공갈하여 재물의 교부를 받거나 재산상의 이익을 취득한 때에는 공갈죄(형법 제350조 제1항)가 성립한다. 공갈이란 재물을 교부받거나 재산상의 이익을 취득하기 위하여 폭행 또는 협박으로 외포심을 일으키게 하는 행위를 말한다. 공갈죄가 성립하기 위해서는 상대방의 하자있는 의사에 기한 재산처분행위가 필요하므로 여기에서의 폭행·협박은 사람의 의사결정의 자유를 제한하거나 의사실행의 자유를 방해할 정도로 충분하고,[1] 상대방의 반항을 억압하거나 항거불능케 할 정도에 이를 것을 요하지 않는다는 점에서 강도죄에서의 폭행·협박과 구별된다.

甲과 乙의 폭행 정도가 V의 반항을 억압할 정도에 이르지 못한 경우, 甲과 乙이 V 명의의 직불카드를 공동하여 빼앗은 행위에 대하여는 각 폭력행위등처벌에관한법률위반(공동공갈)죄(동법 제2조 제2항, 제1항 제3호,[2] 형법 제350조 제1항)가 성립한다.

(2) 현금인출한 행위에 대한 형사책임

㈎ 절도죄의 성립 여부

절취 또는 강취한 타인의 신용카드를 이용하여 현금자동지급기에서 현금을 인출하는 행위는 컴퓨터등사용사기죄에 해당한다는 견해도 있으나, 통설과 판례[3]는 절도죄(형법 제329조)에 해당한다고 한다. 마찬가지로 갈취한 직불카드를 이용하여 현금인출기에서 현금을 인출한 행위가 현금자동지급기 관리자의 의사에 반하여 현금의 점유를 이전한 것으로 절도죄에 해당하는지 문제된다.

---

1) 대법원 2013. 9. 13. 선고 2013도6809 판결.
2) 2016. 1. 6. 법률 개정에 따라 '제2조 제2항 제3호'로 변경.
3) 대법원 1995. 7. 28. 선고 95도997 판결.

판례는 갈취한 현금카드를 이용한 현금인출과 관련하여, 비록 하자 있는 의사표시이기는 하지만 현금카드 소유자의 승낙에 의하여 사용권한을 부여받은 이상, 그 소유자가 승낙의 의사표시를 취소하기까지는 현금카드를 적법·유효하게 사용할 수 있으며, 은행 등 금융기관은 현금카드 소유자의 지급정지 신청이 없는 한 카드 소유자의 의사에 따라 그의 계산으로 적법하게 지급할 수밖에 없기 때문에, 피고인의 현금카드 갈취행위와 이를 사용하여 현금자동지급기에서 예금을 인출한 행위는 모두 피해자의 예금을 갈취하고자 하는 피고인의 단일하고 계속된 범의 아래에서 이루어진 일련의 행위로서 포괄하여 하나의 공갈죄를 구성한다고 한다.[1)]

위 판례는 갈취한 직불카드에도 그대로 적용될 수 있으므로, 판례에 따르면 甲과 乙의 현금인출행위는 별도로 절도죄를 구성하지 않는다.[2)]

㈏ 여신전문금융업법위반죄의 성립 여부

갈취한 V 명의의 직불카드로 현금인출기에서 현금을 인출한 행위가 여신전문금융업법 제70조 제1항 제4호의 '공갈하여 취득한 신용카드나 직불카드를 판매하거나 사용한' 행위에 해당하는지 문제된다. 여기서 '사용'이란 신용카드나 직불카드를 진정한 카드로서 본래적 용법에 따라 사용하는 것을 말한다.[3)] 직불카드로 현금을 인출하는 것은 직불카드가 겸할 수 있는 현금카드의 기능을 사용하는 것일 뿐 본래적 용법에 따라 사용하는 것은 아니다. 따라서 甲에 대하여 여신전문금융업법위반죄는 성립하지 않는다.[4)]

(3) 소결

공갈죄에서의 폭행에 해당하는 경우, 甲과 乙이 위 직불카드를 빼앗은 후 현금을 인출한 행위에 대하여는 포괄하여 각 폭력행위등처벌에관한법률위반(공동공갈)죄가 성립한다.

---

1) 대법원 1996. 9. 20. 선고 95도1728 판결; 대법원 2007. 5. 10. 선고 2007도1375 판결. 편취한 경우에도 포괄하여 사기죄만 성립한다(대법원 2005. 9. 30. 선고 2005도5869 판결).
2) 또한, 위 현금인출행위는 하자있는 의사표시이기는 하지만 피해자 V의 승낙에 의한 것이므로 사전자기록등변작죄(형법 제232조의2) 및 변작사전자기록등행사죄(형법 제234조)는 성립하지 않는다.
3) 대법원 2022. 12. 16. 선고 2022도10629 판결.
4) 대법원 2003. 11. 14. 선고 2003도3977 판결.

3. 강도죄에서의 폭행에 해당하는 경우

(1) 직불카드를 빼앗은 행위에 대한 형사책임

폭행 또는 협박으로 타인의 재물을 강취하거나 기타 재산상의 이익을 취득한 때에는 강도죄(형법 제333조)가 성립한다. 여기서의 폭행·협박은 사회통념상 객관적으로 상대방의 반항을 억압하거나 항거불능케 할 정도의 것이라야 한다.[1)]

甲과 乙의 폭행의 정도가 V의 반항을 억압하거나 항거불능케 할 정도에 이른 경우, 甲과 乙이 V 명의의 직불카드를 빼앗은 행위는 2인 이상이 합동하여 강취한 것으로서 각 특수강도죄(형법 제334조 제2항, 제1항)가 성립한다.

(2) 현금인출한 행위에 대한 형사책임

(가) 절도죄의 성립 여부

강취한 직불카드로 현금을 인출한 경우 별도로 절도죄가 성립하는지가 문제된다. 이에 대하여 판례는 강취한 현금카드를 사용하여 현금자동지급기에서 예금을 인출한 행위는 피해자의 승낙에 기한 것이라고 할 수 없고, 새로운 법익을 침해한 것으로 불가벌적 사후행위가 아닌 별개의 절도죄가 성립한다고 한다.[2)]

판례에 따르면 甲과 乙이 합동하여 현금을 인출하였으므로 각 특수절도죄(형법 제331조 제2항, 제1항)가 성립한다.[3)]

(나) 여신전문금융업법위반

앞서 살펴본 대로 강취한 직불카드로 현금지급기에서 현금을 인출한 경우, 여신전문금융업법상의 신용카드부정사용죄는 성립하지 않는다.

(3) 소결

강도죄에서의 폭행에 해당하는 경우, 甲과 乙에 대하여 각 특수강도죄와 특수절도죄가 성립하고, 두 죄는 실체적 경합관계이다.[4)]

---

1) 대법원 2001. 3. 23. 선고 2001도359 판결; 대법원 2004. 10. 28. 선고 2004도4437 판결.
2) 대법원 2007. 4. 13. 선고 2007도1377 판결; 대법원 2007. 5. 10. 선고 2007도1375 판결.
3) 이와는 별도로 사전자기록등변작죄 및 변작사전자기록등행사죄가 성립하는지 여부도 검토할 필요가 있으나 일반적으로 논의되고 있지는 않으므로 여기서는 생략한다. 이에 대한 상세는 사례 1. [12－변시(1)－1] 제1문 '甲의 형사책임' 부분 참조.
4) 대법원 1991. 9. 10. 선고 91도1722 판결.

Ⅳ. 제4문 — 공소장변경의 한계

1. 문제의 제기

乙은 V에 대한 상해치사죄로 기소되었는데, 그 후 검사는 ① 甲과 공동으로 구타하여 V가 사망에 이르렀다는 취지로 공소사실을 변경하고, ② 새로이 밝혀진 3)의 범죄사실(폭행의 정도에 따라 ⓐ 폭력행위등처벌에관한법률위반(공동공갈)죄 또는 ⓑ 특수강도죄와 특수절도죄)을 추가하는 내용으로 공소장변경을 신청하였다. 이에 대한 법원의 조치를 검토하기 위해서는, ①과 관련하여 단순 상해치사죄를 상해치사죄의 공동정범으로 변경하는 것이 가능한지, ②와 관련하여 원래의 공소사실과는 전혀 별개의 새로운 범죄사실을 추가하는 형식의 공소장변경이 가능한지를 살펴보아야 한다. 어느 경우나 어느 범위까지 공소장변경이 가능한가 하는 문제(공소장변경의 한계(=가부))와 연결되어 있다.

2. 공소장변경의 한계에 관한 논의

공소장변경은 공소사실의 동일성을 해하지 않는 범위 안에서만 허용된다(형소법 제298조 제1항). 이처럼 공소사실의 한계를 결정하는 것은 공소사실의 동일성 여부이다.

공소사실의 동일성 여부를 판단하는 기준에 관하여는 ① 죄질동일설, ② 구성요건공통설, ③ 소인공통설, ④ 기본적 사실동일설(통설) 등이 있다. 기본적 사실동일설은 공소사실을 그 기초가 되는 사회적 사실로 환원하여 그러한 사실 사이에 다소의 차이가 있더라도 기본적인 점에서 동일하면 동일성이 인정된다고 보는 견해이다. 판례도 기본적으로 같은 입장이다. 즉, 공소장에 기재된 공소사실이 변경된 공소사실과 시간적·장소적으로 밀접한 관계에 있거나(밀접관계), 그것이 양립할 수 없는 관계에 있는 때(비양립관계 또는 택일관계)에 기본적 사실이 동일하다고 한다.[1] 다만, 기본적 사실의 동일성을 판단할 때 규범적 요소를 전적으로 배제한 채 순수하게 사회적·전법률적인 관점에서만 파악할 수는 없고, 규범적 요소도 기본적 사실관계 동일성의 실질적 내용의 일부를 이루는 것이라고 한다(수정된 기본적 사실동일설).[2]

---

1) 대법원 2012. 5. 24. 선고 2010도3950 판결.
2) 대법원 1994. 3. 22. 선고 93도2080 전원합의체 판결; 대법원 2024. 12. 12. 선고 2020도3273 판결.

3. 설문의 해결

(1) 상해치사죄를 상해치사죄의 공동정범으로 공소장변경 가능한지 여부

乙의 단독범행으로 기소된 것을 甲과의 공동정범으로 변경하는 것은 동일한 내용의 사회적 사실에 관한 것으로서 기본적인 점에서 동일하므로 공소장변경이 가능하다.[1] 따라서 법원은 공소장변경을 허가하여야 한다.[2] 이 경우의 법원의 허가는 의무적이다.[3]

합동범·공동정범·단독범과 공소사실의 축소인정

1. 단독범을 공동정범으로 축소인정
단독범을 공동정범으로 인정하는 경우에는 일반적으로 범행관여의 정도를 가볍게 하므로 피고인의 주장내용과 입증과정에 비추어 피고인의 방어권행사에 실질적 불이익을 주지 않는 경우에는 공소장변경을 요하지 않는다.[4] 그러나 반대로 피고인이 실행행위에는 관여하지 않고 공모공동정범으로서 책임을 지게 되는 것으로 인정하는 경우 등 축소인정이라고는 할 수 없는 경우에는 공소장변경이 필요하다.
2. 이에 반하여, 공동정범을 단독범으로 인정하는 경우에는 일반적으로 피고인의 범행관여의 정도가 중하게 되는 경우가 많으므로 통상 피고인의 방어권행사에 실질적 불이익을 주게 되어 공소장변경을 요한다고 할 것이지만, 방어권행사에 실질적인 불이익을 주지 않거나 실행행위나 결과의 범위에 변동이 없고, 축소인정에 해당하는 경우에는 공소장변경은 필요 없다고 할 것이다.[5]
3. 공동정범을 방조범으로,[6] 합동범을 단독범으로 인정하는 경우에는 가벼운 범죄사실이기 때문에 공소장변경 없이 축소인정할 수 있다.

---

1) 대법원 2009. 1. 30. 선고 2008도8138 판결.
2) 단독정범을 공동정범으로 인정하는 경우, 그로 인하여 피고인에게 불의의 타격을 주어 방어권의 행사에 실질적 불이익을 줄 우려가 없으면 공소장변경 자체를 요하지 않는다(대법원 1999. 7. 23. 선고 99도1911 판결; 대법원 2013. 10. 24. 선고 2013도5752 판결).
3) 대법원 2013. 9. 12. 선고 2012도14097 판결.
4) 대법원 1999. 7. 23. 선고 99도1911 판결(배임행위는 피고인 甲이 공소외 乙과 공모하여 저지른 것으로 충분히 인정되고, 공판과정에서 피고인 甲의 주장내용 및 입증과정 등을 종합적으로 고려할 때 방어권 행사에 불이익을 줄 우려가 있는 경우라고 할 수 없다고 한 사례); 대법원 2007. 4. 26. 선고 2007도309 판결(공소장에 기재된 공소사실은 피고인별로 별항으로 구성되어 있으나 피고인 甲에 대하여 피고인 乙의 공소사실을 그대로 원용하는 형태로 되어 있어 실질적으로는 피고인들의 공모관계를 전제한 것임이 명백하고, 공모의 점을 다투어 증인조사까지 시행되었다면 공소장변경 없이 피고인들을 공동정범으로 인정할 수 있다고 한 사례); 대법원 2018. 7. 12. 선고 2018도5909 판결.
5) 일본 판례 중에는 상해의 공동정범을 공소장변경 없이 폭행의 단독범으로 인정한 것이 있다(最決 1955. 10. 19. 刑集 9·11·2268).
6) 대법원 2018. 9. 13. 선고 2018도7658, 2018전도54, 55, 2918보도6, 2018모2593 판결.

(2) 3)의 범죄사실을 추가하는 공소장변경의 가능 여부

3)의 범죄사실은 상해치사죄의 공소사실과 실체적 경합관계에 있는 전혀 다른 별개의 범죄로서 기본적 사실관계가 서로 다르므로 공소사실의 동일성이 인정되지 않는다. 따라서 법원은 검사의 공소장변경신청을 기각하여야 한다. 검사는 3)의 범죄사실에 대하여는 공소장변경을 신청할 것이 아니라 추가로 기소하여야 한다.

V. 제5문 — 공소제기 후 피고인을 신문한 조서의 증거능력

1. 문제의 제기

검사가 공소를 제기하면 원칙적으로 수사는 종결된다. 그런데 본 사례와 같이 공소제기 후 새로운 사실이 밝혀지는 등 추가 수사의 필요성이 있는 경우에 이미 기소된 피고인을 검사가 다시 소환하여 신문할 수 있는지, 또한 신문한 내용을 기재한 조서의 증거능력은 인정되는지 여부가 문제된다.

2. 공소제기 후의 피고인신문의 허용 여부

공소제기 후 구속이나 압수·수색·검증 등 강제수사는 당사자대등의 원칙이나 강제처분법정주의에 비추어 원칙적으로 허용되지 않는다고 할 것이다.[1] 그러나 공소제기 후에도 공소를 유지하거나 그 여부를 결정하기 위한 수사가 가능한 이상 공소제기 후의 임의수사는 원칙적으로 허용된다. 이와 관련하여 특히 임의수사로서[2] 피고인신문이 허용되는지가 문제된다.

이에 대해서는 ① 제1회 공판기일 전후를 불문하고 수사기관은 임의수사로서 피고인신문을 할 수 있다는 견해(긍정설), ② 피고인의 당사자 지위와 공소제기 후 피고인신문의 필요성을 합리적으로 조화시켜야 한다는 관점에서 제1회 공판기일 전에 한하여, 실체적 진실발견을 위하거나 진범검거로 인하여 공소취소의 필요성이 있는 경우에 검사가 주체가 되는 경우에만 가능하다는 견해(제한적 긍정설), ③ 형사소송법은 피의자신문만을 규정하고 있고(형소법 제200조), 피고인신문을 허용하면 방어권을 준비하는 기회를 박탈하여 당사자로서의 지위를 위협하는 것이며, 수사기관의 피고인신문

---

1) 대법원 2011. 4. 28. 선고 2009도10412 판결. 공소제기 후의 강제수사인 압수·수색·검증의 허용 여부에 대하여는 사례 5. [14－변시(3)－1] 제2문 '공소제기 후 수사의 적법성' 부분 참조.

2) 피의자신문은 임의수사이다(대법원 2013. 7. 1. 자 2013모160 결정).

을 허용하게 되면 공판기일의 피고인신문절차가 유명무실하게 되어 공판절차의 소송구조가 파괴되고, 수사기관의 피고인신문에서는 반대신문권을 행사할 수 없으므로 변호권 침해 내지 적법절차 위반의 문제가 있다는 이유로 피고인신문은 공소제기 후 불가능하다는 견해(부정설)(통설)의 대립이 있다. 다만 부정설에서도 피고인 스스로 검사의 면접을 요구하거나, 공범자 또는 진범의 발견으로 피고인신문이 불가피한 경우에는, 예외적으로 진술조서의 형식을 통하여 피고인신문이 가능하다고 한다. 본 설문은 공범자가 발견된 경우로서 이러한 예외에 해당한다. 판례는 "검사 작성의 피고인에 대한 진술조서가 공소제기 후에 작성된 것이라는 이유만으로 곧 그 증거능력이 없다고 할 수는 없다"고 판시하여[1] 긍정설의 입장을 취하고 있다.

3. 피고인신문 후 작성한 조서의 증거능력

(1) 甲의 형사책임에 대한 증거능력

㈎ 피고인신문이 허용되지 않는다고 할 경우

피고인신문이 허용되지 않는다는 부정설에 따르면, 피고인을 신문하고 작성한 조서는 위법하게 수집된 증거로서 증거능력이 없다(형소법 제308조의2)고 할 것이다. 따라서 乙에 대한 조서는 위법수집증거로서 乙을 유죄로 인정하는 증거로 사용할 수 없다.

그런데 乙을 상대로 위법하게 수집한 증거를 다른 사람인 甲의 공소사실에 대해서도 마찬가지로 사용할 수 없는지가 문제된다. 미국에서와 마찬가지로[2] 자신의 권리가 침해된 자만이 증거배제를 주장할 수 있는 적격(standing)을 가진다는 견해도 있다. 그러나 대법원은 다른 사람에 대해서도 그 증거능력을 부정하고 있다.[3] 따라서 乙의 조서는 甲의 공소사실에 대하여 증거능력이 없다. 甲이 乙의 조서를 증거로 사용하는 데 동의하더라도 마찬가지이다.[4]

㈏ 피고인신문이 허용된다고 할 경우

공소제기 후 피고인신문이 허용된다는 판례와 긍정설에 따르면, 그 신문내용을 기재한 조서는 전문증거로서 형사소송법에서 정한 요건을 충족하는 경우 증거능력을 인정할 수 있다. 피고인 乙에 대하여 검사가 신문한 내용을 기재한 조서는 그 조서의

1) 대법원 1984. 9. 25. 선고 84도1646 판결.
2) Alderman v. United States 394 U.S. 165(1969).
3) 대법원 2011. 6. 30. 선고 2009도6717 판결.
4) 대법원 2013. 3. 14. 선고 2010도2094 판결.

명칭이 피고인신문조서인지 진술조서인지를 불문하고 甲의 공소사실에 대하여는 '피고인이 아닌 자'의 진술을 기재한 조서이다.

甲과 乙은 공범이고 함께 재판을 받고 있는 공동피고인인데,[1] 먼저 甲이 乙의 조서에 대하여 증거 동의한 때에는 진정한 것으로 인정되는 때에는 증거능력이 있다(형소법 제318조 제1항).

甲이 증거로 하는 것에 동의하지 않은 경우에는, ① 공범인 공동피고인은 형사소송법 제312조 제4항의 '피고인이 아닌 자'에 해당하는 것이 분명하므로 이를 참고인진술조서로 취급하여 형사소송법 제312조 제4항에 따라 증거능력을 판단해야 한다는 견해(통설)와 ② 형사소송법 제312조 제1항(2020. 2. 4. 개정, 2021. 1. 1. 시행 전 조문)[2]에 따라야 한다는 견해의 대립이 있다. 판례는 ①설의 입장이다.[3]

통설과 판례가 타당하므로 乙의 조서는 형사소송법 제312조 제4항에 의하여 ⓐ 그 조서가 적법한 절차와 방식에 따라 작성된 것으로서, ⓑ 검사 또는 사법경찰관 앞에서 진술한 내용과 동일하게 기재되어 있음이 원진술자의 공판준비 또는 공판기일에서의 진술이나[4] 영상녹화물 또는 그 밖의 객관적인 방법에 의하여 증명되고, ⓒ 피고인 또는 변호인이 공판준비 또는 공판기일에 그 기재 내용에 관하여 원진술자를 신문할 수 있었고, ⓓ 그 조서에 기재된 진술이 특히 신빙할 수 있는 상태하에서 행하여졌음이 증명되어야 증거로 할 수 있다.[5]

---

1) 사례에서 명백하지 않지만 설문 4, 5의 취지에 비추어 甲과 乙은 공범인 공동피고인으로 보인다.
2) 위 개정법은 개정법 시행 당시 법원에 계속 중인 사건에 대하여도 적용되므로(부칙 제2조), 본 사례에 대해서는 구법이 적용된다.
3) 대법원 1999. 10. 8. 선고 99도3063 판결.
4) 공범인 공동피고인의 진정성립 부여 방식에 대하여 변론을 분리하여 반드시 현재 사건의 '증인'으로 출석하여 진정성립을 인정하여야 한다는 견해도 있고, 공범인 공동피고인에 대한 증거결정에 관한 의견진술 과정에서 진정성립 및 임의성이 인정되고 당해 피고인 측에서 공동피고인에 대한 반대신문의 기회를 부여받은 경우에 증거능력이 있다는 견해도 있다.
5) 그러나 검사 작성 피의자신문조서의 증거능력 판단요건이 사법경찰관 작성 피의자신문조서의 그것과 동일하게 적법한 절차와 방식에 따라 작성된 것으로서, 공판준비, 공판기일에 그 피의자였던 피고인 또는 변호인이 그 내용을 인정할 때에 한정하여 증거로 할 수 있다고 개정·시행(2022. 1. 1)된 이후에는 종래 공범인 공동피고인의 사법경찰관 작성 피의자신문조서의 증거능력에 관한 논의가 그대로 적용될 것으로 보인다. 즉, ① 이를 참고인진술조서로 취급하여 형사소송법 제312조 제4항에 따라 증거능력을 인정해야 한다는 견해, ② 공범관계에 있는 피고인에 대한 피의자신문조서는 그 내용이 당해 피고인에 대한 피의자신문조서의 내용과 다름이 없기 때문에 피고인에게 보다 유리한 형사소송법 제312조 제3항에 따라 증거능력이 부여된다는 견해(통설·판례)가 대립되었는데, 지금은 검사 작성의 피의자신문조서에 대해서도 같은 견해의 대립이 있다. 판례는 위 ②와 같은 입장이다(대법원 2023. 6. 1. 선고 2023도3741 판결).

(2) 乙의 형사책임에 대한 증거능력

(가) 피고인신문이 허용되지 않는다고 할 경우

피고인신문이 허용되지 않는다는 부정설에 따르면, 피고인을 신문하고 작성한 조서는 위법하게 수집된 증거로서 증거능력이 없다(형소법 제308조의2). 따라서 乙에 대한 신문조서는 乙의 공소사실에 대해서는 증거능력이 없다.

(나) 피고인신문이 허용된다고 할 경우

乙에 대한 신문 내용을 기재한 조서는 그 명칭이 참고인진술조서이건 피고인신문조서이건 수사기관에서의 조사과정에서 진술한 것으로서 피의자신문조서와 실질적으로 그 내용이 같다.[1] 먼저, 乙이 그 조서에 대하여 증거 동의한 때에는 진정한 것으로 인정되는 때에는 증거능력이 있다(형소법 제318조 제1항).

乙이 증거로 하는 것에 동의하지 않은 경우에는 형사소송법 제312조 제1항, 제2항[2]에 의하여 증거능력을 판단하여야 한다. 즉, ① 적법한 절차와 방식에 따라 작성된 것으로서, ② 피고인이 진술한 내용과 동일하게 기재되어 있음이 공판준비 또는 공판기일에서의 피고인의 진술에 의하여 인정되고, ③ 그 조서에 기재된 진술이 특히 신빙할 수 있는 상태하에서 행하여졌음이 증명된 때에 한하여 증거로 할 수 있다. 또한, ④ 피고인이 그 조서의 성립의 진정을 부인하는 경우에는 그 조서에 기재된 진술이 피고인이 진술한 내용과 동일하게 기재되어 있음이 영상녹화물이나 그 밖의 객관적인 방법에 의하여 증명되고, 그 조서에 기재된 진술이 특히 신빙할 수 있는 상태하에서 행하여졌음이 증명된 때에 한하여 증거로 할 수 있다(형소법 제312조 제2항).[3]

4. 설문의 해결

본 설문에서는 검사의 피고인신문이 허용되므로, 검사가 작성한 乙에 대한 조서는 피고인 甲과 乙이 각기 증거동의한 때에는 증거능력이 있다. 증거동의를 하지 않은 경우에는, 甲의 공소사실에 대하여는 형사소송법 제312조 제4항의 요건을 갖춘 경우에, 乙의 공소사실에 대하여는 형사소송법 제312조 제1항, 제2항의 요건을 갖춘 경우에 그 증거능력을 인정할 수 있다.

---

1) 대법원 2009. 8. 20. 선고 2008도8213 판결.
2) 2020. 2. 4. 형사소송법 개정으로 삭제되었다(2021. 1. 1. 시행).
3) 검사 작성 피의자신문조서의 증거능력 판단요건이 사법경찰관 작성의 피의자신문조서의 그것과 동일하게 개정·시행(2022. 1. 1)된 이후에는, 내용 부인 취지이므로 개정된 형사소송법 제312조 제1항에 의하여 증거능력이 인정되지 않는다.

Ⅵ. 제6문—丙의 범죄에 대한 공소시효의 완성 여부

1. 문제의 제기

甲의 친구인 丙은 甲과 함께 乙에게 찾아가 경찰에 자수하여 단독으로 V를 때려 사망에 이르게 한 것이라고 허위로 진술하도록 회유하였고, 그에 따라 乙은 경찰에 자수하여 허위로 진술하였다. 丙에 대하여 공소가 제기되자 丙의 변호인은 공소시효의 완성을 주장하고 있다. 변호인의 주장이 타당한지를 검토하기 위해서는 丙의 형사책임과 공소시효의 기간, 나아가 공소시효의 정지사유가 있는지 여부를 살펴보아야 한다.

2. 丙의 형사책임과 공소시효의 기간

(1) 丙의 형사책임

벌금 이상의 형에 해당하는 죄를 범한 자를 은닉 또는 도피하게 한 때에는 범인도피(은닉)죄(형법 제151조 제1항)가 성립한다. 여기서 은닉은 장소를 제공하여 범인을 감추어 주는 행위를 말하고, 도피하게 하는 것은 은닉 이외의 방법으로 수사기관의 발견·체포를 곤란 또는 불가능하게 하는 일체의 행위를 의미한다.

본 사례에서 乙은 甲과 丙의 회유에 따라 경찰에 자수하여 상해치사죄(형법 제259조 제1항. 3년 이상의 유기징역)의 공범인 甲의 존재를 묵비하고 단독 범행인 것처럼 허위로 진술함으로써 수사기관으로 하여금 甲의 발견·체포에 지장을 초래하게 하였으므로 범인도피죄가 성립한다.[1] 따라서 허위로 진술하도록 회유한 丙에 대해서는 범인도피교사죄가 성립한다. 한편, 乙과 공동정범의 관계에 있는 甲은 자신을 위하여 타인으로 하여금 범인도피죄를 범하게 하였으나, 이는 방어권의 남용으로서 마찬가지로 범인도피교사죄가 성립한다(판례[2]).[3] 따라서 丙은 甲과 함께 乙의 범인도피죄의 공동교사범[4]으로서의 형사책임을 진다.

---

1) 대법원 2000. 11. 24. 선고 2000도4078 판결.
2) 대법원 2008. 11. 13. 선고 2008도7647 판결.
3) 이에 대한 상세는 사례 5. [14-변시(3)-1] 제1문 '甲, 乙, 丙, 丁의 형사책임' 부분 참조.
4) 여러 사람이 교사행위를 공동수행한 경우에, 형법 제30조의 공동정범규정을 준용하여 공동교사로 처벌할 수 있는지가 문제된다. 이에 대해서는 긍정하는 견해와 공범의 한정성을 이유로 부정하는 견해가 있다. 일본 판례 중에는 공동교사로 처벌한 것이 있고(最判 1948. 10. 23. 刑集 2·11·1386), 우리 하급심판례 중에도 교사의 공모공동정범으로 기소된 공소사실에 대하여 공동교사행위는 인정되나 공모가 인정되지 않는다고 무죄를 선고한 원심을 유지한 것이 있다(부산고등법원 1996. 10. 23. 선고 96노526

(2) 공소시효의 기간

범인도피죄의 법정형은 3년 이하의 징역이므로 공소시효기간은 5년이다(형소법 제249조 제1항 제5호). 교사범의 시효는 정범의 형을 기준으로 하므로 범인도피교사죄의 공소시효도 5년이다. 공소시효는 범죄행위를 종료한 때로부터 진행되고(형소법 제252조 제1항), 공범의 경우에는 최종행위가 종료한 때로부터 공범 전체에 대한 시효기간이 진행된다(동조 제2항). 범죄행위의 종료 시는 행위 시가 아니라 결과발생 시라고 할 것이다(통설·판례[1]).

본 사례에서 丙의 공소시효는 공범, 즉 피교사자인 乙의 최종 범인도피행위가 종료한 때로부터 진행된다. 범인도피죄는 위험범으로서 현실적으로 형사사법의 작용을 방해하는 결과를 초래할 것까지 요구하지는 않는다. 따라서 공범인 乙이 경찰에 찾아가 자수하면서 자신이 혼자 V를 때려서 사망에 이르게 한 것이라고 허위로 진술한 때, 즉 2008. 3. 11. 범인도피죄는 기수에 이르고, 설문에 다른 사실관계가 없는 이상, 같은 날 최종 범인도피행위가 종료하였다고 볼 수 있으므로, 그때부터 丙에 대한 공소시효가 진행한다.[2] 진행된 공소시효는 정지사유가 없는 한 그로부터 5년 후인 2013. 3. 10. 완성된다.

3. 공소시효의 정지 여부

공소시효는 공소의 제기로 진행이 정지되고(형소법 제253조 제1항), 공범의 1인에 대한 공소제기는 다른 공범자에 대하여 효력이 미치고 당해 사건의 재판이 확정된 때로부터 진행한다(동조 제2항). 그리고 범인이 형사처분을 면할 목적으로 국외에 있는 경우

판결: 확정).

1) 대법원 2003. 9. 26. 선고 2002도3924 판결.

2) 판례 중에는 범인도피죄의 기수 이후에 공범의 성립을 인정하면서, 기수와 종료시기를 다르게 본 사안도 있다. 즉 대법원 2012. 8. 30. 선고 2012도6027 판결은 A가 수사기관 및 법원에 출석하여 B 등의 사기 범행을 자신이 저질렀다는 취지로 허위자백하였는데, 그 후 A의 사기 피고사건 변호인으로 선임된 피고인이 A와 공모하여 진범 B 등을 은폐하는 허위자백을 유지하게 함으로써 범인을 도피하게 하였다는 내용으로 기소된 사안에서, "범인도피죄는 범인을 도피하게 함으로써 기수에 이르지만, 범인도피행위가 계속되는 동안에는 범죄행위도 계속되고 행위가 끝날 때 비로소 범죄행위가 종료된다. 따라서 공범자의 범인도피행위 도중에 그 범행을 인식하면서 그와 공동의 범의를 가지고 기왕의 범인도피상태를 이용하여 스스로 범인도피행위를 계속한 경우에는 범인도피죄의 공동정범이 성립하고, 이는 공범자의 범행을 방조한 종범의 경우도 마찬가지이다."라고 판시하였다.
그러나 위 판례의 사례와는 달리 본 사례에서는 범인도피 교사행위는 乙의 허위진술 시에 이미 종료하였다고 볼 수 있고, 달리 그 이후까지 도피행위 또는 도피교사행위가 계속되었다고 볼 만한 특별한 사정이 없으므로 범인도피죄의 기수와 종료시기가 같고, 그때부터 공소시효가 진행된다고 보아야 할 것이다.

그 기간 동안 정지된다(동조 제3항).

본 사례에서 丙이 단순히 '숨어 지낸 것'만으로는 공소시효가 정지되지 않는다. 그런데 정범인 乙은 범인도피죄로 기소되지 않았고, 범인도피교사의 공범[1]인 甲이 2008. 7. 4. 구속 기소되어 유죄를 선고받고 2008. 9. 3. 그 판결이 확정되었다.[2] 따라서 丙의 공소시효는 2008. 7. 4.부터 2008. 9. 3.까지 2월 동안 정지되고, 2008. 9. 3.부터 다시 공소시효가 진행하여 2013. 5. 10. 24:00 공소시효가 완성된다.

4. 설문의 해결

검사는 2013. 5. 15. 丙에 대하여 공소를 제기하였는데, 이는 丙에 대한 공소시효가 완성된 2013. 5. 10. 이후에 공소가 제기된 것이 역수상 명백하므로 법원은 면소의 판결을 선고하여야 한다(형소법 제326조 제3호). 따라서 丙의 변호인의 주장은 타당하다.

---

1) 여기서의 공범에는 공동정범·교사범·종범이 모두 포함되는데, 甲은 공동정범의 규정이 준용되는 공동교사범에 해당한다. 판례는 뇌물공여죄와 뇌물수수죄 사이와 같은 이른바 대향범 관계에 있는 자는 서로 대향된 행위의 존재를 필요로 할 뿐 각자 자신의 구성요건을 실현하고 별도의 형벌규정에 따라 처벌되는 것이라는 점들에 비추어 형사소송법 제253조 제2항에서 말하는 '공범'에는 포함되지 않는다고 한다(대법원 2015. 2. 12. 선고 2012도4842 판결).

2) 사례에서는 '그날 항소를 포기하여 그대로 판결이 확정되었다'고 되어 있으나, 피고인이 항소를 포기하더라도 검사가 항소를 포기하지 않고 항소제기기간(7일)(형소법 제358조)을 경과한 때에는, 항소제기기간이 경과하여야 판결이 확정된다.

2015년 제4회 변호사시험 강평

형사법 제2문

Ⅰ. 甲에 대하여 상해치사의 공동정범을 부정하고 상해만 인정하기 위한 논거

1. 문제의 제기

- 甲과 乙은 함께 V를 구타하여 사망에 이르게 함
- 살인의 고의는 없고, 상해의 고의만 인정되므로 상해치사죄(형법 제259조 제1항)의 공동정범 성립 여부가 문제됨
- 甲의 변호인이 상해죄의 형사책임을 인정하려고 할 경우의 논거
  - 결과적 가중범인 상해치사죄의 공동정범 불성립
  - 기본행위(상해)와 중한 결과(사망) 사이의 인과관계 및 중한 결과 발생에 대한 예견가능성 부정

2. 결과적 가중범의 공동정범 성립 여부

(1) 학설

- 부정설: 결과적 가중범은 고의범과 과실범이 결합, 과실의 공동이 필요한데 과실범의 공동정범은 공동범행의사를 인정할 수 없기 때문에 인정되지 않음
- 긍정설: 주의의무의 공동과 구성요건실현행위의 공동이 있으면 공동정범 인정 가능

(2) 판례

- 기본범죄를 공동으로 할 의사가 있으면 성립되고, 결과를 공동으로 할 의사는 불요 (대법원 2000. 5. 12, 2000도745)

3. 사망 결과에 대한 인과관계 및 예견가능성 인정 여부

(1) 인과관계

- ① 상당인과관계설(판례)이나 ② 합법칙적 조건설 및 객관적 귀속론(통설)에 따라 인과관계 판단

(2) 예견가능성

- 결과로 인하여 형이 중할 죄에 있어서 그 결과의 발생을 예견할 수 없었을 때에는 중한 죄로 벌하지 아니함(형법 제15조 제2항)

4. 설문의 해결

- 상해치사죄에 대하여는 부정설에 따라 결과적 가중범의 공동정범이 성립될 수 없는데, 甲에게는 V의 사망에 대한 과실이 없음을 주장[이와 함께, 상해치사죄에는 상해죄의 동시범 규정(형법 제263조)이 적용되지 않는다고 주장]
- 甲의 기본범죄 행위와 사망의 결과 사이에 인과관계 또는 예견가능성이 없고, 달리 이에 대한 입증이 없음을 주장

Ⅱ. 2)의 범죄사실에 대한 甲의 형사책임

1. 공문서위조죄 및 위조공문서행사죄의 성립 여부

- 타인의 주민등록증에 부착된 사진을 떼고 자기의 사진을 첨부하는 행위는 기존 문서의 중요부분을 변경하여 변경 전 문서와 전혀 별개 문서를 작성하는 경우에 해당하므로 공문서위조죄(형법 제225조) 성립(대법원 1991. 9. 10, 91도1610)
- 은행에 제시하였으므로 위조공문서행사죄(형법 제229조)도 성립
- 두 죄는 상상적 경합이라는 견해도 있으나, 판례는 실체적 경합(대법원 1991. 9. 10, 91도1722)
- V는 공문서 명의인이 아니므로 사망사실은 문제되지 않음

2. 사문서위조죄 및 위조사문서행사죄의 성립 여부

- V 명의 예금청구서 작성·제출은 사문서위조죄(형법 제231조) 및 위조사문서행사죄(형법 제234조)에 해당하고, 두 죄는 실체적 경합관계
- 사자 및 허무인 명의의 문서도 사문서위조죄의 객체가 됨(대법원 2005. 2. 24, 2002도18)
- V의 도장을 찍어 제출한 행위는 사인부정사용죄(형법 제239조 제1항) 및 부정사용사인행사죄(동조 제2항)의 구성요건에 해당하나, 문서위조죄에 흡수됨(대법원 1978. 9. 26, 78도1787 참조)

3. 사기죄의 성립 여부

- 위조한 예금청구서를 제시하는 행위는 묵시적 기망행위에 해당하므로 사기죄(형법 제347조 제1항) 성립
- 절도죄 외에 새로운 법익침해행위로 불가벌적 사후행위에 해당되지 않음

4. 설문의 해결

- 공문서위조죄, 위조공문서행사죄, 사문서위조죄, 위조사문서행사죄, 사기죄 각 성립
- 각 실체적 경합관계

Ⅲ. 3)범죄사실에 대한 甲과 乙의 형사책임

1. 공갈죄에서의 폭행에 해당하는 경우

(1) 직불카드 빼앗은 행위

- 공갈죄에서의 폭행은 사람의 의사 내지 자유를 제한하는 정도로 충분하고, 상대방의 반항을 억압할 정도에 이를 것을 요하지 않음
- 甲과 乙의 폭행 정도가 V의 반항을 억압할 정도에 이르지 못한 경우, 폭처법위반(공동공갈)죄(동법 제2조 제2항 제3호, 형법 제350조 제1항) 성립

(2) 현금인출한 행위

- 비록 하자있는 의사표시이기는 하지만 현금카드 소유자의 승낙에 의하여 사용권한을 부여받은 이상 그 소유자가 승낙의 의사표시를 취소하기까지는 현금카드를 적법, 유효하게 사용할 수 있으므로 이는 피해자의 예금을 갈취하고자 하는 피고인의 단일하고 계속된 범의 아래에서 이루어진 일련의 행위로서 포괄하여 하나의 공갈죄를 구성하고 별도로 절도죄를 구성하지 않음(대법원 2007. 5. 10, 2007도1375)
- 현금인출행위는 직불카드의 본래적 용법에 따른 사용이 아니므로 여신전문금융업법상의 부정사용죄 불성립

(3) 소결

- 포괄하여 폭처법위반(공동공갈)죄 성립

2. 강도죄에서의 폭행에 해당하는 경우

(1) 직불카드 빼앗은 행위

- 강도죄에서의 폭행은 상대방의 반항을 억압하거나 항거불능케 할 정도를 의미
- 甲과 乙의 폭행 정도가 V의 반항을 억압할 정도인 경우, 각 특수강도죄(형법 제334조 제2항, 제1항) 성립

(2) 현금인출한 행위

- 강취한 직불카드를 사용하여 현금자동지급기에서 현금을 인출한 행위는 피해자의 승낙에 기한 것이라고 할 수 없고, 새로운 법익을 침해한 것으로 불가벌적 사후행위가 아닌 별개의 절도죄 성립(대법원 2007. 4. 13, 2007도1377)
- 甲과 乙은 합동절도에 해당하여 각 특수절도죄(형법 제331조 제2항, 제1항) 성립

(3) 소결

- 특수강도죄와 특수절도죄가 성립하고, 두 죄는 실체적 경합관계

Ⅳ. 공소장변경의 한계

1. 문제의 제기

- 乙은 상해치사죄로 기소됨
- 그 후 검사는 공소장변경 신청
  - 甲과 공동으로 구타하여 V를 사망에 이르렀다는 취지로 공소사실 변경
  - 3)의 범죄사실을 추가
- 법원의 조치?

2. 공소장변경의 한계에 관한 논의

- 공소장변경은 '공소사실의 동일성'을 해하지 않는 범위 안에서만 허용(형소법 제298조 제1항)
- 공소사실의 동일성에 대하여는 죄질동일설, 구성요건공통설, 소인공통설, 기본적 사실동일설이 있으며, 통설과 판례는 기본적 사실동일설(대법원 2012. 5. 24, 2010도3950)
- 공소사실을 그 기초가 되는 사회적 사실로 환원하여 그러한 사실 사이에 다소의 차이가 있더라도 기본적인 점에서 동일하면 동일성이 인정됨(기본적 사실동일설)

3. 상해치사죄의 단독범을 공동정범으로 변경할 수 있는지

- 동일한 내용의 사회적 사실에 관한 것으로 기본적인 점에서 동일하므로 공소장변경 가능(대법원 2009. 1. 30, 2008도8138)
- 법원은 공소장변경을 허가하여야 함
- 이 경우, 법원의 허가는 의무적(대법원 2013. 9. 12, 2012도14097)

4. 3)의 범죄사실을 추가하여 변경할 수 있는지

- 상해치사죄와 기본적 사실관계에 있어서 전혀 다른 경합범 관계에 있는 별개의 죄
- 공소사실의 동일성이 인정되지 않으므로 공소장변경 불가능
- 법원은 공소장변경신청을 기각하여야 함
- 검사는 추가 기소하여야 함

V. 공소제기 후 피고인을 신문한 조서의 증거능력

1. 공소제기 후 피고인신문의 허용 여부

- 공소제기 후의 임의수사는 원칙적으로 허용
- 임의수사로서 피고인신문이 허용되는지 여부
  - 긍정설, 제한적 긍정설(제1회 공판기일 이전 실체적 진실발견 또는 피고인의 요청이 있을 때 가능), 부정설이 대립. 부정설도 공범 발견 등 예외 인정
  - 판례는 긍정설(대법원 1984. 9. 25, 84도1646)

2. 피고인신문 후 작성한 조서의 증거능력

(1) 甲의 형사책임에 대한 조서의 증거능력

- 허용되지 않는다고 할 경우, 위법수집증거로서 증거능력 없음
  - 乙을 상대로 위법수집한 증거이지만 甲에 대해서도 증거능력 없음(대법원 2011. 6. 30, 2009도6717)
- 허용된다고 할 경우,
  - 증거동의하면 증거능력 있음(형소법 제318조)
  - 증거부동의하면 형사소송법 제312조 제4항에 의하여 증거능력 판단

(2) 乙의 형사책임에 대한 조서의 증거능력

- 허용되지 않는다고 할 경우, 위법수집증거로서 증거능력 없음
- 허용된다고 할 경우, 형사소송법 제312조 제1항, 제2항에 따라 증거능력 판단

(3) 설문의 해결

- 공범 발견된 경우이므로 허용됨. 따라서 乙에 대한 조서는 증거 동의하면 증거능력이 있고, 증거 부동의하면 甲에 대해서는 형사소송법 제312조 제4항에, 乙에 대해서는 동법 제312조 제1항, 제2항에 따라 증거능력 판단

Ⅵ. 丙의 범죄의 공소시효 완성 여부

1. 丙의 형사책임과 공소시효의 기간

- 乙은 범인도피죄(형법 제151조 제1항), 甲과 丙은 범인도피교사죄의 공동정범
- 범인도피교사죄(법정형 3년 이하의 징역)의 공소시효는 5년(형소법 제249조 제1항 제5호)
- 공범의 최종행위 종료 시부터 진행하므로(형소법 제252조 제2항), 乙이 경찰에 자수하여 범행을 진술한 2008. 3. 11.부터 공소시효 진행
- 공소시효 정지사유가 없으면 2013. 3. 10. 공소시효 완성

2. 공소시효의 정지 여부

- 丙이 단순히 숨어 지낸 것은 공소시효의 정지사유가 되지 못함
- 공소제기로 시효 진행이 정지(형소법 제253조 제1항), 공범에 대한 공소제기는 다른 공범자에게도 효력이 미치고 재판 확정 후 다시 진행(동조 제2항)
- 甲이 2008. 7. 4. 기소되어 2008. 9. 3. 판결이 확정되었으므로 <u>2월 동안 공소시효 정지</u>
- 丙에 대하여는 2013. 5. 10. 24:00 공소시효 완성

3. 설문의 해결

- 2013. 5. 15. 공소제기되었으므로 공소시효 완성 이후 공소제기
- 형사소송법 제326조 제3호에 의하여 면소판결의 사유에 해당
- 따라서 변호인의 주장은 타당

사례 9. [16 – 변시(5) – 1]
2016년 제5회 변호사시험 제1문

甲과 乙은 공원을 배회하던 중 혼자 걸어가던 여성 A(22세)를 함께 강간하기로 모의하고 A를 으슥한 곳으로 끌고 간 다음 乙이 망을 보고 있는 사이 甲은 A를 세게 밀어 바닥에 넘어뜨리고 A의 위에 올라타 수차례 뺨을 때리면서 옷을 벗기려 하였다. 이에 A는 비명을 지르며 필사적으로 반항하면서 도망하다가 돌부리에 걸려 넘어지면서 발목이 부러지는 상해를 입었고, 그때 공원을 순찰 중이던 경찰관 P1이 A의 비명소리를 듣고 달려왔다. 이를 본 乙은 혼자서 급히 다른 곳으로 도주해 버렸고 甲은 바닥에 떨어져 있던 A의 핸드백을 들고 도주하였다. 그 장면을 목격한 P1이 도주하는 甲을 100여 미터 추적하여 붙잡으려 하자 甲은 체포를 당하지 않으려고 주먹으로 P1의 얼굴을 세게 때려 P1의 코뼈를 부러뜨리는 상해를 가하였다.

甲은 P1의 추적을 벗어난 다음 다른 곳에 도망가 있던 乙에게 연락하여 자신의 승용차 조수석에 乙을 태우고 운전하여 가던 중 육교 밑에서 도로를 무단횡단하기 위해 갑자기 뛰어든 B를 발견하고 급제동을 하였으나 멈추지 못하고 앞범퍼로 B를 충격하였고, 이로 인해 B는 다리가 부러지는 상해를 입고 도로변에 쓰러졌다. 甲은 B의 상태를 살펴보기 위해 정차하려 하였으나 乙이 "그냥 가자!"라고 말하자 이에 동의하고 정차하지 아니한 채 그대로 운전하여 가버렸다. 다행히 B는 현장을 목격한 행인 C의 도움으로 병원에 후송되어 치료를 받았다.

〔2016년 제5회 변호사시험 제1문〕

설 문

1. 甲과 乙의 죄책을 논하시오. (60점)

2. C의 신고를 받은 경찰관 P2는 甲을 적법하게 긴급체포한 다음 甲으로부터 사고 장면이 녹화된 블랙박스를 자신의 집에 숨겨 두었다는 진술을 듣고 긴급체포한 당일 23:00경 甲의 집을 수색하여 블랙박스를 발견하여 이를 압수한 후 그 다음 날 10:00경 사후압수·수색영장을 발부받았다. 이 경우 블랙박스를 증거로 할 수 있는가? (10점)

3. 甲은 적법하게 발부된 구속영장에 의하여 구치소에 수감되어 있던 중 검사로부터 피의자신문을 위한 출석요구를 받았으나 이에 불응하였다. 이 경우 검사는 甲의 의사에 반하여 甲을 검찰청으로 구인할 수 있는가? (10점)

4. 乙은 친구 D를 만나 그에게 "甲이 A를 강간하고 있는 동안 내가 망을 봐줬다."라고 말했고, 사법경찰관 P3는 D를 참고인으로 조사하여 D가 乙로부터 들은 내용이 기재된 진술조서를 적법하게 작성하였다. 공판정에서 乙이 범행을 부인하자 검사가 그 조서를 증거로 제출하였으나 乙은 증거로 함에 부동의하였다. 이 경우 D에 대한 P3 작성의 참고인진술조서의 증거능력을 논하시오. (20점)

해 설

Ⅰ. 제1문 — 甲과 乙의 형사책임

1. 문제의 제기

甲에 대하여 ① 乙과 함께 A를 강간하기로 하고 A를 폭행하였으나 강간의 기수에 이르지 못하고 상해를 입힌 경우 성폭력범죄의 처벌 등에 관한 특례법(이하, 성폭력처벌법이라 한다)상의 강간등치상죄에 해당하는지, ② 강간 현장에 떨어져 있는 A 소유의 핸드백을 들고 도주하던 중 체포를 당하지 않으려고 경찰관 P1에게 상해를 가한 행위가 강도상해죄와 공무집행방해죄에 해당하는지, ③ 자동차를 운전하다가 무단횡단하는 B를 충격하여 상해를 입히고 그대로 간 행위가 특정범죄가중처벌등에관한법률위반(도주치상)죄에 해당하는지가 문제된다.

乙에 대하여는 ① 甲의 ①행위 시 망을 보았는데, 甲과 합동하여 A를 강간한 경우에 해당하는지, 더 나아가 A의 상해부분에 대하여 강간등치상죄의 형사책임을 지는지, ② 甲의 ②행위에 대하여 공범으로서의 형사책임을 부담하는지, ③ 甲이 교통사고를 내자 "그냥 가자!"고 말한 부분이 어떠한 범죄를 구성하는지가 문제된다.

2. 甲의 형사책임

(1) 성폭력처벌법위반(강간등치상)죄의 성립 여부

(가) '2인 이상 합동'에 해당하는지 여부

2인 이상이 합동하여 강간의 죄를 범한 경우 성폭력처벌법 제4조 제1항의 특수강간죄에 해당하고, 그 미수범은 처벌한다(성폭력처벌법 제15조). '합동'의 의미에 대하여는 가중적 공동정범설, 공모공동정범설, 현장설, 현장적 공동정범설의 대립[1)]이 있는데, 대법원은 주관적 요건으로서의 공모와 객관적 요건으로서의 실행행위의 분담이 있어야 하고, 그 실행행위는 시간적으로나 장소적으로 협동관계가 있음을 요한다고 하여[2)] 기본적으로 현장설의 입장이다.

---

1) 이에 관한 상세는 사례 4. [13－변시(2)－2] 제1문 관련쟁점 '합동범의 본질' 참조.
2) 대법원 1998. 2. 27. 선고 97도1757 판결; 대법원 2004. 8. 20. 선고 2004도2870 판결.

甲은 乙과 공원을 배회하던 중 A를 강간하기로 모의하고 A를 으슥한 곳으로 끌고 간 다음 乙이 망을 보는 동안 A를 강간하려고 하였다. 甲과 乙이 강간을 모의한 다음 그중 한 명은 폭행행위에 착수하고 나머지 한 명은 망을 보는 것은 시간적·장소적 협동관계 아래 실행행위를 분담한 것으로서,[1] 합동범에 해당한다.

다만, 甲은 A를 세게 밀어 넘어뜨리고 A의 위에 올라타 뺨을 때리며 옷을 벗기려고 하는 등 폭행행위에 나아갔으나 A가 비명을 지르며 필사적으로 반항을 하고 도망을 가는 바람에 강간의 기수에 이르지 못하였으므로, 특수강간의 장애미수에 해당한다.

㈏ 상해의 결과에 대한 책임을 물을 수 있는지 여부

A는 필사적으로 반항하면서 도망하다가 돌부리에 걸려 넘어지면서 발목이 부러지는 상해를 입었다. 甲에게 상해의 고의는 없었으므로 고의 책임(특수강간상해)은 지지 않지만, 결과적 가중범으로서의 과실 책임(특수강간치상)은 지는지 문제된다. 특수강간치상의 책임을 묻기 위해서는 甲의 행위와 상해의 결과 간에 인과관계 또는 객관적 귀속이 인정되어야 하고, 중한 상해의 결과에 대한 과실, 즉 예견가능성[2]이 있어야 한다.

인과관계와 객관적 귀속에 대하여는 ① 일정한 행위가 경험칙상 그 결과를 발생시키는 데 상당하다고 인정될 때에 인과관계가 인정된다고 하는 상당인과관계설과, ② 인과관계는 결과가 행위에 시간적으로 뒤따르는 외계의 변동에 연결되고 이 변동이 행위와 합법칙적 연관하에 구성요건적 결과로 실현되면 인정되고(합법칙적 조건설), 나아가 그 결과를 행위자의 행위에 객관적으로 귀속시킬 수 있어야 한다는 객관적 귀속론(통설)이 대립된다. 판례는 상당인과관계설의 입장이다.[3] A가 甲의 폭행을 피하기 위하여 도망하다가 넘어져 상해를 입었으므로 상당인과관계는 물론 객관적 귀속론에 의한 결과 귀속도 가능하다. 판례도 폭행·협박을 가하여 간음하려는 행위와 이에 극도의 흥분을 느끼고 공포심에 사로잡혀 이를 피하려다 사상에 이르게 된 사실과는 상당인과관계가 있다[4]고 판시하였다.

다음으로, 甲으로서는 공원의 으슥한 곳에서 A를 강간하려고 하였으므로 A가 강간을 모면하기 위하여 도망가다가 돌부리에 걸려 넘어져 상해를 입을 수 있다는 사실을 얼마든지 예견할 수 있었다고 볼 수 있다. 따라서 甲은 A의 상해의 결과에 대하여

1) 대법원 1967. 12. 26. 선고 67도1469 판결.
2) 대법원 1993. 4. 27. 선고 92도3229 판결(예견가능성이 없다고 한 사례); 대법원 2008. 2. 29. 선고 2007도10120 판결(예견가능성이 있다고 한 사례).
3) 대법원 2011. 4. 14. 선고 2010도10104 판결.
4) 대법원 1978. 7. 11. 선고 78도1331 판결.

과실 책임(특수강간치상)을 져야 한다.

(다) 성폭력처벌법 제15조의 특수강간치상미수죄로 처벌해야 하는지 여부

결과적 가중범에 미수죄가 성립할 수 있는지에 대하여 ① 형법이 결과적 가중범에 대하여 미수범 처벌규정을 두고 있고, 미수와 기수는 결과불법의 면에서 큰 차이가 있으므로 미수범 처벌규정이 있는 경우에는 미수죄의 성립이 가능하다는 긍정설과 ② 결과적 가중범의 개념상 미수는 있을 수 없고, 결과적 가중범에서는 기본범죄가 기수인가 미수인가는 중요하지 않으며, 미수범 처벌규정은 고의범인 결합범(인질상해·살인죄, 강도상해·살인죄)에만 적용된다고 보는 부정설(통설)이 있고,[1] 판례는 부정설의 입장이다(**관련판례**[2]).[3]

통설·판례와 같이 결과적 가중범의 미수죄를 인정하지 않는 견해에 따를 경우 비록 甲의 특수강간이 미수에 그쳤다고 하더라도 성폭력처벌법 제15조에 의한 미수죄가 아니라, 성폭력처벌법위반(강간등치상)죄(동법 제8조 제1항, 제4조 제1항, 형법 제297조)에 해당한다.

(2) 강도상해죄 및 공무집행방해죄의 성립 여부

(가) 강도상해죄의 성립 여부

甲은 범행현장에 떨어져 있는 피해자 A의 핸드백을 들고 도주하던 중 체포를 면하기 위하여 경찰관 P1의 얼굴을 세게 때려 코뼈가 부러지는 상해를 가하였다. 절도가 체포를 면탈할 목적으로 폭행을 가한 경우 준강도죄(형법 제355조)에 해당하고, 강도가 사람을 상해한 때에는 강도상해죄(형법 제357조)가 성립한다.

甲에 대하여 강도상해죄가 성립하는지 여부를 검토하기 위해서는, 우선 甲의 행위가 절도에 해당하는지를 살펴보아야 한다. 절도죄의 객체는 타인이 점유하는 타인의 재물이므로, A가 도피하면서 현장에 떨어뜨리고 간 핸드백이 점유이탈물인지 아니

---

1) 이에 대한 상세는 사례 6. [14－변시(3)－2] 제1문 '甲, 乙의 형사책임' 부분 참조.

2) (**관련판례**) 대법원 2008. 4. 24. 선고 2007도10058 판결【성폭력범죄의처벌및피해자보호등에관한법률위반(강간등치상) 등】. 「성폭력범죄의 처벌 및 피해자보호 등에 관한 법률 제9조 제1항에 의하면 같은 법 제6조 제1항에서 규정하는 특수강간의 죄를 범한 자뿐만 아니라 특수강간이 미수에 그쳤다고 하더라도 그로 인하여 피해자가 상해를 입었으면 특수강간치상죄가 성립하는 것이고, 같은 법 제12조에서 규정한 제9조 제1항에 대한 미수범 처벌규정은 제9조 제1항에서 특수강간치상죄와 함께 규정된 특수강간상해죄의 미수에 그친 경우, 즉 특수강간의 죄를 범하거나 미수에 그친 자가 피해자에 대하여 상해의 고의를 가지고 피해자에게 상해를 입히려다가 미수에 그친 경우 등에 적용된다.」

본 판결 평석은 박기석, "결과적 가중범의 미수", 형법판례 150선(제3판), [17], 40－41면.

3) 대법원 2013. 8. 22. 선고 2013도7138 판결; 대법원 2025. 3. 20. 선고 2023도10405 전원합의체 판결.

면 여전히 A의 점유에 속하는 물건인지가 검토되어야 한다. 형법상 점유는 재물에 대한 사실상의 지배를 말하는데, 반드시 직접적인 소지 내지 감시·관리를 필요로 하지는 않으며 사회통념상 점유자의 사실상 지배하에 있다고 보여지는 한 점유는 유지된다고 보아야 한다. 판례 역시 강간을 당한 피해자가 폭행·협박을 당하여 도피하면서 현장에 두고 간 손가방은 사회통념상 피해자의 지배하에 있는 물건이라고 보아야 할 것이므로 그 손가방 안에 있는 피해자 소유의 돈을 꺼낸 행위는 절도죄에 해당한다고 하였다.[1] 따라서 甲이 피해자 A가 도피하면서 떨어뜨리고 간 핸드백을 들고 도주한 행위는 절도죄에 해당한다.

다음으로 준강도죄에서의 폭행·협박은 절도의 기회, 즉 절도와 시간적·장소적 근접성이 인정되어야 한다. 절도의 실행에 착수하여 그 실행 중이거나 그 실행직후 또는 실행의 범의를 포기한 직후로서 사회통념상 범죄행위가 완료되지 않았다고 인정될만한 단계,[2] 구체적으로는 절도범인과 피해자 측이 절도의 현장에 있거나, 절도에 잇달아 또는 절도의 시간·장소에 접착하여 피해자 측이 범인을 체포할 수 있는 상황, 범인이 범죄의 흔적을 인멸할 가능성이 높은 상황에 있는 경우,[3] 피해자 측이 추적태세에 있는 경우나 일단 체포되었으나 아직 신병확보가 확실하지 않은 단계[4] 등을 말한다. 甲은 핸드백을 절취하고 이를 목격한 경찰관이 약 100미터 가량 추적하자 체포를 면탈하기 위하여 주먹으로 P1의 얼굴을 가격하였다. 甲의 폭행행위는 절도와 시간적·장소적 근접성을 인정하기에 충분하다고 할 것이다.

따라서 甲의 행위는 준강도에 해당하고, P1에게 비골골절상을 가하였으므로 甲에 대하여 강도상해죄(형법 제337조, 제335조)가 성립한다.

㈏ 공무집행방해죄의 성립 여부

절도범인인 甲이 체포를 면탈할 목적으로 정당한 직무집행 중인 경찰관 P1에게 폭행을 가하였으므로 공무집행방해죄(형법 제136조 제1항)가 성립한다. 강도상해죄와 공무집행방해죄는 하나의 행위가 여러 개의 죄를 구성하는 경우이므로 상상적 경합관계이다.[5]

1) 대법원 1984. 2. 28. 선고 84도38 판결.
2) 대법원 1984. 9. 11. 선고 84도1398 판결.
3) 대법원 2009. 7. 23. 선고 2009도5022 판결.
4) 대법원 2001. 10. 23. 선고 2001도4142, 2001감도100 판결.
5) 대법원 1992. 7. 28. 선고 92도917 판결.

(3) 특정범죄가중처벌등에관한법률위반(도주치상)죄 및 도로교통법위반죄의 성립 여부

(가) 특정범죄가중처벌등에관한법률위반(도주치상)죄의 성립 여부

특정범죄가중처벌 등에 관한 법률(이하, 특정범죄가중법이라 한다)상의 도주치사·상죄는 자동차의 교통으로 인하여 형법 제268조의 죄를 범한 해당 차량의 운전자가 피해자를 구호하는 등 도로교통법 제54조 제1항에 따른 조치를 하지 아니하고 도주한 경우에 성립한다(특정범죄가중법 제5조의3 제1항).

따라서 본 사례에서는 우선, 甲이 자동차를 운전하여 가던 중 육교 밑에서 도로를 무단 횡단하는 B를 충격하여 상해를 입게 한 행위가 형법 제268조의 업무상과실치상죄에 해당하는지, 즉 甲에게 업무상과실이 있는지가 문제된다. 여기에서의 업무상과실은 차의 교통에 있어서 운전자에게 요구되는 주의의무를 위반한 경우를 말하고, 업무상 주의의무의 범위는 법령의 형식적 기준에 한하지 않고 관습·조리상 요구되는 모든 경우를 포함한다. 다만 스스로 주의의무규칙을 준수하는 자는 다른 참여자도 그렇게 하리라는 것을 신뢰할 수 있고, 그렇게 신뢰하고 행위한 결과 구성요건적 결과가 발생하더라도 과실범이 성립하지 않는다는 신뢰의 원칙에 의하여 과실범의 성립범위가 제한된다. 이는 특히 도로교통의 참여자 사이에서 문제되는데, 예를 들어 고속도로에서는 무단횡단자를 예상하여 감속·서행할 주의의무가 없고,[1] 자동차전용도로에서 그 도로 안으로 사람이 들어오리라는 것을 예견할 주의의무는 없으며,[2] 횡단이 금지된 육교 밑으로 보행자가 뛰어들 것을 예상할 주의의무는 없다.[3]

B는 육교 밑의 도로를 무단 횡단하였고, 달리 甲이 스스로 규칙을 위반하거나 상대방의 위반사실을 미리 인식하는 등 신뢰의 원칙 적용이 부정될 만한 사정은 발견되지 않는다. 따라서 甲에게 업무상과실치상죄는 성립되지 않고, 이를 전제로 한 특정범죄가중법위반(도주치상)죄는 성립하지 않는다.

(나) 도로교통법위반(사고후미조치)죄 및 사고미신고행위에 대한 도로교통법위반죄의 성립 여부

차의 운전 등 교통으로 인하여 사람을 사상하게 하거나 물건을 손괴한 경우에는 그 차의 운전자나 그 밖의 승무원은 즉시 정차하여 사상자를 구호하는 등 필요한 조치를 하여야 하고(도교법 제54조 제1항), 이에 따른 교통사고 발생 시의 조치를 하지 아니한 사람은 5년 이하의 징역이나 1천 500만 원 이하의 벌금에 처한다(도교법 제148조). 도

1) 대법원 1981. 12. 8. 선고 81도1801 판결.
2) 대법원 1989. 2. 28. 선고 88도1689 판결.
3) 대법원 1985. 9. 10. 선고 84도1572 판결.

로교통법위반(사고후미조치)죄는 운전자에게 그 사고발생에 있어서의 고의·과실 혹은 위법·유책의 유무에 관계없이 성립한다.[1] 조치의무에는 즉시정차의무, 사상자 구호의무, 그 밖에 필요한 조치의무로서 안전확보조치의무 및 신원확인조치의무가 포함된다. 본 사례에서 甲은 정차하지 않고 그대로 가버렸으므로 피해자의 상해에 대한 업무상과실의 유무와 관계없이 도로교통법위반(사고후미조치)죄가 성립한다.[2]

또한 교통사고를 낸 차의 운전자 등은 경찰공무원이 현장에 있을 때에는 그 경찰공무원에게, 경찰공무원이 현장에 없을 때에는 가장 가까운 국가경찰관서에 사고가 일어난 곳, 사상자 수 및 부상 정도, 손괴한 물건 및 손괴정도, 그 밖의 조치사항 등을 지체 없이 신고하여야 한다. 다만, 운행 중인 차만 손괴된 것이 분명하고 도로에서의 위험방지와 원활한 소통을 위하여 필요한 조치를 한 경우에는 그러하지 아니하다(도교법 제54조 제2항). 여기서의 신고의무에는 사고의 발생경위 등 형사책임과 관련된 사항은 포함되지 않는다. 본 사례에서는 피해자 B를 충격하는 내용의 교통사고가 발생하여 도로교통법 제54조 제2항에 의한 신고의무가 생겼음에도 불구하고 甲이 이를 이행하지 않았다. 따라서 甲에 대하여 미신고행위에 대한 도로교통법위반죄도 성립한다.

도로교통법위반(사고후미조치)죄(동법 제148조, 제54조 제1항)와 미신고행위에 대한 도로교통법위반죄(동법 제154조 제4호, 제54조 제2항)는 실체적 경합관계에 있다.[3]

(4) 유기죄의 성립 여부

나이가 많거나 어림, 질병 그 밖의 사정으로 도움이 필요한 사람을 법률상 또는 계약상 보호할 의무가 있는 자가 유기한 때에는 유기죄(형법 제271조 제1항)(3년 이하의 징역 또는 500만 원 이하의 벌금)가 성립한다. 甲에 대하여 특정범죄가중법위반(도주치상)죄가 성립한다면, 별도로 유기죄의 성립 여부를 논할 여지는 없다. 그러나 도로교통법위반(사고후미조치)죄가 성립하는 경우에 별도로 형법상의 유기죄가 성립하는지가 문제될 수 있다.

이에 대해서는 ① 도로교통법 제54조 제1항의 구호의무가 보호의무 또는 작위의무가 되므로[4] 유기죄가 성립한다는 견해와 ② 도로교통법상의 의무가 당연히 형법상

---

1) 대법원 1990. 9. 25. 선고 90도978 판결.
2) 업무상과실이 인정되지 아니하여 특정범죄가중법위반(도주치사·상)죄에 대하여 무죄를 선고하는 경우, 도교법위반(사고후미조치)죄는 성립하지만, 공소장변경 없이 법원이 직권으로 처벌할 수는 없다(대법원 1991. 5. 28. 선고 91도711 판결; 대법원 2007. 4. 12. 선고 2007도828 판결).
3) 대법원 1992. 11. 13. 선고 92도1749 판결.
4) 대법원 2016. 1. 28. 선고 2014도5724 판결.

의무가 되는 것은 아니고 형법상 작위의무가 성립하기 위해서는 보다 적극적인 내용이 필요한데, 도주차량사건의 경우 선행행위에 의한 작위의무이므로 선행행위가 위법해야 하는데[1] 과실이 없으므로 유기죄가 성립하지 않는다는 견해가 있을 수 있다. 유기죄가 성립한다고 할 경우에도, 두 죄가 ⓐ 상상적 경합이라는 견해와 ⓑ 특별관계에 있는 도로교통법위반(사고후미조치)죄(5년 이하의 징역 또는 1천 500만원 이하의 벌금)로 의율하면 충분하다는 견해[2]가 있을 수 있다. ①의 ⓑ 견해가 타당하다.

(5) 소결

甲에 대하여는 성폭력처벌법위반(강간등치상)죄, 강도상해죄, 공무집행방해죄, 도로교통법위반(사고후미조치)죄, 미신고행위에 대한 도로교통법위반죄가 성립한다. 이때 강도상해죄와 공무집행방해죄는 상상적 경합관계에 있고, 나머지는 실체적 경합관계에 있다.

3. 乙의 형사책임

(1) 성폭력처벌법위반(강간등치상)죄의 성립 여부

甲과 乙은 강간을 모의한 다음, 甲은 폭행행위에 착수하고 乙은 망을 봄으로써 시간적·장소적 협동관계 아래 실행행위를 분담하였으므로 합동범에 해당한다. 문제는 甲의 폭행행위로 인하여 피해자 A에게 상해의 결과가 발생하였는데, 망을 봄으로써 실행행위를 분담한 乙에 대하여도 상해의 결과에 대한 책임을 물을 수 있는지 여

---

1) 판례는 “선행행위가 위법하지 않다고 하더라도 그러한 선행행위로 인하여 법익침해의 결과발생 위험이 상당히 증가되고, 그 선행행위가 결과발생과 밀접히 관련되어 있을 경우 행위자에게 보증인 지위가 발생하므로, 선행행위 이후 부작위로 인하여 발생한 결과와의 사이에 인과관계가 인정된다면 그 결과에 대하여 책임을 부담한다”고 한다[부산지방법원 2023. 5. 12. 선고 2023노274 판결(피고인들이 피해자와 함께 술을 마시던 중, 피해자가 공소외인과 다투다 밀려 넘어져 의식을 잃자, 피해자를 모텔로 옮겨 방치함으로써 피해자가 사망한 사안에서, 피고인들에 대하여 과실치사죄를 인정한 사례). 피고인 1명이 상고하였으나, 대법원 2023. 7. 27. 선고 2023도6735 판결(상고기각)로 확정].

2) 서울고등법원 2014. 4. 22. 선고 2013노2492 판결【감금치사[선택적 죄명: 살인, 인정된 죄명: 도로교통법위반(사고후미조치)·유기치사]】(상고). 동 판결은 「도로교통법위반죄나 특가법위반(도주차량)죄가 적용될 수 없는 여타의 영역에서는 여전히 유기죄에 관한 검토의 실익이 남아 있는 경우가 있다. 예컨대 운전자가 교통사고를 일으켰더라도 자신에게 과실이 없어 사고에 관한 책임을 부담하지는 아니하지만, 그러하더라도 사상자에 대한 구호의무만은 이를 부담하는 것으로 평가될 수 있는 경우를 상정해 볼 수 있다. 이때 운전자가 그 구호의무를 이행하지 아니한 채 사상자를 유기함으로써 당해 교통사고로 인한 사상 이후 추가적으로 초래된 사상의 결과에 대한 책임이 문제되는 경우가 여기에 해당한다. 이런 경우라면 형법 제275조 제1항 소정의 유기치사·상죄의 성부를 놓고 유기죄의 주체에 관하여 법령상 보호의무의 귀속에 관한 검토를 독자적으로 할 여지는 남아 있다」고 한다.

부이다.

판례는 다른 공동정범의 행위에 대한 예견가능성을 기준으로 결과에 대한 책임 여부를 판단하고 있고, 공범자 중 수인이 강간의 기회에 상해의 결과를 야기하였다면 다른 공범자가 그 결과의 인식이 없었더라도 강간치상죄의 책임을 면할 수 없다고 한다.[1)] 본 사례에서 乙은 강간을 모의하고 甲의 폭행행위를 망보면서 피해자 A가 도망하는 과정을 지켜보다가 경찰관이 달려오자 도주하였으므로 A의 상해의 결과에 대한 예견가능성을 충분히 인정할 수 있다. 따라서 乙에 대하여 성폭력처벌법위반(강간등치상)죄의 공동정범(형법 제30조)이 성립한다.[2)]

(2) 강도상해죄 및 공무집행방해죄의 성립 여부

乙은 甲과 A에 대한 강간만을 모의하였는데 甲이 공모한 범위를 초과하여 강도상해행위와 공무집행방해행위를 실행하였다. 공범 중 1인이 원래 모의한 내용을 초과하여 성질이 전혀 다른 행위에 나아간 경우, 나머지 공범은 원칙적으로 자신이 인식한 공모내용에 대하여만 책임을 지고 질적 초과부분에 대하여는 책임을 지지 않는다. 본 사례에서 강간을 모의하여 실행행위에 나아간 甲이 도중에 경찰관에게 발각되자 乙은 다른 곳으로 도망하였고, 그동안 甲이 乙과 원래 모의하지 않은 절취행위를 하고, 도주하던 중 체포를 면탈하기 위하여 경찰관을 폭행하여 상해를 입혔다. 이와 같은 甲의 강도상해 및 공무집행방해행위는 처음에 乙과 공모하였던 강간범죄와는 그 성질을 전혀 달리하는 행위라고 할 것이고, 그와 같은 질적 초과행위에 대하여 가담하지 않은 乙은 강도상해죄와 공무집행방해죄의 공동정범으로서의 형사책임을 부담하지 않는다.

(3) 특정범죄가중법위반(도주치상)죄, 도로교통법위반(사고후미조치)죄 및 미신고행위에 대한 도로교통법위반죄의 성립 여부

교통사고 후 도주행위에 가담한 운전자 등이 특정범죄가중법위반(도주치사·상)죄의 공동정범이 될 수 있는지에 대하여 대법원은 "운전자가 아닌 동승자가 교통사고 후 운전자와 공모하여 운전자의 도주행위에 가담하였다 하더라도, 동승자에게 과실범의 공동정범의 책임을 물을 수 있는 특별한 경우가 아닌 한, 특정범죄가중법위반(도주치사·상)죄의 공동정범으로 처벌할 수는 없다"고 판시하고 있다.[3)] 본 사례에서 운

---

1) 대법원 1984. 2. 14. 선고 83도3120 판결.
2) 결과적 가중범의 공동정범에 관하여는 사례 8. [15－변시(4)－2] 제1문 참조.
3) 대법원 2007. 7. 26. 선고 2007도2919 판결.

전자인 甲에 대하여 업무상과실을 인정할 수 없어 특정범죄가중법위반(도주치상)죄로 처벌할 수 없으므로 동승자인 乙에 대하여도 특정범죄가중법위반(도주치상)죄의 공동정범이 성립할 여지가 없다.

한편 도로교통법위반(사고후미조치) 및 미신고행위에 대한 도로교통법위반죄는 교통사고를 야기한 운전자 또는 차량의 안전운행에 공동 책임이 있는 승무원의 지위에 있는 자가 교통사고 후 필요한 조치를 취하지 않거나 신고를 하지 않음으로써 성립하는 범죄로서 형법 제33조 본문 소정의 신분이 있어야 성립되는 범죄에 해당하고(진정신분범), 단순 동승자는 본죄의 주체가 될 수 없다. 그러나 단순 동승자라도 형법 제33조 소정의 신분이 있어야 성립되는 범죄에 가담하는 형태로 공동정범(형법 제30조)이 될 수 있다. 위 대법원 2007도2919 판결의 하급심 판결도 "동승자가 교통사고 후 아무런 조치를 취하지 아니한 채 운전자와 공모하여 운전자 대신 차를 몰고 현장을 이탈한 경우, 운전자의 과실로 인하여 발생한 종전 범행인 교통사고 발생사실을 동승자가 인식하였다 하더라도 동승자의 형사상 책임은 가담 이후의 범행에 대한 공동정범으로서의 책임에 국한된다고 할 것이므로 동승자를 특정범죄가중법위반(도주치사·상)죄의 공동정범으로 처벌할 수는 없지만, 교통사고 후 미조치의 점에 대한 도로교통법위반죄의 공동정범으로는 처벌할 수 있다"는 취지로 판시하고 있다.[1]

본 사례에서 乙은 운전자인 甲이 정차하여 피해자의 상태를 살펴보려고 하자 "그냥 가자!"라고 제안하였고, 甲은 이에 동의하여 아무런 조치 없이 그대로 갔다. 이러한 乙의 행위는 단순히 甲이 그대로 가도록 범의를 유발하는 것을 넘어서 적극적으로 甲을 제지한 것이므로, 乙에 대하여 기능적 행위지배가 인정된다고 할 수 있다. 따라서 乙에 대하여 도로교통법위반(사고후미조치)죄와 미신고행위에 대한 도로교통법위반죄의 각 공동정범이 성립한다.

(4) 유기죄의 성립 여부

위에서 검토하였듯이, 甲에게 "그냥 가자!"라고 말하여 그대로 운전하여 가버리도록 한 乙의 행위는 유기죄(3년 이하 징역)의 공동정범의 구성요건에도 해당한다.[2] 그러나 이와는 특별관계에 있는 도로교통법위반(사고후미조치)죄(5년 이하 징역)의 공동정범이 성립하는 이상, 도로교통법위반(사고후미조치)죄를 적용하여 처벌하면 충분

---

1) 대구지방법원 2007. 3. 28. 선고 2006노2898 판결.

2) 대구고등법원 1990. 12. 12. 선고 90노629 판결(확정)(유기죄의 방조범)〔각 도로교통법위반(사고후미조치)죄로는 기소되지 않았음〕; 광주고등법원 1992. 10. 23. 선고 92노561 판결(확정)(유기죄의 공동정범).

하다.

(5) 소결

乙에 대하여 성폭력처벌법위반(강간등치상)죄 및 도로교통법위반(사고후미조치)죄, 미신고행위에 대한 도로교통법위반죄의 각 공동정범이 성립하고, 각 죄는 실체적 경합관계에 있다.

Ⅱ. 제2문—블랙박스 압수·수색의 적법성 및 그 증거능력

1. 긴급체포 시 영장 없는 압수·수색의 요건 충족 여부

긴급체포된 자가 소유·소지 또는 보관하는 물건에 대하여 긴급히 압수할 필요가 있는 경우에는 체포한 때부터 24시간 이내에 한하여 영장 없이 압수·수색 또는 검증을 할 수 있다(형소법 제217조 제1항). 검사 또는 사법경찰관은 이와 같이 압수한 물건을 계속 압수할 필요가 있는 경우에는 지체 없이 압수·수색영장을 청구하여야 하며, 압수·수색영장의 청구는 체포한 때부터 48시간 이내에 하여야 한다(동조 제2항). 원래 피의자를 긴급체포하는 경우 영장 없이 체포현장에서 압수·수색·검증을 할 수 있으나, 체포현장 이외의 장소에서 별도로 압수·수색·검증을 할 필요가 있는 경우에 대비하여 증거물 은닉을 방지하기 위하여 요건을 정하여 사전영장 없는 압수·수색·검증을 허용하고 있는 것이다.

사법경찰관 P2는 甲을 적법하게 긴급체포한 다음 甲으로부터 사고 장면이 녹화된 블랙박스에 관한 진술을 듣고 같은 날 23:00경 甲의 집을 수색하여 블랙박스를 압수하였다. 사고 장면이 녹화된 블랙박스는 주요 증거물이고, 긴급히 압수할 필요가 있으며, 피고인이 보관하고 있는 물건에 해당된다. 또한 체포한 때로부터 48시간 이내인 다음 날 10:00경 사후압수·수색영장을 발부받았다. 따라서 형사소송법 제217조에 의한 긴급체포 시의 압수·수색으로서의 요건을 충족하였다고 할 것이다.

2. 야간 압수·수색의 적법 여부

일출 전, 일몰 후에는 압수·수색의 집행을 할 수 없고(형소법 제125조), 타인의 주거에 대하여 압수·수색을 집행하는 경우에는 주거주 등의 참여가 있어야 한다(형소법

제123조 제2항). 다만, 형사소송법 제216조에 의한 체포현장에서의 압수·수색에 있어서는 제220조에 의하여 야간 압수·수색 관련 규정, 주거주 등의 참여에 관한 적용이 배제된다. 본 사례는 제216조에 의한 압수·수색이 아니라 제217조에 의한 긴급체포 시의 압수·수색에 해당하는데, 이에 관하여도 제220조에 의한 요급처분의 예외규정을 유추적용하여 야간 압수·수색을 허용할 수 있을지가 문제된다.

이에 대해서는 ① 명문의 규정이 없는 이상 야간집행의 특례가 적용될 수는 없다는 견해, ② 체포 후 24시간 이내에 압수·수색이 이루어져야 하는 등 긴급을 요한다는 점에서 비록 명문의 규정이 없더라도 제220조의 규정을 유추하여 야간집행의 특례를 인정하여야 한다는 견해, ③ 사후영장에 그 취지가 기재되어 있어 법원이 압수·수색의 필요성을 심사할 수 있으면 야간집행이 가능하다는 견해가 있다. 실무상으로는 개정 형사소송법 심의 과정에서 48시간으로 되어 있던 압수·수색 허용시한을 처음에 12시간으로 줄였다가 야간에 이루어지는 긴급 압수·수색을 가급적 피하기 위하여 다시 24시간으로 수정한 사정을 고려하여, 제217조에 의한 압수·수색이 야간에 이루어진 경우에는 사후영장 심사 과정에서 압수·수색의 필요성을 엄격하게 심사하되 가능한 것으로 해석하고 있다.[1] 제217조의 입법취지상 부득이한 경우 야간 압수·수색을 집행할 필요성을 부정할 수는 없다는 점에서, 사후영장에 그 취지가 기재되어 있고 압수·수색의 필요성이 인정되는 범위 내에서 야간집행의 특례를 인정하여야 한다는 ③의 견해가 타당하다. 판례도 같은 입장이다.[2]

본 사례에서 사법경찰관 P2는 甲을 적법하게 긴급체포한 다음 블랙박스에 대한 진술을 청취하고 같은 날 23:00경 甲의 주거지에서 블랙박스를 압수·수색하고, 다음 날 10:00경 사후영장(당연히 야간집행의 취지가 기재되어 있을 것임)을 발부받았으므로 적법한 압수라고 할 것이다.

3. 설문의 해결

블랙박스의 압수는 형사소송법 제217조에 의한 긴급체포 시 영장 없는 압수·수색의 허용요건을 충족하는 적법한 압수이므로, 위 블랙박스는 그 증거능력이 있다.

---

1) 사법연수원, 법원실무제요 형사 [III], 168면.
2) 대법원 2017. 9. 12. 선고 2017도10309 판결.

Ⅲ. 제3문 — 출석거부 구속 피의자에 대한 구인

1. 문제의 제기

피의자신문은 피의자로부터 임의의 진술을 듣는 임의수사이므로 수사기관이 피의자를 신문하기 위하여는 피의자의 출석을 요구하여야 하고(형소법 제200조), 피의자는 출석을 거부할 수 있고 출석한 때에도 언제든지 퇴거할 수 있다. 본 설문에서는 적법하게 발부된 구속영장에 의하여 구속된 피의자에 대하여 피의자신문을 위한 출석요구를 하였는데 이에 불응하는 경우에, 구속된 피의자에 대하여 수사기관이 피의자신문을 위하여 피의자의 의사에 반하여 구인할 수 있는지가 문제된다.

2. 구속 피의자에 대한 피의자신문을 위한 구인 가능성에 관한 견해의 대립

(1) 조사수인의무 긍정설

구속된 피의자가 출석요구에 응하지 않는 경우 이미 발부된 구속영장의 효력에 의하여 구인함으로써 출석을 강제할 수 있다는 견해이다. 형사소송법상 구속은 구금과 구인을 포함하고(제69조), 구속에는 구금된 이후 형사절차의 진행을 위하여 구인하는 것이 포함된다고 해석해야 하기 때문에 구금된 피의자나 피고인을 구인하는 데는 별도의 영장이 필요 없고, 이미 발부된 구속영장의 효력에 의하여 구인할 수 있다고 한다.

또한 수사상 강제처분으로서의 구속은 수사의 방법으로서 가장 중요하다고 할 수 있는 피의자에 대한 조사, 그중에서도 피의자신문을 예정하고 있다고 보아야 하며, 이때에도 진술거부권은 보장되므로 출석의 강제를 진술의 강제로 볼 수는 없다고 한다.

(2) 조사수인의무 부정설

피의사신문은 임의수사로서 출석요구에 응할 의무가 없다고 본다면, 구속된 피의자 역시 출석할 의무가 없고 출석을 강제할 수 없으므로 피의자의 의사에 반하여 구인할 수 없다고 보는 견해이다. 이 견해에 의하면 구속은 형사절차의 진행을 확보하기 위한 수단이지 피의자신문을 위한 수단은 아니며, 피의자신문을 위하여 피의자의 의사에 반하여 구인할 수 있다고 하면 실질적으로 출석뿐만 아니라 진술을 강요하는 결과를 초래하여 진술거부권을 침해하는 것이라고 한다. 따라서 구속된 피의자가 출석을 거부하는 경우에는 수사기관이 구금장소에 가서 신문을 해야 한다고 본다.

(3) 기타

구속 피의자가 출석요구에 불응하는 경우 역시 체포사유에 포함되므로 체포영장을 받아 출석을 강제할 수 있다는 견해와, 출석의 강제는 개념상 구인에 해당하므로 영장을 발부받아 구인하면 되는데 현행법상 구인영장은 별도로 규정되어 있지 않으므로 구인용으로 구속영장을 발부받으면 된다는 견해가 있다.

3. 판례

판례는 구속영장의 효력에 의하여 피의자신문을 위하여 피의자를 조사실로 구인할 수 있다고 한다(**관련판례**[1]).

4. 설문의 해결

수사기관의 피의자에 대한 구속영장의 효력은 공판정 출석이나 형집행의 담보 외에 구속기간의 범위 내에서 피의자신문 등 적절한 방법으로 수사를 하는 것도 예정하고 있다고 보아야 할 것이다. 따라서 구속된 피의자가 피의자신문을 위한 출석요구를 받고도 출석을 거부하는 경우 구속영장의 효력에 의하여 피의자를 조사실로 구인할 수 있다.

---

1) (**관련판례**) 대법원 2013. 7. 1. 자 2013모160 결정【준항고기각결정에 대한 재항고】. 「수사기관이 관할 지방법원 판사가 발부한 구속영장에 의하여 피의자를 구속하는 경우, 그 구속영장은 기본적으로 장차 공판정에의 출석이나 형의 집행을 담보하기 위한 것이지만, 이와 함께 법 제202조, 제203조에서 정하는 구속기간의 범위 내에서 수사기관이 법 제200조, 제241조 내지 제244조의5에 규정된 피의자신문의 방식으로 구속된 피의자를 조사하는 등 적정한 방법으로 범죄를 수사하는 것도 예정하고 있다고 할 것이다. 따라서 구속영장 발부에 의하여 적법하게 구금된 피의자가 피의자신문을 위한 출석요구에 응하지 아니하면서 수사기관 조사실에의 출석을 거부한다면 수사기관은 그 구속영장의 효력에 의하여 피의자를 조사실로 구인할 수 있다고 보아야 할 것이다. 다만 이러한 경우에도 그 피의자신문 절차는 어디까지나 법 제199조 제1항 본문, 제200조의 규정에 따른 임의수사의 한 방법으로 진행되어야 할 것이므로, 피의자는 헌법 제12조 제2항과 법 제244조의3에 따라 일체의 진술을 하지 아니하거나 개개의 질문에 대하여 진술을 거부할 수 있고, 수사기관은 피의자를 신문하기 전에 그와 같은 권리를 알려주어야 한다.」

본 판결 해설은 김승주, "피의자신문의 법적 성격과 구속영장의 효력", 대법원판례해설 제98호(2013 하반기), 2014, 449-484면.

Ⅳ. 제4문 — 재전문증거의 증거능력

1. 문제의 제기

乙의 친구 D는 乙로부터 "甲이 A를 강간하고 있는 동안 내가 망을 봐줬다."는 말을 들었는데, 이와 같은 D의 진술은 피고인 乙의 진술을 전문한 전문진술에 해당한다. 또한 사법경찰관 P3가 D를 조사하고 위와 같은 전문진술이 기재된 참고인진술조서를 작성한 경우, 그 참고인진술조서는 전문진술이 기재된 조서로서 재전문증거에 해당한다. 이와 같은 재전문증거의 증거능력이 있는지, 그 요건은 무엇인지가 문제된다.

2. 재전문증거의 증거능력

(1) 학설

재전문증거의 증거능력에 대해서는, ① 이중의 예외로서 오류의 개입이 크며 그 증거능력을 인정하는 명문의 규정이 없으므로 증거능력을 부정해야 한다는 부정설, ② 진술 하나하나가 전문법칙의 예외의 요건을 충족하는 때에는 증거로 할 수 있다는 긍정설, ③ 재전문진술은 증거능력이 없으나, 재전문서류는 개별적으로 증거능력을 심사하여 예외적으로 증거능력을 인정할 수 있다는 제한적 긍정설이 있다.

(2) 판례

전문진술이 기재된 조서는 형사소송법 제312조 내지 제314조의 규정과 제316조의 요건을 충족하면 증거능력이 인정되지만, 재전문진술이나 재전문진술을 기재한 조서는 피고인이 증거로 하는 데 동의하지 않는 한 형사소송법 제310조의2의 규정에 의하여 이를 증거로 할 수 없다고 한다.[1)]

3. 설문의 해결

판례에 따르면 피고인 乙의 진술을 내용으로 하는 D의 진술이 기재된 참고인진술조서는 전문진술을 기재한 조서에 해당한다. 따라서 형사소송법 제312조 제4항에 의한 전문법칙의 예외의 요건과, 제316조 제1항의 규정에 따른 전문법칙의 예외의 요건이 충족되면 비록 피고인이 증거로 함에 부동의하였지만 증거능력을 인정할 수 있다.

---

1) 대법원 2012. 5. 24. 선고 2010도5948 판결.

우선, D의 진술이 기재된 참고인진술조서는 형소법 제312조 제4항에 의하여 적법한 절차와 방식에 따라 작성된 것으로서, 그 조서가 사법경찰관 앞에서 진술한 내용과 동일하게 기재되어 있음이 D의 공판준비 또는 공판기일에서의 증언이나 영상녹화물 또는 그 밖의 객관적인 방법에 의하여 증명되고, 피고인 또는 변호인이 공판준비 또는 공판기일에 그 기재 내용에 관하여 원진술자를 신문할 수 있었던 경우에는 증거능력을 인정할 수 있다. 또한, 제316조 제1항에 따라 乙의 진술이 특히 신빙할 수 있는 상태하에서 행해진 경우에는 증거능력을 인정할 수 있다. 위 두 가지 요건을 모두 충족하는 경우, D에 대한 사법경찰관 P3 작성의 참고인진술조서의 증거능력을 인정할 수 있다.

2016년 제5회 변호사시험 강평

형사법 제1문

Ⅰ. 甲과 乙의 형사책임

• 사실관계

甲	乙
강간 모의, 피해자 A를 으슥한 곳으로 끌고 감	
강간 시도	망을 봄
A가 도주 중 넘어져 발목골절상 입음	
떨어져 있는 A의 핸드백 들고 감	도주
체포면탈 목적으로 경찰관 P1을 구타하여 상해를 가함	
운전 중, 육교 밑 무단횡단 중이던 B를 충격하여 상해 입게 함	동승
B의 상태를 살펴보기 위하여 정차하려다가 乙의 말을 듣고 도주	그냥 가자고 함

1. 甲의 형사책임

(1) 성폭력처벌법위반(강간등치상)죄의 성립 여부

- 甲이 강간하려고 하였으나 A의 반항으로 강간하지 못한 행위는 강간미수에 해당
- 2인이 합동한 특수강간인지가 문제됨. '합동'은 공모+실행행위의 분담(시간적·장소적 협동관계)이 필요(현장설)(판례)
- 乙은 甲과 공모 후 A를 으슥한 곳으로 끌고 간 다음 망을 보았는데, 망을 본 행위는 합동에 해당(대법원 1967. 12. 26, 67도1469)
- 특수강간미수에 해당

- A의 상해는 甲의 강간미수행위를 피하려다가 생긴 것이므로 상당인과관계 인정됨(대법원 1978. 7. 11, 78도1331) – 합법칙적 조건설에 따른 인과관계 및 객관적 귀속도 인정됨
- 甲으로서는 A가 강간을 모면하기 위하여 도망가다가 돌부리에 걸려 넘어져 상해를 입는 것을 예견 가능
- 성폭력처벌법 제15조는 강간치상죄(제8조 제1항)의 미수범 처벌규정을 두고 있음
- 결과적 가중범의 미수죄 성립 여부에 대해서는 긍정설과 부정설(통설) 대립
- 판례는 성폭력처벌법 제15조는 제8조 제1항에 함께 규정된 특수강간상해죄의 경우에 적용되고, 강간치상죄에는 적용되지 않는다고 하여 부정설의 입장(대법원 2008. 4. 24, 2007도10058)
- 성폭력처벌법위반(강간등치상)죄(동법 제8조 제1항, 제4조 제1항, 형법 제297조) 성립

(2) 강도상해죄 성립 여부

- 피해자 A가 범행현장에 떨어뜨린 핸드백은 여전히 A의 점유에 해당하므로 이를 가지고 간 행위는 점유이탈물횡령죄가 아니라 절도죄에 해당(대법원 1984. 2. 28, 84도38)
- 乙과의 합동절도가 인정되지 않으므로 특수절도죄는 아님
- 도주하는 甲을 추적하는 경찰관 P1에 대하여 체포를 면탈하기 위하여 구타한 행위는 준강도죄에 해당
- P1을 구타하여 비골골절상을 가하였으므로 강도상해죄(형법 제337조, 제335조) 성립

(3) 공무집행방해죄의 성립 여부

- 적법하게 공무집행 중인 P1에게 폭행을 가하였으므로 공무집행방해죄(형법 제136조 제1항) 성립
- 강도상해죄와는 상상적 경합관계(대법원 1992. 7. 28, 92도917)

(4) 특정범죄가중법위반(도주치상)죄 성립 여부

- 특정범죄가중법위반(도주치사·상)죄는 자동차의 교통으로 인한 업무상과실치사·상죄(형법 제268조)가 전제
- 육교 밑에서 무단횡단하던 피해자 B를 충격한 행위는 신뢰의 원칙에 비추어 과실이 인정되지 않으므로(대법원 1985. 9. 10, 84도1572),
- 특가법위반(도주치상)죄는 불성립(대법원 1991. 5. 28, 91도711)

(5) 도로교통법위반(사고후미조치)죄와 미신고행위에 대한 도로교통법위반죄 성립 여부

- 교통사고 후 구호의무의 미이행에 관한 도로교통법위반(사고후미조치)죄(동법 제148조, 제54조 제1항)는 운전자의 고의·과실 혹은 유책·위법의 유무와 관계없이 부과된 의무이므로(대법원 1990. 9. 25, 90도978), 도로교통법위반(사고후미조치)죄 성립
- 또한 미신고한 행위에 대하여 도로교통법위반죄(동법 제145조 제4호, 제54조 제2항) 성립
- 두 죄는 실체적 경합관계(대법원 1992. 11. 13, 92도1749)

(6) 유기죄 성립 여부

- 법률상 또는 계약상 나이가 많거나 어림, 질병 그 밖의 사정으로 도움이 필요한 사람을 보호할 의무가 있는 보호의무자가 도움이 필요한 사람을 유기한 때에는 유기죄(형법 제271조 제1항) 성립
- (1) 도로교통법 제54조 제1항의 구호의무가 보호의무 또는 작위의무가 되므로 유기죄가 성립한다는 견해, (2) 도로교통법상의 의무가 당연히 형법상 의무가 되는 것은 아니고 형법상 작위의무가 성립하기 위해서는 보다 적극적인 내용이 필요하고, 도주차량사건의 경우 선행행위에 의한 작위의무이고 선행행위는 위법해야 하는데 甲에게 과실이 없어 유기죄가 성립하지 않는다는 견해가 있음
- (1)의 경우, 두 죄는 ① 상상적 경합이라는 견해, ② 도로교통법위반(사고후미조치)죄(5년 이하)의 법정형이 유기죄(3년 이하)보다 중하므로 특별관계라는 견해가 있음(타당)

(7) 소결

- 甲은 성폭력처벌법위반(강간등치상)죄, 강도상해죄, 공무집행방해죄, 도교법위반(사고후미조치)죄와 미신고행위에 대한 도교법위반죄의 각 공동정범의 형사책임
- 강도상해죄와 공무집행방해죄는 상상적 경합, 나머지들은 실체적 경합

2. 乙의 형사책임

(1) 성폭력처벌법위반(강간등치상)죄의 공동정범 성립 여부

- 乙은 합동하여 강간의 실행에 나아갔으므로 특수강간미수에는 해당
- A의 상해에 대하여 책임을 지는지 여부에 관하여, 판례는 공범자 중 수인이 강간의 기회에 상해의 결과를 야기하였다면 다른 공범자가 결과의 인식이 없었더라도 강간치상죄가 성립한다는 입장(대법원 1984. 2. 14, 83도3120)
- 乙에게도 결과에 대한 예견가능성은 있었다고 볼 수 있음
- 성폭력처벌법위반(강간등치상)죄의 공동정범 성립

(2) 강도상해죄 및 공무집행방해죄의 공동정범 성립 여부

- 모의한 내용(강간)에 대한 질적 초과
- 질적 초과의 경우, 초과 부분에 대하여 책임을 지지 않음
- 공동정범 불성립

(3) 도로교통법위반(사고후미조치)죄와 미신고행위에 대한 도로교통법위반죄, 유기죄의 공동정범 성립 여부

- 사고후미조치죄나 미신고죄는 진정신분범('운전자등')

- 승무원 아닌 단순동승자는 본죄의 주체가 될 수 없으나, 진정신분범의 행위에 가담하는 형태로 공범이 될 수는 있음(형법 제33조)[대법원 2007. 7. 26, 2007도2919(도주차량의 경우, 가담 이후의 범행에 대해서만 공범 책임. 원심은 사고후미조치죄의 공동정범 인정)]
- 乙은 사고발생 후 내려서 상태를 살피려는 甲에 대하여 "그냥 가자"고 제안하고, 甲이 이에 동의하여 그대로 갔으므로 기능적 행위지배가 인정되어 공동정범에 해당
- 사고후미조치죄나 미신고죄의 각 공동정범 성립
- 특별관계에 있는 사고후미조치죄가 성립하는 이상, 유기죄의 공동정범은 불문

(4) 소결

- 乙은 성폭력처벌법위반(강간등치상)죄 및 도교법위반(사고후미조치)죄와 미신고행위에 대한 도교법위반죄의 각 공동정범의 형사책임
- 각 실체적 경합관계

Ⅱ. 블랙박스의 증거능력

- 甲을 긴급체포한 후 24시간 내에 甲이 보관(소유·소지)하고 있는 사건과 관계 있는 증거인 숨겨둔 블랙박스를 압수하고, 지체 없이 사후영장 청구하여 발부받았으므로 형소법 제217조 제1항의 긴급압수 요건을 충족
- 다만 야간(23:00)에 압수·수색하였는데, 형소법 제216조 제1항의 영장 없는 압수와는 달리 야간집행특례가 적용되지 않음(제220조, 제123조, 제125조)
- 이에 대해서는 제217조 제1항의 경우에도 야간집행특례가 적용된다는 견해, 되지 않는다는 견해, 사후영장에 그 취지가 기재되어 있으면 된다는 견해 등이 있음
- 제216조 제1항과 달리 취급할 이유가 없고, 야간집행특례의 필요성이 더 큰 점 등에 비추어, 실무상 야간집행 허용(다만, 사후영장을 엄격하게 심사하는 경향(법원실무제요 형사 [Ⅲ], 168면))
- 적법한 압수이므로 증거능력 인정됨(대법원 2017. 9. 12, 2017도10309)

Ⅲ. 출석거부 구속 피의자에 대한 구인

- 쟁점: 피의자에게 조사수인의무가 있는지 여부
- 수인의무 긍정설과 부정설이 대립
- 판례는 구속영장은 공판정에의 출석이나 형의 집행을 담보하는 외에 적정한 방법으로 범죄를 수사하는 것도 예정하고 있으므로, 구속영장의 효력에 의하여 조사실로 구인할 수 있다고 함(대법원 2013. 7. 1, 2013모160)
- 따라서 甲의 의사에 반하여 구인할 수 있음

Ⅳ. 재전문증거의 증거능력

- '乙(=원진술자)이 (자신=D에게) "甲이 A를 강간하고 있는 동안 내가 망을 봐줬다" 고 말하였다'는 D의 진술은 전문진술(증거)
- P3가 D를 조사하고 작성한 참고인진술조서의 D의 진술기재는 재전문증거(=전문진술이 기재된 조서)
- 재전문증거의 증거능력의 인정 여부가 쟁점
- 이에 대해서는 긍정설(진술 하나하나가 예외의 요건을 충족하면 인정), 부정설(명문규정이 없고 오류개입의 위험이 큼), 제한적 긍정설(최초의 원진술자가 재전문증거의 내용이 자신의 원진술과 같다는 점을 인정하면 증거능력 인정)

- 판례는 재전문증거 중 재전문진술이나 재전문진술을 기재한 조서는 그 증거능력을 인정하는 규정이 없으므로 당사자가 동의하지 않는 한 증거능력이 없지만,
- 전문진술을 기재한 조서는 형소법 제312조 또는 제314조의 규정에 따라 증거능력이 인정될 수 있는 경우에 해당해야 함은 물론, 제316조의 규정에 따라 요건을 갖춘 경우에는 예외적으로 증거능력이 있다고 함(대법원 2010. 7. 8, 2008도7546)

- D에 대한 진술조서는, 피고인(=乙)의 진술을 내용으로 하는 피고인 아닌 자(=D)의 진술이 기재된, 사법경찰관 작성의 진술조서
- 乙이 증거 부동의
  - 형소법 제312조 제4항의 요건을 충족하고, 또한
  - 형소법 제316조 제1항의 요건을 충족하면 증거능력이 인정됨

사례 10. [16 – 변시(5) – 2]
2016년 제5회 변호사시험 제2문

甲과 乙은 서울 소재의 참소식신문사(대표이사 김참말)에서 일하는 사회부 기자들이다. 甲과 乙은 연말 특종을 노리고 의사들의 수면유도제 프로포폴 불법투여실태를 취재하고 있던 중, 다나아 종합병원 원장 A가 유명 연예인들에게 프로포폴을 불법투여한다는 풍문을 듣고 2014. 12. 30. 14:00경 취재를 위해 다나아 종합병원으로 찾아갔다. 그 과정에서 이 사실을 보고받은 대표이사 김참말은 甲과 乙에게 포상금 지급을 약속하면서 격려하였다. 다나아 종합병원에서 甲과 乙은 마침 유명 연예인 B가 진료실에서 병원장 A로부터 프로포폴을 투여받고 있는 것을 우연히 열린 문틈으로 목격하고, 프로포폴 불법투여가 사실이라고 믿게 되었다. 이에 甲과 乙은 보다 상세한 취재를 위해 자신들이 투여장면을 보았다고 말하면서 A와 B에게 인터뷰에 응해달라고 요청하였으나 B는 사생활이라 이야기하기 싫다고 답변하였고 병원장 A는 환자의 비밀이라 이야기할 수 없다고 하며 인터뷰를 거절하였다. 이에 甲과 乙은 1) 확실한 증거를 확보할 목적으로 몰래 진료실에 들어가 프로포폴 1병을 가지고 나왔다. 그리고 2) A와 B로부터 자세한 설명을 듣지는 못했으나 프로포폴을 주사하는 현장을 직접 목격했으므로 더 이상의 조사는 필요 없다고 생각하고, "병원장 A가 거액을 받고 상습적으로 프로포폴을 주사해 주고 있으며, B도 상습적으로 프로포폴을 불법투여받은 것으로 보인다."라는 내용의 기사를 작성하였고, 이 기사는 다음 날 참소식신문 1면 특종으로 게재되었다. 甲과 乙은 이 기사내용이 사실이라고 굳게 믿었고 A나 B를 비방할 의도 없이 이들의 불법투여사실을 알림으로써 프로포폴의 오·남용을 근절하는 데 일조한다는 생각에서 기사화한 것이었다. 그러나 사실 B는 성형수술을 목적으로 프로포폴 주사를 맞은 것이었고, 병원장 A에 관한 내용도 허위사실로서 다나아 종합병원의 경쟁병원 의사 C가 낸 헛소문에 불과한 것이었다. 기사가 보도된 뒤 많은 사람들이 A와 B를 맹비난하였고 나중에 기사내용을 알게 된 A와 B는 터무니없는 허위기사를 쓴 기사 甲과 乙을 검찰에 고소하였다. 한편 3) 다나아 종합병원 소재지에 있는 보건소 공무원 丙은 참소식신문의 기사를 읽고 유흥비를 마련할 목적으로 병원장 A에게 전화를 걸어 "불법 프로포폴 투여사실 외에 그동안 수집한 비리를 언론에 제보하겠다."라고 말하여 이에 겁을 먹은 A로부터 1,000만 원을 받았다.

〔2016년 제5회 변호사시험 제2문〕

설 문

1. 다음 질문에 답하시오.
   가. 1) 사실에 대해서 甲과 乙에게 성립가능한 죄책을 제시하고(마약류관리에관한법률위반(향정)은 논외로 함), 이때 변호인의 입장에서 甲과 乙의 무죄를 주장하는 논거를 제시하시오. (10점)
   나. 2) 사실에 대해서 甲과 乙의 죄책을 논하시오. (25점)
   다. 위 나.의 경우 甲과 乙의 행위에 대하여, 대표이사 김참말에게 방조범의 성립을 긍정하는 견해를 제시하시오. (5점)

2. 검사가 甲과 乙의 1)과 2) 사실에 대해서 수사를 개시하자, 甲과 乙은 L을 변호인으로 선임하여 자문을 받게 되었고, L은 그에 대한 검토의견서를 작성하여 甲과 乙에게 송부하였으며, 검사는 이 검토의견서를 적법하게 압수하였다. 그후 검사가 위 사실로 공소를 제기하고 검토의견서를 증거로 제출하였으나, 甲과 乙이 법정에서 이 검토의견서에 대해 증거로 함에 동의하지 아니하고, 증인으로 출석한 L이 그에 관한 증언을 거부한 경우, 검토의견서의 증거능력을 논하시오. (10점)

3. 만일 2) 사실에 대해 공소가 제기되어 제1심 공판절차 중에 A와 B가 돌연히 甲에 대해서만 고소를 취소하였다면, 이때 乙에 대하여 제1심 법원이 취할 수 있는 조치를 논하시오. (20점)

4. 3) 사실에 대해서 丙의 죄책을 논하시오. (10점)

5. 만일 丙이 3) 사실로 불구속 재판 중 A로부터 받은 돈으로 유흥주점에서 술을 마시다가 우발적으로 강도상해를 범하여 강도상해죄로 기소되었다면, 다음 질문에 답하시오.
   가. 만일 공소장 부본이 丙에게 송달된 후 7일이 경과하고도 丙이 국민참여재판을 원하는 의사확인서를 제출하지 않았으나, 그후 공판준비절차가 진행되지 않은

상태에서 제1회 공판기일이 열리기 전에 자신의 변호인과 상의하여 국민참여재판을 신청하였다면, 이 경우에 법원이 丙의 국민참여재판 신청을 받아들일 수 있는지 여부에 대하여 논하시오. (10점)

나. 만일 이 사건을 국민참여재판으로 진행한 제1심 재판부가 피해자를 비롯한 다수의 사건 관련자들에 대해 증인신문을 한 후, 만장일치로 한 배심원의 무죄평결이 재판부의 심증에 부합하자 丙에 대하여 무죄를 선고하였으나, 항소심 재판부가 피해자에 대하여만 다시 증인신문을 실시한 다음 제1심의 판단을 뒤집어 유죄로 인정하였다면, 이에 대한 당부를 논하시오. (10점)

해 설

Ⅰ. 제1문 — 甲, 乙의 형사책임 및 변호인의 무죄 주장의 논거, 대표이사의 방조범 성립 여부

1. 제1문의 가 — 1) 사실에 대한 甲, 乙의 형사책임 및 변호인의 무죄 주장의 논거

(1) 甲과 乙의 형사책임

(가) 특수절도죄의 성립 여부

2명 이상이 합동하여 타인의 재물을 절취한 경우, 특수절도죄(형법 제331조 제2항)가 성립한다. 여기서 '합동'의 개념에 관하여는 ① 가중적 공동정범설, ② 공모공동정범설, ③ 현장설(통설), ④ 현장적 공동정범설의 대립[1]이 있다. 대법원은 주관적 요건으로서의 공모와 객관적 요건으로서의 실행행위의 분담이 있어야 하고, 그 실행행위는 시간적·장소적으로 협동관계가 있음을 요한다고 하여,[2] 현장설과 같은 입장으로 이해된다.

본 사례에서 甲과 乙이 진료실에서 프로포폴 1병을 몰래 가지고 나온 행위는 시간적·장소적 협동관계 속에서 실행행위를 한 것이므로 특수절도죄에 해당한다.

(나) 폭력행위등처벌에관한법률위반(공동주거침입)죄의 성립 여부

甲과 乙은 공동하여 주간에 방실인 병원 진료실에 침입하였는데, 형법 제331조 제2항의 특수절도에 있어서 주거(방실)침입은 그 구성요건이 아니므로 절도범인이 범행수단으로 주거(방실)침입을 한 경우에 그 주거(방실)침입행위는 특수절도죄에 흡수되지 않고 별도로 주거(방실)침입죄를 구성한다. 따라서 甲과 乙에 대하여 폭력행위등처벌에관한법률위반(공동주거침입)죄(동법 제2조 제2항, 제1항 제1호, 형법 제319조)가 별도로 성립한다. 이때, 두 죄는 실체적 경합관계에 있다.

1) 이에 관한 상세는 사례 4. [13－변시(2)－2] 제1문 관련쟁점 '합동범의 본질' 참조.
2) 대법원 1996. 3. 22. 선고 96도313 판결 등.

(2) 변호인의 무죄 주장의 논거

(가) 정당행위

甲과 乙의 특수절도죄 및 폭력행위등처벌에관한법률위반(공동주거침입)죄에 대하여 변호인은 '프로포폴 오·남용 근절에 도움을 주고자 하는 취재 목적을 가지고 있었으므로', 형법 제20조의 정당행위에 해당하여 위법성이 조각되어 무죄라고 주장할 수 있다. 정당행위에 해당하려면 ① 그 행위의 동기나 목적의 정당성, ② 행위의 수단이나 방법의 상당성, ③ 보호이익과 침해이익과의 법익균형성, ④ 긴급성, ⑤ 그 행위 외에 다른 수단이나 방법이 없다는 보충성 등의 요건을 갖추어야 한다.[1)]

본 사례에서 甲과 乙의 행위는 동기나 목적의 정당성은 인정되지만, 나머지 요건은 갖추지 못하였으므로 정당행위에 해당한다고 보기는 어렵다. 따라서 甲과 乙이 위법성조각으로 무죄가 되지는 않을 것으로 보인다.

(나) 법률의 착오

변호인은 甲과 乙이 자신들의 행위〔=특수절도죄 및 폭력행위등처벌에관한법률위반(공동주거침입)죄〕가 '법령에 의하여 죄가 되지 않는 것으로 오인하였고, 오인에 정당한 사유가 있었으므로', 형법 제16조의 법률의 착오에 해당하여 책임이 조각된다고 주장할 수 있다. 법률의 착오에서 '정당한 사유가 있는지 여부'는 행위자에게 자기 행위의 위법의 가능성에 대해 심사숙고하거나 조회할 수 있는 계기가 있어 자신의 지적 능력을 다하여 이를 회피하기 위한 진지한 노력을 다하였더라면 스스로의 행위에 대하여 위법성을 인식할 수 있는 가능성이 있었음에도 이를 다하지 못한 결과 자기 행위의 위법성을 인식하지 못한 것인지 여부에 따라 판단하여야 할 것이고, 이러한 위법성의 인식에 필요한 노력의 정도는 구체적인 행위정황과 행위자 개인의 인식능력 그리고 행위자가 속한 사회집단에 따라 달리 평가되어야 한다.[2)]

본 사례에서 신문사 사회부 기자들인 甲과 乙로서는 취재를 위한 증거 확보를 위하여 타인의 진료실에 몰래 들어가 물건을 가지고 나오는 행위는 위법하다고 충분히 인식하였을 것이므로 정당한 이유가 있다고 보기는 어렵다. 따라서 甲과 乙이 책임조각으로 무죄가 되지는 않을 것으로 보인다.

(다) 특수절도죄에서의 불법영득의사의 부정

변호인은 甲과 乙이 프로포폴을 그 경제적 용법에 따라 이용·처분하기 위해서가 아니라 증거 확보의 목적으로 가지고 나온 것이므로 불법영득의사가 없어 특수절도죄

1) 대법원 2003. 9. 26. 선고 2003도3000 판결.
2) 대법원 2009. 12. 24. 선고 2007도1915 판결; 대법원 2010. 7. 15. 선고 2008도11679 판결.

는 무죄라고 주장할 수 있다. 절도죄의 성립에 불법영득의사가 필요한지에 대하여는 불요설과 필요설(통설)이 대립한다. 판례는 일관되게 절도죄의 성립에는 불법영득의사가 필요하다고 한다.[1] 이때, 불법영득의사의 내용이 무엇인지에 대해서도 견해의 대립이 있다. 소유권범죄에서 재물이 경제적 가치를 가질 것을 요하지 않는 것처럼 영득의사도 경제적 용도에 따라 이용할 의사임을 요하지 않으므로, ① 권리자를 배제한다는 소극적 요소로서 영구적 제거와 ② 소유자로서 이를 이용한다는 적극적 요소로서 일시적 취득만을 내용으로 한다는 견해도 있다(소유자 의사설). 이에 대하여 판례는 위 ①, ②의 요소에 더하여, ③ 경제적 용도에 따라 이용처분하려는 의사가 있어야 한다고 판시하고 있다(경제적 용법설)(**관련판례**[2]). 구체적으로 판례는 ⓐ 타인의 재물을 임의로 경찰관서에 가져가 범죄의 증거물로 제시한 경우,[3] ⓑ 살인 범행의 증거를 인멸하기 위하여 피해자의 주머니에서 지갑을 가져가 소각한 경우,[4] ⓒ 강간하는 과정에서 피해자들이 도망가지 못하게 손가방을 빼앗은 경우[5]에 불법영득의사를 부정하고 있다. 다만, ⓓ 성적 만족을 위한 여성 속옷 절취의 경우[6] 불법영득의사를 인정하여 '어떤 용도로든지 이용·처분할 의사'가 있으면 인정하려는 여지도 보이고 있다.

본 사례에서 甲과 乙은 프로포폴을 경제적 용법에 따라 이용·처분하려는 의사 없이 증거를 확보할 목적으로 가지고 나온 것이므로, 판례에 의하면 불법영득의사가

---

1) 대법원 1973. 2. 28. 선고 72도2812 판결.
2) (**관련판례**) 대법원 2014. 2. 21. 선고 2013도14139 판결【마약류관리에관한법률위반(향정)·재물손괴·범인도피교사·절도】.
【사실관계】① 피고인 甲은 2011. 9.경 이 사건 승용차의 소유자인 A 캐피탈로부터 B 명의로 위 승용차를 리스하여 운행하던 중, 사채업자 C로부터 1,300만 원을 빌리면서 위 승용차를 인도하였다. ② 사채업자 C는 甲이 차용금을 변제하지 못하자 위 승용차를 매도하였고 최종적으로 피해자 D가 위 승용차를 매수하여 점유하게 되었다. ③ 甲은 위 승용차를 회수하기 위해서 D와 만나기로 약속을 한 다음, 2012. 10. 22.경 약속장소에 주차되어 있던 위 승용차를 미리 가지고 있던 보조열쇠를 이용하여 임의로 가져갔다. ④ 이후 위 승용차는 B를 통하여 약 한 달 뒤인 2012. 11. 23.경 A 캐피탈에 반납되었다.
【판결이유】절도죄의 성립에 필요한 불법영득의 의사란 타인의 물건을 그 권리자를 배제하고 자기의 소유물과 같이 그 경제적 용법에 따라 이용·처분하고자 하는 의사를 말하는 것으로서, 단순히 타인의 점유만을 침해하였다고 하여 그로써 곧 절도죄가 성립하는 것은 아니나, 재물의 소유권 또는 이에 준하는 본권을 침해하는 의사가 있으면 되고 반드시 영구적으로 보유할 의사가 필요한 것은 아니며, 그것이 물건 자체를 영득할 의사인지 물건의 가치만을 영득할 의사인지를 불문한다. 따라서 어떠한 물건을 점유자의 의사에 반하여 취거하는 행위가 결과적으로 소유자의 이익으로 된다는 사정 또는 소유자의 추정적 승낙이 있다고 볼 만한 사정이 있다고 하더라도, 다른 특별한 사정이 없는 한 그러한 사유만으로 불법영득의 의사가 없다고 할 수는 없다.
3) 대법원 1986. 7. 8. 선고 86도354 판결.
4) 대법원 2000. 10. 13. 선고 2000도3655 판결.
5) 대법원 1985. 8. 13. 선고 85도1170 판결.
6) 대법원 2013. 1. 24. 선고 2012도12689 판결.

부정될 것으로 보인다. 따라서 甲과 乙의 특수절도죄는 무죄가 선고될 가능성이 크다.

2. 제1문의 나—2) 사실에 대한 甲, 乙의 형사책임

(1) 문제의 제기

甲과 乙은 A와 B를 비방할 의도 없이 A와 B의 명예를 훼손하는 허위사실에 해당하는 기사 내용을 신문에 게재하였다. 이때 ① 甲과 乙의 행위가 출판물에의한명예훼손죄(형법 제309조)에 해당하는지, ② 만약 해당하지 않는다면 명예훼손죄 중 형법 제307조 제1항과 제2항의 어디에 해당하는지, ③ 만약 제307조 제1항에 해당한다면 제310조를 적용함에 있어 허위의 사실을 진실한 것으로 오인한 행위에 대하여 어떠한 법적 평가를 해야 하는지가 문제된다.

(2) 출판물에의한명예훼손죄 성립 여부

사람을 비방할 목적으로 신문, 잡지 또는 라디오 기타 출판물에 의하여 형법 제307조 제1항 또는 제2항의 명예훼손죄를 범한 자는 출판물에의한명예훼손죄(형법 제309조)로 처벌된다. 여기서 '사람을 비방할 목적'이란 가해의 의사 내지 목적을 요하는 것으로서 공공의 이익을 위한 것과는 행위자의 주관적 의도의 방향에 있어 서로 상반되는 관계에 있다.[1] 본 사례에서 甲과 乙은 A와 B를 비방할 의도 없이 이들의 불법투여사실을 알림으로써 프로포폴의 오·남용을 근절하는 데 일조한다는 생각에서 기사화한 것이므로 비방의 목적이 부정되어 출판물에의한명예훼손죄에 해당하지 않는다. 따라서 甲과 乙에게는 제307조의 적용만이 문제된다.

(3) 형법 제307조 제1항 또는 제2항의 구성요건 해당 여부

甲과 乙이 기사화한 내용은 "병원장 A가 거액을 받고 상습적으로 프로포폴을 주사해 주고 있으며, B도 상습적으로 프로포폴을 불법투여받은 것으로 보인다."는 것으로 A와 B의 명예가 훼손될 만한 구체적인 사실의 적시가 있으며, 신문 1면에 이미 게재되어 공연성 요건도 충족하였다. 그런데 적시된 사실은 객관적으로 허위의 사실이므로 甲과 乙의 행위는 결과적으로는 형법 제307조 제2항의 명예훼손죄에 해당할 여지도 있다. 그러나 甲과 乙은 기사 내용이 사실이라고 굳게 믿는 등 허위사실임을 인식하지 못하였다. 이처럼 제307조 제2항의 결과가 발생하였지만 고의는 제1항의 고의

1) 대법원 1998. 10. 9. 선고 97도158 판결; 대법원 2024. 1. 4. 선고 2022도699 판결(정보통신망 이용촉진 및 정보보호 등에 관한 법률상 명예훼손죄).

인 경우, 통설은 사실의 착오에 관한 형법 제15조 제1항이 적용되어 제1항의 명예훼손죄가 성립한다고 한다. 이에 대하여 판례는 제307조 제1항의 명예훼손죄는 적시된 사실이 진실한 사실인 경우이든 허위의 사실인 경우이든 모두 성립될 수 있고, 특히 적시된 사실이 허위의 사실이라고 하더라도 행위자에게 허위성에 대한 인식이 없는 경우에는 제307조 제2항의 명예훼손죄가 아니라 제307조 제1항의 명예훼손죄가 성립된다고 판시하고 있다(**관련판례**[1]). 따라서 甲과 乙의 행위는 A와 B에 대한 각 형법 제307조 제1항의 명예훼손죄에 해당하고, 두 죄는 상상적 경합관계이다.

(4) 형법 제310조의 적용 및 허위사실을 진실한 사실로 오인한 행위에 대한 법적 평가

형법 제307조 제1항의 행위가 진실한 사실로서 오로지 공공의 이익에 관한 때에는 위법성이 조각되어 처벌하지 아니한다(형법 제310조). 그런데 甲, 乙과 같이 허위사실을 진실한 사실로 오인하여 적시한 경우 어떠한 형법적 평가를 하여야 할지 문제된다.

이에 대하여 ① 검토의무를 충실히 이행하였다면 진실성에 착오가 있다 하더라도 위법성이 조각된다는 허용된 위험설, ② 적시사실의 진실성은 제310조에 의한 위법성조각사유의 전제사실이므로 이에 대한 착오는 위법성조각사유의 객관적 전제사실에 대한 착오의 문제로 취급해야 한다는 견해가 대립한다. 위법성조각사유의 객관적 전제사실에 대한 착오로 보아야 한다는 견해는 다시 ⓐ 책임요소인 고의의 내용에 위법성의 인식도 포함되는데 위법성조각사유의 전제사실의 착오는 위법성을 인식하지 못한 것이므로 고의가 조각되고 과실처벌규정이 있는 경우에 한하여 과실범으로 처벌된다는 고의설, ⓑ 허용구성요건의 착오를 포함한 모든 위법성조각사유의 착오를 금지착오로 보고 착오에 정당한 이유가 없으면 고의범으로 처벌되고 정당한 이유가 있으면 형법 제16조에 따라 불가벌로 된다는 엄격책임설, ⓒ 위법성조각사유는 소극

---

1) (**관련판례**) 대법원 2017. 4. 26. 선고 2016도18024 판결 【명예훼손】. 「제307조 제1항의 '사실'은 제2항의 '허위의 사실'과 반대되는 '진실한 사실'을 말하는 것이 아니라 가치판단이나 평가를 내용으로 하는 '의견'에 대치되는 개념이라고 보아야 한다. 따라서 제307조 제1항의 명예훼손죄는 적시된 사실이 진실한 사실인 경우이든 허위의 사실인 경우이든 모두 성립될 수 있고, 특히 적시된 사실이 허위의 사실이라고 하더라도 행위자에게 허위성에 대한 인식이 없는 경우에는 제307조 제2항의 명예훼손죄가 아니라 제307조 제1항의 명예훼손죄가 성립될 수 있다.」

본 판결 해설은 지귀연, "과거의 역사적 사실관계 등에 대하여 민사판결을 통하여 어떠한 사실인정이 있었다는 이유만으로, 이후 그와 반대되는 사실의 주장이나 견해의 개진 등을 형법상 명예훼손죄 등에서 '허위의 사실 적시'라는 구성요건에 해당한다고 단정할 수 있는지 여부", 대법원판례해설 제114호(2017 하반기), 2018, 513−534면.

적 구성요건요소가 되므로 위법성을 조각하는 행위상황에 대한 착오는 구성요건착오가 되어 고의를 조각한다고 보는 소극적 구성요건요소이론, ⓓ 위법성조각사유의 전제사실에 대한 착오가 구성요건적 착오는 아니지만 구성요건적 착오와의 구조적 유사성을 근거로 구성요건적 착오의 규정이 적용되어야 한다고 보는 제한적 책임설 중 구성요건적 착오에 관한 규정이 직접 적용될 수는 없지만 구성요건적 착오에 관한 규정을 유추적용하여 고의를 조각한다고 보는 구성요건착오 유추적용설, ⓔ 제한적 책임설 중 허용구성요건착오의 경우 구성요건 단계에서는 고의범을 인정하지만 고의책임과 고의형벌을 조각하여 법효과에 있어서 구성요건적 착오와 같이 취급해야 한다고 보는 법효과제한적 책임설(통설)로 나누어진다.[1] 이와는 달리 대법원은 적시된 사실이 진실한 것이거나 적어도 행위자가 그 사실을 진실한 것으로 믿었고 그렇게 믿을 만한 상당한 이유가 있는 경우, 위법성이 조각된다고 한다.[2]

본 사례에서 甲과 乙은 허위사실을 진실한 것으로 믿었고 A와 B가 인터뷰 요청에 불응하는 등 취재를 회피하는 태도를 보인 것으로 볼 때, 이를 진실한 것으로 믿을 만한 상당한 이유가 있다고 할 수 있다. 따라서 판례에 의하면 甲과 乙의 행위는 형법 제310조에 따라 위법성이 조각되어 형법 제307조 제1항의 형사책임을 지지 않는다.

(5) 설문의 해결

甲과 乙의 행위는 형법 제307조 제1항의 명예훼손죄의 구성요건에 해당하나, 제

---

1) 학설 비교

학설		착오 종류	고의 조각 여부	처벌	착오자를 이용한 제3자의 처벌
고의설 (위법성 인식은 고의요소)		사실의 착오	책임요소인 고의 조각	과실범	간접정범
엄격책임설 (위법성 인식가능성은 고의요소)		법률의 착오 (금지착오)	구성요건적 고의 인정	고의범(오인에 정당한 이유가 있으면 책임 조각)	공범 또는 간접정범
소극적 구성요건요소이론		구성요건적 착오	구성요건적 고의 조각	과실범	간접정범
제한적 책임설	유추적용설	구성요건적 착오	불법고의 조각	과실범	간접정범
	법효과제한적 책임설 (위법성 인식은 책임요소)	독자적 착오	구성요건적 고의 인정, 책임고의 조각	과실범	공범 또는 간접정범

2) 대법원 1996. 8. 23. 선고 94도3191 판결. 이와 관련하여, 최근 대법원 판결 중에는 A와 B가 몸싸움을 벌이던 중 A가 왼손을 주머니에 넣어 불상의 물건을 꺼내 움켜쥐자 甲이 흉기로 오인하고 B를 위하여 A의 주먹을 강제로 펴서 손가락 골절상을 입게 한 사안에서, 형법 제16조(법률의 착오)의 오인에 대한 정당한 이유를 인정한 원심판결의 판단을 부정하면서, "원심의 판단에는 위법성조각사유의 전제사실에 관한 착오, 정당한 이유의 존부에 관한 법리를 오해함으로써 판결에 영향을 미친 잘못이 있다."고 판시한 것(대법원 2023. 11. 2. 선고 2023도10768 판결)이 있는데, 위 판결에 대하여 엄격한 책임설을 따른 것이라거나 책임 조각의 가능성을 인정한 것이라는 평가도 있으나, 위 판결이 어떤 학설의 입장을 따랐다고 성급하게 추단할 것은 아니라고 하겠다.

310조에 의해 위법성이 조각되어 甲과 乙은 아무런 형사책임도 지지 않는다.

3. 제1문의 다—2) 사실에 대한 대표이사의 방조범 성립 여부

(1) 방조의 개념

방조는 정범의 범죄행위를 쉽게 하거나 법익침해를 강화하도록 돕는 것을 의미한다. 방조의 방법에는 제한이 없어 심리적·정신적 방조도 가능하며, 보증인지위에 있을 경우 부작위에 의한 방조도 가능하다. 또한, 정범의 실행의 착수 이전에 장래의 실행행위를 미필적으로나마 예상하고 이를 용이하게 하기 위하여 방조한 경우에도 그 후 정범이 실행행위에 나아갔다면 성립할 수 있다(**관련판례**[1]).

(2) 대표이사의 방조범 성립을 긍정하는 견해

(가) 방조에 해당하는지 여부

본 사례에서 대표이사 김참말은 甲과 乙의 프로포폴 불법투여 취재를 보고받고 甲과 乙에게 포상금 지급을 약속하면서 격려하였다. 대표이사의 행위는 심리적·정신적 방조에 해당할 수 있다. 또한 대표이사의 행위가 정범인 甲과 乙이 명예훼손에 해당하는 기사를 작성하기 전에 이루어졌다고 하더라도 장래 실행행위를 예상하고 이를 용이하게 하는 것이라면 이와 같은 가담 형태는 방조에 해당한다.

(나) 방조범이 성립하는지 여부

협의의 공범인 교사범이나 방조범의 경우 정범에 종속하여 성립하는지에 대하여 공범종속성설과 공범독립성설이 대립되는데, 통설과 판례[2]는 공범종속성설을 취하고 있다. 이때 그 종속성의 정도에 대해서는, ① 정범이 구성요건에 해당하기만 하면 공범이 성립한다는 최소한의 종속형식, ② 정범의 행위가 구성요건에 해당하고 위법하면 공범은 성립한다는 제한적 종속형식, ③ 정범의 행위가 구성요건에 해당하고 위법·

---

1) (**관련판례**) 대법원 2009. 6. 11. 선고 2009도1518 판결 【배임수재(일부 인정된 죄명: 배임수재방조)】. 「형법상 방조행위는 정범이 범행을 한다는 정을 알면서 그 실행행위를 용이하게 하는 직접·간접의 모든 행위를 가리키는 것으로서 유형적·물질적인 방조뿐만 아니라 정범에게 범행의 결의를 강화하도록 하는 것과 같은 무형적·정신적 방조행위까지도 이에 해당한다. 종범은 정범의 실행행위 중에 이를 방조하는 경우뿐만 아니라, 실행 착수 전에 장래의 실행행위를 예상하고 이를 용이하게 하는 행위를 하여 방조한 경우에도 성립한다.」

같은 취지의 판결로는 대법원 1996. 9. 6. 선고 95도2551 판결; 대법원 2004. 6. 24. 선고 2002도995 판결; 대법원 2007. 4. 27. 선고 2007도1303 판결; 대법원 2008. 12. 24. 선고 2008도9996 판결; 대법원 2013. 11. 14. 선고 2013도7494 판결; 대법원 2022. 4. 14. 선고 2022도649 판결.

2) 대법원 1970. 3. 10. 선고 69도2492 판결.

유책할 때에만 공범이 성립한다는 극단적 종속형식, ④ 정범의 행위가 구성요건에 해당하고 위법·유책할 뿐만 아니라 가벌성의 조건까지 모두 갖추어야 공범이 성립한다고 보는 확장적 종속형식(최극단적 종속형식)이 있다. 우리 형법의 경우 극단적 종속형식을 채택하고 있다는 견해도 있으나, 통설은 제한적 종속형식을 취하고 있다고 한다(제한적 종속형식설).

통설과 판례의 입장인 제한적 종속형식설에 의하면, 공범은 정범의 행위가 구성요건에 해당하고 위법하기만 하면 성립하고 책임이 존재할 필요는 없다. 따라서 본 사례에서는 정범인 甲과 乙의 행위가 명예훼손죄의 구성요건에 해당하고 위법성까지 인정되면, 대표이사에게 방조범이 성립할 수 있다. 이는 위법성조각사유의 전제사실에 관한 착오에 관하여 어느 견해를 취하느냐와 관계된다.

앞서 위 2. (4)에서 살펴 본 바와 같이 ⓐ 고의설, ⓒ 소극적 구성요건요소이론, ⓓ 구성요건착오유추적용설에 의하면 甲과 乙에게 구성요건요소인 고의가 인정되지 않으므로 대표이사에게 방조범이 성립할 여지가 없다. 대법원이 취하고 있는 위법성조각설에 의할 경우에도 착오에 상당한 이유가 있으면 위법성이 조각되므로 방조범이 성립할 여지가 없다. 그러나 ⓑ 엄격책임설, ⓔ 법효과제한적 책임설에 의하면 甲과 乙에게 구성요건과 위법성이 인정되므로 대표이사에게 명예훼손죄의 방조범이 성립할 수 있다.

㈐ 설문의 해결

본 사례에서 정범인 甲과 乙은 허위사실을 진실한 것으로 믿을 만한 상당한 이유가 있어 범죄가 성립하지 않는다. 대표이사의 경우, 제한적 공범종속설의 입장[1)]에서 위 ⓑ 엄격책임설, ⓔ 법효과제한적 책임설에 의하면 명예훼손죄의 방조범이 성립할 수 있다.[2)]

Ⅱ. 제2문 — 변호인 작성 검토의견서의 증거능력

1. 문제의 제기

검사는 변호인 L이 甲과 乙의 변호인으로 선임되어 그 자문 의뢰에 따라 작성한

1) 확장적 공범종속설에 의하면 대표이사에게 방조범이 성립할 여지는 없다.
2) 물론 대표이사에게 방조의 고의 외에 정범의 고의, 즉 甲과 乙의 행위가 명예훼손죄의 구성요건에 해당하는 행위라는 인식은 있어야 한다. 다만, 범죄의 구체적 내용까지 인식할 것을 요하는 것은 아니다(대법원 2007. 12. 14. 선고 2005도872 판결; 대법원 2022. 4. 14. 선고 2022도649 판결).

검토의견서를 적법하게 압수하여 증거로 신청하였으나, 甲과 乙은 증거로 함에 동의하지 않았고 L은 증인으로 출석하여 증언거부권을 행사하였다. 이때 위 검토의견서의 증거능력과 관련해서는, ① '변호인-의뢰인 특권의 법리'가 적용되어 일반적으로 증거능력이 부정되는지, ② 전문증거에 해당하여 전문법칙이 적용되는지, ③ 전문증거인 경우 전문법칙의 예외 요건을 갖추었는지, ④ 변호인 L의 증언 거부가 적법한지, ⑤ L이 증언을 거부한 것이 형사소송법 제314조의 '그 밖에 이에 준하는 사유'에 해당하는지 여부가 문제된다.

2. 변호인—의뢰인 특권을 인정할 수 있는지 여부

영미법계 국가에서는 변호인과 의뢰인 사이에서 의뢰인이 법률자문을 받을 목적으로 비밀리에 이루어진 의사 교환에 대하여 의뢰인이 공개를 거부할 수 있는 특권(Attorney-Client Privilege)이 판례상 인정되고 있으며, 미국의 연방증거법(Federal Rules of Evidence) 502조에서도 이를 규정하고 있다. 그런데 현행법에는 이를 인정하는 명문규정이 없어, 변호인-의뢰인 특권을 인정할 것인지가 문제된다.

(1) 긍정하는 견해

형사소송법 등에서 구체적으로 규정되고 있지 않으나 헌법 제12조 제4항에 의하여 인정되는 변호인의 조력을 받을 권리 중 하나로서, 변호인과 의뢰인 사이에서 의뢰인이 법률자문을 받을 목적으로 비밀리에 이루어진 의사 교환에 대하여는 변호인이 그 공개를 거부할 수 있는 특권을 보유하는 것이라고 보아야 한다는 견해이다.[1] 이 견해는 변호인-의뢰인 특권은 ① 전문적인 법률적 조언자로서의 지위에 기초하여 법률자문가가 행하는 모든 종류의 법률 자문에 관하여, ② 법률 자문의 목적과 관련된 그 의사 교환이 의뢰인에 의하여 신뢰를 바탕으로 비밀리에 이루어졌다면, ③ 의뢰인의 요구에 따라 영원히, ④ 의뢰인 자신이나 법률자문을 한 자에 의한 공개로부터 보호받는 것이라고 볼 수 있다고 한다. 다만, 의뢰인 스스로 그 보호를 포기하는 경우는 예외에 해당할 것이고, 또한 의뢰인이 이미 저지른 범죄와 관련하여 변호인에게 법률자문을 구하는 경우와 달리 그 의사 교환이 의뢰인이 자신이 장래에 행할 위법한 행위를 위한 것인 경우에는 위 특권의 보호 대상에서 제외된다고 봄이 상당하다

1) 관련판례인 대법원 2012. 5. 17. 선고 2009도6788 전원합의체 판결의 제1심 및 원심(서울고등법원 2009. 6. 26. 선고 2008노2778 판결)의 입장이다.

고 한다.

(2) 부정하는 견해

변호인의 조력을 받을 권리에 관한 헌법 규정(헌법 제12조 제4항 본문), 변호사와 의뢰인 사이의 비밀보호 범위 등에 관한 형사소송법 규정(형소법 제112조 본문, 제149조 본문, 제219조)의 내용과 취지 등에 비추어 볼 때, 아직 수사나 공판 등 형사절차가 개시되지 않아 피의자 또는 피고인에 해당한다고 볼 수 없는 사람이 일상적 생활관계에서 변호사와 상담한 법률자문에 대하여도 변호인의 조력을 받을 권리의 내용으로서 그 비밀의 공개를 거부할 수 있는 의뢰인의 특권을 도출할 수는 없다는 견해이다(**관련판례**[1]).[2]

(3) 소결

형사소송절차에서의 증거사용의 범위와 제한의 문제는 입법의 재량 또는 선택의 영역에 속하는 것이다. 따라서 법률에 규정에 의하지 않고, 명문의 규정이 없음에도 증거의 사용을 제한하는 것은 지양되어야 한다. 그리고 형사소송법 제112조, 제219조

---

1) (**관련판례**) 대법원 2012. 5. 17. 선고 2009도6788 전원합의체 판결【건설산업기본법위반·뇌물공여·특정범죄가중처벌등에관한법률위반(뇌물)(일부인정된 죄명: 뇌물수수)】.
【사실관계】甲 주식회사 및 그 직원인 피고인들이 정비사업전문관리업자의 임원에게 甲 회사가 주택재개발사업 시공사로 선정되게 해 달라는 청탁을 하면서 금원을 제공하였다고 하여 구 건설산업기본법위반죄로 기소되었는데, 변호사가 법률자문 과정에 작성하여 甲 회사 측에 전송한 전자문서를 출력한 '법률의견서'에 대하여 피고인들이 증거로 함에 동의하지 않고, 변호사가 원심 공판기일에 증인으로 출석하였으나 증언할 내용이 甲 회사로부터 업무상 위탁을 받은 관계로 알게 된 타인의 비밀에 관한 것임을 소명한 후 증언을 거부하였다.
【판결요지】
【다수의견】현행 형사소송법 제314조의 문언과 개정 취지, 증언거부권 관련 규정의 내용 등에 비추어 보면, 법정에 출석한 증인이 형사소송법 제148조, 제149조 등에서 정한 바에 따라 정당하게 증언거부권을 행사하여 증언을 거부한 경우는 형사소송법 제314조의 '그 밖에 이에 준하는 사유로 인하여 진술할 수 없는 때'에 해당하지 아니한다.
【반대의견】(형사소송법 제314조의) '진술을 요하는 자가 사망·질병·외국거주·소재불명, 그 밖에 이에 준하는 사유로 인하여 진술할 수 없는 때'라 함은 서류의 작성자 또는 원진술자가 공판준비 또는 공판기일에 출석할 수 없는 경우는 물론이고 법정에 출석하더라도 그로부터 해당 서류의 진정성립에 관한 진술을 들을 수 없는 경우도 널리 포함한다고 해석하여야 한다. 증인이 사망·질병·외국거주·소재불명 등인 때와 법정에 출석한 증인이 증언거부권을 행사한 때는 모두 증거신청자인 검사의 책임 없이 해당 서류의 진정성립을 증명할 수 없게 된 경우로서 실체적 진실발견을 위하여 전문법칙의 예외를 인정할 필요성의 정도에서 차이가 없다.
본 판결 평석은 김우진, "변호인 작성의 법률의견서의 증거능력", 형사판례연구 [21], 2013, 507-508면; 윤종행, "변호인의 증언거부특권", 형사소송법 핵심 판례 130선(제5판), [47], 102-103면.

2) 위 판결의 취지에 비추어, 피의자 또는 피고인이 사건과 관련하여 자문을 받은 경우에는 변호인-의뢰인특권이 인정되는 것으로 해석할 여지가 없는 것은 아니다.

등에 의하면, 변호사가 의뢰인과의 법률자문에 관하여 작성한 검토의견서 등을 의뢰인이 소지 또는 보관하는 경우 그에 대한 압수 또는 증거사용이 특별히 제한되지 않음이 분명하다고 할 것이다. 그렇다면 위 검토의견서는 변호인-의뢰인 특권을 이유로 하여 그 증거능력이 부정되는 것은 아니다.

3. 전문증거인지 여부

증거서류인 경우에도 기재되어 있는 원진술의 내용인 사실이 요증사실인 경우,[1] 즉 원진술자의 진술내용의 진실성을 입증하기 위한 증거로 사용하는 때에는 전문증거로서 전문법칙이 적용되지만, 원진술의 존재 자체가 요증사실인 경우에는 본래증거이다.[2] 이런 점에서 위 검토의견서가 본래증거인지 전문증거인지 문제된다.

(1) 전문증거가 아니라는 견해

검토의견서는 피고인 측의 자문의뢰에 따라 변호인이 밝힌 법적 의견을 그 내용으로 하는 서면으로서, 작성자인 변호인이 요증사실을 직접 체험하여 그 내용을 기재한 서류가 아니므로 전문증거가 아니라는 견해이다(위 **관련판례**의 반대의견). 이 견해에 따르면 검토의견서에 대해서는 전문법칙이 적용되지 않는다.

(2) 전문증거라는 견해

검토의견서는 그 실질에 있어서 형사소송법 제313조 제1항에 규정된 '피고인 아닌 자가 작성한 진술서나 그 진술을 기재한 서류'에 해당하므로 전문증거이고, 따라서 전문법칙이 적용된다고 하는 견해이다(위 **관련판례**의 다수의견).[3]

(3) 소결

위 검토의견서 안에 변호인의 의견만이 기재되어 있다면 전문증거라고 할 수 없다. 그러나 검토의견서에는 의뢰인이 경험한 사실을 바탕으로 이를 원용해 가면서 의뢰인을 위한 법률적 의견을 기재하는 것이 일반적이므로 내용에 따라서는 전문증거에 해당하는 내용이 포함될 수 있다. 본 설문에서도 명확하지는 않지만 甲과 乙의 자문

1) 대법원 2008. 11. 13. 선고 2008도8007 판결; 대법원 2012. 7. 26. 선고 2012도2937 판결.
2) 대법원 2013. 2. 15. 선고 2010도3504 판결; 대법원 2019. 8. 29. 선고 2018도2738 전원합의체 판결.
3) 법률의견서의 경우, 그 작성경위가 공소사실을 인정할 수 있게 하는 간접사실이 되기 때문에 공소사실과의 관계에서 단순히 변호사가 자신의 의견을 표명한 것이라고만 보기도 어렵다는 점 등에 비추어 관련판례의 다수의견이 타당하다고 한다.

의뢰를 받아 작성한 것이고, 검사가 甲과 乙의 공소사실을 입증하기 위한 자료로 제출한 것이므로 전문증거라고 할 것이다.[1] 따라서 검토의견서는 형사소송법 제313조 제1항에 규정된 '피고인 아닌 자가 작성한 진술서나 그 진술을 기재한 서류'에 해당한다.

전문증거 여부의 판단기준

진술증거라도 진술내용의 진실성을 입증하기 위한 것이 아닌 ① 요증사실의 일부를 이루는 진술,[2] ② 언어적 행동,[3] ③ 정황증거에 사용된 언어,[4] ④ 탄핵증거로 사용된 진술[5]은 전문증거에 해당하지 않는다.

---

1) 관련판례의 사안에서도, 검사는 법률의견서를 뇌물공여사실의 입증자료로 제출하고 있어(서울고등법원 2009. 6. 26. 선고 2008노2778 판결), 요증사실과의 관계에서 전문증거성이 문제될 수 있다.

2) 예컨대, 甲의 A에 대한 명예훼손행위를 입증하기 위하여 甲으로부터 "(甲이) A가 B를 살해하는 것을 보았다"는 말을 직접 들었다는 乙의 증언을 사용하는 경우에는, 원진술 내용의 진실성 입증(정말로 A가 B를 죽이는 것을 甲이 보았는지 여부)이 문제되는 것이 아니라 원진술 존재 자체가 증명의 대상이 되고, 증인에 대한 반대신문에 의하여 甲이 진짜 그렇게 말하였는지 그 정확성을 음미할 수 있으므로 전문증거가 아니다. 이에 해당하는 판례로는 다음과 같은 것이 있다.
① A는 전화를 통하여 피고인으로부터 2005. 8.경 건축허가 담당 공무원이 외국연수를 가므로 사례비를 주어야 한다는 말과 2006. 2.경 건축허가 담당 공무원이 4,000만 원을 요구하는데 사례비로 2,000만 원을 주어야 한다는 말을 들었다는 취지로 수사기관, 제1심 및 원심 법정에서 진술하였음을 알 수 있는데, 피고인의 위와 같은 원진술의 존재 자체가 이 사건 알선수재죄에 있어서의 요증사실이므로, 이를 직접 경험한 A가 피고인으로부터 위와 같은 말들을 들었다고 하는 진술들은 전문증거가 아니라 본래증거에 해당된다(대법원 2008. 11. 13. 선고 2008도8007 판결).
② 정보통신망을 통하여 공포심이나 불안감을 유발하는 글을 반복적으로 상대방에게 도달하게 하는 행위를 하였다는 공소사실에 대하여 휴대전화기에 저장된 문자정보가 그 증거가 되는 경우도 마찬가지이다[대법원 2008. 11. 13. 선고 2006도2556 판결. 본 판결 해설은 김태업, "휴대전화기에 보관된 문자정보 및 이를 휴대전화기 화면에 띄워 촬영한 사진의 증거능력", 대법원판례해설 제78호(2008 하반기), 2009, 603-634면].
③ A는 제1심 법정에서 '피고인 甲이 88체육관 부지를 공시지가로 매입하게 해 주고 KBS와의 시설이주 협의도 2개월 내로 완료하겠다고 말하였다'고 진술하였는데, 피고인 甲의 위와 같은 원진술의 존재 자체가 이 부분 각 사기죄 또는 변호사법위반죄에 있어서의 요증사실이므로, 이를 직접 경험한 A가 피고인으로부터 위와 같은 말을 들었다고 하는 진술은 전문증거가 아니라 본래증거에 해당한다고 할 것이다(대법원 2012. 7. 26. 선고 2012도2937 판결).

3) 예컨대, 甲이 A에게 금전을 교부하는 행위만으로는 증여인지 대여인지 채무변제인지 알 수 없으나, 그 당시 甲이 "그동안 고마웠습니다"라고 말하는 것을 들었다는 乙의 증언은 전문증거가 아니고 채무변제행위에 관한 목격증언으로 볼 수 있다.

4) 예컨대, "나는 신이다"라는 진술을 원진술자의 정신이상을 추인하는 정황증거로 사용하는 경우가 이에 해당한다. 판례 중에는 피고인이 협박교사사실을 부인하는 경우에 이를 인정할 수 있는 간접사실을 인정하는 취지의 피고인의 대화내용은 전문증거가 아니라고 한 것이 있다(대법원 2000. 2. 25. 선고 99도1252 판결).

5) 예컨대, 甲이 법정 외에서 "乙이 교차로에서 적색등에 진행하였다"고 진술하였는데, 그 후 법정에서 "乙이 교차로에서 진행할 때 녹색등이었다"고 증언한 경우, 甲 증언의 신빙성을 감쇄하기 위하여 법정 외에서 한 말을 증거로 사용하는 경우가 이에 해당한다.

그리고 ⑤ 범행계획 등 현재의 '심리상태'를 표현한 진술[1]은 전문증거에 해당하지 않는다. 즉, 심리상태에 관한 진술은 진술의 과정 중 지각·기억이라는 과정이 없어 오류가 개입할 위험이 적고, 표현·서술의 진지성,[2] 정확성은 원진술자를 반대신문하지 않더라도 진술 시의 태도나 주변상황에 관한 제3자의 진술에 의해서도 검토할 수 있으므로 이를 진술자가 진술 당시에 그 내용대로의 심리상태에 있었다는 것을 입증하는 데 사용하더라도 전문에 해당하지 않는다고 한다. 그러나 이에 대하여, 진술내용의 진실성을 입증하려는 것이므로 진술과정의 일부인 지각, 기억과정이 빠졌다고 하더라도 남아 있는 표현·서술과정 중에 특히 진지성을 확인하는 것은 곤란하다는 이유로 전문증거라고 하는 견해도 있다. 즉, 원진술을 들은 제3자가 증언하는 경우에는 진술 시의 객관적 상황이나 진술자의 표정 등 진술의 외관적 사정을 확인함으로써 어느 정도 진술의 진의를 추정할 수 있지만, 서면의 경우에는 그와 같은 수단이 없고 서면 그 자체로부터 작성과정에 문제가 없다는 것을 추정하여 진지성을 인정할 수밖에 없는데, 그와 같은 방법은 진술자의 신문을 불요로 할 정도로 충분하다고 보기 어렵기 때문이라고 한다.
일본 판례는 ① 위자료 명목의 금원갈취사건에서 범행 전에 공범자 甲이 사전모의회의에 참석한 공범자 乙로부터 확인하고 "(25) 확인점—사죄와 위자료"라고 범행계획을 기재한 노트는 그것이 최종적으로 공범자 전원의 공모의사가 합치된 것이라는 점이 확인된 것을 전제로, 그것이 진지하게 작성되었다는 것이 인정되는 한 전문법칙이 적용되지 않고 증거능력이 인정되고,[3][4] ② 과격파단체 사무실에서 발견된 범행의 수순이나 방법 등을 기재한 메모는 그 표현·서술의 진지성이 인정되는 한 전문증거가 아니며,[5][6] ③ 살인사건에 관여한 피고인이 습격 전에 "S는 이제 죽여도 좋은 놈이다", "공산당이라고 칭하고 당당하게 S를 습격할까"라고 말하는 것을 들었다는 증인 A의 증언은 발언의 존재 자체가 요증사실인 경우에는 전문증거가 아니라고[7] 판시하였다. 그러나 심리상태를 나타내는 진술이더라도 요증사실과의 관계에서 전문의 위험이

1) 계약의 청약, 승낙, 거절을 구성하는 법률적 의사표시, 지시, 권유, 청탁, 내심의 계획 등과 같은 사실상 의사표시 등이 이에 해당한다. 이러한 증거는 증거의 '존재 자체'가 문제되는데 그치므로 전문증거가 아니라고 접근할 수도 있다(대법원 2012. 7. 26. 선고 2012도2937 판결).
2) 진지성은 전문증거 고유의 문제가 아니라 전문진술자에 대한 반대신문을 포함하여 원진술자에 대한 반대신문 이외의 방법으로 이를 확인할 수 있다. 만일 범행계획 메모를 장난삼아 썼다고 하면 작성자의 의도, 계획의 존재를 증명할 수 없다는 점에서, 진지성은 증거의 관련성(법적 관련성)의 문제로 볼 수 있다. 증거의 관련성이 증거능력의 요건인가에 대해서는 논의가 있다.
3) 東京高判 1983. 1. 27. 判時 1097·146[刑事訴訟法判例百選(第9版) 83]. 공모자 전원의 공모의사가 합치된 것이라는 점이 확인되지 않으면 위 메모는 乙을 원진술자로 하는 재전문증거에 해당한다(동 판결).
4) 메모의 존재 자체를 증거로 하거나 메모의 작성자가 피해자에게 위자료를 요구할 의사를 가지고 있었다는 점을 추인하기 위하여 사용하는 것이 아니라, 회의에서 사죄와 위자료를 요구하는 것이 확인되었다는 점을 인정하기 위하여 사용되는 경우라면 전문증거가 된다는 견해도 있다.
5) 大阪高判 1982. 3. 16. 判時 1046·146.
6) 발생한 범죄의 상황과 객관적으로 부합하는 내용의 메모가 과격파 사무소에서 발견되었다는 것을 사전공모에 기한 조직적 범행이라는 점을 추인하기 위한 정황증거로 사용하거나 메모의 작성자가 피해자의 습격을 기도·계획하고 있었다는 점을 추인하기 위하여 사용하는 것이 아니라, 메모에 기재된 범행의 수순이나 방법 등을 인정하기 위하여 사용하는 경우라면 전문증거가 될 것이다.
7) 最判 1963. 10. 17. 刑集 17·10·1795(白鳥事件).

남아 있는 경우, 예컨대 ④ 피고인 甲의 피해자 A에 대한 강간치사사건에서 A가 "그 놈은 기분 나쁘다. 싫어하는 짓만 한다"고 말하는 것을 들었다는 증인 B의 증언은 甲이 '전부터 A와 정을 통하려는 야심을 가지고 있었다'는 사실(범행 자체의 간접사실인 동기의 인정)을 요증사실[1]로 하는 경우에는 전문증거에 해당한다[2][3]고 판시하였다.

4. 형사소송법 제313조 제1항 본문의 요건 충족 여부

검토의견서는 '피고인이 아닌 자가 작성한 진술서'[4]에 해당한다. 따라서 증거로 사용하기 위해서는 피고인이 증거로 함에 동의하거나(형소법 제318조 제1항), 작성자인 변호인의 공판준비 또는 공판기일에서의 진술에 의하여 성립의 진정이 증명되어야 한다(형소법 제313조 제1항 본문). 만약 작성자가 공판준비나 공판기일에서 그 성립의 진정을 부인하는 경우에는, 과학적 분석결과에 기초한 디지털포렌식[5] 자료, 감정 등 객관적 방법으로 성립의 진정함이 증명되는 때에는 증거로 할 수 있다. 다만, 피고인 아닌 자가 작성한 진술서는 피고인 또는 변호인이 공판준비 또는 공판기일에 그 기재내용에 관하여 작성자를 신문할 수 있었을 것을 요한다(형소법 제313조 제2항).

본 사례에서 甲과 乙은 증거로 함에 동의하지 않았으므로 형사소송법 제313조 제1항 본문 및 제2항의 전문법칙의 예외요건을 충족하여야 한다. 그런데 변호인 L이 법정에 출석하여 증언을 거부하였다. 진정성립에 대한 진술 거부나 묵비의 경우에도 제313조 제2항이 적용될 수 있는지에 대해서는 ① 긍정설, ② 부정설, ③ 진술거부권이나 증언거부권이 인정되는 외에는 긍정된다는 제한적 긍정설이 있을 수 있다. 생각건대, 진술자의 진술이 아니더라도 객관적 방법으로 진술서의 진정성립을 인정하려는 제313조 제2항의 입법취지 등에 비추어 긍정설이 타당하다. 긍정설에 의하면 제313조 제2항의 요건을 충족하면 증거능력이 인정된다. 그러나 부정설이나 제한적 긍정설에 의하면 다시 제314조에 따라 증거능력이 있는지 살펴보아야 한다.

---

1) 피고인과 범인의 동일성이 쟁점이 된 경우이다.
2) 最判 1955. 12. 9. 刑集 9·13·2699.
3) 그러나 강간이냐 화간이냐가 쟁점이 된 경우에는 A가 甲을 싫어하고 있었다는 것이 요증사실이 될 것이므로 이때는 전문증거가 아니다.
4) 만일 내용 중에 乙이 진술한 내용을 그대로 기재한 부분이 있다면, 그 부분은 '피고인 아닌 자가 작성한 피고인의 진술이 기재된 서류'(형소법 제313조 제1항)에 해당할 것이다. 어느 경우에나 L의 공판준비 또는 공판기일에서의 진술에 의하여 진정성립이 인정되어야 증거능력이 인정될 수 있는데, 관련판례의 사안에서는 특별히 이를 구분하지는 않고 있다.
5) 디지털포렌식이란 디지털 증거를 수집·보존·분석·현출하는 데 적용되는 과학기술 및 절차를 말한다(대검찰청 디지털 증거의 수집·분석 및 관리 규정 제3조 제3호).

5. 변호인 L의 증언거부권 행사와 형사소송법 제314조의 적용 여부

L은 법정에 증인으로 출석하였으나 증언을 거부하였다. L은 변호사로서 그 업무상 위탁을 받은 관계로 알게 된 사실로서 타인의 비밀에 관한 것은 증언을 거부할 수 있으므로(형소법 제149조 본문), L의 증언거부는 정당한 권리의 행사에 해당한다. 위 ②의 부정설이나 ③의 제한적 긍정설에 의하면, 이처럼 증언거부권이 있는 L의 정당한 증언 거부가 형사소송법 제314조의 '그 밖에 이에 준하는 사유로 인하여 진술할 수 없는 때'에 해당하여 증거능력을 인정할 수 있는지가 다시 문제된다.

증인이 증언을 거부한 경우, 종래 판례는 정당한 증언거부권이 있는지를 기준으로 정당한 사유 없이 증언을 거부한 때에는 그 밖에 사유로 진술할 수 없는 때에 해당하지만,[1] 정당하게 증언거부권을 행사한 때에는 여기에 해당하지 않는다[2]고 구별하여 판시하였다. 그러나 최근 판례를 변경하여, 증언거부권의 존부라는 우연한 사정에 따라 위 해당 여부가 달라지는 것은 피고인의 형사소송절차상 지위에 심각한 불안정을 초래한다는 등의 이유로, 정당한 사유 없이 증언을 거부한 때에도 피고인이 증인의 증언거부 상황을 초래하였다는 등의 특별한 사정이 없는 한 이에 해당하지 않는다고 판시하였다(**관련판례**[3]).

---

1) 대법원 1992. 8. 14. 선고 92도1211 판결.

2) 대법원 2012. 5. 17. 선고 2009도6788 전원합의체 판결; 대법원 2013. 6. 13. 선고 2012도16001 판결. 위 2012도16001 판결 해설은 민철기, "피고인이 증거서류의 진정성립을 묻는 검사의 질문에 대하여 진술을 거부한 경우가 형사소송법 제314조의 '그 밖에 이에 준하는 사유로 인하여 진술할 수 없는 때'에 해당하는지 여부", 대법원판례해설 제96호, 2013, 712-742면.

3) (**관련판례**) 대법원 2019. 11. 21. 선고 2018도13945 전원합의체 판결【마약류관리에관한법률위반(향정)】.
【다수의견】 수사기관에서 진술한 참고인이 법정에서 증언을 거부하여 피고인이 반대신문을 하지 못한 경우에는 정당하게 증언거부권을 행사한 것이 아니라도, 피고인이 증인의 증언거부 상황을 초래하였다는 등의 특별한 사정이 없는 한 형사소송법 제314조의 '그 밖에 이에 준하는 사유로 인하여 진술할 수 없는 때'에 해당하지 않는다고 보아야 한다. 따라서 증인이 정당하게 증언거부권을 행사하여 증언을 거부한 경우와 마찬가지로 수사기관에서 그 증인의 진술을 기재한 서류는 증거능력이 없다. 다만, 피고인이 증인의 증언거부 상황을 초래하였다는 등의 특별한 사정이 있는 경우에는 형사소송법 제314조의 적용을 배제할 이유가 없다. 이러한 경우까지 형사소송법 제314조의 '그 밖에 이에 준하는 사유로 인하여 진술할 수 없는 때'에 해당하지 않는다고 보면 사건의 실체에 대한 심증 형성은 법관의 면전에서 본래증거에 대한 반대신문이 보장된 증거조사를 통하여 이루어져야 한다는 실질적 직접심리주의와 전문법칙에 대하여 예외를 정한 형사소송법 제314조의 취지에 반하고 정의의 관념에도 맞지 않기 때문이다.
【별개의견】 증인이 정당하게 증언거부권을 행사한 것으로 볼 수 없는 경우에는 형사소송법 제314조의 '그 밖에 이에 준하는 사유로 인하여 진술할 수 없는 때'에 해당한다고 보아야 한다. 증인이 정당하게 증언거부권을 행사하여 증언을 거부하는 경우에는 형사소송법 제314조의 '그 밖에 이에 준하는 사유로 인하여 진술할 수 없는 때'에 해당하지 않아 그에 대한 수사기관 작성 참고인 진술조서는 증거능력이 없고, 그 후 증언거부의 사유가 소멸된 시점에 증인이 재차 법정에 출석하여 또다시 증언을 거부하더라도 더 이상 형사소송법 제314조에 의하여 그의 참고인 진술조서의 증거능력이 인정될 수는 없다고

판례에 따르면 증인이 정당하게 증언거부권을 행사하여 증언을 거부한 때에는 형사소송법 제314조의 '그 밖에 이에 준하는 사유로 인하여 진술할 수 없는 때'에 해당하지 않으므로 증거능력에 대한 예외를 인정할 수 없다.

6. 설문의 해결

위 검토의견서는 피고인인 甲과 乙이 증거로 함에 부동의하고, 변호인 L이 증언을 거부하며 성립의 진정을 인정하지 않고 있다. 형사소송법 제313조 제2항의 성립의 진정의 '부인'에는 진술 거부나 묵비도 포함된다는 긍정설에 따르면[1] 제2항의 요건을 충족하면 증거능력이 있다. 그러나 설문에서는 제313조 제2항의 요건을 충족하는 취지의 기재가 없으므로 제314조에 따라 증거능력을 판단해야 하는데, L의 증언거부권의 행사가 제314조의 '그 밖에 이에 준하는 사유'에 해당하지 않으므로 증거능력이 없다.

Ⅲ. 제3문 — 반의사불벌죄에 대한 고소불가분의 원칙 준용 여부

1. 문제의 제기

위 2) 사실에 대한 제1심 공판절차 중에 A와 B가 甲에 대해서만 고소를 취소하고(처벌불원의 의사표시) 乙에 대해서는 고소취소를 하지 않았다. 친고죄의 공범 중 그 1인 또는 수인에 대한 고소 또는 그 취소는 다른 공범자에 대하여도 효력이 있는데(고소불가분의 원칙)(형소법 제233조), 2) 사실에 대한 甲과 乙의 죄명은 명예훼손죄(형법 제307조 제1항)로 반의사불벌죄에 해당한다(형법 제312조 제2항). 친고죄에서의 고소불가분의 원칙이 반의사불벌죄에 대하여 준용되어, 甲에 대한 고소의 효력이 乙에 대해서도 미치는지 문제된다.

보아야 한다.

본 판결 해설 및 평석은 고권홍, "증인이 정당한 이유 없이 증언을 거부한 경우 그의 진술이 기재된 수사기관 조서의 증거능력이 인정되는지", 대법원판례해설 제122호, 2020, 493-521면; 나황영, "형사소송법 제314조의 적용요건(3) – 증언거부권의 행사", 형사소송법 핵심 판례 130선(제5판), [102], 226-227면.

1) 그러나 앞서 살펴본 부정설이나 제한적 긍정설에 의하면, L의 증언거부권의 행사가 형사소송법 제314조의 '그 밖에 이에 준하는 사유'에 해당하지 않으므로 증거능력이 없다.

2. 반의사불벌죄에 대한 고소불가분의 원칙의 준용 여부

(1) 학설

(가) 긍정설

반의사불벌죄와 친고죄의 유사점에 주목하여 준용을 긍정하는 견해이다. 이 견해에 의하면, 친고죄와 달리 반의사불벌죄만 고소권자가 지정한 범인만을 처벌하는 것은 고소인의 자의에 의하여 국가형벌권의 행사가 좌우되는 것으로 불공평하므로, 고소의 주관적 불가분원칙을 반의사불벌죄에 준용하여야 한다고 본다.

(나) 부정설

반의사불벌죄와 친고죄는 구별되며, 반의사불벌죄에 고소불가분의 원칙을 준용하는 규정이 없는 점에 비추어 준용을 부정하는 견해이다.

(2) 판례

대법원은 형사소송법 제233조에 고소와 고소취소의 불가분에 관한 규정을 반의사불벌죄에 준용하는 규정을 두지 않은 것은 친고죄와 달리 공범자간에 불가분의 원칙을 적용하지 않고자 함에 있고 입법의 불비가 아니라고 보았다.[1] 즉, ① 반의사불벌죄는 친고죄와는 달리 범죄를 소추해서 그 사실을 일반에게 알리는 것이 도리어 피해자에게 불이익을 줄 우려가 있기 때문에 피해자의 처벌희망의 의사표시가 있어야 비로소 소추해서 처벌할 수 있게 하자는 취지가 아니므로 처벌을 희망하지 않는 의사표시를 반드시 불가분의 원칙에 따라야 한다고 할 수는 없고, ② 경미한 범죄에 대하여 피해자의 의사에 따라 처벌여부에 차등을 둔다고 하여 형사소송의 목적에 배치된다고 하기는 어려울 것이므로 그 어느 경우로 할 것인가는 입법정책에 속하는 것으로 보아야 한다고 판시하였다.

3. 설문의 해결

준용부정설과 판례의 태도에 의하면, 甲에 대한 고소취소는 乙에 대하여 효력이 없으므로 제1심 법원은 乙에 대하여 실체재판을 계속 진행하여야 한다.[2]

---

1) 대법원 1994. 4. 26. 선고 93도1689 판결. 본 판결 평석은 박달현, "고소불가분의 원칙 (1) — 반의사불벌죄", 형사소송법 핵심 판례 130선(제5판), [2], 4-5면.

2) 준용긍정설에 의하면 법원은 甲에 대한 고소취소를 근거로 乙에 대하여 형식재판인 공소기각판결을 선고하여야 한다.

Ⅳ. 제4문—3) 사실에 관한 丙의 형사책임

1. 문제의 제기

보건소 공무원 丙은 기사를 읽고 유흥비를 마련할 목적으로 병원장 A를 협박하여 1,000만 원을 받았다. 사람을 공갈하여 재물의 교부를 받거나 재산상의 이익을 취득하면 공갈죄(형법 제350조 제1항)가 성립한다. 공갈이란 폭행 또는 협박으로 외포심을 일으키게 하는 것이다. 丙이 "불법 프로포폴 투여사실 외에 그동안 수집한 비리를 언론에 제보하겠다."고 A를 협박하여, 이에 겁을 먹은 A로부터 1,000만 원을 교부받은 행위는 공갈죄에 해당한다. 그런데 丙은 공무원이므로 위 행위가 동시에 뇌물수수죄(형법 제129조 제1항)에 해당하는 것은 아닌지가 문제된다.

2. 공갈죄와 뇌물수수죄의 관계

공무원이 직무집행의 기회에 사람을 공갈하여 재물을 교부받거나 재산상 이익을 취득한 경우에 공갈죄가 성립하는 외에, ① 공무원의 직무집행의 의사 및 직무행위에 대한 대가관계가 모두 있어야 뇌물수수죄가 성립한다는 견해(통설)와 ② 직무행위에 대한 대가관계만 있으면 직무집행의 의사와 무관하게 뇌물수수죄가 성립한다는 견해가 있다. 어느 견해에 의하든, 뇌물수수죄가 성립하면 공갈죄와는 상상적 경합관계라고 한다. 이에 대하여 판례는[1] 공무원이 직무집행의 의사 또는 직무처리와의 대가적 관계없이 타인을 공갈하여 재물을 교부하게 한 경우에는 공갈죄만이 성립한다고 하여,[2] 통설과 같은 입장을 취하고 있다.

3. 설문의 해결

본 사례에서 丙은 유흥비를 마련할 목적이 있었을 뿐 직무집행의 의사는 없었다. 따라서 통설과 판례에 의하면 丙에 대하여 공갈죄만 성립하고 뇌물수수죄는 성립하지 않는다.[3]

---

1) 대법원 1994. 12. 22. 선고 94도2528 판결. 본 판결 해설은 조관행, "뇌물죄와 공갈죄의 관계 및 뇌물죄가 아닌 공갈죄를 구성한다는 주장에 대한 판단의 요부", 대법원판례해설 제22호(1994 하반기), 1995, 614–627면.

2) 판례의 사안과는 달리 "직무집행의 의사가 있고 직무처리와의 대가적 관계"에서 공갈을 수단으로 재물을 교부받은 경우에는, 공갈죄의 법정형이 높고, 뇌물수수죄에서는 뇌물이 필요적 몰수·추징의 대상인 점을 고려하면 공갈죄와 뇌물수수죄가 성립하고, 두 죄는 상상적 경합관계라고 할 것이다. 이 경우, 공여자에 대하여 뇌물공여죄가 성립하는지에 대해서는 긍정설과 부정설이 대립된다.

V. 제5문 — 국민참여재판

1. 제5문의 가 — 피고인이 국민참여재판 신청을 할 수 있는 기한

(1) 문제의 제기

丙이 3) 사실로 불구속 재판 중 강도상해죄로 기소되었다. 강도상해죄는 국민참여재판의 대상범죄이다(국민의 형사재판 참여에 관한 법률 제5조 제1항 제1호). 따라서 피고인은 공소장 부본을 송달받은 날부터 7일 이내에 국민참여재판을 원하는지 여부에 관한 의사가 기재된 서면을 제출하여야 하고, 위 서면을 제출하지 아니한 때에는 국민참여재판을 원하지 아니하는 것으로 본다(동법 제8조 제2항, 제3항). 그런데 丙은 공소장 부본을 송달받은 후 7일이 경과하고도 의사확인서를 제출하지 않다가 공판준비절차가 진행되지 않은 상태에서 제1회 공판기일이 열리기 전에 국민참여재판을 신청하였다. 이처럼 위 기간 내에 의사확인서를 제출하지 않은 경우, 그 이후라도 국민참여재판을 신청할 수 있는지 여부와 그 기한이 문제된다.

(2) 국민참여재판을 신청할 수 있는 기한

국민의 형사재판 참여에 관한 법률 제8조가 국민참여재판에 관한 의사확인서의 제출기한을 '공소장 부본을 송달받은 날로부터 7일 이내'로 규정하고 있음에도 불구하고, 대법원은 제1회 공판기일이 열리기 전까지는 국민참여재판을 신청할 수 있고, 법원은 그 의사를 확인하여 국민참여재판으로 진행할 수 있다고 판시하였다.[1] 그 근거로 대법원은 ① 위 조항의 취지를 위 기한이 지나면 피고인이 국민참여재판 신청을 할 수 없도록 하려는 것으로는 보기 어렵고, ② 국민참여재판을 시행하는 이유는 사법의 민주적 정당성과 신뢰를 높이기 위한 것으로서(동법 제1조) 피고인이 국민참여재판을 원하지 않거나 국민참여재판을 진행하지 않는 경우를 예외로 보아야 하며, ③ 국민참여재판 배제결정에 대하여 즉시항고를 할 수 있도록 규정하면서도(동법 제9조 제3항) 국민참여재판으로 진행하기로 하는 법원의 판단에 대하여는 불복의 방법을 따로 규정하지 않은 점을 들고 있다. 국민의 형사재판 참여에 관한 법률 제8조의 취지가 위 기한이 지난 경우에는 피고인의 신청을 배제하려는 것으로 보기 어려우므로 판례

3) 보건소 공무원 甲에게 마약류 단속의 권한이 있거나 직무와 관련된 비리를 수집한 경우에는 직무유기죄(형법 제122조)가 성립하고, 공갈죄와는 실체적 경합이 될 것이다.

1) 대법원 2009. 10. 23. 자 2009모1032 결정.

의 태도가 타당하다.

(3) 설문의 해결

본 사례에서 위 7일이 경과한 후 제1회 공판기일 전에 국민참여재판을 신청하였으므로 법원은 판례에 따라 丙의 신청을 받아들일 수 있다.

2. 제5문의 나 — 국민참여재판의 제1심의 판단과 항소심

(1) 문제의 제기

항소심은 원칙적으로 속심이다.[1] 따라서 항소심에서도 제1심 판결 선고 후에 나타난 자료에 대하여 자유롭게 증거조사를 할 수 있다. 다만 국민참여재판에서 만장일치로 내린 배심원의 무죄평결이 재판부의 심증에 부합하여 그대로 채택되어 무죄가 선고된 경우, 항소심 재판부가 증거의 취사 및 사실의 인정에 관한 제1심의 판단을 뒤집을 수 있는지 여부가 공판중심주의 및 실질적 직접심리주의와 관련하여 문제된다.

(2) 공판중심주의와 실질적 직접심리주의

공판중심주의란 형사사건의 실체에 대한 유죄·무죄의 심증 형성은 법정에서의 심리에 의하여야 한다는 원칙을 말한다. 실질적 직접심리주의는 공판중심주의의 한 요소로서, 법관의 면전에서 직접 조사한 원본증거를 재판의 기초로 삼아야 한다는 원칙이다. 위와 같은 공판중심주의와 실질적 직접심리주의를 바탕으로 법관은 사건에 대한 정확한 심증을 형성하고 피고인에게 직접적인 의견진술의 기회를 부여함으로써 실체적 진실을 발견하고 공정한 재판을 실현할 수 있다.

(3) 국민참여재판에서의 제1심의 판단과 항소심

공판중심주의와 실질적 직접심리주의의 정신을 존중한다면, 제1심 증인이 한 진술의 신빙성 유무에 대한 제1심의 판단은 그것이 명백히 잘못되었다고 볼 특별한 사정이 있거나 이를 그대로 유지하는 것이 현저히 부당한 예외적인 경우가 아니라면 항소심은 원칙적으로 이를 함부로 배척할 수 없다고 보아야 한다.[2] 특히 국민참여재판에서 배심원이 증인신문 등 사실심리의 전 과정에 참여하여 만장일치의 의견으로 내린 무죄의 평결이 재판부의 심증에 부합하여 그대로 채택된 경우라면, 제1심의 판단

1) 대법원 1983. 4. 26. 선고 82도2829 판결.
2) 대법원 2023. 1. 12. 선고 2022도14645 판결.

은 공판중심주의와 실질적 직접심리주의의 정신에 비추어 그에 명백히 반대되는 현저한 사정이 나타나지 않는 한 한층 더 존중되어야 하고,[1] 추가적이거나 새로운 증거조사는 법규에 따라 그 필요성이 분명하게 인정되는 예외적인 경우에 한정하여 실시하는 것이 바람직하다.[2]

(4) 설문의 해결

본 사례에서 배심원이 만장일치로 내린 평결 결과를 받아들여 무죄를 선고한 제1심의 판단을 뒤집을 만한 현저히 부당한 예외적 사정이 특별히 보이지 않는데도, 항소심 재판부는 다수의 사건 관련자들 중 피해자에 대하여만 증인신문을 다시 실시하여 제1심의 판단을 뒤집어 유죄를 인정하였다. 이와 같은 항소심 재판부의 판단은 공판중심주의와 실질적 직접심리주의의 취지를 위반한 것으로 부당하다.

---

1) 대법원 2010. 3. 25. 선고 2009도14065 판결.
2) 대법원 2024. 7. 25. 선고 2020도7802 판결.

2016년 제5회 변호사시험 강평

형사법 제2문

Ⅰ. 1)사실에 대한 甲과 乙의 형사책임과 변호인의 무죄 주장 논거

1)사실: 확실한 증거확보의 목적으로 몰래 진료실에 들어가 프로포폴 1병 가지고 나옴

1. 甲과 乙의 형사책임

- 2명이 '합동하여' 절취하였으므로 특수절도죄(형법 제331조 제2항, 제1항)에 해당
- 2명이 '공동하여' 주간에 A의 의사에 반하여 A가 점유하는 방실인 진료실에 침입하였으므로 폭력행위등처벌에관한특례법위반(공동주거침입)죄(동법 제2조 제2항, 제1항 제1호, 형법 제319조 제1항)에 해당
- 두 죄는 실체적 경합관계

2. 무죄를 주장하는 변호인의 논거

(1) 정당행위로서 위법성조각(절도/주거침입)

- 프로포폴 오·남용 근절에 일조하기 위한 취재 목적에 따른 것이므로 정당행위(형법 제20조)에 해당되어 위법성이 조각되므로 무죄
- 정당행위를 인정하려면 ① 그 행위의 동기나 목적의 정당성, ② 행위의 수단이나 방법의 상당성, ③ 보호이익과 침해이익과의 법익균형성, ④ 긴급성, ⑤ 그 행위 외에 다른 수단이나 방법이 없다는 보충성 등의 요건을 갖추어야 함(대법원 2003. 9. 26, 2003도3000)
- 【검토】 ③ 내지 ⑤요건을 충족하지 못하였으므로 정당행위에 해당하지 않음

(2) 법률의 착오(절도/주거침입)

- 법률의 착오에 해당하여 책임이 조각되므로 무죄
- 형법 제16조. 법령에 의하여 죄가 되지 않는 것으로 오인하였고, 오인에 정당한 사유가 있음
- **위법성의 인식에 필요한 노력의 정도는 구체적인 행위정황과 행위자 개인의 인식능력 그리고 행위자가 속한 사회집단에 따라 달리 평가하여야 함**(대법원 2009. 12. 24. 2007도1915)
- 【검토】 신문사 사회부 기자인 甲과 乙로서는 착오에 정당한 사유가 없음

(3) 불법영득의사의 부정(절도)

- 증거확보의 목적으로 가지고 나왔으므로 불법영득의사가 없어 무죄
- 불법영득의 의사란 타인의 물건을 그 권리자를 배제하고 자기의 소유물과 같이 그 경제적 용법에 따라 이용·처분하고자 하는 의사를 말함(대법원 2014. 2. 21, 2013도14139)
- 절도죄에 대하여 불법영득의사 불요설도 있으나, 통설과 판례(대법원 1973. 2. 28, 72도2812)는 필요하다는 입장
- 타인의 재물을 임의로 경찰관서에 가져가 범죄의 증거물로 제시한 경우(대법원 1986. 7. 8, 86도354), 살인 범행의 증거를 인멸하기 위한 피해자의 주머니에서 지갑을 가져가 소각한 경우(대법원 2000. 10. 13, 2000도3655)에 불법영득의사가 부정됨
- 【검토】 甲과 乙은 증거확보를 위하여 가지고 나온 것이므로 판례에 의하면 불법영득의사 부정 가능성이 큼

II. 2)사실에 대한 甲과 乙의 형사책임

2)사실의 사실관계

- A가 거액 받고 상습주사해주고, B가 상습불법투약으로 보인다는 기사 작성
- 특종 게재
- 사실이라고 믿었고, 비방 의도는 없었음
- 사실은 B는 성형수술 목적으로 투약, A에 관해서도 허위사실로 경쟁병원 의사 C의 헛소문

- 비방 목적이 없었으므로 출판물에 의한 명예훼손죄(형법 제309조) 불성립
- 결과적으로 허위사실을 적시한 명예훼손죄(형소법 제307조 제2항)에 해당
- 허위사실에 대한 인식이 없었으므로 구성요건적 사실의 착오에 해당되어 형법 제15조에 의하여 허위사실을 적시한 명예훼손죄가 아닌 사실을 적시한 명예훼손죄(형법 제307조 제1항)의 구성요건에 해당한다는 견해도 있으나,
- 판례는 제307조 제1항의 명예훼손죄는 적시사실이 진실한 사실이든 허위의 사실이든 성립하고, 후자의 경우 허위성에 대한 인식이 없는 때에 성립한다고 판시(대법원 2017. 4. 26, 2016도18024)
- A와 B에 대한 각 명예훼손죄(제307조 제1항)의 공동정범의 상상적 경합

- 형법 제310조 적용에 있어 허위의 사실을 진실한 사실로 오인한 행위에 대한 평가? – 위법성조각사유의 전제사실에 대한 착오
- 엄격책임설, 소극적 구성요건요소이론, 엄격고의설, 구성요건착오유추적요설, 법효과제한적 책임설(통설)(고의를 조각하는 것은 아니지만 고의 책임과 고의 형벌을 조각하여 법효과에 있어 구성요건적 착오와 같이 취급, 명예훼손의 경우 과실 처벌 규정이 없으므로 무죄)

- 허용된 위험설: 검토의무를 충실히 이행하였으면 진실성에 착오가 있더라도 위법성이 조각되나(허용된 위험), 사례의 경우 성실한 검토의무를 다하지 못하여 명예훼손죄 성립
- 판례는 상당한 이유가 있으면 위법성조각설(대법원 1986. 10. 28. 86도1406)
- 판례에 의하면, 상당한 이유가 있어(A와 B의 인터뷰 불응 등) 위법성이 조각되어 무죄

Ⅲ. 甲과 乙의 행위(1의 다)에 대한 대표이사의 방조범 성립 긍정 견해

- 포상금 지급을 약속하면서 격려한 대표이사 김참말의 행위는 정신적 방조에 해당하고, 정범의 범행과 인과관계 인정
- 형법상 방조행위는 정범이 범행을 한다는 정을 알면서 그 실행행위를 용이하게 하는 직접·간접의 모든 행위를 가리키는 것으로서 유형적·물질적인 방조뿐만 아니라 정범에게 범행의 결의를 강화하도록 하는 것과 같은 무형적·정신적 방조행위까지도 이에 해당함(대법원 2009. 6. 11, 2009도1518)

- 종범은 정범이 실행행위에 착수하여 범행을 하는 과정에서 이를 방조한 경우뿐 아니라 정범의 실행의 착수 이전에 장래의 실행행위를 미필적으로나마 예상하고 이를 용이하게 하기 위하여 방조한 경우에도 그 후 정범이 실행행위에 나아갔다면 성립할 수 있음(대법원 2013. 11. 14, 2013도7494)
- 甲과 乙의 형사책임과 관련하여,
- 통설인 법효과제한적 책임설의 경우, 고의책임이 조각되므로 제한적 종속설(통설)에 의하면 방조범 성립
- 판례인 위법성조각설의 경우, 제한적 종속설에 의하면 방조범 불성립

Ⅳ. 변호인 L의 검토의견서의 증거능력

- 변호인 L의 진술서에 해당. 변호인-의뢰인특권에 따라 증거능력이 부정된다는 견해도 있으나, 판례는 선임 전 변호사 법률의견서와 관련하여 위 특권 불인정(대법원 2012. 5. 17, 2009도6788 전원합의체)
- 전문증거인지 여부에 대하여 다툼이 있으나, 판례는 전문증거(2009도6788 전원합의체)
- 甲과 乙이 증거부동의하므로 형소법 제313조 제1항, 제2항에 의하여 증거능력 판단
- 제313조 제2항의 진정성립의 '부인'에 진술 거부나 묵비가 포함되는지에 대하여 ① 긍정설, ② 부정설, ③ 제한적 긍정설이 있을 수 있는데, 입법취지 등에 비추어 긍정설이 타당
- ①의 긍정설에 의하면, 제313조 제2항의 요건을 충족하면 증거능력 인정됨(요건 불충족 시 제314조에 따라 증거능력 판단)

- ②의 부정설이나 ③의 제한적 긍정설에 의하면, 증언을 거부한 것이 형소법 제314조의 증거능력에 대한 예외에 해당하는지 여부가 문제됨
- L의 증언거부는 정당(형소법 제149조)
- 증인이 증언을 거부한 경우, 정당하게 증언거부권을 행사하거나(2009도6788 전원합의체) 그렇지 않더라도 피고인이 증인의 증언거부 상황을 초래하였다는 등의 특별한 사정이 없는 한 형소법 제314조의 '그 밖에 이에 준하는 사유로 인하여 진술할 수 없는 때'에 해당하지 아니하여 증거능력이 없음(대법원 2019. 11. 21, 2018도13945 전원합의체)
- 판례에 따르면, 증거능력 없음
- 본 설문에서는 제313조 제2항의 요건 충족에 관한 언급이 없으므로 어느 견해에 의하더라도 증거능력 없음

V. 乙에 대하여 1심 법원이 취할 수 있는 조치

- 2)사실에 관하여 검사는 명예훼손죄로 기소하였을 것이고, 명예훼손죄는 반의사불벌죄
- A와 B가 甲에 대해서만 고소취소(처벌불원 의사표시)
- 공범인 乙에 대해서도 고소취소의 효력이 미치는지 여부
- 즉, 고소불가분의 원칙(형소법 제233조)이 반의사불벌죄에도 준용되는지 여부가 쟁점

- 준용에 대하여 긍정설, 부정설 대립
- 판례는 형사소송법 제233조에서 고소와 고소취소의 불가분에 관한 규정을 함에 있어서는 반의사불벌죄에 이를 준용하는 규정을 두지 아니한 것은 <u>처벌을 희망하지 아니하는 의사표시나 처벌을 희망하는 의사표시의 철회에 관하여는 친고죄와는 달리 그 공범자간에 불가분의 원칙을 적용하지 아니하고자 함에 있다</u>고 볼 것이지, 입법의 불비로 볼 것은 아니라고 판시(대법원 1994. 4. 26, 93도1689)
- 판례에 의하면, 법원으로서는 공소기각의 판결을 할 것이 아니라 실체재판

VI. 3)사실에 대한 丙의 형사책임

- 보건소 공무원 丙의 공갈 목적의 금품 수수
- 직무집행의 의사 및 대가관계가 있는 경우에는 뇌물수수죄와 공갈죄의 상상적 경합(통설)
- 판례는 공무원이 직무집행의 의사 없이 또는 직무처리와 대가적 관계없이 타인을 공갈하여 재물을 교부하게 한 경우에는 공갈죄만이 성립한다고 판시(대법원 1994. 12. 22, 94도2528)
- 사례의 경우, 유흥비 마련할 목적으로 협박하였으므로 공갈죄(형법 제350조 제1항)만 성립

VII. 국민참여재판

1. 의사확인

- 국민의 형사재판 참여에 관한 법률 제8조: 공소장 부본을 송달받은 날부터 7일 이내에 의사확인서 제출
- 판례는 공소장 부본을 송달받은 날부터 7일 이내에 의사확인서를 제출하지 아니한 피고인도 제1회 공판기일이 열리기 전까지는 국민참여재판 신청을 할 수 있고 법원은 그 의사를 확인하여 국민참여재판으로 진행할 수 있다고 판시(대법원 2009. 10. 23, 2009모1032)
- 법원은 丙의 신청을 받아들일 수 있음

2. 항소심에서의 자유심증

- 항소심의 구조: 속심
- 항소심은 공판중심주의와 실질적 직접심리주의의 정신 존중에 비추어 제1심의 판단이 현저히 부당하다고 인정되는 경우 등 예외적인 경우, 제1심과 다른 판단을 할 수 있음(대법원 2010. 3. 25, 2009도14065)

- 배심원이 만장일치의 의견으로 내린 무죄의 평결이 재판부의 심증에 부합하여 그대로 채택된 경우라면, 이러한 절차를 거쳐 이루어진 증거의 취사 및 사실의 인정에 관한 제1심의 판단은 실질적 직접심리주의 및 공판중심주의의 취지와 정신에 비추어 항소심에서의 새로운 증거조사를 통해 그에 명백히 반대되는 충분하고도 납득할 만한 현저한 사정이 나타나지 않는 한 한층 더 존중될 필요가 있음(대법원 2010. 3. 25, 2009도14065)
- 따라서 피해자에 대하여만 증인신문을 실시한 다음 제1심 판단을 뒤집어 유죄선고한 항소심 판결은 부당

사례 11. [17－변시(6)－1]
2017년 제6회 변호사시험 제1문

○○아파트 조경공사 관련 계약을 추진하던 입주자대표회장 甲은 공사 경험이 전무한 조경업자인 A로부터 적정 공사금액보다 크게 부풀려진 5,000만 원으로 공사를 성사하여 주면 200만 원을 리베이트로 주겠다는 제안을 받은 후, A에게 "5,000만 원에 조경공사계약을 체결하고 공사대금을 받으면 리베이트로 500만 원을 나에게 돌려주는 것으로 하자."라고 제안하였다. A가 망설이며 甲을 피해다니자, 甲은 A의 오랜 친구인 乙에게 그 사정을 말하였고, 乙은 甲을 도와주기 위해 A와 甲이 다시 한번 만날 수 있도록 자리를 주선했다. 甲과 단둘이 만난 A는 甲의 설득으로 결국 그 제의를 받아들였다. 甲과 A는 2016. 12. 15. 공사대금 5,000만 원의 조경공사 계약서를 작성하였고, 甲은 이를 스캔하여 자신의 컴퓨터에 저장하였다. 같은 날 甲은 A에게 선급금 1,000만 원을 지급하였고 다음 날 A는 100만 원 권 자기앞수표 5장을 甲에게 리베이트로 건네주었다. 甲은 자신의 컴퓨터에 '2016. 12. 16. A로부터 500만 원을 수령함'이라는 내용의 문서파일을 작성하여 저장하였다. 甲은 위 500만 원을 은행에 예금하고 며칠이 지난 뒤 다시 현금 500만 원을 인출하여 그중 300만 원을 그 돈의 출처를 잘 알고 있는 친구 丙에게 주면서 종이봉투에 잘 보관하라고 부탁하고, 乙에게 전화하여 "도움에 감사하다."라고 말하고 인근 술집으로 나오라고 한 후 밤새 술을 마시며 놀았다. 취기가 오른 乙은 새벽에 택시를 타고 귀가하였으나 甲은 만취하여 의식을 잃은 채 술집 소파에서 잠들어 버렸는데, 술집 사장 丁은 甲의 주머니에서 현금 200만 원을 발견하고 술 값 100만 원을 꺼내 가졌다. 한편 乙은 丙이 300만 원을 보관하고 있다는 사실을 알게 되자 이를 훔쳐 나올 생각으로 늦은 밤 丙의 집에 몰래 들어갔으나 해가 뜰 때까지 丙이 잠들지 않자 丙이 잠들기를 기다리다가 오전 9시경 종이봉투에 담겨 장롱 속에 보관 중인 현금 300만 원을 들고 나왔다.

〔2017년 제6회 변호사시험 제1문〕

설 문

1. 甲, 乙, 丙, 丁의 죄책은? (45점)

2. 만약 丁이 퇴근하기 위해 잠든 甲을 깨우려고 몇차례 흔들어도 깨어나지 않자 영하 10도의 추운 날씨임에도 난방을 끈 채 퇴근해 버렸는데, 甲이 다음 날 얼어 죽었다면, 甲이 죽어도 어쩔 수 없다고 생각했던 경우와 甲의 죽음을 단지 예견할 수 있었던 경우를 나누어 丁의 죄책을 검토하시오. (15점)

3. 만약 검사 S가 甲을 리베이트 수수 혐의로 기소한 경우 다음 각 증거의 증거능력을 검토하시오.
   (1) 검사 S가 해당 범죄사실을 대상으로 한 압수·수색영장을 집행하기 위하여 甲의 참여하에 그의 컴퓨터를 수색하던 중 위 조경공사 계약서 스캔파일을 발견하자 이를 외장하드에 복사·압수한 후, 법원에 제출한 경우 위 스캔파일 (20점)
   (2) '2016. 12. 16. A로부터 500만 원을 수령함'이라는 내용의 문서파일이 적법하게 압수되어 법원에 증거로 제출되었으나 甲은 위 문서파일을 작성한 사실이 없다고 주장하는 경우 위 문서파일 (10점)

4. 만약 검사 S가 위 영장집행 중 甲이 ○○아파트의 공금 2,000만 원을 자신의 중고자동차 구입에 사용한 사실을 추정케 하는 입출금 전표를 우연히 발견하고 이를 압수하였으나 그 후 甲에게 환부한 후 다시 제출받은 경우, 위 입출금전표를 甲의 범행을 입증하기 위한 증거로 사용할 수 있는 요건은 무엇인가? (10점)

해 설

Ⅰ. 제1문 — 甲, 乙, 丙, 丁의 형사책임

1. 문제의 제기

甲에 대하여 ① 아파트 입주자대표회장으로서 공사 경험이 전혀 없는 A와 적정 공사금액보다 크게 부풀려 대금 5,000만 원에 조경공사계약을 체결한 것이 업무상배임죄에 해당하는지, ② 위 계약을 체결하고 A로부터 리베이트로 500만 원을 수령한 것이 배임수재죄에 해당하는지 여부가 문제된다.

乙에 대하여 ① 甲과 A가 만날 수 있도록 자리를 주선해 준 것이 업무상배임죄와 배임수재죄의 공범에 해당하는지, ② 늦은 밤 丙의 집에 몰래 들어 가 오전 9시경 甲으로부터 받아서 보관 중인 현금 300만 원을 들고 나온 것이 야간주거침입절도죄와 장물취득죄에 해당하는지 여부가 문제된다.

丙에 대하여 현금 300만 원의 출처를 잘 알면서 甲으로부터 이를 건네받아 보관한 것이 장물보관죄에 해당하는지 문제된다.

그리고 丁에 대하여 술값조로 만취한 甲의 주머니에서 현금 100만 원을 몰래 꺼내 가진 것이 절도죄에 해당하는지 문제된다.

2. 甲의 형사책임

(1) 업무상배임죄의 성립 여부

업무상 타인의 사무를 처리하는 자가 임무에 위배하는 행위로써 재산상의 이익을 취득하거나 제3자로 하여금 이를 취득하게 하여 본인에게 손해를 가한 때에는 업무상배임죄(형법 제356조, 제355조 제2항)로 처벌된다. 여기서 '업무'란 사람이 그 사회적 지위에 있어 계속적으로 종사하는 사무를 말하고, '타인의 사무를 처리하는 자'란 타인과의 내부적인 관계에서 신의성실의 원칙에 비추어 타인의 사무를 처리할 신임관계에 있게 되어 그 관계에 기하여 타인의 재산적 이익 등을 보호·관리하는 것이 신임관계의 전형적·본질적 내용이 되는 지위에 있는 사람을 말한다.[1)]

---

1) 대법원 2012. 5. 10. 선고 2010도3532 판결; 대법원 2024. 11. 14. 선고 2024도13000 판결.

甲은 ○○아파트 입주자대표회장으로 아파트와 관련된 사무를 처리함에 있어 입주자들의 사무를 처리하는 자의 지위에 있고 이를 업무로 하고 있으므로, 업무자이자 타인의 사무처리자에 해당한다. 또한 공사 경험이 전혀 없는 A와 적정 공사금액보다 크게 부풀려진 5,000만 원에 조경공사계약을 체결한 것은 임무에 위배한 행위에 해당하고, 이로 인해 입주자들에게 손해를 가하고 재산상 이익을 취득하였다.[1] 따라서 甲에 대하여 업무상배임죄가 성립한다.[2]

(2) 배임수재죄의 성립 여부

타인의 사무를 처리하는 자가 그 임무에 관하여 부정한 청탁을 받고 재물 또는 재산상의 이익을 취득하거나 제3자로 하여금 이를 취득하게 한 때에는 배임수재죄(형법 제357조 제1항)로 처벌된다. 여기서 '부정한 청탁'이란 반드시 업무상배임의 내용이 되는 정도에 이를 필요는 없고, 사회상규 또는 신의성실의 원칙에 반하는 것을 내용으로 하면 충분하다.[3] 그리고 이를 판단함에 있어서는 청탁의 내용, 이에 관련되어 취득한 재물이나 재산상 이익의 종류·액수 및 형식, 재산상 이익 제공의 방법과 태양, 보호법익인 거래의 청렴성 등을 종합적으로 고찰하여야 하며, 그 청탁이 반드시 명시적일 필요는 없고 묵시적으로 이루어지더라도 무방하다.[4]

甲은 2016. 12. 15. A와 대금 5,000만 원에 조경공사계약을 체결하고 A가 공사대금을 받으면 500만 원을 리베이트로 돌려주기로 합의하여 다음 날 500만 원을 수령하였다.[5] 甲의 행위는 사회상규 또는 신의성실의 원칙에 반하는 부정한 청탁을 받고 재

---

1) 이때 배임액은 계약상 공사대금에서 정당한 공사대금(=불상)을 공제한 금액이다(대법원 1999. 4. 27. 선고 99도883 판결).

2) 업무상배임죄가 아니라 업무상횡령죄가 성립하는지가 문제될 수 있다. 판례는 "타인을 위하여 금전 등을 보관·관리하는 자가 개인적 용도로 사용할 자금을 마련하기 위하여, 적정한 금액보다 과다하게 부풀린 금액으로 공사계약을 체결하기로 공사업자 등과 사전에 약정하고 그에 따라 과다 지급된 공사대금 중의 일부를 공사업자로부터 되돌려 받는 행위는 그 타인에 대한 관계에서 과다하게 부풀려 지급된 공사대금 상당액의 횡령이 된다"고 한다(대법원 2015. 12. 10. 선고 2013도13444 판결).

그런데 본 사례에서는, ① 甲이 약정체결 단계에서 공사대금을 보관하고 있었는지가 불분명하고, ② 부풀려진 금액(=횡령액)이 특정되지 않아 '재물'이라고 보기 어렵고, ③ 부풀려진 금액 중에서 리베이트를 받은 것이 아니고 부풀려진 범위에 해당하는지 여부를 특정할 수 없는 선급금에서 리베이트를 받은 점(부풀려진 대금이 공범인 상대방에게 지급된 시기가 기수시기) 등을 종합하면, 업무상횡령죄가 아니라 업무상배임죄에 해당한다.

3) 대법원 2015. 7. 23. 선고 2015도3080 판결.

4) 대법원 2008. 12. 24. 선고 2008도9602 판결; 대법원 2024. 3. 12. 선고 2020도1263 판결.

5) A에 대하여는 배임증재죄(형법 제357조 제2항)가 성립한다. 그리고 A가 처음에 리베이트 제안을 하였으므로 비록 나중에 다시 甲이 망설이는 A를 설득하여 제안이 성사·이행되었더라도 이미 범죄를 결의하고 있었던 A에 대한 교사죄는 성립할 여지가 없다.

물 또는 재산상 이익을 취득한 것으로, 甲에 대하여 배임수재죄가 성립한다.[1)]

(3) 죄수관계

배임수재죄는 타인의 사무를 처리하는 자가 그 임무에 관하여 부정한 청탁을 받고 재물 등을 취득함으로써 성립하는 것이고 어떠한 임무 위배행위나 본인에게 손해를 가한 것을 요건으로 하는 것이 아닌 데 대하여, 업무상배임죄는 타인의 사무를 처리하는 자가 그 임무에 위배하는 행위를 하여야 하고 그 행위로서 본인에게 손해를 가함으로써 성립하지만 부정한 청탁을 받거나 금품을 수수한 것을 그 요건으로 하지 않고 있으므로, 행위의 태양이 다르다. 또한 배임수재죄의 보호법익은 거래의 청렴성인 데 대하여, 배임죄의 보호법익은 재산권이다. 이처럼 두 죄는 행위태양과 보호법익을 달리 하는 별개의 독립된 범죄이므로 실체적 경합관계에 있다.[2)] 통설과 판례[3)]도 같은 입장이다.

(4) 소결

甲에 대하여 업무상배임죄와 배임수재죄가 각 성립하고, 두 죄는 실체적 경합관계에 있다.

3. 乙의 형사책임

(1) 업무상배임죄의 공범 성립 여부

(가) 공동정범인지 방조범인지 여부

甲의 업무상배임죄와 관련하여 乙은 甲이 A와 조경공사계약을 체결할 수 있도록 자리를 주선하는 역할을 하였다. 이러한 乙의 행위가 공동정범에 해당하는지 방조범에 해당하는지 여부가 문제된다.[4)]

방조는 정범의 실행을 용이하게 하는 직접, 간접의 모든 행위를 가리킨다.[5)] 여기서 더 나아가 공동정범이 되기 위해서는 공동의사에 의한 기능적 행위지배를 통한 범

---

1) 리베이트를 받기로 합의한 행위는 배임수재미수죄(형법 제359조, 제357조 제1항)에 해당하지만, 다음 단계로 배임수재죄가 성립하였으므로 보충관계에 있는 미수죄는 별도로 성립하지 않는다(미수는 기수에 대한 보충관계).
2) 상상적 경합이라는 견해도 있다.
3) 대법원 1984. 11. 27. 선고 84도1906 판결.
4) 정범과 협의의 공범의 구별에 관하여는 ① 주관설, ② 객관설, ③ 기능적 행위지배설의 대립이 있다. 이에 관한 상세는 사례 5. [14－변시(3)－1] 제1문 관련쟁점 '정범과 협의의 공범' 참조.
5) 대법원 2015. 3. 12. 선고 2012도13748 판결.

죄실행이라는 주관적·객관적 요건을 충족하여야 한다(통설·판례[1]). 乙의 행위는 甲의 업무상배임죄에 해당하는 행위를 용이하게 해 준 것일 뿐 기능적 행위지배가 있다고 볼 수 없으므로 방조범에 해당한다.

㈏ 이중적 신분범의 공범 여부

甲에 대하여 업무상배임죄가 성립하는데, 업무상배임죄는 '타인의 사무 처리자'라는 구성적 신분(진정신분범) 외에 '업무상' 지위라는 형벌 가중적 신분(부진정신분범)의 이중적 신분을 요한다. 따라서 甲의 범행에 가담한 비신분자인 乙에 대하여 어떠한 범죄가 성립하고, 어떻게 처벌해야 할 것인지가 문제된다. 이는 형법 제33조의 공범과 신분에 관한 본문과 단서규정을 어떻게 해석할 것인가 하는 문제와 관련된다.

공범과 신분에 관한 형법 제33조는 "신분이 있어야 성립되는 범죄에 신분 없는 사람이 가담한 경우에는 그 신분 없는 사람에게도 제30조부터 제32조까지의 규정을 적용한다. 다만, 신분 때문에 형의 경중이 달라지는 경우에 신분이 없는 사람은 무거운 형으로 벌하지 아니한다"라고 규정하고 있다. 여기서 형법 제33조 단서의 성격에 관하여, ① 형법 제33조 본문은 진정신분범에 대해서만 적용되므로 단서는 부진정신분범의 성립근거인 동시에 과형을 규정한 것이라는 견해(통설), ② 형법 제33조 본문이 진정신분범과 부진정신분범의 성립근거를 규정하고 단서는 부진정신분범의 과형만을 규정한 것이라는 견해의 대립이 있다. 판례[2]는 ②설과 같은 입장이다.[3]

생각건대, 형법 제33조 단서규정은 비신분자를 '무거운 형으로 벌하지 아니한다'라고 하고 있으므로 이를 부진정신분범의 성립 근거로 보는 ①설은 문리해석에 반한다는 문제가 있다. 판례와 ②설의 입장에 따르면, 乙에 대하여 형법 제33조 본문에 의하여 업무상배임방조죄가 성립하지만, 같은 조 단서에 따라 배임방조죄로 처벌된다.[4]

(2) 배임수재죄의 방조범 성립 여부

乙은 甲이 A와 만날 수 있도록 자리를 주선하여, 甲이 A로부터 리베이트로 500만 원을 수령할 수 있도록 도운 것이므로, 앞서 살펴본 바와 같이 배임수재죄의 방조

1) 대법원 2003. 3. 28. 선고 2002도7477 판결. 본 판결 평석은 최호진, "공동정범의 성립요건 – 기능적 행위지배", 형법판례 150선(제3판), [48], 110–111면.
2) 대법원 1997. 12. 26. 선고 97도2609 판결. 본 판결 평석은 이근우, "공범과 신분(1) – 형법 제33조 본문과 단서의 해석", 형법판례 150선(제3판), [61], 136–137면.
3) 이에 관한 상세는 사례 5. [14–변시(3)–1] 제1문 관련쟁점 '공범과 신분에 관한 형법 제33조의 해석' 참조.
4) 적용법조 기재: 형법 제356조, 제355조 제2항, 제1항, 제32조 제1항(피고인은 업무라는 신분이 없으므로 형법 제33조 단서, 제50조에 의하여 형법 제355조 제1항에 정한 형으로 처벌).

범에도 해당한다. 이때 업무상배임방조죄와 배임수재방조죄는 실체적 경합관계이다.

(3) 야간주거침입절도죄의 성립 여부

야간에 사람의 주거 등에 침입하여 타인의 재물을 절취한 자는 야간주거침입절도죄(형법 제330조)로 처벌된다. 乙은 야간인 늦은 밤 丙의 집에 침입하였다가 주간인 오전 9시에 현금 300만 원을 절취하였는데, 야간주거침입절도죄의 성립과 관련하여 주거침입행위와 절취행위 중 어느 행위가 야간에 행해져야 하는지 문제된다.

이에 대하여 본죄가 소유권과 주거평온을 법익으로 하는 독자적 변형구성요건이라는 입장에서 ① 주거침입과 절취가 모두 야간에 이루어져야 성립한다는 견해가 있다. 반면, 본죄의 본질이 야간이라는 시간적 제약을 받는 주거침입죄와 절도죄의 결합범이라는 입장에서 ② 절취가 야간에 이루어질 것을 요한다는 견해, ③ 주거침입과 절취 중 어느 하나만 야간에 이루어지면 된다는 견해, ④ 주거침입이 야간에 이루어질 때 성립한다고 보는 견해(통설)가 대립된다. 판례는 "형법은 야간에 이루어지는 주거침입행위의 위험성에 주목하여 그러한 행위를 수반한 절도를 야간주거침입절도죄로 중하게 처벌하고 있는 것으로 보아야 하고, 따라서 주거침입이 주간에 이루어진 경우에는 야간주거침입절도죄가 성립하지 않는다"고 판시하여,[1] 통설인 ④설과 같은 입장이다. 형법이 제329조에서 절도죄를, 제330조에서 야간주거침입절도죄를 각 규정하고 있을 뿐 야간절도죄에 대하여 처벌규정을 별도로 두고 있지 않은 규정형식과 구성요건의 문언에 비추어 보면, 통설과 판례의 태도가 타당하다. 또한, 본죄는 주거에 침입할 때 실행의 착수가 있는 것이므로[2] 절취행위까지 야간에 행해져야 한다고 보기는 어렵다.

따라서 통설·판례에 의하면 乙에 대하여 야간주거침입절도죄가 성립한다.

(4) 장물취득죄의 성립 여부

乙은 丙이 甲으로부터 받아 보관 중이던 현금 300만 원의 출처를 알면서 야간에 주거를 침입하여 이를 절취하였다. 그런데 위 돈은 丙의 형사책임에서 살펴보는 바와 같이 장물에 해당한다. 이때 乙에 대하여 야간주거침입절도죄 외에 장물취득죄(형법 제362조 제1항)가 성립하는지 문제되는데, 이는 장물죄의 본질을 어떻게 이해할 것인지와 관련된다.

---

1) 대법원 2011. 4. 14. 선고 2011도300 판결.
2) 대법원 1983. 3. 8. 선고 83도145 판결; 대법원 2025. 1. 9. 선고 2022도5573 판결.

장물죄의 본질에 대해서는 ① 본범의 피해자가 점유를 상실한 재물에 대하여 추구·회복하는 것을 곤란하게 하는 데 있다는 추구권설, ② 본범에 의하여 이루어진 위법한 재산상태를 본범 또는 점유자와의 합의 아래 유지·존속하는 데 있다는 유지설, ③ 위법상태의 유지는 곧 피해자의 추구권을 어렵게 만드는 표리관계에 있으므로 장물죄는 양자의 결합 내지 조화에 그 본질이 있다고 보는 결합설(통설)이 있다. 판례는 결합설의 입장이다.[1)]

추구권설에 의하면 乙은 피해자의 반환청구권 행사를 곤란하게 했으므로 장물취득죄가 성립할 수 있고, 유지설과 결합설에 의하면 본범 또는 점유자와의 합의에 의한 위법상태의 유지라는 장물죄의 본질을 찾아볼 수 없으므로 장물취득죄에 해당하지 않는다. 대법원은 "타인이 갈취한 재물을 절취하였다면 절도죄를 구성하고 장물취득죄가 되지 않는다"고 판시하여 절도죄만 인정하고 장물죄의 성립은 부정하고 있다.[2)]

따라서 통설·판례에 의하면 乙에 대하여 야간주거침입절도죄 외에 별도로 장물취득죄는 성립하지 않는다.

(5) 소결

乙에 대하여 업무상배임방조죄, 배임수재방조죄, 야간주거침입절도죄가 각 성립하고, 각 죄는 실체적 경합관계이다.

4. 丙의 형사책임

甲은 리베이트로 수령한 100만 원권 자기앞수표 5장을 은행에 예금한 다음 현금으로 인출하여 그중 300만 원을 그 돈의 출처를 잘 알고 있는 丙에게 보관을 부탁하며 건네주었다. 이때 丙에 대하여 장물보관죄(형법 제362조 제1항)가 성립하는지 문제된다. 이를 해결하기 위해서는 ① 위 자기앞수표가 장물에 해당하는지, ② 인출한 현금 300만 원이 장물에 해당하는지, ③ 장물을 보관한 것인지를 검토할 필요가 있다.

(1) 자기앞수표가 장물인지 여부

장물은 본범의 재산범죄에 의하여 영득한 재물을 말한다. 위 자기앞수표 5장은 甲이 업무상배임죄와 배임수재죄와 관련하여 수령하였다. 업무상배임죄는 재산범죄이기는 하지만 그로 인하여 영득하는 것은 재물이 아니라 재산상 이익이다. 따라서 위 자

---

1) 대법원 1987. 10. 13. 선고 87도1633 판결.
2) 대법원 1966. 12. 20. 선고 66도1437 판결.

기앞수표는 배임죄에 의하여 영득한 재물이 아니라 배임죄에 제공된 것에 불과하므로[1] 본범인 업무상배임죄와 관련해서는 장물이 아니다. 그러나 배임수재죄와 관련해서는 배임수재죄도 재산범죄로 장물죄의 본범이 될 수 있으므로, 甲이 리베이트로 받은 위 자기앞수표는 장물에 해당한다.

(2) 현금이나 수표의 대체장물 여부

장물은 재산범죄에 의하여 영득한 재물 그 자체임을 요하므로 대체장물은 장물이 아니다. 따라서 장물을 매각한 대금으로 받은 돈이나, 장물과 교환한 재물, 장물인 돈으로 매입한 재물 등은 모두 장물이 될 수 없다. 이때, 현금 또는 수표와 같이 대체성을 갖는 재물에 대하여도 장물성을 부정할 것인지 여부가 문제된다.

판례는 장물인 현금 또는 수표를 금융기관에 예금하였다가 동일한 액수의 현금 또는 수표를 인출한 경우, 그 인출된 현금 또는 수표는 당초의 현금 또는 수표와 물리적인 동일성은 상실되었지만 액수에 의하여 표시되는 금전적 가치에는 아무런 변동이 없으므로, 장물로서의 성질이 유지된다고 보고 있다.[2] 통설도 마찬가지이다. 현금이나 수표의 영득에 있어서는 물체의 영득보다 가치의 취득이라는 성질이 강하고, 가치 총액은 금전을 교환한 때에도 동일성이 유지되므로 장물성이 인정되는 것으로 보는 통설·판례의 태도가 타당하다.

따라서 丙이 보관한 현금 300만 원은 장물에 해당한다.

(3) 장물보관죄의 성립 여부

장물보관죄에서의 '보관'이란 위탁을 받아 장물을 자기의 점유 아래 두는 것을 의미하고, 장물에 대한 사실상의 처분권이 없다는 점에서 '취득'과 구별된다. 본 사례에서 丙은 甲이 부탁한 대로 현금 300만 원을 그 출처를 알면서 건네받아 종이봉투에 담아 장롱 속에 보관하였다. 이는 두 사람 사이의 의사연락에 의하여 위 현금을 보관하고 있을 뿐 이를 취득하였다고는 볼 수 없다. 따라서 丙에 대하여 장물보관죄가 성립한다.

(4) 소결

丙에 대하여 장물보관죄가 성립한다.

---

1) 대법원 1975. 12. 9. 선고 74도2804 판결(이중매도로 인한 배임범죄에 제공된 부동산).
2) 대법원 2004. 4. 16. 선고 2004도353 판결. 본 판결 평석은 천진호, "장물의 개념－현금 또는 자기앞수표의 장물성", 형법판례 150선(제3판), [130], 294－295면.

5. 丁의 형사책임

술집 사장 丁이 甲의 주머니에 있는 현금 200만 원 중 술값으로 100만 원을 꺼내 가져간 행위는 甲의 의사에 반하여 점유를 배제하고 새로운 점유를 취득한 것이므로 절취행위에 해당한다. 그런데 丁은 甲에 대한 100만 원 상당의 술값을 받을 권리를 행사한 것으로 볼 수도 있다. 따라서 丁에 대한 절도죄(형법 제329조) 성립과 관련하여, ① 丁에 대하여 불법영득의사가 인정될 수 있는지, ② 위법성조각사유가 존재하는지 문제된다.

(1) 불법영득의사의 유무

절도죄의 성립에는 불법영득의사가 필요하지 않다는 견해도 있으나, 통설과 판례[1)]는 필요하다는 입장이다. 절도죄에서의 불법영득의사는 권리자를 배제하고 타인의 물건을 자기의 소유물과 같이 그 경제적 용법에 따라 이용하고 처분할 의사를 말하는데,[2)] 여기서 '영득'은 객관적으로 위법(불법)하여야 한다. 다만, 위법이 구체적으로 무엇을 의미하는가에 대해서는 ① 실질적으로 소유권에 일치하지 않는 상태를 야기하는 경우 불법영득의사가 인정되어야 한다는 영득의 위법설, ② 절취가 적법하지 않으면 불법영득의사를 인정하여야 한다는 절취의 위법설의 대립한다. 판례는 "비록 약정에 기한 인도 등의 청구권이 인정된다고 하더라도, 취거 당시에 점유 이전에 관한 점유자의 명시적·묵시적인 동의가 있었던 것으로 인정되지 않는 한, 점유자의 의사에 반하여 점유를 배제하는 행위를 함으로써 절도죄는 성립하는 것이고, 그러한 경우에 특별한 사정이 없는 한 불법영득의 의사가 없었다고 할 수는 없다"고 판시하여,[3)] ②의 절취의 불법설의 입장이다.

판례의 입장을 따르면, 甲에게 丁의 취거(取去)에 대한 명시적·묵시적 동의가 없었고 丁이 甲의 의사에 반하여 점유를 배제한 것이므로, 丁에 대하여 절도죄에서의 불법영득의사가 인정된다.

(2) 위법성조각사유의 존재 여부

丁이 술값 100만 원을 받을 권리를 행사하기 위하여 甲의 주머니에서 위 돈을 절취한 것이, 정당행위(형법 제20조) 또는 자구행위(형법 제23조)에 해당하여 위법성이 조각

---

1) 대법원 1973. 2. 28. 선고 72도2812 판결.
2) 대법원 1990. 5. 25. 선고 90도573 판결.
3) 대법원 2001. 10. 26. 선고 2001도4546 판결.

되는지 문제된다.

정당행위에 해당하려면 ① 행위의 동기나 목적의 정당성, ② 수단이나 방법의 상당성, ③ 보호이익과 침해이익과의 법익균형성, ④ 긴급성, ⑤ 그 행위 외에 다른 수단이나 방법이 없다는 보충성 등의 요건을 갖추어야 한다.[1] 대법원은 수급인이 권리행사를 이유로 도급인 측에 대하여 폭행·협박을 사용하여 공사대금 명목의 금원을 교부받은 사안에서, "정당한 권리가 있다 하더라도 그 권리행사에 빙자하여 사회통념상 허용되는 범위를 넘어 협박을 수단으로 상대방을 외포시켜 재물의 교부 또는 재산상의 이익을 받는 경우와 같이 그 행위가 정당한 권리행사라고 인정되지 아니하는 경우에는 공갈죄가 성립된다"고 판시하였다.[2] 판례의 입장에 의하면, 丁의 절취행위는 비록 술값을 받을 권리를 행사한 것이라 하더라도 사회통념상 허용되는 범위를 넘어 정당한 권리행사라고 볼 수 없으므로 정당행위에 해당하지 않는다.

또한, 자구행위란 권리자가 그 권리를 침해당한 때 공권력의 발동에 의하지 않고 자력에 의하여 권리를 구제하는 행위를 말한다. 자구행위가 성립하기 위해서는 ① 법률이 정한 절차에 따라서는 청구권을 보전하는 것이 불가능한 경우일 것, ② 청구권의 실행이 불가능해지거나 현저히 곤란해지는 상황을 피하기 위한 행위일 것, ③ 상당한 이유가 있을 것을 요구한다.[3] 본 사례에서 丁의 상황은 법률이 정한 절차에 따라서는 청구권을 보전하는 것이 불가능한 경우로 볼 수 없고, 상당성도 초과하였으므로 자구행위에 해당하지 않는다.

(3) 소결

丁에 대하여 불법영득의사가 인정되고 위법성조각사유도 없으므로 절도죄(형법 제329조)가 성립한다.

6. 설문의 해결

甲에 대하여 업무상배임죄와 배임수재죄가 각 성립하고, 두 죄는 실체적 경합 관계이다. 乙에 대해서는 업무상배임방조죄, 배임수재방조죄, 야간주거침입절도죄가 각 성립하고, 각 죄는 실체적 경합관계이다. 그리고 丙에 대하여는 장물보관죄가, 丁에 대하여는 절도죄가 각 성립한다.

---

1) 대법원 2003. 9. 26. 선고 2003도3000 판결.
2) 대법원 1991. 12. 13. 선고 91도2127 판결.
3) 대법원 2007. 12. 28. 선고 2007도7717 판결.

Ⅱ. 제2문 — 甲의 사망에 대한 丁의 형사책임

1. 문제의 제기

술집 사장 丁이 만취하여 의식을 잃은 채 잠든 손님 甲이 흔들어도 깨어나지 않자 영하 10도의 추운 날씨임에도 난방을 끈 채 퇴근하여 甲이 다음 날 얼어 죽었다고 가정할 때, 丁에 대하여 검토할 수 있는 범죄는 부작위에 의한 살인죄(형법 제250조)와 유기치사죄(형법 제271조 제1항)이다. 그런데 부작위에 의한 살인죄는 고의범으로서 구성요건적 결과인 사망에 대한 인식, 즉 고의가 인정되어야 성립하고, 유기치사죄는 결과적 가중범으로서 중한 결과인 사망에 대하여 과실이 있어야 한다.

丁에게 살인죄의 확정적 고의는 없으므로 미필적 고의가 인정되는지 문제된다. 미필적 고의는 행위자가 구성요건적 결과의 발생을 확실하게 인식한 것이 아니라 그 가능성을 예견하고 행위한 경우를 말한다. 미필적 고의는 인식 있는 과실, 즉 구성요건이 실현될 수 있음은 인식하였으나 주의의무에 위반하여 그것이 실현되지 않을 것으로 신뢰한 경우와 어떻게 구별되는지가 문제된다. 이에 대해서는 ① 구성요건적 결과발생의 가능성을 인식한 때는 미필적 고의를 인정할 수 있다는 가능성설, ② 결과발생의 개연성을 인식한 때에는 미필적 고의이고, 단순한 가능성을 인식한 때는 인식 있는 과실이라는 개연성설, ③ 행위자가 구성요건적 결과발생을 가능하다고 인식하고 그 결과가 발생해도 좋다고 승인한 때에는 미필적 고의가 인정되고, 결과의 불발생을 희망한 때에는 인식 있는 과실이라는 용인설(통설), ④ 결과발생의 가능성을 인식하면서 구성요건 실현을 묵인하고 행위 시의 불명확한 상태를 견디기로 한 때, 즉 위험을 감수한 때에 미필적 고의가 인정되고, 결과가 발생하지 않는다고 신뢰한 때에는 인식 있는 과실이 된다고 하는 감수설[1]의 대립이 있다. 판례는 "범죄사실의 발생가능성에 대한 인식이 있음은 물론 나아가 범죄사실이 발생할 위험을 용인하는 내심의 의사가 있어야 한다"고 판시하여,[2] ③의 용인설과 같은 입장이다.

본 설문에서 ⓐ 丁이 甲이 죽어도 어쩔 수 없다고 생각했던 경우는, 위 어느 견해에 의하더라도 미필적 고의가 인정되므로 부작위에 의한 살인죄가 성립하는지 문제된다. ⓑ 丁이 甲의 죽음을 단지 예견할 수 있었던 경우는, 위 가능성설이나 개연성설에 의하면 미필적 고의가 인정되어 마찬가지로 부작위에 의한 살인죄의 성립이 문제

1) 감수설은 행위자가 결과발생을 용인하였는가는 책임요소로서의 의미를 가지는 것에 불과하다고 한다.
2) 대법원 2004. 5. 14. 선고 2004도74 판결; 대법원 2017. 1. 12. 선고 2016도15470 판결.

되지만, 용인설이나 감수설에 의하면 丁에게 과실이 인정되어 유기치사죄가 성립하는지 문제된다. 여기서는 통설·판례인 용인설에 따라 그 형사책임을 살펴보기로 한다.

2. 부작위에 의한 살인죄의 성립 여부—甲이 죽어도 어쩔 수 없다고 생각했던 경우

(1) 부진정부작위범의 의의와 성립요건

위험의 발생을 방지할 의무가 있거나 자기의 행위로 인하여 위험발생의 원인을 야기한 자가 그 위험발생을 방지하지 아니한 때에는 그 발생된 결과에 의하여 처벌하는데(형법 제18조), 이를 부작위범이라고 한다. 특히, 살인죄(형법 제250조)와 같이 작위의 형식으로 되어 있는 구성요건을 부작위에 의하여 실현하는 것을 부진정부작위범이라고 한다. 부작위에 의한 살인죄가 성립하기 위해서는 ① 甲에게 보증인지위가 인정되어야 하고, ② 부작위가 작위에 의한 구성요건, 즉 살인의 실행과 같이 평가할 수 있어야 하고(행위정형의 동가치성), ③ 부작위와 사망의 결과 사이에 인과관계가 인정되어야 하며, ④ 주관적 구성요건인 고의가 인정되어야 하고, ⑤ 위법성과 책임이 인정되어야 한다.

(2) 보증인지위의 인정 여부

보증인지위란 부작위범이 결과발생을 방지해야 할 지위에 있는 것을 말한다. 보증인지위를 인정하기 위해서는 ① 법익의 보유자가 위협받는 침해에 대하여 스스로 보호할 능력이 없고, ② 부작위범에게 그 위험에 대하여 법익을 보호해야 할 의무, 즉 작위의무(보증인의무)가 있고, ③ 부작위범이 이러한 보호기능에 의하여 법익침해를 야기할 사태를 지배하고 있을 것을 요한다(통설·판례[1]). 그중 보증인지위를 인정하기 위한 가장 중요한 요소는 작위의무이다.

작위의무의 발생근거에 대하여 ① 법령·계약·선행행위·조리에 의해 발생한다는 형식설, ② 보증인의무를 실질적 관점에서 판단하여 보호의무와 안전의무로 분류하는 기능설(실질설), ③ 형식설과 기능설을 결합한 통합설(통설)이 대립하고 있다. 어느 견해에 의하든 법령·계약·선행행위·조리로부터 작위의무가 발생한다는 데는 의문이 없다. 판례도 마찬가지이다.[2]

---

1) 대법원 2015. 11. 12. 선고 2015도6809 전원합의체 판결. 다만, 위 판결은 위 ③의 사태지배를 보증인지위의 요소라고 명시적으로 판시하고 있지는 않다. 본 판결 평석은 장영민, “부진정부작위범의 성립요건”, 형법판례 150선(제3판), [21], 48−49면.

2) 대법원 1996. 9. 6. 선고 95도2551 판결; 대법원 2015. 11. 12. 선고 2015도6809 전원합의체 판결.

본 설문에서 丁은 술집 사장으로서 손님인 甲에게 생명 또는 신체에 대한 위해가 발생하지 아니하도록 甲이 깨어날 때까지 기다리거나 경찰서나 병원 등에 신고를 하는 등 필요한 조치를 강구하여야 할 계약상[1] 또는 신의칙에 의한 도움제공(부조)의무를 부담하므로 보증인지위를 인정할 수 있다.

(3) 행위정형의 동가치성 인정 여부

행위정형의 동가치성(동등성)은 부작위가 작위에 의한 구성요건의 실현과 같이 평가될 수 있어야 한다는 것을 말한다. 판례는 작위의무를 가진 부작위행위자가 보호적 지위에서 법익침해를 일으키는 사태를 지배하고 있어 작위의무의 이행으로 결과발생을 쉽게 방지할 수 있다면 부작위로 인한 법익침해가 작위에 의한 법익침해와 동등한 형법적 가치가 있다고 판시하였다.[2] 본 설문에서 丁에게 계약상 또는 신의칙에 의한 작위의무가 있으며, 위와 같은 필요한 조치를 취하였다면 甲의 사망이라는 결과를 쉽게 방지할 수 있었다. 따라서 丁에게 행위정형의 동가치성도 인정된다.

(4) 고의의 인정 여부

부진정부작위범에서 고의가 인정되기 위해서는 구성요건적 결과 및 결과방지의 가능성은 물론 보증인지위에 대한 인식도 있어야 한다. 그러나 반드시 구성요건적 결과발생에 대한 목적이나 계획적인 범행 의도가 있어야 하는 것은 아니고, 법익침해의 결과발생을 방지할 법적 작위의무를 가지고 있는 사람이 의무를 이행함으로써 결과발생을 쉽게 방지할 수 있었음을 예견하고도 결과발생을 용인하고 이를 방관한 채 의무를 이행하지 아니한다는 인식을 하면 충분하며, 이는 미필적 고의로도 인정될 수 있다.[3]

---

1) 유사한 사안에 대한 대법원 2011. 11. 24. 선고 2011도12302 판결. 동 판결은 "일반음식점을 운영하는 자가 그 고객과 체결하는 주류 등 판매계약은 고객이 주문한 주류 등을 제공하여 고객으로 하여금 그 영업장소 내에서 이를 취식하게 하는 한편 고객으로부터 그 대가를 받는 것을 내용으로 하는 일종의 무명계약이라고 할 것인데, 이 사건의 경우와 같이 고객인 피해자가 피고인의 지배 아래 놓여 있는 이 사건 주점에서 3일간에 걸쳐 과다하게 술을 마셔 자신의 의지와 무관하게 옷에 소변을 보고 영하의 추운 날씨에 난방이 제대로 되지 않은 주점 내 소파에서 잠을 자면서 정신을 잃는 상황이 발생한 경우, 피고인은 일반음식점 운영자로서 주류 등 판매계약의 특수성을 고려하여 신의칙상 인정되는 일종의 부수적인 의무로서 피해자에게 생명 또는 신체에 대한 위해가 발생하지 않도록 피해자를 이 사건 주점 내실로 옮기거나 인근에 있는 여관에 데려다 주어 쉬게 하거나, 피해자의 지인 또는 경찰에 연락하는 등의 적절한 조치를 취해야 할 계약상의 보호의무를 부담한다"는 취지로 판시한 원심 판결(서울고등법원 2011. 9. 9. 선고 2011노2024 판결)이 정당하다고 판시하였다.

2) 대법원 2015. 11. 12. 선고 2015도6809 전원합의체 판결.

3) 대법원 2015. 11. 12. 선고 2015도6809 전원합의체 판결. 동 판결은 "미필적 고의가 있었는지는 작위의무자의 진술에만 의존할 것이 아니라, 작위의무의 발생근거, 법익침해의 태양과 위험성, 작위의무자의

본 설문에서 丁이 甲이 죽어도 어쩔 수 없다고 생각하였으므로 미필적 고의가 인정된다.

(5) 인과관계의 인정 여부

부진정부작위범에서는 작위의무를 이행하였다면 결과가 발생하지 않았을 것이라는 관계가 인정될 경우, 부작위와 사망의 결과 사이에 인과관계가 있다.[1] 본 설문에서 丁이 위와 같은 필요한 조치를 취하여 작위의무를 이행하였다면 甲의 사망이라는 결과가 발생하지 않았을 것이므로 인과관계도 인정된다.

(6) 소결

丁에 대하여 부작위에 의한 살인죄(형법 제250조)가 성립한다.

3. 유기치사죄의 성립 여부 — 甲의 죽음을 단지 예견할 수 있었던 경우

(1) 문제의 제기

丁이 甲의 죽음을 단지 예견할 수 있었던 경우, 丁에게는 甲의 사망이라는 결과에 대한 고의가 없으므로 과실 성립 여하에 따라 결과적 가중범인 유기치사죄(형법 제271조 제1항)가 성립하는지 문제된다. 이와 관련하여 ① 丁이 도움이 필요한 사람을 보호할 법률상·계약상 의무 있는 자, 즉 보호의무자에 해당하는지, ② 유기행위를 하였는지, ③ 유기행위와 도움이 필요한 사람 甲의 사망 사이에 인과관계가 인정되는지, ④ 甲의 사망에 대한 예견가능성이 있었는지를 검토하여야 한다.

(2) 보호의무자에 해당하는지 여부

보호의무의 근거에 관하여는, ① 형법 제271조 제1항의 '법률상 또는 계약상 의무'는 예시에 지나지 않고 널리 사무관리, 관습 또는 조리에 의하여도 보호의무가 발생한다는 견해, ② 법률상 또는 계약상 의무에 제한된다는 견해(통설), ③ 선행행위가 다른 범죄를 구성하고 유기죄에 의하여 발생할 정도의 위험이 이미 다른 범죄에 의하여 발생한 때에는 별도로 유기죄가 성립하지 않지만,[2] 선행행위가 범죄로 인정되지

법익침해에 대한 사태지배의 정도, 요구되는 작위의무의 내용과 이행의 용이성, 부작위에 이르게 된 동기와 경위, 부작위의 형태와 결과발생 사이의 상관관계 등을 종합적으로 고려하여 작위의무자의 심리상태를 추인하여야 한다"고 판시하였다. 본 판결 평석은 장영민, "미필적 고의", 형법판례 150선(제3판), [10], 26-27면.

1) 대법원 2015. 11. 12. 선고 2015도6809 전원합의체 판결.

2) 강간치상죄를 저지른 자가 그 범행으로 인하여 실신상태에 있는 피해자를 구호하지 않고 방치하더라

않는 경우에는 도움제공의무를 인정할 여지가 있다고 하는 견해의 대립이 있다. 판례는 ②의 제한설의 입장이다.[1)] 통설·판례가 타당하다.

여기서 '계약상 의무'는 간호사나 보모와 같이 계약에 기한 주된 급부의무가 필요한 도움을 제공하는 것인 경우에 한정되지 않고, 계약의 해석상 계약관계의 목적이 달성될 수 있도록 상대방의 신체 또는 생명에 대하여 주의와 배려를 한다는 부수적 의무의 한 내용으로 상대방을 도와야 하는 경우를 배제하는 것은 아니다. 다만, 단지 위와 같은 부수의무로서의 민사적 부조의무 또는 보호의무가 인정된다고 해서 위 형법 제271조 소정의 '계약상 의무'가 당연히 긍정된다고는 말할 수 없고, 당해 계약관계의 성질과 내용, 계약당사자 기타 관련자들 사이의 관계 및 그 전개양상, 그들의 경제적·사회적 지위, 도움이 필요하기에 이른 전후의 경위, 필요로 하는 도움의 대체가능성을 포함하여 그 도움의 종류와 내용, 달리 도움을 제공할 사람 또는 설비가 있는지 여부 기타 제반 사정을 고려하여 위 '계약상의 보호의무'의 유무를 신중하게 판단하여야 한다.[2)]

본 설문에서 술집 주인 丁의 주된 급부의무가 부조를 제공하는 것을 내용으로 하지는 않지만, 술집의 운영자로서 영하 10도의 날씨에 자신의 술집에서 만취하여 잠든 손님 甲의 생명 또는 신체에 위해가 발생하지 않도록 필요한 조치를 강구하여야 할 계약상 보호의무를 부담한다고 볼 수 있다.

(3) 유기행위인지 여부

'유기'란 도움이 필요한 사람을 보호 없는 상태에 둠으로써 그 생명·신체에 위험을 가져오는 행위를 말한다. 여기에는 도움이 필요한 사람을 보호받는 상태에서 적극적으로 보호 없는 상태로 옮기는 '협의의 유기'와 도움이 필요한 사람을 종래의 상태에서 두고 떠나거나 생존에 필요한 보호를 하지 않는 '광의의 유기'가 포함된다. 본 설문에서 丁이 영하 10도의 추운 날씨임에도 난방을 끈 채 만취하여 의식을 잃은 甲을 두고 떠난 것은 광의의 유기에 해당한다.

도 별도의 중유기죄는 성립하지 않는다(대법원 1980. 6. 24. 선고 80도726 판결).

1) 대법원 1977. 1. 11. 선고 76도3419 판결(혹한에 주취상태에서 함께 걷던 피해자가 개울에 추락하여 움직이지 못하자 혼자만 올라오고 피해자를 방치한 사례); 대법원 2013. 9. 13. 선고 2011도9675 판결(서울역 직원이 혹한에 부상 입은 노숙자를 역사 밖으로 내보낸 사례).

2) 대법원 2011. 11. 24. 선고 2011도12302 판결. 본 판결 평석은 오병두, "유기죄에서 보호의무의 발생근거", 형법판례 150선(제3판), [78], 180－181면.

(4) 인과관계의 인정 여부

결과적 가중범에서도 기본범죄를 실행하기 위한 행위와 중한 결과 사이에는 인과관계가 있어야 한다. 인과관계에 대하여는 크게 ① 상당인과관계설과 ② 합법칙적 조건설 및 객관적 귀속론이 대립된다.[1] ①은 일정한 행위가 경험칙상 그 결과를 발생시키는 데 상당하다고 인정될 때에 인과관계가 있다는 견해로서, 판례의 기본입장이다.[2] ②는 결과가 행위에 시간적으로 뒤따르는 외계의 변동에 연결되고, 이 변동이 행위와 합법칙적 연관하에 구성요건적 결과로 실현되었을 때에 인과관계가 인정되고, 인과관계가 인정된 결과가 행위에 객관적으로 귀속되어야 법적인 책임을 진다고 하는 견해이다(통설). 본 설문에서 어느 견해에 의하더라도 丁의 유기행위와 甲의 사망 사이에는 인과관계가 인정된다.

(5) 예견가능성의 인정 여부

결과적 가중범이 성립하기 위해서는 중한 결과에 대한 예견가능성이 있어야 한다(형법 제15조 제2항). 본 설문에서 甲이 만취하여 의식을 잃은 상태였던 점, 영하 10도의 추운 날씨였던 점 등을 고려하면, 甲을 두고 난방을 끈 채 퇴근해 버린 丁은 甲의 죽음을 충분히 예견할 수 있었다고 할 수 있다.

(6) 소결

丁에 대하여 유기치사죄(형법 제275조 제1항)가 성립한다.

4. 설문의 해결

丁이 甲이 죽어도 어쩔 수 없다고 생각했던 경우에는 丁에 대하여 부작위에 의한 살인죄가 성립하고, 甲의 죽음을 단지 예견할 수 있었던 경우에는 유기치사죄가 성립한다.

---

1) 이에 대한 상세는 사례 6. [14－변시(3)－2] 제1문 '甲, 乙의 형사책임' 부분 참조.
2) 대법원 2011. 4. 14. 선고 2010도10104 판결.

Ⅲ. 제3문 — 전자정보의 압수 방법 및 증거능력

1. 제3문의 (1) — 조경공사 계약서 스캔파일의 증거능력

(1) 문제의 제기

검사 S는 압수·수색영장을 집행하기 위하여 甲의 참여하에 甲의 컴퓨터를 수색하던 중 조경공사 계약서를 스캔한 파일을 발견하였고, 이를 외장하드에 복사·압수한 후 법원에 증거로 제출하였다. 위 스캔파일의 증거능력과 관련해서는 먼저 ① 스캔파일과 같은 정보저장매체의 압수 방법 및 그 적법성이 문제된다. 甲이 스캔파일을 증거로 사용하는 데 동의한 때는 위법수집증거가 아닌 한 증거의 진정성, 즉 ② 스캔파일과 외장하드에 복사한 파일의 동일성이 인정되면 증거로 사용할 수 있다(형소법 제318조 제1항). 본 설문에서는 증거동의 여부에 대한 언급이 없으므로 나아가 ③ 계약서 원본을 스캔한 것은 사본인 사진과 유사한 점에 비추어 사본으로서의 스캔파일의 증거능력, ④ 계약서 기재 내용의 진술증거 및 전문법칙 적용 여부 등을 살펴보아야 한다.

(2) 스캔파일의 압수 방법과 그 적법성

검사 S는 甲의 리베이트 수수 범죄사실을 대상으로 하여 적법하게 발부받은 압수·수색영장을 집행하여 甲의 컴퓨터에서 조경공사 계약서 스캔파일을 외장하드에 복사·압수하였다. 첫째, 검사는 범죄수사에 필요한 때에는 영장을 발부받아 피의자가 죄를 범하였다고 의심할 만한 정황이 있고 해당 사건과 관계가 있다고 인정할 수 있는 것에 한정하여 압수·수색할 수 있는데(형소법 제215조 제1항), 위 스캔파일은 영장 범죄사실과 관련성이 있다. 둘째, 압수의 목적물이 컴퓨터용디스크, 그 밖에 이와 비슷한 정보저장매체(이하, '정보저장매체등'이라 한다)인 경우에는 기억된 정보의 범위를 정하여 출력하거나 복제하여 제출받아야 하고, 다만 범위를 정하여 출력 또는 복제하는 방법이 불가능하거나 압수의 목적을 달성하기에 현저히 곤란하다고 인정되는 때에는 정보저장매체등을 압수할 수 있는데(형소법 제219조, 제106조 제3항), 위 스캔파일만을 외장하드에 복사하여 압수하였다. 셋째, 피고인 또는 변호인은 압수·수색영장의 집행에 참여할 수 있는데(형소법 제219조, 제121조), 피고인인 甲의 참석하에 영장 집행이 이루어졌다. 따라서 검사 S의 위 스캔파일 압수는 적법하다.

(3) 스캔파일과 외장하드 복사파일의 동일성

압수물인 정보저장매체에 입력하여 기억된 문자정보 또는 그 출력물을 증거로 사용하기 위해서는 정보저장매체 원본에 저장된 내용과 출력 문건의 동일성이 인정되어야 한다. 이를 위해서는 정보저장매체 원본이 압수 시부터 문건 출력 시까지 변경되지 않았다는 사정, 즉 무결성이 담보되어야 한다. 동일성과 무결성을 인정하는 방법은, 피압수·수색 당사자가 정보저장매체 원본과 '하드카피' 또는 '이미징'한 매체의 해시(Hash) 값이 동일하다는 취지로 서명한 확인서면을 교부받아 법원에 제출하는 방법에 의하여 증명하는 것이 원칙이다. 그러나 그와 같은 방법이 불가능하거나 현저히 곤란한 경우, 정보저장매체 원본에 대한 압수, 봉인, 봉인해제, '하드카피' 또는 '이미징' 등 일련의 절차에 참여한 수사관이나 전문가 등의 증언에 의해 정보저장매체 원본과 '하드카피' 또는 '이미징'한 매체 사이의 해시 값이 동일하다거나 정보저장매체 원본이 최초 압수 시부터 밀봉되어 증거 제출 시까지 전혀 변경되지 않았다는 등의 사정을 증명하는 방법 또는 법원이 그 원본에 저장된 자료와 증거로 제출된 출력 문건을 대조하는 방법 등으로도 인정할 수 있으며, 반드시 압수·수색과정을 촬영한 영상녹화물 재생 등의 방법으로만 증명하여야 하는 것은 아니다.[1] 이러한 동일성은 증거능력의 요건에 해당하므로 검사가 그 존재에 관하여 구체적으로 주장·증명하여야 한다.[2]

본 설문에서 스캔파일과 외장하드 복사파일 사이의 동일성과 무결성을 부정할 만한 특별한 사유에 대한 언급은 없으므로 검사 S가 제출한 외장하드 복사파일의 진정성을 인정할 수 있다.

(4) 사본으로서의 스캔파일의 증거능력

甲이 원본인 계약서를 스캔한 사본인 파일은 사본으로서의 사진과 유사하다. 사본으로서의 사진의 증거능력에 대하여는 원본의 존재 및 진정성립을 인정할 자료가 구비되고, 특히 신용할 만한 정황에 의하여 작성되었다고 인정될 때에 형사소송법 제315조 제3호(당연히 증거능력이 있는 서류)에 의하여 증거능력을 인정해야 한다는 견해도 있으나, 최량증거의 법칙에 따라 증거능력을 인정해야 한다는 것이 통설과 판례[3]의

1) 대법원 2013. 7. 26. 선고 2013도2511 판결.
2) 대법원 2018. 2. 8. 선고 2017도13263 판결.
3) 대법원 2002. 10. 22. 선고 2000도5461 판결(검사 작성 피의자신문조서의 초본 증거능력); 대법원 2008. 11. 13. 선고 2006도2556 판결.

입장이다.

즉, ① 원본증거가 존재하거나 존재하였고, ② 원본증거의 제출이 불가능하거나 곤란한 사정이 있고, ③ 원본증거를 정확하게 사본한 경우에 증거능력이 인정된다. 본 설문에서 원본인 계약서가 존재하고, 거래에서 계약서 보관의 중요성을 고려하면 원본의 제출이 곤란한 사정도 있으며, 원본을 정확하게 사본한 것으로 보인다. 따라서 위 스캔파일은 사본으로서의 증거능력의 요건을 갖추었다.

(5) 계약서의 전문증거성

위 계약서의 입증취지는 계약서의 내용이 진실한지 여부가 아니라 甲의 리베이트 수수와 관련하여 甲과 A 사이의 계약의 존재 자체를 입증하고자 하는 것이므로 비진술증거에 해당한다. 따라서 위 계약서는 전문증거가 아니므로 전문법칙이 적용되지 않고, 증거의 진정성만 인정되면 증거능력이 있다. 대법원도 피고인이 수표를 발행하였으나 예금부족 또는 거래정지처분으로 지급되지 아니하게 하였다는 부정수표단속법위반의 공소사실을 증명하기 위하여 수표를 제출한 사건에서, 위 수표는 그 서류의 존재 또는 상태 자체가 증거가 되는 것이고 경험사실의 진술에 갈음하는 대체물이 아니므로 전문법칙이 적용될 여지가 없다고 판시한 바 있다.[1)]

(6) 설문의 해결

본 설문에서 검사 S의 위 스캔파일 압수는 적법하고, 스캔파일과 외장하드 복사파일의 동일성과 무결성도 인정되며, 사본으로서의 증거능력의 요건도 갖추었다. 그리고 위 계약서는 비진술증거로서 전문법칙이 적용될 여지가 없는데, 위 스캔파일은 그 진정성이 인정되므로 甲의 동의 여부와 관계없이 증거능력이 있다.

2. 제3문의 (2) — 문서파일의 증거능력

(1) 문제의 제기

甲의 컴퓨터에 저장되어 있던 '2016. 12. 16. A로부터 500만 원을 수령함'이라는 내용의 문서파일이 적법하게 압수되어 법원에 증거로 제출되었으나 甲은 위 문서파일을 작성한 사실이 없다고 주장하고 있다(증거부동의 취지). 위 문서파일이 증거로 사용되기 위해서는 위 스캔파일과 마찬가지로 먼저 그 진정성, 즉 동일성과 무결성이 증명

1) 대법원 2015. 4. 23. 선고 2015도2275 판결.

되어야 한다. 본 설문에서는 적법하게 압수되어 법원에 증거로 제출되었다고 하고 달리 동일성과 무결성을 부정할 만한 사정이 엿보이지 않으므로 위 요건은 충족되었다고 볼 수 있다. 문제는 위 문서파일이 전문증거에 해당하는지, 전문증거에 해당하는 경우 전문법칙의 예외요건을 갖추었는지 여부이다.

(2) 전문증거인지 여부

위 문서파일은 甲이 경험한 사실에 관한 진술을 기재한 것으로서 그 내용이 진실한지 여부가 문제되므로 전문증거에 해당한다.[1] 따라서 전문법칙이 적용되고, 그 예외 요건을 충족하여야만 증거능력이 있다. 위 문서파일은 피고인인 甲이 작성한 진술서로서 문자 정보로 컴퓨터용디스크에 저장된 것이므로 형사소송법 제313조 제1항, 제2항에 의하여 증거능력을 판단하여야 한다.

(3) 형사소송법 제313조 제1항, 제2항의 충족 여부

위 문서파일은 피고인 甲이 작성한 진술서로서 작성자(=진술자)인 甲의 공판준비 또는 공판기일에서의 진술에 의하여 그 성립의 진정함이 증명된 때에 증거로 사용할 수 있다(형소법 제313조 제1항 본문[2]).[3] 그런데 甲은 위 문서파일을 작성한 사실이 없다고 주장하며 그 진정성립을 부인하고 있다. 이처럼 진술서의 작성자인 피고인이 진정성립을 부인하는 경우에도, 과학적 분석결과에 기초한 디지털포렌식 자료, 감정 등 객관적 방법으로 성립의 진정함이 증명되는 때에는 증거로 할 수 있다(형소법 제313조 제2항 본문).

(4) 설문의 해결

본 설문에서 위 문서파일의 동일성과 무결성은 인정된다. 그런데 작성자인 甲이 그 성립의 진정을 부인하고 있다. 따라서 검사가 형사소송법 제313조 제2항 본문에 의하여 과학적 분석결과에 기초한 디지털포렌식 자료, 감정 등 객관적 방법으로 성립의 진정을 증명하면, 甲의 부인에도 불구하고 위 문서파일은 증거능력이 있다.

---

1) 이에 대한 상세는 사례 10. [16－변시(5)－2] 제2문 관련쟁점 '전문증거 여부의 판단기준' 참조.
2) 이에 대한 상세는 사례 2. [12－변시(13)－2] 제2문 관련쟁점 '피고인 작성 진술서의 증거능력 – 형사소송법 제313조 제1항 본문 vs. 단서' 참조.
3) 대법원 2015. 8. 27. 선고 2015도3467 판결.

Ⅳ. 제4문 — 위법수집증거의 배제와 독수의 과실원칙의 예외

1. 문제의 제기

○○아파트 입주자대표회장인 甲이 아파트 공금 2,000만 원을 자신의 중고자동차 구입에 사용한 사실을 추정케 하는 입출금전표는 甲의 업무상횡령죄(형법 제356조, 제355조 제1항)에 해당하는 범죄사실과 관련된 것으로, 영장 발부의 사유로 된 甲의 업무상배임죄와 배임수재죄의 범죄사실과는 관련성이 없다. 이때 위 입출금전표를 甲의 범행을 입증하기 위한 증거로 사용할 수 있는 요건과 관련하여, ① 검사 S가 우연히 발견한 위 입출금전표를 압수한 것이 적법한지, ② 최초의 압수가 위법하다면 이를 甲에게 환부하고 다시 제출받은 행위가 임의제출한 물건에 대한 영장에 의하지 아니한 압수(형소법 제218조)로서 적법해질 수 있는 요건이 무엇인지 문제된다.

2. 최초의 입출금전표 압수의 적법 여부

압수·수색은 해당 사건과 관계가 있다고 인정할 수 있는 것에 한정되는데(형소법 제215조), 위 입출금전표에 대한 압수는 영장 발부의 사유로 된 조경공사계약 체결 및 리베이트 범죄사실과 관련성이 인정되지 않는다. 따라서 검사 S의 압수는 위법하다. 한편, 수사기관이 인위적인 수색행위 없이 증거를 우연히 발견한 경우 미국 판례법상의 이론인 플레인 뷰(plain view) 이론에 따라 영장 없는 압수의 적법성을 인정하여야 한다는 주장이 있다. 그러나 압수·수색에 대한 영장주의의 원칙을 채택하고 엄격히 그 예외를 규정하고 있는 점에 비추어, 법문의 근거 없이 이를 인정하는 것은 불가능하다.[1)]

3. 甲에게 환부하고 다시 제출받은 경우에 증거능력이 인정되기 위한 요건

형사소송법 제308조의2(위법수집증거의 배제)는 "적법한 절차에 따르지 아니하고 수집한 증거는 증거로 할 수 없다"고 규정하고 있어 수사기관이 절차에 위반하여 수집한 증거는 물론, 이를 기초로 하여 획득한 2차적 증거 역시 유죄 인정의 증거로 삼을 수 없는 것이 원칙이다.[2)] 검사 S가 최초로 압수한 입출금전표는 1차적 증거에 해당하고, 이를 甲에게 환부한 후 다시 제출받은 같은 입출금전표는 2차적 증거에 해당한다. 검사 S의 입출금 전표에 대한 최초의 압수가 위법하므로(1차적 증거), 이를 환부한 후 다시 제출받은

---

1) 이에 대한 상세는 사례 6. [14－변시(3)－2] 제2문 관련쟁점 '플레인 뷰 이론(plain view doctrine)' 참조.
2) 대법원 2009. 3. 12. 선고 2008도11437 판결; 대법원 2019. 7. 11. 선고 2018도20504 판결.

입출금 전표(2차적 증거)도 원칙적으로는 유죄 인정의 증거로 사용할 수 없다. 다만 예외적으로 2차적 증거의 증거능력을 인정할 수 있는 경우에 해당하는지 여부는 먼저 1차적 증거 수집과 관련된 모든 사정들을[1] 살펴보고, 나아가 1차적 증거를 기초로 하여 다시 2차적 증거를 수집하는 과정에서 추가로 발생한 모든 사정들까지 구체적인 사안에 따라 주로 인과관계의 희석 또는 단절 여부를 중심으로 전체적·종합적으로 고려하여야 한다.[2]

본 설문에서 검사 S의 1차적 증거 수집은 위법하지만, 검사 S가 절차를 시정하려는 노력으로 압수물을 지체 없이 환부하였고 甲에게 제출의 임의성이 인정된다면, 최초의 절차 위반행위와 2차적 증거 수집 사이의 인과관계도 단절되어 증거능력이 인정될 수 있을 것이다. 다만 환부 후 다시 제출하는 과정에서 수사기관의 우월적 지위에 의하여 임의제출 명목으로 실질적으로 강제적인 압수가 행하여질 수 있으므로, 제출에 임의성이 있다는 점에 관하여는 검사가 합리적 의심을 배제할 수 있을 정도로 증명하여야 하고, 임의제출로 볼 수 없는 경우에는 증거능력을 인정할 수 없다.[3]

4. 설문의 해결

검사 S의 최초의 입출금전표 압수는 영장 발부의 사유로 된 범죄사실과 무관한 별개의 증거를 압수한 것으로 위법하고, 이를 기초로 하여 획득한 2차적 증거인 입출금전표 역시 원칙적으로 증거능력이 없다. 다만 甲에게 환부한 입출금전표를 甲으로부터 임의제출받아 다시 압수하였다면, 최초의 절차 위반행위와 최종적인 증거수집 사이의 인과관계가 단절되었다고 할 수 있다. 이때 그 제출의 임의성에 관하여는 검사가 합리적 의심을 배제할 수 있을 정도로 증명하여야 한다.

위 입출금전표는 甲의 업무상횡령죄의 증거로서 전문증거에 해당하는데, 제출의 임의성이 인정되어 압수가 적법하다면, 甲이 동의하면 증거로 사용할 수 있고, 부동의하더라도 업무상 필요로 작성한 통상문서에 해당하므로 증거로 사용할 수 있다(형소법 제315조 제2호).

---

1) 절차 조항의 취지와 그 위반의 내용 및 정도, 구체적인 위반 경위와 회피가능성, 절차 조항이 보호하고자 하는 권리 또는 법익의 성질과 침해 정도 및 피고인과의 관련성, 절차 위반행위와 증거수집 사이의 인과관계 등 관련성의 정도, 수사기관의 인식과 의도 등을 말한다(대법원 2009. 3. 12. 선고 2008도11437 판결).

2) 대법원 2009. 3. 12. 선고 2008도11437 판결; 대법원 2018. 4. 26. 선고 2018도2624 판결; 대법원 2018. 5. 11. 선고 2018도4075 판결; 대법원 2025. 1. 9. 선고 2024도12689 판결.

3) 대법원 2016. 3. 10. 선고 2013도11233 판결(수사기관이 별개의 증거를 피압수자 등에게 환부하고 후에 임의제출받아 다시 압수한 사안에서, 제출의 임의성에 대한 증명이 없어 증거능력을 부정); 대법원 2024. 3. 12. 선고 2020도9431 판결.

2017년 제6회 변호사시험 강평

형사법 제1문

I. 甲, 乙, 丙, 丁의 형사책임

• 사실관계

甲 (아파트입주자 대표회장)	• 공사경험이 전혀 없는 조경업자 A와 공사금액을 부풀린 공사계약을 체결하고 (대금 5,000만 원) 리베이트로 500만 원(100만 원권 수표 5장) 수령
乙 (A의 친구)	• 甲을 위하여 甲과 A가 만나도록 주선 • 丙의 집에 늦은 밤 몰래 들어가 09:00경 丙이 보관 중인 300만 원을 그 출처를 알면서 가지고 나옴
丙 (甲의 친구)	• 甲으로부터 인출한 현금 중 300만 원을 그 출처를 알면서 받아서 보관
丁 (술집 사장)	• 만취한 甲의 주머니에서 술값조로 100만 원을 몰래 꺼내 가짐

1. 甲의 형사책임

(1) 업무상배임죄의 성립 여부

• 업무상 타인의 사무를 처리하는 자가 배임행위를 하면 업무상배임죄(형법 제356조, 제355조 제2항)에 해당
• '업무'는 사람이 그 사회적 지위에 있어 계속적으로 종사하는 사무를, '타인의 사무를 처리하는 자'는 타인과의 대내관계에서 신의성실의 원칙에 비추어 그 사무를 처리할 신임관계가 있는 자를 말함
• 甲은 업무자이자 타인의 사무를 처리하는 자로서, 공사대금을 부풀려 조경공사계약을 체결하고 A로부터 리베이트로 500만 원을 받고, 이로 인하여 입주자들에게 손해를 가함
• 업무상배임죄 성립

(2) 배임수재죄의 성립 여부

• 타인의 사무를 처리하는 자가 그 임무에 관하여 부정한 청탁을 받고 재물 또는 재산상 이익을 취득하면 배임수재죄(형법 제357조 제1항)에 해당
• '부정한 청탁'이란 반드시 업무상 배임의 내용이 되는 정도에 이를 필요는 없고, 사회상규 또는 신의성실의 원칙에 반하는 것을 내용으로 하면 충분함(대법원 2015. 7. 23, 2015도3080)
• 甲이 공사대금을 부풀려 조경공사계약을 체결하고 A로부터 리베이트로 500만 원을 받았으므로, 甲에 대하여 배임수재죄 성립

(3) 죄수관계

• 업무상배임죄와 배임수재죄는 보호법익, 행위태양이 서로 다르므로 실체적 경합관계
• 배임수재죄는 타인의 사무를 처리하는 자가 그 임무에 관하여 부정한 청탁을 받고 재물 등을 취득함으로써 성립하는 것이고 어떠한 임무 위배행위나 본인에게 손해를 가한 것을 요건으로 하는 것이 아닌데 대하여, 업무상배임죄는 타인의 사무를 처리하는 자가 그 임무에 위배하는 행위가 있어야 하고 그 행위로서 본인에게 손해를 가함으로써 성립하는 것이나 부정한 청탁을 받거나 금품을 수수한 것을 그 요건으로 하지 않고 있으므로, 행위의 태양이 다름(대법원 1984. 11. 27. 84도1906)

2. 乙의 형사책임

(1) 업무상배임죄의 공범 성립 여부

- 甲의 업무상배임죄의 방조범이냐 공동정범이냐?
- 공동정범이 성립하기 위하여는 주관적 요건인 공동가공의 의사와 객관적 요건으로서 그 공동의사에 기한 기능적 행위지배를 통하여 범죄를 실행하였을 것이 필요(대법원 2003. 3. 28, 2002도7477): 기능적 행위지배설
- 방조행위는 정범이 범행을 한다는 정을 알면서 그 실행행위를 용이하게 하는 직접·간접의 행위(대법원 2015. 3. 12, 2012도13748)
- 乙의 주선행위는 방조범에 해당

- 乙은 甲의 '타인의 사무 처리자'라는 구성적 신분(진정신분범) 외에 '업무상' 지위라는 형벌가중적 신분(부진정신분범)의 이중적 신분에 가공 – 형법 제33조의 '공범과 신분'의 문제
- 이에 대해서는 ① 형법 제33조 본문은 진정신분범에만 적용, 단서는 부진정신분범의 성립근거이자 과형근거라는 견해(통설), ② 본문은 진정신분범과 부진정신분범 모두에 적용, 단서는 부진정신분범의 과형근거라는 견해(대법원 1997. 12. 26, 97도2609) 대립
- 판례에 의하면, 乙에 대하여 업무상배임방조죄가 성립하고 배임방조죄로 처벌

(2) 배임수재죄의 방조범 성립 여부

- 마찬가지로 乙에 대하여 배임수재죄의 방조범 성립
- 업무상배임방조죄와 배임수재방조죄는 실체적 경합관계

(3) 야간주거침입절도죄의 성립 여부

- 야간인 늦은 밤 丙의 집에 침입하였다가 주간인 오전 9시에 현금 300만 원 절취
- 주거침입행위와 절취행위 중 어느 행위가 야간에 행해져야 야간주거침입절도죄(형법 제330조)가 성립하는지 문제됨
- 학설의 대립이 있으나, 통설과 판례(대법원 2011. 4. 14, 2011도300)는 주거침입이 야간에 이루어져야 한다는 입장
- 乙이 야간에 주거침입하였으므로 야간주거침입절도죄 성립

(4) 장물취득죄의 성립 여부

- 丙이 보관 중인 돈은 장물에 해당하고, 乙은 그 출처를 알면서 이를 절취하였으므로 별도로 장물취득죄(형법 제362조 제1항)가 성립하는지 문제됨
- 장물취득죄의 본질에 대하여는 추구권설, 유지설, 결합설(통설)이 대립하는데, 판례는 결합설의 입장(대법원 1987. 10. 13, 87도1633)
- 통설·판례에 의하면, 乙에 대하여 본범 또는 점유자와의 합의에 의한 위법상태의 유지라는 본질을 찾을 수 없으므로 장물취득죄 불성립

(5) 소결

- 乙에 대하여 업무상배임방조죄, 배임수재방조죄, 야간주거침입절도죄가 각 성립하고, 각 죄는 실체적 경합관계

3. 丙의 형사책임

- 장물보관죄(형법 제362조 제1항)가 성립하는지 문제됨

(1) 자기앞수표 5장이 장물에 해당하는지 여부

- 장물은 본범인 재산범죄에 의하여 영득한 재물
- 甲의 업무상배임죄와 관련해서는, 배임죄는 재산상 이익을 취득하는 것이므로 위 수표는 배임죄에 제공된 재물로서 장물에 해당하지 않음
- 본범인 배임수재죄와 관련해서는 장물에 해당

(2) 인출한 현금 300만 원이 장물에 해당하는지 여부

- 대체장물은 원칙적으로 장물이 아님(장물매각대금, 장물을 교환한 재물 등)
- 장물인 현금 또는 수표를 금융기관에 예금하였다가 동일한 액수의 현금 또는 수표를 인출한 경우, 그 인출된 현금 또는 수표는 당초의 현금 또는 수표와 물리적인 동일성은 상실되었지만 액수에 의하여 표시되는 금전적 가치에는 아무런 변동이 없으므로, 장물로서의 성질이 유지(통설·판례(대법원 2004. 4. 16, 2004도353))
- 丙이 건네받은 300만 원은 장물에 해당

(3) 장물보관죄의 성립 여부

- 장물보관죄에서의 '보관'이란 위탁을 받아 장물을 자기의 점유하에 두는 것을 의미하고, 장물에 대한 사실상의 처분권이 없다는 점에서 '취득'과 구별
- 丙이 甲의 부탁으로 현금 300만 원을 종이봉투에 담아 장롱 속에 보관하였으므로,
- 丙에 대하여 장물보관죄 성립

4. 丁의 형사책임

- 술값조로 만취한 甲의 주머니에서 100만 원을 몰래 꺼내 간 것이 절도죄(형법 제329조)에 해당하는지 여부가 문제됨

(1) 불법영득의사가 있는지 여부

- 절도죄의 성립에는 "권리자를 배제하고 타인의 물건을 자기의 소유물과 같이 그 경제적 용법에 따라서 이용하고 처분할 의사", 즉 불법영득의사가 필요함(대법원 1990. 5. 25, 90도573)
- 여기서 영득은 객관적으로 위법(불법)하여야 함
- 위법의 구체적 의미에 대하여는 ① 영득의 위법설과 ② 절취의 위법설이 대립

- 판례는 "비록 약정에 기한 인도 등의 청구권이 인정된다고 하더라도, 취거 당시에 점유 이전에 관한 점유자의 명시적·묵시적인 동의가 있었던 것으로 인정되지 않는 한, 점유자의 의사에 반하여 점유를 배제하는 행위를 함으로써 절도죄는 성립하는 것이고, 그러한 경우에 특별한 사정이 없는 한 불법영득의 의사가 없었다고 할 수는 없다"고 판시하여(대법원 2001. 10. 26, 2001도4546), ②설의 입장
- 판례에 의하면, 丁에 대하여 불법영득의사가 인정됨

(2) 위법성조각사유의 존재 여부

- 정당행위(형법 제20조)에 해당하려면 ① 행위의 동기나 목적의 정당성, ② 수단이나 방법의 상당성, ③ 보호이익과 침해이익과의 법익균형성, ④ 긴급성, ⑤ 그 행위 외에 다른 수단이나 방법이 없다는 보충성 등의 요건을 갖추어야 함(대법원 2003. 9. 26, 2003도3000)
- 丁의 절취행위는 비록 술값을 받을 권리를 행사한 것이라 하더라도 사회통념상 허용되는 범위를 넘어 정당한 권리행사라고 볼 수 없으므로 정당행위에 해당하지 않음

- 자구행위(형법 제23조)가 성립하기 위해서는 ① 법률이 정한 절차에 따라서는 청구권을 보전하는 것이 불가능한 경우일 것, ② 청구권의 실행이 불가능해지거나 현저히 곤란해지는 상황을 피하기 위한 행위일 것, ③ 상당한 이유가 있을 것을 그 요건으로 함
- 丁의 상황은 법률이 정한 절차에 따라서는 청구권을 보전하는 것이 불가능한 경우로 볼 수 없고, 상당성도 초과하였으므로 자구행위에 해당하지 않음

(3) 소결

- 丁에 대하여 절도죄 성립

Ⅱ. 甲의 사망에 대한 丁의 형사책임

1. 문제의 제기

- 甲의 사망에 대한 丁의 형사책임으로는 부작위에 의한 살인죄(형법 제250조)와 유기치사죄(형법 제275조 제1항)가 문제됨
- 부작위에 의한 살인죄는 구성요건적 결과인 사망에 대한 인식, 즉 고의가 인정되어야 성립하고, 결과적 가중범인 유기치사죄는 중한 결과인 사망에 대하여 과실이 인정되어야 성립
- 丁에게 확정적 고의는 없으므로 미필적 고의가 인정되는지 문제됨

- 미필적 고의와 인식 있는 과실과의 구별에 대하여는 가능성설, 개연성설, 용인설, 감수설이 대립
- 통설과 판례(대법원 2004. 5. 14, 2004도74)는 범죄사실의 발생가능성에 대한 인식이 있음은 물론 나아가 범죄사실이 발생할 위험을 용인하는 내심의 의사가 있어야 미필적 고의가 인정된다는 용인설의 입장
- ① 丁이 甲이 죽어도 어쩔 수 없다고 생각했던 경우, 어느 견해에 의하더라도 부작위에 의한 살인죄의 성립이 문제됨
- ② 丁이 甲의 죽음을 단지 예견할 수 있었던 경우, 가능성설과 개연성설에 의하면 부작위에 의한 살인죄의 성립이, 용인설과 감수설에 의하면 유기치사죄의 성립이 문제됨(판례인 용인설의 입장에서 검토)

2. 부작위에 의한 살인죄의 성립 여부

- 부진정부작위범인 부작위에 의한 살인죄가 성립하기 위해서는 ① 甲에게 보증인지위가 인정되어야 하고, ② 부작위가 작위에 의한 구성요건, 즉 살인의 실행과 같이 평가할 수 있어야 하고(행위정형의 동가치성), ③ 부작위와 사망의 결과 사이에 인과관계가 인정되어야 하며, ④ 주관적 구성요건인 고의가 인정되어야 하고, ⑤ 위법성과 책임이 인정되어야 함

(1) 보증인 지위

- 보증인지위가 인정되려면 ① 법익의 담당자가 위협되는 침해에 대하여 스스로 보호할 능력이 없고, ② 부작위범에게 그 위험으로부터 법익을 보호해야 할 의무, 즉 작위의무(보증인의무)가 있고, ③ 부작위범이 이러한 보호기능에 의하여 법익침해를 야기한 사태를 지배하고 있어야 함(통설·판례(대법원 2015. 11. 12, 2015도6809 전원합의체))
- ②의 작위의무의 발생근거와 내용에 관하여는, 형식설(발생근거인 법령 등에 의하여 작위의무를 인정), 기능설(법익의 보호기능에 의한 보호의무와 위험에 대한 감시의무에 따른 지배의무로 분류), 통합설(통설)이 대립
- 어느 견해에 의하든 법령·계약·조리·선행행위로부터 작위의무 발생(2015도6809 전원합의체)
- 丁에 대하여 계약상 또는 신의칙에 의한 작위의무가 인정되므로 보증인지위 인정됨

(2) 행위정형의 동가치성

- 부작위가 작위에 의한 구성요건의 실현과 같이 평가될 수 있어야 한다는 것을 의미
- 판례는 모든 범죄에서 부작위 행위자가 작위의무의 이행으로 결과 발생을 쉽게 방지할 수 있으면 동가치성이 인정된다고 함(2015도6809 전원합의체)
- 丁의 부작위는 작위의 살인행위와 동가치성 인정됨

(3) 고의

- 법익침해의 결과발생을 방지할 법적 작위의무를 가지고 있는 사람이 의무를 이행함으로써 결과발생을 쉽게 방지할 수 있었음을 예견하고도 결과발생을 용인하고 이를 방관한 채 의무를 이행하지 아니한다는 인식을 하면 충분하며, 이는 미필적 고의로도 인정(2015도6809 전원합의체)
- 丁이 甲이 죽어도 어쩔 수 없다고 생각하였으므로 미필적 고의 인정됨

(4) 인과관계

- 작위의무를 이행하였다면 결과가 발생하지 않았을 것이라는 관계가 인정될 경우, 부작위와 사망의 결과 사이에 인과관계가 있음(2015도6809 전원합의체)
- 丁이 위와 같은 필요한 조치를 취하여 작위의무를 이행하였다면 甲의 사망이라는 결과가 발생하지 않았을 것이므로 인과관계 인정됨

(5) 소결

- 丁에 대하여 부작위에 의한 살인죄 성립

3. 유기치사죄의 성립 여부

(1) 보호의무자에 해당하는지 여부

- 나이가 많거나 어림, 그 밖의 사정으로 도움이 필요한 사람을 법률상 또는 계약상 보호할 의무가 있는 자가 유기한 경우 유기죄(형법 제271조 제1항)가, 유기로 사람을 사망에 이르게 한 경우에는 유기치사죄 성립(형법 제275조 제1항)
- 유기죄의 구성요건 해석상, 법률상·계약상 보호의무 외에 널리 조리 등 그 밖의 사유로 인한 보호의무가 인정되는지 여부에 대해서는 부정설(통설)과 긍정설이 대립되는데, 판례는 부정설(대법원 1977. 1. 11, 76도3419)

- '계약상 의무'는 계약에 기한 주된 급부의무가 도움을 제공하는 것인 경우에 한정되지 않고, 부수적 의무의 한 내용으로 상대방을 도와야 하는 경우를 배제하는 것은 아님(대법원 2011. 11. 24, 2011도12302)
- 丁에게 계약상 보호의무 인정됨

(2) 유기행위인지 여부

- '유기'란 도움이 필요한 사람을 보호 없는 상태에 둠으로써 그 생명·신체에 위험을 가져오는 행위로서, 도움이 필요한 사람을 보호받는 상태에서 적극적으로 보호 없는 상태로 옮기는 '협의의 유기'와 도움이 필요한 사람을 종래의 상태에서 두고 떠나거나 생존에 필요한 보호를 하지 않는 '광의의 유기'가 포함
- 丁이 영하 10도의 추운 날씨임에도 난방을 끈 채 만취하여 의식을 잃은 甲을 두고 떠난 것은 '광의의 유기'에 해당

(3) 인과관계 및 예견가능성의 인정 여부

- 인과관계에 대하여는 ① 상당인과관계설(판례)과 ② 합법칙적 조건설 및 객관적 귀속론(통설)이 대립되는데, 어느 견해에 의하더라도 丁의 유기행위와 甲의 사망 사이에는 인과관계가 인정됨
- 甲을 두고 난방을 끈 채 퇴근해 버린 丁은 甲의 죽음을 충분히 예견할 수 있었다고 할 수 있음

(4) 소결

- 丁에 대하여 유기치사죄 성립

4. 설문의 해결

- 丁이 甲이 죽어도 어쩔 수 없다고 생각했던 경우에는 丁에 대하여 부작위에 의한 살인죄가 성립하고,
- 甲의 죽음을 단지 예견할 수 있었던 경우에는 유기치사죄가 성립

Ⅲ. 조경공사 계약서 스캔파일의 증거능력

1. 문제의 제기

- 검사 S는 압수·수색영장을 집행하기 위하여 甲의 참여하에 甲의 컴퓨터에서 조경공사 계약 스캔파일을 발견하고 외장하드에 복사·압수한 후 법원에 증거로 제출
- 쟁점
  ① 정보저장매체의 압수 방법 및 그 적법성
  ② 스캔파일과 외장하드 복사파일의 동일성
  ③ 사본으로서의 스캔파일의 증거능력
  ④ 계약서의 전문증거성

2. 스캔파일의 압수 방법의 적법성

- 스캔파일은 영장 범죄사실과 관련성이 있고, 해당 파일만을 외장하드에 복사하여 압수하였고, 甲의 참석하에 영장 집행이 이루어졌으므로 압수는 적법

3. 스캔파일과 외장하드 복사파일의 동일성

- 두 파일의 동일성과 무결성이 증명되어야 하는데, 이는 피압수·수색 당사자가 정보저장매체 원본과 '하드카피' 또는 '이미징'한 매체의 해시(Hash) 값이 동일하다는 취지로 서명한 확인서면을 교부받아 법원에 제출하는 방법에 의하여 증명하는 것이 원칙이지만, 그 외에 다양한 방법으로 증명 가능(대법원 2013. 7. 26, 2013도2511)
- 외장하드 복사파일의 진정성 인정됨

4. 사본으로서의 스캔파일의 증거능력

- 스캔파일은 사본으로서의 사진과 유사
- 통설과 판례(대법원 2008. 11. 13, 2006도2556)에 의하면, 최량증거의 법칙에 따라 증거능력 판단
- ① 원본증거인 계약서가 존재하였고, ② 계약서 보관의 중요성을 고려하면 원본증거의 제출이 곤란한 사정이 있으며, ③ 원본증거를 정확하게 사본한 것으로 보이므로 사본으로서의 스캔파일의 증거능력 요건을 갖추었음

5. 계약서의 전문증거성

- 계약서의 내용은 경험사실의 진술이 아니고, 입증취지도 그 내용이 진실한지 여부가 아니라 甲과 A 사이의 계약의 존재 자체이므로 비전문증거에 해당
- 전문법칙이 적용될 여지가 없고, 증거의 진정성만 인정되면 증거능력 있음

6. 설문의 해결

- 위 스캔파일은 증거능력이 인정됨

Ⅳ. 문서파일의 증거능력

1. 문제의 제기

- 甲의 컴퓨터에 저장되어 있던 '2016. 12. 16. A로부터 500만 원을 수령함'이라는 내용의 문서파일이 적법하게 압수되어 법원에 제출되었으나, 甲은 작성 사실 부인
- 증거의 동일성과 무결성을 부정할 사정은 엿보이지 않음
- 위 문서파일이 전문증거인지, 전문증거인 경우 그 예외 요건을 갖추었는지 여부가 문제됨

2. 설문의 해결

- 위 문서파일은 甲이 경험한 사실에 관한 진술을 기재한 것으로서 그 내용이 진실한지 여부가 문제되므로 전문증거에 해당
- 이는 피고인인 甲이 작성한 진술서로서 문자 정보로서 컴퓨터용디스크에 저장된 것이므로 형소법 제313조 제1항, 제2항에 의하여 증거능력 판단
- 甲이 진정성립을 부인하고 있으므로, 과학적 분석결과에 기초한 디지털포렌식 자료, 감정 등 객관적 방법으로 성립의 진정함이 증명되는 때에는 증거능력 있음(형소법 제313조 제2항 본문)

Ⅴ. 위법수집증거의 배제와 독수의 과실원칙의 예외

1. 문제의 제기

- 검사 S가 리베이트 수수에 대한 영장집행 중 甲이 ○○아파트의 공금 2,000만 원을 자신의 중고자동차 구입에 사용한 사실을 추정케 하는 입출금전표를 우연히 발견하고 이를 압수한 다음 甲에게 환부하고 다시 제출받은 경우,
- 증거로 사용할 수 있는 요건과 관련하여, ① 검사 S가 우연히 발견한 위 입출금전표를 압수한 것이 적법한지, ② 최초의 압수가 위법하다면 다시 제출받은 행위가 임의제출한 물건에 대한 영장에 의하지 아니한 압수(형소법 제218조)로서 적법해질 수 있는 요건이 무엇인지 문제됨

2. 최초 입출금전표 압수의 적법 여부

- 위 입출금전표(1차적 증거)에 대한 압수는 영장 발부의 사유로 된 조경공사계약 체결 및 리베이트 범죄사실과 관련성이 인정되지 않으므로 위법

※수사기관이 인위적인 수색행위 없이 증거를 우연히 발견한 경우에 증거능력을 인정하는 미국 판례법상의 '플레인 뷰(plain view) 이론'은 적용되지 않음

3. 환부 후 다시 제출받은 경우에 증거로 사용할 수 있는 요건

- 검사 S가 甲에게 환부한 후 다시 제출받은 같은 입출금전표는 2차적 증거에 해당
- 2차적 증거의 증거능력은 최초의 절차 위반행위와 2차적 증거 수집 사이의 인과관계의 희석 또는 단절 여부를 중심으로 전체적 종합적으로 판단(대법원 2009. 3. 12, 2008도11437)
- 검사 S가 절차를 시정하려는 노력으로 압수물을 지체 없이 환부하였고 甲에게 제출의 임의성이 인정된다면, 인과관계도 단절되어 증거능력이 인정될 수 있음(대법원 2016. 3. 10, 2013도11233)
- 제출의 임의성은 검사가 합리적 의심을 배제할 수 있을 정도로 증명해야 함
- 임의성이 인정될 경우, 甲이 동의하면 증거로 사용할 수 있고, 부동의하더라도 업무상 필요로 작성한 통상문서에 해당하므로 증거로 사용할 수 있음(형소법 제315조 제2호)

사례 12. [17 – 변시(6) – 2]
2017년 제6회 변호사시험 제2문

(1) 甲, 乙, 丙은 현금자동지급기 부스에서 나오는 사람을 상대로 금원을 빼앗기로 공모한 다음 丙은 범행에 사용할 전자충격기를 구해오기로 하였다. 丙은 전자충격기를 구하여 乙에게 전해 주었으나, 범행에 가담한 것을 후회하고 자신은 그만두겠다고 말한 뒤 잠적하였다.

(2) 이에 甲과 乙은 자신들만으로는 다른 사람의 금원을 빼앗는 것이 어렵다고 판단하여 길가에 주차된 승용차 안에 있는 물건을 훔치기로 계획을 변경하였다. 그리고 A 소유의 자동차를 범행대상으로 삼아 甲은 자동차의 문이 잠겨 있는지를 확인하기 위하여 자동차의 손잡이를 잡아당겨 보고, 乙은 그 옆에서 망을 보았다. 그때 근처에서 두 사람의 행동을 수상히 여기고 이를 지켜보던 경찰관 P가 다가가자 甲과 乙은 각각 도주하였다.

(3) 도주하던 乙은 키가 꽂힌 채 주차되어 있던 丁 소유의 오토바이를 발견하고, 이를 타고 간 후 버릴 생각으로 오토바이에 올라타 시동을 걸어 달아나려는 순간 丁에게 발각되었다. <u>丁은 오토바이를 타고 약 5m 정도 진행하던 乙을 발로 걷어차 바닥에 넘어뜨렸고, 이 과정에서 乙은 전치 3주의 상해를 입었다.</u> 乙은 신고를 받고 출동한 경찰관 P에게 인계되었다.

(4) P는 乙을 인계받아 경찰차에 태운 다음 乙에게 신분증의 제시를 요구하였다. 乙은 얼마 전 길에서 주운 B의 주민등록증 사진이 자신의 용모와 매우 흡사한 것을 기화로 B의 주민등록증을 자신의 신분증인 것처럼 제시하였다. 그리고 P가 신분조회를 하는 틈을 이용하여, 자신이 소지하고 있던 전자충격기로 P에게 충격을 가하여 기절시킨 후 도주하였다. 얼마 후 의식을 회복한 P는 乙이 도주하는 과정에서 떨어뜨리고 간 휴대전화를 압수한 후, 적법한 절차를 거쳐 甲과 乙을 체포하였다. P는 甲과 乙(B 명의)에 대한 조사를 마친 후 검사에게 송치하였고, 검사는 이를 토대로 甲과 乙(B 명의)에 대하여 공소를 제기하였다.

〔2017년 제6회 변호사시험 제2문〕

설 문

1. 위 사례에서 甲, 乙, 丙의 죄책은? (50점)

2. (3)의 밑줄 친 행위에 대하여 乙이 丁을 폭행치상죄로 고소한 경우, 丁의 변호인으로서 폭행치상죄가 성립하지 않음을 주장할 수 있는 근거를 제시하시오. (10점)

3. (4)에서 P가 乙의 휴대전화를 압수한 조치가 적법한지 여부를 서술하시오. (10점)

4. 제1심법원 공판 중 피고인의 성명이 B가 아니라 乙이라는 점이 밝혀진 경우, 검사와 법원이 취해야 할 조치는? (15점)

5. 제1심법원은 甲에 대한 (1) 관련 범죄에 대하여 범죄의 증명이 없다는 이유로 무죄를 선고하고, (2) 관련 범죄만 유죄로 인정하여 징역 1년을 선고하였다. 제1심법원의 판결에 대하여 甲은 항소하지 않고 검사만이 무죄가 선고된 (1) 부분에 대하여 항소한 경우, 검사의 일부상소의 허용 여부 및 항소심의 심판범위를 논하시오. (15점)

해 설

Ⅰ. 제1문 — 甲, 乙, 丙의 형사책임

1. 甲의 형사책임

(1) 금원 강취에 대한 乙, 丙과의 공모·예비행위

폭행 또는 협박으로 타인의 재물을 강취하는 행위는 강도죄(형법 제333조)에 해당한다. 강도죄에서의 폭행·협박은 최협의의 폭행·협박으로서 사회통념상 객관적으로 상대방의 반항을 억압하거나 항거불능케 할 정도의[1] 타인에 대한 일체의 유형력 행사를 말한다. 甲은 乙, 丙과 함께 전자충격기를 이용하여 현금자동지급기 부스에서 나오는 사람을 상대로 돈을 빼앗기로 하였으므로 강도행위를 공모하였다. 한편 강도죄의 실행의 착수시기는 폭행·협박을 개시한 때인데,[2] 甲, 乙, 丙은 전자충격기를 구한 상태에서 더 이상 범행을 진행하지 못하였다. 따라서 甲, 乙, 丙의 행위는 강도예비죄(형법 제343조)에 해당하는지만 문제된다.

예비는 범죄의 실행을 목적으로 하는 준비행위로서 실행의 착수에 이르지 않은 것을 말한다.[3] 범죄의 음모 또는 예비행위가 실행의 착수에 이르지 아니한 때에는 법률에 특별한 규정이 없는 한 벌하지 않는다(형법 제28조). 그러나 침해되는 법익의 가치와 그 행위 또는 행위자의 위험성 때문에 미리 형벌권을 발동할 필요가 있는 때에는 예비를 처벌하는데, 강도예비죄도 처벌규정(형법 제343조)이 있다.

본 사례에서 甲, 乙, 丙은 현금자동지급기 부스에서 나오는 사람을 상대로 금품을 강취하기로 공모하고, 丙이 범행에 사용할 전자충격기를 구하여 乙에게 전해 주었다. 이는 강도 범죄 실현을 위한 준비행위에 해당하고, 이후 甲, 乙, 丙은 범행을 포기하였으므로 강도예비죄에 해당한다. 이처럼 甲, 乙, 丙은 예비행위를 공동하였는데, 예비죄의 공동정범이 가능한지 문제된다. 이에 대해서는 예비죄의 실행행위성을 부정하여 공동정범도 있을 수 없다는 견해도 있으나, 예비죄 자체의 실행행위를 긍정할 수 있으

1) 대법원 2004. 10. 28. 선고 2004도4437 판결.
2) 대법원 1991. 11. 22. 선고 91도2296 판결.
3) 대법원 2009. 10. 29. 선고 2009도7150 판결.

므로 예비죄의 공동정범도 가능하다고 할 것이다(통설·판례[1]). 따라서, 甲, 乙, 丙은 강도예비죄의 공동정범(형법 제343조, 제334조 제2항,[2] 제30조)으로서의 형사책임을 진다.

(2) 乙과의 금품 절취 공모와 자동차의 손잡이를 잡아당긴 행위

甲과 乙은 승용차 안에 있는 물건을 절취하기로 공모한 다음, 甲은 자동차의 손잡이를 잡아당겨 보고, 乙은 그 옆에서 망을 보았다. 이때, 甲과 乙의 행위가 특수절도죄(형법 제331조 제2항)에 해당하는지, 해당할 경우 기수인지 미수인지가 문제된다.

절도죄에서의 실행의 착수시기는 재물에 대한 타인의 사실상의 지배를 침해하는 데 밀접한 행위가 개시된 때인데,[3] 현장에서 객체에 대한 물색행위가 있으면 실행의 착수가 있다고 본다.[4] 판례는 자동차의 유리창을 통하여 그 내부를 손전등으로 비추어 본 것에 불과한 경우에는 실행의 착수에 이른 것이라고 볼 수 없지만,[5] 자동차 문의 손잡이를 당긴 경우에는 실행의 착수가 있다고 본다.[6] 甲이 자동차 문을 열려고 손잡이를 잡아당긴 것은 법익침해에 밀접한 행위로 실행에 착수한 것으로 볼 수 있다.

2명 이상이 합동하여 타인의 재물을 절취한 경우, 특수절도죄가 성립한다. 여기서 '합동'의 개념에 관하여는 ① 가중적 공동정범설, ② 공모공동정범설, ③ 현장설(통설), ④ 현장적 공동정범설의 대립[7]이 있다. 대법원은 주관적 요건으로서의 공모와 객관적 요건으로서의 실행행위의 분담이 있어야 하고, 그 실행행위는 시간적·장소적으로 협동관계가 있음을 요한다고 하여 현장설의 입장으로 이해되며,[8] '망을 본 행위'도 실행행위의 분담에 해당한다[9]고 한다. 따라서 甲과 乙의 행위는 특수절도죄의 구

1) 대법원 1979. 5. 22. 선고 79도552 판결.
2) 형법 제334조 제2항의 특수강도죄에서 규정한 '흉기'는 '위험한 물건'과는 구분되는 것으로, "본래 살상용·파괴용으로 만들어진 것이거나 이에 준할 정도의 위험성을 가진 것으로 봄이 상당하고, 그러한 위험성을 가진 물건에 해당하는지 여부는 그 물건의 본래의 용도, 크기와 모양, 개조 여부, 구체적 범행 과정에서 그 물건을 사용한 방법 등 제반 사정에 비추어 사회통념에 따라 객관적으로 판단하여야 한다"(대법원 2012. 6. 14. 선고 2012도4175 판결. 드라이버는 흉기에 해당하지 않는다고 한 사례). 전자충격기는 사용 여하에 따라서는 사람을 살상할 수도 있으므로 흉기에 해당한다고 볼 수 있다.
3) 대법원 1983. 3. 8. 선고 82도2944 판결; 대법원 2010. 4. 29. 선고 2009도14554 판결.
4) 대법원 1992. 9. 8. 선고 92도1650, 92감도80 판결.
5) 대법원 1985. 4. 23. 선고 85도464 판결.
6) 대법원 1986. 12. 23. 선고 86도2256 판결.
7) 이에 관한 상세는 사례 4. [13-변시(2)-2] 제1문 관련쟁점 '합동범의 본질' 참조.
8) 대법원 1996. 3. 22. 선고 96도313 판결 등.
9) 대법원 1967. 12. 26. 선고 67도1469 판결.

성요건에 해당한다. 한편 절도죄의 기수시기에 대하여는, ① 접촉설, ② 은닉설, ③ 이전설 등이 있으나, ④ 타인의 점유를 자기 또는 제3자의 사실상 지배하에 옮겼을 때라고 하는 취득설이 통설이다. 판례도 같은 입장이다.[1)]

본 사례에서 甲이 자동차의 손잡이를 잡아당겨 보던 중 경찰관 P가 다가가자 甲과 乙이 도주하였으므로 기수에 이르지 못하였다. 따라서 甲과 乙에 대하여 특수절도미수죄(형법 제342조, 제331조 제2항, 제1항)가 성립한다.

(3) 소결

甲에 대하여 강도예비죄의 공동정범과 특수절도미수죄가 각 성립하고, 두 죄는 실체적 경합관계이다.

2. 乙의 형사책임

(1) 금원 강취에 대한 甲, 丙과의 공모행위

위 1. (1)에서 살펴본 바와 같이, 乙에 대하여 강도예비죄의 공동정범이 성립한다.

(2) 甲과의 금품 절취의 공모와 옆에서 망을 본 행위

위 1. (2)에서 살펴본 바와 같이, 乙에 대하여 특수절도미수죄가 성립한다.

(3) 오토바이를 절취하여 운전한 행위

乙은 丁 소유의 오토바이를 훔쳐 타고 달아나려는 순간 丁에게 발각되어 오토바이를 타고 5m 정도 진행하다가 붙잡혔다. 이때 乙이 절도죄(형법 제329조)의 기수에 이르렀는지 문제된다. 절도죄의 기수시기에 대한 통설과 판례의 입장인 취득설에 의하면, 乙이 丁 소유의 오토바이를 5m 정도 운행한 것은 새로운 점유를 취득한 것으로 인정된다. 따라서 乙의 행위는 절도죄의 기수에 해당한다.

다만 乙이 오토바이를 타고 간 후 버릴 생각으로 절취하였는데, 불법영득의사를 인정할 수 있는지 문제된다. 절도죄의 성립에 필요한 불법영득의사란 권리자를 배제하고 타인의 물건을 자기의 소유물과 같이 이용·처분할 의사를 말하고, 영구적으로 그 물건의 경제적 이익을 보유할 의사임은 요치 않으며, 일시 사용의 목적으로 타인의 점유를 침탈한 경우에도 그 사용으로 인하여 물건 자체가 가지는 경제적 가치가

---

1) 대법원 2008. 10. 23. 선고 2008도6080 판결.

상당한 정도로 소모되거나 또는 상당한 장시간 점유하고 있거나 본래의 장소와 다른 곳에 유기하는 경우에는 이를 일시 사용하는 경우라고는 볼 수 없으므로 영득의 의사가 없다고 할 수 없다.[1] 乙은 丁 소유의 오토바이를 타고 간 후에 버릴 생각이었으므로 반환의사가 없어 불법영득의사가 인정된다.[2] 따라서 乙에 대하여 절도죄(형법 제329조)가 성립한다.

(4) B의 주민등록증의 습득 및 제시행위

유실물·표류물 또는 타인의 점유를 이탈한 재물을 횡령한 경우 점유이탈물횡령죄(형법 제360조 제1항)가 성립한다. 본 사례에서 B의 주민등록증은 B의 점유를 이탈한 재물에 해당하고, 乙은 이를 주워 며칠 동안 가지고 다니면서 자신의 신분증인 것처럼 제시하는 등 자기의 사실상의 지배하에 두었으므로 乙에 대하여 점유이탈물횡령죄가 성립한다.

한편, 공무원 또는 공무소의 문서 또는 도화를 부정행사한 경우 공문서부정행사죄(형법 제230조)로 처벌된다. 공문서부정행사죄는 사용권한자와 용도가 특정되어 작성된 공문서 또는 공도화를 사용권한 없는 자가 사용권한이 있는 것처럼 가장하여 부정한 목적으로 행사하거나 또는 권한 있는 자라도 정당한 용법에 반하여 부정하게 행사하는 경우에 성립된다.[3] 주민등록증은 사용권한자와 용도가 특정된 공문서에 해당하고, B의 주민등록증을 사용할 권한이 없는 乙이 자신의 주민등록증인 것처럼 제시하여 권한자인 것처럼 사용하였으므로 공문서부정행사죄가 성립한다.

따라서 乙에 대하여 점유이탈물횡령죄와 공문서부정행사죄가 각 성립하고, 두 죄는 실체적 경합관계이다.

(5) P에 대한 전자충격기 사용 및 도주행위

乙은 丁의 신고를 받고 자신을 인계받은 경찰관 P에게 자신이 소지하고 있던 전자충격기로 충격을 가하여 기절시킨 후 도주하였다. 乙이 사용한 전자충격기가 '위험한 물건'에 해당하는지, 이에 해당된다면 乙이 P를 기절시킨 행위가 특수상해죄(형법 제258조의2 제1항), 특수공무집행방해치상죄(형법 제144조 제1항), 특수도주죄(형법 제146조),

---

1) 대법원 2012. 7. 12. 선고 2012도1132 판결.
2) 불법영득의사에 대한 상세는 사례 10. [16－변시(5회)－2] 제1문의 가. "특수절도죄에서의 불법영득의사 부정" 부분 참조.
3) 대법원 1999. 5. 14. 선고 99도206 판결.

강도상해죄(형법 제337조) 등에 해당하는지 문제된다.

(가) 위험한 물건에 해당하는지 여부

특수상해죄, 특수공무집행방해치상죄 모두 '위험한 물건'을 휴대한 경우에 가중처벌하는 범죄들인데, 여기서 '위험한 물건'이란 그 물건의 객관적 성질과 사용방법에 따라서 사람을 살상할 수 있는 물건을 말한다. '위험한 물건'에 해당하는지 여부는 구체적인 사안에서 사회통념에 비추어 그 물건을 사용하면 상대방이나 제3자가 생명 또는 신체에 위험을 느낄 수 있는지 여부에 따라 판단하여야 한다.[1] 본 사례에서 전자충격기는 사람의 신체에 충격을 가할 용도로 사용할 경우 사람을 살상할 수도 있으므로 '위험한 물건'에 해당한다.

(나) 특수상해죄와 특수공무집행방해치상죄에 해당하는지 여부

乙은 위험한 물건인 전자충격기로 P를 기절시켰는데, 기절의 경우 외부적으로 어떤 상처가 발생하지 않았다고 하더라도 생리적 기능에 훼손을 입은 것이므로 신체에 대한 상해에 해당한다.[2] 따라서 乙의 행위는 특수상해죄(형법 제258조의2 제1항. 1년 이상 10년 이하 징역)에 해당한다. 또한 乙은 정당하게 공무를 집행 중인 경찰관 P에 대하여 상해를 가하였는데, 특수공무집행방해치상죄(형법 제144조 제2항. 3년 이상의 유기징역)에 해당하는지 문제된다. 특수공무집행방해치상죄는 부진정결과적 가중범으로 결과에 대하여 과실이 있는 경우뿐만 아니라 고의가 있는 경우에도 성립한다. 따라서 乙의 행위는 특수공무집행방해치상죄에도 해당한다.

이때, 고의범인 특수상해죄와 부진정결과적 가중범인 특수공무집행방해치상죄의 죄수관계가 문제된다. 두 죄가 각 성립하고 상상적 경합관계라는 견해가 있으나, 판례는 "고의범에 대하여 더 무겁게 처벌하는 규정이 없는 경우에는 결과적 가중범이 고의범에 대하여 특별관계에 있으므로 결과적 가중범만 성립하고 이와 법조경합의 관계에 있는 고의범에 대하여는 별도로 죄를 구성하지 않는다"고 판시하여 부진정결과적 가중범인 특수공무집행방해치상죄만 성립한다고 판시하고 있다.[3]

판례에 의하면 乙에 대하여 특수공무집행방해치상죄만 성립하고, 이와 법조경합의 관계에 있는 특수상해죄는 이에 흡수되어 별도로 성립하지 않는다.

(다) 특수도주죄에 해당하는지 여부

수용설비 또는 기구를 손괴하거나 사람에게 폭행 또는 협박을 가하거나 2인 이

1) 대법원 2010. 4. 29. 선고 2010도930 판결.
2) 대법원 1996. 12. 10. 선고 96도2529 판결.
3) 대법원 2008. 11. 27. 선고 2008도7311 판결. 이에 대한 상세는 사례 1. [12-변시(1)-1] 제1문 2. (2) 참조.

상이 합동하여 도주한 경우 특수도주죄(형법 제146조)로 처벌된다. 도주죄의 주체는 법률에 의하여 체포 또는 구금된 자로, 체포의 경우 영장에 의한 체포에 제한되지 않고 긴급체포나 현행범인체포도 포함된다. 본 사례에서 乙은 丁에게 현행범인으로 체포되어 P에게 인계된 것으로 볼 수 있는데,[1] P에게 폭행을 가하고 도주하였으므로 乙에 대하여 특수도주죄가 성립한다.

㈑ 강도상해죄에 해당하는지 여부

절도가 체포를 면탈할 목적으로 폭행 또는 협박을 가한 때는 준강도(준특수강도)죄가 성립하고(형법 제335조), 강도가 사람을 상해한 때에는 강도상해죄(형법 제337조)가 성립한다. 절도범인인 乙이 자신을 인계받은 P를 전자충격기로 기절시킨 후 도주한 행위가 준특수강도에 의한 강도상해죄에 해당하는지 문제된다. 준강도(준특수강도)죄에서의 '체포의 면탈'은 체포당하는 것을 방지함을 말하는데 乙은 이미 체포되어 인계되어 있는 상태였고, 폭행·협박은 절도의 기회에, 즉 절취 직후에 현장 또는 그 부근에서 행해져야 하는데 절취 후 시간이 경과한 후에 경찰차 안에서 폭행하였으므로 준특수강도죄는 성립하지 않는다. 따라서 강도상해죄도 성립하지 않는다.

(6) 소결

乙에 대하여 강도예비죄의 공동정범, 특수절도미수죄, 절도죄, 점유이탈물횡령죄, 공문서부정행사죄, 특수공무집행방해치상죄, 특수도주죄가 성립하고 각 죄는 실체적 경합관계에 있다.

3. 丙의 형사책임

(1) 문제의 제기

丙은 甲, 乙과 강도행위를 공모한 다음 범행에 사용할 전자충격기를 구해오기로 하고, 실제로 전자충격기를 구하여 乙에게 전해 주었다. 그 후 丙은 범행에 가담한 것을 후회하고 자신은 그만두겠다고 말한 뒤 잠적하였고, 甲과 乙은 자신들만으로는 강도 범행을 하는 것이 어렵다고 판단하고 이를 포기하였다. 위 1. (1), (2)에서 살펴본 바와 같이 丙이 공모 후 전자충격기를 구해 준 행위는 강도예비죄의 공동정범에 해당

---

1) 본 사례에서는 "乙은 신고를 받고 출동한 경찰관 P에게 인계되었다"고만 되어 있을 뿐, 丁이 乙을 현행범인으로 체포하여 P에게 인도하였다(형소법 제213조 제1항)고 명백하게 표현되어 있지 않은 점에 비추어, 乙은 도주죄의 주체에 해당하지 않고, 따라서 특수도주죄가 성립하지 않는다는 주장도 가능할 것으로 보인다.

한다. 그런데 甲과 乙과는 달리 丙은 그 단계에서 자의로 이탈하였기 때문에 ① 공모관계에서의 이탈에 해당하는지, ② 예비의 중지범에 해당하는지가 문제된다. 한편, 丙의 이탈 후의 甲과 乙의 특수절도미수죄에 대해서는 丙이 사전에 공모한 사실이 없으므로 아무런 형사책임을 지지 않음은 물론이다.

(2) 공모관계로부터의 이탈 여부

판례는 공모자의 1인이 다른 공모자가 실행행위에 이르기 전에 공모관계에서 이탈한 때에는 다른 공모자의 그 후의 행위에 관하여 공동정범으로서의 책임을 지지 않는다고 한다.[1] 이를 '공모관계로부터의 이탈'이라고 하는데, 다른 공모자가 공모한 범죄의 실행행위에 착수한 것을 전제로 논의되는 것이다. 그런데 본 사례에서는 甲과 乙이 특수강도죄의 실행행위에 착수한 바가 없으므로 '공모관계로부터의 이탈'은 처음부터 문제될 여지가 없다. 나아가 특수강도죄에 대한 방조로 볼 여지도 전혀 없다.

(3) 예비죄의 중지범 여부

범인이 실행에 착수한 행위를 자의로 중지하거나 그 행위로 인한 결과의 발생을 자의로 방지한 경우에는 형을 감경하거나 면제한다(형법 제26조). 이를 중지미수라고 하는데, 중지미수에서의 '자의성'에 대하여 판례는 가책, 동정 등 내부적 동기로 중지한 경우 중지미수를 인정하고 있다.[2] 본 사례에서 丙이 전자충격기를 구하여 건네준 행위는 강도예비죄에 해당하는데, 그후 범행에 가담한 것을 후회하고 잠적하였다. 이는 내부적 동기에 의한 것이므로 丙에 대하여 중지미수의 규정을 준용하여 필요적 감면을 할 수 있는지 문제되는데, 이는 '예비의 중지'가 인정되는지의 문제이다.

이에 대하여 ① 예비행위를 거쳐 실행에 착수한 후에 중지하면 형을 필요적 감면함에 반하여, 실행 착수 전에 중지한 때에는 예비죄로 처벌되는 것은 불합리하므로 예비의 중지를 인정하여야 한다는 긍정설, ② 중지미수는 미수의 일종이므로 실행에 착수한 이후에 자의로 중지하였을 때에만 중지미수가 될 수 있어, 범죄의 실행에 착수하지 아니한 예비행위에는 준용될 수 없다는 부정설이 대립한다. 판례는 실행의 착수가 있기 전인 예비·음모의 단계에서는 중지미수의 관념을 인정할 여지가 없다고 판시하고 있다.[3] 생각건대 예비의 미수는 논리상 있을 수 없고, 범죄에 대한 준비행

1) 대법원 1996. 1. 26. 선고 94도2654 판결.
2) 이에 대한 상세는 사례 6. [14－변시(3)－1] 제1문 관련쟁점 '중지미수에서의 자의성에 관한 판례' 참조.
3) 대법원 1966. 4. 21. 선고 66도152 전원합의체 판결; 대법원 1991. 6. 25. 선고 91도436 판결.

위로 인하여 예비죄는 완성되었으므로 이를 감면할 수는 없다는 점에서 판례의 태도가 타당하다. 따라서 丙에 대하여 강도예비죄의 공동정범이 성립할 뿐, 형법 제26조는 적용되지 않는다.

예비의 중지

중지미수는 미수의 일종이므로 실행에 착수한 이후에 자의로 중지하였을 때에만 중지미수가 될 수 있다. 따라서 범죄의 실행에 착수하지 아니한 예비행위를 중지한 때에는 중지미수의 규정이 적용될 수 없다. 그러나 예비행위를 거쳐 실행에 착수한 후에 중지하면 형을 필요적으로 감면함에 반해, 실행 착수 이전에 중지한 때에는 예비죄로 처벌받는 것에 형에 불균형이 발생한다. 여기서 중지미수의 규정을 예비에 대하여 준용할 수 있는가에 대하여 부정설과 긍정설이 대립하고 있다.

1. 부정설
부정설은 실행에 착수하지 아니한 예비에 대하여는 중지미수의 규정을 준용할 수 없다고 해석한다. 이로 인한 처벌의 불균형에 대해서 부정설은 다시 ① 자수의 정도에 이른 때에 한하여 자수의 필요적 감면규정(형법 제90조 제1항 단서, 제101조 제1항 단서 등)을 유추적용해야 한다는 견해, ② 예비를 처벌하는 경우에는 중지미수에 대하여도 형의 면제를 허용하지 않아야 한다는 견해가 대립한다.

2. 긍정설
긍정설은 예비에 대하여도 중지미수의 규정을 준용해야 된다고 한다. 중지미수의 규정이 준용되는 범위에 대하여 긍정설은 다시 ① 예비의 형이 중지미수의 형보다 무거운 때 형의 균형상 중지미수의 규정을 준용할 수 있다는 견해, ② 예비의 중지에 있어서 언제나 중지미수의 규정을 준용하여야 하며, 감경 또는 면제해야 할 대상형도 기수형이 아니라 예비·음모죄의 형이어야 한다는 견해가 대립한다.

3. 판례
이에 대하여 판례는 일관하여 실행의 착수가 있기 전인 예비·음모의 단계에서는 중지미수의 관념을 인정할 여지가 없다[1]고 한다.

---

1) 대법원 1991. 6. 25. 선고 91도436 판결. 본 판결 평석은 김재윤, "예비의 중지", 형법판례 150선(제3판), [41], 94-95면.

4. 설문의 해결

甲에 대하여 강도예비죄의 공동정범과 특수절도미수죄가 각 성립하고, 두 죄는 실체적 경합관계이다. 乙에 대하여 강도예비죄의 공동정범, 특수절도미수죄, 절도죄, 점유이탈물횡령죄, 공문서부정행사죄, 특수공무집행방해치상죄, 특수도주죄가 성립하고 각 죄는 실체적 경합관계에 있다. 丙에 대하여 강도예비죄의 공동정범이 성립한다.

Ⅱ. 제2문 — 丁의 폭행치상죄에 대한 위법성조각의 근거

1. 문제의 제기

丁은 자기 소유 오토바이를 절취하여 달아나는 乙을 발로 걷어차 바닥에 넘어뜨려 乙로 하여금 전치 3주의 상해를 입게 하였다. 위와 같은 행위로 丁이 폭행치상죄로 고소를 당하였을 경우, 丁의 변호인으로서 어떠한 위법성조각사유를 주장할 수 있는지 문제된다.

2. 정당방위 해당 여부

현재의 부당한 침해로부터 자기 또는 타인의 법익을 방위하기 위하여 한 행위로 상당한 이유가 있는 경우에는 정당방위(형법 제21조)에 해당되어 위법성이 조각된다. 즉, 정당방위는 ① 현재의 부당한 침해, ② 자기 또는 타인의 법익을 방위하기 위한 행위, ③ 상당한 이유의 세 가지 요건이 충족되어야 인정된다.

본 사례에서 乙의 절취행위라는 현재의 급박하고 부당한 침해가 있었고, 丁이 자신의 재산권을 방위하기 위하여 위 행위를 하였으므로 위 ①과 ②의 요건은 인정된다. 한편 ③의 '방위행위의 상당성'은 침해행위에 의하여 침해되는 법익의 종류, 정도, 침해의 방법, 침해행위의 완급과 방위행위에 의하여 침해될 법익의 종류, 정도 등 일체의 구체적 사정들을 참작하여 판단하여야 하는데,[1] 오토바이를 타고 달아나는 범인을 발로 걷어차 제압하는 것은 사회상규에 비추어 상당한 정도를 넘지 않는다. 따라서 丁에 대하여 정당방위가 성립하여 위법성이 조각된다고 주장할 수 있다.

1) 대법원 2007. 4. 26. 선고 2007도1794 판결.

3. 정당행위 해당 여부

법령에 의한 행위 또는 업무로 인한 행위 기타 사회상규에 위배되지 아니하는 행위는 정당행위에 해당되어 벌하지 아니한다(형법 제20조). 사인의 현행범인체포(형소법 제212조)는 법령에 의한 행위로서 위법성이 조각된다. 다만, 현행범인체포의 요건인 행위의 가벌성, 범죄의 현행성·시간적 접착성, 범인·범죄의 명백성, 체포의 필요성 즉, 도망 또는 증거인멸의 염려가 있어야 한다. 본 사례에서 乙은 절도의 현행범인에 해당함이 명백하고, 오토바이를 타고 도망하려고 하였으므로 체포의 필요성도 인정되어, 사인인 丁이 현행범인인 乙을 체포할 수 있는 요건은 갖추었다. 한편, 적정한 한계를 벗어나는 체포행위는 그 부분에 관한 한 법령에 의한 행위로 볼 수 없다. 적정한 한계를 벗어나는 행위인가 여부는 정당행위의 요건인 ① 그 행위의 동기나 목적의 정당성, ② 행위의 수단이나 방법의 상당성, ③ 보호법익과 침해법익의 권형성(權衡性), ④ 긴급성, ⑤ 그 행위 이외의 다른 수단이나 방법이 없다는 보충성의 요건을 모두 갖추었는지 여부에 따라 결정된다.[1]

본 사례에서 丁의 행위는 그 자체로서는 다소 공격적인 행위로 보이지만 자기 소유의 오토바이를 타고 달아나는 절도 범인을 걷어차 바닥에 넘어뜨리는 행위는 사회통념상 허용될 수 있는 행위로서 위와 같은 적정한 한계를 벗어나는 행위라고 볼 수 없을 뿐 아니라, 결과적으로 乙이 넘어져 전치 3주의 상해를 입었더라도 그것이 사회통념상 허용될 수 없는 행위라고 보기는 어렵다.[2] 따라서 丁의 행위는 정당행위에 해당되어 위법성이 조각된다고 주장할 수 있다.

4. 긴급피난 또는 자구행위 해당 여부

자기 또는 타인의 법익에 대한 현재의 위난을 피하기 위한 상당한 이유 있는 행위는 긴급피난에 해당되어 위법성이 조각된다(형법 제22조 제1항). 丁의 행위는 자기의 법익에 대한 현재의 위난에 대처하기 위한 행위에는 해당한다. 그런데 긴급피난이 인정되기 위해서는 현재의 위난을 모면하기 위한 의사, 즉 '피난의사'가 인정되어야 하는데, 丁은 '방위의사'로 乙을 발로 걷어찼다. 따라서 丁의 행위는 긴급피난에 해당된다고 보기는 어렵다.

---

1) 대법원 1999. 1. 26. 선고 98도3029 판결.

2) 대법원은 피고인의 차를 손괴하고 도망하려는 피해자를 도망하지 못하게 멱살을 잡고 흔들어 피해자에게 전치 14일의 흉부찰과상을 가한 경우, 정당행위에 해당한다고 판시하였다(대법원 1999. 1. 26. 선고 98도3029 판결).

한편 법률에서 정한 절차에 따라서는 청구권을 보전할 수 없는 경우에 그 청구권의 실행이 불가능해지거나 현저히 곤란해지는 상황을 피하기 위하여 한 행위는 상당한 이유가 있는 때에는 자구행위로서 위법성이 조각된다(형법 제23조). 절도범인을 현장에서부터 추적하여 재물을 탈환하는 행위를 자구행위라고 하는 견해도 있으나, 절도죄가 기수에 달한 때에 법익침해가 현장에서 계속되는 상태에 있으면 현재의 침해라고 할 수 있으므로 정당방위가 성립한다고 해석하는 것이 타당하다(통설).

5. 설문의 해결

丁이 乙을 가격하여 상해를 입힌 행위에 대하여 丁의 변호인으로서는 정당방위(형법 제21조) 또는 정당행위(형법 제20조)에 해당하여 위법성이 조각된다는 주장을 할 수 있다.

Ⅲ. 제3문—P의 휴대폰 압수의 적법성

1. 문제의 제기

수사기관의 압수·수색은 강제처분으로서 원칙적으로 영장을 요한다(형소법 제215조 제1항). 그러나 피의자 기타인의 유류한 물건이나 소유자·소지자 또는 보관자가 임의로 제출한 물건은 영장 없이 압수할 수 있고(형소법 제218조), 범행 중 또는 범행직후의 범죄장소에서 긴급을 요하여 법원판사의 영장을 받을 수 없는 때에는 영장 없이 압수, 수색 또는 검증을 할 수 있다(형소법 제216조 제3항).

본 사례에서 경찰관 P는 乙에게 전자충격기로 충격을 당하여 기절한 후 의식을 회복하여 乙이 도주 과정에서 떨어뜨리고 간 휴대전화를 영장 없이 압수하였다. 이와 같이 P가 乙의 휴대전화를 압수한 조치가 ① 유류한 물건의 압수와 ② 범죄장소에서의 압수로서 적법한지 문제된다.[1)]

2. 유류물의 압수요건을 충족하는지 여부

유류물에 대한 압수는 점유취득이 임의적이므로 영장 없이 압수할 수 있고, 사후영장도 요하지 않는다. 유류물은 유실물보다 넓은 개념으로서 범인이 버리고 간 흉기,

---

1) 현행범인으로 체포된 후 경찰관 P에게 인계되어 P가 경찰차에 태운 다음에 신원조회를 하는 등 시간이 다소 경과된 상태이므로 체포현장에서의 영장 없는 압수(형소법 제216조 제1항 제2호)로 보기는 어렵다.

혈흔, 지문,[1] 족적은 물론, 차량이 대전차 방호벽에 충돌한 살인사건에서 대전차 방호벽의 안쪽 벽면에 부착된 철제구조물에서 발견된 강판조각,[2] 도로상의 쓰레기통에 버려진 쓰레기[3] 등이 이에 포함된다.

본 사례에서 乙이 도주하는 과정에서 떨어뜨리고 간 휴대전화는 유류물에 해당하고 사후영장도 필요하지 않으므로, P의 압수는 적법하다.[4]

3. 범죄장소에서의 압수요건을 충족하는지 여부

범행 중 또는 범행직후의 범죄장소에서 긴급을 요하여 법원판사의 영장을 받을 수 없는 때에는 영장 없이 압수, 수색 또는 검증을 할 수 있다. 이 경우에는 사후에 지체 없이 영장을 발부받아야 한다(형소법 제216조 제3항). 범행 중 또는 범행 직후의 범죄장소면 충분하고, 피의자가 현장에 있거나 체포되었을 것을 요하지 않는다.

본 사례에서 乙이 공문서부정행사죄, 특수공무집행방해치상죄, 특수도주죄의 범행을 한 직후이고, 휴대전화를 떨어뜨리고 간 장소는 범행 직후의 범죄장소에 해당한다. 따라서 P의 압수 자체는 적법하지만, 사후에 영장을 발부받아야 한다.

4. 설문의 해결

P는 형사소송법 제218조의 유류물에 대한 압수와 제216조 제3항의 범죄장소에서의 압수로서 乙의 휴대전화를 영장 없이 압수할 수 있다. 다만, 후자의 경우 사후에 지체 없이 영장을 발부받지 않으면 위법한 압수가 된다.

Ⅳ. 제4문 — 성명모용소송에 대한 검사와 법원의 조치

1. 문제의 제기

P는 乙을 B로 오인하여 조사한 결과를 검사에게 송치하였고, 검사도 이를 토대로 乙에 대하여 B 명의로 공소를 제기하였다. 이때 제1심법원 공판 중 피고인의 성명이 B

---

1) 대법원 2008. 10. 23. 선고 2008도7471 판결.
2) 대법원 2011. 5. 26. 선고 2011도1902 판결.
3) 最決 2008. 4. 15. 刑集 62·5·1398.
4) 유류물의 압수는 제출자의 존재를 생각하기 어려우므로 영장에 의한 압수나 임의제출에 따른 압수에 요구되는 관련성, 참여권자의 참여 등에 관한 제한이 적용되지 않는다(대판 2024. 7. 25. 선고 2021도1181 판결).

가 아니라 乙이라는 점이 밝혀진 경우, ① 공소제기의 인적 효력이 乙(모용자)과 B(피모용자) 중 누구에게 미치는지, ② 검사와 법원이 어떠한 조치를 취해야 하는지 문제된다.

2. 성명모용소송에서 공소제기의 인적 효력범위

공소는 검사가 피고인으로 지정한 사람 외의 다른 사람에게는 그 효력이 미치지 아니한다(형소법 제248조 제1항). 문제는 乙이 B의 성명을 모용하여 공소장에 B가 피고인으로 기재된 경우, 공소제기의 효력이 乙과 B 중 누구에게 미치느냐에 있다.

피고인을 특정하는 기준에 관해서는 ① 검사의 의사를 기준으로 해야 한다는 의사설, ② 공소장에 피고인으로 표시된 자가 피고인이라는 표시설, ③ 실제로 피고인으로 행위하거나 피고인으로 취급된 자가 피고인이라는 행위설이 대립한다. 통설은 절차의 확실성을 유지하기 위하여 표시설을 중심으로 하면서도 행위설과 의사설을 함께 고려하여 피고인을 결정해야 한다는 견해(실질적 표시설)이다. 통설인 실질적 표시설에 의해서도 성명모용소송의 경우 누가 피고인이 되는가는 구체적으로 검토해 보아야 한다.

이에 대하여 ① 공소장 송달의 시점에는 피모용자가 피고인이지만 공판기일에서 모용자가 성명을 모용한 것임이 밝혀지면 모용자가 피고인이 된다는 견해와, ② 성명모용의 경우에 피모용자는 피고인이 아니고 모용자만 피고인이 된다고 해석하는 견해가 있다. 성명이 모용되었다는 것만으로 피모용자가 피고인이 된다고 하는 것은 타당하다고 할 수 없으므로 모용자인 乙만이 피고인이 된다고 해석하는 ②설이 타당하다. 판례도 같은 입장이다.[1]

따라서 본 사례에서 검사가 공소장에 B를 피고인으로 기재하였다 하더라도 乙이 피고인이 된다.

3. 성명모용소송에서 검사와 법원의 조치

공소제기의 효력은 乙에게만 미치므로 검사는 모용관계를 바로잡기 위하여 공소장정정절차에 의하여 피고인의 표시를 정정하면 된다.[2] 따라서 공소장변경의 절차를 밟을 필요가 없고 법원의 허가도 필요로 하지 않는다(**관련판례**). 법원은 검사가 피고인 표시를 정정하면 乙에 대하여 재판을 계속 진행하면 되고, 피고인 표시를 정정하지 않으면 공소제기의 방식이 형사소송법 제254조의 규정에 위반하여 무효이므로 공소

---

1) 대법원 1984. 9. 25. 선고 84도1610 판결.
2) 대법원 1984. 9. 25. 선고 84도1610 판결; 대법원 1985. 6. 11. 선고 85도756 판결.

기각의 판결(형소법 제327조 제2호)을 선고하여야 한다(**관련판례**[1]).

4. 설문의 해결

본 사례에서 피고인은 피모용자 B가 아닌 모용자 乙이므로, 검사는 B에서 乙로의 공소장의 피고인 인적사항 표시정정절차를 거쳐야 하고, 법원은 검사가 피고인 표시를 정정하면 乙에 대하여 심판하면 되지만 정정하지 않으면 B에 대하여 공소기각의 판결을 선고하여야 한다.

V. 제5문 — 일부상소의 허용 여부 및 항소심의 심판범위

1. 문제의 제기

제1심법원은 甲의 (1) 부분 범죄에 대하여 무죄를 선고하고, (2) 부분 범죄에 대

---

1) (**관련판례**) 대법원 1993. 1. 19. 선고 92도2554 판결 【도박】. 「가. 피의자가 다른 사람의 성명을 모용한 탓으로 공소장에 피모용자가 피고인으로 표시되었다 하더라도 이는 당사자의 표시상의 착오일 뿐이고 검사는 모용자에 대하여 공소를 제기한 것이므로 모용자가 피고인이 되고 피모용자에게 공소의 효력이 미친다고 할 수 없고, 이와 같은 경우 검사는 공소장의 인적 사항의 기재를 정정하여 피고인의 표시를 바로잡아야 하는 것인바, 이는 피고인의 표시상의 착오를 정정하는 것이지 공소장을 변경하는 것이 아니므로 형사소송법 제298조에 따른 공소장변경의 절차를 밟을 필요가 없고 법원의 허가도 필요로 하지 아니한다.

나. 위 "가"항에 있어 검사가 공소장의 피고인 표시를 정정하여 모용관계를 바로잡지 아니한 경우에는 외형상 피모용자 명의로 공소가 제기된 것으로 되어 있어 공소제기의 방식이 형사소송법 제254조의 규정에 위반하여 무효라 할 것이므로 법원은 공소기각의 판결을 선고하여야 하고, 검사가 피고인 표시를 바로잡은 경우에는 처음부터 모용자에 대한 공소의 제기가 있었고 피모용자에 대한 공소의 제기가 있었던 것이 아니므로 법원은 모용자에 대하여 심리하고 재판을 하면 되지 원칙적으로 피모용자에 대하여 심판할 것이 아니다.

다. 피모용자가 약식명령에 대하여 정식재판을 청구하여 피모용자를 상대로 심리를 하는 과정에서 성명모용사실이 발각되어 검사가 공소장을 정정하는 등 사실상의 소송계속이 발생하고 형식상 또는 외관상 피고인의 지위를 갖게 된 경우에 법원으로서는 피모용자에게 적법한 공소의 제기가 없었음을 밝혀 주는 의미에서 형사소송법 제327조 제2호를 유추적용하여 공소기각의 판결을 함으로써 피모용자의 불안정한 지위를 명확히 해소해 주어야 하고, 피모용자가 정식재판을 청구하였다 하여도 모용자에게는 아직 약식명령의 송달이 없었다 할 것이어서 검사는 공소장에 기재된 피고인의 표시를 정정할 수 있으며, 법원은 이에 따라 약식명령의 피고인 표시를 경정할 수 있고, 본래의 약식명령정본과 함께 이 경정결정을 모용자에게 송달하면 이때에 약식명령의 적법한 송달이 있다고 볼 것이며, 이에 대하여 소정의 기간 내에 정식재판의 청구가 없으면 약식명령은 확정된다.」

본 판결 평석은 김상희, "성명모용과 피고인의 특정", 형사판례연구 〔2〕, 1996, 238－254면.

같은 취지의 판결로는 대법원 1992. 4. 24. 선고 92도490 판결; 대법원 1997. 11. 28. 선고 97도2215 판결.

하여는 유죄를 선고하였다. 즉, 강도예비죄에 대해서는 무죄를 선고하고, 이와 실체적 경합관계에 있는 특수절도미수죄에 대해서는 유죄를 선고하였다. 이에 대하여 甲은 항소하지 않고 검사만이 무죄부분에 대하여 항소하였는데, 검사의 무죄부분에 대한 일부상소가 허용되는지, 허용될 경우 항소심의 심판범위가 어디까지인지 문제된다.

2. 검사의 일부상소 허용 여부

상소는 재판의 일부에 대하여 할 수 있고(형소법 제342조 제1항), 일부에 대한 상소는 그 일부와 불가분의 관계에 있는 부분에 대하여도 효력이 미친다(동조 제2항). 이를 상소불가분의 원칙이라고 한다. 일부상소가 허용되기 위해서는 재판의 내용이 분할할 수 있고 독립된 판결이 가능하여야 한다. 따라서 실체적 경합범의 관계에 있는 수개의 공소사실의 일부에 대하여 유죄, 다른 부분에 대하여 무죄·면소·공소기각·관할위반 또는 형의 면제의 판결이 선고된 때에는 일부상소를 할 수 있다.

본 사례에서 강도예비죄와 특수절도미수죄는 실체적 경합관계에 있고, 강도예비죄는 무죄, 특수절도미수죄는 유죄가 선고되어 재판의 내용이 분할 가능하여 독립된 판결을 할 수 있다. 따라서 검사가 무죄부분만을 상소하는 일부상소는 허용된다.

3. 항소심의 심판범위

검사만이 무죄부분을 일부상소한 경우의 항소심의 심판범위에 대해서는 ① 전부파기설과 ② 일부파기설이 대립한다. ①의 전부파기설은 경합범으로 수개의 주문이 선고되고 일부만 상소한 경우 상소제기의 효력은 전체에 대하여 미친다는 견해이다. 따라서 검사가 무죄부분만을 상소한 경우에도 원심판결을 파기하는 경우에 상소심은 유죄부분까지 전부 파기하여야 한다. 이는 무죄부분만을 파기하여 원심에서 다시 형을 정하는 경우 피고인은 형법 제37조 후단과 제39조 제1항에 따라 두 개의 유죄판결을 받게 되어 과형상의 불이익을 초래할 수 있고, 경우에 따라서는 불이익변경금지의 원칙에 의하여 피고인에게 형을 선고할 수 없게 되어 과형 없는 유죄판결을 초래하지 않을 수 없다는 것을 이유로 한다. ②의 일부파기설은 피고인과 검사가 상소하지 않은 유죄부분은 상소기간이 지남으로써 확정되고, 상소심에 계속된 사건은 무죄부분에 대한 공소뿐이라는 견해이다(통설). 따라서 상소심에서 원심판결을 파기하는 경우는 무죄부분만을 파기할 수밖에 없다고 한다. 상소에 의하여 한 개의 형이 선고될 가능성이 있다는 이유만으로 전체에 대하여 상소의 효력이 발생한다고 할 수는 없고, 불이익변경금지의 원칙은 형을 다시 정할 때 고려하면 된다는 점을 근거로 한다. 판례는 일부파기설의 입장이다.[1)]

통설·판례의 입장을 따르면, 항소심의 심판범위는 검사가 항소한 무죄부분인 (1) 부분 범죄에 한정된다. 만약 (2) 부분 범죄에 대한 유죄판결이 확정된 상태에서 항소가 이유 있어 파기하고 자판하는 경우(형소법 제364조 제6항)라면, (1) 부분 범죄에 대해서 형법 제37조 후단 경합범으로서 유죄를 선고하여야 하고, 이때 형법 제39조 제1항이 적용된다.

4. 설문의 해결

검사만이 무죄가 선고된 (1) 부분 범죄에 대하여 항소하는 것은 가능하며, 항소심은 (1) 부분 범죄에 대하여만 심판하여야 한다.

---

1) 대법원 1992. 1. 21. 선고 91도1402 전원합의체 판결; 대법원 2022. 1. 13. 선고 2021도13108 판결. 이에 대한 상세는 사례 1. [12−변시(1)−1] 제4문 '항소심 심판범위와 조치' 부분 참조.

2017년 제6회 변호사시험 강평

형사법 제2문

I. 甲, 乙, 丙의 형사책임

• 사실관계

甲, 乙, 丙	• 강도 공모 • 丙이 전자충격기를 구해서 乙에게 줌 • 丙이 잠적하자 甲, 乙은 범행 포기
甲, 乙	• 甲이 A 소유 자동차 안에 있는 물건을 절취하려고 손잡이를 잡아당겨 보고, 乙은 망을 봄
乙	• 丁 소유 오토바이를 타고 간 후 버릴 생각으로 시동을 걸고 5미터 진행 • 습득하여 가지고 있던 B의 주민등록증을 경찰관 P에게 제시 • 전자충격기로 P를 기절시킨 후 도주

1. 甲의 형사책임

(1) 금원 강취에 대한 乙, 丙과의 공모행위

- 폭행 또는 협박으로 타인의 재물을 강취하는 행위는 강도죄(형법 제333조)에 해당
- '예비'는 범죄의 실행을 목적으로 한 준비행위로서 실행의 착수에 이르지 않은 것을 말하는데, 강도예비죄(형법 제343조)는 처벌
- 강도죄의 실행의 착수시기는 폭행·협박을 개시한 때
- 甲, 乙, 丙이 강도를 모의하고, 丙이 전자충격기를 구하여 乙에게 전해 준 것은 예비행위에 해당하고, 이후 범행을 포기하였으므로 강도예비죄에 해당
- 예비죄의 공동정범이 가능한지에 대해서는 긍정설(통설)과 부정설이 대립되는데, 판례는 긍정설의 입장(대법원 1979. 5. 22. 79도552)
- 甲에 대하여 강도예비죄의 공동정범(형법 제343조, 제334조 제2항, 제30조) 성립

(2) 乙과의 절취 공모와 자동차 손잡이를 잡아당긴 행위

- 절도죄의 실행의 착수시기는 재물에 대한 타인의 사실상의 지배를 침해하는 데 밀접한 행위가 개시된 때인데,
- 甲이 A 소유 자동차의 손잡이를 잡아당겨 본 행위는 절도죄의 실행의 착수에 해당(대법원 1986. 12. 23. 86도2256)
- 2명 이상이 합동하여 타인의 재물을 절취한 경우, 특수절도죄(형법 제331조 제2항) 성립
- '합동'의 개념에 대하여는 가중적 공동정범설, 공모공동정범설, 현장설(통설), 현장적 공동정범설 대립

- 판례는 공모와 실행행위의 분담이 있어야 하고, 그 실행행위는 시간적·장소적으로 협동관계에 있어야 한다는 판시하여(대법원 1996. 3. 22, 96도313), 현장설의 입장
- 乙은 망을 보았는데, 이는 실행행위의 분담에 해당(대법원 1967. 12. 26, 67도1469)
- 절도죄의 기수시기에 대해서는 접촉설, 은닉설, 이전설도 있으나, 타인의 점유를 자기 또는 제3자의 사실상 지배하에 옮겼을 때라는 취득설이 통설 및 판례(대법원 2008. 10. 23. 2008도6080)
- 특수절도미수죄(형법 342조, 제331조 제2항, 제1항) 성립

(3) 죄수관계

- 강도예비죄의 공동정범과 특수절도미수죄는 실체적 경합관계

2. 乙의 형사책임

(1) 금원 강취에 대한 甲, 丙과의 공모행위

- 강도예비죄의 공동정범 성립

(2) 甲과의 금품 절취의 공모와 옆에서 망을 본 행위

- 특수절도미수죄 성립

(3) 오토바이를 절취하여 5미터 정도 운전한 행위

- 丁 소유의 오토바이를 훔쳐 5미터 정도 운전하여 갔으므로 절도죄(형법 제329조)의 기수에 해당
- 타고 간 후 버릴 생각이었으므로 불법영득의사도 인정되어(대법원 2012. 7. 12, 2012도1132), 절도죄 성립

(4) B의 주민등록증의 습득 및 제시행위

- 길에서 주운 B의 주민등록증을 며칠 동안 가지고 다니면서 자신의 신분증인 것처럼 제시까지 하였으므로 점유이탈물횡령죄(형법 제360조 제1항) 성립
- 공문서부정행사죄(형법 제230조)는 사용권한자와 용도가 특정되어 작성된 공문서 또는 공도화를 ① 사용권한 없는 자가 사용권한이 있는 것처럼 가장하여 부정한 목적으로 행사하거나 또는 ② 권한 있는 자가 정당한 용법에 반하여 부정하게 행사하는 경우에 성립(대법원 1999. 5. 14, 99도206)
- 乙의 행위는 ①에 해당되어 공문서부정행사죄 성립

(5) P에 대한 전자충격기 사용 및 도주행위

- 전자충격기는 '위험한 물건'에 해당

1) 특수상해죄와 특수공무집행방해치상죄의 성립 여부

- 乙은 전자충격기로 P를 기절시켰는데, '기절'은 생리적 기능에 훼손을 입은 것이므로 상해에 해당(대법원 1996. 12. 10, 96도2529)
- 특수상해죄(형법 제258조의2 제1항. 1년 이상 10년 이하 징역) 성립
- 정당하게 공무집행 중인 경찰관에게 상해를 가하였으므로 특수공무집행방해치상죄(형법 제144조 제2항. 3년 이상의 유기징역)에 해당될 수 있음

- 특수공무집행방해치상죄는 부진정결과적 가중범
- 특수상해죄와 특수공무집행방해치상죄의 관계에 대하여는 ① 두 죄가 성립하고 상상적 경합관계라는 견해도 있으나,
- ② 판례는 "고의범에 대하여 더 무겁게 처벌하는 규정이 없는 경우에는 결과적 가중범이 고의범에 대하여 특별관계에 있으므로 결과적 가중범만 성립하고, 이와 법조관계에 있는 고의범에 대하여는 별도의 죄를 구성하지 않는다"고 판시(대법원 2008. 11. 27, 2008도7311)
- 판례에 의하면 乙에 대하여 특수공무집행방해치상죄 성립

2) 특수도주죄의 성립 여부

- 乙은 丁에게 현행범인으로 체포되어 P에게 인계된 상태에서 P에게 폭행을 가하고 도주하였으므로 특수도주죄(형법 제146조) 성립

(6) 죄수관계

- 강도예비죄의 공동정범, 특수절도미수죄, 절도죄, 점유이탈물횡령죄, 공문서부정행사죄, 특수공무집행방해치상죄, 특수도주죄가 각 성립하고, 각 죄는 실체적 경합관계

3. 丙의 형사책임

- 丙이 전자충격기를 구하여 乙에게 전달하였으므로 강도예비죄의 공동정범 성립
- 그 후 범행에 가담한 것을 후회하고 그만두겠다고 말한 뒤 잠적한 행위가 ① 공모관계에서의 이탈에 해당하는지, ② 예비죄의 중지범에 해당하는지 문제됨

(1) 공모관계에서의 이탈

- 甲과 乙이 특수강도죄의 실행행위에 착수한 바가 없으므로 공모관계에서의 이탈이 인정될 여지 없음(대법원 1996. 1. 26, 94도2654)
- 마찬가지로 특수강도죄의 방조로 볼 여지도 없음

(2) 예비죄의 중지범 여부

- 범인이 실행에 착수한 행위를 자의로 중지하거나 그 행위로 인한 결과의 발생을 자의로 방지한 때에는 형을 감경하거나 면제(형법 제26조) ☞ 중지미수
- 丙이 범행 가담을 후회하고 스스로 그만두었으므로 '자의성'은 인정됨
- 예비의 중지를 인정할 것인지에 대해서는 긍정설과 부정설(통설)이 대립되는데, 판례는 실행의 착수가 있기 전인 예비·음모의 단계에서는 중지미수의 관념을 인정할 수 없다고 판시하여(대법원 1966. 4. 21, 66도152 전원합의체) 부정설의 입장
- 丙에 대하여 형법 제26조는 적용되지 않음

II. 丁의 폭행치상죄에 대한 위법성조각의 근거

- 丁은 자기 소유 오토바이를 절취하여 달아나는 乙을 발로 걷어차 바닥에 넘어뜨려 乙로 하여금 전치 3주의 상해를 입힘
- 丁이 폭행치상죄로 고소를 당하였을 경우, 丁의 변호인으로서는 어떠한 위법성조각 사유를 주장할 수 있는지 문제됨

1. 정당방위 해당 여부

- 현재의 부당한 침해로부터 자기 또는 타인의 법익을 방위하기 위하여 한 행위로 상당한 이유가 있는 경우에는 정당방위(형법 제21조)에 해당되어 위법성이 조각됨

- 乙의 절취행위라는 현재의 부당한 침해가 있었고,
- 재산권이라는 법익을 방위하기 위한 행위이고,
- 오토바이를 타고 달아나는 범인을 발로 걷어차 제압하는 것은 상당한 이유가 있는 점에 비추어,
- 丁의 변호인은 丁의 행위가 정당방위에 해당되어 위법성이 조각된다고 주장할 수 있음

2. 정당행위 해당 여부

- 법령에 의한 행위 또는 업무로 인한 행위 기타 사회상규에 위배되지 아니하는 행위는 정당행위(형법 제20조)에 해당되어 위법성이 조각됨
- 사인의 현행범인체포(형소법 제212조)는 법령에 의한 행위이고,
- 丁의 현행범인체포는 행위의 가벌성, 범죄의 현행성·시간적 접착성, 범인·범죄의 명백성, 체포의 필요성 등 그 요건을 갖추었음

- 나아가 정당행위는 행위의 동기나 목적의 정당성, 행위의 수단이나 방법의 상당성, 보호법익과 침해법익의 권형성, 긴급성, 그 행위 이외에 다른 수단이나 방법이 없다는 보충성의 요건을 갖추어야 함(대법원 1999. 1. 26, 98도3029)
- 丁의 행위는 다소 공격적이기는 하지만 사회통념상 허용될 수 있는 행위로서 위 정당행위의 요건을 갖추었음
- 丁의 변호인은 丁의 행위가 정당행위에 해당되어 위법성이 조각된다고 주장할 수 있음

Ⅲ. P의 휴대폰 압수의 적법성

- 경찰관 P가 乙로부터 전자충격기로 충격을 당하여 기절한 후 의식을 회복하여 乙이 도주 과정에서 떨어뜨리고 간 휴대전화를 영장 없이 압수하였는데, 그 적법성이 문제됨

1. 유류물의 압수요건을 충족하는지 여부

- 피의자 기타인이 유류한 물건은 영장 없이 압수할 수 있고(형소법 제218조), 사후영장도 필요하지 않음
- 위 휴대전화는 유류물에 해당하므로 P의 압수는 적법

2. 범죄장소에서의 압수요건을 충족하는지 여부

- 범행 중 또는 범행직후의 범죄장소에서 긴급을 요하여 법원판사의 영장을 받을 수 없는 때에는 영장 없이 압수할 수 있고, 이 경우에는 사후에 지체 없이 영장을 받아야 함(형소법 제216조 제3항)
- 乙이 특수공무집행방해치상죄 등 범행을 한 직후이고, 휴대전화를 떨어뜨리고 간 장소는 범행 직후의 범죄장소에 해당
- P는 영장 없이 압수할 수 있음
- 다만, 사후에 지체 없이 영장을 발부받지 않으면 위법한 압수가 됨

Ⅳ. 성명모용소송에 대한 검사와 법원의 조치

- 검사는 乙(모용자)을 B(피모용자) 명의로 공소제기하였는데, 제1심법원 공판 중 피고인의 성명이 B가 아니라 乙이라는 점이 밝혀진 경우, 검사와 법원의 조치가 문제됨

1. 성명모용소송에서 공소제기의 인적 효력범위

- 피고인의 특정 기준에 대해서는 의사설, 표시설, 행위설이 대립되는데, 통설은 모두를 고려하는 결정하는 실질적 표시설
- 성명모용소송에서는 모용자만이 피고인이 된다는 것이 통설·판례(대법원 1984. 9. 25, 84도1610)
- 따라서 피고인은 공소장에 기재된 B가 아니라 모용자인 乙임

2. 검사와 법원의 조치

- 검사는 모용관계를 바로잡기 위하여 공소장정정절차에 의하여 피고인의 표시를 정정하면 됨
- 법원은 검사의 표시정정에 따라 모용자 乙에 대하여 재판을 진행하고,
- 검사가 표시정정을 하지 않으면 공소제기방식이 형소법 제254조의 규정에 위반하여 무효이므로 공소기각의 판결(형소법 제327조 제2호)을 선고하여야 함(대법원 1993. 1. 19, 92도2554)

V. 일부상소의 허용 여부와 항소심의 심판범위

- 사건 경과

	甲의 (1) 부분 범죄 (강도예비죄)	甲의 (2) 부분 범죄 (특수절도미수죄)
1심	무죄(→검사 항소)	유죄(징역 1년)
2심	?	?

– 일부상소의 허용 여부와 항소심의 심판범위

1. 검사의 일부상소의 허용 여부

- 재판의 일부에 대하여 상소할 수 있고, 일부에 대한 상소는 불가분의 관계에 있는 전부에 미침(형소법 제342조) ⇒ 상소불가분의 원칙
- 실체적 경합범은 일부상소 가능
- 강도예비죄와 특수절도미수죄는 실체적 경합범이므로 일부상소 가능

2. 항소심의 심판범위

- 검사가 무죄부분만을 일부상소한 경우의 항소심의 심판범위에 대해서는 전부파기설과 일부파기설(통설)이 대립
- 판례는 일부파기설의 입장(대법원 1992. 1. 21, 91도1402 전원합의체)
- 통설·판례에 의하면, 항소심의 심판범위는 검사가 항소한 무죄부분인 (1) 부분 범죄에 한정됨
- 만일 항소심에서 항소가 이유 있어 파기자판하는 경우, 형법 제37조 후단 경합범으로 유죄를 선고하여야 하고, 이때 형법 제39조 제1항이 적용됨

사례 13. [18 – 변시(7) – 1]
2018년 제7회 변호사시험 제1문

A(여, 26세)는 버스를 타고 남자친구를 만나러 가던 중 깜박 졸다가 휴대폰을 좌석에 둔 채 하차하였다. 그 순간 옆 좌석의 승객 甲(남, 30세)이 휴대폰을 발견하고 이를 전해주기 위해 A를 따라 하차하면서 A를 불렀으나 대답이 없자 뒤에서 A의 어깨를 잡았다. 그때 A를 기다리던 남자친구 乙은 그 장면을 보고 甲을 성폭행범으로 오해하여 A를 구하기 위해 甲을 밀어 넘어뜨렸다.

甲은 좋은 일을 하려다 봉변을 당한 데 대해 억울한 마음이 들어 합의금이라도 두둑이 받아야겠다고 생각하였으나 육안으로 보이는 상처가 없자 스스로 머리를 벽에 부딪쳐 이마에 상처를 낸 다음 국립대학교 병원 소속 의사 B를 찾아가 乙에게 맞아 상해를 입었다고 거짓말하여 B에게서 상해진단서를 발급받았다. 그 후 甲은 위 상해진단서를 乙에게 제시하면서 합의금 500만 원을 요구하였다.

乙은 합의금을 마련하기 위하여 기숙사 룸메이트인 C의 지갑에서 몰래 신용카드(현금카드 겸용)를 꺼내어 편의점 앞에 있는 현금자동지급기로 가서 평소 알고 있던 비밀번호를 입력하여 C의 예금계좌에서 잔고 전액인 300만 원을 인출하고, 200만 원은 현금서비스를 받은 다음 신용카드를 제자리에 가져다 놓았다. 그 후 乙은 인출한 500만 원을 甲에게 합의금으로 건네주었다.

〔2018년 제7회 변호사시험 제1문〕

설 문

1. 甲과 乙의 죄책은? (50점)

2. 만약 乙과 함께 있던 乙의 친구 丙이, 甲이 A에게 접근한 목적과 사정을 알고 있으면서도 평소 못마땅하게 생각하고 있던 甲을 이번 기회에 혼내주려고 乙에게 "甲이 A를 성폭행하려고 한다."라고 말하면서 乙이 甲을 폭행하도록 부추겼고, 이에 乙이 甲의 행동을 오해하여 甲을 밀어 넘어뜨린 것이라면, 丙의 죄책은? (10점)

3. 乙은 甲에 대한 폭행치상의 범죄사실로 기소되어 제1심법원에서 유죄를 선고받고 항소하였다. 그러나 항소심은 상해의 점은 인정되지 않는다고 판단하고 있다.
   (1) 항소심은 직권으로 乙에게 폭행죄로만 유죄를 선고할 수 있는가? (15점)
   (2) 항소심 계속 중에 폭행죄로 공소장이 변경되었고, 그 후 甲이 乙에 대한 처벌을 원치 않는다는 내용의 합의서를 제출한 경우 항소심은 어떠한 판단을 내려야 하는가? (5점)

4. 검사는 甲에 대한 구속영장을 청구하였다.
   (1) 지방법원판사가 구속영장청구를 기각한 경우 검사가 취할 수 있는 「형사소송법」상 조치를 논하시오. (10점)
   (2) '구속 전 피의자심문' 과정에서 甲이 피의사실에 대하여 자백한 내용이 심문조서에 기재되어 있다면 이 조서의 증거능력을 논하시오. (10점)

해 설

Ⅰ. 제1문 — 甲과 乙의 형사책임

1. 문제의 제기

甲에 대하여 ① 스스로 머리를 벽에 부딪쳐 이마에 상처를 낸 다음 국립대학병원 의사인 B를 찾아가 乙에게 맞아 상해를 입었다고 거짓말하여 상해진단서를 발급받은 행위가 허위진단서작성죄 또는 허위공문서작성죄의 간접정범이나 교사죄에 해당하는지, ② 위 상해진단서를 乙에게 제시하면서 합의금 500만 원을 요구하여 건네받은 행위가 사기죄에 해당하는지 각 문제된다.

乙에 대하여 ① 여자친구 A가 버스에 두고 내린 휴대폰을 돌려주기 위하여 A의 어깨를 잡던 甲을 A의 성폭행범으로 오해하여 A를 구하기 위하여 甲을 밀어 넘어뜨린 행위가 폭행죄의 구성요건에는 해당하지만, 정당방위의 전제사실인 '현재의 부당한 침해'가 존재하는 것으로 오인한 행위가 어떤 법적 효과가 있는지가 문제된다. 또한 ② 기숙사 룸메이트인 C의 지갑에서 몰래 신용카드(현금카드 겸용)를 꺼내 사용 후 바로 제자리에 갖다 놓은 행위가 사용절도에 해당하는지, ③ 위 신용카드로 300만 원을 예금 인출하고, 200만 원을 현금서비스를 받은 행위에 대하여 어떠한 형사책임을 지는지 문제된다.

2. 甲의 형사책임

(1) 허위공문서작성죄 또는 허위진단서작성죄의 간접정범 성립 여부

(가) B의 형사책임

甲은 스스로 상처를 낸 다음 국립대학병원 의사인 B에게 乙로부터 구타를 당하여 상해를 입었다고 거짓말하여 상해진단서를 발급받았다. B가 작성한 상해진단서는 내용이 허위인 진단서이자 공문서에 해당한다.

만일 B가 내용이 허위인 것을 알면서도 행사할 목적으로 위 진단서를 발급하였다고 가정할 경우, 허위공문서작성죄(형법 제227조. 7년 이하의 징역)의 구성요건에도 해당하고, 허위진단서작성죄(형법 제233조. 3년 이하의 징역·금고)의 구성요건에도 해당하는데, 이때 두 죄의 관계가 문제된다. 이에 대해서는 ① 상상적 경합이라는 견해, ② 법조경합으로 허위공문서작성죄만 성립한다는 견해가 있다. 판례는 "형법이 제225조 내지 제230조에서 공문서에 관한 범죄를 규정하고, 이어 제231조 내지 제236조에서 사문서에 관한 범죄를 규정하고 있는 점 등에 비추어 볼 때 형법 제233조 소정의 허위진단서작성죄의 대상은 공무원이 아닌 의사가 사문서로서 진단서를 작성한 경우에 한정되고, 공무원인 의사가 공무소의 명의로 허위진단서를 작성한 경우에는 허위공문서작성죄만이 성립하고 허위진단서작성죄는 별도로 성립하지 않는다"고 판시[1]하여 ②의 견해와 같이 허위공문서작성죄만 성립한다는 입장이다.

그런데 본 사례에서 B는 허위에 대한 인식, 즉 고의가 없으므로 허위공문서작성죄는 성립하지 않는다.

(나) 甲에 대한 허위공문서작성죄의 간접정범 성립 여부

B에 대하여 허위공문서작성죄가 성립하지 않으므로 B에게 거짓말을 하여 진단서를 작성하도록 한 甲에 대하여 허위공문서작성교사죄가 성립할 여지는 없다. 다만, 고의 없는 도구인 B를 이용한 점에서 허위공문서작성죄의 간접정범이 성립하는 것은 아닌지 문제된다. 허위공문서작성죄의 간접정범이 가능한지의 문제는 일반적으로 신분범에 간접정범이 가능한가 하는 측면과 공무원이 아닌 사람이 허위신고를 하여 그 사실을 모르는 공무원으로 하여금 허위사항을 기재토록 하는 행위를 처벌하는 것은 공정증서원본등불실기재죄(형법 제228조)에 한정되는 것은 아닌가 하는 측면에서 논의된다. 유형을 나누어 살펴보면, ① 사인이나 권한 없는 공무원이 그 사실을 모르는 작성 권한 있는 공무원을 이용한 경우에는 통설[2]·판례[3] 모두 간접정범의 성립을 부정한다. 그러나 ② 작성권한 있는 공무원의 직무를 보좌하여 공문서를 기안 또는 초안하는 권한이 있는 공무원이 그 직위를 이용하여 행사할 목적으로 직무상 기안하는 문서에 허위 내용을 기재하고 그 사실을 모르는 결재권자(상사)로 하여금 초안 내용이 진실한 것으로 오신케 하여 허위공문서를 작성토록 한 경우에는, ⓐ 긍정설과 ⓑ 부

---

1) 대법원 2004. 4. 9. 선고 2003도7762 판결. 본 판결 해설은 민유숙, "허위진단서작성죄와 허위공문서작성죄의 관계", 대법원판례해설 제50호(2004 상반기), 2004, 620-644면.

2) 그 근거에 대해서는 ① 형법 제228조에 해당하는 경우 외에는 허위공문서작성죄의 간접정범이 있을 수 없다는 견해, ② 허위공문서작성죄의 구성요건 또는 실행행위의 정형성을 구비하지 못하였기 때문이라는 견해, ③ 공무원 아닌 사람은 본죄의 정범이 될 수 있는 자격이 없을 뿐 아니라 형법 제228조에 비추어 간접정범이 성립하지 않는다는 견해의 대립이 있다.

3) 대법원 2006. 5. 11. 선고 2006도1663 판결.

정설(통설)[1]이 대립한다. 판례[2]는 간접정범의 성립을 긍정하고 있다.[3]

본 사례에서 甲은 사인이므로 통설 및 판례에 의하면 甲에 대하여 허위공문서작성죄의 간접정범은 성립하지 않는다. 따라서 허위작성공문서행사죄(형법 제229조)도 성립할 여지가 없다.

(2) 사기죄의 성립 여부

甲이 허위 내용의 진단서를 乙에게 제시하면서 합의금 500만 원을 요구하고 이에 속은 乙로부터 합의금을 건네받은 행위가 사기죄(형법 제347 제1항)에 해당하는지 문제된다. 甲의 기망행위가 있고, 기망행위로 인하여 乙이 착오에 빠지고, 그로 인하여 乙이 500만 원을 건네주는 재산처분행위를 하였으며, 이로써 甲이 재산을 취득하였을 뿐 아니라 甲에게 편취의 범의, 즉 고의도 인정되므로 사기죄가 성립한다.

한편, 합의금을 요구하는 과정에서 '폭행 또는 협박'을 한 사실은 없으므로 공갈죄(형법 제350조 제1항)가 성립할 여지는 없다.

(3) 소결

甲에 대하여 사기죄가 성립한다.

3. 乙의 형사책임

(1) 甲을 밀어 넘어뜨린 행위 - 폭행죄의 성립 여부

乙이 여자친구 A가 버스에 두고 내린 휴대폰을 돌려주기 위하여 A의 어깨를 잡던 甲을 성폭행범으로 오해하여 A를 구하기 위하여 甲을 밀어 넘어뜨린 행위는 폭행죄(형법 제260조 제1항)의 구성요건에 해당한다. 그런데 乙은 ① A를 구하기 위하여 폭행한 것이므로 정당방위에 해당하여 위법성이 조각되는지, ② 정당방위에 해당하지 않

---

1) ① 허위공문서작성죄는 공무원의 직권남용을 처벌하는 범죄가 아니라 공문서의 신용력에 대한 공공의 신용을 보호하기 위한 범죄이며, ② 작성권한 있는 공무원을 주체로 하는 진정신분범이고, 진정신분범에서 신분 없는 사람이 신분자를 이용한 간접정범은 성립할 수 없다고 한다.

2) 대법원 1992. 1. 17. 선고 91도2837 판결; 대법원 2017. 5. 17. 선고 2016도13912 판결. 위 91도2837 판결 평석은 백원기, "허위공문서작성죄의 간접정범에 대한 공범의 성립여부: 예비군훈련확인서 허위작성사건", 형사판례연구 〔10〕, 2002, 254-271면.

3) 그러나 ① 보조공무원이 결재를 거치지 않고 임의로 작성권자의 직인 등을 부정 사용함으로써 공문서를 완성한 경우, ② 공문서의 작성권한 없는 사람이 허위공문서를 기안하여 작성권자의 결재를 받지 않고 공문서를 완성한 경우, ③ 다른 공무원 등이 작성권자의 결재를 받지 않고 작성권자의 직인 등을 보관하는 담당자를 기망하여 작성권자의 직인을 날인하도록 하여 공문서를 완성한 경우에는 모두 공문서위조죄(형법 제225조)가 성립한다(대법원 2017. 5. 17. 선고 2016도13912 판결).

는다고 할 때 甲을 성폭행범으로 오해한 행위, 즉 위법성조각사유의 전제사실에 관한 착오가 어떤 법적 효과를 가져오는지가 문제된다.

(가) 정당방위 해당 여부

정당방위가 성립하기 위해서는 ① 현재의 부당한 침해가 있을 것, ② 자기 또는 타인의 법익을 방위하기 위한 행위일 것, ③ 상당한 이유가 있을 것이라는 요건이 구비되어야 한다(형법 제21조 제1항). 본 사례에서는 위 ②와 ③의 요건은 충족되지만, 甲이 A를 성폭행하는 것은 아니므로 ①의 요건을 충족하지 못하여 정당방위에는 해당하지 않는다.

(나) 위법성조각사유의 전제사실에 관한 착오

乙에 위 행위는 정당방위에는 해당하지 않지만, 甲이 A를 성폭행하는 것으로 오해한 것이 乙의 폭행죄 성립에 어떤 영향을 미치는지가 문제된다. 이는 통상 '위법성조각사유의 전제사실에 관한 착오'의 문제로 논의된다.[1)]

위법성조각사유의 전제사실에 대한 착오에 대해서는 ① 책임요소인 고의의 내용에 위법성의 인식도 포함되는데 위법성조각사유의 전제사실의 착오는 위법성을 인식하지 못한 것이므로 고의가 조각되고 과실범 처벌규정이 있는 경우에 한하여 과실범으로 처벌된다는 고의설, ② 허용구성요건의 착오를 포함한 모든 위법성조각사유의 착오를 금지착오로 보고 착오에 정당한 이유가 없으면 고의범으로 처벌되고 정당한 이유가 있으면 형법 제16조에 따라 불가벌로 된다는 엄격책임설, ③ 위법성조각사유는 소극적 구성요건요소가 되므로 위법성을 조각하는 행위상황에 대한 착오는 구성요건적 착오가 되어 고의를 조각한다고 보는 소극적 구성요건요소이론, ④ 위법성조각사유의 전제사실에 대한 착오가 구성요건적 착오는 아니지만 구성요건적 착오와의 구조적 유사성을 근거로 구성요건적 착오의 규정이 적용되어야 한다고 보는 제한적 책임설 중 구성요건적 착오에 관한 규정이 직접 적용될 수는 없지만 구성요건적 착오에 관한 규정을 유추적용하여 고의를 조각한다고 보는 구성요건착오 유추적용설, ⑤ 제한적 책임설 중 허용구성요건착오의 경우 구성요건 단계에서는 고의범을 인정하지만 고의책임과 고의형벌을 조각하여 법효과에 있어서 구성요건적 착오와 같이 취급해야 한다고 보는 법효과제한적 책임설(통설)이 대립된다. 이에 대하여 판례는 착오에 대하여 정당한 이유가 있는 경우에는 위법성이 조각된다고 한다.[2)]

---

1) 이에 대한 상세는 사례 10. [16-변시(5)-2] 제1문의 나. '2) 사실에 대한 甲, 乙의 형사책임' 부분 참조.

2) 대법원 1986. 10. 28. 선고 86도1406 판결(정당행위); 대법원 1996. 8. 23. 선고 94도3191 판결(형법 제

판례에 의하면, 乙에게 착오에 정당한 이유가 있는 경우에는 위법성이 조각되어 폭행죄가 성립하지 않을 것이다. 여기서 '정당한 이유'는 행위자에게 자기 행위의 위법 가능성에 대해 심사숙고하거나 조회할 수 있는 계기가 있어 자신의 지적 능력을 다하여 이를 회피하기 위한 진지한 노력을 다하였더라면 스스로의 행위에 대하여 위법성을 인식할 수 있는 가능성이 있었는데도 이를 다하지 못한 결과 자기 행위의 위법성을 인식하지 못한 것인지에 따라 판단하여야 하고, 이러한 오인에 정당한 이유가 있는지 여부는 구체적인 행위 정황과 행위자 개인의 인식 능력, 행위자가 속한 사회집단에서 일반적으로 기대되는 오인 회피 노력의 정도와 회피가능성 등을 고려할 때 행위자가 이러한 오인을 회피할 가능성이 있는지에 따라 판단하여야 한다.[1)]

본 사례에서 甲(남, 30세)이 여자친구인 A(26세)를 따라 버스에서 하차하면서 뒤에서 A의 어깨를 잡은 정황에 비추어, 남자친구인 乙로서는 甲을 성폭행범(성추행범)으로 오인하는 데 정당한 이유가 있다고 볼 수 있다. 따라서 乙에 대하여 위법성이 조각되어 폭행죄가 성립하지 않는다.[2)]

(2) 신용카드를 가지고 나온 행위 - 절도죄의 성립 여부

乙이 합의금을 마련하기 위하여 기숙사 룸메이트인 피해자 C의 지갑에서 몰래 신용카드를 꺼내어 간 행위는 절도죄(형법 제329조)의 구성요건에 해당한다. 그런데 乙이 신용카드로 예금을 인출하고 현금서비스를 받은 다음 바로 제자리에 가져다 놓았으므로 불법영득의사가 인정되는지 문제된다.

절도죄에서 불법영득의사는 권리자를 배제하고 타인의 물건을 자기의 소유물과 같이 그 경제적 용법에 따라서 이용하고 처분할 의사를 말한다.[3)] 절도죄의 성립에 불법영득의사가 필요한지에 대하여는 ① 불요설과 ② 필요설(통설)이 대립한다. 절도죄가 소유권을 보호법익으로 하는 소유권범죄인 이상 절도죄의 성립에 소유권을 침해한다는 의사로서 불법영득의사가 필요하다는 점에서 필요설이 타당하다. 판례도 일관되게 절도죄의 성립에는 불법영득의사가 필요하다고 한다.[4)] 그리고 타인의 물건을 무

310조).

1) 형법 제16조(법률의 착오)에 관한 대법원 2017. 3. 15. 선고 2014도12773 판결; 대법원 2024. 7. 25. 선고 2023도16951 판결.

2) 이와는 달리 ① 본 사례에서 주어진 사정만으로는 乙에게 오인에 대하여 정당한 이유가 있다고 보기에는 부족하므로 폭행죄가 성립한다는 견해도 있을 수 있다. 한편, ② 통설인 법효과제한적 책임설에 의하면, 폭행죄의 책임고의가 조각되어 폭행죄가 성립하지 않을 것이다(폭행죄는 과실범 처벌규정도 없음).

3) 대법원 2006. 3. 24. 선고 2005도8081 판결; 대법원 2012. 7. 12. 선고 2012도1132 판결; 대법원 2014. 2. 21. 선고 2013도14139 판결.

단사용하는 경우에 불법영득의사가 있는지 여부를 판단함에 있어서는, 그 사용으로 물건 자체가 가지는 경제적 가치가 상당한 정도로 소모되거나 또는 사용 후 본래의 장소가 아닌 다른 곳에 버리거나 곧 반환하지 않고 장시간 점유하고 있었다면 불법영득의사가 인정되지만, 그 사용으로 인한 가치의 소모가 무시할 수 있을 정도로 경미하고 또 사용 후 곧 반환하였다면 불법영득의사를 인정할 수 없다(**관련판례**).[1]

그런데 신용카드는 그 자체에 경제적 가치가 화체되어 있거나 특정의 재산권을 표창하는 유가증권이라고 볼 수 없고, 단지 신용카드업자로부터 서비스를 받을 수 있는 증표로서의 가치를 갖는 것이어서, 이를 사용하여 현금자동지급기에서 현금을 인출하였다 하더라도 신용카드 자체가 가지는 경제적 가치가 인출된 예금액만큼 소모되었다고 할 수 없으므로, 이를 일시 사용하고 곧 반환한 경우에는 불법영득의사가 없다고 할 것이다(**관련판례**[2]).[3]

본 사례에서 乙은 C의 신용카드를 일시 사용하고 곧 반환하였으므로 불법영득의사가 없어 절도죄가 성립하지 않는다.

(3) 예금을 인출한 행위

乙이 절취한 신용카드를 이용하여 현금자동지급기에서 예금 300만 원을 인출한 행위가 어떤 범죄에 해당하는지 문제된다.[4] 현금자동지급기는 기계이므로 사람에 대한 기망을 구성요건으로 하는 사기죄(형법 제347조 제1항)를 구성할 여지는 없고, 또한

---

4) 대법원 1973. 2. 28. 선고 72도2812 판결.

1) 대법원 1987. 12. 8. 선고 87도1959 판결.

2) (**관련판례**) 대법원 1999. 7. 9. 선고 99도857 판결【여신전문금융업법위반·절도】.「신용카드업자가 발행한 신용카드는 이를 소지함으로써 신용구매가 가능하고 금융의 편의를 받을 수 있다는 점에서 경제적 가치가 있다 하더라도, 그 자체에 경제적 가치가 화체되어 있거나 특정의 재산권을 표창하는 유가증권이라고 볼 수 없고, (중략) 이를 사용하여 현금자동지급기에서 현금을 인출하였다 하더라도 신용카드 자체가 가지는 경제적 가치가 인출된 예금액만큼 소모되었다고 할 수 없으므로, 이를 일시 사용하고 곧 반환한 경우에는 불법영득의 의사가 없다고 보아야 할 것이다(대법원 1998. 11. 10. 선고 98도2642 판결 참조).」

같은 취지의 판결로는 대법원 1998. 11. 10. 선고 98도2642 판결.

3) 그러나 예금통장은 예금액에 대한 증명기능이 있고 이러한 증명기능은 예금통장 자체가 가지는 경제적 가치이며, 인출 등에 무단사용하고 바로 돌려주었다고 하더라도 경제적 가치의 소모가 무시할 수 있을 정도로 경미한 경우가 아닌 한 불법영득의사가 있다고 할 것이다[대법원 2010. 5. 27. 선고 2009도9008 판결. 본 판결 해설은 장준현, "타인의 예금통장을 무단사용하여 예금을 인출한 후 예금통장을 반환한 경우 예금통장에 대한 절도죄가 성립하는지 여부(한정 적극)", 대법원판례해설 제84호(2010 상반기), 2010, 667-676면].

4) 이에 대한 상세는 사례 1. [12-변시(1)-1] 제1문의 4. '현금카드로 현금지급기에서 현금을 인출한 행위' 부분 참조.

대가를 지급할 것을 요건으로 작동하는 기계도 아니므로 편의시설부정사용죄(형법 제348조의2)에도 해당하지 않는다. 따라서 ① 절도죄 또는 컴퓨터등사용사기죄가 성립하는지, ② 여신전문금융업법상의 신용카드부정사용죄가 성립하는지를 검토한다.[1)]

(가) 절도죄 또는 컴퓨터등사용사기죄의 성립 여부

컴퓨터 등 정보처리장치에 허위의 정보 또는 부정한 명령을 입력하거나 권한 없이 정보를 입력·변경하여 정보처리를 하게 함으로써 재산상의 이익을 취득하거나 제3자에게 취득하게 하는 경우에는 컴퓨터등사용사기죄(형법 제347조의2)가 성립한다. 그런데 현금자동지급기에서 인출되는 현금은 재물이라는 점에서 ① 컴퓨터등사용사기죄가 성립하는지, ② 절도죄가 성립하는지에 관하여 견해의 대립이 있다.[2)]

① 절도죄가 성립한다는 견해는 컴퓨터등사용사기죄는 재산상 이익만을 객체로 하고 있으므로 현금인출은 위 죄에 해당하지 않고, 현금자동지급기 소유자나 관리자의 점유를 침해하고 재물을 취득하는 것이므로 절도죄가 성립한다고 한다. ② 컴퓨터등사용사기죄가 성립한다는 견해는 위 죄에 정보의 무권한 사용을 포함시킨 것은 타인의 신용카드로 현금자동지급기에서 현금을 인출하는 행위를 처벌하기 위하여 형법 개정을 통하여 추가한 것이라는 입법경위와 재물은 재산상 이익과 대립되는 개념이지만 동시에 재산상 이익의 특별규정이므로 재물에 대한 사기죄가 성립하지 않는 경우에는 재산상 이익을 취득한 경우로 해석할 수 있다고 한다. 이 견해는 컴퓨터등사용사기죄는 절도죄와 택일관계에 있다고 한다. 판례는 ①의 절도죄가 성립한다는 입장이다.[3)]

(나) 신용카드부정사용죄의 성립 여부

여신전문금융업법상의 신용카드부정사용이란 분실하거나 도난당한 신용카드 등을 신용카드의 본래의 용법에 따라 사용하는 것을 말한다. 따라서 절취한 신용카드를 이용하여 현금서비스를 받는 행위는 여신전문금융업법상의 신용카드부정사용(동법 제70조 제1항 제3호)에 해당한다.[4)] 그러나 여신전문금융업법상 현금카드의 기능은 신용카드의 기능에 포함되어 있지 않으므로(동법 제2조 제2호), 신용카드로 현금카드의 기능인 예금을 인출하는 행위는 신용카드의 본래의 용법에 따라 사용하는 것이 아니므로 신용카드부정사용죄에 해당하지 않는다.[5)]

---

1) 이와는 별도로 사전자기록등변작죄 및 변작사전자기록등행사죄가 성립하는지 여부도 검토할 필요가 있는데, 이에 대해서는 위 사례 1. [12-변시(1)-1] 참조.
2) 이 밖에도 ③ 피해자를 카드회사로 하는 사기죄가 성립한다는 견해, ④ 무죄라는 견해 등이 있다.
3) 대법원 2003. 5. 13. 선고 2003도1178 판결.
4) 대법원 1995. 7. 28. 선고 95도997 판결.

㈐ 소결

판례에 의하면 乙이 C의 신용카드로 예금을 인출한 행위는 절도죄에 해당한다.

(4) 현금서비스를 받은 행위

㈎ 절도죄 또는 컴퓨터등사용사기죄의 성립 여부

위 (3)에서 살펴본 바와 같이, 乙이 절취한 C의 신용카드로 현금 200만 원을 서비스받은 행위는 절도죄에 해당한다.

㈏ 신용카드부정사용죄의 성립 여부

분실하거나 도난당한 신용카드를 사용하면 신용카드부정사용죄가 성립한다(여신전문금융업법 제70조 제1항 제3호). 여기서 '분실하거나 도난당한 신용카드'라 함은 소유자 또는 점유자의 의사에 기하지 않고 그의 점유를 이탈하거나 그의 의사에 반하여 점유가 배제된 신용카드를 가리키므로 '절취한 신용카드'도 여기에 해당한다.[1] 문제는 乙에 대하여 신용카드 자체에 대한 절도죄가 성립하지 않는 경우에도 신용카드부정사용죄가 성립하는지 여부이다. 판례는 소유자 또는 점유자의 점유를 이탈한 신용카드를 취득하거나 그 점유를 배제하는 행위를 한 사람이 반드시 유죄의 처벌을 받을 필요가 없다고 한다. 따라서 乙에 대하여 여신전문금융업법상의 신용카드부정사용죄가 성립한다.[2]

㈐ 소결

현금서비스를 받은 행위와 관련하여 乙에 대하여 절도죄와 여신전문금융업법위반죄가 각 성립한다. 이때 두 죄의 죄수에 관하여 상상적 경합이라는 견해도 있으나, 판례는 실체적 경합관계라고 한다.[3]

(5) 소결

乙에 대하여 예금 인출 및 현금서비스에 따른 각 절도죄와 현금서비스에 대한 여신전문금융업법위반죄가 성립하고, 각 죄는 실체적 경합관계이다.

4. 설문의 해결

甲에 대하여는 사기죄가 성립하고, 乙에 대하여는 2개의 절도죄와 여신전문금융

---

5) 대법원 2010. 6. 10. 선고 2010도3409 판결.
1) 대법원 1999. 7. 9. 선고 99도857 판결.
2) 대법원 1999. 7. 9. 선고 99도857 판결.
3) 대법원 2006. 7. 27. 선고 2006도3194 판결.

업법위반죄가 각 성립하고, 각 죄는 실체적 경합관계이다.

Ⅱ. 제2문 — 丙의 형사책임

丙이 평소 못마땅하게 생각하고 있던 甲을 혼내주기 위하여 乙에게 "甲이 A를 성폭행하려고 한다."라고 말하면서 乙이 甲을 폭행하도록 부추기고, 이에 乙이 甲의 행동을 오해하여 甲을 밀어 넘어뜨린 경우에, 丙의 형사책임이 문제된다. 이는 위법성 조각사유의 전제사실에 대한 착오를 이용한 악의의 가담자에게 간접정범 또는 교사범이 성립하는지 여부의 문제인데,[1] 제1문에서 살펴 본 乙에 대한 폭행죄의 성립 여부에 관한 논의와 연결된다.

앞서 살펴본 대로 판례에 의하면 정범인 乙의 폭행행위는 위법성이 조각되어 폭행죄가 성립하지 않는다. 따라서 丙에 대하여 교사범이 성립할 여지는 없다. 그러나 丙은 '어느 행위로 처벌되지 아니하는 자(=乙)'를 교사하여 폭행의 결과를 발생하게 하였으므로 폭행죄의 간접정범(형법 제34조 제1항)이 성립한다.[2]

Ⅲ. 제3문 — 항소심에서의 판단

1. 제3문의 (1) — 항소심에서의 직권 축소인정

乙은 폭행치상죄로 기소되어 제1심에서 유죄를 선고받고 항소하였는데, 항소심은 상해의 점은 인정되지 않는다고 판단하고 있다. 이 경우, 항소심은 직권으로 乙에게 폭행죄만을 유죄로 선고할 수 있는지 문제된다.

(1) 항소심에서의 공소사실 변경의 가부

검사는 법원의 허가를 얻어 공소장에 기재한 공소사실 또는 적용법조의 추가, 철회, 변경을 할 수 있다(형소법 제298조 제1항). 이처럼 공소사실의 변경을 포함한 공소장

---

1) 제290면 주 1)의 학설 비교표 중 '착오자를 이용한 제3자의 처벌' 란 참조.
2) 이와는 달리 ① 판례에 의하면서도 乙에게 오인에 정당한 이유가 없어 폭행죄가 성립한다는 입장에서는 丙에 대하여 폭행교사죄가 성립하고, ② 통설인 법효과제한적 책임설에 의하면 乙에게 폭행죄가 성립하지 않지만, 제한적 공범종속성설(통설)에 따라 丙에 대하여 폭행교사죄가 성립한다(본 사례에서는 명백하지는 않지만 丙에게 우월적 의사지배가 인정되는 것을 전제로 함).

변경이 항소심에서도 가능한지 문제된다. 이에 대해서는 ① 항소심은 사후심이므로 공소장변경이 허용되지 않는다는 견해, ② 항소심에서 원심판결을 파기하는 때에만 허용된다는 견해, ③ 항소심은 속심이므로 당연히 인정된다는 견해(통설)가 대립된다. 판례는 형사 항소심의 구조가 순전히 사후심의 성격만을 가지고 있는 것은 아니므로 항소심에서도 공소장의 변경이 가능하다고 한다.[1] 항소심은 기본적으로는 속심이므로 판례와 같이 항소심에서도 공소사실의 변경은 가능하다고 할 것이다.

(2) 공소장변경의 요부

㈎ 공소사실의 동일성

공소사실의 변경, 즉 공소장변경이 허용되기 위해서는 공소사실의 동일성이 인정되어야 한다. 공소사실의 동일성 기준에 관하여 ① 죄질동일설, ② 구성요건공통설, ③ 소인공통설, ④ 기본적 사실동일설(통설) 등 다양한 견해가 있으나,[2] 판례는 그 사실의 기초가 되는 사회적 사실관계가 기본적인 점에서 동일하면 공소사실의 동일성이 인정되고, 이를 판단함에 있어 규범적 요소를 고려하여야 한다는 입장이다(수정된 기본적 사실동일설).[3] 이때 동일성의 판단기준에 대하여 판례는 "일방의 범죄가 성립되는 때에는 타방의 범죄의 성립은 인정할 수 없다고 볼 정도로 양자가 밀접한 관계에 있는 경우에는 양자의 기본적 사실관계는 동일하다."고 한다.[4]

본 사례에서 폭행치상죄와 폭행죄는 동일한 일시·장소에서 발생한 사건으로 서로 양립할 수 없으므로 공소사실의 동일성이 인정된다.

㈏ 축소사실의 인정과 공소장변경의 요부

공소장변경의 요부를 결정하는 기준에 관하여 ① 동일벌조설, ② 법률구성설, ③ 사실기재설(실질적 불이익설)(통설)) 등이 있는데, 판례는 "피고인의 방어권행사에 실질적 불이익을 줄 우려가 없는 경우에 한하여 검사의 공소장변경절차를 거치지 않고 다른

---

1) 대법원 1981. 8. 20. 선고 81도698 판결.

2) 이에 대한 상세는 사례 4. [13－변시(2)－2] 제3문 관련쟁점 '공소사실의 동일성' 참조.

3) 대법원 1994. 3. 22. 선고 93도2080 전원합의체 판결; 대법원 2019. 4. 25. 선고 2018도20928 판결; 대법원 2024. 12. 12. 선고 2020도3273 판결.

4) 대법원 2007. 5. 10. 선고 2007도1048 판결. '비양립성'에 관하여, 판례는 "외형상으로는 공소사실의 기초가 되는 피고인의 일련의 행위가 여러 개의 범죄에 해당되는 것 같지만 그 일련의 행위가 합쳐져서 하나의 사회적 사실관계를 구성하는 경우에 그에 대한 법률적 평가는 하나밖에 성립되지 않는 관계, 즉 일방의 범죄가 성립되는 때에는 타방의 범죄는 성립할 수 없고, 일방의 범죄가 무죄로 될 경우에만 타방의 범죄가 성립할 수 있는 비양립적인 관계가 있을 수 있다"고 한다(대법원 2011. 5. 13. 선고 2011도1442 판결)

범죄사실을 인정할 수 있다"(원칙적 재량[1])고 판시하여 ③의 입장이다.[2] 이때, 피고인의 방어권 행사에 실질적인 불이익을 초래할 염려가 있는지 여부는 공소사실의 기본적 동일성이라는 요소 이외에도 법정형의 경중 및 그러한 경중의 차이에 따라 피고인이 자신의 방어에 들일 노력·시간·비용에 관한 판단을 달리할 가능성이 뚜렷한지 여부 등의 여러 요소를 종합하여 판단하여야 한다.[3]

본 사례에서 폭행죄는 폭행치상죄의 축소사실로서 법정형도 가벼우므로 공소장변경 없이 이를 인정하더라도 피고인에게 실질적 불이익을 초래한다고 할 수 없다.[4]

(3) 설문의 해결

항소심은 제1심에서 폭행치상죄로 유죄가 선고된 사건에 대하여 상해의 점이 인정되지 않아 반의사불벌죄인 폭행죄만 인정된다고 판단한 경우, 직권으로 폭행죄로만 인정하여 유죄를 선고할 수 있다.[5]

2. 제3문의 (2) — 항소심에서 반의사불벌죄로의 공소장변경과 처벌불원의사표시

항소심 계속 중에 폭행치상죄가 반의사불벌죄인 폭행죄로 공소장변경되고, 그 후 甲이 乙에 대한 처벌을 원치 않는다는 내용의 합의서를 제출한 경우, 항소심이 어떠한 판단을 내려야 하는지 문제된다. 이는 항소심에서 처벌희망의사표시의 철회가 인정되는지의 문제이다.

---

1) 그러나 "공소장이 변경되지 않았다는 이유로 이를 처벌하지 않는다면 적정절차에 의한 신속한 실체적 진실의 발견이라는 형사소송의 목적에 비추어 현저히 정의와 형평에 반하는 것으로 인정되는 경우라면 법원으로서는 직권으로 그 범죄사실을 인정하여야 한다"(대법원 2009. 5. 14. 선고 2007도616 판결; 대법원 2022. 4. 28. 선고 2021도9041 판결). 예컨대, ① 살인죄로 기소된 경우에 폭행·상해, 체포·감금(위 2007도616 판결), ② 필로폰투약죄의 기수로 기소된 경우에 미수(대법원 1999. 11. 9. 선고 99도3674 판결), ③ 준강간죄의 장애미수로 기소된 경우에 불능미수(대법원 2024. 4. 12. 선고 2021도9043 판결)의 경우는 직권으로 인정하여야 한다.
2) 대법원 1994. 12. 27. 선고 94도2527 판결; 대법원 2022. 12. 15. 선고 2022도10564 판결.
3) 대법원 2007. 12. 27. 선고 2007도4749; 대법원 2011. 2. 10. 선고 2010도14391, 2010전도119 판결; 대법원 2019. 6. 13. 선고 2019도4608 판결.
4) 폭행치상죄를 공소장변경절차 없이 폭행죄로 인정할 수 없다는 판례(대법원 1971. 1. 12. 선고 70도2216 판결)가 없는 것은 아니나, 공소장변경절차 없이 강제추행치상죄를 강제추행죄로 인정할 수 있다는 전원합의체 판결(대법원 1999. 4. 15. 선고 96도1922 전원합의체 판결)에 비추어 타당하지 않다.
5) 대법원 1999. 4. 15. 선고 96도1922 전원합의체 판결(비친고죄인 강제추행치상죄를 친고죄인 강제추행죄로 인정). 다만, 법원이 직권으로 폭행죄를 인정하지 않더라도 현저히 정의와 공평에 위반되는 것은 아니므로 위법은 아니라는 것이 판례의 입장이다(대법원 1993. 12. 28. 선고 93도3058 판결).

처벌희망의사의 철회는 고소취소와 마찬가지로 제1심 판결 선고 전까지만 허용된다(형소법 제232조 제3항, 제1항). 항소심에서 반의사불벌죄(또는 친고죄)로 공소장이 변경된 경우, 처벌희망의사의 철회(또는 고소취소)의 효력이 있는지에 대해서는 ① 긍정설, ② 부정설, ③ 제1심 판결 선고 후 반의사불벌죄로 공소장변경되기 전에는 가능하지만 공소장변경된 후에는 할 수 없다는 절충설이 대립된다. 판례는 항소심을 제1심이라 할 수 없으므로 그 효력이 없다고 판시하여 ②의 부정설의 입장이다.[1)]

판례에 의하면, 항소심에서 처벌불원 내용의 합의서가 제출되었지만 그 효력이 없으므로 공소기각의 판결(형소법 제327조 제6호)을 할 것이 아니라 유죄판결을 하여야 한다. 다만, 합의서의 제출은 양형에 참작할 수 있을 것이다.

Ⅳ. 제4문 — 구속영장의 청구

1. 제4문의 (1) — 구속영장기각결정에 대한 검사의 불복방법

甲에 대한 검사의 구속영장청구에 대하여 지방법원판사가 이를 기각한 경우에 형사소송법상 검사가 취할 조치가 무엇인지 문제된다.

형사소송법상 구금에 관한 법원의 결정에 대하여는 항고할 수 있고(형소법 제402조, 제403조 제2항), 재판장 또는 수명법관의 구금에 관한 재판에 대하여는 준항고를 할 수 있다(형소법 제416조 제1항 제2호). 이에 따라 지방법원판사의 구속영장의 기각결정에 대해서도 항고 또는 준항고로 다툴 수 있는지 문제된다. 이에 대하여 ① 항고나 준항고의 대상에 관한 위 규정의 문언에도 불구하고 항고나 준항고를 할 수 있다는 긍정설과 ② 위 규정의 문언에 비추어 할 수 없다는 부정설이 있는데, 판례는 지방법원판사는 위 규정의 '법원'도 아니고, '수소법원으로서의 재판장 또는 수명법관'도 아니므로 영장의 기각·발부에 대하여 항고나 준항고로 다툴 수 없다고 판시하여(수소법원 한정이론) 위 ②의 부정설의 입장이다(**관련판례**[2)]).

---

1) 친고죄에 관한 대법원 1999. 4. 15. 선고 96도1922 전원합의체 판결; 대법원 2007. 3. 15. 선고 2007도210 판결.

2) (**관련판례**) 대법원 2006. 12. 18. 자 2006모646 결정 【재판의 변경청구기각결정에 대한 재항고】. 「검사의 체포영장 또는 구속영장 청구에 대한 지방법원판사의 재판은 형사소송법 제402조의 규정에 의하여 항고의 대상이 되는 '법원의 결정'에 해당되지 아니하고, 제416조 제1항의 규정에 의하여 준항고의 대상이 되는 '재판장 또는 수명법관의 구금 등에 관한 재판'에도 해당되지 아니함이 분명하다고 할 것이다. (중략) 체포영장 또는 구속영장에 관한 재판 그 자체에 대하여 직접 항고 또는 준항고를 하는 방법으로 불복하는 것은 이를 허용하지 아니하는 대신에, 체포영장 또는 구속영장이 발부된 경우에는 피의

판례에 의하면, 검사는 위 기각결정에 대하여 항고나 준항고를 할 수 없다. 그러나 구속영장을 재청구하는 방법으로(형소법 제201조 제5항) 간접적으로나마 다툴 수 있다.[1)]

2. 제4문의 (2) — 구속 전 피의자심문조서의 증거능력

피고인 甲이 구속 전 피의자심문 과정에서 피의사실에 대하여 자백한 내용이 기재된 심문조서, 즉 구속 전 피의자심문조서의 증거능력이 문제된다. 甲이 증거사용에 동의한 경우에는 증거능력이 인정되지만(형소법 제318조 제1항), 부동의한 경우에는 전문증거에 해당하므로 전문법칙에 따라 증거능력이 인정되는지를 살펴보아야 한다.

판례는 법원 또는 합의부원, 검사, 변호인, 청구인이 구속된 피의자를 심문하고 그에 대한 피의자의 진술 등을 기재한 구속적부심문조서는 형사소송법 제311조가 규정한 문서에는 해당하지 않지만, 특별한 사정이 없는 한 피고인이 증거로 함에 부동의하더라도 형사소송법 제315조 제3호의 '기타 특히 신용할 만한 정황에 의하여 작성된 문서'로서 당연히 그 증거능력이 인정된다고 판시하고 있다.[2)]

마찬가지로 구속 전 피의자심문조서도 법원의 조서로서 특히 신용할 만한 정황에 의하여 작성된 문서라고 할 수 있다. 따라서 피고인이 증거로 함에 동의하지 않더라도 당연히 증거능력 있는 서류로서 증거능력이 인정된다.[3)]

자에게 체포 또는 구속의 적부심사를 청구할 수 있도록 하고 그 영장청구가 기각된 경우에는 검사로 하여금 그 영장의 발부를 재청구할 수 있도록 허용함으로써, 간접적인 방법으로 불복할 수 있는 길을 열어 놓고 있는 데에 그 취지가 있다고 할 것이고, 이는 앞에서 본 법리에 비추어 볼 때 헌법이 법률에 유보한 바에 따라 입법자의 형성의 자유의 범위 내에서 이루어진 합리적인 정책적 선택의 결과일 뿐, 헌법에 위반되는 것이라고는 할 수 없다.」

본 판결 평석은 최영승, "영장재판에 대한 불복의 가부", 형사소송법 핵심 판례 130선(제5판), [126], 284－285면.

1) 반복되는 구속영장 재청구는 오히려 피고인에게 불리한 측면이 있고, 판례의 축적을 통하여 구속영장 발부와 기각의 기준을 명확하게 할 수 있다는 점에서 준항고를 인정하는 방향으로 형사소송법을 개정할 필요가 있다.

2) 대법원 2004. 1. 16. 선고 2003도5693 판결.

3) 다만, 피의자는 구속영장 청구단계에서의 자백의 의미나 자백이 수사절차나 공판절차에서 가지는 중요성을 제대로 헤아리지 못한 나머지 허위자백을 하고라도 자유를 얻으려는 유혹을 받을 수가 있으므로, 법관은 구속 전 피의자심문조서의 자백 기재에 관한 증명력을 평가함에 있어서는 이러한 점에 각별히 유의를 하여야 할 것이다(위 2003도5693 판결 참조).

2018년 제7회 변호사시험 강평

형사법 제1문

Ⅰ. 甲, 乙의 형사책임

• 사실관계

甲	• 스스로 상처를 낸 다음 국립대학병원 의사인 B를 찾아가 乙에게 맞아 상해를 입었다고 거짓말하여 상해진단서를 발급받음 • 위 상해진단서를 乙에게 제시하면서 합의금 500만 원을 요구하여 건네받음
乙	• 여자친구 A가 버스에 두고 내린 휴대폰을 돌려주기 위하여 A의 어깨를 잡던 甲을 A의 성폭행범으로 오해하여 A를 구하기 위하여 甲을 밀어 넘어뜨림 • 기숙사 룸메이트인 C의 지갑에서 몰래 신용카드 1매를 꺼내어 사용 후 바로 제자리에 갖다 놓음 • 위 신용카드로 300만 원을 예금 인출하고, 200만 원을 현금서비스 받음

1. 甲의 형사책임

(1) 허위공문서작성죄 또는 허위진단서작성죄의 간접정범 성립 여부

• 국립대학병원 의사인 B가 작성한 상해진단서는 내용이 허위인 진단서이자 공문서에 해당
• B에게 범죄가 성립한다고 할 경우에 허위공문서작성죄(형법 제227조. 7년 이하의 징역)가 성립하는지, 허위진단서작성죄(형법 제233조. 3년 이하의 징역·금고)가 성립하는지 문제됨
• 두 죄가 성립하고 상상적 경합이라는 견해도 있으나, 판례는 허위공문서작성죄만 성립된다는 입장(대법원 2004. 4. 9, 2003도7762)
• 그러나 B에 대해서는 허위에 대한 인식, 즉 고의가 없으므로 허위공문서작성죄는 성립하지 않음

• B로 하여금 허위공문서를 작성하도록 한 甲에 대해서는 B에게 주관적 구성요건인 고의가 없어 허위공문서작성죄의 교사범이 성립할 여지는 없으나, 간접정범이 성립하는지가 문제됨
• 이와 관련해서는 ① 형법 제33조의 해석상 일반적으로 신분범에 간접정범이 가능한가 하는 점과 ② 형법 제228조의 공정증서원본등불실기재죄와의 관계에서 문제가 됨
• ①과 관련하여,
• ⓐ 형법 제33조는 신분범에서 신분 없는 사람이 신분자를 이용한 간접정범은 성립할 수 없다는 견해(통설)와 ⓑ 신분 없는 사람이라도 신분자를 이용하여 법익을 침해하는 것은 가능하므로 간접정범이 성립한다는 견해의 대립이 있음

• ②와 관련하여,
• 신분범의 간접정범을 인정하더라도 형법 제228조를 독립범죄로 규정한 것은 형법 제227조의 간접정범은 처벌하지 않는다는 취지가 아닌가 하는 점이 문제됨
• 이에 대해서는 ⓒ 형법 제228조의 법정형(제1항 5년 이하 징역, 제2항 3년 이하 징역)이 제227조(7년 이하의 징역)보다 현저히 가벼운 점에서 형법 제228조 이외의 간접정범은 처벌하지 않는다는 취지라는 견해와 ⓓ 작성권한 없는 사인이나 권한 없는 공무원에 의한 간접정범은 인정되지 않지만, 작성권한이 있는 보조공무원의 경우에는 간접정범이 성립한다는 견해가 대립
• 판례는 ⓓ의 입장임(대법원 2010. 1. 14, 2009도9963)
• 甲은 사인이므로 허위공문서작성죄의 간접정범 불성립
• 따라서 허위작성공문서행사죄(형법 제229조)도 성립할 여지가 없음

(2) 사기죄의 성립 여부

- 합의금을 요구하는 과정에서 '폭행 또는 협박'을 한 사실이 없으므로 공갈죄가 성립할 여지는 없음
- 그러나 허위 내용의 진단서를 乙에게 제시하면서 합의금을 요구하고 이에 속은 乙로부터 합의금을 받았으므로 사기죄(형법 제347조 제1항)의 성립 여부가 문제됨
- 기망, 착오, 착오로 인한 재산처분행위, 재산취득행위는 물론 고의가 인정되므로 사기죄 성립

(3) 소결

- 甲에 대하여 사기죄 성립

2. 乙의 형사책임

(1) 폭행죄의 성립 여부

1) 폭행죄의 구성요건 해당 여부

- 甲을 밀어 넘어뜨렸으므로 폭행죄(형법 제260조 제1항)의 객관적 구성요건에는 해당

2) 정당방위 해당 여부

- 정방방위가 인정되기 위해서는 ① 현재의 부당한 침해가 있고, ② 자기 또는 타인의 법익을 방위하기 위한 행위이고, ③ 상당한 이유가 있어야 함(형법 제21조 제1항)
- 사례에서는 ②와 ③의 요건은 충족되지만, 甲이 A를 성폭행하는 것은 아니므로 ①의 요건을 충족하지 못하여, 정당방위에 해당하지 않음

3) 위법성조각사유의 전제사실의 착오

- 다만, 위 ①의 요건인 '현재의 부당한 침해'가 존재하는 것으로 오인한 행위는 위법성조각사유의 전제사실의 착오(=오상방위)에 해당
- 이 경우, 고의범이 성립하는지 그 법적 효과가 문제됨
- 통설인 법효과제한적 책임설은 구성요건에 해당하는 사실의 인식(·인용), 즉 '구성요건적 고의'는 있지만, 위법성을 조각하는 사실(예컨대 정당방위사실)에 대한 인식이 있기(즉, 범죄가 되는 위법한 사실의 인식은 없기) 때문에 책임고의(통상 '죄를 범할 의사'를 말함)가 없어, 법효과에서는 구성요건적 고의가 없는 경우와 마찬가지로 고의범은 성립하지 않고, 과실이 인정되고 과실범을 처벌하는 규정이 있는 경우에는 과실범으로 처벌된다고 함

- 그러나 판례는 ① 오인한 데 정당한 이유가 있으면 위법성이 조각된다고 하고(대법원 1986. 10. 28, 86도1406. 정당행위),
- ② 명예훼손죄에 있어서 위법성조각사유인 형법 제310조의 사유에 대한 착오의 경우에도 정당한 이유가 있으면 위법성이 조각된다고 함(대법원 2007. 12. 14. 2006도2074)

4) 소결
- 판례의 취지에 의하면, 乙에게 '오인에 정당한 이유가 있는 경우'에는 위법성이 조각되어 폭행죄 불성립
- 형법 제16조(법률의 착오)와 관련하여, 판례는 "정당한 이유는 행위자에게 자기 행위의 위법 가능성에 대해 심사숙고하거나 조회할 수 있는 계기가 있어 자신의 지적 능력을 다하여 이를 회피하기 위한 진지한 노력을 다하였더라면 스스로의 행위에 대하여 위법성을 인식할 수 있는 가능성이 있었는데도 이를 다하지 못한 결과 자기 행위의 위법성을 인식하지 못한 것인지에 따라 판단하여야 한다"고 판시(대법원 2017. 3. 15, 2014도12773)

- 사례만으로는 명백하지 않지만, '甲(30세)이 여자친구인 A(26세)를 따라 버스에서 하차하면서 뒤에서 A의 어깨를 잡은 정황'에 비추어, 남자친구인 乙로서는 甲을 성폭행범(성추행범)으로 오인하는 데 '정당한 이유'가 있다고 볼 수 있음
- 따라서 乙에 대하여 위법성이 조각되어 폭행죄 불성립
- (이와는 달리, 사례의 사정만으로는 乙에게 오인의 정당한 이유가 있다고 볼 수 없어 폭행죄가 성립한다는 견해도 가능)
- 참고로, 통설인 법효과제한적 책임설에 의하면 책임고의가 조각되어 폭행죄는 성립하지 않는데다가, 폭행죄는 과실범 처벌규정도 없이 과실 여부와 관계없이 범죄 불성립

(2) 신용카드 자체에 대한 절도죄의 성립 여부
- 신용카드를 일시 그 용법에 따라 사용하고 바로 제자리에 갖다 놓았으므로 절도죄(형법 제329조)에서의 불법영득의사가 있는지 여부가 문제됨
- 절도죄의 객관적 구성요건에는 해당
- 절도죄의 주관적 구성요건으로 고의 이외에 불법영득의사가 필요한지에 대해서는 ① 불요설과 ② 필요설(통설) 대립
- 판례는 ②의 필요설의 입장(대법원 1973. 2. 28, 72도2812)

- 불법영득의사의 내용에 대하여 판례는 '권리자를 배제하고 타인의 물건을 자기의 소유물과 같이 그 경제적 용법에 따라서 이용하고 처분할 의사'라고 판시(대법원 1990. 5. 25, 90도573)
- 단순 사용절도의 경우에는 권리자를 배제할 의사가 있다고 할 수 없음
- 본 사례에서는 신용카드 자체가 가지는 경제적 가치가 훼손되었다고 볼 수 없어 불법영득의사가 인정되지 않음(대법원 1999. 7. 9, 99도857)
- 절도죄 불성립

(3) 예금 인출 관련

1) 절도죄의 성립 여부

- 타인의 신용카드를 사용하여 현금자동지급기(ATM)에서 현금을 인출한 행위에 대하여는 ① 절도죄설과 ② 컴퓨터등사용사기죄설이 대립
- 판례는 ①의 절도죄설(대법원 2003. 5. 13, 2003도1178)
- 따라서 절도죄 성립
- 참고로, 기망이나 처분행위가 없어 사기죄가 성립할 여지가 없고, ATM은 대가지급기계가 아니므로 편의시설부정사용죄도 성립할 여지가 없음

2) 여신전문금융업법위반죄 성립 여부

- 신용카드부정사용죄(동법 제70조 제1항 제3호)에서의 '사용'은 신용카드의 본래 용법에 따라 사용하는 것을 말하는데,
- 예금 인출은 신용카드 본래의 용법이 아니므로 위 죄는 불성립(대법원 2003. 11. 14, 2003도3977)

(4) 현금서비스 관련

1) 절도죄의 성립 여부

- 예금 인출의 경우와 마찬가지로 절도죄 성립(판례)

2) 여신전문금융업법위반죄 성립 여부

- 乙에 대하여 신용카드 자체에 대한 절도죄가 성립하지 않는 경우에도 신용카드부정사용죄(동법 제70조 제1항 제3호)가 성립하는지 여부가 문제됨
- 판례는 이를 인정(대법원 1999. 7. 9, 99도857)
- 이 경우, 위 절도죄와 여신전문금융업법위반죄의 죄수에 관하여 상상적 경합이라는 견해도 있으나 판례는 실체적 경합(대법원 2006. 7. 27, 2006도3194)

(5) 소결

- 乙에 대하여 예금 인출 및 현금서비스에 따른 각 절도죄와 현금서비스에 대한 여신전문금융업법위반죄가 성립하고,
- 각 죄는 실체적 경합관계

【참고사항】 사전자기록등변작죄(형법 제232조의2)·동행사죄 성립 여부
- C의 현금카드를 사용하여 C의 비밀번호를 입력했으므로 '변작'에 해당하지 않는다는 견해도 있을 수 있음
- 그러나 권한 없이 'C 본인이 현금 100만 원을 인출하였다'는 허위내용의 전자기록을 만들어 은행예금파일을 변경한 점에서 '변작'에 해당
- 사전자기록등변작죄(5년 이하)와 변작사전자기록등행사는 실체적 경합관계(판례)
- 절도죄(6년 이하)와 두 죄는 각 상상적 경합
- 3개의 죄에 관하여, 연결효과에 의한 상상적 경합 인정할 것인지 여부가 문제됨
- 판례는 수뢰후부정처사죄와 공도화변조죄, 동행사죄(대법원 2001. 2. 9, 2000도1216), 업무상배임죄와 사문서위조죄, 동행사죄에 관하여 인정(대법원 2009. 4. 9, 2008도5634)

Ⅱ. 丙의 형사책임

- 乙이 甲을 폭행하도록 부추기고, 이에 乙이 甲의 행동을 오해하여 甲을 밀어 넘어뜨리도록 한 사례
- 위법성조각사유의 전제사실에 대한 착오를 이용한 악의의 가담자에게 간접정범 또는 공범인 교사범이 성립하는지 여부가 쟁점
- (Ⅰ)에서 살펴본 바와 같이, 판례에 의하면 정범인 乙의 폭행행위는 위법성이 조각되어 폭행죄 불성립
- 따라서 丙에 대하여는 '어느 행위로 처벌되지 아니하는 자(=乙)를 교사하여 폭행의 결과를 발생하게 하였으므로'(사례에서 의사지배는 인정) 폭행죄의 간접정범(형법 제34조 제1항) 성립

【참고사항】
- 판례에 의하면서도 乙에게 오인에 정당한 이유가 없어 폭행죄가 성립한다는 입장에서는 丙에 대하여 폭행교사죄 성립
- 법효과제한적 책임설에 의하면 乙에게 책임고의가 조각되어 폭행죄가 성립하지 않지만, 제한적 공범종속성설(통설)에 따라 丙에 대하여 폭행교사죄 성립

Ⅲ-1. 항소심에서의 직권 축소인정

1. 쟁점

- 乙은 폭행치상죄로 기소되어 제1심에서 유죄를 선고받고 항소
- 항소심은 상해의 점은 인정되지 않는 것으로 판단
- 항소심은 직권으로 폭행죄로 유죄를 선고할 수 있는지?

2. 항소심에서의 공소장변경의 요부

(1) 항소심에서의 공소사실 변경의 가부

- 이에 대해서는 ① 항소심은 사후심이므로 허용되지 않는다는 부정설, ② 원심판결을 파기하는 때에만 허용된다는 설, ③ 항소심은 속심이므로 당연히 인정된다는 긍정설(통설) 대립
- 판례는 항소심은 사후심적 성격이 가미된 속심이므로 인정된다는 긍정설의 입장(대법원 1981. 8. 20, 81도698)

(2) 공소장변경의 요부

- 공소사실과 기본적 사실이 동일한 범위 내에서 공소장변경절차 없이 공소사실과 다른 사실을 인정할 수 있는지가 문제됨(공소장변경의 요부)
- 공소사실의 동일성에 대하여는 ① 구성요건공통설, ② 죄질공통설, ③ 소인공통설, ④ 기본적 사실공통설(통설)이 대립
- 판례는 ④의 입장(대법원 2007. 5. 10, 2007도1048)
- 다만, 규범적 요소도 고려(대법원 1994. 3. 22, 93도2080 전원합의체)

- 공소장변경의 요부에 대해서는 ① 동일벌조설, ② 법률구성설, ③ 사실기재설(실질적 불이익설)이 대립
- 판례는 방어권행사에 실질적인 불이익을 초래할 염려가 없는 경우에는 공소장변경절차를 거치지 않고 다르게 인정할 수 있다고 판시하여 ③의 입장(대법원 2007. 12. 27, 2007도4749)

(3) 사례의 해결

- 폭행치상죄의 공소사실과 폭행죄의 공소사실은 기본적 사실이 동일하므로 그 동일성이 인정됨
- 폭행치상죄의 공소사실에는 폭행죄의 공소사실이 포함되어 있고(축소사실의 인정), 폭행죄를 인정하더라도 방어권행사의 실질적인 불이익을 초래할 염려가 없음
- 이는 반의사불벌죄가 아닌 범죄(또는 비친고죄)를 반의사불벌죄(또는 친고죄)로 인정하는 경우에도 마찬가지임(대법원 1999. 4. 15, 96도1922 전원합의체. 반대의견 있음)

- 한편, 이전 판례 중에 공소장변경절차 없이 폭행치상죄를 폭행죄로 인정할 수 없다는 판례가 있기는 하지만(대법원 1971. 1. 12, 70도2216),
- 강제추행치상죄를 강제추행죄로 인정한 위 96도1922 전원합의체 판결에 비추어(다수의견은 위 70도2216 판결을 이해할 수 없을 것이라며 이를 반박하는 반대의견 있음),
- 항소심은 직권으로 폭행죄로 유죄를 선고할 수 있음

Ⅲ-2. 항소심에서의 반의사불벌죄로의 공소장변경과 처벌불원의사표시

1. 쟁점

- 항소심 계속 중에 폭행치상죄가 반의사불벌죄인 폭행죄로 공소장변경됨
- 甲이 乙에 대한 처벌불원의사표시(=처벌희망의사의 철회)
- 항소심은 어떤 판단을 하여야 하는가?

2. 항소심에서의 처벌불원의사표시의 효력

- 처벌희망의사의 철회는 고소취소와 마찬가지로 제1심 판결 선고 전까지만 허용(형소법 제232조 제3항, 제1항)
- 항소심에서 반의사불벌죄(또는 친고죄)로 공소장이 변경된 경우, 처벌불원의사표시(또는 고소취소)의 효력이 있는지에 대해서는 ① 긍정설, ② 부정설, ③ 제1심 판결 선고 후 반의사불벌죄로 공소장변경되기 전에는 가능하지만 공소장변경된 후에는 할 수 없다는 절충설 대립
- 판례는 항소심을 제1심이라 할 수 없으므로 그 효력이 없다고 판시하여 ②의 부정설의 입장(친고죄에 관한 대법원 2007. 3. 15, 2007도210)

3. 사례의 해결

- 항소심에서 처벌불원 내용의 합의서가 제출되었지만 그 효력이 없음
- 따라서 공소기각의 판결(형소법 제327조 제6호)을 할 것이 아니라 유죄판결을 하여야 함
- 다만, 합의서의 제출은 양형에 참작

Ⅳ-1. 판사의 구속영장청구기각에 대한 검사의 조치

- 지방법원판사인 甲에 대한 구속영장청구기각에 대하여 항고(형소법 제402조) 또는 준항고(형소법 제416조)가 가능한지 여부가 문제됨
- 이에 대해서는 ① 긍정설, ② 부정설이 대립
- 판례는 ②의 부정설의 입장(대법원 2006. 12. 18, 2006모646)
- 판례에 의하면, 항고나 준항고를 할 수는 없고, 영장을 재청구할 수는 있음(형소법 제201조 제5항 참조)

Ⅳ-2. 구속 전 피의자심문조서의 증거능력

- 동의한 경우, 증거능력 인정됨(형소법 제318조 제1항)
- 부동의한 경우, ① 형소법 제311조에 의하여 증거능력이 인정된다는 견해, ② 형소법 제315조 제3호에 의하여 당연히 증거능력이 있다는 견해가 대립
- 이를 직접 판단한 판례는 없으나, 판례는 구속적부심문조서에 대하여 ②설의 입장(대법원 2004. 1. 16, 2003도5693)
- 위 판례에 비추어 형소법 제315조 제3호에 의하여 당연히 증거능력이 인정됨

사례 14. [18－변시(7)－2]
2018년 제7회 변호사시험 제2문

(1) 甲은 X주식회사의 대표이사이고 乙은 사채업자이다. 甲이 乙에게 수억 원 대 내기 골프에 필요한 돈을 빌린 후 변제기에 갚지 않자 乙은 위 채무가 甲이 회사와 무관하게 개인적인 용도로 차용한 것임을 잘 알면서도, 甲에게 위 채무담보 목적으로 약속어음을 발행해 줄 것을 요청하였다. 甲이 이를 승낙하여 乙은 위 회사 사무실에서 위 회사 약속어음 용지에 액면금 5억 원, 발행일 등을 기재하고 甲은 수취인을 乙로 기재하고 "X주식회사 대표이사 甲"이라고 새겨진 명판과 법인인감도장을 각각 날인한 후 약속어음을 乙에게 교부하였다. 그런데 위 회사에서 실제로 약속어음금을 지급하거나 손해배상책임을 부담하지는 않았으며 위 약속어음이 제3자에게 유통되지도 아니하였다.

(2) 한편, 위 회사 전무이사인 丙은 국립초등학교에 다니는 딸의 담임교사 A가 평소 딸을 많이 혼내는 것에 불만이 있었는데, 위 초등학교 부근을 걸어가다 도로에 인접한 딸의 교실에서 수업을 하고 있는 A를 보고 화가 나 위 교실 창문을 열고 교실 안으로 얼굴을 들이밀어 큰 소리로 "잘 사는 애들만 대접받는 더러운 세상"이라고 외쳤다. A가 제지하는데도 丙은 약 20분간 계속 크게 소리를 내며 소란을 피워 A는 수업을 중단하였고, 학생들은 더 이상 수업을 받지 못하게 되었다.

(3) 丙은 2017. 1.경 B와 토지 매매계약을 체결한 후 甲과 명의신탁약정을 체결하고 곧바로 甲 명의로 소유권이전등기를 마친 다음 丙 자신이 위 토지를 담보로 대출을 받았음에도 "甲이 임의로 위 토지에 근저당권을 설정하였다."라며 허위로 甲을 경찰에 고소하였다.

(4) 그 후 丙은 위 약속어음 발행 건을 추가 고소하였고, 사법경찰관은 위 회사에서 甲과 乙이 만나 약속어음을 발행하는 상황이 녹화된 CCTV 동영상을 찾아내어 관리자의 동의를 얻어 그 부분의 동영상 파일을 CD에 복사한 후 이를 임의로 제출받아 압수하였는데, 이후 위 회사 CCTV 동영상의 보존기간이 경과하여 원본파일은 삭제되었다.

(5) 위 사건을 송치받은 검사는 甲의 위 내기 골프 사실을 밝혀내고 기존 사건에 도박죄를 병합하여 기소하였다. 甲의 재판에서 丙은 증인으로 출석하여 증언하면서 약속어음 발행 경위에 대한 수사기관에서의 진술을 번복하였다. 이에 검사는 丙을 소환하여 수사기관에서의 진술이 맞다는 내용의 진술조서를 작성하여 이를 추가 증거로 제출하였다. 이후 증인으로 재차 출석한 丙은 수사기관에서의 진술대로 증언하였고, 추가 증거로 제출된 위 진술조서가 자신이 진술한 그대로 기재되어 있음을 인정하였다.

〔2018년 제7회 변호사시험 제2문〕

설 문

1. 위 (1), (2), (3) 사실관계에서 甲, 乙, 丙의 죄책은? (부동산실권리자명의등기에관한 법률위반의 점은 논외로 함) (60점)

2. 위 (4) 사실관계와 관련하여 압수된 위 CD는 증거로 사용할 수 있는가? (15점)

3. 위 (5) 사실관계와 관련하여 법원에 추가 증거로 제출된 丙의 진술조서 및 丙의 증언은 증거로 사용할 수 있는가? (15점)

4. 만일 甲의 위 도박죄에 대하여 유죄판결이 확정되었는데, 검사가 위 도박죄 범행 이전의 내기골프 도박 범행 10회와 위 도박죄 확정판결 이후의 내기골프 도박 범행 3회를 추가 수사한 후 상습도박죄로 기소하고, 공판심리 결과 甲에게 상습성이 인정된 경우 법원이 취할 수 있는 조치는? (10점)

해 설

Ⅰ. 제1문—甲, 乙, 丙의 형사책임

1. 문제의 제기

甲에 대하여 X주식회사의 대표이사로서 개인적인 채무담보 목적으로 위 회사 명의의 약속어음을 乙에게 작성·교부한 행위가 업무상배임죄에 해당하는지 문제된다.

乙에 대하여 ① 甲이 위 회사와 무관하게 개인적인 용도로 차용한 것임을 잘 알면서도 위 회사 명의의 약속어음 발행을 요청한 행위가 업무상배임죄의 공범에 해당하는지, ② 또한 위 약속어음을 교부받은 행위가 장물취득죄에 해당하는지 문제된다.

丙에 대하여 ① 교실 안으로 얼굴을 들이민 행위가 건조물침입죄에 해당하는지, ② 약 20분간 크게 소리를 내며 소란을 피워 A가 수업을 중단하고 학생들이 더 이상 수업을 받지 못하게 한 행위가 공무집행방해죄나 위계공무집행방해죄 또는 업무방해죄에 해당하는지, ③ B와 토지매매계약을 체결하고 명의수탁자 甲 명의로 소유권이전등기를 한 다음 자신이 토지 담보대출을 받았음에도 甲이 임의로 근저당권을 설정하였다고 경찰에 허위로 고소한 행위가 무고죄에 해당하는지 문제된다.

2. 甲의 형사책임

甲은 개인적인 채무담보 목적으로 X주식회사 명의의 약속어음을 발행하여 채권자인 乙에게 교부하였다. 이때 甲에게 업무상배임죄(형법 제356조, 제355조 제2항)가 성립하는지 문제된다.

업무상배임죄는 이중적 신분, 즉 타인의 사무를 처리하는 자라는 구성적 신분(진정신분범)과 업무상의 임무라는 가중적 신분(부진정신분범)을 요구하는 신분범이다. 甲은 위 회사의 대표이사로서 개인적인 채무담보 목적으로 회사 명의의 약속어음을 발행하였으므로 '업무상 타인의 사무를 처리하는 자'에 해당함에는 의문이 없다.

본 사례에서는 ① 주식회사 대표이사의 권한남용행위로서 법률상 무효인 행위가 배임행위에 해당하는지, ② 위 회사에서 실제로 약속어음금을 지급하거나 손해배상책임을 부담하지 않았고 약속어음이 제3자에게 유통되지 않은 경우 업무상배임죄의 기수에 이른 것인지가 문제된다.

(1) 대표권 남용행위의 배임행위 해당 여부

'배임행위'란 타인의 사무처리자로서 임무에 위배하는 행위를 말하고, 그것이 권한의 남용이건 법률상의 의무위반이건 묻지 않으며, 법률행위뿐 아니라 사실행위도 포함한다.

주식회사의 대표이사는 법령과 정관의 규정에 따라 주식회사의 재산상 손해를 방지하고 성실하게 주식회사를 위하여 최선의 이익이 되도록 직무를 수행하여야 할 선관주의의무 내지 충실의무를 부담하므로, 대표이사가 그 의무를 위반하여 자신이나 타인의 이익을 위하여 업무를 처리함에 따라 주식회사에 손해가 발생한 경우에는 대표이사로서 당연히 할 것으로 기대되는 행위를 하지 않고 주식회사와의 신임관계를 저버리는 행위를 한 것으로서 배임죄에서의 임무위배에 해당한다.[1)]

본 사례에서 대표이사인 甲이 개인채무담보 목적으로 위 회사 명의의 약속어음을 발행한 것은, 형식적으로는 본인을 위한 법률행위의 외관을 갖추고 있지만 실질적으로는 개인의 이익을 위한 것에 불과한 대표권 남용행위로서, 배임죄에서의 임무위배행위에 해당한다. 또한 위와 같이 회사 명의로 의무를 부담하는 행위는 일응 회사의 행위로서 유효하고, 다만 상대방이 대표이사의 진의를 알거나 알 수 있었을 경우에 회사에 대하여 무효로 되는데, 그와 같은 경우에도 배임행위의 성립 자체에는 영향이 없다고 보아야 할 것이다.

(2) 대표권 남용이 법률상 무효인 경우 업무상배임죄의 기수시기

타인의 사무를 처리하는 자가 배임의 범의로 임무위배행위를 개시하는 때에 배임죄의 실행에 착수한 것이고, 그와 같은 행위로 인하여 자기 또는 제3자가 이익을 취득하여 본인에게 손해를 가한 때에 기수에 이르렀다고 할 것이다.

배임죄에서 재산상 손해란 본인의 전체 재산적 가치의 감소를 뜻하는 것으로서, 현실적으로 손해를 가한 경우뿐만 아니라 가치 감소로 볼 수 있는 재산상의 위험이 발생한 경우, 즉 재산상 실해 발생의 위험을 초래한 경우도 포함한다. 재산 가치의 감소가 있는가는 경제적 관점에서 판단하여야 하고, 당해 배임행위가 법률상 유효할 것을 요하지 않는다. 다만 재산상 실해 발생의 위험은 경제적 관점에서 재산상 손해가

---

1) 대법원 2013. 7. 11. 선고 2011도5337 판결.

발생한 것과 사실상 같다고 평가될 정도에 이르렀다고 볼 수 있을 만큼 구체적·현실적인 위험이 야기된 정도에 이르러야 하고, 단지 막연한 가능성이 있다는 정도로는 부족하다.[1] 따라서 배임행위가 법률상 무효이기 때문에 본인의 재산 상태가 사실상으로도 악화된 바가 없다면 현실적인 손해가 없음은 물론이고 실해가 발생할 위험도 없는 것이므로 본인에게 재산상의 손해를 가한 것이라고 볼 수 없다.[2] 이러한 손해 발생 및 배임죄의 보호법익인 피해자의 재산상 이익의 침해 여부는 구체적 사안별로 타인의 사무의 내용과 성질, 임무위배의 중대성 및 본인의 재산 상태에 미치는 영향 등을 종합하여 신중하게 판단하여야 한다.[3]

그리고 대표권 남용행위가 배임행위가 되는 경우, 상대방이 대표권 남용사실을 알았거나 알 수 있었을 경우에는 법률상 무효로서 원칙적으로 회사에 대하여 효력이 없으므로, 달리 그 행위만으로 실제로 채무의 이행이 이루어졌다거나 회사가 민법상 불법행위책임을 부담하게 되었다는 사정이 없는 한 배임죄의 기수에는 이르렀다고 볼 수 없다.

한편, 대표권 남용으로 인한 회사의 의무부담행위가 약속어음 발행행위인 경우, 대법원은 종래 ① 제3자에게 유통되지 않는다는 특별한 사정이 없는 한 유통 여부와 관계없이 기수가 된다는 취지로 판시하였다.[4] 그러나 그 후 견해를 바꾸어 ② "어음발행이 무효라 하더라도 그 어음이 실제로 제3자에게 유통되었다면 회사로서는 어음채무를 부담할 위험이 구체적·현실적으로 발생하였다고 보아야 하고, 그 어음채무가 실제로 이행되기 전이라도 배임죄의 기수범이 되나, 약속어음 발행이 무효일 뿐만 아니라 그 어음이 유통되지도 않았다면 회사는 어음발행의 상대방에게 어음채무를 부담하지 않기 때문에 특별한 사정이 없는 한 회사에 현실적으로 손해가 발생하였다거나 실해 발생의 위험이 발생하였다고도 볼 수 없으므로, 이때에는 배임죄의 기수범이 아니라 배임미수죄로 처벌하여야 한다"고 판시하여(**관련판례**[5]), 어음발행행위의 경우에도

---

1) 대법원 2017. 8. 24. 선고 2017도22 판결; 대법원 2017. 10. 12. 선고 2017도6151 판결.

2) 대법원 2015. 9. 10. 선고 2015도6745 판결.

3) 대법원 2017. 9. 21. 선고 2014도9960 판결.

4) 대법원 2012. 12. 27. 선고 2012도10822 판결(이 판결은 대법원 2017. 7. 20. 선고 2014도1104 전원합의체 판결로 기수 시점 부분에 관한 판단의 범위 내에서 변경되었음). 「약속어음은 원칙적으로 배서에 의하여 양도할 수 있고, 약속어음에 의하여 청구를 받은 자는 그 소지인이 채무자를 해할 것을 알고 어음을 취득한 경우가 아니라면 발행인 또는 종전의 소지인에 대한 인적 관계로 인한 항변으로써 소지인에게 대항하지 못하므로, (중략) 약속어음이 제3자에게 유통될 경우 회사가 소지인에 대하여 어음금 채무를 부담할 위험은 이미 발생하였다 할 것이므로, 그 약속어음이 제3자에게 유통되지 아니한다는 특별한 사정이 없는 한 경제적 관점에서는 회사에 대하여 배임죄에서의 재산상 실해 발생의 위험이 초래되었다고 봄이 상당하다.」

5) (**관련판례**) 대법원 2017. 7. 20. 선고 2014도1104 전원합의체 판결 【특정경제범죄가중처벌등에관한법률

어음이 유통되는 등 회사의 손해 발생 위험이 구체적·현실적으로 발생하기 전에는 미수에 불과한 것으로 보고 있다.

본 사례에서 주식회사 대표이사인 甲이 개인채무 담보를 위하여 대표권을 남용하여 회사 명의의 어음을 발행하였고, 상대방인 乙이 이를 알고 있었으므로, 甲의 약속어음 발행행위는 법률상 무효라고 할 수 있다. 나아가 실제로 회사가 약속어음금을 지급하거나 손해배상책임을 부담하지 않았고, 제3자에게 유통되지도 않았으므로, 회사에게 손해가 발생하였다거나 실해 발생의 위험이 발생하였다고 볼 수 없다. 따라서 업무상배임죄의 미수가 성립한다.[1)] 그리고 액면금이 5억 원이지만 특정경제범죄 가

위반(배임)】. 「가. (중략) 타인의 사무를 처리하는 자가 배임의 범의로, 즉 임무에 위배하는 행위를 한다는 점과 이로 인하여 자기 또는 제3자가 이익을 취득하여 본인에게 손해를 가한다는 점에 대한 인식이나 의사를 가지고 임무에 위배한 행위를 개시한 때 배임죄의 실행에 착수한 것이고, 이러한 행위로 인하여 자기 또는 제3자가 이익을 취득하여 본인에게 손해를 가한 때 기수에 이른다.

나. 【다수의견】 (가) (중략) 형사재판에서 배임죄의 객관적 구성요건요소인 손해 발생 또는 배임죄의 보호법익인 피해자의 재산상 이익의 침해 여부를 판단할 때에는 종래의 대법원판례를 기준으로 하되 구체적 사안별로 타인의 사무의 내용과 성질, 임무위배의 중대성 및 본인의 재산 상태에 미치는 영향 등을 종합하여 신중하게 판단하여야 한다.

(나) 주식회사의 대표이사가 대표권을 남용하는 등 그 임무에 위배하여 회사 명의로 의무를 부담하는 행위를 하더라도 일단 회사의 행위로서 유효하고, 다만 상대방이 대표이사의 진의를 알았거나 알 수 있었을 때에는 회사에 대하여 무효가 된다. 따라서 상대방이 대표권남용 사실을 알았거나 알 수 있었던 경우 그 의무부담행위는 원칙적으로 회사에 대하여 효력이 없고, 경제적 관점에서 보아도 이러한 사실만으로는 회사에 현실적인 손해가 발생하였다거나 실해 발생의 위험이 초래되었다고 평가하기 어려우므로, 달리 그 의무부담행위로 인하여 실제로 채무의 이행이 이루어졌다거나 회사가 민법상 불법행위책임을 부담하게 되었다는 등의 사정이 없는 이상 배임죄의 기수에 이른 것은 아니다. 그러나 이 경우에도 대표이사로서는 배임의 범의로 임무위배행위를 함으로써 실행에 착수한 것이므로 배임죄의 미수범이 된다. 그리고 상대방이 대표권남용 사실을 알지 못하였다는 등의 사정이 있어 그 의무부담행위가 회사에 대하여 유효한 경우에는 회사의 채무가 발생하고 회사는 그 채무를 이행할 의무를 부담하므로, 이러한 채무의 발생은 그 자체로 현실적인 손해 또는 재산상 실해 발생의 위험이라고 할 것이어서 그 채무가 현실적으로 이행되기 전이라도 배임죄의 기수에 이르렀다고 보아야 한다.

(다) 주식회사의 대표이사가 대표권을 남용하는 등 그 임무에 위배하여 약속어음 발행을 한 행위가 배임죄에 해당하는지도 원칙적으로 위에서 살펴본 의무부담행위와 마찬가지로 보아야 한다. 다만 약속어음 발행의 경우 어음법상 발행인은 종전의 소지인에 대한 인적 관계로 인한 항변으로써 소지인에게 대항하지 못하므로(어음법 제17조, 제77조), 어음발행이 무효라 하더라도 그 어음이 실제로 제3자에게 유통되었다면 회사로서는 어음채무를 부담할 위험이 구체적·현실적으로 발생하였다고 보아야 하고, 따라서 그 어음채무가 실제로 이행되기 전이라도 배임죄의 기수범이 된다. 그러나 약속어음 발행이 무효일 뿐만 아니라 그 어음이 유통되지도 않았다면 회사는 어음발행의 상대방에게 어음채무를 부담하지 않기 때문에 특별한 사정이 없는 한 회사에 현실적으로 손해가 발생하였다거나 실해 발생의 위험이 발생하였다고도 볼 수 없으므로, 이때에는 배임죄의 기수범이 아니라 배임미수죄로 처벌하여야 한다.」

본 판결 평석은 이순욱, "법인대표의 대표권남용과 배임죄 기수시기", 형법판례 150선(제3판), [127], 288－289면; 이현석, "대표권남용에 의한 약속어음 발행행위와 배임죄", 김신 대법관 재임기념 논문집, 사법발전재단, 2018, 410－419면.

1) 한편, 임무위배행위의 상대방이 피고인이 작성해준 약속어음공정증서를 채무명의로 삼아 피해자 회사

중처벌 등에 관한 법률 제3조의 특정재산범죄의 가중처벌규정에는 미수범 처벌규정이 없으므로 동법이 적용될 여지는 없다.

(3) 유가증권에 관한 범죄의 성립 여부

甲은 'X주식회사 대표이사 甲'명의로 위 유가증권을 작성하였는데, ① 작성명의인에 대한 모용이 없으므로 유가증권위조죄(형법 제214조)는 성립하지 않고, ② 대표이사 자격을 모용한 것이 아니므로 자격모용유가증권작성죄(형법 제215조)도 성립하지 않는다.[1] 또한 ③ 약속어음 기재 내용에 허위사실이 기재된 것은 아니므로 허위유가증권작성죄(형법 제216조)도 성립하지 않는다.

(4) 소결

甲에 대하여 업무상배임미수죄가 성립하는데, 乙의 형사책임에서 살펴보는 바와 같이 乙과 공동정범의 관계이다.

3. 乙의 형사책임

(1) 업무상배임미수죄의 공범 성립 여부

㈎ 乙의 행위가 공동정범 또는 교사범에 해당하는지 여부

乙은 甲이 개인채무담보 목적으로 X주식회사 대표이사 명의의 약속어음을 발행하는 것을 알고 있었고, 위 약속어음의 발행을 甲에게 요청하였다. 이러한 乙의 행위가 공동정범 또는 교사범에 해당하는지 문제된다.

거래상대방이 배임행위를 교사하거나 배임행위의 전 과정에 관여하는 등 배임행위에 적극 가담함으로써 실행행위자와의 계약이 반사회적 법률행위로서 무효가 되는 경우 거래상대방도 배임죄의 교사범 또는 공동정범이 될 수 있다.[2] 이때 공동정범이 되기 위해서는 공동의사에 의한 기능적 행위지배를 통한 범죄의 실행이라는 주관적·객관적 요건을 충족하여야 한다.[3]

의 재산에 채권압류 및 전부명령을 받고 이에 기하여 실제로 채권을 변제받았다면 배임죄의 기수가 인정된다. 이 경우 사후에 법률행위의 전부 또는 일부 무효사유가 판명되어 상대방이 피해자 회사에 부당이득 상당액을 반환할 의무를 부담한다고 하더라도 배임죄의 성립을 부정할 수 없다(대법원 2017. 9. 21. 선고 2014도9960 판결).

1) 대법원 2015. 11. 27. 선고 2014도17894 판결.
2) 대법원 2005. 10. 28. 선고 2005도4915 판결.
3) 대법원 2018. 4. 19. 선고 2017도14322 전원합의체 판결.

본 사례에서 乙은 甲에게 약속어음 발행을 요청하고 직접 액면금을 기재하는 등 배임행위 전 과정에 적극 가담하였으므로 공동정범에 해당한다.

㈏ 이중적 신분범과 공범[1]

甲에 대하여 업무상배임미수죄가 성립하는데, 업무상배임죄는 '타인의 사무 처리자'라는 구성적 신분(진정신분범) 외에 '업무상' 지위라는 형벌 가중적 신분(부진정신분범)의 이중적 신분을 요한다. 따라서 신분자인 甲의 범행에 가담한 비신분자인 乙에 대하여 어떠한 범죄가 성립하고, 어떻게 처벌해야 할 것인지가 문제되는데, 이는 형법 제33조의 공범과 신분에 관한 본문과 단서 규정을 어떻게 해석할 것인가 하는 문제와 관련된다.

형법 제33조는 "신분이 있어야 성립되는 범죄에 신분 없는 사람이 가담한 경우에는 그 신분 없는 사람에게도 제30조부터 제32조까지의 규정을 적용한다. 다만, 신분 때문에 형의 경중이 달라지는 경우에 신분이 없는 사람은 무거운 형으로 벌하지 아니한다"라고 규정하고 있다. 여기서 형법 제33조 단서의 성격에 관하여, ① 형법 제33조 본문은 진정신분범에 대해서만 적용되므로 단서는 부진정신분범의 성립근거인 동시에 과형을 규정한 것이라는 견해(통설), ② 형법 제33조 본문이 진정신분범과 부진정신분범의 성립근거를 규정하고 단서는 부진정신분범의 과형만을 규정한 것이라는 견해의 대립이 있다. 판례[2]는 ②설의 입장이다.[3]

판례와 ②설의 입장에 따르면, 乙에 대하여 형법 제33조 본문에 의하여 업무상배임미수죄의 공동정범이 성립하고, 같은 조 단서에 따라 배임미수죄로 처벌된다.

(2) 장물취득죄 성립 여부

배임죄는 이득죄이고, 배임죄에 제공된 물건은 재산범죄로 인하여 영득한 재물이 아니므로 장물이 될 수 없다.[4] 乙은 甲의 배임행위로 약속어음을 교부받았는데, 이는 배임죄로 인하여 영득한 것이 아니라 배임죄에 제공된 것에 불과하므로 장물에 해당하지 않는다. 또한 위에서 살펴본 바와 같이 乙은 업무상배임죄의 공동정범, 즉 본범이므로 장물취득죄가 성립될 여지가 없다.[5]

---

1) 이에 관한 상세는 사례 11. [17-변시(6)-1] 제1문의 3. '乙의 형사책임' 부분 참조.
2) 대법원 1986. 10. 28. 선고 86도1517 판결; 대법원 1997. 12. 26. 선고 97도2609 판결.
3) 이에 관한 상세는 사례 5. [14-변시(3)-1] 제1문 관련쟁점 '공범과 신분에 관한 형법 제33조의 해석' 부분 참조.
4) 대법원 1975. 12. 9. 선고 74도2804 판결; 대법원 1981. 7. 28. 선고 81도628 판결.
5) 대법원 1986. 9. 9. 선고 86도1273 판결.

따라서 乙에 대하여 장물취득죄가 성립하지 않는다.

(3) 소결

乙에 대하여 업무상배임미수죄의 공동정범이 성립하지만, 배임미수죄로 처벌된다.

4. 丙의 형사책임

(1) 건조물침입죄의 성립 여부

丙은 평소 딸을 많이 혼내는 국립초등학교 교사 A가 수업을 하는 것을 보고 교실 창문을 열고 얼굴을 들이밀어 큰 소리를 외쳤다. 국립초등학교의 교실은 사실상 사람이 관리·지배하는 주거 이외의 건물로서 건조물에 해당하므로, 丙에 대하여 건조물침입죄(형법 제319조 제1항)가 성립하는지가 문제된다.

건조물침입죄의 보호법익에 대해서는 ① 주거권설과 ② 사실상 평온설이 대립하는데, 통설과 판례[1)]는 사실상 평온설의 입장이다. 침입은 거주자가 주거에서 누리는 사실상의 평온상태를 해치는 행위태양으로 주거에 들어가는 것을 의미하므로,[2)] 丙이 수업 중인 교사에 대하여 화가 나 특별한 사정이 없는 한 수업 중에는 함부로 들어갈 수 없는 교실의 창문을 열고 머리를 들이밀었으므로 교실의 사실상 평온이 침해된 것은 말할 것도 없다. 다만, 이처럼 신체의 일부만이 건조물에 들어간 경우에도 건조물침입죄의 기수에 이른 것인지가 문제된다. 건조물침입죄의 기수시기에 대해서는 ① 신체의 전부가 들어가야 기수에 이른다고 해석하는 견해(통설), ② 신체의 일부가 들어가면 본죄가 완성된다는 견해가 대립한다. 판례는 신체의 일부가 주거에 들어갔다고 하더라도 주거의 사실상의 평온을 해할 수 있는 정도에 이르렀다면 기수에 이른다는 ②의 견해의 입장이다(**관련판례**[3)]). 생각건대, 건조물침입죄는 사실상의 평온을 보호법

1) 대법원 2008. 5. 8. 선고 2007도11322 판결; 대법원 2021. 9. 9. 선고 2020도6085 전원합의체 판결; 대법원 2021. 9. 9. 선고 2020도12630 전원합의체 판결; 대법원 2022. 3. 24. 선고 2017도18272 전원합의체 판결; 대법원 2024. 1. 4. 선고 2022도15955 판결; 대법원 2024. 2. 8. 선고 2023도16595 판결.

2) 대법원 2021. 9. 9. 선고 2020도12630 전원합의체 판결(피고인이 A의 부재중에 A의 처 B와 혼외 성관계를 가질 목적으로 B가 열어 준 현관 출입문을 통하여 A와 B가 공동으로 거주하는 아파트에 들어간 사안에서, 피고인이 B로부터 현실적인 승낙을 받아 통상적인 출입방법에 따라 주거에 들어갔으므로 주거의 사실상 평온상태를 해치는 행위태양으로 주거에 들어간 것이 아니어서 주거에 침입한 것으로 볼 수 없고, 피고인의 주거 출입이 부재중인 A의 의사에 반하는 것으로 추정되더라도 주거침입죄의 성립 여부에 영향을 미치지 않는다고 한 사례). 종래 판례는 주거침입죄의 보호법익을 주거에 대한 사실상 평온으로 파악하면서도, 침입에 대해서는 주거권자의 의사에 반하여 주거에 들어가는 것이라고 판시하여 왔다(대법원 2004. 8. 30. 선고 2004도3212 판결).

익으로 하므로 반드시 신체의 전부가 안으로 들어가야만 성립하는 것이 아니라 일부만 안으로 들어갔다고 하더라도 사실상의 평온을 해할 수 있는 정도에 이르렀다면 기수에 이른 것으로 보아야 한다. 따라서 판례 및 일부침입설이 타당하다.

판례 및 일부침입설의 입장을 따르면, 丙이 교실의 창문을 열 때 건조물침입죄의 실행의 착수가 있었고, 창문을 열고 얼굴을 들이밈으로써 사실상 건조물의 평온을 해하였으므로 기수에 이르렀다고 할 것이다. 따라서 丙에 대하여 건조물침입죄가 성립한다.

(2) 공무집행방해죄 또는 위계공무집행방해죄의 성립 여부

국립초등학교 교사인 A는 공무원에 해당하고, A의 수업은 적법한 공무집행에 해당한다. 이때 丙이 약 20분간 크게 소리를 지르며 소란을 피워 A의 수업이 중단되게 한 것이 공무집행방해죄 또는 위계공무집행방해죄에 해당하는지 문제된다.

직무를 집행하는 공무원에 대하여 폭행·협박을 하여 직무집행을 방해한 경우 공무집행방해죄(형법 제136조 제1항)가, 위계로써 직무집행을 방해한 경우 위계공무집행방해죄(형법 제137조)가 각 성립한다. 공무집행방해죄에서의 폭행은 사람에 대한 직·간접적 유형력의 행사를 의미하고,[1] 협박은 해악의 고지를 의미한다.[2] 丙이 큰 소리로 외치고 A의 제지에도 불구하고 크게 소리를 내며 소란을 피운 정도로는 A에 대하여 유형력을 행사하거나 해악을 고지한 것으로 볼 수 없다. 또한 위계는 행위자의 행위목적을 이루기 위하여 상대방에게 오인, 착각, 부지를 일으키게 하여 그 오인, 착각,

3) **(관련판례)** 대법원 1995. 9. 15. 선고 94도2561 판결 【주거침입·폭력행위등처벌에관한법률위반】. 「주거침입죄는 사실상의 주거의 평온을 보호법익으로 하는 것이므로, 반드시 행위자의 신체의 전부가 범행의 목적인 타인의 주거 안으로 들어가야만 성립하는 것이 아니라 신체의 일부만 타인의 주거 안으로 들어갔다고 하더라도 거주자가 누리는 사실상의 주거의 평온을 해할 수 있는 정도에 이르렀다면 범죄구성요건을 충족하는 것이라고 보아야 할 것이고, 따라서 주거침입죄의 범의는 반드시 신체의 전부가 타인의 주거 안으로 들어간다는 인식이 있어야만 하는 것이 아니라 신체의 일부라도 타인의 주거 안으로 들어간다는 인식이 있으면 족하다고 할 것이고, 이러한 범의로써 예컨대 주거로 들어가는 문의 시정장치를 부수거나 문을 여는 등 침입을 위한 구체적 행위를 시작하였다면 주거침입죄의 실행의 착수는 있었다고 보아야 하고, 신체의 극히 일부분이 주거 안으로 들어갔지만 사실상 주거의 평온을 해하는 정도에 이르지 아니하였다면 주거침입죄의 미수에 그친다고 할 것이다. 그러므로 공소사실 기재와 같이 야간에 타인의 집의 창문을 열고 집 안으로 얼굴을 들이미는 등의 행위를 하였다면 피고인이 자신의 신체의 일부가 집 안으로 들어간다는 인식 하에 하였더라도 주거침입죄의 범의는 인정되고, 또한 비록 신체의 일부만이 집 안으로 들어갔다고 하더라도 사실상 주거의 평온을 해하였다면 주거침입죄는 기수에 이르렀다고 할 것이다.」

본 판결 평석은 오영근, "주거침입죄의 성립범위", 형사판례연구 [8], 2000, 228－248면.

1) 대법원 1981. 3. 24. 선고 81도326 판결.

2) 대법원 2011. 2. 10. 선고 2010도15986 판결.

부지를 이용하는 것을 말하는데,[1] 丙이 위와 같이 소란을 피운 행위는 위계에 해당한다고 볼 수도 없다.

따라서 丙에 대하여 공무집행방해죄나 위계공무집행방해죄는 성립하지 않는다.

(3) 업무방해죄의 성립 여부

허위사실을 유포하거나 위계 또는 위력으로써 사람의 업무를 방해하면 업무방해죄(형법 제314조 제1항)가 성립한다. 위력은 사람의 의사를 제압·혼란케 할 만한 일체의 세력을 의미한다.[2] 본 사례에서 丙의 소란행위는 폭행이나 협박에 해당되지는 않지만, 교사 A 및 학생들에 대하여 위력을 행사하는 행위에 해당한다고 볼 수 있다. 다만, 국립초등교사 A가 수업을 하는 행위와 학생들의 수업 참여행위가 업무방해죄의 업무에 해당되는지 문제된다.

㈎ 국립초등학교 교사 A에 대한 업무방해죄 성립 여부

국립초등학교 교사 A의 수업행위는 공무에 해당하므로 공무도 업무방해죄의 업무에 포함되는지 문제된다.

이에 대해서는 ① 업무방해죄의 업무에서 공무를 제외해야 할 이유가 없고, 공무가 포함되지 않는 경우 허위사실 유포에 의한 공무집행방해는 어느 범죄에도 해당하지 않는 부당한 결과를 초래하게 되므로 공무도 포함된다는 적극설, ② 공무집행방해죄의 행위태양이 업무방해죄에 비하여 제한된 것은 그 외의 행위는 처벌하지 않는다는 취지로 이해해야 할 뿐 아니라 업무방해죄는 개인의 경제활동의 자유를 보호하기 위한 범죄이므로 공무는 포함되지 않는다는 소극설, ③ 비공무원의 공무수행이나 비권력적 공무수행인 경우 업무에 포함된다는 절충설이 대립한다. 판례는 업무방해죄와 공무집행방해죄는 보호법익과 보호대상이 상이하고, 공무집행방해죄는 폭행·협박에 이른 경우를 구성요건으로 삼고 있을 뿐 이에 이르지 아니하는 위력 등에 의한 경우는 구성요건의 대상으로 삼고 있지 않다는 이유로 위력으로 공무원의 직무를 방해하더라도 업무방해죄는 성립하지 않는다고 판시하여, 소극설의 입장이다.[3]

생각건대, 형법은 업무방해죄와 공무집행방해죄를 별도로 규정하고 있고, 공무집행방해죄의 행위태양이 폭행·협박으로 제한된 것은 공무의 성질에 비추어 그 외의 행위는 처벌하지 않는다는 취지로 보아야 할 것이므로 업무방해죄의 업무에서 공무는

1) 대법원 2017. 4. 27. 선고 2017도2583 판결.
2) 대법원 1987. 4. 28. 선고 87도453 판결.
3) 대법원 2009. 11. 19. 선고 2009도4166 전원합의체 판결.

제외된다고 해석하는 소극설이 타당하다. 따라서 丙의 행위는 A에 대한 업무방해죄에 해당하지 않는다.

(나) 학생들에 대한 업무방해죄 성립 여부

丙의 행위가 수업을 듣고 있던 학생들에 대한 업무방해죄에 해당하는지도 마찬가지로 문제된다. 업무방해죄에서의 업무란 사람이 그 사회적 지위에 있어 계속적으로 종사하는 사무로, 직업 기타 계속적으로 종사하는 사무를 의미한다.[1] 그런데 초등학생들이 학교에 등교하여 교실에서 수업을 듣는 것은 헌법 제31조가 정하고 있는 무상으로 초등교육을 받을 권리 및 초·중등교육법 제12조, 제13조가 정하고 있는 국가의 의무교육 실시의무와 부모들의 취학의무 등에 기하여 학생들 본인의 권리를 행사하는 것이거나 국가 내지 부모들의 의무를 이행하는 것에 불과할 뿐 위 업무에는 해당하지 않는다. 판례도 같은 입장이다.[2]

따라서 丙의 행위는 학생들에 대한 업무방해죄에도 해당하지 않는다.

(4) 무고죄의 성립 여부

타인으로 하여금 형사처분을 받게 할 목적으로 공무소 또는 공무원에 대하여 허위의 사실을 신고하는 경우 무고죄에 해당한다(형법 제156조). 丙은 甲에게 명의신탁한 토지를 담보로 자신이 대출을 받았음에도 甲이 임의로 근저당권을 설정하였다고 허위로 경찰에 고소를 하였으므로 무고죄가 성립하는지 문제된다.

무고죄에서의 허위의 사실은 피신고자가 형사처분 또는 징계처분을 받게 할 위험이 있는 사실, 즉 위법한 범죄행위를 구성하는 중요 구성요건적 사실이 허위인 사실을 말한다. 신고내용이 허위라고 하더라도 그 사실 자체가 범죄를 구성하지 않는 경우에는 무고죄가 성립하지 않는다.[3] 丙이 허위로 신고한 사실은 '중간생략등기형 명의신탁'에서 수탁자인 甲이 임의로 부동산에 근저당권을 설정하는 등 처분행위를 하였다는 것이다.

위와 같은 수탁자의 처분행위가 횡령죄에 해당하는지에 대하여 대법원은 2016. 5. 19. 전원합의체 판결로 "이른바 중간생략등기형 명의신탁을 한 경우, 명의신탁자는 신탁부동산의 소유권을 가지지 아니하고, 명의신탁자와 명의수탁자 사이에 위탁신임관계를 인정할 수도 없어, 명의수탁자가 명의신탁자의 재물을 보관하는 자라고 할 수

1) 대법원 2013. 6. 14. 선고 2013도3829 판결.
2) 대법원 2013. 6. 14. 선고 2013도3829 판결.
3) 대법원 2007. 4. 13. 선고 2006도558 판결.

없으므로 명의수탁자가 신탁받은 부동산을 임의로 처분하여도 명의신탁자에 대한 관계에서 횡령죄가 성립하지 아니한다"고 판시하여,[1] 종전에 횡령죄가 성립한다는 취지의 판례를 변경하였다.[2] 또한 甲은 타인의 사무를 처리하는 자에 해당하지 않으므로 배임죄도 성립하지 않는다.[3]

따라서 丙이 허위사실을 신고한 당시인 2017. 1.경에는 그 사실 자체가 범죄를 구성하지 않는 경우에 해당하므로, 丙에게 무고죄는 성립하지 않는다.[4]

(5) 소결

丙에 대하여 건조물침입죄가 성립한다.

5. 설문의 해결

甲과 乙에 대하여 각 업무상배임미수죄의 공동정범이 성립하고, 丙에 대하여 건조물침입죄가 성립한다.

Ⅱ. 제2문 — 압수된 CD의 증거능력

1. 문제의 제기

丙이 甲의 약속어음 발행 건에 대하여 甲을 추가 고소하자, 사법경찰관은 위 회사에서 약속어음을 발행하는 상황이 녹화된 CCTV 동영상을 찾아내어 관리자의 동의를 얻어 그 부분의 동영상 파일을 CD에 복사한 후 CD를 임의로 제출받아 영장 없이 압수하였다. 그런데 그 이후에 위 CCTV 동영상은 보존기간 경과로 원본파일이 삭제되었다.

이러한 경우에 압수된 CD를 증거로 사용할 수 있는지와 관련하여, ① 압수의 적법성, ② 원본인 CCTV 동영상 파일을 복사한 CD의 증거능력이 문제된다.

---

1) 대법원 2016. 5. 19. 선고 2014도6992 전원합의체 판결.
2) 이에 대한 상세는 사례 7. [15－변시(4)－1] 제1문의 2. '乙의 형사책임' 부분 참조.
3) 대법원 2012. 11. 29. 선고 2011도7361 판결(계약명의신탁).
4) 다만, 허위로 신고한 사실이 무고행위 당시 형사처분의 대상이 될 수 있었으나 이후 형사범죄가 되지 않는 것으로 판례가 변경된 경우에는, 국가의 형사사법권의 적정한 행사를 그르치게 할 위험과 부당하게 처벌받지 않을 개인의 법적 안정성이 침해될 위험이 이미 발생하였으므로 무고죄는 기수에 이르고, 이후 판례 변경으로 범죄가 되지 않는 것으로 변경되었다고 하더라도 특별한 사정이 없는 한 이미 성립한 무고죄에는 영향을 미치지 않는다(대법원 2017. 5. 30. 선고 2015도15398 판결).

2. CCTV 동영상 파일 압수의 적법성

소유자·소지자·보관자가 임의로 제출한 물건은 영장 없이도 압수할 수 있고(형소법 제218조), 사후영장도 불필요하다. 본 사례에서 사법경찰관은 회사 관리자의 동의를 얻어[1] CCTV 동영상 파일을 CD에 복사한 후 CD를 임의로 제출받았으므로 압수는 적법하다.

3. CCTV 동영상 파일을 복사한 CD의 증거능력

(1) 甲이 증거동의하는 경우

甲이 증거동의하는 경우는 진정성이 인정되면 증거로 사용할 수 있다(형소법 제318조 제1항).

(2) 甲이 증거부동의하는 경우

甲이 증거부동의하는 경우, 위 CD의 증거능력이 인정되는 요건이 문제된다.

우선, CCTV 동영상은 범행상황 및 그 전후 상황이 촬영된 현장 동영상으로 현장사진과 유사하므로 현장사진을 증거로 사용할 수 있는 요건과 마찬가지로 검토할 필요가 있다. 현장사진에 대하여는 ① 현장사진은 과거의 역사적 사실에 대한 흔적으로 사람의 지각에 의한 진술이 아니므로 독립된 비진술증거라는 비진술증거설, ② 기계의 힘에 의하여 사실을 재현하는 것으로 사실의 보고라는 증거의 기능이 진술증거와 동일하고, 작성과정에 인위적인 수정의 위험이 있으므로 진술증거로 전문법칙이 적용되어야 한다는 진술증거설, ③ 비진술증거이지만 조작가능성 때문에 예외적으로 검증조서에 준하여 증거능력을 인정하여야 한다는 검증조서유추설 등의 학설이 대립한다. 판례는 상해부위를 촬영한 사진에 대하여 전문법칙이 적용되지 않는다고 하거나,[2] '촬영일자 부분'은 전문증거가 아니라고 하여,[3] 비진술증거설의 입장으로 보이며, 실무도 비진술증거설의 입장이다.

판례의 입장에 따르면 CCTV 동영상은 비진술증거로서 진정성이 인정될 경우 증

---

1) 관리자의 동의를 받지 않고 가지고 온 경우라도 적법절차의 실질적인 내용을 침해한 것이 아니므로 증거로 사용할 수 있다는 판례도 있다. 대법원은 경찰이 아파트단지 안에서 일어난 폭행사건을 수사하는 과정에서 관리책임자인 관리소장의 동의 없이 경비실에서 CCTV 영상을 받아온 사안에서, 증거수집절차에 위반하였지만 그 행위가 적법절차의 실질적인 내용을 침해하였다고 보기 어려워 예외적으로 증거능력이 인정된다고 판시한 원심 판결에 잘못이 없다고 판시하였다(대법원 2018. 12. 13. 선고 2018도14519 판결).

2) 대법원 2007. 7. 26. 선고 2007도3906 판결.

3) 대법원 1997. 9. 30. 선고 97도1230 판결.

거능력이 있다. 진정성의 입증방법에는 제한이 없으며, 본 사례에서는 회사에 설치된 CCTV로서 관리자의 관리하에 일정 장소를 계속 촬영한 동영상 중 일부라면 관리자의 증언 등으로 진정성을 입증하는 데 아무 문제가 없을 것이다.

한편 위 CD는 원본인 CCTV 동영상 파일을 복사한 것으로 사본에 해당한다. 사본인 CD의 경우 ① 원본의 존재와 진정성립, 특신상황이 인정되면 형사소송법 제315조 제3호에 의하여 증거능력이 인정된다는 견해도 있으나, ② 최우량증거의 법칙에 따라 판단하는 견해가 통설의 입장이다. 판례도 ②설의 입장으로, (i) 원본이 존재하거나 존재하였고, (ii) 원본의 제출이 불가능하거나 곤란한 사정이 있으며, (iii) 원본을 정확하게 사본한 경우에 증거능력이 인정된다고 판시하였다.[1]

본 사례에서는 (i) CCTV 동영상 원본이 존재하였고, (ii) 보존기간 경과로 삭제되어 제출이 불가능하게 된 사정이 인정되며, (iii) 사본의 진정성, 즉 관리자의 동의를 얻어 원본을 정확하게 복사한 것으로서 복사과정에서 위조되거나 변조되는 등 조작되지 않았다는 점에 관한 입증[2]이 이루어진다면 CD의 증거능력은 인정된다.

4. 설문의 해결

위 압수된 CD는 위에서 살펴본 바와 같이 진정성이 증명되면 증거로 사용할 수 있다.

Ⅲ. 제3문 — 丙의 진술조서 및 증언의 증거능력

1. 문제의 제기

甲의 재판에 증인으로 출석한 丙이 수사기관에서의 진술을 번복하자, 검사는 丙을 소환하여 수사기관에서의 진술이 맞다는 내용의 진술조서를 작성하여 위 진술조서를 추가로 증거로 제출하였다. 이에 다시 증인으로 출석한 丙이 수사기관에서의 진술대로 증언하고 위 진술조서의 진정성립도 인정하였다. 이때, 丙의 위 진술조서 및 증언을 증거로 사용할 수 있는지 문제된다.

---

1) 대법원 2008. 11. 13. 선고 2006도2556 판결; 대법원 2015. 4. 13. 선고 2015도2275 판결(수표 사본).

2) 진정성 입증방법에는 제한이 없다. 본 사례에서는 원본 동영상이 삭제되었으므로 CD 복사에 동의해준 관리자 또는 복사과정에 참여한 사람의 증언 등을 통하여 진정성에 관한 입증이 가능할 것이다.

2. 丙의 진술조서의 증거능력

공소제기 후 임의수사인 참고인조사는 허용된다는 것이 통설이다. 그러나 공소제기 후에는 원칙적으로 법원에 의하여 증인신문이 이루어지는 것이 바람직하므로, 임의수사라고 하여 공소제기 후에도 무제한하게 허용되는 것은 아니다.[1] 본 사례에서 丙의 진술조서는 기존 증언을 번복하는 방식으로 작성되었다는 점에서 그 증거능력이 문제된다.

(1) 甲이 증거동의하는 경우

甲이 증거동의하는 경우는 진정성이 인정되면 증거로 사용할 수 있다(형소법 제318조 제1항).

(2) 甲이 증거부동의하는 경우

甲이 증거부동의하는 경우에 위 진술조서를 증거로 사용할 수 있는지에 대하여, ① 형사소송법 제312조 제4항에 따라 증거능력을 판단해야 한다는 견해[2]와 ② 증거능력이 없다는 견해(통설)가 대립한다. 이에 대하여 판례는 "이미 증언을 마친 증인을 검사가 소환한 후 피고인에게 유리한 증언 내용을 추궁하여 이를 일방적으로 번복시키는 방식으로 작성한 진술조서를 유죄의 증거로 삼는 것은 당사자주의·공판중심주의·직접주의에 어긋나는 것"일 뿐만 아니라 "법관의 면전에서 모든 증거자료가 조사, 진술되고 이에 대하여 피고인이 공격, 방어할 수 있는 기회가 실질적으로 부여되는 재판을 받을 권리를 침해하는 것이므로, 이러한 진술조서는 피고인이 증거로 할 수 있음에 동의하지 아니하는 한 증거능력이 없다"고 판시하여,[3] 피고인이 증거동의하지 않는 한 증거능력이 없다는 입장이다.

통설과 판례를 따르면, 검사가 丙의 증언을 번복시키는 방식으로[4] 작성한 진술

---

1) 대법원 2019. 11. 28. 선고 2013도6825 판결.

2) 이에 관한 상세는 사례 4. [13－변시(2)－2] 제2문의 3. 'A에 대한 검사 작성의 2차 진술조서의 증거능력' 부분 참조.

3) 대법원 2000. 6. 15. 선고 99도1108 전원합의체 판결. 그밖에 진술서를 작성하도록 하여 법원에 제출케 한 경우(대법원 2012. 6. 14. 선고 2012도534 판결), 위증 혐의를 조사한 내용을 담은 피의자신문조서의 경우(대법원 2013. 8. 14. 선고 2012도13665 판결)도 증거능력이 없다고 판시하였다.

4) 판례는 '증언 내용을 추궁하여 이를 일방적으로 번복시키는 방식'으로 작성된 조서의 증거능력을 부정하고 있다. 본 사례에서는 '검사가 丙을 소환하여 수사기관에서의 진술이 맞다는 내용의 진술조서를 작성하였다'고만 되어 있어 '丙을 추궁하여 일방적으로 번복시켰는지'는 알 수 없다. 따라서 증거능력이 없는지 여부에 대하여 다툼의 여지가 없는 것은 아니다. 그러나 지금까지의 판례는 증언 후 진술이 번복된 조서에 대하여 '추궁하여 일방적으로 번복시켰는지' 여부를 판단함이 없이 모두 일률적으로 그

조서는 甲이 증거로 함에 동의하지 않는 한 증거능력이 없다.

3. 丙의 증언의 증거능력

기존 증언을 번복한 丙의 증언 자체는 일반 증언과 마찬가지로 반대신문권이 보장되어 있으므로 증거능력이 있다.

4. 설문의 해결

丙의 진술조서는 甲이 증거로 함에 동의하지 않는 한 증거로 사용할 수 없고, 丙의 증언은 증거로 사용할 수 있다.

Ⅳ. 제4문—유죄판결 확정 전후의 상습도박죄 기소와 법원의 조치

1. 문제의 제기

甲의 수회 도박행위에 대하여 상습성이 인정되는 경우 수회의 도박행위는 원칙적으로 상습도박죄의 포괄일죄에 해당한다.[1] 그런데 본 설문에서는 상습성이 인정되는 일부 도박행위에 대하여 상습범이 아닌 단순도박죄로 먼저 기소되어 유죄판결이 확정되었고, 그 후 검사가 도박죄 범행 이전의 내기골프 도박 범행 10회와 도박죄 확정판결 이후의 내기골프 도박 범행 3회를 추가 수사하여 상습도박죄로 기소하였다. 이 때 상습도박죄를 재판하게 된 법원이 기존 도박죄 확정판결과의 관계에서 취할 수 있는 조치가 무엇인지 문제된다.

2. 도박죄 유죄판결 확정 전후의 상습도박죄가 기소된 경우 법원의 조치

(1) 포괄일죄의 중간에 확정판결이 있는 경우

유죄, 무죄, 면소판결이 확정되면 대외적 효력으로서 동일 사건에 대하여 후소법원의 심리가 금지되는 효과인 기판력이 발생한다. 기판력은 법원의 현실적 심판대상인 공소사실은 물론 그 공소사실과 단일하고 동일한 관계에 있는 사실의 전부에 대하여 미친다(기판력의 객관적 범위).

포괄일죄를 구성하는 범죄사실들 사이에는 공소사실의 동일성이 인정되므로 그

증거능력을 부정하고 있다.

1) 대법원 1978. 2. 14. 선고 77도3564 전원합의체 판결.

중 일부 범행에 관한 확정판결의 기판력은 나머지 범죄사실에 대해서 미치는 것이 원칙이다. 다만 상습범이나 영업범, 계속범과 같이 일련의 행위가 확정판결 이후에도 계속되는 경우 확정판결의 기판력이 어느 시점까지 미치는가가 문제된다. 이에 대하여는 ① 변론종결시설, ② 판결선고시설(통설), ③ 판결확정시설이 대립되는데, 판례는 사실심리가 가능한 최후 시점을 기준으로 하되 변론재개를 허용하는 것을 고려하여 사실심 판결 선고 시를 표준으로 기판력의 범위를 결정하여야 한다는 ②설의 입장이다(기판력의 시간적 범위).[1]

포괄일죄로 기소된 범죄사실들 중간에 그와 동일한 습벽에 의하여 저질러진 또 다른 범죄사실에 대한 유죄의 확정판결이 있는 경우 전후 범죄사실의 일죄성은 그에 의하여 분단되어 확정판결 후의 범죄사실은 별개의 상습범이 된다(**관련판례**[2]).

(2) 상습범의 경우

대법원은 포괄일죄의 기판력이 지나치게 확장되는 것을 방지하기 위하여 전원합의체 판결로 종전의 견해를 변경하였다. 즉, 상습범으로서 포괄일죄의 관계에 있는 여러 개의 범죄사실 중 일부에 대하여 유죄판결이 확정된 경우 기판력이 적용되기 위해서는 이전 확정판결에서 당해 피고인이 상습범으로 기소되어 처단되었을 것을 필요로 하는 것이고, 상습범이 아닌 기본구성요건의 범죄로 처단되는 데 그친 경우에는, 가사 뒤에 기소된 사건에서 비로소 드러났거나 새로 저질러진 범죄사실과 이전 판결에서 이미 유죄로 확정된 범죄사실 등을 종합하여 비로소 그 모두가 상습범으로서의 포괄일죄에 해당하는 것으로 판단된다 하더라도 뒤늦게 앞서의 확정판결을 상습범의 일부에 대한 확정판결이라고 보아 그 기판력이 그 사실심 판결 선고 전의 나머지 범죄에 미친다고 보아서는 안 된다고 판시하였다.[3]

---

1) 대법원 2006. 5. 11. 선고 2006도1252 판결.

2) (**관련판례**) 대법원 2011. 3. 10. 선고 2010도9317 판결 【병역법위반】. 「(중략) 계속적 혹은 간헐적으로 행해진 통산 8일 이상의 복무이탈행위 중간에 동종의 죄에 관한 확정판결이 있는 경우에는 그 확정판결에 의하여 일련의 복무이탈행위는 그 확정판결의 전후로 분리된다. (중략) 판결이 확정된 위 구 병역법 위반죄의 범죄사실은 이 사건 공소사실과 동종의 범행이라고 할 것이므로, 이 사건 공소사실 중 피고인이 2009. 1. 13.부터 2009. 1. 15.까지 3일간 복무이탈하였다는 부분은 판결이 확정된 위 구 병역법 위반죄의 판결 확정 전에 범한 것으로서 위 판결이 확정된 구 병역법 위반죄와 하나의 범죄를 구성하는 것이고, 이 사건 공소사실 중 나머지 공소사실 부분은 별개의 범죄사실에 해당한다 할 것이다. 따라서 이 사건 공소사실 중 2009. 1. 13.부터 2009. 1. 15.까지 3일간의 복무이탈 범행은 확정판결이 있는 때에 해당하여 형사소송법 제326조 제1호에 의하여 면소를 선고하여야 할 것이다.」
   같은 취지의 판결로는 대법원 2000. 3. 10. 선고 99도2744 판결; 대법원 2011. 3. 10. 선고 2010도9317 판결.

3) 대법원 2004. 9. 16. 선고 2001도3206 전원합의체 판결.

그 근거로는 ① 확정판결의 기판력이 적용되는 범위는 원칙적으로 확정된 사건 자체의 범죄사실과 죄명을 기준으로 하는 것이고, ② 비상습범으로 기소되어 확정된 이상 그 사건의 범죄사실이 상습범이 아닌 기본구성요건의 범죄라는 점에 관하여 이미 기판력이 발생하였다고 보아야 하며, ③ 뒤에 드러난 다른 사정을 부가하여 확정판결의 효력을 검사의 기소내용보다 무거운 범죄유형인 상습범에 대한 판결로 바꾸어 적용하는 것은 형사소송의 기본원칙에 비추어 적절하지 않기 때문이라고 한다.

(3) 추가로 수사하여 기소된 상습도박 범행에 대한 법원의 조치

판례에 의하면, 유죄판결이 확정된 범행과 추가로 수사하여 기소된 범행 사이에 상습성이 인정된다고 하더라도 확정된 판결이 단순도박죄로 기소되어 확정된 이상, 그 기판력은 추가로 수사하여 기소된 13건의 상습도박 범행에 미치지 않는다. 따라서 비록 중간에 확정판결이 있다고 하더라도 위 13건의 상습도박 범행은 분리되지 않고 전체로서 하나의 상습도박죄에 해당되며, 법원은 위 13건의 상습도박 범행 전부에 대하여 심리하여 유죄의 증거가 충분하다고 판단되는 경우 상습도박죄의 유죄판결을 선고하여야 한다.[1)]

3. 설문의 해결

법원은 甲에게 13회의 범행 모두에 대하여 상습도박죄의 유죄판결을 선고하여야 한다.

---

1) 위 2001도3206 전원합의체 판결의 다수의견. 단순도박죄의 유죄 확정판결의 기판력도 사실심판결 선고 전 상습도박범행에 미치므로 10건에 대해서는 면소판결을, 나머지 3건에 대해서는 상습도박죄의 유죄판결을 선고하여야 한다는 반대의견이 있다.

2018년 제7회 변호사시험 강평

형사법 제2문

I. 甲, 乙, 丙의 형사책임

• 사실관계

甲	(1) 乙의 요청으로 대표이사 권한을 남용하여 'X주식회사 대표이사 甲' 명의로 액면금 5억 원짜리 약속어음 1매를 발행하여 乙에게 교부하였으나, 약속어음금 지급 배상책임 부담이나 제3자 유통은 되지 않음
乙	(1) 甲에게 위 약속어음 발행을 요청하고, 甲과 함께 발행 시 액면금 등을 기재하고 이를 교부받음

丙	(2) 국립초등학교에 다니는 딸의 담임교사 A에 불만을 품고 창문을 열고 교실 안으로 얼굴을 들이밀고 큰 소리로 "잘 사는 애들만 대접받는 더러운 세상"이라고 외침 (2) A의 제지에도 불구하고 약 20분간 소란을 피워 A가 수업을 중단함으로써 학생들도 수업을 받지 못함 (3) 2017. 1월경 B와 토지 매매계약을 체결하고 명의수탁자 甲 명의로 소유권등기 이전 후 자신이 토지 담보대출을 받았음에도, 甲이 임의로 근저당권 설정하였다고 경찰에 허위 고소

1. 甲의 형사책임

(1) 업무상배임죄의 성립 여부

1) 대표권 남용행위와 (업무상)배임죄

- '(업무상) 타인의 사무를 처리하는 자'가 '배임행위'를 하여 '재산상의 이익을 취득하여' '본인에게 손해를 가한' 경우, (업무상)배임죄(형법 제355조 제2항, 제356조) 성립
- 일반적으로 '권한남용'이란 일반적·추상적 권한의 범위 내이기는 하지만 실질적으로는 정당성이 없는 행위를 말하는데(범위 외는 '권한일탈'),

- 대표권 남용행위란 '타인의 사무를 처리하는 자가 형식적으로는 본인을 위한 법률행위를 하는 외관을 갖추고 있지만, 그러한 행위가 실질적으로는 배임죄에서의 임무위배행위에 해당하는 경우'를 말함
- 주식회사 대표이사가 대표권 남용행위로 회사 명의로 의무를 부담하는 행위를 한 경우,
- ① 상대방이 대표권 남용사실을 알았거나 알 수 있었던 경우, 회사에 대해서는 무효이므로 실제로 채무의 이행이 이루어졌다거나 회사가 민법상 불법행위책임을 부담하게 되었다는 등의 사정이 없는 이상 업무상배임죄의 미수 성립
- ② 상대방이 대표권 남용사실을 알지 못하였거나 알 수 없었던 경우, 회사에 대하여 유효하므로 업무상배임죄의 기수 성립(대법원 2017. 7. 20, 2014도1104 전원합의체)

2) 대표권 남용 약속어음 발행행위와 (업무상)배임죄
- 이 경우에도 위 일반론과 마찬가지로 판단
- 다만, 약속어음의 발행이 무효인 경우에 기수 성립 여부가 문제됨
- 이에 대해서는 약속어음의 '유통' 여부를 기준으로 ① 약속어음이 제3자에게 실제로 유통되었다면 기수가, 유통되지 않았다면 미수가 성립한다는 견해(위 2014도1104 전원합의체), ② 제3자에게 유통되지 않는다는 특별한 사정이 없는 한 유통 여부와 관계 없이 기수가 성립한다는 견해(대법원 2012. 12. 27, 2012도10822. 위 전원합의체 판결로 폐기)가 대립
- 판례는 위 ①의 입장

3) 甲의 약속어음 발행행위와 업무상배임죄의 성립 여부
- 甲은 회사 대표이사로서 '업무로서 타인의 사무를 처리하는 자'에 해당
- 대표권을 남용하여 위 약속어음을 발행한 것은 배임행위에 해당
- 상대방인 乙이 이 사실을 알았으므로 회사에 대하여 무효이고,
- 위 회사에서 실제로 약속어음금을 지급하거나 손해배상책임을 부담하지 않았으며, 위 약속어음이 제3자에게 유통되지 않았으므로 판례에 의하면 업무상배임미수죄에 해당(→ 위 ②의 견해에 의하면 乙과의 사이에 제3자에게 유통되지 않는다는 특별한 사정이 없었으므로 업무상배임죄)
- 액면금이 5억 원이지만 특경법에는 미수규정이 없으므로 특경법위반(배임)죄를 적용할 여지는 없음

(2) 유가증권위조죄 등 성립 여부
- 작성 명의인에 대한 모용이 없으므로 유가증권위조죄(형법 제214조 제1항)는 불성립(대법원 2015. 11. 27, 2014도17894)
- 대표 자격을 모용한 것이 아니므로 자격모용유가증권작성죄(형법 제215조)는 불성립(위 2014도17894 판결)
- 약속어음 기재 내용에 진실에 반하는 허위사실이 기재된 것은 아니므로 허위유가증권작성죄(형법 제216조)는 불성립

(3) 소결
- 甲에 대하여 업무상배임미수죄 성립

2. 乙의 형사책임

(1) 업무상배임미수죄의 공범 성립 여부
- 甲의 업무상배임미수죄의 교사범이냐 공동정범이냐?
- 거래상대방이 배임행위를 교사하거나 배임행위의 전 과정에 관여하는 등 배임행위에 적극 가담함으로써 실행행위자와의 계약이 반사회적 법률행위에 해당하여 무효로 되는 경우 배임죄의 교사범 또는 공동정범이 될 수 있음(대법원 2005. 10. 28, 2005도4915)
- 乙은 甲에게 약속어음의 발행을 요청하고 직접 액면금을 기재하는 등 甲의 배임행위의 전 과정에 관여하는 등으로 배임행위에 적극 가담하였으므로 공동정범에 해당(대법원 1975. 6. 10, 74도2455)

- 乙은 甲의 '타인의 사무처리자'라는 구성적 신분(진정신분범) 외에 '업무상' 지위라는 형벌 가중적 신분(부진정신분범)의 이중적 신분에 가공 – 형법 제33조의 '공범과 신분'의 문제
- 이에 대해서는 ① 형법 제33조 본문은 진정신분범에만 적용, 단서는 부진정신분범의 성립근거이자 과형근거라는 견해(통설), ② 본문은 진정신분범과 부진정신분범 모두에 적용, 단서는 부진정신분범의 과형근거라는 견해(대법원 1997. 12. 26, 97도2609) 대립
- 판례에 의하면, 乙에 대하여 업무상배임미수죄의 공동정범이 성립하고 배임미수죄로 처벌

(2) 장물취득죄의 성립 여부

- 배임죄에서 영득한 것은 재산상 이익이고, 재물은 배임죄에 제공된 것에 불과하므로 위 약속어음은 장물이 아님
- 따라서 장물취득죄가 성립하지 않을 뿐 아니라(대법원 1975. 12. 9, 74도2804), 공동정범 또한 본범에 해당하므로 장물취득죄 불성립(대법원 1986. 9. 9, 86도1273)

(3) 소결

- 乙에 대하여 업무상배임미수죄의 공동정범이 성립하고, 배임미수죄로 처벌

3. 丙의 형사책임

(1) 건조물침입죄의 성립 여부

- 학교 교실은 건조물에 해당하는데, 주거(건조물)침입죄(형법 제319조)의 보호법익에 대해서는 ① 주거권설과 ② 사실상평온설(통설)이 대립
- 판례는 ②의 사실상평온설의 입장(대법원 2021. 9. 9, 2020도12630 전원합의체)
- 주거침입죄의 기수시기에 대해서는 ① 전부침입설(통설)과 ② 일부침입설이 대립되는데, 판례는 ②의 일부침입설의 입장(대법원 1995. 9. 15, 94도2561)
- 교실의 창문을 여는 행위를 한 때에 건조물침입죄의 실행의 착수가 있고, 열린 창문을 통하여 교실 안으로 얼굴을 들이밀었으므로 기수에 해당
- 건조물침입죄(형법 제319조 제1항) 성립

(2) 공무집행방해죄 또는 위계공무집행방해죄의 성립 여부

- 직무를 집행하는 공무원에 대하여 폭행 또는 협박을 하면 공무집행방해죄(형법 제136조 제1항)가, 위계로써 공무집행을 방해하면 위계공무집행방해죄(형법 제137조)가 각 성립
- 폭행은 유형력의 행사를 의미하고, 협박은 해악을 고지하는 것이며, 위계는 타인의 부지 또는 착오를 이용하는 일체의 행위를 말함
- 국립초등학교 교사 A는 공무원에 해당하고, 수업 진행은 적법한 공무집행에 해당
- 그러나 丙은 "더러운 세상"이라고 외치고 계속 크게 소리를 내며 소란을 피웠을 뿐, 폭행·협박이나 위계로 공무집행을 방해한 사실은 없음
- 공무집행방해죄 또는 위계공무집행방해죄는 불성립

(3) 업무방해죄의 성립 여부

- 허위사실을 유포하거나 기타 위계 또는 위력으로써 사람의 업무를 방해하면 업무방해죄(형법 제314조 제1항)가 성립

1) A에 대한 업무방해죄

- 위력은 사람의 의사를 제압·혼란케 할 만한 일체의 세력을 말하므로 丙의 소란행위는 위력으로써 수업을 방해한 행위에 해당
- 다만, A의 수업 업무는 공무에 해당하므로 공무도 업무방해죄의 '업무'에 해당하는지가 문제됨
- 이에 대해서는 ① 적극설, ② 소극설, ③ 비공무원에 대한 공무수행이나 비권력적 공무수행인 경우에는 업무에 포함된다는 절충설이 대립
- 판례는 ②의 소극설의 입장(대법원 2009. 11. 19, 2009도4166 전원합의체)
- 판례에 의하면, 업무방해죄 불성립

2) 학생들에 대한 업무방해죄

- '업무'는 사람이 그 사회적 지위에 있어서 계속적으로 종사하는 사무 또는 사업을 의미
- 초등학생들이 학교에 등교하여 교실에서 수업을 듣는 것은 헌법 제31조가 정하고 있는 무상으로 초등교육을 받을 권리 및 초·중등교육법 제12조, 제13조가 정하고 있는 국가의 의무교육 실시의무와 부모들의 취학의무 등에 기하여 학생들 본인의 권리를 행사하는 것이거나 국가 내지 부모들의 의무를 이행하는 것에 불과할 뿐 '업무'에는 해당하지 않음(대법원 2013. 6. 14, 2013도3829)
- 판례에 의하면 업무방해죄 불성립

(4) 무고죄의 성립 여부

- 타인으로 하여금 형사처분을 받게 할 목적으로 공무소 또는 공무원에 대하여 허위의 사실을 신고한 경우에는 무고죄(형법 제136조) 성립
- 허위의 사실을 신고하였더라도 신고 당시 그 사실 자체가 범죄를 구성하지 않으면 무고죄는 성립하지 않음(대법원 2007. 4. 13, 2006도558)
- 丙이 허위신고한 사실은 '중간생략 등기형 명의신탁에 있어 수탁자의 임의처분행위'에 해당

- 위 행위에 대해서는 대법원 2016. 5. 19, 2014도6992 전원합의체에 의하여 횡령죄 또는 배임죄에 해당하지 않는다고 판례가 변경됨
- 丙은 2017. 1월 경 허위 신고하였으므로, 신고 당시 그 사실 자체가 이미 위 판례에 따라 범죄를 구성하지 않음이 명백하므로,
- 무고죄는 불성립

(5) 소결

- 丙에 대하여 건조물침입죄 성립

Ⅱ. (4)에서 압수된 CD의 증거능력

1. 사실관계

- 丙이 약속어음 발행 건으로 甲을 추가 고소
- 사법경찰관이 위 회사에서 약속어음 발행상황이 녹화된 CCTV 동영상을 찾아냄
- 관리자의 동의를 얻어 그 부분을 CD에 복사
- 관리자로부터 임의제출 받아 영장 없이 압수
- 이후 CCTV 동영상은 보존기간 경과로 원본파일 삭제됨

2. CCTV 동영상 파일 압수의 적법성

- 소유자·소지자·보관자가 임의로 제출한 물건은 영장 없이 압수할 수 있고, 사후영장도 받을 필요가 없음(형소법 제218조)
- 다만, 제출(동의)이 임의적·자발적이어야 하고, 권한 있는 자가 제출하여야 하고, 실제 압수는 제출한 범위 내에서 행하여져야 함
- 보관자인 회사 관리자의 동의를 얻어 임의로 제출받았으므로 적법한 압수에 해당

3. CCTV 동영상 파일을 복사한 CD의 증거능력

(1) 증거동의하는 경우

- 진정성이 인정되면 증거능력 인정(형소법 제318조 제1항)

(2) 증거부동의하는 경우

1) CCTV 동영상의 성격

- 범행상황과 그 전후 상황이 촬영된 현장동영상으로 현장사진과 유사
- 현장사진에 대하여는, ① 비진술증거설, ② 진술증거설(촬영자에 따라 증거능력 인정), ③ 검증조서유추설 등 학설 대립
- 판례는 상해부위 촬영사진은 전문법칙이 적용되지 않는다거나(대법원 2007. 7. 26, 2007도3906), '촬영일자 부분'은 전문증거라고 판시하여(대법원 1997. 9. 30, 97도1230) ①설의 입장이고, 실무도 ①설의 입장

- 따라서 진정성·관련성이 인정되면 증거능력이 있고, 진정성은 다양한 방법으로 증명 가능
- 관리자의 동의를 얻어 위 상황이 그대로 녹화된 CCTV 동영상(따라서, 진정성의 문제는 없음)을 CD에 복사하였으므로 진정성 인정됨

2) 사본인 동영상의 증거능력

- 사본인 사진의 증거능력 판단에 관하여는 ① 원본 존재와 진정성립, 특신정황 인정되면 형소법 제315조 제3호에 의한다는 견해도 있으나, ② 최우량증거의 법칙에 따라서 증거능력 판단(판례·통설)
- ⓐ 원본증거가 존재하거나 존재하였고, ⓑ 원본증거의 제출이 불가능하거나 곤란한 사정이 있고, ⓒ 원본증거를 정확하게 사본한 경우(진정성)에 증거능력 인정(대법원 2008. 11. 13, 2006도2556)(수표사본에 대한 대법원 2015. 4. 13, 2015도2275)

- 위 CD는 ⓐ 원본증거가 존재하였고, ⓑ 보존기간 경과로 원본증거가 삭제되어 그 제출이 불가능하므로, ⓒ 원본증거를 정확하게 사본하였다는 점을 입증하면 증거능력 인정됨

3) 설문의 해결
- 위 CD는 위 ⓒ의 진정성이 입증되면 증거능력이 인정되어 증거로 사용할 수 있음

Ⅲ. (5)에서 추가로 제출된 丙의 진술조서와 증언의 증거사용 여부

1. 사실관계
- 甲의 재판에서 丙이 증인으로 출석하여 수사기관에서의 진술을 번복
- 검사는 丙을 소환하여 수사기관에서의 진술이 맞다는 내용의 진술조서 작성
- 위 진술조서를 추가로 증거로 제출
- 재차 증인으로 출석한 丙은 수사기관에서의 진술대로 증언하였고, 위 진술조서의 진정성립 인정

2. 丙의 진술조서의 증거사용 여부
- 공소제기 후의 임의수사인 참고인조사는 허용됨
- 丙의 진술조서는 증언번복 진술조서에 해당

(1) 증거동의하는 경우, 증거능력 있음
(2) 증거부동의하는 경우
- ① 형소법 제312조 제4항에 따라 증거능력을 판단해야 한다는 견해와 ② 증거능력이 없다는 견해(통설)가 대립

- 판례는 일방적으로 번복시키는 방식으로 작성된 조서는 증거능력이 없다는 입장(대법원 2000. 6. 15, 99도1108 전원합의체)
- 즉, 당사자주의, 공판중심주의, 직접주의에 어긋나고 재판받을 권리를 침해하므로, 유리한 증언 내용을 추궁하여 이를 일방적으로 번복시키는 방식으로 작성한 조서는 증거능력이 없다고 함
- 같은 방식으로 작성한 진술서(대법원 2012. 6. 14, 2012도534), 위증 혐의를 조사한 내용을 담은 피의자신문조서(대법원 2013. 8. 14, 2012도13665)도 마찬가지로 증거능력 없음
- 판례에 의하면, 위 진술조서는 증거능력이 없어 증거로 사용할 수 없음

3. 丙의 증언의 증거사용 여부

- 증언을 번복한 증언 자체는 일반 증언과 마찬가지로 반대신문권이 보장되어 증거능력 있으므로 증거로 사용할 수 있음

IV. 유죄판결 확정 전후의 상습도박죄 기소와 법원의 조치

1. 쟁점

- 상습도박죄로 기소

내기골프 도박 10회	상습도박 기소
내기골프 도박	도박죄 유죄판결 확정
내기골프 도박 3회	상습도박 기소

- 상습성이 인정되는 경우, 법원의 조치

2. 법원의 조치

- 상습도박죄는 포괄일죄(대법원 1978. 2. 14, 77도3564 전원합의체)
- 사례의 경우, 법원의 조치에 대해서는 견해 대립
- 제1설(대법원 2004. 9. 16, 2001도3206 전원합의체 다수의견)은, 확정판결 전 범죄(10건)에 대하여 면소판결을 하려면 상습도박죄의 유죄판결이 확정되어야 하는데, 단순도박죄의 유죄판결이 확정되었으므로 확정판결 전후의 범죄 13건에 대하여 1개의 상습도박죄로 유죄판결을 선고하여야 한다는 견해
- 제2설(위 2001도3206 전원합의체 판결 반대의견)은 단순도박죄의 유죄 확정판결의 기판력도 사실심판결 선고 전 상습도박범행에 미치므로 10건에 대해서는 면소판결을, 나머지 3건에 대해서는 상습도박죄의 유죄판결을 선고하여야 한다는 견해
- 판례에 의하면 위 13건을 포괄하여 상습도박죄의 유죄판결 선고

사례 15. [19 – 변시(8) – 1]
2019년 제8회 변호사시험 제1문

甲이 乙에게 채무변제를 독촉하면서 “너 혼자 몰래 A의 집에 들어가 A 소유의 도자기를 훔쳐 이를 팔아서 나에게 변제하라.”라고 말하였다. 이를 승낙한 乙은 혼자 범행을 하는 것이 두려운 나머지 甲에게는 알리지 않은 채 친구 丙과 함께 A의 도자기를 훔치기로 공모하였다. 범행이 발각될 것이 두려웠던 甲은 乙에게 전화하여 범행 단념을 권유하였으나, 乙은 甲의 제안을 단호히 거절하였고 2018. 6. 20. 10:00경 丙과 함께 A의 집에 도착하였다. 丙은 A의 집 앞에서 망을 보고, 곧바로 乙은 A의 집에 들어가 A의 도자기를 훔친 후 丙과 함께 도주하였다. 그 후 乙은 B를 기망하여 도자기를 1억 원에 판매하고 자신의 몫 5,000만 원을 은행에 별도 계좌를 개설하여 예금해 두었다가 며칠 후 그 전액을 수표로 인출하여 그 정을 알고 있는 甲에게 채무변제금 명목으로 지급하였다.

사건을 수사하던 사법경찰관 P는 2018. 6. 27. 22:00경 乙을 카페에서 적법하게 긴급체포한 직후, 乙이 자신의 노트북 컴퓨터로 작업하던 위 범행 관련 문서를 발견하고 노트북 컴퓨터를 그 자리에서 영장 없이 압수하였다. 그 후 P는 경찰서로 연행된 乙로부터 도자기 판매대금이 예치되었던 예금통장이 乙의 집에 있다는 임의의 자백을 듣고, 가족이 이를 훼손할 염려가 있는 등 긴급히 그 예금통장을 압수할 필요가 있다고 판단하였다. P는 2018. 6. 28. 01:00경 압수수색영장 없이 乙의 집에 들어가 그 집을 지키던 乙의 배우자를 집 밖으로 나가게 한 채 집을 수색하여 예금통장을 압수하고 나서 즉시 노트북 컴퓨터와 예금통장에 대하여 압수수색영장을 발부받았다.

이러한 상황에서 乙의 배우자는 乙과 상의 없이 전직 경찰관 丁에게 “이 돈을 P에게 전달하여 남편의 일을 잘 무마해 달라.”라고 하며 3,000만 원을 건네주었고, 丁은 그 돈 전부를 P에게 전달하였다.

한편 乙의 체포사실을 알아차린 丙은 바로 형사처분을 면할 목적으로 6개월 동안 필리핀으로 도피하였다가 귀국하였다.

〔2019년 제8회 변호사시험 제1문〕

설 문

1. 甲, 乙, 丙, 丁의 죄책은? (60점)

2. P가 압수한 예금통장과 노트북 컴퓨터로부터 취득한 정보의 증거능력은 인정되는가? (20점)

3. '도자기 절취행위'에 대한 乙, 丙의 공소시효 완성일은 언제인가? (10점)

4. 만약, 乙이 A의 도자기를 훔친 사실(제1사실)과 B에게 도자기를 판매한 사실(제2사실)로 각각 기소되어 제1사실에 대해서는 징역 1년, 제2사실에 대해서는 징역 10월을 선고받고 乙만 각 판결에 대하여 항소하였고, 항소심이 비로소 병합심리한 후 이를 경합범으로 처단하면서 乙에게 징역 1년 10월을 선고하였다면 이 선고는 적법한가? (10점)

해 설

Ⅰ. 제1문 — 甲, 乙, 丙, 丁의 형사책임

1. 문제의 제기

甲은 乙에게 혼자 A의 집에 들어가 A 소유의 도자기를 훔쳐 이를 팔아 자신의 채무를 변제하라고 말하여 乙이 이를 승낙하였으나, 그 후 범행 발각이 두려워 乙에게 전화하여 범행 단념을 권유하였다. 그러나 乙은 甲의 제안을 단호히 거절하고 丙과 함께 A의 집에 들어가 도자기를 훔친 다음, B를 기망하여 도자기를 1억 원에 판매하고 자신의 몫 5,000만 원을 은행에 예금해 두었다가 전액을 수표로 인출하여 그 사실을 알고 있는 甲에게 채무변제금 명목으로 지급하였다. 이와 관련하여, ① 乙과 丙에 대하여 어떠한 범죄가 성립하는지, ② 甲에 대하여 공범관계인 교사로부터의 이탈이 인정되는지, 교사를 초과한 부분에 대하여 형사책임을 지는지, 별도로 장물취득죄가 성립하는지 여부가 문제된다.

丁에 대하여는 乙의 배우자로부터 수사담당자인 P에게 전달하여 남편의 일을 잘 무마해 달라는 부탁과 함께 3,000만 원을 교부받아 그 돈 전부를 P에게 전달한 행위가 어떠한 범죄를 구성하는지 문제된다.

2. 乙과 丙의 형사책임

(1) 공동 범행

㈎ 특수절도죄의 성립 여부

乙은 친구 丙과 함께 2018. 6. 20. 10:00경 A의 집에 가 丙은 집 앞에서 망을 보고, 乙은 안으로 들어가 위 도자기를 훔쳤다. 2명 이상이 합동하여 절취하면 특수절도죄(형법 제331조 제2항, 제1항)가 성립한다. 이러한 '합동범'[1]이 성립하기 위해서는 ① 주관적 요건으로서의 공모 외에 ② 객관적 요건으로 실행행위의 분담이 있어야 하고, 그 실행행위에 있어서는 시간적으로나 장소적으로 협동관계가 있어야 한다.[2] '망을

1) 이에 대한 상세는 사례 4. [13－변시(2)－2] 제1문 관련쟁점 '합동범의 본질' 참조.
2) 대법원 1989. 3. 14. 선고 88도837 판결.

보는 행위'도 실행행위의 분담에 해당하므로,[1] 乙과 丙에 대하여 특수절도죄가 각 성립한다.

(나) 폭력행위등처벌에관한법률위반(공동주거침입)죄의 성립 여부

형법 제331조 제2항의 특수절도에 있어서 주거침입은 그 구성요건이 아니므로, 절도범인이 그 범행수단으로 주거침입을 한 경우에 그 주거침입행위는 절도죄에 흡수되지 않고 별개로 주거침입죄를 구성한다.[2] 그리고 2명 이상이 공동하여 주거에 침입하면 폭력행위등처벌에관한법률위반(공동주거침입)죄(동법 제2조 제2항 제1호, 형법 제319조 제1항)가 성립한다. 이러한 '공동범'이 성립하기 위해서는 ① 주관적 요건으로 공범관계가 인정되어야 하고, ② 객관적 요건으로 2명 이상이 동일 장소에서 동일 기회에 상호 다른 사람의 범행을 인식하고 이를 이용하여 범행하여야 한다.[3] 乙과 丙은 위 요건을 모두 갖추었으므로 폭력행위등처벌에관한법률위반(공동주거침입)죄가 각 성립한다.

(다) 소결

乙과 丙에 대하여 특수절도죄와 폭력행위등처벌에관한법률위반(공동주거침입)죄가 각 성립하고, 두 죄는 실체적 경합관계[4]이다.[5]

1) 대법원 1967. 12. 26. 선고 67도1469 판결.
2) 대법원 2009. 12. 24. 선고 2009도9667 판결
3) 대법원 1970. 3. 10. 선고 70도163 판결.
4) 대법원 2009. 12. 24. 선고 2009도9667 판결.
5) '주간'인 경우와는 달리 '야간'에 2명 이상이 합동하여 주거에 침입하여 절취한 경우에는 다음과 같은 견해의 대립이 있다. ①설은 특수절도죄(형법 제331조 제2항)만 성립한다고 하고, ②설은 주간인 경우와 마찬가지로 특수절도죄(형법 제331조 제2항)와 폭력행위등처벌에관한법률위반(공동주거침입)죄가 성립하고 두 죄는 실체적 경합관계라고 한다. ①설은 야간에 흉기를 휴대하고(형법 제331조 제2항) 문호 등 주거 일부를 손괴하고 주거에 침입하여(형법 제331조 제1항) 절취한 행위는 특수절도의 포괄일죄에 해당하는 것과 마찬가지로, 2명 이상이(형법 제331조 제2항) 야간에 (흉기를 휴대하고) 주거 일부를 손괴하고 주거에 침입하여(형법 제331조 제1항) 절취한 행위도 특수절도의 포괄일죄에 해당하므로, 2명 이상이 야간에 (주거 일부를 손괴하고) 주거에 침입하여 절취한 경우, 특수절도죄만 성립하고 주거침입이나 재물손괴는 특수절도에 흡수된다고 한다. 이때, 2명 이상이 '야간'에 주거침입 절도한 것보다 더 가벼운 '주간'에 주거침입 절도한 경우에는 특수절도죄와 폭력행위등처벌에관한법률위반(공동주거침입)죄의 실체적 경합으로 가중 처벌되어 불합리하게 되는데, 이는 법리상 어쩔 수 없고, 양형에서 조정해야 한다고 주장한다. ②설은 형법 제331조 제2항의 특수절도죄는 주거침입을 요건으로 하지 않을 뿐 아니라 주간에 침입한 경우와의 형평을 고려해야 하므로 두 죄의 실체적 경합이 된다고 한다. 이때, 특수절도의 포괄일죄가 성립하는 경우(형법 제331조 제1항+제2항)보다 가중 처벌되는 불합리한 점은 ①설과 마찬가지로 양형에 고려해야 한다고 주장한다.

(2) 乙의 단독 범행

(가) **도자기를 판매한 행위—사기죄의 성립 여부**

乙은 B를 기망하여 훔친 위 도자기를 1억 원에 판매하였다. 절도범이 장물을 손괴하거나 처분하는 행위는 원칙적으로 불가벌적 사후행위이다. 그러나 다른 사람의 법익이나 다른 법익을 침해한 때는 불가벌적 사후행위라고 할 수 없고, 별도의 범죄를 구성하게 된다. 판례도 절도범이 절취한 장물을 자기 것인 양 제3자에게 담보로 제공하고 금원을 편취한 경우에는 별도의 사기죄가 성립한다고 한다.[1)]

따라서 乙에 대하여 사기죄(형법 제347조 제1항)가 성립한다.

(나) **도자기 판매대금을 분배받은 행위**

乙은 위 도자기를 1억 원에 판매하고 자신의 몫 5,000만 원을 분배받았다. 乙의 위 도자기 판매행위는 위와 같이 사기죄(형법 제347조 제1항)에 해당하지만, 이를 분배받은 행위는 사기죄의 장물을 분배한 것으로 아무런 범죄를 구성하지 않는다.

(3) 丙의 단독 범행

본 사례에서 丙이 乙로부터 위 도자기 판매대금 1억 원 중 5,000만 원을 범행의 대가로 분배받았는지에 대해서는 명확한 언급이 없다. 다만 乙이 '자신의 몫 5,000만 원을 은행에 별도 계좌를 개설하여 예금해 두었다'고 되어 있으므로, 丙도 '자신의 몫으로 5,000만 원을 분배받은 것'으로 추정된다. 이처럼 丙이 5,000만 원을 분배받았다고 할 경우, 乙이 B를 기망하여 위 도자기를 판매한 사실을 丙이 ① 알고 있었다면 丙에 대하여 장물취득죄(형법 제362조 제1항)가 성립하고, ② 모르고 있었다면 아무런 범죄를 구성하지 않을 것이다.

본 사례에서는 판매대금의 분배와 관련된 丙의 행위에 대한 명확한 언급이 없으므로 단순한 추정만으로 형사책임을 판단할 수는 없을 것이다.

3. 甲의 형사책임

(1) 乙에게 도자기를 훔쳐 팔도록 한 행위

(가) **甲의 교사행위와 乙의 범행**

甲은 乙에게 "너 혼자 몰래 A의 집에 들어가 A 소유의 도자기를 훔쳐 이를 팔아서 나에게 변제하라."고 말하였다. 교사란 타인으로 하여금 범죄의 실행을 결의하게

---

1) 대법원 1980. 11. 25. 선고 80도2310 판결.

하는 것인데(형법 제31조 제1항), 甲의 행위가 위에서 살펴본 乙의 범행에 대한 교사에 해당하는지 문제된다.

첫째, 甲이 乙에게 '너 혼자 몰래 집에 들어가 위 도자기를 훔치라'고 말한 부분은 주거침입 및 1인 절도의 교사에 해당하는데, 만일 乙의 범행 시간이 주간일 경우 주거침입죄(형법 제319조 제1항) 및 절도죄(형법 제329조)의 교사가, 야간일 경우 야간주거침입절도죄(형법 제330조)의 교사가 된다. 甲의 말을 들은 乙은 이를 승낙하고, 친구 丙과 함께 2018. 6. 20. 10:00경 A의 집에 가 丙은 집 앞에서 망을 보고, 乙은 안으로 들어가 위 도자기를 훔쳤다. 이러한 乙과 丙의 행위는 앞서 살펴본 대로 특수절도죄(형법 제331조 제2항, 제1항)와 폭력행위등처벌에관한법률위반(공동주거침입)죄(동법 제2조 제2항 제1호, 형법 제319조 제1항)에 해당한다.

둘째, 甲이 乙에게 위 도자기를 훔쳐 '팔라'고 한 부분은 만일 乙이 위 도자기가 장물인 사실을 아는 사람에게 파는 경우라면 불가벌적 사후행위가 되므로 법적으로 문제될 것이 없지만, 장물인 사실을 모르는 사람에게 훔친 사실을 숨기고 파는 경우에는 사기죄(형법 제347조 제1항)의 교사가 된다. 甲의 말을 들은 乙은 이를 승낙하여 위와 같이 B를 기망하여 도자기를 1억 원에 판매하였다. 이러한 乙의 행위는 앞서 살펴본 대로 사기죄(형법 제347조 제1항)에 해당한다.

그런데 甲은 범행이 발각될 것이 두려워 乙의 범행 전에 乙에게 전화하여 범행 단념을 권유하였다. 그러나 乙은 甲의 제안을 단호히 거절하고 위와 같이 丙과 함께 위 도자기를 훔친 뒤 B를 기망하여 위 도자기를 판매하였다. 이러한 甲의 행위가 ① 공범관계인 교사로부터의 이탈에 해당되어 피교사자인 乙의 범행에 대하여 아무런 형사책임을 지지 않는지 문제된다. 나아가 ② 甲은 '혼자' A의 집에 들어가 위 도자기를 훔치라고 하였음에도 乙은 丙과 함께 범행을 하였는데, 교사를 초과한 범행에 대하여도 형사책임을 져야 하는지 문제된다. 나아가 ③ 판매처에 대하여 아무런 언급 없이 단지 팔라고만 한 甲의 행위가 사기죄의 교사에 해당하는지 문제된다.

(나) 공범관계로부터의 이탈(공범관계의 해소)

공범관계인 교사로부터의 이탈이 인정되면 설사 그 후 피교사자가 범죄를 저지르더라도 이는 당초의 교사행위에 의한 것이 아니라 새로운 범죄 실행의 결의에 따른 것이므로 교사자는 형법 제31조 제2항[1]에 의한 형사책임을 부담함은 별론으로 하고,

1) 교사를 받은 자가 범죄의 실행을 승낙하고 실행의 착수에 이르지 아니한 때에는 교사자와 피교사자를 음모 또는 예비에 준하여 처벌한다.

형법 제31조 제1항에 의한 교사범으로서의 형사책임은 부담하지 않는다.

이러한 공범관계인 교사로부터의 이탈이 인정되기 위해서는 아래 요건을 충족하여야 한다(**관련판례**[1]). ① 피교사자의 범죄 실행의 착수 전에 이탈하여야 한다. ② 이탈의 의사표시 즉, 교사범이 피교사자에게 교사행위를 철회한다는 의사를 표시하여야 한다. 공모관계로부터의 이탈에서는 이탈의 의사표시를 반드시 명시적으로 할 필요는 없지만,[2] 교사에서는 명시적으로 하여야 한다. ③ 교사범에 의하여 형성된 피교사자의 범죄 실행의 결의가 해소되어야 한다. '범죄 실행의 결의의 해소'는 ⓐ 피교사자가 교사범의 의사에 따르기로 하거나, 또는 ⓑ 교사범이 피교사자의 범죄 실행을 방지하기 위한 진지한 노력을 다하여 당초 피교사자가 범죄를 결의하게 된 사정을 제거하는 등 제반 사정에 비추어 객관적·실질적으로 보아 교사범에게 교사의 고의가 계속 존재한다고 보기 어렵고 당초의 교사행위에 의하여 형성된 피교사자의 범죄 실행의 결의가 더 이상 유지되지 않는 것으로 평가할 수 있어야 한다.

본 사례에서 甲은 乙이 범행의 실행에 착수하기 전에 전화로 범행 단념을 권유하였으므로 위 ①과 ②의 요건은 충족하였다. 그러나 甲은 乙로 하여금 주거침입, 절도 및 사기죄의 실행을 결의하게 하였고, 甲의 교사에 의하여 범죄 실행을 결의하게 된 乙이 그 실행행위에 나아가기 전에 甲으로부터 범행 단념을 권유하는 전화를 받기는 하였으나 이를 명시적으로 단호히 거절함으로써 여전히 甲의 교사 내용과 같은 범죄

---

1) (**관련판례**) 대법원 2012. 11. 15. 선고 2012도7407 판결【공갈교사】. 「교사범이 그 공범관계로부터 이탈하기 위해서는 피교사자가 범죄의 실행행위에 나아가기 전에 교사범에 의하여 형성된 피교사자의 범죄 실행의 결의를 해소하는 것이 필요하고, 이때 교사범이 피교사자에게 교사행위를 철회한다는 의사를 표시하고 이에 피교사자도 그 의사에 따르기로 하거나 또는 교사범이 명시적으로 교사행위를 철회함과 아울러 피교사자의 범죄 실행을 방지하기 위한 진지한 노력을 다하여 당초 피교사자가 범죄를 결의하게 된 사정을 제거하는 등 제반 사정에 비추어 객관적·실질적으로 보아 교사범에게 교사의 고의가 계속 존재한다고 보기 어렵고 당초의 교사행위에 의하여 형성된 피교사자의 범죄 실행의 결의가 더 이상 유지되지 않는 것으로 평가할 수 있다면, 설사 그 후 피교사자가 범죄를 저지르더라도 이는 당초의 교사행위에 의한 것이 아니라 새로운 범죄 실행의 결의에 따른 것이므로 교사자는 형법 제31조 제2항에 의한 죄책을 부담함은 별론으로 하고 형법 제31조 제1항에 의한 교사범으로서의 죄책을 부담하지는 않는다고 할 수 있다. (중략) 피고인은 공소외인으로 하여금 이 사건 공갈 범죄의 실행을 결의하게 하였고, 피고인의 교사에 의하여 범죄 실행을 결의하게 된 공소외인이 그 실행행위에 나아가기 전에 피고인으로부터 범행을 만류하는 전화를 받기는 하였으나 이를 명시적으로 거절함으로써 여전히 피고인의 교사 내용과 같은 범죄 실행의 결의를 그대로 유지하였으며, 그 결의에 따라 실제로 피해자를 공갈하였음을 알 수 있다. 이를 앞서 본 법리에 비추어 보면, 피고인의 교사행위와 공소외인의 공갈행위 사이에는 상당인과관계가 인정된다 할 것이고, 피고인의 만류행위가 있었지만 공소외인이 이를 명시적으로 거절하고 당초와 같은 범죄 실행의 결의를 그대로 유지한 것으로 보이는 이상, 피고인이 공범관계에서 이탈한 것으로 볼 수도 없다.」

본 판결 평석은 류전철, "공범관계의 해소", 형사판례연구 〔22〕, 2014, 45-70면.

2) 대법원 1986. 1. 21. 선고 85도2371, 85감도347 판결.

실행의 결의를 그대로 유지하였으며, 그 결의에 따라 실제로 위 범죄를 실행하였다. 따라서 甲의 교사행위와 乙의 범행 사이에는 상당인과관계가 인정되고, 범행 단념을 권유하는 전화만으로는 乙의 범죄 실행의 결의가 해소되었다고 볼 수 없으므로 위 ③의 요건을 충족하지 못하였다.

따라서 甲에 대한 공범관계인 교사로부터의 이탈이 인정되지 않으므로 甲은 乙의 범행에 대하여 교사범으로서의 형사책임을 부담한다.

공모관계로부터의 이탈

판례에 의하면 공모관계에서의 이탈이 인정되기 위해서는

① 실행착수 전에 이탈하여야 한다.[1] 실행착수 후에 이탈하면 공동정범으로서의 책임을 진다.[2]

② 이탈의 의사표시를 하여야 한다.[3] 그러나 다른 공모자에게 반드시 명시적으로 할 필요는 없다.[4] 한편, 이탈의 의사표시를 다른 공범자가 승인하여야 하는지가 문제된다. 이에 대해서는 ⓐ 이탈의 의사표시가 필요 없다는 입장에서 당연히 다른 공모자의 승인도 필요 없다는 견해, ⓑ 공모관계의 이탈을 인정하기 위해서는 공모관계를 해소하겠다는 의사의 합치를 필요로 하고, 기능적 행위지배의 제거는 공모자의 승인을 전제로 한다는 점에서 다른 공모자의 승인을 요한다는 견해[5]도 있으나, ⓒ 다른 공모자가 이탈사실을 인식하면 충분하고, 승인까지 요하는 것은 아니라고 할 것이다.

③ 공모자가 공모에 의하여 담당한 기능적 행위지배를 해소하여야 한다.[6] 공모자가 주도적으로 참여하여 다른 공모자의 실행에 영향을 미친 때에는 범행을 저지하기 위하여 적극적인 노력을 하여 미친 영향을 제거하여야 한다. 그러나 평균적 일원은 이탈하는 것만으로 기능적 행위지배가 해소된다고 할 것이다.

1) 대법원 1996. 1. 26. 선고 94도2654 판결; 대법원 2015. 2. 16. 선고 2014도14843 판결.
2) 대법원 1984. 1. 31. 선고 83도2941 판결.
3) 대법원 1996. 1. 26. 선고 94도2654 판결. 학설로는 ① 판례와 같이 이탈의 의사표시를 긍정하는 긍정설, ② 공모 후 예비단계에서 이탈한 사람은 포기의사의 표현이 없더라도 기능적 행위지배가 제거되어 이탈 후의 실행행위에 대한 공동정범이 될 수 없다는 점을 근거로 범행결의의 포기로 충분하고 다른 공범자에게 이를 표시할 필요가 없다는 부정설이 있다.
4) 대법원 1986. 1. 21. 선고 85도2371, 85감도347 판결.
5) 다만 이 경우에도 이탈의 의사표시가 묵시적인 의사로 충분한 것에 대응하여, 승인도 명시적일 필요 없이 다른 공모자가 이탈사실을 인식하면서 실행에 나아간 때는 묵시적인 승인을 인정할 수 있다는 견해도 있다.
6) 대법원 2008. 4. 10. 선고 2008도1274 판결. 본 판결 평석은 이용식, "공동자 중 1인의 실행행위 착수 이전 범행이탈: 공동정범의 처벌한계", 형사판례연구 〔11〕, 2006, 81−111면.

(다) 특수절도죄 및 폭력행위등처벌에관한법률위반(공동주거침입)죄의 교사 여부

乙은 甲이 교사한 범위를 초과하여 丙과 함께 범행을 하였는데, 이 초과부분에 대하여 甲도 형사책임을 지는지 문제된다.

'교사의 초과'에는 ① 피교사자가 교사받은 범죄와 전혀 다른 범죄를 실행하는 '질적 초과'와 ② 교사의 내용과 실행행위가 구성요건을 달리하나 공통적 요소를 포함하고 있는 '양적 초과'가 있다. ①의 경우 교사자는 교사범으로서의 책임을 지지 않지만, ②의 경우는 원칙적으로 예상하지 못한 초과부분에 대해서만 책임을 지지 않는다.

본 사례에서 乙의 초과는 ②의 양적 초과에 해당한다. 따라서 甲은 자신이 교사한 주거침입죄(형법 제319조) 및 절도죄(형법 제329조)의 각 교사범으로서의 형사책임을 진다. 이때, 주거침입교사죄와 절도교사죄는 실체적 경합관계이다.

(라) 사기죄의 교사 여부

앞서 살펴본 대로 甲에 대하여 乙의 사기죄에 대한 공범관계에서의 이탈은 인정되지 않는다. 다만, 위 도자기의 판매처에 대한 언급 없이 단지 팔라고만 한 甲의 행위가 사기죄의 교사행위에 해당하는지가 문제된다.

교사는 타인으로 하여금 범죄의 결의를 가지게 하는 행위로 그 수단·방법에는 제한이 없다. 다만 막연히 '범죄를 하라'거나 '절도를 하라'고 하는 등의 행위만으로는 부족하지만, 범행의 일시, 장소, 방법 등의 세부적인 사항까지를 특정하여 교사할 필요는 없다.[1] 甲은 구체적으로 위 도자기를 지정하여 이를 훔쳐서 '팔아서' '자신에게 변제하라'라고 말하였고, 그 말은 매수자가 훔친 도자기라는 사실을 알고 있는지 여부를 불문하고 판매하라는 뜻이므로 사기죄의 교사행위에 해당한다. 따라서 甲에 대하여 사기교사죄가 성립한다.

(2) 乙로부터 채무변제금 명목으로 수표를 지급받은 행위

甲은 5,000만 원 상당의 수표가 乙이 B를 기망하여 훔친 도자기를 판매하고 받은 1억 원 중 乙의 몫 5,000만 원을 은행에 별도 계좌를 개설하여 예금해 두었다가 그 전액을 인출하면서 은행으로부터 받은 수표라는 사실을 알면서 채무변제금 명목으로 이를 교부받았다. 재산범죄의 교사범이 재산범죄에 의하여 영득한 재물을 취득한 때는 재산범죄의 교사죄 외에 별도로 장물취득죄(형법 제362조 제1항)가 성립하는데,[2] 위 수

---

1) 대법원 1991. 5. 14. 선고 91도542 판결. 본 판결 해설은 홍성무, "교사범에 있어서 교사행위의 특정정도 및 실행행위와 사이의 인과관계", 대법원판례해설 제15호, 1992, 653-662면.

2) 대법원 1969. 6. 24. 선고 69도692 판결(횡령의 교사).

표가 장물에 해당되어 甲에 대하여 장물취득죄(형법 제362조 제1항)가 성립하는지 여부가 문제된다.

장물은 재산범죄에 의하여 영득한 재물 그 자체임을 요하는데, 위 5,000만 원은 乙의 사기죄로 영득한 재물이므로 장물에 해당한다. 이 돈을 별도 계좌를 개설하여 은행에 예금해 두었다가 그 전액을 인출하면서 받은 수표도 장물에 해당하는지가 문제된다. 장물을 매각한 대금으로 받은 돈이나, 장물과 교환한 재물, 장물인 돈으로 매입한 재물과 같은 대체장물은 장물이 될 수 없다. 그러나 통설과 판례[1)]는 장물인 현금 또는 수표를 금융기관에 예금하였다가 동일한 액수의 현금 또는 수표를 인출한 경우, 그 인출된 현금 또는 수표는 당초의 현금 또는 수표와 물리적인 동일성은 상실되었지만 액수에 의하여 표시되는 금전적 가치에는 아무런 변동이 없으므로, 장물로서의 성질이 유지된다고 한다.

통설·판례에 의하면 위 수표는 장물에 해당하고, 乙이 사기죄로 영득한 위 수표를 사기교사범인 甲이 취득하였으므로 甲에 대하여 장물취득죄가 성립한다. 이때, 사기교사죄와 장물취득죄는 실체적 경합관계이다.[2)]

4. 丁의 형사책임

증뢰자가 뇌물에 제공할 목적으로 금품을 교부한다는 사정을 알면서 제3의 전달자가 이를 교부받으면 제3자뇌물취득죄(형법 제133조 제2항)가 성립한다. 금품을 교부받은 제3자는 그 금품을 받은 때에 본죄가 성립하고,[3)] 그 금품을 공무원에게 전달하였는지 여부는 본죄의 성립에 영향을 미치지 않는다. 여기서 제3자는 뇌물공여행위자나 수수행위자와 공범관계에 있는 자는 포함되지 않는다.[4)] 그리고 제3자가 그 교부받은 금품을 수뢰할 사람에게 전달하더라도 제3자뇌물취득죄 외에 별도로 뇌물공여죄(형법 제133조 제1항)가 성립하는 것은 아니다.[5)]

乙의 배우자는 乙과 상의 없이 전직 경찰관 丁에게 3,000만 원을 건네주면서 乙의 사건을 수사하는 사법경찰관 P에게 전달하여 乙의 일을 잘 무마해 달라고 부탁하였고, 丁은 그 돈 전부를 P에게 전달하였다. 따라서 丁에 대하여 제3자뇌물취득죄가

---

1) 대법원 2004. 4. 16. 선고 2004도353 판결. 본 판결 평석은 천진호, "장물의 개념 – 현금 또는 자기앞수표의 장물성", 형법판례 150선(제3판), [130], 294–295면.
2) 대법원 1969. 6. 24. 선고 69도692 판결.
3) 대법원 2002. 6. 14. 선고 2002도1283 판결; 대법원 2008. 3. 14. 선고 2007도10601 판결.
4) 대법원 2006. 6. 15. 선고 2004도756 판결.
5) 대법원 1997. 9. 5. 선고 97도1572 판결.

성립하고, 별도로 뇌물공여죄는 성립하지 않는다.[1] 한편, 제3자뇌물취득죄는 특정범죄 가중처벌 등에 관한 법률에 의한 뇌물죄의 가중처벌(동법 제2조) 대상이 아니므로 전달액이 3,000만 원이라고 하더라도 동법이 적용되지 않는다.

5. 설문의 해결

甲에 대하여 주거침입죄교사죄, 절도교사죄, 사기교사죄, 장물취득죄가, 乙에 대하여 폭력행위등처벌에관한법률위반(공동주거침입)죄, 특수절도죄, 사기죄가, 丙에 대하여 폭력행위등처벌에관한법률위반(공동주거침입)죄, 특수절도죄가 각 성립하고, 각 죄는 실체적 경합관계이다. 그리고 丁에 대하여 제3자뇌물취득죄가 성립한다.

Ⅱ. 제2문 — 예금통장과 노트북 컴퓨터 취득 정보의 증거능력

1. 예금통장의 증거능력

사법경찰관 P는 乙을 적법하게 긴급체포하여 경찰서에 연행한 후, 乙의 자백에 따라 乙의 집에 들어가 압수·수색영장 없이 도자기 판매대금이 예치되었던 예금통장을 압수하고 즉시 압수·수색영장을 발부받았다. 이때, 위 압수한 예금통장의 증거능력이 인정되는지 문제된다. 위 압수·수색은 긴급체포 시의 영장 없는 압수·수색(형소법 제217조 제1항)에 해당하는데, 그 선행절차인 긴급체포는 적법하고 경찰서 연행 후의 乙의 자백도 임의로 이루어졌으므로 아무 문제가 없다. 따라서 긴급체포 시의 영장 없는 압수·수색의 요건을 갖추었는지, 압수·수색의 일반절차를 준수하였는지 여부만을 살펴본다.

(1) 긴급체포 시의 영장 없는 압수·수색의 요건 충족 여부

긴급체포된 자가 소유·소지 또는 보관하는 물건에 대하여 긴급히 압수할 필요가 있는 경우에는 체포한 때부터 24시간 이내에 한하여 영장 없이 압수·수색 또는 검증을 할 수 있다(형소법 제217조 제1항). 검사 또는 사법경찰관은 이와 같이 압수한 물건을 계속 압수할 필요가 있는 경우에는 지체 없이 압수·수색영장을 청구하여야 하며, 압수·수색영장의 청구는 체포한 때부터 48시간 이내에 하여야 한다(동조 제2항).

---

1) 이에 대한 상세는 사례 2. [12－변시(1)－2] 제2문 '丙과 丁의 형사책임' 부분 참조.

본 사례에서 ① 위 예금통장은 긴급체포된 乙의 위 사건과 관련성이 있고, ② 乙이 소유·보관하는 물건으로서, ③ 가족이 이를 훼손할 염려가 있는 등 긴급히 압수할 필요가 있었고, ④ 乙을 체포한 2018. 6. 27. 22:00경부터 24시간 이내인 6. 28. 01:00경 위 예금통장을 압수하고 즉시 압수·수색영장을 청구하여 발부까지 받았다. 따라서 형사소송법 제217조에 의한 긴급체포 시의 영장 없는 압수·수색으로서의 요건은 충족하였다고 할 것이다.

(2) 압수·수색의 일반절차의 준수 여부

압수·수색의 집행과 관련하여 ① 일출 전, 일몰 후에는 압수·수색의 집행을 할 수 없고(형소법 제125조), ② 타인의 주거에 대하여 압수·수색을 집행하는 경우에는 주거주 등의 참여가 있어야 한다(형소법 제123조 제2항). 다만, 형사소송법 제216조에 의한 체포현장에서의 압수·수색에서는 제220조에 의하여 위 ①, ② 규정의 적용이 배제된다. 그러나 제217조에 의한 긴급체포 시의 압수·수색에 대해서는 이러한 적용배제규정이 없는데, 이때도 제220조를 유추적용할 수 있는지가 문제된다. 위 ①과 ②를 나누어 살펴본다.

㈎ 야간 압수·수색

이에 대해서는 ① 명문의 규정이 없는 이상 야간집행의 특례가 적용될 수는 없다는 견해, ② 체포 후 24시간 이내에 압수·수색이 이루어져야 하는 등 긴급을 요한다는 점에서 비록 명문의 규정이 없더라도 제220조의 규정을 유추하여 야간집행의 특례를 인정하여야 한다는 견해, ③ 사후영장에 그 취지가 기재되어 있어 법원이 압수·수색의 필요성을 심사할 수 있으면 야간집행이 가능하다는 견해가 있다.[1] 제217조는 수사기관이 피의자를 긴급체포한 상황에서 피의자가 체포되었다는 사실이 공범이나 관련자들에게 알려짐으로써 관련자들이 증거를 파괴하거나 은닉하는 것을 방지하고, 범죄사실과 관련된 증거물을 신속히 확보할 수 있도록 하기 위한 것이다.[2] 이러한 입법취지에 비추어 부득이한 경우 야간 압수·수색을 집행할 필요성을 부정할 수는 없다는 점에서, 사후영장에 그 취지가 기재되어 있고 압수·수색의 필요성이 인정되는 범위 내에서 야간집행의 특례를 인정하여야 한다는 ③의 견해가 타당하다. 판례도 같은 입장이다.[3]

---

1) 이에 대한 상세는 사례 9. [16－변시(5)－1] 제2문 '블랙박스 압수·수색의 적법성 및 증거능력' 부분 참조.
2) 대법원 2017. 9. 12. 선고 2017도10309 판결.
3) 위 2017도10309 판결은 ① 2016. 10. 5. 20:00 도로에서 피고인을 긴급체포한 뒤, ② 같은 날 20:24경 영장 없이 체포현장에서 약 2km 떨어진 피고인의 주거지에서 메스암페타민 약 4.82g이 들어 있는 비

본 사례에서 P는 사후영장을 발부받았는데, 그 영장에 당연히 야간에 집행하였다는 취지가 기재되어 있을 것이므로 야간에 압수·수색한 것 자체는 적법하다.

(나) 주거주 등의 참여

이에 대해서도 야간 압수·수색과 마찬가지로 위 ①, ②, ③의 견해의 대립이 있을 수 있는데, 위와 마찬가지로 ③의 견해가 타당하다.

본 사례에서 P는 乙의 집에 들어가 그 집을 지키던 乙의 배우자를 집 밖으로 나가게 한 채 집을 수색하여 위 예금통장을 압수하였다. 긴급체포한 후 영장 없이' 압수·수색하려는 경우에 형사소송법 제123조 제2항에 따라 참여하게 해야 할 책임자가 없는 경우라면 긴급성을 감안하여 부득이 참여 없이 압수·수색하고 그 취지를 사후영장에 기재하면 적법하다고 하겠지만, 참여할 사람이 현장에 있는데도 참여하지 못하게 하는 것은 긴급성과는 아무런 관계가 없으므로 위법하다고 할 것이다.[1] 따라서 위 압수·수색은 위법하고, 사후에 영장을 발부받았더라도 그 하자가 치유되지 않는다.[2]

(3) 소결

위 예금통장에 대한 압수·수색은 당사자의 참여 없이 이루어진 위법한 압수·수색이므로 위 예금통장은 위법하게 수집된 증거(1차증거)이다. 위법하게 수집된 1차증거는 원칙적으로 증거능력이 없고(형소법 제308조의2), 예외적으로 ① 수사기관의 절차 위반행위가 적법절차의 실질적인 내용을 침해하는 경우에 해당하지 않고, ② 오히려 그 증거의 증거능력을 배제하는 것이 헌법과 형사소송법이 형사소송에 관한 절차 조항을 마련하여 적법절차의 원칙과 실체적 진실 규명의 조화를 도모하고 이를 통하여 형사사법 정의를 실현하려 한 취지에 반하는 결과를 초래하는 것으로 평가되는 경우에는 유죄 인정의 증거로 사용할 수 있다.[3]

위 예금통장은 유죄 인정의 증거로 사용할 수 있는 예외적인 경우에 해당하지 않으므로 증거능력이 없고, 비록 증거동의하더라도 증거능력이 없다.[4]

닐 팩 1개를 압수하고, ③ 사후 압수·수색영장을 발부받은 사안에서, 긴급체포 사유, 압수·수색의 시각과 경위, 사후영장의 발부 내역 등에 비추어, 위 압수는 제217조에 따른 적법한 압수라고 판시하였다.

1) 법원의 실무도 위 적용배제규정과 관련하여 제217조에 따른 압수·수색의 필요성에 대해서는 엄격하게 심사하고 있다(사법연수원, 법원실무제요 형사 [III], 168면).

2) 대법원 2012. 2. 9. 선고 2009도14884 판결; 대법원 2017. 11. 29. 선고 2014도16080 판결; 대법원 2022. 7. 28. 선고 2022도2960 판결.

3) 대법원 2007. 11. 15. 선고 2007도3061 전원합의체 판결; 대법원 2017. 9. 21. 선고 2015도12400 판결.

4) 대법원 2009. 12. 24. 선고 2009도11401 판결.

2. 노트북 컴퓨터 취득 정보의 증거능력

P는 22:00경 카페에서 乙을 적법하게 긴급체포한 직후, 乙이 자신의 노트북 컴퓨터로 작업하던 위 범행 관련 문서를 발견하고 노트북 컴퓨터를 그 자리에서 영장 없이 압수하였다. 이때 노트북 컴퓨터로부터 취득한 정보의 증거능력이 문제된다.

(1) 정보에 대한 압수·수색의 가능 여부

종래 압수·수색의 대상은 '증거물 또는 몰수할 것으로 사료되는 물건'(형소법 제219조, 제106조 제1항)으로 되어 있어, '정보'에 대한 압수가 가능한지에 대하여 견해의 대립이 있었다. 형사소송법은 '정보저장매체'를 압수할 수 있도록 규정하고 있는데(형소법 제106조 제3항), 이와 관련하여 ① 정보저장매체의 '정보를 제공받은 경우'에 통지하여야 하고(형소법 제106조 제4항), 압수·수색방법을 원칙적으로 출력이나 복제에 의하도록 규정하고(형소법 제106조 제3항 본문) 있는 점에 비추어 '정보' 자체가 그 대상이라는 견해도 있다. 그러나 ② 현행법상으로는 압수·수색의 대상은 '정보저장매체'이지 '정보' 그 자체는 아니라고 할 것이다. 결국 '정보저장매체'를 압수함으로써 실질적으로는 그 안에 저장된 '전자정보'를 압수하는 효과가 있는 것으로 보아야 할 것이다.[1)]

(2) 압수·수색의 적법성 여부

㈎ 영장 없는 압수·수색의 요건 충족 여부

긴급체포가 적법하므로 선행절차의 위법성 여부는 문제되지 않고, ① 긴급체포 시의 영장 없는 압수·수색(형소법 제217조) 또는 ② 체포현장에서의 영장 없는 압수·수색(형소법 제216조 제1항 제2호)의 요건을 충족하는지가 문제된다.

먼저 ①을 살펴보면, ⓐ 위 노트북에는 위 범행 관련 문서가 들어 있으므로 긴급체포된 乙의 위 사건과 관련성이 있고, ⓑ 乙이 소유·소지하는 물건으로서, ⓒ 압수 장소와 시각에 비추어 긴급히 압수할 필요가 있었고, ⓓ 乙을 체포한 직후에 압수하고 48시간 이내에 압수·수색영장을 청구하여 발부까지 받았으므로 긴급체포 시의 영장 없는 압수·수색으로서의 요건은 충족하였다. 다음으로 ②를 살펴보면, 위 ⓐ, ⓓ의 요건을 갖추었으므로 체포현장에서의 압수·수색인지만이 문제된다.[2)] 체포현장의 의

---

1) 판례에서 '전자정보에 대한 압수·수색'이라는 표현을 쓰고 있지만(대법원 2011. 5. 26. 자 2009모1190 결정 등), 같은 의미로 파악해야 할 것이다.

2) 이에 대한 상세는 사례 6. [14－변시(3)－2] 제2문 'P의 긴급체포와 예금통장 및 필로폰 압수의 적법성' 부분 참조.

미에 대하여는 ① 체포행위와 시간적·장소적으로 접착되어 있으면 충분하고 체포의 전후를 불문한다는 설(체포접착설), ② 피의자가 현실적으로 체포되었음을 요한다는 설(체포설), ③ 체포 전 압수·수색도 허용되지만 최소한 압수할 당시 피의자가 현장에 있음을 요한다는 설(현장설), ④ 피의자가 압수·수색장소에 현재하고 체포의 착수를 요건으로 한다는 설(체포착수설) 등이 있는데, ③의 현장설이 타당하다. 乙을 긴급체포한 카페에서 바로 노트북 컴퓨터를 압수하였으므로 체포현장에서의 영장 없는 압수·수색으로서의 요건도 충족하였다.

(나) 전자정보 압수의 적법성 여부

압수의 목적물이 노트북 컴퓨터 등과 같은 정보저장매체인 경우에는 ① 기억된 정보의 범위를 정하여 출력하거나 복제하여 제출받아야 하고(형소법 제219조, 제106조 제3항 본문), ② 범위를 정하여 출력 또는 복제하는 방법이 불가능하거나 압수의 목적을 달성하기에 현저히 곤란하다고 인정하는 때에는 정보저장매체 자체를 압수할 수 있다(형소법 제219조, 제106조 제3항 단서). 영장 없이 압수·수색하는 경우, ②의 방법은 실제로 위와 같은 사정이 발생한 때에 한하여 예외적으로 허용된다.[1)]

본 사례에서 ②의 방법에 의한 압수에 대해서는 ⓐ 위법하다는 견해, ⓑ 적법하다는 견해가 있을 수 있다. ⓐ의 위법설은 乙이 작업 중이던 범행 관련 문서는 특정이 되고 그 양도 많지 않아 충분히 현장에서 출력 또는 복제가 가능하므로 노트북 컴퓨터 자체를 압수하는 것은 위법하다는 입장이다. 또한 긴급체포현장에서 즉시 범위를 정한 출력, 복제의 방법이 불가능하다고 하더라도, 체포에 수반하여 소지품의 일시적인 처분이나 상태변경의 금지조치를 할 수 있고, 그 후 형사소송법 제106조 제3항 본문에 의한 압수절차에 나아갈 수 있음에도, 긴급체포 현장이라는 이유만으로 형사소송법 제106조 제3항 단서에 의한 예외적인 압수를 허용하여서는 안 된다는 견해도 있다.

그러나 ⓑ의 적법설이 타당하다. 즉, (i) P는 乙을 긴급체포하면서 그 자리에서 노트북 컴퓨터를 압수하게 되어 압수·수색영장을 집행하는 경우와는 달리[2)] 프린터나 복사지, 복제할 USB 등 외부저장장치를 미리 준비하지 못하였을 것으로 보이고,

1) 대법원 2011. 5. 26. 자 2009모1190 결정; 대법원 2012. 3. 29. 선고 2011도10508 판결; 대법원 2015. 7. 16. 자 2011모1839 전원합의체 결정; 대법원 2021. 11. 18. 선고 2016도348 전원합의체 판결.

2) ②의 방법에 의한 압수·수색이 적법한지 여부가 다투어진 판례들은 모두 미리 압수·수색영장을 발부받아 집행하는 사례에 관한 것들이다(대법원 2015. 7. 16. 자 2011모1839 전원합의체 결정; 대법원 2015. 10. 15. 자 2013모1969 결정; 대법원 2017. 9. 21. 선고 2015도12400 판결; 대법원 2018. 2. 8. 선고 2017도13263 판결).

또한 (ii) ①의 방법에 의할 경우에 원본 파일과 출력·복제자료와의 동일성을 확인하기 위하여 통상 디지털 포렌식 장비를 사용하고 있는데, P가 이러한 장비를 가지고 있지 않았을 것이므로 ①의 방법으로 출력·복제하기는 어려웠을 것으로 보이는 점, (iii) 위 노트북 컴퓨터에는 당시 작업하던 문서 외에도 범행 관련 다른 자료가 저장되어 있을 개연성이 있는 점, (iv) 당시 밤늦은 시간인 22:00경이었고 공개된 장소인 카페였던 점, (v) P가 사무실로 연락하여 다른 직원이 위 장치나 장비 등을 가지고 와서 ①의 방법으로 출력·복제하는 것은 긴급체포의 성격에 비추어 현실적으로 적절하지 않은 점 등을 종합하면 ⓑ의 적법설이 타당하다고 할 것이다. 한편, 위 노트북 컴퓨터를 경찰서로 가지고 간 다음에 관련 정보를 탐색하여 문서로 출력하거나 파일을 복사하는 과정 역시 전체적으로 영장 없는 압수·수색의 집행에 포함되므로 집행에 따른 절차규정을 준수하여야 할 것인데,[1] 본 사례에서는 특별한 문제가 없다.

따라서 P의 위 전자정보 압수는 적법하다.

(3) 노트북 컴퓨터 취득 정보의 증거능력

위 노트북 컴퓨터에 대한 P의 압수가 적법하므로 위법수집증거배제법칙(형소법 제308조의2)이 적용될 여지는 없고,[2] 乙이 증거사용에 동의하는지 여부에 따라 증거능력의 인정 요건이 달라질 뿐이다.

㈎ 증거사용에 동의하는 경우

증거사용에 동의하는 경우에는 진정한 것으로 인정되면 증거능력이 있다(형소법 제318조 제1항). 원본에 저장된 내용과 취득한 정보(출력문건, 복사파일 등)의 동일성이 있으면 진정성이 인정된다. 원본과의 동일성은 파일의 생성과 전달 및 보관 등의 절차에 관여한 사람의 증언이나 진술, 원본이나 사본 파일 생성 직후의 해시 값과의 비교, 파일에 대한 검증·감증 결과 등 제반 사정을 종합하여 판단할 수 있다.[3]

㈏ 증거사용에 부동의하는 경우

증거사용에 부동의하는 경우, 문서가 전문증거인지 비전문증거인지에 따라 증거능력의 판단이 다르게 된다. ① 비전문증거인 때에는 증거의 관련성과 진정성이 인정되면 증거능력이 인정되는데, 진정성은 위와 같이 다양한 방법으로 증명할 수 있다.

---

1) 대법원 2012. 3. 29. 선고 2011도10508 판결.
2) 다만 P의 압수가 위법하다는 ⓐ의 견해에 의하면, 乙의 증거사용에 부동의하는 경우는 물론 동의하는 경우에도 증거능력이 없다(대법원 2009. 12. 24. 선고 2009도11401 판결).
3) 대법원 2018. 2. 8. 선고 2017도13263 판결.

② 전문증거인 때에는 전문법칙에 따라 원칙적으로 증거로 할 수 없고(형소법 제310조의 2), 증거의 종류에 따라 형사소송법 제311조 내지 제316조의 요건을 충족하면 예외적으로 증거능력이 있다. 본 사례의 '범행 관련 문서'는 형사소송법 제313조의 '진술서 등'이나 제315조의 '당연히 증거능력이 있는 서류' 중 하나일 가능성이 크다.

3. 설문의 해결

P가 압수한 위 예금통장의 증거능력은 인정되지 않는다. 그리고 노트북 컴퓨터로부터 취득한 정보는 乙이 증거사용에 동의하는 경우에는 진정한 것으로 인정되면 증거능력이 인정되고, 부동의하는 경우에는 문서가 비전문증거인 때는 진정성이 인정되면 증거능격이 인정되고, 전문증거인 때에는 전문법칙의 예외규정(형소법 제311조 내지 제316조)을 충족하면 증거능력이 인정된다.

Ⅲ. 제3문 — 도자기 절취행위에 대한 乙, 丙의 공소시효 완성일

1. 공소시효 일반론

乙과 丙의 '도자기 절취행위'는 특수절도죄 및 폭력행위등처벌에관한법률위반(공동주거침입)죄에 해당하고, 두 죄는 실체적 경합관계이다. 전자(형법 제331조 제2항, 제1항)는 법정최고형이 10년으로 공소시효는 10년이고(형소법 제249조 제1항 제3호), 후자(동법 제2조 제2항 제1호, 형법 제319조 제1항)는 법정최고형이 4년 6월로서(형법 제319조 제1항의 법정형에 1/2 가중) 공소시효는 5년이다(형소법 제249조 제1항 제5호). 실체적 경합범의 공소시효는 개별적으로 결정하여야 하므로 乙과 丙의 도자기 절취행위의 최종 공소시효는 10년이다.

한편, 공소시효는 범죄행위를 종료한 때로부터 진행되고(형소법 제252조 제1항), 공범의 경우에는 최종행위가 종료한 때로부터 공범 전체에 대한 시효기간이 진행된다(동조 제2항). 범죄행위의 종료 시는 행위 시가 아니라 결과발생 시이다(통설·판례[1]). 그리고 공소시효는 연으로 정해져 있는데 이처럼 연 또는 월로 정한 기간은 연 또는 월 단위로 계산하여야 하고(형소법 제66조 제2항), 주, 월 또는 연의 처음으로부터 기간을 기산하지 아니하는 때에는 최후의 주, 월 또는 연에서 그 기산일에 해당한 날의 전일로 기간이 만료한다(민법 제160조 제2항). 한편 공소시효는 초일을 산입하고(형소법 제66조 제1

1) 대법원 2003. 9. 26. 선고 2002도3924 판결.

항 단서), 말일이 공휴일이거나 토요일이더라도 산입한다(형소법 제66조 제3항).

2. 乙의 공소시효 완성일

乙과 丙은 2018. 6. 20. 10:00경 위 도자기를 절취하였고, 이로써 범죄행위가 종료하였다. 따라서 그때부터 공소시효가 진행하여 10년이 되는 2028. 6. 19. 24:00에 공소시효가 완성된다.

3. 丙의 공소시효 완성일

丙도 원칙적으로는 乙과 마찬가지로 2028. 6. 19. 24:00에 공소시효가 완성된다. 그런데 丙은 형사처분을 면할 목적으로 6개월 동안 필리핀으로 도피하였다가 귀국하였다. 범인이 형사처분을 면할 목적으로 국외에 있는 경우 그 기간동안 공소시효는 정지된다(형소법 제253조 제3항). 따라서 丙에 대하여는 6개월간 공소시효가 정지되어 2028. 12. 19. 24:00에 공소시효가 완성된다.

4. 설문의 해결

乙의 공소시효 완성일은 2028. 6. 19.이고, 丙의 공소시효 완성일은 2028. 12. 19.이다.

Ⅳ. 제4문 — 경합범의 병합사건에서의 불이익변경금지의 원칙

1. 문제의 제기

乙은 A의 도자기를 훔친 사실(제1사실)과 B에게 도자기를 판매한 사실(제2사실)로 각각 기소되어 제1사실에 대해서는 징역 1년, 제2사실에 대해서는 징역 10월을 선고받고 乙만 각 판결에 대하여 항소하였고, 항소심이 비로소 병합심리한 후 이를 경합범으로 처단하면서 乙에게 징역 1년 10월을 선고하였다. 이처럼 경합범의 관계에 있는 사건이 항소심에서 병합되어 제1심의 각 형량보다 중한 1개의 형을 선고하는 것이 불이익변경금지의 원칙(형소법 제368조)에 위반되는지 여부가 문제된다.

2. 경합범의 병합사건에서의 불이익변경금지의 원칙

피고인이 항소 또는 상고한 사건과 피고인을 위하여 항소 또는 상고한 사건에 관하여 상소심은 원심판결의 형보다 무거운 형을 선고하지 못하는데(형소법 제368조, 제396조 제2항), 이를 불이익변경금지의 원칙이라고 한다. 원심의 형이 피고인에게 불이익하게 변경되었는지 여부에 관한 판단은 형의 경중(형법 제41조)을 일응의 기준으로 하되, 병과형이나 부가형, 집행유예, 미결구금일수의 통산, 노역장 유치기간 등 주문 전체를 고려하여 피고인에게 실질적으로 불이익한가의 여부에 의하여 판단하여야 한다.[1)]

항소심에서 두 개의 사건이 병합 심판되어 경합범으로 처단되는 경우에 불이익 여부는 제1심에서 선고한 형을 합산한 형을 기준으로 하여야 한다(통설). 따라서 제1심의 각 형량의 합계보다 무거운 형이 선고된다면 불이익변경금지의 원칙에 위반된다고 할 것이지만, 합계 형량의 범위 내에서 각 형량보다 무거운 형이 선고되었다고 하여 위법이라고는 할 수 없다. 물론 이 경우에도 합산 범위 내에서 형법 제38조(경합범과 처벌례) 제1항 제2호[2)]의 적용을 받게 될 것이다. 판례도 항소심에서 제1심의 각 형량보다 무거운 형을 선고하더라도 불이익변경금지의 원칙에 어긋나지 않는다고 한다.[3)4)]

3. 설문의 해결

항소심에서 선고된 징역 1년 10월의 형은 제1심에서 선고된 징역 1년, 징역 10월보다는 무겁지만, 이를 합한 형과는 같으므로 불이익변경금지의 원칙에 위반되지 않는다. 따라서 위 항소심의 판결은 적법하다.

---

1) 대법원 2016. 5. 12. 선고 2016도2136 판결; 대법원 2018. 10. 4. 선고 2016도15961 판결.

2) 각 죄에 대하여 정한 형이 사형, 무기징역, 무기금고 외의 같은 종류의 형인 경우에는 가장 무거운 죄에 대하여 정한 장기 또는 다액의 그 2분의 1까지 가중하되 각 죄에 대하여 정한 형의 장기 또는 다액을 합산한 형기 또는 액수를 초과할 수 없다. 다만, 과료와 과료, 몰수와 몰수는 병과할 수 있다(2020. 12. 8. 본조개정).

3) 대법원 1980. 5. 27. 선고 80도981 판결. 본 판결 평석은 임동규, "사건의 병합과 불이익변경금지의 원칙", 형사판례연구 〔10〕, 2002, 419-429면.

4) 불이익변경금지의 원칙 위반이 아니라고 한 판례

판례	제1 판결	제2 판결	항소심 판결
대판 2001. 9. 18, 2001도3448	징역 1년, 집유 2년 (추징 1천만 원)	징역 1년6월 (추징 100만 원)	징역 2년 (추징 1,100만 원)

2019년 제8회 변호사시험 강평

형사법 제1문

I. 甲, 乙, 丙, 丁의 형사책임

• 사실관계

甲	• 乙에게 혼자 A의 집에 들어가 A 소유의 도자기를 훔쳐 이를 팔아 자신의 채무를 변제하라고 말하여 乙이 이를 승낙, 그 후 범행 발각이 두려워 乙에게 전화하여 범행 단념을 권유하였으나 乙이 단호히 거절 • 乙이 B를 기망하여 도자기를 판 돈 중 자신의 몫 5,000만 원을 은행에 예금해 두었다가 전액을 수표로 인출한 사실을 알면서도 乙로부터 채무변제금 명목으로 이를 지급받음
乙	• 丙은 A의 집 앞에서 망을 보고, 乙은 A의 집에 들어가 도자기를 훔침 • B를 기망하여 도자기를 1억 원에 판매 • 위와 같이 甲에게 채무변제금 명목으로 수표를 지급
丙	• 乙이 A의 집에 들어가 도자기를 훔치는 동안 집 앞에서 망을 봄
丁	• 乙의 배우자로부터 수사담당자인 P에게 전달하여 남편의 일을 잘 무마해 달라는 부탁과 함께 3,000만 원을 교부받아 그 돈 전부를 P에게 전달

1. 乙과 丙의 형사책임

(1) 공동 범행

1) 특수절도죄의 성립 여부

• 丙은 A의 집 앞에서 망을 보고, 乙은 집에 들어가 A 소유의 도자기를 훔침
• 2명 이상이 '합동하여' 절취한 경우, 특수절도죄(형법 제331조 제2항) 성립
• '합동범'이 성립하기 위해서는 공모 외에 실행행위의 분담이 있어야 하고, 실행행위는 시간적·장소적으로 협동관계에 있어야 함(대법원 1989. 3. 14, 88도837)
• '망을 보는 행위'도 위 실행행위의 분담에 해당(대법원 1967. 12. 26, 67도1469)
• 乙과 丙에 대하여 각 특수절도죄 성립

2) 폭력행위등처벌에관한법률위반(공동주거침입)죄의 성립 여부

• 형법 제331조 제2항의 특수절도에 있어서 절도범인이 그 범행수단으로 주거침입을 한 경우에 그 주거침입행위는 절도죄에 흡수되지 않고 별개로 주거침입죄 구성(대법원 2009. 12. 24, 2009도9667)
• 2명 이상이 '공동하여' 타인의 주거에 침입한 경우, 폭력행위처벌법위반(공동주거침입)죄(동법 제2조 제2항, 제1항 제1호, 형법 제319조 제1항) 성립
• '공동범'이 성립하기 위해서는 공범관계가 인정되는 외에 동일 장소에서 동일 기회에 상호 다른 사람의 범행을 인식하고 이를 이용하여 범행하여야 함(대법원 1970. 3. 10, 70도163)
• 乙과 丙은 공동하여 범행하였으므로 각 폭력행위처벌법위반(공동주거침입)죄 성립
• 특수절도죄와 폭력행위처벌법위반(공동주거침입)죄는 실체적 경합(위 2009도9667 판결)

(2) 乙의 단독 범행

1) 도자기 판매행위 – 사기죄의 성립 여부

- 절도범이 장물을 처분하는 행위는 원칙적으로 불가벌적 사후행위이지만, 다른 사람의 법익이나 다른 법익을 침해한 때는 별도의 범죄를 구성(대법원 1980. 11. 25. 80도2310)
- B를 기망하여 훔친 위 도자기를 1억 원에 판매
- 乙에 대하여 사기죄(형법 제347조 제1항) 성립

2) 도자기 판매대금 분배행위

- 도자기 판매대금 중 자신의 몫 5,000만 원을 분배받은 것은 장물을 분배한 것으로 범죄를 구성하지 않음

(3) 丙의 단독 행위

- 乙이 B를 기망한 것을 알면서 丙이 자신의 몫을 분배받았다면 장물취득죄(형법 제362조 제1항)가 성립할 여지가 있지만, 본 사례에서 분배 여부에 대한 명확한 언급이 없으므로 별도로 논하지 않음

(4) 소결

- 乙에 대하여 특수절도죄, 폭력행위처벌법위반(공동주거침입)죄, 사기죄가 각 성립하고, 각 죄는 실체적 경합관계
- 丙에 대하여 특수절도죄, 폭력행위처벌법위반(공동주거침입)죄가 각 성립하고, 두 죄는 실체적 경합관계

2. 甲의 형사책임

(1) 乙에게 도자기를 훔쳐 팔도록 한 행위

1) 甲의 교사행위와 乙의 범행

- 甲은 乙에게 "① 너 혼자 몰래 A의 집에 들어가 ② A 소유의 도자기를 훔쳐 ③ 이를 팔아서 나에게 변제하라"고 말하고, 乙은 이를 승낙

	甲의 교사	乙의 범행
①	주거침입죄	폭력행위처벌법위반(공동주거침입)죄
②	(주간) 절도죄 (야간) 야간주거침입절도죄	특수절도죄
③	(상대방이 장물인 정을 아는 경우) 불가벌 (상대방이 장물인 정을 모르는 경우) 사기죄	사기죄

2) 공범관계로부터의 이탈(공범관계의 해소)

- 甲은 범행이 발각될 것이 두려워 乙의 범행 전에 乙에게 전화하여 범행 단념을 권유하였으나, 乙은 甲의 제안을 단호히 거절하고 위와 같이 범행
- '공범관계(교사)로부터의 이탈'이 인정되는지 문제됨
- 이탈이 인정되면 설사 그 후 피교사자가 범죄를 저지르더라도 교사자는 형법 제31조 제2항에 의한 형사책임을 부담함은 별론으로 하고, 형법 제31조 제1항에 의한 교사범으로서의 형사책임은 부담하지 않음

- 이탈 요건
- ① 피교사자의 범죄 실행의 착수 전에 이탈
- ② 이탈의 의사표시 즉, 교사범이 피교사자에게 교사행위를 철회한다는 의사를 명시적으로 표시
- ③ 교사범에 의하여 형성된 피교사자의 범죄 실행의 결의가 해소되어야 함. '범죄 실행의 결의의 해소'는 ⓐ 피교사자가 교사범의 의사에 따르기로 하거나, ⓑ 교사범이 피교사자의 범죄 실행을 방지하기 위한 진지한 노력을 다하여 당초 피교사자가 범죄를 결의하게 된 사정을 제거하는 등 제반 사정에 비추어 객관적·실질적으로 보아 교사범에게 교사의 고의가 계속 존재한다고 보기 어렵고, 당초의 교사행위에 의하여 형성된 피교사자의 범죄 실행의 결의가 더 이상 유지되지 않는 것으로 평가할 수 있어야 함(대법원 2012. 11. 15, 2012도7407)

- 乙의 실행의 착수 전에 전화로 범행 단념을 권유하였으므로 위 ①, ②의 요건 충족
- 그런데 乙은 명시적으로 甲의 권유를 단호히 거절함으로써 여전히 甲의 교사 내용과 같은 범죄 실행의 결의를 그대로 유지하였으며, 그 결의에 따라 실제로 위 범죄를 실행
- 따라서 甲의 교사행위와 乙의 범행 사이에는 상당인과관계가 인정되고, 범행 단념을 권유하는 전화만으로는 乙의 범죄 실행의 결의가 해소되었다고 볼 수 없으므로 위 ③의 요건은 충족하지 못하였음
- 甲에 대한 공범관계인 교사로부터의 이탈이 인정되지 않음
- 甲은 乙의 범행에 대하여 교사범으로서의 형사책임을 부담

3) 교사의 초과
- 乙은 甲이 교사한 범위를 초과하여 범행
- 교사의 초과에는 ① 질적 초과와 ② 양적 초과가 있는데, 乙의 초과는 양적 초과에 해당하여 甲은 초과부분에 대해서는 책임을 지지 않음
- 乙은 특수절도죄 및 폭력행위처벌법위반(공동주거침입)죄를 범하였지만,
- 甲은 자신이 교사한 절도죄 및 주거침입죄의 각 교사범으로서의 책임을 부담(두 죄는 실체적 경합관계)

4) 사기죄의 교사 여부
- 甲은 乙에게 훔친 도자기를 단지 '팔라'고만 하였음
- 그러나 그 말은 매수자가 훔친 도자기라는 사실을 알고 있는지 여부를 불문하고 팔라는 뜻이므로,
- 사기교사죄가 성립

5) 소결
- 甲에 대하여 절도교사죄, 주거침입교사죄, 사기교사죄 각 성립하고, 각 죄는 실체적 경합관계

(2) 乙로부터 채무변제금 명목으로 수표를 지급받은 행위

- 甲은 5,000만 원 상당의 수표가 乙이 B를 기망하여 훔친 도자기를 판매하고 받은 1억 원 중 乙의 몫 5,000만 원을 은행에 별도 계좌를 개설하여 예금해 두었다가 그 전액을 인출하면서 은행으로부터 받은 수표라는 사실을 알면서 채무변제금 명목으로 교부받았음
- 위 수표가 '장물'에 해당되어 장물취득죄(형법 제362조 제1항)가 성립하는지 여부가 문제됨
- 위 돈 5,000만 원은 사기죄로 영득한 재물이므로 장물에 해당

- 장물인 현금 또는 수표를 금융기관에 예금하다가 동일한 액수의 현금 또는 수표를 인출한 경우, 그 인출된 현금 또는 수표는 당초의 현금 또는 수표와 물리적인 동일성은 상실되었지만 액수에 의하여 표시되는 금전적 가치에는 아무런 변동이 없으므로, 장물로서의 성질이 유지되어(통설 및 판례(대법원 2004. 4. 16, 2004도353)) 위 수표는 장물에 해당
- 재산범죄의 교사범이 재산범죄로 영득한 재물을 취득한 때는 교사죄 외에 별도로 장물취득죄 성립(대법원 1969. 6. 24, 69도692)
- 甲에 대하여 장물취득죄 성립

(3) 소결

- 甲에 대하여 절도교사죄, 주거침입교사죄, 사기교사죄, 장물취득죄가 각 성립하고, 각 죄는 실체적 경합관계

3. 丁의 형사책임

- 증뢰자가 뇌물에 제공할 목적으로 금품을 교부한다는 사정을 알면서 제3의 전달자가 이를 교부받으면 제3자뇌물취득죄(형법 제133조 제2항)가 성립
- 乙의 배우자는 乙과 상의 없이 전직 경찰관 丁에게 3,000만 원을 건네주면서 乙의 사건을 수사하는 사법경찰관 P에게 전달하여 乙의 일을 잘 무마해 달라고 부탁하였고, 丁은 그 돈 전부를 P에게 전달
- 따라서 丁에 대하여 제3자뇌물취득죄가 성립
- 이와는 별도로 뇌물공여죄는 성립하지 않음(대법원 1997. 9. 5, 97도1572)
- 한편, 제3자뇌물취득죄는 특정범죄 가중처벌 등에 관한 법률에 의한 뇌물죄의 가중처벌(동법 제2조) 대상이 아니므로 전달액이 3,000만 원이라고 하더라도 동법이 적용되지 않음

Ⅱ. 예금통장과 노트북 컴퓨터 취득 정보의 증거능력

• 사실관계

2018. 6. 27. 22:00	• 카페에서 乙을 적법하게 긴급체포 • 乙이 작업하던 노트북 컴퓨터에서 범행 관련 문서를 보고 노트북을 영장 없이 압수
경찰서 연행	• 예금통장이 집에 있다고 임의 자백 • 가족이 훼손할 염려가 있는 등 긴급 압수가 필요하다고 판단
2018. 6. 29. 01:00	• 영장 없이 乙의 집에서 배우자를 집 밖으로 나가게 한 뒤 예금통장 압수
압수 후 즉시	• 압수·수색영장 발부받음

1. 예금통장의 증거능력

(1) 긴급체포 시의 영장 없는 압수·수색 요건의 충족 여부

- 압수·수색의 선행절차인 긴급체포나 경찰서 연행 후의 자백은 적법
- 형소법 제217조 제1항, 제2항의 충족 여부가 문제됨
- 위 예금통장은 ① 긴급체포된 乙의 위 사건과 관련성이 있고, ② 乙이 소유·보관하는 물건으로서, ③ 가족이 이를 훼손할 염려가 있는 등 긴급히 압수할 필요가 있었고, ④ 乙을 체포한 2018. 6. 27. 22:00경부터 24시간 이내인 6. 28. 01:00경 위 예금통장을 압수하고 즉시 압수·수색영장을 청구하여 발부까지 받음
- 따라서 형소법 제217조의 요건은 충족

(2) 압수·수색의 일반절차 준수 여부

- 형소법 제216조에 의한 체포현장에서의 압수·수색에서는 ① 일출 전, 일몰 후에는 압수·수색의 집행을 할 수 없고(제125조), ② 타인의 주거에 대하여 집행하는 경우에는 주거주 등의 참여가 있어야 하는(제123조 제2항) 규정의 적용이 배제됨(제220조)
- 이러한 적용배제규정이 없는 제217조에 의한 압수·수색에서도 이를 유추적용할 수 있는지가 문제됨

1) 야간 압수·수색

- 이에 대해서는 ① 명문의 규정이 없는 이상 야간집행의 특례가 적용될 수는 없다는 견해, ② 체포 후 24시간 이내에 압수·수색이 이루어져야 하는 등 긴급을 요한다는 점에서 제220조의 규정을 유추하여 특례를 인정해야 한다는 견해, ③ 사후영장에 그 취지가 기재되어 있어 법원이 압수·수색의 필요성을 심사할 수 있으면 가능하다는 견해(통설) 대립
- 판례는 ③의 입장(대법원 2017. 9. 12, 2017도10309)
- P는 사후영장을 발부받았는데, 그 영장에 당연히 야간에 집행하였다는 취지가 기재되어 있을 것이므로 야간에 압수·수색한 것 자체는 적법

2) 주거주 등의 참여

- 이에 대해서도 야간 압수·수색의 경우와 마찬가지로 견해의 대립이 있을 수 있고, 위 ③의 견해가 타당
- P는 乙의 집에 들어가 그 집을 지키던 乙의 배우자를 집 밖으로 나가게 한 채 집을 수색하여 위 예금통장을 압수
- 참여할 사람이 현장에 있는데도 참여하지 못하게 하는 것은 '긴급성'과는 아무런 관계가 없으므로 위법하다고 할 것임
- 따라서 위 압수·수색은 위법하고, 비록 사후영장을 발부받았더라도 그 하자는 치유되지 않음

3) 소결

- 위 예금통장은 위법하게 수집된 증거(1차증거)로서, 증거로 사용할 수 있는 예외적인 경우에 해당하지 않으므로 증거능력이 없음(대법원 2017. 9. 21, 2015도12400)
- 증거 동의 여부와는 관계 없이 증거능력 없음(대법원 2009. 12. 24, 2009도11401)

2. 노트북 컴퓨터 취득 정보의 증거능력

(1) 영장 없는 압수·수색의 요건 충족 여부

1) 긴급체포 시의 압수·수색(형소법 제217조)

- 앞에서 살펴본 바와 같이 그 요건을 충족하였으므로 적법

2) 체포현장에서의 압수·수색(형소법 제216조 제1항 제2호)

- 乙을 긴급체포한 현장인 카페에서 바로 노트북 컴퓨터를 압수하였으므로 그 요건을 충족하여 적법

(2) 전자정보 압수의 적법성 여부

- 압수의 목적물이 정보저장매체인 경우에는, 원칙적으로 ① 기억된 정보의 범위를 정하여 출력하거나 복제하여 제출받아야 하고(형소법 제 219조, 제106조 제3항 본문),
- ② 범위를 정하여 출력 또는 복제하는 방법이 불가능하거나 압수의 목적을 달성하기에 현저히 곤란하다고 인정하는 때에는 정보저장매체 자체를 압수할 수 있음(형소법 제219조, 제106조 제3항 단서)

- 본 사례에서는 ②의 방법에 의하여 압수하였는데, ⓐ 위법하다는 견해, ⓑ 적법하다는 견해가 있을 수 있음
- ⓐ의 위법설은 乙이 작업 중이던 범행 관련 문서는 특정이 되고 그 양도 많지 않아서 충분히 현장에서 복사 또는 복제가 가능하므로 노트북 컴퓨터 자체를 압수하는 것은 위법하다는 입장
- ⓑ의 적법설은 긴급체포하는 상황이었으므로 미리 영장을 발부받아 집행하는 경우와는 달리 프린터나 복사지, 복제할 USB 등 외부저장장치는 물론 디지털 포렌식 장비를 미리 준비하지 못하였을 것이고, 범행 관련 다른 자료가 저장되어 있을 개연성이 있는 점 등을 고려하면 적법하다는 입장
- 현실적인 측면에서 볼 때, ⓑ의 적법설이 타당
- P의 위 전자정보 압수는 적법

(3) 노트북 컴퓨터 취득 정보의 증거능력

1) 乙이 증거동의하는 경우

- 진정한 것으로 인정되면 증거능력 인정(형소법 제318조 제1항)
- 원본에 저장된 내용과 취득한 정보(출력문건, 복사파일 등)의 동일성이 있으면 진정성이 인정되는데, 원본과의 동일성은 파일의 생성과 전달 및 보관 등의 절차에 관여한 사람의 증언이나 진술, 원본이나 사본 파일 생성 직후의 해시 값과의 비교, 파일에 대한 검증·감증 결과 등 제반 사정을 종합하여 판단(대법원 2018. 2. 8, 2017도13263)

2) 乙이 증거부동의하는 경우

- 문서가 비전문증거인 때는 진정성이 인정되면 증거능력 인정
- 전문증거인 때에는 전문법칙의 예외규정(형소법 제311조 내지 제316조)을 충족하면 증거능력이 인정될 것인데,
- 본 사례의 '범행 관련 문서'는 형소법 제313조의 '진술서 등'이나 제315조의 '당연히 증거능력이 있는 서류' 중에 하나일 가능성이 큼

※ ⓐ의 위법설에 의하면 취득 정보는 위법수집증거로 증거능력이 없음

Ⅲ. 도자기 절취행위에 대한 乙, 丙의 공소시효 완성일

1. 공소시효 일반론

- 도자기 절취행위는 특수절도죄 및 폭력행위처벌법위반(공동주거침입)죄에 해당하는데, 전자는 공소시효 10년, 후자는 공소시효 5년(형소법 제249조 제1항)
- 공소시효는 범죄행위를 종료한 때로부터 진행되고(형소법 제252조 제1항), 공범의 경우에는 최종행위가 종료한 때로부터 공범 전체에 대한 시효기간이 진행(동조 제2항)
- 범죄행위의 종료 시는 행위 시가 아니라 결과발생 시(대법원 2003. 9. 26, 2002도3924)
- 공소시효는 연(年)으로 정해져 있어 연 단위로 계산하여야 하고(형소법 제66조 제2항), 최후의 연 또는 월에서 그 기산일에 해당한 날의 전일로 기간이 만료(민법 제160조 제2항)
- 공소시효는 초일을 산입하고(형소법 제66조 제1항 단서), 말일이 공휴일이거나 토요일이더라도 산입(형소법 제66조 제3항)

2. 乙의 공소시효 완성일

- 乙과 丙은 2018. 6. 20. 10:00경 위 도자기를 절취하였고, 이로써 범죄행위가 종료
- 그때부터 공소시효가 진행하여 10년이 되는 2028. 6. 19. 24:00에 공소시효가 완성
- 따라서 乙의 공소시효 완성일은 2028. 6. 19.

3. 丙의 공소시효 완성일

- 丙도 원칙적으로는 乙과 마찬가지로 2028. 6. 20. 24:00에 공소시효가 종료
- 그런데 丙은 형사처분을 면할 목적으로 6개월 동안 필리핀으로 도피하였다가 귀국하였으므로, 그 기간 동안 공소시효는 정지(형소법 제253조 제3항)
- 따라서 丙의 공소시효는 2028. 12. 19. 24:00에 공소시효가 완성되므로, 그 완성일은 2028. 12. 19.

Ⅳ. 경합범의 병합사건에서의 불이익변경금지의 원칙

1. 문제의 제기

- 乙은 A의 도자기를 훔친 사실(제1사실)과 B에게 도자기를 판매한 사실(제2사실)로 각각 기소됨
- 제1심에서 제1사실에 대해서는 징역 1년, 제2사실에 대해서는 징역 10월을 선고하여, 乙만 각 판결에 대하여 항소
- 항소심이 비로소 병합심리한 후 이를 경합범으로 처단하면서 乙에게 징역 1년 10월을 선고
- 위 항소심의 형 선고가 불이익변경금지의 원칙(형소법 제368조)에 위반되는지 여부가 문제됨

2. 불이익변경금지의 원칙 위반 여부

- 피고인에게 불이익하게 형이 변경되었는지 여부에 관한 판단은 형법상 형의 경중(형법 제41조)을 일응의 기준으로 하되, 주문 전체를 고려하여 피고인에게 실질적으로 불이익한가의 여부에 의하여 판단(대법원 2018. 10. 4, 2016도15961)
- 항소심에서 두개의 사건이 병합 심판되어 경합범으로 처단되는 경우에 불이익 여부는 제1심에서 선고한 형을 합산한 형을 기준(통설)
- 제1심의 각 형량의 합계보다 무거운 형이 선고된다면 불이익변경금지의 원칙에 위반된다고 할 것이지만, 합계 형량의 범위 내에서 각 형량보다 무거운 형이 선고되었다고 하여 위법이라고 할 수 없음
- 판례도 통설과 같은 입장(대법원 1980. 5. 27, 80도981)

3. 설문의 해결

- 위 항소심의 판결은 불이익변경금지의 원칙에 위반되지 않으므로 적법함

사례 16. [19 – 변시(8) – 2]
2019년 제8회 변호사시험 제2문

甲과 乙은 보이스피싱으로 돈을 마련하기로 공모했다. 이에 따라 甲은 A에게 전화하여 "검찰청 수사관이다. 당신 명의의 계좌가 범죄에 이용되어 그 계좌에 곧 돈이 들어올 것이다. 그 돈을 포함해서 계좌에 있는 돈 전액을 인출해서 검찰청 앞으로 와라."라고 말했다. 乙은 B에게 전화하여 "서초경찰서 경찰이다. 당신의 개인정보가 유출되었으니 계좌에 있는 돈을 안전한 계좌로 옮겨야 한다."라고 말하면서 A 명의의 계좌번호를 알려주었다. B는 A 명의의 계좌로 1,000만 원을 이체했고, A는 그 1,000만 원을 포함해서 자신의 계좌에 있던 전액 1,500만 원을 인출한 다음 甲에게 교부했다.

甲과 乙은 범행으로 취득한 1,500만 원의 배분 문제로 甲의 아파트 거실에서 다투다가 몸싸움을 하게 되었는데, 왜소한 체격의 甲이 힘이 센 乙에게 밀리자 주방에 있던 식칼로 乙을 찌르려고 하기에 乙은 甲으로부터 그 식칼을 빼앗아 甲의 목을 찌른 후 그 식칼을 가지고 도주하였다. 甲의 처 丙은 귀가하여 거실에서 많은 피를 흘리며 쓰러져 있는 甲을 발견하고 죽을 수도 있다고 생각했지만 평소 자신을 지속적으로 구타해 온 甲이 차라리 죽었으면 좋겠다는 생각에 그대로 두고 나가버렸다. 이후 사법경찰관 P1은 乙을 적법하게 체포하면서 乙로부터 위 식칼을 임의로 제출받아 압수하였고 사후에 영장을 발부받지는 않았다. 그리고 P1은 乙과 함께 현장검증을 실시하여 혈흔이 남아 있는 범행현장을 사진으로 촬영하였고, 乙이 "식칼로 甲의 목을 찔렀다."라고 진술하면서 범행을 재연하는 상황도 사진으로 촬영한 후, 이를 첨부하여 위 진술내용이 기재된 검증조서를 작성하였다.

병원으로 후송되어 치료를 받고 퇴원한 甲은 丁에게 乙을 살해할 것을 부탁하였고 이를 승낙한 丁은 C를 乙로 오인하고 C를 자동차로 들이받았으나 6주의 상해를 가하는 데에 그쳤다. 신고를 받고 출동한 사법경찰관 P2가 丁을 적법하게 체포하여 그 인적사항을 확인하자 丁은 자신의 친형 D의 운전면허증을 제시하였고, 丁은 피의자신문을 받은 후 P2가 작성한 피의자신문조서를 교부받아 열람하고 그 조서 말미에 D 명의로 서명날인한 다음 P2에게 건네주었다.

〔2019년 제8회 변호사시험 제2문〕

설 문

1. 甲, 乙, 丙, 丁의 죄책은? (55점)

2. 공판과정에서 검사는 위 식칼을 乙에 대한 유죄의 증거로 제출하였는데, 乙은 이를 증거로 함에 부동의하였다. 위 식칼을 乙에 대한 유죄의 증거로 사용할 수 있는가? (10점)

3. 공판과정에서 검사가 위 검증조서를 乙에 대한 유죄의 증거로 제출하였는데, 乙이 이를 증거로 함에 부동의하였다면, 위 검증조서에 첨부된 현장사진과 범행재연사진 및 乙의 자백 기재 진술을 증거로 사용할 수 있는가? (15점)

4. 공판과정에서 검사가 甲과 乙이 함께 행한 보이스피싱 범행에 대하여 乙의 자백진술이 기재된 P1 작성의 乙에 대한 피의자신문조서를 甲에 대한 유죄의 증거로 제출하였고 甲이 이를 증거로 함에 부동의하였는데 乙이 교통사고로 사망하였다면 위 피의자신문조서를 甲에 대한 유죄의 증거로 사용할 수 있는가? (10점)

5. 만일, P1이 위 사실관계에서와는 달리 乙을 체포하지 않고 임의동행을 요구하며 "동행을 거부할 수도 있지만 거부하더라도 강제로 연행할 수 있다."라고 말하므로 乙이 명시적으로 거부의사를 표시하지 않고 P1을 따라 경찰서에 도착하여 범행을 자백하는 진술서를 작성하였고 그 과정에서 P1이 화장실에 가는 乙을 감시하였다면, 위 진술서의 증거능력을 인정할 수 있는가? (10점)

해 설

Ⅰ. 제1문 — 甲, 乙, 丙, 丁의 형사책임

1. 문제의 제기

甲에 대하여 ① 乙과 공모한 후 A에게 전화로 보이스피싱 범행을 하여 1,500만 원을 취득한 것이 A와 B에 대한 사기죄 또는 전기통신금융사기피해방지및피해금환급에관한특별법위반죄에 해당하는지, ② 乙을 식칼로 찌른 것이 특수상해미수죄 또는 살인미수죄에 해당하는지, ③ 丁에게 乙에 대한 살인을 교사하였으나 丁이 C에게 상해를 가한 것이 살인미수죄의 교사에 해당하는지 문제된다.

乙에 대하여 ① 甲과 공모한 후 B에게 전화로 보이스피싱 범행을 한 것이 A와 B에 대한 사기죄 또는 전기통신금융사기피해방지및피해금환급에관한특별법위반죄에 해당하는지, ② 자신을 식칼로 찌르려는 甲으로부터 식칼을 빼앗아 甲을 식칼로 찌른 것이 살인미수죄에 해당하는지 문제된다.

丙에 대하여는 식칼에 찔린 남편 甲을 방치한 것이 부작위에 의한 살인미수죄에 해당하는지 문제된다.

丁에 대하여는 ① C를 자동차로 들이받은 것이 살인미수죄에 해당하는지, ② 형의 운전면허증을 사법경찰관에게 제시한 것이 공문서부정행사죄에 해당하는지, ③ 피의자신문조서에 타인 명의로 서명날인한 것이 사서명위조죄 및 위조사서명행사죄에 해당하는지 문제된다.

2. 甲의 형사책임

(1) 사기죄 및 전기통신금융사기피해방지및피해금환급에관한특별법위반죄의 성립 여부

(가) 피해자 A에 대한 사기죄

사기죄가 성립하기 위해서는 주관적 구성요건으로 사기죄의 고의, 즉 편취범의가 있어야 하고, 객관적으로 ① 기망행위, ② 피기망자의 착오, ③ 그에 따른 피기망자의 재산적 처분행위가 있어야 하고, ④ 이로 인하여 재물의 교부를 받거나 재산상 이익을 취득하거나(형법 제347조 제1항), 제3자로 하여금 재물의 교부를 받게 하거나 재산상 이익을 취득하게 하여야 한다(형법 제347조 제2항).

甲은 乙과 보이스피싱의 방법으로 타인을 기망하여 돈을 마련하기로 공모하였으므로 주관적 구성요건요소로서 편취의 범의가 인정된다. 또한 甲의 기망행위로 인하여 A는 자신의 계좌에서 1,500만원을 인출하여 甲에게 교부하는 방법으로 재산적 처분행위를 하였으므로 객관적 구성요건도 충족한다.

다만, A에 대한 사기죄에 있어서 편취금액이 문제된다. 甲이 A로부터 교부받은 1,500만 원 중 500만 원은 원래 A의 계좌에 있던 돈이므로 당연히 A에 대한 사기죄의 편취금액에 포함된다. 그런데 1,000만 원은 乙이 B를 기망하여 B로 하여금 A의 계좌로 이체하게 한 것을 A가 甲에게 전달해준 돈인 점에서 A에 대한 사기죄의 편취금액에 포함되는지가 문제된다.

이에 대하여 ① 甲의 기망행위에 의하여 착오에 빠진 A가 1,000만 원을 포함하여 자신의 계좌에 있던 돈 1,500만 원을 甲에게 교부한 이상 그 전체에 대하여 착오로 인한 재산상 처분행위가 인정되므로 A에 대하여 1,500만 원을 피해금액으로 한 사기죄가 성립한다고 보는 견해(**관련판례**의 원심판결)와 ② 위 1,000만 원은 포함되지 않는다는 견해(**관련판례**[1])가 있을 수 있다. 생각건대, 간접정범을 통한 범행에서 피이용자는 간접정범의 의사를 실현하는 수단으로서의 지위를 가질 뿐이므로, 피해자에 대한 사기

---

1) (**관련판례**) 대법원 2017. 5. 31. 선고 2017도3894 판결【사기·컴퓨터등사용사기·전기통신금융사기피해방지및피해금환급에관한특별법위반·전자금융거래법위반·사기방조·횡령】.

【사실관계】 피고인들은 공모하여, 2015. 11. 5. 피해자 B에게 금융감독원 직원 등을 사칭하면서 A의 계좌에 1,400만 원을 입금하라고 하고, 같은 날 피해자 A에게도 같은 취지로 거짓말하며 B로부터 입금된 돈을 포함하여 1,880만 원을 인출하여 전달하게 함으로써 피해자 A로부터 1,880만 원을, 피해자 B로부터 1,400만 원을 각 편취하였다.

【판결이유】 간접정범을 통한 범행에서 피이용자는 간접정범의 의사를 실현하는 수단으로서의 지위를 가질 뿐이므로, 피해자에 대한 사기범행을 실현하는 수단으로서 타인을 기망하여 그를 피해자로부터 편취한 재물이나 재산상 이익을 전달하는 도구로서만 이용한 경우에는 편취의 대상인 재물 또는 재산상 이익에 관하여 피해자에 대한 사기죄가 성립할 뿐 도구로 이용된 타인에 대한 사기죄가 별도로 성립한다고 할 수 없다. (중략) 피해자 A에 대한 사기의 점 중 피해자 B가 피해자 A의 계좌에 입금한 위 1,400만 원 부분에 대하여는 피해자 A가 피고인 등의 기망에 따라 단지 피해자 B에 대한 사기범행을 실현하기 위한 도구로 이용되었을 뿐이므로 피해자 B에 대한 사기죄가 성립할 뿐 피해자 A에 대한 사기죄가 별도로 성립한다고 보기 어렵다. 그런데도 피고인 등에 대한 공소사실 중 피해자 A에 대한 1,400만 원 부분에 관한 사기의 점을 유죄로 판단한 원심판결에는 사기죄에서의 처분행위에 관한 법리를 오해하여 판결에 영향을 미친 잘못이 있고, 이를 지적하는 취지의 상고이유 주장은 이유 있다.

본 판결 평석은 원혜욱, "전기통신금융사기에 사용된 계좌에서 현금을 인출한 행위에 대한 횡령죄 성립여부", 법조 제724호(2017. 8), 법조협회, 580-610면.

범행을 실현하는 수단으로서 타인을 기망하여 그를 피해자로부터 편취한 재물이나 재산상 이익을 전달하는 도구로서만 이용한 경우에는 재산상 처분행위를 인정할 수 없어, 편취의 대상인 재물 또는 재산상 이익에 관하여 피해자에 대한 사기죄가 성립할 뿐 도구로 이용된 타인에 대한 사기죄가 별도로 성립한다고는 할 수 없다(**관련판례**). 본 사례에서 A는 甲과 乙의 B에 대한 사기죄에 고의 없는 도구로 이용되었을 뿐이므로 위 1,000만 원은 A에 대한 사기죄의 편취금액에 포함되지 않는다.

따라서 甲에 대하여 A에 대한 사기죄의 공동정범이 성립하고, 그 편취금액은 500만 원이다.

㈏ 피해자 B에 대한 사기죄 및 전기통신금융사기피해방지및피해금환급에관한특별법위반죄의 검토

㈀ 사기죄의 성립 여부

甲은 A에 대한 기망행위를, 乙은 B에 대한 기망행위를 각각 분담하여 최종적으로 A와 B의 돈을 취득하였는데, 甲과 乙에 대하여 B에 대한 사기죄(형법 제347조 제1항)의 공동정범이 성립하는지 문제된다.

B는 乙로부터 B의 개인정보가 유출되어 안전한 계좌로 옮겨야 된다고 기망당하여 1,000만 원을 A의 계좌에 송금하였다. 이와 같이 B가 또 다른 피해자인 A의 계좌에 송금하는 행위가 사기죄에서의 재산상 처분행위에 해당하는지 문제된다. 즉, B는 이체행위 당시 기망사실을 모르는 A가 계좌에 입금된 B의 돈을 출금하여 甲에게 교부함으로써 자신에게 초래될 재산상 손해발생의 결과에 대해서는 제대로 인식하지 못하고 있었는데, 그럼에도 불구하고 위와 같은 A의 행위를 수인하는 부작위를 통하여 재산상 손해를 초래하는 행위를 하였다고 볼 수 있는지 문제된다.

재산적 처분행위라 함은 직접적으로 재산상의 손해를 가져오는 일체의 자의적인 작위 또는 부작위를 의미하며, 이는 사기죄가 성립하기 위한 기술되지 아니한 구성요건요소라고 할 수 있다. 사기죄의 재산상 처분행위에서 피기망자의 처분의사가 필요한지에 관하여, ① 처분의사는 착오에 빠진 피해자의 행위를 이용하여 재산을 취득한다는 것을 본질적 특성으로 하는 사기죄와 피해자의 행위가 아닌 탈취에 의하여 재산을 취득하는 것을 본질로 하는 절도죄를 구별하는 기준이 되므로 필요하다고 보는 처분의사 필요설,[1] ② 처분행위로 인하여 객관적인 재산상의 손해가 있으면 충분하고 처분의사가 필요한 것은 아니라는 처분의사 불요설, ③ 이익을 취득하는 경우에는 처

1) 대법원 2017. 2. 16. 선고 2016도13362 전원합의체 판결; 대법원 2022. 12. 29. 선고 2022도12494 판결.

분의사가 필요 없고, 재물을 취득하는 경우에는 절도죄와의 구별을 위하여 처분의사가 필요하다고 보는 절충설[1]이 있다.

처분의사가 필요하다는 견해는 다시 처분의사의 내용에 관하여 ⓐ '어떤 행위를 한다는 인식'만 있으면 충분하다는 견해(**관련판례**의 다수의견)와 ⓑ '결과에 대한 인식'이 필요하다는 견해(**관련판례**의 반대의견[2])가 대립된다. 판례는 피고인이 토지의 소유자이자 매도인인 피해자에게 토지거래허가 등에 필요한 서류라고 속여 근저당권설정계약서 등에 서명·날인하게 하고 인감증명서를 교부받은 다음, 이를 이용하여 피해자 소유의 토지에 피고인을 채무자로 한 근저당권을 다른 사람에게 설정하여 주고 돈을 차용하는 방법으로 재산상 이익을 취득한 사안에서, ①의 견해와 마찬가지로 처분의사를 인정하여 사기죄가 성립한다고 판시하였다(**관련판례**[3]).[4]

---

1) 이 견해는 처분자가 서명날인의 재산적 관련성을 인식하지 못하고 차용증이나 물품인도증에 서명날인을 한 경우에도 재산적 처분행위는 인정된다고 한다.

2) 「사기죄의 본질 및 이를 통해 도출되는 처분의사의 의미에 의하면, 착오에 빠진 피기망자가 자신의 행위의 의미와 결과에 대한 인식을 가진 채 처분행위를 한 경우에만 사기죄가 성립될 수 있으므로, 구성요건요소로서 피기망자의 착오 역시 처분행위의 동기, 의도, 목적에 관한 것에 한정되고, 처분결과에 대한 인식조차 없는 처분행위 자체에 관한 착오는 해석론상 사기죄에서 말하는 착오에 포섭될 수 없다.」

3) (**관련판례**) 대법원 2017. 2. 16. 선고 2016도13362 전원합의체 판결【특정경제범죄가중처벌등에관한법률위반(사기)(예비적 죄명: 사기)·사기·사문서위조·위조사문서행사·공정증서원본불실기재·불실기재공정증서원본행사·횡령】. 「(사기죄에서의) 처분의사는 착오에 빠진 피기망자가 어떤 행위를 한다는 인식이 있으면 충분하고, 그 행위가 가져오는 결과에 대한 인식까지 필요하다고 볼 것은 아니다. (중략) 피기망자가 기망당한 결과 자신의 작위 또는 부작위가 갖는 의미를 제대로 인식하지 못하여 그러한 행위가 초래하는 결과를 인식하지 못하였더라도 그와 같은 착오 상태에서 재산상 손해를 초래하는 행위를 하기에 이르렀다면 피기망자의 처분행위와 그에 상응하는 처분의사가 있다고 보아야 한다. (중략) 결론적으로 사기죄의 본질과 구조, 처분행위와 그 의사적 요소로서 처분의사의 기능과 역할, 기망행위와 착오의 의미 등에 비추어 보면, 비록 피기망자가 처분행위의 의미나 내용을 인식하지 못하였더라도, 피기망자의 작위 또는 부작위가 직접 재산상 손해를 초래하는 재산적 처분행위로 평가되고, 이러한 작위 또는 부작위를 피기망자가 인식하고 한 것이라면 처분행위에 상응하는 처분의사는 인정된다. 다시 말하면 피기망자가 자신의 작위 또는 부작위에 따른 결과까지 인식하여야 처분의사를 인정할 수 있는 것은 아니다.」

본 판결 평석은 하태영, "사기죄에서 '교부받는 행위'의 의미", 형사판례연구 〔26〕, 2018, 161-223면.

같은 취지의 판결로는 대법원 2018. 8. 1. 선고 2018도7030 판결.

4) 「이른바 '서명사취' 사기는 기망행위에 의해 유발된 착오로 인하여 피기망자가 내심의 의사와 다른 처분문서에 서명 또는 날인함으로써 재산상 손해를 초래한 경우이다. 여기서는 행위자의 기망행위 태양 자체가 피기망자가 자신의 처분행위의 의미나 내용을 제대로 인식할 수 없는 상황을 이용하거나 피기망자로 하여금 자신의 행위로 인한 결과를 인식하지 못하게 하는 것을 핵심적인 내용으로 하고, 이로 말미암아 피기망자는 착오에 빠져 처분문서에 대한 자신의 서명 또는 날인행위가 초래하는 결과를 인식하지 못하는 특수성이 있다. 피기망자의 하자 있는 처분행위를 이용하는 것이 사기죄의 본질인데, 서명사취 사안에서는 그 하자가 의사표시 자체의 성립과정에 존재한다. 이러한 서명사취 사안에서 피기망자가 처분문서의 내용을 제대로 인식하지 못하고 처분문서에 서명 또는 날인함으로써 내심의 의사와 처분문서를 통하여 객관적·외부적으로 인식되는 의사가 일치하지 않게 되었더라도, 피기망자의 행위에 의하여 행위자 등이 재물이나 재산상 이익을 취득하는 결과가 초래되었다고 할 수 있는 것은

판례에 따르면, B는 乙의 기망행위로 인하여 착오에 빠진 상태에서 하자있는 의사를 형성한 결과 실제로 초래되는 결과에 대하여는 인식하지 못하였으나, A의 계좌에 금원을 이체하는 행위 자체에 대한 인식은 있었으므로 처분의사를 인정할 수 있다. 그러므로 B가 乙의 기망행위로 인하여 A의 계좌로 1,000만 원을 이체한 것은 사기죄에 있어서 재산상 처분행위에 해당한다. 따라서 乙에 대하여 B에 대한 사기죄가 성립한다.

이때, 직접 B에게 전화를 하여 기망한 사실이 없는 甲도 B에 대한 사기죄의 공동정범으로서 형사책임을 지는지 여부가 문제된다.

공동정범(형법 제30조)이 성립하기 위해서는 ① 주관적 요건으로서 공동가공의 의사(의사의 공동)와 ② 객관적 요건으로서 공동의 실행행위(행위의 공동)가 있어야 한다. 여기서 공동의 실행행위란 공동의사에 의한 기능적 행위지배를 통한 범죄의 실행을 의미한다.[1] 甲과 乙은 보이스피싱으로 돈을 마련하기로 공모하고 사전에 계획한대로 각각 A와 B에 대한 범행에 나아갔으므로, 공동가공의 의사(주관적 요건)를 인정하는 데에는 문제가 없다. 또한 甲과 乙은 B의 돈을 편취하기 위하여 상호 역할을 분담하여, 甲은 A를 기망하여 A의 계좌를 B의 돈을 교부받을 목적으로 제공하게 하고, 그 사실을 모르는 A로 하여금 B로부터 이체된 돈을 교부하도록 하였고, 乙은 B를 기망하여 B의 돈을 A의 계좌로 이체하게 하였다. 이처럼 甲과 乙의 협력행위를 통하여 B의 돈 1,000만 원에 대한 재산상 손해 발생의 결과가 초래되었다. 그러므로 甲의 행위는 전체의 범행계획에 의하여 결과를 실현하는 데 반드시 필요한 부분을 이루는 기능을 분담한 것으로서 기능적 행위지배(객관적 요건)를 인정하기에 충분하다. 따라서 甲에 대하여 B에 대한 사기죄의 공동정범이 성립하고, 그 편취금액은 1,000만 원이다.

(ㄴ) 전기통신금융사기피해방지및피해금환급에관한특별법위반죄의 공동정범의 성립 여부

전기통신금융사기 피해 방지 및 피해금 환급에 관한 특별법(이하, '통신사기피해환급법'이라 한다)[2] 제15조의2 제1항 제1호는 '전기통신금융사기'를 목적으로 '타인으로 하

그러한 재산의 이전을 내용으로 하는 처분문서가 피기망자에 의하여 작성되었다고 볼 수 있기 때문이다. 이처럼 피기망자가 행위자의 기망행위로 인하여 착오에 빠진 결과 내심의 의사와 다른 효과를 발생시키는 내용의 처분문서에 서명 또는 날인함으로써 처분문서의 내용에 따른 재산상 손해가 초래되었다면 그와 같은 처분문서에 서명 또는 날인을 한 피기망자의 행위는 사기죄에서 말하는 처분행위에 해당한다. 아울러 비록 피기망자가 처분결과, 즉 문서의 구체적 내용과 법적 효과를 미처 인식하지 못하였더라도, 어떤 문서에 스스로 서명 또는 날인함으로써 처분문서에 서명 또는 날인하는 행위에 관한 인식이 있었던 이상 피기망자의 처분의사 역시 인정된다.」

1) 대법원 2010. 7. 15. 선고 2010도3544 판결.
2) 변호사시험 출제범위의 법령은 아니다.

여금 컴퓨터 등 정보처리장치에 정보 또는 명령을 입력하게 하는 행위'를 한 자는 10년 이하의 징역 또는 1억 원 이하의 벌금에 처하도록 규정하고 있다.[1] 여기서 '전기통신금융사기'란 전기통신기본법 제2조 제1호에 따른 전기통신을 이용하여 타인을 기망·공갈함으로써 재산상의 이익을 취하거나 제3자에게 재산상의 이익을 취하게 하는 ㉮ 자금을 송금·이체하도록 하는 행위, ㉯ 개인정보를 알아내어 자금을 송금·이체하는 행위를 말한다(다만, 재화의 공급 또는 용역의 제공 등을 가장한 행위는 제외하되, 대출의 제공·알선·중개를 가장한 행위는 포함)고 규정하고 있다(동법 제2조 제2호).

乙이 전화로 B를 기망하여 B가 A의 계좌로 1,000만 원을 이체하게 한 행위는 통신사기피해환급법위반죄(동법 제15조의2 제1항 제1호, 제2조 제2호 제가목. 이를 '전자통신금융사기죄'라고도 한다)에 해당한다. 이 때, 정보 또는 명령의 입력으로 자금이 사기이용계좌로 송금·이체되면 전기통신금융사기행위는 종료되고 처벌조항 위반죄는 이미 기수에 이른 것이고,[2] 그 후 사기이용계좌에서 현금을 인출하거나 다시 송금하는 행위는 범인들 내부 영역에서 그들이 관리하는 계좌를 이용하여 이루어지는 행위이어서, 이를 두고 새로 전기통신금융사기를 목적으로 하는 행위라고 할 수 없다.

한편, 위 사기죄 부분에서 살펴본 바와 같이 甲과 乙은 B의 재물을 편취할 목적으로 사전에 계획을 수립하여 역할을 분담하고 이에 따라 乙이 B로 하여금 A의 계좌로 돈을 이체하도록 구체적인 실행행위에 나아간 것이므로, 甲 역시 통신사기피해환급법위반죄의 공동정범이 된다.

㈂ 소결

甲에 대하여 B에 대한 사기죄 및 통신사기피해환급법위반죄의 각 공동정범이 각 성립한다.[3]

㈐ 죄수관계

㈀ 피해자 A에 대한 사기죄와 피해자 B에 대한 사기죄의 죄수관계

甲과 乙은 보이스피싱 범행을 공모한 후 A와 B에 대한 구성요건적 행위를 분담하여 행하였고, B가 A의 계좌로 이체하고 다시 A가 B로부터 이체된 돈에 A의 돈을

---

1) 법정형이 '10년 이하의 징역 또는 2천만 원 이하의 벌금'으로 되어 있는 사기죄(형법 제347조) 보다 법정형이 높다.
2) 대법원 2016. 2. 19. 선고 2015도15101 전원합의체 판결.
3) 실무에서는 사기죄가 성립하는 경우에는 사기죄로만 기소하고 별도로 통신사기피해환급법위반죄로는 기소하지 않는 경우가 많다고 한다. 그러나 후자의 법정형이 더 높은 점에 비추어 타당하다고 할 수 없다. 다만 사기죄의 처분의사에 관한 위 2016도13362 전원합의체 판결에 따라 보이스피싱과 관련된 사기죄의 성립 범위가 넓어진 만큼, 전기통신금융사기죄의 처벌대상이나 두 죄의 법정형 등에 대한 입법적 보완이 필요할 것으로 보인다.

더하여 최종적으로 1,500만 원을 교부하였으므로 이와 같은 일련의 행위는 포괄하여 하나의 죄가 되는 것은 아닌지 문제된다. 그러나 사기죄에서 수인의 피해자에 대하여 각 피해자별로 기망행위를 하여 각각 재물을 편취한 경우, 그 범의가 단일하고 범행 방법이 동일하다고 하더라도 포괄일죄가 성립하는 것이 아니라 피해자별로 1개씩의 죄가 성립한다고 보아야 한다.[1] 따라서 A에 대한 사기죄(편취금액 500만 원)와 B에 대한 사기죄(편취금액 1,000만 원)가 각 성립하고, 두 죄는 실체적 경합관계이다.

(ㄴ) 피해자 B에 대한 사기죄와 통신사기피해환급법위반죄의 죄수관계

피해자 B에 대하여는 사기죄와 통신사기피해환급법위반죄가 모두 성립하는데, 두 죄의 관계에 대하여 ① 보충관계로 보는 견해, ② 특별관계로 보는 견해가 있을 수 있다. 그러나 두 죄의 입법 목적이 서로 다르고, 통신사기피해환급법위반죄는 나날이 그 수법이 발전하고 있는 변종 보이스피싱 범죄 중 형법상 사기죄의 정범으로 처벌할 수 없는 경우를 보완하기 위하여 이른바 전기통신금융사기죄를 특별법으로 신설한 것이라는 점 등을 고려하면, 두 죄는 ③ 상상적 경합(형법 제40조)의 관계에 있다고 보는 것이 타당하다. 다만, 어느 견해에 의하더라도 법정형이 중한 통신사기피해환급법위반죄로 처벌된다.

(2) 특수상해미수죄의 성립 여부

(가) 식칼로 찌르려고 한 행위에 대한 평가

甲은 1,500만 원의 배분 문제로 乙과 몸싸움을 하다가 힘이 센 乙에게 밀리자 주방에 있던 식칼로 乙을 찌르려고 하였다. 식칼은 형법 제258조의2 제1항의 '위험한 물건'에 해당하고, 乙을 찌르려는 의사를 가지고 주방에 있던 식칼을 들고 乙에게 접근한 이상 특수상해죄의 실행의 착수가 인정된다. 그러나 乙에게 칼을 빼앗겨 목적한 바를 이루지 못하였으므로 특수상해미수죄(형법 제258조의2 제3항, 제1항)에 해당한다.

그런데 본 사례에서는 甲이 '위 식칼로 乙을 찌르려고 하였다'고만 기술되어 있어, 甲의 고의가 상해인지 살인인지를 검토할 필요가 있다. 만일 甲이 의사가 살인의 고의로 평가된다면, 특수상해미수죄가 아니라 살인미수죄(형법 제254조, 제250조 제1항)가 성립할 것이다. 여기서 살인의 고의는 사람을 살해한다는 인식과 의사를 의미하고, 확정적 고의는 물론 미필적 고의도 포함한다.

---

1) 대법원 1997. 6. 27. 선고 97도508 판결. 다만 피해자들이 하나의 동업체를 구성하는 등으로 피해법익이 동일하다고 볼 수 있는 사정이 있는 경우에는 피해자가 복수이더라도 포괄하여 일죄로 볼 수도 있다(대법원 2011. 4. 14. 선고 2011도969 판결 참조).

고의는 내심의 사실이므로 식칼을 들고 찌르려고 하는 행위가 살인의 고의를 가지고 한 것인지 특수상해의 고의로 한 것인지를 판단하기는 쉽지 않다. 살인의 고의는 범행에 이르게 된 경위, 범행의 동기, 준비된 흉기의 유무·종류·용법, 공격 부위와 반복성, 사망의 결과발생 가능성 정도 등 범행 전후의 객관적인 사정을 종합하여 판단할 수밖에 없다.[1] 본 사례에서 식칼은 사망의 결과를 발생시킬 수 있는 흉기에 해당되기는 하나, 甲은 편취금의 분배 문제로 乙과 몸싸움을 하던 중 왜소한 체격으로 밀리게 되자 식칼을 들었던 점, 미리 준비한 식칼이 아닌 주방에 있던 식칼을 사용한 점, 찌르려고 한 乙의 신체 부위가 어디인지 정확히 알 수 없으며, 곧바로 제압당하여 미수에 그친 점 등을 종합하여 보면, 甲에게 살인의 고의를 인정하기는 어려울 것으로 판단된다.

(나) 정당방위의 성립 여부

왜소한 체격의 甲이 힘이 센 乙에게 밀리자 위 범행에 나아가게 되었으므로 甲에게 정당방위가 인정되어 위법성이 조각되는 것은 아닌지 문제된다.[2]

정당방위(형법 제21조 제1항)가 성립하기 위해서는 ① 현재의 부당한 침해가 있을 것, ② 자기 또는 타인의 법익을 방위하기 위한 행위일 것, ③ 상당한 이유가 있을 것의 요건이 필요하다. 甲은 乙과 몸싸움 중이었는데, 싸움은 공격의사와 방어의사가 교차하는 경우이므로 원칙적으로 정당방위 또는 과잉방위행위라고 볼 수 없다.[3][4] 따라서 甲이 乙을 찌르려고 한 행위는 방위의사로 한 행위라고 보기 어렵고, 또한 몸싸움을 하다가 밀리는 상황에 식칼로 찌르려고 한 행위는 방어의 필요성 내지 상당성도 인정되지 않으므로 정당방위는 인정되지 않는다.

---

1) 대법원 2009. 2. 26. 선고 2008도9867 판결; 대법원 2024. 7. 11. 선고 2024도2940 판결.

2) 정당방위가 인정되더라도 몸싸움을 하였으므로 폭행죄(형법 제260조 제1항)는 성립한다.

3) 대법원 2000. 3. 28. 선고 2000도228 판결. 본 판결 평석은 정현미, "유책한 도발과 정당방위", 형사판례연구 〔10〕, 2002, 97-113면.

4) 다만, 싸움의 경우에도 ① 싸움이 중지된 후 다시 상대방이 도발한 별개의 행위에 대하여 방위의사로 한 행위(대법원 1957. 3. 28. 선고 4029형상18 판결), ② 싸움에서 당연히 예상할 수 있는 범위를 넘은 공격이 있는 때(대법원 1968. 5. 7. 선고 68도370 판결), ③ 외관상 싸움을 하는 것으로 보이지만 한 쪽 당사자가 일방적으로 공격을 가하고 상대방은 이를 벗어나기 위한 소극적인 방어의 한도를 벗어나지 않는 유형력을 행사한 경우(대법원 2007. 8. 23. 선고 2007도3443 판결)에는 정당방위가 인정될 수 있다.

(3) 살인미수교사죄의 성립 여부

(가) 문제의 제기

甲은 乙을 살해하기 위하여 丁에게 乙에 대한 살인을 교사하였으나, 丁은 C를 乙로 오인하여 C를 자동차로 들이받아 6주의 상해를 가하였다.[1] 이와 같이 교사자가 특정 대상에 대한 범행을 교사하였는데, 피교사자인 정범이 범죄를 실현하면서 대상에 대한 객체의 착오를 일으킨 경우 교사자에게 어떠한 책임을 인정할 수 있을지가 문제된다.

(나) 피교사자인 丁의 책임

丁은 甲의 교사를 받고 乙에 대한 살인의 고의를 가지고 자동차로 들이받았으나 그 객체가 乙이 아닌 C였다. 이와 같이 인식한 객체와 결과가 발생한 객체가 다른 경우를 객체의 착오라고 하고, 착오를 일으킨 객체가 구성요건상으로 동가치인 경우(구체적 사실의 착오) 그 착오는 법률상 의미를 가지지 않고 고의를 조각하지 않는다(통설).

따라서 丁에 대하여는 C에 대한 살인미수죄(형법 제254조, 제250조 제1항)가 성립한다.

(다) 교사자인 甲의 책임

피교사자의 객체의 착오가 교사자의 형사책임에 미치는 영향에 관하여, ① 구체적인 행위 실현 과정상의 착오에 불과하고, 교사자는 범행을 교사한 이상 피교사자가 일반적으로 범할 수 있는 착오를 경험칙상 예견할 수 있으므로 그에 대한 책임을 당연히 부담하여야 하며, 행위자의 고의를 인정할 수 없는 방법의 착오와는 다르다는 점에서 교사범에게도 객체의 착오를 인정하여 한다는 객체의 착오설, ② 교사자의 입장에서는 정범의 객체 착오가 행위수단 또는 행위방법의 잘못으로 엉뚱한 객체에 결과가 발생한 방법의 착오와 구조적으로 동일하므로 방법의 착오를 인정하여야 한다는 방법의 착오설, ③ 인과과정의 착오 또는 객관적 귀속의 문제로 보고 양자의 불일치가 일반적인 생활경험에 따라 예견가능한 범위 내에 있는 경우 불일치가 중요하지 않기 때문에 교사자의 고의를 그대로 인정하여야 한다는 인과과정의 착오설이 대립하는데, ②의 방법의 착오설이 타당하다.

①의 객체의 착오설이나 ③의 인과과정의 착오설에 따르면 甲에 대하여는 C에 대한 살인미수교사죄가 성립한다. ②의 방법의 착오설에 따르면, 방법의 착오에 있어

---

1) 이처럼 고의로 야기한 행위가 교통으로 인한 전형적인 사고로 보기 어려운 경우에는, 결과 발생에 대한 고의범 외에 별도로 도로교통법위반(사고후미조치)죄(동법 제148조, 제54조 제1항)는 성립하지 않는다.

서 고의 책임을 어디까지 인정할 수 있는지에 관한 견해의 대립에 따라 그 결론이 달라지게 된다. 즉, ⓐ 구체적 부합설은 행위자의 인식과 발생한 사실이 구체적으로 부합하는 경우에 한하여 발생한 사실에 대한 고의를 인정하는 견해이므로, 방법의 착오에 관하여는 인식한 사실에 대한 미수와 발생한 사실의 과실범의 상상적 경합이 성립한다고 본다. 따라서 甲에 대하여 乙에 대한 살인미수교사죄와 C에 대한 과실치상죄(형법 제266조 제1항)가 각 성립하고, 두 죄는 상상적 경합관계이다. ⓑ 법정적 부합설은 행위자의 인식과 발생한 사실이 법정적인 사실의 범위, 즉 동일한 구성요건 또는 죄질에 속하면 고의책임을 인정하는 견해이다. 이 설에 따르면 객체에 착오나 방법의 착오는 모두 인식한 사실과 발생한 사실이 동일한 법정적 사실의 범위에 속하는 것이어서 결과에 대한 고의책임을 인정한다. 따라서 甲에 대하여 C에 대하여 살인미수교사죄가 성립한다.

생각건대, ⓐ의 구체적 부합설은 살인의 고의로 결과가 발생하였음에도 살인미수라고 하여 일반인의 법감정에 반할 뿐만 아니라, 행위자가 구성요건에 일치하는 동일한 법정적 사실의 범위에 대한 인식을 가지고 있었다면 고의의 귀속에 필요한 고의내용과 결과의 일치를 인정할 수 있다는 점에서 ⓑ의 법정적 부합설이 타당하다. 판례도 같은 입장이다.[1)]

따라서 甲은 C에 대한 살인미수교사죄의 형사책임을 부담한다.

(4) 소결

甲은 A에 대한 사기죄 및 B에 대한 사기죄와 통신사기피해환급법위반죄의 각 공동정범, 乙에 대한 특수상해미수죄, C에 대한 살인미수교사죄가 성립하고, B에 대한 사기죄와 통신사기피해환급법위반죄는 상상적 경합관계, 나머지 죄들은 실체적 경합관계에 있다.

3. 乙의 형사책임

(1) 사기죄 및 통신사기피해환급법위반죄의 공동정범의 성립 여부

위 甲에 대한 부분에서 살펴본 바와 같이, 甲과 乙은 보이스피싱의 방법으로 타인을 기망하여 돈을 마련하기로 공모하였으므로 주관적 구성요건요소로서 편취의 범

1) 대법원 1975. 4. 22. 선고 75도727 판결; 대법원 1984. 1. 24. 선고 83도2813 판결. 위 83도2813 판결에 대한 평석은 김영환, "형법상 방법의 착오의 문제점", 형사판례연구 〔1〕, 1993, 13−39면.

의가 인정된다. 또한 甲과 乙의 기망행위로 인하여 A와 B가 계좌이체, 이체한 금원의 인출 등으로 재산적 처분행위를 하였으므로 객관적 구성요건도 충족한다.

한편, 乙은 B를 기망하여 A 명의의 계좌로 돈을 이체하도록 하고, 甲은 A를 기망하여 B로부터 이체된 금액을 포함하여 A 명의의 계좌에 있는 금액 전액을 교부하도록 하였는데, 이와 같은 구성요건적 행위 분담을 통하여 사기죄의 공동정범이 성립하는지 문제된다.

위 甲에 대한 사기죄 부분에서 본 바와 같이, ① 甲과 乙은 보이스피싱으로 돈을 마련하기로 공모하였으므로 공동가공의 의사(주관적 요건)를 인정하는 데에는 문제가 없고, ② 乙의 협력 행위를 통하여 B로부터 A 명의 계좌로 이체된 1,000만 원을 포함하여 위 계좌에 있던 돈 1,500만 원을 편취할 수 있었으므로 이와 같은 乙의 행위는 전체의 범행계획에 의하여 결과를 실현하는 데 반드시 필요한 부분을 이루는 기능을 분담한 것으로서 기능적 행위지배(객관적 요건)를 인정하기에도 충분하다.

또한 B에 대한 사기죄의 성립 여부를 판단함에 있어서, B는 처분 결과에 대한 정확한 인식은 없었지만 A에 대한 이체행위 자체에 대한 인식은 있었으므로, 처분의사를 가지고 재산상 처분행위를 한 것으로 인정할 수 있다. 따라서 乙에 대하여 A와 B에 대한 사기죄의 공동정범을 인정할 수 있고, 편취금액 및 죄수는 A에 대한 500만 원 상당의 사기죄, B에 대한 1,000만 원 상당의 사기죄가 각 성립하며, 두 죄는 실체적 경합관계에 있다.

또한 乙에 대하여 통신사기피해환급법위반죄가 성립함은 위 甲에 대하여 살펴본 바와 같다. 피해자 B에 대한 사기죄와 통신사기피해환급법위반죄는 상상적 경합관계에 있다.

(2) 살인미수죄의 성립 여부

(가) 살인미수죄의 성립

乙은 위 식칼로 甲의 목을 찔렀고, 甲은 쓰러져 많은 피를 흘렸으나 병원으로 후송되어 치료를 받고 살아났다. 이때, 乙이 살인의 확정적 고의가 있었는지에 대하여 사례에는 아무런 언급이 없으므로, 살인의 미필적 고의가 있는지가 문제된다.

미필적 고의는 행위자가 구성요건적 결과의 발생을 확실하게 인식한 것이 아니라 그 가능성을 예견하고 행위에 나아간 경우를 말한다. 미필적 고의는 인식 있는 과실, 즉 구성요건이 실현될 수 있음은 인식하였으나 주의의무에 위반하여 그것이 실현되지 않을 것으로 신뢰한 경우와 어떻게 구별되는지 문제된다. 이에 대해서는 ① 구성요건적 결과발생의 가능성을 인식한 때는 미필적 고의를 인식할 수 있다는 가능성설, ② 결과발생의 개연성을 인식한 때에는 미필적 고의이고, 단순한 가능성을 인식한 때에는 인식 있는 과실이라는 개연성설, ③ 행위자가 구성요건적 결과발생을 가능하다고 인식하고 그 결과가 발생하여도 좋다고 승인한 때에는 미필적 고의가 인정되고, 결과의 불발생을 희망한 때에는 인식 있는 과실이라는 용인설(통설), ④ 결과발생의 가능성을 인식하면서 구성요건 실현을 묵인하고 행위 시의 불명확한 상태를 견디기로 한 때, 즉 위험을 감수한 때는 미필적 고의가 인정되고, 결과가 발생하지 않는다고 신뢰한 때에는 인식 있는 과실이 된다고 하는 감수설이 대립된다. 판례는 "미필적 고의라 함은 범죄사실의 발생 가능성을 불확실한 것으로 표상하면서 이를 용인하고 있는 경우를 말하고, 미필적 고의가 있었다고 하려면 범죄사실의 발생 가능성에 대한 인식이 있음은 물론 나아가 범죄사실이 발생할 위험을 용인하는 내심의 의사가 있어야 하며, 그 행위자가 범죄사실이 발생할 가능성을 용인하고 있었는지의 여부는 행위자의 진술에 의존하지 아니하고 외부에 나타난 행위의 형태와 행위의 상황 등 구체적인 사정을 기초로 하여 일반인이라면 당해 범죄사실이 발생할 가능성을 어떻게 평가할 것인가를 고려하면서 행위자의 입장에서 그 심리상태를 추인하여야"[1] 한다고 판시하여, ③의 용인설과 같은 입장이다.

본 사례에서 乙은 甲보다 체격이 큰 사람으로서, 편취금 분배문제로 甲과 몸싸움을 벌이다가 甲이 먼저 자신을 식칼로 찌르려고 하자 그 식칼을 빼앗아 甲의 목을 찔렀다. 식칼은 인명살상용 무기가 될 수 있다는 점, 목을 칼로 찌르는 경우 생명에 위험을 초래할 수 있다는 점 등을 고려하면 乙은 甲이 사망할 수 있다는 위험을 용인하는 내심의 의사가 있는 것으로 판단할 수 있다. 따라서 乙에게는 살인의 미필적 고의를 인정할 수 있고, 甲은 사망의 결과에 이르지 않았으므로 살인죄의 장애미수에 해당한다.

(나) 정당방위의 해당 여부

정당방위가 성립하기 위해서는 ① 현재의 부당한 침해가 있을 것, ② 자기 또는 타인의 법익을 방위하기 위한 행위일 것, ③ 상당한 이유가 있을 것의 요건이 구비되어야 한다(형법 제21조 제1항). 그런데 싸움의 경우에는 상호 공격과 방어의사가 교차하는 경우이므로 싸움 중 방어를 위해 상대방을 공격하는 행위를 방위의사에 의한 방위

---

1) 대법원 2004. 5. 14. 선고 2004도74 판결; 대법원 2017. 1. 12. 선고 2016도15470 판결; 대법원 2024. 5. 30. 선고 2022도14320 판결.

행위라고 볼 수는 없다. 다만 본 사례에서는 甲과 乙이 편취금의 배분 문제로 몸싸움을 하던 중 甲이 갑자기 식칼로 乙을 찌르려고 하는 상황이었으므로, 싸움에서 당연히 예상할 수 있는 범위를 넘는 공격 상황으로서 현재의 부당한 침해가 있다고 보아 정당방위가 인정되는 것은[1] 아닌지 문제될 수 있다.

그러나 乙의 행위는 방위의사에 의한 방위행위라고 보기 어렵다. 甲은 乙에 비하여 체격이 왜소하고 싸움에서 밀리자 그곳 주방에 있던 식칼을 잡게 된 것이고, 본 사례에서 자세하게 언급되어 있지는 않지만 甲이 乙을 찌르려고 하는 상황에서 체격이 큰 乙이 식칼을 빼앗은 이상 현재의 부당한 침해행위 상황은 종료되었다고 보아야 할 것이기 때문이다. 그럼에도 불구하고 더 나아가 식칼로 甲을 찌른 행위를 방위의사에 의한 방위행위라고 보기 어렵다.

뿐만 아니라 정당방위가 성립하기 위해서는 '방위행위의 상당성' 요건이 구비되어야 한다. 여기에서 상당성이 있는 행위란 사회상규에 비추어 상당한 정도를 넘지 않고 당연시되는 행위, 즉 법질서 전체의 정신이나 그 배후에 놓여 있는 사회윤리 내지 사회통념에 비추어 용인될 수 있는 행위를 말한다. 상당성 여부는 침해행위에 의해 침해되는 법익의 종류, 정도, 침해의 방법, 침해행위의 완급과 방위행위에 의해 침해될 법익의 종류, 정보 등 구체적 사정들을 참작하여 판단하여야 한다.[2]

乙은 식칼을 들고 자신을 찌르려는 甲으로부터 식칼을 빼앗은 행위로서 침해의 즉각적인 배제를 확실히 기대할 수 있고 위험성도 제거되었다고 볼 수 있다. 그럼에도 불구하고 乙은 단순히 상대의 공격행위를 그치게 하거나 자리를 피하는 등의 행동의 범주를 넘어 식칼을 가지고 甲의 목을 찌르는 행위에 나아갔는데, 이는 사회통념상 용인될 수 없는 행위로서 자기의 법익에 대한 현재의 부당한 침해를 방어하기 위한 상당한 이유가 있는 행위라고 보기는 어렵다.

따라서 乙이 식칼로 甲의 목을 찌른 행위는 정당방위라고 할 수 없고, 위에서 살펴본 바와 같이 상당한 이유가 있는 방위행위로 인정될 여지가 없는 이상 이를 과잉방위(형법 제21조 제2항)라고 보기도 어렵다.[3]

---

1) 대법원 1968. 5. 7. 선고 68도370 판결. 「격투를 하는 자 중의 한사람의 공격이 그 격투에서 당연히 예상을 할 수 있는 정도를 초과하여 살인의 흉기 등을 사용하여 온 경우에는 이는 역시 부당한 침해라고 아니할 수 없으므로 이에 대하여는 정당방위를 허용하여야 한다고 해석하여야 할 것이다.」

2) 대법원 2006. 4. 27. 선고 2003도4735 판결.

3) 대법원 2001. 5. 15. 선고 2001도1089 판결(이혼소송 중인 남편이 찾아와 가위로 폭행하고 변태적 성행위를 강요하는 데에 격분하여 처가 칼로 남편의 복부를 찔러 사망에 이르게 한 경우, 그 행위는 정당방위나 과잉방위에 해당하지 않는다고 본 사례). 본 판결 평석은 박강우, "정당방위의 사회윤리적 제한: 부부 사이의 정당방위의 제한", 형사판례연구 〔10〕, 2002, 81−96면.

(3) 식칼에 대한 절도죄의 성립 여부

乙은 식칼로 甲을 찌른 후 甲 소유의 위 식칼을 가지고 도주하였는데, 식칼에 대한 절도죄(형법 제329조)가 성립하는지 문제된다.

절도죄가 성립하기 위해서 고의 외에 초과주관적 위법요소로서 소유권 침해의 의사, 즉 불법영득의사가 필요한지에 대해서는 ① 불요설과 ② 필요설(통설 및 판례[1])이 대립한다. 불법영득의사란 ⓐ 타인의 물건을 그 권리자를 배제하고, ⓑ 자기의 소유물과 같이 그 경제적 용법에 따라 이용·처분하고자 하는 의사를 말한다.[2] ⓐ는 '권리자 배제의사'로서 불가벌인 사용절도(재산의 일시사용)을 배제하는 기능(소극적 요소)을, ⓑ는 '이용·처분의사'로서 절도죄와 손괴죄를 구별하는 기능(적극적 요소)을 가진다. 판례는 살인 범행의 증거를 인멸하기 위하여 피해자의 주머니에서 지갑을 가져가 소각한 경우에는 불법영득의사가 인정되지 않는다고 하였다.[3]

본 사례의 경우 명확하게 나타나 있지는 않으나 경제적으로 이용·처분하기보다는 증거를 없애기 위하여 범행도구를 가지고 간 것으로 보이므로 불법영득의사가 인정되지 않는다고 할 것이다. 따라서 절도죄는 성립하지 않는다.

(4) 소결

乙에게는 A와 B에 대한 각 사기죄 및 통신사기피해환급법위반죄의 각 공동정범, 甲에 대한 살인미수죄가 각 성립하고, B에 대한 사기죄와 통신사기피해환급법위반죄는 상상적 경합관계, 나머지 죄들은 실체적 경합관계이다.

4. 丙의 형사책임

甲의 처 丙은 피를 흘리며 쓰러져 있는 甲을 발견하고 죽을 수도 있다고 생각했지만 차라리 죽었으면 좋겠다는 생각에 그대로 두고 나가 버렸다. 이때, 丙에 대하여 부작위에 의한 살인죄가 성립하는지 문제된다.

(1) 부진정부작위범의 의의와 성립요건[4]

위험의 발생을 방지할 의무가 있거나 자기의 행위로 인하여 위험발생의 원인을

---

1) 대법원 2014. 2. 21. 선고 2013도14139 판결.
2) 대법원 2014. 2. 21. 선고 2013도14139 판결.
3) 대법원 2000. 10. 13. 선고 2000도3655 판결.
4) 이에 대한 상세는 사례 11. [17-변시(6)-1] 제2문 '甲의 사망에 대한 丁의 형사책임' 부분 참조.

야기한 자가 그 위험발생을 방지하지 아니한 때에는 그 발생된 결과에 의하여 처벌하는데(형법 제18조), 이를 부작위범이라고 한다. 특히, 살인죄(형법 제250조)와 같이 작위의 형식으로 되어 있는 구성요건을 부작위에 의하여 실현하는 것을 부진정부작위범이라고 한다. 부작위에 의한 살인죄가 성립하기 위해서는 ① 丙에게 보증인지위가 인정되어야 하고, ② 부작위가 작위에 의한 구성요건, 즉 살인의 실행과 같이 평가할 수 있어야 하고(행위정형의 동가치성), ③ 부작위와 사망의 결과 사이에 인과관계가 인정되어야 하며, ④ 주관적 구성요건인 고의가 인정되어야 하고, ⑤ 위법성과 책임이 인정되어야 한다.

(2) 보증인지위의 인정 여부

보증인지위란 부작위범이 결과발생을 방지해야 할 지위에 있는 것을 말한다. 보증인지위를 인정하기 위해서는 ① 법익의 보유자가 위협받는 침해에 대하여 스스로 보호할 능력이 없고, ② 부작위범에게 그 위험에 대하여 법익을 보호해야 할 의무, 즉 작위의무(보증인의무)가 있고, ③ 부작위범이 이러한 보호기능에 의하여 법익침해를 야기할 사태를 지배하고 있을 것을 요한다(통설).

작위의무의 발생근거에 대하여 ① 법령·계약·선행행위·조리에 의하여 발생한다는 형식설, ② 보증인의무를 실질적 관점에서 판단하여 보호의무와 안전의무로 분류하는 기능설(실질설), ③ 형식설과 기능설을 결합한 통합설(통설)이 대립하고 있다. 어느 견해에 의하든 법령·계약·선행행위·조리로부터 작위의무가 발생한다는 데는 의문이 없다. 판례도 마찬가지이다.[1]

본 사례에서 丙은 甲의 처로서 부부 간의 부양의무를 규정한 민법 제826조에 의하여 남편인 甲에게 생명 또는 신체에 대한 위해가 발생하지 않도록 경찰서나 병원 등에 신고를 하거나 병원으로 이송하는 등 필요한 조치를 강구하여야 할 법률상 의무를 부담하므로[2] 보증인지위를 인정할 수 있다.

(3) 행위정형의 동가치성 인정 여부

행위정형의 동가치성(동등성)은 부작위가 작위에 의한 구성요건의 실현과 같이 평가할 수 있어야 한다는 것을 말한다. 판례는 작위의무를 가진 부작위행위자가 보호적 지위에서 법익침해를 일으키는 사태를 지배하고 있어 작위의무의 이행으로 결과발생

1) 대법원 2015. 11. 12. 선고 2015도6809 전원합의체 판결.
2) 대법원 2018. 5. 11. 선고 2018도4018 판결.

을 쉽게 방지할 수 있다면 부작위로 인한 법익침해가 작위에 의한 법익침해와 동등한 형법적 가치가 있다고 판시하였다.[1)]

본 사례에서 丙은 법률상 작위의무자일 뿐 아니라, 피를 흘리고 쓰러져 있는 甲을 발견하고 죽을 수 있다는 사실을 인식한 상태에서 119에 신고하는 등의 방법으로 쉽게 사망이라는 결과발생을 방지할 수 있었음에도 차라리 죽었으면 하는 생각으로 甲을 그대로 두고 나갔으므로, 이러한 丙의 부작위는 작위에 의한 구성요건의 실현과 같이 평가할 수 있다. 따라서 丙에 대하여 행위정형의 동가치성도 인정된다.

(4) 고의의 인정 여부

부진정부작위범에서 고의가 인정되기 위해서는 구성요건적 결과 및 결과발생의 가능성은 물론 보증인지위에 대한 인식도 있어야 한다. 그러나 반드시 구성요건적 결과발생에 대한 목적이나 계획적인 범행 의도가 있어야 하는 것은 아니고, 법익침해의 결과발생을 방지할 법적 작위의무를 가지고 있는 사람이 의무를 이행함으로써 결과발생을 쉽게 방지할 수 있었음을 예견하고도 결과발생을 용인하고 이를 방관한 채 의무를 이행하지 아니한다는 인식을 하면 충분하며, 이는 미필적 고의로도 인정될 수 있다.

본 사례에서 丙은 丁이 죽을 수도 있다고 생각하였지만 차라리 죽었으면 좋겠다고 생각하였으므로 미필적 고의가 인정된다.

(5) 실행의 착수 여부

부작위범에서도 미수는 가능하다. 부진정부작위범의 실행의 착수시기에 관하여 ① 부작위행위자가 최초의 구조가능성을 놓쳤을 때, 즉 작위의무에 즉시 대처하지 않으면 부작위범의 실행의 착수가 있다는 최초의 구조가능시설, ② 부작위행위자가 최후의 구조가능성을 놓쳤다고 생각할 때 실행의 착수가 있다는 최후의 구조가능시설, ③ 행위자가 구체적 위험을 기준으로 판단하여 법익에 대한 위험이 언제든지 결과발생으로 연결될 수 있다고 믿은 순간에 실행의 착수가 있다는 절충설이 대립한다.

본 사례의 경우, 丙은 칼에 찔려 피를 흘리는 甲을 발견하고 죽을 수도 있다고 생각하고도 아무런 구조조치 없이 현장을 이탈해버렸으므로 어느 견해에 의하더라도 실행의 착수가 인정된다. 이처럼 丙의 실행의 착수, 즉 부작위로 인하여 甲의 사망의 위험이 증대되었으나, 결국 甲은 병원으로 후송되어 치료를 받고 퇴원하였으므로 사

---

1) 대법원 2015. 11. 12. 선고 2015도6809 전원합의체 판결.

망의 결과는 발생하지 않았다.

(6) 정당방위의 해당 여부

남편인 甲이 평소 丙을 지속적으로 구타해 왔으므로 丙의 위와 같은 행위가 정당방위에 해당하는지 문제된다. 그러나 반복된 법익침해가 있다고 하더라도 현재의 부당한 침해가 있는 상황이 아니라 장래 반복될 법익침해 위험을 예방하기 위한 예방적 정당방위는 허용되지 않는다고 볼 것이므로,[1] 丙의 행위는 정당방위에 해당하지 않는다.

(7) 소결

甲에 대하여 부작위에 의한 살인미수죄가 성립한다.

5. 丁의 형사책임

(1) C에 대한 살인미수죄의 성립 여부

丁은 교사자인 甲의 교사 내용대로 살인의 고의를 가지고 C를 乙로 오인하고 C를 자동차로 들이받았다. 丁이 인식한 사실과 발생한 결과 간의 차이는 행위자가 행위목표로 삼았던 대상의 동일성에 착오를 일으킨 경우로서 객체의 착오에 해당한다. 또한 실현된 행위객체와 구성요건상 동종인 구체적 사실에 관한 착오이다. 이와 같은 객체의 착오의 경우에는 구성요건상 중요하지 않은 행위자의 동기의 착오에 불과하므로 객체가 乙인지 C인지 하는 것은 고의 성립에 영향을 미치지 않는다.

따라서 丁에 대하여는 C에 대한 살인의 고의를 인정할 수 있고, 다만 C가 6주의 상해를 입는데 그쳤으므로 C에 대한 살인미수죄가 성립한다.

(2) 공문서부정행사죄의 성립 여부

공문서부정행사죄(형법 제230조)는 사용권한과 용도가 특정되어 있는 공문서를 사용권한이 없는 사람이 사용 용도에 따라 사용하는 경우 또는 권한 있는 사람이 정당한 용법에 반하여 부정하게 사용하는 경우에 성립한다.[2]

---

1) 대법원 1992. 12. 22. 선고 92도2540 판결은 장기간 강간행위를 일삼던 의붓아버지를 살해한 사건에서, "현재의 부당한 침해가 있었다고 볼 여지가 없는 것은 아니지만" 상당한 이유가 없어 정당방위에는 해당하지 않는다고 판시하였다.

2) 대법원 1999. 5. 14. 선고 99도206 판결.

본 사례에서 丁은 사용권한 없이 인적사항 확인을 목적으로 공문서인 D의 운전면허증을 사법경찰관에게 제시하였다. 운전면허증을 신분확인용으로 제시한 경우 사용 용도에 따른 사용인지가 문제되는데, 운전면허증 역시 신분증명서로 널리 사용되고 있고 동일인 증명의 기능도 가지고 있으므로 이를 사법경찰관에게 제시하였다면 공문서부정행사죄가 성립한다.[1)]

(3) 사서명위조죄 및 위조사서명행사죄의 성립 여부

丁이 권한 없이 피의자신문조서의 서명날인 부분에 D 명의로 서명날인한 행위는 D를 사칭하여 일반인으로 하여금 진정한 서명으로 오신할 정도의 서명을 한 것으로서 사서명위조죄(형법 제239조 제1항)의 위조에 해당하고, 이를 서명하는 순간 바로 수사기관이 열람할 수 있는 상태에 놓이게 되는 것이므로 서명 기재와 동시에 위조사서명행사죄(형법 제239조 제2항)가 성립한다.[2)]

따라서 丁에 대하여 사서명위조죄와 위조사서명행사죄가 성립하고, 두 죄는 실체적 경합관계에 있다.

(4) 소결

丁에 대하여 살인미수죄, 공문서부정행사죄, 사서명위조죄, 위조사서명행사죄가 각 성립하고, 각 죄는 실체적 경합관계에 있다.

Ⅱ. 제2문 — 압수된 식칼의 증거능력

1. 문제의 제기

소유자, 소지자 또는 보관자가 임의로 제출한 물건 또는 유류한 물건은 영장 없이 압수할 수 있고(형소법 제108조, 제218조), 이 경우 사후영장을 받을 필요는 없다. 본 사례에서 사법경찰관 P1은 乙을 적법하게 체포하면서 乙로부터 범행도구인 식칼을 임의로 제출받아 압수한 후 사후영장을 발부받지는 않았다. 이때 압수한 식칼의 증거능력과 관련하여, ① 체포된 사람으로부터 체포현장에서의 압수(형소법 제216조 제1항 제2호)나 긴급체포 시의 압수(형소법 제217조 제1항)가 아닌 임의제출에 의한 압수(형소법 제

1) 대법원 2001. 4. 19. 선고 2000도1985 전원합의체 판결.
2) 대법원 2005. 7. 14. 선고 2005도3357 판결.

218조)를 하고 사후영장을 받지 않아도 되는 것인지, ② 적법한 권원 없는 사람이 소지하고 있는 물건을 임의제출하는 경우에도 영장 없이 압수할 수 있는지가 문제된다.

2. 압수의 적법성

(1) 체포된 사람이 소지한 물건을 영장 없이 임의제출을 받아 압수할 수 있는지

체포된 사람으로부터 임의제출에 의한 영장 없는 압수가 가능한지에 관하여, ① 형사소송법은 피의자를 체포하는 경우 그 긴급성과 필요성에 비추어 체포현장에서의 영장 없는 압수·수색(형소법 제216조 제1항 제2호), 긴급체포 시의 영장 없는 압수·수색(형소법 제217조 제1항)을 허용하고, 다만 사후에 법원의 영장을 받게 하여 그 적법성에 대한 사후통제를 받도록 규정하고 있음에도 체포된 사람으로부터 임의제출을 받아 영장 없이 압수하는 것은 사실상 압수·수색에서의 영장주의를 회피하는 것으로 불가능하다는 견해와, ② 형사소송법 제218조에 비추어 체포된 자로부터도 임의제출을 받아 영장 없이 압수할 수 있다는 견해가 있다. 판례는 현행범인 체포현장에서 소지자 등으로부터 임의제출받는 경우 영장 없이 압수할 수 있고 사후영장도 받을 필요가 없다고 하여 체포된 사람으로부터 형사소송법 제218조에 의한 영장 없는 압수가 가능하다는 입장이다(**관련판례**[1]).[2]

---

1) (**관련판례**) 대법원 2016. 2. 18. 선고 2015도13726 판결 【특정범죄가중처벌등에관한법률위반(향정)[인정된 죄명: 마약류관리에관한법률위반(향정)]·출입국관리법위반·마약류관리에관한법률위반(향정)】. 「형사소송법 제218조에 의하면 검사 또는 사법경찰관은 피의자 등이 유류한 물건이나 소유자·소지자 또는 보관자가 임의로 제출한 물건은 영장 없이 압수할 수 있으므로, 현행범 체포 현장이나 범죄 장소에서도 소지자 등이 임의로 제출하는 물건은 위 조항에 의하여 영장 없이 압수할 수 있고, 이 경우에는 검사나 사법경찰관이 사후에 영장을 받을 필요가 없다. (중략) 검찰수사관이 필로폰을 압수하기 전에 피고인에게 임의제출의 의미, 효과 등에 관하여 고지하였던 점, 피고인도 필로폰 매매 등 동종 범행으로 여러 차례 형사처벌을 받은 전력이 있어 피압수물인 필로폰을 임의제출할 경우 압수되어 돌려받지 못한다는 사정 등을 충분히 알았을 것으로 보이는 점, 피고인이 체포될 당시 필로폰 관련 범행을 부인하였다고 볼 자료가 없고, 검찰수사관이 필로폰을 임의로 제출받기 위하여 피고인을 기망하거나 협박하였다고 볼 아무런 사정이 없는 점 등에 비추어 보면, 피고인은 필로폰의 소지인으로서 이를 임의로 제출하였다고 할 것이므로 그 필로폰의 압수도 적법하다.」

본 판결 평석은 이주원, "체포현장의 의미와 임의제출물 압수", 형사소송법 핵심 판례 130선(제5판), [14], 28-29면.

2) (관련판례)의 법리에도 불구하고 최근 하급심 판결 중에는 수사기관이 체포대상자에 비해 우월적 지위에 있기 때문에 현행범이 체포현장에서 임의로 제출한 증거물이라도 영장 없이는 압수·수색을 할 수 없다거나(의정부지방법원 2018노2757 판결), 임의성을 엄격하게 심사하는 판결(서울중앙지방법원 2019고단545 판결)이 선고되기도 하였다(인터넷 법률신문 2019. 9. 2. 및 2010. 1. 6. 기사 참조). 그러나 대법원은 최근 위 (관련판례)의 법리를 다시 확인하면서 "현행범 체포현장이나 범죄 현장에서도 소지자 등이 임의로 제출하는 물건은 형사소송법 제218조에 의하여 영장 없이 압수하는 것이 허용되고, 이 경우 검사나 사법경찰관은 별도로 사후에 영장을 받을 필요가 없다"고 판시하였다(대법원 2019. 11.

형사소송법상 임의제출자의 자격에 소유자, 소지자 또는 보관자 이외에 달리 제한을 두지 않고 있고, 체포된 자가 자신이 소유, 소지 또는 보관하는 물건을 임의로 제출하는 것 역시 불가능한 것은 아니므로 임의제출에 의한 압수는 가능하다고 보아야 할 것이다. 다만 형사소송법 제218조에 의한 임의제출이란 제출자가 임의제출의 의미와 효과를 충분히 인지하고 진정한 자발적 의사로 물건을 제출하는 경우를 의미하므로, 체포된 상황에서 영장 없이 임의제출을 받아 압수한 물건의 증거능력을 판단할 때에는 체포 및 임의제출 당시의 상황을 면밀히 검토하여 진정한 의미의 임의제출이 이루어졌는지를 판단하여야 한다. 그리고 물건의 제출에 임의성이 있다는 점에 관하여는 검사가 합리적인 의심을 배제할 수 있을 정도로 증명하여야 한다.[1] 판례도 피고인의 집에서 20미터 떨어진 곳에서 피고인을 체포하여 수갑을 채운 후 피고인의 집으로 가서 집안을 수색하여 칼과 합의서를 압수한 경우, 비록 임의제출동의서를 받았다고 하더라도 칼과 합의서는 임의제출물이 아니라 영장 없이 위법하게 압수한 것이라고 하여 증거능력을 부인하였다.[2]

본 사례의 경우 구체적인 사정은 언급되어 있지 않지만, 체포 당시 P1이 乙을 기망·협박하거나 적극적인 수색을 통하여 압수 물건을 발견하는 등의 사정은 엿보이지 않으므로, 乙은 진정한 의사로 식칼을 임의제출하였다고 판단하여도 큰 문제가 없을 것이다. 따라서 사후영장을 받지 않았더라도 위 압수는 적법하다.

(2) 적법한 권원이 없는 소지자의 임의제출 가부

형사소송법상 소유자가 아닌 소지자나 보관자도 임의제출을 할 수 있고, 소지자나 보관자가 적법한 권원을 가지고 있을 것을 필요로 하지 않는다. 판례도 교도관이 보관하고 있던 재소자의 비망록을 뇌물수수죄 등의 증거자료로 사용하기 위하여 임의제출을 받아 압수한 것은 적법하다고 보았다.[3]

따라서 사법경찰관 P1이 乙을 적법하게 체포하면서 식칼을 영장 없이 임의제출받아 압수한 것은 적법하다.

---

14. 선고 2019도13290 판결).

1) 대법원 2024. 3. 12. 선고 2020도9431 판결.

2) 대법원 2010. 7. 22. 선고 2009도14376 판결. 수사기관이 압수물을 피의자에게 환부 후 다시 임의제출받은 사안에서, 임의제출의 과정에서 수사기관의 우월적 지위에 의하여 임의제출 명목으로 실질적으로 강제적인 압수가 행하여질 수 있고 제출의 임의성은 검사에게 증명책임이 있다고 하여 증거능력을 부인한 사례도 있다(대법원 2016. 3. 10. 선고 2013도11233 판결).

3) 대법원 2008. 5. 15. 선고 2008도1097 판결.

3. 식칼의 증거능력

위에서 살펴본 바와 같이 식칼의 압수절차는 적법하다고 판단되므로, 위법수집증거배제법칙(형소법 제308조의2)에 의하여 증거능력이 배제될 여지는 없다. 한편, 乙은 위 식칼을 증거로 함에 부동의하였는데, 증거물도 증거동의(형소법 제318조, 제1항)의 대상이 되는지에 관하여 ① 증거물도 증거동의의 대상이 된다는 긍정설과 ② 증거물은 증거동의의 대상이 되지 않는다는 부정설(통설)이 대립한다. 실무는 긍정설의 입장이다.

乙이 증거부동의한 위 식칼은 비진술증거인 증거물로서 전문법칙이 적용되는 대상이 아니다. 따라서 증거의 진정성만 증명하면 증거능력이 있는데, 진정성은 식칼 소유자인 甲이나 압수한 사법경찰관 P1의 증언 등 다양한 방법으로 증명하면 된다.

4. 설문의 해결

위 식칼의 압수는 적법하고, 검사가 다양한 방법으로 그 진정성을 증명하면 증거능력이 있다. 본 사례에서는 '甲으로부터 빼앗아 가지고 도주한 위 식칼을 압수하였다'고 하였으므로 진정성이 인정되어 증거능력이 인정된다.

Ⅲ. 제3문 — 검증조서의 증거능력

1. 문제의 제기

사법경찰관 P1은 乙을 적법하게 체포하면서 함께 현장검증을 실시하였는바, 우선 검증의 적법성 및 검증조서의 일반적 증거능력에 관한 검토가 필요하고, 다음으로 ① 검증조서에 첨부된 현장사진, ② 범행재연사진 및 ③ 검증조서에 기재된 피고인의 자백진술의 각 성격과 증거능력이 문제된다.

2. 검증의 적법성과 검증조서 자체의 증거능력

(1) 현장검증의 적법성

수사기관의 검증은 증거를 수집·보전하기 위한 강제처분으로서 원칙적으로 영장에 의하여야 하지만(형소법 제215조), 검사 또는 사법경찰관은 피의자를 체포하는 경우 등 예외적으로 긴급한 필요 등이 인정되는 경우 영장 없이 검증을 할 수 있다(형소법 제216조, 제217조). 본 사례에서 P1은 乙을 적법하게 체포한 다음 乙과 함께 현장검증을 실시하고 검증조서를 작성하였다. 위 검증이 영장에 의하여 적법하게 행해졌는지에 대해서는 특별한 언급이 없으므로 적법한 것을 전제로 살펴본다.

(2) 검증조서 자체의 증거능력

수사기관의 검증조서는 형사소송법 제312조 제6항에 의하여 증거능력이 인정된다. 즉, ① 적법한 절차와 방식에 따라 작성되었고, ② 공판준비 또는 공판기일에서 작성자의 진술에 의한 성립의 진정이 인정되면 증거로 할 수 있다. 위 검증조서는 적법한 절차와 방식에 따라 작성된 것으로 판단되므로, 작성자인 P1이 공판준비 또는 공판기일에서 성립의 진정을 인정하면 증거능력이 인정될 것이다.

아래에서는 검증조서 자체의 증거능력이 인정된다는 전제 아래 이에 첨부된 현장사진과 범행재연사진 및 이에 기재된 범행을 자백하는 내용의 피의자 진술의 증거능력을 개별적으로 검토한다.

3. 현장사진의 증거능력

검증조서에는 검증목적물의 현상을 명확하게 하기 위하여 사진이나 도면을 첨부할 수 있는데(형소법 제49조 제2항), 검증조서에 첨부된 '혈흔이 남아 있는 범행현장의 사진'의 증거능력을 위 검증조서와 구별하여 판단해야 하는지 여부가 문제된다.

검증조서에 첨부된 현장사진의 증거능력에 대하여는 ① 검증의 목적물을 표시하는 방법에 불과한 보조수단으로서 검증조서와 일체를 이룬다는 일체설(통설)과 ② 검증조서와 구별하여 판단하여야 한다는 구별설이 대립하는데, 실무는 ①의 입장이다.[1] 위 검증조서에 첨부된 혈흔이 남아있는 현장사진은 검증조서와 일체를 이루는 것으로 보는 것이 타당하다. 따라서 위 검증조서와 마찬가지로 작성자인 사법경찰관 P1이 공판준비 또는 공판기일에서 진정성립을 인정한다면 증거능력이 인정될 것이다.[2]

---

1) 사법연수원, 법원실무제요 형사 [Ⅰ], 485면.
2) ②의 구별설에 의하면, 현장사진의 증거능력을 독자적으로 판단하여야 한다. 이 경우 현장사진의 법적 성격과 관련하여 견해가 대립하지만, 비진술증거로 보는 실무의 입장에 따르면 진정성만 입증되면 증거능력이 부여될 것이다. 진정성은 사진 촬영자인 사법경찰관 P1의 증언 등 다양한 방법으로 입증할 수 있다.

4. 범행재연사진의 증거능력

범행재연사진은 피의자가 현장에 참여하여 범행상황을 재연한 것으로, 일반적인 현장사진과는 구별되고, 진술을 대신한 행동을 촬영한 것이므로 진술증거의 일종으로 보는 것이 타당하다. 사법경찰관 P1이 촬영한 乙이 범행을 재연하는 사진은 진술증거로서 검사 이외의 수사기관이 작성한 피의자신문조서(형소법 제312조 제3항)와 같이 취급하여야 한다. 즉 적법한 절차와 방식에 따라 작성된 것으로서, 공판준비 또는 공판기일에 피고인이 그 내용을 인정하는 경우에 한하여 증거능력이 인정된다.[1] 그런데 乙은 내용부인의 취지로 증거부동의하였으므로 결국 위 범행재연사진은 증거능력이 없다.

5. 자백진술의 증거능력

검증조서에 기재된 현장에서의 진술에는 검증대상을 지시하여 설명하는 현장지시진술과 범행에 관한 현장진술이 있는데, 이를 구분하여 증거능력을 판단해야 하는지 문제된다.

이에 대해서는 ① 현장지시와 현장진술을 구별하지 않고 현장지시든 현장진술이든 불문하고 검증조서에 기재된 진술 부분은 검증조서와 별개의 것으로 작성 주체를 기준으로 증거능력을 판단해야 한다는 비구분설(검증조서부정설), ② 현장지시와 현장진술을 구분하여 현장지시는 검증조서와 일체를 이루기 때문에 검증조서로서 증거능력을 판단하고(형소법 제312조 제6항), 현장진술은 진술증거로서 실질적으로 피의자신문조서나 진술조서에 해당하므로 검증조서의 작성주체와 진술자에 따라 증거능력을 판단해야(형소법 제312조 제1항 내지 제4항) 한다는 구분설, ③ 현장지시를 더욱 세분하여 현장지시가 검증활동의 동기를 설명하는 비진술증거로 사용될 때에는 검증조서와 일체를 이루므로 검증조서로서 증거능력을 판단하지만, 현장지시가 범죄사실을 인정하기 위한 진술증거로 사용되는 경우에는 현장진술과 동일하게 취급하여 검증조서의 작성주체와 진술자에 따라 증거능력을 판단한다는 수정구분설이 대립한다. 판례는 검증조서에 기재된 진술내용 및 범행재연 부분에 대하여 피고인이 성립의 진정 및 내용을 인정하지 않았기 때문에 증거능력을 인정할 수 없다고 하여 검증조서에 기재된 피고인의 진술에 대한 증거능력을 검증조서와 별개로 취급하여야 한다는 입장이다.[2]

---

1) 대법원 2007. 4. 26. 선고 2007도1794 판결.
2) 대법원 1988. 3. 8. 선고 87도2692 판결.

본 사례에서 乙이 "식칼로 甲의 목을 찔렀다."고 진술한 부분은 현장지시가 아닌 범행내용에 관한 현장진술에 해당하므로, 위 어느 견해나 판례에 의하더라도 검증조서와 구분하여 진술증거로서 증거능력을 판단하여야 한다. 따라서 검사 이외의 수사기관이 작성한 피의자신문조서(형소법 제312조 제3항)와 같이 증거능력을 판단하여야 하는데, 乙이 내용부인 취지로 증거부동의하였으므로 증거능력이 없다.

6. 설문의 해결

검증조서에 첨부된 현장사진은 검증조서와 일체를 이루므로 형사소송법 제312조 제6항의 요건을 충족하면 乙의 증거부동의에도 불구하고 증거로 사용할 수 있다. 그러나 검증조서에 첨부된 범행재연사진과 자백진술은 진술증거로서 검증조서와 구별하여 형사소송법 제312조 제3항의 요건이 충족되어야 하는데, 乙이 내용부인 취지로 증거부동의하므로 각 증거능력이 없다.

Ⅳ. 제4문 — 공범인 공동피고인에 대한 사법경찰관 작성 피의자신문조서의 증거능력

1. 문제의 제기

甲과 乙은 보이스피싱 범죄에 관하여 공범 관계에 있는 피고인인데,[1] 검사가 甲에 대한 유죄의 증거로 乙의 자백이 기재된 사법경찰관 작성의 乙에 대한 피의자신문조서를 제출하였고, 甲은 이를 증거로 함에 부동의하였다. 이때 乙에 대한 피의자신문조서가 甲의 유죄 증거로 사용될 수 있는 요건은 무엇인지, 그리고 진술자인 乙이 사망한 경우 예외적으로 형사소송법 제314조에 의하여 증거능력이 인정될 수 있는지 문제된다.

2. 피의자신문조서의 증거능력

공범인 공동피고인의 사법경찰관 작성 피의자신문조서의 증거능력에 대해서는, ① 피고인 아닌 자의 진술을 기재한 조서에 해당하므로 형사소송법 제312조 제4항에

1) 설문에서 공동피고인이라고 명시되어 있지는 않지만, 제3문에 비추어 공동피고인임을 전제로 해설한다.

따라 증거능력을 인정해야 한다는 견해와 ② 공범관계에 있는 피고인에 대한 피의자신문조서는 그 내용이 당해 피고인에 대한 피의자신문조서의 내용과 다름이 없기 때문에 피고인에게 보다 유리한 형사소송법 제312조 제3항에 따라 증거능력이 부여될 수 있다는 견해(통설)가 대립한다. ②의 견해는 다시 ⓐ 원진술자가 내용을 인정하여야 한다는 견해와 ⓑ 당해 피고인이 내용을 인정해야 한다는 견해(통설)로 나뉜다. 당해 피고인이 형사소송법 제312조 제3항에 따라 내용을 인정하여야 증거능력을 인정할 수 있다는 ②의 ⓑ 견해가 타당하고, 판례도 같은 취지이다.[1]

본 사례의 경우 피고인인 甲이 내용을 인정하여야 하는데, 甲이 내용부인의 취지로 증거로 함에 부동의하였으므로, 결국 증거능력이 인정되지 않는다.

3. 형사소송법 제314조의 적용 여부

형사소송법 제314조에 의하면, 제312조 또는 제313조에서 진술을 요하는 자가 사망, 질병 등의 사유로 인하여 진술을 할 수 없는 때에 그 진술 또는 작성이 특히 신빙할 수 있는 상태하에서 행하여졌음이 증명된 때에 한하여 증거능력을 인정한다. 본 사례에서는 乙이 교통사고로 사망하였으므로, 甲이 증거로 함에 부동의하더라도 제314조가 적용되어 증거능력이 인정되는 것이 아닌지 문제된다.

그러나 통설 및 판례의 태도와 같이 공범에 대한 사법경찰관 작성 피의자신문조서는 형사소송법 제312조 제3항에 의하여 당해 피고인이 내용을 인정하여야 증거능력을 인정할 수 있다는 견해에 따르면, 당해 피고인이 내용을 부인하는 이상 증거능력을 인정할 수 없고, 형사소송법 제314조에 의한 예외도 적용될 여지가 없다. 판례도 "당해 피고인과 공범 관계에 있는 다른 피의자에 대한 검사 이외의 수사기관 작성의 피의자신문조서는 그 피의자의 법정진술에 의하여 그 성립의 진정이 인정되더라도 당해 피고인이 공판기일에서 그 조서의 내용을 부인하면 증거능력이 부정되므로 그 당연한 결과로 그 피의자신문조서에 대하여는 사망 등 사유로 인하여 법정에서 진술할 수 없는 때에는 예외적으로 증거능력을 인정하는 규정인 형사소송법 제314조가 적용되지 아니한다"고 판시하고 있다.[2]

다만, 제312조 제4항 적용설이나 원진술자의 내용인정설의 견해에 따른다면 형사소송법 제314조의 예외가 적용되어 증거능력이 인정될 수 있을 것이다.

---

1) 대법원 2004. 7. 15. 선고 2003도7185 전원합의체 판결; 대법원 2024. 8. 29. 선고 2024도8200 판결.
2) 대법원 2004. 7. 15. 선고 2003도7185 전원합의체 판결.

4. 설문의 해결

공범인 공동피고인 관계에 있는 사법경찰관 작성의 乙에 대한 피의자신문조서에 대하여 甲이 내용부인 취지로 증거부동의하므로 위 피의자신문조서는 甲에 대하여 증거능력이 없고, 형사소송법 제314조가 적용될 여지도 없다.

Ⅴ. 제5문 — 임의동행의 적법성 및 진술서의 증거능력

1. 문제의 제기

P1은 乙을 체포하지 않고 임의동행의 형식으로 경찰서에 데리고 온 후 乙로부터 범행을 자백하는 내용의 진술서를 받았는데, 위 진술서의 증거능력을 판단하기 위해서는 임의동행의 적법 여부를 먼저 검토하여야 한다.

2. 임의동행의 적법성

임의동행이란 수사기관이 피의자의 동의를 얻어 피의자를 수사기관 등에 동행하는 것을 말한다. 형사소송법에는 임의동행에 관한 명문의 규정은 없고, 경찰관 직무집행법상 불심검문을 위한 임의동행(동법 제3조 제2항), 주민등록법상 신원이나 거주관계 확인을 위한 임의동행(동법 제26조)이 있다.

수사기관이 임의수사의 방법으로 임의동행을 할 수 있는지에 대하여 ① 형사소송법 제200조, 제221조 등에서 출석요구방법에 제한을 두고 있지 않으므로 임의수사의 일종으로 적법하다는 견해(임의수사설)와, ② 수사기관이 피의자를 수사기관 등에 동행하는 것은 강제수사에 해당하고, 형사소송법에 체포제도가 별도로 도입되어 있음에도 법률적 근거가 없이 피의자를 임의동행하는 것은 강제수사법정주의에 비추어 법률의 근거가 없으므로 위법하다는 견해(강제수사설)가 대립한다.

판례는 임의동행을 임의수사의 한 방법으로 인정하면서도, "수사기관이 동행에 앞서 피의자에게 동행을 거부할 수 있음을 알려주었거나 동행한 피의자가 언제든지 자유로이 동행과정에서 이탈 또는 동행 장소로부터 퇴거할 수 있었음이 인정되는 등 오로지 피의자의 자발적인 의사에 의하여 수사관서 등에의 동행이 이루어졌음이 객관적인 사정에 의하여 명백하게 인정되는 경우에 한하여 허용된다"고 판시하고,[1] 사실

1) 대법원 2006. 7. 6. 선고 2005도6810 판결.

관계에 따라 임의동행을 임의수사로서 적법하다고 보기도 하고,[1] 강제수사로서 위법한 체포에 해당한다고 보기도 하였다.[2]

본 사례의 경우 ① P1이 乙에게 임의동행을 요구하면서 "동행을 거부할 수도 있지만 거부하더라도 강제로 연행할 수 있다."는 말을 하여 乙이 동행을 거부하기는 어려웠을 것으로 보이고, ② 동행 이후에도 화장실에 가는 것을 감시한 점에 비추어, 비록 동행할 당시에 P1이 물리력을 행사한 바가 없고 乙이 명시적으로 거부의사를 표명한 적이 없다고 하더라도 乙이 '오로지 자발적인 의사'로 동행에 응한 것은 아니라고 판단된다. 따라서 이는 임의수사의 방법으로 허용되는 임의동행이 아니라 사실상의 강제연행으로 불법체포에 해당하므로 위법하다.

3. 진술서의 증거능력

위법한 임의동행 후에 유치된 상태에서 작성한 진술서는 위법수집증거에 해당하고,[3] 위법수집증거배제법칙(형소법 제308조의2)에 의하여 원칙적으로 증거능력이 없다. 다만, ① 수사기관의 절차 위반행위가 적법절차의 실질적인 내용을 침해하는 경우에 해당하지 아니하고, ② 오히려 그 증거의 증거능력을 배제하는 것이 헌법과 형사소송법이 형사소송에 관한 절차 조항을 마련하여 적법절차의 원칙과 실체적 진실 규명의 조화를 도모하고 이를 통하여 형사 사법 정의를 실현하려 한 취지에 반하는 결과를 초래하는 것으로 평가되는 예외적인 경우라면, 유죄의 증거로 사용할 수 있다.[4]

---

1) 대법원 2012. 9. 13. 선고 2012도8890 판결.
2) 대법원 2011. 6. 30. 선고 2009도6717 판결(유흥주점 업주와 종업원인 피고인들이 영업장을 벗어나 시간적 소요의 대가로 금품을 받아서는 아니 되는데도, 이른바 '티켓영업' 형태로 성매매를 하면서 금품을 수수하였다고 하여 구 식품위생법위반으로 기소된 사안에서, 경찰이 피고인 아닌 甲, 乙을 사실상 강제연행하여 불법체포한 상태에서 甲, 乙 간의 성매매행위나 피고인들의 유흥업소 영업행위를 처벌하기 위하여 甲, 乙에게서 진술서를 받고 甲, 乙에 대한 진술조서를 작성한 경우, 위 각 자술서와 진술조서는 헌법과 형사소송법이 규정한 체포·구속에 관한 영장주의 원칙에 위배하여 수집된 것으로서 수사기관이 피고인 아닌 자를 상대로 적법한 절차에 따르지 아니하고 수집한 증거에 해당하여 형사소송법 제308조의2에 따라 증거능력이 부정된다는 이유로, 이를 피고인들에 대한 유죄 인정의 증거로 삼을 수 없다고 한 사례). 본 판결 해설은 심담, "수사기관이 피고인이 아닌 제3자에 대하여 위법수사로 수집한 진술증거를 피고인에 대한 유죄 인정의 증거로 삼을 수 있는지 여부", 대법원판례해설 제88호(2011 상반기), 2011, 726-740면.
3) 대법원 2011. 6. 30. 선고 2009도6717 판결.
4) 대법원 2007. 11. 15. 선고 2007도3061 전원합의체 판결. 본 판결 해설은 박이규, "헌법과 형사소송법이 정한 절차를 위반하여 수집한 압수물과 이를 기초로 획득한 2차적 증거의 증거능력 유무 및 그 판단 기준", 대법원판례해설 제74호(2007 하반기), 2008, 516-542면.

본 사례의 경우 위와 같은 예외요건에 해당되지는 않으므로 위 진술서는 증거능력이 없다.

4. 설문의 해결

乙의 진술서는 위법한 강제연행 상태에서 작성된 것으로서 위법수집증거에 해당하여 증거능력이 없다.[1)]

1) 설문의 비추어 乙에 대한 증거능력을 전제로 한 해설이다. 乙과 공범관계에 있는 甲에 대해서도 마찬가지로 위법수집증거배제법칙이 적용되어 증거능력이 없다(위 법칙의 주장적격에 관한 위 2009도6717 판결 참조).

2019년 제8회 변호사시험 강평

형사법 제2문

I. 甲, 乙, 丙, 丁의 형사책임

• 사실관계

甲	• 乙과 보이스피싱으로 돈을 마련하기로 공모 • A에게 전화하여 기망한 다음 A가 B로부터 계좌이체된 돈 1,000만 원과 자신의 계좌에 있던 돈 500만 원을 인출한 합계 1,500만 원을 A로부터 교부받음 • 乙과 싸우면서 식칼로 乙을 찌르려고 함 • 丁에게 乙을 살해할 것을 부탁하여 이를 승낙한 丁이 C를 乙로 오인하고 C를 자동차로 들이받아 6주 상해를 가함
乙	• 甲과 보이스피싱으로 돈을 마련하기로 공모 • B에게 전화하여 기망하여 B가 A 명의 계좌로 1,000만 원을 이체하였고, A가 위와 같이 1,500만 원을 인출하여 甲에게 교부 • 甲과 싸우던 중 甲이 식칼로 찌르려고 하자 이를 빼앗아 甲의 목을 찔러 많은 피를 흘리게 하는 상해를 가하고, 위 식칼을 가지고 도주

丙	• 남편인 甲이 많은 피를 흘리고 쓰러져 있는 것을 발견하고 죽을 수도 있다고 생각하면서도 차라리 죽었으면 좋겠다고 생각하고 그대로 두고 나갔으나, 甲은 죽지 않았음
丁	• 甲으로부터 乙의 살해를 부탁받고 이를 승낙한 후, C를 乙로 오인하고 C를 자동차로 들이받아 6주 상해를 가함

1. 甲의 형사책임

(1) A로부터 1,500만 원을 교부받은 행위

1) A에 대한 형사책임

- 甲이 A를 기망하여 착오에 빠진 A로부터 A가 자신의 계좌에서 인출한 1,500만 원을 교부받았으므로 사기죄의 구성요건 충족
- 다만 편취금액이 B가 계좌이체한 1,000만 원을 포함한 1,500만 원인지, 아니면 처음부터 A의 계좌에 있던 500만 원인지가 문제됨
- A는 甲의 기망에 따라 단지 B에 대한 사기범행을 실현하기 위한 도구로 이용되어 B의 편취액 1,000만 원을 전달하였을 뿐이므로, 기망에 따른 처분행위가 없어 이 부분에 대해서는 별도로 사기죄가 성립하지 않음(대법원 2017. 5. 31, 2017도3894)
- A에 대한 사기죄가 성립하고, 그 편취금액은 500만 원

2) B에 대한 형사책임

(가) 사기죄의 성립 여부

- B가 乙로부터 자신의 개인정보가 유출되어 안전한 계좌로 옮겨야 된다고 기망당하여 1,000만 원을 A의 계좌에 송금하게 한 행위가 사기죄에 해당하는지 문제됨
- 이와 관련, B의 '처분행위', 즉 '재산상의 손해를 초래하는 행위, 수인(受忍), 부작위'가 있는지가 문제됨
- 사기죄에서 처분행위는 행위자의 기망행위에 의한 피기망자의 착오와 행위자 등의 재물 또는 재산상 이익의 취득이라는 최종적 결과를 중간에서 매개·연결하는 한편, 착오에 빠진 피해자의 행위를 이용하여 재산을 취득하는 것을 본질적 특성으로 하는 사기죄와 피해자의 행위에 의하지 아니하고 행위자가 탈취의 방법으로 재물을 취득하는 절도죄를 구분하는 역할을 함(대법원 2017. 2. 16, 2016도13362 전원합의체)

- 처분행위에 '처분의사'가 필요한지에 대해서는, ① 처분행위의 역할에 비추어 필요하다는 필요설(위 2016도13362 전원합의체)과 ② 객관적으로 손해를 초래할 수 있는 행위이면 충분하고 처분의사가 있을 필요가 없다는 불요설이 대립
- 처분의사의 내용에 대해서는 ⓐ 어떤 행위를 한다는 인식만 있으면 충분하다는 견해(위 전원합의체 판결의 다수의견)와 ⓑ 결과에 대한 인식이 필요하다는 견해(위 전원합의체 판결의 반대의견)가 대립
- 판례에 따르면 B에게 처분행위가 인정되어 B에 대한 사기죄가 성립(편취금액은 1,000만 원)

(나) 전기통신금융사기피해방지및피해금환급에관한특별법위반죄의 성립 여부

- 전기통신금융사기 피해 방지 및 피해금 환급에 관한 특별법(이하, '통신사기피해환급법'이라 함) 제15조의2 제1항 제1호는 '전기통신금융사기'를 목적으로 '타인으로 하여금 컴퓨터 등 정보처리장치에 정보 또는 명령을 입력하게 하는 행위'를 한 자는 10년 이하의 징역 또는 1억 원 이하의 벌금에 처하도록 규정(형법 제347조의 사기죄는 10년 이하의 징역 또는 2천만 원 이하의 벌금)
- 여기서 '전기통신금융사기'란 전기통신기본법 제2조 제1호에 따른 **전기통신을 이용하여 타인을 기망·공갈함으로써 재산상의 이익을 취하거나 제3자에게 재산상의 이익을 취하게 하는 ㉮ 자금을 송금·이체하도록 하는 행위**, ㉯ 개인정보를 알아내어 자금을 송금·이체하는 행위를 말한다(다만, 재화의 공급 또는 용역의 제공 등을 가장한 행위는 제외하되, 대출의 제공·알선·중개를 가장한 행위는 포함)고 규정(동법 제2조 제2호)

- 乙이 전화로 B를 기망하여 B가 A의 계좌로 1,000만 원을 이체하게 한 행위는 통신사기피해환급법위반죄(동법 제15조의2 제1항 제1호, 제2조 제2호 제가목)에 해당
- 이때, 정보 또는 명령의 입력으로 자금이 사기이용계좌로 송금·이체되면 전기통신금융사기행위는 종료되고 처벌조항 위반죄는 이미 기수에 이른 것임(대법원 2016. 2. 19, 2015도15101 전원합의체. 그 후에 사기이용계좌에서 현금을 인출하거나 다시 송금하는 행위는 범인들 내부 영역에서 그들이 관리하는 계좌를 이용하여 이루어지는 행위이므로, 이를 두고 새로 전기통신금융사기를 목적으로 하는 행위라고 할 수 없음)

(다) 두 죄의 관계

- 사기죄와 통신사기피해환급법위반죄에 대해서는 ① 특별관계라는 견해, ② 보충관계라는 견해도 있을 수 있으나, ③ 상상적 경합관계(형법 제40조)라고 할 것이며, 어느 경우에나 법정형이 중한 통신사기피해환급법위반죄로 처벌
- 다만 검찰 실무에서는 사기죄가 성립하는 경우, 통상 구공판을 하므로 사기죄로만 기소하는 경우가 많다고 함

3) 공동정범의 성립 여부
- 공동정범(형법 제30조)이 성립하기 위하여는 ① 주관적 요건인 '공동가공의 의사'와 ② 객관적 요건인 공동의사에 의한 '기능적 행위지배를 통한 범죄의 실행사실'이 필요(대법원 2018. 4. 19, 2017도14322 전원합의체)하고, ②와 관련해서는 ⓐ 실행의 분담을 요하는 경우와 ⓑ 요하지 않는 경우(공모공동정범의 사례)(대법원 1989. 6. 27, 88도2381)가 있음
- 본 사례는 위 ⓐ에 해당하는데, '공모'하였으므로 ①의 요건 충족
- 甲은 '고의 없는' A를 기망하고 이를 이용하여 간접정범의 형태로 금원을 편취하고, 乙은 B를 기망하여 금원을 편취하는 등 실행행위를 분담·실행하였으므로 ②의 요건 충족

4) 죄수
- 죄수 결정의 기준에 대해서는 ① 행위표준설, ② 법익표준설, ③ 의사표준설, ④ 구성요건표준설이 있으나, 판례는 구체적 사건에 따라 여러 표준에 의하여 죄수를 결정
- 사기죄에서 수인의 피해자에 대하여 각 피해자별로 기망행위를 하여 각각 재물을 편취한 경우, 그 범의가 단일하고 범행방법이 동일하다고 하더라도 포괄일죄가 성립하는 것이 아니라 피해자별로 1개씩의 죄가 성립(대법원 1997. 6. 27, 97도508)
- 甲에 대하여 A에 대한 사기죄와 B에 대한 사기죄 및 통신사기피해환급법위반죄의 각 공동정범이 성립하고, B에 대한 각 죄는 상상적 경합관계, A와 B에 대한 각 죄는 실체적 경합관계

(2) 乙과 싸우면서 식칼로 찌르려고 한 행위

1) 문제의 제기
- 甲이 乙과 몸싸움을 하던 중 주방에 있던 위험한 물건인 식칼로 乙을 찌르려고 하였으나, 乙에게 칼을 빼앗겨 찌르지 못하고 미수에 그친 행위는 특수상해미수죄(형법 제258조의2 제3항, 제1항, 제257조 제1항)의 구성요건에 해당하고, 살인의 고의를 인정하기에는 부족
- 이때, 체격이 왜소한 甲이 힘이 센 乙에게 밀리자 위 식칼로 乙을 찌르려고 한 행위가 정당방위(형법 제21조 제1항)에 해당되어 위법성이 조각되는지가 문제됨
- 다만, 위법성이 조각되더라도 그 전에 몸싸움을 하였으므로 폭행죄(형법 제260조 제1항)는 성립

2) 정당방위 성립 여부
- 정당방위가 성립하기 위해서는 ① 현재의 부당한 침해가 있을 것, ② 자기 또는 타인의 법익을 방위하기 위한 행위일 것, ③ 상당한 이유가 있을 것의 요건이 구비되어야 함(형법 제21조 제1항)
- 그러나 싸움의 경우 가해행위는 방어행위인 동시에 공격행위의 성격을 가지므로 원칙적으로 정당방위 또는 과잉방위행위라고 볼 수 없음(대법원 2000. 3. 28, 2000도228)

- 다만, ⓐ 일방이 싸움을 중지하였거나(대법원 1957. 3. 8, 4290형상18), ⓑ 싸움에서 당연히 예상할 수 있는 범위를 넘는 공격이 있거나(대법원 1968. 5. 7, 68도370), ⓒ 외관상 싸움을 하는 것으로 보이지만 한 쪽 당사자가 일방적으로 공격을 가하고 상대방은 이를 벗어나기 위한 소극적인 방어의 한도를 벗어나지 않는 유형력을 행사한 경우(대법원 2007. 8. 23, 2007도3443)에는 예외적으로 정당방위 인정
- 본 사례는 위 예외사례에 해당하지 않으므로 정당방위에 해당하지 않음

3) 소결

- 甲에 대하여 특수상해미수죄가 성립

(3) 丁에게 乙을 살해할 것을 부탁한 행위

1) 정범인 丁의 형사책임

- 丁의 착오는 '구체적 사실의 착오'(동일 구성요건 내에서의 착오) 중 '객체의 착오'에 해당
- 구체적 사실의 착오의 경우에 고의가 인정되는지에 대해서는 ① 행위자가 인식한 내용과 발생한 사실이 구체적으로 부합하지 않는 한 고의가 조각된다는 구체적 부합설, ② 인식한 내용과 발생한 사실이 법정 구성요건의 범위 내에서 부합하면 고의가 인정된다는 법정적 부합설(통설 및 판례)
- '객체의 착오'의 경우에는 어느 견해에 의하더라도 고의가 인정됨
- 丁에 대하여 C에 대한 살인미수죄(형법 제254조, 제250조 제1항) 성립

2) 교사자인 甲의 형사책임

- 피교사자가 '구체적 사실의 착오'(동일 구성요건 내에서의 착오) 중 '객체의 착오'를 일으킨 경우, 교사자의 처리가 문제됨
- 이에 대해서는 ① 객체의 착오를 교사자에게도 귀속시켜야 한다는 객체의 착오설, ② 피교사자의 객체의 착오는 교사자에게는 방법의 착오가 된다는 방법의 착오설(통설), ③ 인과과정의 착오로 해결해야 한다는 인과과정의 착오설이 대립
- ①설에 의하면, C에 대한 살인미수교사죄가 성립
- ②설에 의할 경우, ⓐ 구체적 부합설에 의하면 乙에 대한 살인미수교사죄와 C에 대한 과실치상죄의 상상적 경합범이, ⓑ 법정적 부합설(대법원 1975. 4. 22, 75도727)에 의하면 C에 대한 살인미수교사죄가 각 성립

- ③설에 의하면, C에 대한 살인미수교사죄
- ②의 ⓑ설이 타당하므로 甲에 대하여 C에 대한 살인미수교사죄 성립

(4) 소결

- 甲에 대하여 A에 대한 사기죄, B에 대한 사기죄와 통신사기피해환급법위반죄의 각 공동정범, 乙에 대한 특수상해미수죄, C에 대한 살인미수교사죄가 각 성립하고,
- B에 대한 각 죄는 상상적 경합관계, 나머지 죄들은 실체적 경합관계

2. 乙의 형사책임

(1) 사기죄 및 통신사기피해환급법위반죄의 공동정범 성립 여부

- 앞서 살펴본 대로 乙에 대하여 A에 대한 사기죄와 B에 대한 사기죄 및 통신사기피해환급법위반죄의 각 공동정범이 성립하고, B에 대한 각 죄는 상상적 경합관계, A와 B에 대한 각 죄는 실체적 경합관계

(2) 살인미수죄의 성립 여부

1) 문제의 제기
- 식칼로 甲의 목을 찌른 행위는 살인의 고의(미필적 고의 포함)가 인정되므로 살인미수죄(형법 제254조, 제250조 제1항)의 구성요건에 해당
- 다만, 甲이 식칼로 찌르려고 하여 이를 빼앗아 甲의 목을 찔렀으므로 정당방위(형법 제21조 제1항)에 해당하는지 여부가 문제됨

2) 정당방위 성립 여부
- 싸움은 원칙적으로 정당방위가 인정되지 않지만, 甲이 몸싸움 중 식칼로 찌르려고 하였으므로 예외적으로 이에 해당할 여지가 없는 것은 아니지만(대법원 1968. 5. 7, 68도370), 이 경우에도 '상당한 이유'가 인정되어야 함
- '방위행위의 상당성'은 침해행위에 의해 침해되는 법익의 종류, 정도, 침해의 방법, 침해행위의 완급과 방위행위에 의해 침해될 법익의 종류, 정도 등 일체의 구체적 사정들을 참작하여 판단하여야 함(대법원 2006. 4. 27, 2003도4735)
- 乙이 식칼을 빼앗아 목을 찌른 점에 비추어 '상당성'이 인정되지 않으므로 정당방위는 물론 과잉방위에 해당하지 않음(대법원 2001. 5. 15, 2001도1089)

3) 소결
- 乙에 대하여 살인미수죄가 성립

(3) 절도죄의 성립 여부

- 乙은 위 식칼로 甲을 찌른 후 甲 소유의 위 식칼을 가지고 도주
- 절도죄(형법 제329조)가 성립하기 위해서는 고의 외에 초과주관적 위법요소로서 '소유권 침해의 의사', 즉 불법영득의사가 필요한지에 대해서는 ① 불요설과 ② 필요설(통설 및 판례) 대립
- 판례는 불법영득의사란 ⓐ 타인의 물건을 그 권리자를 배제하고, ⓑ 자기의 소유물과 같이 그 경제적 용법에 따라 이용·처분하고자 하는 의사를 말한다고 하는데(대법원 2014. 2. 21, 2013도14139), ⓐ는 '권리자배제의사'로서 불가벌인 사용절도(재산의 일시사용)을 배제하는 기능(소극적 요소), ⓑ는 '이용·처분의사'로서 절도죄와 손괴죄를 구별하는 기능(적극적 요소)을 가짐

- 따라서 살인 범행의 증거를 인멸하기 위하여 피해자의 주머니에서 지갑을 가져가 소각한 경우에는 불법영득의사가 인정되지 않음(대법원 2000. 10. 13, 2000도3655)
- 본 사례에서는 명확하지 않지만 경제적으로 이용·처분하기보다는 범행의 증거물을 없애기 위하여 가지고 간 것으로 보이므로 불법영득의사가 인정되지 않아 절도죄 불성립

(4) 소결

- 乙에 대하여 A에 대한 사기죄, B에 대한 사기죄와 통신사기피해환급법위반죄의 각 공동정범, 乙에 대한 살인미수죄가 각 성립하고,
- B에 대한 각 죄는 상상적 경합관계, 나머지 죄들은 실체적 경합관계

3. 丙의 형사책임

(1) 문제의 제기

- 丙이 남편인 乙이 많은 피를 흘리며 쓰러져 있는 것을 발견하고 죽을 수도 있다고 생각하면서도, 乙이 차라리 죽었으면 좋겠다는 생각에 그대로 두고 나감
- 이후 乙은 병원으로 후송되어 치료를 받고 퇴원하였음
- 丙에 대하여 부작위에 의한 살인미수죄가 성립하는지 여부가 문제됨
- 丙에 대하여 주관적 구성요건인 살인의 고의는 인정됨
- 객관적 구성요건으로 ① 보증인지위가 인정되어야 하고, ② 부작위가 작위에 의한 구성요건, 즉 살인의 실행과 같이 평가할 수 있어야 하고(행위정형의 동가치성), ③ 부작위와 결과 사이에 인과관계가 인정되어야 하고, 나아가 ④ 위법성과 책임이 인정되어야 함
- 본 사례에서는 위 ① 내지 ③이 인정되는지가 문제됨

(2) 보증인지위의 인정 여부

- 보증인지위가 인정되려면 ① 법익의 담당자가 위협되는 침해에 대하여 스스로 보호할 능력이 없고, ② 부작위범에게 그 위험으로부터 법익을 보호해야 할 의무, 즉 작위의무(보증인의무)가 있고, ③ 부작위범이 이러한 보호기능에 의하여 법익침해를 야기한 사태를 지배하고 있어야 함(통설·판례(대법원 2015. 11. 12, 2015도6809 전원합의체))
- ②의 작위의무의 발생근거와 내용에 관하여는, ⓐ 형식설(발생근거인 법령 등에 의하여 작위의무를 인정), ⓑ 기능설(법익의 보호기능에 의한 보호의무와 위험에 대한 감시의무에 따른 지배의무로 분류), ⓒ 통합설(통설)이 대립

- 어느 견해에 의하든 법령·계약·조리·선행행위로부터 작위의무 발생(2015도6809 전원합의체)
- 丙에 대하여 법률상의 배우자로 부부 사이의 부양의무를 규정하고 있는 민법 제826조에 의하여 작위의무가 인정되므로(대법원 2018. 5. 11, 2018도4018) 보증인지위 인정됨

(3) 행위정형의 동가치성 인정 여부

- 부작위가 작위에 의한 구성요건의 실현과 같이 평가될 수 있어야 한다는 것을 의미
- 모든 범죄에서 부작위 행위자가 작위의무의 이행으로 결과발생을 쉽게 방지할 수 있으면 동가치성이 인정됨(2015도6809 전원합의체)
- 119에 신고하는 등으로 쉽게 사망이라는 결과발생을 방지할 수 있었음에도 그대로 두고 나간 丙의 부작위는 작위의 살인행위와 동가치성 인정됨

(4) 실행의 착수

- 부진정부작위범의 실행의 착수시기에 관하여, ① 부작위행위자가 최초의 구조가능성을 놓쳤을 때, 즉 작위의무에 즉시 대처하지 않으면 부작위범의 실행의 착수가 있다는 최초의 구조가능시설, ② 부작위행위자가 최후의 구조가능성을 놓쳤다고 생각할 때 실행의 착수가 있다는 최후의 구조가능시설, ③ 행위자가 구체적 위험을 기준으로 판단하여 법익에 대한 위험이 언제든지 결과발생으로 연결될 수 있다고 믿은 순간에 실행의 착수가 있다는 절충설이 대립

- 丙은 칼에 찔려 피를 흘리는 甲을 발견하고 죽을 수도 있다고 생각하고도 아무런 구조조치 없이 현장을 이탈해버렸으므로 어느 견해에 의하더라도 실행의 착수는 인정됨
- 그리고 丙의 실행의 착수, 즉 부작위로 인하여 甲의 사망의 위험이 증대되었으나, 결국 甲은 병원으로 후송되어 치료를 받고 퇴원하였으므로 사망의 결과는 발생하지 않았음

(5) 소결

- 丙에 대하여 부작위에 의한 살인미수죄 성립

4. 丁의 형사책임

(1) 살인미수죄의 성립 여부

- 앞서 살펴본 바와 같이 C에 대한 살인미수죄 성립

(2) 공문서부정행사죄의 성립 여부

- 사법경찰관 P2로부터 인적사항을 확인받자 자신의 친형 D의 운전면허증을 제시
- 공무원 또는 공무소의 문서를 부정행사하면 공문서부정행사죄(형법 제230조)가 성립하는데, '부정행사'란 사용권한자와 용도가 특정되어 작성된 공문서를 사용권한 없는 자가 사용권한이 있는 것처럼 가장하여 부정한 목적으로 행사하거나 또는 권한 있는 자라도 정당한 용법에 반하여 부정하게 행사하는 경우를 말함(대법원 1999. 5. 14, 99도206)

- 운전면허증은 공문서로서 제3자로부터 신분확인을 위하여 신분증명서의 제시를 요구받고 다른 사람의 운전면허증을 제시한 행위는 그 사용목적에 따른 행사로서 공문서부정행사죄에 해당(대법원 2001. 4. 19, 2000도1985 전원합의체)
- 丁에 대하여 공문서부정행사죄 성립

(3) 사서명위조죄 및 위조사서명행사죄의 성립 여부

- P2가 작성한 피의자신문조서 말미에 D 명의로 서명날인
- 행사할 목적으로 타인의 서명을 위조하거나 위조한 타인의 서명을 행사한 때는 사서명위조죄(형법 제239조 제1항) 및 위조사서명행사죄(형법 제239조 제2항) 성립

- 피의자가 피의자신문조서 말미의 서명날인란에 타인의 서명을 한 경우, 사서명위조 및 위조사서명행사죄가 성립(대법원 2005. 7. 14, 2005도3357)
- 따라서 丁에 대하여 사서명위조죄와 위조사서명행사죄가 각 성립하고, 두 죄는 실체적 경합관계(상상적 경합이라는 견해도 있음)

(4) 소결

- 丁에 대하여 살인미수죄, 공문서부정행사죄, 사서명위조죄, 위조사서명행사죄가 각 성립하고, 각 죄는 실체적 경합관계

Ⅱ. 식칼의 증거능력

•사실관계

甲	• 집 주방에 있던 식칼로 乙을 찌르려고 함
乙	• 甲으로부터 식칼을 빼앗아 甲의 목을 찌름 • 식칼을 가지고 도주
P1	• 乙을 적법하게 체포 • 乙로부터 식칼을 임의로 제출받아 압수 • 사후영장은 발부받지 않음
乙	• 부동의

1. 압수의 적법성

- 소유자·소지자 또는 보관자가 임의로 제출한 물건 또는 유류한 물건은 영장 없이 압수할 수 있고(형소법 제218조, 제108조), 이 경우 사후영장을 받을 필요는 없음
- 본 사례에서 사법경찰관 P1은 범행에 사용된 증거물인 甲 소유의 식칼을 적법하게 체포한 소지자 乙로부터 임의제출받아 영장 없이 압수하고, 사후영장을 발부받지 않았음
- 이때 ① 체포된 사람이 임의제출하는 물건이나, ② 적법한 권원이 없는 사람이 임의제출하는 물건도 영장 없이 압수할 수 있는지 여부가 문제됨

(1) 체포된 사람이 임의제출하는 물건의 영장 없는 압수 여부

- 체포현장에서의 압수·수색(형소법 제216조 제1항 제2호), 긴급체포 시의 압수·수색(형소법 제217조 제1항)의 경우 사후영장에 의한 통제가 있음에 비추어, 체포된 사람이 임의제출하는 물건에 대한 영장 없는 압수가 허용되는지 여부에 관하여, ① 긍정설과 ② 부정설이 대립
- 판례는 현행범인 체포현장에서 소지자 등으로부터 임의제출을 받은 경우에 영장 없이 압수할 수 있고, 사후영장도 받을 필요가 없다고 판시하여(대법원 2016. 2. 18, 2015도13726; 대법원 2019. 11. 14, 2019도13290), ①의 긍정설의 입장

(2) 적법한 권원이 없는 사람이 임의제출하는 물건의 영장 없는 압수 여부
- 임의제출을 할 수 있는 사람은 적법한 권원을 가지고 있을 필요가 없으므로, 소유자가 아닌 소지자도 임의제출을 할 수 있음
- 판례도 교도관이 보관하고 있던 재소자의 비망록을 뇌물수수죄 등의 증거자료로 사용하기 위하여 임의제출을 받아 압수한 것은 적법하다고 판시(대법원 2008. 5. 15, 2008도1097)

(3) 소결
- P1이 적법하게 체포된 소지자 乙로부터 위 식칼을 임의제출받아 압수한 것은 적법함

2. 식칼의 증거능력
- 위 식칼의 압수는 적법하므로 위법수집증거배제법칙(형소법 제308조의2)이 적용될 여지는 없음
- 乙은 증거로 함에 부동의하였는데, 물건이 증거동의의 대상이 되는지 여부에 대해서는 ① 긍정설과 ② 부정설(통설)이 대립
- 실무는 ①의 긍정설의 입장
- 위 식칼은 비진술증거이므로 전문법칙의 대상이 아니므로, 증거의 진정성이 증명되면 증거능력이 있음

3. 설문의 해결
- 위 식칼은 진정성이 증명되면 유죄의 증거로 사용할 수 있음
- 진정성은 식칼의 소유자인 甲이나 압수한 사법경찰관 P1의 증언 등 다양한 방법을 통하여 증명 가능
- 본 사례에서는 甲으로부터 빼앗아 가지고 도주한 위 식칼을 압수하였으므로 진정성이 인정되어 증거로 사용할 수 있음

Ⅲ. 검증조서의 증거능력

•사실관계

P1	• 乙과 함께 현장검증 실시 • 범행현장사진 촬영(①사진) • 범행재연사진 촬영(②사진) • 범행진술내용 기재된 검증조서 작성(①, ②사진 첨부)
乙	• 부동의

1. 검증조서 자체의 증거능력

(1) 검증의 적법성

- 수사기관의 검증은 강제처분으로서 원칙적으로 영장을 요하지만(형소법 제215조), 예외적으로 긴급성 등을 고려하여 일정한 경우 영장에 의하지 않는 검증이 허용됨(형소법 제216조 내지 제217조)
- P1이 乙을 적법하게 체포하면서 식칼을 임의제출받아 압수하고 乙과 함께 현장검증을 실시하였는데, 검증의 적법성에 대한 특별한 언급이 없으므로 적법한 것을 전제로 함

(2) 검증조서 자체의 증거능력

- 수사기관의 검증조서는 형소법 제312조 제6항에 의하여 증거능력 판단
- 즉, ① 적법한 절차와 방식에 따라 작성되고, ② 공판준비 또는 공판기일에서의 작성자의 진술에 의하여 성립의 진정이 증명되면 증거로 할 수 있음
- 본 사례에서 ①은 인정되므로, 작성자인 P1의 증언에 의하여 성립의 진정이 증명되면 증거로 사용할 수 있음

2. 현장사진의 증거능력

- 검증조서에는 검증목적물의 현상을 명확하게 하기 위하여 사진이나 도면을 첨부할 수 있는데(형소법 제49조 제2항),
- 검증조서에 첨부된 '혈흔이 남아 있는 범행현장의 사진'의 증거능력을 위 검증조서와 구별하여 판단해야 하는지 여부가 문제됨
- 이에 대해서는 ① 현장사진은 검증조서의 일부를 이루는 보조수단에 불과하므로 검증조서와 일체적으로 판단해야 한다는 일체설과 ② 검증조서와 구별하여 판단해야 한다는 구별설이 대립
- ①설이 통설, 실무(사법연수원, 법원실무제요 형사 [Ⅰ], 485면)로서 타당
- 위 현장사진은 검증조서와 일체로 증거능력을 판단하여야 하므로 형소법 제312조 제6항에 따라 검증조서가 증거능력이 인정되면 증거로 사용할 수 있음

※ ②설에 의할 경우 현장사진의 법적 성격과 관련하여 견해가 대립하지만, 이 역시 비진술증거이므로 P1의 증언 등 다양한 방법으로 진정성이 인정되면 증거능력 인정됨

3. 범행재연사진의 증거능력

- 범행재연사진은 진술을 대신하여 행동으로 진술한 것을 찍은 사진이므로 진술증거의 증거능력 문제로 다루어야 함(통설 및 판례(대법원 2007. 4. 26, 2007도1794))
- 본 사례에서는 사법경찰관 P1이 피의자 乙의 범행재연을 사진촬영한 것이므로 '검사 이외의 수사기관이 작성한 피의자신문조서'와 같이 증거능력을 판단(형소법 제312조 제3항)
- 즉, ① 적법한 절차와 방식에 따라 작성된 것으로서, ② 공판기일에 피고인 또는 변호인이 그 내용을 인정할 때에 한하여 증거능력이 인정됨
- 乙이 내용 부인 취지로 증거부동의하였으므로 증거능력이 없음

4. 자백 진술의 증거능력

- 검증조서에 기재된 현장에서의 진술에는 검증대상을 지시하여 설명하는 현장지시진술과 범행에 관한 현장진술이 있는데, 이를 구분하여 증거능력을 판단해야 하는지 문제됨
- 이에 대해서는 ① 비구분설(검증조서부정설), ② 구분설, ③ 현장지시가 검증활동의 동기를 설명하는 비진술증거로 사용될 때에는 검증조서와 일체를 범죄사실을 인정하기 위한 진술증거로 사용되는 경우에는 현장진술과 동일하게 취급해야 한다는 수정구분설이 대립
- 판례는 범행에 부합하는 피고인의 진술은 검증조서와는 별개로 진술증거로 증거능력을 판단한다고 판시하여(대법원 1988. 3. 8, 87도2692), 원칙적으로 이를 구분하는 입장

- 乙이 "식칼로 甲의 목을 찔렀다."고 한 진술은 현장지시진술이 아니라 범행과 관련된 '현장진술'에 해당
- 따라서 형소법 제312조 제3항에 의하여 증거능력을 판단
- 乙이 내용 부인 취지로 증거부동의하였으므로 증거능력 없음

5. 설문의 해결

- 검증조서에 첨부된 현장사진은 검증조서 자체와 같이 형소법 제312조 제6항의 요건을 충족하면 피고인 乙의 증거부동의에도 불구하고 증거능력이 인정될 수 있으나,
- 범행재연사진과 乙의 자백 기재 진술은 형소법 제312조 제3항에 의하여 乙이 내용 부인 취지로 증거부동의를 하였으므로 각 증거능력이 없음

Ⅳ. 공범인 공동피고인에 대한 사경 작성 피의자 신문조서의 증거능력

1. 문제의 제기

- 검사가 甲에 대한 유죄의 증거로 '공범인 공동피고인'인 乙의 자백이 기재된 P1 작성의 乙에 대한 피의자신문조서를 증거로 제출하였는데, 甲이 증거부동의
- 乙이 그 후 사망한 경우, 위 피신조서의 증거능력은?
- 이와 관련하여, ① 어느 전문법칙 예외규정이 적용되는지(형소법 제312조 제3항 vs. 제4항)
- ② 증거능력의 예외규정인 형소법 제314조를 적용할 수 있는지 문제됨

2. 형소법 제312조 제3항 또는 제4항의 적용 여부

- 이에 대해서는 ① 피고인에게 보다 유리한 제312조 제3항을 적용하여야 한다는 견해와 ② '피고인이 아닌 자의 진술을 기재한 조서'에 해당하므로 제312조 제4항을 적용하여야 한다는 견해가 대립
- ①의 견해 중에도 내용 인정의 주체와 관련하여 ⓐ 원진술자 내용인정설과 ⓑ 피고인 내용인정설이 있는데, 통설인 ①의 ⓑ설이 타당
- 판례도 같은 입장(대법원 2004. 7. 15, 2003도7185 전원합의체)

3. 형소법 제314조 적용 여부

- 이에 대해서는 ① 적용설(위 전문법칙 예외규정과 관련한 위 ①의 ⓐ설 및 ②설의 입장)과 ② 불적용설(위 ①의 ⓑ설)(통설)
- 판례도 ②설과 마찬가지로 적용할 수 없다는 입장(대법원 2004. 7. 15, 2003도7185 전원합의체)
- 따라서 형소법 제314조에 따라 증거능력을 인정할 여지는 없음

4. 설문의 해결

- 甲이 내용부인의 취지로 증거부동의하였으므로 증거능력이 인정되지 않고, 비록 乙이 사망하였더라도 형소법 제314조는 적용될 여지가 없으므로
- 위 피신조서는 甲에 대한 유죄의 증거로 사용할 수 없음

V. 임의동행의 적법성 및 진술서의 증거능력

1. 문제의 제기

- P1이 乙에게 임의동행을 요구하며 "동행을 거부할 수도 있지만 거부하더라도 강제로 연행할 수 있다."고 말함
- 乙이 명시적으로 거부의사를 표시하지 않고 동행에 응하여 경찰서로 감
- 경찰서에서 자백 진술서 작성
- 그 과정에서 P1이 화장실에 가는 乙을 감시
- 이때, 위 진술서의 증거능력은?

2. 임의동행의 적법성

- 임의동행이란 수사기관이 피의자의 동의를 얻어 피의자를 수사기관 등에 동행하는 것을 말함
- 형소법에는 명문의 규정이 없으며 경찰관 직무집행법상 불심검문을 위한 임의동행(동법 제3조 제2항)과 주민등록법상 신원이나 거주관계 확인을 위한 임의동행(동법 제26조)이 있음
- 임의동행의 법적 성격에 대해서는 ① 강제수사의 일종으로 보고 경찰관 직무집행법 등 법적 근거가 없는 임의동행은 위법하다는 강제수사설과 ② 형소법상 피의자에 대한 출석요구의 방식을 제한하고 있지 않으므로 임의수사의 일종으로 적법하다는 임의수사설(통설)이 대립

- 판례는 임의수사로 인정하면서도, "수사관이 동행에 앞서 피의자에게 동행을 거부할 수 있음을 알려 주었거나 동행한 피의자가 언제든지 자유로이 동행과정에서 이탈 또는 동행장소로부터 퇴거할 수 있었음이 인정되는 등 오로지 피의자의 자발적인 의사에 의하여 수사관서 등에의 동행이 이루어졌음이 객관적인 사정에 의하여 명백하게 입증된 경우에 한하여, 그 적법성이 인정된다"고 판시(대법원 2006. 7. 6, 2005도6810)

- 본 사례에서 ① P1이 乙에게 임의동행을 요구하면서 "동행을 거부할 수도 있지만 거부하더라도 강제로 연행할 수 있다."는 말을 하여 乙이 동행을 거부하기는 어려웠을 것으로 보이고, ② 동행 이후에도 화장실에 가는 것을 감시한 점에 비추어,
- 비록 동행할 당시에 P1이 물리력을 행사한 바가 없고 乙이 명시적으로 거부의사를 표명한 적이 없다고 하더라도 乙이 '오로지 자발적인 의사'로 동행에 응한 것은 아니라고 할 것이므로,
- 이는 임의동행이 아니라 사실상의 강제연행으로 불법체포에 해당(유사한 사례에 관하여 위법이라고 판시한 대법원 2011. 6. 30, 2009도6717)

3. 진술서의 증거능력

- 위법한 임의동행 후에 유치된 상태에서 작성한 진술서는 위법수집증거에 해당하고(위 2009도6717 판결), 위법수집증거배제법칙(형소법 제308조의2)에 의하여 원칙적으로 증거능력이 없음
- 다만, ① 수사기관의 절차 위반행위가 적법절차의 실질적인 내용을 침해하는 경우에 해당하지 아니하고, ② 오히려 그 증거의 증거능력을 배제하는 것이 헌법과 형사소송법이 형사소송에 관한 절차 조항을 마련하여 적법절차의 원칙과 실체적 진실 규명의 조화를 도모하고 이를 통하여 형사 사법 정의를 실현하려 한 취지에 반하는 결과를 초래하는 것으로 평가되는 예외적인 경우라면, 유죄의 증거로 사용할 수 있으나(대법원 2007. 11. 15, 2007도3061 전원합의체),
- 위 진술서는 위 예외요건에 해당하지 않으므로 증거능력이 없음

사례 17. [20-변시(9)-1]
2020년 제9회 변호사시험 제1문

(1) 고등학교 체육교사인 甲이 학생 A와 B가 말다툼을 하는 것을 발견하고 다가가 훈계하자 A가 "이 아저씨는 누군데 간섭이야!"라고 말했고 화가 난 甲은 A에게 10여 명의 학생이 지켜보는 가운데 "배워먹지 못한, 이 싸가지 없는 것, 망할 년"이라고 소리를 지르며, 들고 있던 종이 수첩으로 A의 머리를 때렸다. 그 후 A의 아버지 C는 甲을 경찰에 고소하고 학교장에게 甲의 파면을 요구하였고, 甲은 결국 사직서를 제출하였다.

(2) 甲은 친구 乙, 丙에게 이러한 사정을 말하고 "C만 나대지 않았어도 일이 이렇게 되지는 않았을 것이다."라고 울분을 토로한 후 乙과 丙에게 "학교 앞에서 귀금속 판매점을 운영하고 있는 C를 찾아가 며칠간 입원해야 할 정도로 혼내주었으면 좋겠다."라고 부탁하였다. 사실 乙은 C와 원한관계에 있었고 건장한 C가 남들이 모르는 특이한 심장병을 앓고 있는 것을 알고 있었기 때문에 이 기회에 C가 죽었으면 좋겠다고 생각하여 위 부탁을 받아들였고, 이러한 사실을 알지 못하는 丙도 수락하였다.

(3) 甲은 범행 당일 아침 乙에게 전화를 걸어 "어제는 술김에 화가 나서 그런 말을 한 것이니까 C에 대한 일은 없었던 것으로 해라."라고 말하였지만 이 기회를 놓칠 수 없다고 판단한 乙은 甲에게 거절의사를 분명히 하였다. 당일 오후경 乙은 귀금속 판매점 밖에서 망을 보고 丙은 안으로 들어가서 C를 향해 주먹을 휘두르는 순간 심장이 약한 C가 느닷없이 쓰러졌다. 예상하지 못한 일에 당황한 丙은 C가 사망한 것으로 생각하였다.

(4) 밖으로 뛰어나온 丙이 乙에게 "큰일났다, 도망가자."라고 말하면서 급히 현장을 떠나자, 확인을 위해 판매점 안으로 들어간 乙이 기절하여 축 늘어져 있는 C를 보고 사망한 것으로 오인하여 사체은닉의 목적으로 C를 인근 야산에 매장하였다. 그런데 C는 부검결과, 매장으로 인한 질식사로 판명되었다.

〔2020년 제9회 변호사시험 제1문〕

설 문

1. (1)에서 甲의 죄책은? (15점)

2. (2), (3), (4)에서 甲, 乙, 丙의 죄책은? (45점)

3. 영장에 의해 구속된 丙이 피의자신문을 위한 경찰의 출석요구에 불응하자, 경찰은 유치장에 있던 丙을 경찰서 조사실로 강제로 구인한 후, 진술거부권을 고지하고 신문하였다. 경찰의 丙에 대한 피의자신문은 적법한가? (10점)

4. 기소의견으로 검찰에 송치된 丙을 신문한 검사가 "만약 수사에 협조하고 자백하면 당신(丙)은 처벌받지 않도록 하겠다."라고 하자, 丙은 검사의 말을 믿고 범행일체를 자백하였고 검사는 이를 조서로 작성한 후, 甲, 乙, 丙 모두를 공범으로 기소하였다. 丙이 그 후 공판기일에서 범행을 뉘우치고 자백한 경우 丙에 대한 피의자신문조서와 법정자백을 각각 甲, 乙, 丙의 유죄 인정의 증거로 사용할 수 있는가? (20점)

5. 제1심법원이 丙에 대하여 징역 1년을 선고하자, 丙은 항소하려고 담당 교도관에게 항소장 용지를 요청하였는데, 교도관이 착오로 상소권포기서 용지를 제공하였다. 丙은 용지를 확인해 보지도 않고 서명·제출하여 결국 항소포기가 확정되었다. 丙의 항소포기는 유효한가? (10점)

해 설

Ⅰ. 제1문 — (1)에서 甲의 형사책임

1. 문제의 제기

고등학교 체육교사인 甲이 학생인 A에게 욕설을 하며 소리를 지른 행위가 명예훼손죄 또는 모욕죄에 해당하는지, 종이 수첩으로 A의 머리를 때린 행위가 폭행죄에 해당하는지가 문제된다. 한편 甲이 말다툼하던 A와 B에게 훈계하던 중 반발하는 A에 대하여 위 행위를 하였으므로, 정당행위로서 위법성이 조각되는지가 문제된다.

2. A에게 소리를 지른 행위

(1) 명예훼손죄와 모욕죄의 구성요건 해당 여부

甲은 A에게 "배워먹지 못한, 이 싸가지 없는 것, 망할 년"이라고 소리를 질렀다. 甲의 말이 A의 사회적 가치 내지 평가를 저하시키는 말이라는 점에는 의문이 없다. 다만, 위 말이 명예훼손죄(형법 제307조 제1항)에 해당하는지 모욕죄(형법 제311조)에 해당하는지가 문제된다. 명예훼손죄는 '사실의 적시'가 있어야 하는데, 이는 시간적·공간적으로 구체적인 과거·현재의 사실관계에 관한 보고·진술로서 표현내용이 증거에 의한 입증이 가능한 것이어야 한다.[1] 여기에 미치지 못하고 사람의 사회적 평가를 저하시킬 만한 추상적 판단이나 경멸적 감정을 표현한 때에는 '모욕'에 해당한다.[2] 甲의 말은 입증이 가능한 구체적 사실이 아니라 추상적 판단이나 경멸적 감정을 표현한 것에 불과하므로 모욕에 해당한다.

한편 모욕죄가 성립하려면 공연성이 요구되는데,[3] 甲이 10여 명의 학생이 지켜보는 가운데 위와 같이 말하였으므로 공연성도 인정된다.

1) 대법원 2007. 10. 26. 선고 2006도5924 판결.
2) 대법원 2018. 11. 29. 선고 2017도2661 판결; 대법원 2022. 12. 15. 선고 2017도19229 판결.
3) 대법원 2018. 5. 30. 선고 2016도20890 판결; 대법원 2022. 6. 16. 선고 2021도15122 판결.

(2) 정당행위인지 여부

법령에 의한 행위 또는 업무로 인한 행위 기타 사회상규에 위배되지 않는 행위는 정당행위로서 위법성이 조각된다(형법 제20조). 고등학교 교사인 甲은 당연히 학생을 지도할 수 있는데(초·중등교육법 제20의조2), 甲의 위 발언이 '지도'에 해당하여 법령에 의한 행위 또는 사회상규에 위배되지 않는 행위로서 위법성이 조각되는지 문제된다.[1)]

먼저 학생에 대한 욕설이나 폭행에 해당하는 지도행위가 법령에 의한 행위인지를 살펴보면, 초·중등교육법 시행령 제40조의3 제1항에서 지도를 할 때에는 조언, 상담, 주의, 훈육·훈계 등의 방법으로 하되, 도구, 신체 등을 이용하여 학생의 신체에 고통을 가하는 방법을 사용해서는 안 된다고 규정하고 있는 점에 비추어, 법령에 의한 행위로 볼 수는 없다. 다음으로 사회상규에 위배되지 않는 행위인지를 살펴보면, 이러한 지도행위가 정당행위가 되기 위해서는, ① 학생의 잘못된 언행을 교정하려는 목적에서 나온 것이어야 하고(동기나 목적의 정당성), ② 다른 교육적 수단으로는 교정이 불가능하여야 하며(수단과 방법의 보충성), ③ 그 방법과 정도에서 사회통념상 용인될 수 있을 만한 객관적 타당성을 갖추어야(수단과 방법의 상당성)(**관련판례**).[2)] 나아가 ④ 보호이익과 침해이익의 법익균형성이 인정되어야 하고, ⑤ 긴급한 행위여야 한다.[3)]

甲은 지도 목적이 아니라 화가 나 위와 같이 말하였으며(① 관련), 개별적으로 교무실 등으로 불러 달리 훈계하는 방법이 있었을 뿐 아니라(②, ⑤ 관련), 다소 불손한 말을 하였을 뿐인데 여러 학생들이 지켜보는 가운데 여학생으로서는 감당하기 어려운 심한 모욕감을 주는 말을 하고, 들고 있던 종이 수첩으로 머리를 때린 점(③, ④ 관련)에 비추어, 위 정당행위의 요건을 갖추지 못하였으므로 위법성이 조각되지 않는다.[4)]

---

1) A를 때린 행위(폭행죄)와 함께 뒤에서 판단하여도 될 것이다.
2) (**관련판례**) 대법원 2004. 6. 10. 선고 2001도5380 판결 【폭행·모욕】. 「이 사건 사실관계에 위의 법리를 적용하여 본즉, 피고인이 피해자들의 각 언행을 교정하기 위하여는 위에서 본 학생지도 시의 준수요건을 지켜 개별적 지도로서 훈계하는 등의 방법을 사용할 수 있었던 상황이었으며 달리 특별한 사정은 인정될 수 없었음에도 스스로의 감정을 자제하지 못한 나머지 많은 낯모르는 학생들이 있는 교실 밖에서 피해자 학생들의 행동을 본 즉시 피고인 자신의 손이나 주먹으로 피해자 A의 머리 부분을 때렸고 피고인이 신고 있던 슬리퍼로 피해자 A의 양손을 때렸으며 감수성이 예민한 여학생인 피해자들에게 모욕감을 느낄 지나친 욕설을 하였던 것은 사회관념상 객관적 타당성을 잃은 지도행위이어서 정당행위로 볼 수 없다.」

   본 판결 평석은 이인영, "사회상규의 의미와 정당행위의 포섭행위 : 체벌의 허용요건과 정당행위", 형사판례연구 〔13〕, 2005, 169-189면.
3) 대법원 2001. 2. 23. 선고 2000도4415 판결. 본 판결 평석은 최병각, "정당행위와 사회상규", 형사판례연구 〔10〕, 2002, 114-136면.
4) 모욕적 표현과 정당행위에 대해서는 대법원 2022. 8. 25. 선고 2020도16897 판결; 대법원 2022. 10. 27.

(3) 소송조건 – 적법한 고소

모욕죄는 고소가 있어야 공소를 제기할 수 있는 친고죄이다(형법 제312조 제1항). 범죄로 인한 피해자(형소법 제223조)는 물론, 피해자가 미성년자인 경우에는 법정대리인도 독립하여 고소할 수 있다(형소법 제225조 제1항). 본 사례에서 A의 아버지인 C가 경찰에 고소하였는데, 통상 여고생은 미성년자이므로 특별한 사정이 없는 한[1] C의 고소는 적법하다.

(4) 소결

甲의 행위는 모욕죄에 해당하고, C의 고소는 적법하다.

3. 종이 수첩으로 머리를 때린 행위

(1) 폭행죄의 구성요건 해당 여부

종이 수첩으로 A의 머리를 때린 행위는 사람의 신체에 유형력을 행사한 것으로 폭행죄(형법 제260조 제1항)에 해당한다. 신체의 중요 부분인 머리를 때리기는 하였지만, 종이 수첩은 사회통념에 비추어 상대방이나 제3자가 생명·신체에 위험을 느낄 수 있는 '위험한 물건'[2]이라고 보기 어려우므로 특수폭행죄(형법 제261조)가 성립할 여지는 없다.

(2) 정당행위인지 여부

甲의 모욕죄에서 살펴본(위 1의 (2)) 바와 마찬가지로, 정당행위의 요건을 하나도 갖추지 못하였으므로 위법성이 조각되지 않는다.

(3) 소결

甲의 행위는 폭행죄에 해당한다. 폭행죄는 반의사불벌죄이므로 피해자의 명시한 의사에 반하여 공소를 제기할 수 없다(형법 제260조 제3항).[3]

선고 2019도14421 판결; 대법원 2024. 9. 12. 선고 2020도12920 판결.

1) 학년도 특정되어 있지 않다. 다만 A가 특별한 사정이 있어 성년인 경우, C의 고소는 부적법하다.

2) 대법원 2003. 1. 24. 선고 2002도5783 판결(재물손괴).

3) 피해자의 법정대리인의 고소권은 고유권이므로(대법원 1999. 12. 24. 선고 99도3784 판결), 미성년자인 A가 처벌불원의사표시를 하였더라도 법정대리인 C의 독자적인 처벌의사표시는 유효하다. 그리고 A의 처벌불원의사에 C의 동의는 필요 없다(대법원 2009. 11. 19. 선고 2009도6058 전원합의체 판결).

4. 설문의 해결

甲에 대하여 모욕죄와 폭행죄가 각 성립한다. 두 죄의 관계에 대해서는 ① 일련의 모욕과정에서 그 수단이 폭행에 해당하므로(또는 일련의 폭행과정에서 욕설을 하였으므로) 상상적 경합관계라는 견해, ② 폭행은 통상 상대방의 인격에 대한 모욕을 포함하므로 법조경합으로 폭행죄만 성립한다는(폭행죄의 법정형 장기는 2년 이하 징역, 모욕죄는 1년 이하 징역) 견해도 있다. 그러나 ③ 별개의 행위로서 보호법익과 행위태양이 다른 점에 비추어 실체적 경합관계라고 할 것이다.

Ⅱ. 제2문 — (2), (3), (4)에서 甲, 乙, 丙의 형사책임

1. 문제의 제기

甲은 乙과 丙에게 "귀금속 판매점을 운영하고 있는 C를 찾아가 며칠간 입원해야 할 정도로 혼내주라."고 부탁하였고, 乙과 丙은 이를 수락하였다. 특히, C에 대하여 원한이 있는 乙은 C가 특이한 심장병을 앓고 있는 것을 알고 있어 C가 이 기회에 죽기를 희망하면서 수락하였다. 그런데 甲은 범행 당일 아침에 乙에게 전화를 걸어 위 부탁을 철회하였으나 C는 이를 분명하게 거절하였다. 乙과 丙은 당일 오후 C의 위 판매점으로 가서 ① 乙은 밖에서 망을 보고 丙은 안으로 들어가 C를 향해 주먹을 휘둘렀는데, 그 순간 C가 느닷없이 쓰러지자 당황한 丙은 C가 사망한 것으로 생각하고 도망하였고, ② 乙은 확인을 위해 안으로 들어가 C가 사망한 것으로 오인하고 사체은닉의 목적으로 C를 인근 야산에 매장하였는데, C는 매장으로 인한 질식사로 사망하였다.

이와 관련하여 현장에서 실행행위를 분담한 乙과 丙이 위 ①, ②행위에 대하여 어떠한 형사책임을 지는지, 교사의사를 철회한 甲이 교사범으로서의 책임을 지는지 여부가 문제된다.

2. 乙과 丙의 형사책임

(1) 공동 형사책임 - 폭력행위등처벌에관한법률위반(공동주거침입)죄

乙은 위 점포 밖에서 망을 보고, 丙이 C를 구타할 목적으로 위 점포에 들어간 행위가 폭력행위등처벌에관한법률위반(공동주거침입)죄(동법 제2조 제2항 제1호, 형법 제319조 제1항)에 해당하는지 문제된다.

위 점포는 C가 주거로 사용하고 있었다면 주거에, 그렇지 않으면 건조물에 해당한다. 위 점포는 귀금속 판매점이므로 원칙적으로 일반인의 출입이 허용된 곳이기는 하지만, 점포의 영업 내용과는 관계없이 영업주를 직접적으로 구타할 목적을 가지고 망을 보고 들어가는 등 통상적이지 않은 방식으로 들어간 점에 비추어 주거침입죄가 성립한다.[1] 공동범에서의 '2명 이상이 공동하여'는 수인 간에 소위 공범관계가 존재하고, 또 수인이 동일 장소에서 동일 기회에 상호 다른 사람의 범행을 인식하고 이를 이용하여 범행을 하는 것을 말한다.[2] 망을 보는 행위도 공동행위에 포함된다.[3] 따라서 乙과 丙에 대하여 각 폭력행위등처벌에관한법률위반(공동주거침입)죄가 성립한다.

(2) 丙의 형사책임

㈎ 폭력행위등처벌에관한법률위반(공동상해)죄의 성립 여부

丙은 상해의 고의로 C를 향해 주먹을 휘둘렀고, C는 주먹에 맞지는 않았지만 그 순간 심장이 약해서 느닷없이 쓰러졌다. C가 쓰러지자 丙은 사망한 것으로 생각하였고, 나중에 乙도 사망한 것으로 오인한 점에 비추어 C는 기절한 것으로 보인다. 기절은 비록 외부적으로 상처가 발생하지는 않지만 생리적 기능에 훼손을 입은 것이므로 상해죄(형법 제257조 제1항)에서의 상해에 해당한다.[4]

다만 丙은 C가 특이한 심장병을 앓고 있었는지를 몰랐는데, 丙의 행위와 상해의 결과 사이에 인과관계가 인정되는지 문제된다. 특이체질인 사실을 몰랐던 경우, 일반적으로 인과관계에 관한 ① 조건설이나 ② 상당인과관계설 중 객관설의 입장에서는 인과관계가 인정되고, ③ 상당인과관계설 중 주관설이나 절충설에 입장에서는 부정될 것이다. 그리고 ④ 합법칙적 조건설에서도 인과관계가 인정되고 객관적 귀속도 인정될 것이다. 판례는 결과적 가중범인 폭행치사·상죄에서 구체적인 사실관계에 따라 인과관계(또는 예견가능성)를 인정하기도 하고,[5] 부정하기도 한다.[6]

---

1) 대법원 2022. 3. 24. 선고 2017도18272 전원합의체 판결 참조. 위 판결에 비추어 주거침입죄가 성립하지 않는다는 견해도 있을 수 있다.
2) 대법원 2000. 2. 25. 선고 99도4305 판결.
3) 대법원 1967. 12. 26. 선고 67도1469 판결(특수절도죄에서의 '합동'. 공동범에서의 '공동'과 '합동'은 같은 의미로 해석된다).
4) 대법원 1996. 12. 10. 선고 96도2529 판결.
5) 대법원 1967. 2. 28. 선고 67도45 판결(폭행을 당하고 지면에 전도되자 숨도 못 쉬고 의식을 잃었는데, 고혈압증이나 심근비대 등 순환장애가 있었던 경우); 대법원 1983. 11. 8. 선고 82도697 판결(뺨을 2회 때리고 두 손으로 어깨를 잡아 땅바닥에 넘어뜨리고 머리를 시멘트벽에 부딪치게 하였는데, 평소 고혈압과 선천성혈관기형인 좌측전고동맥류의 증세가 있었던 경우); 대법원 1986. 9. 9. 선고 85도2433 판결(2회에 걸쳐 두 손으로 힘껏 밀어 땅바닥에 넘어뜨렸는데, 심관상동맥경화 및 심근섬유화 증세 등의

생각건대 왼쪽 빰을 한 번 살짝 때렸는데 뒤로 넘어지면서 지면에 머리를 부딪쳐 특이체질로 사망한 경우에 인과관계를 부정한 판례[1]의 취지에 비추어, 이보다 범행의 정도가 더 경미한 丙의 행위에 대해서는 인과관계를 인정하기 어렵다고 할 것이다. 한편 乙은 살인의 고의를 가지고 있었지만 이는 상해의 고의를 포함하는 것이므로 丙과의 공범관계가 존재하고, 밖에서 망을 보았지만 앞서 살펴본 바와 같이 실행의 '공동'에 해당한다. 따라서 丙의 행위는 폭력행위 등 처벌에 관한 법률상의 공동상해의 미수(동법 제6조)에 해당하고, 丙에 대하여 폭력행위등처벌에관한법률위반(공동상해)죄(동법 제6조, 제2조 제2항 제3호, 형법 제257조 제1항)[2]가 성립한다.

(나) **살인죄의 공동정범 성립 여부**

乙의 형사책임에서 살펴보는 바와 같이 乙에 대해서는 살인죄가 성립한다. 그러나 丙은 乙에게 "큰일났다, 도망가자."라고 말하면서 급히 현장을 떠났고, 그 이후에 乙이 단독으로 C를 매장하여 그로 인하여 C가 사망하였다. 丙은 乙과 C의 상해를 공모하였으며, 乙의 행위로 인한 C의 사망을 예견할 만한 아무런 사정이 없어 예견가능성을 인정할 수 없으므로 살인죄(형법 제250조 제1항)는 물론 상해치사죄(형법 제259조 제1항)[3]의 공동정범이 성립할 여지가 없다. 나아가 C가 기절하였음에도 그대로 두고 도망갔다고 하더라도 丙에 대하여 선행행위로 인한 구호의무(작위의무)를 인정할 수 없으므로 부작위에 의한 살인죄나 유기치사죄가 성립할 여지도 없다.[4]

심장질환을 앓고 있었고 음주만취한 상태에 있었던 경우); 대법원 1989. 10. 13. 선고 89도556 판결(멱살을 잡아 흔들고 주먹으로 가슴과 얼굴을 1회씩 구타하고 멱살을 붙들고 부근의 통나무 쌓아놓은 곳으로 넘어뜨렸는데, 심장질환을 앓고 있었던 경우).

6) 대법원 1978. 11. 28. 선고 78도1961 판결(왼쪽 빰을 한번 살짝 때렸는데 뒤로 넘어지면서 머리를 지면에 부딪혀 우측 측두골부위에 선상골절상을 입고 지주막하출혈 및 뇌좌상을 일으켜 사망하였는데, 비정상적인 얇은 두개골이었고 뇌수종이 있었던 경우: 인과관계 부정); 대법원 1982. 1. 12. 선고 81도1811 판결(왼쪽 어깨쭉지를 잡고 약 7미터 정도 걸어가다가 피해자를 놓아주자 평상에 앉아 있다가 쓰러져 사망하였는데, 고혈압 증상이 있었던 경우: 예견가능성 부정); 대법원 1985. 4. 23. 85도303 판결(서로 시비하다가 떠밀어 땅에 엉덩방아를 찧고 주저앉게 하였는데, 관상동맥경화 및 협착증세를 가진 특수체질자인 경우: 예견가능성 부정).

1) 대법원 1978. 11. 28. 선고 78도1961 판결. 본 판결 평석은 송광섭, "피해자의 특이체질과 인과관계", 형법판례 150선(제3판), [6], 18-19면.

2) 동법상의 미수의 경우, 해당 기수죄명 다음에 미수 표시를 하지 않음(공소장 및 불기소장에 기재할 죄명에 한 예규).

3) 대법원 1991. 5. 14. 선고 91도580 판결.「피고인이 공범들과 공동하여 피해자의 신체를 상해하거나 폭행을 가하는 기회에 공범 중 1인이 고의로 피해자를 살해한 경우, 피고인이 살인행위를 공모하거나 공범의 살인행위에 관여하지 아니하였기 때문에 살인죄의 죄책은 지지 아니한다고 하더라도 상해나 폭행행위에 관하여는 서로 인식이 있었고 예견이 가능한 공범의 가해행위로 사망의 결과가 초래된 이상, 상해치사죄의 죄책은 면할 수 없다.」

4) 대법원 1980. 6. 24. 선고 80도726 판결(강간치상죄를 저지른 사람이 그 범행으로 인하여 실신상태에

(3) 乙의 형사책임

(가) 살인죄의 성립 여부

앞서 살펴본 바와 같은 乙은 丙과 공동으로 C를 쓰러뜨려 기절시켰고(제1행위), 기절한 C를 보고 사망한 것으로 오인하여 시체은닉의 목적으로 매장하였는데(제2행위), 사실은 C는 매장으로 인해 질식사하였다. 이때 乙에 대하여 살인죄(형법 제250조 제1항)가 성립하는지 여부가 문제되는데, 이는 제1행위와 제2행위를 어떻게 평가할 것인가 하는 문제와 연결된다.

먼저 제1행위에 관하여 살펴보면, 丙의 경우 상해의 결과에 대한 인과관계가 인정되지 않지만, 乙의 경우는 C에게 특이한 심장병이 있는 것을 알고 있었으므로 인과관계가 인정된다. 乙은 이 기회에 'C가 죽었으면 좋겠다고 생각하여' C에게 상해를 가해달라는 甲의 부탁을 받아들였다. 이런 점에서 乙에 대하여 C의 살인에 대한 고의를 인정할 수 있다. 다만, 이때의 고의가 확정적 고의인지 미필적 고의인지가 문제된다. 미필적 고의에 대해서는, ① 구성요건적 결과발생 가능성을 인식하는 것이라는 가능성설, ② 결과발생의 개연성을 인식하는 것이라는 개연성설, ③ 결과발생을 가능하다고 인식하고 그 결과가 발생해도 좋다고 승인하는 것이라는 용인설(통설), ④ 결과발생의 가능성을 인식하면서 구성요건 실현을 묵인하고 행위 시의 불명확한 상태를 견디기로 하는 것이라는 감수설이 대립한다. 판례는 ③의 용인설의 입장이다.[1] 본 사례에서 乙은 적극적으로 이 기회에 'C를 죽이겠다'는 의사가 아니라 '죽었으면 좋겠다'는 의사를 가졌으므로 판례에 의하면 미필적 고의가 인정된다.[2] 따라서 제1행위는 살인미수죄(형법 제254조, 제250조 제1항)에 해당한다.

다음으로 제2행위에 관하여 살펴보면, 乙은 C에 대한 살인의 고의는 없고 시체유기의 고의가 있을 뿐이다. 다만, 조금만 주의를 기울여 C의 상태를 살펴보았더라면 C가 기절하였을 뿐 죽은 것은 아니라는 점을 알 수 있을 것으로 보이므로 과실치사죄(형법 제267조)에도 해당한다.

그런데 결국은 乙의 의도대로 C가 사망하였으므로 제1행위와 제2행위를 나누어 판단할 것이 아니라 전체적으로 평가해야 한다는 논의가 있는데, 이를 통상 '개괄적

있는 피해자를 구호하지 않고 방치하더라도 포괄적으로 단일의 강간치상죄만 구성하고 별도의 중유기죄는 성립하지 않는다고 한 사례) 참조.

1) 대법원 2004. 5. 14. 선고 2004도74 판결.

2) 본 사례의 경우, '죽이겠다'는 실현의사를 가진 것은 아니지만 '죽어도 그만이다'라는 통상적인 용인의사에서 한 걸음 더 나아가 '죽었으면 좋겠다'는 희망의사를 가진 점에서 '준확정적 고의'로 볼 수도 있을 것이다.

고의(dolus generalis)의 사례'라고 한다. 이에 대해서는 ① 두 개의 행위를 하나의 행위로 보아 전체행위를 지배하는 개괄적 고의에 의하여 살인의 고의를 인정하여 살인의 기수를 인정할 수 있다는 개괄적 고의설, ② 인과과정은 행위자의 주관에 의하여 결정되지 않고 현실적으로 야기된 결과가 객관적으로 귀속될 수 있는지만 문제된다는 객관적 귀속설, ③ 고의의 선행행위로는 결과가 발생하지 않아 살인미수죄만 성립하고 후행행위 당시에는 살인의 고의가 없어 과실치사죄가 성립하며 두 죄는 실체적 경합관계라는 견해, ④ 인과관계의 착오이론에 의하여 해결하되 인과관계의 착오는 본질적이거나 중요하지 않으므로 행위자에게 살인기수를 인정해야 한다는 인과관계착오설 등이 주장된다.[1)] 판례는 이러한 학설과는 별개로 전 과정을 개괄적으로 보면 피해자의 살해라는 처음에 예견된 사실이 결국은 실현되었으므로 살인죄의 기수를 인정할 수 있다는 입장이다(**관련판례**).[2)]

판례에 따르면 제1행위와 제2행위의 전 과정을 개괄적으로 보아 乙에 대하여 살인죄가 성립한다.

(나) 시체은닉죄의 성립 여부

乙이 C를 시체은닉의 목적으로 인근야산에 매장한 행위는 시체은닉죄(형법 제161조 제1항)의 구성요건에 해당하는데, 乙에 대하여 살인죄와는 별도로 시체은닉죄가 성립하는지 문제된다. 이는 乙의 제1행위와 제2행위의 평가와 관련된다. 이에 대해서는 ⓐ '개괄적 고의 사례'에 관한 위 ③설의 입장에서 제2행위는 과실치사죄와 시체은닉죄에 각 해당하고 두 죄는 상상적 경합이라는 견해, ⓑ 살인죄와 시체은닉죄의 불능미수죄가 각 성립하고 두 죄는 실체적 경합이라는 견해도 있다. 그러나 ⓒ 전 과정을

---

1) ③설 또는 ④설을 주장하는 학자들이 많다.

2) (관련판례) 대법원 1988. 6. 28. 선고 88도650 판결 【살인·사체유기】. 「사실관계가 위와 같이 피해자가 피고인들이 살해의 의도로 행한 구타 행위에 의하여 직접 사망한 것이 아니라 죄적을 인멸할 목적으로 행한 매장행위에 의하여 사망하게 되었다 하더라도 전 과정을 개괄적으로 보면 피해자의 살해라는 처음에 예견된 사실이 결국은 실현된 것으로서 피고인들은 살인죄의 죄책을 면할 수 없다 할 것이므로 같은 취지에서 피고인들을 살인죄로 의율한 제1심 판결을 유지한 원심의 조치는 정당하고 거기에 아무런 잘못도 없다.」(사체유기죄도 별도 기소되었는데, 판결문상 살인죄로 의율한 제1심 판결을 원심에서 그대로 유지하였음).

같은 취지의 판결로는 대법원 1994. 11. 4. 선고 94도2361 판결(피고인의 구타행위로 상해를 입은 피해자가 정신을 잃고 빈사상태에 빠지자 사망한 것으로 오인하고, 자신의 행위를 은폐하고 피해자가 자살한 것처럼 가장하기 위하여 피해자를 베란다 아래의 바닥으로 떨어뜨려 사망케 하였다면, 피고인의 행위는 포괄하여 단일의 상해치사죄에 해당한다고 한 사례).

위 관련판례의 평석은 김호기, "개괄적 고의의 사례", 형법판례 150선(제3판), [12], 30-31면, 위 94도2362 판결의 평석은 장영민, "개괄적 과실(culpa generalis)? : 결과적 가중범에서의 결과귀속의 문제", 형사판례연구 〔6〕, 1998, 62-68면.

개괄적으로 보아 하나의 살인죄만 성립한다는 판례에 입장에 의하면, 매장행위는 살해의 수단에 지나지 않으므로 특별한 사정이 없는 한 별도로 시체은닉죄는 성립하지 않는다(시체은닉죄의 불능범)고 할 것이다.

(다) 주거침입죄의 성립 여부

丙이 도망간 다음 乙이 C의 상태를 확인하기 위하여 위 판매점 안으로 들어간 행위에 대하여 별도로 주거침입죄(형법 제319조 제1항)가 성립하는지 문제된다. 만일 성립한다고 할 경우 망을 본 범행과 실체적 경합이 되어 처음부터 침입한 丙과 비교하여 형의 불균형이 생기는데다, 망을 본 행위와 근접하여 침입한 점에 비추어 포괄하여 하나의 폭력행위등처벌에관한법률위반(공동주거침입)죄만 성립하고 별도로 주거침입죄는 성립하지 않는다고 할 것이다.

3. 甲의 형사책임

(1) 공범관계의 해소 여부

甲은 乙과 丙에게 위와 같이 범행을 교사한 후 범행 당일 아침 乙에게 전화를 걸어 "없었던 것으로 해라."고 말하였지만 乙은 거절의사를 분명히 하고 위와 같이 丙과 범행을 저질렀다. 이때 甲에 대하여 공범관계인 교사로부터 이탈(공범관계의 해소)이 인정되는지 문제된다.[1] 만일 이탈이 인정되면 설사 그 후 피교사자가 범죄를 저지르더라도 이는 당초의 교사행위에 의한 것이 아니라 새로운 범죄 실행의 결의에 따른 것이므로, 교사자는 효과 없는 교사(형법 제31조 제2항)의 형사책임을 부담함은 별론으로 하고, 형법 제31조 제1항의 교사범으로서 형사책임은 부담하지 않는다.

교사범이 공범관계로부터 이탈하기 위해서는 아래 요건이 충족되어야 한다.[2] ① 피교사자의 범죄 실행의 착수 전에 이탈하여야 한다. ② 이탈의 의사표시, 즉 교사범이 피교사자에게 교사행위를 철회한다는 의사를 표시하여야 한다. ③ 교사범에 의하여 형성된 피교사자의 범죄 실행의 결의가 해소되어야 한다. '범죄 실행의 결의의 해소'는 ⓐ 피교사자가 교사범의 의사에 따르기로 하거나, 또는 ⓑ 교사범이 피교사자의 범죄실행을 방지하기 위한 진지한 노력을 다하여 당초 피교사자가 범죄를 결의하게 된 사정을 제거하는 등 제반사정에 비추어 객관적·실질적으로 보아 교사범에게 교사의 고의가 계속 존재한다고 보기 어렵고 당초의 교사행위에 의하여 형성된 피교사자

---

1) 이에 대한 상세는 사례 15. [19-변시(8)-1] 제1문 3. 甲의 형사책임 부분 참조.

2) 대법원 2012. 11. 15. 선고 2012도7407 판결. 본 판결 평석은 류전철, "공범관계의 해소", 형사판례연구 〔22〕, 2014, 45-70면.

의 범죄 실행의 결의가 더 이상 유지되지 않는 것으로 평가할 수 있어야 한다.

본 사례에서 甲은 위 ①의 요건은 충족하였다. 그러나 乙에게만 전화로 이탈의 의사표시를 하고 丙에게는 아무런 연락을 하지 않았으므로 ②의 요건을 충족하였다고 보기 어렵다. 나아가 乙이 분명하게 거절하였으므로 ③의 ⓐ요건을 충족하지 못하였으며, 전화 외에 범죄실행의 방지를 위한 진지한 노력을 한 바 없어 ③의 ⓑ요건도 충족하지 못하였다.

따라서 공범관계인 교사로부터의 이탈이 인정되지 않으므로 甲은 乙과 丙의 범행에 대하여 교사범으로서의 형사책임을 진다.

(2) 폭력행위등처벌에관한법률위반(공동주거침입)죄의 교사범 여부

甲이 '위 판매점에 C를 찾아가 혼내주었으면 좋겠다'는 취지로 부탁하여 乙과 丙은 위와 같이 폭력행위등처벌에관한법률위반(공동주거침입)죄를 범하였다. 교사는 반드시 명시적·직접적 방법에 의함을 요하지 않고 묵시적인 경우도 포함되는데, C를 혼내주기 위해서는 반드시 위 판매점에 들어가야 하므로 甲의 부탁은 묵시적인 건조물침입의 교사로 볼 수 있다. 따라서 甲에 대하여 폭력행위등처벌에관한법률위반(공동주거침입)교사죄(동법 제2조 제2항 제1호, 형법 제319조 제1항, 제31조 제1항)가 성립한다.

(3) 폭력행위등처벌에관한법률위반(공동상해)죄의 교사범 여부

甲은 C를 혼내주라고 교사하였고 丙은 위와 같이 공동상해미수, 즉 폭력행위등처벌에관한법률위반(공동상해)죄를 범하였다. 甲은 상해의 기수를 교사하였지만, 丙은 상해의 미수에 그친 것이다. 교사범은 자신이 교사한 범위 내에서 정범의 실행행위에 대하여 책임을 지므로(공범종속성), 甲에 대하여 폭력행위등처벌에관한법률위반(공동상해)교사죄(동법 제6조, 제2조 제2항 제3호, 형법 제257조 제1항, 제31조 제1항)가 성립한다.

(4) 살인죄의 교사범 여부

甲은 C를 며칠간 입원해야 할 정도로 혼내주라고 교사하였으나 乙은 위와 같이 C를 살해하였다. 이는 교사의 양적 초과(과잉)에 해당된다. 교사의 질적 초과와 마찬가지로 양적 초과인 경우에도 원칙적으로 초과된 부분에 대하여 책임을 지지 않는다. 그러나 초과된 부분, 즉 사망의 결과에 대하여 과실 또는 예견가능성이 있으면 상해치사죄가 성립할 것이다.[1)] 본 사례에서 甲은 혼내주라고만 하였고, C의 지병을

1) 대법원 2002. 10. 25. 선고 2002도4089 판결.

알지 못하였으며, C는 상해가 아니라 매장행위로 사망하였으므로 사망의 결과에 대하여 예견가능성을 인정할 수 없다. 따라서 甲은 살인죄의 교사범으로서의 책임은 지지 않는다.

4. 설문의 해결

甲에 대하여 폭력행위등처벌에관한법률위반(공동주거침입)교사죄와 폭력행위등처벌에관한법률위반(공동상해)교사죄가, 乙에 대하여 폭력행위등처벌에관한법률위반(공동주거침입)죄와 살인죄가, 丙에 대하여 폭력행위등처벌에관한법률위반(공동주거침입)죄와 폭력행위등처벌에관한법률위반(공동상해)죄가 각 성립하고, 각 두 죄는 실체적 경합관계이다,

Ⅲ. 제3문 — 경찰의 丙에 대한 피의자신문의 적법성

1. 문제의 제기

영장에 의하여 구속된 丙이 피의자신문을 위한 경찰의 출석요구에 불응하자, 유치장에 있던 丙을 경찰서 조사실로 강제로 구인한 후, 진술거부권을 고지하고 신문하였다. 원래 피의자신문은 임의수사이므로 피의자는 수사기관의 출석을 거부할 수 있고 출석한 때에도 언제든지 퇴거할 수 있다. 그런데 영장에 의하여 구속된 피의자에게도 위 법리가 그대로 적용되는지, 아니면 출석요구에 불응할 경우에 강제로 구인하여 신문을 할 수 있는지가 문제된다.[1)]

2. 구속 피의자에 대한 신문을 위한 강제구인에 관한 학설 및 판례

(1) 학설[2)]

㈎ 긍정설(조사수인의무 긍정설)

구속된 피의자가 출석요구에 응하지 않는 경우 이미 발부된 구속영장의 효력에 의하여 구인함으로써 출석을 강제할 수 있다는 견해이다. 구속은 구금과 구인을 포함

1) 이에 대한 상세는 사례 9. [16－변시(5)－1] 제3문 '출석거부 구속 피의자에 대한 구인' 부분 참조.

2) 그 밖에 ① 구속 피의자가 출석요구에 불응하는 경우 역시 체포사유에 포함되므로 체포영장을 받아 출석을 강제할 수 있다는 견해, ② 출석의 강제는 개념상 구인에 해당하므로 영장을 발부받아 구인하면 되는데 현행법상 구인영장은 별도로 규정되어 있지 않으므로 구인용으로 구속영장을 발부받으면 된다는 견해가 있다.

하고(형소법 제69조), 구속에는 구금된 이후 형사절차의 진행을 위하여 구인하는 것이 포함된다고 해석해야 하므로 구금된 피의자나 피고인을 구인하는 데는 별도의 영장이 필요 없고, 이미 발부된 구속영장의 효력에 의하여 구인할 수 있다고 한다. 또한 수사상 강제처분으로서의 구속은 수사의 방법으로서 가장 중요하다고 할 수 있는 피의자에 대한 조사, 그중에서도 피의자신문을 예정하고 있다고 보아야 하고, 이때에도 진술거부권은 보장되므로 출석의 강제를 진술의 강제로 볼 수는 없다고 한다.

㈏ **부정설(조사수인의무 부정설)**

피의자신문은 임의수사로서 출석요구에 응할 의무가 없으므로 구속된 피의자 역시 출석할 의무가 없고, 출석을 강제할 수 없으므로 피의자의 의사에 반하여 구인할 수 없다고 보는 견해이다. 이 견해에 의하면 구속은 형사절차의 진행을 확보하기 위한 수단이지 피의자신문을 위한 수단은 아니며, 피의자신문을 위하여 피의자의 의사에 반하여 구인할 수 있다고 하면 실질적으로 출석뿐만 아니라 진술을 강요하는 결과를 초래하여 진술거부권을 침해하는 것이라고 한다.

(2) 판례

판례는 구속영장의 효력에 의하여 피의자신문을 위하여 피의자를 조사실로 구인할 수 있다고 한다(긍정설)(**관련판례**).[1)]

3. 설문의 해결

판례에 의하면 경찰은 피의자신문을 위한 출석요구에 불응하는 丙을 유치장에서 경찰서 조사실로 강제 구인하여 피의자신문을 할 수 있다. 다만 이 경우에도 진술거부권의 고지(형소법 제244조의3) 등 피의자신문에 대한 적법절차(형소법 제241조 내지 제244조의5)는 준수되어야 하는데, 진술거부권을 고지하고 신문하였으므로 경찰의 丙에 대한 피의자신문은 적법하다.

---

1) (**관련판례**) 대법원 2013. 7. 1. 자 2013모160 결정【준항고기각결정에 대한 재항고】. 「구속영장 발부에 의하여 적법하게 구금된 피의자가 피의자신문을 위한 출석요구에 응하지 아니하면서 수사기관 조사실에의 출석을 거부한다면 수사기관은 그 구속영장의 효력에 의하여 피의자를 조사실로 구인할 수 있다고 보아야 할 것이다.」
본 판결 해설은 김승주, "피의자신문의 법적 성격과 구속영장의 효력", 대법원판례해설 제98호(2013 하반기), 2014, 449-484면.

Ⅳ. 제4문 — 丙에 대한 검사 작성 피의자신문조서와 법정자백의 증거사용 여부

1. 문제의 제기

丙은 "만약 수사에 협조하고 자백하면 당신(丙)은 처벌받지 않도록 하겠다."는 검사의 말을 믿고 범행일체를 자백하였고, 검사는 이를 조서로 작성하였다. 그럼에도 丙은 甲, 乙과 공동피고인으로 기소되었다. 이때 위 자백이 형사소송법 제309조에 의하여 유죄의 증거로 사용할 수 없는 자백에 해당하는지 문제된다. 해당한다고 할 경우에 그 자백이 기재된 피의자신문조서의 증거능력이 인정되는지, 나아가 丙이 공판기일에서 범행을 뉘우치고 자백한 경우 그 법정자백의 증거능력이 인정되는지 문제된다. 또한 丙에 대한 피의자신문조서와 법정자백을 甲, 乙의 유죄 인정의 증거로 사용할 수 있는지도 문제된다.

2. 피의자신문조서의 증거사용 여부

(1) 자백배제법칙

피의자의 자백이 고문, 폭행, 협박, 신체구속의 부당한 장기화 또는 기망 기타의 방법으로 임의로 진술한 것이 아니라고 의심할만한 이유가 있을 때에는 이를 유죄의 증거로 사용하지 못한다(형소법 제309조). 이를 '자백배제법칙'이라고 한다.

자백배제법칙의 근거에 관하여는 ① 임의성 없는 자백은 허위 내용이 포함될 가능성이 높고 신용성이 낮기 때문에 증거능력이 부정된다는 허위배제설, ② 진술의 자유를 중심으로 한 피고인의 인권을 보장하기 위하여 강제, 고문 등에 의하여 얻은 임의성 없는 자백은 증거능력이 부정된다는 인권옹호설, ③ 자백취득과정에서 적정절차의 보장을 확보하기 위하여 적정절차의 요청에 위반하여 위법하게 취득된 자백은 증거능력이 부정된다는 위법배제설, ④ 허위배제와 인권옹호 모두 자백배제의 근거라는 절충설, ⑤ 허위배제와 인권옹호뿐 아니라 위법배제도 자백배제의 근거라는 종합설 등 다양한 견해가 주장된다. 판례는 대체로 ④의 절충설의 입장이다.[1)]

자백배제법칙에 의하여 유죄의 증거로 사용하지 못하는 증거 중 '기망에 의한 자백'이란 위계에 의하여 자백을 받은 경우를 말하며, 위계가 사용되었다고 하여 일률적

---

1) 대법원 2015. 9. 10. 선고 2012도9879 판결.

으로 임의성이 부정되는 것이 아니라 위계의 내용이나 태양으로 보아 허위자백을 유발할 가능성과 신문방법으로서의 부당성, 위법성이 어느 정도인지를 종합적으로 고려하여 임의성 여부를 판단하여야 한다. 유죄의 증거로 사용할 수 없는 '기타 방법'에 의한 자백 중에 가장 대표적인 것이 '약속에 의한 자백'이다. 이는 이익과 결부된 자백 또는 권유에 의한 자백이라고 한다.

임의성 없는 자백은 유죄의 증거에서 실질적이고 완전하게 제외되므로 절대적으로 증거능력이 인정되지 않는다. 따라서 피고인이 동의하더라도 증거로 사용할 수 없고,[1] 자유로운 증명의 증거로도 사용할 수 없다. 임의성에 다툼이 있을 때에는 그 임의성을 의심할 만한 합리적이고 구체적인 사실을 피고인이 증명할 것은 아니고, 검사가 그 임의성의 의문점을 없애는 증명을 하여야 한다.[2]

(2) 丙에 대한 증거사용 여부

㈎ 丙의 자백의 성질 - 기망에 의한 자백

丙의 위 자백은 "처벌받지 않도록 하겠다."는 검사의 약속을 믿고 한 자백인데, 나중에 검사가 약속을 어기고 丙을 기소하였다. 통상 공범자가 자백하였다는 등 위계를 사용한 경우에는 '기망에 의한 자백', 불기소 등 이익을 약속하는 경우에는 '약속에 의한 자백'이라고 한다. 실제로는 양자가 중복되는 경우도 있는데, 판례는 검찰주사가 피의사실을 자백하면 가볍게 처리하고 보호감호의 청구를 하지 않겠다는 각서를 작성하여 주면서 자백을 받은 뒤 약속을 어긴 사안에서 '기망에 의한 자백'이라고 판시하였다.[3] 이러한 판례에 비추어 丙의 자백은 '기망에 의한 자백'으로서 자백배제법칙에 의하여 유죄의 증거로 사용할 수 없다(형소법 제317조 제2항).

㈏ 피의자신문조서의 증거능력

검사 작성의 丙에 대한 피의자신문조서는 자백이 배제되어 유죄의 증거로 할 수 없는 임의성 없는 자백이 기재된 조서이다. 서류의 내용인 진술이 임의로 되었다는 것이 증명된 것이 아니면 증거로 할 수 없으므로(형소법 제317조 제2항) 위 피의자신문조서는 증거능력이 없다. 따라서 이를 丙의 유죄 인정의 증거로 사용할 수 없다.

---

1) 대법원 2006. 11. 23. 선고 2004도7900 판결.
2) 대법원 2015. 9. 10. 선고 2012도9879 판결.
3) 대법원 1985. 12. 10. 선고 85도2182, 85감도313 판결. 본 판결 해설은 김명길, "자백의 임의성", 대법원판례해설 제5호, 1986, 283-293면.

(3) 甲과 乙에 대한 증거사용 여부

자백배제법칙의 근거 및 진술이 임의로 된 것이 아닌 것은 증거로 할 수 없는 점(형소법 제317조 진술의 임의성)에 비추어 丙에 대한 피의자신문조서는 丙 자신은 물론 공동피고인인 甲과 乙에 대한 유죄의 증거로도 사용할 수 없다. 판례는 위법수집증거의 경우에 위법수집의 대상이 아닌 사람에 대하여도 유죄 인정의 증거로 사용할 수 없다고 판시한 바 있다.[1)]

3. 법정자백의 증거사용 여부

(1) 배제자백의 파생증거의 증거능력

丙은 공판기일에서 범행을 뉘우치고 자백하였는데, 이를 甲, 乙, 丙의 유죄 인정의 증거로 사용될 수 있는지 문제된다. 이는 자백배제법칙에 의하여 증거로 사용할 수 없는 자백으로부터 파생된 증거(파생증거 또는 2차 증거)의 증거능력의 문제이다.

이에 대해서는 위법수집증거(형소법 제308조의2)의 파생증거와 마찬가지로 '인과관계의 희석과 단절'을 중심으로 판단하면 된다. 즉 임의성 없는 자백의 취득과 관련된 모든 사정은 물론, 나아가 이를 기초로 하여 다시 파생증거를 수집하는 과정에서 추가로 발생한 모든 사정들까지 구체적인 사안에 따라 주로 인과관계 희석 또는 단절 여부를 중심으로 전체적·종합적으로 고려하여 판단하여야 한다.[2)]

(2) 丙에 대한 증거사용 여부

丙은 공판기일에서 동일한 내용의 자백을 하였다. 만일 丙이 법정에서도 임의성 없는 심리상태가 계속되어 동일한 내용의 자백을 하였다면 법정에서의 자백도 임의성 없는 자백이라고 할 것이다(**관련판례**).[3)] 그러나 위 자백은 공개된 법정에서의 자백이

---

1) 대법원 2011. 6. 30. 선고 2009도6717 판결. 본 판결 해설은 심담, "수사기관이 피고인이 아닌 제3자에 대하여 위법수사로 수집한 진술증거를 피고인에 대한 유죄 인정의 증거로 삼을 수 있는지 여부", 대법원판례해설 제88호(2011 상반기), 2011, 726-740면.

2) 대법원 2009. 3. 12. 선고 2008도11437 판결(수사기관에서의 진술거부권 불고지 상태에서의 자백을 기초한 한 파생증거). 본 판결 평석은 김태업, "선행절차의 위법과 증거능력 (3) - 진술거부권의 불고지", 형사소송법 핵심 판례 130선(제4판), [76], 170-173면.

3) (관련판례) 대법원 2015. 9. 10. 선고 2012도9879 판결【국가보안법위반·반공법위반·일반이적】. 「피고인이 경찰에서 가혹행위 등으로 인하여 임의성 없는 자백을 하고 그 후 검찰이나 법정에서도 임의성 없는 심리상태가 계속되어 동일한 내용의 자백을 하였다면 각 자백도 임의성 없는 자백이라고 보아야 한다. (중략) 피고인이 검찰에서 한 전부 자백과 제1심에서의 일부 자백은 위와 같은 불법감금 사실의 존재, 37일이나 되는 불법감금의 기간, 불법감금이 해소된 후 이루어진 검찰 조사나 제1심 제1회 공판기일까지의 시간적 간격 등을 종합할 때, 피고인이 불법감금 상태로 중앙정보부에서 임의성 없는 자백

고, 검찰에서의 자백 후 상당한 기간이 경과된 후에 자발적으로 뉘우치면서 한 자백인 점에 비추어, 검찰에서의 자백의 불법성과의 인과관계가 단절되었다고 할 것이다. 따라서 위 자백은 丙에 대한 유죄 인정의 증거로 사용할 수 있다.

(3) 甲과 乙에 대한 증거사용 여부

丙의 공판기일에서의 법정자백[1]은 임의성이 있는 진술인데, 공범인 공동피고인인 甲과 乙의 유죄 인정의 증거로도 사용할 수 있는지 문제된다. 이에 대해서는 ① 공범인 공동피고인의 법정진술은 법관의 면전에서 행하여진 임의의 진술인 점을 고려할 때, 당해 피고인에 의한 반대신문권이 보장되어 있기 때문에 그대로 증거능력을 인정할 수 있다는 적극설(통설), ② 공동피고인은 진술거부권을 행사할 경우 반대신문권이 제한되고, 나아가 그 진술의 진실성이 증인으로 선서를 하더라도 담보되지 않으므로 변론을 분리하여 증인으로 선서한 후에 증인신문하지 않는 한 증거능력을 부정하는 소극설, ③ 실제로 충분히 반대신문을 하였거나 기회가 보장된 때에 한하여 증거능력이 인정된다는 절충설이 있다. 판례는 ①의 적극설의 입장이다.[2]

판례에 따르면 丙의 법정자백은 甲과 乙의 유죄 인정의 증거로도 사용할 수 있다.

4. 설문의 해결

검사 작성의 丙에 대한 피의자신문조서는 甲, 乙, 丙 모두에 대하여 유죄 인정의 증거로 사용할 수 없으나, 법정자백은 모두에 대하여 유죄 인정의 증거로 할 수 있다.

V. 제5문 — 착오로 인한 항소포기의 효력

1. 문제의 제기

항소를 하려면 항소장을 원심법원에 제출하여야 하고(형소법 제359조), 상소의 포기는 원칙적으로 서면으로 하여야 한다(형소법 제352조 제1항 본문). 丙은 항소하려고 담당 교도관에게 항소장 용지를 요청하였는데, 교도관의 착오로 상소권포기서 용지가 제공

을 한 후 그 임의성 없는 심리상태가 계속된 상태에서 이루어진 것으로서 그 임의성을 의심할 만한 충분한 이유가 있고, 기록을 살펴보더라도 검사가 이를 해소할 증명을 하였다고 볼 수 없다.」

1) 사례에서 명백하지는 않지만 피고인신문과정에서의 자백으로 보이므로 이를 전제로 판단한다.

2) 대법원 1992. 7. 28. 선고 92도917 판결.

되었고, 丙은 용지를 확인해 보지도 않고 서명·제출하여 결국 항소포기가 확정되었다. 이처럼 착오로 한 항소포기가 유효한지가 문제된다.

2. 착오로 인한 항소포기의 적법 여부

상소의 포기는 상소권자가 상소제기기간 내에 법원에 대하여 상소권의 행사를 포기한다는 의사표시로서(형소법 제349조), 절차형성행위에 해당한다. 이러한 절차형성행위가 착오로 이루어진 경우에 무효가 되는지에 관하여는, ① 절차형성행위는 소송절차의 형식적 확실성에 의하여 외부적으로 표시된 바에 따라 판단해야 하므로 무효가 아니라는 견해, ② 소송의 형식적 확실성을 강조하여 피고인의 이익과 정의가 희생되어서는 안 되므로 착오가 책임 있는 사유로 인한 것이 아닌 때에는 무효라고 하는 견해(통설)가 대립된다.

판례는 ① 통상인의 판단을 기준으로 하여 만일 착오가 없었다면 그러한 소송행위를 하지 않았으리라고 인정되는 중요한 점에 관하여 착오가 있고, ② 착오가 행위자 또는 대리인이 책임질 수 없는 사유로 인하여 발생하였으며, ③ 그 행위를 유효로 하는 것이 현저히 정의에 반한다고 인정될 경우에만 무효라고 한다.[1]

3. 설문의 해결

丙은 교도관이 착오로 가지고 온 상소권포기서 용지를 확인해 보지도 않고 서명·제출하여 결국 항소포기가 확정되었다. 우선 丙에게는 용지를 제대로 확인하지 않은 과실이 있으므로 착오가 丙이 책임질 수 없는 사유로 인하여 발생하였다고 볼 수 없다. 또한, 위 항소포기를 유효로 하는 것이 현저히 정의에 반한다고 인정될 만한 특별한 사유도 없다. 따라서 판례에 의하면 丙의 항소포기는 유효하다.[2] 따라서 丙은 위 사건에 대하여 다시 항소를 하지 못한다(형소법 제354조).

---

1) 대법원 1995. 8. 17. 자 95모49 결정.
2) 판례도 본 사례와 같은 사례에 관하여 항소포기를 유효하다고 판시하였다(대법원 1995. 8. 17. 자 95모49 결정).

2020년 제9회 변호사시험 강평

형사법 제1문

I. (1)에서 甲의 형사책임

1. A에게 소리를 지른 행위

(1) 모욕죄의 구성요건에 해당

- 甲은 A에게 "배워먹지 못한, 이 싸가지 없는 것, 망할 년"이라고 소리를 지름
- 구체적 사실의 적시라기보다는 추상적 판단이나 경멸적 감정을 표현한 것이므로 '모욕'에 해당
- 공연성도 인정되므로 모욕죄(형법 제311조)의 구성요건에 해당

(2) 정당행위인지 여부

- 甲의 발언이 '지도'(초·중등교육법 제20조의2)에 해당하여 법령에 의한 행위나 사회상규에 위배되지 않는 행위(정당행위)로서 위법성이 조각되는지 문제됨
- 지도에서 체벌을 금지한 초·중등교육법 시행령 제40조의3 제1항에 비추어 법령에 의한 행위로 볼 수는 없음

- 지도가 사회상규에 위배되지 않는 행위로서 정당행위가 되기 위해서는, ① 학생의 잘못된 언행을 교정하려는 목적에서 나온 것이어야 하고(동기나 목적의 정당성), ② 다른 교육적 수단으로는 교정이 불가능하여야 하며(수단과 방법의 보충성), ③ 그 방법과 정도에서 사회통념상 용인될 수 있을 만한 객관적 타당성을 갖추어야 함(수단과 방법의 상당성)(대법원 2004. 6. 10, 2001도5380)
- 甲은 지도 목적이 아니라 화가 나 위와 같이 말하였으며(① 관련), 개별적으로 교무실 등으로 불러 달리 훈계하는 방법이 있었을 뿐 아니라(② 관련), 다소 불손한 말을 하였을 뿐인데 여러 학생들이 지켜보는 가운데 여학생으로서는 감당하기 어려운 심한 모욕감을 주는 말을 한 점(③ 관련)에 비추어, 정당행위의 요건을 갖추지 못하였으므로 위법성이 조각되지 않음

(3) 소결

- 甲에 대하여 모욕죄가 성립하고, 모욕죄는 친고죄로서(형법 제312조 제1항) A의 아버지인 C(법정대리인)의 고소는 적법(형소법 제225조 제1항)

2. 종이 수첩으로 머리를 때린 행위

- 甲이 종이 수첩으로 A의 머리를 때린 행위는 폭행죄(형법 제260조 제1항)에 해당
- 정당행위의 요건을 갖추지 못하였으므로 위법성이 조각되지 않음
- 甲에 대하여 폭행죄가 성립하고, 폭행죄는 반의사불벌죄(형법 제260조 제3항)

3. 설문의 해결

- 甲에 대하여 모욕죄와 폭행죄가 각 성립
- 두 죄의 관계에 대하여는 상상적 경합설, 법조경합설(폭행죄만 성립)도 있으나, 별개의 행위로 보호법익과 행위태양이 다르므로 실체적 경합관계

II. (2)-(4)에서 甲, 乙, 丙의 형사책임

• 사실관계

甲	• 乙과 丙에게 C를 며칠간 입원할 정도로 혼내주라고 부탁 • 범행 당일 아침, 乙에게 전화해 부탁 철회 → 乙은 분명하게 거절
乙, 丙	• 甲의 부탁을 수락(乙은 C의 특이체질 알고 이 기회에 죽기를 희망) • C의 점포에 가 乙은 망을 보고, 丙은 안으로 들어감 • 丙은 C를 향해 주먹을 휘둘러 C가 느닷없이 쓰러지자, 죽은 것으로 오인하고 도주 • 乙은 위 점포로 들어가 확인 후, C가 죽은 것으로 오인하고 시체은닉의 목적으로 매장 → C는 매장에 의한 질식사로 사망

1. 乙과 丙의 공동 형사책임

• C의 판매점(건조물)에 범죄 목적으로 망을 보고 들어가는 등 통상적이지 않은 방식으로 들어갔으므로 건조물침입에 해당(침입 부정설 있음)
• 망을 보는 행위도 공동범에서의 공동행위에 해당
• 乙과 丙에 대하여 각 폭력행위등처벌에관한법률위반(공동주거침입)(동법 제2조 제2항 제1호, 형법 제319조 제1항)죄 성립

2. 丙의 형사책임

(1) 폭력행위등처벌에관한법률위반(공동상해)죄의 성립 여부

• C가 쓰러져 기절하였는데, 기절은 생리적 기능에 훼손을 입은 것으로 상해죄에서의 상해에 해당(대법원 1996. 12. 10, 96도2529)
• 丙은 C가 특이한 심장병을 앓고 있는 것을 몰랐는데, 丙의 행위와 상해 사이에 인과관계가 인정되는지 문제됨

• 특이체질을 모른 경우는 구체적 사안에 따라 인과관계의 인정 여부를 판단해야 하는데, 왼쪽 뺨을 한 번 살짝 때렸는데 뒤로 넘어지면서 지면에 머리를 부딪쳐 특이체질로 사망한 경우에 인과관계를 부정한 판례(대법원 1978. 11. 28, 78도1961)의 취지에 비추어,
• 그보다 범행의 정도가 더 경미한 丙의 행위에 대하여는 인과관계를 인정하기 어려움
• 乙은 살인의 고의를 가지고 있었지만 丙과의 공범관계가 인정되고, 망을 본 행위는 공동행위에 해당하므로 丙의 행위는 공동상해의 미수에 해당
• 丙에 대하여 폭력행위등처벌에관한법률위반(공동상해)죄(동법 제6조, 제2조 제2항 제3호, 형법 제257조 제1항)가 성립

(2) 살인죄의 공동정범 성립 여부

• C의 사망에 대한 예견가능성이 없으므로 살인죄나 상해치사죄의 공동정범이 성립할 여지는 없음

3. 乙의 형사책임

(1) 살인죄의 성립 여부

- 乙은 丙과 공동으로 C를 쓰러뜨려 기절시켰고(제1행위), 기절한 C를 보고 사망한 것으로 오인하여 사체은닉의 목적으로 매장하였는데(제2행위), 사실은 C는 매장으로 인해 질식사 → 살인죄(형법 제250조 제1항)가 성립하는지 문제됨
- 제1행위의 경우, 乙은 이 기회에 C가 죽었으면 좋겠다고 생각하였는데, 미필적 고의에 관한 판례의 용인설(대법원 2004. 5. 14, 2004도74)에 의하면 미필적 고의가 인정되어 살인미수죄(형법 제254조, 제250조 제1항)에 해당
- 제2행위의 경우, 조금만 주의를 기울여 C의 상태를 살펴보았더라면 C가 기절하였을 뿐 죽은 것은 아니라는 점을 알 수 있을 것으로 보이므로 과실치사죄(형법 제267조)에 해당

- 결국은 乙의 의도대로 C가 사망하였으므로 제1, 2행위를 전체적으로 평가하자는 논의가 있는데, 이를 '개괄적 고의의 사례'라고 함
- 이에 대해서는 ① 개괄적 고의에 의하여 살인죄의 기수를 인정하는 개괄적 고의설, ② 객관적 귀속만이 문제된다는 객관적 귀속설, ③ 살인미수죄와 과실치사죄의 실체적 경합이라는 설, ④ 인과관계의 착오로서 본질적이거나 중요하지 않으므로 살인죄의 기수가 인정된다는 인과관계착오설 등 대립
- 판례는 전 과정을 개괄적으로 보면 피해자의 살해라는 처음에 예견된 사실이 결국 실현되었으므로 살인죄의 기수가 된다는 입장(대법원 1988. 6. 28, 88도650)
- 판례에 의하면, 乙에 대하여 살인죄(형법 제250조 제1항)가 성립

(2) 시체은닉죄의 성립 여부

- 전 과정을 개괄적으로 보아 하나의 살인죄만 성립한다는 판례의 입장에 의하면, 매장은 살해의 수단이므로 시체은닉죄(형법 제161조 제1항)는 별도로 성립하지 않음(시체은닉죄의 불능범)

(3) 주거침입죄의 성립 여부

- 乙이 C의 상태를 확인하기 위하여 위 판매점으로 들어간 행위는 망을 본 행위와 근접한 점에 비추어 하나의 폭력행위등처벌에관한법률위반(공동주거침입)죄가 성립하고, 별도로 주거침입죄는 성립하지 않음

4. 甲의 형사책임

(1) 공범관계의 해소 여부

- 甲이 乙에게 전화하여 위 부탁을 "없었던 것으로 해라"고 말한 것이 공범관계인 교사로부터의 이탈(공범관계의 해소)에 해당하는지 문제됨
- 교사로부터의 이탈이 인정되기 위해서는, ① 피교사자의 범죄 실행의 착수 전에 이탈하여야 하고, ② 이탈의 의사표시 즉, 교사범이 피교사자에게 교사행위를 철회한다는 의사를 표시하여야 하며, ③ 교사범에 의하여 형성된 피교사자의 범죄 실행의 결의가 해소되어야 함('범죄 실행의 결의의 해소'는 ⓐ 피교사자가 교사범의 의사에 따르기로 하거나, 또는 ⓑ 교사범이 피교사자의 범죄실행을 방지하기 위한 진지한 노력을 다하여 당초 피교사자가 범죄를 결의하게 된 사정을 제거하는 등 제반사정에 비추어 객관적·실질적으로 보아 교사범에게 교사의 고의가 계속 존재한다고 보기 어렵고, 당초의 교사행위에 의하여 형성된 피교사자의 범죄 실행의 결의가 더 이상 유지되지 않는 것으로 평가할 수 있어야 함)

- 甲은 위 ①의 요건은 충족하였으나, 乙에게만 전화로 이탈의 의사표시를 하고 丙에게는 아무런 연락을 하지 않았으므로 ②의 요건도 충족하였다고 보기 어렵고, 乙이 분명하게 거절하였으므로 ③의 ⓐ요건을 충족하지 못하였으며, 전화 외에 범죄실행의 방지를 위한 진지한 노력을 한 바 없어 ③의 ⓑ요건도 충족하지 못하였음
- 따라서 공범관계인 교사로부터의 이탈이 인정되지 않음
- 甲은 乙과 丙의 범행에 대하여 교사범으로서의 형사책임을 부담

(2) 폭력행위등처벌에관한법률위반(공동주거침입)죄의 교사범 여부

- 교사에는 묵시적 교사도 포함되므로,
- 甲에 대하여 폭력행위등처벌에관한법률위반(공동주거침입)교사죄 성립

(3) 폭력행위등처벌에관한법률위반(공동상해)죄의 교사범 여부

- 甲은 C의 상해의 기수를 교사하였으나, 丙은 상해의 미수에 그침
- 교사범은 자신이 교사한 범위 내에서 정범의 실행행위에 대하여 책임을 지므로(공범종속성), 甲에 대하여 폭력행위등처벌에관한법률위반(공동상해)교사죄 성립

(4) 살인죄의 교사범 여부

- 乙이 C를 살해한 행위는 교사의 양적 초과(과잉)에 해당
- 양적 초과인 경우 원칙적으로 초과된 부분에 대하여 책임을 지지 않지만, 초과된 부분, 즉 사망의 결과에 대하여 과실 또는 예견가능성이 있으면 상해치사죄가 성립(대법원 2002. 10. 25, 2002도4089)
- 甲은 혼내주라고만 하였고, C의 지병을 알지 못하였으며, C는 상해가 아니라 매장행위로 사망하였으므로 사망의 결과에 대하여 예견가능성을 인정할 수 없음
- 따라서 甲은 살인죄의 교사범으로서의 책임은 지지 않음

Ⅲ. 경찰의 丙에 대한 피의자신문의 적법성

- 영장에 의하여 구속된 丙이 피의자신문을 위한 경찰의 출석요구에 불응하자, 유치장에 있던 丙을 경찰서 조사실로 강제로 구인한 후, 진술거부권을 고지하고 신문한 경우, 피의자신문의 적법성이 문제됨
- 이에 대해서는 ① 수인의무 긍정설과 ② 부정설이 대립
- 판례는 구속영장은 공판정에의 출석이나 형의 집행을 담보하는 외에 적정한 방법으로 범죄를 수사하는 것도 예정하고 있으므로, 구속영장의 효력에 의하여 조사실로 구인할 수 있다고 함(대법원 2013. 7. 1, 2013모160)
- 판례의 의하면, 구인은 적법하고 진술거부권을 고지하였으므로 피의자신문도 적법

Ⅳ. 피의자신문조서와 법정자백의 증거사용

1. 문제의 제기

- 丙은 "만약 수사에 협조하고 자백하면 당신(丙)은 처벌받지 않도록 하겠다."는 검사의 말을 믿고 범행일체를 자백하였는데, 검사는 丙을 甲, 乙과 공동피고인으로 기소
- 이 경우, 위 자백이 형사소송법 제309조(자백배제법칙)에 의하여 유죄의 증거로 사용할 수 없는 자백에 해당하는지, 자백이 기재된 피의자신문조서의 증거능력이 인정되는지,
- 나아가 丙이 공판기일에서 범행을 뉘우치고 자백한 경우 그 법정자백의 증거능력이 인정되는지 문제되고,
- 또한 丙에 대한 피의자신문조서와 법정자백을 甲, 乙의 유죄 인정의 증거로 사용할 수 있는지도 문제됨

2. 피의자신문조서

(1) 丙의 자백의 효력

- 피의자의 자백이 고문, 폭행, 협박, 신체구속의 부당한 장기화 또는 기망 기타의 방법으로 임의로 진술한 것이 아니라고 의심할 만한 이유가 있을 때에는 이를 유죄의 증거로 사용하지 못함(형소법 제309조)(자백배제법칙)
- 검찰주사가 피의사실을 자백하면 가볍게 처리하고 보호감호의 청구를 하지 않겠다는 각서를 작성하여 주면서 자백을 받은 뒤 약속을 어긴 경우, '기망에 의한 자백'이라고 판시한 판례(대법원 1985. 12. 10, 85도2182, 85감도313)에 비추어, 丙의 자백은 '기망에 의한 자백'에 해당
- 자백배제법칙에 의하여 유죄의 증거로 사용할 수 없음

(2) 丙에 대한 증거사용 여부

- 검사 작성의 丙에 대한 피의자신문조서는 자백이 배제되는 임의성 없는 자백이 기재된 조서
- 서류의 내용인 진술이 임의로 되었다는 것이 증명된 것이 아니면 증거로 할 수 없으므로(형소법 제317조 제2항) 위 피의자신문조서는 증거능력이 없음
- 따라서 丙의 유죄 인정의 증거로 사용할 수 없음

(3) 甲과 乙에 대한 증거사용 여부

- 자백배제법칙의 근거 및 진술의 임의성에 관한 형소법 제317조에 비추어, 공동피고인인 甲과 乙에 대한 유죄의 증거로도 사용할 수 없음

3. 법정자백

(1) 배제자백의 파생증거의 증거능력

- 위법수집증거(형소법 제308조의2)의 파생증거와 마찬가지로 '인과관계의 희석과 단절'을 중심으로 판단, 즉 임의성 없는 자백의 취득과 관련된 모든 사정은 물론, 나아가 이를 기초로 하여 다시 파생증거를 수집하는 과정에서 추가로 발생한 모든 사정들까지 구체적인 사안에 따라 주로 인과관계 희석 또는 단절 여부를 중심으로 전체적·종합적으로 고려하여 판단

(2) 丙에 대한 증거사용 여부

- 공개된 법정에서의 자백이고, 검찰에서의 자백 후 상당한 기간이 경과된 후에 자발적으로 뉘우치면서 한 자백인 점에 비추어, 검찰에서의 자백의 불법성과의 인과관계가 단절
- 따라서 丙에 대한 유죄 인정의 증거로 사용할 수 있음

(3) 甲과 乙에 대한 증거사용 여부

- 丙의 공판기일에서의 법정자백은 임의성 있는 진술로서, 공범인 공동피고인의 유죄 인정의 증거로 사용할 수 있는지 문제됨(피고인신문과정에서의 진술 전제)
- 이에 대해서는 ① 증거능력을 인정할 수 있다는 적극설(통설), ② 변론을 분리하여 증인으로 선서한 후에 증인신문하지 않는 한 증거능력을 부정하는 소극설, ③ 실제로 충분히 반대신문을 하였거나 기회가 보장된 때에 한하여 증거능력이 인정된다는 절충설이 대립
- 판례는 ①의 적극설의 입장(대법원 1992. 7. 28, 92도917)
- 판례에 의하면, 甲과 乙의 유죄 인정의 증거로 사용할 수 있음

4. 설문의 해결

- 검사 작성의 丙에 대한 피의자신문조서는 甲, 乙, 丙 모두에 대하여 유죄 인정의 증거로 사용할 수 없으나, 법정자백은 모두에 대하여 유죄 인정의 증거로 할 수 있음

V. 착오로 인한 항소포기의 효력

- 丙은 항소하려고 담당 교도관에게 항소장 용지를 요청하였는데, 교도관의 착오로 상소권포기서 용지가 제공되었고, 丙은 용지를 확인해 보지도 않고 서명·제출하여 결국 항소포기가 확정되었는데, 착오로 한 항소포기가 유효한지가 문제됨
- 항소포기와 같은 절차형성행위에 대하여는 무효라는 견해(통설)와 무효가 아니라는 견해가 대립
- 판례는 ① 통상인의 판단을 기준으로 하여 만일 착오가 없었다면 그러한 소송행위를 하지 않았으리라고 인정되는 중요한 점에 관하여 착오가 있고, ② 착오가 행위자 또는 대리인이 책임질 수 없는 사유로 인하여 발생하였으며, ③ 그 행위를 유효로 하는 것이 현저히 정의에 반한다고 인정될 경우에만 무효라고 함(대법원 1995. 8. 17, 95모49)
- 丙에게는 용지를 제대로 확인하지 않은 과실이 있고, 위 항소포기를 유효로 하는 것이 현저히 정의에 반한다고 인정될 만한 특별한 사유도 없으므로, 丙의 항소포기는 유효

사례 18. [20 – 변시(9) – 2]
2020년 제9회 변호사시험 제2문

(1) A 사립학교법인 이사장 甲은 학교에서 발생한 폭력문제가 언론에 보도되는 등 학교운영에 어려움을 겪자 A 사립학교법인의 임원 변경 방식을 통하여 학교의 운영권을 타인에게 넘기기로 마음먹었다. 이를 전해 들은 乙은 甲에게 연락하여 A 사립학교법인의 운영권을 5억 원에 양도하고 자기를 A 사립학교법인 이사장으로 선임해 줄 것을 부탁하였다. 乙은 자신이 이사장으로 선임된 이후 甲에게 5억 원을 이체하기로 하였다. 乙은 이사장으로 선임된 직후 B로부터 A 사립학교법인의 교직원으로 채용해 달라는 부탁을 받고 그 대가로 1억 원을 교부받았다.

(2) 乙은 운영권 양수 대금인 5억 원을 甲의 계좌로 이체하려다가 착각하여 丙의 계좌로 잘못 이체하였다. 자신의 계좌에 乙의 명의로 5억 원이 이체된 것을 확인하고 돌려주려는 丙에게 친구인 丁은 아무런 근거 없이 “乙이 착오로 너에게 입금한 것이 분명해. 그 돈을 다른 계좌로 이체해도 아무런 문제가 생기지 않을 테니까, 우선 내 계좌로 이체해.”라고 말하였다. 丙은 丁의 말을 듣고 막연히 괜찮을 것이라 생각하고 5억 원을 丁의 계좌로 이체하였다.

(3) 한편 甲은 乙이 B로부터 교직원 채용의 대가로 1억 원을 받았다는 사실을 알고 그중 5,000만 원을 자신에게 이체할 것을 乙에게 요구하면서 ‘5,000만 원을 주지 않으면 부정채용으로 경찰에 고발하겠다’는 문자를 일주일 동안 수십 차례 보냈다. 문자를 받고 겁을 먹은 乙은 甲에게 5,000만 원을 이체하였다.

〔2020년 제9회 변호사시험 제2문〕

설 문

1. 가. (1)에서 甲, 乙의 죄책은? (15점)
   나. (2)에서 丙, 丁의 죄책은? (25점)
   다. (3)에서 甲의 죄책은? (15점)

2. 검사는 (3)의 범죄사실에 대해 甲을 기소하였다. 만약 제1심 공판 진행 중에 乙이 甲의 문자 내용에 겁을 먹은 것이 아니라 甲을 불쌍하게 여겨 5,000만 원을 이체한 것으로 밝혀졌다면 법원이 취해야 할 조치는? (15점)

3. (2)와 관련하여 수사 및 공판 단계에서 지속적으로 丙은 범죄를 인정하고 丁은 부인하는 경우, 丙과 丁이 함께 기소된 공판정에서 丙에 대한 사법경찰관 작성의 피의자신문조서와 검사 작성의 피의자신문조서를 丁의 유죄를 인정하기 위한 증거로 사용할 수 있는가? (15점)

4. B는 乙의 유죄를 인정하는 검찰에서의 진술을 번복하여 제1심 공판에서 乙에게 1억 원을 교부한 바 없다고 증언하였다(1차 증언). 이에 검찰이 B를 다시 소환하여 조사하자 1차 증언을 번복하여 진술하였고, 법정에서도 다시 1억 원 교부를 인정하였다(2차 증언). 검찰에서 B를 재소환하여 작성한 진술조서와 2차 증언을 乙의 유죄의 증거로 사용할 수 있는가? (15점)

해 설

Ⅰ. 제1문 — 甲, 乙, 丙, 丁의 형사책임

1. 제1문의 가 — (1) 사실에 대한 甲, 乙의 형사책임

(1) 문제의 제기

甲에 대하여 A 사립학교법인(이하, A 법인이라 한다)의 운영권을 乙에게 양도하고 乙을 학교법인의 임원으로 선임해주는 대가로 5억 원을 받기로 한 것이 배임수재죄에 해당하는지 문제된다. 乙에 대하여 ① 위와 같이 A 법인의 임원으로 선임해주는 대가로 甲에게 5억 원을 교부하기로 한 것이 배임증재죄에 해당하는지, ② 이사장으로 선임된 후 B로부터 A 법인의 교직원으로 채용해 달라는 부탁을 받고 그 대가로 1억 원을 교부받은 것이 배임수재죄에 해당하는지 문제된다.

(2) 甲의 형사책임 — 배임수재죄의 성립 여부

타인의 사무를 처리하는 자가 그 임무에 관하여 부정한 청탁을 받고 재물 또는 재산상 이익을 취득하거나 제3자로 하여금 이를 취득하게 한 때에는 배임수재죄(형법 제357조 제1항)가 성립한다.

'타인의 사무를 처리하는 자'란 타인과의 대내관계에 있어서 신의성실의 원칙에 비추어 타인의 사무를 처리할 신임관계가 있다고 인정되는 자를 말한다. 신임관계는 법령(친권자, 후견인, 파산관재인, 집행관, 법인 대표자 등), 계약 또는 법률행위(위임, 도급, 고용, 임치 등)뿐만 아니라 사무관리, 조리, 관습 등 신의칙에 의하여 발생하는 사회윤리적 신뢰관계, 사실상의 신임관계도 포함한다. 甲은 A 법인의 이사장으로서 학교의 운영권을 가지고 행사하는 지위에 있으므로, A 법인의 사무를 처리하는 자의 지위에 있다.

배임수재죄가 성립하기 위해서는 임무에 관하여 부정한 청탁을 받아야 하는데, 이 점에서 공무원에 대하여 성립하는 뇌물수수죄(형법 제129조 제1항)와 구별된다. 먼저 '임무에 관하여' 부정한 청탁을 받았는지, 즉 임무관련성이 있는지에 대하여는, 타인의 사무를 처리하는 자가 위탁받은 본래 사무뿐만 아니라 그와 밀접한 관계에 있는 사무,[1] 장래에 담당할 것이 합리적으로 기대되는 사무[2]도 포함된다. 甲은 A 법인의 이사장으로서 법인 전체에 대하여 운영권을 가지고 행사하는 지위에 있으므로, 운영권의 양도와 관련된 청탁을 내용으로 하는 본 사례에서 임무관련성을 인정하는 데는 특별한 문제가 없을 것이다.

다음으로 '부정한 청탁'이란 배임행위에 이르지는 않더라도 사회상규와 신의성실의 원칙에 반하는 것을 내용으로 하는 청탁을 말한다. 이를 판단하기 위해서는 청탁의 내용, 이에 관련되어 취득한 재물이나 재산상 이익의 종류·액수 및 형식, 재산상 이익 제공의 방법과 태양, 보호법익인 거래의 청렴성 등을 종합적으로 고찰하여야 하며, 그 청탁이 반드시 명시적일 필요는 없고 묵시적으로 이루어지더라도 무방하다.[3]

본 사례에서는 학교법인의 운영권을 양도하고 임원으로 선임해달라는 청탁이 배임수재죄에서의 '부정한 청탁'에 해당하는지가 문제된다. 이에 대해서는 ① 긍정설[4]과 ② 부정설(**관련판례**)[5]이 대립된다. 생각건대, 위 청탁의 내용이 당해 학교법인의 설립 목적과 다른 목적으로 기본재산을 매수하여 사용하려는 것으로서 학교법인의 존립에 중대한 위협을 초래할 것임이 명백하다는 등의 특별한 사정이 없는 한, 위와 같은 내용의 청탁이 사회상규 또는 신의성실의 원칙에 반하는 것을 내용으로 하는 것이라고 할 수 없을 것이다(②의 부정설)(**관련판례**).[6] 본 사례에서는 학교법인의 운영권을 양도

1) 대법원 1982. 2. 9. 선고 80도2130 판결; 대법원 2007. 6. 29. 선고 2007도3096 판결.
2) 대법원 2010. 4. 15. 선고 2009도4791 판결.
3) 대법원 2008. 12. 24. 선고 2008도9602 판결.
4) 대법원 2014. 1. 23. 선고 2013도11735 판결의 제1심 판결(춘천지방법원 영월지원 2013. 4. 30. 선고 2012고단527 판결).
5) 위 2013도11735 판결.
6) (관련판례) 대법원 2014. 1. 23. 선고 2013도11735 판결【배임수재·배임증재】. 「학교법인 운영권의 유상 양도를 금지·처벌하는 입법자의 명시적 결단이 없는 이상 학교법인 운영권의 양도 및 그 양도대금의 수수 등으로 인하여 향후 학교법인의 기본재산에 악영향을 미칠 수 있다거나 학교법인의 건전한 운영에 지장을 초래할 수 있다는 추상적 위험성만으로 운영권 양도계약에 따른 양도대금 수수행위를 형사처벌하는 것은 죄형법정주의나 형벌법규 명확성의 원칙에 반하는 것으로서 허용될 수 없다. 따라서 학교법인의 이사장 또는 사립학교경영자가 학교법인 운영권을 양도하고 양수인으로부터 양수인 측을 학교법인의 임원으로 선임해 주는 대가로 양도대금을 받기로 하는 내용의 '청탁'을 받았다 하더라도, 그 청탁의 내용이 당해 학교법인의 설립 목적과 다른 목적으로 기본재산을 매수하여 사용하려는 것으로서 학교법인의 존립에 중대한 위협을 초래할 것임이 명백하다는 등의 특별한 사정이 없는 한, 그 청탁이 사회상규 또는 신의성실의 원칙에 반하는 것을 내용으로 하는 것이라고 할 수 없으므로 이를 배임수재죄의 구성요건인 '부정한 청탁'에 해당한다고 할 수 없고, 나아가 학교법인의 이사장 또는 사립학교경영자가 자신들이 출연한 재산을 회수하기 위하여 양도대금을 받았다거나 당해 학교법인이 국가 또는 지방자치단체로부터 일정한 보조금을 지원받아 왔다는 등의 사정은 위와 같은 결론에 영향을 미칠 수 없다.

같은 취지의 판결로는 대법원 2013. 12. 26. 선고 2010도16681 판결(사회복지법인의 대표이사가 그 법인의 운영을 원하는 사람을 대표이사로 선출하여 주는 방식으로 사실상 사회복지법인의 운영권을

하고 이사장으로 선임해주기로 하는 내용의 약정만 제시되어 있을 뿐, 더 나아가 학교법인의 설립 목적과 다른 목적으로 기본재산을 처분하는 등 학교법인의 존립에 중대한 위협을 초래할 것임이 명백한 '특별한 사정'[1])이 있는지에 대해서는 나타나있지 않으므로, 甲이 乙로부터 운영권 양도와 관련하여 받은 부탁은 '부정한 청탁'에 해당한다고 할 수 없다.

따라서 甲에 대하여 배임수재죄는 성립하지 않는다.[2])

(3) 乙의 형사책임

(가) 甲에게 임원 선임 대가로 5억원을 교부하기로 한 부분 – 배임증재죄의 성립 여부

타인의 사무를 처리하는 자에게 그 임무에 관하여 부정한 청탁을 하고 재물 또는 재산상의 이익을 공여한 때에는 배임증재죄(형법 제357조 제2항)가 성립한다.

위에서 살펴본 바와 같이, 乙이 甲에게 A 법인의 운영권을 5억 원에 양도하고 자신을 A 법인 이사장으로 선임해 줄 것을 부탁한 것이 '부정한 청탁'에 해당되지 아니하는 이상, 乙에 대하여 배임증재죄 역시 성립하지 않는다.[3])

(나) B로부터 교직원 채용 대가로 1억 원을 받은 부분 – 배임수재죄의 성립 여부

乙이 이사장으로 선임된 직후 B로부터 A 법인의 교직원으로 채용해 달라는 부탁을 받고 그 대가로 1억 원을 교부받은 부분 역시 배임수재죄가 성립하는지 문제된다.

양도하고 그 대가로 사회복지법인에의 출연액 상당의 금원을 받은 행위가 '부정한 청탁'에 해당하지 않는다고 한 사례).

1) '특별한 사정'과 관련한 비교판례로는 대법원 2001. 9. 28. 선고 99도2638 판결. 「피고인이 비영리 재단법인의 이사장으로서 설립 취지에 따라 재단법인을 유지, 발전시켜야 할 업무상 임무에 위배하여, 설립 목적과는 다른 목적으로 기본재산인 이 사건 임야를 매수하여 사용할 의도를 가진 A와 사이에, 기본재산의 직접적인 매도는 주무관청의 허가문제 등으로 불가능하자 이사진 등을 교체하는 방법으로 재단법인의 운영을 A에게 넘긴 후, A가 의도하는 사업을 할 수 있게 재단법인의 명칭과 목적을 변경함으로써 사실상 기본재산을 매각하는 효과를 얻되, 그 대가로 금 30억 원을 받기로 하는 약정을 체결하고, 그 대가의 일부인 금 9억 원을 수령하였다면, 위와 같은 행위는 주무관청의 허가의 문제로 법률상 유효한 약정인가 여부와 관계없이 피고인이 처리하는 사무의 내용에 비추어 결코 행하여서는 아니 될 행위를 함으로써 본인인 재단법인과 사이의 신임관계를 저버린 배임행위에 해당한다 할 것이다.」

2) 위 ①의 긍정설에 의하더라도, 배임수재죄가 성립하기 위해서는 재물 또는 재산상의 이익을 취득하여야 하는데, 본 사례에서는 5억 원을 이체하기로 약정하였을 뿐 아직 이체되지 않았으므로 배임수재죄의 미수에 불과하다(그 밖에 재물 또는 재산상 이익의 취득을 요구·약속하는 행위만으로는 아직 배임수재죄의 실행의 착수에 이르렀다고 볼 수 없다고 보는 견해도 있음).

3) 만약 '부정한 청탁'에 해당된다는 견해(위 ①의 긍정설)에 따른다면, 아직 5억 원을 이체하기로 약속한 것에 불과하므로 재물 또는 재산상 이익의 '공여'가 없어 배임증재죄의 기수가 아닌 미수가 성립할 것이다.

위에서 살펴본 바와 같이, 乙은 사립학교법인의 이사장으로서 법인에 대하여 타인의 사무처리자로서의 지위에 있다. 또한 교직원 채용과 관련된 사무는 학교법인의 전반적 운영권을 가지고 있는 이사장의 임무와 관련된 사무이고, 교직원 채용과 관련한 특혜의 부탁은 사회상규와 신의성실 원칙에 반하는 부정한 청탁에 해당된다.

따라서 乙에 대하여 배임수재죄가 성립한다.

(4) 설문의 해결

A 법인의 양도와 관련해서는 甲과 乙에 대하여 배임수재죄와 배임증재죄가 성립하지 않는다. 乙의 교직원 채용과 관련해서는 乙에 대하여 배임수재죄가 성립한다.

2. 제1문의 나 — (2) 사실에 대한 丙, 丁의 형사책임

(1) 문제의 제기

丙에 대하여 ① 乙이 丙의 계좌로 잘못 이체한 5억 원을 丁의 계좌로 이체한 것이 특정경제범죄가중처벌등에관한법률위반(횡령)죄에 해당하는지, ② 丁의 말을 듣고 막연히 괜찮을 것이라 생각하고 이체한 것을 어떻게 평가할 것인지 문제된다.

丁에 대하여 乙에게 위 5억 원을 자신의 계좌로 이체하도록 한 것이 횡령죄의 교사범에 해당하는지 문제된다.

(2) 丙의 형사책임

㈎ 특정경제범죄가중처벌등에관한법률위반(횡령)죄의 성립 여부

㈀ 횡령죄의 성립 여부

타인의 재물을 보관하는 자가 그 재물을 횡령하거나 그 반환을 거부한 때에 횡령죄가 성립한다(형법 제355조 제1항). 횡령죄가 성립하기 위해서는 위탁관계에 기인하여 재물을 보관하여야 한다. 위탁관계는 사실상의 관계에 있으면 충분하고, 피고인이 반드시 민사상 계약의 당사자일 필요는 없다. 위탁관계는 사용대차·임대차·위임·임치 등의 계약에 의하여 발생하는 것이 보통이지만, 이에 한하지 않고 사무관리와 같은 법률의 규정, 관습이나 조리 또는 신의성실의 원칙에 의해서도 발생할 수 있다.[1)]

예금계좌에 돈이 착오로 잘못 송금되어 입금된 경우 예금주와 송금인 사이에 위

1) 대법원 1985. 9. 10. 선고 84도2644 판결; 대법원 2011. 3. 24. 선고 2010도17396 판결; 대법원 2018. 7. 19. 선고 2017도17494 전원합의체 판결.

탁관계를 인정할 수 있을 것인가에 관하여는, ① 반드시 위탁자와 수탁자 사이에 직접적인 위탁행위가 있어야 하는 것은 아니지만 조리·관습·신의칙 등에 의해 적어도 위탁행위에 준하는 신뢰관계는 존재해야 하므로 착오송금의 경우는 위탁관계가 부정되어야 하고, 점유이탈물횡령죄로 보아야 한다는 견해, ② 위탁관계가 인정될 수 없고 사기죄가 된다는 견해, ③ 위탁관계가 인정되어 횡령죄가 성립된다는 견해 등이 대립된다. 판례는 어떤 예금계좌에 돈이 착오로 잘못 송금되어 입금된 경우에는 예금주와 송금인 사이에 신의칙상 보관관계가 성립한다고 보고, 송금 절차의 착오로 인하여 자신 명의의 은행 계좌에 입금된 돈을 임의로 인출하여 소비한 행위는 횡령죄에 해당한다고 판시하고 있다(위 ③의 견해).[1]

생각건대, 송금의뢰인이 다른 사람의 예금계좌에 자금을 송금·이체한 경우 특별한 사정이 없는 한 송금의뢰인과 계좌명의인 사이에 그 원인이 되는 법률관계가 존재하는지 여부에 관계없이 계좌명의인(수취인)과 수취은행 사이에는 그 자금에 대하여 예금계약이 성립하고, 계좌명의인은 수취은행에 대하여 그 금액 상당의 예금채권을 취득한다. 이때 송금의뢰인과 계좌명의인 사이에 송금·이체의 원인이 된 법률관계가 존재하지 않음에도 송금·이체에 의하여 계좌명의인이 그 금액 상당의 예금채권을 취득한 경우, 계좌명의인은 송금의뢰인에게 그 금액 상당의 돈을 반환하여야 한다.[2] 이처럼 계좌명의인이 송금·이체의 원인이 되는 법률관계가 존재하지 않음에도 계좌이체에 의하여 취득한 예금채권 상당의 돈은 송금의뢰인에게 반환하여야 할 성격의 것이므로, 계좌명의인은 그와 같이 송금·이체된 돈에 대하여 송금의뢰인을 위하여 보관하는 지위에 있다고 보아야 할 것이다.[3]

본 사례에서 乙이 잘못 이체한 5억 원에 대하여 계좌명의인인 丙은 乙에 대하여 보관자의 지위에 있다고 할 수 있고, 이를 임의로 丁의 계좌로 이체한 행위는 횡령죄의 구성요건에 해당한다.

(ㄴ) 이득액 산정과 특별법의 적용

횡령죄를 범한 사람이 그 범죄행위로 인하여 취득하거나 제3자로 하여금 취득하게 한 재물 또는 재산상 이익의 가액이 5억 원 이상일 때에 특정경제범죄가중처벌등

---

1) 대법원 1968. 7. 24. 선고 1966도1705 판결; 대법원 2005. 10. 28. 선고 2005도5975 판결; 대법원 2006. 10. 12. 선고 2006도3929 판결; 대법원 2010. 12. 9. 선고 2010도891 판결.

2) 대법원 2007. 11. 29. 선고 2007다51239 판결.

3) 대법원 2018. 7. 19. 선고 2017도17494 전원합의체 판결. 본 판결 해설은 배정현, "제3자 명의 사기이용계좌(이른바 대포통장) 명의인이 그 계좌에 입금된 보이스피싱 피해금을 인출한 경우 횡령죄 성립 여부", 대법원판례해설 제118호(2018 하반기), 2019, 621－645면.

에관한법률위반(횡령)죄로 가중 처벌된다(동법 제3조 제1항, 형법 제355조 제1항). 여기에서 이득액이란 횡령행위로 인하여 취득하거나 제3자로 하여금 취득하게 한 불법영득의 대상이 된 재물의 가액을 말한다. 丙은 자신의 계좌에 잘못 이체된 5억 원 모두를 임의로 丁의 계좌로 이체하였으므로 이득액은 5억 원이고, 이는 특정경제범죄가중처벌등에관한법률위반(횡령)죄의 구성요건에 해당한다.

(ㄷ) 법률의 착오

丙이 아무런 문제가 생기지 않는다는 丁의 말을 듣고 '막연히 괜찮을 것'이라고 생각하고 5억 원을 丁의 계좌로 이체하였으므로, 법률의 착오에 해당하는지 문제된다.

자기의 행위가 법령에 의하여 죄가 되지 아니하는 것으로 오인한 행위는 그 오인에 정당한 이유가 있는 때에 한하여 벌하지 아니한다(형법 제16조). '벌하지 아니한다'의 의미와 관련하여, ① 위법성의 인식은 고의의 내용이므로 고의가 조각된다는 고의설(엄격고의설), ② 위법성의 인식은 고의와 분리된 책임의 요소로서 책임이 조각된다는 책임설(통설)이 대립된다. 판례는 원칙적으로 고의설의 입장이지만,[1] 최근에는 위법성의 인식의 체계적 지위에 관한 언급 없이 형법 제16조의 해당 여부를 판단하고 있다.

법률의 착오에서 '정당한 사유가 있는지 여부'는 행위자에게 자기 행위의 위법성에 대해 심사숙고하거나 조회할 수 있는 계기가 있어 자신의 지적 능력을 다하여 이를 회피하기 위한 진지한 노력을 다하였더라면 스스로의 행위에 대하여 위법성을 인식할 수 있는 가능성이 있었음에도 이를 다하지 못한 결과 자기 행위의 위법성을 인식하지 못한 것인지 여부에 따라 판단하여야 할 것이고, 이러한 위법성의 인식에 필요한 노력의 정도는 구체적인 행위정황과 행위자 개인의 인식능력 그리고 행위자가 속한 사회집단에 따라 달리 평가되어야 한다.[2]

본 사례에서 丙은 丁의 말을 듣고 막연히 괜찮을 것이라 생각하였을 뿐, 달리 법률전문가에게 상담을 하거나 다른 방법으로 조회하는 등 심사숙고나 조회의 노력을 다하였다고 볼 사정은 인정되지 않는다. 따라서 丙에 대하여 법률의 착오에 있어 정당한 사유가 있다고 보기 어렵다.

(ㄹ) 소결

丙에 대하여 특정경제범죄가중처벌등에관한법률위반(횡령)죄가 성립한다.

---

1) 대법원 1970. 9. 22. 선고 70도1206 판결.
2) 대법원 2006. 3. 24. 선고 2005도3717 판결; 대법원 2009. 12. 24. 선고 2007도1915 판결.

(3) 丁의 형사책임

㈎ 간접정범의 성립 여부

어느 행위로 인하여 처벌되지 아니하는 자 또는 과실범으로 처벌되는 자를 교사 또는 방조하여 범죄행위의 결과를 발생하게 한 자는 교사 또는 방조의 예에 의하여 처벌한다(형법 제34조). 이와 같이 타인을 생명 있는 도구로 이용하여 범죄를 실행하는 형태를 간접정범이라고 한다. 본 사례에서는 위에서 살펴본 바와 같이 丙의 법률의 착오가 정당한 사유에 해당된다고 볼 수 없고, 丙에게 특정경제범죄가중처벌등에관한법률위반(횡령)죄가 성립하는 이상 丁에게 간접정범이 성립할 여지는 없다 할 것이다.

㈏ 특정경제범죄가중처벌등에관한법률위반(횡령)죄의 교사범 성립 여부

丙은 아무런 문제가 생기지 않는다는 丁의 말에 따라 착오 입금된 5억 원을 돌려주지 않고 丁의 계좌로 이체하였다. 이러한 丁의 행위가 丙의 횡령행위에 대한 공동정범에 해당하는지 교사범에 해당하는지 문제된다.

정범과 협의의 공범을 구별하는 기준에 대해서는 ① 주관적 요소에 의해서 구분해야 한다는 주관설, ② 객관적 요소에 의해서 구분해야 한다는 객관설, ③ 주관적·객관적 요소로 형성된 행위지배 여부에 따라 구분해야 한다는 행위지배설(통설 및 판례[1])이 대립된다. 본 사례에서 丙과 丁이 공동의사에 의한 기능적 행위지배를 통하여 위 횡령행위를 실행하였다고 보기는 부족하고, 丁이 丙의 범행을 결의토록 한 것으로 볼 수 있을 뿐이다. 따라서 丁은 丙의 범행에 대한 교사범에 해당한다고 할 것이다.

한편 횡령죄는 타인의 재물을 보관하는 자가 주체가 되는 진정신분범인데, 그 신분이 없는 丁에 대하여 어떠한 범죄가 성립하는지 문제된다. 형법 제33조 본문은 "신분이 있어야 성립되는 범죄에 신분 없는 사람이 가담한 경우에는 그 신분 없는 사람에게도 제30조부터 제32조까지의 규정을 적용한다"고 규정하고 있으므로, 그 신분이 없는 丁도 신분자인 丙의 범죄의 공범이 될 수 있다.

따라서 丁에 대하여 특정경제범죄가중처벌등에관한법률위반(횡령)교사죄가 성립한다.

㈐ 장물취득죄의 성립 여부

횡령행위로 처분한다는 사실을 알면서 매수하는 등 점유의 이전을 받는 상대방이 횡령죄의 공범이 되는지 아니면 장물취득죄(형법 제362조 제1항)가 되는지 문제된다.

1) 대법원 2010. 7. 15. 선고 2010도3544 판결.

일반적으로 이에 대해서는, ① 자기가 보관하는 타인의 재물을 임의로 처분하는 횡령행위를 통하여 그 재물은 장물이 될 수 있고, 처분의 상대방이 그 사실을 알고도 이를 매수하였다면 상대방에 대하여는 장물취득죄가 성립한다는 견해(통설·판례[1]),[2] ② 횡령에 의한 재물의 영득과 그 재물의 취득이 시간적으로 중복하는 때에는 장물죄가 성립할 수 없으므로 횡령죄의 공범이 된다는 견해가 있다. 나아가 본 사례에서는, ③ 丁은 丙의 횡령행위의 교사범으로 위 금원은 횡령행위에 제공된 물건이지 횡령행위로 영득한 것이 아닐 뿐더러, 丁은 丙에게 우선 자신의 계좌로 이체하라고 하여 단순히 이를 이체받았을 뿐 이체의 명목(예컨대, 대금의 지급[3] 등)에 대한 언급이 없어 그 처분권을 획득하여 이를 취득한 것으로 보기 어려운 점 등에 비추어, 丁이 위 금원을 이체받은[4] 행위는 횡령죄의 실행행위에 불과할 뿐 장물취득죄를 구성하지 않는다는 견해도 있다.

판례에 따르면, 丁에 대하여 장물취득죄[5]가 성립한다.

(4) 설문의 해결

丙에 대하여 특정경제범죄가중처벌등에관한법률위반(횡령)죄가 성립하고, 丁에 대하여 특정경제범죄가중처벌등에관한법률위반(횡령)교사죄 및 장물취득죄가 성립하고 두 죄는 실체적 경합관계이다.

3. 제1문의 다 — (3) 사실에 대한 甲의 형사책임

(1) 문제의 제기

甲이 乙에게 "5,000만 원을 주지 않으면 부정채용으로 경찰에 고발하겠다."는 문

1) 대법원 1969. 6. 24. 선고 69도692 판결(횡령 교사를 한 후 그 횡령한 물건을 '취득'한 때에는 횡령교사죄와 장물취득죄의 경합범이 성립); 대법원 2004. 12. 9. 선고 2004도5904 판결.

2) 그 근거에 대하여는 ① 정범의 행위에 종속하는 공범으로서의 요건을 갖추지 않은 이상 횡령죄의 공범은 성립하지 않는다거나, ② 정범이 매도하는 등 처분행위를 통하여 불법영득의사를 표현하는 때에 이미 기수가 되므로 상대방은 장물취득죄의 죄책만을 부담하기 때문이라는 견해가 있다.

3) 예컨대, 판례는 甲이 회사 자금으로 乙에게 주식매각 대금조로 금원을 지급한 경우, 그 금원은 단순히 횡령행위에 제공된 물건이 아니라 횡령행위에 의하여 영득된 장물에 해당한다고 할 것이고, 나아가 설령 甲이 乙에게 금원을 교부한 행위 자체가 횡령행위라고 하더라도 이러한 경우 甲의 업무상횡령죄가 기수에 달하는 것과 동시에 그 금원은 장물이 된다고 판시하였다(대법원 2004. 12. 9. 선고 2004도5904 판결).

4) 丁이 이체받은 금원은 횡령행위에 제공된 것인지 횡령행위로 영득한 것인지를 불문하고 장물의 전제가 되는 '재물'에 해당한다(착오송금된 돈의 임의 이체행위가 횡령죄에 해당한다고 한 대법원 2005. 10. 28. 선고 2005도5975 판결 참조).

5) 丁이 위 금원의 처분권을 획득하여 이를 취득하지 못한 것으로 볼 경우, 장물보관죄가 성립할 것이다.

자를 일주일 동안 수십 차례 보내어 이에 겁을 먹은 乙로부터 5,000만 원을 받은 것이 ① 공갈죄에 해당하는지, ② 정보통신망이용촉진및정보보호등에관한법률위반죄에 해당하는지 문제된다.

(2) 공갈죄의 성립 여부

사람을 공갈하여 재물의 교부를 받거나 재산상의 이익을 취득한 경우 공갈죄가 성립한다(형법 제350조 제1항). 먼저, 공갈죄의 수단인 협박은 사람의 의사결정의 자유를 제한하거나 의사실행의 자유를 방해할 정도로 겁을 먹게 할 만한 해악을 고지하는 것을 말한다.[1] 해악은 사람으로 하여금 공포심을 생기게 하는 것이어야 하는데, 사람으로 하여금 일반적으로 실현가능하다고 믿을 수 있는 것이면 충분하고, 고지된 해악의 내용이 허위라도 무방하며, 해악을 실현할 진의를 갖고 있는지, 실현 가능한지는 묻지 않는다. 또한 고지된 해악의 실현이 위법이 아니라고 하더라도 이를 고지하여 외포케 함으로써 불법으로 재산상의 이익을 취득한 경우 공갈죄가 성립한다. 甲이 乙에게 부정채용을 경찰에 고발하겠다는 내용을 말한 것은 상대방으로 하여금 어떠한 해악에 이르게 할 것이라는 인식을 가지게 하는 것으로서, 乙의 의사결정의 자유를 제한하거나 방해할 정도로 겁을 먹게 할 만한 해악의 고지에 해당한다.

다음으로, 공갈죄가 성립하기 위해서는 행위자의 협박으로 인하여 공포심을 느낀 피공갈자가 재물을 교부하거나 재산상 이익을 공여하는 재산처분행위를 하여야 한다. 즉, 공갈과 재산처분행위 사이에 인과관계가 있어야 한다. 甲이 보낸 문자를 보고 겁을 먹은 乙이 계좌이체를 통하여 甲에게 5,000만 원을 교부하였으므로, 협박과 재산처분행위 사이에 인과관계가 인정된다.

따라서 甲에 대하여 공갈죄가 성립한다.

(3) 정보통신망이용촉진및정보보호등에관한법률위반죄의 성립 여부

정보통신망을 통하여 공포심이나 불안감을 유발하는 부호·문언·음향·화상 또는 영상을 반복적으로 상대방에게 도달하게 한 경우 정보통신망이용촉진및정보보호등에관한법률위반죄(동법 제74조 제1항 제3호, 제44조의7 제1항 제3호)가 성립한다. 정보통신망을 이용한 일련의 불안감 조성행위가 여기에 해당하기 위해서는 각 행위 상호 간에 일시·장소의 근접, 방법의 유사성, 기회의 동일, 범의의 계속 등 밀접한 관계가 있어 그

---

1) 대법원 2013. 9. 13. 선고 2013도6809 판결.

전체를 일련의 반복적인 행위로 평가할 수 있는 경우라야 한다.[1] 甲이 乙에게 부정채용을 경찰에 고발하겠다는 내용의 공포심을 유발하는 문언을 문자를 일주일 동안 수십 차례 보냈으므로 일련의 반복적 행위로 평가할 수 있다.

따라서 甲에 대하여 정보통신망이용촉진및정보보호등에관한법률위반죄가 성립한다.

(4) 설문의 해결

甲에 대하여 공갈죄와 정보통신망이용촉진및정보보호등에관한법률위반죄가 각 성립하고, 두 죄는 보호법익과 행위태양이 다르므로 실체적 경합관계라고 할 것이다.

Ⅱ. 제2문 — 축소사실 인정과 법원의 조치

1. 문제의 제기

검사는 (3)의 범죄사실, 즉 공갈죄와 정보통신망이용촉진및정보보호등에관한법률위반죄로 甲을 기소하였다. 그러나 제1심 공판 진행 중에 乙이 문자 내용에 겁을 먹은 것이 아니라 甲을 불쌍하게 여겨 5,000만 원을 이체한 것으로 밝혀진 경우, 법원이 취해야 할 조치가 문제된다. 이와 관련해서는 ① 甲에 대하여 공갈미수죄가 성립하는지, ② 성립한다면 축소사실에 대한 공소장변경이 필요한지, ③ 축소사실에 대하여 법원의 심판의무가 있는지 여부가 문제된다.

2. 甲의 형사책임 — 공갈미수죄

공갈의 고의로 사람의 의사결정의 자유를 제한하거나 의사실행의 자유를 방해할 정도로 겁을 먹게 할 만한 해악을 고지한 때에 공갈의 실행의 착수가 인정된다. 나아가 공갈죄의 기수가 성립하기 위해서는 위와 같은 해악의 고지와 재산상 처분행위 사이에 인과관계가 인정되어야 한다. 따라서 상대방의 재산적 처분행위가 공갈행위로 인하여 외포된 상태에서 이루어진 것이 아니라 연민 등 다른 원인으로 이루어진 경우에는 기수가 아니라 미수에 불과하다.

본 설문에서 乙은 甲의 문자 내용에 겁을 먹어서가 아니라 甲을 불쌍히 여겨

---

1) 대법원 2009. 4. 23. 선고 2008도11595 판결.

5,000만 원을 이체하였으므로 甲의 해악의 고지와 乙의 재산상 처분행위와 사이에 인과관계가 인정되지 않는다. 따라서 甲에 대하여 공갈미수죄(형법 제352조, 제350조 제1항)가 성립하는데 그친다.

3. 공소장변경의 요부

(1) 공소장변경의 가능성

공소사실의 변경, 즉 공소장변경이 허용되기 위해서는 공소사실의 동일성이 인정되어야 한다. 공소사실의 동일성 기준에 관하여 ① 죄질동일설, ② 구성요건공통설, ③ 소인공통설, ④ 기본적 사실동일설(통설) 등이 있는데,[1] 판례는 그 사실의 기초가 되는 사회적 사실관계가 기본적인 점에서 동일하면 공소사실의 동일성이 인정되고, 이를 판단함에 있어 규범적 요소를 고려하여야 한다는 입장이다(수정된 기본적 사실동일설).[2]

본 설문에서 공갈죄와 공갈미수죄는 동일한 일시·장소에서 발생한 사건으로 기본적 사실관계가 동일하며, 보호법익이나 죄질 등 규범적 요소를 고려하더라도 공소사실의 동일성을 인정할 수 있다. 따라서 공소장변경이 가능하다.

(2) 축소사실의 인정과 공소장변경의 요부

법원은 공소장에 기재된 공소사실과 다른 사실을 인정하기 위해서는 원칙적으로 공소장변경의 절차를 거쳐야 한다. 다만, 피고인의 방어권 보장, 소송경제 등을 고려하여 어느 범위에서 공소장변경 없이 공소장에 기재된 공소사실과 다른 사실을 인정할 수 있는지가 문제된다. 법원이 공소장변경의 요부를 결정하는 기준에 관하여는 ① 동일벌조설, ② 법률구성설, ③ 사실기재설(실질적 불이익설)(통설) 등이 있는데, 판례는 "피고인의 방어권행사에 실질적 불이익을 줄 우려가 없는 경우에 한하여 검사의 공소장변경절차를 거치지 않고 다른 범죄사실을 인정할 수 있다"고 판시하여 ③의 입장이다. 이때, 피고인의 방어권 행사에 실질적인 불이익을 초래할 염려가 있는지 여부는 공소사실의 기본적 동일성이라는 요소 이외에도 법정형의 경중 및 그러한 경중의 차이에 따라 피고인이 자신의 방어에 들일 노력·시간·비용에 관한 판단을 달리할 가능성이 뚜렷한지 여부 등의 여러 요소를 종합하여 판단하여야 한다.[3]

---

1) 이에 대한 상세는 사례 4. [13−변시(2)−2] 제3문 관련쟁점 '공소사실의 동일성' 참조.
2) 대법원 1994. 3. 22. 선고 93도2080 전원합의체 판결; 대법원 2024. 12. 12. 선고 2020도3273 판결.
3) 대법원 2007. 12. 27. 선고 2007도4749 판결; 대법원 2011. 2. 10. 선고 2010도14391, 2010전도119 판결.

본 설문에서 공소장에 기재된 공소사실은 공갈죄의 기수이지만 법원의 심리 결과 공갈미수만 인정되는 경우, 공갈미수의 범죄사실은 기소된 공갈기수 범죄사실 보다 가벼운 범죄사실이므로 공소장변경 없이 이를 인정하더라도 피고인의 방어권 행사에 실질적 불이익을 초래할 염려가 없다. 따라서 법원은 공소장변경 절차 없이 직권으로 공갈미수죄의 범죄사실을 인정할 수 있다.

4. 축소사실에 대한 심판의무 여부

축소사실에 대한 유죄판결을 하는 것이 법원의 의무인지에 대하여는 ① 재량설과 ② 의무설의 대립이 있다. 판례는 "법원은 공소사실의 동일성이 인정되는 범위 내에서 공소가 제기된 범죄사실에 포함된 보다 가벼운 범죄사실이 인정되는 경우에, 심리의 경과에 비추어 피고인의 방어권행사에 실질적인 불이익을 초래한 염려가 없다고 인정되는 때에는, 공소장이 변경되지 않았더라도 직권으로 공소장에 기재된 공소사실과 다른 범죄사실을 인정할 수 있는 것이기는 하지만, 이와 같은 경우라고 하더라도 공소가 제기된 범죄사실과 대비하여 볼 때 실제로 인정되는 범죄사실의 사안이 중대하여 공소장이 변경되지 않았다는 이유로 이를 처벌하지 않는다면, 적정절차에 의한 신속한 실체적 진실의 발견이라는 형사소송의 목적에 비추어 현저히 정의와 형평에 반하는 것으로 인정되는 경우가 아닌 한, 법원이 직권으로 그 범죄사실을 인정하지 아니하였다고 하여 위법한 것이라고까지는 볼 수는 없는 것이다"고 판시하여,[1] 원칙적으로 ①의 재량설의 입장이다.

본 설문에서 제1심 공판 진행 중에 밝혀진 공갈미수의 범죄사실은 이를 유죄로 인정하지 않을 경우에 현저히 정의와 형평에 반한다고[2] 볼 수 없다. 따라서 법원은 공갈미수죄로 유죄판결을 할 의무는 없으므로 기소된 공갈죄에 대하여 무죄판결을 할 수도 있다.

---

1) 대법원 2014. 4. 24. 선고 2013도9162 판결.「설령 원심이 이 사건 특정경제범죄가중처벌등에관한법률위반(사기)죄를 심리한 결과 피고인이 편취의 의사로 기망행위를 한 사실이 인정된다고 하더라도, 공소가 제기된 특정경제범죄가중처벌등에관한법률위반(사기)의 범죄사실과 대비하여 볼 때, 원심이 특정경제범죄가중처벌등에관한법률위반(사기) 미수의 범죄사실을 유죄로 인정하지 아니한 것이 현저히 정의와 형평에 반하는 것이라고는 보이지는 아니하므로, 원심판결에 상고이유로 주장하는 바와 같이 판단을 누락하거나 필요한 심리를 다하지 아니한 위법이 없다.」

2) 판례는 ① 살인죄로 기소된 경우에 폭행·상해, 체포·감금이 인정되는 경우(대법원 2009. 5. 14. 선고 2007도616 판결), ② 필로폰투약죄의 기수범으로 기소된 경우에 미수가 인정되는 경우(대법원 1999. 11. 9. 선고 99도3674 판결), ③ 준강간죄의 장애미수로 기소된 경우에 불능미수가 인정되는 경우(대법원 2024. 4. 12. 선고 2021도9043 판결)에는 직권으로 그 범죄사실을 인정해야 한다고 판시하였다.

5. 설문의 해결

법원은 공소장변경이 없더라도 직권으로 인정되는 공갈미수죄에 대하여 유죄의 판결을 선고할 수 있다. 다만, 공갈미수죄로 유죄를 인정하지 않는다고 하여 위법은 아니다.

Ⅲ. 제3문 — 공범에 대한 피의자신문조서의 증거능력

1. 문제의 제기

丙과 丁은 특정경제범죄가중처벌등에관한법률위반(횡령)죄에 관하여 공범관계에 있는 공동피고인인데, 검사가 丁에 대한 유죄의 증거로 丙의 자백이 기재된 丙에 대한 사법경찰관 작성의 피의자신문조서 및 검사 작성의 피의자신문조서를 제출하였고, 丁은 여전히 범행을 부인하고 있다. 이때 丙에 대한 위 각 피의자신문조서가 丁의 유죄 증거로 사용될 수 있는 요건이 무엇인지 문제된다.

2. 丙에 대한 사경 작성 피의자신문조서의 증거능력

공범인 공동피고인의 사법경찰관 작성 피의자신문조서의 증거능력에 대해서는, ① 피고인 아닌 자의 진술을 기재한 조서에 해당하므로 형사소송법 제312조 제4항에 따라 증거능력을 인정해야 한다는 견해와 ② 공범관계에 있는 피고인에 대한 피의자신문조서는 그 내용이 당해 피고인에 대한 피의자신문조서의 내용과 다름이 없기 때문에 피고인에게 보다 유리한 형사소송법 제312조 제3항에 따라 증거능력이 부여될 수 있다는 견해(통설)가 대립한다. ②의 견해는 다시 ⓐ 원진술자가 내용을 인정하여야 한다는 견해와 ⓑ 당해 피고인이 내용을 인정하여야 한다는 견해(통설)로 나뉜다. 당해 피고인이 형사소송법 제312조 제3항에 따라 내용을 인정하여야 증거능력을 인정할 수 있다는 ②의 ⓑ 견해가 타당하고, 판례도 같은 입장이다.[1]

본 설문의 경우 丁이 그 내용을 인정하여야 하는데, 丁은 일관되게 범행을 부인하고 있으므로 내용부인의 취지로 부동의할 것으로 보인다. 丁이 내용을 인정하지 않는 이상, 丁에 대한 유죄의 증거로 사용할 수 없다.

---

1) 대법원 2004. 7. 15. 선고 2003도7185 전원합의체 판결. 본 판결 해설은 민유숙, "공범에 대한 경찰 피의자신문조서의 증거능력 부여 – 형사소송법 제314조에 의하여 증거능력을 인정할 수 있는지 여부", 대법원판례해설 제53호(2004 하반기), 2005, 528–548면.

3. 丙에 대한 검사 작성 피의자신문조서의 증거능력

공범인 공동피고인의 검사 작성 피의자신문조서의 증거능력에 대해서는, 검사 작성 피의자신문조서의 증거능력 판단요건이 사법경찰관 작성 피의자신문조서의 그것과 동일하게 적법한 절차와 방식에 따라 작성된 것으로서, 공판준비, 공판기일에 그 피의자였던 피고인 또는 변호인이 그 내용을 인정할 때에 한정하여 증거로 할 수 있다고 개정·시행(2022. 1. 1)되기 전에는, 이를 참고인진술조서로 취급하여 형사소송법 제312조 제4항에 따라 증거능력을 판단해야 한다는 것이 통설과 판례[1]의 입장이었다.

그러나 위와 같이 개정·시행된 이후에는 종래 공범인 공동피고인의 사법경찰관 작성 피의자신문조서의 증거능력에 관한 논의가 그대로 적용될 것으로 보인다. ① 개정·시행에도 불구하고 여전히 종전과 같이 제312조 제4항을 적용해야 한다는 견해도 있지만, ② 위 丙에 대한 사법경찰관 작성 피의자신문조서의 경우와 마찬가지로, 丁이 증거 사용에 부동의할 것으로 보여 丁이 내용을 인정하지 않는 이상, 제312조 제1항에 따라 丁에 대한 유죄의 증거로 사용할 수 없을 것이다(실무[2] 및 판례[3]).

4. 설문의 해결

丙에 대한 사법경찰관 및 검사 작성의 피의자신문조서는 丁이 내용을 인정하여야 증거능력이 인정되는데, 丁이 범죄를 일관되게 부인하고 있어 내용부인 취지로 부동의할 것으로 보이므로 증거능력이 인정되지 않을 것이다.

Ⅳ. 제4문 — 증언번복 진술조서 및 2차 증언의 증거능력

1. 문제의 제기

乙의 재판에 증인으로 출석한 B가 乙의 유죄를 인정하는 검찰에서의 진술을 번복하자, 검사는 B를 다시 소환하여 1차 증언을 번복하는 내용의 진술조서를 작성하였고, B는 다시 증인으로 출석하여 1억 원 교부를 인정하는 2차 증언을 하였다. 이때, B의 위 진술조서 및 2차 증언을 증거로 사용할 수 있는지 문제된다.

---

1) 대법원 1999. 10. 8. 선고 99도3063 판결. 본 판결 평석은 이태종, "공범이나 제3자에 대한 검사 작성의 피의자신문조서등본의 증거능력", 대법원판례해설 제33호(1999 하반기), 2000, 794-800면.

2) 사법연수원, 법원실무제요 형사 [Ⅰ], 475면.

3) 대법원 2023. 6. 1. 선고 2023도3741 판결; 대법원 2024. 8. 29. 선고 2024도8200 판결.

2. 증언번복 진술조서의 증거능력

공소제기 후에는 원칙적으로 법원에 의하여 증인신문이 이루어지는 것이 바람직하므로, 참고인조사가 임의수사라고 하여 공소제기 후에도 무제한하게 허용되어서는 안 될 것이다. 본 설문에서 B의 진술조서는 공소제기 후 검사에 의하여 작성된 것이고, 참고인이 법정에서 한 증언의 내용을 번복하는 내용으로 작성되었다는 점에서, 비록 임의수사의 방식으로 이루어지기는 하였으나 그 증거능력이 문제된다.

(1) 乙이 증거동의하는 경우

乙이 증거동의하는 경우 진정성이 인정되면 증거로 사용할 수 있다(형소법 제318조 제1항).

(2) 乙이 증거부동의하는 경우

乙이 증거로 함에 부동의하는 경우에는, ① 형사소송법 제312조 제4항에 따라 증거능력을 판단해야 한다는 견해와 ② 증거능력이 없다는 견해(통설)가 대립한다. 판례는 "이미 증언을 마친 증인을 검사가 소환한 후 피고인에게 유리한 증언 내용을 추궁하여 이를 일방적으로 번복시키는 방식으로 작성한 진술조서를 유죄의 증거로 삼는 것은 당사자주의·공판중심주의·직접주의에 어긋나는 것"일 뿐만 아니라 "법관의 면전에서 모든 증거자료가 조사, 재판을 받을 권리를 침해하는 것이므로, 이러한 진술조서는 피고인이 증거로 할 수 있음에 동의하지 아니하는 한 증거능력이 없다"고 판시하여,[1) 피고인이 증거동의하지 않는 한 증거능력이 없다는 입장이다. 이미 증인으로서 선서하고 증언한 사람을 수사기관이 소환하여 다시 참고인조사의 방식으로 수사한 후 증언을 번복하는 내용으로 진술조서를 작성하는 것은, 당사자주의와 공판중심주의 원칙에 어긋나는 것이므로 증거능력을 인정할 수 없다는 점에서 통설과 판례가 타당하다.

따라서 검사가 B의 증언을 번복시키는 방식으로 작성한 진술조서는 乙이 증거로 함에 동의하지 않는 한 증거능력이 없다.

3. 2차 증언의 증거능력

기존 증언을 번복한 B의 증언에 대하여는 ① 반대신문권이 보장된 법관 면전 진

1) 대법원 2000. 6. 15. 선고 99도1108 전원합의체 판결. 본 판결 평석은 이재홍, "법정증언을 번복하는 진술조서의 증거능력", 형사판례연구 〔9〕, 2001, 424－440면.

술이므로 증거능력이 인정된다는 견해와 ② 위와 같은 증언의 경위에 비추어 임의성에 의심이 있을 수 있어 증거능력이 없다는 견해가 있다. 생각건대, 반대신문권이 보장되는 등 적법한 절차에 따라 증인신문이 이루어진 것이므로 특별한 사정이 없는 한 증거능력을 인정할 수 있어 乙의 유죄의 증거로 사용할 수 있다(실무도 마찬가지).[1] 다만, 그 신빙성은 증인신문 전 진술조서의 작성 경위 등을 종합적으로 고려하여 신중하게 판단하여야 한다.[2]

4. 설문의 해결

B를 재소환하여 작성한 진술조서는 乙이 증거로 함에 동의하지 않는 한 증거로 사용할 수 없지만, B의 2차 증언은 증거능력이 있다.

1) 대법원 2000. 6. 15. 선고 99도1108 전원합의체 판결.
2) 대법원 2020. 1. 30. 선고 2018도2236 전원합의체 판결.

2020년 제9회 변호사시험 강평

형사법 제2문

Ⅰ. 제1문의 가 — (1) 사실에 대한 甲, 乙의 책임

• 사실관계

甲	• A 사립학교법인의 운영권을 乙에게 양도하고, 乙을 학교법인의 임원으로 선임해 주는 대가로 5억 원을 받기로 함
乙	• 위와 같이 A 법인의 임원으로 선임해주는 대가로 甲에게 5억 원을 교부하기로 함 • 이사장으로 선임된 후 B로부터 A 법인의 교직원으로 채용해 달라는 부탁을 받고 1억 원을 교부받음

1. 甲의 형사책임

(1) 배임수재죄의 성립 여부

- 타인의 사무를 처리하는 자가 그 임무에 관하여 부정한 청탁을 받고 재물 또는 재산상 이익을 취득하거나 제3자로 하여금 이를 취득하게 한 때에는 배임수재죄(형법 제357조 제1항) 성립
- 타인의 사무를 처리하는 자란, 타인과의 대내관계에 있어서 신의성실의 원칙에 비추어 타인의 사무를 처리할 신임관계가 있다고 인정되는 자를 말함
- 甲은 A 법인의 이사장으로서 학교의 운영권을 가지고 행사하는 지위에 있으므로, 타인의 사무처리자에 해당
- 또한 임무관련성을 인정하는 데에도 특별한 문제 없음

- 乙이 甲에게 A 법인의 운영권을 5억 원에 양도하고 자신을 A 법인 이사장으로 선임해 줄 것을 부탁한 것이 '부정한 청탁'에 해당되는지 문제됨
- '부정한 청탁'이란, 배임행위에 이르지는 않더라도 사회상규와 신의성실의 원칙에 반하는 것을 내용으로 하는 청탁을 말함
- 청탁의 내용이 당해 학교법인의 설립 목적과 다른 목적으로 기본재산을 매수하여 사용하려는 것으로서 학교법인의 존립에 중대한 위협을 초래할 것임이 명백하다는 등의 특별한 사정이 없는 한, 위와 같은 내용의 청탁이 사회상규 또는 신의성실의 원칙에 반하는 것을 내용으로 하는 것이라고 할 수 없음(대법원 2014. 1. 23, 2013도11735)
- 본 사례에서 학교법인의 운영권을 양도하고 이사장으로 선임해주기로 하는 내용의 약정만 제시되어 있을 뿐, 더 나아가 학교법인의 설립 목적과 다른 목적으로 기본재산을 처분하는 등 학교법인의 존립에 중대한 위협을 초래할 것임이 명백한 특별한 사정이 있는지에 대해서는 나타나 있지 않으므로, 甲이 乙로부터 운영권 양도와 관련하여 받은 부탁은 '부정한 청탁'에 해당하지 않음
- 甲에 대하여 배임수재죄는 성립하지 않음

2. 乙의 형사책임

(1) 배임증재죄 성립 여부

- 乙이 甲에게 A 법인의 운영권을 5억 원에 양도하고 자신을 A 법인 이사장으로 선임해 줄 것을 부탁한 것이 '부정한 청탁'에 해당되지 않는 이상, 乙에 대하여도 배임증재죄(형법 제357조 제2항)는 성립하지 않음

(2) 배임수재죄 성립 여부

- 乙이 이사장으로 선임된 직후 B로부터 A 법인의 교직원으로 채용해 달라는 부탁을 받고 그 대가로 1억 원을 교부받은 행위가 배임수재죄에 해당하는지 문제됨
- 乙은 사립학교법인의 이사장으로서 법인에 대하여 타인의 사무처리자로서의 지위에 있고, 교직원 채용과 관련된 사무는 학교법인의 전반적 운영권을 가지고 있는 이사장의 임무와 관련된 사무이고, 교직원 채용과 관련한 특혜의 부탁은 사회상규와 신의성실 원칙에 반하는 부정한 청탁에 해당됨
- 따라서 乙에 대하여 이 배임수재죄가 성립

Ⅱ. 제1문의 나 — (2) 사실에 대한 丙, 丁의 책임

- 사실관계

甲	• 乙이 운영권 양수대금인 5억 원을 甲의 계좌로 이체하려다가 착각하여 丙의 계좌로 잘못 이체 • 丁의 말을 듣고 막연히 괜찮을 것이라 생각하고 5억 원을 丁의 계좌로 이체
丁	• 잘못 이체된 돈을 乙에게 돌려주려는 丙에게 아무런 근거 없이 "乙이 착오로 너에게 입금한 것이 분명해. 그 돈을 다른 계좌로 이체해도 아무런 문제가 생기지 않을 테니까, 우선 내 계좌로 이체해."라고 말함 • 丙으로부터 자신의 계좌로 5억 원을 이체받음

1. 丙의 형사책임

(1) 특정경제범죄가중처벌등에관한법률위반(횡령)죄의 성립 여부

1) 횡령죄의 성립 여부

- 횡령죄가 성립하기 위해서는 위탁관계에 기인하여 재물을 보관하여야 하는데, 위탁관계는 사실상의 관계에 있으면 충분함
- 예금계좌에 돈이 착오로 잘못 송금되어 입금된 경우, ① 점유이탈물횡령죄가 성립한다는 견해, ② 사기죄가 성립한다는 견해, ③ 횡령죄가 성립한다는 견해가 대립
- 판례는 어떤 예금계좌에 돈이 착오로 잘못 송금되어 입금된 경우에는 예금주와 송금인 사이에 신의칙상 보관관계가 성립한다고 보고, 송금 절차의 착오로 인하여 자신의 은행 계좌에 입금된 돈을 임의로 인출하여 소비한 행위는 횡령죄에 해당한다고 판시(대법원 2010. 12. 9, 2010도891)
- 丙은 乙에 대하여 보관자의 지위에 있다고 할 수 있고, 이를 임의로 丁의 계좌로 이체한 행위는 횡령죄의 구성요건에 해당

2) 이득액 산정과 특별법의 적용
- 횡령죄를 범한 사람이 그 범죄행위로 인하여 취득하거나 제3자로 하여금 취득하게 한 재물 또는 재산상 이익의 가액이 5억 원 이상일 때에 특정경제범죄가중처벌등에관한법률위반(횡령)죄로 가중 처벌됨
- 여기서 이득액이란 횡령행위로 인하여 취득하거나 제3자로 하여금 취득하게 한 불법영득의 대상이 된 재물의 가액을 말함
- 丙은 5억 원 모두를 丁의 계좌로 이체하였으므로, 이득액은 5억 원이고, 따라서 특정경제범죄가중처벌등에관한법률위반(횡령)죄의 구성요건에 해당

3) 법률의 착오
- 丙이 아무런 문제가 생기지 않는다는 丁의 말을 듣고 막연히 괜찮을 것이라고 생각하고 5억 원을 丁의 계좌로 이체하였으므로, 법률의 착오에 해당
- 자기의 행위가 법령에 의하여 죄가 되지 아니하는 것으로 오인한 행위는 그 오인에 정당한 이유가 있는 때에 한하여 벌하지 아니하는데(형법 제16조), '벌하지 아니함'의 의미에 관하여 ① 고의설과 ② 책임설이 대립. 판례는 고의가 조각된다는 입장(대법원 1970. 9. 22, 70도1206)

- '정당한 사유가 있는지 여부'는 행위자에게 자기 행위의 위법성에 대해 심사숙고하거나 조회할 수 있는 계기가 있어 자신의 지적 능력을 다하여 이를 회피하기 위한 진지한 노력을 다하였더라면 스스로의 행위에 대하여 위법성을 인식할 수 있는 가능성이 있었음에도 이를 다하지 못한 결과 자기 행위의 위법성을 인식하지 못한 것인지 여부에 따라 판단하여야 할 것이고, 이러한 위법성의 인식에 필요한 노력의 정도는 구체적인 행위정황과 행위자 개인의 인식능력 그리고 행위자가 속한 사회집단에 따라 달리 평가되어야 함(대법원 2009. 12. 24, 2007도1915)
- 丙은 丁의 말을 듣고 막연히 괜찮을 것이라 생각하였을 뿐, 달리 법률전문가에게 상담을 하거나 다른 방법으로 조회하는 등 심사숙고나 조회의 노력을 다하였다고 볼 사정은 인정되지 않음
- 따라서 법률의 착오에 있어 정당한 사유가 있다고 보기 어렵고, 丙은 책임을 부담

2. 丁의 형사책임

(1) 간접정범의 성립여부
- 丙에 대하여 특정경제범죄가중처벌등에관한법률위반(횡령)죄가 성립하는 이상, 丁에게 간접정범(형법 제34조)이 성립할 여지는 없음

(2) 특정경제범죄가중처벌등에관한법률위반(횡령)죄의 교사범 성립 여부
- 丁이 丙에게 착오 입금된 돈을 다른 계좌로 이체해도 아무런 문제가 생기지 않으므로 자신의 계좌로 입금하도록 말하여 丙으로 하여금 자신의 계좌로 5억 원을 입금하게 한 행위가 공동정범에 해당하는지, 교사에 해당하는지 문제됨
- 정범과 협의의 공범의 구별은 기능적 행위지배에 의하여 구별하는데(통설 및 판례),
- 丙과 丁 사이에 분업적으로 범행을 지배하였다는 점을 인정할만한 사정은 보이지 않으므로 丙으로 하여금 횡령 범행을 결의하게 한 丁은 교사범에 해당

- 한편 횡령죄는 타인의 재물을 보관하는 자가 주체가 되는 진정신분범
- 그 신분이 없는 丁에 대하여 어떠한 범죄가 성립할지가 문제되는데, 형법 제33조 본문은 "신분이 있어야 성립되는 범죄에 가담한 경우에는 그 신분 없는 사람에게도 제30조부터 제32조까지의 규정을 적용한다"고 규정
- 따라서 丁에 대하여 특정경제범죄가중처벌등에관한법률위반(횡령)교사죄 성립

3. 장물취득죄의 성립 여부

- 횡령행위로 처분한다는 사실을 알면서 매수하는 등 점유의 이전을 받는 상대방에 대하여는, ① 자기가 보관하는 타인의 재물을 임의로 처분하는 횡령행위를 통하여 그 재물은 장물이 될 수 있고, 처분의 상대방이 그 정을 알고도 이를 매수하였다면 상대방에 대하여는 장물취득죄가 성립한다는 견해(통설, 대법원 2004. 12. 9, 2004도5904), ② 횡령에 의한 재물의 영득과 그 재물의 취득이 시간적으로 중복하는 때에는 장물죄가 성립할 수 없으므로 횡령죄의 공범이 된다는 견해가 대립
- 판례에 따르면, 丁에 대하여 장물취득죄 성립

4. 소결

- 특정경제범죄가중처벌등에관한법률위반(횡령)교사죄와 장물취득죄가 각 성립하고, 두 죄는 실체적 경합관계

Ⅲ. 제1문의 다 ㅡ (3) 사실에 대한 甲의 책임

- 사실관계

甲	• 甲은 乙이 B로부터 교직원 채용의 대가로 1억 원을 받았다는 사실을 알고 그중 5,000만 원을 자신에게 이체할 것을 乙에게 요구하면서 '5,000만 원을 주지 않으면 부정채용으로 경찰에 고발하겠다'는 문자를 일주일 동안 수십 차례 보냄 • 문자를 받고 겁을 먹은 乙로부터 5,000만 원을 이체받음

1. 공갈죄의 성립 여부

- 사람을 공갈하여 재물의 교부를 받거나 재산상의 이익을 취득한 경우 공갈죄가 성립(형법 제350조 제1항)
- 甲이 乙에게 부정채용을 경찰에 고발하겠다는 내용을 말한 것은 상대방으로 하여금 어떠한 해악에 이르게 할 것이라는 인식을 가지게 하는 것으로서, 乙의 의사결정의 자유를 제한하거나 방해할 정도로 겁을 먹게 할 만한 해악의 고지에 해당
- 공갈죄가 성립하기 위해서는 행위자의 협박으로 인하여 공포심을 느낀 피공갈자가 재물을 교부하거나 재산상 이익을 공여하는 재산처분행위를 하여야 함. 공갈과 재산처분행위 간에는 인과관계가 있어야 함.
- 甲이 보낸 문자를 보고 겁을 먹은 乙이 甲에게 5,000만 원을 계좌이체를 통해 5,000만 원을 교부하였으므로, 해악의 고지와 재산처분행위 사이에 인과관계가 인정됨
- 따라서 甲에 대하여 공갈죄가 성립

2. 정보통신망이용촉진및정보보호등에관한법률위반죄 성립 여부

- 정보통신망을 통하여 공포심이나 불안감을 유발하는 부호·문언·음향·화상 또는 영상을 반복적으로 상대방에게 도달하게 한 경우 정보통신망이용촉진및정보보호등에관한법률위반죄(동법 제74조 제1항 제3호, 제44조의7 제1항 제3호)가 성립
- 정보통신망을 이용한 일련의 불안감 조성행위가 이에 해당한다고 하기 위해서는 각 행위 상호 간에 일시·장소의 근접, 방법의 유사성, 기회의 동일, 범의의 계속 등 밀접한 관계가 있어 그 전체를 일련의 반복적인 행위로 평가할 수 있는 경우라야 함
- 甲이 乙에게 부정채용을 경찰에 고발하겠다는 내용의 공포심을 유발하는 문언을 문자메세지를 통해 일주일 동안 수십 차례 보냈으므로 일련의 반복적 행위로 평가할 수 있음
- 따라서 甲에 대하여 정보통신망이용촉진및정보보호등에관한법률위반죄가 성립

3. 설문의 해결

- 甲에 대하여 공갈죄와 정보통신망이용촉진및정보보호등에관한법률위반죄가 각 성립하고, 두 죄는 실체적 경합관계

Ⅳ. 제2문 ― 축소사실 인정과 법원의 조치

- 사실관계

> • 검사는 (3)의 범죄사실에 대해 甲을 기소
> • 제1심 공판 진행 중에 乙이 甲의 문자 내용에 겁을 먹은 것이 아니라 甲을 불쌍하게 여겨 5,000만 원을 이체한 것으로 밝혀짐

1. 甲의 형사책임 ― 공갈미수죄

- 공갈의 고의로 사람의 의사결정의 자유를 제한하거나 의사실행의 자유를 방해할 정도로 겁을 먹게 할 만한 해악을 고지한 때에 공갈의 실행의 착수가 인정됨
- 나아가 공갈죄의 기수가 성립하기 위해서는 위와 같은 해악의 고지와 재산상 처분행위 사이에 인과관계가 인정되어야 함
- 따라서 상대방의 재산적 처분행위가 공갈행위로 인하여 외포된 상태에서 이루어진 것이 아니라 연민 등 다른 원인으로 이루어진 경우에는 기수로 되지 않고 미수에 불과
- 乙은 甲의 문자 내용에 겁을 먹어서가 아니라 甲을 불쌍히 여겨 5,000만 원을 이체하였으므로 비록 甲이 공갈의 고의로 경찰 고발 등의 해악을 고지하여 공갈의 실행의 착수에 나아갔으나, 乙의 재산상 처분행위와의 인과관계가 인정되지 아니하므로,
- 甲에 대하여 공갈미수죄가 성립

2. 공소장변경의 요부

(1) 공소장변경의 가능성

- 공소사실의 변경, 즉 공소장변경이 허용되기 위해서는 공소사실의 동일성이 인정되어야 함.
- 공소사실의 동일성 기준에 관하여 ① 죄질동일설, ② 구성요건공통설, ③ 소인공통설, ④ 기본적 사실동일설(통설) 등이 있는데,
- 판례는 그 사실의 기초가 되는 사회적 사실관계가 기본적인 점에서 동일하면 공소사실의 동일성이 인정되고, 이를 판단함에 있어 규범적 요소를 고려하여야 한다는 입장(수정된 기본적 사실동일설)(대법원 1994. 3. 22, 93도2080(전))
- 본 설문에서 공갈죄와 공갈미수죄는 동일한 일시·장소에서 발생한 사건으로 기본적 사실관계가 동일하며, 보호법익이나 죄질 등 규범적 요소를 고려하더라도 공소사실의 동일성을 인정할 수 있음
- 따라서 공소장변경이 가능

(2) 축소사실의 인정과 공소장변경의 요부

- 법원이 공소장변경의 요부를 결정하는 기준에 관하여 ① 동일벌조설, ② 법률구성설, ③ 사실기재설(실질적 불이익설)(통설) 등이 있는데,
- 판례는 "피고인의 방어권행사에 실질적 불이익을 줄 우려가 없는 경우에 한하여 검사의 공소장변경절차를 거치지 않고 다른 범죄사실을 인정할 수 있다."고 판시하여 ③의 입장(대법원 2007. 12. 27, 2007도4749)
- 본 설문에서 공소장에 기재된 공소사실은 공갈죄의 기수이나, 법원의 심리 결과 공갈미수만 인정되는 경우, 공갈미수의 범죄사실은 기소된 공갈기수 범죄사실에 포함된 보다 가벼운 범죄사실이라고 할 수 있으므로(축소사실), 공소장변경 없이 이를 인정하더라도 피고인의 방어권 행사에 실질적 불이익을 초래할 염려가 없는 경우에 해당한다 할 것임
- 따라서 법원은 공소장변경 절차 없이 직권으로 공갈미수죄의 범죄사실을 인정할 수 있음

3. 축소사실에 대한 심판의무 여부

- 축소사실에 대한 유죄판결을 하는 것이 법원의 의무인지에 대하여, ① 재량설, ② 의무설 등이 있는데, 판례는 "심리의 경과에 비추어 피고인의 방어권행사에 실질적인 불이익을 초래한 염려가 없다고 인정되는 때에는, 공소장이 변경되지 않았더라도 직권으로 공소장에 기재된 공소사실과 다른 범죄사실을 인정할 수 있는 것이기는 하지만, 이와 같은 경우라고 하더라도 공소가 제기된 범죄사실과 대비하여 볼 때 실제로 인정되는 범죄사실의 사안이 중대하여 공소장이 변경되지 않았다는 이유로 이를 처벌하지 않는다면, 적정절차에 의한 신속한 실체적 진실의 발견이라는 형사소송의 목적에 비추어 현저히 정의와 형평에 반하는 것으로 인정되는 경우가 아닌 한, 법원이 직권으로 그 범죄사실을 인정하지 아니하였다고 하여 위법한 것이라고까지는 볼 수는 없는 것이다"고 하여 원칙적으로 재량설의 입장(대법원 2014. 4. 24, 2013도9162)
- 본 설문에서 인정되는 공갈미수는 기소된 공갈기수 범죄사실과 비교하여 볼 때, 인정된 사실을 유죄로 인정하지 아니한 것이 현저히 정의와 형평에 반하는 것이라고 보이지는 않음
- 따라서 법원이 공갈미수죄로 유죄판결을 할 의무는 없음

V. 제3문 — 공범에 대한 피의자신문조서의 증거능력

- 사실관계

  - 丙과 丁은 특정경제범죄가중처벌등에관한법률위반(횡령)죄로 함께 기소되어 재판 받고 있음
  - 검사가 丁에 대한 유죄의 증거로 丙의 자백이 기재된 丙에 대한 사법경찰관 작성의 피의자 신문조서 및 검사 작성의 피의자신문조서를 제출
  - 丁은 범행을 부인

1. 丙에 대한 사경 작성 피의자신문조서의 증거능력

- 공범인 공동피고인의 사법경찰관 작성 피의자신문조서의 증거능력에 대해서는, ① 피고인 아닌 자의 진술을 기재한 조서에 해당하므로 형소법 제312조 제4항에 따라 증거능력을 인정해야 한다는 견해와 ② 공범관계에 있는 피고인에 대한 피의자신문조서는 그 내용이 당해 피고인에 대한 피의자신문조서의 내용과 다름이 없기 때문에 피고인에게 보다 유리한 형소법 제312조 제3항에 따라 증거능력이 부여될 수 있다는 견해(통설)가 대립
- 당해 피고인이 형소법 제312조 제3항에 따라 내용을 인정하여야 증거능력을 인정할 수 있다는 ②의 견해가 타당하고, 판례도 같은 입장(대법원 2004. 7. 15, 2003도7185 (전))
- 본 설문에서 丁이 그 내용을 인정하여야 하는데, 丁은 일관되게 범행을 부인하고 있으므로 내용부인의 취지로 부동의 할 것임
- 丁이 내용을 인정하지 않는 이상, 丁에 대한 유죄의 증거로 사용할 수 없음

2. 丙에 대한 검사 작성 피의자신문조서의 증거능력

- 검사 작성 피의자신문조서의 증거능력 판단요건이 사법경찰관 작성 피의자신문조서의 그것과 동일하게 개정·시행(2022. 1. 1)되었음
- 위와 같이 개정·시행된 이후에는 종래 공범인 공동피고인의 사법경찰관 작성 피의자신문조서의 증거능력에 관한 논의가 그대로 적용될 것으로 보임
- 따라서 위 丙에 대한 사법경찰관 작성 피의자신문조서의 경우와 마찬가지로, 丁이 증거 사용에 부동의할 것으로 보여 丁이 내용을 인정하지 않는 이상, 丁에 대한 유죄의 증거로 사용할 수 없음

VI. 제4문 ― 증언번복 진술조서 및 2차 증언의 증거능력

- 사실관계

  - 乙의 재판에 증인으로 출석한 B가 乙의 유죄를 인정하는 검찰에서의 진술을 번복
  - 검사는 B를 다시 소환하여 1차 증언을 번복하는 내용의 진술조서를 작성
  - B는 다시 증인으로 출석하여 1억 원 교부를 인정하는 2차 증언

1. 증언번복 진술조서의 증거능력

(1) 乙이 증거동의하는 경우

- 진정성이 인정되면 증거로 사용할 수 있음(형소법 제318조 제1항)

(2) 乙이 증거부동의하는 경우

- ① 형소법 제312조 제4항에 따라 증거능력을 판단해야 한다는 견해와 ② 증거능력이 없다는 견해(통설)가 대립
- 판례는 "이미 증언을 마친 증인을 검사가 소환한 후 피고인에게 유리한 증언 내용을 추궁하여 이를 일방적으로 번복시키는 방식으로 작성한 진술조서를 유죄의 증거로 삼는 것은 당사자주의·공판중심주의·직접주의에 어긋나는 것"일 뿐만 아니라 "법관의 면전에서 모든 증거자료가 조사, 재판을 받을 권리를 침해하는 것이므로, 이러한 진술조서는 피고인이 증거로 할 수 있음에 동의하지 아니하는 한 증거능력이 없다" 고 판시하여, 피고인이 증거동의하지 않는 한 증거능력이 없다는 입장(대법원 2000. 6. 15, 99도1108(전))

- 판례에 의하면, 검사가 B의 증언을 번복시키는 방식으로 작성한 진술조서는 乙이 증거로 함에 동의하지 않는 한 증거능력이 없음

2. B의 2차 증언의 증거능력

- 기존 증언을 번복한 B의 증언에 대해서는 ① 증거능력 긍정설과 ② 부정설이 대립
- 생각건대, B의 증언은 증인으로 선서한 후 이루어지고 반대신문권이 보장되는 등 적법한 증인신문절차에 의하여 이루어지므로 증거능력을 인정할 수 있음

사례 19. [21 – 변시(10) – 1]
2021년 제10회 변호사시험 제1문

(1) 甲은 평소 좋아하던 A(여, 20세)로부터 A의 은밀한 신체 부위가 드러난 사진을 전송받은 사실이 있다. 甲은 A와 영상 통화를 하면서 A에게 시키는 대로 하지 않으면 기존에 전송받은 신체 사진을 유포하겠다고 A를 협박하여 이에 겁을 먹은 A로 하여금 가슴과 음부를 스스로 만지게 하였다. 그 후 甲은 A에게 여러 차례 만나자고 하였으나 A가 만나 주지 않자 A를 강간하기로 마음먹고 A가 거주하는 아파트 1층 현관 부근에 숨어 있다가 귀가하는 A를 발견하고 A가 엘리베이터를 타자 따라 들어가 주먹으로 A의 얼굴을 2회 때리고 5층에서 내린 다음 계단으로 끌고 가 미리 준비한 청테이프로 A의 양손을 묶어 반항을 억압한 후 A를 간음하려 하였으나 A가 그만두라고 애원하자 자신의 행동을 뉘우치고 범행을 단념하였다. 그런데 A는 계단으로 끌려가는 과정에서 甲의 손을 뿌리치다가 넘어져 3주간의 치료가 필요한 발목이 골절되는 상해를 입었다.

(2) 甲은 마침 현장에 도착한 A의 아버지 B를 발견하고 체포될까 두려워 도망치다가 아파트 후문 노상에서 B에게 잡히자 B를 때려눕히고 발로 복부를 수회 걷어찬 다음 도망갔다. 약 2시간 후 甲의 친구 乙이 평소에 감정이 좋지 않던 B가 쓰러진 것을 우연히 발견하고 화가 나서 발로 B의 복부를 수회 걷어찼다. 며칠 후 B는 장 파열로 사망하였는데, 부검결과 甲과 乙 중 누구의 행위로 인하여 사망하였는지 판명되지 않았다.

(3) 甲은 자신의 위 범행에 대해 사법경찰관 丙의 수사를 받던 중 乙도 입건될 것 같다는 생각이 들자, 丙에게 "乙을 입건하지 않으면 좋겠다. 내가 전부 책임지겠다."라고 말하고, 평소 丙과 친분이 있던 丁에게 이러한 사정을 말하면서 丙에게 4,000만 원을 전달해 달라고 부탁하였다. 丁은 甲으로부터 丙에게 전달할 4,000만 원을 받자 욕심이 생겨 1,000만 원은 자신이 사용하고 나머지 3,000만 원만 丙에게 교부하였다. 돈을 전달받은 丙은 乙을 입건하지 않았다. 甲은 乙에게 "丁의 도움으로 입건되지 않을 것 같다. 담당 경찰 丙에게 적지 않은 금액으로 인사해 놨다."라고 말하였다.

〔2021년 제10회 변호사시험 제1문〕

설 문

1. 사실관계 (1)과 관련하여,

(가) 甲의 죄책을 논하시오. (25점)

(나) 피해자 A가 甲의 집에 몰래 들어가 범행에 사용된 청테이프를 절취하여 증거로 제출하였다면 위 청테이프를 증거로 사용할 수 있는가? (10점)

(다) 만약, 사법경찰관 P가 甲을 적법하게 긴급체포한 후 지체 없이 2km 떨어진 甲의 집으로 가 범행에 사용된 청테이프를 압수하여 그 압수조서를 작성하고 그 청테이프를 사진 촬영한 다음 사후영장을 발부받았다면, 위 청테이프와 그 압수조서 및 사진을 증거로 사용할 수 있는가? (5점)

(라) 피해자 A는 甲과 영상 통화할 당시 甲이 A에게 "시키는 대로 하지 않으면 기존에 전송받은 신체 사진을 유포하겠다."라고 말한 내용을 몰래 음성 녹음한 후 수사기관에 제출하였다. 공판정에서 甲이 범행을 부인하자 검사는 A가 제출한 위 녹음물을 증거로 제출하였는데, 甲의 변호인이 부동의하였다. 위 녹음물 중 甲이 말한 부분은 증거능력이 있는가? (10점)

2. 사실관계 (2)와 관련하여, 甲, 乙의 죄책을 논하시오. (10점)

3. 사실관계 (3)과 관련하여,

(가) 甲, 丙, 丁의 죄책을 논하시오. (25점)

(나) 검사는 甲과 丙에 대한 혐의사실과 관련하여 증인으로 乙을 신청하였고, 증인으로 출석한 乙이 공판절차에서 "甲으로부터 '丁의 도움으로 입건되지 않을 것 같다. 담당 경찰 丙에게 적지 않은 금액으로 인사해 놨다'고 들었습니다."라고 증언한 경우, 甲과 丙에 대하여 乙의 증언은 증거능력이 있는가? (8점)

(다) 丙은 제1심 유죄 판결에 불복하여 항소하면서 항소이유를 사실오인 및 양형부당으로 적시하고, 항소이유서는 추후 제출한다고 하였는데, 항소심은 항소이유서 제출기간이 경과하기 전에 변론을 진행·종결하고 항소를 기각하였다. 항소심의 판단은 적법한가? (7점)

해 설

Ⅰ. 제1문 — 甲의 형사책임, 사인의 위법수집증거, 긴급 압수·수색의 적법성, 대화 당사자 간의 비밀녹음의 증거능력

1. 문제의 제기

甲의 형사책임으로는, ① A에게 시키는 대로 하지 않으면 기존에 전송받은 신체사진을 유포하겠다고 협박하여 A로 하여금 스스로 가슴과 음부를 만지게 한 행위가 강제추행죄에 해당하는지, ② 위 행위가 성폭력범죄의 처벌 등에 관한 특례법(이하, '성폭력처벌법'이라고 한다)의 촬영물등이용강요죄에도 해당하는지, ③ A가 거주하는 아파트 계단에서 A를 강간하려고 하였으나 범행을 단념하여 미수에 그쳤는데 그 과정에서 A가 상해를 입은 것이 성폭력처벌법위반(강간치상)죄에 해당하는지 문제된다.

다음으로, A가 甲의 집에 몰래 들어가 범행에 사용된 청테이프를 절취하여 증거로 제출한 경우 위법수집증거에 해당하여 증거능력을 부정해야 하는지, 사법경찰관 P가 甲을 긴급체포한 후 지체 없이 甲의 집으로 가 청테이프를 압수한 후 사후영장을 발부받았다면 청테이프와 압수조서, 청테이프를 촬영한 사진의 증거능력은 인정될 것인지 문제된다.

마지막으로, A가 甲과의 영상통화 중 대화내용을 몰래 녹음하여 이를 증거로 제출한 경우, 통신비밀보호법위반에 해당하는지, 녹음물 중 甲의 진술부분은 전문법칙의 적용을 받는지 여부가 문제된다.

2. 甲의 형사책임

(1) 강제추행죄의 간접정범 성립 여부

강제추행죄(형법 제298조)는 폭행 또는 협박으로 사람을 추행함으로써 성립하는 범죄로서, 사람의 성적 자유 내지 성적 자기결정의 자유를 보호법익으로 한다. 폭행 또는 협박은 사람에 대한 유형력의 행사 또는 해악의 고지를 의미한다. 폭행 또는 협박의 정도에 관해서는 강간죄와 같이 상대방의 반항을 불가능하게 하거나 현저히 곤란하게 할 정도라고 이해하는 견해와 항거의 곤란을 느끼게 하는 정도 또는 상대방의 의사에 반하는 정도면 충분하다는 견해로 나뉜다. 추행이란 건전한 상식 있는 일반인에게 성적 수치·혐오의 감정을 느끼게 하고 성적 도덕관념에 반하는 일체의 행위를 말하고, 성적 수치·혐오의 감정을 느끼게 하는 행위인지 여부는 피해자의 의사, 성별, 연령, 행위자와 피해자의 이전부터의 관계, 그 행위에 이르게 된 경위, 구체적 행위태양, 주위의 객관적 상황과 그 시대의 성적 도덕 관념 등을 종합적으로 고려하여 신중히 결정하여야 한다.[1)]

직접적인 신체접촉이 없는 경우에도 성적 수치·혐오의 감정을 느끼게 하는 행위로서 피해자의 성적 자기결정의 자유를 침해하였다고 판단되는 경우에는 추행에 해당할 수 있다.[2)]

판례는 강제추행죄의 성립에 필요한 주관적 구성요건요소는 고의만으로 충분하고, 그 외에 성욕을 자극·흥분·만족시키려는 주관적 동기나 목적까지 있어야 하는 것(경향범)은 아니라고 한다.[3)]

또한 구성요건적 행위의 주체가 추행행위를 직접 실행하여야 하는 자수범인지에 관하여, 학설과 판례는 강제추행죄는 사람의 성적 자유 내지 자기결정권이라는 피해자의 법익 보호가 중점이 되고, 제3자의 행위에 의한 법익침해가 불가능하다고 볼 수 없다는 이유로 자수범이 아니라고 한다. 따라서 처벌되지 아니하는 타인을 도구로 삼아 간접정범의 형태로도 범할 수 있고, 도구로서의 타인에는 피해자도 포함될 수 있다.[4)]

---

1) 대법원 2009. 9. 24. 선고 2009도2576 판결; 대법원 2020. 12. 10. 선고 2019도12282 판결; 대법원 2024. 8. 1. 선고 2024도3061 판결.

2) 판례는 엘리베이터라는 폐쇄된 공간에서 피해자들을 칼로 위협하는 등으로 꼼짝하지 못하도록 자신의 실력적인 지배하에 둔 다음 피해자들에게 성적 수치심과 혐오감을 일으키는 자신의 자위행위 모습을 보여주고 피해자들로 하여금 이를 외면하거나 피할 수 없게 한 행위에 대하여 강제추행을 인정하였다(대법원 2010. 2. 25. 선고 2009도13716 판결). 반면, 피해자(여, 48세)가 피고인의 말을 무시하자 사람과 차량의 왕래가 빈번한 도로에서 성적인 성질을 가지지 아니한 욕설을 하면서 자신의 바지를 벗어 성기를 보여준 경우에는 성적 결정의 자유를 침해하였다고 볼 수 없다는 이유로 추행을 부정하였다(대법원 2012. 7. 26. 선고 2011도8805 판결).

3) 대법원 2006. 1. 13. 선고 2005도6791 판결; 대법원 2009. 9. 24. 선고 2009도2576 판결; 대법원 2020. 12. 24. 선고 2020도7981 판결.

4) 대법원 2018. 2. 8. 선고 2016도17733 판결. 「강제추행죄는 사람의 성적 자유 내지 성적 자기결정의 자유를 보호하기 위한 죄로서 정범 자신이 직접 범죄를 실행하여야 성립하는 자수범이라고 볼 수 없으므로, 처벌되지 아니하는 타인을 도구로 삼아 피해자를 강제로 추행하는 간접정범의 형태로도 범할 수 있다. 여기서 강제추행에 관한 간접정범의 의사를 실현하는 도구로서의 타인에는 피해자도 포함될 수 있다고 봄이 타당하므로, 피해자를 도구로 삼아 피해자의 신체를 이용하여 추행행위를 한 경우에도 강제추행죄의 간접정범에 해당할 수 있다.」

본 사례에서 甲은 피해자 A의 은밀한 신체 부위가 드러난 사진을 전송받아 가지고 있음을 기화로 A에게 시키는 대로 하지 않으면 기존에 전송받은 신체 사진을 유포하겠다고 협박하였다. 이러한 협박은 A의 명예나 가족관계 등에 관한 막대한 손해를 초래할 수 있는 것을 내용으로 하므로, A의 항거를 현저히 곤란하게 할 정도의 협박에 해당한다. 또한, 甲은 위 협박에 겁을 먹은 A로 하여금 가슴과 음부를 스스로 만지게 하였다. 위와 같은 행위는 피해자의 신체를 이용하여 건전한 상식을 가진 일반인에게 성적 수치·혐오의 감정을 느끼게 하는 것으로서 추행에 해당한다. 甲은 우월적 의사지배를 통하여 처벌되지 않는 A를 물리적인 도구로 삼아 A의 신체를 이용한 추행행위를 한 것이라고 볼 수 있다.

따라서 甲에 대하여 강제추행죄의 간접정범이 성립한다.

(2) 성폭력처벌법위반(촬영물등이용강요)죄의 성립 여부

성적 욕망 또는 수치심을 유발할 수 있는 촬영물 또는 복제물을 이용하여 사람을 협박한 때에는 성폭력처벌법 제14조의3 제1항의 촬영물등이용협박죄가 성립하고, 그와 같은 협박으로 사람의 권리행사를 방해하거나 의무 없는 일을 하게 하는 경우에는 제14조의3 제2항의 촬영물등이용강요죄가 성립한다.[1)]

성폭력처벌법상 촬영물등이용강요죄에서의 강요의 내용은 형법상 강요죄와 동일하다. 상대방에게 의무가 없음에도 불구하고 일정한 작위나 부작위, 인용을 강요하는 것을 의미한다.

甲은 A에게 시키는 대로 하지 않으면 기존에 전송받은 신체 사진을 유포하겠다고 협박하였는데, 위 사진은 A의 은밀한 신체 부위가 드러난 사진으로서 성적 욕망 또는 수치심을 유발할 수 있는 촬영물에 해당한다. 그리고 위 촬영물을 유포하겠다는 내용으로 A를 협박하여 A로 하여금 자신의 신체를 이용하여 추행행위를 하게 함으로써 의무 없는 일을 하게 하였다. 따라서 甲에 대하여 성폭력처벌법상 촬영물등이용강요죄가 성립한다.

형법상 강요죄는 개인의 의사 결정의 자유를 보호하는 범죄 중 일반적인 범죄로서, 강제추행죄가 성립하면 법조경합에 의하여 강요죄는 성립하지 않는다. 성폭력처

본 판결 평석은 이승준, "간접정범에 의한 강제추행죄의 성부", 법조 제734호, 2019, 538－560면.

1) 성폭력처벌법상 촬영물등이용강요죄는 텔레그램을 이용한 성착취 사건 등 사이버 성범죄로 인한 피해가 날로 증가하는 가운데 국민의 성적 자기결정권 등 기본권을 보호하고 범죄로부터 안전한 사회 조성에 기여하기 위하여 신설된 조항으로, 2020. 11. 20.부터 시행되었다.

벌법상 촬영물등이용강요죄 역시 의사 결정의 자유를 침해하는 범죄에 해당하나, 그 중에서도 성적 자기결정권을 보호법익으로 하고 행위태양이 구체화되어 있다는 점 등을 고려하면, 강제추행죄에 대한 일반규정이라고 보기는 어렵다. 이와 같이 보호법익과 행위태양이 구별된다는 점에서 두 죄는 실체적 경합관계에 있다고 볼 것이다.

(3) 성폭력처벌법위반(강간등치상)죄의 성립 여부

(가) 성폭력처벌법상 주거침입강간죄의 적용 여부

형법 제319조 제1항(주거침입)의 죄를 범한 사람이 강간한 경우 성폭력처벌법상 주거침입강간죄(동법 제3조 제1항)가 성립한다.[1] 주거침입죄에 있어서 주거란 사람이 일상생활을 위하여 기거하고 침식에 사용하는 장소를 의미하고, 단순히 가옥 자체만 아니라 부속된 정원, 건물을 둘러싸고 있는 위요지도 포함한다.[2] 판례는 다가구용 단독주택이나 다세대주택, 연립주택, 아파트 등 공동주택 안에서 공용으로 사용하는 엘리베이터, 계단과 복도 역시 특별한 사정이 없는 한 주거침입죄의 객체인 '사람의 주거'에 해당한다고 한다.[3]

甲은 A가 거주하는 아파트 1층 현관 부근에 숨어 있다가 A가 엘리베이터를 타자 따라 들어가 주먹으로 때리고 5층에서 내린 다음 계단으로 끌고 가 간음하려고 하였다. 엘리베이터나 계단은 아파트의 공용공간으로서 주거침입죄에서의 주거에 해당하고, 위 아파트의 외부인 출입 통제·관리상태가 명확하지 않지만 강간 목적으로 숨어 있다가 A를 따라 들어간 점에 비추어 주거의 사실상 평온상태를 해치는 침입에 해당하므로,[4] 성폭력처벌법상 주거침입강간죄의 실행의 착수가 있다고 할 것이다.

---

1) 헌법재판소는 2023년 2월 23일 재판관 전원일치 의견으로, 성폭력처벌법(2020. 5. 19. 법률 제17264호로 개정된 것) 제3조 제1항 중 '형법 제319조 제1항(주거침입)의 죄를 범한 사람이 같은 법 제298조(강제추행), 제299조(준강제추행) 가운데 제298조의 예에 의하는 부분의 죄를 범한 경우에는 무기징역 또는 7년 이상의 징역에 처한다.'는 부분, 즉 주거침입강제추행·준강제추행죄 규정은 헌법에 위반된다고 결정하였다(헌법재판소 2023. 2. 23. 선고 2021헌가9 등 결정). 즉 헌법재판소는, 강제추행에는 기습추행 등 경미한 추행도 포함됨에도 불구하고, 위 조항의 법정형 하한이 징역 7년으로 되어 있어 법률상 감경사유가 없는 한 정상참작감경을 하더라도 집행유예를 선고할 수 없는 등 책임과 형벌 간의 비례원칙에 위배된다고 결정하였다. 다만, 헌법재판소는 같은 날 '야간주거침입절도미수범의 준강제추행죄'의 법정형을 '무기징역 또는 7년 이상의 징역'으로 정한 조항에 대해서는 가중적 구성요건인 야간주거침입절도죄의 죄질과 불법성이 클 뿐 아니라 범행 동기의 비난가능성이 현저히 크다는 이유 등으로 합헌결정을 하였다(헌법재판소 2023. 2. 23. 선고 2022헌가2 결정).

2) 대법원 2001. 4. 24. 선고 2001도1092 판결.

3) 대법원 2009. 9. 10. 선고 2009도4335 판결.

4) 주거침입을 인정한 사례로는 대법원 2022. 8. 25. 선고 2022도3801 판결(CCTV가 설치되어 있는 아파트); 대법원 2024. 2. 15. 선고 2023도15164 판결(공동현관 통로인 1층 주차장에 CCTV와 '외부차량 주

다만, 甲은 주먹으로 A의 얼굴을 2회 때리고 계단으로 끌고 가 청테이프로 A의 양손을 묶어 반항을 억압한 후 A를 간음하려 하였으나 A가 그만두라고 애원하자 자신의 행동을 뉘우치고 범행을 단념하였다. 강간죄에서 간음의 의사로 피해자의 반항을 현저히 곤란하게 할 정도의 폭행 또는 협박을 개시하면 실행의 착수가 인정되므로,[1] 甲은 강간의 실행에 착수하였다고 볼 수 있다. 그러나 피해자가 그만두라고 애원하자 자신의 행동을 뉘우치고 범행을 단념하였는데, 이는 일반 사회통념상 범죄를 완수함에 장애가 되는 사유가 없음에도 자기 의사로 중지한 경우에 해당되므로 중지미수(형법 제26조)에 해당한다.[2]

(나) 성폭력처벌법위반(강간등치상)죄의 성립 여부

성폭력처벌법상 주거침입강간죄의 기수 또는 미수의 죄를 범한 사람이 다른 사람을 상해하거나 상해에 이르게 한 때에는 성폭력처벌법위반(강간등치상)죄(동법 제8조 제1항)가 성립한다. 본 사례에서 A는 계단으로 끌려가는 과정에서 甲의 손을 뿌리치다가 넘어져 3주간의 상해를 입었으므로, 甲에 대하여 고의범이 성립할 여지는 없고, 결과적 가중범인 치상죄의 성립 여부만이 문제된다. 甲에 대하여 치상죄의 책임을 묻기 위해서는 甲의 행위와 상해의 결과 사이에 인과관계가 인정되어야 하고, 중한 상해의 결과에 대하여 예견가능성이 인정되어야 한다. A는 甲의 폭행 과정에서 甲의 손을 뿌리치다가 넘어져 상해를 입었으므로 인과관계를 인정할 수 있고, 아파트의 공용공간으로서 비좁은 엘리베이터나 계단을 끌고 가는 과정에서 이를 뿌리치기 위하여 넘어져 발목 골절에 상당하는 상해를 입을 수 있다는 사실은 사회통념상 예견가능하다고 볼 수 있다. 따라서 甲에 대하여 상해의 결과에 대한 책임을 물을 수 있다.[3]

(다) 성폭력처벌법 제15조의 주거침입강간치상미수죄로 처벌해야 하는지 여부

성폭력처벌법은 제15조에 주거침입강간치상죄에 대한 미수범 처벌규정을 두고 있는데, 기본범죄인 주거침입강간이 미수에 그치고 중한 결과가 발생한 경우에 제15조를 적용할 수 있는지, 즉 결과적 가중범의 미수를 인정할 수 있는지가 문제된다.

이에 대하여는 ① 형법이 결과적 가중범에 대하여 미수범 처벌규정을 두고 있고,

차금지' 표지가 설치되어 있는 빌라); 대법원 2024. 6. 27. 선고 2023도16019 판결(주거 용도로만 사용되고 있음이 외관상 명백한 다세대주택). 다만, 위 아파트 출입 통제·관리상태가 불명확하므로 주거침입에 해당하지 않는다는 견해도 있을 수 있다.

1) 대법원 2000. 6. 9. 선고 2000도1253 판결.

2) 장애미수와 중지미수에 대한 상세는 사례 6. [14−변시(3)−2] 제1문 3. (2)의 (다) '살인죄의 중지미수인지 여부' 부분 참조.

3) 결과적 가중범의 인과관계 및 예견가능성에 대한 상세는 사례 9. [16−변시(5)−1] 제1문 2. (1) '성폭력처벌법위반(강간등치상)죄의 성립 여부' 부분 참조.

미수와 기수는 결과불법의 면에서 큰 차이가 있으므로 미수범 성립이 가능하다는 견해와, ② 결과적 가중범의 개념상 미수는 있을 수 없고, 결과적 가중범에서는 기본범죄가 기수인지 미수인지는 중요하지 않으며, 미수범 처벌규정은 고의범인 결합범에만 적용된다고 보는 부정설(통설)이 있다. 판례[1]는 부정설의 입장이다.[2]

㈑ **소결**

통설과 판례의 입장에 따르면, 甲은 타인의 주거에 침입하여 강간의 실행에 착수하여 미수(중지미수)에 그쳤으나 그 과정에서 피해자에게 상해를 입게 하였으므로 성폭력처벌법위반(강간등치상)죄(동법 제8조 제1항, 제3조 제1항, 형법 제319조 제1항)가 성립한다. 성폭력처벌법위반(강간등치상)죄는 앞에서 살펴본 강제추행죄, 성폭력처벌법상 촬영물등이용강요죄와 각각 실체적 경합관계에 있다.

3. 절취한 청테이프의 증거능력

(1) 문제의 제기

절취한 청테이프는 타인의 기본권을 침해하는 방법으로 수집한 증거이다. 이와 같이 국가기관이 아닌 사인이 위법하게 수집한 증거에 대해서도 위법수집증거의 배제법칙이 적용될 수 있는지가 문제된다.

(2) 학설과 판례의 태도

학설은 ① 기본권의 영역을 핵심적 영역, 주변적 영역, 기본권 침해와 무관한 영역으로 나누어 핵심적 영역을 침해하는 경우에는 증거능력을 부정하여야 한다는 견해(권리범위설), ② 실체적 진실발견, 효과적인 형사소추라는 공익과 피고인의 개인적 이익을 비교형량하여 위법수집증거배제법칙의 적용 여부를 판단하여야 한다는 견해(이익형량설), ③ 위법수집증거배제법칙은 원래 국가기관의 위법수사를 억제하기 위한 것이므로 사인이 수사기관에 고용되었거나 수사기관의 위임에 의하여 수집한 경우가 아닌 한 위법수집증거배제법칙이 적용되지 않는다는 견해(적용부정설)가 있다.

판례는 "국민의 사생활 영역에 관계된 모든 증거의 제출이 곧바로 금지되는 것으로 볼 수는 없고, 법원으로서는 효과적인 형사소추 및 형사소송에서의 진실발견이라

---

1) 대법원 2008. 4. 24. 선고 2007도10058 판결; 대법원 2013. 8. 22. 선고 2013도7138 판결; 대법원 2025. 3. 20. 선고 2023도10405 전원합의체 판결.

2) 이에 대한 상세는 사례 9. [16-변시(5)-1] 제1문 2. (1)'성폭력처벌법위반(강간등치상)죄의 성립 여부' 부분 참조.

는 공익과 개인의 사생활의 보호이익을 비교형량하여 그 허용 여부를 결정하고, 적절한 증거조사의 방법을 선택함으로써 국민의 인간으로서의 존엄성에 대한 침해를 피할 수 있다고 보아야 할 것"[1]이라고 판시하여 ②의 이익형량설의 입장이다. 상간자가 공갈 목적을 숨기고 피고인의 동의하에 찍은 나체사진,[2] 주거에 침입하여 수집한 혈흔이 묻은 휴지 및 침대시트를 목적물로 하여 이루어진 감정회보,[3] 제3자가 절취한 후 피해자가 대가를 지급하고 취득한 업무일지,[4] 제3자가 권한 없이 전자우편에 대한 비밀보호조치를 해제하는 방법으로 선거운동 내용의 관공서 메일을 무단으로 수집한 경우 그 메일[5]의 증거능력을 인정하였다. 다만, 비교형량을 함에 있어서는 "증거수집절차와 관련된 모든 사정, 즉 사생활 내지 인격적 이익을 보호하여야 할 필요성 여부 및 정도, 증거수집과정에서 사생활 기타 인격적 이익을 침해하게 된 경위와 침해의 내용 및 정도, 형사소추의 대상이 되는 범죄의 경중 및 성격, 피고인의 증거동의 여부 등을 전체적·종합적으로 고려하여야 하고, 단지 형사소추에 필요한 증거라는 사정만을 들어 곧바로 형사소송에서 진실발견이라는 공익이 개인의 인격적 이익 등 보호이익 보다 우월한 것으로 섣불리 단정하여서는 아니된다"[6]고 판시하고 있다.

(3) 설문의 해결

이익형량설의 입장에 의하여 판단해볼 때, 피해자가 절취한 청테이프는 강간치상죄의 중요한 증거로서, 범죄의 성격이나 중대성에 비추어 형사소송에서의 진실발견이라는 공익적 필요성이 매우 큰 경우라고 볼 수 있다. 또한 증거물 수집 과정에서의 사생활 비밀이나 인격적 이익의 침해 정도나 침해 경위를 살펴보아도, 甲의 수인한도를 넘을 정도의 기본권 제한을 초래하는 침해행위가 있었던 것으로 보이지 않는다. 따라서 위 청테이프의 증거능력이 인정되므로 이를 증거로 사용할 수 있다.

4. 긴급체포 후 압수한 청테이프·압수조서·사진의 증거능력

(1) 청테이프

피의자를 긴급체포하는 경우 영장 없이 체포현장에서 압수·수색·검증을 할 수

---

1) 대법원 1997. 9. 30. 선고 97도1230 판결.
2) 대법원 1997. 9. 30. 선고 97도1230 판결.
3) 대법원 2010. 9. 9. 선고 2008도3990 판결.
4) 대법원 2008. 6. 26. 선고 2008도1584 판결.
5) 대법원 2013. 11. 28. 선고 2010도12244 판결.
6) 대법원 2013. 11. 28. 선고 2010도12244 판결.

있으므로(형소법 제216조 제1항 제2호) 체포현장에서의 압수에 해당하는지 먼저 살펴보면, 본 사례에서 사법경찰관은 체포현장으로부터 2킬로미터 떨어진 甲의 집으로 가 증거물을 압수한 것이므로 체포현장이라고 보기는 어렵다.

다음으로, 검사 또는 사법경찰관은 긴급체포된 자가 소유·소지 또는 보관하는 물건에 대하여 긴급히 압수할 필요가 있는 경우에는 체포한 때부터 24시간 이내에 한하여 영장 없이 압수·수색 또는 검증을 할 수 있다(형소법 제217조 제1항). 이와 같이 압수한 물건을 계속 압수할 필요가 있는 경우에 검사 또는 사법경찰관은 지체 없이 압수·수색영장을 청구하여야 하며, 압수·수색영장의 청구는 체포한 때부터 48시간 이내에 하여야 한다(동조 제2항). 그리고 긴급체포의 사유가 된 범죄사실 수사에 필요한 최소한의 범위 내에서 당해 범죄사실과 관련된 증거물 또는 몰수할 것으로 판단되는 물건을 압수할 수 있다.[1)]

본 사례에서 사법경찰관 P는 甲을 적법하게 긴급체포하였고, 지체 없이 2킬로미터 떨어진 甲의 집으로 가 범행에 사용된 청테이프를 압수한 후 압수조서를 작성하고 그 청테이프를 사진촬영한 다음 사후영장을 발부받았다. 청테이프는 범죄의 도구로서 중요한 증거물이므로 이를 압수한 것은 긴급체포의 사유가 된 범죄사실 수사에 필요한 최소한의 범위 내에서 관련 증거물을 압수하였다고 볼 수 있다. 또한 긴급체포 후 지체 없이 증거물을 압수하고 사후영장까지 발부받았으므로, 위 압수는 형사소송법 제217조 제1항이 정한 긴급 압수·수색의 허용요건을 충족하는 적법한 압수이다. 따라서 청테이프는 甲이 동의하지 않더라도[2)] 증거능력이 인정되어 증거로 사용할 수 있다.

(2) 압수조서

압수조서의 경우, 압수물의 존재상황을 증명하기 위하여 증거로 사용하는 때에는 수사기관의 검증결과를 기재한 서면과 유사하므로 형사소송법 제312조 제6항이 적용된다.[3)] 따라서 피고인이 증거로 함에 동의하지 않는 경우에는 원진술자인 압수조서

1) 대법원 2008. 7. 10. 선고 2008도2245 판결.
2) 설문에서는 甲이 청테이프·압수조서·사진에 대하여 증거동의하였는지에 대한 언급이 없는데, 각 부동의를 전제로 해설한다.
3) 대법원 1995. 1. 24. 선고 94도1476 판결. 다만 임의제출물의 압수조서 중 '압수경위'란에 피고인의 범행장면을 직접 목격한 사법경찰관리의 진술이 담긴 경우에는, 형사소송법 제312조 제5항에서 정한 '피고인이 아닌 자가 수사과정에서 작성한 진술서'에 준하는 것으로 볼 수 있고, 임의제출절차가 적법하였는지 여부에 영향을 받지 않는 별개의 독립적인 증거에 해당하고(대법원 2019. 11. 14. 선고 2019도13290 판결), '압수경위'란에 기재된 피고인의 자백 취지 진술은 피의자신문조서의 내용을 부인하면 증거능력이 인정되지 않는다(대법원 2024. 5. 30. 선고 2020도16796 판결).

작성자인 P의 진술에 의하여 진정성립이 인정되는 경우 증거로 사용할 수 있다.

(3) 사진

압수현장에서 영장 집행의 적법성을 담보하고 압수물을 확인하기 위하여 압수대상인 압수물을 사진촬영하는 것은 검증영장이 없더라도 허용된다. 따라서 P의 사진촬영은 적법하고, 그 사진은 甲이 동의하지 않더라도 진정성이 인정되므로 증거로 사용할 수 있다.[1)]

5. 영상통화 대화내용 녹음물 중 甲이 말한 부분의 증거능력

(1) 통신비밀보호법위반 여부

피해자 A가 甲과 영상 통화를 하면서 甲이 말한 내용을 몰래 녹음한 것이 통신비밀보호법위반으로 위법수집증거가 되어 증거능력이 부정되는 것이 아닌지 문제된다.

통신비밀보호법은 누구든지 동법, 형사소송법 또는 군사법원법의 규정에 의하지 아니하고는 우편물의 검열 또는 전기통신의 감청을 하거나 공개되지 아니한 타인 간의 대화를 녹음 또는 청취하지 못하고(제3조 제1항), 이에 위반하여 불법검열에 의하여 취득한 우편물이나 그 내용 및 불법감청에 의하여 지득 또는 채록된 전기통신의 내용은 재판 또는 징계절차에서 증거로 사용할 수 없다(제4조). 누구든지 공개되지 아니한 타인 간의 대화를 녹음하거나 전자장치 또는 기계적 수단을 이용하여 청취할 수 없고(제14조 제1항), 이에 의한 녹음 또는 청취에 관하여 위 제4조의 규정을 적용한다(제14조 제2항).

통신비밀보호법이 금지하는 것은 '공개되지 아니한 타인 간의 대화'이므로, 대화에 참여한 대화당사자 일방이 상대방 몰래 녹음하는 것은 동법의 금지대상에 포함되지 아니한다.[2)] 따라서 A가 甲과 영상통화 중 甲의 협박내용을 몰래 녹음하는 것은 통신비밀보호법위반에 해당되지 아니하며, 위 녹음물 역시 위법수집증거배제법칙의 적용대상이 아니다.

(2) 전문증거 여부

녹음물 중 甲이 A에게 "시키는 대로 하지 않으면 기존에 전송받은 신체사진을 유포하겠다"고 말한 부분이 전문증거인지 문제된다. 이에 대하여 ① 위 녹음 진술은

---

1) 나아가 이와는 별도로 독립된 증거로 사용할 경우, 사본인 사진으로서 최우량증거의 법칙에 따른 요건을 충족하므로 증거능력이 있다.

2) 대법원 1997. 3. 28. 선고 97도240 판결; 대법원 2002. 10. 8. 선고 2002도123 판결.

피고인 아닌 자가 작성한 피고인의 진술을 기재한 서류에 해당하므로 형사소송법 제313조 제1항의 요건에 따라 증거능력을 인정할 수 있다는 견해(전문증거설)와, ② 녹음된 진술 내용이 경험 사실의 진술이 아니고, 그 내용이 진실인지를 입증하기 위한 것이 아니라 그러한 말을 했다는 것 자체가 甲의 협박행위를 입증하기 위한 것이므로 전문법칙이 적용되지 않는다는 견해(비전문증거설)가 있다. 비전문증거설에 의하면 현장녹음과 유사한 것이 되어 전문법칙이 적용되지 아니하며, 증거 일반에 요구되는 관련성과 진정성이 입증되면 증거능력을 인정할 수 있다.

판례는 녹음파일에 담긴 진술 내용의 진실성이 아닌 그와 같은 진술이 존재하는 것 자체가 증명의 대상이 되는 경우에는 전문법칙이 적용되지 않는다고 판시하였다.[1] 또한 녹음물은 아니지만, 불안감을 유발하는 핸드폰 메시지를 반복적으로 도달하게 하여 정보통신망이용촉진및정보보호등에관한법률위반(음란물유포등)죄로 기소된 사안에서 핸드폰 메시지는 전문증거가 아니라고 하였다.[2]

(3) 설문의 해결

본 설문의 녹음물 중 甲이 말한 부분은 그러한 말을 했다는 것 자체가 甲의 협박행위를 입증하기 위한 것이므로 전문법칙이 적용되지 않는다(비전문증거설). 따라서 甲의 변호인이 부동의한다고 하더라도 관련성과 진정성이 입증되면 증거로 할 수 있다. 강제추행죄의 구성요건요소인 협박내용이 녹음된 것이므로 관련성은 인정되고, 진정성 입증을 위해서는 그 녹음물이 甲과의 영상통화를 녹음한 것이며, 그 원본 그대로이거나 원본 내용을 그대로 복사한 사본이라는 것 등이 다양한 방법으로 입증되면 증거로 사용할 수 있다.

Ⅱ. 제2문 — 甲과 乙의 형사책임

1. 문제의 제기

甲과 乙은 의사 연락 없이 각각 발로 B의 복부를 수회 걷어 차 B로 하여금 장파

1) 대법원 2015. 1. 22. 선고 2014도10978 전원합의체 판결. 판례 중 공갈미수 사건에서 진술증거설의 취지로 설시한 것이 있다(대법원 2005. 12. 23. 선고 2005도2945 판결; 대법원 2012. 9. 13. 선고 2012도7461 판결). 이에 대한 상세는 사례 2. [12－변시(1)－2] Ⅲ. 2. '협박 내용의 전화통화를 녹음한 녹음테이프' 부분 참조.

2) 대법원 2008. 11. 13. 선고 2006도2556 판결. 같은 취지로는 대법원 2013. 2. 15. 선고 2010도3504 판결; 대법원 2013. 7. 26. 선고 2013도2511 판결.

열로 사망에 이르게 하였다. 사람의 신체를 상해하여 사망에 이르게 한 때에는 상해치사죄(형법 제259조 제1항)가 성립하고, 상해와 사망 사이에 인과관계가 필요한데, 부검 결과 甲과 乙 중 누구의 행위로 인하여 사망하였는지 판명되지 않았으므로 甲과 乙이 상해치사죄의 형사책임을 지는지 문제된다.

2. 독립행위의 경합과 상해죄의 동시범의 특례

동시 또는 이시(異時)의 독립행위가 경합한 경우에 그 결과발생의 원인된 행위가 판명되지 아니한 때에는 각 행위를 미수범으로 처벌한다(형법 제19조). 2인 이상이 동일한 객체에 대하여 서로 의사 연락 없이 개별적으로 범죄의 실행행위를 한 경우를 동시범이라고 하고, 공동정범과 달리 원칙적으로 자기 행위로 인하여 발생된 결과에 대해서만 책임을 부담한다.

그런데 형법은 상해죄에 대하여 형법 제19조의 예외로서 독립행위가 경합하여 상해의 결과를 발생하게 한 경우에 있어서 원인된 행위가 판명되지 아니한 때에도 공동정범의 예에 의한다고 규정하고 있다(형법 제263조). 다수설은 이 규정의 법적 성질을 피고인에게 자기의 행위로 상해의 결과가 발생하지 않았음을 증명할 거증책임을 지운 것이라는 거증책임전환설에 의하여 설명한다.[1]

상해죄의 동시범 특례가 적용되기 위하여는, ① 2인 이상의 행위가 서로 의사 연락 없이 동일객체에 대하여 행하여질 것(독립행위의 경합), ② 상해의 결과가 발생할 것, ③ 원인된 행위가 판명되지 아니할 것의 요건이 필요하다.

본 사례에서 乙은 甲의 폭행행위가 발생한 지 약 2시간 후 B를 폭행하였는데, 이시의 독립행위에 대하여도 상해죄의 동시범 특례가 적용될 수 있는지 문제된다. 판례[2]와 다수설은 형법 제19조가 이시의 독립행위가 경합한 때에도 동시범으로 규정하고 있고, 본조의 입법취지에 비추어 보면 이시의 독립행위인 경우에도 적용된다고 한다. 이에 대하여 형법 제263조는 동시범에 대한 예외규정이고, 공동정범 아닌 것을 공동정범의 예로 처벌하기 위해서는 적어도 외형상으로 공동정범과 같이 볼 수 있는 정도로 한정할 필요가 있으므로, 적어도 동일 기회라고 할 수 있을 정도로 근접한 시간에 걸쳐서 행하여질 것을 요한다고 해석하는 견해도 있다.

---

1) 거증책임전환설 이외에 법률상추정설(입증의 곤란을 구제하기 위하여 공동정범에 관한 법률상 책임의 추정을 허용한 것이라는 견해), 이원설(소송법적으로는 거증책임전환규정이지만 실체법적으로는 공동정범의 범위를 확장시키는 일종의 의제라는 견해)이 있다.

2) 대법원 1981. 3. 10. 선고 80도3321 판결(3시간); 대법원 2000. 7. 28. 선고 2000도2466 판결(2시간).

상해의 결과는 상해행위에 의한 것이건 폭행행위에 의한 것이건 묻지 않으므로 상해죄 이외에 폭행치상죄에 대하여도 동시범의 특례가 적용된다.

3. 상해치사죄에 대한 동시범 특례의 적용 여부

상해죄의 동시범의 특례를 상해치사죄나 폭행치사죄에도 적용할 것인지에 대하여 학설은 ① 긍정설과 ② 부정설로 나뉜다. 긍정설은 상해의 결과를 발생케 한 이상 상해의 범위를 넘어 사망한 경우에도 적용된다고 설명한다. 부정설은 본조는 동시범에 대한 예외규정이고, 상해의 결과를 발생하게 한 경우로 규정되어 있음에도 사망의 결과가 발생한 경우에도 적용하는 것은 피고인에게 불리한 유추적용이 된다고 한다(다수설).

판례는 ①의 긍정설의 입장으로, 상해치사죄[1]뿐만 아니라 폭행치사죄,[2] 상해행위와 폭행행위가 경합하여 사망의 결과가 발생한 때[3]에도 동시범의 특례가 적용된다고 한다.

4. 설문의 해결

상해치사죄에 대하여도 상해죄의 동시범 특례의 적용을 긍정하고, 이시의 독립행위가 경합한 경우를 독립행위의 경합에 포함하여 해석하는 판례의 태도에 의하면, 甲과 乙 중 누구의 행위로 인하여 B가 사망하였는지 판명되지 않더라도 甲과 乙은 각각 상해치사죄의 기수범의 형사책임을 부담한다.

Ⅲ. 제3문 — 甲, 丙, 丁의 형사책임, 전문진술의 증거능력, 항소이유서 제출기간 경과 전 항소심 판단의 적법성

1. 문제의 제기

甲이 丁에게 4,000만 원을 교부한 행위가 뇌물공여죄 및 제3자뇌물교부죄에 해당하는지, 丙이 3,000만 원을 받고 乙을 입건하지 아니한 행위가 수뢰후부정처사죄 또는 특정범죄가중처벌등에관한법률위반(뇌물)죄에 해당하는지 문제된다. 丁에 대하여는

1) 대법원 1985. 5. 14. 선고 84도2118 판결.
2) 대법원 1970. 6. 30. 선고 70도991 판결.
3) 대법원 2000. 7. 28. 선고 2000도2466 판결.

제3자뇌물취득죄 및 횡령죄의 성립 여부가 문제된다.

다음으로, 乙이 甲과 丙의 재판에서 甲의 진술을 내용으로 하는 증언을 할 때 그 증언의 증거능력이 문제된다.

마지막으로, 항소심이 항소이유서 제출기간이 경과하기 전에 변론을 종결하고 재판을 할 수 있는지를 검토한다.

2. 甲, 丙, 丁의 형사책임

(1) 甲의 형사책임

뇌물공여죄(형법 제133조 제1항)는 뇌물을 약속, 공여 또는 공여의 의사를 표시하는 때, 제3자뇌물교부죄(형법 제133조 제2항)는 증뢰자가 뇌물에 제공할 목적으로 제3자에게 금품을 교부하는 때에 성립한다. 제3자뇌물교부죄는 공여자와 수뢰자 사이에 제3의 전달자가 개입하고, 전달자가 실제로 뇌물을 전달하지 않거나 전달 사실을 부인함으로써 수뢰자에게까지 뇌물의 고리가 연결되지 않는 경우에 적용되는 죄명이다.

甲은 자신의 사건을 수사 중인 丙에게 추가로 입건될 가능성이 있는 乙의 불입건을 부탁하는 취지로 부탁하고, 그와 같은 사정을 丁에게 말하면서 丙에게 전달하여 달라고 부탁하고 4,000만 원을 교부하였다. 丁은 그중 3,000만 원은 丙에게 교부하였고, 1,000만 원은 자신이 사용하였다.

위 4,000만 원은 공무원인 사법경찰관의 직무에 관하여 대가관계에 있는 부당한 이익으로서 뇌물에 해당한다는 점에는 다툼의 여지가 없다. 그중 丁을 통하여 丙에게 교부한 3,000만 원은 공무원에 대하여 뇌물을 공여한 것으로 뇌물공여죄에 해당한다. 이때 제3자뇌물교부죄는 뇌물공여죄에 흡수되어 별도로 성립하지 않는다고 볼 것이다.[1] 丙에게 전달되지 않은 1,000만 원은 증뢰자가 뇌물에 제공할 목적으로 제3자인 丁에게 교부한 것이므로 제3자뇌물교부죄가 성립한다.

죄수관계를 살펴보면, 1개의 행위로 丙에 대하여 뇌물공여죄, 丁에 대하여 제3자뇌물교부죄가 성립하는 경우이므로 상상적 경합관계로 볼 수 있다. 다수설은 한 개의 행위로 수인의 공무원에게 증뢰한 때에는 공무원의 수에 따른 증뢰죄의 상상적 경합이 된다고 본다.

---

1) 서울고등법원 2011. 8. 25. 선고 2010도2943 판결.

(2) 丙의 형사책임

(가) 수뢰후부정처사죄, 특정범죄가중처벌등에관한법률위반(뇌물)죄의 적용 여부

공무원 또는 중재인이 수뢰행위를 한 후 부정한 행위를 한 때에는 수뢰후부정처사죄(형법 제131조 제1항)가 성립한다. 이는 수뢰한 후에 다시 부정행위를 함으로써 국가기능의 공정성이 구체적으로 위험에 처하게 되었다는 것을 고려하여 형을 가중한 것이다. 부정한 행위란 공무원 또는 중재인이 직무에 위배하는 일체의 행위를 말하는 것으로서 작위, 부작위를 불문한다. 본 사례에서 甲과 乙의 범행을 수사하던 사법경찰관 丙이 甲으로부터 3,000만 원을 수수한 후 乙을 입건하지 않았으므로 수뢰후부정처사죄에서의 부정한 행위를 한 때에 해당한다.

한편 특정범죄 가중처벌 등에 관한 법률(이하, '특정범죄가중법'이라 한다) 제2조 제1항은 '형법 제129조·제130조 또는 제132조에 규정된 죄를 범한 사람'에 대하여 수뢰액이 3천만 원 이상이면 그 수수한 뇌물의 가액에 따라 가중처벌한다. 이와 관련하여 명문의 규정이 없는 수뢰후부정처사죄(형법 제131조 제1항)나 사후수뢰죄(형법 제131조 제2항)도 특정범죄가중법 제2조 제1항에 의하여 가중처벌 대상이 되는지 문제된다.

판례는 형법 제131조 제1항, 제2항은 공무원 또는 중재인이 형법 제129조, 제130조의 죄를 범한 후에 부정한 행위를 한 때에 가중처벌한다는 규정이므로, 형법 제131조 제1항의 죄를 범한 사람은 특정범죄가중법 제2조 제1항 소정의 '형법 제129조, 제130조에 규정된 죄를 범한 사람'에 해당하고, 제131조 제2항 역시 공무원 또는 중재인이 그 직무상 부정한 행위를 한 후 형법 제129조나 제130조에 규정된 죄를 범한 때에 가중처벌한다는 규정이므로 특정범죄가중법 제2조 제1항의 '형법 제129조, 제130조에 규정된 죄를 범한 사람'에 해당한다고 한다.[1)]

따라서 丙은 특정범죄가중법위반(뇌물)죄(동법 제2조 제1항 제3호)의 형사책임을 진다.

(나) 직무유기죄 성립 여부

공무원이 정당한 이유 없이 그 직무수행을 거부하거나 그 직무를 유기한 때에는 직무유기죄(형법 제122조)가 성립한다. 직무란 공무원법상의 본래의 직무 또는 고유한 직무를 의미한다. 판례에 의하면 직무를 유기하는 행위란 구체적으로 그 직무를 수행하여야 할 작위의무가 있는데도 불구하고 이러한 직무를 저버린다는 인식하에 그 작위의무를 수행하지 아니함으로써 성립하는 것이고, 또 그 직무를 유기한 때라 함은

---

1) 대법원 1969. 12. 9. 선고 69도1288 판결; 대법원 2004. 3. 26. 선고 2003도8077 판결. 그러나 형법 제131조 제3항의 사후수뢰죄는 공무원 또는 중재인이었던 자가 행위주체가 되는 범죄이므로 특정범죄가중법 제2조 제1항의 적용을 받지 않는다(대법원 1984. 8. 14. 선고 84도1139 판결).

공무원이 법령, 내규 등에 의한 추상적인 충근(忠勤)의무를 태만히 하는 일체의 경우를 이르는 것이 아니고, 직장의 무단이탈, 직무의 의식적인 포기 등과 같이 그것이 국가의 기능을 저해하며 국민에게 피해를 야기시킬 수 있는 경우를 말한다.[1)]

본 사례에서 丙은 甲과 乙의 상해치사 사건을 담당하는 경찰관으로서 甲으로부터 뇌물을 받고 乙을 입건하지 않았으므로 직무유기죄가 성립한다.[2)] 수뢰후부정처사행위에 관한 위 특정범죄가중법위반(뇌물)죄와 직무유기죄는 상상적 경합관계에 있다고 보아야 할 것이다.

(3) 丁의 죄책

(가) 제3자뇌물취득죄의 성립 여부

증뢰자가 뇌물에 제공할 목적으로 금품을 교부한다는 사정을 알면서 제3자가 이를 교부받으면 제3자뇌물취득죄(형법 제133조 제2항)가 성립한다. 여기에서의 제3자는 뇌물공여행위자나 수수행위자와 공범관계에 있는 자는 포함되지 않는다. 금품을 교부받은 제3자는 그 금품을 받은 때에 본죄가 성립하고, 그 금품을 공무원에게 전달하였는지 여부는 본죄의 성립에 영향을 미치지 않는다. 제3자가 그 교부받은 금품을 수뢰할 사람에게 전달하였더라도 제3자뇌물취득죄 외에 별도로 뇌물공여죄가 성립하는 것은 아니다.[3)]

따라서 丁에 대하여는 제3자뇌물취득죄가 성립한다.

(나) 횡령죄의 성립 여부

丁은 甲으로부터 뇌물로 전달해달라는 부탁을 받고 4,000만 원을 교부받아 보관 중 1,000만 원을 임의로 소비하였다. 뇌물이나 도박자금 등 불법원인으로 급여된 위탁물을 수탁자가 임의로 처분한 경우 횡령죄가 성립하는지에 대하여, ① 위탁자는 반환청구권을 상실하기 때문에 수탁자에게 그 재물을 반환할 의무가 없으므로 횡령죄가 성립하지 않는다고 보는 소극설(다수설), ② 민법상 불법원인급여가 보호받지 못한다고 하여 위탁자가 소유권을 상실하는 것은 아니므로 이를 영득하면 횡령죄가 성립한다고

---

1) 대법원 2009. 3. 26. 선고 2007도7725 판결.

2) 범죄 수사의 직무에 종사하는 공무원이 특정범죄가중법에 규정된 죄를 범한 사람을 인지하고도 그 직무를 유기한 경우에는 특정범죄가중법위반(특수직무유기)죄(동법 제15조)가 성립하는데, 사법경찰관 丙이 인지한 범죄는 乙의 상해치사죄와 甲의 뇌물공여죄 및 제3자뇌물교부죄, 丁의 제3자뇌물취득죄이므로 특정범죄가중법위반(특수직무유기)죄가 성립할 여지가 없다.

3) 대법원 1997. 9. 5. 선고 97도1572 판결. 이에 대한 상세는 사례 2. [12－변시(1)－2] Ⅱ. '丙과 丁의 형사책임' 부분 참조.

보는 적극설, ③ 급여자에게 소유권 이전 의사가 있는 점유이전(불법원인급여)과 소유권 이전 의사가 없는 점유이전(불법원인위탁)으로 나누어 전자는 횡령죄의 성립을 부정하고 후자는 횡령죄의 성립을 긍정하는 절충설 등이 대립한다.[1)]

판례는 기본적으로 소극설의 입장인데,[2)] 예외적으로 불법원인급여에 있어서 수급자의 불법성이 급여자의 그것보다 현저히 큰 때에는 급여자의 반환청구를 인정하여 수급자의 횡령죄를 인정한다.[3)]

판례와 다수설의 견해에 따르면, 丁이 甲으로부터 제3자에 대한 뇌물공여의 목적으로 전달해달라는 취지로 교부받은 금전은 불법원인급여물에 해당하여 丁에게는 반환의무가 없고 소유권은 丁에게 이전된다고 봄이 타당하므로, 횡령죄는 성립하지 않는다.

3. 전문진술의 증거능력

(1) 甲에 대한 증거능력

乙의 증언 내용은 甲의 진술을 내용으로 하는 전문진술에 해당한다. 설문에 의하면 甲과 丙의 혐의사실과 관련하여 증인으로 乙을 신청하였다고 하므로, 甲과 丙이 함께 기소된 공판절차에서의 증언을 전제로 서술한다.

甲의 진술을 내용으로 하는 乙의 증언은 甲에 대하여 피고인 아닌 자의 공판기일에서의 진술이 피고인(=甲)의 진술을 그 내용으로 하는 것인 때에 해당한다. 따라서 형사소송법 제316조 제1항에 의하여 그 진술이 특히 신빙할 수 있는 상태하에서 행하여졌음이 증명되면 증거능력이 있다. 특신상태란 신용성의 정황적 보장, 즉 허위 개입의 여지가 거의 없고 그 진술내용이 신빙성이나 임의성을 담보할 구체적이고 외부적인 정황이 있는 경우를 의미한다.[4)]

본 사례에서 甲의 진술 상황에 대한 설명은 없으나, 특별한 사정이 없는 상태에서 甲이 乙에게 자발적으로 진술하였다는 점에서 특신상태를 인정할 수 있을 것으로 판단된다. 따라서 甲에 대하여 증거능력이 있다.

---

1) 이에 대한 상세는 사례 3. [13－변시(2)－1] Ⅰ. 3. '丁의 형사책임' 부분 참조.
2) 대법원 1988. 9. 20. 선고 86도628 판결; 대법원 1999. 6. 11. 선고 99도275 판결.
3) 대법원 1999. 9. 17. 선고 98도2036 판결. 「포주와 윤락녀의 사회적 지위, 약정이 이르게 된 경위와 약정의 구체적 내용, 급여의 성격 등을 종합해 볼 때 포주의 불법성이 윤락녀의 불법성보다 현저히 크므로 화대의 소유권이 여전히 윤락녀에게 속하는 것이어서 포주가 이를 임의로 소비한 행위는 횡령죄를 구성한다.」
4) 대법원 2007. 2. 23. 선고 2004도8654 판결; 대법원 2017. 12. 22. 선고 2016도15868 판결.

(2) 丙에 대한 증거능력

乙의 증언은 甲의 진술을 내용으로 하는 전문진술이므로, 丙에 대하여는 피고인 아닌 자의 진술이 피고인 아닌 타인의 진술을 내용으로 하는 것인 때에 해당한다. 따라서 형사소송법 제316조 제2항에 의하여 그 피고인 아닌 타인이 사망, 질병, 외국거주, 소재불명 그밖에 이에 준하는 사유로 진술할 수 없고, 그 진술이 특히 신빙할 수 있는 상태하에서 행하여진 때에 한하여 이를 증거로 할 수 있다.

그런데 丙은 현재 甲과 함께 재판받고 있으므로 진술할 수 없는 상태가 아니다. 따라서 丙에 대하여는 증거능력이 없다.

4. 항소이유서 제출기간 경과 전 항소기각 재판의 적법성

(1) 문제의 소재

항소인 또는 변호인은 소송기록의 접수통지를 받은 날로부터 20일 이내에 항소이유서를 항소법원에 제출하여야 한다(형소법 제361조의3 제1항). 항소인이나 변호인이 위 기간 내에 항소이유서를 제출하지 아니한 때에는 결정으로 항소를 기각하여야 한다. 단, 항소장에 항소이유를 기재한 때에는 예외로 한다(형소법 제361조의4 제1항).

본 설문에서 丙은 항소하면서 항소이유를 사실오인 및 양형부당으로 적시하였으므로 항소기각결정의 대상은 아니다. 그러나 항소이유서를 추후 제출한다고 하였는데, 항소심은 항소이유서 제출기간 경과 전 변론을 진행·종결하고 항소를 기각하였다. 항소심이 항소장에 적시된 '사실오인 및 양형부당'이라는 항소이유의 기재만으로 변론을 진행하고, 항소이유서 제출기간 경과 전 변론을 종결하고 항소기각의 판결을 한 경우, 그 적법성이 문제된다.

(2) 항소심 판단의 적법성

형사소송법은 항소법원은 항소이유에 포함된 사유에 관하여 심판하여야 한다(제364조 제1항)고 규정하고, 항소인 또는 변호인에게 소송기록 접수통지를 받은 날로부터 20일의 항소이유서 제출기간을 부여하고 있다. 항소인은 이미 항소이유서를 제출하였더라도 항소이유를 추가·변경·철회할 수도 있다.

위와 같은 규정을 종합하여 보면, 항소심은 항소이유서 제출기간의 경과를 기다리지 않고는 항소사건을 심판할 수 없고,[1] 항소이유서 제출기간 내에 변론이 종결되

---

1) 대법원 2004. 6. 25. 선고 2004도2611 판결; 대법원 2007. 1. 25. 선고 2006도8591 판결.

었더라도 그 기간 내에 항소이유서가 제출되었다면 변론을 재개하여 항소이유의 주장에 대하여 심리하여야 한다.[1)]

따라서 항소심이 항소이유서 제출기간이 경과하기 전 변론을 종결하고 항소기각의 판결을 선고한 것은 피고인이 항소이유서 제출기간 만료 시까지 항소이유서를 제출할 수 있는 기회를 박탈한 것으로, 판결에 영향을 미치는 법령위반이 있다고 볼 것이므로 항소심의 재판은 위법하다.

---

1) 대법원 2015. 4. 9. 선고 2015도1466 판결.

2021년 제10회 변호사시험 강평

형사법 제1문

Ⅰ. (1)에서 甲의 형사책임

1. A에게 시키는 대로 하지 않으면 신체 사진을 유포하겠다고 협박하여 A로 하여금 스스로 가슴과 음부를 만지게 한 행위

(1) 강제추행죄의 간접정범 성립 여부

- 추행이란 건전한 상식 있는 일반인에게 성적 수치·혐오의 감정을 느끼게 하고 성적 도덕관념에 반하는 일체의 행위를 말함
- 구성요건적 행위의 주체가 추행행위를 직접 실행하여야 하는 자수범인지에 관하여, 학설과 판례(대법원 2018. 2. 8, 2016도17733)는 강제추행죄는 사람의 성적 자유 내지 자기결정권이라는 피해자의 법익 보호가 중점이 되고, 제3자의 행위에 의한 법익침해가 불가능하다고 볼 수 없다는 이유로 자수범이 아니라고 함
- 따라서 처벌되지 아니하는 타인을 도구로 삼아 간접정범의 형태로도 범할 수 있고, 도구로서의 타인에는 피해자도 포함될 수 있음

- 甲은 우월적 의사지배를 통하여 처벌되지 않는 A를 물리적인 도구처럼 이용하여 A의 신체를 이용한 추행행위를 하였음
- 甲에 대하여 강제추행죄의 간접정범이 성립

(2) 성폭력처벌법위반(촬영물등이용강요)죄의 성립 여부

- 성적 욕망 또는 수치심을 유발할 수 있는 촬영물 또는 복제물을 이용하여 사람을 협박한 때에는 성폭력처벌법 제14조의3 제1항의 촬영물등이용협박죄가 성립하고, 그와 같은 협박으로 사람의 권리행사를 방해하거나 의무 없는 일을 하게 하는 경우에는 동조 제2항의 촬영물등이용강요죄가 성립

- 甲은 A에게 시키는 대로 하지 않으면 기존에 전송받은 신체 사진을 유포하겠다고 협박하였는데, 위 사진은 A의 은밀한 신체 부위가 드러난 사진으로서 성적 욕망 또는 수치심을 유발할 수 있는 촬영물에 해당함
- 위 촬영물을 유포하겠다는 내용으로 A를 협박하여 A로 하여금 자신의 신체를 이용하여 추행행위를 하게 함으로써 의무 없는 일을 하게 하였으므로, 甲에 대하여 성폭력처벌법상 촬영물등이용강요죄가 성립
- 강제추행죄와 성폭력처벌법위반(촬영물등이용강요)죄는 실체적 경합관계

2. A를 아파트 엘리베이터 및 계단에서 강간하려고 했으나 미수에 그쳤는데 그 과정에서 A가 상해를 입은 행위

- 형법 제319조 제1항(주거침입)의 죄를 범한 사람이 강간한 경우 성폭력처벌법상 주거침입강간죄(동법 제3조 제1항)가 성립
- 판례는 다가구용 단독주택이나 다세대주택, 연립주택, 아파트 등 공동주택 안에서 공용으로 사용하는 엘리베이터, 계단과 복도 역시 특별한 사정이 없는 한 주거침입죄의 객체인 '사람의 주거'에 해당한다고 함(대법원 2009. 9. 10, 2009도4335)
- 따라서 甲은 성폭력처벌법상 주거침입강간죄의 실행에 착수하였음

- 다만 A가 그만두라고 애원하자 자신의 행동을 뉘우치고 범행을 단념하였는데, 일반 사회통념상 범죄를 완수함에 장애가 되는 사유가 없음에도 자기 의사로 중지한 경우에 해당되므로 중지미수에 해당함
- 성폭력처벌법상 주거침입강간죄의 기수 또는 미수의 죄를 범한 사람이 다른 사람을 상해하거나 상해에 이르게 한 때에는 성폭력처벌법위반(강간등치상)죄(동법 제8조 제1항)가 성립
- A는 甲의 폭행 과정에서 甲의 손을 뿌리치다가 넘어져 상해를 입었으므로 치상죄 여부가 문제되는데, 아파트의 공용공간으로서 비좁은 엘리베이터나 계단을 끌고 가는 과정에서 이를 뿌리치기 위하여 넘어져 발목 골절에 상당하는 상해를 입을 수 있다는 사실은 사회통념상 예견가능하고 인과관계를 인정할 수 있음

- 성폭력처벌법 제15조의 미수범이 성립하는지 문제됨
- 형법이 결과적 가중범에 대하여 미수범 처벌규정을 두고 있고, 미수와 기수는 결과불법의 면에서 큰 차이가 있으므로 미수범 성립이 가능하다는 견해와, 결과적 가중범의 개념상 미수는 있을 수 없고, 결과적 가중범에서는 기본범죄가 기수인지 미수인지는 중요하지 않으며, 미수범 처벌규정은 고의범인 결합범에만 적용된다고 보는 부정설[통설·판례(대법원 2008. 4. 24, 2007도10058)]이 있음
- 통설과 판례에 따라 甲은 성폭력처벌법위반(강간등치상)죄(동법 제8조 제1항, 제3조 제1항, 형법 제319조 제1항) 성립

Ⅱ. 절취한 청테이프, 긴급체포 후 압수한 청테이프의 증거능력

1. 피해자가 절취한 청테이프의 증거능력

- 사인의 위법수집증거에 대하여,
- ① 기본권의 영역을 핵심적 영역, 주변적 영역, 기본권 침해와 무관한 영역으로 나누어 핵심적 영역을 침해하는 경우에는 증거능력을 부정하여야 한다는 견해(권리범위설), ② 실체적 진실발견, 효과적인 형사소추라는 공익과 피고인의 개인적 이익을 비교형량하여 위법수집증거배체법칙의 적용 여부를 판단하여야 한다는 견해(이익형량설), ③ 위법수집증거배제법칙은 원래 국가기관의 위법수사를 억제하기 위한 것이므로, 사인이 수사기관에 고용되었거나 수사기관의 위임에 의하여 수집한 경우가 아닌 한 위법수집증거배제법칙이 적용되지 않는다는 견해(적용부정설)가 있음
- 판례는 이익형량설의 입장(대법원 1997. 9. 30, 97도1230)

- 피해자가 절취한 청테이프는 강간치상죄의 중요 증거로서, 범죄의 성격이나 중대성에 비추어 볼 때 형사소송에서의 진실발견이라는 공익적 필요성이 매우 큰 경우라고 볼 수 있음
- 또한 증거물 수집 과정에서의 사생활 비밀이나 인격적 이익의 침해 정도나 침해 경위를 살펴보아도, 甲의 수인한도를 넘을 정도의 기본권 제한을 초래하는 침해행위가 있었던 것으로 보이지 않음
- 따라서 위 청테이프의 증거능력을 인정할 수 있음

2. 긴급체포 후 압수한 청테이프·압수조서·사진의 증거능력

- 검사 또는 사법경찰관은 긴급체포된 자가 소유·소지 또는 보관하는 물건에 대하여 긴급히 압수할 필요가 있는 경우에는 체포한 때부터 24시간 이내에 한하여 영장 없이 압수·수색 또는 검증을 할 수 있음(형소법 제217조 제1항)
- 이와 같이 압수한 물건을 계속 압수할 필요가 있는 경우에 검사 또는 사법경찰관은 지체 없이 압수·수색영장을 청구하여야 하며, 압수·수색영장의 청구는 체포한 때부터 48시간 이내에 하여야 함(동조 제2항)
- P는 甲을 적법하게 긴급체포하였고, 지체 없이 2킬로미터 떨어진 甲의 집으로 가 범행에 사용된 청테이프를 압수한 후 압수조서를 작성하고 그 청테이프를 사진촬영한 다음 사후영장을 발부받음

- ① 청테이프는 범죄의 도구로서 중요한 증거물이므로, 이를 압수하고 사진을 촬영한 것은 긴급체포의 사유가 된 범죄사실 수사에 필요한 최소한의 범위 내임
- 또한 긴급체포 후 지체없이 증거물을 압수하고 사후영장까지 발부받았으므로, 위 압수는 형소법 제217조 제1항이 정한 긴급 압수수색의 허용요건을 충족하는 적법한 압수임
- 따라서 청테이프는 甲이 동의하지 않더라도 증거로 사용할 수 있음
- ② 압수조서의 경우, 압수물의 존재상황을 증명하기 위하여 증거로 사용하는 때에는 수사기관의 검증결과를 기재한 서면과 유사한 점에서 형소법 제312조 제6항이 적용됨
- 따라서 피고인이 증거로 함에 동의하지 않는 경우에는 원진술자인 압수조서 작성자의 진술에 의하여 진정성립이 인정되는 경우 증거로 사용할 수 있음
- ③ 사진의 경우, 압수 현장에서 압수대상물을 적법하게 촬영한 것이므로 甲이 동의하지 않더라도 진정성이 인정되어 증거로 사용할 수 있음

Ⅲ. 영상통화 녹음물 중 甲이 말한 부분의 증거능력

1. 통신비밀보호법위반 여부

- 통신비밀보호법이 금지하는 것은 '공개되지 아니한 타인 간의 대화'이므로, 대화에 참여한 대화당사자 일방이 상대방 몰래 녹음하는 것은 동법의 금지대상에 포함되지 아니함(대법원 1997. 3. 28, 97도240)
- 따라서 A가 甲과 영상통화 중 甲의 협박내용을 몰래 녹음하는 것은 통신비밀보호법 위반에 해당되지 아니하며, 위 녹음물 역시 위법수집증거배제법칙의 적용대상이 아님

2. 전문증거 여부

- ① 위 녹음 진술은 피고인 아닌 자가 작성한 피고인의 진술을 기재한 서류에 해당하므로 형소법 제313조 제1항의 요건에 따라 증거능력을 인정할 수 있다는 견해(전문증거설)와, ② 녹음된 진술 내용이 경험 사실의 진술이 아니고, 그 내용이 진실인지를 입증하기 위한 것이 아니라 그러한 말을 했다는 것 자체가 甲의 협박행위를 입증하기 위한 것이므로 전문법칙이 적용되지 않는다는 견해(비전문증거설)

- 비전문증거설에 의하면 현장녹음과 유사한 것이 되어 전문법칙이 적용되지 아니하며, 증거 일반에 요구되는 관련성과 진정성이 입증되면 증거능력 인정
- 판례는 녹음파일에 담긴 진술 내용의 진실성이 아닌 그와 같은 진술이 존재하는 것 자체가 증명의 대상이 되는 경우에는 전문법칙이 적용되지 아니한다고 판시(대법원 2015. 1. 22, 2014도10978 전원합의체)
- 본 설문에서 甲이 말한 부분은 그러한 말을 했다는 것 자체가 甲의 협박행위를 입증하기 위한 것이므로 전문법칙이 적용되지 않음(비전문증거설)
- 따라서 甲의 변호인이 부동의한다고 하더라도 관련성과 진정성이 입증되면 증거로 할 수 있음
- 강제추행죄의 구성요건요소인 협박내용이 녹음된 것이므로 관련성은 인정되고, 진정성 입증을 위해서는 그 녹음물이 甲과의 영상통화를 녹음한 것이며 그 원본 그대로이거나 원본 내용을 그대로 복사한 사본이라는 것 등이 입증되면 증거로 사용할 수 있음

Ⅳ. (2)에서 甲, 乙의 형사책임

1. 독립행위의 경합과 상해죄의 동시범의 특례

- 동시 또는 이시(異時)의 독립행위가 경합한 경우에 그 결과발생의 원인된 행위가 판명되지 아니한 때에는 각 행위를 미수범으로 처벌(형법 제19조)
- 상해죄에 대하여 형법 제19조에 대한 예외로서 독립행위가 경합하여 상해의 결과를 발생하게 한 경우에 있어서 원인된 행위가 판명되지 아니한 때에도 공동정범의 예에 의한다고 규정(형법 제263조)
- 본 사례에서 乙은 甲의 폭행행위가 발생한 지 약 2시간 후 B를 폭행하였는데, 이시의 독립행위에 대하여도 상해죄의 동시범 특례가 적용될 수 있는지 문제됨
- 판례(대법원 1981. 3. 10, 80도3321)와 다수설은 이시의 독립행위인 경우에도 적용된다고 함

2. 상해치사죄에 대한 동시범 특례의 적용 여부

- 긍정설(상해의 결과를 발생케 한 이상 상해의 범위를 넘어 사망한 경우에도 적용된다)과 부정설(본조는 동시범에 대한 예외규정이고, 상해의 결과를 발생하게 한 경우로 규정되어 있음에도 사망의 결과가 발생한 경우에도 적용하는 것은 피고인에게 불리한 유추적용이 된다)이 대립하고, 부정설이 다수설
- 판례는 긍정설의 입장으로, 상해치사죄(대법원 1985. 5. 14, 84도2118), 폭행치사죄, 상해행위와 폭행행위가 경합하여 사망의 결과가 발생한 때에도 동시범의 특례가 적용된다고 함

3. 설문의 해결

- 상해치사죄에 대하여도 상해죄의 동시범 특례의 적용을 긍정하고, 이시의 독립행위가 경합한 경우를 독립행위의 경합에 포함하여 해석하는 판례의 태도에 의하면, 甲과 乙 중 누구의 행위로 인하여 B가 사망하였는지 판명되지 않더라도 甲과 乙은 각각 상해치사죄의 기수범의 형사책임을 부담함

V. (3)에서 甲, 丙, 丁의 형사책임

1. 甲의 형사책임

- 甲은 자신의 사건을 수사 중인 丙에게 추가로 입건될 가능성이 있는 乙의 불입건을 부탁하는 취지로 부탁하고, 그와 같은 사정을 丁에게 말하면서 丙에게 전달하여 달라고 부탁하고 4,000만 원을 교부함
- 丁은 그중 3,000만 원은 丙에게 교부하였고, 1,000만 원은 자신이 사용
- 丁을 통하여 丙에게 교부한 3,000만 원은 공무원에 대하여 뇌물을 공여한 것으로 뇌물공여죄(형법 제133조 제1항)에 해당함(이때, 제3자뇌물교부죄는 뇌물공여죄에 흡수되어 별도로 성립하지 않음)
- 丙에게 전달되지 않은 1,000만 원은 증뢰자가 뇌물에 제공할 목적으로 제3자인 丁에게 교부한 것이므로 제3자뇌물교부죄(형법 제133조 제2항)가 성립

2. 丙의 형사책임

(1) 특가법위반(뇌물)죄 해당 여부

- 甲과 乙의 범행을 수사하던 사법경찰관 丙이 甲으로부터 3,000만 원을 수수한 후 乙을 입건하지 않았으므로 수뢰후부정처사죄에서의 부정한 행위를 한때에 해당
- 특정범죄 가중처벌 등에 관한 법률(이하, '특정범죄가중법'이라 한다) 제2조 제1항은 형법 제129조·제130조 또는 제132조에 규정된 죄를 범한 사람에 대하여 수뢰액이 3천만 원 이상이면 그 수수한 뇌물의 가액에 따라 가중처벌함
- 판례는 형법 제131조 제1항, 제2항은 공무원 또는 중재인이 형법 제129조, 제130조의 죄를 범한 후에 부정한 행위를 한 때에 가중처벌한다는 규정이므로 형법 제131조 제1항의 죄를 범한 사람 역시 특정범죄가중법 제2조 제1항 소정의 형법 제129조, 제130조에 규정된 죄를 범한 사람에 해당한다고 함(대법원 1969. 12. 9, 69도1288)
- 丙은 특정범죄가중법위반(뇌물)죄(동법 제2조 제1항 제3호)에 해당함

(2) 직무유기죄 성립 여부

- 공무원이 정당한 이유 없이 그 직무수행을 거부하거나 그 직무를 유기한 때에는 직무유기죄(형법 제122조)가 성립
- 본 사례에서 丙은 甲과 乙의 상해치사 사건을 담당하는 경찰관으로서 甲으로부터 뇌물을 받고 乙을 입건하지 않았으므로 직무유기죄가 성립
- 수뢰후부정처사행위에 관한 위 특정범죄가중법위반(뇌물)죄와 직무유기죄는 상상적 경합관계에 있다고 보아야 할 것임

3. 丁의 형사책임

(1) 제3자뇌물취득죄의 성립 여부

- 증뢰자가 뇌물에 제공할 목적으로 금품을 교부한다는 사정을 알면서 제3자가 이를 교부받으면 제3자뇌물취득죄(형법 제133조 제2항)가 성립
- 여기에서의 제3자는 뇌물공여행위자나 수수행위자와 공범관계에 있는 자는 포함되지 않음
- 금품을 교부받은 제3자는 그 금품을 받은 때에 본죄가 성립하고, 그 금품을 공무원에게 전달하였는지 여부는 본죄의 성립에 영향을 미치지 않음
- 제3자가 그 교부받은 금품을 수뢰할 사람에게 전달하였더라도 제3자뇌물취득죄 외에 별도로 뇌물공여죄가 성립하는 것은 아님(대법원 1997. 9. 5, 97도1572)
- 따라서 丁에 대하여 제3자뇌물취득죄가 성립함

(2) 횡령죄의 성립 여부

- 뇌물이나 도박자금 등 불법원인으로 급여된 위탁물을 수탁자가 임의로 처분한 경우 횡령죄가 성립하는지에 대하여, ① 위탁자는 반환청구권을 상실하기 때문에 수탁자에게 그 재물을 반환할 의무가 없으므로 횡령죄가 성립하지 않는다고 보는 소극설(다수설), ② 민법상 불법원인급여가 보호받지 못한다고 하여 위탁자가 소유권을 상실하는 것은 아니므로 이를 영득하면 횡령죄가 성립한다고 보는 적극설, ③ 급여자에게 소유권 이전 의사가 있는 점유이전(불법원인급여)과 소유권 이전 의사가 없는 점유이전(불법원인위탁)으로 나누어 전자는 횡령죄의 성립을 부정하고 후자는 횡령죄의 성립을 긍정하는 절충설 등 대립

- 판례는 기본적으로 소극설의 입장(대법원 1988. 9. 20, 86도628)
- 예외적으로 불법원인급여에 있어서 수급자의 불법성이 급여자의 그것보다 현저히 큰 때에는 급여자의 반환청구를 인정하여 수급자의 횡령죄를 인정(대법원 1997. 9. 17, 98도2036)
- 판례와 다수설의 견해에 따르면, 丁이 甲으로부터 제3자에 대한 뇌물공여의 목적으로 전달해달라는 취지로 교부받은 금전은 불법원인급여물에 해당하여 丁에게는 반환의무가 없고 소유권은 丁에게 이전된다고 봄이 타당하므로, 횡령죄는 성립하지 않음

Ⅵ. 전문진술의 증거능력

1. 甲에 대한 증거능력

- 甲의 진술을 내용으로 하는 乙의 증언은 甲에 대하여 피고인 아닌 자의 공판기일에서의 진술이 피고인(=甲)의 진술을 그 내용으로 하는 것인 때에 해당되므로 형소법 제316조 제1항에 의하여 그 진술이 특히 신빙할 수 있는 상태하에서 행하여졌음이 증명되면 증거능력이 있음
- 특신상태란 신용성의 정황적 보장, 즉 허위 개입의 여지가 거의 없고 그 진술내용이 신빙성이나 임의성을 담보할 구체적이고 외부적인 정황이 있는 경우를 의미(대법원 2007. 2. 23, 2004도8654)
- 본 사례에서 甲의 진술 상황에 대한 설명은 없으나, 특별한 사정이 없는 상태에서 甲이 乙에게 자발적으로 진술하였다는 점에서 특신상태를 인정할 수 있을 것이고, 甲에 대하여 증거능력이 있음

2. 丙에 대한 증거능력

- 乙의 증언은 甲의 진술을 내용으로 하는 전문진술이므로, 丙에 대하여는 피고인 아닌 자의 진술이 피고인 아닌 타인의 진술을 내용으로 하는 것인 때에 해당
- 따라서 형소법 제316조 제2항에 의하여 그 피고인 아닌 타인이 사망, 질병, 외국거주, 소재불명 그밖에 이에 준하는 사유로 진술할 수 없고, 그 진술이 특히 신빙할 수 있는 상태하에서 행하여진 때에 한하여 이를 증거로 할 수 있음
- 丙은 현재 甲과 함께 재판받고 있어 진술할 수 없는 상태가 아니므로 丙에 대하여는 증거능력이 없음

Ⅶ. 항소이유서 제출기간 경과 전 항소기각 재판의 적법성

- 형소법은 항소법원은 항소이유에 포함된 사유에 관하여 심판하여야 한다(제364조 제1항)고 규정하고, 항소인 또는 변호인에게 소송기록 접수통지를 받은 날로부터 20일의 항소이유서 제출기간을 부여
- 위와 같은 규정을 종합하여 보면, 항소심은 항소이유서 제출기간의 경과를 기다리지 않고는 항소사건을 심판할 수 없고(대법원 2004. 6. 25, 2004도2611), 항소이유서 제출기간 내에 변론이 종결되었더라도 그 기간 내에 항소이유서가 제출되었다면 변론을 재개하여 항소이유의 주장에 대하여 심리하여야 함(대법원 2015. 4. 9, 2015도1466)
- 따라서 항소심이 항소이유서 제출기간이 경과하기 전 변론을 종결하고 항소기각의 판결을 선고한 것은 피고인이 항소이유서 제출기간 만료시까지 항소이유서를 제출할 수 있는 기회를 박탈한 것으로, 판결에 영향을 미치는 법령위반이 있다고 볼 것이므로 항소심의 재판은 위법함

사례 20. [21 – 변시(10) – 2]
2021년 제10회 변호사시험 제2문

(1) 甲은 선배 A로부터 A 소유의 중고차 처분을 부탁받고 B에게 5,000만 원에 그 중고차를 매도했음에도 4,000만 원에 매도한 것으로 기망하고 수수료는 받지 않겠다고 하면서 4,000만 원만 A에게 주었다. 甲은 B에게서 수표로 받은 잔액 1,000만 원을 그 정을 알고 있는 乙에게 보관해 달라고 부탁하였으나, 이를 받은 乙은 그 돈을 모두 유흥비로 탕진하였다. 이에 화가 난 甲은 乙을 상해하기로 마음먹고 乙의 사무실 문 밖에서 기다리고 있다가 늦은 밤에 사무실 문을 열고 나오는 사람의 얼굴을 가격하여 3주의 치료를 요하는 상해를 가하였다. 그러나 곧 쓰러진 사람을 확인해 보니 그 사람은 乙이 아니라 乙의 사무실에서 강도를 하고 나오던 강도범 C였다.

(2) 1,000만 원을 반환하라는 甲의 독촉에 시달리던 乙은 A의 재물을 강취하기로 마음먹고 지인으로부터 A의 집 구조와 금고위치 등에 관한 정보를 입수하고 미리 현장을 답사하였다. 그로부터 3일 뒤 밤 11시경 乙은 A의 단독주택에 도착하여 외부 벽면을 타고 2층으로 올라가 창문을 열고 들어가다가 예상치 못하게 집안에서 거구의 남자 2명이 다가오자 순간적으로 겁을 먹고 도망하였다. 경찰의 검거지시가 내려지자 乙은 친구 丙에게 그간의 사정을 이야기하면서 도피 자금을 구해달라고 부탁하였다. 이를 승낙한 丙은 자기의 고가 골프채를 D에게 1,500만 원에 양도하기로 하여 D로부터 계약금과 중도금으로 800만 원을 받았음에도 그 골프채를 E에게 1,800만 원을 받고 양도한 다음 그중 1,000만 원을 乙에게 도피 자금으로 건네주었다.

〔2021년 제10회 변호사시험 제2문〕

설 문

1. 사실관계 (1)에서 甲과 乙의 죄책을 논하시오. (25점)

2. 사실관계 (2)에서 乙과 丙의 죄책을 논하시오. (25점)

3. 사실관계 (2)에서 乙은 도피를 위해 자신의 트럭을 운전하던 중 H가 운전하던 자전거와 충분한 측면 간격을 유지하지 아니한 채 H를 추월하다가 H가 乙의 차바퀴에 치어 사망하였다. 이 경우 H가 만취상태였기 때문에 乙이 H의 자전거와 충분한 측면 간격을 유지하면서 추월했더라도 동일한 사망의 결과가 발생했을 것이 확실한 경우 乙에게 교통사고처리특례법위반(치사)죄가 성립하는지 논하시오. (10점)

4. 사실관계 (1)에서 A는 친구 M을 만난 자리에서 "甲이 판매대금의 일부를 떼먹었다."고 이야기하였고, M은 참고인으로 경찰의 조사를 받으면서 A가 자기에게 말한 내용을 자필 진술서로 작성하여 제출하였다. 공판에서 甲이 M의 진술서에 증거 부동의하는 경우 이 진술서를 증거로 사용하기 위한 요건은 무엇인가? (15점)

5. 사실관계 (1)과 관련하여 甲은 乙과 시비가 붙어 乙을 협박한 혐의로 공소가 제기되었으나 공판절차에서 乙의 처벌불원의사로 공소기각판결이 선고되었다. 이 경우 甲이 乙에게 협박하지 않았다는 이유로 무죄를 주장하며 항소를 제기하였다면, 항소심 법원은 어떠한 조치를 취해야 하는가? (10점)

6. 사실관계 (2)에서 법원은 A에 대한 乙의 범죄사실에 대하여 유죄를 선고하였다. 항소심에서 乙의 변호인으로 선임된 변호사 R은 변호인선임서를 제출하지 아니한 채 항소이유서만을 제출하고 항소이유서 제출기간이 경과한 후에 변호인선임서를 항소법원에 제출하였다. 이 경우 변호사 R이 제출한 항소이유서는 효력이 있는가? (15점)

해 설

Ⅰ. 제1문 — 사실관계 (1)에서의 甲과 乙의 형사책임

1. 문제의 제기

사실관계 (1)에서 甲은 ① 선배 A의 중고차 처분을 부탁받고 B에게 5,000만 원에 매도하였음에도 4,000만 원에 매도한 것으로 기망하고 A에게 4,000만 원만 준 행위(①행위), ② 乙을 상해하기로 마음먹고 마침 乙의 사무실에서 강도를 하고 나오던 강도범 C를 乙로 오인하고 얼굴을 가격하여 C에게 요치 3주의 상해를 가한 행위(②행위)에 대하여, 乙은 ③ 수표 1,000만 원이 위 ①행위와 관련하여 甲이 B로부터 받은 잔액이라는 사실을 알면서 甲의 부탁으로 보관받아 모두 유흥비로 탕진한 행위(③행위)에 대하여 각 어떠한 형사책임을 지는지가 문제된다.

2. 甲의 형사책임

(1) 중고차 매도와 관련하여

(가) 횡령죄의 성립 여부

甲의 위 ①행위와 관련하여, 먼저 위탁매매로 인한 매도대금 중 1,000만 원을 A에게 주지 않고 임의로 소비한 행위(착복행위)가 횡령죄(형법 제355조 제1항)에 해당하는지 문제된다.

타인의 재물을 보관하는 자가 그 재물을 횡령한 때에는 횡령죄가 성립한다. 위탁매매대금의 착복행위에 대해서는, ① 위탁판매의 경우 위탁판매인(수탁자)이 위탁자로부터 교부받은 물건은 물론 위탁매매로 인하여 취득한 물건은 모두 위탁자의 소유이므로(상법 제103조), 매매대금도 위탁자의 소유로서 수탁자가 이를 임의로 소비하면 횡령죄가 성립한다는 견해(횡령죄설)(통설), ② 위탁매매대금은 수탁자의 소유이고, 다만 사실상 담보권을 침해한 것으로 배임죄가 성립한다는 견해(배임죄설)가 대립한다. 판례는 원칙적으로 횡령죄가 성립한다는 입장이다(**관련판례**).[1)]

1) (**관련판례**) 대법원 2003. 9. 26. 선고 2003도3394 판결 【부정수표단속법위반·횡령】. 「<u>금전의 수수를 수</u>

본 사례에서 甲이 A로부터 A 소유의 중고차 매각을 위임받아 이를 B에게 매도하고 수령한 5,000만 원은 의뢰자인 A의 소유에 속한다. 따라서 매매대금을 보관하게 된 甲이 4,000만 원에 매도한 것으로 B를 기망하고 수수료는 받지 않겠다고 하면서 4,000만 원만 A에게 주었으므로 위 대금 중 1,000만 원에 대하여 횡령죄가 성립한다(통설·판례).

한편 수수료를 받지 않겠다고 한 점과 관련하여, 당사자 사이에 매매대금에서 각종 비용이나 수수료 등을 공제한 이익을 분배하기로 하는 등 특별한 약정이 있었다면, 이에 관한 정산관계가 밝혀지지 않는 한 수탁자가 대금을 소비하였다고 하여 바로 횡령죄가 성립한다고 할 수는 없다.[1] 그러나 본 사례에서는 甲과 A 사이에 수수료 지급에 관한 특별한 약정에 대한 언급이 없고, 매매대금에 비추어 1,000만 원은 수수료로는 지나치게 많은 점에 비추어, 횡령죄의 성립에는 아무런 영향이 없다.

㈏ 사기죄의 성립 여부

甲의 위 ①행위와 관련하여, 매매대금을 기망한 행위가 사기죄(형법 제347조 제1항)에 해당하는지 문제된다. 사람을 기망하여 재물의 교부를 받거나 재산상의 이익을 취득하는 때에는 사기죄가 성립한다. 즉 타인을 기망하여 착오에 빠뜨리게 하고, 그 착오에 따른 재산적 처분행위를 하도록 하여 재물을 취득하거나 재산상의 불법이익을 얻는 때에는 사기죄가 성립한다. 그런데 자기가 점유하는 타인의 재물을 횡령하기 위하여 기망수단을 사용한 경우에, 횡령죄 외에 별도로 사기죄가 성립하는지가 문제된다.

이에 대해서는 ① 사람을 기망하여 재물교부의 의무를 면하려고 한 것이므로 이는 재산상의 이익을 취득한 것에 해당하여 별도로 사기죄가 성립하고 두 죄는 상상적 경합관계라는 견해, ② 사람의 기망에 따른 재물의 이전·교부가 없으므로 사기죄는 성립하지 않고 횡령죄만 성립한다는 견해(통설)가 대립한다. 판례는 통설과 마찬가지

반하는 사무처리를 위임받은 자가 그 행위에 기하여 위임자를 위하여 제3자로부터 수령한 금전은, 목적이나 용도를 한정하여 위탁된 금전과 마찬가지로, 달리 특별한 사정이 없는 한 그 수령과 동시에 위임자의 소유에 속하고, 위임을 받은 자는 이를 위임자를 위하여 보관하는 관계에 있다고 보아야 할 것인바(대법원 1995. 11. 24. 선고 95도1923 판결 참조), 원심이 인정한 바에 의하더라도 피고인은 위 아파트에 대한 사실상의 처분권을 가진 A로부터 위 아파트를 타에 매도하여 달라는 요청을 받고 이에 따라 위 아파트를 매도한 다음 그 대금을 수령하였다는 것이므로, 위 아파트 매도대금은 A의 소유에 속하며, 피고인은 이를 A를 위하여 보관하는 관계에 있다고 볼 것이어서, 피고인이 그 매도대금을 임의로 소비하였다면 이로써 횡령죄가 성립한다 할 것이다.」

1) 대법원 1990. 3. 27. 선고 89도813 판결; 대법원 2005. 11. 10. 선고 2005도3627 판결. 위 2005도3627 판결의 해설은 홍승면, "금전수수를 수반하는 사무처리를 위임받은 자가 수령한 금전이 사무처리의 위임에 따라 위임자를 위하여 수령한 것인지 여부의 판단 방법", 대법원판례해설 제59호(2005 하반기), 2006, 422－439면.

로 피기망자의 재산적 처분행위가 없기 때문에 사기죄가 별도로 성립하지 않는다는 입장이다.[1)]

본 사례에서 甲이 매매대금을 속이고 초과분인 1,000만 원을 A에게 주지 않았다고 하더라도 A가 1,000만 원에 대한 청구권을 포기한다는 재산적 처분행위를 한 사실이 없으므로 사기죄는 성립하지 않는다(통설·판례).

(2) C에 대한 상해와 관련하여

甲의 위 ②행위가 C에 대한 상해죄(형법 제257조 제1항)의 객관적 구성요건을 충족한다는 점은 다툼의 여지가 없다. 다만, C를 乙로 잘못 알고 구타한 점에서 주관적 구성요건인 고의가 인정되는지 여부(사실의 착오)와 C가 마침 강도범이다는 점에서 정당방위로서 위법성이 조각되는지 여부(우연방위)가 문제된다.

㈎ 사실의 착오

甲의 위 ②행위는 착오를 일으킨 객체가 구성요건상으로 동가치인 '구체적 사실의 착오' 중에서, 인식한 객체(=乙)와 결과가 발생한 객체(=C)가 다른 '객체의 착오'에 해당한다. 이러한 경우 그 착오는 법률상 의미를 가지지 않는 동기의 착오에 불과하므로 고의를 조각하지 않는다(통설).

따라서 C에 대한 상해의 고의가 인정되고, 甲의 위 ②행위는 상해죄의 구성요건에 해당한다.

㈏ 우연방위

C가 마침 강도범이었다는 점에서 甲에 대하여 정당방위(형법 제21조)가 성립하여 위법성이 조각되는지 문제된다. 정당방위가 성립하기 위해서는 ① 현재의 부당한 침해가 있을 것, ② 자기 또는 타인의 법익을 방위하기 위한 행위일 것, ③ 상당한 이유가 있을 것이라는 요건을 갖추어야 한다. 甲에 대하여 위 ①과 ③의 요건은 일응 충족되지만, C가 乙의 사무실에서 강도를 하고 나오던 강도범이었다는 사실을 몰랐다는 점에서 ②의 요건을 충족하는지가 문제된다.

'방위하기 위한 행위'가 되기 위해서는 '방위의사', 즉 정당방위에서의 주관적 정당화요소가 필요한지가 문제되는데, 여기서 방위의사란 방위상황의 인식에 더하여 방

---

1) 대법원 1980. 12. 9. 선고 80도1177 판결(임야매각을 의뢰받아 60만 원에 매도하고도 30만 원에 매도하였다고 거짓말하여 30만 원을 불법영득한 사안); 대법원 1987. 12. 22. 선고 87도2168 판결(예금주가 예금하는 돈을 은행에 입금하지 않고 예금주 몰래 유용하기 위하여 예금하러 오도록 유인하였다 하더라도 업무상횡령을 위한 일련의 예비행위나 수단에 불과할 뿐, 사기죄는 성립하지 않는다고 한 사안).

위의 목적·의도 내지 동기를 의미한다(통설).[1] 방위의사를 포함하여 널리 위법성조각사유에 주관적 정당화요소가 필요한지에 대하여, ① 행위반가치·결과반가치 이원론의 입장에서 행위자의 행위가 정당화되기 위해서는 이미 성립한 불법의 결과반가치뿐 아니라 행위반가치도 상쇄되어야 하므로 주관적 정당화요소가 필요하다는 필요설(통설), ② 객관적으로 행위와 결과가 있고 양자 사이에 인과관계만 인정되면 불법이 인정된다는 결과불법일원론(인과적 불법론)의 입장에서 필요하지 않다는 불요설이 대립된다. 판례는 ①의 필요설의 입장이다.[2]

통설·판례에 따르면 방위의사가 필요한데, 甲은 C가 강도범인 사실을 몰랐으므로 방위의사를 인정할 수 없다. 이처럼 정당방위의 다른 요건은 충족하지만 방위의사가 결여된 경우를 '우연방위'라고 한다. 우연방위의 법적 효과에 대해서는, ⓐ 주관적 정당화요소에 관한 불요설의 입장에서 위법성이 조각되어 무죄라는 무죄설(위법성조각설), ⓑ 주관적 정당화요소에 관한 필요설의 입장에서 정당방위상황이 존재하여 행위자가 위법한 행위를 할 수 없음에도 할 수 있다고 착오하여 행위함으로써 행위반가치는 인정되지만 결과반가치가 결여되었다는 점에서 미수의 불법구조와 같으므로 형법 제27조(불능미수)를 유추적용해야 한다는 불능미수범설(미수처벌규정이 없는 경우는 무죄)(통설), ⓒ 필요설의 입장에서 위법성이 조각되지 않아 기수범으로 처벌해야 한다는 기수범처벌설이 대립한다. 판례는 방위의사가 없으면 위법성이 조각되지 않는다는 위 ⓒ설의 입장으로 볼 수 있다.[3]

(다) 소결

판례나 위 기수범처벌설에 의하면 甲의 위 ②행위는 상해죄의 고의도 인정되고, 위법성도 조각되지 않으므로, 甲에 대하여 상해죄가 성립한다.[4] 이와는 달리, 우연방위에 관한 통설인 불능미수설에 의하면 상해미수죄가 성립할 것이다.

---

1) 이에 대해서는 ① 정당화상황, 즉 방위상황에 대한 인식만 있으면 된다는 인식설, ② 방위상황인식에 더하여 방위의 목적·동기와 같은 의사도 있어야 한다는 인식·의사요구설(개별적 위법성조각사유에 따라 그 내용이 달라진다는 개별화설에서도 정당방위의 경우에는 ②설과 같음)이 대립된다.

2) 대법원 1997. 4. 17. 선고 96도3376 전원합의체 판결(5·18 광주민주화운동을 진압하기 위하여 파견된 공수부대원들과 광주시민들 사이에 발행한 충돌사건과 관련하여 판시).

3) 대법원 1986. 12. 23. 선고 86도1491 판결(싸움의 경우); 대법원 1997. 4. 17. 선고 96도3376 전원합의체 판결.

4) 행위 당시 정당방위상황이 존재하였다는 우연한 상황은 양형에 고려하여야 한다는 견해도 있다(본 사례에 관하여 해설한 김태명, 형법사례해설, 정독, 2021, 391면 참조).

3. 乙의 형사책임

(1) 장물보관죄의 성립 여부

乙의 위 ③행위 중 위 수표 1,000만 원을 甲의 부탁으로 보관받은 행위가 장물보관죄(형법 제362조 제1항)에 해당하는지 문제된다.

장물이라는 사실을 알면서 이를 보관한 때는 장물보관죄가 성립한다. 위 수표는 재산범죄인 甲의 횡령죄로 영득한 재물이므로 장물에 해당하고, 乙이 그 사실을 알면서 보관하였으므로 甲에 대하여 장물보관죄가 성립한다.

(2) 횡령죄의 성립 여부

乙의 위 ③행위 중 보관 중인 장물을 임의로 유흥비로 탕진한 행위가 별도로 횡령죄(형법 제355조 제1항)에 해당하는지 문제된다.

장물보관죄가 성립되는 때에는 이미 그 소유자의 소유물추구권을 침해하였으므로 그 후의 횡령행위는 불가벌적 사후행위에 불과하여 별도로 횡령죄가 성립하지 않는다는 것이 판례의 입장이다.[1]

따라서 乙에 대하여 별도로 횡령죄는 성립하지 않는다.

4. 설문의 해결

甲에 대하여 횡령죄와 상해죄가 각 성립하고, 두 죄는 실체적 경합관계이며, 乙에 대하여는 장물보관죄가 성립한다.

Ⅱ. 제2문 — 사실관계 (2)에서 乙과 丙의 형사책임

1. 문제의 제기

사실관계 (2)에서 乙은 ① 재물을 강취할 목적으로 밤 11시경 A의 단독주택의 외부 벽면을 타고 2층으로 올라가 창문을 열고 들어가다가 집안에서 거구의 남자 2명이

---

1) 대법원 1976. 11. 23. 선고 76도3067 판결(절도범인으로부터 장물보관 의뢰를 받은 자가 그 정을 알면서 이를 인도받아 보관하고 있다가 임의처분한 사안); 대법원 2004. 4. 9. 선고 2003도8219 판결(업무상 과실로 장물을 보관하고 있다가 처분한 사안).

위 2003도8219 판결 해설은 윤병철, "업무상 과실로 장물을 보관하고 있다가 임의 처분한 경우 업무상과실장물보관죄 이외에 횡령죄가 성립하는지 여부(소극)", 대법원판례해설 제50호, 2004, 674－688면.

다가오자 겁을 먹고 도망간 행위, ② 친구 丙에게 위 ①행위에 대하여 이야기하면서 도피 자금을 구해달라고 부탁하여 丙으로부터 도피 자금으로 1,000만 원을 건네받은 행위에 대하여, 丙은 ③ 乙의 도피 자금을 마련하기 위하여 자신의 골프채를 D에게 1,500만 원에 양도하기로 하여 D로부터 계약금과 중도금으로 800만 원을 받았음에도 E에게 1,800만 원을 받고 이를 양도한 행위, ④ 그중 1,000만 원을 乙에게 도피 자금으로 건네준 행위에 대하여 각기 어떠한 형사책임을 지는지 문제된다.

2. 乙의 형사책임

(1) 특수강도미수죄의 성립 여부

(가) 특수강도죄의 실행의 착수시기

乙의 위 ①행위와 관련해서는 야간주거침입강도인 특수강도죄(형법 제334조 제1항)의 성립 여부가 문제된다.

야간에 사람의 주거에 침입하여 강도죄(형법 제333조)를 범하면 특수강도죄(형법 제334조 제1항)가 성립한다. 본죄는 야간의 주거침입과 강도의 결합범으로서 그 실행의 착수시기에 대해서는, ① 시간적으로 주거침입이 선행되므로 주거침입 시라는 견해(주거침입시설)와 ② 강도의 의사가 외부로 표출된 폭행·협박 시라는 견해(폭행·협박시설)(통설)가 대립한다. 판례 중에는 ①설의 입장에서 판시한 것[1]이 있는가 하면, ②설의 입장에서 판시한 것[2]도 있다. 생각건대, 첫째, 본죄와 구조가 같은 야간주거침입절도죄(형법 제330조)의 경우 주거침입 시에 실행의 착수가 있다는 것이 통설·판례[3]인데, 실행의 착수시기를 서로 달리할 합리적인 이유가 없고,[4] 둘째, 서로 다른 대법원 판례

1) 대법원 1992. 7. 28. 선고 92도917 판결.「형법 제334조 제1항 소정의 야간주거침입강도죄는 주거침입과 강도의 결합범으로서 시간적으로 주거침입행위가 선행되는 것이므로 주거침입을 한 때에 본죄의 실행에 착수한 것으로 볼 것인바, 같은 조 제2항 소정의 흉기휴대 합동강도죄에 있어서도 그 강도행위가 야간에 주거에 침입하여 이루어지는 경우에는 주거침입을 한 때에 실행에 착수한 것으로 보는 것이 타당하다.」

2) 대법원 1991. 11. 22. 선고 91도2296 판결.「형법 제334조 제1, 2항 소정의 특수강도의 실행의 착수는 어디까지나 강도의 실행행위 즉 사람의 반항을 억압할 수 있는 정도의 폭행 또는 협박에 나아갈 때에 있다 할 것이고, 위와 같이 야간에 흉기를 휴대한 채 타인의 주거에 침입하여 집안의 동정을 살피는 것만으로는 동 법조에서 말하는 특수강도의 실행에 착수한 것이라고 할 수 없다.」
본 판결 해설은 최진갑, "특수강도죄의 실행의 착수시기", 대법원판례해설 제16호, 1992, 743-748면.

3) 대법원 1970. 4. 28. 선고 20도507 판결; 대법원 2011. 4. 14. 선고 2011도300, 2011감도5 판결; 대법원 2025. 1. 9. 선고 2022도5573 판결.

4) 형법 제334조 제1항의 특수강도죄의 법정형이 무기 또는 5년 이상의 징역으로 중하다거나, 주거침입한 시점에서 체포된 경우 야간주거침입절도인지 야간주거침입강도인지가 오로지 행위자의 내심의 태도만으로 결정되는 불합리성이 있다는 것이 실행의 착수시기를 서로 달리할 합리적인 이유가 되기에는 부

가 있기는 하지만 ②설의 입장에서 판시한 것이 있음에도 그 후에 ①설의 입장에서 판시하였고, ③ 최근의 하급심판결[1] 중에도 ①설의 입장에서 판시한 것이 있는 점 등에 비추어 볼 때, ①설이 타당하다고 하겠다.

본죄의 실행의 착수시기가 주거침입 시라고 할 때, 다시 주거침입의 착수시기가 문제된다. 판례는 주거침입죄의 실행의 착수는 주거자 등의 의사에 반하여 주거나 관리하는 건조물 등에 들어가는 행위, 즉 구성요건의 일부를 실현하는 행위까지 요구하는 것은 아니고 범죄구성요건의 실현에 이르는 현실적 위험성을 포함하는 행위를 개시하는 것으로 충분하다고 한다.[2]

본 사례에서 乙은 A의 단독주택의 외부 벽면을 타고 2층으로 올라가 창문을 열고 들어가다가 사람이 다가오자 도망쳤으므로, 판례에 따르면 본죄의 실행에 착수하였음이 명백하다.[3]

㈏ 장애미수

乙이 창문을 열고 들어가다가 예상치 못하게 집안에서 거구의 남자 2명이 다가오자 순간적으로 겁을 먹고 도망가는 바람에 재물을 강취하지 못하였으므로 특수강도미수죄(형법 제342조, 제334조 제1항)에 해당하는데, 이때의 미수가 중지미수(형법 제26조)인지 장애미수(형법 제25조 제1항)인지가 문제된다.

판례는 중지미수와 장애미수는 자의에 의한 중지이냐 또는 어떤 장애에 의한 미수이냐에 따라 가려야 하고, 특히 자의에 의한 중지에서도 일반사회통념상 장애에 의한 미수라고 보여지는 경우를 제외한 것을 중지미수라고 해석해야 한다고 판시하고[4] 있다(중지미수의 자의성에 관한 절충설의 입장[5]).

본 사례에서 乙은 자의가 아니라 외부적인 장애에 의하여 재물을 강취하지 못한 것이므로 장애미수에 해당한다.

㈐ 소결

乙에 대하여 특수강도미수죄가 성립한다(장애미수). 특수강도미수죄가 성립하는

족하다.

1) 대구고등법원 2018. 8. 30. 선고 2018노228 판결. 「특수강도의 일종인 야간주거침입강도죄는 주거침입과 강도의 결합범으로서 시간적으로 주거침입행위가 선행되므로 주거침입을 한 시점에 야간주거침입강도죄의 실행에 착수한 것으로 볼 것이다(대법원 1992. 7. 28. 선고 92도917 판결 등 참조).」

2) 대법원 2008. 4. 10. 선고 2008도1464 판결.

3) 대법원 2003. 10. 24. 선고 2003도4417(아파트 202호 베란다 철제난간까지 올라가 유리창문을 열려고 시도한 사안).

4) 대법원 1997. 6. 13. 선고 97도957 판결.

5) 이에 대한 상세는 사례 6. [14-변시(3)-2] 제1문 3. '乙의 형사책임' 부분 참조.

이상 지인으로부터 A의 집 구조와 금고위치 등에 관한 정보를 입수하고 미리 현장을 답사한 예비행위는 실행행위의 일부로 포괄되고, 별도로 특수강도예비죄(형법 제343조, 제334조 제1항)는 성립하지 않는다(법조경합 중 보충관계).[1]

(2) 범인도피교사죄의 성립 여부

벌금 이상의 형에 해당하는 죄를 범한 자를 은닉 또는 도피하게 하면 범인은닉죄 또는 범인도피죄(형법 제151조 제1항)가 성립한다. 丙이 乙의 도피 자금을 마련하여 乙에게 도피 자금으로 건네준 행위는 '丙의 형사책임' 부분에서 살펴보는 바와 같이 범인도피죄에 해당한다. 이때, 도피 자금을 구해달라고 부탁하고 위 돈을 받은 乙의 위 ② 행위가 범인도피교사죄(형법 제151조 제1항, 제34조 제1항)에 해당하는지 문제된다.

범인도피죄의 주체는 본범 이외의 자이다. 본범 스스로 도피하는 것, 즉 범인의 자기도피는 범인도피죄의 구성요건해당성이 없는 행위로서 불가벌이다(통설). 그런데 본범이 제3자를 교사하여 자신을 은닉 또는 도피하게 하는 행위 역시 처벌할 수 없는지에 대하여는, ① 타인을 교사하여 자신을 은닉 또는 도피하게 하는 행위는 자기비호권의 한계를 벗어난 것으로서 교사범이 성립한다는 긍정설과, ② 정범이 될 수 없는 자가 교사범이 된다는 것은 부당하고 자기은닉이 불가벌인 것과 같은 취지로 자기비호의 연장에 지나지 않는다는 점에서 교사범의 성립을 부정하는 부정설(통설)이 대립하고 있다.

판례는 방어권의 남용으로 볼 수 있는 경우에는 범인도피교사죄가 성립한다[2]고 판시하여 절충적인 입장을 취하고 있다. 이때 방어권의 남용이라고 볼 수 있는지 여부는, 범인을 도피하게 하는 것이라고 지목된 행위의 태양과 내용, 범인과 행위자의 관계, 행위 당시의 구체적인 상황, 형사사법의 작용에 영향을 미칠 수 있는 위험성의 정도 등을 종합하여 판단하여야 한다.[3]

---

1) 본죄의 실행의 착수시기가 폭행·협박 시라는 견해에 의하면, ① 乙이 본죄의 실행에는 착수하지 않았지만, 본죄를 범할 의사로서 이를 실현하기 위한 준비행위로서 지인으로부터 A의 집 구조와 금고위치 등에 관한 정보를 입수하고 미리 현장을 답사하였으므로 특수강도예비에 해당한다. ② 이후 창문을 열고 들어가다가 도망간 행위와 관련하여 '예비의 중지'에 해당하는지가 문제되는데, 예비의 중지에 대해서는 긍정설과 부정설이 있으나 판례는 부정설의 입장이므로(대법원 1966. 4. 21. 선고 66도152 전원합의체 판결), 중지미수의 규정을 준용할 여지가 없다(본문에서 살펴본 바와 같이 乙의 행위는 장애미수에 해당). 따라서 乙에 대하여 특수강도예비죄(형법 제343조, 제334조 제1항)가 성립한다.
   예비의 중지에 대해서는 사례 12. [17-변시(6)-2] 제1문 3. '丙의 형사책임' 부분 참조.

2) 대법원 2006. 12. 7. 선고 2005도3707 판결. 본 판결 해설은 전원열, "불가벌의 친족에 대하여 범인도피죄를 행하도록 교사하는 것이 범죄를 구성하는지 여부", 대법원판례해설 제66호(2006 하반기), 2007, 303-308면.

3) 대법원 2014. 4. 10. 선고 2013도12079 판결.

본 사례에서 乙은 방어권을 남용하여 丙에게 도피 자금을 마련하도록 부탁하여 丙으로 하여금 범인도피죄를 범하게 하였으므로 범인도피교사죄가 성립한다.

3. 丙의 형사책임

(1) 배임죄의 성립 여부

丙의 위 ③행위가 배임죄에 해당하는지 문제된다. 골프채는 동산이고, 丙이 D로부터 계약금과 중도금으로 800만 원을 받았음에도 이를 E에게 1,800만 원을 받고 양도하였으므로, 이는 '중도금 수령 후의 동산의 이중양도(매매)'가 배임죄에 해당하는지의 문제이다.

타인의 사무를 처리하는 자가 배임행위를 하여 재산상의 이익을 취득하거나 제3자로 하여금 이를 취득하게 하여 본인에게 손해를 가한 때에는 배임죄(형법 제355조 제2항)가 성립한다. 동산의 이중양도가 제1양수인과의 관계에서 배임죄가 성립하는지에 대해서는, ① 부동산의 이중양도에 있어 제1양수인으로부터 중도금까지 받고도 제2양수인에게 이를 양도하고 등기를 마쳐주면 배임죄가 성립한다는 판례[1)]의 입장과 마찬가지로 동산의 이중양도의 경우에도 배임죄가 성립한다는 긍정설, ② 동산의 양도인은 양수인에 대하여 그의 사무를 처리하는 지위에 있지 않으므로 이를 타에 처분하였더라도 배임죄가 성립하지 않는다는 부정설이 있다. 판례는 ②의 부정설의 입장이다(**관련판례**).[2)]

---

1) 대법원 2018. 5. 17. 선고 2017도4027 전원합의체 판결.

2) (**관련판례**) 대법원 2011. 1. 20. 선고 2008도10479 전원합의체 판결【배임】.

【다수의견】「배임죄는 타인의 사무를 처리하는 자가 그 임무에 위배하는 행위로 재산상 이익을 취득하여 사무의 주체인 타인에게 손해를 가함으로써 성립하는 것이므로 그 범죄의 주체는 타인의 사무를 처리하는 지위에 있어야 한다. 여기에서 '타인의 사무를 처리하는 자'라고 하려면 당사자 관계의 본질적 내용이 단순한 채권관계상의 의무를 넘어서 그들 간의 신임관계에 기초하여 타인의 재산을 보호 내지 관리하는 데 있어야 하고, 그 사무가 타인의 사무가 아니고 자기의 사무라면 그 사무의 처리가 타인에게 이익이 되어 타인에 대하여 이를 처리할 의무를 부담하는 경우라도 그는 타인의 사무를 처리하는 자에 해당하지 아니한다(대법원 1976. 5. 11. 선고 75도2245 판결, 대법원 1987. 4. 28. 선고 86도2490 판결, 대법원 2009. 2. 26. 선고 2008도11722 판결 등 참조).

원심은, 피고인이 이 사건 인쇄기를 A에게 135,000,000원에 양도하기로 하여 그로부터 1, 2차 계약금 및 중도금 명목으로 합계 43,610,082원 상당의 원단을 제공받아 이를 수령하였음에도 불구하고 그 인쇄기를 자신의 채권자인 乙에게 기존 채무 84,000,000원의 변제에 갈음하여 양도함으로써 동액 상당의 재산상 이익을 취득하고 A에게 동액 상당의 손해를 입혔다는 이 사건 공소사실에 대하여, 피고인이 이 사건 동산매매계약에 따라 A에게 이 사건 인쇄기를 인도하여 줄 의무는 민사상의 채무에 불과할 뿐 타인의 사무라고 할 수 없으므로 위 인쇄기의 양도와 관련하여 피고인이 타인의 사무를 처리하는 자의 지위에 있다고 볼 수 없다는 이유로, 피고인에 대하여 무죄를 선고한 제1심판결을 그대로 유지하였다.

이 사건 매매와 같이 당사자 일방이 재산권을 상대방에게 이전할 것을 약정하고 상대방이 그 대금을 판례에 따르면, 丙은 D의 사무를 처리하는 자에 해당하지 않으므로 골프채를 이중양도하였더라도 배임죄가 성립하지 않는다.

(2) 범인도피죄의 성립 여부

丙의 위 ④행위가 범인도피죄에 해당하는지 문제된다.

범인도피죄의 구성요건과 관련하여 첫째, 乙은 특수강도미수죄를 범하였으므로 '벌금 이상의 형에 해당하는 죄를 범한 자'에 해당한다. 둘째, 범인도피죄의 실행행위로서의 '도피하게 하는 행위'란 은닉장소를 제공하는 은닉 이외의 방법으로 범인에 대한 수사, 재판 및 형의 집행 등 형사사법의 작용을 곤란 내지 불가능하게 하는 일체의 행위로서 직접적으로 범인의 도주를 용이하게 하는 행위를 말하며,[1] 현실적으로 형사사법의 작용을 방해하는 결과가 초래될 것이 요구되지 않으므로,[2] 도피 자금을 제공하는 행위는 도피하게 하는 행위에 해당한다.[3] 셋째, 丙은 乙의 범행에 관하여 이야기를 들었으므로 고의도 인정된다.

따라서 丙에 대하여 범인도피죄가 성립한다.

4. 설문의 해결

乙에 대하여 특수강도미수죄와 범인도피교사죄가 각 성립하고, 두 죄는 실체적 경합관계이며, 丙에 대하여는 범인도피죄가 성립한다.

지급할 것을 약정함으로써 그 효력이 생기는 계약의 경우(민법 제563조), 쌍방이 그 계약의 내용에 좇은 이행을 하여야 할 채무는 특별한 사정이 없는 한 '자기의 사무'에 해당하는 것이 원칙이다. 매매의 목적물이 동산일 경우, 매도인은 매수인에게 계약에 정한 바에 따라 그 목적물인 동산을 인도함으로써 계약의 이행을 완료하게 되고 그때 매수인은 매매목적물에 대한 권리를 취득하게 되는 것이므로, 매도인에게 자기의 사무인 동산인도채무 외에 별도로 매수인의 재산의 보호 내지 관리 행위에 협력할 의무가 있다고 할 수 없다. 동산매매계약에서의 매도인은 매수인에 대하여 그의 사무를 처리하는 지위에 있지 아니하므로, 매도인이 목적물을 매수인에게 인도하지 아니하고 이를 타에 처분하였다하더라도 형법상 배임죄가 성립하는 것은 아니다.」

【반대의견】「동산매매의 경우에도 당사자 사이에 중도금이 수수되는 등으로 계약의 이행이 일정한 단계를 넘어선 때에는 매도인이 매매목적물을 타에 처분하는 행위는 배임죄로 처벌하는 것이 논리적으로 일관되고, 그와 달리 유독 동산을 다른 재산과 달리 취급할 아무런 이유를 찾아볼 수 없다. 다수의견은 본질적으로 유사한 사안을 합리적 근거 없이 달리 취급하는 것으로서 형평의 이념에 반하며, 재산권의 이중매매 또는 이중양도의 전반에 걸쳐 배임죄의 성립을 인정함으로써 거래상 신뢰관계의 보호에 기여하여 온 대법원판례의 의미를 크게 퇴색시키는 것이다.」

1) 대법원 1995. 3. 3. 선고 93도3080 판결.
2) 대법원 2000. 11. 24. 선고 2000도4078 판결.
3) 대법원 1983. 3. 8. 선고 82도3248 판결; 대법원 1992. 2. 25. 선고 91도3192 판결; 대법원 1995. 3. 3. 선고 93도3080 판결; 대법원 1997. 10. 10. 선고 97도1829 판결.

Ⅲ. 제3문 — 乙에 대한 교통사고처리특례법위반(치사)죄의 성립 여부

1. 문제의 제기

乙은 자신의 트럭을 운전하던 중 H가 운전하던 자전거와 충분한 측면 간격을 유지하지 아니한 채 H를 추월하다가 차바퀴로 H를 충격하여 사망에 이르게 하였으므로, 乙에게는 업무상과실이 인정되어 교통사고처리특례법위반(치사)죄(동법 제3조 제1항, 형법 제268조)가 성립한다. 그런데 H가 만취상태였기 때문에 乙이 H의 자전거와 충분한 측면 간격을 유지하면서 추월하였더라도 동일한 사망의 결과가 발생했을 것이 확실한 경우에도 乙에게 교통사고처리특례법위반(치사)죄가 성립하는지 문제된다. 이는 과실범에 있어서 주의의무에 합치되는 행위를 하였더라도 같은 결과가 발생할 수 있었음이 확실한 경우에 과실범이 성립하느냐의 문제, 즉 과실범에서의 인과관계 내지 객관적 귀속의 문제이다.

과실범에서의 인과관계에 대하여 판례는 상당인과관계설에 입장이나,[1] 통설은 과실범에서도 인과관계의 확정은 합법칙적 조건설에 의하고 결과귀속은 객관적 귀속론에 의해야 한다는 입장이다. 즉 객관적 귀속론에서는 과실범의 결과가 주의의무위반으로 인하여 발생한 때에만 행위자에게 객관적으로 귀속되고(주의의무위반 관련성), 그 결과가 규범의 보호범위 안에서 발생하여야 한다(보호목적 관련성)고 한다. 따라서 주의의무를 준수한 때에도 같은 결과가 발생하였으리라고 인정되는 경우, 즉 '적법한 대체행위'에 의하여도 결과 발생이 확실한 경우에는 객관적 귀속이 부정된다. 이때 주의의무를 준수하였더라면 '결과회피가능성'이 어느 정도여야 하는지가 문제되는데, 이는 상당인과관계설에서의 상당성의 입증 정도와 중복되는 측면이 있다.

2. 과실의 인과관계 또는 객관적 귀속의 인정 여부

(1) 학설

종래의 인과관계론의 입장에서는 ① 주의의무를 다하지 아니한 행위가 경험칙상 결과 발생에 상당한 조건이 된 때에만 인과관계가 인정된다고 한다(상당인과관계설). 객관적 귀속론의 입장에서는 결과회피가능성의 정도와 관련하여, ② 무죄추정설, ③ 위험증대설, ④ 상당설이 대립된다. 위 ②의 무죄추정설은 주의의무를 다하였으면 결과

---

1) 대법원 2011. 4. 14. 선고 2010도10104 판결.

가 발생하지 않았을 확실성 또는 확실성에 가까운 개연성이 인정되어야 주의의무를 다하지 아니한 행위의 결과귀속이 인정되고, 결과회피의 개연성에 의문이 제기될 때는 '의심스러운 때는 피고인의 이익으로'(in dubio pro reo)의 원칙이 적용된다고 한다. 위 ③ 위험증대설은 적법한 대체행위에 의하여 결과발생의 방지가 확실하거나 개연적이 아니라 하더라도 적어도 그러한 가능성이 있는 때에는 주의의무를 다하지 않은 행위의 객관적 귀속이 인정된다고 한다. ④ 상당설은 적법한 대체행위에 의하여 결과방지의 우세한 개연성이 인정되거나 주의의무위반행위로 현저한 또는 상당한 위험증대가 있어야 결과귀속이 인정된다고 한다.

(2) 판례

판례는 ①의 상당인과관계설의 입장에서 과실범에서는 주의의무를 다하였더라면 결과가 발생하지 않았을 것이 입증되어야 상당인과관계가 있다고 하면서, 그 입증의 정도에 대하여 '합리적인 의심이 없을 정도의 고도의 증명'을 요한다고 판시하고 있다.[1] 이는 적법한 대체행위라는 용어는 사용하고 있지 않지만, 입증의 정도에 비추어 그 실질은 ②의 무죄추정설과도 같은 입장으로 볼 수 있다. 그리고 판례 중에는 과실행위가 결과 발생의 '직접적인 원인'이 아닌 경우에는 인과관계를 부인한 것이 있는데,[2] 이 또한 같은 취지로 이해할 수 있다.

(3) 소결

통설과 판례에 따르면, 乙이 H의 자전거와 충분한 측면 간격을 유지하면서 추월했더라도 동일한 사망의 결과가 발생했을 것이 확실한 경우, 과실행위와 사망 결과의 발생 사이에 인과관계나 객관적 귀속을 인정할 수 없다.[3]

---

1) 대법원 1990. 12. 11. 선고 90도694 판결; 대법원 1996. 11. 8. 선고 95도2710 판결.
위 90도694 판결의 평석은 신양균, "과실범에 있어서 의무위반과 결과의 관련", 형사판례연구 〔1〕, 박영사, 1993, 62-82면; 이재상, 형법기본판례 총론, 박영사, 2011, 117-133면 참조, 위 96도2710 판결의 평석은 박상기, "의료과실과 과실인정조건", 형사판례연구 〔7〕, 박영사, 1999, 38-59면 참조.

2) 대법원 1991. 2. 26. 선고 90도2856 판결.「피고인이 트럭을 도로의 중앙선 위에 왼쪽 바깥 바퀴가 걸친 상태로 운행하던 중 피해자가 승용차를 운전하여 피고인이 진행하던 차선으로 달려오다가 급히 자기 차선으로 들어가면서 피고인이 운전하던 트럭과 교행할 무렵 다시 피고인의 차선으로 들어와 그 차량의 왼쪽 앞 부분으로 트럭의 왼쪽 뒷바퀴 부분을 스치듯이 충돌하고 이어서 트럭을 바짝 뒤따라 가던 차량을 들이받았다면, 설사 피고인이 중앙선 위를 달리지 아니하고 정상 차선으로 달렸다 하더라도 사고는 피할 수 없다 할 것이므로 피고인 트럭의 왼쪽 바퀴를 중앙선 위에 올려놓은 상태에서 운전한 것만으로는 위 사고의 직접적인 원인이 되었다고 할 수 없다.」

3) 그 밖에 위험증대설, 상당설의 입장에서도 마찬가지이다.

3. 설문의 해결

본 설문의 경우 乙의 행위와 H의 사망 결과 사이에 인과관계 또는 객관적 귀속이 인정되지 않으므로, 乙에 대하여 교통사고처리특례법위반(치사)죄가 성립하지 않는다.

Ⅳ. 제4문—M의 자필 진술서의 증거능력

1. 문제의 제기

A는 친구 M을 만난 자리에서 "甲이 판매대금의 일부를 떼먹었다"고 이야기하였고, M은 참고인으로 경찰의 조사를 받으면서 A가 자기에게 말한 내용을 자필 진술서로 작성하여 제출하였다. 따라서 M의 자필 진술서는 경찰 수사과정에서 작성된 것이므로 그 증거능력의 판단에 있어서는 사경 작성 참고인진술조서와 같고(형소법 제312조 제5항), A로부터 들은 A의 진술, 즉 전문진술을 그 내용으로 하고 있으므로, 이는 전문진술이 기재된 조서로서의 성격을 가진 재전문증거에 해당한다. 그런데 공판에서 甲이 M의 진술서에 증거 부동의하는 경우, 이를 증거로 사용하기 위한 요건이 무엇인지 문제된다.

2. 재전문증거의 증거능력

(1) 학설

재전문증거의 증거능력에 관하여는, ① 재전문은 이중의 예외로서 전문증거에 비하여 범죄사실과의 관련성이나 증명력이 약하여 오류개입 가능성이 높고, 그 증거능력을 인정하는 명문규정이 없으므로 증거능력을 부정해야 한다는 부정설, ② 전문증거와 재전문증거는 타인의 진술이 요증사실의 증거자료가 된다는 점에서 차이가 없고, 미국에서도 이를 인정하고 있으므로(연방증거법 제805조) 법정 외의 진술 하나 하나가 전문법칙의 예외의 요구를 충족하는 때에는 증거로 할 수 있다는 긍정설, ③ 전문진술이 기재된 조사나 서류에만 증거능력을 인정할 수 있다는 제한적 긍정설[1](통설)이 대립된다.

---

1) 최초의 원진술자가 재전문증거의 내용이 자신의 원진술과 같다는 점을 인정하는 경우에만 증거능력을 인정할 수 있다는 견해도 제한적 긍정설의 하나로 볼 수 있다.

(2) 판례

판례는 재전문증거 중 재전문진술이나 재전문진술을 기재한 조서는 그 증거능력을 인정하는 규정이 없으므로 당사자가 동의하지 않는 한 증거능력이 없지만, 전문진술을 기재한 조서는 형사소송법 제312조 또는 제314조의 규정에 따라 증거능력이 인정될 수 있는 경우에 해당하여야 함은 물론 형사소송법 제316조의 규정에 따른 요건을 갖춘 경우에 예외적으로 증거능력이 있다고 판시하여,[1] 위 ③의 제한적 긍정설과 같은 입장이다.[2]

(3) 소결

재전문증거는 통상의 전문증거에 비하여 오류개입의 가능성이 더욱 커진다는 점에 비추어 통설·판례인 위 ③의 제한적 긍정설이 타당하다.

3. 설문의 해결

M의 자필 진술서는 甲이 증거 부동의하므로, 첫째, 그 형식상 사경 작성 참고인 진술조서와 마찬가지로 형사소송법 제312조 제4항에 의하여 증거능력이 인정되고, 둘째, 그 내용상 피고인 아닌 자(=M)의 진술이 피고인 아닌 타인(=A)의 진술을 그 내용으로 하므로 제316조 제2항에 의하여 증거능력이 인정되어야만 증거로 사용할 수 있다.

구체적으로 M의 자필 진술서는 첫째, 제312조 제4항에 따라 ① 절차와 방식, ② 실질적 진정성립, ③ 반대신문의 기회보장, ④ 특신상태의 요건을 갖추어야 하고, 둘째, 제316조 제2항에 따라 원진술자 A가 소재불명 등의 사유로 진술할 수 없고(필요성 요건), 그 진술이 특신상태하에서 행하여졌음이 증명되어야 증거로 사용할 수 있다.

---

1) 대법원 2000. 3. 10. 선고 2000도159 판결; 대법원 2001. 7. 27. 선고 2001도2891 판결; 대법원 2010. 7. 8. 선고 2008도7546 판결.

2) 구체적으로 판례는 ① "피해자가 피고인들과의 전화통화를 녹음한 내용을 들었다"는 A의 법정진술(재전문진술)(대법원 2003. 12. 26. 선고 2003도5255 판결), ② A가 피고인으로부터 들은 말을 순차로 전해 들은 B 등의 제1심 법정진술(재전문진술)과 수사기관에서의 진술을 기재한 조서(재전문진술을 기재한 조서)(대법원 2012. 5. 24. 선고 2010도5948 판결)는 당사자가 동의하지 않는 한 증거능력이 없으나, ③ "A가 휴대폰을 훔쳐간 것으로 의심하는 말을 피해자로부터 들은 후에 A와 전화통화를 하였는데, 'B와 함께 공장에 들어갔다가 사용할 목적으로 자신이 휴대폰을 훔쳐 가지고 나왔다'라고 A가 애기하였다"는 내용의 C에 대한 사법경찰관 작성 진술조서(전문진술을 기재한 조서)(대법원 2000. 9. 8. 선고 99도4814 판결)는 증거능력이 있다고 하였다.

Ⅴ. 제5문 — 공소기각판결에 대한 무죄 주장 항소

1. 문제의 제기

甲은 협박죄로 기소되었으나 공판절차에서 피해자의 처벌불원의사로 공소기각판결이 선고되자 무죄를 주장하며 항소를 제기하였다. 이 경우 항소심 법원이 어떠한 조치를 취하여야 하는지 문제되는데, 이는 형식재판인 공소기각판결에 대하여 무죄를 주장하며 상소할 수 있는지, 다시 말하면 상소이익이 있는지 여부의 문제이다.

2. 공소기각판결에 대한 무죄 주장 상소의 적법성

(1) 학설

이에 대하여는 ① 형식재판보다는 무죄판결이 객관적으로 피고인에게 유리하고, 무죄판결이 확정되면 기판력이 발생하며, 형사보상 등을 받을 수도 있어서 상소이익이 인정되므로 무죄를 주장하여 상소할 수 있다는 적극설(긍정설),[1] ② 소송조건이 결여되어 법원이 실체판결을 할 수 없으므로 상소이익을 논할 필요도 없이 실체판결청구권이 없어서 상소가 허용되지 않는다는 소극설(부정설) 중 실체판결청구권결여설, ③ 형식재판도 무죄판결과 같이 피고인에게 유리한 재판이므로 상소이익이 없어 상소가 허용되지 않는다는 소극설 중 상소이익결여설(통설)이 대립된다.

(2) 판례

판례는 피고인에게 상소이익이 없어서 무죄를 주장하는 상소가 허용되지 않는다는 위 ③설의 입장이다(**관련판례**).[2]

---

1) 형식재판 중에도 이를 구분하여 공소기각판결의 경우는 적극설의 입장이지만, 면소판결에는 기판력이 발생하여 무죄판결과 같이 피고인에게 유리한 재판이므로 상소이익이 인정되지 않아 무죄를 주장하여 상소할 수 없다는 견해도 있다(구분설).

2) (**관련판례**) 대법원 2008. 5. 15. 선고 2007도6793 판결 【성폭력범죄의처벌및피해자보호등에관한법률위반(공중밀집장소에서의추행)】. 「피고인을 위한 상소는 피고인에게 불이익한 재판을 시정하여 이익된 재판을 청구함을 그 본질로 하는 것이므로 피고인은 재판이 자기에게 불이익하지 아니하면 이에 대한 상소권이 없다고 할 것인바, 공소기각의 재판이 있으면 피고인은 유죄판결의 위험으로부터 벗어나는 것이므로 그 재판은 피고인에게 불이익한 재판이라고 할 수 없어서 이에 대하여 피고인은 상소권이 없다(대법원 1983. 5. 10. 선고 83도632 판결, 대법원 1997. 8. 22. 선고 97도1211 판결 등 참조).」

(3) 소결

형식재판인 공소기각판결은 무죄판결보다 피고인에게 유리한 재판으로서 상소이익이 없으므로 위 ③설이 타당하다(통설·판례).

3. 설문의 해결

甲의 항소는 항소이익이 인정되지 않아 항소권이 없으므로 이는 법률상의 방식을 위반한 항소이다. 따라서 항소심 법원은 원심법원이 항소기각결정(형소법 제360조 제1항)을 하지 아니한 경우, 결정으로 항소를 기각하여야 한다(형소법 제362조 제1항). 이 결정에 대하여는 즉시항고를 할 수 있다(동조 제2항).

Ⅵ. 제6문 — 변호인선임의 보정적 추완

1. 문제의 제기

항소심에서 乙의 변호인으로 선임된 변호사 R은 변호인선임서를 제출하지 아니한 채 항소이유서만을 제출하였다. 원래 변호인선임은 변호인과 선임권자가 연명날인한 서면인 변호인선임서를 공소제기가 된 후에는 법원에 제출하여야 그 효력이 발생하므로(형소법 제32조 제1항), 변호인선임서의 제출 없이 항소이유서를 제출하더라도 그 효력은 발생하지 않는다.[1)]

그런데 R은 항소이유서 제출기간이 경과한 후에 변호인선임서를 항소법원에 제출하였다. 이 경우 항소이유서의 효력이 있는지 문제되는데, 이는 변호인선임서 제출 이전에 변호인으로 한 항소이유서 제출행위가 위 변호인선임서 제출로 그 하자가 치유되는지의 문제, 즉 소송행위의 보정적 추완이 인정되는지 여부의 문제이다.

2. 변호인선임의 보정적 추완 인정 여부

(1) 학설

변호인선임의 추완에 대해서는, ① 피고인의 이익을 보호하기 위하여 변호인선임서에 의한 보정적 추완을 인정하는 긍정설(통설), ② 변호인선임서가 가지는 소송법적 효과의 중요성과 절차의 동적·발전적 성격을 고려하여 이를 인정할 수 없다는 부정

---

1) 대법원 2008. 5. 15. 선고 2007도6793 판결.

설, ③ 항소이유서 제출기간 내에 변호인선임서가 제출된 때에 한하여 이를 인정할 수 있다는 절충설이 대립된다.

(2) 판례

판례는 상고이유서 제출기간(**관련판례**),[1] 재항고장 제출기간,[2] 정식재판청구기간[3]이 경과한 후에 변호인선임서가 제출된 사안에서 각 그 효력을 부정하였다. 이는 위 ②의 부정설이나 ③의 절충설의 입장으로 볼 수 있다.

(3) 소결

피고인의 이익 보호를 위하여 위 ①의 긍정설과 같이 변호인선임의 보정적 추완을 인정하는 것이 타당하다.

3. 설문의 해결

판례에 따르면, 변호사 R이 변호인선임서를 다시 제출하였더라도 항소이유서는 그 효력이 없다. 그러나 위 ①의 긍정설에 의하면, 변호인선임서를 항소법원에 제출하여 보정되었으므로 항소이유서는 효력이 있다고 할 것이다.

---

1) (**관련판례**) 대법원 2014. 2. 13. 선고 2013도9605 판결 【농수산물의원산지표시에관한법률위반·사기·사기미수】. 「변호인의 선임은 심급마다 변호인과 연명날인한 서면으로 제출하여야 하므로(형사소송법 제32조 제1항) 변호인 선임서를 제출하지 아니한 채 상고이유서만을 제출하고 상고이유서 제출기간이 경과한 후에 변호인 선임서를 제출하였다면 그 상고이유서는 적법·유효한 상고이유서가 될 수 없다. 이는 그 변호인이 원심 변호인으로서 원심법원에 상고장을 제출하였더라도 마찬가지이다(대법원 2013. 10. 14. 자 2013도8165 결정 등 참조).」

2) 대법원 2017. 7. 27. 자 2017모1377 결정.

3) 대법원 2005. 1. 20. 자 2003모429 결정.

2021년 제10회 변호사시험 강평

형사법 제2문

Ⅰ. 사실관계 (1)에서의 甲과 乙의 형사책임

• 사실관계

①행위	A의 중고차를 5,000만 원에 매도하고도 대금에 관하여 A를 기망하고 4,000만 원만 준 행위
②행위	강도범 C를 乙로 오인하고 얼굴을 가격하여 C에게 상해를 가한 행위
③행위	甲으로부터 수표 1,000만 원이 ①행위 관련 잔액이라는 사실을 알면서 보관 중 유흥비로 탕진한 행위

1. 甲의 형사책임

(1) 중고차 매도와 관련하여

1) 횡령죄의 성립 여부

• 위탁매매로 인한 매도대금 1,000만 원을 주지 않은 착복행위가 횡령죄(형법 제355조 제1항)에 해당하는지 문제됨
• ① 위탁매매대금은 위탁자 소유로서 횡령죄가 성립한다는 견해(통설)와 ② 위탁매매대금은 수탁자 소유로서 배임죄가 성립된다는 견해 대립
• 판례는 원칙적으로 ①의 횡령죄설(대법원 2003. 9. 26, 2003도3394)
• 횡령죄 성립

2) 사기죄의 성립 여부

• 횡령을 위한 기망행위가 별도를 사기죄를 구성하는지 문제됨
• ① 재물교부의 의무를 면하려고 하여 재산상 이익을 취득하였으므로 사기죄가 성립하고 두 죄는 상상적 경합관계라는 견해, ② 재산적 처분행위가 없으므로 사기죄는 별도로 성립하지 않는다는 견해(통설) 대립
• 판례는 ②설의 입장(대법원 1980. 12. 9, 80도1177)
• 사기죄는 별도로 성립하지 않음

(2) C에 대한 상해와 관련하여

• 甲의 위 ②행위는 상해죄(형법 제257조 제1항)의 객관적 구성요건을 충족

1) 사실의 착오

• 乙을 구타하려다 착오로 C를 구타한 것은 구체적 사실에 관한 객체의 착오에 해당
• 고의를 조각하지 않음(통설)

2) 우연방위

• 정당방위(형법 제21조)의 요건 중 '자기 또는 타인의 법익을 방위하기 위한 행위'에 해당하는지가 문제됨
• 즉, 정당방위에서의 주관적 정당화요소인 '방위의사'가 필요한지의 문제

(가) 방위의사가 필요한지 여부
- 이에 대해서는 ① 행위반가치·결과반가치 이원론의 입장에서 필요하다는 필요설(통설)과 ② 결과불법일원론의 입장에서 필요하지 않다는 불요설 대립
- 판례는 ①의 필요설의 입장(대법원 1997. 4. 17, 96도3376 전원합의체)

(나) 방위의사가 결여된 우연방위의 법적 효과
- 이에 대해서는 ① 위법성이 조각되어 무죄라는 위법성조각설, ② 불능미수와 불법구조가 같으므로 형법 제27조가 유추적용된다는 불능미수범설(통설), ③ 위법성이 조각되지 않아 기수범으로 처벌해야 한다는 기수범처벌설 대립
- 판례는 ③의 입장으로 볼 수 있음(위 96도3376 전원합의체; 대법원 1986. 12. 23, 86도1491)

3) 소결
- 판례에 의하면, 상해죄 성립(통설인 ②설에 의하면 상해미수죄)

2. 乙의 형사책임

(1) 장물보관죄의 성립 여부
- 甲으로부터 보관 의뢰받은 위 수표는 횡령죄로 영득한 재물로서 장물임
- 장물이라는 사실을 알면서 보관하였므로, 장물보관죄(형법 제362조 제1항) 성립

(2) 횡령죄의 성립 여부
- 보관 중인 장물을 임의 사용한 경우, 별도로 횡령죄(형법 제355조 제1항)에 해당되는지 문제됨
- 판례는 장물보관죄가 성립하면 이미 소유자의 추구권을 침해하였으므로 그 후의 횡령행위는 불가벌적 사후행위로 별도로 횡령죄가 성립하지 않는다고 판시(대법원 1976. 11. 23, 76도3067)
- 횡령죄는 별도로 성립하지 않음

3. 설문의 해결
- 甲에 대하여 횡령죄와 상해죄가 각 성립하고, 두 죄는 실체적 경합관계
- 乙에 대하여 장물보관죄가 성립

Ⅱ. 사실관계 (2)에서의 乙과 丙의 형사책임

• **사실관계**

乙	①행위	강취 목적으로 밤 11시경 A의 단독주택의 외부 벽면을 타고 2층으로 올라가 창문을 열고 들어가다가 집안에서 거구의 남자 2명이 다가오자 겁을 먹고 도망간 행위
	②행위	丙에게 도피 자금을 구해달라고 부탁하여 丙으로부터 도피 자금으로 1,000만 원을 건네받은 행위
丙	③행위	골프채를 D에게 1,500만 원에 양도하기로 하여 D로부터 계약금과 중도금을 받았음에도 E에게 1,800만 원을 받고 양도한 행위
	④행위	乙의 부탁으로 ①행위를 알고도 도피 자금으로 乙에게 1000만 원을 건네준 행위

1. 乙의 형사책임

(1) 특수강도미수죄의 성립 여부

• 乙의 위 ①행위와 관련해서는 특수강도미수죄 또는 예비죄 성립 여부가 문제됨

1) 실행의 착수시기

• 야간주거침입강도인 특수강도죄(형법 제334조 제1항)가 성립하는지 문제됨

• 주거침입과 강도의 결합범인 위 특수강도죄의 실행의 착수시기에 대해서는, ① 주거침입시설과 ② 폭행·협박시설(통설)이 대립

• 판례는 ①의 입장에서 판시한 것(대법원 1992. 7. 28, 92도917)도 있고, ②의 입장에서 판시한 것(대법원 1991. 11. 22, 91도2296)도 있음

• 최근 판례가 ①의 입장이고, 하급심판결도 이를 따른 것이 있고, 야간주거침입절도죄에서의 판결에 비추어 ①설이 타당

• 乙은 범죄구성요건의 실현에 이르는 현실적 위험성을 포함하는 행위를 개시하였으므로 실행의 착수가 인정됨

2) 장애미수

• 자의에 의한 중지에서도 일반사회통념상 장애에 의한 미수라고 보여지는 경우를 제외한 것을 중지미수라고 해석하는 판례(대법원 1997. 6. 13, 97도957)의 입장(자의성에 관한 절충설)에 의하면,

• 乙의 위 ①행위는 중지미수가 아니라 장애미수에 해당

3) 소결

• 특수강도미수죄 성립

• 乙의 예비행위는 별도로 특수강도미수죄에 해당하지 않음(법조경합 중 보충관계)

※ 실행의 착수시기에 관한 폭행·협박시설에 의하면, 특수강도예비죄(형법 제343조 제334조 제1항)가 성립

(2) 범인도피교사죄의 성립 여부

- 乙의 위 ②행위와 관련해서는 범인도피교사죄의 성립 여부가 문제됨
- 丙에 대하여 범인도피죄(형법 제151조 제1항) 성립(후술)
- 본범이 제3자를 교사하여 도피하게 한 경우에 범인도피교사죄가 성립하는지 여부에 대해서는, ① 자기비호권의 한계를 벗어난 것으로 교사죄가 성립한다는 긍정설, ② 자기비호의 연장이므로 교사죄가 성립하지 않는다는 부정설(통설) 대립
- 판례는 방어권의 남용으로 볼 수 있는 경우에는 교사죄가 성립한다는 절충적인 입장(대법원 2006. 12. 7, 2005도3707)
- 乙은 방어권을 남용하였으므로 범인도피교사죄 성립

2. 丙의 형사책임

(1) 배임죄의 성립 여부

- 丙의 위 ②행위와 관련해서는 중도금 수령 후의 동산의 이중양도(매매)가 배임죄에 해당하는지 여부가 문제됨
- 이에 대해서는 ① 부동산의 이중양도와 마찬가지로 제1양수인으로부터 중도금까지 받고도 제2양수인에게 이를 양도하고 등기를 마쳐주면 배임죄가 성립한다는 판례(대법원 2018. 5. 17, 2017도4027 전원합의체)의 입장과 마찬가지로 동산의 이중양도의 경우에도 배임죄가 성립한다는 긍정설과 ② 동산의 양도인은 양수인에 대하여 그의 사무를 처리하는 지위에 있지 않으므로 이를 타에 처분하였더라도 배임죄가 성립하지 않는다는 부정설이 대립

- 판례는 ②의 부정설의 입장(대법원 2011. 1. 20, 2008도10479 전원합의체)
- 판례에 따르면, 丙은 D의 사무를 처리하는 자에 해당하지 않으므로 골프채를 이중양도하였더라도 배임죄가 성립하지 않음

(2) 범인도피죄의 성립 여부

- 乙은 특수강도미수죄를 범하였으므로 '벌금 이상의 형에 해당하는 죄를 범한 자'에 해당
- 도피 자금을 제공하는 행위는 '도피하게 하는 행위'에 해당(대법원 1983. 3. 8, 82도3248)
- 乙의 범행에 관하여 이야기를 들었으므로 고의도 인정
- 범인도피죄 성립

3. 설문의 해결

- 乙에 대하여 특수강도미수죄와 범인도피교사죄가 각 성립하고, 두 죄는 실체적 경합관계
- 丙에 대하여 범인도피죄 성립

Ⅲ. 乙에 대한 교통사고처리특례법위반(치사)죄의 성립 여부

1. 문제의 제기

- 乙에 대하여 교통사고처리특례법위반(치사)죄(동법 제3조 제1항, 형법 제268조)가 성립
- 그런데 H가 만취상태였기 때문에 乙이 H의 자전거와 충분한 측면 간격을 유지하면서 추월했더라도 동일한 사망의 결과가 발생했을 것이 확실한 경우에도 乙에게 교통사고처리특례법위반(치사)죄가 성립하는지 문제됨
- 이는 과실범에서의 인과관계 내지 객관적 귀속의 문제임

2. 과실의 인과관계 또는 객관적 귀속의 인정 여부

(1) 학설

- 이에 대해서는, 인과관계론의 입장에서 ① 주의의무를 다하지 아니한 행위와 경험칙상 결과 발생에 상당한 조건이 된 때에만 인과관계가 인정된다는 견해(상당인과관계설),
- 객관적 귀속론의 입장에서 ② 주의의무를 다하였으면 결과가 발생하지 않았을 확실성 또는 확실성에 가까운 개연성이 인정되어야 주의의무를 다하지 아니한 행위의 결과귀속이 인정된다는 무죄추정설(통설),
- ③ 적법한 대체행위에 의하여 결과발생의 방지가 확실하거나 개연적이 아니라 하더라도 적어도 그러한 가능성이 있는 때에는 주의의무를 다하지 않은 행위의 객관적 귀속이 인정된다는 위험증대설,
- ④ 적법한 대체행위에 의하여 결과방지의 우세한 개연성이 인정되거나 주의의무위반행위로 현저한 또는 상당한 위험증대가 있어야 결과귀속이 인정된다는 상당설이 대립

(2) 판례

- ①의 상당인과관계설의 입장에서 과실범에서는 주의의무를 다하였더라면 결과가 발생하지 않았을 것이 입증되어야 상당인과관계가 있다고 하면서, 그 입증의 정도에 대하여 '합리적인 의심이 없을 정도의 고도의 증명'을 요한다고 판시(대법원 1990. 12. 11, 90도694)
- 과실행위가 결과 발생의 '직접적인 원인'이 아닌 경우에는 인과관계를 부인한 것도 있음(대법원 1991. 2. 26, 90도2856)
- 위 ②의 무죄추정설과도 같은 취지

(3) 소결

- 통설·판례에 의하면, 과실의 인과관계 또는 객관적 귀속을 인정할 수 없음

3. 설문의 해결

- 교통사고처리특례법위반(치사)죄가 성립하지 않음

Ⅳ. M의 자필 진술서의 증거능력

1. 문제의 제기

- A는 M에게 "甲이 판매대금의 일부를 떼먹었다"고 이야기하였고, M은 참고인으로 경찰의 조사를 받으면서 A가 말한 내용을 자필 진술서로 작성하여 제출
- M의 자필 진술서는 경찰 수사과정에서 작성된 것이므로 증거능력의 판단에 있어서 사경 작성 참고인진술조서와 같음(형소법 제312조 제5항)
- A로부터 들은 A의 진술, 즉 전문진술을 그 내용으로 하고 있으므로, 전문진술이 기재된 조서로서의 성격을 가진 재전문증거에 해당
- 甲이 M의 진술서에 증거 부동의하는 경우, 이를 증거로 사용하기 위한 요건이 문제됨

2. 재전문증거의 증거능력

(1) 학설

- ① 재전문은 오류개입 가능성이 높고, 증거능력을 인정하는 명문규정이 없으므로 증거능력을 부정해야 한다는 부정설,
- ② 법령 외의 진술 하나 하나가 전문법칙의 예외의 요구를 충족하는 때에는 증거로 할 수 있다는 긍정설,
- ③ 전문진술이 기재된 조사나 서류에만 증거능력을 인정할 수 있다는 제한적 긍정설(통설) 대립

(2) 판례

- 재전문진술이나 재전문진술을 기재한 조서는 그 증거능력을 인정하는 규정이 없으므로 당사자가 동의하지 않는 한 증거능력이 없지만, 전문진술을 기재한 조서는 형사소송법 제312조 또는 제314조의 규정에 따라 증거능력이 인정될 수 있는 경우에 해당하여야 함은 물론 형사소송법 제316조의 규정에 따른 요건을 갖춘 경우에 예외적으로 증거능력 인정(제한적 긍정설)(대법원 2000. 3. 10, 2000도159)

(3) 소결

- 제한적 긍정설이 타당

3. 설문의 해결

- 첫째, 제312조 제4항에 따라 ① 절차와 방식, ② 실질적 진정성립, ③ 반대신문의 기회보장, ④ 특신상태의 요건을 갖추어야 하고,
- 둘째, 제316조 제2항에 따라 원진술자 A가 소재불명 등의 사유로 진술할 수 없고(필요성 요건), 그 진술이 특신상태하에서 행하여졌음이 증명되어야 증거로 사용할 수 있음

V. 제5문 — 공소기각판결에 대한 무죄 주장 항소

1. 문제의 제기

- 甲은 협박죄로 기소되었으나 공판절차에서 피해자의 처벌불원의사로 공소기각판결이 선고되자 무죄를 주장하며 항소를 제기
- 이 경우, 항소심 법원이 어떠한 조치를 취해야 하는지 문제됨
- 이는 형식재판인 공소기각판결에 대하여 무죄를 주장하며 상소할 수 있는 상소이익이 있는지 여부의 문제임

2. 공소기각판결에 대한 무죄 주장 상소의 적법성

(1) 학설

- ① 형식재판보다는 무죄판결이 객관적으로 피고인에게 유리하고, 무죄판결이 확정되면 기판력이 발생하며, 형사보상 등을 받을 수도 있어서 상소이익이 인정되므로 무죄를 주장하여 상소할 수 있다는 적극설(긍정설),
- ② 소송조건이 결여되어 법원이 실체판결을 할 수 없으므로 상소이익을 논할 필요도 없이 실체판결청구권이 없어서 상소가 허용되지 않는다는 소극설(부정설) 중 실체판결청구권결여설,
- ③ 형식재판도 무죄판결과 같이 피고인에게 유리한 재판이므로 상소이익이 없어 상소가 허용되지 않는다는 소극설 중 상소이익결여설(통설) 대립

(2) 판례

- ③의 부정설 중 상소이익결여설의 입장(대법원 2008. 5. 15, 2007도6793)

(3) 소결

- 형식재판인 공소기각판결은 무죄판결보다 피고인에게 유리한 재판으로서 상소이익이 없으므로 부정설 중 상소이익결여설이 타당

3. 설문의 해결

- 甲의 항소는 항소이익이 인정되지 않아 항소권이 없으므로 법률상의 방식에 위반
- 따라서 항소심 법원은 원심법원이 항소기각결정(형소법 제360조 제1항)을 하지 아니한 경우, 결정으로 항소를 기각하여야 함
- 이 결정에 대하여는 즉시항고를 할 수 있음(동조 제2항)

VI. 제6문 — 변호인선임의 보정적 추완

1. 문제의 제기

- 항소심에서 乙의 변호인으로 선임된 변호사 R은 변호인선임서를 제출하지 아니한 채 항소이유서만을 제출
- 그런데 R은 항소이유서 제출기간이 경과한 후에 변호인선임서를 항소법원에 제출
- 이 경우 항소이유서의 효력이 있는지 문제됨
- 이는 위 항소이유서 제출행위가 위 변호인선임서 제출로 그 하자가 치유되는지의 문제, 즉 소송행위의 보정적 추완이 인정되는지 여부의 문제임

2. 변호인선임의 보정적 추완 인정 여부

(1) 학설

- ① 피고인의 이익을 보호하기 위하여 변호인선임서에 의한 보정적 추완을 인정하는 긍정설(통설),
  ② 변호인선임서가 가지는 소송법적 효과의 중요성과 절차의 동적·발전적 성격을 고려하여 이를 인정할 수 없다는 부정설,
  ③ 항소이유서 제출기간 내에 변호인선임서가 제출된 때에 한하여 이를 인정할 수 있다는 절충설 대립

(2) 판례

- ②의 부정설이나 ③의 절충설의 입장(대법원 2014. 2. 13, 2013도9605)

(3) 소결

- 피고인의 이익 보호를 위하여 보정적 추완을 인정하는 것이 타당

3. 설문의 해결

- 판례에 따르면, 변호사 R이 변호인선임서를 다시 제출하였더라도 항소이유서는 그 효력이 없음
- 그러나 위 ①의 긍정설에 의하면, 변호인선임서를 항소법원에 제출하여 보정되었으므로 항소이유서는 효력이 있다고 할 것임

사례 21. [22 – 변시(11) – 1]
2022년 제11회 변호사시험 제1문

(1) 甲은 따로 살고 있는 사촌형 A로부터 A가 2020. 12. 24. 10:00에 해외여행을 떠난다는 말을 들은 후 친구 乙에게 “A가 사채업으로 돈을 벌어 귀금속을 샀다고 들었는데, A가 12. 24. 10:00경 해외여행을 떠난다고 한다. 그런데 A가 조폭 출신이고 의심도 많아 내가 직접 훔치기 어려우니, 네가 나 대신 A의 집에서 귀금속을 훔쳐 달라. 귀금속을 가져다 주면 충분히 사례를 하겠다.”라고 제안하였고, 乙은 이를 승낙하였다.

(2) 乙은 A의 집 주변을 사전 답사하면서 집 안을 엿보던 중 A가 현관문 옆 화분 아래에 비상용 열쇠를 둔다는 사실을 알게 되었고, 경제적으로 어려움을 겪는 후배 丙에게 범행을 함께할 것을 제안하여, 丙의 승낙을 받고 丙과 역할 분담을 공모하였는데, 甲에게는 범행을 丙과 함께할 예정이라고 알리지 않았다.

(3) 2020. 12. 24. 10:30경 乙과 丙은 함께 丙이 운전하는 승용차를 타고 A의 집 앞으로 갔다. 丙은 A의 집 대문 앞에 승용차를 주차하고 차에 탑승한 채 망을 보고, 乙은 A의 집 담을 넘은 다음 현관문 옆 화분 아래에서 열쇠를 찾아 그 열쇠로 현관문을 열고 집 안에 들어가서 안방을 뒤지기 시작하였는데, 마당 창고에서 여행용 가방을 가지고 나오는 A의 기척을 듣고 황급히 안방 장롱에 들어가 몸을 숨겼다. A는 10:50경 짐 싸기를 마치고 집을 나섰는데, 丙은 乙이 아니라 A가 집에서 나오는 것을 보고 놀라 바로 승용차를 운전하여 도망을 가 버렸다.

(4) 乙은 A가 나간 것을 확인하고 다시 집 안을 뒤져 안방 서랍장에서 골드바 2개를 발견하고 미리 준비해 간 가방에 이를 넣고 11:00경 집 밖으로 나왔는데, 丙의 승용차가 보이지 아니하자 버스를 타기 위하여 200m 떨어진 버스정류장으로 걸어갔다.

(5) 한편 A는 공항으로 가려던 중 여권을 집에 두고 온 것을 깨닫고 11:10경 집으로 돌아왔는데, 누군가 집 안을 뒤진 흔적이 있어 도둑이 든 것을 알게 되었다. A는 자신이 집을 비운 시간이 길지 않아 범인이 아직 주변에 있을지도 모른다고 생각하고 대로변으로 나와 살펴보던 중 버스정류장에서 A의 시선을 피하면서 어색한 행동을 보이는 乙을 발견하였다. A는 乙이 범인으로 의심되어 도둑질을 하지 않았느냐고 다그치면서 乙에게 A의 집으로 같이 갈 것을 요구하였다. 乙은 A의 위세에 눌려 A의 집으로 따라 왔는데, A가 도둑질을 하지 않았느냐고 계속 추궁하면서 112 신고를 하려고 하자 체포를 면탈할 목적으로 양손으로 A의 가슴을 세게 밀쳐 넘어뜨려 A에게 약 2주간의 치료를 요하는 요추부 타박상 등을 입히고 그 자리에서 도망쳤다. 그 후 乙은 甲에게 훔친 골드바 2개를 건네주었다.

(6) 丙은 위와 같이 중간에 도망친 바람에 乙로부터 돈을 받기 어려워졌다고 생각하고 유흥비를 마련하기 위하여 휴대전화 메신저 어플리케이션을 이용하여 옛 여자 친구 B에게 "내일까지 네가 3개월 전에 나한테서 빌려간 돈 100만 원을 무조건 갚아. 안 그러면 네 가족과 친구들이 이 동영상을 보게 될 거야."라는 메시지를 보내면서 과거 B와 성관계를 하면서 합의하에 촬영한 동영상을 캡처한 사진 파일을 첨부하였다. 위 메시지와 사진 파일을 받아 본 B는 겁을 먹고 경찰에 신고하였다.

〔2022년 제11회 변호사시험 제1문〕

설 문

1. 甲, 乙, 丙의 죄책은? (55점) (주거침입의 점은 제외함. 이는 이하에서도 같음)

2. 경찰 수사로 위 범행이 밝혀지자 A는 수사 단계에서 甲, 乙, 丙을 고소하였다.
   (가) 만약 1심 공판 과정에서 A가 甲에 대하여 처벌을 원하지 않는다는 취지로 고소취소장을 제출한 경우 함께 재판을 받는 甲, 乙, 丙에 대한 법원의 판단은? (10점)
   (나) 만약 훔친 골드바는 A가 잠시 보관하고 있는 것일 뿐 사실은 A의 친구 C의 소유물이고, 수사 단계에서 A, C가 함께 甲, 乙, 丙을 고소하였는데, A, C가 1심 공판과정에서 甲에 대한 고소취소장을 제출한 경우 함께 재판을 받는 甲, 乙, 丙에 대한 법원의 판단은? (5점)

3. B의 신고를 받은 경찰관 P는 수사를 거쳐 丙의 인적사항 등을 파악하였고, 위 (6)항 기재 내용을 범죄사실로 하는 압수수색영장을 발부받아 丙의 휴대전화를 압수하였다.
   (가) 경찰관 P는 丙의 휴대전화에서 발견된 丙과 B의 성관계 동영상 파일을 CD에 복사하여 기록에 편철하였다. 공판에서 丙이 디지털 포렌식 과정에서의 절차 위반을 주장하면서 증거 부동의를 하는 경우 CD에 저장된 동영상 파일은 어떠한 요건을 갖추어야 증거능력이 인정되는가? (10점)
   (나) 경찰관 P가 위 압수수색영장에 근거하여 압수한 丙의 휴대전화에서 丙이 乙과 통화하면서 A의 집에서 귀금속을 훔치자고 모의하는 내용의 녹음 파일을 발견한 경우 경찰관 P는 이 녹음 파일을 어떠한 방법으로 압수할 수 있는가? (10점)

4. 만약 乙과 丙의 공범사건에 대하여 乙이 먼저 기소되어 유죄판결이 확정된 후 丙이 기소되었는데, 丙에 대해서는 무죄판결이 선고, 확정된 경우 乙은 이를 이유로 재심을 청구할 수 있는가? (10점)

해　　설

Ⅰ. 제1문 — 甲, 乙, 丙의 형사책임

1. 문제의 제기

먼저, A의 골드바 2개를 훔친 행위와 관련하여, 乙과 丙에 대하여 특수절도죄가 성립하는지 문제되고, 이때 丙이 공모관계에서 이탈한 것으로 볼 수 있는지 검토되어야 한다. 甲이 乙에게 절도를 제안한 행위가 절도교사죄에 해당하는지, 교사내용을 초과하여 乙과 丙이 합동하여 절도한 부분에 대하여도 책임을 지는지 문제된다. 乙로부터 훔친 골드바를 받은 것이 장물취득죄에 해당하는지도 검토되어야 한다.

다음으로, 乙이 A에게 체포를 면탈할 목적으로 상해를 가한 행위가 준강도죄에 해당하는지 문제된다. 또한, 乙과 절취 범행만 모의한 丙에게도 乙의 A에 대한 상해행위에 대한 책임을 물을 수 있는지도 검토한다.

마지막으로, 丙이 B에게 성관계 동영상과 사진을 이용하여 빌려간 돈을 갚으라고 한 행위가 공갈죄에 해당하는지, 성폭력범죄의 처벌 등에 관한 특례법(이하, '성폭력처벌법'이라고 한다)상의 촬영물등이용협박죄에 해당하는지 문제된다.

2. 乙과 丙의 형사책임

(1) 乙과 丙의 공동범행

(가) 합동범인지 여부

乙과 丙은 함께 丙이 운전하는 승용차를 타고 A의 집으로 가서 丙은 집 앞에 주차하고 乙은 집 안으로 들어가[1] 골드바 2개를 훔쳤다. 2명 이상이 합동하여 타인의 재물을 절취하면 특수절도죄(형법 제331조 제2항, 제1항)가 성립한다. 합동범의 본질[2]에

1) 乙과 丙이 공모하여 乙이 A의 집안으로 들어간 행위는 폭력행위등처벌에관한법률위반(공동주거침입)죄(동법 제2조 제2항 제1호, 형법 제319조 제1항)에 해당하고, 乙을 교사한 甲에 대하여는 주거침입교사죄가 성립하지만, 설문에서는 주거침입의 점은 각 형사책임에서 제외하였다.

2) 합동절도의 본질에 관하여 학설은 ① 가중적 공동정범설(공동정범이지만 집단범죄에 대한 대책상 특별히 그 형을 가중한 것이라는 견해), ② 공모공동정범설(공모공동정범의 개념을 입법화한 것이라는 견해), ③ 현장설(현장에서의 실행행위의 분담을 요하는 것으로서 공모공동정범의 이론은 적용되지 않

관하여 통설은 현장에서의 실행행위의 분담을 요한다는 현장설의 입장인데, 판례도 합동범은 주관적 요건으로서 공모 외에 객관적 요건으로서 실행행위의 분담이 있어야 하고, 그 실행행위에 있어서는 시간적·장소적 협동관계가 있어야 한다고 판시하고 있다.[1)]

乙과 丙은 사전에 역할 분담을 공모하고 함께 丙이 운전하는 승용차를 타고 피해자 A의 집 앞으로 갔으며, 乙이 집 안으로 들어가 범행을 위해 재물을 물색하는 동안 丙은 A의 집 대문 앞에 주차된 차에 탑승한 채 망을 보았다. 차 안에서 대기하며 망을 보는 행위도 실행행위의 분담에 해당한다고 볼 수 있고,[2)] 시간적·장소적 협동관계도 인정할 수 있다.

㈏ 절도죄의 실행의 착수 및 기수시기

절도죄의 실행의 착수시기는 타인의 점유를 배제하는 행위를 개시한 때라고 볼 수 있는데, 판례는 절도죄에서 밀접행위 또는 물색행위가 있을 때 실행의 착수를 인정한다.[3)] 乙은 A가 해외여행으로 집을 비운 사이 집에서 귀금속을 훔치기로 하고 2020. 12. 24. 10:30경 A의 집에 도착하여 현관문 옆 화분 아래에서 열쇠를 찾아 집 안에 들어가 안방을 뒤지기 시작하였으므로, 그 시점에 특수절도의 실행의 착수가 있었다고 할 것이다. 또한, 乙은 A의 집 안에서 골드바 2개를 발견하고 미리 준비해간 가방에 넣었으므로 절도의 기수에 이르렀다.

㈐ 공모관계로부터의 이탈 및 중지미수 여부

丙은 2020. 12. 24. 10:50경 乙이 물건을 훔치기도 전에 먼저 도망을 갔으므로 공모관계로부터 이탈한 것이 아닌지 문제된다. 판례는 공모자의 1인이 다른 공모자가 실행행위에 이르기 전에 공모관계에 이탈한 때에는 다른 공모자의 그후의 행위에 관하여 공동정범으로서의 책임을 지지 않는다고 한다.[4)] 그런데 丙은 乙이 이미 실행에 착수한 이후에 도망을 간 것이므로 공모관계로부터 이탈한 것으로 볼 수 없다.

는다는 견해)(통설), ④ 현장적 공동정범설(가중적 공동정범설과 현장설의 중간에서 파악하여 현장성을 갖춘다 하더라도 정범표지를 갖춘 자만이 합동범으로 취급될 수 있다는 견해)로 나뉜다. 이에 대한 상세는 사례 4. [13－변시(2)－2] 제1문 '합동범의 본질' 참조.

1) 대법원 1989. 3. 14. 선고 88도837 판결.
2) 대법원 1967. 12. 26. 선고 67도1469 판결; 대법원 1988. 9. 13. 선고 88도1197 판결.
3) 대법원 1984. 12. 11. 선고 84도2524 판결(소매치기하기 위하여 손으로 호주머니 겉을 더듬은 경우); 대법원 2003. 6. 24. 선고 2003도1985 판결(주간에 절도의 목적으로 방 안까지 들어갔다가 절취할 재물을 찾지 못하여 거실로 돌아나온 경우); 대법원 2009. 9. 24. 선고 2009도5585 판결(야간에 주차된 차량 문을 열고 재물을 훔치기로 하고 차량의 문이 잠겨있는지 확인하기 위해 양손으로 운전석 문 손잡이를 잡고 열려고 한 경우).
4) 대법원 1996. 1. 26. 선고 94도2654 판결.

다만, 乙의 범행 종료 전에 도망갔으므로 중지미수(형법 제26조)에 해당하는지 문제된다(공범의 중지미수).[1] 중지미수는 자의성(自意性)이 인정되어야 하는데, 판례는 자의의 중지에서도 일반사회통념상 장애에 의한 미수라고 보여지는 경우를 제외한 것을 중지미수라고 한다(자의성에 관한 절충설).[2] 본 사례에서 丙은 A가 집에서 나오는 것을 보고 놀라 도망갔으므로 자의성을 인정할 수 없다. 나아가 공범의 경우 다른 공범이나 정범의 행위까지 중지케 하여 결과의 발생을 방지한 때에 한하여 중지미수가 될 수 있는데,[3] 乙의 절도는 기수에 이르렀으므로 중지미수를 생각할 여지가 없다.

(라) 소결

乙과 丙에 대하여 각 특수절도죄가 성립한다.

(2) 乙의 범행

乙이 체포를 면탈할 목적으로 A의 가슴을 양손으로 세게 밀쳐 상해를 가한 행위가 준강도에 의한 강도상해죄(형법 제337조, 제335조)에 해당하는지 문제된다.

(가) 준강도죄의 성립 여부

준강도죄는 절도가 재물의 탈환에 항거하거나 체포를 면탈하거나 범죄의 흔적을 인멸할 목적으로 폭행 또는 협박한 때에 성립한다(형법 제355조). 따라서 준강도죄가 성립하기 위해서는 ① 절도범일 것(미수 포함), ② 절도의 기회에 폭행 또는 협박이 행해질 것, 즉 절도범행과 시간적·장소적 근접성이 있을 것, ③ 재물의 탈환에 항거하거나 체포를 면탈하거나 범죄의 흔적을 인멸할 목적이 있을 것이 요구된다.[4]

폭행 또는 협박과 절도범행과의 근접성이란 절도의 실행에 착수하여 그 실행 중이거나 그 실행 직후 또는 실행의 범의를 포기한 직후로서 사회통념상 범죄행위가 완료되지 않았다고 인정할 만한 단계를 의미한다(**관련판례**[5]).

---

1) 중지미수에 대한 상세는 사례 6. [14－변시(3)－2] 제1문 3. '乙의 형사책임' 참조.
2) 대법원 1997. 6. 13. 선고 97도957 판결.
3) 대법원 1969. 2. 25. 선고 68도1676 판결.
4) 이에 대한 상세는 사례 9. [16－변시(5)－1] 제1문 2. '甲의 형사책임' 참조.
5) (**관련판례**) 대법원 1999. 2. 26. 선고 98도3321 판결【강도상해(인정된 죄명: 절도, 상해)】. 「준강도는 절도범인이 절도의 기회에 재물탈환, 항거 등의 목적으로 폭행 또는 협박을 가함으로써 성립되는 것이므로, 그 폭행 또는 협박은 절도의 실행에 착수하여 그 실행중이거나 그 실행 직후 또는 실행의 범의를 포기한 직후로서 사회통념상 범죄행위가 완료되지 아니하였다고 인정될 만한 단계에서 행하여짐을 요한다 할 것이다(대법원 1984. 9. 11. 선고 84도1398, 84감도214 판결 참조). 원심이, 그 내세운 증거들에 의하여 판시와 같은 사실을 인정한 다음, 피고인이 피해자의 집에서 절도범행을 마친지 10분 가량 지나 피해자의 집에서 200m 가량 떨어진 버스정류장이 있는 곳에서 피고인을 절도범인이라고

본 사례에서 乙은 범죄행위를 마치고 A의 집 밖으로 나와 그로부터 200m 떨어진 버스정류장에 있었고, A는 그로부터 약 10분가량 경과한 다음 집에 돌아왔다가 도둑이 든 것을 알고 대로변을 살피던 중 乙을 발견하였으며, 乙은 A의 위세에 눌려 A를 따라 다시 집에 갔다가 A가 112신고를 하려고 하자 체포를 면탈할 목적으로 A를 폭행하였다. 이러한 사정을 종합하면, 乙의 폭행행위와 절도 범행 사이에 시간적·장소적 근접성을 인정하기는 어렵다(위 **관련판례**). 따라서 乙에 대하여 준강도죄가 성립하지 않으므로 이를 전제로 한 강도상해죄도 성립할 여지는 없다.

㈏ 상해죄의 성립 여부

乙은 체포를 면탈할 목적으로 양손으로 A의 가슴을 세게 밀쳐 넘어뜨려 A에게 약 2주간의 치료를 요하는 요추부 타박상 등을 입혔다. 乙의 폭행 경위, 피해 부위와 정도 등에 비추어 적어도 상해에 대한 미필적 고의를 인정할 수 있다. 따라서 乙에 대하여 상해죄(형법 제257조 제1항)가 성립한다.

(3) 丙의 범행

㈎ 공갈죄의 성립 여부

丙은 옛 여자친구 B에게 자신이 빌려준 돈 100만 원을 갚지 않으면 과거 촬영한 성관계 동영상을 가족과 친구들에게 유포하겠다는 취지의 메시지를 보냈다. 협박죄(형법 제283조 제1항)에서의 협박은 사람으로 하여금 공포심을 일으킬 수 있는 정도의 해악을 고지하는 것을 의미하는데,[1] 판례는 공갈죄(형법 제350조 제1항)에서의 협박은 사람의 의사결정의 자유를 제한하거나 의사실행의 자유를 방해할 정도로 겁을 먹게 할 만한 해악을 고지하는 것이라고 한다.[2] 성관계 동영상을 유포하겠다는 메시지와 동영상 캡처 사진을 보내는 행위는 B로 하여금 공포심을 갖게 하거나 의사결정의 자유를 제한할 정도의 해악의 고지에 해당한다.

丙은 B에게 채무변제를 독촉하면서 해악을 고지하였는데, 권리행사의 수단으로 해악을 고지한 경우에도 공갈죄가 성립하는지 문제된다.[3] 이에 대하여 ① 공갈죄는 성립

의심하고 뒤쫓아 온 피해자에게 붙잡혀 피해자의 집으로 돌아왔을 때 비로소 피해자를 폭행한 것은 사회통념상 절도범행이 이미 완료된 이후라 할 것이므로 준강도죄가 성립할 수 없다고 판단하였는바, 기록과 앞서 본 법리에 비추어 보면 원심의 이러한 조치는 옳다고 여겨지고, 거기에 상고이유의 주장과 같은 법리오해의 위법이 있다고 할 수 없다.」

1) 대법원 2022. 12. 15. 선고 2022도9187 판결; 대법원 2024. 5. 30. 선고 2023도17896 판결.
2) 대법원 1991. 11. 26. 선고 91도2344 판결 등.
3) 이에 대한 상세는 사례 2. [12－변시(1)－2] 제1문 3. '乙의 형사책임' 참조.

하지 않고 강요죄나 협박죄만 성립한다는 견해도 있으나, ② 통설은 공갈행위 자체가 권리행사로서 허용될 수 있는 한계를 일탈하여 권리남용으로 인정될 때는 공갈죄의 성립을 인정해야 한다고 한다. 판례 역시 정당한 권리를 가졌다고 하더라도 그 권리행사의 수단·방법이 사회통념상 허용되는 범위를 넘는 때에는 공갈죄가 성립한다고 한다.[1]

丙은 B에게 채무의 변제를 독촉하면서 성관계 동영상을 유포하겠다는 취지로 해악을 고지하였는데, 이는 권리행사의 방법으로 사회상규로 용인될 수 있는 한도를 벗어난 것으로서 공갈죄에 해당한다. 다만, 丙은 B로부터 재물을 교부받거나 재산상의 이익을 취득한 바가 없으므로 공갈미수죄(형법 제352조, 제350조 제1항)가 성립한다.

(나) 성폭력처벌법위반(촬영물등이용협박)죄의 성립 여부

성적 욕망 또는 수치심을 유발할 수 있는 촬영물 또는 복제물을 이용하여 사람을 협박한 때에는 성폭력처벌법 제14조의3 제1항의 촬영물등이용협박죄가 성립한다. 丙은 채무를 변제하지 않으면 성관계 동영상을 유포하겠다고 협박하였는데, 성관계 동영상은 성적 욕망 또는 수치심을 유발할 수 있는 촬영물에 해당한다. 따라서 丙에 대하여 성폭력처벌법위반(촬영물등이용협박)죄가 성립한다.[2]

(다) 乙의 상해죄의 공동정범 성립 여부

乙은 丙과 공모한 범위를 초과하여 상해행위를 하였는데, 이 초과부분에 대하여 丙도 책임을 지는지가 문제된다.

원칙적으로 공범은 자신이 인식한 공모내용의 한도에서 책임을 진다. 공모내용을 초과하는 경우로는 질적 초과와 양적 초과가 있는데, 질적으로 초과한 때에는 초과부분에 대하여 책임을 지지 않고, 양적 초과인 경우 원칙적으로 초과된 부분에 대하여 책임을 지지 않지만, 만약 공모과정에서 초과 실행행위도 예상되는 경우에는 그 부분에 대하여 책임을 진다.[3]

본 사례에서 乙과 丙은 피해자 A가 해외여행을 떠난 집(빈집으로 추정)에 침입하는 방법으로 절도행위를 할 것을 공모하였는데, 乙은 절도범행이 모두 종료된 후 40분 이상 경과한 다음에 우연히 만난 A에게 상해를 가하였다. 따라서 丙에 대하여 위 상해행위에 대한 예견가능성이 있었다고 보기 어려우므로, 상해죄의 공동정범은 성립하지 않는다.

---

1) 대법원 2019. 2. 14. 선고 2018도19493 판결.
2) 丙은 B에게 채무의 변제를 요구한 것이지 '의무 없는 일'을 하게 한 것이 아니므로 성폭력처벌법위반(촬영물등이용강요)미수죄(동법 제15조, 제14조의3 제2항, 제1항)가 성립할 여지는 없다.
3) 이에 대한 상세는 사례 4. [13-변시(2)-2] 제1문 2. '丙의 형사책임' 참조.

(4) 소결

乙에 대하여는 특수절도죄와 상해죄가 각 성립하고, 두 죄는 실체적 경합관계이다. 丙에 대하여는 특수절도죄와 공갈미수죄, 성폭력처벌법위반(촬영물등이용협박)죄가 각 성립하고, 각 죄는 실체적 경합관계이다.[1)]

3. 甲의 형사책임

(1) 절도교사죄의 성립 여부

甲은 乙에게 A가 해외여행을 떠나는 시간을 알려주고 乙의 집에서 귀금속을 훔쳐다 주면 사례를 하겠다고 말하였으므로 乙에 대한 절도의 교사에 해당한다. 그런데 乙은 甲이 교사한 범위를 초과하여 丙과 함께 범행을 하였는데, 이 초과부분에 대하여 甲이 특수절도교사죄(형법 제331조 제2항, 제1항, 제31조 제1항)의 책임을 지는지 문제된다.

교사의 초과에는 ① 피교사자가 교사받은 범죄와 전혀 다른 범죄를 실행하는 '질적 초과'와 ② 교사의 내용과 실행행위가 구성요건을 달리하나 공통적 요소를 포함하고 있는 '양적 초과'가 있는데, 본 사례는 ②의 양적 초과에 해당한다. 이 경우 교사자는 원래의 교사내용을 초과한 부분에 대하여는 책임을 지지 않는다. 甲은 乙에 대하여 절도를 제안하였을 뿐 乙이 丙과 합동으로 절도행위를 하는 것은 알지 못하였으므로 甲에 대하여는 절도교사죄(형법 제329조 제1항, 제31조 제1항)만 성립한다.

(2) 상해교사죄의 성립 여부

乙의 상해행위는 甲이 교사한 범죄인 절도죄와 전혀 다른 범죄이므로(위 ①의 질적 초과), 교사범으로서 책임을 지지 않는다. 따라서 甲에 대하여 상해교사죄는 성립하지 않는다.

(3) 장물취득죄의 성립 여부

甲이 乙로부터 훔친 골드바 2개를 건네받은 것이 장물취득죄(형법 제362조 제1항)에 해당하는지 문제된다. 장물죄는 타인이 불법하게 영득한 재물에 대하여만 성립하므로 본범의 정범 또는 공동정범에게는 장물죄가 성립하지 않는다. 그러나 협의의 공범인

1) 공갈미수죄와 성폭력처벌법위반(촬영물등이용협박)죄는 모두 구성요건적 행위 태양으로서 협박을 포함하고 있지만, 성폭력처벌법위반(촬영물등이용협박)죄는 성적 자기결정권을 보호법익으로 하고, 촬영물 등을 이용하는 등으로 행위태양이 특정되어 있다는 점을 고려하면, 공갈미수죄와 실체적 경합관계에 있다고 보는 것이 타당하다.

교사범과 종범은 스스로 본범을 실행한 사람이 아니라 타인의 범죄에 가공한 것에 불과하므로 장물죄의 주체가 될 수 있다.[1)]

따라서 절도를 교사한 甲이 乙로부터 장물을 취득한 이상, 甲에 대하여 장물취득죄가 성립한다.

(4) 소결

甲에 대하여는 절도교사죄와 장물취득죄가 각 성립하고, 두 죄는 실체적 경합관계이다.

Ⅱ. 제2문 — 친족상도례와 고소의 취소

1. 제2문의 (가) — 상대적 친고죄와 고소의 취소

(1) 문제의 제기

피해자 A와 관련하여, 甲은 절도교사죄와 장물취득죄가, 乙은 특수절도죄와 상해죄가, 丙은 특수절도죄가 각 성립한다. A가 수사 단계에서는 甲, 乙, 丙을 고소하였는데, 만약 1심 공판 과정에서 甲에 대하여 고소취소장을 제출한 경우, 甲, 乙, 丙에 대하여 법원이 어떤 판단을 해야 하는지 문제된다.

(2) 친족상도례와 상대적 친고죄

甲은 A와 동거하지 않는 사촌의 혈족관계에 있고, 친족상도례 규정인 형법 제328조(친족간의 범행과 고소)는 절도의 죄와 장물에 관한 죄에도 각 준용된다(형법 제344조, 제365조). 친족상도례 규정은 정범뿐만 아니라 공범에게도 적용된다.

따라서 甲에 대하여는 A의 고소가 있어야 공소를 제기할 수 있는데(상대적 친고죄), A가 수사 단계에서 甲의 범행, 즉 상대적 친고죄인 절도교사죄(형법 제344조, 제328조 제2항)와 장물취득죄(형법 제365조 제1항, 제328조 제2항)로 甲을 고소하였으므로 甲에 대한 공소제기는 적법하다. 한편 친족상도례 규정은 수인의 공범 사이에서는 친족관계가 있는 자에 대하여만 적용되므로(형법 제344조, 제328조 제3항, 제365조 제1항), A와 아무런 친족관계가 없는 乙, 丙에 대하여는 친족상도례가 적용되지 않아 A의 고소가 없

---

1) 대법원 1986. 9. 9. 선고 86도1273 판결(교사범).

어도 처벌된다.

(3) 고소취소와 그 효력

친고죄의 고소는 제1심 판결선고 전까지 취소할 수 있고(형소법 제232조 제1항). 고소취소는 고소와 같은 방법으로 할 수 있다(형소법 제239조, 제237조 제1항). 다만, 공소제기 후의 고소취소는 수소법원에 대하여 할 수 있다.[1] 따라서 1심 공판 과정에서 甲에 대하여 고소취소장을 제출한 A의 고소취소는 적법하다.

친고죄의 공범 중 그 1인이나 수인에 대한 고소 또는 그 취소는 다른 공범자에 대하여도 효력이 있다(고소불가분의 원칙)(형소법 제233조). 그러나 친족상도례와 같이 범인과 피해자 사이에 일정한 신분관계로 인하여 친고죄로 되는 상대적 친고죄의 경우, 신분자에 대한 고소취소는 비신분자에게 효력이 없다.[2] 따라서 A의 甲에 대한 고소취소는 乙과 丙에게는 아무런 효력이 없다.

(4) 설문의 해결

A의 甲에 대한 고소취소는 적법하므로, 법원은 甲에 대하여 공소기각의 판결을 선고하여야 한다(형소법 제327조 제5호). 그러나 乙과 丙에 대하여는 고소취소의 효력이 미치지 아니하므로, 법원은 실체판단을 하여 그에 따라 실체판결을 선고하여야 한다.

2. 제2문의 (나) — 친족상도례에서 친족관계의 존재 범위

(1) 문제의 제기

훔친 골드바의 소유자는 C이고 A는 일시 보관자로서 함께 수사 단계에서 甲, 乙, 丙을 고소하였으나, 1심 공판 과정에서 A와 C가 甲에 대하여 고소취소장을 제출한 경우, 甲, 乙, 丙에 대하여 법원이 어떤 판단을 하여야 하는지 문제된다.

(2) 친족상도례에서 친족관계의 존재 범위

재물의 소유자와 점유자가 다른 경우 친족상도례가 적용되기 위하여 어느 범위까지 친족관계가 존재하여야 하는지에 관하여, ① 행위자와 소유자 사이에 존재하면 된다는 견해(소유자관계설), ② 행위자와 점유자 사이에 존재하면 된다는 견해(점유자관계

1) 대법원 2012. 2. 23. 선고 2011도17264 판결.
2) 대법원 1964. 12. 15. 선고 64도481 판결.

설), ③ 소유자와 점유자 쌍방이 행위자와 친족관계에 있어야 한다는 견해(소유자·점유자관계설)가 있다. 친족상도례의 규정 취지와 법적 성질(인적 처벌조각사유)에 비추어 위 ③설이 타당하고, 판례[1])와 통설도 같은 입장이다.

(3) 설문의 해결

점유자인 A와는 친족관계가 있지만 소유자인 C와는 아무런 친족관계가 없는 甲에 대하여 친족상도례 규정은 적용되지 않는다. 따라서 A, C가 甲에 대한 고소를 취소하였더라도 법원은 공소기각의 판결을 할 것이 아니라 실체판단을 하여 그에 따라 판결을 선고하여야 한다.[2]) A, C와 친족관계가 없는 乙과 丙은 처음부터 친족상도례 규정이 적용되지 않으므로 마찬가지로 실체판결을 선고하여야 한다.

Ⅲ. 제3문 — 휴대전화에 저장된 전자정보의 증거능력 및 압수 방법

1. 제3문의 (가) — 휴대전화에 저장된 동영상 파일의 증거능력

(1) 문제의 제기

경찰관 P는 丙의 B에 대한 공갈미수와 성폭력처벌법위반(촬영물등이용협박)의 범죄사실로 압수·수색영장을 발부받아 丙의 휴대전화를 압수하여 거기에서 발견된 丙과 B의 성관계 동영상 파일을 CD에 복사하여 기록에 편철하였는데, 丙이 공판에서 디지털 포렌식 과정에서의 절차 위반을 주장하며 증거 부동의하였다. CD에 복사된 위 동영상 파일은 휴대전화에 저장된 전자정보에 해당한다. 따라서 위 전자정보의 증

1) 대법원 1980. 11. 11. 선고 80도131 판결; 대법원 2014. 9. 25. 선고 2014도8984 판결. 헌법재판소도 "절도죄는 점유자의 점유를 침탈함으로써 재물의 소유자를 해하는 범죄이고, 절취행위로 인하여 피해재물 소유자뿐만 아니라 점유자도 피해를 입게 된다고 할 수 있으므로, 절도죄에 있어서 피해재물의 소유자와 점유자가 다른 경우, 범인과 소유자 및 점유자 쌍방 간에 모두 친족관계가 있어야 한다는 대법원 판례(주: 위 80도131 판결)에 의하여 구체화된 이 사건 법률조항(주: 형법 제344조)이 피해재물의 소유자와만 친족관계가 있는 사람과 소유자 및 점유자 모두와 친족관계가 있는 사람 간을 법률상 달리 취급하는 데에는 합리적인 이유가 있다"고 판시하여, 합헌결정을 하였다(헌법재판소 2012. 3. 29. 선고 2010헌바89 결정).

2) A는 甲에 대하여 고소취소장을 제출하였는데(제2문의 가. 설문과는 달리 '처벌을 원하지 않는다는 취지로' 제출하였다는 내용은 없지만 고소취소를 하였다면 통상 처벌불원의사가 전제된 것으로 볼 수 있음), 절도범죄에서 '처벌불원'은 특별양형인자 중 감경요소에 해당하고(양형위원회, 2024 양형기준, 2024, 621면), 장물범죄에서 '본범과 사이에 형법 제328조 제1항의 친족관계가 있는 경우' 및 '처벌불원'이 특별양형인자 중 감경요소에 해당하므로(위 2024 양형기준, 597면), 법원은 이를 양형에 고려할 수 있을 것이다. 이런 점은 乙과 丙에 대해서도 일부 고려할 수 있을 것이다.

거능력이 인정되기 위해서는 압수·수색 절차의 적법성, 복사된 CD의 증거능력 인정 요건, 전문증거 여부에 대한 검토가 필요하다.

(2) 압수·수색 절차의 적법성

㈎ **휴대전화 자체의 압수**

압수의 목적이 정보저장매체인 경우 원칙적으로 기억된 정보의 범위를 정하여 출력하거나 복제하여 제출받아야 하고, 예외적으로 범위를 정하여 출력 또는 복제하는 방법이 불가능하거나 압수의 목적을 달성하기에 현저히 곤란하다고 인정되는 때에는 정보저장매체 자체를 압수할 수 있다(형소법 제219조, 제106조 제3항). 이때 압수·수색 영장을 제시(피압수자가 피의자인 경우 영장 사본도 교부)하고, 피압수자나 변호인에게 참여의 기회를 보장해야 하며, 압수목록을 작성·교부하여야 한다(형소법 제219조, 제118조, 제121조, 제129조). 그런데 이 과정에 대하여 丙이 절차 위반을 주장하지는 않으므로 특별히 문제될 것은 없다.

㈏ **디지털 포렌식 과정**

휴대전화의 경우 범위를 정하여 출력 또는 복제하는 방법이 불가능하다고 볼 수 있으므로, 일단 휴대전화 자체를 압수하고, 그 후 디지털 포렌식 절차를 통하여 관련 정보만 선별한 후 이를 다시 복제하거나 출력하는 방법으로 압수할 수 있을 것이다.[1] 디지털 포렌식 과정에서는 통상적으로 휴대전화에 저장된 정보 전체를 이미징의 형태로 복제하고(복제본), 이미징한 파일로부터 다시 범죄사실과 관련된 정보를 탐색하고, 탐색 결과 관련 정보만 선별하여 이를 다시 출력하거나 복제하는 절차를 거친다.

판례는 위 이미징－탐색－복제 또는 출력의 일련의 과정 역시 전체적으로 압수·수색의 집행에 포함되므로,[2] 그 과정에서 영장주의 원칙과 적법절차를 준수하여야 한다고 한다.[3] 따라서 특별한 사정이 없는 한, ① 반출한 휴대폰이나 복제본에서 혐의사실과 관련성 있는 전자정보만을 선별하여 출력·복제하여야 하고(관련성),[4] ② 피압수자나 변호인에게 참여의 기회를 보장하여야 하고(당사자 참여),[5] ③ 탐색·복제·출

1) '디지털 포렌식'이란 디지털 증거를 수집·보존·분석·현출하는 데 적용되는 과학기술 및 절차를 말한다. 이에 대한 상세한 내용은 「디지털 증거의 수집·분석 및 관리 규정」(개정 대검예규 제1449호, 2024. 10. 1. 시행) 참조.

2) 대법원 2012. 3. 29. 선고 2011도10508 판결.

3) 대법원 2015. 7. 16. 자 2011모1839 결정; 대법원 2022. 7. 28. 선고 2022도2960 판결; 대법원 2024. 12. 24. 선고 2022도2071 판결.

4) 대법원 2017. 11. 14. 선고 2017도3449 판결; 대법원 2017. 9. 21. 선고 2015도12400 판결; 대법원 2022. 1. 14. 자 2021모1586 결정; 대법원 2024. 4. 16. 선고 2020도3050 판결.

력이 완료된 때에는 지체 없이 압수된 정보의 상세목록을 피압수자 등에게 교부하여야 한다(압수목록 교부).[1]

(다) 소결

설문에서는 피고인 丙이 디지털 포렌식 과정에서의 절차 위반을 주장하고 있으므로, 휴대전화를 압수한 후 휴대전화에 저장된 정보 중 丙과 B의 성관계 동영상 파일을 선별하여 CD에 복사하는 과정에서 위 ① 내지 ③의 영장주의 원칙과 적법절차가 준수되었다는 점을 검사가 증명하여야 한다.

(3) 복사된 CD의 증거능력 인정 요건

(가) 사본의 증거능력 인정 요건

CD에 복사된 위 동영상 파일은 사본에 해당하므로, 사본의 증거능력에 관한 일반원칙인 최우량증거의 법칙에 따라 ① 원본이 존재하거나 존재하였을 것, ② 원본 제출이 불가능하거나 곤란한 사정이 있을 것, ③ 원본과 정확하게 같을 것이라는 요건을 충족하여야만 증거능력이 있다.[2]

(나) 원본과의 동일성·무결성

전자정보의 경우 위 요건 중 ③의 요건, 즉 원본과의 동일성·무결성이 가장 중요하다. 판례는 전자문서를 수록한 파일 등의 경우에는, 그 성질상 작성자의 서명 혹은 날인이 없을 뿐만 아니라 작성자·관리자의 의도나 특정한 기술에 의하여 그 내용이 편집·조작될 위험성이 있음을 고려하여, 원본임이 증명되거나 혹은 원본으로부터 복

---

5) 대법원 2017. 9. 21. 선고 2015도12400 판결; 대법원 2019. 7. 11. 선고 2018도20504 판결; 대법원 2021. 11. 25. 선고 2016도82 판결; 대법원 2024. 12. 24. 선고 2022도2071 판결. 따라서 피압수자 측이 참여하지 않겠다는 의사를 명시적으로 표시하였거나 절차위반행위가 이루어진 과정과 내용 등에 비추어 피압수자 측에 절차참여를 보장한 취지가 실질적으로 침해되었다고 볼 수 없을 정도에 해당한다는 등의 특별한 사정이 없는 이상 압수·수색이 적법하다고 평가할 수 없다(대법원 2021. 11. 25. 선고 2016도82 판결). 비록 수사기관이 저장매체 또는 복제본에서 혐의사실과 관련된 전자정보만을 복제·출력하였다고 하더라도 달리 볼 것은 아니다(대법원 2015. 7. 16. 자 2011모1839 전원합의체 결정).

1) 대법원 2022. 1. 14. 자 2021모1586 결정. 압수물목록은 피압수자 등이 압수처분에 대한 준항고를 하는 등 권리행사절차를 밟는 가장 기초적인 자료가 되므로, 수사기관은 이러한 권리행사에 지장이 없도록 압수 직후 현장에서 압수물목록을 바로 작성하여 교부해야 하는 것이 원칙이다(대법원 2022. 1. 14. 자 2021모1586 결정; 대법원 2024. 1. 5. 자 2021모385 결정) 따라서 압수된 정보의 상세목록에는 정보의 파일 명세가 특정되어 있어야 하는데(대법원 2018. 2. 8. 선고 2017도13263 판결), 선별되지 않은 전자정보에 대해 구체적인 개별 파일 명세를 특정하여 상세목록을 작성하지 않고 '….zip'과 같이 그 내용을 파악할 수 없도록 되어 있는 포괄적인 압축파일만을 기재한 후 이를 전자정보 상세목록이라고 교부한 것은 위법하다(대법원 2022. 1. 14. 자 2021모1586 결정).

2) 대법원 2008. 11. 13. 선고 2006도2556 판결(사본인 사진); 대법원 2015. 4. 13. 선고 2015도2275 판결(증거물인 수표의 사본).

사한 사본일 경우에는 복사과정에서 편집되는 등 인위적 개작 없이 원본의 내용 그대로 복사된 사본임이 증명되어야만 한다고 한다.[1] 특히 정보저장매체 원본을 대신하여 저장매체에 저장된 자료를 '하드카피' 또는 '이미징'한 매체로부터 출력한 문건의 경우에는, 정보저장매체 원본과 '하드카피' 또는 '이미징'한 매체 사이에 자료의 동일성도 인정되어야 할 뿐만 아니라, 이를 확인하는 과정에서 이용한 컴퓨터의 기계적 정확성, 프로그램의 신뢰성, 입력·처리·출력의 각 단계에서 조작자의 전문적인 기술능력과 정확성이 담보되어야 한다. 이 경우 출력 문건과 정보저장매체에 저장된 자료가 동일하고 정보저장매체 원본이 문건 출력 시까지 변경되지 않았다는 점은, 피압수·수색 당사자가 정보저장매체 원본과 '하드카피' 또는 '이미징'한 매체의 해시(Hash)값이 동일하다는 취지로 서명한 확인서면을 교부받아 법원에 제출하는 방법에 의하여 증명하는 것이 원칙이나, 그와 같은 방법에 의한 증명이 불가능하거나 현저히 곤란한 경우에는, 정보저장매체 원본에 대한 압수, 봉인, 봉인해제, '하드카피' 또는 '이미징' 등 일련의 절차에 참여한 수사관이나 전문가 등의 증언에 의하여 정보저장매체 원본과 '하드카피' 또는 '이미징'한 매체 사이의 해시값이 동일하다거나 정보저장매체 원본이 최초 압수 시부터 밀봉되어 증거 제출 시까지 전혀 변경되지 않았다는 등의 사정을 증명하는 방법 또는 법원이 그 원본에 저장된 자료와 증거로 제출된 출력 문건을 대조하는 방법, 전자문서 파일에 대한 검증·감정 결과 등으로도 그와 같은 무결성·동일성을 인정할 수 있다고 한다.[2]

(다) 소결

설문에서 원본인 휴대폰이 존재하였으므로 위 ①의 요건은 문제되지 않는다. 그리고 위 ②의 요건은 검사가 이를 증명하여야 하겠지만, 전자정보의 경우에는 통상 원증거물 자체를 제출하기보다는 출력·복제물을 제출하는 점에 비추어 이를 완화해서 해석할 수 밖에 없는 점에 비추어 특별히 문제될 것은 없다. 중요한 것은 위 ③의 요건인데, 이는 검사가 휴대전화 원본과 이미징한 매체의 해시값이 동일하다는 점에 대한 입증 등을 통하여 증명하여야 한다.[3]

(4) 전문증거인지 여부

위 동영상 파일은 영상녹화물로서 현장녹화에 해당하고, 특별히 경험자의 진술에

1) 대법원 2018. 2. 8. 선고 2017도13263 판결.
2) 대법원 2013. 7. 26. 선고 2013도2511 판결.
3) 대법원 2018. 2. 8. 선고 2017도13263 판결.

갈음하는 것으로서 내용의 진실성 여부가 문제된다는 사정은 보이지 않으므로, 비진술증거로서 전문법칙은 적용되지 않는다.[1)]

2. 제3문의 (나) — 별도 범죄혐의 녹음파일의 압수 방법

(1) 문제의 제기

경찰관 P는 丙의 B에 대한 공갈미수와 성폭력처벌법위반(촬영물등이용협박)의 범죄사실로 압수·수색영장을 발부받아 丙의 휴대전화를 압수하였는데, 휴대전화에서 丙이 乙과 특수절도를 모의하는 내용의 녹음파일을 발견하였다. 이와 같이 영장 발부의 사유가 된 범죄사실과 관련성이 없는 범죄사실을 내용으로 하는 녹음파일을 우연히 발견한 경우, 이를 압수하는 방법이 문제된다.

(2) 압수·수색에서의 관련성

압수·수색은 해당 사건과 관계가 있다고 인정할 수 있는 것에 한정된다(형소법 제215조). 관련성은 압수·수색영장에 기재된 ① 범죄사실과 관련되고, 또한 ② 피의자와 관련된 증거만을 압수해야 한다는 것을 의미한다. ①을 객관적 관련성, ②를 인적(주관적) 관련성이라고 할 수 있는데, 판례도 ①과 ②의 관련성이 있어야 한다고 판시하고 있다.[2)]

위 ①의 객관적 관련성과 관련하여 대법원은 ⓐ (i) 압수·수색영장에 기재된 범죄사실(혐의사실) 자체 또는 (ii) 그와 기본적 사실관계가 동일한 범행과 직접 관련되어 있는 경우는 물론 ⓑ 범행 동기와 경위, 범행 수단 및 방법, 범행 시간과 장소 등을 증명하기 위한 간접증거나 정황증거 등으로 사용될 수 있는 경우에도 인정될 수 있는데, 그 관련성은 압수·수색영장에 기재된 범죄사실의 내용과 수사의 대상, 수사 경위 등을 종합하여 구체적·개별적 연관관계가 있는 경우에만 인정되고, 범죄사실과 동종·유사의 범행인 경우에는 구체적·개별적 연관관계가 있어야 하고 단순히 동종 또는 유사한 범행이라는 사유만으로 관련성이 있다고 할 수 없다고 판시하고 있다.[3)] 한편,

---

1) 현장사진에 관한 판례(대법원 1997. 9. 30. 선고 97도1230 판결; 대법원 2007. 7. 26. 선고 2007도3906 판결) 및 실무(사법연수원, 법원실무제요 형사 [Ⅰ], 501면)의 입장이다.

2) 대법원 2017. 12. 5. 선고 2017도13458 판결; 대법원 2020. 2. 13. 선고 2019도14341 판결.

3) 대법원 2017. 12. 5. 선고 2017도13458 판결; 대법원 2021. 7. 29. 선고 2021도3756 판결; 대법원 2021. 8. 26. 선고 2021도2205 판결; 대법원 2021. 11. 25. 선고 2016도82 판결; 대법원 2021. 11. 25. 선고 2019도6730 판결; 대법원 2021. 11. 25. 선고 2021도10034 판결; 대법원 2021. 12. 30. 선고 2019도10309 판결.

이러한 객관적 관련성 외에 피의자와의 인적 관련성도 있어야 하는데, 이는 피의자는 물론 피의자의 공동정범이나 교사범 등 공범이나 간접정범은 물론 필요적 공범 등에 대해서도 인정된다고 한다.[1)]

설문에서 특수절도 관련 녹음파일은 영장 기재 범죄사실인 공갈미수와 성폭력처벌법위반(촬영물등이용협박)과 객관적 관련성이 인정되지 않는 정보이므로, 위 영장으로 이를 압수하는 것은 위법하다.

(3) 별도 범죄혐의 전자정보를 발견한 경우 그 압수 방법

혐의사실과 관련된 전자정보를 적법하게 탐색하는 과정에서 별도 범죄혐의와 관련된 전자정보를 우연히 발견한 경우, 이를 압수하는 방법이 문제된다.

첫째, 더 이상의 추가 탐색을 중단하고 법원에서 별도 범죄혐의에 대한 압수·수색영장을 발부받아 이를 압수할 수 있다.[2)] 이러한 경우에도 특별한 사정이 없는 한 그 피압수자에게 형사소송법 제219조, 제121조, 제129조에 따라 참여권을 보장하고 압수한 전자정보 목록을 교부하는 등 피압수자의 이익을 보호하기 위한 적절한 조치가 이루어져야 한다.[3)]

둘째, 피압수자에게 우연히 발견한 전자정보가 들어 있는 정보저장매체를 환부하고 다시 이를 임의제출받아 압수할 수도 있다.[4)] 물론 이 경우에는 임의성 등 임의제출의 요건이 인정되어야 한다.

(4) 설문의 해결

경찰관 P는 더 이상의 추가 탐색을 중단하고 별도 범죄혐의에 대한 압수·수색영장을 발부받아 위 녹음파일을 압수하거나 丙에게 환부하고 다시 임의제출받아 이를 압수할 수 있다.

---

1) 대법원 2017. 12. 5. 선고 2017도13458 판결; 대법원 2021. 7. 29. 선고 2020도14654 판결.
2) 대법원 2015. 7. 16. 자 2011모1839 전원합의체 결정; 대법원 2016. 7. 12. 자 2011모1839 결정; 대법원 2017. 11. 14. 선고 2017도3449 판결; 대법원 2018. 4. 26. 선고 2018도2624 판결; 대법원 2021. 11. 18. 선고 2016도348 전원합의체 판결; 대법원 2024. 4. 16. 선고 2020도3050 판결.
3) 대법원 2015. 7. 16. 자 2011모1839 전원합의체 결정.
4) 대법원 2016. 3. 10. 선고 2013도11233 판결.

Ⅳ. 제4문 — 공범자 간 모순된 판결과 재심사유

1. 문제의 제기

만약 乙과 丙의 공범사건, 즉 특수절도사건에 대하여 乙이 먼저 기소되어 유죄판결이 확정된 후 丙이 기소되어 무죄판결이 선고된 경우, 이를 이유로 乙이 재심을 청구할 수 있는지 문제된다. 이는 공범자 간 유죄와 무죄의 모순된 판결이 있는 경우, 공범자 중 1인에 대한 무죄판결이 유죄의 확정판결에 대한 재심사유로서 '무죄를 인정할 명백한 증거'(형소법 제420조 제5호)에 해당되는지 여부의 문제이다.

2. 학설과 판례

(1) 학설

이에 대하여, ① 동일한 범죄사실에 대하여 상반된 판결이 확정되는 것은 불합리하며, 모순 판결이 형벌법규의 해석 차이가 아니라 사실인정에 관한 결론을 달리한 때에는 공범자에 대한 모순 판결은 '명백한 증거'에 해당한다고 보는 긍정설, ② 모순된 유죄판결과 무죄판결의 증거자료가 동일한 경우에는 증명력에 대한 평가를 달리한 것에 불과하므로 명백한 증거가 아니라고 보는 부정설, ③ 무죄판결이 법령개폐나 새로운 법률해석으로 인한 것이면 사실인정의 오류에 해당하지 않으므로 재심이유가 될 수 없지만 무죄판결에 사용된 증거가 유죄판결을 파기할 만한 개연성이 있는 경우에는 명백한 증거에 해당한다는 이분설, ④ 무죄판결에 사용된 증거자료가 유죄판결을 선고한 법원에 현출되지 않은 새로운 것인 경우에 한하여 명백성이 인정될 때 재심사유가 된다고 하는 절충설이 대립한다.

(2) 판례

판례는 위 ④의 절충설과 같은 취지로서, 무죄의 확정판결 자체만으로는 유죄확정판결에 대한 새로운 증거로서의 재심사유에 해당한다고 할 수 없고, 다만 무죄확정판결의 증거자료를 자기의 증거자료로 하지 못하였고 또 새로 발견된 것인 때에는 명백성이 인정된다면 예외적으로 재심사유로 인정할 수 있다고 한다.[1)]

---

1) 대법원 1984. 4. 13. 자 84모14 결정.

(3) 소결

공범자 간에 모순된 유·무죄의 확정판결은 증거자료에 대한 증명력 평가의 차이 등을 이유로 존재할 수 있으므로, 무죄의 확정판결 자체만으로 재심사유가 될 수는 없다. 다만, 무죄판결에 사용된 증거가 유죄판결을 선고한 법원에 현출되지 않은 것으로서 신규성과 명백성이 인정되는 경우에 한하여 '명백한 증거'로서 재심사유에 해당한다고 할 것이다(위 ④의 절충설 및 판례의 입장).

3. 설문의 해결

乙은 丙에 대한 무죄판결 자체만으로는 재심을 청구할 수 없고, 무죄판결에서 사용된 증거가 자기 사건의 증거자료로 현출되지 않은 것으로서 신규성과 명백성이 인정되는 경우에 한하여 예외적으로 재심을 청구할 수 있다.

2022년 제11회 변호사시험 강평

형사법 제1문

Ⅰ. 甲, 乙, 丙의 형사책임

• **사실관계**

甲	• 乙에게 사촌 형 A의 집에 들어가 귀금속을 훔치도록 교사 • 乙이 절취해 온 골드바 2개 취득
乙	• 丙과 절도 공모하여 A의 집으로 들어가 골드바 2개 절취 • A에게 체포를 면탈할 목적으로 상해
丙	• 乙과 절도 공모 • 乙이 A의 집으로 들어간 이후, 집을 나오는 A를 보고 도망감 • 성관계영상을 이용하여 영상을 유포하겠다고 옛 여자친구 B를 협박하면서 대여금 상환 요구

1. 乙과 丙의 형사책임

(1) 乙과 丙의 공동범행

1) 합동범인지 여부

• 乙과 丙 사이에 주관적 요건으로서의 공모, 객관적 요건으로서의 실행행위의 분담, 즉 실행행위에 있어서의 시간적·장소적 협동관계 인정됨

2) 절도죄의 실행의 착수 및 기수시기

• 乙이 A의 집 안에 들어가 안방을 뒤지기 시작한 때(물색행위 시)에 실행의 착수, 골드바 2개를 발견하여 가방에 넣은 때(취득 시)에 기수가 각 인정됨

3) 공모관계로부터의 이탈 및 중지미수 여부

• 공모자 1인이 다른 공모자의 실행행위 착수 전 이탈한 때에는 다른 공모자의 그 후의 행위에 관하여 공동정범으로서의 책임을 지지 않음(대법원 1996. 1. 26, 94도2654)

• 실행에 착수한 이후 범행 종료 전 자의에 의해 범행을 중지하고(대법원 1997. 6. 13, 97도957), 다른 공범이나 정범의 행위까지 중지케 하여 결과의 발생을 방지한 때에 한하여 중지미수가 인정됨(대법원 1969. 2. 25, 68도1676)

• 丙은 乙의 실행의 착수 이후 이탈하였고, 그 과정에서 '자의성' 인정 안 됨

4) 소결

• 乙과 丙에 대하여 각 특수절도죄(형법 제331조 제2항, 제1항) 성립

(2) 乙의 범행

1) 준강도죄의 성립 여부

• ① 절도범일 것(미수 포함), ② 절도의 기회에 폭행 또는 협박이 행해질 것(절도범행과 시간적·장소적 근접성이 있을 것), ③ 재물의 탈환에 항거하거나 체포를 면탈하거나 범죄의 흔적을 인멸할 목적이 있을 것

• 乙은 범행을 마치고 범행 장소로부터 200m 떨어진 버스정류장에 있었고, 10분이 경과한 이후 범행을 인지하고서 범인을 물색하던 A를 따라 다시 A의 집에 간 상황에서 체포 면탈의 목적으로 A를 폭행하였으므로, 시간적·장소적 근접성을 인정하기 어려움(대법원 1999. 2. 26, 98도3321)

2) 상해죄의 성립 여부

• 乙이 A를 밀쳐 전치 2주의 상해를 가한 행위에 대해서는 상해죄(형법 제257조 제1항) 성립

(3) 丙의 범행

1) 공갈죄의 성립 여부

- 권리행사의 수단으로 해악을 고지한 경우, 공갈죄의 성부에 관하여 견해 대립
- 판례는 공갈죄의 성립을 긍정(대법원 2019. 2. 14, 2018도19439)
- 공갈미수죄(형법 제352조, 제350조 제1항) 성립

2) 성폭력처벌법위반(촬영물등이용협박)죄의 성립 여부

- 성폭력처벌법위반(촬영물등이용협박)죄 성립

3) 乙의 상해죄의 공동정범 성립 여부

- 공모한 내용에 대한 양적 초과의 경우, 예견가능성이 있는 경우에 한하여 책임짐
- 丙에게 乙의 상해행위에 대한 예견가능성이 있었다고 보기 어려움
- 상해죄의 공동정범 성립하지 않음

(4) 소결

- 乙에 대하여 특수절도죄와 상해죄가 각 성립하고, 두 죄는 실체적 경합관계
- 丙에 대해서는 특수절도죄, 공갈미수죄, 성폭력처벌법위반(촬영물등이용협박)죄가 각 성립하고, 각 죄는 실체적 경합관계

2. 甲의 형사책임

(1) 절도교사죄의 성립 여부

- 교사한 내용에 대한 양적 초과의 경우, 예견가능성이 있는 경우에 한하여 책임짐
- 甲에게 乙과 丙의 합동절도범행을 알지 못하였고, 예견가능성이 있었다고 보기 어려움
- 절도교사죄(형법 제329조 제1항, 제31조 제1항) 성립

(2) 상해교사죄 성립 여부

- 교사한 내용에 대한 질적 초과의 경우, 초과부분에 대해서는 책임을 지지 않음
- 상해교사죄 불성립

(3) 장물취득죄 성립 여부

- 본범의 정범 또는 공동정범에게는 장물죄가 성립하지 않지만, 협의의 공범(교사범, 종범)에게는 장물죄가 성립함
- 장물취득죄(형법 제362조 제1항) 성립

(4) 소결

- 절도교사죄와 장물취득죄가 각 성립하고, 두 죄는 실체적 경합관계

Ⅱ. 친족상도례와 고소의 취소

1. 제2문의 ㈎ – 상대적 친고죄와 고소의 취소

(1) 친족상도례와 상대적 친고죄

- 甲과 A는 동거하지 않는 사촌의 혈족관계에 있음
- 甲에 대하여 친족상도례 규정이 적용되어, 절도교사죄와 장물취득죄는 상대적 친고죄에 해당함
- 乙, 丙과 A는 친족관계가 없는데, 친족상도례 규정은 수인의 공범 사이에서는 친족관계에 있는 자에게만 적용됨(형법 제328조 제3항, 제365조 제2항 단서)
- 乙, 丙에 대하여 친족상도례 규정 적용되지 않음

(2) 고소취소와 그 효력

- 고소는 제1심 판결선고 전까지 취소할 수 있음(형소법 제232조 제1항)
- 친고죄의 공범 중 그 1인이나 수인에 대한 고소 또는 그 취소는 다른 공범자에 대하여도 효력이 있으나, 상대적 친고죄의 신분자에 대한 고소취소는 신분 없는 자에 대하여 효력이 없음(대법원 1964. 12. 15, 64도481)
- A가 제1심 공판 과정에서 甲에 대하여 한 고소취소는 적법
- 그러나 A의 甲에 대한 고소취소는 乙, 丙에 대하여 효력이 없음

(3) 설문의 해결

- 법원은 甲에 대하여 공소기각의 판결을 선고하여야 함(형소법 제327조 제5호)
- 법원은 乙, 丙에 대하여 실체판단을 하여야 함

2. 제2문의 ㈏ – 친족상도례에서 친족관계의 존재 범위

(1) 친족상도례에서 친족관계의 존재 범위

- 친족상도례가 적용되기 위한 친족관계의 존재범위가 문제됨
- 학설: ① 소유자관계설, ② 점유자관계설, ③ 소유자·점유자관계설
- 판례: ③의 소유자·점유자관계설(대법원 2014. 9. 25, 2014도8984)

(2) 설문의 해결

- 甲은 점유자 A와 친족관계가 있으나, 소유자 C와는 친족관계가 없음
- 친족상도례 규정 적용되지 않으므로, 법원은 실체판단을 하여야 함

Ⅲ. 휴대전화에 저장된 전자정보의 증거능력

1. 제3문의 ㈎ – 휴대전화에 저장된 동영상 파일의 증거능력

(1) 압수·수색 절차의 적법성 – 디지털 포렌식 과정

- 휴대전화 자체를 압수한 후 디지털 포렌식 절차를 통해 휴대전화에 저장된 정보 전체를 이미징 형태로 복제하고, 이미징한 파일로부터 다시 범죄사실과 관련된 정보를 탐색하며, 탐색 결과 관련 정보만 선별하여 이를 다시 출력하거나 복제하는 방법으로 압수가 이루어짐
- 판례는 이미징–탐색–복제 또는 출력의 일련의 과정 역시 압수·수색의 집행으로 봄(대법원 2012. 3. 29, 2011도10508)

- 판례는 위 일련의 과정에서 영장주의 원칙과 적법절차를 준수해야 한다고 판시(대법원 2015. 7. 16, 2011모1839)
  - ① 반출한 휴대폰이나 복제본에서 혐의사실과 관련성 있는 전자정보만을 선별하여 출력·복제하여야 하고(관련성), ② 피압수자나 변호인에게 참여의 기회를 보장하여야 하고(당사자 참여), ③ 탐색·복제·출력이 완료된 때에는 지체 없이 압수된 정보의 상세목록을 피압수자 등에게 교부하여야 함(압수목록 교부)
- 검사는 휴대전화 압수 후 휴대전화에 저장된 정보 중 성관계 동영상 파일을 선별하여 복제하는 과정에서 위 ①, ②, ③의 영장주위 원칙과 적법절차가 준수되었다는 점을 증명하여야 함

(2) 복사된 CD의 증거능력 인정 요건

1) 사본의 증거능력 인정요건
- 최우량증거의 법칙
  - ① 원본이 존재하였거나 존재하였을 것, ② 원본 제출이 불가능하거나 곤란한 사정이 있을 것, ③ 원본과 정확하게 같을 것

2) 원본과의 동일성·무결성(③ 원본과 정확하게 같을 것)
- 판례는 저장매체에 저장된 자료를 '하드카피' 또는 '이미징'한 매체로부터 출력한 문건의 경우에는 출력 문건과 정보저장매체에 저장된 자료가 동일하고, 정보저장매체 원본이 문건 출력 시까지 변경되지 않았어야 하는데,
- 이는 피압수·수색 당사자가 정보저장매체 원본과 '하드카피' 또는 '이미징'한 매체의 해시(Hash)값이 동일하다는 점을 입증하는 방법 등을 통해 인정할 수 있다고 함(대법원 2013. 7. 26, 2013도2511)

3) 소결
- 원본이 존재하고, 위 ②의 요건은 실무상 완화하여 적용되므로, 검사는 특히 원본과 이미징한 매체의 해시값이 동일하다는 점 등을 통하여 위 ③의 요건을 증명하여야 함

(3) 전문증거인지 여부

- 현장녹화
- 경험자의 진술에 갈음하는 것으로서 내용의 진실성 여부가 문제되지 않음
- 비진술증거에 해당하므로 전문법칙은 적용되지 않음

2. 제3문의 ㈏ – 별도 범죄혐의 녹음파일의 압수 방법

(1) 압수·수색에서의 관련성

- 객관적 관련성, 주관적(인적) 관련성 필요
- 객관적 관련성
  - ① 압수·수색영장에 기재된 범죄사실(혐의사실) 자체, ② 그와 기본적 사실관계가 동일한 범행과 직접 관련된 경우, ③ 범행 동기와 경위, 범행 수단 및 방법, 범행 시간과 장소 등을 증명하기 위한 간접증거나 정황증거 등으로 사용될 수 있는 경우로 구체적·개별적 연관관계가 있어야 함
  - 단순히 동종 또는 유사한 범행이라는 사유만으로는 인정 안 됨
- 공갈미수죄(영장 기재 범죄사실) 및 성폭력처벌법위반(촬영물등이용협박)죄와 특수절도죄 사이에 객관적 관련성이 인정되지 않음

(2) 별도 범죄혐의 전자정보를 발견한 경우 그 압수 방법

- 별도 범죄혐의 전자정보를 우연히 발견한 경우,
- ① 별도의 범죄혐의에 대한 압수·수색영장을 발부받아 압수하는 방법, ② 피압수자에게 정보저장매체를 환부한 후 다시 이를 임의제출받아 압수하는 방법이 있음
- 경찰관 P는 위 ①, ②의 방법에 의하여 압수할 수 있음

IV. 공범자 간 모순된 판결과 재심사유

- **공판진행 경과**

乙과 丙의 특수절도 사건	
乙	먼저 기소되어 유죄판결 확정
丙	나중 기소되어 무죄판결 확정

⇒ 乙에 대하여, 재심사유 중 '무죄를 인정할 명백한 증거(형소법 제420조 제5호)'에 해당 여부가 문제됨

1. 학설과 판례

(1) 학설

- ① 긍정설: 모순된 판결이 사실인정을 달리한 결과라면 재심사유 긍정
- ② 부정설: 모순된 판결 간 증거자료가 동일하다면 재심사유 부정
- ③ 이분설: 무죄판결이 법령개폐, 새로운 법률해석으로 인한 것이면 재심사유에 해당하지 않지만, 무죄판결에 사용된 증거가 유죄판결을 파기할 만한 개연성이 있으면 재심사유 긍정
- ④ 절충설: 무죄판결에 사용된 증거자료가 유죄판결을 선고한 법원에 현출되지 않은 새로운 것인 경우에 한하여 재심사유 긍정

(2) 판례 - ④의 절충설(대법원 1984. 4. 13, 84모14)

2. 설문의 해결

- 乙은 丙의 무죄판결에서 사용된 증거에 대하여 신규성과 명백성이 인정되는 경우에 한하여 재심을 청구할 수 있음

사례 22. [22 – 변시(11) – 2]

2022년 제11회 변호사시험 제2문

(1) A군(郡)의 군수인 甲은 사채업자인 乙과 공모하여 관내 건설업자 丙에게 금전적 지원을 요구하기로 마음먹었다. 甲은 丙을 군수집무실로 불러 A군(郡)이 둘레길 조성사업을 계획하고 있는데 이는 丙에게 좋은 기회가 될 것이라고 하면서 乙이 향후 둘레길 조성사업에 관여하게 될 것이니 乙에게 업무용 차량과 업무에 필요한 비품을 지원해 주라고 부탁하였다. 이에 丙은 乙에게 자기 소유인 시가 3,000만 원 상당의 K5 승용차를 주고 시가 1,000만 원 상당의 비품을 구매해 주었다. 丙은 乙에게 K5 승용차의 소유권이전등록을 해주지는 않았으나 앞으로 乙에게 이를 반환받을 마음이 없었으며 乙도 이를 丙에게 반환할 생각이 없었다.

(2) 乙은 과거 육군 대위로서 육군사관학교에 재직하면서 납품 관련 시험평가서를 기안하는 등 그 작성을 보조하는 업무를 담당하던 중에, B 방위산업체에 근무하는 고교동창 丁으로부터 B 방위산업체에서 생산하여 납품하려고 하는 탄환에 대한 시험평가서가 필요하니 도와달라는 부탁을 받고, 그 부탁에 따라 다른 업체에 대한 탄환 실험데이터를 도용하여 실험 결과를 허위로 기재한 육군사관학교장 명의의 시험평가서를 작성한 다음 그 정을 모르는 결재권자의 도장을 받았다.

(3) 丙은 자신의 집에서 C와 함께 술을 마시던 중, 술에 취해 누워 있는 C의 하의를 벗긴 후 C를 1회 간음하였다. 당시 丙은 C가 만취하여 심신상실 상태에 있다고 생각하고 이를 이용한 것이었는데, 실제로 C는 반항이 불가능한 정도로 술에 취하지는 않았다.

〔2022년 제11회 변호사시험 제2문〕

설　문

1. 각각의 죄책에 대하여 논하시오.

   (가) 위 사례 (1)에서 甲, 乙, 丙의 죄책은? (22점)

   (나) 위 사례 (2)에서 乙, 丁의 죄책은? (18점)

   (다) 위 사례 (3)에서 丙의 죄책은? (15점)

2. 위 사례 (1)에서 丙이 甲의 부탁으로 乙에게 2013. 8. 5. 시가 3,000만 원 상당의 업무용 차량과 1,000만 원 상당의 비품을 구매해 주었다. 위 사건에 대한 수사가 개시되자 乙은 겁을 먹고 태국으로 도주해 2017. 8. 5.부터 2018. 8. 4.까지 태국에 머무르다가 귀국하였다. 검사는 2019. 8. 5. 乙에 대한 공소제기를 하였고, 2020. 8. 4. 이 판결이 확정되었다. 검사가 2021. 12. 5. 甲과 丙에 대하여 공소를 제기하자, 甲과 丙의 변호인은 이미 공소시효가 만료된 사안으로 면소판결을 하여야 한다는 주장을 하였다. 변호인의 주장은 타당한가? (13점)

3. 위 사례 (1)에서 1심 법원은 乙에 대한 공소사실을 전부 유죄로 인정하여 乙에게 징역 2년 6월 및 추징 40,000,000원을 선고하였고, 이에 대하여 乙만이 항소하였는데, 항소심은 사실인정에 있어 1심보다 중하게 변경하면서 乙에게 징역 2년 6월 및 집행유예 5년, 벌금 100,000,000원 및 추징 40,000,000원을 선고하였다. 항소심의 판결은 적법한가? (10점)

4. 검사는 乙에 대한 구속영장을 발부받아 乙을 구속하였다. 이에 대하여 乙의 변호인이 乙의 석방을 위해 취할 수 있는 조치를 공소제기 전과 후로 나누어 논하시오. (10점)

5. 위 사안에서 피고인 丙의 변호인은 검사에게 변론을 위해 수사서류 등의 열람·등사(증거개시)를 요청하였으나 검사는 피해자 C에 대한 사생활보호 등을 이유로 거부하

였다. 이에 변호인이 불복하여 법원에 열람·등사(증거개시)를 신청하였고, 법원은 검사에게 수사서류 등의 열람·등사를 허용할 것을 명하였다. ① 검사는 이러한 법원의 결정에 불복할 수 있는가, ② 검사가 법원의 결정에 따르지 않는 경우 피고인 丙의 변호인은 어떻게 대응할 수 있는가? (12점)

해 설

Ⅰ. 제1문 — 甲, 乙, 丙, 丁의 형사책임

1. 제1문의 (가) — 사례 (1)에서 甲, 乙, 丙의 형사책임

(1) 문제의 제기

A군의 군수인 甲과 사채업자인 乙은 공모하여 A군의 둘레길 조성사업과 관련하여 건설업자 丙에게 乙에 대한 지원을 요청하고, 丙은 乙에게 시가 3,000만 원 상당 K5 승용차와 1,000만 원 상당의 비품을 교부하였다. 甲과 乙의 위와 같은 행위가 뇌물수수죄 또는 특정범죄 가중처벌 등에 관한 법률(이하, 특정범죄가중법이라 한다)상의 뇌물죄에 해당하는지, 丙은 뇌물공여죄의 형사책임을 지는지 문제된다.

(2) 甲의 형사책임

공무원이 그 직무에 관하여 뇌물을 수수한 때에는 뇌물수수죄(형법 제129조 제1항)가 성립한다. 뇌물이란 직무에 관한 부당한 이익 내지 불법한 보수를 말한다. 甲은 A군의 군수로서 A군의 둘레길 조성사업은 甲의 권한에 속하는 직무이고, 관내 건설업자인 丙이 좋은 기회가 될 것으로 기대하고 교부한 승용차와 비품 합계 4,000만 원 상당은 뇌물에 해당한다.

甲은 乙과 공모하여 뇌물을 수수하기로 하고 丙으로 하여금 향후 둘레길 조성사업에 관여하게 될 乙에게 뇌물을 제공하도록 하였는데, 이 경우 甲에 대하여 뇌물수수죄가 성립하는지, 제3자뇌물수수죄(형법 제130조)에 해당하는지 문제된다. 제3자뇌물수수죄에서의 제3자에는 행위자인 공무원과 공동정범 관계에 있는 자는 포함되지 않고, 실제로 뇌물이 공동정범인 공무원 또는 비공무원 중 누구에게 귀속되었는지도 문제되지 않는다. 공무원이 공여자로 하여금 공동정범 관계에 있는 비공무원에게 뇌물을 공여하게 한 경우에는 공무원 자신에게 뇌물을 공여한 것으로 볼 수 있을 것이다 (**관련판례**).[1] 따라서 甲에 대하여는 제3자뇌물수수죄가 아닌 뇌물수수죄의 공동정범이

1) (**관련판례**) 대법원 2019. 8. 29. 선고 2018도13792 전원합의체 판결 【특정범죄가중처벌등에관한법률위

성립한다.

한편 특정범죄가중법 제2조 제1항은 수뢰액이 3천만 원 이상이면 그 수수한 뇌물의 가액에 따라 가중처벌하고 있으므로, 甲이 수령한 뇌물의 가액을 산정할 필요가 있다. 뇌물의 가액은 뇌물이 물품인 경우 그 물품의 가액이 수뢰액이 되며, 뇌물의 '수수'는 뇌물을 취득하는 것인데, 여기에서의 취득은 사실상의 처분권을 취득하는 것이고 법률상 소유권까지 취득하여야 하는 것은 아니다(**관련판례**).[1] 甲이 수수한 뇌물은 승용차 시가 3,000만 원 상당과 비품 시가 1,000만 원 상당이므로 수뢰액은 4,000만 원으로 산정할 수 있다. 승용차의 소유권이전등록을 해주지 않았다고 하더라도 영득의 의사로 실질적인 사용·처분 권한을 이전한 이상 위 4,000만 원을 수뢰액으로 볼 수 있다.

따라서 甲에 대하여는 특정범죄가중법위반(뇌물)죄(동법 제2조 제1항 제3호, 형법 제129조 제1항)의 공동정범이 성립한다.

(3) 乙의 형사책임

뇌물수수죄는 공무원 또는 중재인이 행위 주체로 되는 진정신분범이다. 따라서

반(뇌물)·특정범죄가중처벌등에관한법률위반(뇌물)(인정된 죄명: 뇌물수수) 등】.「공무원이 뇌물공여자로 하여금 공무원과 뇌물수수죄의 공동정범 관계에 있는 비공무원에게 뇌물을 공여하게 한 경우에는 공동정범의 성질상 공무원 자신에게 뇌물을 공여하게 한 것으로 볼 수 있다. 공무원과 공동정범 관계에 있는 비공무원은 제3자뇌물수수죄에서 말하는 제3자가 될 수 없고, 공무원과 공동정범 관계에 있는 비공무원이 뇌물을 받은 경우에는 공무원과 함께 뇌물수수죄의 공동정범이 성립하고 제3자뇌물수수죄는 성립하지 않는다. (중략) 금품이나 이익 전부에 관하여 뇌물수수죄의 공동정범이 성립한 이후에 뇌물이 실제로 공동정범인 공무원 또는 비공무원 중 누구에게 귀속되었는지는 이미 성립한 뇌물수수죄에 영향을 미치지 않는다. 공무원과 비공무원이 사전에 뇌물을 비공무원에게 귀속시키기로 모의하였거나 뇌물의 성질상 비공무원이 사용하거나 소비할 것이라고 하더라도 이러한 사정은 뇌물수수죄의 공동정범이 성립한 이후 뇌물의 처리에 관한 것에 불과하므로 뇌물수수죄가 성립하는 데 영향이 없다.」

1) 대법원 2019. 8. 29. 선고 2018도13792 전원합의체 판결.「뇌물수수죄에서 말하는 '수수'란 받는 것, 즉 뇌물을 취득하는 것이다. 여기에서 취득이란 뇌물에 대한 사실상의 처분권을 획득하는 것을 의미하고, 뇌물인 물건의 법률상 소유권까지 취득하여야 하는 것은 아니다. 뇌물수수자가 법률상 소유권 취득의 요건을 갖추지는 않았더라도 뇌물로 제공된 물건에 대한 점유를 취득하고 뇌물공여자 또는 법률상 소유자로부터 반환을 요구받지 않는 관계에 이른 경우에는 그 물건에 대한 실질적인 사용·처분권한을 갖게 되어 그 물건 자체를 뇌물로 받은 것으로 보아야 한다. 뇌물수수자가 뇌물공여자에 대한 내부관계에서 물건에 대한 실질적인 사용·처분권한을 취득하였으나 뇌물수수 사실을 은닉하거나 뇌물공여자가 계속 그 물건에 대한 비용 등을 부담하기 위하여 소유권 이전의 형식적 요건을 유보하는 경우에는 뇌물공여자와 뇌물수수자 사이에서는 소유권을 이전받은 경우와 다르지 않으므로 그 물건을 뇌물로 받았다고 보아야 한다. 뇌물수수자가 교부받은 물건을 뇌물공여자에게 반환할 것이 아니므로 뇌물수수자에게 영득의 의사도 인정된다.」

공무원 또는 중재인이 아닌 乙이 신분자인 甲과 공모하여 뇌물을 수수한 경우 뇌물수수죄의 공동정범이 될 수 있는지 문제된다.

공범과 신분에 관한 형법 제33조는 "신분이 있어야 성립되는 범죄에 신분 없는 사람이 가담한 경우에는 그 신분 없는 사람에게도 제30조부터 제32조까지의 규정을 적용한다. 다만, 신분 때문에 형의 경중이 달라지는 경우에 신분이 없는 사람은 무거운 형으로 벌하지 아니한다"라고 규정하고 있다.

따라서 진정신분범에 가담한 乙에 대하여도 형법 제33조 본문이 적용되어, 乙에 대하여 특정범죄가중법위반(뇌물)죄의 공동정범이 성립한다.

(4) 丙의 형사책임

丙은 공무원인 甲의 요구로 乙에게 4,000만 원 상당의 뇌물을 교부하였으므로 뇌물공여죄(형법 제133조 제1항)가 성립한다. 위에서 설명한 바와 같이 공무원이 뇌물공여자로 하여금 공동정범 관계에 있는 비공무원에게 뇌물을 공여하게 한 경우 공무원 자신에게 뇌물을 공여하게 한 것으로 볼 수 있으므로, 乙에 대한 뇌물 교부에 대하여도 뇌물공여죄가 성립한다고 볼 수 있다.

한편, 특정범죄가중법상의 가중처벌 규정은 뇌물공여죄에 대하여는 적용되지 않는다.

(5) 설문의 해결

甲과 乙에 대하여 특정범죄가중법위반(뇌물)죄의 공동정범이 각 성립하고, 丙에 대하여 뇌물공여죄가 성립한다.

2. 제1문의 (나) — 사례 (2)에서 乙, 丁의 형사책임

(1) 乙의 형사책임

(가) 문제의 제기

乙은 실험 결과를 허위로 기재한 육군사관학교장 명의의 시험평가서를 작성하고 그 사정을 모르는 결재권자의 도장을 받았다. 위 시험평가서는 내용이 허위인 공문서에 해당한다.

공무원이 행사할 목적으로 그 직무에 관하여 문서 또는 도화를 허위로 작성하거나 변개하는 행위는 허위공문서작성죄(형법 제227조)에 해당한다. 허위공문서작성죄는 직무에 관하여 문서 또는 도화를 작성할 권한이 있는 공무원을 행위 주체로 하는 신분범이다. 공무원이라고 하더라도 문서의 작성권한이 없는 자는 허위공문서작성죄의 주체가 될 수 없다.

乙은 시험평가서를 기안하는 등 공문서 작성을 보조하는 업무를 담당하고 있는데, 이와 같이 작성권한자를 보조하는 사무를 담당하는 공무원이 허위공문서를 작성하고 그 사정을 모르는 결재권자의 도장을 받는 경우, 허위공문서작성죄의 간접정범이 될 수 있는지가 문제된다.

㈏ 허위공문서작성죄의 간접정범 성립에 관한 학설 및 판례

원칙적으로 진정신분범에서 신분 없는 사람은 정범 적격이 없으므로 신분 없는 사람이 신분자를 '생명 있는 도구'로 이용하여 진정신분범을 범할 수는 없다고 이해된다. 따라서 사인(私人)이나 권한 없는 공무원이 그 사실을 모르는 권한 있는 공무원을 이용한 경우에는 간접정범의 성립을 부정하는 것이 통설[1)]과 판례[2)]의 태도이다.

다만, 작성권한 있는 공무원을 보조하여 공문서를 기안 또는 초안하는 사무를 담당하는 공무원이 그 직위를 이용하여 행사할 목적으로 직무상 기안하는 문서에 허위내용을 기재하고, 그 사실을 모르는 결재권자로 하여금 기안 내용이 진실한 것으로 오신케 하여 허위공문서를 작성토록 한 경우에는 ① 긍정설과 ② 부정설이 대립한다. ①의 긍정설은 ⓐ 본죄의 본질이 공무원이라는 신분자의 권한남용을 방지하려는 데 있는 것으로 본죄의 신분은 공무원이라는 신분이 아니라 공무원이 직무에 관한 문서를 작성하는 것을 말하는 것이라는 점, ⓑ 기안을 담당하는 보조공무원은 문서의 작성명의인은 아니지만 사실상 또는 실질적으로 작성권한을 가지고 있다는 점, ⓒ 신분범 중에 간접정범이 인정되는 경우와 인정될 수 없는 경우가 있는데 이와 같은 경우는 간접정범이 성립한다고 보아야 한다는 점 등을 근거로 간접정범의 성립을 긍정한다. ②의 부정설은 ⓐ 본죄는 직권남용을 처벌하려는 것이 아니라 공문서의 신용력에 대한 공공의 신용을 보호하기 위한 범죄라는 점, ⓑ 본죄의 주체는 작성권한 있는 공무원에 엄격히 제한되는 진정신분범인데 진정신분범에서 신분 없는 사람이 신분 있는 사람을 이용한 간접정범은 성립할 수 없다는 점 등을 근거로 간접정범의 성립을 부정한다.

판례는 공문서의 작성권한이 있는 공무원의 직무를 보좌하는 사람이 그 직위를

1) 이에 대한 상세는 사례 13. [18-변시(7)-1] 제1문 2. 甲의 형사책임 중 '허위공문서작성죄 또는 허위진단서작성죄의 간접정범 성립 여부' 부분 참조.

2) 대법원 2006. 5. 11. 선고 2006도1663 판결.

이용하여 행사할 목적으로 허위의 내용이 기재된 문서 초안을 그 사정을 모르는 상사에게 제출하여 결재하도록 하는 등의 방법으로 작성권한이 있는 공무원으로 하여금 허위의 공문서를 작성하게 한 경우에는, 허위공문서작성죄의 간접정범이 성립한다고 하여 ①의 긍정설의 입장이다.[1)]

㈐ 소결

乙은 육군 대위로서 납품 관련 시험평가서의 기안 등 작성을 보조하는 업무를 담당하던 중 실험 납품결과를 허위로 기재한 실험평가서를 작성하고, 그 사정을 모르는 결재권자의 도장을 받아 허위공문서를 작성하였으므로, 판례와 긍정설의 견해에 따르면 乙에 대하여 허위공문서작성죄의 간접정범(형법 제227조, 제34조 제1항)이 성립한다.

(2) 丁의 형사책임

丁은 乙에게 丁이 근무하는 B 방위산업체에서 생산하여 납품하려고 하는 탄환에 대한 시험평가서가 필요하니 도와달라는 부탁을 하고, 乙은 그 부탁에 따라 허위로 기재한 시험평가서를 작성하고 그 사정을 모르는 결재권자의 도장을 받았다.

교사란 타인으로 하여금 범죄의 실행을 결의하게 하는 것으로, 탄환의 생산·납품업자인 丁이 공급 상대방인 육군의 시험평가서 기안 업무 담당자인 乙에게 '시험평가서가 필요하니 도와달라'고 부탁하는 것은 허위공문서작성에 대한 교사행위에 해당한다.

한편, 위에서 살펴본 바와 같이 허위공문서작성죄는 직무상 문서를 작성할 권한이 있는 공무원이 그 행위 주체가 되는 진정신분범이다. 위에서 살펴본 바와 같이, 판례 및 긍정설에 의하면 작성권자를 보조하는 직무에 종사하는 공무원이 그 사정을 모르는 결재권자로 하여금 결재하도록 하는 방법으로 허위공문서를 작성하게 한 경우에는 허위공문서작성죄의 간접정범이 성립한다. 이때 비신분자인 공무원 아닌 자가 교사범의 형태로 신분범에 가담한 경우, 허위공문서작성교사죄가 성립할 수 있는지가 문제된다. 공범과 신분에 관한 형법 제33조 본문은 신분이 있어야 성립되는 범죄에 신분 없는 사람이 가담한 경우에는 그 신분 없는 사람에게도 제30조부터 제32조까지

---

1) 대법원 1992. 1. 17. 선고 91도2837 판결; 대법원 2011. 5. 13. 선고 2011도1415 판결 등. 그러나 보조 직무에 종사하는 공무원이 결재를 거치지 않고 임의로 작성권자의 직인 등을 부정 사용함으로써 공문서를 완성하거나, 공문서의 작성권한 없는 사람이 허위공문서를 기안하여 작성권자의 결재를 받지 않고 공문서를 완성하거나, 다른 공무원 등이 작성권자의 결재를 받지 않고 직인 등을 보관하는 담당자를 기망하여 작성권자의 직인을 날인하도록 하여 공문서를 완성한 때에는 공문서위조죄(형법 제225조)가 성립한다(대법원 2017. 5. 17. 선고 2016도13912 판결).

의 규정을 적용한다고 규정한다.

따라서 진정신분범인 허위공문서작성죄에 교사범(형법 제31조 제1항)으로 가담한 丁에 대하여는 형법 제33조 본문이 적용되어 허위공문서작성교사죄(형법 제227조, 제31조 제1항)가 성립한다.

(3) 설문의 해결

乙에 대하여 허위공문서작성죄의 간접정범이, 丁에 대하여 허위공문서작성교사죄가 각 성립한다.

3. 제1문의 (다) — 사례 (3)에서 丙의 형사책임

(1) 문제의 제기

사람의 심신상실 또는 항거불능의 상태를 이용하여 간음한 경우 준강간죄(형법 제299조, 제297조)가 성립한다. 사례에서 丙은 술에 취해 누워 있는 C가 만취하여 심신상실 상태에 있다고 생각하고 이를 이용하여 간음하였는데, 사실은 C는 반항이 불가능할 정도로 술에 취한 정도는 아니었다. 이와 같은 경우, 준강간죄 또는 준강간미수죄가 성립하는지 여부가 문제된다.

(2) 판례의 태도 — 불능미수 성립을 긍정하는 견해

판례는 피고인이 피해자가 심신상실 또는 항거불능의 상태에 있다고 인식하고 그러한 상태를 이용하여 간음할 의사를 가지고 간음하였으나, 실행의 착수 당시부터 피해자가 실제로는 심신상실 또는 항거불능의 상태에 있지 않았다면 실행의 수단 또는 대상의 착오로 준강간죄의 기수에 이를 가능성이 처음부터 없다고 본다. 이 경우 피고인이 행위 당시에 인식한 사정을 놓고 일반인이 객관적으로 판단하여 보았을 때(위험성 판단에 관한 추상적 위험설), 정신적·신체적 사정으로 인하여 성적인 자기방어를 할 수 없는 사람의 성적 자기결정권을 침해하여 준강간의 결과가 발생할 위험성이 있었다면, 불능미수(형법 제27조[1])가 성립한다는 입장이다(**관련판례**[2]).[3]

---

1) 형법 제27조【불능범】 실행의 수단 또는 대상의 착오로 인하여 결과의 발생이 불가능하더라도 위험성이 있는 때에는 처벌한다. 단, 형을 감경 또는 면제할 수 있다.

2) (**관련판례**) 대법원 2019. 3. 28. 선고 2018도16002 전원합의체 판결【강간(인정된 죄명: 준강간미수, 변경된 죄명: 준강간)】. 「형법 제27조에서 규정하고 있는 불능미수는 행위자에게 범죄의사가 있고 실행의 착수라고 볼 수 있는 행위가 있지만 실행의 수단이나 대상의 착오로 처음부터 구성요건이 충족될 가능성이 없는 경우이다. 다만 결과적으로 구성요건의 충족은 불가능하지만, 그 행위의 위험성이 있으

(3) 불능미수의 성립을 부정하는 견해

(가) 구성요건해당성의 문제이고 불능미수는 성립하지 않는다는 견해

위 2018도16002 전원합의체 판결의 반대의견은 다수의견에 대하여 구성요건해당성 또는 구성요건 충족의 문제와 형법 제27조에서 말하는 결과 발생의 불가능의 의미를 혼동하고 있다고 비판한다. 형법 제27조의 '결과 발생의 불가능'이란 범죄행위의 성질상 결과 발생 또는 법익침해의 가능성이 절대로 있을 수 없는 경우를 말하며, 이는 사실관계의 확정 단계에서 밝혀지는 '결과 불발생'과는 엄격히 구별되는 개념이다. 강간죄나 준강간죄는 구성요건 결과의 발생을 요건으로 하는 결과범이자 보호법익의 현실적 침해를 요하는 침해범이므로 구성요건 결과가 발생하였는지 여부는 보호법익이 침해되었는지 여부를 기준으로 판단하고, 간음으로 인하여 성적 자기결정권이 침해하였다면 결과 발생이 불가능한 경우가 아니라고 한다. 다수의견은 준강간죄의 행위의 객체를 '심신상실 또는 항거불능의 상태에 있는 사람'이라고 보고 있으나, 심신상실 또는 항거불능의 상태를 이용하는 것은 범행 방법으로서 구성요건의 특별한 행

면 불능미수로 처벌한다. 불능미수는 행위자가 실제로 존재하지 않는 사실을 존재한다고 오인하였다는 측면에서 존재하는 사실을 인식하지 못한 사실의 착오와 다르다. (중략) 형법 제27조에서 정한 '실행의 수단 또는 대상의 착오'는 행위자가 시도한 행위방법 또는 행위객체로는 결과의 발생이 처음부터 불가능하다는 것을 의미한다. 그리고 '결과 발생의 불가능'은 실행의 수단 또는 대상의 원시적 불가능성으로 인하여 범죄가 기수에 이를 수 없는 것을 의미한다고 보아야 한다. 한편 불능범과 구별되는 불능미수의 성립요건인 '위험성'은 피고인이 행위 당시에 인식한 사정을 놓고 일반인이 객관적으로 판단하여 결과 발생의 가능성이 있는지 여부를 따져야 한다. 형법 제299조에서 정한 준강간죄는 사람의 심신상실 또는 항거불능의 상태를 이용하여 간음함으로써 성립하는 범죄로서, 정신적·신체적 사정으로 인하여 성적인 자기방어를 할 수 없는 사람의 성적 자기결정권을 보호법익으로 한다. 심신상실 또는 항거불능의 상태는 피해자인 사람에게 존재하여야 하므로 준강간죄에서 행위의 대상은 '심신상실 또는 항거불능의 상태에 있는 사람'이다. 그리고 구성요건에 해당하는 행위는 그러한 '심신상실 또는 항거불능의 상태를 이용하여 간음'하는 것이다. 심신상실 또는 항거불능의 상태에 있는 사람에 대하여 그 사람의 그러한 상태를 이용하여 간음행위를 하면 구성요건이 충족되어 준강간죄가 기수에 이른다. 피고인이 피해자가 심신상실 또는 항거불능의 상태에 있다고 인식하고 그러한 상태를 이용하여 간음할 의사를 가지고 간음하였으나, 실행의 착수 당시부터 피해자가 실제로는 심신상실 또는 항거불능의 상태에 있지 않았다면, 실행의 수단 또는 대상의 착오로 준강간죄의 기수에 이를 가능성이 처음부터 없다고 볼 수 있다. 이 경우 피고인이 행위 당시에 인식한 사정을 놓고 일반인이 객관적으로 판단하여 보았을 때 정신적·신체적 사정으로 인하여 성적인 자기방어를 할 수 없는 사람의 성적 자기결정권을 침해하여 준강간의 결과가 발생할 위험성이 있었다면 불능미수가 성립한다. 원심판결 이유를 위에서 본 법리에 비추어 살펴보면, 이 사건은 피고인이 준강간의 고의로 피해자를 간음하였으나, 피해자가 실제로는 심신상실 또는 항거불능의 상태에 있지 않아 실행의 수단 또는 대상의 착오로 인하여 준강간의 결과 발생이 불가능한 경우에 해당하고, 피고인이 인식한 사정을 놓고 일반인이 객관적으로 판단하여 보았을 때 결과 발생의 가능성이 있으므로 위험성이 인정된다.」

본 판결 해설은 이수환, "준강간죄의 불능미수 성립을 인정할 수 있는지 여부", 대법원판례해설 제120호, 2019, 527-548면.

3) 대법원 2024. 4. 12. 선고 2021도9043 판결.

위 양태에 해당하고, 구성요건 행위의 객체는 사람이다. 따라서 이 사건은 준강간죄의 구성요건요소에 해당하는 특별한 행위 양태에 대한 증거가 충분한지 여부가 문제되는 사안인데, 만약 다수의견처럼 보게 되면 피고인의 행위가 검사가 공소제기한 범죄의 구성요건을 충족하지 못하면 그 결과의 발생이 불가능한 때에 해당한다는 것과 다름없고, 검사가 공소장에 기재한 적용법조에서 규정하고 있는 범죄의 구성요건요소가 되는 사실을 증명하지 못한 때에도 불능미수범으로 처벌할 수 있다는 결론에 이르게 되어, 죄형법정주의를 전면적으로 형해화하는 결과를 초래하는 것이라고 한다.

반대의견과 유사하게 불능미수의 성립을 부정하는 견해[1]는, 불능미수는 결과 발생이 사실상 불가능하여야 하여야 하는데, 사례의 경우는 결과 발생이 불가능한 경우가 아니라고 한다. 또한 준강간죄의 보호법익은 성적 자기결정권의 침해뿐만 아니라 자신의 법익이 침해당하는 상황에 대항할 수 있는 권리의 침해 내지 박탈도 포함되는 것이어서, 그러한 권리를 행사할 수 있는 상황이었다면 보호법익의 침해가 없는 것이라고 한다. 따라서 이는 범죄가 성립하지 않는 것이지 불능미수가 성립하는 것이 아니라고 한다.

㈏ 장애미수 긍정설

보편화된 범죄체계론에 따를 때 사례의 경우 미수범으로 처벌할 수 있다는 점에서 판례의 다수의견에 동의하면서, 불능미수가 아닌 장애미수의 성립을 인정하여야 한다는 견해[2]가 있다. 판례는 불능미수의 가능성 표지를 사실적인 개념으로 이해하여 결과 발생이 불가능하다고 판단하지만, 장애미수와 불능미수를 구별하는 기준으로서의 가능성은 규범적인 개념으로서 통찰력 있는 일반인의 보편적 관점에서 행위 당시 행위 자체의 객관적인 속성에 비추어 그 행위가 구성요건을 실현할 수 있는 가능성이 있는지를 판단하여야 한다고 본다. 규범적 가능성 개념에 따르면 가정적으로 만약 외부적 사정이 개입되지 않았더라면 과연 결과 발생이 이루어졌을지를 심사하는데, 피해자가 실제로 명정 상태에 빠져 있었다면 준강도의 기수에 해당했을 것이므로 피고인의 행위는 기수범과 같은 불법성을 표출한 장애미수로 보아야 한다고 본다.

(4) 설문의 해결

판례의 태도에 의하면 丙은 C가 만취하여 심신상실 상태에 있다고 생각하고 이

1) 이용식, "2019년 분야별 중요판례분석 8) 형법(총칙)", 법률신문 제4779호, 12-13면.
2) 홍영기, "준강간의 미수: 장애미수와 불능미수의 구별 – 대법원 2019. 3. 28. 선고 2018도16002 전원합의체 판결", 법조 제68권 제3호, 법조협회(2019), 664-672면.

를 이용하였으나 실제로 C는 반항이 불가능할 정도로 술에 취하지는 않았으므로 실행의 수단 또는 대상의 착오로 인하여 준강간죄의 결과 발생이 불가능하였고, 행위 당시 인식한 사정을 놓고 일반인이 객관적으로 판단하여 보았을 때 준강간의 결과가 발생할 위험성은 있다고 판단된다. 따라서 丙에 대하여 준강간죄의 불능미수, 즉 준강간미수죄(형법 제300조, 제299조, 제297조)가 성립한다.

Ⅱ. 제2문 — 甲과 丙에 대한 공소시효 완성 여부

1. 문제의 제기

甲과 乙은 2013. 8. 5. 성립한 특정범죄가중법위반(뇌물)죄의 공동정범 관계에 있다. 그런데 乙은 수사가 개시되자 태국으로 도주하여 2017. 8. 5.부터 2018. 8. 4.까지 머무르다가 귀국하여 2019. 8. 5. 공소가 제기되었고, 2020. 8. 4. 판결이 확정되었다. 그 후 2021. 12. 5. 甲과 丙에 대한 공소가 제기되자, 甲과 丙의 변호인은 공소시효가 만료되어 면소판결을 하여야 한다는 주장을 하였다. 위 주장의 타당성을 검토하기 위해서는 乙의 해외체류 및 공소제기로 인한 공소시효 정지의 효력이 甲과 丙에게도 미치는지 여부를 검토하여야 한다.

2. 甲의 변호인 주장의 타당성

(1) 공소시효 기간

사례 (1)에서 甲은 특정범죄가중법위반(뇌물)죄에 해당하고 수뢰액이 4,000만 원이므로 법정형은 5년 이상 유기징역이고(특정범죄가중법 제2조 제1항 제3호), 공소시효는 10년이다(형소법 제249조 제1항 제3호). 공소시효는 범죄행위를 종료한 때로부터 진행되고(형소법 제252조 제1항), 공범의 경우 최종행위가 종료한 때로부터 공범 전체에 대한 시효기간이 진행된다(동조 제2항). 공소시효는 초일을 산입하고(형소법 제66조 제1항 단서), 말일이 공휴일이거나 토요일이더라도 산입한다(동조 제3항 단서). 따라서 甲에 대한 공소시효는 2013. 8. 5.부터 진행되어 공소시효의 정지사유가 없는 한 그로부터 10년 후인 2023. 8. 4. 완성된다.

(2) 공소시효의 정지 여부

공소시효는 공소의 제기로 진행이 정지되고(형소법 제253조 제1항), 공범의 1인에 대한 공소제기는 다른 공범자에 대하여 효력이 미치고 당해 사건의 재판이 확정된 때로부터 진행한다(동조 제2항). 또한, 범인이 형사처분을 면할 목적으로 국외에 있는 경우 그 기간 동안 정지된다(동조 제3항).

甲과 공동정범의 관계에 있는 乙에 대하여 2019. 8. 5. 공소가 제기되었다가 2020. 8. 4. 판결이 확정되었으므로 甲에 대한 공소시효 역시 그 기간 동안 정지되었다가 다시 진행된다.

乙은 공소제기되기 전인 2017. 8. 5.부터 2018. 8. 4.까지 해외로 도주하였는데, 이로 인한 공소시효 정지의 효력은 범인 외에 다른 공범에게 효력을 미치지 않으므로 甲의 공소시효 진행에는 영향을 미치지 않는다.

(3) 소결

甲에 대한 공소시효 기간은 공범의 공소제기로 인한 1년의 공소시효 정지기간을 고려하면, 2024. 8. 4.에 만료한다. 따라서 甲에 대한 변호인의 주장은 타당하지 않다.

3. 丙의 변호인 주장의 타당성

(1) 공소시효 기간

사례 (1)에서 丙은 뇌물공여죄(형법 제133조 제1항)로 법정형이 5년 이하의 징역 또는 2천만 원 이하의 벌금이므로 공소시효는 7년이다(형소법 제249조 제1항 제4호). 따라서 丙에 대한 공소시효는 2013. 8. 5.부터 진행되어 공소시효 정지의 사유가 없는 한 2020. 8. 4. 완성된다.

(2) 공소시효의 정지 여부

뇌물수수죄와 뇌물공여죄는 필요적 공범의 관계에 있다고 해석되므로, 형법 제253조 제2항이 적용되어 乙에 대한 공소시효 정지의 효력이 丙에 대하여도 미치는지 문제된다.

뇌물수수죄와 뇌물공여죄는 필요적 공범관계에 있지만 이른바 대향범으로서 서로 대향된 행위의 존재를 필요로 할 뿐 각자 자신의 구성요건을 실현하고 별도의 형벌규정에 따라 처벌되는 것이므로, 2인 이상이 가공하여 공동의 구성요건을 실현하는 공범 관계에 있는 사람과는 본질적으로 다르다. 한편 형사소송법 제253조 제2항은 공범 사이의 처벌의 형평, 국가형벌권의 적정한 실현 등을 위하여 공소제기 효력의 인적 범위를 확장하는 예외를 마련한 것이므로 엄격하게 해석하여야 하고, 피고인에게 불리한 방향으로 확장하여 해석하여서는 안 된다. 따라서 형사소송법 제253조 제2항에서의 '공범'에는 뇌물공여죄와 뇌물수수죄와 같은 대향범 관계에 있는 사람은 포함되지 않는다고 보아야 한다.[1] 또한, 乙의 해외체류로 인한 공소시효 정지 역시 乙 이외의 다른 사람에게는 영향을 미치지 않는다.

결국, 丙에 대하여는 아무런 공소시효 정지사유가 없다.

(3) 소결

丙에 대한 공소시효는 2020. 8. 4. 완성되었다. 그런데 검사는 공소시효가 완성된 이후인 2021. 12. 5. 丙에 대한 공소를 제기하였으므로 丙에 대하여 면소판결을 하여야 한다는 丙의 변호인의 주장은 타당하다.

4. 설문의 해결

공소시효가 만료되어 면소판결을 하여야 한다는 甲의 변호인의 주장은 부당하고, 丙의 변호인의 주장은 타당하다.

Ⅲ. 제3문 — 불이익변경금지의 원칙

1. 문제의 제기

乙은 사례 (1)로 징역 2년 6월 및 추징 4천만 원을 선고받고 乙만 항소하였다. 항소심은 사실인정에 있어 1심보다 중하게 변경하면서 乙에게 징역 2년 6월 및 집행유예 5년, 벌금 1억 원 및 추징 4천만 원을 선고하였다. 이와 같이 항소심에서 사실인정을 중하게 변경하면서 집행유예와 벌금을 추가하는 것이 불이익변경금지의 원칙에 위반되는 것이 아닌지 문제된다.

---

1) 대법원 2015. 2. 12. 선고 2012도4842 판결.

2. 사실인정의 변경과 불이익변경금지의 원칙

피고인이 항소 또는 상고한 사건과 피고인을 위하여 항소 또는 상고한 사건에 대해서는 상소심은 원심판결의 형보다 무거운 형을 선고할 수 없다(형소법 제368조, 제396조 제2항). 이를 불이익변경금지의 원칙이라고 한다.

불이익변경이 금지되는 것은 '형의 선고'에 한하기 때문에 선고형이 무겁게 변경되지 않는 한 사실인정의 내용이 불이익하게 변경되거나,[1] 죄명이나 적용법조가 불리하게 변경되거나,[2] 1죄를 경합범으로 변경하는 경우[3]는 불이익변경금지의 원칙에 위반한 것이 아니다.

3. 집행유예 및 벌금의 추가와 불이익변경금지의 원칙

원심의 형이 피고인에게 불이익하게 변경되었는지 여부는 형의 경중(형법 제41조, 제50조)을 일응의 기준으로 하되, 병과형이나 부가형, 집행유예, 노역장 유치기간 등 주문 전체를 고려하여 피고인에게 실질적으로 불이익한가의 여부에 의하여 판단하여야 한다.[4]

집행유예 역시 형의 내용을 실질적으로 좌우하는 것이므로 집행유예를 박탈하거나 집행유예 기간만을 길게 하는 것은 불이익한 변경에 해당한다.[5] 집행유예를 새로 붙이는 것은 허용되나, 집행유예를 새로 붙이면서 벌금형을 병과하는 경우에는 집행유예의 실효나 취소 가능성, 벌금 미납 시 노역장 유치 가능성과 그 기간을 전체적·실질적으로 고려하여 불이익한 변경에 해당한다.[6]

항소심은 乙에 대하여 징역 2년 6월에 집행유예 5년을 추가하면서 벌금 1억 원도 새롭게 선고하였는데, 집행유예의 실효나 취소 가능성, 벌금 미납 시 노역장 유치 가능성과 그 기간을 고려해보았을 때, 이는 피고인에게 실질적으로 불이익한 변경에 해당된다.

1) 대법원 1989. 6. 13. 선고 88도1983 판결.
2) 대법원 1981. 12. 8. 선고 81도2779 판결; 대법원 2013. 2. 28. 선고 2011도14986 판결.
3) 대법원 1984. 4. 24. 선고 83도3211 판결.
4) 대법원 2019. 10. 17. 선고 2019도11540 판결.
5) 대법원 1983. 10. 11. 선고 83도2034 판결.
6) 대법원 2013. 12. 12. 선고 2012도7198 판결(징역 1년 6월 및 추징 → 징역 1년 6월에 집행유예 3년, 추징 및 벌금 50,000,000원 선고). 본 판결 해설은 우인성, "징역형의 형기를 유지한 채 집행유예하면서 누락된 필요적 벌금형을 병과한 경우 불이익변경금지원칙 위반인지 여부", 대법원판례해설 제98호, 2014, 512-560면.

4. 설문의 해결

항소심에서 乙에 대하여 사실인정을 중하게 변경하는 것은 불이익한 변경이라고 볼 수 없지만, 징역 2년 6월에 집행유예 5년을 붙이면서 벌금 1억 원을 추가하는 것은 불이익변경금지의 원칙에 위반한 것으로서 위법하다.

Ⅳ. 제4문 — 구속된 피의자·피고인의 석방을 위한 조치

1. 문제의 제기

검사가 구속영장을 발부받아 구속한 乙에 대하여 변호인이 석방을 위하여 취할 수 있는 형사소송법상 절차가 공소제기 전후에 어떠한 것이 있는지 문제된다.

2. 공소제기 전

(1) 구속적부심사 청구(형소법 제214조의2)

구속된 피의자에 대하여 변호인은 구속의 적부심사(適否審査)를 청구할 수 있다(형소법 제214조의2). 구속적부심사제도는 법원이 구속의 적법 여부 또는 구속 계속의 필요성 여부를 심사하여 피의자를 석방하는 제도를 말한다. 따라서 변호인은 乙에 대한 구속이 위법하거나, 그 이후의 사정변경 등으로 구속을 계속할 필요성이 없다는 사유를 주장하여 구속적부심사를 청구할 수 있다.

법원은 구속적부심사를 청구한 피의자(심사청구 후 공소제기된 사람 포함)에 대하여 피의자의 출석을 보증할 만한 보증금의 납입을 조건으로 하여 석방을 명할 수 있다(형소법 제214조의2 제5항). 이는 피의자보석으로서의 성격을 가지는데, 석방 여부는 법원의 직권이고 재량사항에 해당한다.

(2) 구속취소 청구(형소법 제209조, 제93조)

구속의 사유가 없거나 소멸된 때에는 법원은 직권 또는 검사, 피고인, 변호인 등의 청구에 의하여 결정으로 구속을 취소하여야 한다(형소법 제93조). 그리고 이는 검사의 피의자 구속에 준용되므로(형소법 제209조), 검사는 피의자나 변호인 등의 청구에 의하여 피의자에 대하여 구속취소를 할 수 있다. 따라서 변호인은 乙에게 구속의 사유가 없거나 소멸되었다는 점을 들어 검사에게 구속취소를 청구할 수 있다.

(3) 구속집행정지 요청(형소법 제209조, 제101조)

법원은 상당한 이유가 있는 때에는 결정으로 구속된 피고인을 친족·보호단체 기타 적당한 자에게 부탁하거나 피고인의 주거를 제한하여 구속의 집행을 정지할 수 있다(형소법 제101조). 그리고 이는 검사의 피의자 구속에 준용하므로(형소법 제209조), 검사는 결정으로 구속된 피의자에 대하여 구속의 집행을 정지할 수 있다. 따라서 변호인은 검사의 직권발동을 촉구하는 의미로 검사에게 구속집행정지를 요청할 수 있다.

3. 공소제기 후

(1) 보석 청구(형소법 제94조)

피고인, 피고인의 변호인 등은 법원에 구속된 피고인의 보석을 청구할 수 있으며(형소법 제94조), 법원은 필요적 보석의 예외사유에 해당하지 아니하는 경우에는 보석을 허가하여야 한다(필요적 보석)(형소법 제95조). 또한, 필요적 보석의 예외사유에 해당된다고 하더라도 상당한 이유가 있는 때에는 보석을 허가할 수 있다(직권보석)(형소법 제96조). 따라서 변호인은 법원에 피고인 乙에 대하여 필요적 보석 또는 직권보석의 허가를 청구할 수 있다.

(2) 구속취소 청구(형소법 제93조)

변호인은 구속의 사유가 없거나 소멸되었다는 점을 들어 법원에 피고인 乙의 구속취소를 청구할 수 있다(형소법 제93조)

(3) 구속집행정지 요청(형소법 제101조)

법원은 상당한 이유가 있는 때에는 결정으로 구속된 피고인을 친족·보호단체 기타 적당한 자에게 부탁하거나 피고인의 주거를 제한하여 구속의 집행을 정지할 수 있다(형소법 제101조). 따라서 변호인은 법원의 직권발동을 촉구하는 의미로 법원에게 구속집행정지를 요청할 수 있다.

V. 제5문 — 증거개시결정에 대한 검사의 불복 및 변호인의 대응

1. 문제의 제기

형사소송법상 증거개시제도는 검사와 피고인 사이의 무기대등의 원칙과 피고인의 방어권 보장을 위하여 도입된 제도이다. 피고인 또는 변호인은 검사에게 공소제기된 사건에 관한 서류 또는 물건의 목록과 공소사실의 인정 또는 양형에 영향을 미칠 수 있는 서류 등에 대한 열람·등사 또는 서면의 교부를 신청할 수 있다(형소법 제266조의3). 그리고 검사가 서류 등의 열람·등사 또는 서면의 교부를 거부하거나 그 범위를 제한한 때에는 법원에 그 서류 등의 열람·등사 또는 서면의 교부를 허용하도록 할 것을 신청할 수 있다(형소법 제266조의4 제1항). 법원은 이에 따라 검사에게 열람·등사 또는 서면의 교부를 허용할 것을 명할 수 있다(동조 제2항),

그런데 丙의 변호인이 검사에게 수사서류 등의 열람·등사(증거개시)를 요청하였으나 검사는 피해자 C의 사생활보호 등을 이유로 거부하였고, 법원은 변호인의 불복에 대하여 검사에게 열람·등사의 허용을 명하였다. 이때, ① 검사는 법원의 결정에 불복할 수 있는지, ② 검사가 법원의 결정에 따르지 않는 경우 변호인의 대응 방법이 문제된다.

2. 제5문의 ① — 검사의 불복 가능성

(1) 즉시항고

법원이 검사에게 수사서류 등을 열람·등사를 허용할 것을 명한 결정에 대해서는 즉시항고할 수 있는 규정이 없다. 따라서 그 결정이 고지되면 즉시 집행력이 발생한다.[1)]

(2) 항고

법원의 결정에 대하여 불복이 있으면 항고를 할 수 있는데(형소법 제402조), 법원의 관할 또는 판결 전의 소송절차에 관한 결정에 대하여는 특히 즉시항고를 할 수 있는 경우 외에는 항고하지 돗한다(형소법 제403조 제1항). 위 결정에 대한 항고 여부에 관하여, ① 위 결정은 '판결 전의 소송절차'에 관한 결정이 아니라 형사소송법 제402조에

---

1) 대법원 2012. 11. 15. 선고 2011다48452 판결.

서 규정하는 일반규정으로서의 법원의 결정이므로 항고는 허용된다는 견해도 있으나, ② 이는 '판결 전의 소송절차'에 관한 결정이므로 항고는 허용되지 않는다고 할 것이다(통설). 판례도 위 ②의 견해와 같은 입장이다.[1)]

(3) 설문의 해결

법원의 위 결정에 대해서는 즉시항고는 물론, 형사소송법 제402조에 의한 항고의 방법으로 불복할 수 없다.

3. 제5문의 ② — 법원의 결정에 따르지 않는 경우 변호인의 대응 방법

검사가 법원의 결정에 따르지 않는 경우, 피고인 丙의 변호인은 증거 자체에 대해서는 물론 검사의 거부행위(처분)에 대하여 대응할 수 있다.[2)]

(1) 증거 자체에 대한 대응 방법

(가) 증거신청·조사와 관련된 주장

검사는 열람·등사 또는 서면의 교부에 관한 법원의 결정을 지체 없이 이행하지 아니하는 때에는 해당 증인 및 서류 등에 대한 증거신청을 할 수 없다(형소법 제266조의4 제5항). 따라서 변호인은 ① 법원의 결정에 따르지 아니한 수사서류 등에 대해서는 증거신청을 할 수 없다는 주장을 미리 할 수 있고, ② 만일 검사가 수사서류 등에 대하여 증거신청을 한 경우 증거신청을 할 수 없다는 의견을 진술할 수 있으며(형소규칙 제134조 제1항, 제2항), ③ 법원이 증거조사를 하는 경우 이의신청을 할 수 있다(형소법 제295조, 제296조 제1항, 형소규칙 제135조의2).

(나) 검사의 증거개시요구에 대한 거부

검사가 형사소송법 제266조의3 제1항에 따른 서류 등의 열람·등사 또는 서면의 교부를 거부한 때에는 검사의 증거개시 요구를 거부할 수 있다(형소법 제266조의11 제2항). 따라서 변호인은 검사가 서류 등에 대한 증거개시를 요구한 경우, 이를 거부할 수 있다.

---

1) 대법원 2013. 1. 24. 자 2012모1391 결정.
2) 이례적이지만, 재판의 경과에 따라서는 변호인으로서는 증거 자체나 검사의 거부행위에 대한 직접적인 대응 외에 공판 과정에서 법원의 결정을 따르지 않음으로써 파생될 수 있는 주장을 하는 등 간접적인 대응이 필요한 경우도 있을 것이다.

(2) 검사의 거부행위에 대한 대응 방법

(가) 헌법소원심판청구

형사소송법 제266조의4 제5항은 검사가 수사서류의 열람·등사에 관한 법원의 허용 결정을 지체 없이 이행하지 아니하는 때에는 해당 증인 및 서류 등에 대한 증거신청을 할 수 없도록 규정하고 있다. 그런데 이는 검사가 그와 같은 불이익을 감수하기만 하면 법원의 열람·등사 결정을 따르지 않을 수도 있다는 의미가 아니라, 피고인의 열람·등사권을 보장하기 위하여 검사로 하여금 법원의 열람·등사에 관한 결정을 신속히 이행하도록 강제하는 한편, 이를 이행하지 아니하는 경우에는 증거신청상의 불이익도 감수하여야 한다는 의미로 해석하여야 할 것이므로, 법원이 검사의 열람·등사 거부처분에 정당한 사유가 없다고 판단하고 그러한 거부처분이 피고인의 헌법상 기본권을 침해한다는 취지에서 수사서류의 열람·등사를 허용하도록 명한 이상, 법치국가와 권력분립의 원칙상 검사로서는 당연히 법원의 그러한 결정에 지체 없이 따라야 할 것이다.

그러므로 법원의 열람·등사 허용 결정에도 불구하고 검사가 이를 거부하는 행위는 피고인의 열람·등사권을 침해하고, 나아가 피고인의 신속·공정한 재판을 받을 권리 및 변호인의 조력을 받을 권리까지 침해하여 헌법에 위반되는 것이다. 따라서 변호인은 법원의 결정에도 불구하고 이를 따르지 않는 검사의 열람·등사거부행위(처분)에 대하여 헌법소원심판을 청구할 수 있다(헌법재판소법 제68조 제1항).[1)]

(나) 국가배상청구

위에서 살펴본 바와 같이 법원의 열람·등사 허용결정에 대한 검사의 거부행위는 피고인의 열람·등사권을 침해하고, 나아가 피고인의 신속·공정한 재판을 받을 권리 및 변호인의 조력을 받을 권리까지 침해하는 것이다. 따라서 변호인은 국가에 대하여 그 소속 공무원이 검사의 불법행위로 인하여 丙이 입은 손해를 배상할 책임이 있다고 주장하여 국가배상청구를 할 수 있다(국가배상법 제2조 제1항).[2)]

---

1) 헌법재판소 2010. 6. 24. 선고 2009헌마257 결정(열람·등사거부처분취소)[인용(위헌확인)].

2) 서울중앙지방법원 2011. 5. 24. 선고 2010나42241 판결; 대법원 2012. 9. 13. 선고 2010다24879 판결.

2022년 제11회 변호사시험 강평

형사법 제2문

I-1. 사례 (1)에서 甲, 乙, 丙의 형사책임

• 사실관계

甲	• A군의 군수로 공무원 아닌 乙과 공모하여 둘레길 조성자업과 관련하여 건설업자 丙으로 하여금 乙에게 승용차 등 4,000만 원 상당을 지원하라고 함
乙	• 공무원 甲과 공모하여 丙으로부터 승용차 등을 지원받음
丙	• 공무원인 甲의 요구로 공무원 아닌 乙에게 승용차 등 지원

1. 甲의 형사책임

- 丙이 甲의 직무와 관련하여 위 사업에 좋은 기회가 될 것으로 기대하고 위 승용차 등을 교부하였으므로 이는 뇌물에 해당
- 다만, 뇌물수수죄(형법 제129조 제1항)가 성립하는지 제3자뇌물수수죄(형법 제130조)가 성립하는지 문제됨
- 행위자인 공무원과 공동정범 관계에 있는 자는 제3자뇌물수수죄의 '제3자'에 포함되지 않음(대법원 2019. 8. 29, 2018도13792 전원합의체)
- 따라서 뇌물수수죄가 성립하는데,
- 수뢰액이 3천만 원 이상이므로 특정범죄가중법위반(뇌물)죄(동법 제2조 제1항 제3호, 형법 제129조 제1항)의 공동정범이 성립

2. 乙의 형사책임

- 뇌물수수죄는 진정신분범
- 신분 없는 자가 신분자와 공모하여 뇌물을 수수한 경우 뇌물수수죄의 공동정범이 될 수 있는지 문제됨(공범과 신분의 문제)
- 형법 제33조 본문이 적용됨
- 따라서 특정범죄가중법위반(뇌물)죄의 공동정범이 성립

3. 丙의 형사책임

- 공무원이 뇌물공여자로 하여금 공동정범 관계에 있는 공무원이 아닌 자에게 뇌물을 공여한 경우, 공무원 자신에게 뇌물을 공여한 것과 같음(위 2018도13792 전원합의체 판결)
- 뇌물공여죄(형법 제133조 제1항) 성립
- 특정범죄가중법상 뇌물공여죄를 가중처벌하는 규정은 없음

Ⅰ-2. 사례 (2)에서 乙, 丁의 형사책임

• 사실관계

乙	• 문서 기안하는 공무원으로서 실험결과를 허위로 기재한 후 육군사관학교장 명의의 시험평가서 작성 후 그 사정을 모르는 결재권자의 도장 받음
丁	• 乙에게 시험평가서가 필요하니 도와달라 하여 乙이 그 부탁에 따라 허위문서를 기안하여 결재받음

1. 乙의 형사책임

- 乙은 허위 내용의 위 시험평가서를 작성하고 그 사정을 모르는 결재권자의 도장을 받았는데, 위 시험평가서는 공문서에 해당
- 문서를 기안하는 등 문서작성을 보조할 뿐 작성권한 없는 공무원이 허위공문서를 작성한 후 그 사정을 모르는 결재권자의 도장을 받은 경우, 허위공문서작성죄(형법 제227조)의 간접정범이 성립하는지 문제됨
- 학설은 ① 긍정설과 ② 부정설이 대립
- 판례는 ①의 긍정설의 입장(대법원 1992. 1. 17, 91도2837)
- 허위공문서작성죄의 간접정범(형법 제227조, 제34조 제1항)이 성립

2. 丁의 형사책임

- 교사란 타인으로 하여금 범죄실행을 결의하게 하는 행위
- 공무원이 아닌 자가 교사범의 형태로 신분범에 가담한 경우, 허위공문서작성죄의 교사죄가 성립하는지 문제됨
- 형법 제33조 본문이 적용됨
- 허위공문서작성교사죄(형법 제227조, 제31조 제1항)가 성립

Ⅰ-3. 사례 (3)에서 丙의 형사책임

• 사실관계

丙	• 술에 취해 누워있는 C가 만취하여 심신상실 상태에 있다고 생각하고 이를 이용하여 간음하였으나, 실제로 C는 반항불가한 정도로 술에 취해 있지는 않았음

- 준강간죄(형법 제299조, 제297조)가 성립하는지 문제됨
- 판례는 불능미수(형법 제27조)에 해당하여 준강간미수죄가 성립한다는 입장(대법원 2019. 3. 28, 2018도16002 전원합의체)
- 즉, 판례는 피해자가 만취하여 심신상실 상태에 있다고 생각하고 이를 이용하였으나 실제로 피해자는 반항이 불가능할 정도로 술에 취하지는 않았으므로 실행의 수단 또는 대상의 착오로 인하여 준강간죄의 결과 발생이 불가능한 경우에 해당하고, 행위 당시 인식한 사정을 놓고 일반인이 객관적으로 판단하여 보았을 때 준강간의 결과가 발생할 위험성이 있어 불능미수에 해당
- 학설은 ① 구성요건해당성의 문제로서 불능미수는 성립하지 않고 무죄라는 견해(위 2018도16002 전원합의체 판결의 반대의견), ② 불능미수가 아닌 장애미수에 해당한다는 견해 등이 있음
- 판례에 의하면, 준간강죄의 불능미수, 즉 준간강미수죄(형법 제300조, 제299조, 제297조) 성립

Ⅱ. 甲과 丙에 대한 공소시효 완성 여부

- **사실관계**

甲, 乙, 丙	• 甲과 乙은 2013. 8. 5. 성립된 특정범죄가중법위반(뇌물)죄의 공동정범, 丙은 같은 날 뇌물공여죄 성립
乙	• 태국으로 도주하여 2017. 8. 5.부터 2018. 8. 4.까지 체재 • 2019. 8. 5. 공소제기되어, 2020. 8. 4. 판결 확정
甲, 丙	• 2021. 12. 5. 각 공소제기

→ 공소시효가 만료되어 면소판결을 하여야 한다는 甲과 丙의 변호인 주장의 타당성 여부가 문제됨

1. 甲의 변호인 주장의 타당성

- 甲의 특정범죄가중법위반(뇌물)죄의 공소시효는 10년(형소법 제248조 제1항 제3호)
- 공소시효는 공소제기로 진행이 정지되고(형소법 제253조 제1항), 공범의 1인에 대한 공소제기는 다른 공범자에 대하여 효력이 미치며, 재판이 확정된 때로부터 진행(동조 제2항)되고, 범인이 형사처분을 면할 목적으로 국외에 있는 경우 그 기간 동안 정지(동조 제3항).
- 乙에 대한 공소제기로부터 판결 확정 시까지의 1년 동안은 甲의 공소시효도 정지
- 그러나 乙의 해외 도피기간 1년은 甲의 공소시효에는 영향을 미치지 않음
- 甲의 공소시효는 2013. 8. 5.부터 진행하여 1년간 공소시효가 정지되어 2024. 8. 4. 만료됨
- 따라서 甲의 변호인 주장은 타당하지 않음

2. 丙의 변호인 주장의 타당성

- 丙의 뇌물공여죄의 공소시효는 7년(형소법 제249조 제1항 제4호)
- 뇌물수수죄와 뇌물공여죄는 필요적 공범 관계인데, 형소법 제253조 제2항이 적용되어 乙에 대한 공소시효정지의 효력이 丙에 대하여도 미치는지 문제됨
- 형소법 제253조 제2항에서의 '공범'에는 뇌물공여죄와 뇌물수수죄와 같은 대향범 관계에 있는 사람은 포함되지 않음(대향범은 각자 자신의 구성요건을 실현할 뿐 공범 관계에 있는 사람과는 다름)(대법원 2015. 2. 12, 2012도4842)
- 丙의 공소시효는 정지됨이 없이 2020. 8. 4. 완성
- 따라서 丙의 변호인 주장은 타당함

Ⅲ. 불이익변경금지의 원칙 등

- 乙은 제1심에서 징역 2년 6월 및 추징 4천만 원을 선고받아 乙만 항소하였는데, 항소심은 사실인정을 중하게 변경하면서 징역 2년 6월 및 집행유예 5년, 벌금 1억원 및 추징 4,000만 원을 선고 → 불이익변경금지의 원칙(형소법 제368조) 위배 여부가 문제됨
- 불이익변경이 금지되는 것은 '형의 선고'에 한하고, 사실인정의 내용이 불이익하게 변경된 것은 불이익변경금지의 원칙에 위반한 것이 아님
- 집행유예를 새로 붙이면서 벌금형을 병과한 것은 집행유예의 실효나 취소 가능성, 벌금 미납 시 노역장 유치 가능성과 그 기간을 전체적·실질적으로 고려할 때 불이익한 변경에 해당(대법원 2013. 12. 12, 2012도7198)
- 항소심 판결은 위법

Ⅳ. 구속된 피의자 · 피고인의 석방을 위한 조치

- 검사가 구속영장을 발부받아 구속한 乙에 대하여 변호인이 석방을 위하여 취할 수 있는 형사소송법상 절차가 공소제기 전후에 어떠한 것이 있는지 문제됨
- 공소제기 전에는, ① 구속적부심사 청구(형소법 제214조의2), ② 구속취소 청구(형소법 제209조, 제93조), ③ 구속집행정지 요청(형소법 제209조, 제101조)
- 공소제기 후에는, ① 보석 청구(형소법 제94조), ② 구속취소 청구(형소법 제93조), ③ 구속집행정지 요청(형소법 제101조)

Ⅴ-1. 증거개시결정에 대한 검사의 불복 가능성

- **사실관계**

> 변호인이 검사에게 수사서류 등의 열람 · 등사(증거개시) 요청 → 검사는 거부 → 법원은 변호인의 불복에 대하여 검사에게 열람 · 등사의 허용을 명함

- ① 즉시항고는 허용하는 규정이 없어 할 수 없음
- ② 항고는 '판결 전의 소송절차'에 해당하여 할 수 없음(형소법 제403조 제1항)(대법원 2013. 1. 24, 2012모1391)
- 따라서 검사는 법원의 위 결정에 대하여 즉시항고는 물론 항고의 방법으로 불복할 수 없음

Ⅴ-2. 법원의 결정에 따르지 않은 경우 변호인의 대응

1. 증거 자체에 대한 대응 방법

- 변호인은 증거신청 등과 관련하여, ① 법원의 결정에 따르지 아니한 수사서류 등에 대해서는 증거신청을 할 수 없다는 주장을 미리 할 수 있고(형소법 제266조의4 제5항), 검사가 수사서류 등에 대하여 증거신청을 한 경우 증거신청을 할 수 없다는 의견을 진술할 수 있으며(형소규칙 제134조 제1항, 제2항), 법원이 증거조사를 하는 경우 이의신청을 할 수 있음(형소법 제295조, 제296조 제1항, 형소규칙 제135조의2)
- ② 검사가 수사서류 등에 대한 증거개시를 요구한 경우, 거부할 수 있음(형소법 제266조의11 제2항)

2. 검사의 거부행위에 대한 대응 방법

- ① 헌법소원심판청구(헌법재판소 2010. 6. 24, 2009헌마257)
- ② 국가배상청구

사례 23. [23 – 변시(12) – 1]
2023년 제12회 변호사시험 제1문

(1) X회사의 개발팀장으로 근무하는 甲은 2022. 4. 1. 위 회사가 입주한 Y상가 관리소장 A와 방문객 주차 문제로 언쟁을 벌인 후, A를 비방할 목적으로 상가 입주자 약 200여 명이 회원으로 가입된 Y상가 번영회 인터넷 카페 사이트 게시판에 'A에게 혼외자가 있다'는 허위사실을 게시하였다. 甲은 이 글의 신빙성을 높이기 위해 관리사무소 직원 B에게 부탁하여 'A가 혼외자와 함께 있는 것을 보았다'는 허위 내용이 기재된 B 명의의 사실확인서를 받아 위 게시물에 첨부하였다.

(2) 향후 창업을 계획하고 있어 창업 자금이 필요하던 甲은 2022. 4. 3. 약혼녀인 C의 지갑에서 액면금 3천만 원의 수표를 꺼내 가져갔다. 당시 C는 그 자리에서 甲의 행위를 보았으나 다른 생각을 하느라 별다른 행동을 하지 않았다. 이에 甲은 자신이 지갑에서 수표를 꺼내어 가져가는 데 C가 동의한 것으로 오인하였다.

(3) X회사의 경쟁 회사 상무 D는 甲에게 접근하여 'X회사에서 10억 원 가량을 투입하여 새로 개발한 기밀에 해당하는 메모리칩 도면 파일을 빼내어 주면 3억 원을 지급하겠다'고 제안하였고, 창업 자금이 부족하다고 생각하던 甲은 D의 제안을 승낙하였다. 그 후 甲은 2022. 4. 11. 09:00 회사에 출근하여 위 메모리칩 도면 파일을 자신의 이동식 저장장치(USB)에 몰래 복사하고, 이를 가지고 나와 D에게 넘겨준 다음 현금 3억 원을 받았다.

(4) 사실관계 (3)에 대한 경찰 수사가 진행 중임을 직감한 甲은 이에 대비하기 위해 중학교 동창인 경찰관 乙에게 수사 상황을 알려줄 것을 부탁하였다. 乙은 경찰에서 甲에 대한 체포영장을 곧 신청할 예정임을 알려주었다. 실제로 사법경찰관 P1은 다음 날 오후 사실관계 (3)의 혐의로 甲에 대한 체포영장을 발부받아 집행에 착수하였다.

(5) 甲이 기소되어 사실관계 (3)에 대한 재판을 받게 되자, 乙은 甲의 동생인 丙에게 甲을 위해 증인으로 출석하여 甲의 알리바이를 위한 허위의 증언을 해 줄 것을 부탁하였다. 이에 따라 丙은 법정에 증인으로 출석하여 적법하게 선서한 후, '甲이 2022. 4. 11.에는 휴가를 내고 당일 새벽 자신과 함께 여행을 떠났다가 다음 날 집에 돌아왔다'고 허위로 증언하였다.

〔2023년 제12회 변호사시험 제1문〕

설 문

1. (1)에서 甲의 죄책은? (10점)

2. (2)에서 동의를 ① '양해'로 보는 견해와 ② '승낙'으로 보는 견해로 나누어 甲의 죄책을 각각 논하시오. (15점)

3. (3)에서 甲의 죄책은? (주거침입의 점 및 특별법 위반의 점은 제외함) (15점)

4. (4)와 (5)에서 甲, 乙, 丙의 죄책은? (20점)

5. (1)에 대한 甲의 재판에서 다음 증거의 증거능력을 검토하시오.
   가. 재판에서 검사는 甲이 허위 사실확인서를 이용하여 A에 대한 허위사실을 게시한 점을 입증하기 위한 증인으로 甲의 친구 W를 신청하였고, 공판기일에 출석한 W는 적법하게 선서한 후 "'B에게 허위의 사실확인서 작성을 부탁하여 허위내용 게시에 사용하였다'는 말을 甲으로부터 들었다"고 증언하였다. 위 W의 증언의 증거능력을 검토하시오. (10점)
   나. 수사단계에서 사법경찰관 P2는 사실확인서를 작성한 B가 간암 말기 판정을 받고 중환자실에 입원하게 되자, 동료 직원 E를 조사하여 "'고향선배인 甲이 부탁을 하여 어쩔 수 없이 A에 대한 허위 사실확인서를 작성하여 주었고 이후 인터넷 카페 사이트 게시판을 보고 甲이 이를 허위 내용 게시에 사용하였다는 것을 알게 되었다'는 말을 B로부터 들었다"는 진술을 듣고 진술조서에 기재하였다. 검사는 공판기일에 E에 대한 진술조서를 증거로 제출하였다. 이 진술조서 중 위 진술부분의 증거능력을 검토하시오. (15점)

6. (4)에서 甲이 사법경찰관 P1의 체포를 면탈하기 위해 주먹으로 P1의 얼굴을 때려 약 4주간의 치료가 필요한 상해를 가하고 달아나다가 결국 체포되었다. 검사는 甲의

이러한 행위를 공무집행방해죄와 상해죄의 경합범으로 기소하였고, 제1심 법원은 공무집행방해죄에 대하여 유죄, 상해죄에 대하여 무죄를 각각 선고하였다. 위 제1심 판결에 대해 검사만 상해죄 부분에 대하여 항소하였고, 항소심 심리 결과 甲의 두 죄가 상상적 경합 관계에 있다는 결론에 도달한 경우, 항소심의 심판 범위를 설명하시오. (15점)

해 설

Ⅰ. 제1문—사례 (1)에서 甲의 형사책임

1. 문제의 제기

사례 (1)에서 甲에 대해서는, ① 상가 관리소장 A를 비방할 목적으로 상가 번영회 인터넷 카페 사이트에 'A에게 혼외자가 있다'는 허위사실을 게시한 행위가 정보통신망 이용촉진 및 정보보호 등에 관한 법률(이하, '정보통신망법'이라 한다)상 명예훼손죄에 해당하는지, ② 관리사무소 직원 B에게 허위 내용이 기재된 사실확인서를 작성하게 하여 이를 받은 행위가 문서 관련 범죄에 대한 교사범에 해당하는지가 문제된다.

2. 인터넷 카페 사이트에 허위사실을 게시한 행위

(1) 정보통신망법위반(명예훼손)죄 성립 여부

정보통신망법 제70조 제2항의 정보통신망법위반(명예훼손)죄는 ① 사람을 비방[1]할 목적으로, ② 정보통신망[2]을 통하여, ③ 공공연하게 거짓의 사실을 드러내어 다른 사람의 명예를 훼손하는 경우에 성립한다. 위 ③의 '공공연하게'란 형법상 명예훼손죄(제307조)의 구성요건인 '공연성'과 마찬가지로 불특정 또는 다수인이 인식할 수 있는 상태를 의미하므로,[3] 비방의 목적으로 정보통신망에 명예훼손의 내용을 게시하는 것만으로 곧바로 기수가 된다.[4] 그리고 위 ②의 '사람을 비방할 목적'이란 가해의 의사 내지 목적을 요하는 것으로서,[5] 공공의 이익을 위한 것과는 행위자의 주관적 의도의

---

1) '비방'이란 정당한 이유 없이 상대방을 깎아내리거나 헐뜯는 것을 의미한다(공직선거법상 후보자비방죄에서의 비방에 관한 대법원 2009. 6. 25. 선고 2009도1936 판결).

2) '정보통신망'이란 전기통신사업법 제2조 제2호에 따른 전기통신설비를 이용하거나 전기통신설비와 컴퓨터 및 컴퓨터의 이용기술을 활용하여 정보를 수집·가공·저장·검색·송신 또는 수신하는 정보통신체제를 말한다(정보통신망법 제2조 제1항 제1호). 이에 반해, 신문, 잡지 등은 전기통신설비를 이용하거나 컴퓨터 및 컴퓨터 이용기술을 활용한 체계가 아니므로 정보통신망에 해당하지 아니한다.

3) 대법원 2020. 11. 19. 선고 2020도5813 전원합의체 판결.

4) 대법원 2007. 10. 25. 선고 2006도346 판결.

5) '비방할 목적'은 드러낸 사실의 내용과 성질, 사실의 공표가 이루어진 상대방의 범위, 표현의 방법 등 표현 자체에 관한 여러 사정을 감안함과 동시에 그 표현으로 훼손되는 명예의 침해 정도 등을 비교·형량하여 판단해야 한다(대법원 2022. 7. 28. 선고 2022도4171 판결; 대법원 2024. 1. 4. 선고 2022도699 판결).

방향에 있어 서로 상반되는 관계에 있다고 할 것이므로,[1] 형법 제310조의 공공의 이익에 관한 때에는 처벌하지 아니한다는 규정은 정보통신망법 제70조 제2항의 범죄에는 적용되지 아니한다.[2]

甲은 A를 비방할 목적으로 정보통신망인 인터넷 카페 사이트를 통하여 '혼외자가 있다'는 거짓의 사실을 드러내어 A의 외적 명예를 훼손하였고, 위 인터넷 카페 사이트에는 상가 입주자 약 200여 명이 회원으로 가입되어 있었으므로 불특정 또는 다수인이 인식할 수 있는 상태인 공연성도 인정된다.

(2) 소결

甲의 행위는 정보통신망법위반(명예훼손)죄에 해당한다.[3]

3. B에게 허위의 사실확인서를 작성하게 한 후 이를 받은 행위

(1) B의 문서 관련 범죄 성립 여부

관리사무소 직원 B가 'A가 혼외자와 함께 있는 것을 보았다'고 허위로 작성한 사실확인서는 사실증명에 관한 사문서에 해당한다. 그런데 형법은 공문서의 경우에는 유형위조(형법 제225조)뿐만 아니라 무형위조(제227조)를 함께 처벌하고 있으나, 사문서의 경우 원칙적으로 유형위조(제231조)만을 처벌하고 예외적으로 무형위조(제233조)를 처벌한다.[4] B가 허위의 내용을 기재하여 자신 명의로 된 사실확인서를 작성한 행위는 사문서의 무형위조에 해당하므로, 사문서위조죄에 해당하지 않는다. 따라서 위조사문서행사죄가 성립할 여지도 없다.

(2) 甲의 교사범 성립 여부

공범의 성립은 정범의 성립에 종속되고, 공범의 불법은 정범의 불법에서 나온다는 공범종속성설이 통설[5]이자 판례[6]인데, 이에 따르면 B가 허위의 사실확인서를 작

---

1) 대법원 2022. 4. 28. 선고 2020도15738 판결; 대법원 2022. 7. 28. 선고 2022도4171 판결.
2) 대법원 2008. 10. 23. 선고 2008도6999 판결. 그러나 드러낸 사실이 공공의 이익에 관한 것인 경우에는 특별한 사정이 없는 한 비방할 목적은 부정된다(대법원 2022. 4. 28. 선고 2020도15738 판결; 대법원 2022. 7. 28. 선고 2022도4171 판결).
3) 정보통신망법상 명예훼손죄는 형법상 명예훼손죄에 대한 특별관계에 있으므로, 정보통신망법상 명예훼손죄가 성립하는 경우에는 별도로 형법상 명예훼손죄는 성립하지 않는다.
4) 대법원 2020. 8. 27. 선고 2019도11294 전원합의체 판결.
5) 공범종속성설을 취하는 경우에도 공범의 종속성의 정도에 대하여 다시 견해 대립이 있는데, 우리 형법의 해석상 통설인 제한적 종속형식설(정범의 행위가 구성요건에 해당하고 위법하면 공범이 성립하며

성하여 이를 교부한 행위가 문서 관련 범죄에 해당하지 않는 이상, 이를 부탁한 甲에 대하여 문서 관련 범죄에 대한 교사범이 성립하지 않는다.

(3) 소결

甲에 대하여 문서 관련 범죄에 대한 교사범이 성립하지 않는다.

4. 설문의 해결

甲에 대하여 정보통신망법위반(명예훼손)죄가 성립한다.

Ⅱ. 제2문 — 사례 (2)에서 甲의 형사책임

1. 문제의 제기

甲이 C의 지갑에 들어 있는 액면금 3천만 원의 수표를 꺼내어 간 행위에 대하여는, 타인 소유이자 타인 점유의 재물을 절취하는 행위로서 절도죄(형법 제329조)의 성립 여부가 문제되는데, 甲이 오인한 C의 동의가 '양해'인지 또는 '승낙'인지에 따라 범죄체계론상 착오의 성질이 달라진다. C의 동의를 '양해'로 볼 경우에는 구성요건해당성 자체를 배제하게 되고, C의 동의를 '승낙'으로 볼 경우에는 위법성조각사유가 되기 때문이다.

2. C의 동의를 '양해'로 보는 경우

(1) '양해'의 의미

구성요건이 피해자의 의사에 반하는 때에만 실현될 수 있도록 규정되어 있는 범죄에 있어서, 피해자가 그 법익의 침해에 동의한 때에는 구성요건해당성 자체가 조각되는데, 이 경우의 피해자의 동의를 '양해'라고 한다. 즉, 피해자의 동의가 구성요건해당성 자체를 조각하는 경우가 '양해'이다. 그리고 법익의 처분권자가 상대방인 가해자에게 자신의 법익에 대한 침해를 허용하는 것을 피해자의 승낙이라고 하는데, 통설과

반드시 유책할 것을 요하지 않는다는 견해)이 타당하다. 이에 대한 상세는 사례 5. [14—변시(3)—1] 제1문 2. '(ㄷ) 범인도피죄가 친족간 특례에 해당하는 경우 교사자의 형사책임' 부분 참조.

6) 대법원 1970. 3. 10. 선고 69도2492 판결; 대법원 1978. 2. 28. 선고 77도3406 판결; 대법원 2000. 2. 25. 선고 99도1252 판결.

판례[1]는 이를 위법성조각사유로 본다(형법 제24조). 한편, 통설[2]과 판례[3]는 피해자의 '승낙'과 '양해'를 구별하여 구성요건 자체가 피해자의 의사에 반하는 경우에만 성립할 수 있는 범죄에서 동의는 위법성을 조각하는 승낙이 아니라 구성요건 자체를 배제하는 양해로 본다.

통설과 판례의 입장에 따라 본 사례에서 C의 동의를 '양해'로 보면, 이는 절도죄의 구성요건해당성 자체를 조각한다.[4]

(2) '양해'에 대한 착오 - 구성요건적 착오

구성요건해당성 자체를 조각하는 '양해'에 대한 착오는 구성요건적 착오에 해당한다. 고의는 모든 객관적 구성요건요소에 대한 인식을 요하는데, 구성요건적 착오는 이러한 인식의 전부 또는 일부를 결한 경우로서 고의를 조각한다(형법 제13조).

따라서 C의 지갑에서 수표를 꺼낼 당시 C의 '양해'가 있었던 것으로 오인한 甲의 행위는 절도죄의 고의범으로 처벌할 수 없다. 과실범 성립 여부가 문제될 수 있으나, 과실범은 법률에 특별한 규정이 있는 경우에 한하여 처벌할 수 있고(형법 제13조), 절도죄의 경우에는 과실범에 대한 처벌 규정이 없으므로 과실범으로도 처벌할 수 없다.

3. C의 동의를 '승낙'으로 보는 경우

(1) '승낙'의 의미

본 사례에서 甲의 행위는 절도죄의 객관적 구성요건에 해당하므로, C의 동의를 '승낙'으로 보면 위법성이 조각된다. 그런데 피해자의 승낙이 위법성을 조각하기 위해서는, ① 법익 주체가 처분할 수 있는 법익에 대한 승낙이어야 하고, ② 승낙의 의미를 이해할 능력이 있는 피해자의 자유로운 의사에 의해 승낙이 이루어져야 하고, ③ 승낙은 법익침해 시에 존재하여야 한다.

---

1) 대법원 2011. 5. 13. 선고 2010도9962 판결(재물손괴죄).
2) 승낙과 양해를 구별하지 않고 승낙을 위법성조각사유로 이해하는 견해에 의하면, 본 사례에서 피해자의 동의는 가해자에 대하여 자기의 법익을 침해하는 것을 허락하는 것으로서 승낙에 해당하며, 이는 위법성을 조각한다.
3) 이에 대한 상세는 사례 2. [12-변시(1)-2] 제1문 3. '(2) 상해죄의 성립 여부' 부분 참조.
4) 대법원 1985. 11. 26. 선고 85도1487 판결(피고인이 동거중인 피해자의 지갑에서 현금을 꺼내가는 것을 피해자가 현장에서 목격하고도 만류하지 아니하였다면 피해자가 이를 허용하는 묵시적 의사가 있었다고 봄이 상당하여 이는 절도죄를 구성하지 않는다고 한 사례)에 의하면, 판례는 절도죄에 있어 피해자의 동의를 '양해'로 보면서, 묵시의 동의로도 충분하다는 태도를 취하고 있는 것으로 보인다.

(2) '승낙'에 대한 착오 — 위법성조각사유의 전제사실에 대한 착오

통설에 의하면, 甲이 피해자 C의 승낙이 있었다고 오인한 것은 위법성조각사유의 전제사실에 대한 착오에 해당한다.[1] 위법성조각사유의 전제사실에 대한 착오를 구성요건적 착오로 취급할 것인지 아니면 금지(위법성)착오로 취급할 것인지에 대하여는, ① 책임요소인 고의의 내용에 위법성의 인식도 포함되는데 위법성조각사유의 전제사실에 대한 착오는 위법성을 인식하지 못한 것이므로 고의가 조각되고 과실범 처벌규정이 있는 경우에 한하여 과실범으로 처벌된다는 고의설, ② 허용구성요건의 착오를 포함한 모든 위법성조각사유의 착오를 금지착오로 보고 착오에 정당한 이유가 없으면 고의범으로 처벌되고 정당한 이유가 있으면 형법 제16조에 따라 불가벌이 된다는 엄격책임설, ③ 위법성조각사유는 소극적 구성요건요소가 되므로 위법성을 조각하는 행위상황에 대한 착오는 구성요건적 착오가 되어 고의를 조각한다고 보는 소극적 구성요건요소이론, ④ 위법성조각사유의 전제사실에 대한 착오는 구성요건적 착오는 아니지만 구성요건적 착오와의 구조적 유사성을 근거로 구성요건적 착오의 규정이 적용되어야 한다고 보는 제한적 책임설 중 구성요건적 착오에 관한 규정이 직접 적용될 수는 없지만 구성요건적 착오에 관한 규정을 유추적용하여 고의를 조각한다고 보는 구성요건착오 유추적용설, ⑤ 제한적 책임설 중 허용구성요건착오의 경우 구성요건 단계에서는 고의범을 인정하지만 고의책임과 고의형벌을 조각하여 법효과에 있어서 구성요건적 착오와 같이 취급해야 한다고 보는 법효과제한적 책임설(통설)로 나뉜다. 이에 대하여 판례는 착오에 대하여 정당한 이유가 있는 경우에는 위법성이 조각된다고 한다.[2]

본 사례의 경우 위 ②의 엄격책임설을 제외한 나머지 학설들에 의하면, 법익침해시에 C의 동의가 있었던 것으로 오인한 甲의 행위는 절도죄의 고의가 조각되어 절도죄가 성립하지 않는다. 한편 엄격책임설에 의하면, 甲의 착오에 정당한 이유가 있는 경우에는 책임이 조각되어 절도죄가 성립하지 않을 것이다. 여기서 정당한 이유는 행위자에게 자기 행위의 위법 가능성에 대해 심사숙고하거나 조회할 수 있는 계기가 있어 자신의 지적 능력을 다하여 이를 회피하기 위한 진지한 노력을 다하였더라면 스스로의 행위에 대하여 위법성을 인식할 수 있는 가능성이 있었는데도 이를 다하지 못한

---

1) 이에 대한 상세는 사례 10. [16 − 변시(5) − 2] 제1문 나. '(4) 형법 제310조의 적용 및 허위사실을 진실한 사실로 오인한 행위에 대한 법적 평가' 부분, 사례 13. [18 − 변시(7) − 1] 제1문 3. '(1) 甲을 밀어 넘어뜨린 행위 - 폭행죄의 성립 여부' 부분 참조.

2) 대법원 1986. 10. 28. 선고 86도1406 판결(정당행위); 대법원 1996. 8. 23. 선고 94도3191 판결(형법 제310조).

결과 자기 행위의 위법성을 인식하지 못한 것인지에 따라 판단하여야 하고, 이러한 위법성의 인식에 필요한 노력의 정도는 구체적인 행위 정황과 행위자 개인의 인식능력 그리고 행위자가 속한 사회집단에 따라 달리 평가되어야 한다.[1] 甲과 C는 약혼관계에 있고, C는 甲이 자신의 지갑에서 수표를 꺼내어 가는 것을 보았으나 별다른 행동을 하지 않았던 점에 비추어, 甲의 착오에는 정당한 이유가 있어 책임이 조각되므로 절도죄가 성립하지 않는다.

따라서 어느 견해에 의하더라도 甲에 대하여 절도죄가 성립하지 않을 뿐 아니라, 판례에 의하더라도 甲의 오인에는 정당한 이유가 있으므로 위법성이 조각되어 절도죄가 성립하지 않는다.

Ⅲ. 제3문 — 사례 (3)에서 甲의 형사책임

1. 문제의 제기

X회사 개발팀장인 甲이 X회사의 경쟁 회사 상무 D로부터 'X회사의 기밀인 메모리칩 도면 파일을 빼내어 주면 3억 원을 지급하겠다'는 제안을 받고, 창업 자금을 마련할 생각으로 D의 제안을 승낙한 다음, 위 메모리칩 도면 파일을 무단으로 반출한 행위가 절도죄 또는 업무상배임죄에 해당하는지, 위 메모리칩 도면 파일을 D에게 넘겨주고 현금 3억 원을 받은 행위가 배임수재죄에 해당하는지가 문제된다.

2. 절도죄 성립 여부

절도죄의 객체는 재물이고, 재물은 유체물 또는 관리할 수 있는 동력이므로(형법 제329조, 제346조), 동력이 아닌 정보는 절도죄의 객체인 재물이 될 수 없다.[2] 따라서 甲이 위 메모리칩 도면 파일을 자신의 이동식 저장장치에 몰래 복사해서 가지고 나온 행위는 절도죄에 해당하지 않는다.

3. 업무상배임죄 성립 여부

업무상 타인의 사무를 처리하는 자가 임무에 위배하는 행위로써 재산상의 이익을 취득하거나 제3자로 하여금 이를 취득하게 하여 본인에게 손해를 가한 때에는 업

1) 대법원 2022. 12. 29. 선고 2017도10007 판결.
2) 대법원 1996. 8. 23. 선고 95도192 판결; 대법원 2002. 7. 12. 선고 2002도745 판결.

무상배임죄(형법 제356조, 제355조 제2항)가 성립한다. 여기서 '업무'란 사람이 그 사회적 지위에 있어 계속적으로 종사하는 사무를 말하고, '타인의 사무를 처리하는 자'란 타인과의 내부적인 관계에서 신의성실의 원칙에 비추어 타인의 사무를 처리할 신임관계에 있게 되어 그 관계에 기하여 타인의 재산상 이익 등을 보호·관리하는 것이 신임관계의 전형적·본질적 내용이 되는 지위에 있는 사람을 말한다.[1] 임무에 위배하는 행위에 해당하는지는 그 사무의 성질과 내용, 행위 시의 상황 등을 구체적으로 검토하여 신의성실의 원칙에 따라 판단한다.

따라서 회사 직원이 경쟁업체에 유출하거나 스스로의 이익을 위하여 이용할 목적으로 회사 자료를 무단으로 반출한 경우에, 그 자료가 불특정 다수인에게 공개되어 있지 아니하여 보유자를 통하지 아니하고는 이를 통상 입수할 수 없고, 그 자료의 보유자가 그 자료의 취득이나 개발을 위해 상당한 시간, 노력 및 비용을 들인 것으로서 그 자료의 사용을 통해 경쟁자에 대하여 경쟁상의 이익을 얻을 수 있는 정도의 '영업상 주요한 자산'에 해당한다면, 이는 업무상의 임무에 위배한 행위에 해당한다.[2]

甲은 X회사의 개발팀장으로서 X회사의 기술 개발과 관련된 업무를 처리함에 있어 X회사의 사무를 처리하는 자의 지위에 있고 이를 업무로 하고 있으므로, 타인의 사무처리자이자 업무자에 해당한다. 또한 甲이 X회사의 경쟁 회사에 유출할 목적으로 X회사가 10억 원 가량을 투입하여 새로 개발한 기밀에 해당하는 메모리칩 도면 파일을 무단으로 반출한 것은 업무상의 임무에 위배한 행위에 해당하고, 이로 인해 액수불상[3]의 위 기밀의 재산가치 상당의 재산상 이익을 취득하고, X회사에 동액 상당의 재산상 손해를 가하였다. 따라서 甲에 대하여 업무상배임죄가 성립한다.

---

1) 대법원 2018. 5. 17. 선고 2017도4027 전원합의체 판결; 대법원 2024. 11. 14. 선고 2024도13000 판결.

2) 대법원 2016. 7. 7. 선고 2015도17628 판결; 대법원 2022. 6. 30. 선고 2018도4794 판결; 대법원 2024. 11. 14. 선고 2024도13000 판결.

3) 판례는 "영업비밀을 취득함으로써 얻는 이익은 그 영업비밀이 가지는 재산가치 상당이고, 그 재산가치는 그 영업비밀을 가지고 경쟁사 등 다른 업체에서 제품을 만들 경우, 그 영업비밀로 인하여 기술개발에 소요되는 비용이 감소되는 경우의 그 감소분 상당과 나아가 그 영업비밀을 이용하여 제품생산에까지 발전시킬 경우 제품판매이익 중 그 영업비밀이 제공되지 않았을 경우의 차액 상당으로서 그러한 가치를 감안하여 시장경제원리에 의하여 형성될 시장교환가격"이라고 판시하면서, 기술개발비 그 자체를 여기서 말하는 이득액과 동일한 것으로 볼 수는 없다는 태도를 취하고 있다(대법원 1999. 3. 12. 선고 98도4704 판결 등). 이러한 판례의 태도에 따르면, X회사가 기술개발비로 투입한 10억 원 가량은 甲이 업무상배임죄로 취득한 이득액과 동일한 것으로 볼 수 없어 그 이득액을 구체적으로 산정할 수 없으므로, 본 사례에 대하여 특정경제범죄가중처벌등에관한법률위반(배임)죄로 의율할 수는 없다(대법원 2001. 11. 13. 선고 2001도3531 판결).

4. 배임수재죄 성립 여부

타인의 사무를 처리하는 자가 그 임무에 관하여 부정한 청탁을 받고 재물 또는 재산상의 이익을 취득하거나 제3자로 하여금 이를 취득하게 한 때에는 배임수재죄(형법 제357조 제1항)가 성립한다. 여기서 '부정한 청탁'이란 반드시 업무상배임의 내용이 되는 정도에 이를 필요는 없고, 사회상규 또는 신의성실의 원칙에 반하는 것을 내용으로 하면 충분하다.[1] 이를 판단할 때에는 청탁의 내용과 이에 관련되어 취득한 재물이나 재산상 이익의 종류·액수 및 형식, 보호법익인 거래의 청렴성 등을 종합적으로 고찰하여야 한다.[2]

甲은 X회사의 개발팀장으로서 X회사의 사무를 처리하는 자에 해당하고, 경쟁 회사 상무인 D로부터 X회사가 10억 원 가량을 투입하여 새로 개발한 기밀을 빼내어 주면 3억 원을 지급하겠다는 제안을 받고, D에게 위 기밀을 넘겨주고 현금 3억 원을 받았다. 이러한 甲의 행위는 사회상규 또는 신의성실의 원칙에 반하는 부정한 청탁을 받고 재물을 취득한 것이므로, 甲에 대하여 배임수재죄가 성립한다.

5. 죄수관계

배임수재죄는 타인의 사무를 처리하는 자가 그 임무에 관하여 부정한 청탁을 받고 재물 등을 취득함으로써 성립하는 것이고 어떠한 임무 위배행위나 본인에게 손해를 가할 것을 요건으로 하는 것이 아닌 데 대하여, 업무상배임죄는 타인의 사무를 처리하는 자가 그 임무에 위배하는 행위를 하여야 하고 그 행위로서 본인에게 손해를 가함으로써 성립하지만 부정한 청탁을 받거나 금품을 수수한 것을 그 요건으로 하지 않고 있으므로, 행위의 태양이 다르다. 또한 배임수재죄의 보호법익은 거래의 청렴성이나, 배임죄의 보호법익은 재산권이다. 이처럼 두 죄는 행위의 태양과 보호법익을 달리하는 별개의 독립된 범죄이므로 실체적 경합관계(형법 제37조, 제38조)에 있다. 통설과 판례[3]도 같은 입장이다.

6. 설문의 해결

甲에 대하여 업무상배임죄와 배임수재죄가 각 성립하고, 두 죄는 실체적 경합관

---

1) 대법원 2015. 7. 23. 선고 2015도3080 판결.
2) 대법원 1996. 3. 8. 선고 95도2930 판결; 대법원 1998. 6. 9. 선고 96도837 판결; 대법원 2006. 5. 12. 선고 2004도491 판결; 대법원 2024. 3. 12. 선고 2020도1263 판결.
3) 대법원 1984. 11. 27. 선고 84도1906 판결.

계이다.

Ⅳ. 제4문 — 사례 (4)와 (5)에서 甲, 乙, 丙의 형사책임

1. 문제의 제기

사례 (4)에서 경찰관인 乙이 중학교 동창인 甲의 부탁을 받고 甲에 대한 경찰의 수사 상황을 알려준 행위에 대하여, 乙에게 공무상비밀누설죄가 성립하는지, 성립한다면 이를 교사한 甲에게 공무상비밀누설죄의 교사범이 성립하는지가 문제된다. 그리고 사례 (5)에서 甲에 대한 형사재판과 관련하여, 甲의 동생인 丙이 乙의 부탁을 받고 허위 증언을 한 행위에 대하여, 丙에게 위증죄가 성립하는지, 성립한다면 이를 교사한 乙에게 위증죄의 교사범이 성립하는지가 문제된다.

2. 사례 (4)에서 甲, 乙의 형사책임

(1) 乙의 공무상비밀누설죄 성립 여부

공무원 또는 공무원이었던 자가 법령에 의한 직무상 비밀을 누설한 때에는 공무상비밀누설죄(형법 제127조)가 성립하고, 이는 공무원 또는 공무원이었던 자라는 신분을 요하는 진정신분범이다. 여기서의 '직무상 비밀'은 공무원이 직무집행상 알게 된 비밀을 의미하고, 반드시 법령에 의하여 비밀로 규정되었거나 비밀로 분류, 명시된 사항에 한하지 않고 객관적이고 일반적인 입장에서 외부에 알려지지 않는 것에 상당한 이익이 있는 사항도 포함되지만, 실질적으로 그것을 비밀로서 보호할 가치가 있어야 한다.[1)]

수사기관이 특정 사건에 대하여 수사를 진행하고 있는 상태에서, 수사기관이 현재 어떤 자료를 확보하였고 해당 사안이나 피의자의 죄책, 신병처리에 대하여 수사책임자가 어떤 의견을 가지고 있는지 등의 정보는, 그것이 수사의 대상이 될 가능성이 있는 자 등 수사기관 외부로 누설될 경우 피의자 등이 아직까지 수사기관에서 확보하지 못한 자료를 인멸하거나, 수사기관에서 파악하고 있는 내용에 맞추어 증거를 조작하거나, 허위의 진술을 준비하는 등의 방법으로 수사기관의 범죄수사 기능에 장애를

---

1) 이에 대한 상세는 사례 6. [14-변시(3)-2] 제1문 3. '(3) 공무상비밀누설죄의 교사범의 성립 여부' 부분 참조.

초래할 위험이 있다는 점에서, 해당 사건에 대한 종국적인 결정을 하기 전까지는 외부에 누설되어서는 안 될 수사기관 내부의 비밀에 해당한다.[1]

乙은 현직 경찰관이므로 '공무원'에 해당하고, 수사대상자인 甲에게 체포영장을 곧 신청할 예정이라는 구체적인 경찰의 수사 상황을 알려준 것은 수사기관의 범죄수사 기능에 장애를 초래할 위험이 있는 정보로서 종국 결정을 하기 전까지는 외부에 누설되어서는 안 될 '직무상 비밀'을 '누설'한 때에 해당한다. 따라서 乙에 대하여 공무상비밀누설죄가 성립한다.

(2) 甲의 공무상비밀누설죄의 교사범 성립 여부

甲은 乙에게 공무상비밀누설죄를 결의시켜 실행케 한 것이므로 교사범(형법 제31조 제1항) 성립 여부가 문제된다.

그런데 공무상비밀누설죄는 비밀을 누설한 자와 비밀을 누설받은 자의 서로 대향된 행위의 존재를 필요로 하는 대향범이고, 그중에서도 일방에 대한 처벌규정만 존재하는 대향범에 해당된다. 이처럼 일방만 처벌되는 대향범의 경우에 처벌규정이 없는 대향자에게 공범 규정이 적용될 수 있을지에 대해서는, ① 긍정설과 ② 부정설(통설)이 대립된다. 통설은 입법자가 처음부터 처벌하지 않겠다는 의사를 명백히 한 것이므로 이를 존중해야 한다거나, 정범으로 처벌할 수 없는 자를 공범으로 처벌하여서는 안 된다는 것을 이유로 공범 규정이 적용될 수 없다고 한다.[2] 판례[3]도 같은 입장이다.

따라서 甲에 대하여 공무상비밀누설죄의 교사범이 성립하지 않는다.

3. 사례 (5)에서 乙, 丙의 형사책임

(1) 丙의 위증죄 성립 여부

법률에 의하여 선서한 증인이 허위의 진술을 한 때에는 위증죄(형법 제152조)가 성립한다. 위증죄는 법률에 의하여 선서한 증인이라는 신분을 요하는 진정신분범일 뿐만 아니라, 이러한 신분을 가진 자가 스스로 허위의 증언을 할 때에만 성립하는 자수범이다. 丙은 법정에 증인으로 출석하여 적법하게 선서한 후, 甲의 알리바이에 관하여 객관적 진실에 반하고 자신의 주관적 기억에 반하는 증언을 하였다. 따라서 丙에 대

1) 대법원 2007. 6. 14. 선고 2004도5561 판결.
2) 이에 대한 상세는 사례 6. [14－변시(3)－2] 제1문 3. '(3) 공무상비밀누설죄의 교사범의 성립 여부' 부분 참조.
3) 대법원 2011. 4. 28. 선고 2009도3642 판결.

하여 위증죄가 성립한다.

위증죄와 같은 장에 있는 증거인멸죄에 대하여는 친족의 범행에 대한 특례규정(형법 제155조 제4항)이 있으나 위증죄에는 이러한 특례규정이 없으므로, 丙이 甲의 동생이라는 점은 위증죄 성립에 영향을 주지 않는다.[1)]

(2) 乙의 위증죄의 교사범 성립 여부

乙은 丙에게 위증죄를 결의시켜 실행케 한 것이므로 교사범(형법 제31조 제1항) 성립 여부가 문제된다. 위에서 본 바와 같이 위증죄는 진정신분범이자 자수범이므로 법률에 의하여 선서하고 증언하는 자 이외의 자는 위증죄의 간접정범이나 공동정범이 될 수 없다. 그러나 이러한 신분이 없는 자는 형법 제33조 본문에 의해 위증죄의 교사범 또는 방조범이 될 수 있다.[2)] 따라서 乙에 대하여 위증죄의 교사범이 성립한다.

4. 설문의 해결

乙에 대하여 공무상비밀누설죄 및 위증교사죄가 각 성립하고, 두 죄는 실체적 경합관계에 있고, 丙에 대하여 위증죄가 성립한다.

---

1) 누구든지 친족이거나 친족이었던 사람이 형사소추 또는 공소제기를 당하거나 유죄판결을 받을 사실이 드러날 염려가 있는 증언을 거부할 수 있다(형소법 제148조 제1호). 증언거부권이 있는 증인에 대하여는 재판장은 신문 전에 증언을 거부할 수 있음을 설명하여야 한다(형소법 제160조). 丙은 甲과 친족관계에 있으므로 증언거부권이 있는데, 본 사례에는 丙이 적법하게 선서하였다고만 되어 있고, 재판장이 증언거부권을 고지하였는지에 대한 언급은 없다. 만약 증언거부권을 고지하지 않은 상태에서 丙이 허위로 증언한 경우라면, 위증죄 성립 여부가 문제된다. 판례는 증언거부사유가 있음에도 증언거부권을 고지받지 못함으로 인하여 증언거부권을 행사하는 데 사실상 장애가 초래되었다고 볼 수 있으면 위증죄가 성립하지 않는다고 하고(대법원 2010. 1. 21. 선고 2008도942 전원합의체 판결), 증언거부권의 존재를 이미 알고 있거나 증언거부권을 고지받았더라도 허위증언하였을 것이라고 볼 만한 정황이 있는 등 증언거부권 행사에 사실상 장애가 없는 경우에는 위증죄의 성립을 긍정한다(대법원 2010. 2. 25. 선고 2007도6273 판결). 丙은 乙의 부탁으로 甲을 위해 증인으로 출석하여 적극적으로 알리바이에 관한 허위 증언을 하였으므로 증언거부권을 고지받았다고 하더라도 허위 증언을 하였을 것으로 판단된다. 따라서 만약 본 사례가 재판장이 증언거부권을 고지하지 않은 경우라고 하여도 丙에게 위증죄가 성립할 것이다.

2) 형법 제33조의 해석에 관하여는 사례 5. [14-변시(3)-1] 제1문 관련쟁점 '공범과 신분에 관한 형법 제33조의 해석' 부분 참조.

Ⅴ. 제5문 — 전문법칙

1. 문제의 제기

W의 증언 내용은 "甲으로부터 'B에게 허위의 사실확인서 작성을 부탁하여 허위 내용 게시에 사용하였다'는 말을 들었다"는 것인데, 이와 같은 W의 증언은 피고인 甲의 진술을 전문한 전문진술에 해당한다. 또한, 사법경찰관 P2가 피고인 아닌 E를 조사하여 "B로부터 '甲이 부탁하여 A에 대한 허위 사실확인서를 작성하여 주었다'는 말을 들었다"는 E의 진술을 기재한 진술조서는 전문진술이 기재된 조서로서 재전문증거에 해당한다. 이와 같은 전문진술 및 재전문증거의 증거능력이 있는지, 그 요건은 무엇인지가 문제된다.

2. 제5문의 ㈎ — 전문진술의 증거능력

(1) 형사소송법 제316조 제1항의 예외규정

피고인 甲의 진술을 내용으로 하는 W의 증언은 피고인 아닌 자의 공판기일에서의 진술이 피고인(=甲)의 진술을 그 내용으로 하는 전문진술에 해당한다. 이러한 전문진술은 원칙적으로 증거능력이 없으나(형소법 제310조의2), 형사소송법 제316조 제1항에 의하여 그 진술이 특히 신빙할 수 있는 상태하에서 행하여졌음이 증명되면 예외적으로 증거능력이 인정된다. 원진술자인 피고인이 출석하여 진술할 수 있으므로 신용성의 보장을 조건으로 증거능력을 인정한 것이다.

특신상태란 신용성의 정황적 보장, 즉 허위 개입의 여지가 거의 없고 그 진술내용이 신빙성이나 임의성을 담보할 구체적이고 외부적인 정황이 있는 경우를 의미한다.[1] 이때 특신상태는 단지 그러한 개연성이 있다는 정도로는 부족하고, 합리적인 의심의 여지를 배제할 정도로 검사가 증명하여야 한다.[2]

(2) 증거동의의 대상 여부

검사와 피고인이 증거로 할 수 있음을 동의한 서류 또는 물건은 진정한 것으로 인정한 때에는 증거로 할 수 있다(형소법 제318조 제1항). 증거동의의 본질에 대하여는,

1) 대법원 2007. 2. 23. 선고 2004도8654 판결; 대법원 2017. 12. 22. 선고 2016도15868 판결.
2) 대법원 2014. 4. 30. 선고 2012도725 판결; 대법원 2017. 7. 18. 선고 2015도12981, 2015전도218 판결; 대법원 2017. 12. 22. 선고 2016도15868 판결; 대법원 2024. 4. 12. 선고 2023도13406 판결.

① 증거의 증거능력에 대한 당사자의 처분권을 인정하는 것이라는 처분권설, ② 반대신문권을 포기하겠다는 피고인의 의사표시에 의하여 서류 또는 물건의 증거능력을 부여하는 것이라는 반대신문권 포기설의 대립이 있으나, 통설과 판례[1]는 위 ②의 반대신문권 포기설의 태도를 취하고 있다.

형사소송법 제318조 제1항은 증거동의의 대상을 '서류 또는 물건'으로 규정하고 있으나, 증거동의의 본질을 반대신문권 포기로 보는 통설과 판례의 입장에 따르면, 서류 이외의 전문증거가 되는 '진술'도 증거동의의 대상이 된다.[2]

(3) 설문의 해결

첫째, 피고인 甲이 W의 증언을 증거로 함에 동의한 경우에는 증거능력이 있다.

둘째, 증거 부동의한 경우에는, 형사소송법 제316조 제1항의 요건이 충족되면 증거능력을 인정할 수 있다. 즉, W의 증언이 특히 신빙할 수 있는 상태하에서 행하여졌음(특신상태)이 증명된다면 증거능력을 인정할 수 있다.[3]

3. 제5문의 (나) — 재전문증거의 증거능력

(1) 재전문증거의 개념

재전문증거는 전문증거가 그 내용에 다시 전문증거를 포함하는 경우를 말한다. 전문진술을 내용으로 하는 재전문증거에는 전문진술을 서면에 기재한 경우와 전문진술을 들은 자로부터 전문한 재전문진술 등이 포함된다.

(2) 재전문증거의 증거능력

(가) **학설**

재전문증거의 증거능력[4]에 대해서는, ① 이중의 예외로서 오류의 개입이 크며

---

1) 대법원 1983. 3. 8. 선고 82도2873 판결.
2) 대법원 1983. 9. 27. 선고 83도516 판결(제316조 제2항의 전문진술에 해당하는 법정증언에 대하여, 피고인이 별 의견이 없다고 진술하였다면 증거동의한 것으로 볼 수 있다고 하여 묵시적 동의를 인정한 사례); 대법원 2019. 11. 14. 선고 2019도11552 판결(제316조 제2항의 전문진술에 해당하는 법정증언에 대하여, 피고인 또는 변호인에게 의견을 묻는 등의 적절한 방법으로 고지가 이루어지지 않은 채 증인신문이 진행된 다음 그 증거조사 결과에 대한 의견진술이 이루어진 점에 비추어, 피고인이 위 법정증언을 증거로 삼는 데에 동의하였다고 볼 수 없다고 한 사례).
3) 甲이 친구인 W에게 자발적으로 진술하였다면, 특별한 사정이 없는 한 특신상태가 인정되어 W의 증언은 증거능력이 있으나, 본 사례에서는 단지 "甲으로부터 들었다"라고만 되어 있어 특신상태를 인정하기는 부족하다.
4) 이에 대한 상세는 사례 20. [21－변시(10)－2] 제4문 '2. 재전문증거의 증거능력' 부분 참조.

그 증거능력을 인정하는 명문의 규정이 없으므로 증거능력을 부정해야 한다는 부정설, ② 진술 하나하나가 전문법칙의 예외의 요건을 충족하는 때에는 증거로 할 수 있다는 긍정설, ③ 재전문진술은 증거능력이 없으나 재전문서류를 개별적으로 증거능력을 심사하여 예외적으로 증거능력을 인정할 수 있다는 제한적 긍정설이 있다. 제한적 긍정설에도 ⓐ 최초의 원진술자가 재전문증거의 내용이 자신의 원진술과 같다는 사실을 확인하는 경우에 한하여 증거능력을 인정할 수 있다는 견해, ⓑ 재전문진술은 증거능력을 인정할 수 없고 전문진술이 기재된 조서(서류 포함)에 조서와 전문진술의 각 증거능력 인정요건을 충족하면 증거능력을 인정할 수 있다는 견해가 있다.

(나) 판례

전문진술이 기재된 조서는 형사소송법 제312조 내지 제314조의 규정과 제316조의 요건을 충족하면 증거능력이 인정되지만, 재전문진술이나 재전문진술이 기재된 조서는 피고인이 증거로 하는 데 동의하지 않는 한 형사소송법 제310조의2 규정에 의하여 이를 증거로 할 수 없다고 판시하여,[1] 제한적 긍정설의 태도를 취하고 있다 (위 ③의 ⓑ 견해의 입장).

(3) 증거동의의 대상 여부

증거동의의 본질을 반대신문권 포기로 보는 통설과 판례의 입장에 따르면, 재전문증거에 대해 전문법칙 및 그 예외를 적용하는 이상, 재전문증거도 증거동의의 대상이 된다고 할 것이다.

(4) 설문의 해결

첫째, 피고인 甲이 E에 대한 진술조서를 증거로 함에 동의한 경우는 증거능력이 있다.

둘째, 증거 부동의한 경우에는, 형사소송법 제312조 제4항의 요건과 제316조 제2항의 요건이 모두 충족되면 증거능력을 인정할 수 있다. 즉, E에 대한 진술조서는 형사소송법 제312조 제4항에 따라 ① 적법한 절차와 방식에 따라 작성되었고, ② 그 조서가 사법경찰관 앞에서 진술한 내용과 동일하게 기재되어 있음이 E의 공판준비 또는 공판기일에서의 증언이나 영상녹화물 또는 그 밖의 객관적인 방법에 의하여 증명되고, ③ 피고인 또는 변호인이 공판준비 또는 공판기일에 그 기재 내용에 관하여 원진

---

1) 대법원 2001. 7. 27. 선고 2001도2891 판결; 대법원 2012. 5. 24. 선고 2010도5948 판결.

술자를 신문할 수 있어야 하고, ④ 그 조서에 기재된 진술이 특히 신빙할 수 있는 상태하에서 행하여졌음이 증명되어야 하고, E의 진술은 피고인이 아닌 B의 진술을 그 내용으로 하므로 제316조 제2항에 따라 ① B가 사망, 질병, 외국거주, 소재불명 그 밖에 이에 준하는 사유로 인하여 진술할 수 없고(필요성 요건), ② 그 진술이 특히 신빙할 수 있는 상태하에서 행하여졌음이 증명된 때에 한하여 증거능력을 인정할 수 있다.

본 사례에서 원진술자 B는 간암 말기 판정을 받고 중환자실에 입원하였으므로, 위 필요성 요건(진술 불능 요건)은 충족될 여지가 있으나, E가 "B로부터 들었다"는 사정만으로 특신상태를 인정하기에는 부족하다. 따라서 제312조 제4항이 규정하는 절차와 방식, 실질적 진정성립, 반대신문의 기회 보장의 요건이 충족되고, E의 진술에 대하여 특신상태가 증명된다면 E에 대한 진술조서의 증거능력을 인정할 수 있다.

Ⅵ. 제6문 — 일부상소

1. 문제의 제기

제1심 법원은 공무집행방해죄와 상해죄를 경합범으로 보고 공무집행방해죄에 대하여 유죄, 상해죄에 대하여 무죄를 선고하였는데, 이에 대하여 검사만이 무죄 부분에 대해 항소하였고, 항소심 심리 결과 두 공소사실이 상상적 경합관계에 있는 것으로 판명되었다. 이 경우 항소심의 심판범위와 관련하여, ① 일부상소의 허용범위, ② 일부상소와 상소심의 심판범위, ③ 죄수판단 변경에 따른 상소심의 심판범위가 문제된다.

2. 일부상소의 허용 범위

상소는 재판의 일부에 대하여 할 수 있고(형소법 제342조 제1항), 일부에 대한 상소는 그 일부와 불가분의 관계에 있는 부분에 대하여도 효력이 미친다(동조 제2항). 이를 상소불가분의 원칙이라고 한다.

일부상소가 허용되기 위해서는 재판의 내용이 분할할 수 있고 독립된 판결이 가능하여야 한다. 따라서 경합범의 각 부분에 대하여 각각 다른 수개의 재판이 선고된 때에는 일부상소가 가능하다. 즉, 실체적 경합범의 관계에 있는 수개의 공소사실에 대하여 ① 일부에 대하여 유죄, 다른 부분에 대하여 무죄·면소·공소기각·관할위반 또는 형 면제의 판결이 선고된 경우,[1] ② 2개 이상의 다른 형이 선고된 경우,[2] ③ 공소사실 전부에 대하여 무죄가 선고된 경우[3]에는 일부상소를 할 수 있다.

3. 일부상소와 상소심의 심판범위

일부상소의 경우에 상소심의 심판범위는 상소를 제기한 범위에만 미치므로 상소가 없는 부분의 재판은 그대로 확정된다. 따라서 상소법원은 일부상소된 부분에 한하여 심판하여야 한다.[4]

경합범의 일부 유죄, 일부 무죄에 대해 피고인만이 유죄 부분에 대해 상소한 경우에는 무죄 부분은 분리 확정되고, 유죄 부분만이 상소심의 심판대상이 된다. 유죄 부분에 대해 상소이유가 인정되는 경우에는 유죄 부분만 파기하면 된다. 이에 반하여 검사만이 무죄 부분에 대해 일부상소한 경우에 상소심의 심판범위에 대하여는, ① 경합범으로 수개의 주문이 선고되고 일부만 상소한 경우에 상소제기의 효력은 전체에 대하여 미친다는 전부파기설, ② 피고인과 검사가 상소하지 않은 유죄 부분은 상소기간이 지남으로써 확정되고 상소심에 계속된 사건은 무죄 부분에 관한 공소뿐이라는 일부파기설이 대립한다. 일부파기설이 통설과 판례[5]의 태도이다.[6]

4. 죄수 판단 변경에 따른 상소심의 심판범위

(1) 학설

원심이 두 개의 공소사실을 경합범으로 보고 일부 유죄, 일부 무죄를 선고하였는데, 당사자 일방만의 일부상소에 대해 상소심이 심리한 결과 두 개의 공소사실이 단순일죄 또는 과형상의 일죄로 판명된 경우에 상소심의 심판대상에 대하여, ① 상소되지 않은 일부 사실이 확정된 이상 상소심은 이에 대하여 면소판결을 해야 한다는 면소판결설, ② 상소되지 않은 나머지 부분도 상소심 심판대상이라는 전부이심설, ③ 상소되지 않은 부분은 그대로 확정되어 상소된 부분만 상소심의 심판대상이라는 일부이

---

1) 대법원 1973. 7. 10. 선고 73도142 판결; 대법원 1984. 2. 28. 선고 83도216 판결; 대법원 1984. 11. 27. 선고 84도862 판결; 대법원 2018. 3. 29. 선고 2016도18553 판결.
2) 대법원 2009. 4. 23. 선고 2008도11921 판결.
3) 대법원 1973. 7. 10. 선고 73도142 판결.
4) 대법원 1980. 8. 26. 선고 80도814 판결; 대법원 1984. 11. 27. 선고 84도862 판결; 대법원 1988. 7. 26. 선고 88도841 판결.
5) 대법원 1992. 1. 21. 선고 91도1402 전원합의체 판결.
6) 이에 관한 상세는 사례 1. [12-변시(1)-1] 제4문 '항소심 심판범위와 조치' 부분, 사례 12. [17-변시(6)-2] 제5문 3. '항소심의 심판범위' 부분 참조.

심설, ④ 유죄 부분만 상소된 경우라면 무죄 부분은 확정되나, 무죄 부분만 상소된 경우라면 유죄 부분도 함께 심판대상이 된다는 이원설이 대립한다.

(2) 판례

판례는 원심이 두 개의 죄를 경합범으로 보고 한 죄는 유죄, 다른 한 죄는 무죄를 선고한 사안에서, 검사가 무죄 부분만에 대하여 불복 상소하였다고 하더라도, 위 두 죄가 상상적 경합관계에 있다면, 일죄에 대해 무죄 부분만 파기할 수 없으므로 무죄 부분과 함께 유죄 부분도 상소심의 심판대상이 된다고 판시하였다(위 ②의 전부이심설의 입장).[1)]

(3) 소결

피고인의 이익을 보호한다는 측면에서 판례와 같이 위 ②의 전부이심설이 타당하다.

5. 설문의 해결

판례에 따르면, 甲에 대한 공무집행방해죄 및 상해죄 모두 항소심의 심판대상이 된다.

1) 대법원 1980. 12. 9. 선고 80도384 전원합의체 판결. 이와 달리, 피고인만 유죄 부분에 대해 상소한 사안에 대해서는 아직 판례가 없다.

2023년 제12회 변호사시험 강평

형사법 제1문

Ⅰ. 사례 (1)에서 甲의 형사책임

• 사실관계

• 상가 관리소장 A를 비방할 목적으로 상가 번영회 인터넷 카페 사이트에 'A에게 혼외자가 있다'는 허위사실을 게시
• 관리사무소 직원 B에게 'A가 혼외자와 함께 있는 것을 보았다'는 허위 내용이 기재된 사실확인서를 작성하게 하여 이를 받음

1. 인터넷 카페 사이트 게시판에 허위사실을 게시한 행위

• 정보통신망법 제70조 제2항 범죄는 ① 사람을 비방할 목적으로, ② 정보통신망을 통하여, ③ 공공연하게 거짓의 사실을 드러내어 다른 사람의 명예를 훼손하는 경우에 성립함
• 甲은 A를 비방할 목적으로 정보통신망인 인터넷 카페 사이트를 통하여 거짓의 사실을 드러내어 A의 명예를 훼손하였고, 위 인터넷 카페 사이트에는 상가 입주자 약 200여 명이 회원으로 가입되어 있어 공연성도 인정됨
• 정보통신망법위반(명예훼손)죄가 성립

2. B에게 허위의 사실확인서를 작성하게 하여 이를 받은 행위

• 형법은 공문서의 경우에는 유형위조뿐만 아니라 무형위조를 함께 처벌하고 있으나, 사문서의 경우 원칙적으로 유형위조만을 처벌함
• 관리사무소 직원 B가 허위의 내용을 기재하여 자신 명의로 된 사실확인서를 작성한 행위는 사문서의 무형위조에 해당하므로, B에 대하여 사문서위조죄가 성립하지 않고, 따라서 위조사문서행사죄도 성립하지 않음
• 공범종속성설〔통설, 판례(대법원 2000. 2. 25, 99도1252)〕에 따르면, B가 허위의 사실확인서를 작성·교부한 행위가 문서 관련 범죄에 해당하지 않는 이상, 이를 교사한 甲에 대하여 교사범이 성립하지 않음

Ⅱ. 사례 (2)에서 甲의 형사책임

- **사실관계**

> • 약혼녀 C의 지갑에서 액면금 3천만 원의 수표를 꺼내 가져갔는데,
> • 당시 C는 甲의 행위를 보고도 별다른 행동을 하지 않아 甲은 C가 동의한 것으로 오인함

1. '양해'와 '승낙'의 의미

- 구성요건이 피해자의 의사에 반하는 때에만 실현될 수 있도록 규정되어 있는 범죄에 있어서, 피해자가 그 법익의 침해에 동의한 때에는 구성요건해당성 자체가 조각되는데, 이 경우 피해자의 동의를 '양해'라고 함
- 피해자의 승낙은 피해자가 가해자에 대하여 자기의 법익을 침해하는 것을 허락하는 것이고(형법 제24조), 이는 위법성조각사유에 해당(통설)
- 본 사례에서 C의 동의를 양해로 보게 되면 절도죄의 구성요건해당성을 조각하고, 승낙으로 보게 되면 절도죄의 위법성을 조각

2. C의 동의를 '양해'로 보는 경우

- '양해'에 대한 착오는 구성요건적 착오에 해당하므로 고의를 조각(형법 제13조)
- 甲의 행위는 절도죄의 고의범으로 처벌할 수 없음
- 절도죄의 경우에는 과실범에 대한 처벌규정이 없으므로 과실범으로도 처벌할 수 없음

3. C의 동의를 '승낙'으로 보는 경우

- '승낙'에 대한 착오는 위법성조각사유의 전제사실에 대한 착오에 해당함
- 이에 대하여 학설은 ① 고의설, ② 엄격책임설, ③ 소극적 구성요건요소이론, ④ 구성요건착오 유추적용설, ⑤ 법효과제한적 책임설(통설)로 나뉘고, 판례는 착오에 대해 정당한 이유가 있는 경우에는 위법성이 조각된다고 함(대법원 1986. 10. 28, 86도1406)
- 엄격책임설 이외의 학설들에 의하면, 甲의 행위는 절도죄의 고의가 조각되어 절도죄가 성립하지 않고, 엄격책임설에 의하면, 甲과 C는 약혼 관계에 있고, C는 甲이 수표를 꺼내어 가는 것을 보고도 별다른 행동을 하지 않은 점에 비추어 정당한 이유가 인정되어 책임이 조각되므로 절도죄가 성립하지 않음
- 판례에 의하더라도 위법성이 조각되어 절도죄가 성립하지 않음

Ⅲ. 사례 (3)에서 甲의 형사책임

• 사실관계

- X회사 개발팀장 甲이 X회사의 경쟁 회사 상무 D로부터 'X회사의 기밀인 메모리칩 도면 파일을 빼내어 주면 3억 원을 지급하겠다'는 제안을 받고, 메모리칩 도면 파일을 자신의 USB에 몰래 복사하여 가지고 나옴
- 그 후 메모리칩 도면 파일을 D에게 넘겨주고 현금 3억 원을 받음

1. 절도죄 성립 여부

- 절도죄의 객체는 재물이고, 재물은 유체물 또는 관리할 수 있는 동력이므로, 동력이 아닌 정보는 절도죄의 객체인 재물이 될 수 없음
- 甲이 메모리칩 도면 파일을 자신의 USB 저장장치에 몰래 복사해서 가지고 나온 행위는 절도죄(형법 제329조)에 해당하지 않음

2. 업무상배임죄 성립 여부

- 업무상 타인의 사무를 처리하는 자가 임무에 위배하는 행위로써 재산상의 이익을 취득하거나 제3자로 하여금 이를 취득하게 하여 본인에게 손해를 가한 때에 업무상배임죄(형법 제356조, 제355조 제2항)가 성립
- 회사 직원이 경쟁업체에 유출할 목적으로 회사 자료를 무단으로 반출한 경우에, 그 자료가 보유자를 통하지 아니하고는 통상 입수할 수 없고, 보유자가 그 자료의 취득이나 개발을 위해 상당한 시간, 노력 및 비용을 들인 것으로서 그 자료의 사용을 통해 경쟁자에 대하여 경쟁상의 이익을 얻을 수 있는 정도의 영업상 주요한 자산에 해당하면 업무상 임무위배행위에 해당(대법원 2016. 7. 7, 2015도17628)
- X회사의 개발팀장 甲은 경쟁 회사에 유출할 목적으로 X회사가 10억 원 가량을 투입하여 새로 개발한 기밀을 무단으로 반출하여 재산상 이익을 취득하고, X회사에 재산상 손해를 가했으므로 업무상배임죄가 성립

3. 배임수재죄 성립 여부

- 타인의 사무를 처리하는 자가 그 임무에 관하여 부정한 청탁을 받고 재물 또는 재산상의 이익을 취득하거나 제3자로 하여금 이를 취득하게 한 때에는 배임수재죄(형법 제357조 제1항)가 성립하고, '부정한 청탁'이란 사회상규 또는 신의성실의 원칙에 반하는 것을 내용으로 하면 충분함(대법원 2015. 7. 23, 2015도3080)
- X회사의 개발팀장 甲이 경쟁 회사 상무인 D로부터 X회사의 기밀을 빼내어 주면 3억 원을 지급하겠다는 제안을 받고, D에게 위 기밀을 넘겨주고 현금 3억 원을 받은 것은 타인의 사무를 처리하는 자가 부정한 청탁을 받고 재물을 취득한 것이므로 배임수재죄가 성립

4. 죄수관계 및 소결

- 업무상 배임죄와 배임수재죄는 행위태양과 보호법익을 달리하는 별개의 독립된 범죄이므로 실체적 경합관계에 있음(대법원 1984. 11. 27, 84도1906)
- 업무상배임죄와 배임수재죄가 각 성립하고, 두 죄는 실체적 경합관계

Ⅳ. 사례 (4)와 (5)에서 甲, 乙, 丙의 죄책

甲, 乙	• 甲은 중학교 동창인 경찰관 乙에게 甲에 대한 수사 상황을 알려줄 것을 부탁하였고, 乙은 甲에 대한 체포영장을 곧 신청할 예정이라는 사실을 알려줌
乙, 丙	• 甲에 대한 형사재판과 관련하여, 乙은 甲의 동생인 丙에게 甲의 알리바이를 위한 허위 증언을 부탁하였고, 丙은 증인으로 출석하여 적법하게 선서한 후 허위 증언을 하였음

1. 사례 (4)에서 甲, 乙의 형사책임

(1) 乙의 공무상비밀누설죄 성립 여부

- 공무원 또는 공무원이었던 자가 법령에 의한 직무상 비밀을 누설한 때에는 공무상비밀누설죄(형법 제127조)가 성립하고, 이는 진정신분범에 해당
- '직무상 비밀'은 공무원이 직무집행상 알게 된 비밀을 의미하고, 반드시 법령에 의하여 비밀로 규정되었거나 비밀로 분류, 명시된 사항에 한하지 않고 객관적이고 일반적인 입장에서 외부에 알려지지 않는 것에 상당한 이익이 있는 사항도 포함
- 乙은 현직 경찰관이므로 공무원에 해당하고, 수사대상자인 甲에게 체포영장을 곧 신청할 예정이라는 구체적인 경찰의 수사 상황을 알려준 것은 직무상 비밀을 누설한 때에 해당하므로, 乙에 대하여 공무상비밀누설죄가 성립

(2) 甲의 교사범 성립 여부

- 공무상비밀누설죄는 일방에 대한 처벌규정만 존재하는 대향범에 해당
- 처벌규정이 없는 대향자에게 공범규정이 적용될 수 있을지에 대하여, ① 긍정설, ② 부정설[통설, 판례(대법원 2011. 4. 28, 2009도3642)]이 대립하는데, 입법자의 의사를 존중하는 통설, 판례의 태도가 타당
- 甲에 대하여 공무상비밀누설죄의 교사범이 성립하지 않음

2. 사례 (5)에서 乙과 丙의 형사책임

(1) 丙의 위증죄 성립 여부

- 법률에 의하여 선서한 증인이 허위의 진술을 한 때에는 위증죄(형법 제152조)가 성립
- 丙은 법정에 증인으로 출석하여 적법하게 선서한 후, 甲의 알리바이에 관하여 객관적 진실에 반하고 자신의 주관적 기억에 반하는 증언을 하였으므로 丙에 대하여 위증죄가 성립
- 위증죄에 대하여는 친족의 범행에 대한 특례규정이 없으므로, 丙이 甲의 동생이라는 점은 위증죄 성립에 영향을 주지 않음

(2) 乙의 교사범 성립 여부

- 위증죄는 진정신분범이자 자수범이므로 법률에 의하여 선서한 증인 이외의 자는 위증죄의 간접정범이나 공동정범이 될 수 없으나, 형법 제33조 본문에 의해 위증죄의 교사범 또는 방조범이 될 수 있으므로, 乙에 대하여 위증죄의 교사범이 성립

V. 전문법칙

1. W의 증언의 증거능력

- 피고인 아닌 자의 공판기일에서의 진술이 피고인의 진술을 그 내용으로 하는 전문진술에 해당하므로, 형소법 제316조 제1항에 의하여 특신상태가 증명되면 예외적으로 증거능력이 인정됨
- 특신상태란 신용성의 정황적 보장, 즉 허위 개입의 여지가 거의 없고 그 진술내용이 신빙성이나 임의성을 담보할 구체적이고 외부적인 정황이 있는 경우를 의미함(대법원 2007. 2. 23, 2004도8654)
- 형소법 제318조 제1항은 증거동의의 대상을 '서류 또는 물건'으로 규정하고 있으나, 증거동의의 본질을 반대신문권 포기로 보는 통설과 판례(대법원 1983. 3. 8, 82도2873)에 따르면, 서류 이외의 전문증거인 '진술'도 증거동의의 대상이 됨
- 甲이 W의 증언을 증거로 함에 동의하거나, 형소법 제316조 제1항에 따라 특신상태가 증명되면 증거능력을 인정할 수 있음

2. E에 대한 진술조서의 증거능력

- 재전문증거의 증거능력에 대해서는, ① 부정설, ② 긍정설, ③ 제한적 긍정설이 있음
- 판례는 전문진술이 기재된 조서는 형소법 제312조 내지 제314조의 규정과 제316조의 요건을 충족하면 증거능력이 인정되지만, 재전문진술이나 재전문진술이 기재된 조서는 피고인이 증거로 하는 데 동의하지 않는 한 증거로 할 수 없다고 하여 제한적 긍정설의 태도를 취함(대법원 2001. 7. 27, 2001도2891)

- 甲이 E에 대한 진술조서를 증거로 함에 동의하면 증거능력 있음
- 증거부동의하는 경우, 형소법 제312조 제4항의 요건(① 적법한 절차와 방식, ② 실질적 진정성립, ③ 반대신문의 기회 보장, ④ 특신상태)과 제316조 제2항(① 원진술자 진술 불능, ② 특신상태)의 요건이 모두 충족되면 증거능력을 인정할 수 있음
- 원진술자 B는 간암 말기 판정을 받고 중환자실에 입원하였으므로, 필요성 요건(진술불능 요건)은 충족되지만, 'B로부터 들었다'는 것만으로는 특신상태를 인정하기 부족함
- 위 진술조서의 증거능력 요건을 충족하고, 특신상태가 증명되면 증거능력 있음

VI. 일부상소

1. 문제의 제기

- 제1심 법원은 공무집행방해죄와 상해죄를 경합범으로 보고 공무집행방해죄에 대하여 유죄, 상해죄에 대하여 무죄를 선고하였는데, 검사만이 무죄 부분에 대해 항소하였고, 항소심 심리 결과 두 공소사실이 상상적 경합관계에 있는 것으로 판명되었음
- 이 경우 항소심의 심판범위와 관련하여, 일부상소의 허용범위 및 상소심의 심판범위, 죄수 판단 변경에 따른 상소심의 심판범위가 문제됨

2. 일부상소의 허용범위 및 상소심의 심판범위

- 일부상소는 불가분의 관계에 있는 부분에 대하여도 효력이 미치고, 이를 상소불가분의 원칙이라고 함
- 일부상소가 허용되기 위해서는 재판의 내용이 분할할 수 있고 독립된 판결이 가능하여야 하므로, 경합범의 각 부분에 대하여 다른 수개의 재판이 선고된 때에는 일부상소가 가능함
- 일부상소의 경우에 상소심의 심판범위는 상소를 제기한 범위에만 미치므로 상소가 없는 부분의 재판은 그대로 확정되고, 상소법원은 일부상소된 부분에 한하여 심판하여야 함
- 경합범의 일부 유죄, 일부 무죄에 대해 검사만이 무죄 부분에 대해 일부상소한 경우 상소심의 심판범위에 대하여, ① 전부파기설, ② 일부파기설〔통설, 판례(대법원 1992. 1. 21, 91도1402 전원합의체)〕이 대립함

3. 죄수 판단 변경에 따른 상소심의 심판범위

(1) 학설

- 원심이 두 개의 공소사실을 경합범으로 보고 일부 유죄, 일부 무죄를 선고하였는데, 당사자 일방만의 일부상소에 대해 상소심이 심리한 결과 두 개의 공소사실이 일죄로 판명된 경우, 상소심의 심판대상에 대하여, ① 면소판결설, ② 전부이심설, ③ 일부이심설, ④ 이원설이 대립함

(2) 판례

- 원심이 두 개의 죄를 경합범으로 보고 한 죄는 유죄, 다른 한 죄는 무죄를 선고한 사안에서, 검사가 무죄 부분만에 대하여 상소하였다고 하더라도, 두 죄가 상상적 경합관계에 있다면 무죄 부분과 함께 유죄 부분도 상소심의 심판대상이 된다고 판시(대법원 1980. 12. 9, 80도384 전원합의체)

(3) 소결

- 피고인의 이익을 보호한다는 점에서, 판례와 같이 위 ②의 전부이심설이 타당

4. 설문의 해결

- 판례에 따르면, 甲에 대한 공무집행방해죄 및 상해죄 모두 항소심의 심판대상이 됨

사례 24. [23 – 변시(12) – 2]
2023년 제12회 변호사시험 제2문

(1) 甲은 코로나19로 사업이 어렵게 되자 양부(養父) A에게 재산의 일부를 증여해 달라고 요구하였지만 핀잔만 듣게 되었다. 이에 화가 난 甲은 A를 살해하기로 마음먹고 따로 거주하고 있는 사촌 동생 乙에게 A를 살해하라고 교사하면서 甲과 A가 함께 살고 있는 집의 현관 비밀번호 및 집 구조를 乙에게 알려 주었다. 甲이 알리바이를 위하여 다른 지역으로 출장을 떠난 사이, 乙은 범행 당일 새벽 2시경 甲이 알려 준 비밀번호를 이용하여 현관문을 열고 들어가 침실에서 자고 있던 사람의 얼굴을 베개로 눌러 질식으로 사망케 하였다. 그러나 사실 침실에서 자고 있던 사람은 A의 운전기사 B였다. 乙은 살해를 한 직후 거실에서 A 소유의 명품 시계 1개를 발견하고 욕심이 생겨 이를 가지고 나왔다.

(2) 다음 날 甲과 乙은 A가 위 범행 전날 밤 교통사고로 크게 다쳐 병원에 입원하였고 乙이 사망케 한 사람이 B라는 사실을 알게 되었다. B 사망사건에 대한 수사가 개시되자 甲은 범행을 포기하였다가 6개월 후 다시 A를 살해할 마음을 먹고 乙에게 계획을 설명했으나 乙은 甲에게 '더 이상 관여하지 않겠다'고 하였다. 이에 甲은 乙에게 '내가 알아서 하겠으니 A에게 투여할 독극물만 구입해 달라'고 하여 乙은 독극물을 구입하였지만 甲에게 주지 않은 채 그 다음 날 전화로 '나는 양심에 걸려 못하겠다'고 한 후 연락을 끊었다. 이에 甲도 범행을 단념하였으나 사업이 점점 어려워지자 1개월 후 A가 입원해 있는 병실에서 산소호흡기를 착용하지 않으면 생명이 위독한 A의 산소호흡기를 제거하여 A를 살해하였다.

(3) 甲은 A명의 부동산을 임의로 처분하기로 마음먹었다. 이에 甲은 A를 살해한 직후 병실에 보관되어 있던 A의 인감도장을 가지고 나온 다음 'A가 甲에게 인감증명서 발급을 위임한다'는 취지의 A명의 위임장 1장을 작성하고 같은 날 주민센터 담당 직원 C에게 제출하여 A의 인감증명서를 발급받았다.

(4) 甲의 여자친구 D는 甲이 잠이 든 D의 나체를 동의 없이 휴대전화를 이용하여 사진 촬영한 사실을 신고하면서 甲 몰래 가지고 나온 甲의 휴대전화를 사법경찰관 K에게 증거물로 제출하였다. K는 위 휴대전화를 압수한 후 D와 함께 휴대전화의 전자정보를 탐색하다가 D의 나체 사진 외에도 甲이 D와 마약류를 투약하는 장면이 녹화된 동영상을 발견하였고, 탐색을 계속하여 甲과 성명불상의 여성들이 마약류를 투약하는 장면이 녹화된 동영상을 발견하자 위 동영상들을 따로 시디(CD)에 복제하였다. 그 후 K는 위 시디(CD)에 대하여 영장을 발부받아 甲의 참여하에 이를 압수하였다.

〔2023년 제12회 변호사시험 제2문〕

설 문

1. 가. (1)에서 甲, 乙의 죄책은? (32점)
   나. (2)에서 乙에 대하여 형사책임을 부인하거나 보다 가볍게 인정할 수 있는 이론적 근거를 모두 제시하시오. (10점)
   다. (3)에서 甲의 죄책은? (13점)

2. (1)과 관련하여, 현장 DNA로 乙의 혐의를 확인한 사법경찰관 K가 연락이 되지 않는 乙의 주거지로 찾아가 탐문수사를 하던 중 귀가하던 乙을 우연히 발견하고 도주하려는 乙을 주거지 앞에서 적법하게 긴급체포하는 경우, 乙의 주거지 안에 있는 A의 시계에 대한 압수 방안에 관하여 모두 검토하시오. (15점)

3. (1)과 관련하여, 공판에서 검사 P가 ⓐ 살인이 일어난 범행 현장을 촬영한 사진과 乙이 범행을 재연하는 장면을 촬영한 사진이 첨부된 사법경찰관 작성 검증조서와 ⓑ 범행현장에서 乙의 DNA가 확인되었다는 내용의 국립과학수사연구원의 감정의뢰회보서를 유죄의 증거로 제출하였는데 乙이 위 증거들에 대하여 부동의하는 경우, 위 ⓐ 검증조서에 첨부된 2개의 사진 및 ⓑ 감정의뢰회보서를 증거로 사용하기 위한 요건을 설명하시오. (15점)

4. (4)와 관련하여, 甲이 위 동영상들과 관련된 범죄사실로 공소제기된 경우 甲의 변호인의 입장에서 위 시디(CD)의 증거능력을 부정할 수 있는 근거를 모두 제시하시오. (15점)

해 설

Ⅰ. 제1문 — 甲, 乙의 형사책임

1. 제1문의 ㈎ — 사례 (1)에서 甲, 乙의 형사책임

(1) 문제의 제기

甲이 사촌동생인 乙을 교사하여 甲의 양부(養父)인 A를 살해하도록 하였는데, 乙이 A로 알고 살해한 사람은 B였다. 이와 관련하여, 甲의 행위가 살인, 존속살해 또는 그 미수의 교사에 해당하는지, 乙의 행위는 살인죄 또는 살인미수죄가 되는지 문제된다. 그리고 乙은 甲으로부터 집 비밀번호 등을 안내받고 집에 들어갔는데, 乙에 대하여 주거침입죄가, 甲에 대하여 주거침입교사죄가 각 성립하는지 문제된다. 또한, 乙이 A 소유의 시계를 들고나온 행위가 절도죄에 해당하는지 문제된다.

(2) 甲의 형사책임

㈎ 살인교사죄의 성립 여부

자기 또는 배우자의 직계존속을 살해한 사람에 대하여는 존속살해죄(형법 제250조 제2항)가 성립한다. 직계존속이란 법률상의 개념이므로 양자가 양부(養父)를 살해하면 존속살해죄에 해당한다.

만약 사촌동생 乙이 甲이 교사한대로 甲의 아버지 A를 살해하였다면, 신분관계가 없는 乙은 살인죄(형법 제250조 제1항)의 정범이 되지만, 신분관계가 있는 甲은 존속살해죄의 교사범인지 살인죄의 교사범인지에 대하여 견해가 나뉜다. 통설과 판례[1)]는 형법 제33조 단서를 책임개별화 원칙을 규정한 것으로 보고, 가중적 신분자에 대해서는 가중범죄의 교사범이 된다고 한다(사례의 경우, 존속살해교사죄 성립).[2)]

그런데 乙이 살해한 사람은 甲의 존속인 A가 아니라 그 운전기사인 B였다. 이는

1) 대법원 1994. 12. 23. 선고 93도1002 판결.

2) 형법 제33조 단서가 적용되지는 않지만 책임개별화 원칙에 따라 가중범죄의 교사범이 성립한다고 설명하는 견해도 있고, 제33조 단서의 적용을 부정하고 공범종속성의 원칙(형법 제31조 제1항)에 따라 통상범죄의 교사범이 성립한다고 보는 견해도 있다(사례의 경우, 살인교사죄 성립).

피교사자 乙의 구성요건적 착오(사실의 착오) 중 객체의 착오에 해당한다(乙의 형사책임 부분 참조).[1] 이러한 피교사자의 객체의 착오가 교사자에게는 어떤 의미를 갖는지에 대하여, ① 교사자에게도 객체의 착오가 된다는 견해, ② 교사자에게는 방법의 착오가 된다는 견해, ③ 인과과정의 착오로 보는 견해가 있다. 위 ① 및 ③의 견해에 의하면 고의가 조각되지 않고 발생사실에 대한 고의기수가 성립하므로, 甲은 살인교사죄의 죄책을 부담한다. 위 ②의 견해는 다시, ⓐ 발생사실에 대한 기수가 된다는 견해(법정적 부합설), ⓑ 인식한 사실에 대한 미수와 발생한 사실의 과실범의 상상적 경합이 성립한다는 견해(구체적 부합설)로 나뉜다.[2]

원칙적으로 교사자는 피교사자가 실제로 실행한 범위 내에서만 교사범의 책임을 부담한다(공범종속성의 결과). 또한 교사자에 대하여 정범의 객체의 착오는 행위수단 또는 행위방법의 잘못으로 엉뚱한 객체에 결과가 발생한 방법의 착오와 구조적으로 동일하다고 볼 수 있으므로, 방법의 착오로 보는 위 ②의 견해가 타당하다. 이처럼 방법의 착오로 본다면, 살인의 고의로 결과가 발생하였음에도 살인미수라고 하는 것은 일반인의 법감정에 반하고, 행위자가 구성요건에 일치하는 동일한 법정적 사실의 범위에 대한 인식을 가지고 있었다는 점에서, 위 ⓐ의 법정적 부합설(판례)[3]에 의하는 것이 타당하다.

따라서 甲에 대하여 B에 대한 살인교사죄가 성립한다.

(나) 주거침입교사죄의 성립 여부

아래에서 살펴보는 바와 같이 乙에 대하여 주거침입죄가 성립하지 않으므로, 甲에 대해서도 주거침입교사죄는 성립하지 않는다(공범종속성의 원칙).

(다) 절도교사죄의 성립 여부

乙은 A의 시계를 절취하였으므로 절도죄(형법 제329조)가 성립한다(乙의 형사책임 부분 참조). 그런데 이는 甲이 교사한 범위(甲의 존속에 대한 살해)와 전혀 다른 범죄를 실행한 것으로서 질적 초과에 해당한다. 질적 초과의 경우, 교사자는 교사범으로서 책임을 지지 않는다. 따라서 甲에 대하여 절도교사죄는 성립하지 않는다.

---

1) 이를 구성요건적 착오가 아니라 가중사실을 인식했으나 가벼운 사실을 발생시킨 경우로 보고, 형법 제15조 제1항의 반전된 사례로 해결하는 견해도 가능하다. 그 해결책으로는, ① 보통살인죄의 교사범이 성립한다는 견해, ② 존속살해미수의 교사와 보통살인교사의 상상적 경합이 된다는 견해 등이 가능하다. 다만, 사례에서 甲은 정범이 아닌 교사범이고, 정범인 乙은 비신분자로서 보통살인죄만 성립 가능하다는 점에서, 형법 제15조 제1항으로 해결하기보다는 피교사자의 객체의 착오 문제로 검토하는 것이 보다 더 타당하다.

2) 이에 대한 상세는 사례 16. [19-변시(8)-2] 제1문 2. '(3) 살인미수교사죄의 성립 여부' 참조.

3) 대법원 1984. 1. 24. 선고 83도2813 판결.

(라) 소결

甲에 대하여 살인교사죄가 성립한다.

(3) 乙의 형사책임

(가) 살인죄의 성립 여부

乙은 B를 A로 오인하여 베개로 질식시켜 사망에 이르게 하였다. 이와 같이 인식한 객체와 결과가 발생한 객체가 다른 경우를 객체의 착오라고 하고, 착오를 일으킨 객체가 구성요건상으로 동가치인 경우(구체적 사실의 착오) 그 착오는 법률상 의미를 가지지 않고 고의를 조각하지 않는다(통설).

따라서 乙에게는 B에 대한 살인죄(형법 제250조 제1항)가 성립한다.

(나) 주거침입죄의 성립 여부

乙은 甲으로부터 甲과 A가 함께 사는 집의 현관 비밀번호와 집 구조를 듣고 집에 들어가 B를 살해하였다. 이와 같이 공동주거권자의 허락을 받고 집에 들어간 경우, 주거침입죄(형법 제319조 제1항)가 성립하는지 문제된다.

주거침입죄의 보호법익에 대하여는 ① 구주거권설(가장 또는 호주만이 가지는 주거의 출입허락권으로 보는 견해), ② 신주거권설(모든 구성원의 권리로서 주거권을 보호법익으로 보는 견해), ③ 사실상 평온설(주거를 지배하고 있는 사실관계, 즉 거주자의 사실상 평온으로 보는 견해), ④ 개별화설(주거침입죄의 객체에 따라 주거인 경우 사적 비밀, 사무소인 경우 사무소의 비밀, 공무나 교통을 위해 폐쇄된 구역은 국가적 비밀이나 공무 등으로 나누어 보는 견해) 등이 있다.

판례는 과거 사실상 평온설에 의하면서도 복수의 주거권자 중 한 사람의 승낙이 다른 거주자의 의사에 반하는 경우에는 주거의 지배·관리의 평온을 해하는 것이므로 주거침입죄가 성립한다고 보았다가,[1] 이를 변경하여 공동거주자 중 현재하는 거주자의 현실적인 승낙을 받아 통상적인 출입방법에 따라 들어갔다면 부재중인 다른 거주자의 의사에 반하는 것으로 추정된다고 하더라도 사실상 주거의 평온을 깨뜨렸다고 볼 수는 없다고 하여 주거침입죄의 성립을 부정하였다(**관련판례**[2]). 이때 구성요건적 행

---

1) 대법원 1984. 6. 26. 선고 83도685 판결(배우자가 있는 사람과의 성관계 목적으로 다른 배우자가 부재중인 주거에 출입하여 주거침입죄로 기소된 사례).

2) (**관련판례**) 대법원 2021. 9. 9. 선고 2020도12630 전원합의체 판결 【주거침입】. 「주거침입죄의 보호법익은 사적 생활관계에 있어서 사실상 누리고 있는 주거의 평온, 즉 '사실상 주거의 평온'으로서, 주거를 점유할 법적 권한이 없더라도 사실상의 권한이 있는 거주자가 주거에서 누리는 사실적 지배·관리관계가 평온하게 유지되는 상태를 말한다. 외부인이 무단으로 주거에 출입하게 되면 이러한 사실상 주거의 평온이 깨어지는 것이다. 이러한 보호법익은 주거를 점유하는 사실상태를 바탕으로 발생하는 것으로서 사실적 성질을 가진다. 한편 공동주거의 경우에는 여러 사람이 하나의 생활공간에서 거주하는 성질

위로서의 침입은 거주자가 주거에서 누리는 사실상의 평온상태를 해치는 행위태양으로 주거에 들어가는 것을 의미하고, 침입에 해당하는지 여부는 출입 당시 객관적·외형적으로 드러난 행위태양을 기준으로 판단함이 원칙이라고 하였다.[1)]

한편 판례는, 행위자가 거주자(관리자)의 승낙을 받거나 개방되어 있는 장소에 들어갔으나 범죄 등 불법한 목적으로 한 출입이거나 거주자(관리자)가 행위자의 실제 출입 목적을 알았더라면 출입을 승낙하지 않았을 것이라는 사정이 인정되는 경우 행위자의 출입행위가 주거(건조물)침입죄에서 규정하는 침입행위에 해당하려면, 출입하려는 주거 등의 형태와 용도·성질, 외부인에 대한 출입의 통제·관리 방식과 상태, 행위자의 출입 경위와 방법 등을 종합적으로 고려하여 행위자의 출입 당시 객관적·외형적으로 드러난 행위태양에 비추어 주거(건조물)의 사실상 평온상태가 침해되었다고 평가되어야 한다고 본다.[2)] 또한 공동주택 내부의 공용부분도 주거침입죄의 객체가 되는 '사람의 주거'에 해당하는데, 외부인이 공용부분에 출입한 것이 주거침입이 되는지는 각 가구 또는 세대의 전용부분으로서 거주자들 또는 관리자에 의하여 외부인의 출

에 비추어 공동거주자 각자는 다른 거주자와의 관계로 인하여 주거에서 누리는 사실상 주거의 평온이라는 법익이 일정 부분 제약될 수밖에 없고, 공동거주자는 공동주거관계를 형성하면서 이러한 사정을 서로 용인하였다고 보아야 한다. 부재중인 일부 공동거주자에 대하여 주거침입죄가 성립하는지를 판단할 때에도 이러한 주거침입죄의 보호법익의 내용과 성질, 공동주거관계의 특성을 고려하여야 한다. 공동거주자 개개인은 각자 사실상 주거의 평온을 누릴 수 있으므로 어느 거주자가 부재중이라고 하더라도 사실상의 평온상태를 해치는 행위태양으로 들어가거나 그 거주자가 독자적으로 사용하는 공간에 들어간 경우에는 그 거주자의 사실상 주거의 평온을 침해하는 결과를 가져올 수 있다. 그러나 공동거주자 중 주거 내에 현재하는 거주자의 현실적인 승낙을 받아 통상적인 출입방법에 따라 들어갔다면, 설령 그것이 부재중인 다른 거주자의 의사에 반하는 것으로 추정된다고 하더라도 주거침입죄의 보호법익인 사실상 주거의 평온을 깨트렸다고 볼 수는 없다. 만일 외부인의 출입에 대하여 공동거주자 중 주거 내에 현재하는 거주자의 승낙을 받아 통상적인 출입방법에 따라 들어갔음에도 불구하고 그것이 부재중인 다른 거주자의 의사에 반하는 것으로 추정된다는 사정만으로 주거침입죄의 성립을 인정하게 되면, 주거침입죄를 의사의 자유를 침해하는 범죄의 일종으로 보는 것이 되어 주거침입죄가 보호하고자 하는 법익의 범위를 넘어서게 되고, '평온의 침해' 내용이 주관화·관념화되며, 출입 당시 현실적으로 존재하지 않는, 부재중인 거주자의 추정적 의사에 따라 주거침입죄의 성립 여부가 좌우되어 범죄 성립 여부가 명확하지 않고 가벌성의 범위가 지나치게 넓어지게 되어 부당한 결과를 가져오게 된다.」

본 판결 평석은 박정난, "공동거주자간 주거의 자유의 충돌과 주거침입죄 성부", 법학연구 제32권 제2호, 연세대학교 법학연구소, 2022, 557-589면.

1) 대법원 2021. 9. 9. 선고 2020도12630 전원합의체 판결; 대법원 2024. 2. 8. 선고 2023도16595 판결.

2) 대법원 2022. 3. 24. 선고 2017도18272 전원합의체 판결. 이 판례에서 대법원은 일반인의 출입이 허용된 음식점에 영업주의 승낙을 받아 통상적인 출입방법으로 들어갔다면, 행위자가 범죄 등을 목적으로 음식점에 출입하였거나 영업주가 행위자의 실제 출입 목적을 알았더라면 출입을 승낙하지 않았을 것이라는 사정이 인정되더라도 그러한 사정만으로는 출입 당시 객관적·외형적으로 드러난 행위태양에 비추어 사실상의 평온상태를 해치는 방법으로 음식점에 들어갔다고 평가할 수 없으므로 침입행위에 해당하지 않는다고 보았다.

입에 대한 통제·관리가 예정되어 있어 거주자들의 사실상 주거의 평온을 보호할 필요성이 있는 부분인지, 평소 출입이 통제·관리되었는지, 외부인의 출입 목적 및 경위, 출입 태양과 출입한 시간 등을 종합적으로 고려하여 주거의 사실상 평온상태가 침해되었는지의 관점에서 객관적·외형적으로 판단하여야 한다고 하였다.[1)]

본 사례에서 乙의 행위가 주거침입죄에 해당하는지에 대하여는, ① 긍정설과 ② 부정설이 있을 수 있다.

위 ①의 긍정설에도 두 가지 입장이 있을 수 있다. 첫째, 보호법익에 관한 위 구 주거권설과 신주거권설의 입장에서는, 공동주거권자 중 1인인 A가 현재하지 않지만 그 추정적 의사에 반함이 명백하므로 주거침입죄가 성립한다고 할 것이다(①의 ⓐ견해). 둘째, 위 사실상 평온설의 입장에서도, (i) 잠금장치가 되어 있어 거주권자들만 출입할 수 있는 사적 공간에 들어간 점, (ii) 乙의 출입을 승인해준 甲은 알리바이를 만들려고 주거지에 현재하지 않고 있었던 점, (iii) 공동주거자인 A를 살해할 목적으로 들어간 점 등에 비추어, 이는 공동거주자 甲의 승낙을 받아 공동생활의 장소에 들어간 외부인 乙의 출입 및 이용행위가 전체적으로 그의 출입을 승낙한 甲의 '통상적인 공동생활 장소의 출입 및 이용행위의 일환이자 이에 수반되는 행위'[2)]로 평가할 수 없으므로, 주거의 사실상 평온상태가 침해되어 주거침입죄가 성립한다는 견해(위 ①의 ⓑ견해)가 있을 수 있다.[3)]

그러나 위 ②의 부정설이 타당하다고 생각된다. 즉, 위 사실상 평온설의 입장에서 보면, (i) 주거침입죄의 보호법익을 사실상의 평온으로 보는 이상, 사실상의 평온

1) 대법원 2022. 8. 25. 선고 2022도3801 판결; 대법원 2024. 2. 15. 선고 2023도15164 판결; 대법원 2024. 6. 27. 선고 2023도16019 판결.

2) 대법원 2021. 9. 9. 선고 2020도6085 전원합의체 판결[가정불화로 처와 일시 별거 중인 남편이 그의 부모와 함께 주거지에 들어가려고 하는데 처로부터 집을 돌보아 달라는 부탁을 받은 처제가 출입을 못하게 하자, 출입문에 설치된 잠금장치를 손괴하고 주거지에 출입하여 폭력행위등처벌에관한법률위반(공동주거침입)죄 등으로 기소된 사안에서, 주거침입을 부정한 사례]. 「공동거주자 중 한 사람의 승낙에 따른 외부인의 공동생활 장소의 출입 및 이용행위가 외부인의 출입을 승낙한 공동거주자의 통상적인 공동생활 장소의 출입 및 이용행위의 일환이자 이에 수반되는 행위로 평가할 수 있는 경우에는 이러한 외부인의 행위는 전체적으로 그 공동거주자의 행위와 동일하게 평가할 수 있다.」

3) 乙에 대하여 주거침입죄가 성립한다고 할 경우, 甲에 대하여 주거침입교사죄가 성립하는지가 문제된다. 이에 대해서는, ① 乙에 대하여 주거침입죄가 성립하는 이상 甲은 주거권의 남용에 해당하여 주거침입교사죄가 성립한다는 긍정설과 ② 甲은 공동주거권자이므로 주거침입교사죄는 성립하지 않는다는 부정설이 있을 수 있다. 참고로 위 2020도6085 전원합의체 판결은 방론으로 가사 승낙을 받고 출입한 외부인에 대하여 주거침입죄가 성립한다고 하더라도, "공동거주자는 공동생활관계에서 이탈하지 않거나 그의 공동주거 출입행위를 금지할 법률적인 근거 기타 정당한 이유가 없는 이상 주거침입죄로 처벌할 수 없다"고 한다.

상태를 해치는지는 출입 당시 객관적·외형적으로 드러난 행위태양을 기준으로 해야 하고 범죄 목적과 같은 주관적 사정을 기준으로 할 수는 없으므로, 공동주거권자인 甲이 乙에게 살인을 교사하면서 현관 비밀번호와 집의 구조까지 안내해주고 乙의 출입을 승인하여 안내받은 대로 집에 들어간 이상, 乙의 행위가 침입행위에 해당한다고 보기 어렵고, (ii) 甲이 주거에 현재하지 않았다고 하더라도 알리바이를 위해 다른 지역으로 간 것일 뿐 乙에 대한 승인은 여전히 유효하다고 볼 수 있으며, (iii) 만일 부재중인 다른 거주자의 의사에 반하는 것으로 추정된다는 사정이나 범죄 목적 유무 또는 불법의 정도를 가지고 주거침입죄의 성립을 인정하게 되면, 주거침입죄가 보호하고자 하는 법익의 범위를 넘어서게 되고, '평온의 침해' 내용이 주관화·관념화되어 범죄의 성립 여부가 명확하지 않게 되는 문제가 발생할 수 있고, (iv) 주거침입 후 살해행위는 살인죄로 처벌하면 충분하고 주거침입죄까지 처벌하는 것은 국가형벌권의 과도한 개입으로 부당한 점 등에 비추어, 乙의 행위는 사실상의 평온을 해치지 않는 통상적인 방법으로 위 집에 들어간 것으로서 주거침입죄에 해당하지 않는다고 할 것이다.

㈐ 절도죄의 성립 여부

乙은 B를 살해한 직후 거실에서 명품 시계를 발견하고 욕심이 생겨 가지고 나왔다. 사람을 살해한 후 비로소 재물영득의 고의가 생겨 재물을 영득하였으므로 야간주거침입절도(형법 제330조)[1]나 강도살인죄(형법 제338조)가 성립할 여지는 없고, 절도죄(형법 제329조)가 성립한다. 이때 A는 주거에 현존하지 않고 있었으므로 타인의 점유에 대한 침해라고 볼 수 있는지 문제된다. 형법상 점유가 인정되기 위해서는 현실적·물리적 요소와 점유의사가 필요하다. 다만 물건을 사실상 지배하지 못하고 있어도 사회적·규범적으로 점유개념이 확대될 수 있는데, 예를 들어 주차장에 세워둔 차나 여행자의 집에 있는 물건 등에 대하여는 주인의 점유를 인정할 수 있다. 본 사례에서 A는 병원에 입원하고 있었지만, 사회적·규범적으로 볼 때 집에 있는 물건에 대한 A의 점유를 충분히 인정할 수 있다.

乙은 A(乙의 3촌)와 동거하지 않는 친족관계로서 친족상도례가 적용된다(형법 제344조, 제328조 제2항). 따라서 고소가 있어야 공소를 제기할 수 있는 상대적 친고죄이다.

---

1) 乙에 대하여 주거침입죄가 성립하지 않는다고 하면 야간주거침입절도죄의 성립 여부는 논의의 여지가 없으나, 주거침입죄가 성립한다고 하면 야간에 주거에 침입한 상태에서 절도한 것이므로 야간주거침입절도죄가 성립하는지 문제될 수 있다. 그러나 乙은 '절도의 의사(목적)'가 아니라 '살해의 의사'로 야간에 A의 집에 들어간 것이므로 야간주거침입절도죄는 성립하지 않는다(대법원 1984. 12. 26. 선고 84도433 판결).

㈑ 소결

乙에 대하여 살인죄와 절도죄가 각 성립하고, 두 죄는 실체적 경합관계이다.

2. 제1문의 ⑷—사례 (2)에서 乙에 대하여 형사책임을 부인하거나 보다 가볍게 인정할 수 있는 이론적 근거

(1) 문제의 제기

乙은 甲으로부터 A를 살해할 계획을 듣고 이를 거부하였다가, 'A에게 투여할 독극물만 구입해달라'는 말을 듣고 독극물을 구입했지만 甲에게 주지 않고 '양심에 걸려 못한다'고 전화로 말한 후 연락을 끊었다.

예비죄가 성립하기 위해서는 주관적 요건으로서 예비의 고의와 기본범죄를 범할 목적, 객관적 요건으로서 범죄 실현을 위한 물적·인적 준비행위로서 실행의 착수에 이르지 않은 일체의 행위가 필요하다. 따라서 살인예비죄(형법 제255조, 제250조 제1항)가 성립하려면, 객관적으로는 살인죄의 실현에 실질적으로 기여할 수 있는 외적 행위가 있어야 한다.[1] 甲이 A에 대한 살해 계획을 가지고 이를 乙에게 설명하고 독극물을 구입해 달라고 하여 乙로 하여금 이를 구입케 한 행위는, 결과적으로 乙로부터 독극물을 받지 못하였지만 살인죄의 예비행위에 해당한다. 따라서 甲에 대하여는 살인예비죄가 성립한다.

이처럼 甲의 살인예비죄에 가담한 乙에 대하여, 첫째, 형사책임을 부인하는 이론적 근거로는 ① 타인예비에 불과하여 형법상 예비행위에는 포함되지 않는다는 점, ② 예비죄의 공동정범은 처벌할 수 없을 뿐 아니라 공동정범에도 해당되지 않는다는 점, ③ 예비의 방조행위에 불과하여 처벌되지 않는다는 점을 주장할 수 있다. 둘째, 형사책임을 보다 가볍게 인정할 수 있는 이론적 근거로는 예비의 중지를 주장할 수 있다.[2]

(2) 형사책임을 부인할 수 있는 논거

㈎ 타인예비의 예비죄 불성립

행위자 자신(또는 타인과 공동)의 실행행위를 위한 준비행위인 '자기예비'가 아니라 타인의 실행행위를 위한 준비행위인 '타인예비'도 예비죄에서의 예비에 해당하는지 여부에 대하여, 이를 긍정하는 견해[3]도 있다. 그러나 ① 형법의 '죄를 범할 목적'은

---

1) 대법원 2009. 10. 29. 선고 2009도7150 판결(살해행위를 실행할 사람들을 고용하면서 그들에게 대가의 지급을 약속한 경우, 살인예비죄가 성립한다고 한 사례).

2) 아래에서는 乙의 형사책임을 부인하거나 가볍게 인정할 수 있는 입장에서 그 이론적 근거를 서술한다.

스스로 실행의사를 가지는 것으로 해석하여야 하고, ② 타인의 실행착수 여부에 따라 예비행위자가 교사범이나 종범 또는 예비가 될 수 있다는 것은 부당하고, ③ 예비죄 인정 범위가 지나치게 확대될 위험이 있는 점에 비추어, 타인예비는 예비행위에 포함되지 않는다(부정설)(통설)고 할 것이다.

본 사례에서 乙이 독극물을 구입해주겠다는 승낙의 의사표시를 하였는지, 독극물 구입사실을 甲에게 말해주었는지는 명확하지 않지만,[1] 제시되어 있는 乙과 甲의 대화 내용만 보더라도 乙 스스로 실행행위를 할 목적으로 독극물을 구입한 것은 아니고, 甲의 실행행위를 도울 목적으로 구입하였다고 볼 수 있다.

따라서 乙의 구입행위는 타인예비에 해당하고, 위 부정설에 따르면 예비행위에 해당하지 않으므로 乙은 살인예비죄의 형사책임을 지지 않는다.

㈏ 살인예비죄의 공동정범 불성립

2인 이상이 범죄를 범할 목적으로 공동으로 예비행위를 하는 경우 예비죄의 공동정범의 성립이 가능한지에 대하여, 통설과 판례[2]는 이를 긍정한다.[3] 그러나 예비죄 자체의 실행행위성은 부정하여야 하므로 예비죄의 공동정범은 허용되지 않는다고 할 것이다. 따라서 乙은 살인예비죄의 공동정범으로서의 형사책임을 지지 않는다.

한편 통설과 판례와 같이 예비죄의 공동정범이 인정된다고 하더라도, 乙이 살인예비죄의 공동정범에 해당하는지는 별도로 검토하여야 한다.

예비죄의 공동정범이 성립하기 위해서는 주관적 요건으로서의 공동의사와 객관적 요건으로의 공동실행행위가 있어야 한다. 주관적 요건으로서의 공동의사가 있는지를 보면, 乙은 '더 이상 관여하지 않겠다'고 거절 의사를 분명히 하였고, 독극물을 구입하였지만 甲에게 주지 않고 '양심에 걸려 못하겠다'고 한 후 연락을 끊었으므로, 주관적 요건으로서의 공동의사가 존재하지 않는다고 보아야 한다. 공동의사는 공동행위

---

3) 긍정설은 ① 타인예비도 간접적인 법익침해행위로서 법익침해의 실질적 위험성에서 자기예비와 차이가 없고, ② '죄를 범할 목적'에는 타인에게 행위시킬 목적도 포함되며, ③ 실질적 타인예비인 교사의 미수를 예비로 처벌하는 점에 비추어 타인예비도 예비에 포함된다는 점을 근거로 든다.

1) 만약 乙이 독극물 구입을 승낙하는 의사표시를 하지 않은 채 독극물을 구입하였고, 甲에게 구입사실도 알리지 않은 채 연락을 끊었다면 사실상 甲의 일방적인 부탁행위만 존재하는 것이다. 일방적인 부탁행위만으로 인적·물적 준비행위에 해당한다고 보게 되면, 예비행위의 정형성이 지나치게 확대될 위험이 있다. 따라서 그와 같은 경우라면 예비행위 자체가 성립하지 않는다고 볼 수 있을 것이다.

2) 대법원 1979. 5. 22. 선고 79도552 판결(정범이 실행의 착수에 이르지 아니한 예비의 단계에 그친 경우에는 이에 가공한다 하더라도 예비의 공동정범이 되는 때를 제외하고는 종범으로 처벌할 수 없다고 한 사례).

3) 긍정설은 예비죄 자체의 실행행위를 긍정해야 하므로 예비죄의 공동정범을 인정하는 것이 타당하다고 한다.

자 모두에게 상호적으로 존재하여야 하며, 일방만이 가지는 편면적 공동정범은 공동정범으로 되지 않는다(통설·판례[1]). 따라서 乙에 대하여 살인예비죄의 공동정범은 성립하지 않는다.

(다) 살인예비죄의 방조범 불성립

예비죄의 방조범(종범)이 성립할 수 있는지에 대하여, 긍정설도 있다.[2] 그러나 ① 예비행위는 실행행위성이 없고, ② 교사의 미수에 관한 형법 제31조 제2항, 제3항과 같은 규정이 방조에는 없으며, ③ 방조의 방법에 제한이 없는데 예외적으로 처벌하는 예비에 대한 방조범을 인정하게 되면 처벌범위가 지나치게 확대될 염려가 있는 점에 비추어, 예비죄의 방조범은 인정되지 않는다고 할 것이다. 이는 통설과 판례[3]의 입장이기도 하다. 따라서 乙은 살인예비죄의 방조범으로서의 형사책임을 지지 않는다.

(3) 형사책임을 보다 가볍게 인정할 수 있는 논거 — 예비의 중지

예비의 중지란 예비행위를 한 자가 자의(自意)로 실행의 착수를 포기하는 것이다. 乙은 독극물을 구입하였지만 甲에게 주지 않았고, 더 나아가 '나는 양심에 걸려 못하겠다'고 한 후 연락을 끊었다. 이는 내부적 동기에 의한 것으로서 자의로 실행의 착수를 포기한 것에 해당한다, 범인이 실행에 착수한 행위를 자의로 중지하거나 그 행위로 인한 결과의 발생을 자의로 방지한 경우에는 형을 감경하거나 면제한다(형법 제26조). 이를 중지미수라고 하는데, 예비죄에 대하여 중지미수의 규정을 준용하여 필요적 감면을 할 수 있는지가 문제된다.[4]

이에 대하여, 중지미수는 미수의 일종이므로 실행에 착수한 이후에 자의로 중지하였을 때에만 중지미수가 될 수 있고 실행에 착수하지 아니한 예비행위에는 준용될 수 없다는 부정설(판례[5]의 입장), 예비죄의 형이 중지미수의 형보다 무거운 경우에만 중지미수 규정을 유추적용하는 제한적 긍정설도 있다.

그러나 ① 예비행위의 실행행위의 정형성을 인정한다면 예비행위의 중지를 개념상 충분히 인정할 수 있고, ② 실행의 착수 이후 단계에서 적법 회귀에 대하여 필요적

---

1) 대법원 1985. 5. 14. 선고 84도2118 판결(공동정범에서의 공동가공의 의사는 공동행위자 상호 간에 있어야 하며, 행위자 일방의 가공의사만으로는 공동정범관계가 성립할 수 없다고 한 사례).
2) 긍정설은 ① 정범이 예비죄로 처벌되는 이상 공범을 종범으로 처벌하는 것은 공범종속성설의 당연한 결론이고, ② 예비죄도 각칙에 규정되어 있으므로 예비행위의 실행행위성을 인정할 수 있으며, ③ 예비와 미수의 구별은 공범의 성립에 영향이 없다는 점을 근거로 든다.
3) 대법원 1976. 5. 25. 선고 75도1549 판결.
4) 이에 대한 상세는 사례 12. [17－변시(6)－2] 제1문 관련 쟁점 중 '예비죄의 중지범 여부' 참조.
5) 대법원 1991. 6. 25. 선고 91도436 판결.

감면을 한다면 그보다 이전 단계에서도 그 이상 또는 적어도 동등한 정도의 관대한 대우를 하는 것이 당연하다고 볼 수 있다는 점에서, 예비행위의 중지에 대하여도 중지미수 규정을 준용하여 필요적 감면을 할 수 있다(전면적 긍정설)고 할 것이다.

따라서 乙에 대하여 예비의 중지를 인정하여 필요적 감면을 할 수 있다.

3. 제1문의 (다) — 사례 (3)에서 甲의 형사책임

(1) 문제의 제기

甲이 A를 살해한 직후 인감도장을 절취한 것이 절도죄에 해당하는지 또는 점유이탈물횡령죄에 해당하는지 문제된다. 또한 사자(死者) 명의의 문서를 위조한 경우, 사문서위조 및 위조사문서행사죄가 성립하는지 문제된다.

(2) 절도죄의 성립 여부

사자(死者)의 물건을 가지고 나온 경우, ① 사자나 상속자의 점유가 인정되지 않으므로 점유이탈물횡령죄(형법 제360조 제1항)가 된다는 견해와 ② 사자의 점유를 인정하여 절도죄(형법 제329조)가 된다는 견해가 있다. 판례는 피해자를 살해한 직후 그 장소에 있는 재물을 가지고 나온 경우, 피해자가 생전에 가진 점유는 사망 후에도 계속되는 것으로 본다.[1)]

본 사례에서 甲은 A를 살해한 직후 병실에 보관되어 있는 A의 인감도장을 가지고 나왔다. 판례와 같이 살해 직후의 사자의 점유를 인정하는 견해에 의하여, 甲은 인감도장에 대한 절도죄의 형사책임을 진다. 다만, 甲은 A의 직계비속이므로 친족상도례(형법 제344조, 제328조 제1항)가 적용되어 그 형을 면제한다(인적 처벌조각사유).

(3) 사문서위조죄 및 위조사문서행사죄의 성립 여부

甲은 훔친 인감도장을 이용하여 A 명의의 위임장 1장을 작성하고 이를 주민센터 담당직원 C에게 제출하였다. A 명의의 위임장을 임의로 작성한 것은 권리·의무에 관한 타인의 문서를 작성 권한이 없는 자가 타인 명의를 모용하여 작성한 행위로서 사문서위조죄(형법 제231조)에 해당한다.

---

1) 대법원 1993. 9. 28. 선고 93도2143 판결(피해자를 살해한 방에서 사망한 피해자 곁에 4시간 30분쯤 있다가 그곳 피해자의 자취방 벽에 걸려 있던 피해자가 생전에 소지한 물건들을 영득의 의사로 가지고 나온 경우, 피해자가 생전에 가진 점유는 사망 후에도 여전히 계속되는 것으로 보아 절도죄의 성립을 인정한 사례).

A는 사망하였으므로 사자(死者) 명의의 문서도 문서위조죄의 객체가 되는지 문제되는데, 통설과 판례[1]는 사자나 허무인 명의의 문서라고 하더라도 일반인에게 진정한 문서로 오신될 염려가 있으면 문서죄의 객체가 될 수 있다고 한다. 문서위조죄는 문서의 진정에 대한 공공의 신용을 보호법익으로 하므로 공공의 신용을 해할 위험성이 있다면 명의인의 실재 여부와 관계없이 범죄가 성립하는 것으로 보아야 할 것이다. 통설과 판례의 태도에 따라 甲에게 사문서위조죄가 성립한다. 또한 같은 날 그 사정을 모르는 주민센터 담당직원 C에게 위조한 위 위임장을 제출하였으므로, 위조사문서행사죄(형법 제234조)가 성립한다.

사문서위조죄와 위조사문서행사죄의 관계에 대해서는, ① 상상적 경합관계라는 견해(통설), ② 법조경합 중 보충관계에 해당하여 위조사문서행사죄만 성립한다는 견해도 있으나, ③ 실체적 경합관계(판례[2])라고 할 것이다.

(4) 설문의 해결

甲에 대하여는 절도죄, 사문서위조죄, 위조사문서행사죄가 각 성립하고, 이들은 실체적 경합관계에 있다.

Ⅱ. 제2문 — 긴급체포한 자의 주거지에 있는 피해자 소유 시계의 압수 방안

1. 문제의 제기

헌법과 형사소송법상 압수·수색에 관한 원칙적인 방법은 사전에 법원이 발부한 영장에 의하는 것이다. 그 외에 형사소송법상 긴급성 등을 감안한 영장주의의 예외가 규정되어 있는데, 본 사례와 같이 사법경찰관이 乙의 주거지 앞에서 적법하게 긴급체포하는 경우 체포현장에서의 압수, 긴급체포 후의 압수가 가능하다. 마지막으로 임의제출물에 대하여 영장 없는 압수가 가능하다. 어떠한 방법에 의하든 법률이 정한 요건과 절차에 따라 이루어져야 한다.

---

1) 대법원 2005. 2. 24. 선고 2002도18 전원합의체 판결.
2) 대법원 2012. 2. 23. 선고 2011도14441 판결.

2. 영장에 의한 압수

검사는 범죄 수사에 필요한 때에는 일정한 요건하에 지방법원판사에게 청구하여 발부받은 영장에 의하여 압수·수색·검증을 할 수 있다(형소법 제215조 제1항). 압수의 요건으로는 ① 범죄 혐의의 존재, ② 압수의 필요성, ③ 해당 사건과의 관련성, ④ 비례성이 필요하며, 압수 대상은 피의사건과 관계 있다고 인정할 수 있는 증거물 또는 몰수할 것으로 사료하는 물건이다(형소법 제219조, 제106조 제1항 본문). 압수는 검사가 지방법원판사에게 청구하여 발부받은 영장에 의하며, 사법경찰관은 검사에게 신청하여 검사의 청구로 발부받은 영장에 의하여 할 수 있다(형소법 제215조 제2항). 압수영장에는 압수의 대상 및 장소가 특정되어야 하며, 영장을 집행할 때에는 원칙적으로 영장을 제시하여야 하고(형소법 제219조, 제118조), 당사자와 변호인의 참여권을 보장하여야 한다(형소법 제219조, 제121조).

본 사례에서 사법경찰관 K는 乙을 긴급체포한 후에 乙의 절도 범죄혐의에 관하여 압수·수색영장을 발부받아 적법한 절차에 따라 절도 피해품인 A의 시계를 압수할 수 있다.

3. 영장에 의하지 않은 압수

(1) 긴급체포 후의 압수

긴급체포된 자가 소유·소지 또는 보관하는 물건에 대하여 긴급히 압수할 필요가 있는 경우에는 체포한 때로부터 24시간 이내에 한하여 영장 없이 압수할 수 있다(형소법 제217조 제1항). 검사 또는 사법경찰관은 이와 같이 압수한 물건을 계속 압수할 필요가 있는 경우에는 지체없이 압수·수색영장을 청구하여야 하며, 압수·수색영장의 청구는 체포한 때부터 48시간 이내에 하여야 한다(동조 제2항).

본 사례에서 사법경찰관은 乙의 주거지 앞에서 적법하게 乙을 긴급체포하였으므로, 주거지 안에 있는 A의 시계는 긴급체포한 범죄혐의인 절도죄의 피해품으로서 주요 증거물에 해당되어 긴급히 압수할 필요가 있다고 판단되므로, 24시간 이내에 영장 없이 압수할 수 있다.

(2) 체포현장에서의 압수

검사 또는 사법경찰관이 피의자를 체포·구속하는 경우에 필요한 때에는 영장 없이 체포현장에서 압수·수색·검증을 할 수 있다(형소법 제216조 제1항 제2호).

체포현장에서의 압수는 체포와의 시간적·장소적 접착성이 필요하다. 시간적 접착성에 대해서는 체포접착설, 체포설, 현장설, 체포착수설 등으로 견해가 나뉜다.[1] 장소적 접착성에 대해서는, ① 체포하는 수사기관의 안전과 현장에서의 증거 멸실을 예방하기 위한 긴급행위로서 허용된다는 긴급행위설과, ② 강력한 기본권 침해인 신체구속에 수반되는 보다 가벼운 기본권 침해인 압수는 별도의 영장 없이 가능하다는 부수처분설에 따라 그 허용범위가 달라진다. 긴급행위설에 의하는 경우, 피체포자의 신체와 그의 직접적 지배 아래에 있는 장소로 그 범위가 좁혀지게 된다. 판례는 피고인의 집에서 20미터 떨어진 곳에서 피고인을 체포한 후 피고인의 집으로 가서 집안을 수색하여 증거물을 압수하고 사후영장을 발부받지 않은 경우 위법한 압수라고 하였다.[2]

압수의 대상은 체포 사유로 된 범죄혐의사실과 관련된 증거일 것을 요한다. 체포현장에서 압수한 물건을 계속 압수할 필요가 있는 경우에는 지체 없이 압수·수색영장을 청구하여야 한다. 이 경우 압수·수색영장의 청구는 체포한 때로부터 48시간 이내에 하여야 한다(형소법 제217조 제2항).

본 사례에서 A의 시계는 절도 피해품으로서 범죄혐의사실과의 관련성이 인정된다. 따라서 피고인을 적법하게 긴급체포한 상태로서 시간적 접착성도 인정되고, 체포장소인 주거지 '앞'과 압수장소인 주거지 '안'과의 장소적 접착성이 인정되는 범위 안에서 영장 없이 압수할 수 있다.

(3) 임의제출물의 압수

소유자, 소지자 또는 보관자가 임의로 제출한 물건 또는 유류한 물건은 영장 없이 압수할 수 있다(형소법 제108조, 제218조). 이 경우 사후영장을 받을 필요는 없다.

한편, 체포된 사람으로부터 영장없이 임의제출을 받아 압수할 수 있는지 문제된다. 체포된 사람으로부터 영장 없는 임의제출을 허용하는 것은 압수·수색에서의 영장주의를 회피하는 것으로 불가능하다는 견해도 있으나,[3] 판례는 현행범인 체포현장이나 범죄현장에서 소지자 등이 임의로 제출하는 물건을 형사소송법 제218조에 의하여 영장 없이 압수하는 것이 허용된다고 한다.[4]

본 사례에서 사법경찰관은 乙을 집 앞에서 긴급체포하였는데, 집 안에 있는 절도

1) 이에 대한 상세는 사례 6. [14-변시(3)-2] 제2문 '예금통장 압수의 적법성' 참조.
2) 대법원 2010. 7. 22. 선고 2009도14376 판결.
3) 이에 대한 상세는 사례 16. [19-변시(8)-2] 제2문 '압수된 식칼의 증거능력' 참조.
4) 대법원 2016. 2. 18. 선고 2015도13726 판결; 대법원 2020. 4. 9. 선고 2019도17142 판결.

피해품인 A의 시계는 乙이 보관하는 물건이라고 볼 수 있으므로 乙로부터 이를 임의제출받아 영장 없이 압수할 수 있다. 다만 乙이 임의제출의 의미와 효과를 충분히 인지하고 진정한 자발적 의사로 물건을 제출하는 경우여야 하며, 제출의 임의성에 대하여 검사가 합리적인 의심을 배제할 수 있을 정도로 증명하여야[1] 한다.[2]

Ⅲ. 제3문 — 사법경찰관 작성 검증조서에 첨부된 사진과 감정의뢰회보서를 증거로 사용하기 위한 요건

1. 문제의 제기

사례 (1)과 관련한 공판에서 乙은 검사 P가 유죄의 증거로 제출한 사법경찰관 작성 살인현장 검증조서에 첨부된 현장사진과 범행재연사진, 국립과학수사연구원의 감정의뢰회보서에 대하여 부동의하였다. 이때, 위 증거들의 증거능력 유무, 즉 유죄의 증거로 사용하기 위한 요건이 무엇인지가 문제된다.

2. 사법경찰관 작성 검증조서에 첨부된 사진의 증거능력

(1) 현장사진의 증거능력

수사기관의 검증조서는 형사소송법 제312조 제6항에 의하여 적법한 절차와 방식에 따라 작성되고, 공판준비 또는 공판기일에서 작성자의 진술에 의한 성립의 진정이 인정되면 증거로 할 수 있다. 검증조서에는 검증목적물의 현상을 명확하게 하기 위하여 사진이나 도면을 첨부할 수 있다(형소법 제49조 제2항). 사례에서 범행현장을 촬영한 사진을 검증조서에 첨부하였는데, 이 현장사진의 증거능력에 대하여는 ① 검증의 목적물을 표시하는 방법에 불과한 보조수단으로서 검증조서와 일체를 이룬다는 일체설(통설·실무[3])과 ② 검증조서와 구별하여 판단하여야 한다는 구별설로 나뉜다.

통설과 실무인 일체설에 의하는 경우, 검증조서와 마찬가지로 적법한 절차와 방식에 따라 작성되었음이 인정되고, 작성자인 사법경찰관이 공판준비 또는 공판기일에 진정성립을 인정하면 증거능력이 인정되어[4] 증거로 사용할 수 있다. 다만 검증조서

1) 대법원 2024. 3. 12. 선고 2020도9431 판결.
2) 제출의 임의성에 대한 상세는 위 사례 16. [19-변시(8)-2] 참조.
3) 사법연수원, 법원실무제요 형사 [Ⅰ], 485면.
4) 이에 대한 상세는 사례 16. [19-변시(8)-2] 제3문 '검증조서의 증거능력' 참조.

와 구별하게 되면, 현장사진은 비진술증거로 취급하는 것이 실무의 입장이므로,[1] 진정성과 관련성만 증명되면 증거능력이 인정된다.

(2) 범행재연사진의 증거능력

범행재연사진은 피의자가 현장에 참여하여 범행상황을 재연한 것으로 일반적인 현장사진과는 구별되고, 진술을 대신한 행동을 촬영한 것이므로 진술증거의 일종으로 보는 것이 타당하다.

따라서 본 사례에서 사법경찰관이 乙이 범행을 재연하는 장면을 촬영한 사진은 진술증거로서 검사 이외의 수사기관이 작성한 피의자신문조서(형소법 제312조 제3항)와 같이 취급하여야 한다. 적법한 절차와 방식에 따라 작성된 것으로서 공판준비 또는 공판기일에 피고인이 그 내용을 인정하는 경우에 한하여 증거능력이 인정된다.[2] 그런데 乙이 내용부인의 취지로 증거 부동의하였으므로 증거능력이 없어 증거로 사용할 수 없다.

3. 감정의뢰회보서의 증거능력

범행현장에서 乙의 DNA가 확인되었다는 내용의 국립과학수사연구원의 감정의뢰회보서는 감정의 경과와 결과가 기재된 서류에 해당한다. 감정의 경과와 결과를 기재한 서류는 형사소송법 제313조 제3항에 의하여 같은 조 제1항 및 제2항이 적용된다. 즉, 피고인 아닌 자가 작성한 진술서에 준하여 증거능력이 인정된다.[3] 따라서 작성자의 자필이거나 그 서명 또는 날인이 있고, 작성자의 진술에 의하여 그 성립의 진정함이 증명된 때 증거로 할 수 있다(형소법 제313조 제1항). 작성자가 성립의 진정을 부인하는 경우에는 과학적 분석결과에 기초한 디지털포렌식 자료, 감정 등 객관적 방법으로 성립의 진정함이 증명되는 때에는 증거로 할 수 있다. 다만, 이 경우 피고인 또는 변

---

1) 이에 대한 상세는 사례 2. [12-변시(1)-2] Ⅲ. 3. 관련쟁점 '현장사진의 증거능력' 참조.

2) 대법원 2007. 4. 26. 선고 2007도1794 판결.

3) 판례 중에는 국립과학수사연구소장의 감정의뢰회보서(혈흔에 대한 혈액형 검사)는 공무원인 위 연구소장이 직무상 증명할 수 있는 사항에 관하여 작성한 문서로서 당연히 증거능력 있는 서류(형소법 제315조 제1호)라고 판시한 것(대법원 1982. 9. 14. 선고 82도1504 판결)이 있으나, 이는 이례적인 판결이라고 하겠다. 이와는 달리 주류적인 판례는, "육군과학수사연구소 실험분석관이 작성한 감정서는 피고인들이 이를 증거로 함에 동의하지 아니하는 경우에는 유죄의 증거로 할 수 있는 증거능력이 없다"고 하거나(대법원 1976. 10. 12. 선고 76도2960 판결), 국립과학수사연구소 법과학부 화학분석과 직원 작성의 감정서는 형사소송법 제313조에 의하여 증거능력이 인정되어야 한다(대법원 2003. 5. 13. 선고 2003도384 판결)고 판시하고 있다.

호인이 공판준비 또는 공판기일에 그 기재 내용에 관하여 작성자를 신문할 수 있었을 것을 요한다(동조 제2항).

본 사례에서는 乙이 증거 부동의를 하였으므로 감정의뢰회보서를 작성한 국립과학수사연구원의 작성자가 형사소송법 제313조 제1항에 따라 성립의 진정성을 인정하면 증거로 사용할 수 있다.

Ⅳ. 제4문 — 압수된 CD의 증거능력을 부정할 수 있는 근거

1. 문제의 제기

사법경찰관 K는 甲이 휴대전화로 여자친구인 D의 나체를 무단촬영한 혐의를 수사하면서 D로부터 몰래 가지고 나온 甲의 휴대전화를 임의제출받았다. 위 휴대전화를 탐색하던 중 甲이 D 및 다른 사람과 마약을 투약하는 동영상을 발견하고 이를 CD에 복제하였다. 위 CD에 대하여 영장을 발부받아 甲의 참여하에 압수하였는데, 甲의 변호인의 입장에서 CD의 증거능력을 부인할 수 있는 근거가 문제된다. 이에 대해서는, ① 사인의 위법수집증거로서 위법수집증거배제법칙이 적용된다는 점과 ② 압수절차에 위법이 있다는 점을 근거로 증거능력을 부인할 수 있을 것이다.

2. 사인의 위법수집증거와 위법수집증거배제법칙의 적용

임의제출된 甲의 휴대전화는 D가 몰래 가지고 나온 것으로서 타인의 기본권을 침해하는 방법으로 수집한 증거이다. 수사기관이 아닌 사인이 위법하게 수집한 증거에 대해서도 위법수집증거배제법칙(형소법 제308조의2)이 적용될 수 있는지 문제된다.[1]

이에 대하여는, ① 기본권의 핵심적 영역을 침해하는 경우 증거능력을 부정해야 한다는 권리범위설, ② 실체적 진실발견이라는 공익과 피고인의 개인적 이익을 비교형량하여 판단하여야 하는 이익형량설, ③ 위법수집증거배제법칙은 원래 국가기관의 위법수사를 억제하기 위한 것이므로 사인에 대해서는 적용되지 않는다는 적용부정설, ④ 국가의 기본권보호의무는 사인에 의한 경우도 마찬가지이므로 위법수집증거로서 증거능력이 부정되어야 한다는 적용긍정설이 있다. 판례는 위 ②의 이익형량설의 입장이다.[2]

---

1) 이에 대한 상세는 사례 19. [21-변시(10)-1] 제1문 3. '절취한 청테이프의 증거능력' 참조.
2) 대법원 1997. 9. 30. 선고 97도1230 판결.

甲의 변호인으로서는 위 ④의 적용긍정설의 입장에서, D가 甲의 휴대전화를 몰래 가지고 나오는 것은 甲의 재산권을 침해하는 절취행위에 해당할 뿐만 아니라, 휴대전화에 포함된 개인정보가 매우 방대하므로 사생활 내지 인격적 이익에 대한 침해가 매우 심각한 이상 그 증거사용을 허용하는 경우 기본권에 대한 중대하고도 명백한 침해가 된다는 점을 들어 위법수집증거배제법칙이 적용된다고 주장할 수 있다.[1] 절취한 휴대전화가 증거로 사용할 수 있는 예외적 사정이 존재하지 않아 증거능력이 부정되면, 그로부터 복제한 위 CD 역시 인과관계의 희석·단절을 인정할 수 없는 2차적 증거로서 증거능력을 부인하여야 한다.[2]

3. 휴대전화 등 정보저장장치를 임의제출받아 압수하는 경우의 적법절차 원칙 위반

(1) 정보저장장치의 원칙적 압수 방법과 그 위반의 점

수사기관은 특정 범죄혐의와 관련하여 전자정보가 수록된 정보저장매체 등을 압수하는 경우에는 기억된 정보의 범위를 정하여 출력하거나 복제하여 제출받아야 한다. 다만, 범위를 정하여 출력 또는 복제하는 방법이 불가능하거나 압수의 목적을 달성하기에 현저히 곤란하다고 인정되는 때에는 정보저장매체 등을 압수할 수 있다(형소법 제219조, 제106조 제3항). 이는 정보저장매체를 임의제출받아 그 안에 저장된 전자정보를 압수하는 경우에도 동일하다. 즉, 범죄혐의사실과 관련된 전자정보의 출력물 등을 임의제출받아 압수하는 것이 원칙이다. 다만, 현장의 사정이나 전자정보의 대량성과 탐색의 어려움 등의 이유로 범위를 정하여 출력 또는 복제하는 방법이 불가능하거나 압수의 목적을 달성하기에 현저히 곤란하다고 인정되는 때에 한하여 예외적으로 정보저장매체 자체나 복제본을 임의제출받아 압수할 수 있다.[3]

본 사례에서 D는 몰래 가지고 나와 소지하게 된 甲의 휴대전화를 임의제출하였는데, 그 경우에도 원칙적으로 휴대전화 자체를 압수할 수는 없고 그중 범죄혐의사

---

1) 위 ②의 이익형량설의 입장에서, 휴대전화를 이용하여 여자친구의 나체 사진을 동의 없이 촬영하는 범죄행위의 수사와 처벌이라는 공익과 몰래 휴대전화를 가지고 나옴에 따라 침해되는 재산권 및 사생활의 보호라는 사익을 비교할 때, 사익이 더 커서 위 휴대폰이 위법수집증거에 해당한다고 주장할 수도 있을 것이다. 그러나 위 휴대전화는 중대한 범죄의 결정적인 증거이고, 적법절차에 따른 압수를 통해 휴대전화에 저장된 사생활 침해는 이를 방지하거나 최소화할 수 있는 점에 비추어 공익이 더 크다고 보이므로, 위 주장은 수용되기 어려울 것이다. 판례도 사인이 절취한 업무일지를 매수하여 사기죄의 증거로 제출한 사안에서, 증거능력을 인정한 바가 있다(대법원 2008. 6. 26. 선고 2008도1584 판결).
2) 대법원 2007. 11. 15. 선고 2007도3061 전원합의체 판결; 대법원 2020. 11. 26. 선고 2020도10729 판결.
3) 대법원 2021. 11. 18. 선고 2016도348 전원합의체 판결.

실[성폭력범죄의처벌등에관한특례법위반(카메라등이용촬영·반포등)의 점]과 관련된 전자정보의 출력물 등을 임의제출받아야 한다. 현장의 사정이나 전자정보의 대량성, 탐색의 어려움 등으로 범위를 정하여 출력 또는 복제하는 방법이 불가능하거나 압수의 목적을 달성하기에 현저히 곤란하다고 인정되는지에 대한 입증이 없는 이상, 사법경찰관의 압수는 임의제출에 의한 휴대전화 압수와 관련하여 적법절차에 의하지 아니한 것이 된다.

(2) 전자정보의 압수 범위에 관한 적법절차 위반의 점

㈎ 제출자에 의한 압수 범위의 특정 및 불법촬영 범죄에서의 관련성

판례[1)]에 의하면, 범죄혐의사실과 관련된 전자정보와 그렇지 않은 전자정보가 혼재되어 있는 정보저장매체나 복제본을 수사기관에 임의제출하는 경우, 제출자는 제출 및 압수의 대상이 되는 전자정보를 개별적으로 지정하거나 그 범위를 한정할 수 있다고 한다. 또한 정보저장매체를 임의제출하는 사람이 거기에 담긴 전자정보를 지정하거나 제출 범위를 한정하는 취지로 한 의사표시는 엄격하게 해석하여야 하고, 확인되지 않은 제출자의 의사를 수사기관이 함부로 추단하는 것은 허용될 수 없다.

제출자의 구체적인 제출 범위에 관한 의사를 제대로 확인하지 않는 등의 사유로 인해 임의제출자의 의사에 따른 전자정보 압수의 대상과 범위가 명확하지 않거나 이를 알 수 없는 경우에는, 임의제출에 따른 압수의 동기가 된 범죄혐의사실과 관련되고 이를 증명할 수 있는 최소한의 가치가 있는 전자정보에 한하여 압수의 대상이 된다.

다만 불법촬영 범죄의 경우 범죄의 속성상 해당 범행의 상습성이 의심되거나 성적 기호 내지 경향성의 발현에 따른 일련의 범행의 일환으로 이루어진 것으로 의심되고, 범행의 직접증거가 스마트폰 안에 이미지 파일이나 동영상 파일의 형태로 남아 있을 개연성이 있는 경우에는 그 안에 저장되어 있는 같은 유형의 전자정보에 대하여는 범죄혐의사실과 구체적·개별적 연관관계를 인정할 수 있다고 한다.

㈏ 피의자 아닌 사람이 피의자가 소유·관리하는 정보저장매체를 임의제출한 경우 전자정보 압수의 범위

판례는 피의자가 소유·관리하는 정보저장매체를 피의자 아닌 피해자 등 제3자가 임의제출하는 경우에는, 그 임의제출 및 그에 따른 수사기관의 압수가 적법하더라도 임의제출의 동기가 된 범죄혐의사실과 구체적·개별적 연관관계가 있는 전자정보에

1) 대법원 2021. 11. 18. 선고 2016도348 전원합의체 판결; 대법원 2022. 1. 27. 선고 2021도11170 판결.

한하여 압수의 대상이 되는 것으로 더욱 제한적으로 해석해야 한다고 한다. 피의자 개인이 소유·관리하는 정보저장매체에는 그의 사생활의 비밀과 자유, 정보에 대한 자기결정권 등 인격적 법익에 관한 모든 것이 저장되어 있어 제한 없이 압수·수색이 허용될 경우 피의자의 인격적 법익이 현저히 침해될 우려가 있기 때문이다. 그러므로 임의제출자인 제3자가 제출의 동기가 된 범죄혐의사실과 구체적·개별적 연관관계가 인정되는 범위를 넘는 전자정보까지 일괄하여 임의제출한다는 의사를 밝혔더라도, 그 정보저장매체 내 전자정보 전반에 관한 처분권이 그 제3자에게 있거나 그에 관한 피의자의 동의 의사를 추단할 수 있는 등의 특별한 사정이 없는 한, 그 임의제출을 통해 수사기관이 영장 없이 적법하게 압수할 수 있는 전자정보의 범위는 범죄혐의사실과 관련된 전자정보에 한정된다고 보아야 한다.[1]

(다) 사례의 검토

본 사례에서 사법경찰관 K는 피해자인 D로부터 피의자 甲 소유의 휴대전화를 임의제출받아 탐색하던 중 임의제출의 동기가 된 범죄혐의사실과 구체적·개별적 연관관계가 인정될 수 없는 마약류 투약 동영상을 압수하였다. D가 甲 소유의 휴대전화를 임의제출할 당시 압수의 범위를 정하는 의사표시를 하였는지는 명확하지 않으나 수사기관이 함부로 그 의사를 추단하여서는 안 될 것이고, D의 의사가 명확하지 않거나 일괄제출의 의사를 밝혔다고 하더라도 휴대전화 소유자나 보관자가 아닌 제3자임을 고려하면, 수사기관은 제출의 동기가 된 범죄혐의사실과 구체적·개별적 연관관계가 인정되는 범위 내에서만 압수할 수 있다.

불법촬영 범죄의 특성을 고려한다고 하더라도, 마약류를 투약하는 장면이 녹화된 영상은 불법촬영 범죄의 상습성이 의심되는 등 일련의 범행의 일환으로 이루어진 것으로 볼 여지도 없으므로, 수사기관의 위 CD에 대한 압수는 무관(無關) 정보에 대한 압수로 적법절차에 위반하여 수집한 위법수집증거로서 증거능력을 인정할 수 없다.

(3) 참여권 보장 및 압수목록 교부와 관련된 적법절차 위반의 점

피해자 등 제3자가 피의자의 소유·관리에 속하는 정보저장매체를 영장에 의하지 않고 임의제출한 경우, 실질적 피압수자[2]인 피의자가 수사기관으로 하여금 그 전

1) 대법원 2021. 11. 18. 선고 2016도348 전원합의체 판결.

2) 임의제출자 아닌 실질적 피압수자인 피의자에게도 참여권이 보장되어야 하는 '피의자의 소유·관리에 속하는 정보저장매체'라 함은, 피의자가 압수·수색 당시 또는 이와 시간적으로 근접한 시기까지 해당 정보저장매체를 현실적으로 지배·관리하면서 그 정보저장매체 내 전자정보 전반에 관한 전속적인 관리처분권을 보유·행사하고, 달리 이를 자신의 의사에 따라 제3자에게 양도하거나 포기하지 않은 경우

자정보 전부를 무제한 탐색하는 데 동의한 것으로 보기 어렵다. 따라서 제3자로부터 압수의 대상이 되는 전자정보와 그렇지 않은 전자정보가 혼재된 정보저장매체나 그 복제본을 임의제출받은 수사기관이 그 정보저장매체 등을 수사기관 사무실 등으로 옮겨 이를 탐색·복제·출력하는 경우, 특별한 사정이 없는 한 형사소송법 제219조, 제121조, 제129조에 따라 실질적 피압수자인 피의자에게 참여권을 보장하고 압수한 전자정보 목록을 교부하는 등 절차적 권리를 보장하기 위한 적절한 조치가 이루어져야 한다.[1)]

본 사례에서는 실질적 피압수자인 甲이 피해자 D가 임의제출한 휴대전화의 전자정보를 무제한 탐색하는데 동의하였다고 볼 만한 사정이 없는데, 甲에게 참여권을 보장하거나 압수한 전자정보의 목록을 교부하지 않았다. 이와 같은 절차적 권리의 침해 역시 적법절차 위반으로서 증거능력을 부인하는 근거가 될 수 있다.

(4) 압수 중 별도 범죄혐의와 관련된 전자정보를 발견한 경우 적법절차 위반의 점

혐의사실과 관련된 전자정보를 적법하게 탐색하는 과정에서 별도 범죄혐의와 관련된 전자정보를 우연히 발견한 경우에는 더 이상 추가 탐색을 중단하고 법원에서 별도 범죄혐의에 대한 압수·수색영장을 발부받아 이를 압수할 수 있다.[2)] 또한, 특별한 사정이 없는 한 피압수자에게 참여권을 보장하고 전자정보 목록을 교부하는 등 피압수자의 이익을 보호하기 위한 적절한 조치를 하여야 한다.[3)]

본 사례에서 수사기관은 즉시 탐색을 중단하지 않고 계속 탐색을 하였고, 위에서 살펴 본 바와 같이 실질적 피압수자인 甲에 대하여 참여권을 보장하거나 전자정보 목록을 교부하는 등의 조치를 취하지 아니하였다. 따라서 위법한 압수·수색을 통하여 수집한 증거로서 증거능력을 부인할 수 있다.

로서, 피의자를 그 정보저장매체에 저장된 전자정보에 대하여 실질적인 압수·수색 당사자로 평가할 수 있는 경우를 말하는 것이며(대법원 2022. 1. 27. 선고 2021도11170 판결; 대법원 2024. 7. 25. 선고 2021도1181 판결), 이에 해당하는지 여부는 민사법상 권리의 귀속에 따른 법률적·사후적 판단이 아니라 압수·수색 당시 외형적·객관적으로 인식 가능한 사실상의 상태를 기준으로, 즉 임의제출(압수)의 직접적인 대상인 정보저장매체의 현실적 지배관리 상태와 그로부터 외형적·객관적으로 추단되는 저장 전자정보에 대한 관리처분권 유무를 통하여 판단하여야 한다(대법원 2022. 1. 27. 선고 2021도11170 판결; 대법원 2024. 12. 24. 선고 2023도3626 판결).

1) 대법원 2021. 11. 18. 선고 2016도348 전원합의체 판결; 대법원 2022. 1. 27. 선고 2021도11170 판결.
2) 대법원 2021. 11. 18. 선고 2016도348 전원합의체 판결.
3) 대법원 2015. 7. 16. 자 2011모1839 전원합의체 결정; 대법원 2024. 4. 16. 선고 2020도3050 판결.

(5) 사후영장 발부에 따른 절차적 하자의 치유 여부

수사기관이 영장주의의 원칙과 적법절차를 준수하지 않은 위법한 압수·수색과정을 통하여 취득한 증거는 위법수집증거에 해당하고, 사후에 법원으로부터 영장이 발부되었다거나 피고인이나 변호인이 이를 증거로 함에 동의하였다고 하여 위법성이 치유되는 것은 아니다.[1)]

4. 설문의 해결

D가 임의제출한 휴대전화는 사인의 위법수집증거에 해당하고, 그로부터 취득한 CD는 위법하게 수집된 휴대전화를 기초로 획득한 2차적 증거에 해당한다. 1차적 증거 수집과 관련된 사정 및 2차적 증거를 수집하는 과정에서 추가로 발생한 모든 사정들을 살펴보았을 때 인과관계의 희석·단절을 인정할 예외적인 사정이 존재하지 않으므로 위법수집증거로서 증거능력을 부정할 수 있다.

다음으로, 마약류 투약 동영상은 임의제출의 동기가 된 성폭력범죄의처벌등에관한특례법위반 범죄사실과 관련성이 없는 무관 정보로서 수사기관의 압수 범위를 벗어난 것이다. 또한, 무관 정보를 탐색하는 과정에 실질적 피압수자인 甲에게 참여권을 보장하거나 압수목록을 교부하지 않았다. 그리고 수사기관이 적법한 탐색 중 무관 증거를 발견하였을 때 즉시 탐색을 중단하고 법원으로부터 영장을 받아 당사자 참여하에 압수하여야 하는데, 그와 같은 절차도 준수하지 않았다. 이러한 적법절차 원칙의 위반은 사후에 법원으로부터 영장을 발부받아 집행하였다고 하더라도 치유되지 않는다.

따라서 위 압수한 휴대전화는 위법하게 수집한 증거로서 이를 증거로 사용할 수 있는 예외적인 사유에 해당하지 않아 증거능력이 없고, 위 휴대전화에서 발견한 위 동영상들을 복제한 위 CD는 2차 증거로서 위법성의 인과관계를 희석·단절할 만한 사정이 존재하지 않으므로 증거능력이 부정된다.

---

1) 대법원 2021. 11. 18. 선고 2016도348 전원합의체 판결; 대법원 2022. 7. 28. 선고 2022도2960 판결; 대법원 2024. 4. 16. 선고 2020도3050 판결.

2023년 제12회 변호사시험 강평

형사법 제2문

Ⅰ-1. 사례 (1)에서 甲, 乙의 형사책임

• **사실관계**

甲	• 함께 살고 있는 양부(養父) A를 살해하기로 하고 따로 거주하는 사촌동생 乙에게 살해를 교사하면서 A의 집 현관 비밀번호와 집구조를 알려줌
乙	• 새벽 2시에 甲이 알려준 비밀번호를 이용하여 현관문으로 집에 들어가 자고 있던 사람 얼굴을 베개로 눌러 사망케 함. 그런데 사망한 사람은 A가 아니라 그 운전기사인 B였음 • 살해 직후 거실에서 A 소유의 명품시계 1개를 발견하고 욕심이 생겨 가지고 나옴

1. 甲의 형사책임

- 직계존속에 대한 살해를 비신분자에게 교사한 경우, 비신분자는 보통살인죄의 정범, 신분자는 존속살해죄의 교사범이 됨〔통설과 판례(대법원 1994. 12. 23, 93도1002)〕
- 다만, 피교사자인 乙이 객체의 착오로 직계존속 A가 아닌 그 운전기사 B를 살해하였음
- 피교사자의 객체의 착오는 교사자에 대하여 ① 객체의 착오, ② 방법의 착오, ③ 인과과정의 착오가 된다는 견해로 나뉨
- 방법의 착오로 보는 견해는, 다시 ⓐ 발생사실의 기수(법정적 부합설), ⓑ 인식사실 미수와 발생사실 과실범의 상상적 경합(구체적 부합설)에 대한 교사가 된다는 견해로 나뉘는데, ⓐ의 법정적 부합설에 따라 보통살인교사죄 성립
- 주거침입교사죄는 乙에 대하여 주거침입죄가 성립하지 않으므로 인정되지 아니함
- 절도교사죄는 甲이 교사한 범위를 질적으로 초과한 것이므로 교사범은 불성립

2. 乙의 형사책임

(1) 살인죄 성립 여부

- 객체의 착오는 고의를 조각하지 않으므로 B에 대한 살인죄 성립

(2) 주거침입죄 성립 여부

- A의 집에 들어간 부분에 대하여는, 공동거주자 중 1인의 현실적인 승낙을 받아 통상적 출입방법에 따라 들어갔다면 부재중인 다른 거주자의 의사에 반하는 것으로 추정된다고 하더라도 사실상 주거의 평온을 깨뜨렸다고 볼 수는 없음(대법원 2021. 9. 9, 2020도12630 전원합의체)
- 사례에서 사실상 주거의 평온을 깨뜨렸다고 보기 어려우므로 주거침입죄 성립하지 아니함(반대설 있음)

(3) 절도죄 성립 여부

- A의 시계를 가지고 나온 부분에 대하여는, 살해 직후 비로소 재물영득의 고의가 생겨 가지고 나온 것이므로 절도죄 성립
- 다만, 친족상도례 적용되어 상대적 친고죄임

Ⅰ-2. 사례 (2)에서 乙에 대하여 형사책임을 부인하거나 보다 가볍게 인정할 수 있는 이론적 근거

• 사실관계

甲, 乙	• 甲은 범행을 포기하였다가 6개월 후 다시 A를 살해할 마음을 먹고 乙에게 계획을 설명했으나 乙은 甲에게 '더 이상 관여하지 않겠다'고 함 • 甲은 乙에게 '내가 알아서 하겠으니 A에게 투여할 독극물만 구입해 달라'고 하여, 乙은 독극물을 구입하였지만 甲에게 주지 않은 채 전화로 '나는 양심에 걸려 못하겠다'고 한 후 연락을 끊음 • 이에 甲도 범행을 단념하였으나 사업이 점점 어려워지자 1개월 후 A가 입원해 있는 병실에서 산소호흡기를 착용하지 않으면 생명이 위독한 A의 산소호흡기를 제거하여 A를 살해

1. 형사책임 부인 근거

(1) 타인예비의 예비죄 불성립

- 예비행위는 행위자 자신의 실행행위를 위한 준비행위여야 하며, 타인예비는 예비행위에 포함되지 아니함(다수설)
- 사례에서 乙 스스로 실행하기 위한 독극물 구입이 아니므로 타인예비에 불과, 예비죄 불성립

(2) 살인예비죄의 공동정범 및 방조범 불성립

- 예비죄의 공동정범은 주관적 요건으로서 공동의사와 객관적 요건으로서 공동 실행행위가 있어야 함
- 甲의 일방적 부탁행위만 있고, 乙은 거절의사를 분명히 하였으므로 공동의사가 없어 예비죄의 공동정범 불성립
- 예비의 방조에 대하여는 긍정설도 있으나, 통설과 판례(대법원 1976. 5. 25, 75도1549)는 처벌범위의 지나친 확대를 이유로 부정함. 따라서 예비죄의 방조범도 불성립

2. 형사책임 경감 근거 – 예비의 중지

- 예비의 중지란 예비행위를 한 자가 자의로 실행의 착수를 포기하는 것으로서, 사례에서 乙은 내부적 동기에 의하여 실행의 착수를 포기하였으므로 자의성 인정
- 범인이 실행에 착수한 행위를 자의로 중지하거나 그 행위로 인한 결과 발생을 자의로 방지한 때에는 형을 감경하거나 면제(중지미수)
- 예비죄에 중지미수를 준용하여 필요적 감면을 인정할 것인지에 대해서는, 긍정설과 부정설(대법원 1991. 6. 25, 91도436) 대립
- 예비행위의 실행행위의 정형성을 인정하고, 실행 착수 이후의 적법 회귀를 필요적으로 감면하는 이상 그 이전 단계에서도 관대한 대우를 인정하는 것이 타당하다는 점에서 중지미수규정을 준용하여 필요적 감면을 하여야 함

Ⅰ-3. 사례 (3)에서 甲의 형사책임

• **사실관계**

甲	• A 명의 부동산을 임의처분하기로 하고, A를 살해한 직후 병실에 보관되어 있던 A의 인감도장을 가지고 나옴 • 'A가 甲에게 인감증명서 발급을 위임한다'는 취지의 A 명의 위임장 1장을 작성하고, 이를 같은 날 주민센터 담당직원 C에게 제출하여 인감증명서를 발급받음

- 사자(死者)인 A의 인감도장을 가지고 나왔으므로 점유가 인정되는지 문제됨
- 판례는 피해자를 살해한 직후 그 장소에 있는 재물을 가지고 나온 경우, 피해자의 생전 점유가 사망 후에도 계속되는 것으로 봄 → 절도죄 성립(대법원 1993. 9. 28, 93도2143)
- 甲은 A의 직계비속이므로 친족상도례 적용하여 형면제
- A 명의의 위임장을 임의로 작성한 것이므로 사문서위조죄 해당 여부가 문제됨
- A가 사망하였으나 통설과 판례(대법원 2005. 2. 24, 2002도18 전원합의체)는 사자나 허무인 명의의 문서라도 일반인에게 진정한 문서로 오신될 염려가 있으면 문서죄의 객체가 된다고 봄 → 사문서위조 및 위조사문서 행사죄 성립하고, 실체적 경합관계(대법원 2012. 2. 23, 2011도14441)

Ⅱ. 긴급체포한 자의 주거지에 있는 피해자 소유 시계의 압수 방안

1. 문제의 제기

- 사법경찰관이 피의자 乙의 주거지 앞에서 적법하게 긴급체포한 경우, 주거지 안에 있는 피해품을 압수할 수 있는 방안이 문제됨
- 법원이 발부한 영장에 의한 방법과, 영장에 의하지 않는 방법으로서 체포현장에서의 압수, 긴급체포 후의 압수, 임의제출물의 압수를 검토하여야 함

2. 압수 방안

(1) 영장에 의한 압수

- 검사는 일정한 요건하에 지방법원판사에게 청구하여 발부받은 영장으로 압수할 수 있음
- 사법경찰관은 검사에게 신청하여 검사의 청구로 발부받은 영장에 의함
- 범죄혐의의 존재, 압수의 필요성, 해당사건과의 관련성, 비례성을 요건으로 함
- 사례에서 절도 범죄혐의에 관하여 발부받은 영장이 존재하고, 영장에 기재된 압수대상과 장소범위, 유효기간 내라면 영장에 의하여 절도 피해품인 시계 압수 가능

(2) 긴급체포 후의 압수

- 긴급체포된 자가 소유·소지 또는 보관하는 물건에 대하여 긴급히 압수할 필요가 있는 경우 체포한 때로부터 24시간 이내 영장없이 압수 가능(형소법 제217조 제1항)
- 48시간 이내 사후영장을 청구하여야 함
- 본 사례에서 사법경찰관은 乙을 적법하게 긴급체포하였고, 주거지 안의 시계는 긴급체포한 범죄사실과 관련성 인정되므로 24시간 내에 영장없이 압수 가능
- 48시간 이내에 사후영장을 청구하여야 함

(3) 체포현장에서의 압수

- 검사 또는 사법경찰관이 피의자를 체포하는 경우 영장없이 체포현장에서 압수 가능(형소법 제216조 제1항 제2호) → 48시간 이내에 사후영장을 청구하여야 함
- 체포와 시간적, 장소적 접착성이 필요한데, 긴급행위설에 의하는 경우 피체포자의 신체와 그의 직접적 지배 아래에 있는 장소로 범위가 좁혀짐〔20미터 떨어진 곳에서 체포한 후 피고인을 집으로 데리고 가서 수색하던 중 증거물을 압수하고 사후영장을 발부받지 않은 경우 위법한 압수라고 한 판례(대법원 2010. 7. 22, 2009도14376)〕
- 본 사례에서 乙을 주거지 '앞'에서 체포하였는데 주거지 '안'에 있는 압수대상과 장소적 접착성이 인정되는 경우, 체포현장에서의 영장 없는 압수 가능함 → 48시간 이내에 사후영장을 청구하여야 함

(4) 임의제출물의 압수

- 소유자, 소지자 또는 보관자가 임의로 제출한 물건은 영장없이 압수 가능함(형소법 제108조, 제218조) → 사후영장을 받을 필요 없음
- 체포된 자로부터 임의제출을 받을 수 있는지에 대하여 부정성과 긍정설이 있으나, 판례(대법원 2016. 2. 18, 2015도13726)는 긍정설
- 본 사례에서 압수대상은 체포된 乙이 보관하는 물건이라고 볼 수 있으므로 임의제출하는 경우 판례의 태도에 의하면 영장없는 압수가 가능함. 다만, 제출자가 임의제출의 의미를 충분히 이해하고, 검사가 제출의 임의성을 합리적 의심을 배제할 정도로 증명하여야 함

Ⅲ. 사법경찰관 작성 검증조서에 첨부된 사진과 감정의뢰회보서를 증거로 사용하기 위한 요건

1. 문제의 제기

- 공판과정에서 검사가 제출한 다음의 증거에 대하여 乙이 부동의하는 경우, 증거능력이 문제됨
  - ⓐ 살인 현장 촬영사진과 乙이 범행을 재연하는 장면을 촬영한 사진이 첨부된 사법경찰관 작성 검증조서
  - ⓑ 범행현장에서 乙의 DNA가 확인되었다는 내용의 국립과학수사연구원의 감정의뢰회보서

2. 검증조서에 첨부된 현장사진 및 범행재연사진

(1) 현장사진의 증거능력

- 검증의 목적물을 표시하는 방법에 불과한 보조수단으로서 검증조사와 일체를 이룬다는 일체설과, 검증조사와 구별하여 판단한다는 구별설로 나뉨
- 통설·실무인 일체설에 의하여, 형소법 제312조 제6항에 따라 적법한 절차와 방식에 따라 작성되고 작성자인 사법경찰관이 공판준비 또는 공판기일에서 성립의 진정을 인정하면 증거능력 인정됨

(2) 범행재연사진의 증거능력

- 범행재연사진은 진술을 대신한 행동을 촬영한 것으로서 일반적인 현장사진과 구별되고 진술증거의 일종으로 봄〔통설과 판례(대법원 2007. 4. 26, 2007도1794)〕
- 사법경찰관이 피의자 乙의 범행재연을 사진촬영한 것이므로 형소법 제312조 제3항에 의하여 증거능력을 판단함
- 乙이 내용 부인의 취지로 증거 부동의하였으므로 증거능력 없음

(3) 감정의뢰회보서의 증거능력

- 감정의 경과와 결과가 기재된 서류에 해당하므로 형소법 제313조 제3항, 제1항에 의하여 피고인 아닌 자가 작성한 진술서에 준하여 증거능력 인정됨
- 작성자의 자필이거나 그 서명 또는 날인이 있고, 작성자의 진술에 의하여 그 성립의 진정함이 증명된 때 증거로 할 수 있으며, 작성자가 성립의 진정을 부인하는 경우 과학적 분석결과에 기초한 디지털포렌식 자료, 감정 등 객관적 방법으로 성립의 진정을 증명한 때(피고인 또는 변호인이 공판준비 또는 공판기일에 반대신문할 수 있어야 함) 증거로 할 수 있음
- 乙이 증거부동의하였으므로 국립과학수사연구원의 작성자가 형소법 제313조 제1항에 따라 성립의 진정을 인정하면 증거로 사용할 수 있음

Ⅳ. 압수된 CD의 증거능력을 부정할 수 있는 근거

- **사실관계**

甲	• 甲은 잠든 여자친구 D의 나체를 동의 없이 휴대전화로 사진 촬영 • D는 이를 신고하면서 몰래 가지고 나온 甲 명의 휴대전화를 사법경찰관 K에게 증거물로 제출 • K는 위 휴대전화를 압수한 후 D와 함께 휴대전화의 전자정보를 탐색하다가 甲이 D와 마약류를 투약하는 장면이 녹화된 동영상을 발견, 계속하여 甲과 성명불상 여성들이 마약류를 투약하는 동영상을 발견 • 마약투약 동영상들을 따로 CD에 복제 • 위 CD에 대하여 영장을 발부받아 甲의 참여하에 압수

1. 문제의 제기

- 사법경찰관은 성폭력처벌법위반으로 신고된 범죄사실 관련 피해자로부터 절취한 피의자 甲 소유의 휴대전화를 임의제출받아 탐색하던 중 甲이 마약을 투약하는 동영상을 발견하고 CD에 복제함. 이후 CD에 대하여 영장을 발부받아 甲의 참여하에 압수함
- 위 CD의 증거능력을 부인할 수 있는 근거가 문제됨

2. 사인의 위법수집증거 – 근거 ①

- 甲의 휴대전화는 D가 절취한 것으로서 타인의 기본권을 침해하는 방법으로 수집한 증거임
- 사인이 위법하게 수집한 증거에 대해서도 위법수집증거배제법칙이 적용되는지에 대하여, 권리범위설, 이익형량설, 적용부정설, 적용긍정설이 있는데, 판례는 이익형량설의 입장(대법원 1997. 9. 30, 97도1230)
- 적용긍정설의 입장에서, 휴대전화는 절취행위를 통하여 취득한 것이고, 휴대전화에 포함된 개인정보가 매우 방대하므로 사생활 침해가 매우 심각하여 위법수집증거배제법칙 적용을 주장할 수 있음
- 휴대전화가 위법수집증거로서 증거능력이 부정되면, CD는 2차적 증거로서 증거능력 부인됨

3. 휴대전화 등 정보저장장치를 임의제출받아 압수하는 경우 적법절차 원칙 위반 – 근거 ②

(1) 정보저장장치의 압수방법

- 임의제출의 경우에도 원칙적으로 휴대전화 자체를 압수할 수 없고, 그중 범죄혐의와 관련된 전자정보의 출력물 등을 임의제출받아야 함. 현장 사정 등 예외적으로 정보저장매체 자체를 임의제출받아 압수하는 경우 검사는 그 사정을 입증하여야 함

(2) 전자정보의 압수 범위

- 범죄혐의사실과 관련된 전자정보와 그렇지 않은 전자정보가 혼재되어 있는 정보저장매체가 임의제출되는 경우, 압수의 대상과 범위는 압수의 동기가 된 범죄혐의사실과 관련된 것으로 제한됨
- 불법촬영범죄의 경우, 범죄 속성상 상습성이나 성적 경향성의 발현에 따른 일련의 범행의 일환으로 의심되는 경우에는 같은 유형의 전자정보에 대하여까지 관련성을 인정할 수 있음
- 피의자 아닌 사람이 피의자가 소유, 관리하는 정보저장매체를 임의제출한 경우, 범죄혐의사실 관련성은 더욱 제한적으로 해석하여야 함

(3) 참여권 보장과 압수목록 교부

- 제3자가 피의자 소유 휴대전화를 임의제출하여 압수하는 경우 특별한 사정이 없는 한 실질적 피압수자인 피의자에게 참여권을 보장하고 압수목록을 교부해야 함(대법원 2021. 11. 18, 2016도348 전원합의체)

(4) 무관 정보 발견 시 조치

- 관련 전자정보를 적법하게 탐색하는 과정에서 무관정보를 우연히 발견한 경우에는 더 이상 추가 탐색을 중단하고 법원에서 별도 범죄혐의에 대한 압수영장을 발부받아야 함(대법원 2015. 7. 16, 2011모1839 전원합의체)

(5) 소결

- 사례에서 마약류 투약 영상은 임의제출의 동기가 된 범죄혐의사실(성폭력처벌법위반)과 관련성을 인정할 수 없고, 실질적 피압수자인 피의자에게 참여권을 보장하지 않았으며, 무관정보를 우연히 발견하였을 때 더 이상 추가 탐색을 중단하고 법원에서 별도 범죄혐의에 대한 압수영장을 받지 아니하였음. 따라서 적법절차에 위반한 위법수집증거가 됨
- 사후에 압수영장을 받았다거나, 사후영장 집행과정에서 피의자에게 참여권을 보장하였다는 것으로는 위법성이 치유되지 아니함(대법원 2021. 11. 18, 2016도348 전원합의체)

사례 25. [24 – 변시(13) – 1]

2024년 제13회 변호사시험 제1문

(1) 甲, 乙, 丙이 금값 상승에 관해 이야기를 나누던 중 乙은 외삼촌 A의 집 안 금고에 금괴가 있는데 A가 출장 중이라 집이 비어 있으니 금괴를 훔쳐 나누어 갖자고 제안하였다. 이에 동의한 甲과 丙에게 乙은 A의 집 비밀번호 및 금고의 위치와 비밀번호, CCTV가 없는 도주로까지 상세한 정보와 범행 계획을 제공하였다.

범행 당일 10:00경 범행 계획대로 乙은 자신이 거주하는 오피스텔에 남아 있었고, 甲과 丙은 A의 집으로 갔다. 丙이 A의 집 비밀번호를 눌러 문을 열어주고 문 앞에서 망을 보는 사이 甲은 A의 집 안으로 들어가 금고를 찾아 열었다. 하지만 금고 안은 텅 비어 있었다. 甲은 계속하여 금괴를 찾던 중, 출장이 연기되어 마침 집 안 침실에 있던 A에게 발각되자 자신을 붙잡으려는 A의 얼굴을 주먹으로 때리고 집 밖으로 도망쳤다. 한편, 丙은 망을 보는 시간이 길어지자 甲에게 진행 상황을 물어보는 문자메시지를 보냈고, 이에 甲이 금고 안에 금괴가 없다는 답을 보내오자 甲이 집에서 나오기 전에 이미 현장을 떠났다.

A는 "집에 침입한 절도범이 나를 때리고 도주하였는데, 절도범한테 맞아서 코에 피가 난다. 절도범은 30대 초반에 빨간색 뿔테안경을 착용하였고, 청바지에 흰색 티셔츠를 입었다."라고 112에 신고를 하였다. 신고를 받고 출동한 경찰관은 근처를 탐문하던 중, A의 집으로부터 2km 떨어진 지점에서 인상착의가 흡사한 甲을 발견하고 검문을 위해 정지를 요구하였다. 甲이 이를 무시하고 그대로 도주하자 200m 가량 추격하여 甲의 옷자락을 붙잡았고 그로 인해 甲이 바닥에 넘어졌다. 경찰관은 甲의 손과 소매 부분에 피가 묻어 있는 것을 발견하고 행적에 대하여 질문을 하려고 하였으나 甲이 다시 도주하려고 하자 그 자리에서 체포의 이유와 변호인 선임권 등을 고지하고 甲을 체포하였다.

경찰 조사 결과 금괴는 이미 오래전에 처분한 터라 사건 당시 금고 안에는 아무것도 없었고, A는 甲의 폭행으로 인해 2주간의 치료를 요하는 비강출혈상을 입었다. 한편, A는 경찰 조사에서 "甲, 乙, 丙에 대한 처벌을 원한다."라고 진술하였고 경찰관은 이를 진술조서에 기재하였다.

(2) 丁과 戊는 수년간 극도로 사이가 좋지 않던 직장 동료 B를 교통사고로 위장하여 살해하기로 마음먹었다. 丁이 1t 트럭을 렌트한 다음 戊가 트럭을 운전하고 丁은 戊의 옆자리에 앉아 B가 퇴근하기를 기다렸다. 자정 무렵 B가 건물 밖으로 나오자 戊가 트럭 속도를 올려 도로를 건너는 B를 강하게 충격한 다음 그대로 도망쳤다. 丁과 戊는 사고 장소에서 3km 떨어진 곳으로 이동하여 주차하였는데, 丁은 후회와 함께 B

에 대한 연민이 들어 그를 구호해 주자고 하였으나 戊는 동의하지 않고 그곳을 떠났다. 丁은 119에 전화를 걸어 B의 구조를 요청하였고, 丁의 신고를 받고 출동한 구조대에 의해 병원으로 이송된 B는 가까스로 목숨을 건질 수 있었다. 경찰관 P는 丁을 조사하였고, 丁은 범행을 자백하며 戊가 범행 당일 평택항을 통해 중국으로 출국할 계획이라고 진술하였다. 경찰은 당일 정오에 평택항에서 출국하려는 戊를 긴급체포하면서, 戊가 소지하고 있던 휴대전화를 영장 없이 압수하였다. 조사 과정에서 戊는 범행을 부인하면서 휴대전화 분석 절차에는 참여하지 않겠다고 하였다. 휴대전화 분석 결과 丁과 戊의 대화 녹음파일이 복구되었고, 대화 중 "트럭이 준비되었으니 자정이 되면 실행하자."라는 丁의 발언이 확인되었다. 위 녹음파일은 戊가 丁 몰래 녹음한 것이었다. 경찰은 적법한 절차에 따라 사후영장을 발부받았다.

〔2024년 제13회 변호사시험 제1문〕

설 문

1. (1)과 관련하여 甲, 乙, 丙의 죄책을 논하시오. (45점)

2. (1)과 관련하여 경찰관이 甲의 옷자락을 붙잡은 행위의 적법성 및 가능한 체포의 방법을 논하시오. (15점)

3. (2)와 관련하여 丁, 戊의 죄책을 논하시오(특별법 위반의 점은 논외로 함). (15점)

4. (2)와 관련하여,
   1) 戊에 대한 제1심 공판에서 戊가 범행을 부인하면서 녹음파일 중 丁의 진술부분을 증거로 함에 부동의한 경우, 휴대전화 압수의 적법성 및 녹음파일의 증거능력을 논하시오. (17점)
   2) 丁에 대한 제1심 공판에서 丁이 범행을 부인하면서 경찰관 P 작성의 丁에 대한 피의자신문조서의 내용을 부인한 경우, 丁의 경찰에서의 진술 내용을 증거로 사용할 수 있는 방법을 논하시오. (8점)

해 설

Ⅰ. 제1문 — (1) 관련, 甲, 乙, 丙의 형사책임

1. 문제의 제기

甲, 乙, 丙은 乙의 외삼촌인 A의 집에 침입하여 금괴를 훔치기로 공모하였고, 甲과 丙은 A의 집에 이르러 甲은 집 안으로 들어가 금고를 찾아 열었지만 금괴를 찾지 못하였다. 甲은 그 과정에서 A에게 발각되자 A에게 상해를 가하였다. 이와 관련하여, 폭력행위등처벌에관한법률위반(공동주거침입)죄, 특수절도미수죄, 강도상해죄 및 각각의 범죄에 대한 공범관계의 성립에 관한 검토가 필요하다.

甲은 ① 乙, 丙과 공동으로 주거에 침입한 것에 해당하는지, ② 특수절도의 불능미수가 되는지, ③ 준강도의 미수 또는 강도상해에 해당하는지 문제된다. 乙은 ① 주거침입 또는 공동주거침입의 공범이 되는지, ② 특수절도미수, 준강도 또는 강도상해죄의 공범이 되는지, ③ 친족상도례가 적용되는지 문제된다. 丙은 ① 주거침입 또는 공동주거침입이 되는지, ② 특수절도미수의 점에 있어서 공범관계로부터 이탈에 해당하는지, ③ 특수절도미수, 준강도 또는 강도상해죄의 공범이 되는지가 문제된다.

2. 甲의 형사책임

(1) 폭력행위등처벌에관한법률위반(공동주거침입)죄의 성립 여부

2인 이상이 공동하여 형법 제319조 제1항의 주거침입죄를 범한 경우, 폭력행위등처벌에관한법률위반(공동주거침입)죄(동법 제2조 제2항 제1호, 형법 제319조 제1항)가 성립한다. 甲과 丙은 금괴를 훔치기 위해 A의 집으로 가 丙은 집 비밀번호를 눌러 문을 열어주고 문 앞에서 망을 보고, 甲은 집 안으로 들어갔다. 丙은 집 안으로 들어가지 않고 밖에서 망을 보고 있었으므로, 甲이 A의 주거에 침입한 행위가 폭력행위 등 처벌에 관한 법률 제2조 제2항의 '2명 이상이 공동하여'에 해당하는지 문제된다.

'2인 이상이 공동하여'에서 '공동'이란 수인 사이에 소위 공범관계가 존재하는 것을 요건으로 하고, 또한 수인이 동일 장소에서 동일 기회에 상호 다른 사람의 범행을 인식하고 이를 이용하여 범행을 할 것을 요한다.[1] 丙은 甲, 乙과 A의 주거에 침입하여 물건을 절취할 것을 공모한 사람으로서 A의 집 앞에까지 甲과 동행한 후 직접 비밀번호를 눌러 문을 열어주고 문 앞에서 망을 보는 등의 행위를 하였는데, 이는 동일 장소에서 동일 기회에 상호 다른 사람의 범행을 인식하고 이를 이용하는 행위에 해당한다.[2] 따라서 甲은 丙과 공동하여 타인의 주거에 침입한 것으로서 폭력행위등처벌에관한법률위반(공동주거침입)죄에 해당한다.

(2) 특수절도의 미수가 되는지

(가) 합동범의 성립 여부

2명 이상이 합동하여 타인의 재물을 절취하면 특수절도죄(형법 제331조 제2항, 제1항)가 성립한다. 합동범의 본질에 관하여는, ① 가중적 공동정범설, ② 공모공동정범설, ③ 현장적 공동정범설도 있으나, ④ 통설·판례[3]인 현장설에 의하면, 주관적 요건으로서의 공모 외에 객관적 요건으로 현장에서의 실행행위의 분담, 즉 실행행위에 시간적·장소적 협동관계가 있어야 한다.[4] 甲과 丙은 사전에 절도 범행을 공모하고 함께 A의 집으로 갔고, 丙은 집 비밀번호를 눌러 문을 열어주고 문 앞에서 망을 보고 甲은 집안으로 들어가 금고를 찾아 여는 행위를 했는데, 이와 같은 甲과 丙의 실행행위는 시간적·장소적 협동관계에 있음을 인정할 수 있다.[5]

(나) 실행의 착수시기

절도죄의 실행의 착수시기는 타인의 점유를 배제하는 행위를 개시한 때로서, 판례는 밀접행위 또는 물색행위가 있을 때 실행의 착수를 인정한다.[6] 甲은 乙, 丙과 A의 집에서 그 소유의 금괴를 절취할 것을 공모한 후 계획대로 금고를 찾아 열었으므로, 그 시점에 특수절도의 실행의 착수가 있었다고 할 것이다.

(다) 불능미수의 성립 여부

불능미수란 실행의 수단 또는 대상의 착오로 인하여 결과의 발생이 불가능하더라도 위험성이 있는 경우를 말한다(형법 제27조). 불능미수에 대해서는 형을 감경 또는

---

1) 대법원 2000. 2. 25. 선고 99도4305 판결.
2) 대법원 1994. 10. 11. 선고 94도1991 판결.
3) 대법원 1966. 3. 22. 선고 96도313 판결 등.
4) 이에 대한 상세는 사례 4. [13－변시(2)－2] 관련 쟁점 '합동범의 본질', 사례 21. [22－변시(11)－1] 관련 쟁점 '합동범인지 여부' 참조.
5) 대법원 1967. 12. 26. 선고 67도1469 판결.
6) 대법원 2003. 6. 24. 선고 2003도1985 판결 등.

면제할 수 있다.

대상의 착오로 인하여 결과의 발생이 불가능한 경우란, 대상이 없거나 범죄의 대상이 될 수 없어서 행위자가 의도한 대로의 구성요건 실현이 객관적으로 불가능한 경우를 의미한다.[1]

甲, 乙, 丙은 A의 금괴 절도를 공모하였으나 사실은 A는 금괴를 이미 오래전에 처분하였기 때문에 절도죄의 객체인 재물이 존재하지 않은 상태였다. 이는 대상의 착오로 인하여 절도의 결과 발생이 불가능한 경우에 해당한다.

다음으로, 대상의 착오로 인하여 결과 발생이 불가능하다고 하더라도 위험성이 인정되면 불능미수로 처벌되므로, 위험성이 있는지를 검토해야 한다. 위험성 여부에 대한 판단기준으로는, ① 구객관설(절대적 불능과 상대적 불능을 구별하여 일반적으로는 결과 발생이 가능하지만 구체적인 상황에서 결과 발생이 불가능한 상대적 불능만 위험성이 있다는 견해), ② 구체적 위험설 또는 신객관설(행위 당시에 행위자가 인식한 사실과 일반인이 인식할 수 있었던 사정을 기초로 일반적 경험칙에 따라 위험성을 판단하는 견해)(통설), ③ 추상적 위험설(행위 당시에 행위자가 인식한 사정이 실제로 존재하였을 경우 일반인의 입장에서 위험성을 판단하는 견해), ④ 주관설(행위자의 반사회적 범죄의사가 외부로 표출된 이상, 결과 발생이 객관적으로 불가능하더라도 위험성을 인정하는 견해) 등[2]이 있다. 판례[3]는 추상적 위험설의 입장이다(**관련판례**[4]).

---

1) 예를 들어 이미 사망한 사람을 살아있다고 생각하고 살해할 생각으로 총을 쏘는 행위, 자신 소유의 재물을 타인의 재물로 오인하고 절취하는 경우, 비어 있는 호주머니에 돈이 있다고 생각하고 소매치기하는 경우(대법원 1986. 11. 25. 선고 86도2093, 86감도231 판결) 등이 있다.

2) 그 외에, 행위자의 법 적대적 의사가 일반인의 법적 안정감을 위협하고 법적 평온상태를 교란시킬 위험이 있는 경우에는 위험성을 인정하는 인상설 등이 있다.

3) 대법원 1978. 3. 27. 선고 77도4049 판결; 대법원 2005. 12. 8. 선고 2005도8105 판결; 대법원 2019. 3. 18. 선고 2018도16002 전원합의체 판결; 대법원 2024. 4. 12. 선고 2021도9043 판결.

4) (**관련판례**) 대법원 2019. 3. 28. 선고 2018도16002 전원합의체 판결【강간(인정된 죄명: 준강간미수, 변경된 죄명: 준강간)】.【다수의견】「① 형법 제27조에서 정한 '실행의 수단 또는 대상의 착오'는 행위자가 시도한 행위방법 또는 행위객체로는 결과의 발생이 처음부터 불가능하다는 것을 의미한다. 그리고 '결과 발생의 불가능'은 실행의 수단 또는 대상의 원시적 불가능성으로 인하여 범죄가 기수에 이를 수 없는 것을 의미한다고 보아야 한다. 한편 불능범과 구별되는 불능미수의 성립요건인 '위험성'은 피고인이 행위 당시에 인식한 사정을 놓고 일반인이 객관적으로 판단하여 결과 발생의 가능성이 있는지 여부를 따져야 한다. ② 형법 제299조에서 정한 준강간죄는 사람의 심신상실 또는 항거불능의 상태를 이용하여 간음함으로써 성립하는 범죄로서, 정신적·신체적 사정으로 인하여 성적인 자기방어를 할 수 없는 사람의 성적 자기결정권을 보호법익으로 한다. 심신상실 또는 항거불능의 상태는 피해자인 사람에게 존재하여야 하므로 준강간죄에서 행위의 대상은 '심신상실 또는 항거불능의 상태에 있는 사람'이다. 그리고 구성요건에 해당하는 행위는 그러한 '심신상실 또는 항거불능의 상태를 이용하여 간음'하는 것이다. 심신상실 또는 항거불능의 상태에 있는 사람에 대하여 그 사람의 그러한 상태를 이용하여 간음행위를 하면 구성요건이 충족되어 준강간죄가 기수에 이른다. ③ 피고인이 피해자가 심신상실 또는 항거불능의 상태에 있다고 인식하고 그러한 상태를 이용하여 간음할 의사를 가지고 간음하였으나,

결과발생 가능성과 위험성의 구별

미수범을 처벌하는 일반적인 근거로서의 '결과발생 가능성'과 형법 제27조 불능미수에서의 '위험성'을 구별할 것인지에 대하여, ① 이를 동일하게 이해하고, 불능미수를 포함하여 모든 미수범의 형태는 결과발생 가능성 또는 위험성이 있는 것으로서 가벌적이라고 보는 견해가 있다. 그러나 ② 다수설은 결과발생 가능성과 위험성을 구별하고, 불능미수는 결과발생 가능성이 없는 경우를 전제로 하며, 결과발생 가능성이 없으면 원칙적으로 처벌할 수 없는 불능범이 되는데 예외적으로 결과발생 가능성과 구별되는 위험성이라는 표지가 있으면 가벌적인 불능미수가 된다고 본다. 결과발생 가능성과 위험성을 구별하는 기준으로는, ⓐ 결과발생 가능성은 사실적·자연과학적 개념이고, 위험성은 규범적·평가적 개념이라고 하거나, ⓑ 결과발생 가능성은 사후적 판단이고, 위험성은 사전적 판단이라거나, ⓒ 결과발생 가능성은 구체적 위험의 부존재를 의미하는 반면, 위험성은 범죄의사의 추상적 위험을 의미한다거나, ⓓ 결과발생 가능성은 현실적 법익침해의 위험이고, 위험성은 잠재적 법익침해 위험이라는 등으로 설명한다.

甲, 乙, 丙은 乙로부터 그 외삼촌인 A의 금괴 보유사실을 듣고 금괴에 대한 절도를 공모하였고, 계획한 대로 실행에 착수하였다. 비록 A가 금괴를 처분하는 바람에 현실적으로 결과 발생이 불가능하게 되었으나, 판례의 태도인 위 ③의 추상적 위험설에 따라 甲, 乙, 丙이 실행에 착수할 당시 인식한 사정을 놓고 일반인의 입장에서 사전적·규범적·잠재적 법익침해의 위험성을 판단해 본다면 충분히 그 위험성을 인정할 수 있다.[1] 따라서 甲이 금고를 찾아 문을 열고, 금고 안에 금괴가 없다는 사실을 알고 계속하여 금괴를 찾은 행위는 특수절도죄의 불능미수에 해당한다.

(3) 강도상해죄의 성립 여부

㈎ 준강도 또는 준강도의 미수가 되는지

절도가 재물의 탈환에 항거하거나 체포를 면탈하거나 범죄의 흔적을 인멸할 목적으로 폭행 또는 협박한 때에는 준강도죄(형법 제335조)가 성립한다. 통설, 판례[2]는 절

실행의 착수 당시부터 피해자가 실제로는 심신상실 또는 항거불능의 상태에 있지 않았다면, 실행의 수단 또는 대상의 착오로 준강간죄의 기수에 이를 가능성이 처음부터 없다고 볼 수 있다. 이 경우 피고인이 행위 당시에 인식한 사정을 놓고 일반인이 객관적으로 판단하여 보았을 때 정신적·신체적 사정으로 인하여 성적인 자기방어를 할 수 없는 사람의 성적 자기결정권을 침해하여 준강간의 결과가 발생할 위험성이 있었다면 불능미수가 성립한다.」

본 판결 평석은 김대원, "항거불능의 상태에 있지 않은 사람에 대한 준강간의 시도: 불능미수? 장애미수?", 형사판례연구 〔28〕, 2020, 151-182면; 김한균, "준강간 불능미수", 형사판례연구 〔28〕, 117-150면.

1) 사례의 경우 추상적 위험설 외에 다른 견해에 의하더라도 위험성을 인정할 수 있을 것이다.

2) 대법원 1990. 2. 27. 선고 89도2532 판결.

도의 기수뿐만 아니라 미수도 준강도의 주체가 될 수 있다고 본다. 甲은 금괴 절도의 고의를 가지고 금괴를 찾던 중 자신을 붙잡으려는 A를 때린 것이므로 절도와의 시간적·장소적 접근성 및 체포면탈의 목적을 인정할 수 있다.

준강도의 기수와 미수를 구별하는 기준에 대해서는, ① 절도의 기수·미수를 기준으로 하는 견해(절취행위 기준설)와, ② 폭행·협박의 기수·미수를 기준으로 하는 견해(폭행·협박행위 기준설), ③ 절취행위와 폭행·협박행위 중 어느 하나가 미수이면 준강도미수가 되고, 두 행위 모두 기수가 된 경우에만 준강도기수가 된다는 견해(종합설)가 있다. 판례는 위 ①의 절취행위 기준설에 의한다(**관련판례**[1]).

한편, 흉기를 휴대하거나 2인 이상이 합동하여 강도죄를 범한 때에는 특수강도죄(형법 제334조 제2항)가 성립하는데, 甲은 위에서 살펴본 바와 같이 특수절도죄의 불능미수에 해당하므로 A에 대한 폭행이 특수강도의 준강도(준특수강도)가 되는지 문제된다. 이에 대하여는, ① 준강도를 일종의 신분범으로 보고 주체가 특수절도인 경우 특수강도의 준강도가 된다는 견해와, ② 준특수강도 여부는 절도의 가중사유 여부에 따라 결정되는 것이 아니라 폭행·협박의 태양에 따라서 판단해야 하므로 폭행·협박 시 야간주거침입이거나 흉기를 휴대하거나 합동한 때에 특수강도의 준강도가 성립한다는 견해(통설, 판례)가 대립한다. 통설과 판례[2]에 따라 폭행·협박 시를 기준으로 판단하는 것이 타당하며, 甲이 A를 폭행할 당시를 기준으로 본다면 丙은 이미 현장에서 도망쳤고, 甲이 단독으로 A를 폭행하였으므로 특수강도의 준강도가 아닌 (단순)준강도의 미수가 된다.

---

1) (**관련판례**) 대법원 2004. 11. 18. 선고 2004도5074 전원합의체 판결 【준강도(인정된 죄명: 준강도미수)】 【다수의견】. 「형법 제335조에서 절도가 재물의 탈환을 항거하거나 체포를 면탈하거나 죄적을 인멸할 목적으로 폭행 또는 협박을 가한 때에 준강도로서 강도죄의 예에 따라 처벌하는 취지는, 강도죄와 준강도죄의 구성요건인 재물탈취와 폭행·협박 사이에 시간적 순서상 전후의 차이가 있을 뿐 실질적으로 위법성이 같다고 보기 때문이다. 그러므로 피해자에 대한 폭행·협박을 수단으로 하여 재물을 탈취하고자 하였으나 그 목적을 이루지 못한 자가 강도미수죄로 처벌되는 것과 마찬가지로, 절도미수범인이 폭행·협박을 가한 경우에도 강도미수에 준하여 처벌하는 것이 합리적이라 할 것이다. 만일 강도죄에 있어서는 재물을 강취하여야 기수가 됨에도 불구하고 준강도의 경우에는 폭행·협박을 기준으로 기수와 미수를 결정하게 되면 재물을 절취하지 못한 채 폭행·협박만 가한 경우에도 준강도죄의 기수로 처벌받게 됨으로써 강도미수죄와의 불균형이 초래된다. 위와 같은 준강도죄의 입법 취지, 강도죄와의 균형 등을 종합적으로 고려해 보면, 준강도죄의 기수 여부는 절도행위의 기수 여부를 기준으로 하여 판단하여야 한다고 봄이 상당하다.」

본 판결 평석은 이천현, "준강도죄의 기수 및 미수의 판단기준", 형사판례연구 [14], 2006, 89-114면.

2) 대법원 1973. 11. 13. 선고 73도1553 전원합의체 판결. 이에 대한 상세는 사례 1. [12-변시(1)-1] 관련쟁점 '준특수강도죄의 성립 여부' 참조.

(나) 강도상해죄의 성립 여부

강도의 기회에 사람을 상해한 때에는 강도상해죄(형법 제337조)가 성립하는데, 강도에는 준강도도 포함되고,[1] 준강도나 강도가 미수에 그친 경우에도 상해가 기수가 된 경우에는 강도상해죄의 기수가 된다.[2]

甲은 위에서 살펴보았듯이 준강도의 미수에 해당하는데, 甲의 폭행 동기나 부위, 폭행 정도 등에 비추어 보았을 때 A에 대한 상해의 고의를 인정할 수 있다. 따라서 甲에 대하여 강도상해죄가 성립한다.

(4) 소결

甲에 대하여 폭력행위등처벌에관한법률위반(공동주거침입)죄와 강도상해죄가 성립하고, 두 죄는 실체적 경합관계이다.

3. 乙의 형사책임

(1) 폭력행위등처벌에관한법률위반(공동주거침입)죄의 공동정범 성립 여부

甲과 丙은 공동하여 타인의 주거에 침입한 것으로서 폭력행위등처벌에관한법률위반(공동주거침입)죄에 해당하는데, 범행을 공모하였으나 실행행위에 직접 가담하지 않은 乙에 대하여도 공동주거침입행위의 정범 내지 공동정범이 성립하는지 문제된다.

먼저, 공동범은 수인 간에 공범관계가 존재하고 또 동일 장소에서 동일 기회에 상호 다른 사람의 범행을 인식하고 이용하여 범행을 할 것을 요하므로, 현장에서 가지 않고 오피스텔에 남아 있던 乙이 폭력행위등처벌에관한법률위반(공동주거침입)죄의 정범이 되기는 어렵다.

다음으로, 현장에 있지 않더라도 공동범의 공모공동정범이 될 수 있는지 문제된다. 이에 대하여, ① 공동정범이 성립하기 위한 객관적 요건으로서 실행행위의 분담이 필요하므로 공모자는 가담 형태에 따라 교사범이나 방조범이 성립할 수 있을 뿐 공모공동정범은 성립하지 않는다는 부정설과 ② 공모공동정범을 인정하는 긍정설이 있다. 위 ②의 긍정설은 다시 인정 근거와 범위를 기준으로, ⓐ 공동의사주체설(실행행위를 분담하지 않은 공모자도 공동의사주체가 된다는 견해), ⓑ 간접정범유사설(타인의 실행행위를 이용하여 자신의 범죄를 실현하는 것으로서 간접정범과 유사한 정범성을 갖는다는 견해), ⓒ 적극이용설(공모자의 이용행위가 적극적인 이용행위로서 실행행위와 동일시할 수 있는 경우에만 공동정범이 성립한다

---

1) 대법원 1986. 4. 8. 선고 86도264 판결; 대법원 2001. 8. 21. 선고 2001도3447 판결.
2) 대법원 1971. 1. 26. 선고 70도2518 판결.

는 견해), ⓓ 기능적 행위지배설(기능적 행위지배를 인정할 수 있는 경우에만 공동정범의 성립을 인정하는 견해) 등으로 나뉜다.

판례는 공동범에 해당하는 죄를 범하기로 공모한 다음 그중 2인 이상이 범행장소에서 범죄를 실행한 경우 범행장소에 가지 아니한 사람도 공모공동정범으로 처벌할 수 있다고 하였는데,[1] 최근에는 '전체 범죄에 있어서 그가 차지하는 지위, 역할이나 범죄 경과에 대한 지배 내지 장악력 등을 종합해 볼 때, 단순한 공모자에 그치는 것이 아니라 범죄에 대한 본질적 기여를 통한 기능적 행위지배가 존재하는 것으로 인정되는 경우'[2]에 한하여 공모공동정범으로서의 죄책을 인정하고 있다.

공모공동정범을 긍정하되 기능적 행위지배가 존재할 것을 요건으로 하는 기능적 행위지배설 및 판례에 따르면, 乙은 비록 주거침입의 실행행위에 가담하지는 않았으나, 자신의 외삼촌인 A의 집에 있는 금괴를 훔쳐 나누어 갖자고 먼저 제안하였고, 더 나아가 A의 집 비밀번호, 금고의 위치와 비밀번호, CCTV가 없는 도주로 등에 관한 상세한 정보와 범행 계획을 제공하기도 하는 등 범죄에 대한 본질적 기여를 통한 기능적 행위지배가 존재하는 것으로 인정할 수 있다.

따라서 乙에 대하여 폭력행위등처벌에관한법률위반(공동주거침입)죄의 공동정범을 인정할 수 있다.

(2) 특수절도미수죄의 공동정범 성립 여부

乙은 범행 대상의 선정, 공모의 제의, 구체적 범행 계획의 수립 및 정보제공 등 전체 범행을 주도하였으나 현장에 가지 않고 甲, 丙의 실행행위에 직접 가담하지 않았다. 실행행위를 분담하지 않은 乙에 대하여 甲, 丙의 특수절도죄에 대한 공모공동정범을 인정할 수 있는지 문제되는데, 위 공동범 부분에서 살펴본 바와 같이 공모공동정범을 긍정하되 기능적 행위지배가 존재할 것을 요건으로 하는 기능적 행위지배설 및 판례에 따르면, 乙은 자신의 외삼촌인 A의 집에 있는 금괴를 훔쳐 나누어 갖자고 먼저 제안하였고, 더 나아가 A의 집 비밀번호, 금고의 위치와 비밀번호, CCTV가 없는 도주로 등에 관한 상세한 정보와 범행 계획을 제공하기도 하는 등 범죄에 대한 본질적 기여를 통한 기능적 행위지배가 존재하므로, 공모공동정범으로서의 지위를 인정할 수 있다.

다음으로, 乙에 대하여 시간적·장소적 협동관계가 요구되는 합동범의 공모공동

---

1) 대법원 1994. 4. 12. 선고 94도128 판결; 대법원 1996. 12. 10. 선고 96도2529 판결.
2) 대법원 2007. 10. 26. 2007도4702 판결 등.

정범을 인정할 수 있는지를 검토하여야 한다. 이에 대해서는, ① 합동범의 정범 요소인 시간적·장소적 협동관계를 갖추지 못한 경우에는 공동정범이 성립할 수 없다는 부정설과, ② 기능적 행위지배라는 정범성을 갖춘 이상 합동범의 공동정범을 인정할 수 있다는 긍정설이 대립한다. 판례는 "현장에서 절도 범행을 실행한 2인 이상의 범인의 행위를 자기 의사의 수단으로 하여 합동절도의 범행을 하였다고 평가할 수 있는 정범성의 표지를 갖추고 있다고 보여지는 한 그 다른 범인에 대하여 합동절도의 공동정범의 성립을 부정할 이유가 없다"고 판시하였다.[1)]

위에서 살펴보았듯이 乙은 범행의 주도자로서 기능적 행위지배라는 정범성의 표지를 갖추고 있다고 판단되므로, 특수절도미수죄의 공모공동정범이 성립한다.

(3) 준강도미수죄 또는 강도상해죄의 공동정범 성립 여부

甲은 乙과 공모한 범위를 넘어 준강도미수죄 또는 강도상해죄에 이르렀다. 공동정범 중 1인은 원칙적으로 자신이 인식한 공모 내용의 한도에서 책임을 진다. 공모내용을 초과하는 경우로서 질적 초과와 양적 초과가 있는데, 원칙적으로 초과한 부분에 대하여는 책임을 지지 않는다. 양적 초과의 경우 공모 과정에서 초과 실행행위가 예상되는 경우라면, 이는 공모의 내용에 포함되는 것이라고 볼 수 있으므로 그 부분에 대하여 책임을 져야 할 것이다.[2)]

乙은 A가 출장 중이라 집이 비어 있을 것이라고 생각한 점, 甲과 丙에게 집과 금고의 비밀번호, 위치, CCTV가 없는 도주로 등의 절취행위에 필요한 상세 정보를 제공한 점, 실제로 A의 출장이 예정되어 있었으나 연기되는 바람에 A가 집 안에 있었던 점 등을 종합하여 보면, A가 집 안에 있을 것이라거나, 그 과정에서 나머지 공범들이 체포를 면탈하기 위하여 A를 폭행하여 상해를 가할 것이라는 점에 대한 예견가능성이 있다고 보기는 어렵다.

따라서 乙에게 준강도미수죄나 강도상해죄에 대한 공동정범은 인정되지 않는다.

(4) 친족상도례

A는 乙의 외삼촌으로 두 사람은 동거하지 않는 친족관계에 있는데, 친족상도례 규정인 형법 제328조(친족간의 범행과 고소)는 절도의 죄에 준용된다(형법 제344조). 따라서

1) 대법원 1998. 5. 21. 선고 98도321 전원합의체 판결; 대법원 2011. 5. 13. 선고 2011도2021 판결. 유사사례에 대한 설명으로는 사례 3. [13－변시(2)－1] 관련 쟁점 '甲의 형사책임' 참조.
2) 이에 대한 상세는 사례 4. [13－변시(2)－2] 관련 쟁점 '공범의 초과행위와 丙의 책임' 참조.

乙에 대하여는 A의 고소가 있어야 공소를 제기할 수 있는데(상대적 친고죄), A는 경찰 조사에서 "甲, 乙, 丙에 대한 처벌을 원한다."라고 진술하고 경찰관이 이를 진술조서에 기재하였으므로, 이 경우 고소가 있는 것인지 문제된다.

친고죄에서 고소란 수사기관에 대하여 범죄사실을 신고하고 범인의 처벌을 구하는 의사표시이고, 서면뿐만 아니라 구술로도 할 수 있다(형소법 제237조 제1항). 구술에 의한 고소를 받은 검사 또는 사법경찰관은 이를 조서에 작성하여야 하는데(동조 제2항), 조서는 독립한 조서일 필요는 없고, 고소권자가 수사기관으로부터 피해자 또는 참고인으로서 신문받으면서 범인의 처벌을 요구하는 의사표시가 포함되어 있는 진술을 하고 그 의사표시가 조서에 기재되면 적법한 고소에 해당한다.[1]

A는 경찰 조사에서 처벌을 원하는 의사표시를 하였고, 경찰관은 이를 진술조서에 기재하였으므로 적법한 고소에 해당하고, 乙에 대한 공소제기는 적법하다. 친족상도례는 공범 중 친족관계에 있는 사람에게만 적용되므로 A와 친족관계가 없는 甲과 丙에 대하여는 적용되지 않는다.

(5) 소결

乙에 대하여는 폭력행위등처벌에관한법률위반(공동주거침입)죄의 공동정범, 특수절도미수죄의 공동정범이 성립하고, 두 죄는 실체적 경합관계에 있다.

4. 丙의 형사책임

(1) 폭력행위등처벌에관한법률위반(공동주거침입)죄의 성립 여부

2인 이상이 공동하여 형법 제319조 제1항의 주거침입죄를 범한 경우 폭력행위등처벌에관한법률위반(공동주거침입)죄가 성립한다. 甲과 丙은 금괴를 훔치기 위해 A의 집으로 가 丙은 집 비밀번호를 눌러 문을 열어주고 문 앞에서 망을 보고, 甲은 집안으로 들어갔다. 丙은 집안으로 들어가지 않고 밖에서 망을 보고 있었으므로, 폭력행위 등 처벌에 관한 법률 제2조 제2항의 '2명 이상이 공동하여'에 해당하는지 문제된다.

甲에 대한 폭력행위등처벌에관한법률위반(공동주거침입)죄 부분에서 살펴본 바와 같이, 丙은 甲, 乙과 A의 주거에 침입하여 물건을 절취할 것을 공모하였고, A의 집 앞에까지 甲과 동행한 후 직접 비밀번호로 문을 열어주고 문 앞에서 망을 보는 등의 행위를 하였는데, 이는 동일 장소에서 동일 기회에 상호 다른 사람의 범행을 인식하

1) 대법원 2009. 7. 9. 선고 2009도3860 판결.

고 이를 이용하는 행위에 해당한다. 따라서 丙은 甲과 공동하여 타인의 주거에 침입한 것으로서 폭력행위등처벌에관한법률위반(공동주거침입)죄에 해당한다.

(2) 특수절도미수죄의 성립 여부

丙은 甲과 함께 A의 집 앞에 가서 집 비밀번호를 눌러 문을 열어주고 문 앞에서 망을 보고 있던 중 甲으로부터 금고 안에 금괴가 없다는 문자를 받고 甲이 집에서 나오기 전 현장을 떠났다. 이와 같은 丙의 행위가 甲과의 합동 내지 공모관계로부터 이탈한 것에 해당하여 합동범 내지 공범으로서의 책임을 지지 않게 되는 것인지 문제된다.

판례는 공모관계의 이탈이 인정되기 위해서는, ① 실행의 착수 전에 이탈하여야 하고,[1] 실행의 착수 후에 이탈하면 공범으로서의 책임을 지고,[2] ② 이탈의 의사표시를 하여야 하며, ③ 공모자가 공모에 의하여 담당한 기능적 행위지배를 해소하여야 한다[3]고 판시하고 있다.[4]

丙은 甲이 A의 집안 금고를 찾아 열고 그 안이 비어 있음을 알고 난 이후에 현장을 떠났는데, 이는 이미 공범인 甲이 실행에 착수한 이후이므로 공모관계로부터 이탈한 것에 해당하지 않는다.

甲과 丙은 사전에 절도 범행을 공모하고 함께 A 집으로 갔고, 丙은 집 비밀번호를 눌러 문을 열어주고 문 앞에서 망을 보고 甲은 집안으로 들어가 금고를 찾아 여는 행위를 했는데, 이와 같은 甲과 丙의 실행행위는 위에서 살펴본 바와 같이 시간적·장소적 협동관계에 있음을 인정할 수 있다. 또한 甲은 절도의 실행에 착수하였으나 A가 금괴를 이미 오래전에 처분하였기 때문에 절도죄의 객체인 재물이 존재하지 않은 상태였으므로, 대상의 착오로 인하여 결과의 발생이 불가능한 경우이고, 판례의 태도인 추상적 위험설에 따르면 위험성을 인정할 수 있으므로, 丙은 특수절도죄의 불능미수에 해당한다.

(3) 준강도미수죄 또는 강도상해죄의 공동정범 성립 여부

甲은 乙, 丙과 공모한 범위를 넘어 준강도의 미수 및 이에 따른 강도상해죄를 범하였다. 위 乙에 대하여 살펴본 바와 같이, 공동정범 중 1인은 원칙적으로 자신이 인

1) 대법원 1996. 1. 26. 선고 94도2654 판결; 대법원 2015. 2. 16. 선고 2014도14843 판결.
2) 대법원 1984. 1. 31. 선고 83도2941 판결.
3) 대법원 2008. 4. 10. 선고 2008도1274 판결.
4) 이에 대한 상세는 사례 15. [19−변시(8)−1] 관련 쟁점 '공모관계로부터의 이탈' 참조.

식한 공모 내용의 한도에서 책임을 진다. 공모 당시 A가 출장 중이라 집이 비어 있을 것이라고 생각한 점, 실제로 A의 출장이 예정되어 있었으나 연기되는 바람에 A가 집 안에 있었던 점 등을 종합하여 보면, A가 집안에 있을 것이라거나, 그 과정에서 나머지 공범들이 체포를 면탈하기 위하여 A를 폭행하여 상해를 가할 것이라는 점에 대한 예견가능성이 있다고 보기는 어렵다.

따라서 丙에게 준강도미수죄나 강도상해죄에 대한 공동정범은 인정되지 않는다.

(4) 소결

丙에 대하여는 폭력행위등처벌에관한법률위반(공동주거침입)죄와 특수절도미수죄가 성립하고, 두 죄는 실체적 경합관계에 있다.

Ⅱ. 제2문 — 불심검문의 적법성과 가능한 체포 방안

1. 문제의 제기

경찰관은 112 신고를 받고 A의 집 근처를 탐문하던 중 A가 신고한 절도범과 인상착의가 흡사한 甲을 발견하고 검문을 위해 정지를 요구하였는데, 甲은 이를 무시하고 그대로 도주하였다. 경찰관은 200m 가량 추격하여 甲의 옷자락을 붙잡았고 그로 인해 甲은 바닥에 넘어졌는데, 그 적법성이 문제된다. 또한, 이 경우 甲을 체포할 수 있는 가능한 방법을 검토한다.

2. 경찰관이 甲의 옷자락을 붙잡은 행위의 적법성

불심검문이란 경찰관이 거동이 수상한 사람을 정지시켜 질문하는 것을 말한다(경찰관 직무집행법 제3조 제1항). 경찰관 직무집행법에 의하면, 경찰관은 수상한 행동이나 그 밖의 주위 사정을 합리적으로 판단하여 볼 때 어떠한 죄를 범하였다거나 범하려 하고 있다고 의심할 만한 상당한 이유가 있거나, 이미 행하여진 범죄나 행하여지려고 하는 범죄행위에 관한 사실을 안다고 인정되는 사람을 정지시켜 질문할 수 있다.

피해자 A는 112 신고를 통하여 '코에서 피가 나고, 30대 초반에 빨간색 뿔테 안경을 착용하고, 청바지에 흰색 티를 입었다'는 등 甲의 인상착의를 상당히 구체적으로 설명하였고, 신고를 받고 출동한 경찰관은 신고내용과 흡사한 甲을 발견하였다. 따라서 甲은 경찰관 직무집행법상 불심검문 대상자에 해당한다.

불심검문은 수사절차와는 구별되는 행정경찰작용의 성격을 가지는데, 중요한 수사 단서가 되는 등 수사와 밀접한 관계를 가지므로, 정지, 질문, 동행요구, 흉기조사 등의 불심검문의 방법이 실질적으로 체포나 강제연행 등 수사로 이어지는 경우에는 형사소송법상 원칙이 적용되어야 한다.[1]

불심검문은 임의적인 방법에 의하여야 하나, 대상자가 정지요구에 불응하거나 질문 도중 그 장소를 떠나려고 하는 경우 어느 정도의 유형력 행사가 가능한지에 대하여, ① 부정설, ② 제한적 허용설(사태의 긴급성이나 혐의의 내용, 질문의 필요성과 수단의 상당성을 고려하여 강제에 이르지 않은 정도의 유형력 행사는 허용된다는 견해), ③ 예외적 허용설(원칙적으로 실력행사는 허용되지 않고, 살인이나 강도 등 중범죄에 한하여 긴급체포도 가능하지만 신중을 기하기 위한 경우에만 예외적으로 강제에 이르지 않는 정도의 유형력 행사가 허용된다는 견해) 등으로 견해가 나뉜다. 판례는 범행의 경중, 범행과의 관련성, 상황의 긴박성, 혐의의 정도, 질문의 필요성 등에 비추어 그 목적 달성에 필요한 최소한의 범위 내에서 사회통념상 용인될 수 있는 상당한 방법으로 그 대상자를 정지시킬 수 있고 질문에 수반하여 흉기의 소지 여부도 조사할 수 있다(**관련판례**[2])고 판시하여,[3] 위 ②의 제한적 허용설의

---

1) 대법원 2006. 7. 6. 선고 2005도6810 판결.

2) (**관련판례**) 대법원 2012. 9. 13. 선고 2010도6203 판결 **【상해·공무집행방해·모욕】**. 「원심은 그 채택 증거를 종합하여, 부평경찰서 역전지구대 소속 경위 A, 경사 B, 순경 C가 2009. 2. 15. 01:00경 인천 부평구 부평동 소재 ○○○ 앞길에서 경찰관 정복 차림으로 검문을 하던 중, '01:00경 자전거를 이용한 핸드백 날치기 사건발생 및 자전거에 대한 검문검색 지령'이 01:14경 무전으로 전파되면서, 범인의 인상착의가 '30대 남자, 찢어진 눈, 짧은 머리, 회색바지, 검정잠바 착용'이라고 알려진 사실, 위 경찰관들은 무전을 청취한 직후인 01:20경 자전거를 타고 검문 장소로 다가오는 피고인을 발견한 사실, B가 피고인에게 다가가 정지를 요구하였으나, 피고인은 자전거를 멈추지 않은 채 B를 지나쳤고, 이에 C가 경찰봉으로 피고인의 앞을 가로막고 자전거를 세워 줄 것을 요구하면서 소속과 성명을 고지하고, "인근 경찰서에서 자전거를 이용한 날치기가 있었는데 인상착의가 비슷하니 검문에 협조해 달라."는 취지로 말하였음에도 피고인은 평상시 그곳에서 한 번도 검문을 받은 바 없다고 하면서 검문에 불응하고 그대로 전진한 사실, 이에 C는 피고인을 따라가서 피고인이 가지 못하게 앞을 막고 검문에 응할 것을 요구한 사실, 이와 같은 제지행위로 더 이상 자전거를 진행할 수 없게 된 피고인은 경찰관들이 자신을 범인 취급한다고 느껴 C의 멱살을 잡아 밀치고 A, B에게 욕설을 하는 등 거세게 항의한 사실, 이에 위 경찰관들은 피고인을 공무집행방해죄와 모욕죄의 현행범인으로 체포한 사실을 인정한 다음, 불심검문은 상대방의 임의에 맡겨져 있는 이상 질문에 대한 답변을 거부할 의사를 밝힌 상대방에 대하여 유형력을 사용하여 그 진행을 막는 등의 방법은 사실상 답변을 강요하는 것이어서 허용되지 않고, 따라서 C의 위 제지행위는 불심검문의 한계를 벗어나 위법하므로 직무집행의 적법성을 전제로 하는 공무집행방해죄는 성립하지 않고, 위법한 공무집행방해죄에 대한 저항행위로 행하여진 상해 및 모욕도 정당방위로서 위법성이 조각된다고 판단하여, 이 사건 공소사실에 대하여 모두 무죄를 선고하였다.

그러나 원심이 인정한 사실관계를 앞서 본 법리에 비추어 살펴보면, <u>이 사건 범행 장소 인근에서 자전거를 이용한 날치기 사건이 발생한 직후 검문을 실시 중이던 경찰관들이 위 날치기 사건의 범인과 흡사한 인상착의의 피고인을 발견하고 앞을 가로막으며 진행을 제지한 행위는 그 범행의 경중, 범행과</u>

입장이다.

경찰관이 검문을 위해 정지를 요구하였으나 甲이 도주하자 200m 가량 추격하여 甲의 옷자락을 붙잡고 그로 인해 甲이 바닥에 넘어지게 한 행위는 불심검문을 위한 유형력 행사에 해당한다. 위 ②의 제한적 허용설과 판례의 입장에 의하면, 신고 내용 자체가 강도상해죄에 해당하는 중한 범죄인 점, 시간적·장소적으로 근접한 상황에서 신고내용과 흡사한 인상착의를 하고 있는 甲을 발견하였으므로 범행과의 관련성이나 긴박성, 질문 필요성이 높았다고 판단되는 점, 그럼에도 불구하고 甲은 정지요구에 불응하고 200m 가량을 도주하였으므로 甲을 중지시키기 위하여 붙잡는 행위는 불가피하였던 점, 비록 甲이 바닥에 넘어지기는 하였으나 옷자락을 붙잡은 행위 및 그로 인하여 바닥에 넘어진 정도는 필요한 최소한의 범위 내에서 사회통념상 용인될 수 있는 상당한 방법에 의한 것으로 인정되는 점 등을 종합하면, 경찰관의 행위는 적법한 것으로 판단된다.

3. 甲에 대한 가능한 체포 방안

(1) 현행범인 체포 — 준현행범인

현행범인은 누구든지 영장 없이 체포할 수 있다(형소법 제212조). 현행범인은 범죄를 실행하고 있거나 실행하고 난 직후의 사람을 말한다(형소법 제211조 제1항). '실행 중'은 범죄의 실행에 착수하여 종료하지 못한 상태를, '실행 직후'는 시간적으로나 장소적으로 보아 체포를 당하는 사람이 방금 범죄를 실행한 범인이라는 점에 관한 죄증이 명백히 존재하는 것으로 인정되는 경우를 의미한다.[1)]

甲은 범행장소로부터 2km 떨어진 지점에서 검문을 위해 정지요구를 당한 상황이

의 관련성, 상황의 긴박성, 혐의의 정도, 질문의 필요성 등에 비추어 그 목적 달성에 필요한 최소한의 범위 내에서 사회통념상 용인될 수 있는 상당한 방법으로 법 제3조 제1항에 규정된 자에 대하여 의심되는 사항에 관한 질문을 하기 위하여 정지시킨 것으로 보아야 한다. 그럼에도 원심은 그 판시와 같은 이유만으로 이 사건 공소사실 중 공무집행방해 부분에 관하여 경찰관들의 불심검문이 위법하다고 보아 무죄를 선고하고 말았으니, 이러한 원심의 판단에는 불심검문의 내용과 한계에 관한 법리를 오해하여 판결 결과에 영향을 미친 위법이 있다 할 것이다.」

본 판결 해설은 우인성, "불심검문의 적법 요건 및 그 내용과 한계", 대법원판례해설 제94호(2012 하반기), 2013, 842−865면.

3) 판례는 그 밖에 ① 술값 문제로 시비를 벌인 피의자에게 질문을 하자 불응하고 막무가내로 밖으로 나가려 하므로 앞을 막아서는 행위(대법원 2014. 12. 11. 선고 2014도7976 판결), ② 검문에 불응하고 달아나는 자동차에 대한 추적행위(대법원 2000. 11. 10. 선고 2000다26807, 26814 판결), ③ 검문에 불응하고 도망하는 피고인을 추적한 끝에 정지시키기 위하여 옷자락을 붙잡는 행위(울산지방법원 2019. 6. 13. 선고 2018노1309 판결)는 적법하다고 판시하였다.

1) 대법원 2002. 5. 10. 선고 2001도300 판결.

므로 현행범인이라고 보기는 어렵다. 따라서 현행범인 체포는 가능하지 않다.

현행범인은 아니지만, 범인으로 불리며 추정되고 있거나, 장물이나 범죄에 사용되었다고 인정하기에 충분한 흉기나 그 밖의 물건을 소지하고 있거나, 신체나 의복류에 증거가 될 만한 뚜렷한 흔적이 있거나, 누구냐고 묻자 도망가려고 할 때도 현행범인으로 간주하는데(형소법 제211조 제2항), 이를 준현행범인이라고 한다. 甲은 손과 소매 부분에 피가 묻어 있었는데, A의 112 신고내용과 종합하여 보면, 이는 '신체나 의복류에 증거가 될 만한 뚜렷한 흔적'이 있는 때로서(동항 제3호) 준현행범인에 해당한다.

준현행범인도 현행범인으로 간주되어 누구든지 영장 없이 체포할 수 있다(형소법 제212조). 이 경우에도 긴급체포와 마찬가지로 체포의 필요성, 즉 도망 또는 증거인멸의 염려가 있어야 한다는 것이 판례의 입장이다(**관련판례**[1]).

피고인은 준현행범인에 해당하는 사람으로서, 112 신고를 받은 경찰관이 불심검문을 위하여 정지를 요구하였으나 200m를 도주하였고, 이를 추격하여 옷자락을 붙잡고 행적에 대하여 질문을 하려고 하자 다시 도주하려고 하였으므로 체포의 필요성도 인정된다.

따라서 甲에 대하여는 형사소송법 제212조에 의하여 영장 없이 준현행범인 체포가 가능하다.

(2) 긴급체포

검사 또는 사법경찰관은 ① 피의자가 사형·무기 또는 장기 3년 이상의 징역이나

---

1) (**관련판례**) 대법원 2011. 5. 26. 선고 2011도3682 판결 **【상해·공무집행방해】**. 「현행범인으로 체포하기 위하여는 행위의 가벌성, 범죄의 현행성·시간적 접착성, 범인·범죄의 명백성 이외에 체포의 필요성 즉, 도망 또는 증거인멸의 염려가 있어야 하고, 이러한 요건을 갖추지 못한 현행범인 체포는 법적 근거에 의하지 아니한 영장 없는 체포로서 위법한 체포에 해당한다. 여기서 현행범인 체포의 요건을 갖추었는지 여부는 체포 당시의 상황을 기초로 판단하여야 하고, 이에 관한 검사나 사법경찰관 등 수사주체의 판단에는 상당한 재량의 여지가 있다고 할 것이나, 체포 당시의 상황으로 보아서도 그 요건의 충족 여부에 관한 검사나 사법경찰관 등의 판단이 경험칙에 비추어 현저히 합리성을 잃은 경우에는 그 체포는 위법하다고 보아야 한다. (중략) A이 피고인을 현행범인으로 체포할 당시 피고인이 이 사건 모욕 범행을 실행 중이거나 실행행위를 종료한 직후에 있었다고 하더라도, 피고인은 A, 2의 불심검문에 응하여 이미 운전면허증을 교부한 상태이고, A뿐 아니라 인근 주민도 피고인의 욕설을 직접 들었으므로, 피고인이 도망하거나 증거를 인멸할 염려가 있다고 보기는 어려울 것이다. 또한 피고인의 이 사건 모욕 범행은 불심검문에 항의하는 과정에서 저지른 일시적, 우발적인 행위로서 사안 자체가 경미할 뿐 아니라, 고소를 통하여 검사 등 수사 주체의 객관적 판단을 받지도 아니한 채 피해자인 경찰관이 범행현장에서 즉시 범인을 체포할 급박한 사정이 있다고 보기도 어렵다.」

본 판결 평석은 한제희, "경찰관 상대 모욕 현행범인 체포의 요건", 형사판례연구 [23], 2015, 575-616면.

금고에 해당하는 죄를 범하였다고 의심할 만한 상당한 이유가 있고(범죄의 중대성), ② 증거를 인멸할 염려가 있거나 도망 또는 도망할 우려가 있는 때로서(체포의 필요성), ③ 긴급을 요하여 지방법원판사의 체포영장을 받을 수 없는 경우(긴급성), 그 사유를 알리고 피의자를 체포할 수 있다(형소법 제200조의3 제1항).[1)]

사례를 살펴보면, 강도상해죄는 법정형이 장기 3년 이상의 징역이나 금고에 해당하는 죄이고, 경찰관은 112 신고를 받고 인상착의가 흡사한 甲을 발견하고 정지를 요구하였고 甲이 도주하는 것을 추격하여 옷자락을 붙잡고 甲의 손과 소매 부분에 피가 묻어 있는 것을 확인한 점에 비추어, 긴급체포의 요건으로서 범죄의 중대성 및 체포의 필요성을 인정할 수 있다. 또한 경찰관은 甲을 우연히 발견하였는데, 행적에 대하여 질문을 하려고 하였으나 도주하려고 하는 등 긴급성도 인정된다.

따라서 경찰관은 영장 없이 甲을 긴급체포할 수 있다.

(3) 소결

경찰관은 영장 없이 甲을 현행범인 체포(준현행범인으로서) 또는 긴급체포할 수 있다.

Ⅲ. 제3문 — (2) 관련, 丁, 戊의 형사책임

1. 살인미수의 공동정범

丁과 戊는 직장 동료 B를 교통사고로 위장하여 살해하기로 하고, 戊는 1t 트럭을 운전하여 가고 丁은 그 옆자리에 앉아 있다가 퇴근하는 B를 강하게 트럭으로 충격하고 그대로 도망쳤다. 다만, B는 후회와 연민을 느낀 丁의 119 신고로 가까스로 목숨을 건져 사망의 결과는 발생하지 않았다. 따라서 丁과 戊는 살인미수죄(형법 제254조, 제250조 제1항)의 공동정범이 된다.

2. 丁의 중지미수 성립 여부

(1) 문제의 제기

범인이 실행에 착수한 행위를 자의로 중지하거나 그 행위로 인한 결과의 발생을 자의로 방지한 경우에는 중지미수로서 형을 감경하거나 면제한다(형법 제26조). 丁은 B

---

1) 긴급체포의 적법성 요건에 대한 상세는 사례 6. [14－변시(3)－2] 관련 쟁점 '긴급체포의 적법성' 참조.

를 충격한 후 후회와 함께 B에 대한 연민이 들어 119에 전화를 걸어 구조를 요청하였고 丁의 신고를 받고 출동한 구조대에 의하여 B는 목숨을 건질 수 있었는데, 丁의 위와 같은 행위가 자의성이 있는지, 착수미수인지 실행미수인지, 실행미수의 경우 결과발생을 방지하는 행위가 있었는지 문제된다.

(2) 중지미수의 자의성 인정 여부

중지미수의 자의성에 대한 판단기준으로는, ① 동정·후회·양심의 가책 등 윤리적 동기가 있는 경우에만 자의성을 인정하는 주관설, ② 외부적 장애 이외의 사유에 의한 중지인 경우 자의성을 인정하는 객관설, ③ 범죄가 가능하지만 원하지 않아서 중단하면 중지미수이고, 불가능하여서 중단한 경우는 장애미수로 보는 프랑크 공식, ④ 일반 사회통념상 범죄수행에 장애가 될 만한 사유가 없음에도 자기 의사로 중지한 경우 자의성을 인정하는 절충설(통설, 판례[1]), ⑤ 범행을 중지하게 된 내심의 태도를 처벌이라는 관점에서 평가하여 합법성으로의 회귀 또는 법의 궤도로의 회귀가 있으면 자의성을 인정하는 규범설 등이 있다.

丁은 B를 트럭으로 강하게 충격한 후 도망한 상태에서, 사회통념상 살인죄를 수행하는 데 장애가 될 만한 사유가 없음에도 후회와 연민으로 119에 전화를 걸어 구조를 요청하였으므로, 판례의 태도인 위 ④의 절충설에 따르면 자의성을 인정할 수 있다.[2]

(3) 실행미수의 중지 여부

중지미수는 다시 실행행위의 종료 여부를 기준으로, 실행행위가 종료하기 전에 실행에 착수한 행위를 중지하는 착수미수와 실행행위가 종료한 후에 그 행위로 인한 결과 발생을 방지하는 실행미수로 나뉜다.

실행행위의 종료시점을 판단하는 기준에 관해서는, ① 행위자의 의사를 기준으로 실행행위의 종료시점을 결정하는 주관설, ② 객관적으로 결과발생 가능성이 있는 행위가 있는지를 기준으로 결정하는 객관설, ③ 행위자의 의사와 객관적 사정을 종합하여 결과 발생에 필요한 행위가 끝난 시점을 기준으로 결정하는 절충설(통설) 등이 있다.

통설인 절충설에 따르면, 丁과 戊는 B를 살해하기로 공모하고 1t 트럭을 운전해

---

1) 대법원 1997. 6. 13. 선고 97도957 판결.
2) 중지미수의 자의성에 대한 학설과 판례 등 상세는 사례 6. [14－변시(3)－2] 관련 쟁점 '살인죄의 중지미수인지 여부' 참조.

가 도로를 건너는 B를 강하게 충격한 다음 그대로 도망쳤고, 그로부터 약 3km 가량을 이동하여 주차하였으므로, 행위자의 의사와 객관적 사정을 모두 고려하더라도 사망이라는 결과의 발생에 필요한 행위는 종료하였다고 볼 수 있다. 따라서 丁에 대하여는 착수미수가 아니라 실행미수가 인정되는지를 검토하여야 한다.

(4) 결과방지 행위 여부

실행미수의 중지가 인정되기 위해서는 자의성 이외에 결과의 발생을 방지하는 행위가 필요하고, 이에 따라 결과가 발생하지 않아야 한다. 결과의 발생을 방지하는 행위란 인과 진행을 적극적으로 중단시키는 행위로서 결과 발생을 방지하는 데 필요한 적극적인 행위여야 하고, 결과 방지에 대한 행위자의 진지한 노력이 있어야 한다. 원칙적으로 행위자 자신이 직접적으로 하여야 하나, 의사의 치료를 받게 하는 등 제3자의 행위라고 하더라도 행위자가 스스로 방지한 것과 동일시할 수 있는 정도라면 결과방지행위라고 할 수 있다.

丁은 119에 전화를 걸어 구조를 요청하였고, 丁의 신고로 출동한 구조대에 의하여 B는 병원으로 이송되어 목숨을 구할 수 있었으므로, 이는 결과 발생을 방지하는 데 필요한 적극적인 행위로서 丁의 진지한 노력에 의한 행위로 평가될 수 있다.

(5) 소결

丁은 살인죄의 중지미수에 해당하여 형을 필요적으로 감경 또는 면제하여야 한다.

3. 戊의 중지미수 또는 장애미수 성립 여부

공동정범의 관계에 있는 경우, 공범자 1인이 자신의 실행행위만 중지하거나 자신이 분담하는 결과 발생만 방지하는 것만으로 부족하고, 공범자 전원이 실행행위를 중지하거나, 공범자 중 1인이 다른 공범의 실행행위를 중지하게 하거나, 모든 결과의 발생을 완전히 방지한 경우에만 중지미수를 인정할 수 있다(**관련판례**[1]).

1) (**관련판례**) 대법원 2005. 2. 25. 선고 2004도8259 판결 **【**성폭력범죄의처벌및피해자보호등에관한법률위반(특수강간등)**】**. 「다른 공범의 범행을 중지하게 하지 아니한 이상 자기만의 범의를 철회, 포기하여도 중지미수로는 인정될 수 없는 것인바, 피고인은 원심 공동피고인과 합동하여 피해자를 텐트 안으로 끌고 간 후 원심 공동피고인, 피고인의 순으로 성관계를 하기로 하고 피고인은 위 텐트 밖으로 나와 주변에서 망을 보고 원심 공동피고인은 피해자의 옷을 모두 벗기고 피해자의 반항을 억압한 후 피해자를 1회 간음하여 강간하고, 이어 피고인이 위 텐트 안으로 들어가 피해자를 강간하려 하였으나 피해자가 반항을 하며 강간을 하지 말아 달라고 사정을 하여 강간을 하지 않았다는 것이므로, 앞서 본 법리에 비추어 보면 위 구본선이 피고인과의 공모하에 강간행위에 나아간 이상 비록 피고인이 강간행위에 나

또한, 중지행위를 한 행위자 자신에 대해서만 중지미수가 인정된다. 공범자 중 1인이 자신의 실행행위를 자의로 중지하고 다른 공범의 실행행위를 중지하게 하거나(착수미수), 자의로 결과의 발생을 방지하는 행위를 한 경우(실행미수)에는 스스로 중지행위를 한 공범자에 대해서만 중지미수가 인정되며, 중지행위에 나아가지 않은 나머지 공범자에 대해서는 장애미수가 성립한다.

戊는 丁과 살인을 공모한 후 1t 트럭을 운전하여 B를 강하게 충격한 다음 丁과 함께 사고 장소에서 3km 떨어진 곳으로 이동하여 주차함으로써 살해의 결과 발생에 필요한 행위를 모두 종료하였다. 그 후 공범인 丁이 B를 구호해 주자고 제안하였으나 이를 거절하고 그곳을 떠났고, 丁의 결과발생 방지행위에 의하여 사망의 결과는 발생하지 아니하였다.

따라서 결과발생 방지행위를 직접 실행하지 아니한 戊에 대해서는 살인죄의 장애미수가 성립하고, 중지미수는 성립하지 않는다.

Ⅳ. 제4문 — 휴대전화 압수의 적법성과 녹음파일의 증거능력 및 사법경찰관 작성 피의자신문조서의 증거능력

1. 제4문의 (1) — 휴대전화 압수의 적법성과 녹음파일의 증거능력

(1) 휴대전화 압수의 적법성

(가) 긴급체포의 적법성

경찰관 P는 戊를 긴급체포하면서 영장 없이 압수하였으므로 먼저 戊에 대한 긴급체포가 적법하여야 한다. 긴급체포가 적법하기 위해서는 ① 피의자가 사형·무기 또는 장기 3년 이상의 징역이나 금고에 해당하는 죄를 범하였다고 의심할 만한 상당한 이유가 있고(범죄의 중대성), ② 증거를 인멸할 염려가 있거나 도망 또는 도망할 우려가 있는 때로서(체포의 필요성), ③ 긴급을 요하여 지방법원 판사의 체포영장을 받을 수 없는 경우(긴급성)에 해당하여야 한다.[1)]

戊의 살인미수죄는 사형, 무기, 5년 이상의 징역에 해당하는 범죄로서 범죄의 중대성 요건을 충족하고, 피해자의 존재, 공범인 丁의 범행 자백 등 戊에 대한 범죄혐의의 상당성도 인정된다. 또한 범행 당일 평택항을 통해 중국으로 출국할 계획이라는

아가지 않았다 하더라도 중지미수에 해당하지는 않는다고 할 것이다.」

1) 긴급체포의 적법성 요건에 대한 상세는 사례 6. [14－변시(3)－2] 관련 쟁점 '긴급체포의 적법성' 참조.

공범의 진술을 듣고 평택항에서 출국하려는 戊를 체포한 것으로, 체포영장을 받을 시간적 여유가 없는 긴급한 때에 해당하고, 체포의 필요성도 인정된다.

따라서 戊에 대한 긴급체포는 적법하다.

(나) 휴대전화 압수의 적법성

戊를 적법하게 긴급체포하면서 戊가 소지하고 있던 휴대전화를 영장 없이 압수하였는데, 체포현장에서의 압수 또는 긴급체포 시의 압수로서 적법한지 문제된다.

(ㄱ) 체포현장에서의 압수

경찰관은 체포현장에서 영장 없이 압수할 수 있고(형소법 제216조 제1항 제2호), 압수한 물건을 계속 압수할 필요가 있는 경우에는 지체없이 압수·수색 영장을 청구하여야 한다. 이 경우 압수·수색영장의 청구는 체포한 때부터 48시간 이내에 하여야 한다(형소법 제217조 제2항).

여기서 체포현장의 의미에 대해서는, ① 체포행위와 시간적·장소적으로 접착되어 있으면 충분하고 체포의 전후를 불문한다는 견해(체포접착설), ② 피의자가 현실적으로 체포되었음을 요한다는 견해(체포설), ③ 체포 전 압수·수색도 허용되지만 최소한 압수할 당시 피의자가 현장에 있음을 요한다는 견해(현장설), ④ 피의자가 압수·수색 장소에 현재하고 체포의 착수를 요건으로 한다는 견해(체포착수설) 등이 있다.[1] 경찰관 P는 戊를 긴급체포하면서 그 자리에서 戊가 소지하고 있던 휴대전화를 압수한 것이므로, 어떠한 견해에 의하더라도 체포현장에 해당한다고 볼 수 있다.

한편, 체포현장에서의 영장 없는 압수의 대상은 체포자에게 위해를 줄 우려가 있는 무기나 그밖의 흉기, 도주의 수단이 되는 물건, 또는 체포사유로 된 혐의사실과 관련된 증거여야 한다. 戊로부터 압수한 휴대전화는 살인을 공모한 녹음파일이 들어 있는 것으로서 관련성을 인정할 수 있다.

압수의 목적물이 휴대전화와 같은 정보저장매체인 경우 원칙적으로 기억된 정보의 범위를 정하여 출력하거나 복제하여 제출받아야 하고, 예외적으로 범위를 정하여 출력 또는 복제하는 방법이 불가능하거나 압수의 목적을 달성하기에 현저히 곤란하다고 인정되는 때에는 정보저장매체 자체를 압수할 수 있다(형소법 제219조, 제106조 제3항).[2]

체포현장에서 휴대전화를 영장 없이 압수하는 경우에도 정보저장매체의 압수에

---

1) 이에 대한 상세는 사례 6. [14－변시(3)－2] 관련 쟁점 '예금통장 압수의 적법성' 참조.

2) 대법원 2015. 7. 16. 자 2011모1839 전원합의체 결정(영장에 의한 압수 사안); 대법원 2021. 11. 18. 선고 2015도348 전원합의체 판결(임의제출에 의한 영장 없는 압수 사안).

관한 위의 원칙이 준수되어야 할 것이다. 다만, 사례에서는 범행 당일 평택항을 통해 중국으로 출국하려고 하는 戊를 체포하는 긴급한 상황에서 프린터나 복사지, 복제할 이동식 저장매체 등을 미리 소지하기는 불가능한 것으로 보이는 점, 원본과의 동일성을 확인할 수 있는 디지털 포렌식 장비 등의 사용도 어려운 점 등을 종합하면, 예외적으로 휴대전화 자체를 압수할 수 있는 경우에 해당한다고 할 것이다.[1)]

그리고 압수한 휴대전화를 경찰서로 가지고 간 다음 관련 정보를 탐색하여 문서로 출력하거나 파일을 복사하는 과정 역시 전체적으로 영장 없는 압수·수색의 집행에 포함되므로, 피압수자나 변호인에게 참여의 기회를 보장하고 혐의사실과 무관한 전자정보의 임의적인 복제 등을 막기 위한 적절한 조치를 취하는 등 영장주의 원칙과 적법절차를 준수하여야 한다.[2)] 戊는 조사 과정에서 범행을 부인하면서 휴대전화 분석 절차에 참여하지 않겠다는 의사를 명시적으로 표시하였으므로,[3)] 피압수자 측에 절차 참여를 보장한 취지가 실질적으로 침해되었다고 볼 수 없고, 집행에 따른 절차 규정도 준수한 것으로 판단된다.

따라서 위 휴대전화의 압수는 체포현장에서의 영장 없는 압수의 요건을 충족한 것으로 판단되고, 적법한 절차에 따라 사후영장을 발부받았으므로 적법한 압수에 해당한다.

(ㄴ) 긴급체포 시의 압수

긴급체포된 자가 소유·소지 또는 보관하는 물건에 대하여 긴급히 압수할 필요가 있는 경우에는 체포한 때부터 24시간 이내에 한하여 영장 없이 압수·수색 또는 검증을 할 수 있다(형소법 제217조 제1항). 검사 또는 사법경찰관은 이와 같이 압수한 물건을 계속 압수할 필요가 있는 경우에는 지체없이 압수·수색영장을 청구하여야 하며, 압수·수색영장의 청구는 체포한 때부터 48시간 이내에 하여야 한다(동조 제2항).

위 긴급체포의 적법성 부분에서 살펴본 바와 같이 戊에 대한 긴급체포가 적법하고, 체포현장에서 긴급히 압수할 필요가 있는 경우로서 24시간 이내(체포와 동시)에 압수하였으며, 적법하게 사후영장도 발부받았다. 또한 위 체포현장에서의 압수 부분에서 검토한 바와 같이, 압수 대상인 휴대전화는 혐의사실과의 관련성을 인정할 수 있고, 압수 방법도 적법하다고 판단된다.

---

1) 이에 대한 상세는 사례 16. [19－변시(8)－1] 관련 쟁점 '노트북 컴퓨터 취득 정보의 증거능력' 참조.
2) 대법원 2011. 5. 26. 자 2009모1189 결정; 대법원 2012. 3. 29. 선고 2011도10508 판결; 대법원 2021. 11. 18. 선고 2015도348 전원합의체 판결; 대법원 2024. 12. 24. 선고 2022도2071 판결.
3) 대법원 2015. 7. 16. 자 2011모1839 전원합의체 결정; 대법원 2017. 9. 21. 선고 2015도12400 판결.

따라서 위 휴대전화의 압수는 긴급체포 시의 영장 없는 압수로도 적법하다.

㈐ 소결

위 휴대전화 압수는 체포현장에서의 압수(형소법 제216조 제1항 제2호) 또는 긴급체포 시의 압수(형소법 제217조 제1항)로서 적법하다.

(2) 녹음파일의 증거능력

㈎ 통신비밀보호법위반 여부

녹음파일 중 丁의 진술 부분은 戊가 丁 몰래 녹음한 것이어서 통신비밀보호법위반으로 위법수집증거가 되어 증거능력이 부정되는지 문제된다. 통신비밀보호법은 누구든지 공개되지 아니한 타인 간의 대화를 녹음 또는 청취하지 못한다고 하고(통신비밀보호법 제3조 제1항), 이에 위반하여 지득 또는 채록된 전기통신의 내용은 재판 또는 징계절차에서 증거로 사용할 수 없다(동법 제4조)고 규정한다. 그러나 대화자의 일방이 상대방 몰래 녹음하는 것은 '타인 간의 대화'를 녹음한 것에 해당하지 않으므로 통신비밀보호법에 위반되지 아니하고,[1] 위법수집증거배제법칙은 적용되지 아니한다.

㈏ 녹음파일에 대한 전문법칙 적용 여부

녹음파일 중 '트럭이 준비되었으니 자정이 되면 실행하자'라는 丁의 진술이 전문증거가 되는지 문제된다.

이에 대하여는, ① 녹음파일은 피고인 아닌 자가 작성한 피고인의 진술을 기재한 서류에 해당하므로 형사소송법 제313조 제1항의 요건에 따라 증거능력을 인정할 수 있다는 견해(전문증거설)와, ② 녹음파일에 녹음된 진술의 성격에 따라 전문증거인지를 검토해야 하는데, 丁의 진술은 경험사실의 진술이 아니고, 그러한 말을 했다는 것 자체가 공모관계의 증거가 되는 경우로서 진술 자체가 요증사실인 경우이므로 전문법칙이 적용되지 않는다는 견해(비전문증거설)가 있다. 위 ②의 비전문증거설에 의하면 현장녹음과 유사한 것이 되어 전문법칙이 적용되지 아니하고, 증거 일반에 요구되는 관련성과 진정성이 입증되면 증거능력을 인정할 수 있다. 판례는 녹음파일에 담긴 진술

---

1) 대법원 1997. 3. 28. 선고 97도240 판결(피고인이 범행 후 피해자에게 전화를 걸어오자 피해자가 피고인 모르게 녹음한 녹음테이프는 위법하게 수집한 증거가 아니라는 취지); 대법원 2002. 10. 8. 선고 2002도123 판결(전화 통화 당사자의 일방이 상대방 모르게 통화 내용을 녹음하는 것은 통신비밀보호법위반이 아니지만, 제3자의 경우에는 전화 통화 당사자 일방의 동의를 받고 녹음했다고 하더라도 그 상대방의 동의가 없었던 이상 통신비밀보호법위반이 된다는 취지); 대법원 2006. 10. 12. 선고 2006도4981 판결(3인 간의 대화에 있어서 그중 한 사람이 3인 간의 상호 대화 내용을 녹음하는 것은 통신비밀보호법위반이 아니라는 취지).

내용의 진실성이 아닌 그와 같은 진술이 존재하는 것 자체가 증명의 대상이 되는 경우에는 전문법칙이 적용되지 않는다고 한다.[1)]

㈐ **소결**

판례에 의하면, 丁의 발언은 丁의 경험사실의 진술이 아니고 공모관계의 증거가 되는 것으로서 진술 자체가 요증사실이 되므로, 위 진술이 녹음된 녹음파일은 비전문 증거에 해당하는데, 관련성은 인정되므로 다양한 방법으로 진정성을 입증하면 증거능력을 인정할 수 있다.

2. 제4문의 (2)—사법경찰관 작성 피의자신문조서의 내용 부인과 진술의 증거사용 방법

(1) 사법경찰관 작성 피의자신문조서의 증거능력

경찰관 P 작성의 丁에 대한 피의자신문조서는 검사 이외의 수사기관이 작성한 피의자신문조서에 해당하며, 적법한 절차와 방식에 따라 작성된 것으로서, 공판준비 또는 공판기일에 그 피의자였던 피고인 또는 변호인이 그 내용을 인정할 때에 한하여 증거로 할 수 있다(형소법 제312조 제3항). 丁은 제1심 공판에서 범행을 부인하면서 경찰관 P 작성의 자신에 대한 피의자신문조서의 내용을 부인하였으므로, 피의자신문조서의 증거능력은 인정되지 않는다. 판례는 내용 부인된 피의자신문조서는 물론이고, 경찰의 수사 과정에서 작성된 피고인 작성의 진술서,[2)] 피고인이 경찰에서 자백하였다는 것을 내용으로 하는 담당 경찰관에 대한 진술조서,[3)] 같은 내용의 제3자에 대한 진술조서,[4)] 같은 내용의 제3자의 법정 증언[5)]도 모두 피고인이 내용을 부인하는 이상 증거능력이 없다고 판시하였다.

(2) 내용 부인 시 진술에 대한 증거사용 방법

위에서 살펴본 바와 같이 위 피의자신문조서는 증거능력이 없는데, 이때 丁의 경찰에서의 진술 내용을 증거로 사용할 수 있는 방법이 무엇인지 문제된다.

---

1) 대법원 2015. 1. 22. 선고 2014도10978 전원합의체 판결. 이에 대한 상세는 사례 2. [12−변시(1)−2] 관련 쟁점 '협박 내용의 전화통화를 녹음한 녹음테이프' 참조.
2) 대법원 1983. 7. 26. 선고 82도385 판결.
3) 대법원 2005. 11. 25. 선고 2005도5831 판결.
4) 대법원 1994. 9. 27. 선고 94도1905 판결; 대법원 2001. 3. 27. 선고 2000도4383 판결.
5) 대법원 1983. 7. 26. 선고 82도385 판결; 대법원 1994. 9. 27. 선고 94도1905 판결.

(가) 경찰관 P의 법정 증언

공소제기 전에 피고인을 피의자로 조사하였거나 그 조사에 참여하였던 자의 공판준비 또는 공판기일에서의 진술이 피고인의 진술을 그 내용으로 하는 것인 때에는 그 진술이 특히 신빙할 수 있는 상태하에서 행하여졌음이 증명된 때에 한하여 이를 증거로 할 수 있다(형소법 제316조 제1항). 여기서 특신상태란 신용성의 정황적 보장, 즉 그 진술을 하였다는 것에 허위개입의 여지가 거의 없고 그 진술내용이 신빙성이나 임의성을 담보할 구체적이고 외부적인 정황이 있는 경우를 의미한다.[1)]

따라서 경찰관 P가 조사자로서 공판기일에 丁이 범행을 자백하는 내용을 들었다고 증언하고, 경찰 조사 당시 丁의 진술이 특히 신빙할 수 있는 상태였음을 검사가 증명하면, 丁의 경찰에서의 진술 내용을 증거로 할 수 있다. 특신상태는 丁의 경찰에서의 진술 당시의 구체적인 상황이나 진술의 방법, 내용 등을 통하여 증명할 수 있을 것이다. 이때의 '증명'은 단지 그러한 개연성이 있다는 정도로는 부족하고, 합리적 의심의 여지를 배제할 정도여야 한다.[2)]

(나) 탄핵증거

형사소송법 제312조부터 제316조까지의 규정에 따라 증거로 할 수 없는 서류나 진술이라도 공판준비 또는 공판기일에서의 피고인 또는 피고인이 아닌 자의 진술의 증명력을 다투기 위하여 증거로 할 수 있다(형소법 제318조의2). 이를 탄핵증거라고 하는데, 탄핵증거로 허용되는 범위에 대하여는, ① 동일인의 자기모순의 진술에만 한정하여 허용하는 견해(한정설), ② 자기모순 진술에 한정하지 않고 증명력을 다투기 위한 경우라면 모든 경우에 허용된다는 견해(비한정설), ③ 피고인은 제한 없이 모든 전문증거를 탄핵증거로 허용할 수 있지만 검사는 자기모순의 진술에만 한정하여 허용하는 견해(이원설), ④ 자기모순의 진술 이외에 증인의 신용성에 대한 순수한 보조사실을 증명하기 위해서도 허용하는 견해(절충설) 등이 있다. 범죄사실 자체에 관한 증거로서는 허용하지 않으나, 자기모순의 진술 이외에도 증인의 신용성을 공격하는 증거로서 증거능력이 없는 전문증거를 허용하는 위 ④의 절충설이 타당하다.

피고인의 부인(否認) 진술도 탄핵의 대상이 되는지에 대하여 ① 적극설과 ② 소극설이 대립하는데, 판례는 위 ①의 적극설의 입장에서 피고인이 내용을 부인하여 증거능력이 없는 경찰 피의자신문조서라도 피고인의 법정에서의 부인 진술을 탄핵하는 증

---

1) 대법원 2017. 7. 18. 선고 2015도12981, 2015전도218 판결(형소법 제316조 제2항); 대법원 2024. 4. 12. 선고 2023도13406 판결(제314조).

2) 대법원 2017. 7. 18. 선고 2015도12981, 2015전도218 판결; 대법원 2024. 4. 12. 선고 2023도13406 판결.

거로 사용할 수 있다고 한다(**관련판례**[1]).

판례에 의하면, 丁의 자기모순 진술(부인 진술 포함)이나, 진술의 신용성을 탄핵하기 위하여 내용 부인하여 증거능력이 없는 사법경찰관 작성의 丁에 대한 피의자신문조서를 증거로 사용할 수 있다. 다만 진술의 임의성이 인정되어야 하고, 탄핵증거의 어느 부분에 의하여 진술의 어느 부분을 다투려는 것인지를 사전에 상대방에게 알려야 하며, 법정에서 탄핵증거로서의 증거조사가 필요하다. 또한, 탄핵증거로 제출된 피의자신문조서는 주요사실 및 간접사실을 증명하는 실질증거로 사용하여서는 안 된다.

1) (**관련판례**) 대법원 2005. 8. 19. 선고 2005도2617 판결 【특정범죄가중처벌등에관한법률위반(도주차량)】. 「검사가 유죄의 자료로 제출한 사법경찰리 작성의 피고인에 대한 피의자신문조서는 피고인이 그 내용을 부인하는 이상 증거능력이 없으나, 그것이 임의로 작성된 것이 아니라고 의심할 만한 사정이 없는 한 피고인의 법정에서의 진술을 탄핵하기 위한 반대증거로 사용할 수 있으며, 또한 탄핵증거는 범죄사실을 인정하는 증거가 아니므로 엄격한 증거조사를 거쳐야 할 필요가 없음은 형사소송법 제318조의2의 규정에 따라 명백하나 법정에서 이에 대한 탄핵증거로서의 증거조사는 필요한 것이고(대법원 1996. 1. 26. 선고 95도1333 판결, 1998. 2. 27. 선고 97도1770 판결 등 참조), 한편 증거신청의 방식에 관하여 규정한 형사소송규칙 제132조 제1항의 취지에 비추어 보면 탄핵증거의 제출에 있어서도 상대방에게 이에 대한 공격방어의 수단을 강구할 기회를 사전에 부여하여야 한다는 점에서 그 증거와 증명하고자 하는 사실과의 관계 및 입증취지 등을 미리 구체적으로 명시하여야 할 것이므로, 증명력을 다투고자 하는 증거의 어느 부분에 의하여 진술의 어느 부분을 다투려고 한다는 것을 사전에 상대방에게 알려야 한다.」

본 판결 평석은 안성수, "탄핵증거의 요건, 조사방법과 입증", 형사판례연구 〔18〕, 2010, 328−355면.

2024년 제13회 변호사시험 강평

형사법 제1문

Ⅰ. (1) 관련, 甲, 乙, 丙의 형사책임

• 사실관계

甲, 乙, 丙	• 乙의 외삼촌 A가 출장 중이라 집이 비어 있는 동안 집 안 금고에 있는 금괴를 절취하기로 공모
甲, 丙	• 丙과 함께 A의 집에 이르러 丙은 A의 집 비밀번호를 눌러 문을 열어주고 문 앞에서 망을 보고, 甲은 A의 집안으로 들어가 금고를 찾아 열었는데, 금고 안이 비어 있어서 금괴를 절취하지 못함
乙	• 甲과 丙에게 A의 집 비밀번호, 금고의 위치와 비밀번호, CCTV가 없는 도주로 등 상세한 정보와 범행 계획을 제공 • 甲과 丙이 실행행위를 하는 동안 현장에 가지 않고 자신의 오피스텔에 남아 있었음
甲	• A의 집에서 금괴를 계속 찾던 중 출장이 연기되어 집 안 침실에 있던 A에게 발각되자 자신을 붙잡으려는 A의 얼굴을 주먹으로 때려 A에게 2주간의 치료를 요하는 비강출혈상을 가함 • 112 신고를 받고 출동한 경찰관이 검문을 위해 정지를 요구하자 도주하고, 200m 가량 추격한 경찰관이 옷자락을 붙잡자 다시 도주하려고 함
丙	• 문 앞에서 망을 보다가 시간이 길어지자 甲에게 진행상황을 물어보는 문자메시지를 보냈고, 甲으로부터 금고 안에 금괴가 없다는 답을 받고 현장을 떠남

1. 甲의 형사책임

(1) 폭력행위등처벌에관한법률위반(공동주거침입)죄의 성립 여부

• 2인 이상의 공동주거침입에서 '공동'의 의미: 공범관계의 존재+동일 장소에서 동일 기회에 상호 다른 사람의 범행을 인식하고 이를 이용하여 범행

• 甲은 丙과 금괴 절도를 공모하고, A의 집에 함께 가 丙은 문을 열어주고 망을 보고, 甲은 집 안에 들어갔으므로 공동주거침입에 해당

(2) 특수절도의 불능미수

• 합동범의 성립: 현장설[통설·판례(대법원 1996. 3. 22, 96도313)]에 의하면, 공모 외에 실행행위의 분담+시간적, 장소적 협동관계 필요함

• 甲은 丙과 금괴 절도를 공모하고, A의 집에 함께 가 丙은 문을 열어주고 망을 보고, 甲은 집안에 들어가 절취행위의 실행에 착수하였으므로 합동범 성립

- 불능미수의 성립: 실행의 수단 또는 대상의 착오로 인하여 결과 발생이 불가능한 경우 위험성이 있으면 불능미수로 처벌
  - A는 오래전에 금괴를 처분하여 절도죄의 객체인 재물이 부존재: 대상의 착오로 인하여 절도의 결과 발생이 불가능한 경우
  - 위험성에 관한 학설로는 구객관설, 구체적 위험설, 추상적 위험설(대법원 2019. 3. 28, 2018도16002 전원합의체), 주관설 등이 있음
  - 甲, 乙, 丙이 인식한 사정+일반인의 입장에서 법익침해의 위험성을 판단하면, 위험성 인정됨
- 특수절도죄의 불능미수 성립함

(3) 강도상해죄의 성립 여부

- 준강도미수에 해당: 절도범인 甲이 체포면탈 목적으로 A를 때린 것이고, 판례는 준강도의 기수·미수에 관한 절취행위 기준설에 의하여 절도의 기수와 미수를 기준으로 준강도의 기수와 미수를 판단하고, 준강도·준특수강도의 구별에 관하여 폭행의 태양을 기준으로 판단하므로 준강도미수에 해당
- 강도상해죄에 해당: 강도의 기회에 사람을 상해하여야 하는데, 강도에는 준강도도 포함되고, 준강도가 미수에 그친 경우에도 상해가 기수가 되면 강도상해죄가 성립함

(4) 소결

- 甲에 대하여 폭력행위등처벌에관한법률위반(공동주거침입)죄와 강도상해죄가 각 성립하고, 두 죄는 실체적 경합관계

2. 乙의 형사책임

(1) 폭력행위등처벌에관한법률위반(공동주거침입)죄의 공동정범 성립 여부

- 현장에 가지 않고 오피스텔에 남아 있던 乙이 공동주거침입의 정범이 되기는 어려움
- 공동범에 해당하는 죄를 공모한 다음 그중 2인 이상이 범행장소에서 범죄를 실행한 경우, 범행장소에 가지 아니한 사람도 본질적 기여를 통한 기능적 행위지배가 있으면 공모공동정범으로 처벌 가능(대법원 2007. 10. 26, 2007도4702)
- 乙은 자신의 외삼촌 A의 집 금괴를 훔치자고 먼저 제안하고, 집 비밀번호, 금고의 위치와 비밀번호, 도주로 등 상세한 정보와 범행 계획을 제공하는 등 범죄에 대한 본질적 기여를 통한 기능적 행위지배가 인정됨
- 폭력행위등처벌에관한법률위반(공동주거침입)죄의 (공모)공동정범 성립

(2) 특수절도미수죄의 공동정범 성립 여부

- 합동범의 공모공동정범 인정 여부에 대하여 부정설과 긍정설 대립
- 현장에서 절도 범행을 실행한 2인 이상의 범인의 행위를 자기 의사의 수단으로 하여 합동절도의 범행을 하였다고 평가할 수 있는 정범성의 표지를 갖추고 있다고 보여지는 한, 그 다른 범인에 대하여 합동절도의 공동정범의 성립을 인정(대법원 1998. 5. 21, 98도321 전원합의체)
- 乙은 범행의 주도자로서 기능적 행위지배라는 정범성의 표지를 갖추고 있다고 판단되므로 특수절도미수죄의 공모공동정범 성립

(3) 준강도미수죄 또는 강도상해죄의 공동정범 성립 여부

- 甲은 공모한 범위를 넘어 준강도미수죄 또는 강도상해죄에 이름
- 공범 중 1인은 나머지 공범의 질적 초과와 양적 초과에서 원칙적으로 초과 부분은 책임지지 않으며, 양적 초과의 경우 예상되는 경우로서 공모 내용에 포함된다고 볼 수 있으면 그 부분에 대하여 책임을 짐
- 乙에게 예견가능성 인정하기 어려움
- 준강도미수죄 또는 강도상해죄의 공동정범 불성립

(4) 친족상도례

- 乙은 A와 동거하지 않는 삼촌 간의 친족관계로서 친족상도례 적용(형법 제344조, 제328조).
- A는 경찰조사에서 처벌을 원하는 의사표시를 하고 진술조서에 기재되었으므로 적법한 고소가 있음(대법원 2009. 7. 9, 2009도3860)

(5) 소결

- 乙에 대하여 폭력행위등처벌에관한법률위반(공동주거침입)죄와 특수절도미수죄의 각 공동정범이 성립하고, 두 죄는 실체적 경합관계

3. 丙의 형사책임

(1) 폭력행위등처벌에관한법률위반(공동주거침입)죄의 공동정범 성립 여부

- 2인 이상 공동 주거침입에서 '공동'의 의미: 공범관계의 존재+동일 장소에서 동일 기회에 상호 다른 자의 범행을 인식하고 이를 이용하여 범행
- 丙과 甲은 금괴 절도를 공모하고, A의 집에 함께 가 丙은 문을 열어주고 망을 보고, 甲은 집 안에 들어갔으므로 공동주거침입에 해당함
- 폭력행위등처벌에관한법률위반(공동주거침입)죄 성립

(2) 특수절도죄의 불능미수

- 공모관계의 이탈: 실행의 착수 전+이탈의 의사표시+기능적 행위지배의 해소(대법원 1995. 7. 11, 95도955; 대법원 2008. 4. 10, 2008도1274)
- 丙은 공범인 甲이 실행에 착수한 이후에 현장을 떠났으므로 이탈에 해당하지 아니함
- 특수절도죄의 불능미수에 해당

(3) 준강도미수죄 또는 강도상해죄의 공동정범 성립 여부

- 甲은 공모한 범위를 넘어 준강도미수 또는 강도상해죄에 이름
- 공범 중 1인은 나머지 공범의 질적 초과와 양적 초과에서 원칙적으로 초과 부분은 책임지지 않으며, 양적 초과의 경우 예상되는 경우로서 공모 내용에 포함된다고 볼 수 있으면 그 부분에 대하여 책임을 짐
- 丙에게 예견가능성 인정하기 어려움
- 준강도미수죄 또는 강도상해죄의 공동정범 불성립

(4) 소결

- 丙에 대하여 폭력행위등처벌에관한법률위반(공동주거침입)죄 및 특수절도미수죄가 각 성립하고, 두 죄는 실체적 경합관계

Ⅱ. 불심검문의 적법성과 가능한 체포 방안

1. 경찰관이 甲의 옷자락을 붙잡은 행위의 적법성

- 경찰관 직무집행법상 불심검문(동법 제3조 제1항): 경찰관이 거동이 수상한 사람을 정지시켜 질문하는 것
- 피해자 A로부터 112 신고를 통하여 甲의 인상착의에 관한 설명을 듣고, 출동한 경찰관이 신고 내용과 흡사한 甲을 발견하였으므로, 甲은 불심검문 대상자에 해당함
- 불심검문을 위한 유형력 행사가 가능한지에 대하여, 부정설, 제한적 허용설, 예외적 허용설 등이 있음
- 판례는 범행의 경중, 범행과의 관련성, 상황의 긴박성, 혐의의 정도, 질문 필요성 등에 비추어 그 목적 달성에 필요한 최소한의 범위 내에서 사회통념상 용인될 수 있는 상당한 방법으로 유형력을 행사할 수 있다는 입장임(제한적 허용설)(대법원 2012. 9. 13, 2010도6203)
- 甲은 검문을 위해 정지를 요구하자 200m 가량 도주하였고, 신고내용이 강도상해로 중한 범죄이며, 甲은 신고내용과 흡사한 인상착의를 하였고, 옷자락을 붙잡는 행위는 필요한 최소한의 범위 내로서 용인할 수 있는 상당한 방법인 점 등을 종합하면, 경찰관이 甲의 옷자락을 붙잡은 행위는 적법하고, 甲이 넘어졌더라도 마찬가지임

2. 甲에 대한 가능한 체포 방안

(1) 현행범인 체포 ― 준현행범인

- 甲은 범행장소로부터 2킬로미터 떨어진 지점에서 정지요구를 당한 상황이므로 현행범인에는 해당하지 않음
- 甲은 손과 소매 부분에 피가 묻어 있고 112 신고와 인상착의가 흡사한 등 '신체나 의복류에 증거가 될 만한 뚜렷한 흔적'이 있는 경우이므로 준현행범인에 해당(형소법 제211조 제2항 제3호).
- 경찰관의 정지요구에 200m 가량 도주하였고, 이를 추격하여 옷자락을 붙잡고 질문하려고 하자 다시 도주하려고 하는 등 체포의 필요성 인정됨
- 형소법 제212조에 의하여 영장 없이 준현행범인 체포 가능

(2) 긴급체포

- 강도상해죄의 법정형이 장기 3년 이상의 징역이나 금고에 해당하고(범죄의 중대성), 체포의 필요성 및 긴급성도 인정됨
- 형소법 제200조의3 제1항에 의하여 긴급체포 가능

(3) 소결

- 경찰관은 영장 없이 甲을 현행범인 체포 또는 긴급체포할 수 있음

Ⅲ. (2) 관련 丁, 戊의 형사책임

1. 丁의 형사책임

- 丁과 戊는 B를 살해하기로 공모하고 트럭으로 충격하였으나 미수에 그침
- 丁은 충격 후 후회와 연민이 들어 119에 구조요청을 하고, 이에 출동한 구조대원에 의해 병원으로 옮겨져 B는 목숨을 건짐
- 중지미수(형법 제26조)의 자의성: 주관설, 객관설, 프랑크 공식, 절충설〔통설, 판례(대법원 1997. 6. 13, 97도957)〕, 규범설 등으로 판단
- 丁은 사회통념상 살인죄를 수행하는 데 장애가 될 만한 사유가 없음에도 후회와 연민으로 구조요청하였으므로 자의성 인정됨

- 丁과 戊는 사망이라는 결과 발생에 필요한 행위를 종료하였으므로, 실행행위가 종료한 후 그 행위로 인한 결과 발생을 방지하는 실행미수가 되는지 검토가 필요함
- 결과발생 방지행위는 인과 진행을 적극적으로 중단시키는 행위로서 결과발생을 방지하는 데 필요한 적극적인 행위여야 하고, 행위자의 진지한 노력이 필요함
- 丁의 행위는 결과발생 방지에 필요한 적극적 행위로서 진지한 노력으로 평가될 수 있음
- 丁은 살인죄의 중지미수로서 형의 필요적 감경 또는 면제 사유에 해당

2. 戊의 형사책임

- 丁과 戊는 B를 살해하기로 공모하고 트럭으로 충격하였으나 미수에 그침
- 공동정범의 경우 공범자 전원이 실행행위를 중지하거나, 공범자 중 1인이 다른 공범의 실행행위를 중지하게 하거나, 모든 결과의 발생을 완전히 방지한 경우에만 중지미수 인정
- 중지행위를 한 행위자 자신에 대해서만 중지미수가 인정되고, 다른 공범은 장애미수가 됨
- 戊는 丁이 B를 구호해 주자고 제안하였으나 이를 거절하고 그곳을 떠남
- 戊에 대하여 살인죄의 장애미수가 성립

Ⅳ-1. 휴대전화 압수의 적법성과 녹음파일의 증거능력

1. 휴대전화 압수의 적법성

(1) 긴급체포의 적법성

- 戊의 살인미수죄는 범죄의 중대성 요건을 충족하고, 공범이 범행을 자백한 상태에서 범행 당일 평택항에서 출국하려는 戊를 체포하는 상황이었다는 점 등에 비추어 보았을 때, 범죄혐의의 상당성, 체포의 필요성, 긴급성도 인정됨
- 긴급체포는 적법

(2) 휴대전화 압수의 적법성
- 체포현장에서의 압수(형소법 제216조 제1항 제2호)로서 적법함
  - 경찰관이 戊를 적법하게 긴급체포하는 자리에서 압수한 것이므로 체포현장에 해당함
  - 살인 공모의 녹음파일이 들어있는 증거물로서 관련성 인정됨
  - 정보저장매체 자체의 압수이나, 범행 당일 평택항을 통하여 중국으로 출국하려는 상황이므로 예외적으로 휴대전화 자체를 압수할 수 있는 경우에 해당함
  - 적법하게 사후영장도 발부되었음
- 긴급체포 시의 압수(형소법 제217조 제1항)로서 적법함
  - 적법하게 긴급체포한 때로부터 24시간 이내임
  - 관련성 인정되고, 예외적으로 휴대전화 자체를 압수할 수 있는 경우에 해당함
  - 적법하게 사후영장도 발부되었음

2. 녹음파일의 증거능력

(1) 통신비밀보호법위반 여부
- 대화 당사자 일방이 몰래 녹음한 것은 '타인 간의 대화' 녹음이 아니어서 통신비밀보호법 위반에 해당하지 아니함(대법원 1997. 3. 28, 97도240)
- 통신비밀보호법 제4조(위법수집증거의 배제)가 적용되지 아니함

(2) 녹음파일에 대한 전문법칙 적용 여부
- 녹음파일은 전문증거가 된다는 견해와, 녹음파일에 녹음된 진술의 성격에 따라 전문증거인지 비전문증거인지가 검토되어야 한다는 견해가 있음
- 녹음파일의 내용은 '트럭이 준비되었으니 자정이 되면 실행하자'인데, 이는 丁의 경험사실의 진술이 아니고 공모관계의 증거가 되는 것으로서 진술 자체가 요증사실이 되는 경우이므로 비전문증거에 해당(판례)
- 비전문증거로서 관련성은 인정되므로, 다양한 방법으로 진정성을 입증하면 증거능력 인정됨

Ⅳ-2. 사법경찰관 작성 피의자신문조서의 내용 부인과 진술의 증거사용 방법

1. 사법경찰관 작성 피의자신문조서의 증거능력

- 형소법 제312조 제3항: 적법한 절차와 방식에 따라 작성된 것으로서 공판준비 또는 공판기일에 그 피의자였던 피고인 또는 변호인이 그 내용을 인정할 때에 한하여 증거로 할 수 있음
- 丁이 내용 부인하므로 증거능력 없음
  - 피의자 작성 진술서, 피의자 경찰자백을 내용으로 하는 담당 경찰관에 대한 진술조서, 같은 내용의 제3자에 대한 진술조서 및 법정 증언도 모두 증거능력이 없다는 것이 판례의 입장

2. 내용 부인 시 진술에 대한 증거사용 방법

(1) 경찰관 P의 법정 증언

- 형소법 제316조 제1항 조사자 증언: 공소제기 전 피고인을 피의자로 조사하였거나 그 조사에 참여하였던 자의 법정 증언이 피고인의 진술을 내용으로 하는 것인 때에는 그 진술이 특히 신빙할 수 있는 상태 하에서 행하여졌음이 증명된 때에 한하여 증거로 할 수 있음
- 조사자인 P가 丁이 조사 당시 범행을 자백하는 내용을 하는 것을 들었다고 증언하고, 丁의 경찰 진술의 특신상황을 입증하면 증거로 사용할 수 있음

(2) 탄핵증거

- 형법 제318조의2 탄핵증거: 전문증거로서 증거능력 없는 증거도 진술의 증명력을 다투기 위한 증거로는 사용 가능함
- 탄핵증거로 사용되는 범위에 대하여, 한정설(자기모순 진술에만 사용), 비한정설(증명력을 다투기 위한 모든 경우 허용), 이원설(피고인은 모두 허용, 검사는 자기모순 진술만 허용), 절충설(자기모순 진술+증인의 신용성에 대한 순수한 보조사실에도 허용) 등이 대립
- 판례는 피고인의 부인진술도 탄핵의 대상이 된다고 함(대법원 2005. 8. 19, 2005도2617): 피고인이 내용을 부인하는 사경 작성 피의자신문조서라도 피고인의 부인진술을 탄핵하는 증거로 사용할 수 있음
- 丁이 법정에서 부인하는 진술의 신용성을 탄핵하기 위하여 내용을 부인하는 사경 작성 丁에 대한 피의자신문조서를 증거로 사용할 수 있음
  - 다만 임의성이 인정되어야 하고, 실질증거로는 사용할 수는 없음

사례 26. [24－변시(13)－2]
2024년 제13회 변호사시험 제2문

(1) 甲과 乙은 한 건 하기로 하고 집 주변 ATM 앞을 서성대다 현금을 인출하는 A의 뒤에서 몰래 A의 신용카드 비밀번호를 알아낸 다음, 乙이 A에게 길을 묻는 척하고, 甲이 그 사이 A의 지갑을 몰래 꺼내었다. 그 후 甲은 乙에게 "일단 네가 갖고만 있어라. 밤에 만나서 이야기하자."라고 말하며 그 지갑을 건네주었고, 각자 다른 방향으로 도망쳤다. 乙은 甲의 말을 어기고 ○○백화점 근처 ATM에서 A의 신용카드로 예금 100만 원을 인출하고 나오다가, 마침 그곳을 지나가던 처남 丙과 마주치자 丙에게 A의 신용카드를 자신의 것인 양 건네주며 "내가 지금 급한 약속이 있으니 아내 생일 선물로 줄 명품 가방을 하나 사 달라."라고 부탁했다. 丙은 당연히 乙의 카드로 생각하고 ○○백화점에서 A의 신용카드를 사용하여 500만 원 상당의 명품 가방을 구매하였다. 그 후 丙은 옆 매장에서 사고 싶었던 시계를 발견하고 들어가 매장직원 B에게 "한번 착용해 보자."라고 요청했고, B가 건네준 시계를 손목에 차고 살펴보다가 B가 다른 손님과 대화하는 사이 몰래 도망친 후, 乙을 만나 구입한 가방과 A의 신용카드를 건네주었다. 乙은 그날 밤 甲에게 A의 신용카드를 주면서 "너부터 사용하고 만일 경찰에 잡히면 혼자 길 가다가 주운 카드라고 말해."라고 하였다. 귀가하던 甲은, A의 신고를 받고 甲을 검거하기 위해 인근을 순찰하던 경찰관 P1이 자신에게 다가오자 평소 지니고 있던 접이식 칼을 휘둘러 P1의 팔에 전치 4주의 상처를 입혔다. 뒤늦게 현장에 도착한 경찰관 P2에 의해 체포된 甲은 피의자 신문과정에서 乙이 지시한 대로 진술했다.

(2) 한편, 경찰관 P2는 현장 부근 CCTV 영상에서 지갑을 건네받는 乙을 발견하고, 乙의 가담 여부를 확인하기 위하여 절도 혐의에 관한 영장을 발부받아 甲의 휴대전화를 압수하여 이를 적법하게 포렌식하였다. 그 과정에서, 甲이 2020. 5. 20. 15세인 C에게 C 자신의 신체 일부를 노출한 사진을 촬영하도록 하였고, 2020. 6. 15. 14세인 D에게 D 자신의 신체 전부를 노출한 동영상을 촬영하도록 하는 등 2023. 2. 10.까지 14~16세의 피해자 100명에게 피해자 자신의 신체의 전부 또는 일부를 노출한 사진과 동영상을 촬영하도록 하여 총 1,000개의 아동·청소년성착취물인 사진과 동영상을 제작한 사실도 밝혀졌다.

〔2024년 제13회 변호사시험 제2문〕

설 문

1. 사실관계 (1)에서 甲, 乙, 丙의 죄책은? (55점)

2. 사실관계 (2)에서 甲의 휴대전화에 저장되어 있는 아동·청소년성착취물을 아동·청소년의성보호에관한법률위반 범행의 유죄 증거로 사용하기 위한 요건은? (10점)

3. 만약 제1심 법원이 피고인 乙에 대하여 1) A의 신용카드 관련 범행에 대해서는 유죄를 인정하였으나, 2) 乙이 甲에게 허위진술을 교사한 범행에 대해서는 무죄를 선고하자, 검사만 2)의 무죄 선고 부분에 대해 항소하였고 항소심 법원이 검사의 항소가 이유 있다고 판단하였다면, 항소심 법원의 조치는? (10점)

4. 제1심 법원에서 보석상태로 재판을 받던 甲에 대하여 항소심인 고등법원이 보석허가결정을 취소하자 甲은 검사의 집행지휘에 따라 구치소에 수감되었다. 법원의 보석취소결정에 대한 甲의 이의제기 방법과 그 효력은? (10점)

5. 사실관계 (2)에서 만약 검사가 甲의 아동·청소년의성보호에관한법률위반 범행에 대하여 '피고인은 2020. 6. 15.부터 2023. 2. 10.까지 상습으로 아동·청소년인 피해자 99명에게 신체의 전부 또는 일부를 노출한 사진을 촬영하도록 하는 등 총 999개의 아동·청소년성착취물인 사진 또는 동영상을 제작하였다'고 공소를 제기하였다가, C에 대한 범행을 추가하기 위하여 공소사실을 '피고인은 2020. 5. 20.부터 2023. 2. 10.까지 상습으로 아동·청소년인 피해자 100명에게 신체의 전부 또는 일부를 노출한 사진을 촬영하도록 하는 등 총 1,000개의 아동·청소년성착취물인 사진 또는 동영상을 제작하였다'고 변경하는 취지의 공소장변경허가신청을 하였다면, 이러한 경우 법원의 조치는? (15점)

[참조조문]

구 아동·청소년의 성보호에 관한 법률(법률 제12329호, 2020. 6. 2. 개정되기 전의 것)

제11조(아동·청소년이용음란물의 제작·배포 등) ① 아동·청소년이용음란물을 제작·수입 또는 수출한 자는 무기징역 또는 5년 이상의 유기징역에 처한다.

② 영리를 목적으로 아동·청소년이용음란물을 판매·대여·배포·제공하거나 이를 목적으로 소지·운반하거나 공연히 전시 또는 상영한 자는 10년 이하의 징역에 처한다.

③ 아동·청소년이용음란물을 배포·제공하거나 공연히 전시 또는 상영한 자는 7년 이하의 징역 또는 5천만원 이하의 벌금에 처한다.

④ 아동·청소년이용음란물을 제작할 것이라는 정황을 알면서 아동·청소년을 아동·청소년이용음란물의 제작자에게 알선한 자는 3년 이상의 징역에 처한다.

⑤ 아동·청소년이용음란물임을 알면서 이를 소지한 자는 1년 이하의 징역 또는 2천만원 이하의 벌금에 처한다.

⑥ 제1항의 미수범은 처벌한다.

해 설

Ⅰ. 제1문 — 사실관계 (1)에서 甲, 乙, 丙의 형사책임

1. 문제의 제기

甲에 대하여, ① 乙과 함께 A 소유의 지갑을 훔친 행위가 특수절도죄에 해당하는지, ② 접이식 칼을 휘둘러 경찰관 P1의 팔에 상처를 입힌 행위가 특수공무집행방해치상죄, 특수상해죄에 해당하는지, ③ 경찰관의 조사 과정에서 허위의 진술을 한 행위가 범인도피죄, 위계공무집행방해죄에 해당하는지가 문제된다.

乙에 대하여, 위 ①의 쟁점 외에, ② A의 신용카드를 이용하여 현금자동지급기에서 예금을 인출한 행위가 절도죄, 컴퓨터등사용사기죄, 여신전문금융업법위반죄에 해당하는지, ③ 丙에게 A의 신용카드를 주고 가방을 구입하게 한 행위가 사기죄, 여신전문금융업법위반죄의 간접정범에 해당하는지, ④ 甲에게 경찰관의 조사 과정에서 허위의 진술을 할 것을 지시한 행위가 범인도피죄, 위계공무집행방해죄의 교사범에 해당하는지가 문제된다.

丙에 대하여, ① A의 신용카드를 이용하여 가방을 구입한 행위가 사기죄, 여신전문금융업법위반죄에 해당하는지, ② 매장직원을 속여 시계를 건네받은 후 이를 손목에 차고 도망한 행위가 절도죄 또는 사기죄에 해당하는지가 문제된다.

2. 甲의 형사책임

(1) A의 지갑을 훔친 행위

㈎ 특수절도죄의 성립 여부

2명 이상이 합동하여 타인의 재물을 절취한 경우, 특수절도죄(형법 제331조 제2항, 제1항)가 성립한다. 여기서 '합동'의 개념에 관하여는 ① 가중적 공동정범설, ② 공모공동정범설, ③ 현장설(통설), ④ 현장적 공동정범설의 대립이 있다.[1] 대법원은 주관적 요건으로서의 공모와 객관적 요건으로서의 실행행위의 분담이 있어야 하고, 그 실행행위는 시간적·장소적으로 협동관계가 있음을 요한다고 하여,[2] 위 ③의 현장설과 같

1) 이에 관한 상세는 사례 4. [13-변시(2)-2] 제1문 관련쟁점 '합동범의 본질' 참조.

은 입장으로 이해된다. 본 사례에서 甲과 乙이 현금을 인출하는 A의 뒤에서 몰래 A의 신용카드 비밀번호를 알아낸 다음, 乙이 A에게 길을 묻는 척하고, 甲이 그 사이 A의 지갑을 몰래 꺼낸 행위는 시간적·장소적 협동관계 속에서 실행행위를 한 것이므로 특수절도죄에 해당한다.

따라서 甲에 대하여 특수절도죄가 성립한다.

㈏ 장물취득죄의 성립 여부

본 사례에서 甲과 乙이 합동하여 A의 지갑을 절취한 이후에 A의 지갑이나 그 안에 들어 있던 신용카드를 서로 주고받은 사실이 있으므로 장물취득·양도·보관 등 장물죄(형법 제362조) 성립 여부가 문제된다. 장물죄는 타인이 불법하게 영득한 재물의 처분에 관여하는 범죄이므로 자기의 범죄에 의하여 영득한 물건에 대하여는 성립하지 아니하고, 여기에서 자기의 범죄라 함은 정범자(공동정범과 합동범을 포함)에 한정된다.[1]

본 사례에서 甲과 乙이 A의 지갑이나 신용카드를 주고받은 행위는 특수절도죄의 정범 사이에 장물을 주고받은 것이어서 별도로 장물죄를 구성하지 않는다.

㈐ 소결

甲에 대하여 특수절도죄가 성립한다.

(2) 경찰관에게 상해를 가한 행위

직무를 집행하는 공무원에 대하여 폭행 또는 협박을 한 때에는 공무집행방해죄(형법 제136조 제1항)가 성립한다. 그리고 위험한 물건을 휴대하여 공무집행을 방해한 때에는 특수공무집행방해죄에 해당되어, 공무집행방해죄에서 정한 형(5년 이하의 징역 또는 1,000만 원 이하의 벌금)의 2분의 1까지 가중된다(형법 제144조 제1항).

본 사례에서 경찰관 P1은 A의 신고를 받고 甲을 검거하기 위해 인근을 순찰하던 중이었으므로 적법한 직무를 집행 중인 공무원에 해당하고, 甲이 평소 지니고 있던 위험한 물건인 접이식 칼을 휘둘러 P1의 팔에 전치 4주의 상처를 입혔으므로 甲의 행위는 특수공무집행방해죄에 해당한다.

나아가, 甲은 접이식 칼을 휘둘러 경찰관 P1의 팔에 전치 4주의 상처를 입혔으므로 중한 결과인 상해에 대하여 고의가 인정된다. 이 경우, 중한 결과에 대하여 과실이 인정되는 경우에 성립하는 결과적 가중범인 특수공무집행방해치상죄가 성립하는지 문제된다. 특수공무집행방해치상죄(형법 제144조 제2항 전문, 3년 이상의 유기징역)는 그 법정

2) 대법원 1996. 3. 22. 선고 96도313 판결 등.
1) 대법원 1986. 9. 9. 선고 86도1273 판결.

형이 특수상해죄(형법 제258조의2 제1항, 1년 이상 10년 이하의 징역)보다 무거우므로 상해의 고의가 있는 경우에도 성립하는 부진정결과적 가중범이라고 할 것이다. 특수공무집행방해치상죄와 특수상해죄의 죄수에 대하여, ① 상상적 경합관계라는 견해와 ② 특수공무집행방해치상죄만 성립한다는 견해의 대립이 있고, 판례는 위 ②의 입장이다.[1)]

판례에 의하면, 甲에 대하여 특수공무집행방해치상죄만 성립한다.

(3) 경찰관의 조사 과정에서 허위의 진술을 한 행위

甲이 乙로부터 "만일 경찰에 잡히면 혼자 길 가다가 주운 카드라고 말해."라는 말을 듣고 경찰관의 조사 과정에서 乙이 지시한 대로 진술한 것이 범인도피죄 또는 위계공무집행방해죄에 해당하는지가 문제된다.

㈎ **범인도피죄 성립 여부**

벌금 이상의 형에 해당하는 죄를 범한 자를 은닉 또는 도피하게 하면 범인은닉죄 또는 범인도피죄(형법 제151조 제1항)가 성립한다. 실행행위로서의 '도피하게 하는 행위'란 은닉장소를 제공하는 은닉 이외의 방법으로 범인에 대한 수사, 재판 및 형의 집행 등 형사사법의 작용을 곤란 내지 불가능하게 하는 일체의 행위를 말하며, 현실적으로 형사사법의 작용을 방해하는 결과가 초래될 것이 요구되지 않는다.[2)]

수사기관에서의 허위진술이 범인도피죄에 해당하는지에 관하여, 판례는 원래 수사기관은 범죄사건을 수사함에 있어서 피의자나 참고인의 진술 여하에 불구하고, 피의자를 확정하고 그 피의사실을 인정할 만한 객관적인 제반 증거를 수집·조사하여야 할 권리와 의무가 있으므로, 참고인이 수사기관에서 범인에 관하여 조사를 받으면서 그가 알고 있는 사실을 묵비하거나 허위로 진술하였다고 하더라도, 그것이 적극적으로 수사기관을 기만하여 착오에 빠지게 함으로써 범인의 발견 또는 체포를 곤란 내지 불가능하게 할 정도가 아닌 한 범인도피죄를 구성하지 않는다는 입장이다.[3)] 또한, 판례는 이러한 법리는 피의자가 수사기관에서 공범에 관하여 묵비하거나 허위로 진술한 경우에도 그대로 적용된다[4)]는 입장이다.[5)]

본 사례에서 甲은 적극적으로 수사기관을 기만하여 착오에 빠지게 한 것이 아니

---

1) 이에 대한 상세는 사례 1. [12-변시(1)-1] 제1문의 2. '경찰관 P1에게 상해를 가한 행위' 부분, 사례 12. [17-변시(6)-2] 제1문의 1. '甲의 형사책임' 부분 참조.
2) 대법원 2000. 11. 24. 선고 2000도4078 판결.
3) 대법원 2010. 1. 28. 선고 2009도10709 판결; 대법원 2010. 3. 25. 선고 2009도14065 판결.
4) 대법원 2008. 12. 24. 선고 2007도11137 판결.
5) 이에 대한 상세는 사례 5. [14-변시(3)-1] 제1문의 2. '甲의 형사책임' 부분 참조.

라, 단지 수사기관에서 공범에 관하여 묵비하고 단독범행인 것으로 허위의 진술을 한 것이므로 범인도피죄를 구성하지 않는다.

(나) 위계공무집행방해죄 성립 여부

甲이 경찰의 조사 과정에서 허위의 진술을 한 것이 위계공무집행방해죄(형법 제137조)에 해당하는지가 문제된다.

판례는 수사기관이 범죄사건을 수사함에 있어서는 피의자나 참고인의 진술 여하에 불구하고 피의자를 확정하고 그 피의사실을 인정할 만한 객관적인 제반 증거를 수집·조사하여야 할 권리와 의무가 있는 것이므로, 피의자나 참고인이 수사기관에 대하여 허위사실을 진술하거나 허위의 증거를 제출하더라도 위계공무집행방해죄가 성립된다고 할 수 없고, 피의자나 참고인이 적극적으로 허위의 증거를 조작하여 제출하였고 그 증거 조작의 결과 수사기관이 그 진위에 관하여 나름대로 충실한 수사를 하더라도 제출된 증거가 허위임을 발견하지 못하여 잘못된 결론을 내리게 될 정도에 이르렀다면, 위계에 의한 공무집행방해죄가 성립된다[1]는 입장이다.[2]

본 사례에서 甲은 적극적으로 허위의 증거를 조작하여 제출한 것이 아니라 단지 수사기관에서 공범의 존재를 묵비하고 단독범행인 것으로 허위의 진술을 한 것에 지나지 않으므로 위계공무집행방해죄를 구성하지 않는다.

(4) 설문의 해결

甲에 대하여 특수절도죄, 특수공무집행방해치상죄가 각 성립하고, 두 죄는 실체적 경합관계이다.

3. 乙의 형사책임

(1) A의 지갑을 훔친 행위

앞에서 검토한 바와 같이 甲과 乙이 함께 A의 지갑을 훔친 행위는 합동범인 특수절도죄에 해당한다.

(2) A의 신용카드를 이용하여 예금을 인출한 행위

乙이 절취한 A의 신용카드를 이용하여 현금자동지급기에서 예금 100만 원을 인출한 행위가 어떤 범죄에 해당하는지 문제된다. 현금자동지급기는 기계이므로 사람에

1) 대법원 1977. 2. 8. 선고 76도3685 판결; 대법원 2003. 7. 25. 선고 2003도1609 판결.
2) 이에 대한 상세는 사례 5. [14−변시(3)−1] 제1문의 2. '甲의 형사책임' 부분 참조.

대한 기망을 구성요건으로 하는 사기죄(형법 제347조 제1항)를 구성할 여지는 없고, 대가를 지급할 것을 요건으로 작동하는 기계도 아니므로 편의시설부정사용죄(형법 제348조의2)에도 해당하지 않는다. 따라서 ① 절도죄(형법 제329조) 또는 컴퓨터등사용사기죄(형법 제347조의2)가 성립하는지, ② 여신전문금융업법상의 신용카드부정사용죄가 성립하는지를 검토한다.

㈎ 절도죄 또는 컴퓨터등사용사기죄의 성립 여부

절취한 타인의 신용카드를 이용하여 현금자동지급기에서 현금을 인출하는 행위와 관련하여, ① 현금자동지급기에서 인출되는 현금은 재물이라는 점에서 절도죄에 해당한다는 견해, ② 컴퓨터등사용사기죄에 해당한다는 견해 등이 대립한다.[1] 판례[2]는 현금자동지급기의 관리자의 의사에 반하여 그의 지배를 배제한 채 그 현금을 자기의 지배하에 옮겨 놓는 행위로서 위 ①의 절도죄에 해당한다는 입장이다.

판례에 의하면, 乙에 대하여 절도죄가 성립한다.

㈏ 여신전문금융업법위반죄의 성립 여부

여신전문금융업법 제70조 제1항 제3호는 분실 또는 도난당한 신용카드를 사용한 사람을 처벌한다. 여신전문금융업법 제70조 제1항 소정의 '부정사용'이라 함은 분실하거나 도난당한 신용카드 등을 신용카드의 본래의 용법에 따라 사용하는 것을 말한다.[3] 여신전문금융업법상 현금카드의 기능은 신용카드의 기능에 포함되어 있지 않으므로(동법 제2조 제2호 참조), 신용카드의 현금카드 기능을 이용하여 예금을 인출하는 행위는 신용카드의 본래의 용법에 따라 사용하는 것이 아니다.

따라서 乙이 A의 신용카드를 이용하여 예금 100만 원을 인출한 행위는 여신전문금융업법위반죄에 해당하지 않는다.

㈐ 소결

乙에 대하여 절도죄가 성립한다.

(3) 丙에게 A의 신용카드를 주고 가방을 구입하게 한 행위

㈎ 간접정범 성립 여부

후술하는 바와 같이, 절취한 타인의 신용카드를 이용하여 신용카드 가맹점에서

---

1) 이에 대한 상세는 사례 1. [12－변시(1)－1] 제1문의 4. '현금카드로 현금지급기에서 현금을 인출한 행위' 부분, 사례 13. [18－변시(7)－1] 제1문의 3. '乙의 형사책임' 부분 참조.
2) 대법원 2003. 5. 13. 선고 2003도1178 판결.
3) 대법원 1998. 2. 27. 선고 97도2974 판결; 대법원 2003. 11. 14. 선고 2003도3977 판결; 대법원 2010. 6. 10. 선고 2010도3409 판결.

물품을 구입한 행위는 사기죄(형법 제347조 제1항) 및 여신전문금융업법상 신용카드부정사용죄에 해당한다. 丙은 당연히 乙의 카드인 줄 알고 A의 신용카드로 가방을 구입하였으므로, 고의가 없어 위 각 죄는 성립하지 않는다. 다만, 처남 丙에게 절취한 A의 신용카드를 자신의 것인 양 건네주며 "내가 지금 급한 약속이 있으니 아내 생일 선물로 줄 명품 가방을 하나 사 달라."라고 부탁한 乙의 행위가 고의 없는 도구인 丙을 이용하여 위 각 죄를 범한 간접정범에 해당하는지 문제된다.

간접정범은 어느 행위로 인하여 처벌되지 아니하는 자 또는 과실범으로 처벌되는 자를 교사 또는 방조하여 범죄행위의 결과를 발생하게 하는 경우에 성립하고, 교사 또는 방조의 예에 의하여 처벌한다(형법 제34조 제1항). 이처럼 간접정범은 처벌되지 아니하는 타인의 행위를 적극적으로 유발하고 이를 이용하여 자신의 범죄를 실현하는 경우에 성립하고, 그 과정에서 타인의 의사를 부당하게 억압하여야만 간접정범에 해당하는 것은 아니다.[1]

㈏ 사기죄 성립 여부

절취한 타인의 신용카드를 이용하여 신용카드 가맹점에서 물품을 구입하는 경우, 행위자는 가맹점에 대하여 자신의 카드인 것처럼 속이고 물품을 구입하는 것이므로 묵시적 기망행위를 한 것이고, 가맹점 업주나 종업원은 착오로 물품을 교부한 것이므로 사기죄(형법 제347조 제1항)가 성립한다.[2]

이 경우, 피해자가 누구인가에 대하여 ① 가맹점이라는 견해, ② 통상 카드회사이지만 가맹점에 귀책사유가 있는 때에는 가맹점, 카드명의인에게 귀책사유가 있는 때에는 카드명의인이라는 견해, ③ 카드회사라는 견해, ④ 카드회사와 카드명의인이라는 견해의 대립이 있고, 판례는 가맹점이 피해자라고 판단하는 입장으로 보인다.[3]

㈐ 여신전문금융업법위반죄 성립 여부

여신전문금융업법 제70조 제1항 제3호는 분실 또는 도난당한 신용카드를 사용한 사람을 처벌한다. 여기서 '분실하거나 도난당한 신용카드'라 함은 소유자 또는 점유자의 의사에 기하지 않고 그의 점유를 이탈하거나 그의 의사에 반하여 점유가 배제된 신용카드를 가리키므로[4] 절취한 타인의 신용카드도 여기에 해당한다. 또한, 신용카드

---

1) 대법원 2008. 9. 11. 선고 2007도7204 판결.
2) 대법원 1997. 1. 21. 선고 96도2715 판결.
3) 이에 대한 상세는 사례 1. [12-변시(1)-1] 제1문의 3. '신용카드를 이용하여 의류를 구입한 행위' 부분 참조.
4) 대법원 1999. 7. 9. 선고 99도857 판결. 한편, 여신전문금융업법 제70조 제1항 제4호의 '기망하거나 공

를 이용하여 물품 대금을 결제하는 행위는 신용카드 본래의 용법에 따라 사용하는 것에 해당하므로(동법 제2조 제2호 참조), 이는 여신전문금융업법위반죄를 구성한다.[1)]

㈑ 소결

乙에 대하여 사기죄, 여신전문금융업법위반죄의 간접정범이 각 성립하고, 두 죄는 실체적 경합관계이다.

(4) 甲에게 경찰관의 조사과정에서 허위의 진술을 할 것을 지시한 행위

앞에서 본 바와 같이, 甲에게는 범인도피죄, 위계공무집행방해죄가 성립하지 않는다. 공범의 성립은 정범의 성립에 종속되고, 공범의 불법은 정범의 불법에서 나온다는 공범종속성설이 통설[2)]이자 판례[3)]이다. 따라서 乙에게는 범인도피교사죄, 위계공무집행방해교사죄가 모두 성립하지 않는다.[4)]

(5) 설문의 해결

乙에 대하여 특수절도죄, 현금에 대한 절도죄, 가방 구입과 관련한 사기죄, 여신전문금융업법위반죄의 간접정범이 각 성립하고, 각 죄는 실체적 경합관계이다.

4. 丙의 형사책임

(1) 사기죄 및 여신전문금융업위반죄 성립 여부

앞에서 본 바와 같이, 丙은 乙이 건네주는 카드를 乙의 카드로 생각하고 이를 이용하여 가방을 구입하였으므로, 丙에게는 사기죄, 여신전문금융업법위반죄의 고의가

갈하여 취득한 신용카드나 직불카드'의 의미와 관련하여, 판례는 "신용카드나 직불카드의 소유자 또는 점유자를 기망하거나 공갈하여 그들의 자유로운 의사에 의하지 않고 점유가 배제되어 그들로부터 사실상 처분권을 취득한 신용카드나 직불카드'라고 해석되어야 한다"는 입장이다(대법원 2022. 12. 16. 선고 2022도10629 판결).

1) 대법원 1992. 6. 9. 선고 92도77 판결.

2) 이에 대한 상세는 사례 5. [14-변시(3)-1] 제1문 2. '㈐ 범인도피죄가 친족간 특례에 해당하는 경우 교사자의 형사책임' 부분 참조.

3) 대법원 1970. 3. 10. 선고 69도2492 판결; 대법원 1978. 2. 28. 선고 77도3406 판결; 대법원 2000. 2. 25. 선고 99도1252 판결.

4) 대법원 2018. 8. 1. 선고 2015도20396 판결.「공범 중 1인이 그 범행에 관한 수사절차에서 참고인 또는 피의자로 조사받으면서 자기의 범행을 구성하는 사실관계에 관하여 허위로 진술하고 허위 자료를 제출하는 것은 자신의 범행에 대한 방어권 행사의 범위를 벗어난 것으로 볼 수 없다. 이러한 행위가 다른 공범을 도피하게 하는 결과가 된다고 하더라도 범인도피죄로 처벌할 수 없다. 이때 공범이 이러한 행위를 교사하였더라도 범죄가 될 수 없는 행위를 교사한 것에 불과하여 범인도피교사죄가 성립하지 않는다.」

인정되지 않는다. 따라서 丙이 신용카드를 이용하여 가방을 구입한 행위는 범죄를 구성하지 않는다.

(2) 절도죄 또는 사기죄 성립 여부

丙은 매장직원 B에게 "한번 착용해 보자."라고 요청하여 B로부터 시계를 건네받아 손목에 차고 살펴보다가 몰래 도망쳤다. 丙이 기망을 수단으로 하여 매장직원 B로부터 시계를 교부받은 행위가 사기죄에 해당하는지, 아니면 기망을 수단으로 한 절도(이른바 책략절도)죄에 해당하는지가 문제된다.

사기죄는 ① 기망행위가 있고, ② 피기망자의 착오와 ③ 그에 따른 재산적 처분행위가 있어야 하며, ④ 이로 인하여 재물의 교부를 받거나 재산상 이익을 취득하거나(형법 제347조 제1항), 제3자로 하여금 재물의 교부를 받게 하거나 재산상 이익을 취득하게 하여야 한다(형법 제347조 제2항). 위 ③의 요건과 관련하여, 사기죄에 있어 피기망자와 재산상의 피해자가 같은 사람이 아닌 경우(이른바 삼각사기)에는 피기망자가 피해자를 위하여 그 재산을 처분할 수 있는 권한을 가지고 있거나 최소한 처분할 수 있는 사실상의 지위에 있어야 하는데,[1] 매장직원 B는 시계의 소유자인 매장업주를 위하여 이를 처분할 수 있는 권능과 지위가 있으므로 위 요건은 충족된다.

그런데 사기죄에 있어 처분행위는 피해자에게 재산상의 손해를 발생시키는 직접적인 원인이 되어야 한다(처분효과의 직접성). 따라서 피기망자의 처분행위가 직접 재물의 교부를 결과한 때에는 사기죄가 됨에 반하여, 행위자가 별도의 행위에 의하여 재물을 취거한 때에는 절도죄가 된다.[2] 본 사례에서 매장직원 B는 한번 착용해 보라는 취지로 丙에게 시계를 교부한 것이어서 처분효과의 직접성이 인정되지 않으므로 사기죄가 성립하지 않는다.

---

1) 대법원 1994. 10. 11. 선고 94도1575 판결.

2) 대법원 2022. 12. 29. 선고 2022도12494 판결(피해자 A는 드라이버를 구매하기 위해 특정 매장에 방문하였다가 지갑을 떨어뜨렸는데, 10분쯤 후 피고인이 같은 매장에서 우산을 구매하고 계산을 마친 뒤, 지갑을 발견하여 습득한 매장 주인 B로부터 "이 지갑이 선생님 지갑이 맞느냐?"라는 질문을 받자 "내 것이 맞다."라고 대답한 후 이를 교부받아 가지고 간 사안에서, B의 행위는 사기죄에서 말하는 처분행위에 해당하고, 피고인의 행위를 절취행위로 평가할 수 없다고 한 사례). 「사기죄에서 처분행위는 행위자의 기망행위에 의한 피기망자의 착오와 행위자 등의 재물 또는 재산상 이익의 취득이라는 최종적 결과를 중간에서 매개·연결하는 한편, 착오에 빠진 피해자의 행위를 이용하여 재산을 취득하는 것을 본질적 특성으로 하는 사기죄와 피해자의 행위에 의하지 아니하고 행위자가 탈취의 방법으로 재물을 취득하는 절도죄를 구분하는 역할을 한다.」
본 판결 해설은 김현우, "절도죄와 사기죄의 구별에 있어서 처분행위가 갖는 역할과 기능", 대법원 판례해설 제134호(2022 하반기), 2023, 499-511면.

본 사례에서 丙이 시계를 구입할 것처럼 가장하여 매장직원 B로부터 시계를 건네받은 다음 도망한 것이라면, 丙이 도망하기 전까지는 시계는 아직 매장직원 B의 점유하에 있었으므로 丙은 매장직원 B의 의사에 반하여 그 점유를 배제한 것으로 절도죄(형법 제329조)가 성립한다.[1)]

(3) 설문의 해결

丙에 대하여 절도죄가 성립한다.

Ⅱ. 제2문 — 휴대전화에 저장된 전자정보를 유죄 증거로 사용하기 위한 요건

1. 문제의 제기

본 사례에서 경찰관 P2는 절도 혐의에 관한 영장을 발부받아 甲의 휴대전화를 압수하여 이를 적법하게 포렌식하였고, 그 과정에서 휴대전화에 저장된 아동·청소년성착취물인 사진과 동영상을 우연히 발견하였다. 이때, 아동·청소년성착취물을 아동·청소년의성보호에관한법률위반 범행의 유죄 증거로 사용하기 위한 요건이 무엇인지가 문제된다.

2. 별도 범죄혐의 전자정보의 유죄 증거 사용 요건

(1) 압수의 관련성 여부

압수·수색은 해당 사건과 관계가 있다고 인정할 수 있는 것에 한정된다(형소법 제215조). 여기서 '해당 사건과 관계가 있다'는 것의 의미에 대하여 판례[2)]는, 압수·수색

---

1) 대법원 1994. 8. 12. 선고 94도1487 판결(피고인이 피해자 경영의 금방에서 마치 귀금속을 구입할 것처럼 가장하여 피해자로부터 순금목걸이 등을 건네받은 다음 화장실에 갔다 오겠다는 핑계를 대고 도주한 사안에서, 절도죄의 성립을 인정한 사례).

2) 대법원 2023. 6. 1. 선고 2018도18866 판결. 「혐의사실과의 객관적 관련성은 압수·수색영장에 기재된 혐의사실 자체 또는 그와 기본적 사실관계가 동일한 범행과 직접 관련되어 있는 경우를 의미하지만, 범행 동기와 경위, 범행 수단과 방법, 범행 시간과 장소 등을 증명하기 위한 간접증거나 정황증거 등으로 사용될 수 있는 경우에도 인정할 수 있다. 이때 객관적 관련성은 압수·수색영장에 기재된 혐의사실의 내용과 수사의 대상, 수사 경위 등을 종합하여 구체적·개별적 연관관계가 있는 경우에만 인정할 수 있고, 혐의사실과 단순히 동종 또는 유사 범행이라는 사유만으로 객관적 관련성이 있다고 볼 수는 없다(대법원 2017. 1. 25. 선고 2016도13489 판결, 대법원 2017. 12. 5. 선고 2017도13458 판결, 대법원 2021. 7. 29. 선고 2020도14654 판결 등 참조). 그리고 피의자 또는 피고인과의 인적 관련성은 압수·수

영장에 기재한 혐의사실과 관련되고 이를 증명할 수 있는 최소한의 가치가 있는 것으로서 압수·수색영장의 혐의사실과 사이에 객관적, 인적 관련성이 인정되는 것을 말하는데, ① 혐의사실과의 객관적 관련성은 압수·수색영장에 기재된 혐의사실 자체 또는 그와 기본적 사실관계가 동일한 범행과 직접 관련되어 있는 경우를 의미하지만, 범행 동기와 경위, 범행 수단과 방법, 범행 시간과 장소 등을 증명하기 위한 간접증거나 정황증거 등으로 사용될 수 있는 경우에도 인정할 수 있고, ② 인적 관련성은 압수·수색영장에 기재된 대상자의 공동정범이나 교사범 등 공범이나 간접정범은 물론 필요적 공범 등에 대한 사건에 대해서도 인정할 수 있다고 한다.[1]

본 사례에서 甲의 휴대전화에 저장된 아동·청소년성착취물은 영장 기재 범죄사실인 절도와 객관적 관련성이 인정되지 않는 정보이므로, 이를 압수하는 것은 원칙적으로 위법하다. 따라서 적법하게 이를 압수할 수 있는 다른 방법을 강구하여야 한다.

(2) 별도 범죄혐의 전자정보의 압수 방법

혐의사실과 관련된 전자정보를 적법하게 탐색하는 과정에서 별도 범죄혐의와 관련된 전자정보를 우연히 발견한 경우, 적법하게 그 전자정보를 압수할 수 있는 방법은 두 가지이다.[2]

첫째, 더 이상의 추가 탐색을 중단하고 법원에서 별도 범죄혐의에 대한 압수·수색영장을 발부받으면 이를 압수할 수 있다(판례[3]).

둘째, 피압수자에게 우연히 발견한 전자정보가 들어 있는 정보저장매체를 환부하고 다시 이를 임의제출받아 압수할 수도 있다.[4] 물론 이 경우에는 임의성 등 임의제출의 요건이 인정되어야 한다.

색영장에 기재된 대상자의 공동정범이나 교사범 등 공범이나 간접정범은 물론 필요적 공범 등에 대한 사건에 대해서도 인정할 수 있다.」

본 판결 해설은 황성욱, "압수수색영장 기재 혐의사실과의 관련성의 의미 및 그 판단 기준", 대법원 판례해설 제136호(2023 상반기), 2023, 415-440면.

1) 이에 대한 상세는 사례 21. [22-변시(11)-1] 제3문의 2. '제3문의 ㈏-별도 범죄혐의 녹음파일의 압수 방법' 부분 참조.

2) 이에 대한 상세는 사례 21. [22-변시(11)-1] 제3문의 2. '제3문의 ㈏-별도 범죄혐의 녹음파일의 압수 방법' 부분 참조.

3) 대법원 2015. 7. 16. 자 2011모1839 전원합의체 결정; 대법원 2016. 7. 12. 자 2011모1839 결정; 대법원 2017. 11. 14. 선고 2017도3449 판결; 대법원 2018. 4. 26. 선고 2018도2624 판결; 대법원 2021. 11. 18. 선고 2016도348 전원합의체 판결; 대법원 2023. 12. 14. 선고 2020도1669 판결; 대법원 2024. 4. 16. 선고 2020도3050 판결.

4) 대법원 2016. 3. 10. 선고 2013도11233 판결.

(3) 전자정보의 압수 시 절차의 준수

위 (2)와 같이 별도 범죄혐의 전자정보를 압수하는 경우에도, 특별한 사정이 없는 한 그 피압수자에게 형사소송법에 정한 절차에 따라 참여권을 보장하고 압수한 전자정보 목록을 교부하는 등 피압수자의 이익을 보호하기 위한 적절한 조치가 이루어져야 한다.[1)]

따라서 사법경찰관 P2는, ① 압수·수색영장을 집행할 경우 처분을 받는 사람인 피의자 甲에게 반드시 영장을 사전에 제시하여야 하고, 그 사본을 교부하여야 한다(형소법 제219조, 제118조).[2)] ② 피의자 甲 또는 그 변호인이 압수·수색영장의 집행에 참여할 수 있도록 하여야 하므로(형소법 제219조, 제121조), 영장을 집행함에는 甲 또는 그 변호인이 참여하지 아니한다는 의사를 명시하거나 급속을 요하는 때가 아니면 미리 집행의 일시와 장소를 이들에게 통지하여야 한다(형소법 제219조, 제122조). ③ 위 아동·청소년성착취물을 압수한 경우에는, 압수한 전자정보의 목록(압수목록)을 작성하여 소지자인 甲에게 교부하여야 하고(형소법 제219조, 제129조),[3)] ④ 압수의 일시·장소, 압수 경위 등을 기재한 압수조서를 작성하여야 한다(형소법 제49조 제1항, 검사와 사법경찰관의 상호협력과 일반적 수사준칙에 관한 규정 제40조 본문).[4)]

3. 설문의 해결

경찰관 P2는 더 이상의 추가 탐색을 중단하고 별도 범죄혐의에 대한 압수·수색영장을 발부받아 휴대전화에 저장된 아동·청소년성착취물을 압수하거나, 甲에게 이를 환부하고 다시 임의제출받아 압수할 수 있고, 이때 참여권의 보장, 압수한 전자정보 목록 교부 등 위 적법절차가 준수되어야 이를 甲에 대한 아동·청소년의성보호에관한법률위반 범행의 유죄의 증거로 사용할 수 있다.

---

1) 대법원 2015. 7. 16. 자 2011모1839 전원합의체 결정(별도로 압수·수색영장을 발부받은 경우); 대법원 2022. 1. 13. 선고 2016도9596 판결(임의제출을 받은 경우).

2) 대법원 2023. 10. 18. 선고 2023도8752 판결.

3) 압수목록은 압수 직후 현장에서 바로 작성하여 교부하는 것이 원칙이고(대법원 2009. 3. 12. 선고 2008도763 판결), 전자정보의 상세목록에는 정보의 파일 명세가 특정되어 있어야 하고(대법원 2022. 1. 14. 자 2021모1585 결정), 압수목록의 교부는 출력한 서면을 교부하거나 전자파일 형태로 복사해 주거나 이메일을 전송하는 등의 방식으로 할 수 있다(대법원 2018. 2. 8. 선고 2017도13262 판결).

4) 임의제출한 물건을 압수한 경우에는, 피의자신문조서 등에 압수의 취지를 기재하여 압수조서를 갈음할 수 있다(수사준칙규정 제40조 단서)(대법원 2023. 6. 1. 선고 2020도2550 판결).

Ⅲ. 제3문 — 일부상소

1. 문제의 제기

본 사례에서 제1심 법원은 乙에 대하여 A의 신용카드 관련 범행에 대하여는 유죄를 선고하고, 甲에게 허위진술을 교사한 범행에 대하여는 무죄를 선고하였는데, 이에 대하여 검사만이 무죄 부분에 대하여 항소하였다.

일부상소가 허용되기 위해서는 재판의 내용이 분할할 수 있고 독립된 판결이 가능하여야 한다. 본 사례에서 A의 신용카드 관련 범행과 乙이 甲에게 허위진술을 교사한 범행은 실체적 경합관계에 있고, 전자에 대하여는 유죄, 후자에 대하여는 무죄가 선고되었다. 이 경우 재판의 내용이 분할 가능하고 독립된 판결을 할 수 있으므로 검사가 무죄 부분만을 항소하는 일부항소는 허용된다. 항소심 법원이 항소가 이유 있다고 판단하는 경우에 어떻게 조치할 것인지와 관련하여 항소심의 심판범위가 문제된다.[1)]

2. 항소심의 심판범위

검사만이 무죄 부분을 일부항소한 경우의 항소심의 심판범위에 대해서는, ① 전부파기설, ② 일부파기설이 대립한다.

위 ①의 전부파기설은 경합범으로 수개의 주문이 선고되고 일부만 상소한 경우에도 상소제기의 효력은 전체에 대하여 미친다는 견해이다. 이 견해에 따르면 검사가 무죄 부분만을 상소한 경우에도 원심판결을 파기하는 경우에 상소심은 유죄 부분까지 전부 파기하여야 한다. 이는 무죄 부분만을 파기하여 원심에서 다시 형을 정하는 경우에 피고인에게 과형상의 불이익을 초래할 수 있고, 경우에 따라서는 불이익변경금지의 원칙에 의하여 피고인에게 형을 선고할 수 없게 되어 과형 없는 유죄판결을 선고하지 않을 수 없다는 것을 이유로 한다. ②의 일부파기설은 피고인과 검사가 상소하지 않은 유죄 부분은 상소기간이 지남으로써 확정되고, 상소심에 계속된 사건은 무죄 부분에 관한 공소뿐이라는 견해이다(통설). 이 견해에 따르면, 상소심에서 무죄 부분만을 파기할 수밖에 없다. 상소에 의하여 한 개의 형이 선고될 가능성이 있다는 이유만으로 전체에 대하여 상소의 효력이 발생한다고 할 수는 없다는 점, 불이익변경금

---

1) 이에 대한 상세는 사례 1. [12-변시(1)-1] 제4문 '항소심 심판범위와 조치' 부분 참조.

지의 원칙은 형을 다시 정할 때 고려하면 된다는 점 등을 근거로 한다. 판례는 위 ② 의 일부파기설의 입장이다.[1)]

3. 설문의 해결

통설·판례의 입장을 따르면, 항소심의 심판범위는 검사가 항소한 무죄 부분에 한정되고, 유죄 부분은 확정된다. 따라서 항소심 법원은 검사의 항소가 이유 있다고 판단하였으므로, 원심판결을 파기하고 스스로 무죄 부분을 유죄로 판결하여야 할 것이다(형소법 제364조 제6항). 이 경우, 무죄 부분에 대해서 형법 제37조 후단 경합범으로서 유죄를 선고하여야 하고, 이때 형법 제39조 제1항이 적용된다.

Ⅳ. 제4문 — 보석취소결정에 대한 이의제기 방법과 그 효력

1. 문제의 제기

제1심에서 보석 상태로 재판을 받던 甲에 대하여 항소심인 고등법원이 보석허가결정을 취소하자, 甲은 검사의 집행지휘에 따라 구치소에 수감되었다. 이 경우, 고등법원의 보석취소결정에 대한 이의제기 방법 및 그 효력이 문제된다.

2. 보석취소결정에 대한 이의제기 방법

형사소송법 제102조 제2항에 의하면, 법원은 피고인이 ① 도망한 때, ② 도망하거나 죄증을 인멸할 염려가 있다고 믿을 만한 충분한 이유가 있는 때, ③ 소환을 받고 정당한 사유 없이 출석하지 아니한 때, ④ 피해자, 당해 사건의 재판에 필요한 사실을 알고 있다고 인정되는 자 또는 그 친족의 생명·신체·재산에 해를 가하거나 가할 염려가 있다고 믿을 만한 충분한 이유가 있는 때, ⑤ 법원이 정한 조건을 위반한 때에는 직권 또는 검사의 청구에 따라 결정으로 보석을 취소할 수 있다.

제1심이 한 보석취소결정에 대하여 이의제기하고자 할 때에는 형사소송법 제402조,[2)] 제403조 제2항[3)]에 따라 보통항고를 제기할 수 있다. 그런데 고등법원의 결정에

1) 대법원 1992. 1. 21. 선고 91도1402 전원합의체 판결; 대법원 2022. 1. 13. 선고 2021도13108 판결.
2) 형사소송법 제402조(항고할 수 있는 재판) 법원의 결정에 대하여 불복이 있으면 항고를 할 수 있다. 단, 이 법률에 특별한 규정이 있는 경우에는 예외로 한다.
3) 형사소송법 제403조(판결 전의 결정에 대한 항고) ① 법원의 관할 또는 판결 전의 소송절차에 관한 결정에 대하여는 특히 즉시항고를 할 수 있는 경우 외에는 항고를 하지 못한다.

대하여는 재판에 영향을 미친 법령 위반을 이유로 대법원에 즉시항고를 할 수 있으므로(형소법 제415조), 항소심인 고등법원의 보석취소결정에 대한 이의제기 방법은 즉시항고이다.

따라서 甲은 항소심인 고등법원의 보석취소결정에 대한 이의제기로 즉시항고를 할 수 있다.

3. 고등법원의 보석취소결정에 대한 즉시항고의 효력

보통항고에 대해서는 집행정지의 효력이 없으나,[1] 즉시항고의 제기가 있는 때에는 재판의 집행은 정지된다(형소법 제410조). 따라서 항소심인 고등법원의 보석취소결정에 대하여 즉시항고를 제기한 경우에도 재판의 집행을 정지하는 효력이 인정되는지가 문제된다.

고등법원의 보석취소결정에 대하여 즉시항고를 제기할 수 있으므로, 이 경우에도 즉시항고에 관한 형사소송법 제410조가 그대로 적용되어 집행정지의 효력이 인정되는 것으로 해석할 여지가 있다.

그러나 판례는 이 경우 집행정지의 효력이 인정되지 않는다는 입장이다. 즉 판례는, ① 제1심 법원의 보석취소결정에 대하여 보통항고를 할 수 있고, 보통항고에는 재판의 집행을 정지하는 효력이 없는데, 이는 석방되었던 피고인의 신병을 신속히 확보하려는 것으로, 보석취소결정이 제1심 절차에서 이루어졌는지 항소심 절차에서 이루어졌는지 여부에 따라 그 취지가 달라진다고 볼 수 없는 점, ② 보통항고의 경우에도 법원의 결정으로 집행정지가 가능한 점을 고려하면, 집행정지의 효력이 즉시항고의 본질적인 속성에서 비롯된 것이라고 볼 수 없는 점, ③ 고등법원의 결정에 대하여 일률적으로 집행정지의 효력을 인정하면, 보석허가, 구속집행정지 등 제1심 법원이 결정하였다면 신속한 집행이 이루어질 사안에서 고등법원이 결정하였다는 이유만으로 피고인을 신속히 석방하지 못하게 되는 등 부당한 결과가 발생하게 된다는 점 등을 근거로 들고 있다.[2]

---

② 전항의 규정은 구금, 보석, 압수나 압수물의 환부에 관한 결정 또는 감정하기 위한 피고인의 유치에 관한 결정에 적용하지 아니한다.

1) 다만, 보통항고의 경우에도 형사소송법 제409조("항고는 즉시항고 외에는 재판의 집행을 정지하는 효력이 없다. 단, 원심법원 또는 항고법원은 결정으로 항고에 대한 결정이 있을 때까지 집행을 정지할 수 있다.")에 따라 법원의 결정으로 집행정지가 가능하다.

2) 대법원 2020. 10. 29. 자 2020모1845 결정; 대법원 2020. 10. 29. 자 2020모633 결정.

4. 설문의 해결

항소심인 고등법원의 보석취소결정에 대한 甲의 이의제기 방법은 형사소송법 제415조의 즉시항고이고, 판례에 의하면 재판의 집행을 정지하는 효력이 인정되지 않는다.

Ⅴ. 제5문 — 공소장변경허가신청에 대한 법원의 조치

1. 문제의 제기

검사는 '甲이 2020. 6. 15.부터 2023. 2. 10.까지 상습으로 총 999개의 아동·청소년성착취물을 제작하였다'는 내용으로 공소를 제기하였다가, '2020. 5. 20. C에 대한 범행을 추가'하는 내용으로 공소장변경허가신청을 하였다. 그런데 '아동·청소년성착취물의 제작행위'를 처벌하는 규정인 아동·청소년 성보호에 관한 법률(이하, 청소년성보호법이라 한다) 제11조(아동·청소년성착취물의 제작·배포 등)는 2020. 6. 2. 법률 제17338호로 개정되면서 종래 해당 범죄의 객체가 '아동·청소년이용음란물'에서 '아동·청소년성착취물'로 바뀌고, 상습으로 아동·청소년성착취물을 제작하는 행위 등을 처벌하는 조항이 제11조 제7항으로 신설되어 같은 날 시행되었다. 따라서 공소장변경 전 공소사실의 죄명은 청소년성보호법위반(상습성착취물제작·배포등)죄(동법 제14조 제7항, 제1항)인데, 추가된 '2020. 5. 20. C에 대한 범행'은 상습범 규정이 신설되기 전의 범행이므로 청소년성보호법위반(음란물제작·반포등)죄(위 개정 전 동법 제11조 제1항)에 해당된다.[1)]

이처럼 포괄일죄인 상습범의 공소사실에 포괄일죄 처벌법규가 시행되기 전의 상습성의 발로로 볼 수 있는 동종·유사의 범죄행위를 추가하는 내용의 공소장변경이 허용되는지가 문제된다.

2. 공소사실의 동일성 여부

(1) 공소장변경의 허용 요건

공소장변경은 공소사실의 동일성이 인정되는 범위 내에서만 허용되므로, 공소사실의 동일성이 인정되지 않는 범죄사실을 공소사실로 추가하는 공소장변경신청이 있

1) 각 죄명에 대해서는 대검찰청의 「공소장 및 불기소장에 기재할 죄명에 관한 예규」 제1072호(2020. 3. 13) 및 제1336호(2023. 1. 18) 참조.

는 경우 법원은 그 변경신청을 불허하여야 한다(형소법 제298조 제1항). 만약 공소사실의 동일성이 인정되면 법원은 공소장변경을 허가하여야 하고, 이때의 법원의 허가는 의무적이다.[1] 따라서 본 사례에서 공소사실의 동일성을 인정할 수 있는지 여부가 쟁점이다.

(2) 공소사실의 동일성의 판단기준

공소사실의 동일성 판단기준에 관하여는, ① 죄질동일설, ② 구성요건공통설, ③ 소인공통설, ④ 기본적 사실동일설(통설) 등 다양한 견해가 있다.[2] 판례는 일관하여 그 사실의 기초가 되는 사회적 사실관계가 기본적인 점에서 동일하면 공소사실의 동일성이 인정된다고 판시하여,[3] 원칙적으로 위 ④의 기본적 사실동일설과 같은 입장이다. 다만, 기본적 사실동일성을 판단함에 있어 규범적 요소를 고려하는 점에서 본래의 기본적 사실동일설과는 다소 차이가 있다(수정된 기본적 사실동일설).[4]

(3) 포괄일죄의 처벌법규가 신설된 경우

"범죄의 성립과 처벌은 행위 시의 법률에 따른다."는 형법 제1조 제1항에 의하면, 포괄일죄에 관한 기존 처벌법규에 대하여 그 표현이나 형량과 관련한 개정을 하는 경우가 아니라, 애초에 죄가 되지 않던 행위를 구성요건의 신설로 포괄일죄의 처벌대상으로 삼는 경우에는, 신설된 포괄일죄 처벌법규가 시행되기 이전의 행위에 대하여 신설된 법규를 적용하여 처벌할 수 없다. 또한, 판례는 이러한 법리는 신설된 처벌법규가 상습범을 처벌하는 구성요건인 경우에도 마찬가지라는 입장이다.[5] 판례는 위와 같은 점을 근거로, 신설된 처벌법규가 시행되기 이전의 행위는 신설된 처벌법규로 처벌되는 그 이후의 행위와 포괄일죄의 관계에 있지 않고 실체적 경합관계에 있으므로, 양자의 행위는 기본적 사실관계가 동일하다고 볼 수 없다는 입장이다.[6]

---

1) 대법원 2012. 4. 13. 선고 2010도16659 판결; 대법원 2013. 9. 12. 선고 2012도14097 판결.
2) 이에 대한 상세는 사례 3. [13-변시(2)-1] 제4문의 2. '직무유기죄와 범인도피죄의 공소사실 동일성 여부' 부분, 사례 4. [13-변시(2)-2] 제3문의 3. '공소사실의 동일성 여부' 부분 참조.
3) 대법원 2009. 1. 30. 선고 2008도9207 판결; 대법원 2021. 7. 21. 선고 2020도13812 판결.
4) 대법원 1994. 3. 22. 선고 93도2080 전원합의체 판결; 대법원 2024. 12. 12. 선고 2020도3273 판결.
5) 대법원 2016. 1. 28. 선고 2015도15669 판결. 「구성요건이 신설된 상습강제추행죄가 시행되기 이전의 범행은 상습강제추행죄로는 처벌할 수 없고 행위시법에 기초하여 강제추행죄로 처벌할 수 있을 뿐이며, 이 경우 그 소추요건도 상습강제추행죄에 관한 것이 아니라 강제추행죄에 관한 것이 구비되어야 한다.」
6) 대법원 2022. 12. 29. 선고 2022도10660 판결.

3. 설문의 해결

법원은 신설된 상습범 처벌법규가 시행되기 이전의 범행을 추가하는 검사의 공소장변경허가신청을 불허하는 결정(기각결정)을 하여야 한다.[1)]

1) 추가하는 내용의 범행에 대해서는 별도로 구 청소년성보호법위반(음란물제작·배포등)죄로 기소하여야 할 것이다.

2024년 제13회 변호사시험 강평

형사법 제2문

Ⅰ. 사실관계 (1)에서 甲, 乙, 丙의 형사책임

• **사실관계**

甲, 乙	• 乙이 A에게 길을 묻는 척하고, 甲이 그 사이에 A의 지갑을 훔침
甲	• 접이식 칼을 휘둘러 경찰관 P1의 팔에 전치 4주의 상처를 입힘 • 경찰관의 조사과정에서 허위의 진술을 함
乙	• ATM에서 A의 신용카드로 예금 100만 원을 인출함 • 丙으로 하여금 A의 신용카드로 가방을 구입하게 함 • 甲에게 경찰관의 조사과정에서 허위의 진술을 할 것을 지시함
丙	• A의 신용카드를 乙의 카드로 생각하고 가방을 구입함 • 매장직원 B가 한번 착용해 보라고 건네준 시계를 차고 도망감

1. 甲의 형사책임

(1) A의 지갑을 훔친 행위

1) 특수절도죄 성립 여부

- 2명 이상이 '합동하여' 절취한 경우, 특수절도죄(형법 제331조 제2항, 제1항) 성립
- '합동범'이 성립하기 위해서는 공모 외에 실행행위의 분담이 있어야 하고, 실행행위는 시간적·장소적으로 협동관계에 있어야 함(대법원 1996. 3. 22, 96도313)
- 특수절도죄 성립

2) 장물죄 성립 여부

- 장물죄는 타인이 불법하게 영득한 재물의 처분에 관여하는 범죄이므로 자기의 범죄(공동정범, 합동범 포함)에 의하여 영득한 물건에 대하여는 성립하지 아니함
- 甲과 乙이 A의 지갑이나 신용카드를 주고받은 행위는 특수절도죄의 정범 사이에 장물을 주고받은 것이어서 별도로 장물죄를 구성하지 않음

(2) 경찰관에게 상해를 가한 행위

- 접이식 칼은 위험한 물건에 해당, 위험한 물건을 휴대하여 적법한 공무집행을 방해한 때에는 특수공무집행방해죄 성립(형법 제144조 제1항)
- 특수상해죄(형법 제258조의2 제1항, 1년 이상 10년 이하 징역)에도 해당
- 특수공무집행방해치상죄(형법 제144조 제2항, 3년 이상 유기징역)는 중한 결과(상해)에 대한 고의가 있는 경우에도 성립하는 부진정결과적 가중범
- 특수상해죄와 특수공무집행방해치상죄의 관계에 대하여, ① 상상적 경합관계라는 견해도 있으나, ② 판례는 특수상해죄는 특수공무집행방해치상죄에 흡수된다는 입장(대법원 2008. 11. 27, 2008도7311)
- 판례에 의하면, 甲에 대하여 특수공무집행방해치상죄 성립

(3) 수사기관에 대하여 허위의 진술을 한 행위

1) 범인도피죄 성립 여부
- 벌금 이상 형의 죄를 범한 자를 은닉 또는 도피하게 하면 범인은닉·도피죄(형법 제151조 제1항) 성립
- 피의자가 수사기관에서 허위로 진술한 경우, 적극적으로 수사기관을 기만하여 착오에 빠지게 함으로써 범인의 발견 또는 체포를 곤란 내지 불가능하게 할 정도가 아닌 한, 범인도피죄 불성립(대법원 2008. 12. 24, 2007도11137)

2) 위계공무집행방해죄 성립 여부
- 위계로써 공무집행을 방해하면 위계공무집행방해죄(형법 제137조) 성립
- 피의자, 참고인이 수사기관에 적극적으로 허위의 증거를 조작하여 제출하지 않는 이상, 수사기관에 대하여 허위사실을 진술하거나 허위의 증거를 제출하더라도 위계공무집행방해죄 불성립(대법원 2003. 7. 25, 2003도1609)

(4) 설문의 해결

- 甲에 대하여 특수절도죄와 특수공무집행방해치상죄가 성립하고, 두 죄는 실체적 경합관계

2. 乙의 형사책임

(1) A의 지갑을 훔친 행위

- 합동범인 특수절도죄 성립

(2) A의 신용카드를 이용하여 예금을 인출한 행위

1) 절도죄 또는 컴퓨터등사용사기죄 성립 여부
- 사기죄 불성립(기망, 처분행위 없음), 편의시설부정사용죄 불성립(대가지급기계 아님)
- 컴퓨터등사용사기죄설(입법취지, 재물은 재산상 이익의 특별규정)도 있으나, 판례는 절도죄설(대법원 2003. 5. 13, 2003도1178)(현금은 재물)
- 절도죄 성립

2) 여신전문금융업법위반죄 성립 여부
- 현금카드의 기능은 신용카드의 기능에서 제외되었으므로 동법상의 신용카드부정사용죄에 해당하지 않음(대법원 2003. 11. 14, 2003도3977)

(3) 丙에게 A의 신용카드를 주고 가방을 구입하게 한 행위

1) 간접정범 성립 여부
- 처벌되지 아니하는 자 또는 과실범으로 처벌되는 자를 교사 또는 방조하여 범죄행위의 결과를 발생하게 하는 경우에 간접정범 성립(형법 제34조)
- 丙은 乙의 카드로 알고 가방을 구입하였으므로, 고의가 없는 도구를 이용하여 乙의 범죄를 실현한 간접정범 성립

2) 사기죄 성립 여부
- 절취한 타인의 신용카드를 이용하여 가맹점에서 물품을 구입한 경우, 사기죄 성립(통설)(대법원 1997. 1. 21, 96도2715)
- 피해자에 관하여, 가맹점설, 카드회사설, 카드회사와 카드명의인설, 가맹점 귀책사유 있으면 가맹점, 없으면 카드회사설 등 견해 대립(판례는 가맹점설의 입장으로 보임)

3) 여신전문금융업법위반죄의 성립 여부
- 분실 또는 도난당한 신용카드를 사용하면 신용카드부정사용죄 성립(동법 제70조 제1항 제3호)
- 신용카드를 이용하여 물품 대금을 결제하는 행위는 신용카드 본래의 용법에 따라 사용하는 것에 해당(동법 제2조 제2호)(대법원 1992. 6. 9, 92도77)

(4) 甲에게 수사기관에 대하여 허위의 진술을 할 것을 지시한 행위
- 공범종속성설(통설, 판례)에 따르면, 甲이 경찰관의 조사 과정에서 허위의 진술을 한 행위가 범인도피죄, 위계공무집행방해죄에 해당하지 않는 이상, 이를 교사한 乙에 대하여 교사범이 성립하지 않음

(5) 설문의 해결
- 乙에 대하여 사기죄와 여신전문금융업법위반죄의 간접정범이 각 성립하고, 두 죄는 실체적 경합관계

3. 丙의 형사책임

(1) 사기죄, 여신전문금융업위반죄 성립 여부
- 사기죄, 여신전문금융업법위반죄의 고의가 없으므로, 각 불성립

(2) 사기죄 또는 절도죄 성립 여부
- 사기죄에 있어 처분행위는 피해자에게 재산상의 손해를 발생시키는 직접적인 원인이 되어야 하므로(처분효과의 직접성), 처분행위가 직접 재물의 교부를 결과한 때에는 사기죄 성립, 행위자가 별도의 행위에 의하여 재물을 취거한 때에는 절도죄 성립
- 매장직원 B는 한번 착용해 보라는 취지로 丙에게 시계를 교부하였으므로 처분효과의 직접성이 없어 사기죄 불성립
- 丙이 도망하기 전까지는 시계는 아직 매장직원 B의 점유하에 있었으므로 丙은 매장직원 B의 의사에 반하여 그 점유를 배제한 것으로 절도죄 성립(대법원 1994. 8. 12, 94도1487)

(3) 설문의 해결
- 丙에 대하여 절도죄 성립

Ⅱ. 별도 범죄혐의 전자정보의 유죄 증거 사용 요건

1. 압수의 관련성 여부
- 압수·수색에는 객관적 관련성, 주관적(인적) 관련성 필요
- 객관적 관련성: ① 압수·수색영장에 기재된 범죄사실(혐의사실) 자체, ② 그와 기본적 사실관계가 동일한 범행과 직접 관련된 경우, ③ 범행 동기와 경위, 범행 수단 및 방법, 범행 시간과 장소 등을 증명하기 위한 간접증거나 정황증거 등으로 사용될 수 있는 경우로 구체적·개별적 연관관계가 있어야 함
- 절도죄(영장 기재 범죄사실)와 아동·청소년의성보호에관한법률위반죄 사이에 객관적 관련성이 인정되지 않음
- 압수는 원칙적으로 위법

2. 별도 범죄혐의 전자정보를 발견한 경우 압수 방법

- ① 별도 범죄혐의에 대한 압수·수색영장을 발부받아 압수하는 방법, ② 피압수자에게 정보저장매체를 환부한 후 다시 이를 임의제출받아 압수하는 방법이 있음
- 별도 범죄혐의 전자정보를 압수하는 경우에도, 특별한 사정이 없는 한 그 피압수자에게 형사소송법에 정한 절차에 따라 참여권을 보장하고 압수한 전자정보 목록을 교부하는 등 피압수자의 이익을 보호하기 위한 적절한 조치가 이루어져야 함
- 영장의 사전제시·사본교부(형소법 제219조, 제118조), 참여권 보장(형소법 제219조, 제121조), 압수조서 작성(형소법 제49조 제1항), 압수한 전자정보 목록 교부(형소법 제219조, 제129조) 등 적법절차를 준수하여야 유죄 증거로 사용 가능

Ⅲ. 일부상소

1. 문제의 제기

- 재판의 내용이 분할할 수 있고 독립된 판결이 가능하여야 일부상소가 허용됨
- A의 신용카드 관련 범행, 허위진술 교사 범행은 실체적 경합관계, 전자에 대하여는 유죄, 후자에 대하여는 무죄가 각 선고되었으므로 일부상소가 가능함
- 항소심에서 검사의 일부항소가 이유 있다고 판단하는 경우, 항소심의 조치가 문제됨

2. 항소심의 심판범위와 조치

(1) 전부파기설

- 상소제기의 효력은 전체에 미침
- 본 사례에서 무죄에 대한 항소가 이유 있다고 판단하면 무죄, 유죄 부분 전부 파기
- (이유) 무죄 부분만을 파기하여 원심에서 다시 형을 정하는 경우, 피고인에게 과형상의 불이익을 초래할 수 있고, 경우에 따라서는 불이익변경금지원칙에 의하여 피고인에게 형을 선고할 수 없게 되어 과형 없는 유죄판결을 초래할 수 있음

(2) 일부파기설(통설)

- 피고인과 검사가 상소하지 않은 유죄부분은 상소기간이 지남으로써 확정되고, 항소심에 계속된 것은 무죄 부분뿐임
- 본 사례의 경우, 무죄 부분만을 파기
- (이유) 상소에 의하여 한 개의 형이 선고될 가능성이 있다는 이유로 전체에 대하여 상소 효력이 발생한다고 할 수 없고, 불이익변경금지의 원칙은 형을 다시 정할 때 고려하면 됨

(3) 판례: 일부파기설(대법원 1992. 1. 21, 91도1402 전원합의체)

3. 설문의 해결

- 일부파기설 타당. 검사 항소부분만이 심판범위이므로 파기자판으로 유죄판결 선고

Ⅳ. 보석취소결정에 대한 이의제기 방법과 그 효력

1. 보석취소결정에 대한 이의제기 방법

- 법원은 직권 또는 검사의 청구에 따라 보석취소결정을 할 수 있음(형소법 제102조 제2항)
- 제1심 법원의 보석취소결정에 대한 이의제기 방법은 보통항고(형소법 제402조, 제403조 제2항)
- 항소심인 고등법원의 보석취소결정에 대한 이의제기 방법은 즉시항고(형소법 제415조)

2. 고등법원의 보석취소결정에 대한 즉시항고의 효력

- 즉시항고의 제기가 있는 때에는 재판의 집행은 정지됨(형소법 제410조)
- 항소심인 고등법원의 보석취소결정에 대하여 즉시항고를 제기한 경우 재판의 집행을 정지하는 효력이 인정되는지와 관련하여, 판례는 부정설의 입장임(대법원 2020. 10. 29, 2020모633, 보석취소결정이 제1심 절차 또는 항소심 절차에서 이루어졌는지 여부에 따라 피고인의 신병을 신속히 확보하려는 취지가 달라진다고 볼 수 없는 점 등을 근거로 함)

3. 설문의 해결

- 항소심인 고등법원의 보석취소결정에 대한 甲의 이의제기 방법은 형소법 제415조의 즉시항고이고, 판례에 의하면 재판의 집행을 정지하는 효력이 인정되지 않음

Ⅴ. 공소장변경허가신청에 대한 법원의 조치

1. 문제의 제기

- 검사는 '甲이 2020. 6. 15.부터 2023. 2. 10.까지 상습으로 총 999개의 아동·청소년성착취물을 제작하였다'는 내용으로 기소하였다가, '2020. 5. 20. C에 대한 범행을 추가'하는 내용으로 공소장변경허가를 신청함
- 아동·청소년의 성보호에 관한 법률(약칭 청소년성보호법)은 2020. 6. 2. 개정되어 상습범 처벌규정이 신설되고, '아동·청소년이용음란물'이 '아동·청소년성착취물'로 변경됨
- 상습범 처벌규정 신설 전 범행을 추가하는 공소장변경이 가능한지 여부가 문제됨

2. 공소장변경의 한계

- 공소장변경은 '공소사실의 동일성'을 해하지 않는 범위 안에서만 허용(형소법 제298조 제1항), '공소사실의 동일성'이 인정될 경우 법원의 허가는 의무적(대법원 2013. 9. 12, 2012도14097)
- 공소사실의 동일성에 대하여 죄질동일설, 구성요건공통설, 소인공통설, 기본적 사실동일설(통설)이 대립하고, 판례는 수정된 기본적 사실동일설의 입장임(대법원 1994. 3. 22, 93도2080 전원합의체)

3. 포괄일죄의 처벌법규가 신설된 경우

- 죄가 되지 않던 행위를 구성요건의 신설로 포괄일죄의 처벌대상으로 삼는 경우, 신설된 포괄일죄 처벌법규가 시행되기 이전의 행위에 대하여 신설된 법규를 적용하여 처벌할 수 없음(형법 제1조 제1항)
- 따라서 신설된 처벌법규가 시행되기 이전의 행위와 그 이후의 행위는 포괄일죄의 관계에 있지 않고 실체적 경합관계에 있으므로, 공소사실의 동일성이 없음(대법원 2022. 12. 29, 2022도10660)

4. 설문의 해결

- 공소장변경으로 추가된 청소년성보호법위반(음란물제작·반포등)죄와 기소된 청소년성보호법위반(상습성착취물제작·반포등)죄는 실체적 경합관계이므로,
- 법원은 신설된 상습범 처벌법규가 시행되기 이전의 범행을 추가하는 검사의 공소장변경허가신청에 대해 불허(기각)결정을 해야 함

사례 27. [25 – 변시(14) – 1]
2025년 제14회 변호사시험 제1문

(1) 甲은 평소 사이가 매우 좋지 않은 자신의 아버지 A를 죽여야겠다고 마음먹고, 후배 乙에게 A의 집에 불을 질러 A를 살해해 달라고 사주하였다. 이를 승낙한 乙은 A가 자고 있는 집에 휘발유를 뿌리고 불을 질렀으나 집 천장까지 불길이 붙자 놀라서 도망하였고, A는 출동한 소방대에 구조되어 다친 곳은 없었다.

(2) 乙은 위 (1) 사건으로 수사를 받게 되자 사법경찰관 P1에게 금품을 주어 형사처벌을 면하기로 마음먹고, 그 자금을 마련하기 위해 친구 B에게 자신의 딸의 수술비 명목인 것처럼 말하여 3천만 원을 빌렸다. 乙은 평소 P1과 친분이 있는 丙에게 이러한 사정을 말하고 B에게서 빌린 3천만 원을 주면서 그 돈을 P1에게 전해 달라고 부탁하였다. 이에 동의한 丙은 위 3천만 원 중 2천만 원을 임의로 소비하고 나머지만 P1에게 전달하였다.

(3) 한편, X시(市)에 살고 있는 甲은 자신이 단독으로 소유한 Y시(市) 소재 빌라에 거주 중인 임차인 C와 집수리 문제로 갈등이 발생하자 C를 쫓아내기로 마음먹었다. 이에 甲은 乙에게 위 빌라 현관문에 자신이 구입하여 설치해 준 도어락의 비밀번호를 변경해 달라고 요청하였고, 그 사정을 알고 있던 乙은 이를 이행하였다.

〔2025년 제14회 변호사시험 제1문〕

설 문

1. (1)에서 甲과 乙의 죄책은? (30점)

2. (2)에서 乙과 丙의 죄책은? (20점)

3. (3)에서 甲에게 권리행사방해죄가 성립할 수 있는 논거를 모두 서술하시오. (10점)

4. (3)에서 甲과 C가 사촌 관계라는 전제 하에, 다음 물음에 답하시오.
   1) 사법경찰관 P2는 C의 고소가 없는 상태에서 甲을 경찰서에 임의 출석시켜 조사하던 중 甲의 혐의를 인지하였다. 그러나 조사 과정에서 자신의 변명이 받아들여지지 않음을 느낀 甲이 화를 내면서 귀가하려고 하자 P2는 甲을 긴급체포하였다. P2의 甲에 대한 수사의 적법성을 논하시오. (12점)
   2) 검사가 C의 고소가 없는 상태에서 甲을 권리행사방해죄로 공소 제기한 후, 고소기간이 경과하지 않은 시점에 C로부터 고소장을 받아 재판이 계속 중이던 제1심 법원에 제출한 경우, 법원의 판단은? (8점)

5. 甲은 위 범죄사실들과 별개로, D에 대한 상해(제1사실)와 E에 대한 절도(제2사실)로 공소제기되었다. 제1심은 제1사실과 제2사실을 모두 유죄로 인정하여 甲에 대하여 징역 1년을 선고하였다. 그러자 甲만 제1사실과 제2사실 모두 무죄라는 취지로 항소하였다. 항소심은 제1사실에 대하여 무죄를, 제2사실에 대하여 징역 1년에 집행유예 2년을 선고하였다. 이에 검사만 제1사실에 대하여 상고하자 대법원은 제1사실도 유죄라는 취지로 파기환송하였다.
   1) 환송받은 항소심의 심판 범위를 논하시오. (10점)
   2) 환송받은 항소심이 甲에게 징역 1년을 선고한 경우, 그 적법성을 논하시오. (10점)

해 설

Ⅰ. 제1문—(1)에서 甲, 乙의 형사책임

1. 문제의 제기

甲은 乙에 대한 현주건조물방화와 존속살인의 교사죄 성립 여부가 문제된다. 관련하여, 직계비속인 甲이 신분 없는 사람인 乙에게 존속살인을 교사한 경우 형법 제33조 단서 적용 여부에 따른 형사책임이 문제되고, 살해행위를 교사하였으나 사망의 결과가 발생하지 않았으므로 그 경우 교사자의 형사책임이 문제된다.

乙은 현주건조물방화죄와 살인미수죄가 문제되는데, 부진정결과적 가중범인 현주건조물방화치사죄의 미수범 성립 여부와 살인죄의 중지미수 성립 여부가 문제된다.[1)2)]

2. 乙의 형사책임[3)]

(1) 현주건조물방화치사미수죄 성립 여부

㈎ 현주건조물방화죄 성립 여부

현주건조물방화죄는 불을 놓아 사람이 주거로 사용하거나 사람이 현존하는 건조물을 불태운 경우 성립하는 죄(형법 제164조 제1항)로, 매개물에 불이 붙게 됨으로써 연소작용이 계속될 수 있는 상태에 이르렀다면 현주건조물방화죄의 실행의 착수에 이르게 된다. 따라서 乙이 A가 자고 있는 집에 불을 지른 이상 실행의 착수는 인정된다.

현주건조물방화죄의 기수시기를 언제로 볼 것인가에 관하여는, ① 불이 매개물을 떠나 목적물에 옮겨붙어 독립하여 연소할 수 있는 상태에 이르렀을 때 기수가 된다는 독립연소설(통설), ② 화력으로 목적물의 중요부분이 소실되어 그 본래 효용을 상실한

---

1) 주거침입죄와 주거침입교사죄의 성립 여부도 생각해 볼 수 있다. 다만, 사례에서는 집에 불을 질렀으나 집 천장까지 불길이 붙자 놀라서 도망갔다고만 되어 있을 뿐 乙이 A의 집에 들어가 불을 질렀는지 명확하게 나타나 있지 않으므로 검토 대상에서 제외하였다.

2) 형사책임을 검토하는 순서는 논의의 편의상 乙을 먼저 검토하고, 다음으로 교사범인 甲의 형사책임을 서술하기로 한다.

3) 보다 상세하게는 사례 6. [14-변시(3)-2] 제1문 '乙의 형사책임' 2. 부분 참조.

때 기수가 된다는 효용상실설, ③ 목적물의 중요부분에 불이 붙기 시작한 때 기수가 된다는 중요부분연소개시설, ④ 반드시 중요부분이 훼손될 필요가 없고 손괴죄 성립에 필요한 일부 손괴가 있으면 기수가 된다는 일부손괴설이 대립한다. 방화죄가 추상적 위험범으로서 기본적으로 공공위험범으로서의 성격이 있고, 부차적으로 재산범죄적 성격을 가지고 있음을 고려할 때 위 ①의 독립연소설이 타당하고, 판례 또한 독립연소설의 입장이다.[1]

판례의 입장인 독립연소설에 의하면, 乙이 A의 집에 휘발유를 뿌리고 불을 질렀고, 그 후 집 천장까지 불길이 붙었으므로 목적물인 A의 집이 독립하여 연소할 수 있는 상태에 이르렀다. 따라서 현주건조물방화죄의 기수가 인정된다.

(나) 현주건조물방화치사미수죄의 성립 가능성

현주건조물방화치사죄는 현주건조물방화죄로 인하여 사람을 사망에 이르게 한 경우 성립하는(형법 제164조 제2항) 결과적 가중범이다. 그런데 乙은 A를 살해할 의사로 A의 집에 불을 질렀으므로 현주건조물방화치사죄가 중한 결과인 살인의 고의가 있는 경우에도 성립하는 부진정결과적 가중범에 해당하는지 문제된다. 다음으로, A가 소방대에 의해 구조되어 다치지 않았으므로 현주건조물방화치사미수죄가 성립하는지 아니면 현주건조물방화죄와 살인미수죄가 성립하는지 문제된다.

(ㄱ) 부진정결과적 가중범의 인정 여부

결과적 가중범은 고의의 기본 범죄로 행위자가 예견하지 못한 중한 결과가 발생한 경우에 형이 가중되는 범죄(형법 제15조 제2항)로, 이를 진정결과적 가중범이라고 한다. 한편 부진정결과적 가중범이란 고의의 기본 범죄로 인한 중한 결과에 대해 고의가 있는 경우에도 성립하는 결과적 가중범으로, 결과적 가중범의 법정형이 중한 결과 자체에 대한 별도의 고의범의 법정형에 비해 더 무거운 일부 범죄에 대하여는 형벌의 불균형을 시정하기 위해 인정함이 타당하다(통설·판례[2]).

현주건조물방화치사죄(형법 제164조 제2항)의 법정형은 사형, 무기 또는 7년 이상의 징역으로서, 현주건조물방화죄(형법 제164조 제1항, 무기 또는 3년 이상의 징역)와 살인죄(형법 제250조 제1항, 사형, 무기 또는 5년 이상의 징역)의 상상적 경합보다 무거우므로 부진정결과적 가중범에 해당한다.

(ㄴ) 결과적 가중범의 미수범 인정 여부

乙이 A를 살해하기 위하여 A의 집에 불을 질렀으나 A의 사망이라는 결과가 발생

1) 대법원 2007. 3. 16. 선고 2006도9164 판결.
2) 대법원 2008. 11. 27. 선고 2008도7311 판결.

하지 않았다. 이처럼 중한 결과에 대하여 고의가 있었지만 결과가 발생하지 않은 경우 결과적 가중범의 미수를 인정할 수 있는지가 문제된다.

이에 관하여는 ① 형법이 결과적 가중범에 대하여 미수범 처벌규정을 두고 있고, 미수와 기수는 결과불법의 면에서 큰 차이가 있으므로 미수범 처벌규정이 있는 경우에는 미수가 가능하다고 하는 긍정설, ② 결과적 가중범의 미수는 있을 수 없다는 부정설(통설)이 대립하고, 판례는 부정설의 입장이다.[1]

통설과 판례의 입장인 부정설에 의하면, 현주건조물방화치사미수죄는 인정될 수 없다.

(2) 살인미수죄 성립 여부

범인이 실행에 착수한 행위를 자의로 중지하거나 그 행위로 인한 결과의 발생을 자의로 방지한 경우 중지미수(형법 제26조)가 인정된다. 乙은 A를 살해할 의사로 A의 집에 방화하였으나 집 천장까지 불길이 치솟자 놀라서 도망갔고, A는 소방대에 구조되어 사망의 결과가 발생하지 아니하였다. 자기의사로 범죄수행을 중지한 경우로서 일반 사회통념상 장애에 의한 미수로 보여지는 경우를 제외한 것을 중지미수라고 하는 통설(절충설)과 판례[2]에 의하면, 乙이 살인의 실행에 착수한 행위를 '자의로' 중지하였다거나 결과발생을 '자의로' 방지하였다고 할 수 없다.[3] 따라서 乙의 행위는 A에 대한 살인의 장애미수(형법 제25조)에 해당한다.

(3) 소결 및 죄수 관계

乙에 대하여 현주건조물방화죄(형법 제164조 제1항)와 살인미수죄(형법 제254조, 제250조 제1항)가 성립하고, 두 죄는 상상적 경합관계이다.

3. 甲의 형사책임

(1) 존속살해미수교사죄 성립 여부

자기 또는 배우자의 직계존속을 살해한 경우 존속살해죄(형법 제250조 제2항)가 성립하는데, 이는 직계비속이라는 신분에 의하여 형이 가중되는 가중적 부진정신분범에 해당한다. 신분 때문에 형의 경중이 달라지는 경우에 신분이 없는 사람은 무거운 형

---

1) 대법원 2008. 4. 24. 선고 2007도10058 판결; 대법원 2025. 3. 20. 선고 2023도10405 전원합의체 판결.
2) 대법원 1997. 6. 13. 선고 97도957 판결.
3) 자의성에 관한 상세는 사례 6. [14-변시(3)-2] 제1문 '乙의 형사책임' 2. (다) 부분 참조.

으로 벌하지 아니하므로(형법 제33조 단서), 신분자인 甲이 신분 없는 사람인 乙에게 교사한 경우 위 규정이 적용되는지 문제된다.

이에 대하여 ① 단서적용 긍정설(제33조 단서는 책임개별화 원칙을 규정한 것으로 신분이 정범과 공범 중 어디에 있는가를 묻지 않으므로 제33조 단서가 적용된다는 견해), ② 단서적용 부정설(제33조 단서가 적용되지 않고, 공범종속성의 일반원칙에 따라 해결해야 된다는 견해)이 주장되고, 다수설과 판례[1]는 단서적용 긍정설의 입장이다.

다수설과 판례의 입장인 단서적용 긍정설에 의하면, 가중적 신분범인 甲이 신분 없는 사람인 乙을 교사하여 직계존속인 A를 살해하도록 하였으므로, 甲에게는 존속살해교사죄, 乙에게는 살인죄가 성립할 수 있다.

한편, 피교사자가 교사 내용보다 양적으로 과소실행한 경우 교사자는 정범인 피교사자가 실제로 실행한 범위 내에서만 교사범의 책임을 진다. 甲이 乙에게 존속살인을 교사하였으나 乙이 살인미수죄를 실행하였으므로 甲은 존속살해미수죄의 교사범의 죄책을 진다.

(2) 현조건조물방화교사죄 성립 여부

甲은 乙에게 A의 집에 불을 질러 살해해 달라고 사주하였고, 위 2. (1) (가)에서 살펴본 바와 같이 乙은 이를 승낙하고 A가 자고 있는 집에 불을 질러 현주건조물방화죄의 기수에 이르렀다. 甲의 교사 내용과 乙의 실행 범위 간에 차이가 없고 달리 甲이 교사 외에 공동정범 등 다른 공범으로 가담한 사정이 보이지 않으므로, 甲에게 현주건조물방화교사죄가 성립한다.

(3) 소결 및 죄수 관계

甲에 대하여 현주건조물방화교사죄(형법 제164조 제1항, 제31조 제1항)와 존속살해미수교사죄(형법 제254조, 제250조 제2항, 제31조 제1항)가 성립하고, 두 죄는 상상적 경합관계에 있다.

1) 대법원 1984. 4. 24. 선고 84도195 판결(상습도박방조); 대법원 1994. 12. 23. 선고 93도1002 판결(모해위증교사).

Ⅱ. 제2문—(2)에서 乙, 丙의 형사책임

1. 문제의 제기

乙은 차용금의 용도를 속인 경우 B에 대한 사기죄의 성립 여부와, 뇌물을 제공하기 위해 丙에게 3천만 원의 전달을 요청하여 P1에게 1천만 원이 전달된 경우 제3자뇌물교부죄 및 뇌물공여죄의 성립 여부가 문제된다.

丙은 乙로부터 뇌물에 제공되는 사정을 알면서 3천만 원을 교부받아 그중 1천만 원을 P1에게 전달한 경우 제3자뇌물취득죄 및 뇌물공여죄의 성립 여부와, 그중 2천만 원을 임의로 소비한 경우 횡령죄의 성립 여부가 문제된다.

2. 乙의 형사책임

(1) B에 대한 사기죄 성립 여부

사기죄는 사람을 기망하여 재물의 교부를 받거나 재산상의 이익을 취득하는 경우 성립한다(형법 제347조 제1항). 타인으로부터 금전을 차용함에 있어서 그 차용한 금전의 용도나 변제할 자금의 마련 방법에 관하여 사실대로 고지하였더라면 상대방이 응하지 않았을 것임에도 그 용도나 변제자금의 마련 방법에 관하여 진실에 반하는 사실을 고지하여 금전을 교부받은 경우에는 사기죄가 성립한다.[1)]

乙은 자신의 형사처벌을 면하기 위하여 사법경찰관 P1에게 금품을 제공할 생각이었음에도 친구 B에게 자신의 딸의 수술비 명목인 것처럼 말하여 3천만 원을 차용하였다. 사회통념상 乙이 뇌물을 제공하기 위해 위 금원을 차용한다는 사실을 B가 알았더라면 대여하지 않았을 것이다. 그런데 乙이 위 사실을 고지하지 않은 채 그 용도를 딸의 수술비라고 기망하여 B로부터 3천만 원을 차용하여 이를 교부받았으므로 B에 대한 사기죄가 성립한다.

(2) 제3자뇌물교부죄 및 뇌물공여죄 성립 여부[2)]

뇌물공여죄(형법 제133조 제1항)는 뇌물을 약속, 공여 또는 공여의 의사를 표시하는 때, 제3자뇌물교부죄(형법 제133조 제2항)는 증뢰자가 뇌물에 제공할 목적으로 제3자에게 금품을 교부하는 때에 각 성립한다. 제3자뇌물교부죄는 공여자와 수뢰자 사이에 제3

---

1) 대법원 1995. 9. 15. 선고 95도707 판결; 대법원 2005. 9. 15. 선고 2003도5382 판결; 대법원 2014. 11. 27. 선고 2014도3775 판결.

2) 이에 대한 상세는 사례 19. [21－변시(10)－1] 제3문 2. (1) '甲의 형사책임' 부분 참조.

의 전달자가 개입하고 전달자가 실제로 뇌물을 전달하지 않거나 전달 사실을 부인함으로써 수뢰자에게까지 뇌물의 고리가 연결되지 않는 경우에 성립하는 범죄이다.

乙은 자신의 범행과 관련하여 수사를 받게 되자 사법경찰관 P1에게 금품을 주어 형사처벌을 면할 목적으로 丙에게 그러한 사정을 말하면서 3천만 원을 교부하였는데, 乙이 丙에게 교부한 3천만 원은 공무원인 사법경찰관 P1의 직무에 관하여 대가관계에 있는 것이므로 뇌물에 해당한다.

그중 丙을 통하여 P1에게 실제로 전달된 1천만 원은 공무원인 P1에 대하여 뇌물을 공여한 것이므로 뇌물공여죄에 해당한다. 이 경우 제3자뇌물교부죄는 뇌물공여죄에 흡수되어 별도로 성립하지 않는다.[1]

丙이 임의로 처분하여 전달하지 않은 2천만 원은 乙이 뇌물에 제공할 목적으로 제3자에게 제공한 것으로서 제3자뇌물교부죄가 성립한다.

(3) 소결 및 죄수 관계

乙은 B에 대한 사기죄(형법 제347조 제1항), 丙에 대한 제3자뇌물교부죄(형법 제133조 제2항)(2천만 원), P1에 대한 뇌물공여죄(형법 제133조 제1항)(1천만 원)가 각 성립하고, 그중 제3자뇌물교부죄와 뇌물공여죄는 상상적 경합관계이고, 사기죄와 나머지 죄는 실체적 경합관계에 있다.

3. 丙의 형사책임[2]

(1) 제3자뇌물취득죄 및 뇌물공여죄 성립 여부

제3자뇌물취득죄는 증뢰자가 뇌물에 제공할 목적으로 금품을 교부한다는 사정을 알면서도 제3자가 이를 교부받은 행위를 독립한 구성요건으로 하여 이를 뇌물공여죄와 같은 형으로 처벌하는 규정(형법 제133조 제2항)으로서, 여기에서의 제3자에는 뇌물공여 행위자나 수수 행위자와 공범관계에 있는 사람은 포함되지 않는다.

금품을 교부받은 제3자는 증뢰자로부터 교부받은 금품을 수뢰할 사람에게 전달하였는지 여부에 관계없이 그 사정을 알면서 금품을 교부받음으로써 제3자뇌물취득죄가 성립하는 것이며, 나아가 제3자가 그 교부받은 금품을 수뢰할 사람에게 전달하였다고 하여 별도로 뇌물공여죄가 성립하는 것은 아니다.[3]

---

1) 서울고등법원 2011. 8. 25. 선고 2010노2943 판결.
2) 이에 대한 상세는 사례 19. [21-변시(10)-1] 제3문 2. (3) '丁의 형사책임' 부분 참조.
3) 대법원 1997. 9. 5. 선고 97도1572 판결.

丙은 乙이 P1에게 뇌물에 제공할 목적으로 금품을 교부한다는 사정을 알면서 乙로부터 3천만 원을 교부받았으므로 제3자뇌물취득죄가 성립하고, 그중 1천만 원을 실제로 P1에게 전달하였다고 하더라도 별도로 뇌물공여죄가 성립하지는 않는다. 한편, 제3자뇌물취득죄는 특정범죄 가중처벌 등에 관한 법률에 의한 뇌물죄 가중처벌 대상이 아니므로 위와 같이 丙이 3천만 원을 교부받았더라도 형법상 제3자뇌물취득죄가 성립할 뿐이다.

(2) 횡령죄 성립 여부

丙은 乙로부터 뇌물을 전달해 달라는 부탁을 받고 3천만 원을 교부받은 후 그중 2천만 원을 임의로 소비하였으므로 횡령죄(형법 제355조 제1항) 성립 여부가 문제된다. 뇌물의 경우 불법원인으로 급여된 위탁물에 해당하므로, 이를 임의로 처분한 경우에도 횡령죄가 성립하는지를 검토하여야 한다.

이에 대하여 ① 위탁자가 반환청구권을 상실하기 때문에 수탁자는 그 재물을 반환할 법률상 의무가 없고, 불법원인급여의 경우 수탁자에게 소유권이 귀속되므로 타인의 재물이라고 할 수 없어 횡령죄가 성립하지 않는다는 소극설, ② 민법상 불법원인급여가 보호받지 못한다고 하여 위탁자가 소유권을 상실하는 것은 아니므로 점유자에 대하여는 여전히 타인의 재물이어서 이를 영득하면 횡령죄가 성립하고, 위탁관계는 상호 간의 신임관계를 인정할 근거가 되므로 이 경우에도 신임관계를 인정할 수 있음을 근거로 횡령죄가 성립한다는 적극설, ③ 불법원인급여를 소유권 이전의 의사가 있는 점유이전(민법 제746조의 불법원인급여)과 소유권 이전의 의사가 없는 점유이전(불법원인위탁)으로 나누어 전자의 경우 횡령죄의 성립을 부정하고, 후자의 경우에는 법이 보호하는 신뢰관계가 존재하므로 횡령죄의 성립을 인정하는 절충설 등이 주장된다.

판례는 기본적으로 소극설의 입장을 취하면서도,[1] 예외적으로 불법원인급여에 있어서 수급자의 불법성이 급여자의 그것보다 현저히 큰 경우에는 급여자의 반환청구권을 인정하여 수급자의 횡령죄를 인정한다.[2]

판례와 다수설의 입장에 의하면, 丙이 乙로부터 P1에 대한 뇌물의 목적으로 전달해 달라는 취지로 교부받은 금전 3천만 원은 불법원인급여물에 해당하여 甲에게 반환청구권이 인정되지 않고, 예외적으로 수급자인 丙의 불법성이 乙의 불법성보다 현저히 큰 경우라고 볼 수도 없다. 따라서 그중 2천만 원을 임의로 소비하였다고 하더라

1) 대법원 1988. 9. 20. 선고 86도628 판결.
2) 대법원 1999. 9. 17. 선고 98도2036 판결.

도 丙에게 乙에 대한 횡령죄가 성립하지 않는다.

(3) 소결

丙에 대하여 제3자뇌물취득죄가 성립한다.

Ⅲ. 제3문—(3)에서 권리행사방해죄의 성립 논거

1. 문제의 제기

권리행사방해죄는 타인의 점유 또는 권리의 목적이 된 자기의 물건 또는 전자기록등 특수매체기록을 취거, 은닉 또는 손괴하여 타인의 권리행사를 방해함으로써 성립하는 죄이다(형법 제323조). 따라서 취거, 은닉 또는 손괴한 물건이 자기의 물건이 아니라면 권리행사방해죄가 성립할 수 없고,[1] 물건의 소유자가 아닌 사람은 형법 제33조 본문에 따라 소유자의 권리행사방해 범행에 가담한 경우에 한하여 그의 공범이 될 수 있을 뿐이다.[2]

본 사례에서 甲이 구입하여 설치한 도어락의 비밀번호를 변경한 乙은 도어락의 소유자가 아니므로, 乙에 대하여 권리행사방해죄가 성립하지 않는다.

이때 乙에게 도어락의 비밀번호 변경을 요청한 甲에 대하여 권리행사방해교사죄가 성립하는지와 관련하여 판례는, 교사범이 성립하기 위해서는 정범의 범죄행위가 인정되어야 하는데, 정범인 乙에게 권리행사방해죄가 인정되지 않는 이상 甲의 권리행사방해교사죄 역시 성립할 수 없다고 한다(**관련판례**).[3]

---

1) 대법원 2003. 5. 30. 선고 2000도5767 판결; 대법원 2005. 11. 10. 선고 2005도6604 판결.

2) 대법원 2017. 5. 30. 선고 2017도4578 판결.

3) (**관련판례**) 대법원 2022. 9. 15. 선고 2022도5827 판결【권리행사방해교사】「교사범이 성립하려면 교사자의 교사행위와 정범의 실행행위가 있어야 하므로, 정범의 성립은 교사범 구성요건의 일부이고 교사범이 성립하려면 정범의 범죄행위가 인정되어야 한다. 형법 제323조의 권리행사방해죄는 타인의 점유 또는 권리의 목적이 된 자기의 물건을 취거, 은닉 또는 손괴하여 타인의 권리행사를 방해함으로써 성립하므로 취거, 은닉 또는 손괴한 물건이 자기의 물건이 아니라면 권리행사방해죄가 성립할 수 없다. 물건의 소유자가 아닌 사람은 형법 제33조 본문에 따라 소유자의 권리행사방해 범행에 가담한 경우에 한하여 그의 공범이 될 수 있을 뿐이다. 원심이 판단한 바에 의하더라도 이 사건 도어락은 피고인 소유의 물건일 뿐 A 소유의 물건은 아니라는 것이다. 따라서 앞서 본 법리에 비추어 보면, A가 자기의 물건이 아닌 이 사건 도어락의 비밀번호를 변경하였다고 하더라도 권리행사방해죄가 성립할 수 없고, 이와 같이 정범인 A의 권리행사방해죄가 인정되지 않는 이상 교사자인 피고인에 대하여 권리행사방해교사죄도 성립할 수 없다.」

본 판결에 대한 평석은 지은석, "권리행사방해죄의 공모공동정범—대법원 2022. 9. 15. 선고 2022도 따라서 甲에게 권리행사방해죄가 성립할 수 있는 논거로서 간접정범, 공모공동정범의 성립 여부를 검토할 필요가 있다. 아울러 공범독립성설의 입장에서 교사나 방조범 등 공범의 성립 가능성도 간단히 살펴본다.

2. 권리행사방해죄의 간접정범 성립 여부

간접정범은 어느 행위로 인하여 처벌되지 아니하는 자 또는 과실범으로 처벌되는 자를 교사 또는 방조하여 범죄행위의 결과를 발생하게 한 경우 인정된다(형법 제34조 제1항). 간접정범은 처벌되지 아니하는 타인의 행위를 적극적으로 유발하고 이를 이용하여 자신의 범죄를 실현한 경우에 성립하고, 그 과정에서 타인의 의사를 부당하게 억압하여야만 간접정범에 해당하는 것은 아니다.[1] 권리행사방해죄는 자기의 물건이 아닌 경우 성립하지 않는 사실상 진정신분범에 해당하므로, 신분자인 소유자 甲이 신분이 없어 처벌받지 않는 乙을 의사지배하에 이용한 경우라면 간접정범의 성립이 가능하다.

고의가 있으나 신분이 없어 처벌받지 않는 사람을 이용한 경우에도 간접정범이 성립하는지와 관련하여, ① 신분 있는 사람에게만 규범의 명령이나 금지가 부과되므로 규범적 또는 사회적 의미에서 의사지배를 인정할 수 있어 간접정범의 성립이 인정될 수 있다는 긍정설(다수설), ② 이용자에게 의사지배가 인정될 수 없으므로 간접정범이 성립할 수 없다는 부정설, ③ 신분범 중 의무범에 해당하는 경우에는 의사지배와 관계없이 간접정범으로 볼 수 있으나, 지배범에 해당하는 경우에는 의사지배가 있는 경우에 한하여 간접정범이 성립한다는 절충설 등이 주장된다. 판례는 위 ①의 긍정설의 입장이다.[2]

乙이 甲과 C 사이에 갈등이 존재한다는 사정 및 甲이 C를 쫓아내려는 사정을 알면서도 甲의 요청에 따라 도어락의 비밀번호를 변경하였으므로 乙에게 권리행사방해의 고의가 인정될 여지가 있으나, 다수설인 긍정설의 입장에 의하면, 乙에게 고의가 인정된다고 하더라도 도어락의 소유자가 아니어서 신분 없는 사람에 해당하므로 형법 제34조 제1항의 '처벌되지 아니하는 자'에 해당하고, 이를 이용한 甲에게 권리행사방해죄의 간접정범의 성립을 인정할 수 있다.

5827 판결", 형사법의 신동향 통권 제77호, 대검찰청, 2022, 227-258면.

1) 대법원 2008. 9. 11. 선고 2007도7204 판결.

2) 대법원 1983. 6. 14. 선고 83도515 전원합의체 판결; 대법원 1996. 10. 11. 선고 95도1706 판결.

3. 권리행사방해죄의 공동정범 성립 여부

공동정범(형법 제30조)이 성립하기 위해서는 ① 주관적 요건으로서 공동가공의 의사(의사의 공동)와 ② 객관적 요건으로서 공동의 실행행위(행위의 공동)가 있어야 한다. 여기서 공동의 실행행위란 공동의사에 의한 기능적 행위지배를 통한 범죄의 실행을 의미한다.[1] 甲은 임차인 C를 쫓아내기 위하여 자신이 설치한 본인 소유의 도어락에 관하여 乙에게 비밀번호를 변경할 것을 요청하였으므로 공동가공의 의사를 인정하는 데에는 문제가 없다. 다만 甲이 직접 실행행위를 하지 않았으므로, 甲과 乙에게 기능적 행위지배를 통한 범죄의 실행이 인정된다면 甲이 공모공동정범으로서 공동정범의 성립이 가능하다.

먼저 공모공동정범의 인정 여부와 관련하여, ① 긍정설에는 공동의사주체설(공모에 의해 공동의사주체가 형성되고, 공동의사에 따라 일부의 실행행위가 있는 이상 실행행위를 분담하지 않은 공모자도 공동의사주체로서 공동정범이 성립한다는 견해), 간접정범유사설(단순한 공모자도 공모를 통하여 타인의 실행행위를 이용하여 자신의 범죄를 실현하는 것이므로, 간접정범과 유사한 정범성을 갖는다는 견해), 적극이용설(공모자의 이용행위가 적극적 이용행위로서 실행행위와 동일시할 수 있는 경우에 한정하여 공동정범이 성립한다는 견해), 기능적 행위지배설(공동정범이 성립할 수 있는 공모의 범위를 기능적 행위지배가 인정되는 경우로 제한하는 견해) 등이 주장되고, ② 부정설은 실행행위의 분담이 공동정범의 객관적 요건이므로 객관적 요건을 충족하지 못한 공모공동정범은 인정할 수 없고 공모자는 가담 형태에 따라 교사범이나 방조범이 성립할 수 있을 뿐이라고 본다.

판례는 공모공동정범을 일관되게 인정하면서, "공모자 중 구성요건 행위 일부를 직접 분담하여 실행하지 않은 자라도 공동정범으로서의 죄책을 질 수도 있는 것이기는 하나, 이를 위해서는 전체 범죄에 있어서 그가 차지하는 지위, 역할이나 범죄 경과에 대한 지배 내지 장악력 등을 종합해 볼 때, 단순한 공모자에 그치는 것이 아니라 범죄에 대한 본질적 기여를 통한 기능적 행위지배가 존재하는 것으로 인정되는 경우여야 한다."고 해석하고 있다.[2]

판례 및 기능적 행위지배설의 입장에 따르면, 甲은 C를 쫓아내기 위하여 살인교사까지도 실행할 정도의 후배인 乙에게 도어락의 비밀번호를 변경하여 달라고 요청하였고 乙이 위 요청에 따라 이를 이행한 것이므로, 비록 직접 실행행위를 한 것은 아니지만 결과를 실현하는 데 반드시 필요한 부분을 이루는 기능을 분담한 것으로서 甲에

1) 대법원 2010. 7. 15. 선고 2010도3544 판결.
2) 대법원 2007. 10. 26. 선고 2007도4702 판결.

대하여 본질적 기여를 통한 기능적 행위지배를 인정할 수 있다(**관련판례**).[1]

한편 형법 제33조 본문에 의하여 신분이 있어야 성립되는 범죄에 신분 없는 사람이 가담한 경우 신분 없는 사람도 신분범의 공동정범이 될 수 있는데, 이는 신분 없는 사람이 구성요건적 행위를 실행하고 신분자는 공모공동정범의 형태로 공동정범이 되는 경우에도 적용되는 것으로 보아야 한다. 공동정범은 타인의 범행에 종속하는 것이 아니고, 형식적으로 신분 없는 사람의 구성요건적 행위에 신분자가 가담하는 것인지 신분자의 구성요건적 행위에 신분 없는 사람이 가담하는 것인지에 관계없이 다수인이 자기의 의사로써 범죄를 실현하면 성립하는 것이기 때문이다.[2] 따라서 신분범에서 신분 없는 사람이 구성요건적 행위를 실행하고 신분자가 이에 가담한 경우에도 신분자와 신분 없는 사람 사이에 공동정범의 성립요건이 충족되면 형법 제33조에 의하여 신분자와 신분 없는 사람은 공동정범으로서의 형사책임을 부담한다.

따라서 甲에 대하여 권리행사방해죄의 공동정범의 성립을 인정할 수 있다.

---

1) (**관련판례** ①) 서울중앙지방법원 2023. 4. 6. 선고 2022노2321 판결 【권리행사방해교사(인정된 죄명: 권리행사방해)】「검사는 당심에 이르러 적법한 절차를 거쳐 죄명을 "권리행사방해"로, 적용법조를 "형법 제323조, 제30조"로, 공소사실을 "피고인은 이 사건 건물 5층과 그 현관문에 부착된 이 사건 도어락의 소유자이고, E는 피고인의 아들이다. 피해자 D는 C의 아내로서, 피고인이 이 사건 건물 및 부지를 매입하기 위한 공탁금, 등기비용 기타 소요자금 7억 원을 C가 대납하고 이 사건 건물 및 대지의 소유권을 이전받는 조건으로, C를 포함한 가족들과 함께 이 사건 건물 5층에 거주하는 사람이다. 피고인은 2019. 11. 4. 22:10경 피해자에게 'C가 7억 원을 입금하지 않았으니 퇴거하라'는 취지로 퇴거를 요구하였으나 피해자가 이를 거부하자, 피해자와 그 가족을 이 사건 건물 5층에서 내쫓기 위하여 이 사건 도어락의 비밀번호를 변경할 것을 E와 공모하였다. 피고인은 위 일시경 이 사건 건물 5층에서, E에게 '이 사건 도어락의 비밀번호를 변경하라'고 말한 후 E가 비밀번호를 변경하는 것을 지켜보고, E는 이 사건 도어락을 조작하는 방법으로 비밀번호를 변경하였다. 이로써 피고인은 E와 공모하여 피해자의 점유의 목적이 된 자기의 물건인 이 사건 도어락의 비밀번호를 변경함으로써 피해자의 이 사건 도어락에 대한 권리행사를 방해하였다."로 각 변경하는 것으로 공소장변경신청을 하였고, 이 법원이 이를 허가하여 심판의 대상이 달라졌으므로, 이에 대하여 본다. (중략) 이 사건 도어락은 피고인 소유의 물건으로서 형법 제323조에서 규정한 '자기의 물건'에 해당한다고 봄이 타당하다. 따라서 피고인이 변경된 공소사실 기재와 같이 E와 공모하여 이 사건 도어락의 비밀번호를 변경한 것은 피해자의 점유의 목적이 된 자기의 물건인 이 사건 도어락에 대한 권리행사를 방해한 것으로 인정할 수 있다. 그렇다면 변경된 공소사실은 유죄로 인정되므로 원심판결은 그대로 유지될 수 없다.」
(**관련판례** ②) 대법원 2023. 6. 29. 선고 2023도4648 판결 【권리행사방해교사(인정된 죄명: 권리행사방해)】「원심판결(주: 위 ① 판결) 이유를 관련 법리와 적법하게 채택된 증거에 비추어 살펴보면, 원심의 판단에 논리와 경험의 법칙을 위반하여 자유심증주의의 한계를 벗어나거나 공모공동정범의 성립, 권리행사방해죄의 '자기의 물건', '타인의 점유', 공소장변경에 관한 법리를 오해하거나 판단을 누락하여 판결에 영향을 미친 잘못이 없다.」

2) 이에 대한 상세는 지은석, 위의 논문, 245-257면 참조.

4. 권리행사방해죄의 교사범 성립 여부

공범의 범죄성이 정범에 종속되는지에 대하여, ① 공범의 범죄성을 정범의 실행행위에서 찾는 입장에서 공범은 정범의 실행행위에 종속되어 정범이 성립하는 때에 한하여 성립한다는 공범종속성설(통설, 판례)과 ② 공범의 범죄성을 공범의 범죄의사 내지 반사회성에서 찾는 입장에서 공범은 정범의 실행행위나 범죄성 여부와 관계없이 독자적으로 성립한다는 공범독립성설이 대립한다. 위에서 살펴본 바와 같이 판례는 공범종속성설의 입장에서 정범인 乙에게 권리행사방해죄가 인정되지 않는 이상 甲에게 권리행사방해교사죄 역시 성립할 수 없다고 한다.[1)]

다만 공범독립성설의 입장에 의하면, 비록 정범인 乙에게는 권리행사방해죄가 성립하지 않지만, 甲이 乙에게 그 실행행위를 요청함으로써 甲의 범죄의사 내지 반사회성이 인정되는 이상 甲에게 권리행사방해교사죄가 인정된다고 주장할 수 있을 것이다.

Ⅳ. 제4문 — 고소 전 수사와 긴급체포의 적법 여부, 고소의 추완

1. 제4문의 1) — 고소 전 수사와 긴급체포의 적법 여부

(1) 문제의 제기

P2의 甲에 대한 수사의 적법성과 관련하여, C의 고소가 없는 상태에서 경찰관이 甲의 권리행사방해죄의 범죄혐의에 대하여 수사한 것이 적법한지와 경찰서에 자진출석한 甲을 긴급체포한 것이 적법한지가 문제된다.

(2) 친고죄의 고소 전 수사의 적법성

甲과 C는 동거하지 않는 사촌의 혈족관계에 있고, 권리행사방해죄(형법 제323조)는 친족상도례가 적용되므로 C의 고소가 있어야 공소를 제기할 수 있는 상대적 친고죄이다(형법 제328조 제2항). 그런데 P2는 C의 고소가 없는 상태에서 수사를 개시하여 甲을 경찰서에서 조사하였으므로, 친고죄에서 피해자의 고소가 없는 상태에서 수사기관이 수사를 할 수 있는지 문제된다.

이에 대하여 ① 친고죄의 고소는 소송조건이고 범죄의 성립과는 관계가 없으므

---

1) 대법원 2022. 9. 15. 선고 2022도5827 판결.

로 당연히 수사가 허용되어야 한다는 전면허용설, ② 친고죄에 관하여 수사가 없으면 공소를 제기할 수 없으므로 그 준비를 위한 수사도 허용될 수 없다는 전면부정설, ③ 고소가 없는 경우에도 수사는 허용되지만, 고소의 가능성이 없는 때에는 수사가 허용되지 않거나 제한되어야 한다는 제한적 허용설(다수설), ④ 고소가 없으면 원칙적으로 수사가 허용되지 않지만, 예외적으로 당장 수사하지 않으면 중요한 증거를 수집할 수 없는 등 필요한 경우에만 허용된다는 예외적 허용설 등이 주장된다.

판례는 전속고발 사건에서 고발은 공소제기의 요건이고 수사 개시의 요건은 아니라고 하여 위 ③의 제한적 허용설을 취하며, 임의수사는 물론 강제수사도 허용된다는 입장이다(**관련판례**).[1)]

친고죄에 관하여 고소가 없는 때에도 증거나 범인 확보를 위해 수사를 개시할 필요성이 있으므로, 고소의 가능성이 있는 경우 수사가 허용된다는 위 ③의 제한적 허용설의 입장이 타당하다.

따라서 C의 고소가 없는 상태였다고 하더라도 C의 고소 가능성이 없는 경우라고 볼 만한 사정이 존재하지 않는 이상, P2가 甲을 경찰서에 임의 출석시켜 甲의 권리행사방해죄 혐의에 대하여 조사를 한 것은 적법하다.

(3) 자진출석한 피의자에 대한 긴급체포의 적법성

긴급체포가 적법하기 위해서는 ① 피의자가 사형·무기 또는 장기 3년 이상의 징역이나 금고에 해당하는 범죄를 저질렀다고 의심할 만한 상당한 이유가 있어야 하고(범죄의 중대성 및 범죄 혐의의 상당성), ② 증거를 인멸할 염려가 있거나 피의자가 도망 또는 도망할 우려가 있는 때로서(체포의 필요성), ③ 긴급을 요하여 지방법원 판사의 체포영장을 받을 수 없는 경우(긴급성)에 해당하여야 한다(형소법 제200조의3 제1항).

긴급체포가 적법한지는 체포 당시의 구체적 상황을 기초로 객관적으로 판단하여야 하며, 요건 충족에 관한 검사나 사법경찰관 등 수사 주체의 판단에는 상당한 재량의 여지가 있어, 그 판단이 경험칙에 비추어 현저히 합리성을 잃은 경우가 아니라면 위법한 체포라고 할 수 없다.[2)]

---

1) (**관련판례**) 대법원 1995. 3. 10. 선고 94도3373 판결. 「조세범처벌법 제6조의 세무종사 공무원의 고발은 공소제기의 요건이고 수사 개시의 요건은 아니므로 수사기관이 고발에 앞서 수사를 하고 피고인에 대한 구속영장을 발부받은 후 검찰의 요청에 따라 세무서장이 고발조치를 하였다고 하더라도 공소제기 전에 고발이 있은 이상 조세범처벌법 위반사건 피고인에 대한 공소제기의 절차가 법률의 규정에 위반하여 무효라고 할 수 없다.」
2) 대법원 2006. 9. 8. 선고 2006도148 판결.

권리행사방해죄의 법정형은 장기 5년 이하의 징역형에 해당하고, P2가 甲을 조사하던 중 위 범죄혐의를 인지하였으므로 범죄혐의의 상당성이 인정된다.

한편, 甲은 경찰서에 임의 출석하였으므로 체포의 필요성이나 긴급성이 문제된다. 조사를 받기 위하여 수사관서에 자진출석한 사람을 긴급체포한 경우 체포의 필요성이 현저한 특별한 경우 외에는 긴급성이 없어 원칙적으로 위법하다는 견해도 있으나, 자진출석하여 조사를 받는 경우라도 조사 과정에서 새로운 혐의점이 발견되거나 자신의 혐의 내용에 대한 판단이 달라질 수 있고, 자신의 주장이 받아들여지지 않는다고 느낀 나머지 중간에 조사를 거부하거나 조사 후 도망 염려가 있으므로, 피의자의 출석 경위나 수사 상황 등을 고려하여 적법성을 판단하는 것이 타당하다.[1)]

설문에서 甲은 임의 출석하였으나, 조사를 받는 과정에서 P2가 자신의 범죄혐의를 인지하였고 이에 관한 자신의 변명이 받아들여지지 않자 화를 내며 귀가하려고 하였다는 사정에 비추어보면, 甲은 귀가한 이후 도망하거나 증거를 인멸할 우려가 있을 것으로 판단된다. 또한, 체포영장을 받을 시간적 여유도 없으므로 체포의 필요성과 긴급성이 인정된다.

따라서 P2가 甲을 긴급체포한 것은 적법하다.

2. 제4문의 2) — 고소의 추완

(1) 문제의 제기

甲과 C는 동거하지 않는 사촌의 혈족관계에 있고, 권리행사방해죄(형법 제323조)는 친족상도례가 적용되므로 C의 고소가 있어야 공소를 제기할 수 있는 상대적 친고죄이다(형법 제328조 제2항). 그럼에도 C의 고소 없이 검사가 甲에 대하여 권리행사방해죄로 공소를 제기하였고, 이후 재판 과정에서 고소기간 내에 C가 고소장을 제출한 경우 무효인 공소제기가 적법하게 되는지, 즉 고소의 추완을 인정할 것인지 문제된다.

---

1) 자진출석한 사람에 대한 긴급체포와 관련하여 대법원은, ① 고소인으로 자진출석하여 대질조사를 받고 나서 무고혐의가 밝혀지자 귀가하려는 고소인을 긴급체포한 경우 적법하다고 보았으나(대법원 1998. 7. 6. 선고 98도785 판결), ② 참고인 조사를 받는 줄 알고 검찰청에 자진출석한 변호사사무실 사무장에 대하여 갑자기 피의자로 조사한다고 하여 조사를 시작하기도 전에 귀가를 요구하자 긴급체포한 경우(대법원 2006. 9. 8. 선고 2006도148 판결), ③ 도로교통법위반 피의사건에서 기소유예 처분을 받은 재항고인이 그 후 혐의없음을 주장함과 동시에 수사경찰관의 처벌을 요구하는 진정서를 검찰청에 제출함으로써 이루어진 진정사건을 담당한 검사가, 재항고인에 대한 위 피의사건을 재기한 후 담당검사인 자신의 교체를 요구하고자 부장검사 부속실에서 대기하고 있던 재항고인을 위 도로교통법위반죄로 긴급체포한 경우(대법원 2003. 3. 27. 자 2002모81 결정)에는 위법하다고 판단하였다.

(2) 고소의 추완 인정 여부

고소의 추완을 인정할 것인지에 관하여, ① 당해 사건이 친고죄인가의 여부가 처음부터 분명한 것이 아니라 심리의 진행에 따라 비로소 판명되는 경우가 있어 공소제기 시에 고소의 존재를 절대적으로 필요하다고 하는 것은 적합하지 않고, 일단 공소를 기각하고 다시 공소제기를 기다려 심리를 새로 진행하는 것은 소송경제와 절차 유지에 반한다는 점을 이유로 고소의 추완을 인정해야 한다는 적극설, ② 친고죄에서 고소는 공소제기의 적법·유효조건이므로 고소가 없으면 공소제기는 무효로 된다고 해야 하고, 공소제기는 절차의 형식적 확실성이 강하게 요청되는 소송행위이므로 무효의 치유를 인정해서는 안 된다는 점을 이유로 고소의 추완을 부정하는 소극설, ③ 고소가 없는 경우의 공소기각의 재판은 검사의 공소제기에 대한 평가라는 적극적 판단을 포함하므로 추완을 인정하는 것은 검사의 공소제기에 비난할 점이 없는 경우로 제한되어야 한다는 점을 이유로, 공소제기 시에 공소사실이 친고죄임에도 고소가 없는 경우 추완을 인정할 수 없으나 비친고죄로 공소제기된 사건이 심리 결과 친고죄로 판명되거나 친고죄가 추가된 경우 추완을 인정해야 한다는 절충설 등이 주장된다.

판례는 위 ②의 소극설의 입장이다.[1)]

(3) 설문의 해결

판례의 입장인 소극설에 의하면, 친고죄에 해당하는 甲의 C에 대한 권리행사방해죄의 범행에 대하여 검사가 C의 고소 없이 공소를 제기하였고, 고소의 추완은 인정되지 아니하므로, 이후 C의 고소장이 제출되었다고 하더라도 검사의 위 공소제기는 공소제기가 법률의 규정을 위반하여 무효인 때에 해당한다. 따라서 제1심 법원은 공소기각의 판결을 선고하여야 한다(형소법 제327조 제2호).

V. 제5문 — 일부상소와 파기환송심에서의 불이익변경금지의 원칙

1. 제5문의 1) — 일부상소

(1) 문제의 제기

경합범의 관계에 있는 제1사실과 제2사실 중 항소심 법원이 제1사실에 대하여

---

1) 대법원 1970. 7. 28. 선고 70도942 판결; 대법원 1982. 9. 14. 선고 82도1504 판결.

무죄를 선고하고 제2사실에 대하여 유죄를 선고하였는데, 이에 대하여 검사만이 무죄 부분에 대하여 상고를 제기하였다.

일부상소가 허용되기 위해서는 재판의 내용이 분할될 수 있고 독립된 판결이 가능하여야 한다. 제1사실과 제2사실은 실체적 경합관계에 있고, 전자에 대하여는 무죄, 후자에 대하여는 유죄가 선고되었는데, 이 경우 재판의 내용이 분할 가능하고 독립된 판결을 할 수 있으므로 검사가 무죄 부분만을 상고하는 일부상고는 허용된다. 이때 상고심 법원이 상고가 이유 있다고 판단하여 유죄 취지로 파기환송한 경우 환송받은 법원의 심판범위가 문제된다.

(2) 환송받은 항소심의 심판범위[1)]

검사가 무죄 부분에 대하여 일부상소한 경우 상소심의 심판범위와 관련하여 ① 전부파기설과 ② 일부파기설이 대립한다.

위 ①의 전부파기설은 경합범으로 수개의 주문이 선고되고 일부만 상소한 경우에도 상소제기의 효력은 전체에 미친다는 견해이다. 이 견해에 따르면, 검사가 무죄 부분만을 상소한 경우에도 원심판결을 파기하는 경우에 상소심은 유죄 부분까지 전부 파기하여야 한다. 무죄 부분만을 파기하여 원심에서 다시 형을 정하는 경우에 피고인이 과형상의 불이익을 초래할 수 있고, 경우에 따라서는 불이익변경금지의 원칙에 의하여 피고인에게 형을 선고할 수 없게 되어 과형 없는 유죄판결을 선고할 수밖에 없다는 것을 이유로 한다.

위 ②의 일부파기설은 피고인과 검사가 상소하지 않은 유죄 부분은 상소기간이 지남으로써 확정되고, 상소심에 계속된 사건은 무죄 부분에 대한 공소뿐이라는 견해이다(통설). 이 견해에 따르면, 상소심에서 무죄 부분만을 파기할 수밖에 없다. 상소에 의하여 한 개의 형이 선고될 가능성이 있다는 이유만으로 전체에 대하여 상소의 효력이 발생할 수는 없다는 점, 불이익변경금지의 원칙은 형을 다시 정할 때 고려하면 된다는 점 등을 근거로 한다.

판례는 위 ②의 일부파기설의 입장이다.[2)]

(3) 설문의 해결

통설과 판례의 입장인 일부파기설에 의하면, 상고심의 심판범위는 검사가 상고한

---

1) 이에 대한 상세는 사례 1. [12-변시(1)-1] 제4문 '항소심 심판범위와 조치' 부분 참조.
2) 대법원 1992. 1. 21. 선고 91도1402 전원합의체 판결; 대법원 2022. 1. 13. 선고 2021도13108 판결.

무죄 부분으로 한정되고, 검사가 상고하지 않은 유죄 부분은 확정된다. 따라서 상고심 법원이 검사의 상고가 이유 있다고 하여 유죄 취지로 파기환송한 경우 파기의 범위는 상고심의 심판범위인 무죄 부분에 한정되므로, 환송받은 항소심 법원의 심판범위 역시 무죄 부분에 한정된다.

2. 제5문의 2) — 파기환송심에서의 불이익변경금지의 원칙

(1) 문제의 제기

제1심 판결에 대하여 피고인만이 항소한 후 검사가 항소심 판결에 상고하여 대법원에서 파기환송된 경우, 환송받은 항소심에서 불이익변경금지의 원칙이 적용되는지 여부와 환송받은 항소심이 징역 1년을 선고한 것이 불이익변경금지의 원칙에 반하여 위법한 것인지가 문제된다.

(2) 파기환송심에서 불이익변경금지의 원칙 적용 여부

피고인이 항소 또는 상고한 사건과 피고인을 위하여 항소 또는 상고한 사건에 관하여 상소심은 원심판결의 형보다 무거운 형을 선고하지 못하는데(형소법 제368조, 제396조 제2항), 이를 불이익변경금지의 원칙이라고 한다.

이는 피고인의 상고에 의하여 상고심에서 원심판결을 파기하고 사건을 항소심에 환송한 경우에도 적용되어, 환송받은 법원은 파기된 항소심 판결보다 무거운 형을 선고할 수 없게 된다.[1] 마찬가지로, 제1심 판결에 대하여 피고인만이 항소한 후 검사가 항소심 판결 중 무죄 부분에 대하여 일부 상고하였는데 대법원이 무죄 부분을 파기하고 환송 또는 이송한 경우에도 적용되어, 환송받은 법원은 제1심 판결보다 무거운 형을 선고할 수 없다. 파기환송심에서 불이익변경금지의 원칙이 적용되지 않는다면 피고인의 상소권을 보장하기 위한 불이익변경금지의 원칙의 취지에 반하는 것이기 때문이다.

설문의 경우, 제1심 판결에 대해 피고인인 甲이 모두 무죄라는 취지로 항소하였고, 일부 유죄(제2사실), 일부 무죄(제1사실)가 선고된 항소심 판결 중 무죄 부분에 대하여 검사가 상고하자 대법원은 제1사실도 유죄라는 취지로 파기환송하였는데, 파기환송심에서도 불이익변경금지의 원칙이 적용되어 환송받은 법원은 제1심 판결보다 무거운 형을 선고할 수 없게 된다.

1) 대법원 1992. 12. 8. 선고 92도2020 판결; 대법원 2006. 5. 26. 선고 2005도8607 판결.

(3) 환송받은 항소심 판결의 적법성

피고인에게 불이익하게 변경되었는지 여부에 관한 판단은 형의 경중(형법 제41조, 제50조)을 기준으로 하되, 병과형이나 부가형, 집행유예, 노역장 유치기간 등 주문 전체를 고려하여 피고인에게 실질적으로 불이익한가의 여부를 전체적·실질적으로 고찰하여 결정하여야 한다.[1] 한편 피고인이 항소한 사건에서 제2심 판결 중 일부만이 상고되어 나머지 부분이 먼저 확정되고 상고된 부분이 파기환송되어 다시 형을 선고하는 경우 제1심 판결의 형보다 제2심 판결의 형이 무거운지 여부는 확정된 환송 전 판결의 형과 환송 후 판결의 형을 합하여 비교 판단하여야 한다(**관련판례**).[2]

설문의 경우, 제1심이 경합범에 해당하는 제1사실과 제2사실을 모두 유죄로 판단하여 징역 1년을 선고하여 피고인인 甲만이 항소하였고, 항소심은 제1사실에 대하여 무죄를 선고하면서 제2사실에 대하여 징역 1년에 집행유예 2년을 선고하였다. 검사는 제1사실만 상고하였고 이에 따라 제2사실에 관한 징역 1년에 집행유예 2년의 판결은 상고심의 심판 대상이 되지 않고 확정되었다. 이에 대하여 대법원은 제1사실이 유죄라는 취지로 파기환송하였는데, 환송받은 항소심은 어떠한 형을 선고하더라도 환송 전 항소심 판결(징역 1년에 집행유예 2년)과 합산하여 제1심 판결(징역 1년)보다 무거운 형을 선고할 수 없다. 따라서 환송받은 항소심은 파기판결의 구속력에 따라 제1사실을 유죄로 판단하더라도(법원조직법 제8조) 더 이상 징역형을 선고할 수 없고, ① 제1사실이

---

1) 대법원 2016. 5. 12. 선고 2016도2136 판결; 대법원 2018. 10. 4. 선고 2016도15961 판결.

2) (**관련판례**) 대법원 1984. 3. 13. 선고 83도1735 판결. 「피고인은 1981. 6. 17 무고죄, 사문서위조죄 및 동행사의 죄로 공소가 제기되어 동년 10. 13 서울형사지방법원에서 위 공소사실 전부가 유죄로 인정되어 징역 8월을 선고받은 사실, 위 제1심 판결에 대하여 피고인만이 항소를 제기하여 위 법원에서 1982. 5. 26 사문서위조죄와 동행사죄 부분은 유죄로 인정되어 징역 6월에 1년간 집행유예가 선고되고, 무고죄 부분에 대하여는 무죄가 선고되었고 검사만이 위 무죄부분에 대하여 상고를 하여 1982. 9. 28 당원에서 무죄가 선고된 무고죄 부분을 파기하여 원심법원으로 환송하자 이를 환송받은 서울형사지방법원에서는 이 부분을 다시 심리하여 유죄로 인정하고 징역 6월에 1년간 집행유예를 선고하였음이 기록상 명백하다. 그런데 제1심 판결에 대하여 피고인이 항소한 사건과 피고인을 위하여 항소한 사건에 대하여는 제1심 판결보다 중한 형을 선고하지 못하며 이 사건의 경우와 같이 제2심 판결중 일부만이 상고되어 나머지 부분이 먼저 확정되고 상고된 부분이 파기환송되어 다시 형을 선고하는 경우에는 제1심 판결의 형보다 제2심 판결의 형이 중한지 여부는 먼저 확정된 환송전 판결의 형과 환송후 새로이 선고하는 판결의 형을 합하여 비교 판단하여야 한다 할 것인데 제1심 판결이 위 3개의 공소범죄사실 전부를 유죄로 인정하여 징역 8월을 선고하였고, 피고인만이 항소한 이 사건에 있어서 파기환송전 제2심 판결 중 피고인이 상고하지 아니하여 먼저 확정된 사문서위조, 동행사죄 부분은 피고인에 대하여 징역 6월에 1년간 집행유예를, 환송후의 원심판결은 무고죄 부분에 대하여 다시 징역 6월에 1년간 집행유예를 선고하였으나 결국 제2심 판결은 위 3개의 공소사실에 대하여 징역 1년을 선고한 결과가 되어 징역 8월을 선고한 제1심 판결보다 중한 형을 선고한 위법을 범하였다고 아니할 수 없고 이와 같은 위법은 판결의 결과에 영향을 미쳤다 할 것이므로 원심판결을 파기하여 이 사건을 원심법원에 환송하기로 하여 관여법관의 일치된 의견으로 주문과 같이 판결한다.」

이미 분리 확정된 제2사실과 형법 제37조 후단 경합범에 해당하므로 형의 면제를 선고하거나(형법 제39조 제1항), ② '甲에 대하여 형을 선고하지 아니한다'는 주문을 선고하여야 한다.[1)]

따라서 환송받은 법원이 제1사실에 대하여 甲에게 징역 1년을 선고한 것은 불이익변경금지의 원칙에 반하여 위법하다.

---

1) 대법원 2015. 10. 29. 선고 2012도2938 판결. 「특별사면으로 형 선고의 효력이 상실된 유죄의 확정판결에 대하여 재심개시결정이 이루어져 재심심판법원이 심급에 따라 다시 심판한 결과 무죄로 인정되는 경우라면 무죄를 선고하여야 하겠지만, 그와 달리 유죄로 인정되는 경우에는, 피고인에 대하여 다시 형을 선고하거나 피고인의 항소를 기각하여 제1심판결을 유지시키는 것은 이미 형 선고의 효력을 상실하게 하는 특별사면을 받은 피고인의 법적 지위를 해치는 결과가 되어 이익재심과 불이익변경금지의 원칙에 반하게 되므로, 재심심판법원으로서는 '피고인에 대하여 형을 선고하지 아니한다'는 주문을 선고할 수밖에 없다.」

2025년 제14회 변호사시험 강평

형사법 제1문

Ⅰ. (1)에서 甲, 乙의 형사책임

• **사실관계**

甲	• 자신의 아버지 A를 죽여야겠다고 마음먹고 후배 乙에게 A의 집에 불을 질러 A를 살해해달라고 사주함
乙	• 이를 승낙하고 A가 자고 있는 집에 휘발유를 뿌리고 불을 질렀으나 집 천장에 불길이 붙자 놀라서 도망하였고, A는 출동한 소방대에 구조되어 다친 곳 없음

1. 乙의 형사책임

(1) 현주건조물방화치사미수죄 성립 여부

- 현주건조물방화죄의 실행의 착수: 乙이 A가 자고 있는 집에 불을 질렀으므로 인정됨
- 현주건조물방화죄의 기수: 독립연소설, 효용상실설, 중요부분연소개시설, 일부손괴설이 있으나 다수설, 판례(대법원 2007. 3. 16, 2006도9164)인 독립연소설에 의하면 집 천장까지 불길이 붙은 이상 기수 인정됨
- 현주건조물방화치사죄는 부진정결과적 가중범으로서 중한 결과인 살인에 대한 고의가 있어도 성립함
- 다만 사망의 결과가 발생하지 않았으므로 결과적 가중범의 미수를 인정하여 현주건조물방화치사미수죄가 성립한다고 볼 것인지, 현주건조물방화죄와 살인미수죄의 상상적 경합관계가 성립한다고 볼 것인지 문제됨
- 통설과 판례(대법원 2008. 4. 24, 2007도10058)에 따르면 결과적 가중범의 미수를 인정하지 않으므로, 현주건조물방화치사미수죄는 성립하지 아니함

(2) 살인미수죄 성립 여부

- 乙은 살해할 의사로 A의 집에 방화했으나 집 천장까지 불길이 치솟자 놀라 도망갔고, A는 소방대에 구조되어 사망의 결과가 발생하지 아니하였으므로,
- 乙의 자의로 실행행위를 중지하거나 결과발생을 방지한 경우에 해당하지 아니함
- 살인죄의 장애미수에 해당함

(3) 소결 및 죄수

- 현주건조물방화죄와 살인미수죄의 상상적 경합관계임

2. 甲의 형사책임

(1) 존속살해미수교사죄 성립 여부

- 신분자인 甲이 신분 없는 사람인 乙에게 교사한 경우 형법 제33조 단서가 적용되는지 문제됨
- 단서적용 긍정설〔다수설·판례(대법원 1994. 12. 23, 93도1002)〕은 형법 제33조 단서가 적용되고 책임개별화 원칙에 따라 신분자에게 신분범의 교사범이 성립한다고 하고, 부정설은 공범종속성의 일반원칙에 따라 비신분범의 교사범이 성립한다고 봄
- 판례 및 다수설에 의하면, 존속살해미수교사죄 성립함

(2) 현주건조물방화교사죄 성립 여부

- 乙에게 현주건조물방화를 사주한 사실 인정되므로 현주건조물방화교사죄 성립함

(3) 소결 및 죄수

- 현주건조물방화교사죄와 존속살해미수교사죄의 상상적 경합관계임

Ⅱ. (2)에서 乙, 丙의 형사책임

• 사실관계

乙	• 방화사건으로 수사를 받게 되자 사법경찰관 P1에게 금품을 주고 형사처벌을 면하기로 마음먹음 • 자금 마련을 위해 B에게 딸 수술비 명목인 것처럼 말하여 3천만 원 차용함 • 평소 P1과 친분 있는 丙에게 사정을 말하고 위 3천만 원을 주면서 전달을 부탁함
丙	• 乙로부터 위와 같이 전달을 부탁받은 돈 3천만 원을 받아 그중 2천만 원은 임의 소비하고 나머지만 P1에게 전달함

1. 乙의 형사책임

(1) B에 대한 사기죄 성립 여부

• 타인으로부터 금전을 차용할 때 용도를 기망한 경우, 용도나 변제자금 마련방법에 관하여 사실대로 고지하였더라면 상대방이 응하지 않았을 것임에도 허위사실을 고지하였다면 사기죄 성립함

• 뇌물로 제공할 생각이었음에도 딸의 수술비 명목인 것처럼 말하여 이에 속은 B로부터 3천만 원을 교부받았으므로 사기죄가 성립함

(2) 제3자뇌물교부죄 및 뇌물공여죄 성립 여부

• 乙은 P1의 직무에 관하여 대가관계에 있는 돈 3천만 원을 丙에게 전달을 부탁하면서 공여하였음

• 그중 丙을 통하여 P1에게 실제로 전달된 1천만 원은 P1에 대한 뇌물공여죄가 성립함. 이 경우 제3자뇌물교부죄는 뇌물공여죄에 흡수됨

• 丙이 임의로 소비하고 전달하지 않은 2천만 원은 제3자뇌물교부죄가 성립함

(3) 소결 및 죄수

• 사기죄, 제3자뇌물교부죄, 뇌물공여죄가 각 성립하고, 제3자뇌물교부죄와 뇌물공여죄는 상상적 경합관계이고, 사기죄와 다른 죄는 실체적 경합관계임

2. 丙의 형사책임

(1) 제3자뇌물취득죄 및 뇌물공여죄 성립 여부

• 丙은 乙이 P1에게 뇌물로써 금품을 교부한다는 사정을 알면서 乙로부터 3천만 원을 교부받음

• 제3자뇌물취득죄가 성립함

• 그중 1천만 원을 실제로 P1에게 전달하였다고 하더라도 별도로 뇌물공여죄가 성립하지 않음(대법원 1997. 9. 5, 97도1572)

(2) 횡령죄 성립 여부

- 불법원인으로 급여된 위탁물(뇌물)이므로, 이를 임의로 처분한 경우 횡령죄가 성립하는지 문제됨
- 위탁자가 반환청구권을 상실하므로 수탁자에게 반환의무가 없고, 수탁자에게 소유권이 귀속되므로 타인의 재물이라고 할 수 없어 횡령죄가 성립하지 않는다는 소극설,
- 민법상 불법원인급여가 보호받지 못한다고 해서 위탁자의 소유권이 상실되는 것은 아니므로 횡령죄가 성립한다는 적극설, 소유권이전의사가 있는 점유이전과 소유권이전의사가 없는 점유이전으로 나누어 후자에 대해서만 법이 보호하는 신뢰관계가 존재하므로 횡령죄의 성립을 인정하는 절충설이 있음
- 판례는 기본적으로 소극설이고(대법원 1988. 9. 20, 86도628), 예외적으로 수급자의 불법성이 급여자의 그것보다 현저히 큰 경우에는 횡령죄를 인정함
- 판례 및 소극설에 의하여 볼 때, 丙이 교부받은 3천만 원은 뇌물로 불법원인급여에 해당하고 甲에게 반환청구권이 인정되지 않으므로 이를 임의소비하였다고 하더라도 횡령죄는 성립하지 아니함

(3) 소결

- 제3자뇌물취득죄가 성립함

Ⅲ. (3)에서 권리행사방해죄의 성립 논거

- **사실관계**

甲	• 임차인 C와 집수리 문제로 갈등이 발생하자 C를 쫓아내려고 마음먹고, 乙에게 C가 거주하는 빌라 현관문에 甲이 구입하여 설치해준 도어락의 비밀번호를 변경해 달라고 요청함
乙	• 위와 같은 사정을 알고 있는 상태에서 甲의 요청대로 이행함

1. 문제의 제기

- 물건의 소유자가 아닌 사람은 권리행사방해죄의 주체가 될 수 없고, 형법 제33조 본문에 따라 소유자의 권리행사방해 범행에 가담한 경우에 한하여 공범이 될 수 있을 뿐임
- 판례는 교사범이 성립하기 위해서는 정범의 범죄행위가 인정되어야 하는데, 도어락의 비밀번호를 변경한 乙은 소유자가 아니어서 권리행사방해죄가 성립하지 않고, 乙의 죄가 인정되지 않는 이상 이를 교사한 甲에게 권리행사방해의 교사범도 인정될 수 없다고 함(대법원 2022. 9. 15, 2022도5827)
- 따라서 甲에게 권리행사방해죄가 성립할 수 있는 논거로서 간접정범과 공동정범을 검토하고, 교사범은 공범 독립성설의 입장에서 검토 가능함

2. 권리행사방해죄의 간접정범 성립 여부

- 권리행사방해죄는 자기의 물건이 아닌 경우 성립하지 않는 사실상 진정신분범에 해당하므로, 신분자인 소유자 甲이 신분 없는 사람으로서 처벌받지 않는 乙을 의사지배하에 이용한 경우 간접정범의 성립이 가능함
- 고의가 있으나 신분이 없어 처벌받지 않는 사람을 이용한 경우에도 다수설은 규범적·사회적 의미에서 의사지배를 인정할 수 있으므로 간접정범의 성립을 긍정함. 그 외에 의사지배가 인정될 수 없으므로 간접정범의 성립을 부정하는 견해, 신분범 중 의무범에 해당하는 경우에는 의사지배와 관계없이 간접정범으로 볼 수 있으나 지배범에 해당하는 경우에는 의사지배가 있는 경우에 한하여 간접정범이 성립한다는 절충설이 있음
- 다수설 및 판례(대법원 1983. 6. 14, 83도515 전원합의체)에 의하여 甲에게 권리행사방해죄의 간접정범을 인정할 수 있음

3. 권리행사방해죄의 공동정범 성립 여부

- 직접 실행행위를 하지 않은 甲에게 기능적 행위지배를 통한 범죄의 공동실행을 인정할 수 있다면, 공동정범의 성립이 가능함
- 공모공동정범을 인정하는 견해로는 공동의사주체설, 간접정범유사설, 적극이용설, 기능적 행위지배설 등이 있고, 부정설은 실행행위의 분담이 없는 이상 교사범이나 방조범이 성립할 수 있을 뿐이라고 함
- 판례(대법원 2007. 10. 26, 2007도4702) 및 기능적 행위지배설에 의하면 甲의 본질적 기여를 통한 기능적 행위지배를 인정할 수 있음
- 형법 제33조 본문에 의하여 신분범에서 신분 없는 사람이 구성요건적 행위를 실행하고 신분자가 이에 가담한 경우에도 신분자와 신분 없는 사람 간에 공동정범의 성립요건이 충족되면 공동정범으로서의 형사책임을 부담함
- 甲은 권리행사방해죄의 공동정범이 될 수 있음

4. 권리행사방해죄의 교사범 성립 여부

- 통설, 판례(대법원 2022. 9. 15, 2022도5827)인 공범종속성설의 입장에서는 정범인 乙에게 권리행사방해죄가 인정되지 않는 이상 甲에게 권리행사방해교사죄는 성립하지 않음
- 그러나 공범독립성설에 의하면, 甲의 범죄의사 내지 반사회성이 인정되는 이상 甲에게 권리행사방해교사죄가 인정된다고 주장 가능함

Ⅳ. 고소 전 수사와 긴급체포의 적법 여부, 고소의 추완

1. 문제의 제기

- 상대적 친고죄인 권리행사방해죄에서 사촌인 피해자 C의 고소가 없는 상태에서 수사를 한 것이 적법한 것인지 문제됨
- 경찰서에 자진출석한 甲을 긴급체포한 것이 적법한지 문제됨
- 친고죄에서 고소 없이 공소를 제기한 이후 재판과정에서 고소장을 제출한 경우 무효인 공소제기가 적법하게 되는지 문제됨

2. 친고죄의 고소 전 수사의 적법성

- 甲과 C는 동거하지 않는 사촌의 혈족관계이고 권리행사방해죄(형법 제323조)는 친족상도례가 적용되어 C의 고소가 있어야 공소를 제기할 수 있음(상대적 친고죄)(형법 제328조 제2항)
- C의 고소가 없는 상태에서 수사를 할 수 있는지에 대하여 전면허용설, 전면부정설, 제한적 허용설, 예외적 허용설이 있는데, 고소가 없는 경우에도 수사는 허용되지만 고소의 가능성이 없는 때에는 수사가 허용되지 않거나 제한되어야 한다는 제한적 허용설이 통설, 판례(대법원 1995. 3. 10, 94도3373)
- C의 고소 가능성이 없는 경우라고 보기 어려우므로, 수사는 적법함

3. 자진출석한 피의자에 대한 긴급체포의 적법성

- 긴급체포가 적법하기 위해서는 범죄의 중대성 및 범죄혐의의 상당성, 체포의 필요성, 긴급성이 인정되어야 함. 권리행사방해죄의 법정형은 장기 5년 이하의 징역형이고, 범죄혐의의 상당성도 인정됨
- 자진출석한 사람을 긴급체포한 경우 체포의 필요성이 현저한 특별한 경우 외에는 긴급성이 없어 원칙적으로 위법하다는 견해도 있으나, 자진출석하여 조사를 받는 경우라도 조사 과정에서 새로운 혐의점이 발견되거나 자신의 혐의 내용에 대한 판단이 달라질 수 있고, 자신의 주장이 받아들여지지 않는다고 느낀 나머지 중간에 조사를 거부하거나 조사 후 도망 염려가 있으므로, 피의자의 출석 경위나 수사 상황 등을 고려하여 적법성을 판단하는 것이 타당함[판례(대법원 1998. 7. 6, 98도785 등)의 입장]
- 甲은 임의 출석하였으나 조사 과정에서 사법경찰관이 자신의 범죄 혐의를 인지하고 이에 대한 변명이 받아들여지지 않자 화를 내며 귀가하려 하는 등 사정에 비추어 보면 체포 필요성과 긴급성을 인정할 수 있음
- 긴급체포는 적법함

4. 고소의 추완

- 적극설, 소극설, 절충설(공소제기 시 친고죄임에도 고소가 없으면 추완을 인정하지 않으나 비친고죄로 공소제기된 후 심리결과 친고죄로 판명된 경우에는 추완을 인정)이 있음
- 판례(대법원 1982. 9. 14, 82도1504)의 입장인 소극설에 의하면, 고소의 추완을 인정할 수 없으므로 공소제기는 무효임
- 법원은 형소법 제327조 제2호에 의한 공소기각의 판결을 선고해야 함

V. 일부상소와 파기환송심에서의 불이익변경금지의 원칙

- 사실관계

甲	• 상해(제1사실)와 절도(제2사실)로 공소제기됨 • 제1심은 제1사실과 제2사실을 모두 유죄로 인정하여 징역 1년을 선고함 • 甲만 모두 무죄라는 취지로 항소함 • 항소심은 제1사실은 무죄, 제2사실은 징역 1년에 집행유예 2년을 선고함 • 검사는 제1사실에 대하여 상고함 • 대법원은 제1사실도 유죄라는 취지로 파기환송함

1. 환송받은 항소심 법원의 심판범위

- 항소심 판결에서 제1사실과 제2사실은 실체적 경합관계이고 하나는 무죄, 하나는 유죄가 선고되어 검사가 그중 무죄에 대하여 상고하였으므로 일부상소에 해당함
- 일부상소한 경우 상소심 법원의 심판범위에 대하여 전부파기설과 일부파기설이 대립하는데, 검사가 상소하지 않은 유죄 부분은 확정되고 상소심에 계속된 부분은 무죄 부분에 대한 공소뿐이라는 일부상소설이 통설, 판례(대법원 1992. 1. 21, 91도1402 전원합의체)임
- 피고인에게 과형상 불이익이 초래될 수 있다는 점만으로 상소되지 아니하고 확정된 부분에 상소의 효력이 발생할 수는 없고 불이익변경금지의 원칙은 형을 다시 정할 때 고려하면 된다는 점을 근거로 함
- 따라서 환송받은 항소심 법원의 심판범위는 무죄 부분에 한정됨

2. 파기환송심에서 불이익변경금지의 원칙 적용 여부

- 불이익변경금지의 원칙은 피고인의 상고에 의사여 상고심에서 원심판결을 파기하고 항소심에 환송한 경우에도 적용됨
- 제1심 판결에 대해 피고인인 甲이 모두 무죄라는 취지로 항소하였고, 일부 유죄(제2사실), 일부 무죄(제1사실)가 선고된 항소심 판결 중 무죄 부분에 대하여 검사가 상고하자 대법원은 제1사실도 유죄라는 취지로 파기환송하였는바, 파기환송심에서도 불이익변경금지의 원칙이 적용되어 환송받은 법원은 제1심 판결보다 무거운 형을 선고할 수 없게 됨
- 환송받은 항소심은 제1심 판결인 징역 1년보다 무거운 형을 선고할 수 없는데, 제2사실에 관한 징역 1년에 집행유예 2년의 판결은 상고심의 심판대상이 되지 않고 확정되었으므로 결국 ① 제1사실이 이미 분리 확정된 제2사실과 형법 제37조 후단 경합범에 해당하므로 형의 면제를 선고하거나(형법 제39조 제1항), ② '甲에 대하여 형을 선고하지 아니한다'는 주문을 선고하여야 함
- 환송받은 법원이 제1사실에 대하여 甲에게 징역 1년을 선고한 것은 불이익변경금지의 원칙에 반하여 위법함

사례 28. [25 – 변시(14) – 2]
2025년 제14회 변호사시험 제2문

(1) 주점을 운영하던 甲은 술을 마시고 귀가하려는 A의 가방 안에 현금 다발이 있는 것을 보고 종업원 乙과 공모하여 甲이 망을 보면 乙이 가방 안에 있는 현금을 훔치기로 하였다. 甲과 乙이 A를 미행하던 중 A가 공원 벤치에 앉자 甲은 근처에서 망을 보기 시작하였다. *乙이 A에게 몰래 다가가 A의 가방을 집어드는 순간 甲은 급한 전화를 받고 주점으로 돌아갔다. 가방이 없어진 사실을 알게 된 A는 근처에서 자신의 가방을 들고 공원을 막 나가려는 乙을 목격하였다. 이에 A가 乙을 100m 가량 쫓아가 어깨와 목덜미를 붙잡자 乙은 항거하기 위해 A를 넘어뜨린 후 발로 밟아 전치 6주의 골절상을 입혔다.* 이 사실을 모른 채 택시로 귀가하던 甲은 도착지에서 택시 기사 丙과 과다한 요금 문제로 시비가 붙었고, 이에 丙은 甲과 시비 끝에 경찰에 신고하였다. 현장에 출동한 경찰관 P는 요금 문제는 당사자끼리 원만히 해결하라는 조언을 하였다. 하지만 丙은 P가 너무 편파적이라면서 당장 甲을 파출소로 연행해 가라고 항의하였다. 항의가 받아들여질 기미가 보이지 않자 丙은 P의 직무집행이 위법하다고 생각하며 P를 밀어 넘어뜨렸다.

(2) 위 과정을 지켜보던 甲은 P에게 丙이 택시 안에서 자신을 강제추행했다고 진술하였다. P는 丙에게서 임의제출받은 블랙박스에서 甲에 대한 범죄사실을 알 수 있는 영상은 확인하지 못하였고, 다만 X, Y, Z에 대한 강제추행 장면이 녹화된 영상을 확인하였다. 그 후 P는 甲을 참고인으로 불러 피해진술을 영상녹화하면서 진술조서를 작성하였다. 또한 P는 甲 및 X, Y, Z에 대한 강제추행의 범죄사실로 丙의 주거지에 대한 압수·수색영장을 발부받았다(압수할 물건: 위 범죄사실과 관련된 자료가 있는 丙의 태블릿 PC, 휴대폰 등 정보처리장치, 정보저장매체 및 위 전자정보). P는 압수·수색영장을 가지고 丙의 주거지를 찾아갔으나 丙은 없고, 丙의 동거인인 C만 있었다. P는 C에게 압수·수색영장을 제시한 후 선별 과정에의 참여 의사를 물어보았으나 C는 참여하지 않겠다고 답하였다. P는 丙 소유의 태블릿 PC에서 본건 범죄사실과 관련된 자료를 선별하여 이미징하고, 丙 소유 휴대폰에서 N 클라우드에 자동로그인이 되어 있는 것을 확인하고 들어가 보니 丙이 X, Y, Z를 강제추행하는 장면이 녹화된 파일을 발견하고 이 또한 압수하였다. 검사는 丙을 피해자 甲, X, Y, Z에 대한 강제추행으로 공소 제기하였다.

〔2025년 제14회 변호사시험 제2문〕

설 문

1. (1)에서 甲과 乙의 죄책을 논하시오. 단, 甲의 죄책과 관련해서는 ㉠ 판례의 입장에서 설명하고, ㉡ 그 판례법리에 대한 비판논거를 제시하시오. (20점)

2. (1)의 밑줄친 부분을 '乙이 A에게 다가가 현금이 들어있는 가방을 뺏는 과정에서 등산용 칼을 들이대자 A가 황급히 도망가다가 바로 옆 도로를 건너던 중 갑자기 뛰어든 A를 미처 보지 못한 T가 운전하는 차량에 들이받혔다. A는 바로 병원으로 후송되었으나 A의 장파열을 치료하던 의사가 수술을 지연하여 복막염으로 사망하였다.'로 바꿀 경우 乙의 죄책을 인과관계 및 객관적 귀속의 관점에서 논하시오. (15점)

3. (1)과 관련하여, 甲과 乙이 공범으로 함께 재판을 받으며 모두 범행을 부인하고 있는 상황에서, 증인 W가 당해사건 법정에 출석하여 "乙이 나에게 와서 말하길, '甲과 함께 현금을 훔치려 했는데 그만 사고가 나서 A를 다치게 했다'고 했다"라고 증언하였다. 이때 甲, 乙에 대한 W의 위 법정진술의 증거능력에 관하여 각 검토하시오. (10점)

4. (1)과 관련하여, 공무집행방해죄의 성립요건 중 '직무집행의 적법성'의 범죄 체계상 지위에 관한 각 견해를 서술하고, 그에 따른 丙의 죄책을 논하시오(단, P의 직무집행은 적법하다고 전제함). (20점)

5. (2)와 관련하여, N 클라우드에서 다운로드받은 자료, 태블릿 PC에서 이미징한 자료를 丙의 X, Y, Z에 대한 강제추행 사건의 유죄의 증거로 사용할 수 있는지 논하시오(임의제출 받은 블랙박스 영상 자료에 대한 압수는 적법하다고 전제함). (15점)

6. (2)와 관련하여, 만약 甲이 P가 작성한 진술조서에 대해 성립의 진정을 부인하는 경우, 甲의 진술을 녹화한 영상녹화물에 의하여 甲에 대한 진술조서의 증거능력을 인

정할 수 있는 요건에 대해 논하시오. (10점)

7. (2)와 관련하여, 제1심법원은 丙의 공소사실 모두에 대해 유죄를 인정하였다. 이에 丙은 항소하였고, 항소심법원은 심리 과정에서 심증 형성에 영향을 미칠 만한 객관적 사유가 새로 드러난 것이 없음에도 제1심의 사실인정에 관한 판단을 재평가하여 공소사실 모두에 대해 무죄를 선고하였다. 항소심 판결이 적법한지 논하시오. (10점)

해 설

Ⅰ. 제1문 — (1)에서 甲, 乙의 형사책임

1. 문제의 제기

사례 (1)에서 A의 현금이 든 가방을 훔친 행위와 관련하여, 甲과 乙에 대하여 특수절도죄가 성립하는지 문제되고, 이때 甲이 공모관계에서 이탈한 것으로 볼 수 있는지가 문제된다. 다음으로, 乙이 체포를 면탈할 목적으로 A에게 상해를 가한 행위가 준강도죄 및 강도상해죄에 해당하는지 문제된다. 또한, 乙과 절취 범행만 공모한 甲에게도 乙의 A에 대한 상해행위에 대한 책임을 물을 수 있는지가 문제된다.

2. 乙의 형사책임

(1) 특수절도죄의 성립 여부

2명 이상이 합동하여 타인의 재물을 절취한 경우, 특수절도죄(형법 제331조 제2항, 제1항)가 성립한다. '합동'의 개념에 관하여는 ① 가중적 공동정범설, ② 공모공동정범설, ③ 현장설(통설), ④ 현장적 공동정범설의 대립[1]이 있다. 대법원은 주관적 요건으로서의 공모와 객관적 요건으로서의 실행행위의 분담이 있어야 하고, 그 실행행위는 시간적·장소적으로 협동관계가 있음을 요한다고 하여,[2] 위 ③의 현장설과 같은 입장으로 이해된다. 사례에서 甲과 乙은 절도 범행을 공모하고 A를 미행하던 중 A가 공원 벤치에 앉자 甲은 망을 보고, 乙이 A에게 몰래 다가가 A의 가방을 절취하였는바, 실행행위의 분담과 시간적·장소적 협동관계가 인정되어 특수절도죄가 성립한다.

한편 절도죄의 기수시기에 대하여는, ① 접촉설, ② 은닉설, ③ 이전설 등이 있으나, ④ 타인의 점유를 자기 또는 제3자의 사실상 지배하에 옮겼을 때라고 하는 취득설이 통설이고, 판례도 같은 입장이다.[3] 乙은 A의 가방을 집어 들고 공원을 나가려고 하였으므로 특수절도죄의 기수에 이르렀다.

---

1) 이에 관한 상세는 사례 4. [13－변시(2)－2] 제1문 관련쟁점 '합동범의 본질' 참조.
2) 대법원 1996. 3. 22. 선고 96도313 판결 등.
3) 대법원 2008. 10. 23. 선고 2008도6080 판결.

(2) 준강도죄의 성립 여부

준강도죄는 '절도'가 재물의 탈환에 항거하거나 체포를 면탈하거나 범죄의 흔적을 인멸할 목적으로 폭행 또는 협박한 때에 성립한다(형법 제335조). 준강도죄가 성립하기 위해서는 ① 절도범일 것(미수죄도 포함), ② 절도의 기회에 폭행 또는 협박이 행해질 것, 즉 절도 범행과 시간적·장소적 근접성이 있을 것, ③ 재물의 탈환에 항거하거나 체포를 면탈하거나 범죄의 흔적을 인멸할 목적이 있을 것 등이 요구된다. ②의 요건에 해당하는 경우란, 절도의 실행에 착수하여 그 실행 중이거나 그 실행 직후 또는 실행의 범의를 포기한 직후로서 사회통념상 범죄행위가 완료되지 않았다고 인정될 만한 단계,[1] 구체적으로는 절도범인과 피해자 측이 절도의 현장에 있거나, 절도에 잇달아 또는 절도의 시간·장소에 접착하여 피해자 측이 범인을 체포할 수 있는 상황, 범인이 범죄의 흔적을 인멸할 가능성이 높은 상황에 있는 경우,[2] 피해자 측이 추적태세에 있는 경우나 일단 체포되었으나 아직 신병확보가 확실하지 않은 단계[3] 등을 말한다.

사례에서 乙은 특수절도의 기수범이고, 그 절도 범행 직후 도주 중에 A가 100m 가량 쫓아가 자신을 붙잡자 이에 항거하여 A를 넘어뜨린 후 발로 밟았으므로 시간적·장소적 근접성을 충족하였고, 체포를 면탈할 목적도 인정되므로 준강도죄가 성립한다.

(3) 강도상해죄의 성립 여부

강도가 강도의 기회에[4] 사람을 상해한 때에는 강도상해죄(형법 제337조 전단)가 성립한다. 강도상해죄는 강도죄와 상해죄의 결합범이므로 상해의 고의가 인정되어야 한다.

사례에서 乙은 자신을 붙잡는 A에 항거하여 A를 넘어뜨린 후 발로 밟아 전치 6주의 골절상을 입혔는데, 폭행 경위, 피해 부위와 정도 등에 비추어 상해의 고의가 인정된다. 따라서 乙에 대하여 강도상해죄가 성립한다.

3. 甲의 형사책임

(1) 특수절도죄의 성립 여부

甲과 乙의 실행행위는 위에서 살펴본 바와 같이 시간적·장소적 협동관계에 있음을 인정할 수 있으므로 甲에게는 특수절도죄가 성립할 수 있다. 다만, 甲은 乙이 A의

---

1) 대법원 1984. 9. 11. 선고 84도1398 판결.
2) 대법원 2009. 7. 23. 선고 2009도5022 판결.
3) 대법원 2001. 10. 23. 선고 2001도4142, 2001감도100 판결.
4) 강도범행의 실행 중이거나 실행 직후 또는 실행의 범의를 포기한 직후로서 사회통념상 범죄행위가 완료되지 아니하였다고 볼 수 있는 단계를 말한다(대법원 2014. 9. 26. 선고 2014도9567 판결).

가방을 집어드는 순간 급한 전화를 받고 주점으로 돌아갔으므로 공모관계로부터 이탈한 것에 해당하여 공범으로서의 책임을 지지 않게 되는 것인지 문제된다. 판례는 공모관계의 이탈이 인정되기 위해서는, ① 실행의 착수 전에 이탈하여야 하고,[1] 실행의 착수 후에 이탈하면 공범으로서의 책임을 지고,[2] ② 이탈의 의사표시를 하여야 하며, ③ 공모자가 공모에 의하여 담당한 기능적 행위지배를 해소하여야 한다고 판시하고 있다.[3] 절도죄의 실행의 착수시기는 타인의 점유를 배제하는 행위를 개시한 때로서, 판례는 밀접행위 또는 물색행위가 있을 때 실행의 착수를 인정한다.[4]

사례에서 甲과 乙이 A를 미행하던 중 A가 공원 벤치에 앉자 甲은 근처에서 망을 보고, 乙이 A에게 몰래 다가가 A의 가방을 집어드는 순간 甲이 현장을 떠났는데, 이미 乙이 실행에 착수한 이후이므로 공모관계로부터 이탈한 것에 해당하지 않는다. 따라서 甲에게 특수절도죄가 성립한다.

(2) 준강도죄 및 강도상해죄의 성립 여부

(가) 판례의 입장에 따른 설명

乙은 甲과 공모한 범위를 넘어 강도상해죄에 이르렀다. 공동정범 중 1인은 원칙적으로 자신이 인식한 공모 내용의 한도에서 책임을 진다. 공모 내용을 초과하는 경우로서 질적 초과와 양적 초과가 있는데, 원칙적으로 초과한 부분에 대하여는 책임을 지지 않는다. 양적 초과의 경우 공모 과정에서 초과 실행행위가 예상되는 경우라면, 이는 공모의 내용에 포함되는 것이라고 볼 수 있으므로 그 부분에 대하여 책임을 져야 할 것이다.[5] 판례는 공모자 중 1인이 공모한 내용을 초과하여 실행한 중한 범죄가 결과적 가중범인 경우에 실행행위를 하지 않은 다른 공모자에게 중한 결과에 대한 예견가능성이 있으면 결과적 가중범의 공동정범을 인정하는 태도이다.[6] 그런데 판례는 이러한 법리를 절도를 공모한 사람이 준강도죄를 범하고 나아가 중한 결과를 발생시킨 경우에도 적용한다. 판례는 합동절도를 공모한 사람 중의 1인이 체포면탈의 목적으로 준강도를 범하고 더 나아가 상해까지 야기한 경우 다른 공모자에게도 강도상해

---

1) 대법원 1996. 1. 26. 선고 94도2654 판결; 대법원 2015. 2. 16. 선고 2014도14843 판결.
2) 대법원 1984. 1. 31. 선고 83도2941 판결.
3) 이에 대한 상세는 사례 15. [19－변시(8)－1] 제1문 관련 쟁점 '공모관계로부터의 이탈' 참조.
4) 대법원 2003. 6. 24. 선고 2003도1985 판결 등.
5) 이에 대한 상세는 사례 4. [13－변시(2)－2] 제1문 2. (2) '공범의 초과행위와 丙의 형사책임' 참조.
6) 대법원 2013. 4. 26. 선고 2013도1222 판결(강도의 공동정범 중 1인이 살인의 고의로 사람을 살해한 경우에는 고의 없는 공동정범도 그 결과를 예견할 수 있었을 때에는 강도치사죄의 죄책을 진다고 한 사례).

죄의 성립을 인정하였다.[1] 이러한 판례의 법리에 따르면, 甲에게 乙이 절도 범행을 하는 과정에서 A를 폭행하고, 나아가 A에게 상해를 가할 수 있다는 점에 대한 예견가능성이 인정된다면,[2] 甲에게 강도상해죄의 공동정범을 인정할 수 있다.

(나) **판례법리에 대한 비판 논거**

첫째, 앞서 살펴본대로 결과적 가중범의 공동정범에서는 그 성립요건으로 예견가능성을 요한다(통설·판례[3]). 그런데 준강도죄는 절도죄의 결과적 가중범이 아니므로 중한 결과에 대한 예견가능성이 있을 것을 조건으로 하여 공동정범을 인정할 수 있는 결과적 가중범의 공동정범의 법리를 준강도죄에 대하여 그대로 적용할 수 없다. 이에 대해서는 공범의 초과에 관한 일반이론에 따라야 한다.

둘째, 준강도죄는 폭행·협박에 대한 고의와 고의를 초과하는 목적이 있어야 성립하는 범죄로서, 예견가능성이라는 과실의 요소를 고의 및 목적과 동일시하는 것은 책임주의에 반하는 결과가 된다.

셋째, 공범 중 1인이 초과 실행한 폭행 및 상해에 대해 다른 가담자들의 기능적 행위지배를 인정할 수 없으므로 준강도죄나 강도상해죄의 공동정범을 인정할 수 없다.

4. 설문의 해결

판례의 입장에 따르면, 甲에게 乙이 절도 범행을 하는 과정에서 A에게 상해를 가할 수 있다는 점에 대한 예견가능성이 인정된다면, 甲에게는 강도상해죄의 공동정범이 성립한다. 乙에게는 강도상해죄(甲에 대한 강도상해죄가 성립할 경우 공동정범)가 성립한다.

Ⅱ. 제2문—(1)의 변경된 사실관계에서 乙의 형사책임

1. 문제의 제기

사례 (1)의 변경된 사실관계에 의하면, 乙이 등산용 칼을 이용하여 강도 범행을 하고, A가 이를 피하기 위해 도망하여 도로를 건너던 중 제3자가 운전하는 차량에 들

1) 대법원 1982. 7. 13. 선고 82도1352 판결; 대법원 1989. 12. 12. 선고 89도1991 판결.
2) 사례에서 주어진 사정이 충분치 않아 단정하기는 어렵지만, 공원 벤치에 앉아 있는 A의 가방 안에서 현금을 훔칠 경우, 시간적·장소적으로 근접하여 들키면 A가 탈환하려고 할 것이고, 이에 항거하는 과정에서 A에게 상해를 가할 수 있음을 사회통념상 인정할 수도 있을 것이다.
3) 대법원 1984. 2. 14. 선고 83도3120 판결(강간치상죄); 대법원 1991. 5. 14. 선고 91도580 판결(상해치사죄); 대법원 2013. 4. 26. 선고 2013도1222 판결(강도치상죄)

이받혔고, 그 후 병원에 후송되었으나 의사의 수술 지연으로 인하여 사망하였다. 乙의 강도행위와 A의 사망이라는 결과 사이에는 차량에 의한 충격과 의사의 수술 지연 등 제3자의 과실행위가 개입되었다. 그럼에도 불구하고 A의 사망이라는 최종 결과에 대하여 乙에게 책임을 물을 수 있는지가 문제된다. 이는 인과관계와 객관적 귀속의 문제로서 乙의 강도행위와 A의 사망 사이에 인과관계 또는 객관적 귀속을 인정할 수 있다면, 乙은 강도치사죄의 책임을 지게 된다.

2. 결과적 가중범의 인과관계 및 객관적 귀속

(1) 견해의 대립

인과관계와 객관적 귀속에 대하여는 대별하여, ① 일정한 행위가 경험칙상 그 결과를 발생시키는 데 상당하다고 인정될 때에 인과관계가 인정된다는 상당인과관계설과, ② 인과관계는 결과가 행위에 시간적으로 뒤따르는 외계의 변동에 연결되고, 이 변동이 행위와 합법칙적 연관하에 구성요건적 결과로 실현되면 인정되고(합법칙적 조건설), 나아가 그 결과를 행위자의 행위에 객관적으로 귀속시킬 수 있어야 한다는 객관적 귀속론(통설)이 대립된다.

판례는 상당인과관계설의 입장이다.[1] 판례는 피해자가 행위자에 의해 만들어진 위험을 피하는 과정에서 결과가 발생한 경우 그러한 진행 경과가 통상적으로 예견가능한 범위 내의 일인 경우 상당인과관계가 인정된다고 본다.[2]

(2) 상당인과관계설에 의할 경우

A가 乙의 강도 범행을 피하는 과정에서 제3자의 부주의한 차량운전행위와 의사의 수술지연행위가 개입하여 그것이 결과발생에 직접적 원인이 되었다고 하더라도 乙의 강도 범행을 피하는 과정에서 통상적으로 전개될 수 있는 경험 범위 내의 일이므로 상당인과관계가 인정된다.[3]

(3) 객관적 귀속론에 의할 경우

乙의 선행행위에 의하여 창설된 위험이 사망의 결과에 있어서도 위험을 야기하

---

1) 대법원 2011. 4. 14. 선고 2010도10104 판결 등.
2) 대법원 1985. 5. 10. 선고 90도529 판결; 대법원 1991. 10. 25. 선고 91도2085 판결.
3) 판례도 의사의 수술 지연 등 과실이 피해자의 사망의 공동원인이 되었다 하더라도 피고인의 폭력행위가 사망의 결과에 대한 유력한 원인이 된 이상 그 폭력행위와 치사의 결과 사이에는 인과관계가 있다고 보았다(대법원 1984. 6. 26. 선고 84도831, 84감도129 판결).

거나 증대시킴으로써 사실상 실현되었다고 볼 수 있을 때 乙에게 사망에 대한 책임을 귀속시킬 수 있다(위험증대이론). 그런데 A의 사망은 乙이 창설한 위험의 구체적인 실현으로 발생한 것이 아니라, 차량 운전자의 주의의무 위반 및 의사의 수술 지연에 의하여 발생하였다. 즉 제3자의 과실행위가 개입되어 새로운 또는 더 증가된 위험이 발생하였고, 그와 같은 위험의 구체적인 실현에 의하여 비로소 최종적인 사망의 결과가 발생한 것이다. 따라서 乙에게 A의 사망이라는 결과발생에 대한 책임을 귀속시키기 어렵다.[1]

3. 설문의 해결

상당인과관계설 및 판례에 따르면, 乙의 강도행위와 사망의 결과 사이에 인과관계가 인정되어 乙에게 강도치사죄(형법 제338조 후문)의 성립이 인정될 수 있지만, 객관적 귀속론에 의하면 乙에게 강도치상죄(형법 제337조 후단)의 성립만 인정될 수 있다.

Ⅲ. 제3문 — 전문진술의 증거능력

1. 문제의 제기

사례 (1)과 관련하여, 증인 W는 乙로부터 범죄사실을 시인하는 진술을 들은 사람으로서, W의 증언은 전문진술에 해당한다. W의 증언이 공동피고인 甲과 乙에 대하여 증거능력이 있는지, 그 요건은 무엇인지가 문제된다.

2. 피고인 甲에 대한 W의 증언의 증거능력

W의 증언은 전문진술로서 피고인 아닌 자의 공판기일에서의 진술이 피고인 아닌 자(=乙)의 진술을 내용으로 하는 때에 해당한다(통설·판례[2]). 따라서 피고인 甲에 대한 관계에서는 원진술자가 사망, 질병, 외국거주, 소재불명, 그 밖에 이에 준하는 사유로 인하여 진술할 수 없고, 그 진술이 특히 신빙할 수 있는 상태하에서 행하여졌음이 증명된 때에 한하여 이를 증거로 할 수 있다(형소법 제316조 제2항).

그런데 본 설문에서는 원진술자인 乙이 공판정에 출석하였으므로 피고인 甲에 대한 관계에서 W의 증언은 증거능력이 없다.

---

1) 객관적 귀속론에서도 다양한 견해가 있어 견해에 따라서는 객관적 귀속을 인정할 수도 있을 것이다.
2) 대법원 2007. 2. 23. 선고 2004도8654 판결.

3. 피고인 乙에 대한 W의 증언의 증거능력

W의 증언은 전문진술로서 피고인 아닌 자의 공판기일에서의 진술이 피고인(=乙)의 진술을 그 내용으로 하는 것인 때에 해당한다. 따라서 그 진술이 특히 신빙할 수 있는 상태하에서 행하여졌음이 증명된다면 증거능력이 있다(형소법 제316조 제1항). 특신상태란 신용성의 정황적 보장, 즉 허위 개입의 여지가 거의 없고 그 진술내용이 신빙성이나 임의성을 담보할 구체적이고 외부적인 정황이 있는 경우를 의미한다.[1] 이때 특신상태는 단지 그러한 개연성이 있다는 정도로는 부족하고, 합리적인 의심의 여지를 배제할 정도로 검사가 증명하여야 한다.[2]

본 설문에서 W의 증언이 특히 신빙할 수 있는 상태하에서 행하여졌음(특신상태)이 증명된다면, 피고인 乙에 대한 관계에서 증거능력을 인정할 수 있다.

4. 증거동의의 대상 여부

검사와 피고인이 증거로 할 수 있음을 동의한 서류 또는 물건은 진정한 것으로 인정한 때에는 증거로 할 수 있다(형소법 제318조 제1항). 증거동의의 본질에 대하여는, ① 증거의 증거능력에 대한 당사자의 처분권을 인정하는 것이라는 처분권설, ② 반대신문권을 포기하겠다는 피고인의 의사표시에 의하여 서류 또는 물건의 증거능력을 부여하는 것이라는 반대신문권포기설의 대립이 있으나, 통설과 판례[3]는 위 ②의 반대신문권포기설의 태도를 취하고 있다.

형사소송법 제318조 제1항은 증거동의의 대상을 '서류 또는 물건'으로 규정하고 있으나, 증거동의의 본질을 반대신문권의 포기로 보는 통설과 판례의 입장에 따르면, 서류 이외의 전문증거가 되는 '진술'도 증거동의의 대상이 된다.[4]

---

1) 대법원 2007. 2. 23. 선고 2004도8654 판결; 대법원 2017. 12. 22. 선고 2016도15868 판결.
2) 대법원 2014. 4. 30. 선고 2012도725 판결; 대법원 2017. 7. 18. 선고 2015도12981, 2015전도218 판결; 대법원 2017. 12. 22. 선고 2016도15868 판결.
3) 대법원 1983. 3. 8. 선고 82도2873 판결.
4) 대법원 1983. 9. 27. 선고 83도516 판결(형소법 제316조 제2항의 전문진술에 해당하는 법정증언에 대하여, 피고인이 별 의견이 없다고 진술하였다면 증거동의한 것으로 볼 수 있다고 하여 묵시적 동의를 인정한 사례); 대법원 2019. 11. 14. 선고 2019도11552 판결(제316조 제2항의 전문진술에 해당하는 법정증언에 대하여, 피고인 또는 변호인에게 의견을 묻는 등의 적절한 방법으로 고지가 이루어지지 않은 채 증인신문이 진행된 다음 그 증거조사 결과에 대한 의견진술이 이루어진 점에 비추어, 피고인이 위 법정증언을 증거로 삼는 데에 동의하였다고 볼 수 없다고 한 사례).

5. 설문의 해결

첫째, 피고인 甲, 乙이 W의 증언을 증거로 함에 동의한 경우에는 증거동의한 해당 피고인에 대하여 증거능력을 인정할 수 있다.

둘째, 피고인이 증거 부동의한 경우에는, 피고인 甲에 대하여 형사소송법 제316조 제2항의 요건이 충족되지 않아 증거능력을 인정할 수 없다. 피고인 乙에 대하여는 W의 증언이 특히 신빙할 수 있는 상태하에서 행하여졌음(특신상태)이 증명된다면 증거능력을 인정할 수 있다.

Ⅳ. 제4문 — (1)에서 丙의 형사책임

1. 문제의 제기

丙이 신고를 받고 현장에 출동한 경찰관 P의 적법한 직무집행을 위법하다고 생각하면서 P를 밀어 넘어뜨린 행위가 공무집행방해죄를 구성하는지와 관련하여, 공무집행방해죄에서 '직무집행의 적법성'의 범죄 체계상 지위에 관한 견해 및 그에 따른 착오의 효과가 문제된다.

2. 직무집행의 적법성 요건의 체계적 지위

공무집행방해죄(형법 제136조 제1항)가 성립하려면 객관적 구성요건으로 직무를 집행하는 공무원에 대한 폭행 또는 협박이 있어야 하고, 주관적 구성요건으로 고의가 있어야 한다. 그리고 비록 형법에 명문의 규정은 없지만 공무원의 직무집행은 적법하여야 한다(통설·판례[1]).

'직무집행의 적법성' 요건의 체계적 지위에 대하여, ① 공무집행의 적법성은 공무집행방해죄의 구성요건요소라는 견해(구성요건요소설), ② 직무집행이 적법하면 공무집행방해행위가 위법하다는 의미에서 적법성 요건을 위법성요소라고 하거나, 공무집행이 위법하면 그에 대한 저항행위의 위법성이 조각된다는 의미에서 적법성 요건을 위법성조각사유라고 이해하는 견해(위법성요소설 또는 위법성조각사유설), ③ 공무집행의 적법성은 객관적 처벌조건에 불과하다는 견해(객관적 처벌조건설)가 대립한다.

판례는 현행범인 체포와 관련하여, "현행범인 체포의 요건을 갖추지 못하여 적법

1) 대법원 1992. 2. 11. 선고 91도2797 판결.

한 공무집행이라고 볼 수 없으므로 공무집행방해죄의 구성요건을 충족하지 아니한다."고 판시하여,[1] 위 ①의 구성요건요소설의 입장이라고 볼 수 있다.

3. 직무집행의 적법성에 대한 착오의 효과

적법한 직무집행을 위법한 직무집행으로 착오하여 이에 대해 저항한 행위에 대한 법적 평가는 적법성 요건의 체계적 지위를 어떻게 파악하냐에 따라 달라진다.

(1) 학설

① 구성요건요소설에 의하면, 직무집행의 적법성에 대한 착오는 원칙적으로 구성요건적 착오에 해당하여 고의가 조각되지만, 행위사정의 위법 또는 적법성의 의미평가를 잘못한 경우는 위법성의 착오의 일종(포섭의 착오)으로 취급되어 오인에 정당한 이유가 있는 때에 한하여 벌하지 아니한다(형법 제16조).

② 위법성요소설 또는 위법성조각사유설에 의하면, 직무집행의 적법성에 대한 착오는 위법성의 착오(법률의 착오, 금지착오) 또는 위법성조각사유의 전제사실에 관한 착오에 해당한다. ⓐ 위법성의 착오로 볼 경우에는, 적법한 직무집행을 위법한 직무집행으로 오인한 것에 정당한 이유가 있는 때에 한하여 벌하지 아니한다(형법 제16조). ⓑ 위법성조각사유의 전제사실에 대한 착오로 보아야 한다는 견해는 다시, (i) 책임요소인 고의의 내용에 위법성의 인식도 포함되는데 위법성조각사유의 전제사실의 착오는 위법성을 인식하지 못한 것이므로 고의가 조각되고 과실범처벌규정이 있는 경우에 한하여 과실범으로 처벌된다는 고의설, (ii) 허용구성요건의 착오를 포함한 모든 위법성조각사유의 착오를 금지착오로 보고 착오에 정당한 이유가 없으면 고의범으로 처벌되고 정당한 이유가 있으면 형법 제16조에 따라 불가벌로 된다는 엄격책임설, (iii) 위법성조각사유는 소극적 구성요건요소가 되므로 위법성을 조각하는 행위상황에 대한 착오는 구성요건착오가 되어 고의를 조각한다고 보는 소극적 구성요건요소이론, (iv) 위법성조각사유의 전제사실에 대한 착오가 구성요건적 착오는 아니지만 구성요건적 착오와의 구조적 유사성을 근거로 구성요건적 착오의 규정이 적용되어야 한다고 보는 제한적 책임설 중 구성요건적 착오에 관한 규정이 직접 적용될 수는 없지만 구성요건적 착오에 관한 규정을 유추적용하여 고의를 조각한다고 보는 구성요건착오 유추적용설, (v) 제한적 책임설 중 허용구성요건착오의 경우 구성요건 단계에서는 고의범을 인정하지만 고의책임과 고의형벌을 조각하여 법효과에 있어서 구성요건적 착오와 같이

---

1) 대법원 2011. 5. 26. 선고 2011도3682 판결.

취급해야 한다고 보는 법효과제한적 책임설(통설)로 나누어진다.[1] 판례는 오인에 정당한 이유가 있으면 위법성이 조각된다고 한다.[2]

③ 객관적 처벌조건설에 의하면, 적법성에 대한 인식 유무는 고의의 성부나 범죄의 성립에 영향이 없다.

(2) 판례

직무집행의 적법성에 대한 착오와 관련하여, 일부 하급심 판례는 위법성조각사유의 전제사실에 대한 착오에 해당하는 것으로 본 것[3]도 있으나, 최근에 대법원은 "공무집행방해죄에서 공무집행의 적법성에 관한 피고인의 잘못된 법적 평가로 인하여 자신의 행위가 금지되지 않는다고 오인한 경우에는 그 오인에 정당한 이유가 있는지를 살펴보아야 한다."라고 판시하였다.[4] 위 판결은 직무집행의 적법성을 구성요건의 규범적 요소로 보고, 그 착오는 위법성의 착오의 일종인 포섭의 착오로 판단해야 한다는 입장으로 평가된다.[5]

4. 설문의 해결

위 ①의 구성요건요소설에 의하면, 직무집행의 적법성에 대한 착오는 원칙적으로 구성요건적 착오에 해당하여 고의가 조각되므로 丙에 대하여 공무집행방해죄는 성립하지 않지만, 포섭의 착오로 취급되는 경우는 오인에 정당한 이유가 있으면 처벌되지 않고〔책임 조각(통설)〕, 정당한 이유가 없으면 공무집행방해죄가 성립한다. 위 ②설 중 위법성요소설에 의하면, 직무집행의 적법성에 대한 착오는 위법성의 착오(금지착오)가 되어 오인에 정당한 이유가 있으면 처벌되지 않고〔책임 조각(통설)〕, 정당한 이유가 없으면 공무집행방해죄가 성립한다. 위 ②설 중 위법성조각사유설에 의하면, 위법성조각사유의 전제사실에 관한 착오에 해당하고, 위 (i), (iii), (iv), (v)설에 따르면 처벌되지 않고(과실범 처벌규정 없음), 위 (ii)설에 따르면 오인에 정당한 이유가 있으면 처벌되지 않고 정당한 이유가 없으면 공무집행방해죄가 성립한다. 위 ③의 객관적 처벌조건설에 의하면, 적법성에 대한 인식 유무는 고의의 성부나 범죄의 성립에 영향이 없으므로 공무집행방해죄가 성립한다.

---

1) 이에 대한 상세는 사례 10. [16−변시(5)−2] Ⅰ. 2. 제1문의 나. '2) 사실에 대한 甲, 乙의 형사책임' 부분 참조.
2) 대법원 1986. 10. 28. 선고 86도1406 판결.
3) 서울서부지방법원 2023. 11. 9. 선고 2023노119 판결.
4) 대법원 2024. 7. 25. 선고 2023도16951 판결.
5) 이와는 달리, 위 판결은 직무집행의 적법성을 위법성요소로 보고, 그 착오를 법률의 착오(위법성의 착오)에 해당한다고 하는 입장이라는 견해도 있다.

V. 제5문 — 전자정보의 증거능력 및 압수방법

1. 문제의 제기

사례 (2)에서 丙의 강제추행 혐의와 관련하여, 丙의 주거지에 대한 압수·수색영장이 발부되었고, 경찰관 P는 丙의 주거지를 찾아갔으나 丙은 없고 丙의 동거인인 C만 있는 상태에서 C에게 압수·수색영장을 제시하고, C의 참여권을 보장한 다음, 丙 소유 휴대전화에서 N 클라우드에 접속하여 관련된 자료를 다운로드받아 압수하고, 丙 소유의 태블릿 PC에서 관련된 자료를 선별하여 이미징하여 압수하였다. N 클라우드에서 다운로드받은 자료의 경우, 위 압수·수색영장의 '압수할 물건'에는 정보처리장치 저장 전자정보만 기재되어 있고, 원격지 서버 저장 전자정보가 기재되어 있지 않으므로 위 '압수할 물건'의 의미를 어떻게 해석할 것인가가 문제된다. 다음으로, 태블릿 PC에서 선별 과정을 거쳐 이미징한 자료의 경우, ① 압수·수색영장 제시 및 사본교부의무 위반 여부, ② 피압수자의 참여권을 보장하였는지 여부가 문제된다.

2. N 클라우드에서 다운로드받은 자료의 증거능력

헌법과 형사소송법이 구현하고자 하는 적법절차와 영장주의의 정신에 비추어 볼 때, 법관이 압수·수색영장을 발부하면서 '압수할 물건'을 특정하기 위하여 기재한 문언은 엄격하게 해석해야 하고, 함부로 피압수자 등에게 불리한 내용으로 확장해석 또는 유추해석을 하는 것은 허용될 수 없다.[1] 압수할 전자정보가 저장된 컴퓨터 등 정보처리장치와 정보통신망으로 연결된 원격지의 서버 저장 등 저장매체는 소재지, 관리자, 저장 공간의 용량 측면에서 서로 구별되고, 압수·수색의 방식에 있어서 차이가 있으며, 압수·수색으로 얻을 수 있는 전자정보의 범위와 그로 인한 기본권 침해 정도도 다르므로, 수사기관이 압수·수색영장에 적힌 '수색할 장소'에 있는 컴퓨터 등 정보처리장치에 저장된 전자정보 외에 원격지 서버에 저장된 전자정보를 압수·수색하기 위해서는 압수·수색영장에 적힌 '압수할 물건'에 별도로 원격지 서버 저장 전자정보가 특정되어 있어야 한다.[2]

본 사례에서는 압수·수색영장에 적힌 '압수할 물건'에 컴퓨터 등 정보처리장치 저장 전자정보만 기재되어 있어 컴퓨터 등 정보처리장치를 이용하여 원격지 서버 저장 전자정보를 압수할 수 없으므로, 경찰관 P가 N 클라우드에서 다운로드받아 전자정

1) 대법원 2009. 3. 12. 선고 2008도763 판결 등 참조.
2) 대법원 2022. 6. 30. 선고 2022도1452 판결.

보를 압수한 것은 압수·수색영장에서 허용한 압수의 범위를 넘어선 것이어서 적법절차 및 영장주의 위반에 해당한다. 따라서 위 전자정보는 위법수집증거로서 증거능력을 인정할 예외적인 경우에 해당하지 않으므로 증거능력이 없다.

3. 태블릿 PC에서 이미징한 자료의 증거능력

(1) 정보저장매체 압수의 절차적 원칙

압수의 목적이 정보저장매체인 경우 원칙적으로 기억된 정보의 범위를 정하여 출력하거나 복제하여 제출받아야 하고, 예외적으로 범위를 정하여 출력 또는 복제하는 방법이 불가능하거나 압수의 목적을 달성하기에 현저히 곤란하다고 인정되는 때에는 정보저장매체 자체를 압수할 수 있다(형소법 제219조, 제106조 제3항). 압수·수색영장은 처분을 받는 자에게 반드시 제시하여야 하고, 처분을 받는 자가 피의자인 경우에는 그 사본을 교부하여야 한다(형소법 제219조, 제118조 본문). 다만, 처분을 받는 자가 현장에 없는 등 영장의 제시나 그 사본의 교부가 현실적으로 불가능한 경우 또는 처분을 받는 자가 영장의 제시나 사본의 교부를 거부한 때에는 예외로 한다(형소법 제219조, 제118조 단서). 검사, 피의자 또는 변호인은 압수·수색영장의 집행에 참여할 수 있고(형소법 제219조, 제121조), 압수·수색영장을 집행함에는 미리 집행의 일시와 장소를 참여권자에게 통지하여야 한다. 다만, 참여권자가 참여하지 아니한다는 의사를 명시한 때 또는 급속을 요하는 때에는 예외로 한다(형소법 제219조, 제122조). 타인의 주거 안에서 압수·수색영장을 집행할 때에는 주거주, 간수자 또는 이에 준하는 사람을 참여하게 하여야 한다(형소법 제219조, 제123조 제2항).

(2) 영장의 제시 및 사본교부 여부

본 사례에서 경찰관 P는 압수·수색영장을 가지고 丙의 주거지를 찾아갔으나 丙은 없고, 丙의 동거인인 C만 있었으므로 P는 C에게 압수·수색영장을 제시하였다. 이러한 경우는 '처분을 받는 자가 현장에 없는 등 영장의 제시나 그 사본의 교부가 현실적으로 불가능한 경우'에 해당하므로 영장의 제시 및 사본교부의무 위반에 해당하지 않는다.

(3) 피압수자의 참여 여부

판례는 "제219조, 제121조에서 규정하는 '피압수·수색 당사자'에게 참여의 기회를 보장하여야 한다"라고 하면서도,[1] 피압수자가 피의자가 아닌 제3자인 경우 피의자가 실질적 피압수자라는 등의 특별한 사정이 있는 경우에는 피의자에게 참여권이 보장되어야 한다는 입장이다. 판례는 피해자 등 제3자가 피의자의 소유·관리에 속하는 정보저장매체를 임의제출한 경우에 실질적 피압수자인 피의자에게도 참여권을 보장하는 등 피의자의 절차적 권리를 보장하기 위한 적절한 조치가 이루어져야 한다고 하거나,[2] 수사기관이 압수·수색영장에 기하여 인터넷서비스업체 상대로 서버에 저장되어 있는 피의자의 카카오톡 대화내용 일체를 압수한 경우 관련된 전자정보를 탐색·출력하는 과정에서 실질적 피압수자인 피의자에게 참여권을 보장해야 한다고 보았다.[3] 판례는 임의제출자 아닌 실질적 피압수자인 피의자에게도 참여권이 보장되어야 하는 '피의자의 소유·관리에 속하는 정보저장매체'라 함은, 피의자가 압수·수색 당시 또는 이와 시간적으로 근접한 시기까지 해당 정보저장매체를 현실적으로 지배·관리하면서 그 정보저장매체 내 전자정보 전반에 관한 전속적인 관리처분권을 보유·행사하고, 달리 이를 자신의 의사에 따라 제3자에게 양도하거나 포기하지 않은 경우로서, 피의자를 그 정보저장매체에 저장된 전자정보에 대하여 실질적인 압수·수색 당사자로 평가할 수 있는 경우를 말하는 것이며, 이에 해당하는지 여부는 압수·수색 당시 외형적·객관적으로 인식 가능한 사실상의 상태를 기준으로 판단하여야 한다는 입장이다.[4]

판례가 실질적 피압수자인 피의자의 참여권을 보장해야 한다고 밝힌 사안은 관련성에 대한 구분 없이 전자정보 일체를 압수한 다음 수사기관 사무실에서 관련성 있는 정보를 탐색·복제·출력한 사안임에 반해, 본 사례는 丙의 주거지 내에서 압수·수색영장을 집행하면서 丙 소유의 태블릿 PC에 대해 선별 과정을 거쳐 이미징을 한 사안이라는 점에서 차이가 있다.[5] 이러한 차이에 주목하면서 본 사례의 압수가 형사소송법 제122조(형소법 제219조에서 준용)의 '급속을 요하는 때'에 해당한다고 보면, 피압수자 외에 별도로 실질적 피압수자인 피의자에 대한 참여권이 보장되지 않았다고 하여

1) 대법원 2015. 7. 16. 자 2011모1839 전원합의체 결정.
2) 대법원 2021. 11. 18. 선고 2016도348 전원합의체 판결; 대법원 2023. 9. 18. 선고 2022도7453 판결.
3) 대법원 2022. 5. 31. 자 2016모587 결정.
4) 대법원 2022. 1. 27. 선고 2021도11170 판결.
5) 판례는 수사기관이 정보저장매체에 기억된 정보 중에서 관련 있는 정보만을 선별한 다음 이미징한 파일을 제출받아 압수하였다면 이로써 압수의 목적물에 대한 압수·수색 절차는 종료된 것이므로 수사기관이 수사기관 사무실에서 위와 같이 압수된 이미지 파일을 탐색·복제·출력하는 과정에서도 피의자 등에게 참여의 기회를 보장하여야 하는 것은 아니라고 본다(대법원 2018. 2. 8. 선고 2017도13263 판결 참조).

압수가 위법하게 되는 것은 아니다.[1] 그러나 여기서 '급속을 요하는 때'라 함은 압수·수색영장 집행사실을 미리 알려주면 증거물을 은닉할 염려 등이 있어 압수·수색의 실효를 거두기 어려운 경우를 말하는데,[2] 본 사례에서는 일단 태블릿 PC를 확보한 상태이고 이는 丙의 소유임이 분명하므로(영장에도 丙의 태블릿 PC로 기재) 실질적 피압수자인 丙에게 참여권을 보장한 후 관련 자료를 선별해야 할 것이다.[3]

(4) 소결

丙을 참여시키지 않고 한 위 압수·수색은 위법하고, 태블릿 PC에서 이미징한 자료는 위법수집증거로 증거능력을 인정할 예외적인 경우에 해당하지 않으므로 증거능력이 없다.

4. 설문의 해결

N 클라우드에서 다운로드 받은 자료는 물론 태블릿 PC에서 이미징한 자료는 각 위법수집증거에 해당하고, 증거능력을 인정할 예외적인 경우에 해당하지 않으므로 증거능력이 없어 유죄의 증거로 사용할 수 없다.

Ⅵ. 제6문 — 참고인진술조서의 증거능력

1. 문제의 제기

사례 (2)와 관련하여 경찰관 P는 甲 상대로 丙으로부터 강제추행 피해를 입은 사실에 대해 진술조서를 작성하였는데, 위 조서는 수사기관 작성 참고인진술조서로서 형사소송법 제312조 제4항에 의하여 ① 적법한 절차와 방식, ② 실질적 진정성립 인정, ③ 반대신문의 기회 보장, ④ 특신상태의 요건을 갖추어야 증거능력을 인정할 수 있다. ②의 요건은 원진술자의 공판준비 또는 공판기일에서의 진술이나 영상녹화물 또는 그 밖의 객관적인 방법에 의하여 증명되어야 하는데, 이와 관련하여 실질적 진정성립 증명방법으로서의 영상녹화물의 요건이 문제된다.

---

1) 이러한 입장에 의하면, 태블릿 PC에 있는 자료를 이미징하기 전에 C에게 참여의 기회를 보장하였고, 사법경찰관은 혐의와 관련된 자료를 선별하여 이미징하는 등 압수·수색절차는 적법하므로 위 자료의 증거능력이 인정된다고 볼 수 있다.
2) 대법원 2012. 10. 11. 선고 2012도7455 판결.
3) 참여권 보장 후 현장에서 선별하거나 일단 수사기관으로 반출 후 선별해야 할 것이다.

2. 실질적 진정성립 증명방법으로서의 영상녹화물의 요건

수사기관이 작성한 피고인 아닌 자의 진술을 기재한 조서에 대한 실질적 진정성립을 증명할 수 있는 수단으로서 형사소송법 제312조 제4항에 규정된 '영상녹화물'이라 함은 형사소송법 및 형사소송규칙에 규정된 방식과 절차에 따라 제작되어 조사 신청된 영상녹화물을 의미한다.[1)]

검사 또는 사법경찰관은 피의자가 아닌 자의 출석을 요구하여 진술을 들을 경우 그의 동의를 받아 영상녹화할 수 있다(형소법 제221조 제1항 후문). 검사는 피의자가 아닌 자가 공판준비 또는 공판기일에서 조서가 자신이 검사 또는 사법경찰관 앞에서 진술한 내용과 동일하게 기재되어 있음을 인정하지 아니하는 경우 그 부분의 성립의 진정을 증명하기 위하여 영상녹화물의 조사를 신청할 수 있다(형소규칙 제134조의3 제1항). 검사는 영상녹화물의 조사를 신청하는 때에는 피의자가 아닌 자가 영상녹화에 동의하였다는 취지로 기재하고 기명날인 또는 서명한 서면을 첨부하여야 한다(동조 제2항). 조사 신청한 영상녹화물은 조사가 개시된 시점부터 조사가 종료되어 피의자 아닌 자가 조서에 기명날인 또는 서명을 마치는 시점까지 전 과정이 영상녹화된 것으로서 피의자 아닌 자의 진술이 영상녹화되고 있다는 취지의 고지, 영상녹화를 시작하고 마친 시각 및 장소의 고지, 신문하는 검사 또는 사법경찰관과 참여한 자의 성명과 직급의 고지, 조사를 중단·재개하는 경우 중단 이유와 중단 시각, 중단 후 재개하는 시각, 조사를 종료하는 시각의 내용을 포함하는 것이어야 한다(동조 제3항, 제134조의2 제3항 제1호, 제2호, 제3호, 제5호, 제6호).

형사소송규칙에서 피의자 아닌 자가 기명날인 또는 서명한 영상녹화 동의서를 첨부하도록 한 취지는 피의자 아닌 자의 영상녹화에 대한 진정한 동의를 받아 영상녹화를 시작했는지를 확인하기 위한 것이고, 조사가 개시된 시점부터 조사가 종료되어 조서에 기명날인 또는 서명을 마치는 시점까지 조사 전 과정이 영상녹화된 것을 요구하는 취지는 진술 과정에서 연출이나 조작을 방지하여야 할 필요성이 인정되기 때문이다.[2)] 이러한 형사소송법과 형사소송규칙의 규정 내용과 취지에 비추어 보면, 수사기관 작성 참고인진술조서에 대하여 실질적 진정성립을 증명하기 위해 영상녹화물의 조사를 신청하려면 영상녹화를 시작하기 전에 참고인의 동의를 받고 그에 관해서 참고인이 기명날인 또는 서명한 영상녹화 동의서를 첨부하여야 하고, 조사가 개시된 시점부터 조사가 종료되어 참고인이 조서에 기명날인 또는 서명을 마치는 시점까지 조

1) 대법원 2022. 6. 16. 선고 2022도364 판결.
2) 대법원 2022. 6. 16. 선고 2022도364 판결.

사 전 과정이 영상녹화되어야 하므로 이를 위반한 영상녹화물에 의하여는 특별한 사정이 없는 한 참고인진술조서의 실질적 진정성립을 증명할 수 없다.[1)]

3. 설문의 해결

본 설문에서 위와 같은 영상녹화 관련 절차를 준수하였다면 甲의 진술을 녹화한 영상녹화물에 의하여 甲에 대한 진술조서의 증거능력을 인정할 수 있다.

Ⅶ. 제7문 — 제1심의 판단과 항소심

1. 문제의 제기

현행 형사소송법상 항소심은 속심을 기반으로 하되 사후심적 요소도 상당 부분 들어 있는 이른바 사후심적 속심의 성격을 가진다.[2)] 따라서 항소심에서도 제1심 판결 선고 후에 나타난 자료에 대하여 자유롭게 증거조사를 할 수 있다. 다만, 항소심 법원이 심리 과정에서 심증 형성에 영향을 미칠 만한 객관적 사유가 새로 드러난 것이 없음에도 제1심의 사실인정에 관한 판단을 재평가할 수 있는지 여부가 공판중심주의 및 실질적 직접심리주의와 관련하여 문제된다.

2. 공판중심주의와 실질적 직접심리주의

공판중심주의란 형사사건의 실체에 대한 유죄·무죄의 심증 형성은 법정에서의 심리에 의하여야 한다는 원칙을 말한다. 실질적 직접심리주의는 공판중심주의의 한 요소로서, 법관의 면전에서 직접 조사한 원본증거를 재판의 기초로 삼아야 한다는 원칙이다. 위와 같은 공판중심주의와 실질적 직접심리주의를 바탕으로 법관은 사건에 대한 정확한 심증을 형성하고 피고인에게 직접적인 의견진술의 기회를 부여함으로써 실체적 진실을 발견하고 공정한 재판을 실현할 수 있다.

3. 항소심이 제1심의 사실인정에 관한 판단을 재평가하기 위한 요건

항소심이 사후심적 속심의 성격을 갖는 점과 공판중심주의와 실질적 직접심리

---

1) 대법원 2022. 6. 16. 선고 2022도364 판결.
2) 대법원 1983. 4. 26. 선고 82도2829 판결; 대법원 2015. 7. 23. 선고 2015도3260 전원합의체 판결; 대법원 2017. 3. 22. 선고 2016도18031 판결 등.

주의의 정신을 고려할 때, 항소심이 그 심리과정에서 심증의 형성에 영향을 미칠 만한 객관적 사유가 새로 드러난 것이 없음에도 불구하고 제1심의 판단을 재평가하여 사후심적으로 판단하여 뒤집고자 할 때에는, 제1심의 증거가치 판단이 명백히 잘못되었다거나 사실인정에 이르는 논증이 논리와 경험법칙에 어긋나는 등으로 그 판단을 그대로 유지하는 것이 현저히 부당하다고 볼 만한 합리적인 사정이 있어야 하고, 그러한 예외적 사정도 없이 제1심의 사실인정에 관한 판단을 함부로 뒤집어서는 안 된다.[1)]

4. 설문의 해결

본 설문에서 제1심은 전부 유죄를 선고하였고, 항소심은 심리 과정에서 심증 형성에 영향을 미칠 만한 객관적 사유가 새로 드러난 것이 없음에도 제1심의 사실인정에 관한 판단을 재평가하여 전부 무죄를 선고하였는데, 제1심의 증거가치 판단이 명백히 잘못되었다거나 사실인정에 이르는 논증이 논리와 경험법칙에 어긋나는 등으로 그 판단을 그대로 유지하는 것이 현저히 부당하다고 볼 만한 합리적인 사정이 없다면 항소심 판결은 위법하다.

---

1) 대법원 1983. 4. 26. 선고 82도2829, 82감도612 판결; 대법원 1996. 12. 6. 선고 96도2461 판결; 대법원 2017. 3. 22. 선고 2016도18031 판결; 대법원 2023. 1. 12. 선고 2022도14645 판결 등. 특히, 국민참여재판에서 배심원이 증인신문 등 사실심리의 전 과정에 참여하여 만장일치의 의견으로 내린 무죄의 평결이 재판부의 심증에 부합하여 그대로 채택된 경우라면, 제1심의 판단은 공판중심주의와 실질적 직접심리주의의 정신에 비추어 그에 명백히 반대되는 현저한 사정이 나타나지 않는 한 한층 더 존중되어야 한다(대법원 2010. 3. 25. 선고 2009도14065 판결). 이에 대한 상세는 사례 10. [16－변시(5)－2] 제5문 1. '제5문의 나. 국민참여재판의 제1심의 판단과 항소심' 부분 참조.

2025년 제14회 변호사시험 강평

형사법 제2문

Ⅰ. (1)에서 甲, 乙, 丙의 형사책임

• 사실관계

甲, 乙	• 절도 범행을 공모하고 A를 미행하던 중 A가 공원 벤치에 앉자, 甲은 망을 보고, 乙이 A에게 몰래 다가가 A의 현금이 든 가방을 훔침
甲	• 乙이 A의 가방을 집어드는 순간 급한 전화를 받고 주점으로 돌아감
乙	• 절도 범행 직후 도주 중에 A가 100m 가량 쫓아와 자신을 붙잡자 이에 항거하여 A를 넘어뜨린 후 발로 밟아 전치 6주의 골절상을 입힘

1. 乙의 형사책임

(1) 특수절도죄 성립 여부

- 2명 이상이 '합동하여' 절취한 경우, 특수절도죄(형법 제331조 제2항, 제1항) 성립
- '합동범'이 성립하기 위해서는 공모 외에 실행행위의 분담이 있어야 하고, 실행행위는 시간적·장소적으로 협동관계에 있어야 함(대법원 1996. 3. 22, 96도313)
- 절도죄의 기수시기에 대해서는 접촉설, 은닉설, 이전설 등이 있으나, 취득설이 통설 및 판례(대법원 2008. 10. 23, 2008도6808)임
- 특수절도죄의 기수범 성립

(2) 준강도죄의 성립 여부

- ① 절도범일 것(미수 포함), ② 절도의 기회에 폭행 또는 협박이 행해질 것(절도범행과 시간적·장소적 근접성이 있을 것), ③ 재물의 탈환에 항거하거나 체포를 면탈하거나 범죄의 흔적을 인멸할 목적이 있을 것
- 乙은 특수절도범이고, 시간적·장소적 근접성, 체포 면탈 목적 인정되어 준강도죄 성립

(3) 강도상해죄 성립 여부

- 강도의 기회에 사람을 상해하여야 하는데, 강도에는 준강도도 포함됨
- 폭행 경위, 피해 부위와 정도 등에 비추어 상해의 고의가 인정되어 강도상해죄 성립

2. 甲의 형사책임

(1) 특수절도죄 성립 여부

- 공모관계의 이탈: 실행의 착수 전 + 이탈의 의사표시 + 기능적 행위지배의 해소(대법원 1996. 1. 26, 94도2654 등)
- 甲은 공범 乙이 실행에 착수한 이후에 현장을 떠났으므로 이탈에 해당하지 아니함
- 특수절도죄 성립

(2) 준강도죄 및 강도상해죄의 성립 여부

1) 판례의 입장에 따른 설명

- 판례는 공모자 중 1인이 공모한 내용을 초과하여 실행한 중한 범죄가 결과적 가중범인 경우에 실행행위를 하지 않은 다른 공모자에게 중한 결과에 대한 예견가능성이 있으면 결과적 가중범의 공동정범을 인정하고(대법원 2013. 4. 26, 2013도1222), 절도를 공모한 사람이 준강도죄를 범하고 나아가 중한 결과를 발생시킨 경우에도 이러한 법리를 적용함(대법원 1982. 7. 13, 82도1352)
- 폭행 및 상해의 점에 대한 예견가능성이 인정되면 강도상해죄 성립

2) 판례법리에 대한 비판 논거

- 준강도죄는 절도죄의 결과적 가중범이 아니므로 결과적 가중범의 공동정범의 법리를 준강도죄에 대해 그대로 적용할 수 없고, 공범의 초과에 관한 일반이론에 따라야 함
- 준강도죄는 폭행·협박에 대한 고의와 고의를 초과하는 목적이 있어야 성립하는 범죄로서, 예견가능성이라는 과실의 요소를 고의 및 목적과 동일시하는 것은 책임주의에 반함
- 공범 중 1인이 초과실행한 폭행 및 상해에 대해 다른 가담자들의 기능적 행위지배를 인정할 수 없으므로 준강도죄나 강도상해죄의 공동정범을 인정할 수 없음

3. 소결

- 乙에게 강도상해죄 성립(甲에 대한 강도상해죄가 성립할 경우 공동정범)
- 판례에 따르면, 甲에게 乙이 절도 범행을 하는 과정에서 A에게 폭행 및 상해를 가할 수 있다는 점에 대한 예견가능성이 인정된다면, 甲에게 강도상해죄의 공동정범 성립

Ⅱ. (1)의 변경된 사실관계에서 乙의 형사책임

- **변경된 사실관계**

乙	• 乙이 등산용 칼을 이용하여 A를 상대로 강도 범행을 하고, A가 이를 피하기 위해 도망하여 도로를 건너던 중 제3자가 운전하는 차량에 들이받히고, 병원에 후송되었으나 의사의 수술 지연으로 인해 사망함

1. 결과적 가중범의 인과관계 및 객관적 귀속

- ① 상당인과관계설〔판례(대법원 2011. 4. 14, 2010도10104 등)〕, ② 합법칙적 조건설 및 객관적 귀속론(통설) 대립
- ①에 의할 경우, 제3자의 부주의한 차량운전행위와 의사의 수술지연행위가 개입하여 그것이 결과발생에 직접적 원인이 되었다고 하더라도 강도범행을 피하는 과정에서 통상적으로 전개될 수 있는 경험 범위 내의 일이므로 상당인과관계 인정
- ②에 의할 경우, 제3자의 과실행위가 개입되어 새로운 또는 더 증가된 위험이 발생하였고, 그 위험의 구체적인 실현에 의하여 사망의 결과가 발생하였으므로 乙에게 A의 사망이라는 결과 발생에 대한 책임을 귀속시키기 어려움

2. 설문의 해결

- 상당인과관계설에 의하면 강도치사죄 성립, 객관적 귀속론에 의하면 강도치상죄 성립

Ⅲ. 전문진술의 증거능력

1. 甲에 대한 W의 증언의 증거능력

- W의 증언은 乙의 진술을 내용으로 하는 전문진술이므로, 甲에 대하여 피고인 아닌 자의 진술이 피고인 아닌 타인의 진술을 내용으로 하는 때에 해당
- 형소법 제316조 제2항에 의해 그 피고인 아닌 타인이 사망, 질병, 외국거주, 소재불명 그밖에 이에 준하는 사유로 진술할 수 없고, 특신상태가 인정되면 증거로 할 수 있음
- 乙은 현재 甲과 함께 재판받고 있어 진술할 수 없는 상태가 아니므로 증거능력 없음

2. 乙에 대한 W의 증언의 증거능력

- W의 증언은 乙에 대하여 피고인 아닌 자의 공판기일에서의 진술이 피고인의 진술을 내용으로 하는 때에 해당
- 형소법 제316조 제1항에 의하여 특신상태가 인정되면 증거능력이 있음
- 특신상태란 신용성의 정황적 보장, 즉 허위 개입의 여지가 거의 없고 그 진술내용이 신빙성이나 임의성을 담보할 구체적이고 외부적인 정황이 있는 경우를 의미함(대법원 2007. 2. 23, 2004도8654)
- W의 증언에 대해 특신상태를 인정할 수 있으면 증거능력이 있음

3. 증거동의의 대상 여부

- 형소법 제318조 제1항은 증거동의의 대상을 '서류 또는 물건'으로 규정하고 있으나, 증거동의의 본질을 반대신문권 포기로 보는 통설과 판례(대법원 1983. 3. 8, 82도2873)에 따르면, 서류 이외의 전문증거인 '진술'도 증거동의의 대상이 됨

4. 설문의 해결

- 피고인이 W의 증언을 증거로 함에 동의한 경우에는 증거능력 있음
- 증거 부동의한 경우, 피고인 甲에 대하여 형소법 제316조 제2항의 요건이 충족되지 않아 증거능력 없고, 피고인 乙에 대하여 특신상태가 인정되면 증거능력 있음

Ⅳ. (1)에서 丙의 형사책임

- **변경된 사실관계**

丙	• 丙은 甲과 시비 끝에 경찰에 신고하였고, 신고를 받고 현장에 출동한 경찰관 P의 직무집행이 위법하다고 생각하여 P를 밀어 넘어뜨림

1. 직무집행의 적법성 요건의 체계적 지위

- 직무를 집행하는 공무원에 대하여 폭행 또는 협박을 하면 공무집행방해죄(형법 제136조 제1항)가 성립하고, 형법에 명문의 규정은 없지만 공무원의 직무집행은 적법하여야 한다는 것이 통설 및 판례임(대법원 1992. 2. 11, 91도2797)
- 직무집행의 적법성' 요건의 체계적 지위에 대하여 ① 구성요건요소설, ② 위법성요소설 또는 위법성조각사유설, ③ 객관적 처벌조건설이 대립함
- 판례는 구성요건요소설의 입장(대법원 2011. 5. 26, 2011도3682)

2. 직무집행의 적법성 요건에 대한 착오의 효과

- ① 구성요건요소설에 의하면, 직무집행의 적법성에 대한 착오는 구성요건적 착오에 해당하여 원칙적으로 고의가 조각되지만, 적법성의 의미평가를 잘못한 경우는 위법성의 착오의 일종인 포섭의 착오에 해당하고, ② 위법성요소설 또는 위법성조각사유설에 의하면, 직무집행의 적법성에 대한 착오는 위법성의 착오(법률의 착오, 금지착오) 또는 위법성조각사유의 전제사실에 관한 착오에 해당하고, ③ 객관적 처벌조건설에 의하면 적법성에 대한 인식 유무는 고의의 성부나 범죄 성립에 영향이 없음
- 위법성조각사유의 전제사실에 대한 착오로 보아야 한다는 견해는 다시 ⓐ 고의설, ⓑ 엄격책임설, ⓒ 소극적 구성요건요소이론, ⓓ 구성요건착오 유추적용설, ⓔ 법효과제한적 책임설(통설)로 나뉘어짐

- 직무집행의 적법성에 대한 착오와 관련하여, 일부 하급심 판례는 위법성조각사유의 전제사실에 대한 착오에 해당하는 것으로 보았으나, 최근에 대법원은 위법성의 착오의 일종인 포섭의 착오에 해당하는 것으로 보았음(대법원 2024. 7. 25, 2023도16951)

3. 설문의 해결

- 구성요건요소설에 의하면 직무집행의 적법성에 대한 착오는 원칙적으로 구성요건적 착오에 해당하여 고의가 조각되지만(공무집행방해죄 불성립), 포섭의 착오에 해당하는 경우는 오인에 정당한 이유가 있으면 책임이 조각되고(형법 제16조), 위법성요소설 또는 위법성조각사유설에 의하면 직무집행의 적법성에 대한 착오는 위법성의 착오(형법 제16조에 따라 판단) 또는 위법성조각사유의 전제사실에 관한 착오에 해당하고(학설·판례에 따라 성립 또는 불성립), 객관적 처벌조건설에 의하면 적법성에 대한 인식 유무는 고의의 성부나 범죄의 성립에 영향이 없음(성립)

V. 전자정보의 증거능력 및 압수방법

- **변경된 사실관계**

丙	• 丙의 강제추행 혐의와 관련하여, 丙의 주거지에 대한 압수·수색영장이 발부됨(압수할 물건: 컴퓨터 등 정보처리장치에 저장된 전자정보) • 경찰관 P는 丙의 주거지를 찾아갔으나 丙은 없고 丙의 동거인인 C만 있는 상태에서 C에게 압수·수색영장을 제시하였고, C에게 선별 과정에의 참여 의사를 물어보았으나 C는 참여하지 않겠다고 답함 • 丙의 휴대전화에서 N 클라우드에 접속하여 관련 자료를 다운로드받음 • 丙 소유의 태블릿 PC에서 관련 자료를 선별하여 이미징함

1. N 클라우드에서 다운로드받은 자료의 증거능력

- 적법절차와 영장주의에 비추어, 법관이 압수·수색영장을 발부하면서 '압수할 물건'을 기재한 문언은 엄격하게 해석해야 하고, 피압수자 등에게 불리한 내용으로 확장해석 또는 유추해석을 하는 것은 허용될 수 없음(대법원 2009. 3. 12, 2008도763 등)
- 수사기관이 컴퓨터 등 정보처리장치에 저장된 전자정보 외에 원격지 서버에 저장된 전자정보를 압수·수색하기 위해서는 압수·수색영장에 적힌 '압수할 물건'에 별도로 원격지 서버 저장 전자정보가 특정되어 있어야 함(대법원 2022. 6. 30, 2022도1452)
- N 클라우드에서 다운로드받아 관련 자료를 압수한 것은 압수·수색영장에서 허용한 압수의 범위를 벗어난 것이므로 위 자료는 위법수집증거로서 증거능력을 인정할 예외적인 경우에 해당하지 않아 증거능력이 없음

2. 태블릿 PC에서 이미징한 자료의 증거능력

1) 영장의 제시·사본교부의무(형소법 제219조, 제118조) 위반 여부

- 압수·수색영장은 처분을 받는 자에게 반드시 제시하여야 하고, 처분을 받는 자가 피의자인 경우에는 사본을 교부하여야 하나, 처분을 받는 자가 현장에 없는 등 영장의 제시나 사본의 교부가 현실적으로 불가능한 경우 또는 처분을 받는 자가 영장의 제시나 사본의 교부를 거부한 때에는 예외가 인정됨(형소법 제219조, 제118조)
- 경찰관 P는 압수·수색영장을 가지고 丙의 주거지를 찾아갔으나 丙은 없고, 동거인 C만 있었으므로 C에게 위 영장을 제시하였는바, '영장의 제시나 사본의 교부가 현실적으로 불가능한 경우'에 해당하여 영장의 제시 및 사본교부의무 위반에 해당하지 않음

2) 참여권 보장(형소법 제219조, 제121조) 관련 적법절차 위반 여부

- 판례는 피압수자에게 참여의 기회를 보장하여야 한다고 하면서도(대법원 2015. 7. 16, 2011모1839 전원합의체), 피압수자가 피의자 아닌 제3자인 경우 피의자가 실질적 피압수자라는 등의 특별한 사정이 있는 경우에는 피의자에게도 참여권이 보장되어야 한다는 입장임
- 판례는 피해자 등 제3자가 피의자의 소유·관리에 속하는 정보저장매체를 임의제출한 경우에 실질적 피압수자인 피의자에게도 참여권을 보장해야 한다고 하거나(대법원 2021. 11. 18, 2016도348 전원합의체; 대법원 2023. 9. 18, 2022도7453), 수사기관이 압수·수색영장에 기하여 인터넷서비스업체 상대로 서버에 저장되어 있는 피의자의 카카오톡 대화내용 일체를 압수한 경우 관련된 전자정보를 탐색·출력하는 과정에서 실질적 피압수자인 피의자에게 참여권을 보장해야 한다고 하였음(대법원 2022. 5. 31, 2016모587)

- 본 사례에서는 일단 태블릿 PC를 확보한 상태이고 이는 丙의 소유임이 분명하므로(영장에도 丙의 태블릿 PC로 기재) 실질적 피압수자인 丙에게 참여권을 보장한 후 관련 자료를 선별해야 할 것으로 보임
- 따라서 丙을 참여시키지 않고 한 위 압수·수색은 위법하고, 태블릿 PC에서 이미징한 자료는 위법수집증거로 증거능력을 인정할 예외적인 경우에 해당하지 않으므로 증거능력이 없음
- 다만, '급속을 요하는 때'에 해당하고 현장에서 이미 선별 압수되었으므로 참여 없어도 적법이라는 견해에 의하면, 증거능력 인정됨

3. 설문의 해결

- N 클라우드에서 다운로드 받은 자료는 물론 태블릿 PC에서 이미징한 자료는 각 위법수집증거로서 증거능력이 인정되는 예외적인 경우에 해당하지 않으므로 증거능력이 없어 유죄의 증거로 사용할 수 없음

Ⅵ. 참고인진술조서의 증거능력

1. 실질적 진정성립 증명방법으로서의 영상녹화물의 요건

- 실질적 진정성립을 증명할 수 있는 수단으로서 형사소송법 제312조 제4항에 규정된 '영상녹화물'이라 함은 형소법 및 형사소송규칙에 규정된 방식과 절차에 따라 제작되어 조사 신청된 영상녹화물을 의미함(대법원 2022. 6. 16, 2022도364)
- 수사기관은 참고인의 출석을 요구하여 진술을 들을 경우 그의 동의를 받아 영상녹화할 수 있고(형소법 제221조 제1항 후문), 검사는 참고인진술조서의 진정성립을 증명하기 위하여 영상녹화물의 조사를 신청할 수 있고(형소규칙 제134조의3 제1항), 검사는 영상녹화물의 조사를 신청하는 때에는 피의자가 아닌 자가 영상녹화에 동의하였다는 취지로 기재하고 기명날인 또는 서명한 서면을 첨부하여야 하고(동조 제2항), 조사 신청한 영상녹화물은 조사가 개시된 시점부터 조사가 종료되어 피의자 아닌 자가 조서에 기명날인 또는 서명을 마치는 시점까지 전 과정이 영상녹화되어야 함(동조 제3항, 제134조의2 제3항)

- 형소법과 형사소송규칙의 규정 및 그 취지에 비추어, 참고인진술조서에 대하여 실질적 진정성립을 증명하기 위해 영상녹화물의 조사를 신청하려면 영상녹화 시작 전에 참고인의 동의를 받고, 참고인이 기명날인 또는 서명한 영상녹화 동의서를 첨부하여야 하고, 조사의 전 과정이 영상녹화되어야 함

2. 설문의 해결

- 위와 같은 영상녹화 관련 절차를 준수하였다면, 甲의 진술을 녹화한 영상녹화물에 의하여 甲에 대한 진술조서의 증거능력을 인정할 수 있음

Ⅶ. 제1심의 판단과 항소심

1. 항소심이 제1심의 사실인정에 관한 판단을 재평가하기 위한 요건

- 항소심이 사후심적 속심의 성격을 가짐(대법원 2017. 3. 22, 2016도18031 등)
- 공판중심주의와 실질적 직접심리주의를 고려할 때, 항소심이 그 심리과정에서 심증의 형성에 영향을 미칠 만한 객관적 사유가 새로 드러난 것이 없음에도 불구하고 제1심의 판단을 재평가하여 사후심적으로 판단하여 뒤집고자 할 때에는, 제1심의 증거가치 판단이 명백히 잘못되었다거나 사실인정에 이르는 논증이 논리와 경험법칙에 어긋나는 등으로 그 판단을 그대로 유지하는 것이 현저히 부당하다고 볼 만한 합리적인 사정이 있어야 하고, 그러한 예외적 사정도 없이 제1심의 사실인정에 관한 판단을 함부로 뒤집어서는 안 됨(대법원 2017. 3. 22, 2016도18031 등)

2. 설문의 해결

- 제1심의 증거가치 판단이 명백히 잘못되었다거나 사실인정에 이르는 논증이 논리와 경험법칙에 어긋나는 등으로 그 판단을 그대로 유지하는 것이 현저히 부당하다고 볼 만한 합리적인 사정이 없다면 항소심 판결은 위법함

쟁점색인

판례색인

변호사시험 사례형 출제 분석(제1회 – 제14회)

구분	제1회 (2012)	제2회 (2013)	제3회 (2014)	제4회 (2015)	제5회 (2016)	제6회 (2017)	제7회 (2018)	제8회 (2019)	제9회 (2020)	제10회 (2021)	제11회 (2022)	제12회 (2023)	제13회 (2024)	제14회 (2025)
피의자 · 피고인	❶ 2명 ❷ 4명	❶ 4명 ❷ 4명	❶ 4명 ❷ 2명	❶ 4명 ❷ 3명	❶ 2명 ❷ 3명	❶ 4명 ❷ 3명	❶ 2명 ❷ 3명	❶ 4명 ❷ 4명	❶ 3명 ❷ 4명	❶ 4명 ❷ 3명	❶ 3명 ❷ 4명	❶ 3명 ❷ 2명	❶ 5명 ❷ 3명	❶ 3명 ❷ 3명
죄 명														
(1) 형 법														
직무유기죄										❶				
뇌물수수죄					❷						❷			
수뢰후부정처사죄										❶				
뇌물공여죄										❶	❷			❶
제3자뇌물교부죄	❷									❶				❶
제3자뇌물취득죄	❷							❶		❶				❶
공무상비밀누설죄			❷									❶		
공무집행방해죄			❶		❶		❷							❷
위계공무집행방해죄 · 교사죄			❶										❷	
특수공무집행방해치상죄	❶					❷							❷	
특수도주죄						❷								
범인도피죄 · 교사죄	❶		❶	❷						❷			❷	
위증죄 · 교사죄		❶										❶		
무고죄	❷						❷							
시체은닉죄									❶					
현주건조물방화죄			❷											❶
현주건조물방화치상죄			❷											
공문서위조죄 · 행사죄				❷										
허위공문서작성죄 · 교사죄							❶				❷			
공문서부정행사죄								❷						
사문서위조죄 · 행사죄				❷								❷		
사문서변조죄 · 행사죄	❷													
사전자기록등변작죄 · 행사죄	❶ (이견 있음)						❶							
허위진단서작성죄							❶							
사서명위조 · 행사죄								❷						
간통죄(2015년 폐지)				❶										
도박방조죄			❶											
상습도박죄			❶											
도박장소개설죄			❶											
살인죄						❶ 부작위						❷		
살인미수죄			❷					❷					❶	
상해죄			❶							❷	❶			
상해교사죄	❷										❶			
특수상해죄						❷		❷ 미수						
상해치사죄				❷						❶				
폭행죄							❶		❶					

구분		제1회 (2012)	제2회 (2013)	제3회 (2014)	제4회 (2015)	제5회 (2016)	제6회 (2017)	제7회 (2018)	제8회 (2019)	제9회 (2020)	제10회 (2021)	제11회 (2022)	제12회 (2023)	제13회 (2024)	제14회 (2025)
유기죄						❶									
유기치사죄							❶								
강제추행죄											❶				
준강간죄												❷			
명예훼손죄						❷									
모욕죄										❶					
업무방해죄								❷							
주거침입죄								❷ 건조물							
강요미수죄			❷												
권리행사방해죄															❶
절도죄 · 교사죄		❶						❶	❶, ❷			❶	❶, ❷	❷	
야간주거침입절도죄							❶								
특수절도죄			❶			❷	❷		❶			❶		❶, ❷	❷
특수강도죄			❷		❷						❷ 미수				
준강도죄														❶	❷
강도예비죄							❷								
강도상해죄 · 방조죄		❶				❶								❶	❷
사기죄		❶, ❷		❶, ❷	❶, ❷			❶	❶, ❷						❶
사기방조죄 · 교사죄				❷ 방조					❶ 교사					❷	
컴퓨터등사용사기죄		❶													
공갈죄		❷				❷				❷					
공갈미수죄												❶			
횡령죄				❷	❶						❶, ❷				❶
점유이탈물횡령죄							❷								
배임죄											❷				
업무상배임죄							❶						❶		
업무상배임미수죄								❷							
배임수재죄							❶			❷			❶		
배임증재죄										❷					
장물취득 · 보관죄			❶	❷			❶	❷	❶		❷	❶		❷	
(2) 특별법															
폭처법 위반죄	(공동주거침입)		❶			❷			❶	❶				❶	
	(공동상해)									❶					
	(공동공갈)				❷										
특가법 위반죄	(뇌물)	❷									❶	❷			
	(도주치상)					❶									
	(위험운전치상)			❷											
특경법위반(횡령)죄			❷							❷					
교특법위반(치사 · 상)죄				❷ 치상							❷ 치사				
도교법 위반죄	(무면허운전)		❷												
	(음주운전)			❷											
	(사고후미조치)					❶									

구분		제1회 (2012)	제2회 (2013)	제3회 (2014)	제4회 (2015)	제5회 (2016)	제6회 (2017)	제7회 (2018)	제8회 (2019)	제9회 (2020)	제10회 (2021)	제11회 (2022)	제12회 (2023)	제13회 (2024)	제14회 (2025)
폭력처벌법위반죄	(강간등치상)						❶				❶				
	(촬영물이용강요)										❶				
여신전문금융업법위반죄		❶			❷									❷	
통비법위반죄		❷	❷												
정통망법위반죄		❷	❷							❷					
전자금융법위반죄				❷									❶		
형법총론 쟁점															
부작위범							❶		❷						
인과관계와 객관적 귀속				❷ 교통사고		❶ 강간치상				❶ 상해(특이체질)	❷ 과실				❷
고의	미필적 고의						❶								
	개괄적 고의									❶					
사실의 착오	객체								❷		❷		❷ 교사자 책임		
신뢰의 원칙						❶									
결과적 가중범	인과관계(예견가능성)				❷ 상해치사죄		❶								❷
	미수범					❶					❶				
	공동정범	❶ 특수공무집행방해치상죄			❷ 상해치사죄	❶									❷
	부진정	❶ 특수공무집행방해치상죄		❷ 현주건조물방화치상죄			❷ 특수공무집행방해치상죄							❷ 특수공무집행방해치상죄	❶ 현주건조물방화치사죄
정당행위						❷ 취재목적 주거침입	❶ 권리행사와 절도죄 ❷ 절도범에 대한 상해			❶ 체벌					
정당방위				❶ 긴급체포			❷	❶	❷		❷ 우연방위				
자구행위							❷								
피해자 승낙·양해													❶		
법률의 착오						❷				❷			❶		❷
위법성조각사유 전제사실의 착오						❷		❶							❷
중지미수의 자의성				❷							❷			❶	
불능미수												❷		❶	
예비	타인												❷		
	중지						❷				❷		❷		
	공범						❷						❷ 방조		
간접정범											❶				❶

구분		제1회 (2012)	제2회 (2013)	제3회 (2014)	제4회 (2015)	제5회 (2016)	제6회 (2017)	제7회 (2018)	제8회 (2019)	제9회 (2020)	제10회 (2021)	제11회 (2022)	제12회 (2023)	제13회 (2024)	제14회 (2025)
공범	종속성			❶ 범인도피 피교사자가 친족											
	공모공동정범		❶			❶								❶	
	합동범의 공동정범		❶											❶	
	승계적 공동정범	❶ 준강도죄													
	정범 · 종범 구별			❶ 도박장소개설죄(방조) ❷ 사기죄(방조)			❶ 방조			❷ 교사					
	방조범					❷ 정신적	❶								
	공범초과 양적		❷ 특수강도죄						❶ 특수절도죄	❶ 살인죄		❶		❶	❷
	공범초과 질적					❶						❶	❷	❶	
	공범과 신분	❶ 준강도죄		❶ 상습도박죄 방조	❶ 배임죄 교사	❶ 교통사고 후 미조치 공동정범	❶ 업무상배임죄 방조	❷ 업무상배임 미수죄 공동정범				❷			❶
	일방 처벌 대향범에 대한 공범			❷ 공무상비밀누설죄의 교사범											
	공범관계로부터의 이탈						❷ 공모		❶ 교사	❶ 교사		❶		❶	❷
	중지미수											❶			
불가벌적 사후행위			❶ 보관장물의 횡령												
법조경합											❷ 보충관계(미수와 예비)				
상상적 경합		❶ 강도상해와 특수공무집행방해치상				❶ 강도상해와 공무집행방해 ❷ 수명에 대한 명예훼손									
연결효과에 의한 상상적 경합		❶ 절취카드 인출(절도죄/사전자기록등변작 · 동 행사)						❶							
실체적 경합		❶ 사기와 여전법 위반 ❷ 사문서변조/동행사죄					❶ 배임죄와 배임수재죄	❶ 절도죄와 신용카드부정사용죄	❷ 사기죄(피해자별)	❶ 모욕죄와 폭행죄			❶, ❷		
3. 형법각론 쟁점															
제3자뇌물교부(취득)죄와 뇌물공여죄		❷									❷				❶

구분		제1회 (2012)	제2회 (2013)	제3회 (2014)	제4회 (2015)	제5회 (2016)	제6회 (2017)	제7회 (2018)	제8회 (2019)	제9회 (2020)	제10회 (2021)	제11회 (2022)	제12회 (2023)	제13회 (2024)	제14회 (2025)
공무집행의 적법성				❶											❷
인 피죄	친족간 특례의 성격			❶											
	피교사자 친족인 경우 교사죄 여부			❶											
언거부권 불고지와 위증죄			❶												
자신의 범죄사실에 대한 범인도피 · 위증교사			❶	❶											
고죄	판례변경							❷							
위공문서작성죄의 간접정범								❶				❷			
사자 명의의 문서					❷										
해죄	자기상해	❷													
	피해자승낙	❷ 보험사기 목적													
	동시범										❶ 상해치사				
명예훼손죄와 위법성조각						❷									
공무와 업무방해죄								❷							
도죄	점유					❶							❷ 사자		
	불법영득의사					❷	❶, ❷	❶	❷						
	실행의 착수시기						❷								❷
	기수시기						❷					❶			❷
	친족상도례											❶	❷	❶	
	책략절도													❷	
야간주거침입절도죄 주거침입(야간) 시기							❶								
준 도죄	성립요건	❶ 준강도/준특수강도				❶						❶			❷
	성질	❶ 비신분범													
	기수/미수													❶	
특수 도죄	실행의 착수시기										❷				
기죄	부작위				❶										
	보험사기 실행착수시기	❷													
	불법원인급여			❶ 도박자금											
	편취액								❷						
갈죄	권리행사	❷										❶			
	수뢰죄와 관계					❷									
령죄	착오송금									❷					
	불법원인급여		❶ 장물								❶				❶
	명의신탁 부동산		❷ 2자간 명의신탁(임의처분)		❶ 중간생략 등기(임의 이중처분)										
	신탁부동산 매수자의 형사책임		❷		❶										
	장물죄와의 관계		❶							❷	❷				

구분		제1회 (2012)	제2회 (2013)	제3회 (2014)	제4회 (2015)	제5회 (2016)	제6회 (2017)	제7회 (2018)	제8회 (2019)	제9회 (2020)	제10회 (2021)	제11회 (2022)	제12회 (2023)	제13회 (2024)	제14회 (202
배임죄	부동산 이중매매				❶										
	동산 이중매매										❷				
	대표권 남용							❷							
장물죄	대체장물						❶		❶						
신용카드범죄		❶ 절취카드 물품구입 (사기죄) ❶ 절취카드 현금인출 (절도죄)						❶							
4. 형사소송법 쟁점															
법관의 제척사유				❶ 전심 관여 (약식명령 → 정식재판)											
성명모용							❷								
소송행위	하자									❶ 착오 (항소포기)					
	보정적 추완										❷ 변호인 선임				❶
불심검문														❶	
임의동행									❷						
고소	법정대리인									❶					
	불가분원칙				❶	❷ 반의사 불벌죄						❶			
	취소기한							❶ 반의사 불벌죄							
	친고죄의 고소 전 수사														❶
준현행범인														❶	
긴급체포의 요건				❷ 긴급성										❶	❶
구속	신문 목적 구인					❶				❶					
	영장기각 불복							❶							
	석방											❷			
보석취소														❷	
압수 일반													❷		
압수에서의 관련성		❷ 비망록		❷ 필로폰			❶					❶	❷ 무관 정보 발견 시 조치		
압수 절차	야간집행					❶ 제217조 긴급압수			❶ 제217조 긴급압수						
	주거주 등 참여권 보장								❶ 제217조 긴급압수				❷		❷
	하자치유 여부												❷ 사후영장		
	영장의 사전제시·사전교부														❷

구분		제1회 (2012)	제2회 (2013)	제3회 (2014)	제4회 (2015)	제5회 (2016)	제6회 (2017)	제7회 (2018)	제8회 (2019)	제9회 (2020)	제10회 (2021)	제11회 (2022)	제12회 (2023)	제13회 (2024)	제14회 (2025)
장 는 수	체포현장	❶ 체포 현장 여부 (25미터)		❷ 피체포자 현장 부재					❶					❶	
	범죄장소						❷								
	긴급체포 시	❶				❶			❶		❶			❶	
	임의제출물						❶	❷	❷						
	유류물						❷								
전자정보의 압수							❶		❶			❶	❷ 임의제출	❷	❷
함정수사			❷ 범행 계속 주시												
의자신문과 진술거부권 고지		❷ 불고지													
수사상 증인신문 청구				❷											
증거보전 청구				❷											
소 후 수사	피고인신문				❷										
	강제수사			❶ 압수 · 수색											
	참고인조사							❷							
이중기소			❶ 직무유기와 범인 도피죄	❶ 포괄일죄											
추가 기소	포괄일죄			❶											
공소 시효	기산 · 정지				❷				❶			❷			
증거개시												❷			
공소장 변경	공소사실 동일성		❶ 직무유기죄와 범인도피죄 ❷ 횡령죄와 특경법 위반 (횡령)죄	❶ 도박죄와 상습 도박죄	❷ 별개범죄/단독범행을 공동범행으로			❶ 폭행치상죄와 폭행죄						❷ 상습범 처벌법규 신설	
	변경의 요부							❶ 축소사실 인정 (폭행치상 → 폭행)		❷ 축소사실 (심판의무)					
	변경요구의 의무성		❶												
	정식재판			❶											
	항소심		❷					❶							
	단독사건의 합의부사건 변경과 그 조치		❷												
증인	증인적격		❶ 공범인 공동 피고인												
	신청기각결정에 대한 불복		❷												
	증언거부권		❶			❷									

구분		제1회 (2012)	제2회 (2013)	제3회 (2014)	제4회 (2015)	제5회 (2016)	제6회 (2017)	제7회 (2018)	제8회 (2019)	제9회 (2020)	제10회 (2021)	제11회 (2022)	제12회 (2023)	제13회 (2024)	제14 (202
위법수집증거	해당 여부	❷ 진술거부권 불고지 자백(1차), 경찰 자백(2차)(○) ❷ 변호인 참여 검찰 자백(2차)(×)		❶ 기소 후 압수수색에 의한 압수물(1차), 압수조서(2차)(○)	❷ 기소 후 피고인 신문조서(×)		❶ 관련성 없는 물건 압수(1차), 환부 후 임의 제출물 압수(2차)(○)		❶ 위법한 압수(○) ❷ 불법동행 후 진술서(○)					❶ 통비법 위반(×)	
	사인										❶		❷		
	주장적격	❷			❷										
자백배제	1차									❶ 기망(약속)					
	2차									❶ 법정진술					
전문법칙	전문증거 여부	❷ 협박내용 녹음테이프·메시지촬영 사진	❷ 의사표시			❷ 변호인 의견서	❶ 계약서		❷ 물건		❶ 공모진술			❶ 의사표시	
	경찰수사 과정 자술서		❷												
	사경 피신조서													❶	
	검사 피신조서				❷										
	검사의 진술 번복 조서	❷ 피신	❷ 피신					❷ 진술		❷ 진술					
	검사의 피의자신문 영상녹화물			❷											
	진술조서				❷										❷
	검증조서								❷ 사진·자백				❷		
	압수조서			❶											
	진술서	❷ 비망록					❶								
	감정서					❷							❷		
	제314조					증언거부									
	제315조	❷ 비망록(2호)		❶ 영업장부(2호)				❶ 구속전피의자심문조서(3호)							
	제316조				❶						❶		❶		❷
	조사자증언			❷										❶	
	재전문증거					❶ 전문진술 기재 조서					❷ 전문진술 기재 진술서		❶ 전문진술 기재 조서		
	공동피고인 사경피신조서		❷ 공범						❷						
	공동피고인 검사피신조서									❷ 공범					
	공동피고인 법정진술			❷ 공범						❷ 공범					
	증언 번복 증언							❷		❷					
	사진 현장								❷				❷		
	사진 사본						❶	❷							
	사진 범행 재연								❷				❷		

구분		제1회 (2012)	제2회 (2013)	제3회 (2014)	제4회 (2015)	제5회 (2016)	제6회 (2017)	제7회 (2018)	제8회 (2019)	제9회 (2020)	제10회 (2021)	제11회 (2022)	제12회 (2023)	제13회 (2024)	제14회 (2025)
전문법칙	녹음테이프(파일)		❷											❶	
	CD						❷ CCTV					❶			
증거동의									❷ 물건						
탄핵증거														❶	
보강증거					❶ 공범의 자백, 자백 전문진술										
기판력								❷ 포괄일죄 (단순 확정)							
일부상소	허용 여부	❶ 실체적 경합					❷						❶	❷	❶
	항소심 심판범위	❶					❷						❶ 죄수 변경	❷	❶
불이익변경금지의 원칙				❶ 죄명·적용법조					❶ 경합범 병합사건			❷ 집행유예·벌금			❶
항소	항소이유			❶ 제척사유 있는 법관 재판관여							❷ 형식판결 무죄 주장				
	항소이유서 제출기간										❶				
	항소심의 자유심증														❷
재심사유												❶			
국민참여재판	의사확인					❷									
	항소심의 자유심증					❷									
특별법 쟁점															
교통사고 후 조치의무						❶									
신용카드 부정사용		❶ 절취카드 사용 ❶ 현금카드 기능 사용			❷ 갈취·강취 직불카드 사용			❶						❷ 절취카드 사용	
타인 간 대화 여부		❷ 대화 상대방	❷ 대화 상대방											❶ 대화 상대방	
정통망법에서의 반복개념		❷	❷							❷					

변호사시험 기록형 출제 분석(제1회－제14회)

구분	제1회 (2012)	제2회 (2013)	제3회 (2014)	제4회 (2015)	제5회 (2016)	제6회 (2017)	제7회 (2018)	제8회 (2019)	제9회 (2020)	제10회 (2021)	제11회 (2022)	제12회 (2023)	제13회 (2024)
출제 형식	변론	변론	검토/ 변론	검토/ 변론	검토/ 변론	검토	검토/ 변론	검토/ 보석청구	검토/ 변론	검토/ 변론	검토/ 변론	검토/ 변론	검토/ 변론
피고인(관계)	2명 (정범/ 교사)	2명 (공동)	2명 (공동)	2명 (대향)	2명 (공동)	2명 (공동)	2명 (정범/ 교사, 공동범)	2명 (공동범)	2명 (공동)	2명 (공동)	2명 (공동, 교사)	2명 (대향)	2명 (대향, 정범/ 교사)
죄명 개수	6개 (특 2)	6개 (특 3)	6개 (특 2)	7개 (특 2)	10개 (특 2)	6개 (특 4)	8개 (특 2)	7개 (특 3)	10개 (특 2)	7개 (특 3)	9개 (특 2)	8개 (특 2)	9개 (특 4)
1. 죄 명													
(1) 형법													
뇌물수수죄												●	●
뇌물공여죄				●								●	
공무집행방해죄						●							
범인도피죄					●								
범인도피교사죄					●								
위증죄													●
위증교사죄													●
무고죄						●					●		●
공전자기록등불실기재죄					●								
불실기재공전자기록등행사죄					●								
사문서위조죄		●			●					●			
위조사문서행사죄		●			●					●			
사문서변조죄				● 인정: 위조									
변조사문서행사죄				● 인정: 위조 사문서 행사									
상습도박죄												●	
사자명예훼손죄									●				
출판물에의한명예훼손죄								●					
모욕죄							●				●	●	
살인죄											●		
살인교사죄											●		
특수폭행죄 · 특수상해죄												●	
상습존속폭행죄								●					
건조물침입죄									●				
절도죄			●		●						●		●
야간주거침입절도죄							●						
절도교사죄							●						
상습절도죄									●				
강도죄			●										
특수강도죄													

구분	제1회 (2012)	제2회 (2013)	제3회 (2014)	제4회 (2015)	제5회 (2016)	제6회 (2017)	제7회 (2018)	제8회 (2019)	제9회 (2020)	제10회 (2021)	제11회 (2022)	제12회 (2023)	제13회 (2024)	제14회 (2025)
준특수강도죄							●							
특수강도교사죄	●													●
공갈죄		●												
사기죄	●				●		●	●	●	●				
사기미수죄											●			
사기방조죄									●					
횡령죄	●							●	●	●		●		
점유이탈물횡령죄			●											
배임죄			●											
업무상배임죄											●			
장물취득죄							●		●					●
(2) 특별법														
폭처법위반(공동폭행)죄							●							
처법위반(집단·흉기등 협박)죄(2016년 폐지)				● 인정: 협박										
특경법위반(사기)죄		●			●	●				●				
특경법위반(횡령)죄			●							●				
특경법위반(배임)죄												●		
성폭력처벌법위반 (주거침입강간)죄	●													
성폭력처벌법위반 (특수준강간)죄								●						
폭력처벌법위반(카메라등 이용촬영·반호등)										●				●
청법위반(특수준강간)죄								●						
특가법위반(뇌물)죄				●										
특가법위반(도주치상)죄		●				●							●	
가법위반(보복협박등)죄								●						
특가법위반 (운전자폭행등)죄														●
교특법위반(치사·상)죄	●										●			
도교법위반(음주운전)죄		●											●	
교법위반(무면허운전)죄											●	●		
여신전문금융업법위반죄			●				●		●					
변호사법위반죄					●									
부정수표단속법위반죄						●								
정통망법위반죄						●			● 명예훼손				● 명예훼손	
전자금융법위반죄									●					
. 사실인정론														
공범자 간 상반 주장	● 교사	● 편취 공모	● 횡령 공모·금원 수령	● 뇌물수수	● 공모	● 사기 공모 및 가담	● 교사	● 공모	● 공모	● 공모		● 뇌물수수	● 뇌물수수, 위증교사	● 교사
공소사실 자체 부인	● 성폭력 부인		● 회사 부동산 제1차 임의매매	● 차용증 금액보충 위임 범위		● 편취 및 무고 범의	● 공동폭행 ● 모욕사실	● 간음사실	● 장물 사실		● 살해 범의	● 흉기 휴대	● 도주, 무고	● 카메라 이용 비밀 촬영 부인

구분		제1회 (2012)	제2회 (2013)	제3회 (2014)	제4회 (2015)	제5회 (2016)	제6회 (2017)	제7회 (2018)	제8회 (2019)	제9회 (2020)	제10회 (2021)	제11회 (2022)	제12회 (2023)	제13회 (2024)	제 (2
3. 쟁 점															
(1) 형법총론															
고의												● 미필적(무면허운전)			
법률의 착오													●		
공범종속성												●			
교사												● 실패한 교사			피 초
공범관계 이탈								● 교사범							
불가벌적 사후행위				● 대표이사 회사재산 이중 임의처분							● 횡령장물로 매수한 부동산 처분				
포괄일죄				● 현금카드 갈취와 현금인출 행위(절도)			● 정통망법 위반	● 신용카드 부정사용	● 상습존속 폭행						
(2) 형법각론															
공무집행방해의 정도							●								
범인 도피죄	구성요건					● 도피, 죄를 범한 자									
	교사					● 법인의 제3자 교사									● 요 통 5
	친족간 특례														●
무고죄	정황 과장													●	
	징계처분											●			
	시효허위신고						●								
명예훼손죄	출판물 개념								●						
	모욕과 구분				● 개념 구분								●		
문서죄	위·변조 개념				● 백지 금액란 보충(위조)										
	사자·허무인 명의문서					● 사자					● 허무인				
	죄수		● 매매 계약서 매수·매도인												
협박죄의 제3자 해악 고지							●								
절도죄	점유											● 상속			
	불법영득의사									● 증거인멸, 일시사용(카드·통장)					
	친족상도례					● 배우자		● 비동거 4촌		● 부친					● ㅂ 친

구분		제1회 (2012)	제2회 (2013)	제3회 (2014)	제4회 (2015)	제5회 (2016)	제6회 (2017)	제7회 (2018)	제8회 (2019)	제9회 (2020)	제10회 (2021)	제11회 (2022)	제12회 (2023)	제13회 (2024)	제14회 (2025)
강도죄의 폭행 정도				●											
기죄	기망								● 채권양도						
	피해자				●										
	처분행위									● 책략절도				● 책략절도	
	실행착수											● 보험사기			
	소송사기					● 사자 상대 제소									
공갈죄의 처분행위			● 택시요금 면탈을 위한 폭행												
1인회사 대표이사와 재산죄의 주체				● 횡령죄·배임죄											
령죄	불법영득의사			● 회사부도 막는 데 사용											
	불법원인급여	● 배임증재													
	명의신탁 부동산의 임의처분			● 근저당권 설정(배임죄 기소)											
	채권양도 후 변제								●						
	보이스피싱									●					
동산 이중매매와 배임죄				● 횡령죄 기소											
권양도담보와 배임죄													●		
재산죄에서의 이득액			● 배임죄(2억)	● 배임죄 (4.5억), 포괄일죄	● 사기죄 (5.5억) (실수령액)		● 사기죄 (4억)								
장물취득죄								● 교사범 취득		● 취득					● 교사범 취득
반의사불벌죄		● 교특법 위반 (처벌불원)	● 교특법 위반(종합 보험 가입) ● 폭행죄 (처벌불원)				● 부정수표 (처벌불원) (변제공탁)	● 폭행죄 (처벌불원)	● 폭행죄 (처벌불원)	● 정통망법 위반(처벌 불원)			● 폭행죄 (처벌불원)	● 명예 훼손죄 (철회)	● 폭행죄 (처벌 불원)
3) 형사소송법															
임의동행			●												
고소	방식									● 구술			● 고소권자		
	상대적 친고죄			● 비동거 4촌				● 비동거 4촌			● 비동거 6촌		● 비동거 3촌(고모)		● 비동거 친족
	기간			● 도과				●			●	● 도과	● 도과		
	추완				● 친고죄 변경						●		●		
	불가분									●					
	취소									●					●

구분		제1회 (2012)	제2회 (2013)	제3회 (2014)	제4회 (2015)	제5회 (2016)	제6회 (2017)	제7회 (2018)	제8회 (2019)	제9회 (2020)	제10회 (2021)	제11회 (2022)	제12회 (2023)	제13회 (2024)	제 (
체포	현행범체포							● 현행성							
보석사유									●						
영장 없는 압수	체포현장			● 관련성, 사후영장				● 체포 위법성, 사후영장							
	범죄장소						● 관련성, 사후영장								
	긴급체포 시	● 관련성, 사후영장			● 24시간, 사후영장					● 관련성, 24시간		● 24시간			
	임의 제출										● 임의성				●
	하자 치유									● 사후영장 (×)					
대화 녹음							● 대화당사자	● 대화당사자							●
범인식별절차		●													
공소시효				● 완성	● 완성						● 완성			● 정지	
공소장 변경	공소사실 동일성	● 강도교사죄와 공갈교사죄(○)		● 배임죄와 횡령죄(○)	● 사기죄와 특경법 위반(사기)죄(○)				●					● 절도죄와 사기죄	
	요부 (축소사실 인정 등)	● 특수강도 교사죄와 강도 교사죄	● 특가법 위반(도주차량)과 교특법 위반 ● 공갈죄와 폭행죄	● 강도죄와 공갈죄	● 변조·행사와 위조·행사죄 ● 사기죄에서 피해자 변경		● 공동정범을 단독범으로 ● 도주치상과 교특법위반	● 폭처법위반 (공동폭행) 죄와 폭행죄	● 특가법 위반(보복폭행등)죄와 폭행죄 ● 명예훼손 (출판물과 허위사실 적시)죄	● 장물 취득죄와 보관죄	● 공동정범을 간접정범으로		● 특수폭행 죄와 폭행죄	● 특가법 도주와 교특법위반, 법령 변경	● 강 야 입 특 (운 등
증언거부권														● 확정판결 증인	
진술의 신빙성		● 공동 피고인, 성폭력 피해자	● 공동피고인, 참고인	● 공동 피고인	● 공동 피고인, 고소인	● 공동 피고인	● 공동 피고인	● 공동 피고인, 피해자	● 공동 피고인, 피해자	● 공동 피고인	● 공동 피고인			● 공동 피고인, 피해자	피
위법 수집 증거	해당 여부	● 위법압수물(1차), 압수조서·목록·족적감정서 (2차)	● 위법한 임의동행·긴급체포 중 작성 조서	● 위법압수물(1차), 압수조서·경찰·검찰 자백 조서 (2차) ● 법정 자백(2차)	● 위법압수물(1차), 압수조서·목록(2차) ● 검사 피신조서 (위법압수물 제시 후 신문 부분)(2차)		● 위법압수물(1차), 압수조서·목록(2차)	● 위법압수물(1차), 압수조서·목록(2차)		● 위법압수물(1차) ● 검사피신 (변호인 후방 착석)	● 위법압수물(1차), 압수조서 등(2차)	● 위법압수물(1차), 압수조서 등(2차)	● 위법압수물(1차), 압수조서·등(2차)		녹 및 (통 보
	증거동의			●				●		●	●	●	●		
	주장적격						●								
보강증거				●									●		

구분		제1회 (2012)	제2회 (2013)	제3회 (2014)	제4회 (2015)	제5회 (2016)	제6회 (2017)	제7회 (2018)	제8회 (2019)	제9회 (2020)	제10회 (2021)	제11회 (2022)	제12회 (2023)	제13회 (2024)	제14회 (2025)
전문 법칙	사경 피신조서		● 내용 부인		● 내용 부인	● 내용 부인			● 내용 부인	● 내용 부인		● 내용 부인	● 내용 부인		● 내용 부인
	진술서			● 자필 · 서명 날인 요건	●			●	● 수사 보고서				● 수사 보고서	● 고소장	● 고소장
	공동피고인 사경 피신조서	● 공범 (내용 부인)	● 공범 (내용 부인)	● 공범 (내용 부인)	● 공범 (내용 부인)	● 공범 (내용 부인)	● 공범 (내용 부인)	● 공범 (내용 부인), 단순	● 공범 (내용 부인)	● 공범 (내용 부인), 단순 (비증언)	●	● 공범 (내용 부인)	● 공범 (내용 부인)	● 공범 (내용 부인)	● 공범 (내용 부인)
	공동피고인 검사 피신조서	● 공범		● 공범						● 단순 (비증언)			● 공범 (내용 부인)	● 공범 (내용 부인)	● 공범 (내용 부인)
	공동피고인 법정진술	● 공범		● 공범				●		● 단순 (비증언)	● 단순 (비증언)				
	진술조서							●	●				●	●	●
	검증·압수조서										● 목격진술				
	형소법 제314조				● 외국 거주 (소재수사)		● 단순 불출석	● 증언 거부			● 증언 거부		● 외국 거주		● 질병
	전문진술	● 필요성 요건		● 필요성 요건, 특신상태		● 필요성 요건	● 필요성 요건	● 필요성 요건	● 필요성 요건	● 필요성 요건	● 필요성 요건	● 필요성 요건	● 필요성 요건		● 필요성 요건
	조사자 증언		● 특신상태									● 필요성 요건, 특신상태			
	재전문증거	●					● 조서	● 조서	● 진술			● 조서	● 조서	● 진술	● 조서
기판력의 범위와 효력		● 상습 사기죄 약식명령	● 상상적 경합의 약식명령 (사문서 위조 · 동행사죄)			● 상상적 경합의 약식명령 (사기죄와 변호사법 위반죄)	● 포괄일죄	● 포괄일죄, 실체적 경합	● 상습범	● 상습범, 상습절도죄와 건조물 침입죄	● 상상적 경합의 약식명령 (재물손괴 도교법위반과 위험운전 치상)	● 상상적 경합(업무상배임과 사기)	● 상습 도박죄 약식명령	● 포괄일죄	● 기본적 사실관계 동일
(4) 특별법															
공동범								● 요건							
흉기 휴대					●			● 준특수강도							
도주차량			● 합의금 다투다가 도주				● 동승자 구호 조치 등							● 구호조치	
운전자 폭행															● 자동차, 운전 중
무면허운전													●		
단보도보행자 보호의무		● 자전거 운전													
횡단보도와 중앙선 침범							●							●	
보도 침범												●			
주운전과 위드마크공식			●												
운전면허정지처분의 취소와 무면허운전													●		

구분	제1회 (2012)	제2회 (2013)	제3회 (2014)	제4회 (2015)	제5회 (2016)	제6회 (2017)	제7회 (2018)	제8회 (2019)	제9회 (2020)	제10회 (2021)	제11회 (2022)	제12회 (2023)	제13회 (2024)	제 (2
신용카드부정사용			● 현금카드 기능 사용				● 포괄일죄, 사기죄와 실체적 경합		● 사용절도					
변호사법위반죄 죄수					● 사기죄와 상상적 경합									
수표 제시기간 및 변제공탁						●								
정통망법위반죄에서의 반복성						●								
아청법 적용대상								●						
4. 정상변론														
			● 공소장 변경 전제로 이중매매 배임죄 (평가 제외)					●				●	●	

저자 약력

조균석

제22회 사법시험 합격
서울대학교 법과대학 졸업
경희대학교 대학원 법학석사
주일대한민국대사관 법무협력관(참사관)
서울중앙지방검찰청 형사제4, 7부장검사
서울남부지방검찰청 차장검사
변호사
일본 케이오대학 비상근강사·특별초빙교수
일본 대동문화대학 비상근강사
한국피해자학회·한국형사판례연구회 회장
사법시험 위원
(현재) 이화여자대학교 법학전문대학원 명예교수

저 서

형법주해(전 12권)(2023-25)(대표편집)
형사소송법(16판)(2025)(공저)
형사소송법연습(8판)(2017)(공저)
형사법통합연습(5판)(2022)(공저)

강수진

제34회 사법시험 합격
서울대학교 법과대학 졸업
미국 하버드대학교 법과대학 LL. M.
서울중앙지방검찰청 등 검사
공정거래위원회 송무담당관
변호사(법무법인 로고스·율촌)
사법시험 위원
변호사시험 위원
(현재) 고려대학교 법학전문대학원 교수

저 서

형법주해(전 12권)(2023-25)(편집)

이효진

제44회 사법시험 합격
서울대학교 법과대학 졸업
서울북부지방검찰청 등 검사
법학전문대학원(건국대·아주대·원광대·전남대·전북대·충남대·충북대) 파견 검사
법무연수원 교수
아주대학교 법학전문대학원 교수
변호사시험 위원
(현재) 성균관대학교 법학전문대학원 교수

제10판
형사법사례형해설

초판발행 2013년 8월 25일
제10판발행 2025년 4월 5일

지은이 조균석 · 강수진 · 이효진
펴낸이 안종만 · 안상준

편 집 이승현
기획/마케팅 조성호
표지디자인 이영경
제 작 고철민 · 김원표

펴낸곳 (주) 박영사
서울특별시 금천구 가산디지털2로 53, 210호(가산동, 한라시그마밸리)
등록 1959. 3. 11. 제300-1959-1호(倫)
전 화 02)733-6771
f a x 02)736-4818
e-mail pys@pybook.co.kr
homepage www.pybook.co.kr
ISBN 979-11-303-4972-5 93360

정 가 39,000원